# 中国林业和草原

# 年鉴2023

China Forestry and Grassland

YEARBOOK

国家林业和草原局◎编纂

中国林业出版社
China Forestry Publishing House

**图书在版编目（CIP）数据**

中国林业和草原年鉴.2023 / 国家林业和草原局编
纂. -- 北京：中国林业出版社, 2023.12
　ISBN 978-7-5219-2502-9

　Ⅰ.①中… Ⅱ.①国… Ⅲ.①林业－中国－2023－年
鉴 Ⅳ.①F326.2-54

　中国国家版本馆CIP数据核字(2024)第007677号

责任编辑：何　蕊　许　凯　杨　洋　李　静
宣传营销：蔡波妮
部分图片提供：中国绿色时报社
装帧设计：北京鑫恒艺文化传播有限公司

出版发行：中国林业出版社
　　　　　（100009，北京市西城区刘海胡同7号，电话010-83143666）
电子邮箱：cfphzbs@163.com
网址：https://www.cfph.net
印刷：北京中科印刷有限公司
版次：2023年12月第1版
印次：2023年12月第1次
开本：880mm×1230mm 1/16
印张：44.75
字数：2000千字
定价：500.00元

| | |
|---|---|
| 夏　军 | 国家林业和草原局国际合作司（港澳台办公室）司长、国家林业和草原局国际合作交流中心主任 |
| 王　浩 | 国家林业和草原局离退休干部局党委书记、局长 |
| 周　瑄 | 国家林业和草原局机关服务中心党委书记、局长 |
| 吕光辉 | 国家林业和草原局信息中心副主任 |
| 丁晓华 | 国家林业和草原局林业工作站管理总站总站长 |
| 郝雁玲 | 国家林业和草原局财会核算审计中心主任 |
| 马国青 | 国家林业和草原局生态建设工程管理中心主任 |
| 刘　冰 | 国家林业和草原局西北华北东北防护林建设局党组书记、局长 |
| 王春峰 | 国家林业和草原局国际合作交流中心常务副主任 |
| 王永海 | 国家林业和草原局科技发展中心（植物新品种保护办公室）主任 |
| 李淑新 | 国家林业和草原局发展研究中心（法律事务中心）党委书记、主任 |
| 田勇臣 | 国家林业和草原局国家公园（自然保护地）发展中心主任 |
| 周志华 | 国家林业和草原局野生动物保护监测中心主任 |
| 许传德 | 国家林业和草原局森林草原火灾预防监测中心主任 |
| 储富祥 | 中国林业科学研究院院长、分党组副书记 |
| 张煜星 | 国家林业和草原局林草调查规划院院长、党委副书记 |
| 唐景全 | 国家林业和草原局产业发展规划院院长、党委副书记 |
| 刘春延 | 国家林业和草原局管理干部学院党委书记、党校副校长 |
| 刘雄鹰 | 中国绿色时报社社长、总编辑 |
| 尹刚强 | 国际竹藤中心党委书记、副主任 |
| 胡元辉 | 国家林业和草原局亚太森林网络管理中心主任 |
| 王玉山 | 国家林业和草原局驻内蒙古自治区森林资源监督专员办事处（中华人民共和国濒危物种进出口管理办公室内蒙古自治区办事处）一级巡视员、党组成员 |
| 赵　利 | 国家林业和草原局驻长春森林资源监督专员办事处（中华人民共和国濒危物种进出口管理办公室长春办事处、东北虎豹国家公园管理局）党组书记、专员（主任、局长） |
| 沈庆宇 | 国家林业和草原局驻黑龙江省森林资源监督专员办事处（中华人民共和国濒危物种进出口管理办公室黑龙江省办事处）党组成员、副专员（副主任） |
| 周光达 | 国家林业和草原局驻大兴安岭林业集团公司森林资源监督专员办事处一级巡视员、党组成员 |
| 向可文 | 国家林业和草原局驻成都森林资源监督专员办事处（中华人民共和国濒危物种进出口管理办公室成都办事处、大熊猫国家公园管理局）党组书记、专员（主任、局长） |
| 吴满元 | 国家林业和草原局驻云南省森林资源监督专员办事处（中华人民共和国濒危物种进出口管理办公室云南省办事处）党组书记、专员（主任） |

| | |
|---|---|
| 孟广芹 | 国家林业和草原局驻福州森林资源监督专员办事处（中华人民共和国濒危物种进出口管理办公室福州办事处）党组书记、专员（主任） |
| 何 熙 | 国家林业和草原局驻西安森林资源监督专员办事处（中华人民共和国濒危物种进出口管理办公室西安办事处、祁连山国家公园管理局）党组成员、二级巡视员（主持工作） |
| 杜晓明 | 国家林业和草原局驻武汉森林资源监督专员办事处（中华人民共和国濒危物种进出口管理办公室武汉办事处）专员（主任）、党组书记 |
| 程 伟 | 国家林业和草原局驻贵阳森林资源监督专员办事处（中华人民共和国濒危物种进出口管理办公室贵阳办事处）党组书记、专员（主任） |
| 关进敏 | 国家林业和草原局驻广州森林资源监督专员办事处（中华人民共和国濒危物种进出口管理办公室广州办事处）党组书记、专员（主任） |
| 纪 亮 | 国家林业和草原局驻合肥森林资源监督专员办事处（中华人民共和国濒危物种进出口管理办公室合肥办事处）党组书记、专员（主任） |
| 张志刚 | 国家林业和草原局驻乌鲁木齐森林资源监督专员办事处（中华人民共和国濒危物种进出口管理办公室乌鲁木齐办事处）党组书记、专员（主任） |
| 李 军 | 国家林业和草原局驻上海森林资源监督专员办事处（中华人民共和国濒危物种进出口管理办公室上海办事处）党组书记、专员（主任） |
| 刘克勇 | 国家林业和草原局驻北京森林资源监督专员办事处（中华人民共和国濒危物种进出口管理办公室北京办事处）党组书记、专员（主任） |
| 郭文辉 | 国家林业和草原局生物灾害防控中心党委书记、主任 |
| 吴海平 | 国家林业和草原局华东调查规划院党委书记、院长 |
| 周学武 | 国家林业和草原局中南调查规划院党委书记、院长 |
| 李谭宝 | 国家林业和草原局西北调查规划院院长、党委副书记 |
| 周红斌 | 国家林业和草原局西南调查规划院党委书记、院长 |
| 路永斌 | 中国大熊猫保护研究中心党委书记、副主任 |
| 袁卫国 | 大兴安岭林业集团公司党委常委、副总经理 |
| 张 平 | 重点国有林区森林资源监测中心党委书记、主任 |
| 缪光平 | 中国绿化基金会副秘书长兼办公室副主任 |
| 刘家顺 | 中国绿色碳汇基金会副理事长兼秘书长 |
| 刘 红 | 中国生态文化协会会长 |
| 杨文斌 | 中国治沙暨沙业学会副会长兼秘书长 |
| 曹 靖 | 中国林业文学艺术工作者联合会秘书长 |
| 管长岭 | 中国林业职工思想政治工作研究会常务副会长兼秘书长 |

## 特约委员

| | | | |
|---|---|---|---|
| 陈幸良 | 中国林学会秘书长 | 李巧玉 | 广西壮族自治区林业局副局长 |
| 武明录 | 中国野生动物保护协会秘书长 | 刘钊军 | 海南省林业局（海南热带雨林国家公园管理局）党组书记、局长 |
| 田 阳 | 中国林业教育学会常务副秘书长 | 曹春华 | 重庆市林业局党组书记、局长 |
| 张引潮 | 中国花卉协会秘书长 | 唐代旭 | 四川省林业和草原局副局长 |
| 陈圣林 | 中国林业产业联合会副会长兼秘书长 | 孙福强 | 贵州省林业局党组副书记、副局长 |
| 赵胜利 | 中国林场协会秘书长 | 万 勇 | 云南省林业和草原局党组书记、局长 |
| 李 鹏 | 中国林业工程建设协会监事长 | 次成甲措 | 西藏自治区林业和草原局党组书记、副局长 |
| 崔建国 | 中国水土保持学会常务副秘书长 | | |
| 高大伟 | 北京市园林绿化局（首都绿化办）党组书记、局长（主任） | 郑 重 | 陕西省林业局党组书记、局长 |
| 张宏晖 | 天津市规划和自然资源局党委委员、副局长 | 刘天波 | 甘肃省林业和草原局党组成员、副局长 |
| | | 赵海平 | 青海省林业和草原局党组成员、副局长 |
| 王 忠 | 河北省林业和草原局党组书记、局长 | 王自新 | 宁夏回族自治区林业和草原局党组成员、副局长 |
| 袁同锁 | 山西省林业和草原局党组书记、局长 | | |
| 王肇晟 | 内蒙古自治区林业和草原局党组书记、局长 | 姜晓龙 | 新疆维吾尔自治区林业和草原局党委书记、副局长 |
| 董铁狮 | 辽宁省林业和草原局党组成员、副局长 | 吴博义 | 新疆生产建设兵团林业和草原局党组成员、副局长 |
| 王帅章 | 大连市自然资源局局长 | | |
| 祁永辉 | 吉林省林业和草原局副局长 | 张 良 | 中国内蒙古森林工业集团有限责任公司党委书记 |
| 时永录 | 黑龙江省林业和草原局党组成员、副局长 | | |
| 邓建平 | 上海市绿化和市容管理局（市林业局）党组书记、局长 | 王树平 | 中国吉林森林工业集团有限责任公司党委书记、董事长 |
| 王国臣 | 江苏省林业局党组书记、局长 | 丁 郁 | 中国龙江森林工业集团有限公司董事会秘书 |
| 胡 侠 | 浙江省林业局党组书记、局长 | | |
| 周 密 | 安徽省林业局党组书记、局长 | 李忠培 | 黑龙江伊春森工集团有限责任公司党委书记、董事长 |
| 王智桢 | 福建省林业局党组书记、局长 | | |
| 邱水文 | 江西省林业局党组书记、局长 | | |
| 赵晓晖 | 山东省自然资源厅（省林业局）党组书记、厅长（局长） | 段兆刚 | 四川卧龙国家级自然保护区管理局党委书记 |
| | | 安黎哲 | 北京林业大学校长 |
| 王 伟 | 河南省林业局党组成员、副局长 | 宋文龙 | 东北林业大学校长 |
| 王昌友 | 湖北省林业局党组书记、局长 | 勇 强 | 南京林业大学校长 |
| 吴剑波 | 湖南省林业局党组书记、局长 | 王卫斌 | 西南林业大学校长 |
| 王华接 | 广东省林业局党组成员、副局长 | 吴义强 | 中南林业科技大学校长 |

| | | | |
|---|---|---|---|
| 国家林业和草原局办公室 | 康　磊 | 国家林业和草原局西北华北东北防 | |
| 国家林业和草原局生态保护修复司 | | 　　护林建设局 | 孙佰宏 |
| 　　（全国绿化委员会办公室） | 刘丽军 | 国家林业和草原局国际合作交流中心 | 汪国中 |
| 国家林业和草原局森林资源管理司 | 李　磊 | 国家林业和草原局科技发展中心 | |
| 国家林业和草原局草原管理司 | 颜国强 | 　　（植物新品种保护办公室） | 杨玉林 |
| 国家林业和草原局湿地管理司（中华人民 | | 国家林业和草原局发展研究中心 | |
| 　　共和国国际湿地公约履约办公室） | 俞　楠 | 　　（法律事务中心） | 余　涛 |
| 国家林业和草原局荒漠化防治司（中华人民 | | 国家林业和草原局国家公园 | |
| 　　共和国联合国防治荒漠化公约履约办公室） | 刘　勇 | 　　（自然保护地）发展中心 | 卢琳琳 |
| 国家林业和草原局野生动植物保护司（中华 | | 国家林业和草原局野生动物保护监测 | |
| 　　人民共和国濒危物种进出口管理办公室） | 刘盈含 | 　　中心 | 崔雪晴 |
| 国家林业和草原局自然保护地管理司 | 贾　恒 | 国家林业和草原局森林草原火灾预防 | |
| 国家林业和草原局林业和草原改革发展司 | 孙　友 | 　　监测中心 | 辛相宇 |
| 国家林业和草原局国有林场和种苗管理司 | 宋知远 | 中国林业科学研究院 | 林泽攀 |
| 国家林业和草原局森林草原防火司 | 李新华 | 国家林业和草原局林草调查规划院 | 张大为 |
| 国家林业和草原局规划财务司 | 付　丽 | 国家林业和草原局产业发展规划院 | 李　玉 |
| 国家林业和草原局科学技术司 | 李　岩 | 国家林业和草原局管理干部学院 | 李米龙 |
| 国家林业和草原局国际合作司 | | 中国绿色时报社 | 张红梅 |
| 　　（港澳台办公室） | 毛　锋 | 中国林业出版社 | 王　远 |
| 国家林业和草原局人事司 | 刘　青 | 国际竹藤中心 | 夏恩龙 |
| 国家林业和草原局机关党委 | 张　华 | 国家林业和草原局亚太森林网络管理中心 | 张永生 |
| 国家林业和草原局机关服务中心 | 李　磊 | 国家林业和草原局驻内蒙古自治区 | |
| 国家林业和草原局信息中心 | 周庆宇 | 　　专员办（濒管办） | 金宇新 |
| 国家林业和草原局林业工作站管理总站 | 许慧娟 | 国家林业和草原局驻长春专员办（濒管办） | 陈晓才 |
| 国家林业和草原局财会核算审计中心 | 孔　斌 | 国家林业和草原局驻黑龙江省专员办 | |
| 国家林业和草原局宣传中心 | 郑　杨 | 　　（濒管办） | 杨东霖 |
| 国家林业和草原局生态建设工程 | | 国家林业和草原局驻大兴安岭专员办 | 胡　军 |
| 　　管理中心 | 李保玉 | 国家林业和草原局驻成都专员办（濒管办） | 周赞辉 |

| | | | |
|---|---|---|---|
| 国家林业和草原局驻云南专员办（濒管办） | 王子义 | 辽宁省林业和草原局 | 何东阳 |
| 国家林业和草原局驻福州专员办（濒管办） | 罗春茂 | 大连市自然资源局 | 刘春林 |
| 国家林业和草原局驻西安专员办（濒管办） | 冯　磊 | 吉林省林业和草原局 | 耿伟刚 |
| 国家林业和草原局驻武汉专员办（濒管办） | 李建军 | 黑龙江省林业和草原局 | 王怀宇 |
| 国家林业和草原局驻贵阳专员办（濒管办） | 魏晓双 | 上海市绿化和市容管理局（市林业局） | 张则乐 |
| 国家林业和草原局驻广州专员办（濒管办） | 姜博为 | 江苏省林业局 | 王学东 |
| 国家林业和草原局驻合肥专员办（濒管办） | 胡必报 | 浙江省林业局 | 沈国存 |
| 国家林业和草原局驻乌鲁木齐专员办（濒管办） | 何文秀 | 安徽省林业局 | 吴　菊 |
| | | 福建省林业局 | 陈科灶 |
| 国家林业和草原局驻上海专员办（濒管办） | 沈影峰 | 江西省林业局 | 黄明亮 |
| 国家林业和草原局驻北京专员办（濒管办） | 于伯康 | 山东省自然资源厅（省林业局） | 徐　阳 |
| 国家林业和草原局生物灾害防控中心 | 程相称 | 河南省林业局 | 李敏华 |
| 国家林业和草原局华东调查规划院 | 王　涛 | 湖北省林业局 | 从卫国 |
| 国家林业和草原局中南调查规划院 | 肖　微 | 湖南省林业局 | 王成家 |
| 国家林业和草原局西北调查规划院 | 陈　喆 | 广东省林业局 | 代　欣 |
| 国家林业和草原局西南调查规划院 | 佘丽华 | 广西壮族自治区林业局 | 施福军 |
| 中国大熊猫保护研究中心 | 罗春涛 | 海南省林业局 | 王瑞琦 |
| 大兴安岭林业集团公司 | 辛凌旭 | 重庆市林业局 | 周　旭 |
| 重点国有林区森林资源监测中心 | 姜立新 | 四川省林业和草原局 | 林荣岗 |
| 中国绿化基金会 | 刘德国 | 贵州省林业局 | 孙吉慧 |
| 中国绿色碳汇基金会 | 张志明 | 云南省林业和草原局 | 杨　劼 |
| 中国生态文化协会 | 付佳琳 | 西藏自治区林业和草原局 | 熊艳阳 |
| 中国治沙暨沙业学会 | 朱　斌 | 陕西省林业局 | 孔绿玉 |
| 中国林业文学艺术工作者联合会 | 侯克勤 | 甘肃省林业和草原局 | 甘在福 |
| 中国林业职工思想政治工作研究会 | 聂金山 | 青海省林业和草原局 | 宋晓英 |
| 中国林学会 | 郭丽萍 | 宁夏回族自治区林业和草原局 | 马永福 |
| 中国野生动物保护协会 | 钟　义 | 新疆维吾尔自治区林业和草原局 | 张宗华 |
| 中国林业教育学会 | 康　娟 | 新疆生产建设兵团林业和草原局 | 侯　亮 |
| 中国花卉协会 | 马　虹 | 中国内蒙古森林工业集团有限责任公司 | 杨建飞 |
| 中国林业产业联合会 | 白会学 | 中国吉林森林工业集团有限责任公司 | 刘力武 |
| 中国林场协会 | 郭　远 | 中国龙江森林工业集团有限公司 | 王庆江 |
| 中国林业工程建设协会 | 周　奇 | 黑龙江伊春森工集团有限责任公司 | 杨玉梅 |
| 中国水土保持学会 | 宋如华 | 四川卧龙国家级自然保护区管理局 | 王　华 |
| 北京市园林绿化局 | 齐庆栓 | 北京林业大学 | 申　磊 |
| 天津市规划和自然资源局 | 孙君普 | 东北林业大学 | 徐志成 |
| 河北省林业和草原局 | 袁　媛 | 南京林业大学 | 黄　红 |
| 山西省林业和草原局 | 贾向前　裴绮洋 | 西南林业大学 | 张志才 |
| 内蒙古自治区林业和草原局 | 迟晓旭 | 中南林业科技大学 | 易　锦 |

一、《中国林业和草原年鉴》（原《中国林业年鉴》，自2019卷起更名）创刊于1986年，是一部综合反映中国林草业建设重要活动、发展水平、基本成就与经验教训的大型资料性工具书。每年出版一卷，反映上年度情况。2023卷为第三十七卷，收录限2022年的资料，宣传彩页部分收录2022年和2023年资料。

二、《中国林业和草原年鉴》的基本任务是为全国林草战线和有关部门的各级生产和管理人员、科技工作者、林业院校师生和广大社会读者全面、系统地提供中国森林资源消长、森林培育、森林资源保护、草原资源管理、生态建设、森林资源管理与监督、森林防火、林业产业、林业经济、科学技术、专业理论研究、院校教育以及体制改革等方面的年度信息和相关资料。

三、第三十七卷编纂内容设27个栏目。统计资料除另有说明外，均不含香港特别行政区、澳门特别行政区、台湾省数据。书中"省（区、市）"为"省（自治区、直辖市）"之简称。

四、年鉴编写实行条目化，条目标题力求简洁、规范。长条目设黑体和楷体两级层次标题。全卷编排按内容分类。条头设【】。按分类栏目设书眉。

五、年鉴撰稿及资料收集由国家林业和草原局机关各司（局）、各派出机构、各直属单位以及各省（区、市）林业（和草原）主管部门承担。

六、释文中的计量单位执行GB 3100—93《国际单位制及其应用》的规定。数字用法按GB/T 15835—2011《出版物上数字用法》的规定执行。

七、条目、文章一律署名。

中国林业和草原年鉴编辑部

2023年12月

2022年4月9日，中共中央直属机关、中央国家机关各部门和北京市的133名部级领导干部参加2022年共和国部长义务植树活动（符超　摄）

北京怀柔潮白河大沙坑治理后
（何建勇　摄）

塞罕坝风光（王龙　摄）

黑龙江大兴安岭漠河九曲十八湾国家湿地公园
（大兴安岭林业集团公司　供图）

河北省丰宁满族自治县的云慢
疏林大草原（孙阁　摄）

广东阳江金鸡岭森林公园（广东省林业局　供图）

甘肃以林长制为抓手持续推进祁连山生态
保护修复（甘肃省林草局　供图）

冬奥绿化——京礼高速
（何建勇　摄）

天柱山国家森林公园，康养旅游业成为拉动区域经济发展主引擎（安徽省林业局　供图）

七星湖
（王龙　摄）

内蒙古鄂尔多斯市达拉特旗银肯塔拉防沙治沙示范区（内蒙古自治区林业和草原局　供图）

内蒙古赤峰市山区综合治理（敖东　摄）

三江源国家公园（李友崇　摄）

三江源国家公园（李友崇　摄）

黄河三角洲国际重要湿地
（山东省自然资源厅　供图）

贵州百里杜鹃国家森林公园（李贵云　摄）

新安江百里大画廊森林景观（安徽省林业局　供图）

辽宁省新宾满族自治县参仙谷生态旅游度假区
发展森林旅游（辽宁省林草局　供图）

神农架大九湖国际重要湿地

（湖北省林业局　供图）

甘肃越冬大天鹅（周文艳　摄）

黄喉貂追捕林麝
（任文博　摄）

黔金丝猴怀抱幼崽（梵净山国家级
自然保护区管理局　供图）

西藏阿里地区改则县出现大规模
藏羚羊聚集（边巴　摄）

扬子鳄——国家一级重点保护野
生动物（安徽省林业局　供图）

红外相机在东北虎豹国家公园拍摄到
的东北虎（中国绿化基金会　供图）

油茶丰收（龙元彬 摄）

熊猫宝宝贺新春、迎冬奥
（李传有　摄）

职工在榕江县平江镇陶家湾草珊瑚育苗基
地进行管护作业（贵州省林业局　供图）

# 目　录

# 林草生态建设

## 林草精神文明建设

# 国家林业和草原局驻
# 各地森林资源监督专员办事处工作

# 林草社会团体

# CONTENTS

01

特辑

# 领导专论

## 全面贯彻实施湿地保护法 推进湿地保护工作高质量发展

国家林业和草原局（国家公园管理局）局长、党组书记，自然资源部党组成员

关志鸥

6月1日，湿地保护法正式实施。这是我国首部专门保护湿地的法律，是湿地保护领域具有重大意义的里程碑，标志着我国湿地保护工作全面进入法治化轨道的新阶段。各级林草部门要提高政治站位，强化责任担当，全力做好湿地保护法的学习宣传和贯彻实施工作，推动湿地保护工作高质量发展。

### 一、充分认识湿地保护法的重大意义

党的十八大以来，以习近平同志为核心的党中央把湿地保护作为生态文明建设的重要内容，作出一系列重要决策部署。习近平总书记高度重视湿地保护修复，多次赴湿地实地考察，先后作出一系列重要讲话和指示批示，为做好湿地保护管理工作提供了根本遵循。在我国生态文明建设进入实现生态环境质量改善由量变到质变的关键时期，湿地保护法的颁布实施具有重大意义。

湿地保护法的颁布实施是践行习近平生态文明思想的重要成果。湿地保护法贯彻了习近平生态文明思想和习近平法治思想，把习近平总书记重要指示精神和党中央决策部署充分体现到制度设计、措施规定上，把科学保护湿地的理念原则和有益做法经验上升为法律制度。这是生态文明建设理论、实践和制度创新的又一次重大突破，是践行习近平生态文明思想的又一项重大标志性成果，丰富和完善了我国生态文明制度体系，进一步夯实了生态文明和美丽中国建设的法治基础。

湿地保护法的颁布实施是维护国家生态安全的战略举措。湿地是重要的自然资源和独特的生态系统，具有调洪蓄水、净化水源、储碳固碳、调节气候等独特的生态功能，可以产出丰富的物质产品和生态产品，被誉为"地球之肾"，为经济社会可持续发展提供着重要支撑。湿地还是众多野生动植物的生存繁衍和栖息之地，是十分富集的"物种基因库"。贯彻实施湿地保护法，更好地保护湿地生态系统，是维护国家生态安全和生物多样性的战略举措，是推动绿色发展和建设人与自然和谐共生的现代化的迫切需要。

湿地保护法的颁布实施是推进湿地保护修复的法治保障。长期以来，由于对湿地的功能和作用认识不足，加上缺乏明确的法律规范和界定，过度利用甚至破坏湿地的现象时有发生，湿地保护修复面临诸多挑战和压力。湿地保护法从湿地生态系统的整体性和系统性出发，界定了湿地保护和利用的范围边界，确立了湿地保护和利用制度体系。贯彻实施这部法律，有利于更加系统更加科学地保护修复湿地，引导和规范湿地的合理利用，保障湿地生态功能和永续利用，实现经济、社会、生态三大效益相统一。

湿地保护法的颁布实施是引领全球生态治理的重要行动。多年来，我国深度参与湿地公约事务和国际规则制定，开展了卓有成效的工作，为全球湿地保护修复贡献了中国经验和中国方案。贯彻实施湿地保护法，以更大力度保护修复湿地，有利于全面增强我国履约能力，引领国际湿地保护，提升我国国际话语权，彰显大国责任担当。

### 二、准确把握湿地保护法的精髓要义

湿地保护法立足湿地生态系统的整体性保护修复，用7章65条的篇幅对湿地的定义及湿地资源管理、湿地保护与利用、湿地修复、监督检查、法律责任等作出了明确规定。各级林草部门要认真学习湿地保护法的基本内涵，深刻领会其精髓要义，特别要全面准确把握好以下五个方面。

在原则和理念方面，要求湿地保护坚持保护优先、严格管理、系统治理、科学修复、合理利用的原则，湿地修复要以自然修复为主，自然恢复与人工修复相结合，开展湿地保护修复要因地制宜采取措施，依据水资源禀赋科学施策。我们要正确把握湿地保护法确立的原则和理念，通过创新管理监督机制、保护修复模式、合理利用方式，完整、准确、全面贯彻落实法律规定，真正用法治的方式保护大美湿地，推动湿地保护工作高质量发展。

在制度建设方面，明确林草部门负责湿地资源开发利用监管和湿地生态保护修复工作，要求建立部门协作、总量管控、分级分类管理、用途管制、保护修复、调查评价、监督检查、生态补偿等制度，构成一套有机联系的湿地保护修复制度体系。我们要切实履行湿地保护修复主管部门责任，对标对表湿地保护法确立的制度要求，尽快梳理出需要制定和完善的配套制度，一项一项列出时间表、明确路线图，会同相关部门扎实推进，确保推出的制度措施有用、管用、好用。

在系统性保护方面，规定国家对湿地实行分级管理，将湿地分为重要湿地和一般湿地，对重要湿地实行名录制管理并依法划入生态保护红线；对河湖湿地、滨海湿地、城市湿地、红树林湿地、泥炭沼泽湿地进行分类保护，并区别不同湿地类型、明确修复要求。我们要研究制定政策和相关管理措施，分级分类保护修复好湿地，特别是对重要湿地要采取更加有力的保护和监管措施，确保湿地保护修复更加科学有效。

在科学利用方面，强调正确处理好湿地保护与利用的关系，严格保护并不是不要利用，而是要在符合湿地保护要求的前提下，鼓励单位和个人开展多种利用活动，推动湿地保护修复真正走上生态优先、绿色发展之路。我们要坚持绿水青山就是金山银山理念，既要最大限度保护湿地生态系统，也要充分考虑湿地合理利用和可持续发展的现实需要，有效发挥湿地多种功能，做到保护与利用"双赢"。

在责任落实方面，要实行湿地保护目标责任制，压实地方政府湿地保护主体责任，强化监督检查。同时，还规定了十分严格具体的法律责任，特别对破坏湿地行为的处罚更加严厉，为依法打击破坏湿地违法行为提供了有力的法律依据。我们要依法履职尽责，切实加大监管力度，做到严格执法、严厉打击、严肃惩处，确保各项制度措施执行到位。

### 三、全面贯彻实施湿地保护法

湿地保护法的颁布实施，开启了我国湿地保护修复全面法治化的新纪元。林草系统要坚决担负起法律赋予的职责使命，全面贯彻实施好湿地保护法，确保湿地保护工作在法治轨道上有序推进、行稳致远。

做好宣传解读工作。全国林草系统将启动贯彻实施湿地保护法大学习大研讨活动，将湿地保护法作为理论学习中心组、干部教育培训、"八五"普法的重要内容，组织开展学习研讨、培训交流，让林草系统广大干部职工全面掌握湿地保护法的核心要义和基本要求。组织开展多层次、多形式的普法宣传和政策解读，面向基层、面向群众广泛宣传湿地保护法的新规定、新要求，推动湿地保护法不断深入人心，形成学法、懂法、守法、用法的良好氛围。

构建湿地保护制度体系。当前要尽快出台湿地面积总量管控目标方案，并将总量管控目标纳入湿地保护目标责任制。制定修订《国家重要湿地认定和名录发布规定》《国家重要湿地管理办法》，加快构建全国统一的湿地分级保护体系。推动制定湿地恢复费缴纳和使用管理办法，明确征收标准及资金用途。指导各地对照湿地保护法，推进地方性配套法规、政府规章和规范性文件等制修订，共同完善湿地保护法治体系。

全面保护修复湿地。加快编制出台《全国湿地保护规划（2022—2030年）》，明确湿地保护修复的主要目标、空间布局和重点任务。强化湿地分级分类管理，切实加强国家和省级重要湿地保护，抓好重要湿地修复方案编制审批以及湿地修复验收、后期管理、修复效果评估，对重要湿地修复实行全过程监管。进一步加大泥炭沼泽湿地、红树林湿地等保护力度，沿海各有关省份要全面落实红树林保护修复专项行动计划。继续指定一批国际重要湿地和国家重要湿地，抓好湿地类型的国家公园、湿地自然保护区和湿地公园、湿地保护小区的建

设管理。严格控制建设项目占用湿地，认真落实好湿地恢复费制度。

科学利用湿地。会同有关部门切实加强对湿地利用活动的监管，避免改变湿地自然状况，切实减轻对湿地生态功能的不利影响。强化对重要湿地和一般湿地利用活动的分类指导，鼓励开展符合湿地保护要求的生态旅游、生态农业等活动，适度控制种植养殖等湿地利用规模。指导协调地方政府优化重要湿地周边产业布局，通过采取定向扶持、产业转移等方式，推动湿地周边地区绿色发展。充分发挥湿地的科普教育功能，积极开展自然教育和生态体验，让社会公众走进湿地、亲近湿地、珍爱湿地，让湿地真正成为人民群众共建共享共护的绿色空间。

完善湿地保护工作机制。认真落实湿地保护目标责任制，将湿地保护纳入林长制考核评价体系，进一步压实地方政府湿地保护的主体责任。主动协调有关部门，建立湿地保护协作和信息通报机制，形成统筹协调、各司其职、齐抓共管的工作格局。强化对湿地保护的监督检查，对问题严重的地方和单位要及时约谈通报。要推动完善湿地行政执法机制，开展行政执法、协同执法、联合执法，特别要敢于较真碰硬，查处一批大案要案，坚决遏制乱垦滥占湿地现象。

强化湿地保护支撑保障。要将湿地保护所需经费按照事权划分原则纳入各级财政预算，加大对重要湿地所在地区的财政转移支付力度，加快构建以政府投入为主的多渠道投入机制。完善湿地生态保护补偿、湿地恢复费等制度，鼓励开展地区间生态保护补偿。持续组织开展林草生态综合监测评价工作，动态掌握全国湿地资源"家底"。开展湿地与气候变化、生物多样性、水安全等关系的研究，加强湿地修复关键技术攻关。制定出台全国湿地资源调查监测、重要湿地评价、退化湿地评估等规程或标准，完善湿地标准体系。

《中国绿色时报》
2022年5月31日刊登

# 重要法律和文件

## 中华人民共和国野生动物保护法

### 中华人民共和国主席令第一二六号

（1988年11月8日第七届全国人民代表大会常务委员会第四次会议通过　根据2004年8月28日第十届全国人民代表大会常务委员会第十一次会议《关于修改〈中华人民共和国野生动物保护法〉的决定》第一次修正　根据2009年8月27日第十一届全国人民代表大会常务委员会第十次会议《关于修改部分法律的决定》第二次修正　2016年7月2日第十二届全国人民代表大会常务委员会第二十一次会议第一次修订　根据2018年10月26日第十三届全国人民代表大会常务委员会第六次会议《关于修改〈中华人民共和国野生动物保护法〉等十五部法律的决定》第三次修正　2022年12月30日第十三届全国人民代表大会常务委员会第三十八次会议第二次修订）

### 第一章　总　则

**第一条**　为了保护野生动物，拯救珍贵、濒危野生动物，维护生物多样性和生态平衡，推进生态文明建设，促进人与自然和谐共生，制定本法。

**第二条**　在中华人民共和国领域及管辖的其他海域，从事野生动物保护及相关活动，适用本法。

本法规定保护的野生动物，是指珍贵、濒危的陆生、水生野生动物和有重要生态、科学、社会价值的陆生野生动物。

本法规定的野生动物及其制品，是指野生动物的整体（含卵、蛋）、部分及衍生物。

珍贵、濒危的水生野生动物以外的其他水生野生动物的保护，适用《中华人民共和国渔业法》等有关法律的规定。

**第三条**　野生动物资源属于国家所有。

国家保障依法从事野生动物科学研究、人工繁育等保护及相关活动的组织和个人的合法权益。

**第四条**　国家加强重要生态系统保护和修复，对野生动物实行保护优先、规范利用、严格监管的原则，鼓励和支持开展野生动物科学研究与应用，秉持生态文明理念，推动绿色发展。

**第五条**　国家保护野生动物及其栖息地。县级以上人民政府应当制定野生动物及其栖息地相关保护规划和措施，并将野生动物保护经费纳入预算。

国家鼓励公民、法人和其他组织依法通过捐赠、资助、志愿服务等方式参与野生动物保护活动，支持野生动物保护公益事业。

本法规定的野生动物栖息地，是指野生动物野外种群生息繁衍的重要区域。

**第六条**　任何组织和个人有保护野生动物及其栖息地的义务。禁止违法猎捕、运输、交易野生动物，禁止破坏野生动物栖息地。

社会公众应当增强保护野生动物和维护公共卫生安全的意识，防止野生动物源性传染病传播，抵制违法食用野生动物，养成文明健康的生活方式。

任何组织和个人有权举报违反本法的行为，接到举报的县级以上人民政府野生动物保护主管部门和其他有关部门应当及时依法处理。

**第七条**　国务院林业草原、渔业主管部门分别主管全国陆生、水生野生动物保护工作。

县级以上地方人民政府对本行政区域内野生动物保护工作负责，其林业草原、渔业主管部门分别主管本行政区域内陆生、水生野生动物保护工作。

县级以上人民政府有关部门按照职责分工，负责野生动物保护相关工作。

**第八条** 各级人民政府应当加强野生动物保护的宣传教育和科学知识普及工作，鼓励和支持基层群众性自治组织、社会组织、企业事业单位、志愿者开展野生动物保护法律法规、生态保护等知识的宣传活动；组织开展对相关从业人员法律法规和专业知识培训；依法公开野生动物保护和管理信息。

教育行政部门、学校应当对学生进行野生动物保护知识教育。

新闻媒体应当开展野生动物保护法律法规和保护知识的宣传，并依法对违法行为进行舆论监督。

**第九条** 在野生动物保护和科学研究方面成绩显著的组织和个人，由县级以上人民政府按照国家有关规定给予表彰和奖励。

## 第二章
## 野生动物及其栖息地保护

**第十条** 国家对野生动物实行分类分级保护。

国家对珍贵、濒危的野生动物实行重点保护。国家重点保护的野生动物分为一级保护野生动物和二级保护野生动物。国家重点保护野生动物名录，由国务院野生动物保护主管部门组织科学论证评估后，报国务院批准公布。

有重要生态、科学、社会价值的陆生野生动物名录，由国务院野生动物保护主管部门征求国务院农业农村、自然资源、科学技术、生态环境、卫生健康等部门意见，组织科学论证评估后制定并公布。

地方重点保护野生动物，是指国家重点保护野生动物以外，由省、自治区、直辖市重点保护的野生动物。地方重点保护野生动物名录，由省、自治区、直辖市人民政府组织科学论证评估，征求国务院野生动物保护主管部门意见后制定、公布。

对本条规定的名录，应当每五年组织科学论证评估，根据论证评估情况进行调整，也可以根据野生动物保护的实际需要及时进行调整。

**第十一条** 县级以上人民政府野生动物保护主管部门应当加强信息技术应用，定期组织或者委托有关科学研究机构对野生动物及其栖息地状况进行调查、监测和评估，建立健全野生动物及其栖息地档案。

对野生动物及其栖息地状况的调查、监测和评估应当包括下列内容：

（一）野生动物野外分布区域、种群数量及结构；

（二）野生动物栖息地的面积、生态状况；

（三）野生动物及其栖息地的主要威胁因素；

（四）野生动物人工繁育情况等其他需要调查、监测和评估的内容。

**第十二条** 国务院野生动物保护主管部门应当会同国务院有关部门，根据野生动物及其栖息地状况的调查、监测和评估结果，确定并发布野生动物重要栖息地名录。

省级以上人民政府依法将野生动物重要栖息地划入国家公园、自然保护区等自然保护地，保护、恢复和改善野生动物生存环境。对不具备划定自然保护地条件的，县级以上人民政府可以采取划定禁猎（渔）区、规定禁猎（渔）期等措施予以保护。

禁止或者限制在自然保护地内引入外来物种、营造单一纯林、过量施洒农药等人为干扰、威胁野生动物生息繁衍的行为。

自然保护地依照有关法律法规的规定划定和管理，野生动物保护主管部门依法加强对野生动物及其栖息地的保护。

**第十三条** 县级以上人民政府及其有关部门在编制有关开发利用规划时，应当充分考虑野生动物及其栖息地保护的需要，分析、预测和评估规划实施可能对野生动物及其栖息地保护产生的整体影响，避免或者减少规划实施可能造成的不利后果。

禁止在自然保护地建设法律法规规定不得建设的项目。机场、铁路、公路、航道、水利水电、风电、光伏发电、围堰、围填海等建设项目的选址选线，应当避让自然保护地以及其他野生动物重要栖息地、迁徙洄游通道；确实无法避让的，应当采取修建野生动物通道、过鱼设施等措施，消除或者减少对野生动物的不利影响。

建设项目可能对自然保护地以及其他野生动物重要栖息地、迁徙洄游通道产生影响的，环境影响评价文件的审批部门在审批环境影响评价文件时，涉及国家重点保护野生动物的，应当征求国务院野生动物保护主管部门意见；涉及地方重点保护野生动物的，应当征求省、自治区、直辖市人民政府野生动物保护主管部门意见。

**第十四条** 各级野生动物保护主管部门应当监测环境对野生动物的影响，发现环境影响对野生动物造成危害时，应当会同有关部门及时进行调查处理。

**第十五条** 国家重点保护野生动物和有重要生态、科学、社会价值的陆生野生动物或者地方重点保护野生动物受到自然灾害、重大环境污染事故等突发事件威胁时，当地人民政府应当及时采取应急救助措施。

国家加强野生动物收容救护能力建设。县级以上人民政府野生动物保护主管部门应当按照国家有关规定组织开展野生动物收容救护工作，加强对社会组织开展野生动物收容救护工作的规范和指导。

收容救护机构应当根据野生动物收容救护的实际需要，建立收容救护场所，配备相应的专业技术人员、救护工具、设备和药品等。

禁止以野生动物收容救护为名买卖野生动物及其制品。

**第十六条** 野生动物疫源疫病监测、检疫和与人畜共患传染病有关的动物传染病的防治管理，适用《中华人民共和国动物防疫法》等有关法律法规的规定。

**第十七条** 国家加强对野生动物遗传资源的保护，对濒危野生动物实施抢救性保护。

国务院野生动物保护主管部门应当会同国务院有关部门制定有关野生动物遗传资源保护和利用规划，建立国家野生动物遗传资源基因库，对原产我国的珍贵、濒危野生动物遗传资源实行重点保护。

**第十八条** 有关地方人民政府应当根据实际情况和需要建设隔离防护设施、设置安全警示标志等，预防野生动物可能造成的危害。

县级以上人民政府野生动物保护主管部门根据野生动物及其栖息地调查、监测和评估情况，对种群数量明显超过环境容量的物种，可以采取迁地保护、猎捕等种群调控措施，保障人身财产安全、生态安全和农业生产。对种群调控猎捕的野生动物按照国家有关规定进行处理和综合利用。种群调控的具体办法由国务院野生动物保护主管部门会同国务院有关部门制定。

第十九条　因保护本法规定保护的野生动物，造成人员伤亡、农作物或者其他财产损失的，由当地人民政府给予补偿。具体办法由省、自治区、直辖市人民政府制定。有关地方人民政府可以推动保险机构开展野生动物致害赔偿保险业务。

有关地方人民政府采取预防、控制国家重点保护野生动物和其他致害严重的陆生野生动物造成危害的措施以及实行补偿所需经费，由中央财政予以补助。具体办法由国务院财政部门会同国务院野生动物保护主管部门制定。

在野生动物危及人身安全的紧急情况下，采取措施造成野生动物损害的，依法不承担法律责任。

### 第三章　野生动物管理

第二十条　在自然保护地和禁猎（渔）区、禁猎（渔）期内，禁止猎捕以及其他妨碍野生动物生息繁衍的活动，但法律法规另有规定的除外。

野生动物迁徙洄游期间，在前款规定区域外的迁徙洄游通道内，禁止猎捕并严格限制其他妨碍野生动物生息繁衍的活动。县级以上人民政府或者其野生动物保护主管部门应当规定并公布迁徙洄游通道的范围以及妨碍野生动物生息繁衍活动的内容。

第二十一条　禁止猎捕、杀害国家重点保护野生动物。

因科学研究、种群调控、疫源疫病监测或者其他特殊情况，需要猎捕国家一级保护野生动物的，应当向国务院野生动物保护主管部门申请特许猎捕证；需要猎捕国家二级保护野生动物的，应当向省、自治区、直辖市人民政府野生动物保护主管部门申请特许猎捕证。

第二十二条　猎捕有重要生态、科学、社会价值的陆生野生动物和地方重点保护野生动物的，应当依法取得县级以上地方人民政府野生动物保护主管部门核发的狩猎证，并服从猎捕量限额管理。

第二十三条　猎捕者应当严格按照特许猎捕证、狩猎证规定的种类、数量或者限额、地点、工具、方法和期限进行猎捕。猎捕作业完成后，应当将猎捕情况向核发特许猎捕证、狩猎证的野生动物保护主管部门备案。具体办法由国务院野生动物保护主管部门制定。猎捕国家重点保护野生动物应当由专业机构和人员承担；猎捕有重要生态、科学、社会价值的陆生野生动物，有条件的地方可以由专业机构有组织开展。

持枪猎捕的，应当依法取得公安机关核发的持枪证。

第二十四条　禁止使用毒药、爆炸物、电击或者电子诱捕装置以及猎套、猎夹、捕鸟网、地枪、排铳等工具进行猎捕，禁止使用夜间照明行猎、歼灭性围猎、捣毁巢穴、火攻、烟熏、网捕等方法进行猎捕，但因物种保护、科学研究确需网捕、电子诱捕以及植保作业等除外。

前款规定以外的禁止使用的猎捕工具和方法，由县级以上地方人民政府规定并公布。

第二十五条　人工繁育野生动物实行分类分级管理，严格保护和科学利用野生动物资源。国家支持有关科学研究机构因物种保护目的人工繁育国家重点保护野生动物。

人工繁育国家重点保护野生动物实行许可制度。人工繁育国家重点保护野生动物的，应当经省、自治区、直辖市人民政府野生动物保护主管部门批准，取得人工繁育许可证，但国务院对批准机关另有规定的除外。

人工繁育有重要生态、科学、社会价值的陆生野生动物的，应当向县级人民政府野生动物保护主管部门备案。

人工繁育野生动物应当使用人工繁育子代种源，建立物种系谱、繁育档案和个体数据。因物种保护目的确需采用野外种源的，应当遵守本法有关猎捕野生动物的规定。

本法所称人工繁育子代，是指人工控制条件下繁殖出生的子代个体且其亲本也在人工控制条件下出生。

人工繁育野生动物的具体管理办法由国务院野生动物保护主管部门制定。

第二十六条　人工繁育野生动物应当有利于物种保护及其科学研究，不得违法猎捕野生动物，破坏野外种群资源，并根据野生动物习性确保其具有必要的活动空间和生息繁衍、卫生健康条件，具备与其繁育目的、种类、发展规模相适应的场所、设施、技术，符合有关技术标准和防疫要求，不得虐待野生动物。

省级以上人民政府野生动物保护主管部门可以根据保护国家重点保护野生动物的需要，组织开展国家重点保护野生动物放归野外环境工作。

前款规定以外的人工繁育的野生动物放归野外环境的，适用本法有关放生野生动物管理的规定。

第二十七条　人工繁育野生动物应当采取安全措施，防止野生动物伤人和逃逸。人工繁育的野生动物造成他人损害、危害公共安全或者破坏生态的，饲养人、管理人等应当依法承担法律责任。

第二十八条　禁止出售、购买、利用国家重点保护野生动物及其制品。

因科学研究、人工繁育、公众展示展演、文物保护或者其他特殊情况，需要出售、购买、利用国家重点保护野生动物及其制品的，应当经省、自治区、直辖市人民政府野生动物保护主管部门批准，并按照规定取得和使用专用标识，保证可追溯，但国务院对批准机关另有规定的除外。

出售、利用有重要生态、科学、社会价值的陆生野生动物和地方重点保护野生动物及其制品的，应当提供狩猎、人工繁育、进出口等合法来源证明。

实行国家重点保护野生动物和有重要生态、科学、社会价值的陆生野生动物及其制品专用标识的范围和管理办法，由国务院野生动物保护主管部门规定。

出售本条第二款、第三款规定的野生动物的，还应当依法附有检疫证明。

利用野生动物进行公众展示展演应当采取安全管理措施，并保障野生动物健康状态，具体管理办法由国务院野生动物保护主管部门会同国务院有关部门制定。

**第二十九条** 对人工繁育技术成熟稳定的国家重点保护野生动物或者有重要生态、科学、社会价值的陆生野生动物，经科学论证评估，纳入国务院野生动物保护主管部门制定的人工繁育国家重点保护野生动物名录或者有重要生态、科学、社会价值的陆生野生动物名录，并适时调整。对列入名录的野生动物及其制品，可以凭人工繁育许可证或者备案，按照省、自治区、直辖市人民政府野生动物保护主管部门或者其授权的部门核验的年度生产数量直接取得专用标识，凭专用标识出售和利用，保证可追溯。

对本法第十条规定的国家重点保护野生动物名录和有重要生态、科学、社会价值的陆生野生动物名录进行调整时，根据有关野外种群保护情况，可以对前款规定的有关人工繁育技术成熟稳定野生动物的人工种群，不再列入国家重点保护野生动物名录和有重要生态、科学、社会价值的陆生野生动物名录，实行与野外种群不同的管理措施，但应当依照本法第二十五条第二款、第三款和本条第一款的规定取得人工繁育许可证或者备案和专用标识。

对符合《中华人民共和国畜牧法》第十二条第二款规定的陆生野生动物人工繁育种群，经科学论证评估，可以列入畜禽遗传资源目录。

**第三十条** 利用野生动物及其制品的，应当以人工繁育种群为主，有利于野外种群养护，符合生态文明建设的要求，尊重社会公德，遵守法律法规和国家有关规定。

野生动物及其制品作为药品等经营和利用的，还应当遵守《中华人民共和国药品管理法》等有关法律法规的规定。

**第三十一条** 禁止食用国家重点保护野生动物和国家保护的有重要生态、科学、社会价值的陆生野生动物以及其他陆生野生动物。

禁止以食用为目的猎捕、交易、运输在野外环境自然生长繁殖的前款规定的野生动物。

禁止生产、经营使用本条第一款规定的野生动物及其制品制作的食品。

禁止为食用非法购买本条第一款规定的野生动物及其制品。

**第三十二条** 禁止为出售、购买、利用野生动物或者禁止使用的猎捕工具发布广告。禁止为违法出售、购买、利用野生动物制品发布广告。

**第三十三条** 禁止网络平台、商品交易市场、餐饮场所等，为违法出售、购买、食用及利用野生动物及其制品或者禁止使用的猎捕工具提供展示、交易、消费服务。

**第三十四条** 运输、携带、寄递国家重点保护野生动物及其制品，或者依照本法第二十九条第二款规定调出国家重点保护野生动物名录的野生动物及其制品出县境的，应当持有或者附有本法第二十一条、第二十五条、第二十八条或者第二十九条规定的许可证、批准文件的副本或者专用标识。

运输、携带、寄递有重要生态、科学、社会价值的陆生野生动物和地方重点保护野生动物，或者依照本法第二十九条第二款规定调出有重要生态、科学、社会价值的陆生野生动物名录的野生动物出县境的，应当持有狩猎、人工繁育、进出口等合法来源证明或者专用标识。

运输、携带、寄递前两款规定的野生动物出县境的，还应当依照《中华人民共和国动物防疫法》的规定附有检疫证明。

铁路、道路、水运、民航、邮政、快递等企业对托运、携带、交寄野生动物及其制品的，应当查验其相关证件、文件副本或者专用标识，对不符合规定的，不得承运、寄递。

**第三十五条** 县级以上人民政府野生动物保护主管部门应当对科学研究、人工繁育、公众展示展演等利用野生动物及其制品的活动进行规范和监督管理。

市场监督管理、海关、铁路、道路、水运、民航、邮政等部门应当按照职责分工对野生动物及其制品交易、利用、运输、携带、寄递等活动进行监督检查。

国家建立由国务院林业草原、渔业主管部门牵头，各相关部门配合的野生动物联合执法工作协调机制。地方人民政府建立相应联合执法工作协调机制。

县级以上人民政府野生动物保护主管部门和其他负有野生动物保护职责的部门发现违法事实涉嫌犯罪的，应当将犯罪线索移送具有侦查、调查职权的机关。

公安机关、人民检察院、人民法院在办理野生动物保护犯罪案件过程中认为没有犯罪事实，或者犯罪事实显著轻微，不需要追究刑事责任，但应当予以行政处罚的，应当及时将案件移送县级以上人民政府野生动物保护主管部门和其他负有野生动物保护职责的部门，有关部门应当依法处理。

**第三十六条** 县级以上人民政府野生动物保护主管部门和其他负有野生动物保护职责的部门，在履行本法规定的职责时，可以采取下列措施：

（一）进入与违反野生动物保护管理行为有关的场所进行现场检查、调查；

（二）对野生动物进行检验、检测、抽样取证；

（三）查封、复制有关文件、资料，对可能被转移、销毁、隐匿或者篡改的文件、资料予以封存；

（四）查封、扣押无合法来源证明的野生动物及其制品，查封、扣押涉嫌非法猎捕野生动物或者非法收购、出售、加工、运输猎捕野生动物及其制品的工具、设备或者财物。

**第三十七条** 中华人民共和国缔结或者参加的国际公约禁止或者限制贸易的野生动物或者其制品名录，由国家濒危物种进出口管理机构制定、调整并公布。

进出口列入前款名录的野生动物或者其制品，或者出口国家重点保护野生动物或者其制品的，应当经国务院野生动物保护主管部门或者国务院批准，并取得国家濒危物种进出口管理机构核发的允许进出口证明书。海关凭允许进出口证明书办理进出境检疫，并依法办理其他海关手续。

涉及科学技术保密的野生动物物种的出口，按照国务院有关规定办理。

列入本条第一款名录的野生动物，经国务院野生动物保护主管部门核准，按照本法有关规定进行管理。

**第三十八条** 禁止向境外机构

或者人员提供我国特有的野生动物遗传资源。开展国际科学研究合作的，应当依法取得批准，有我国科研机构、高等学校、企业及其研究人员实质性参与研究，按照规定提出国家共享惠益的方案，并遵守我国法律、行政法规的规定。

第三十九条　国家组织开展野生动物保护及相关执法活动的国际合作与交流，加强与毗邻国家的协作，保护野生动物迁徙通道；建立防范、打击野生动物及其制品的走私和非法贸易的部门协调机制，开展防范、打击走私和非法贸易行动。

第四十条　从境外引进野生动物物种的，应当经国务院野生动物保护主管部门批准。从境外引进列入本法第三十七条第一款名录的野生动物，还应当依法取得允许进出口证明书。海关凭进口批准文件或者允许进出口证明书办理进境检疫，并依法办理其他海关手续。

从境外引进野生动物物种的，应当采取安全可靠的防范措施，防止其进入野外环境，避免对生态系统造成危害；不得违法放生、丢弃，确需将其放生至野外环境的，应当遵守有关法律法规的规定。

发现来自境外的野生动物对生态系统造成危害的，县级以上人民政府野生动物保护等有关部门应当采取相应的安全控制措施。

第四十一条　国务院野生动物保护主管部门应当会同国务院有关部门加强对放生野生动物活动的规范、引导。任何组织和个人将野生动物放生至野外环境，应当选择适合放生地野外生存的当地物种，不得干扰当地居民的正常生活、生产，避免对生态系统造成危害。具体办法由国务院野生动物保护主管部门制定。随意放生野生动物，造成他人人身、财产损害或者危害生态系统的，依法承担法律责任。

第四十二条　禁止伪造、变造、买卖、转让、租借特许猎捕证、狩猎证、人工繁育许可证及专用标识，出售、购买、利用国家重点保护野生动物及其制品的批准文件，或者允许进出口证明书、进出口等批准文件。

前款规定的有关许可证书、专用标识、批准文件的发放有关情况，应当依法公开。

第四十三条　外国人在我国对国家重点保护野生动物进行野外考察或者在野外拍摄电影、录像，应当经省、自治区、直辖市人民政府野生动物保护主管部门或者其授权的单位批准，并遵守有关法律法规的规定。

第四十四条　省、自治区、直辖市人民代表大会或者其常务委员会可以根据地方实际情况制定对地方重点保护野生动物等的管理办法。

第四章　法律责任

第四十五条　野生动物保护主管部门或者其他有关部门不依法作出行政许可决定，发现违法行为或者接到对违法行为的举报不依法处理，或者有其他滥用职权、玩忽职守、徇私舞弊等不依法履行职责的行为的，对直接负责的主管人员和其他直接责任人员依法给予处分；构成犯罪的，依法追究刑事责任。

第四十六条　违反本法第十二条第三款、第十三条第二款规定的，依照有关法律法规的规定处罚。

第四十七条　违反本法第十五条第四款规定，以收容救护为名买卖野生动物及其制品的，由县级以上人民政府野生动物保护主管部门没收野生动物及其制品、违法所得，并处野生动物及其制品价值二倍以上二十倍以下罚款，将有关违法信息记入社会信用记录，并向社会公布；构成犯罪的，依法追究刑事责任。

第四十八条　违反本法第二十条、第二十一条、第二十三条第一款、第二十四条第一款规定，有下列行为之一的，由县级以上人民政府野生动物保护主管部门、海警机构和有关自然保护地管理机构按照职责分工没收猎获物、猎捕工具和违法所得，吊销特许猎捕证，并处猎获物价值二倍以上二十倍以下罚款；没有猎获物或者猎获物价值不足五千元的，并处一万元以上十万元以下罚款；构成犯罪的，依法追究刑事责任：

（一）在自然保护地、禁猎（渔）区、禁猎（渔）期猎捕国家重点保护野生动物；

（二）未取得特许猎捕证、未按照特许猎捕证规定猎捕、杀害国家重点保护野生动物；

（三）使用禁用的工具、方法猎捕国家重点保护野生动物。

违反本法第二十三条第一款规定，未将猎捕情况向野生动物保护主管部门备案的，由核发特许猎捕证、狩猎证的野生动物保护主管部门责令限期改正；逾期不改正的，处一万元以上十万元以下罚款；情节严重的，吊销特许猎捕证、狩猎证。

第四十九条　违反本法第二十条、第二十二条、第二十三条第一款、第二十四条第一款规定，有下列行为之一的，由县级以上地方人民政府野生动物保护主管部门和有关自然保护地管理机构按照职责分工没收猎获物、猎捕工具和违法所得，吊销狩猎证，并处猎获物价值一倍以上十倍以下罚款；没有猎获物或者猎获物价值不足二千元的，并处二千元以上二万元以下罚款；构成犯罪的，依法追究刑事责任：

（一）在自然保护地、禁猎（渔）区、禁猎（渔）期猎捕有重要生态、科学、社会价值的陆生野生动物或者地方重点保护野生动物；

（二）未取得狩猎证、未按照狩猎证规定猎捕有重要生态、科学、社会价值的陆生野生动物或者地方重点保护野生动物；

（三）使用禁用的工具、方法猎捕有重要生态、科学、社会价值的陆生野生动物或者地方重点保护野生动物。

违反本法第二十条、第二十四条第一款规定，在自然保护地、禁猎区、禁猎期或者使用禁用的工具、方法猎捕其他陆生野生动物，破坏生态的，由县级以上地方人民政府野生动物保护主管部门和有关自然保护地管理机构按照职责分工没收猎获物、猎捕工具和违法所得，并处猎获物价值一倍以上三倍以下罚款；没有猎获物或者猎获物价值不足一千元的，并处一千元以上三千元以下罚款；构成犯罪的，依法追究刑事责任。

违反本法第二十三条第二款规定，未取得持枪证持枪猎捕野生动物，构成违反治安管理行为的，还应当由公安机关依法给予治安管理处罚；构成犯罪的，依法追究刑事责任。

第五十条　违反本法第三十一

条第二款规定，以食用为目的猎捕、交易、运输在野外环境自然生长繁殖的国家重点保护野生动物或者有重要生态、科学、社会价值的陆生野生动物的，依照本法第四十八条、第四十九条、第五十二条的规定从重处罚。

违反本法第三十一条第二款规定，以食用为目的猎捕在野外环境自然生长繁殖的其他陆生野生动物的，由县级以上地方人民政府野生动物保护主管部门和有关自然保护地管理机构按照职责分工没收猎获物、猎捕工具和违法所得；情节严重的，并处猎获物价值一倍以上五倍以下罚款，没有猎获物或者猎获物价值不足二千元的，并处二千元以上一万元以下罚款；构成犯罪的，依法追究刑事责任。

违反本法第三十一条第二款规定，以食用为目的交易、运输在野外环境自然生长繁殖的其他陆生野生动物的，由县级以上地方人民政府野生动物保护主管部门和市场监督管理部门按照职责分工没收野生动物；情节严重的，并处野生动物价值一倍以上五倍以下罚款；构成犯罪的，依法追究刑事责任。

**第五十一条** 违反本法第二十五条第二款规定，未取得人工繁育许可证，繁育国家重点保护野生动物或者依照本法第二十九条第二款规定调出国家重点保护野生动物名录的野生动物的，由县级以上人民政府野生动物保护主管部门没收野生动物及其制品，并处野生动物及其制品价值一倍以上十倍以下罚款。

违反本法第二十五条第三款规定，人工繁育有重要生态、科学、社会价值的陆生野生动物或者依照本法第二十九条第二款规定调出有重要生态、科学、社会价值的陆生野生动物名录的野生动物未备案的，由县级人民政府野生动物保护主管部门责令限期改正；逾期不改正的，处五百元以上二千元以下罚款。

**第五十二条** 违反本法第二十八条第一款和第二款、第二十九条第一款、第三十四条第一款规定，未经批准、未取得或者未按照规定使用专用标识，或者未持有、未附有人工繁育许可证、批准文件的副本或者专用标识出售、购买、利用、运输、携带、寄递国家重点保护野生动物及其制品或者依照本法第二十九条第二款规定调出国家重点保护野生动物名录的野生动物及其制品的，由县级以上人民政府野生动物保护主管部门和市场监督管理部门按照职责分工没收野生动物及其制品和违法所得，责令关闭违法经营场所，并处野生动物及其制品价值二倍以上二十倍以下罚款；情节严重的，吊销人工繁育许可证、撤销批准文件、收回专用标识；构成犯罪的，依法追究刑事责任。

违反本法第二十八条第三款、第二十九条第一款、第三十四条第二款规定，未持有合法来源证明或者专用标识出售、利用、运输、携带、寄递有重要生态、科学、社会价值的陆生野生动物、地方重点保护野生动物或者依照本法第二十九条第二款规定调出有重要生态、科学、社会价值的陆生野生动物名录的野生动物及其制品的，由县级以上地方人民政府野生动物保护主管部门和市场监督管理部门按照职责分工没收野生动物，并处野生动物价值一倍以上十倍以下罚款；构成犯罪的，依法追究刑事责任。

违反本法第三十四条第四款规定，铁路、道路、水运、民航、邮政、快递等企业未按照规定查验或者承运、寄递野生动物及其制品的，由交通运输、铁路监督管理、民用航空、邮政管理等相关主管部门按照职责分工没收违法所得，并处违法所得一倍以上五倍以下罚款；情节严重的，吊销经营许可证。

**第五十三条** 违反本法第三十一条第一款、第四款规定，食用或者为食用非法购买本法规定保护的野生动物及其制品的，由县级以上人民政府野生动物保护主管部门和市场监督管理部门按照职责分工责令停止违法行为，没收野生动物及其制品，并处野生动物及其制品价值二倍以上二十倍以下罚款；食用或者为食用非法购买其他陆生野生动物及其制品的，责令停止违法行为，给予批评教育，没收野生动物及其制品，情节严重的，并处野生动物及其制品价值一倍以上五倍以下罚款；构成犯罪的，依法追究刑事责任。

违反本法第三十一条第三款规定，生产、经营使用本法规定保护的野生动物及其制品制作的食品的，由县级以上人民政府野生动物保护主管部门和市场监督管理部门按照职责分工责令停止违法行为，没收野生动物及其制品和违法所得，责令关闭违法经营场所，并处违法所得十五倍以上三十倍以下罚款；生产、经营使用其他陆生野生动物及其制品制作的食品的，给予批评教育，没收野生动物及其制品和违法所得，情节严重的，并处违法所得一倍以上十倍以下罚款；构成犯罪的，依法追究刑事责任。

**第五十四条** 违反本法第三十二条规定，为出售、购买、利用野生动物及其制品或者禁止使用的猎捕工具发布广告的，依照《中华人民共和国广告法》的规定处罚。

**第五十五条** 违反本法第三十三条规定，为违法出售、购买、食用及利用野生动物及其制品或者禁止使用的猎捕工具提供展示、交易、消费服务的，由县级以上人民政府市场监督管理部门责令停止违法行为，限期改正，没收违法所得，并处违法所得二倍以上十倍以下罚款；没有违法所得或者违法所得不足五千元的，处一万元以上十万元以下罚款；构成犯罪的，依法追究刑事责任。

**第五十六条** 违反本法第三十七条规定，进出口野生动物及其制品的，由海关、公安机关、海警机构依照法律、行政法规和国家有关规定处罚；构成犯罪的，依法追究刑事责任。

**第五十七条** 违反本法第三十八条规定，向境外机构或者人员提供我国特有的野生动物遗传资源的，由县级以上人民政府野生动物保护主管部门没收野生动物及其制品和违法所得，并处野生动物及其制品价值或者违法所得一倍以上五倍以下罚款；构成犯罪的，依法追究刑事责任。

**第五十八条** 违反本法第四十条第一款规定，从境外引进野生动物物种的，由县级以上人民政府野生动物保护主管部门没收所引进的野生动物，并处五万元以上五十万元以下罚款；未依法实施进境检疫的，依照《中华人民共和国进出境动植物检疫法》的规定处罚；构成犯罪的，依法追究刑事责任。

第五十九条 违反本法第四十条第二款规定，将从境外引进的野生动物放生、丢弃的，由县级以上人民政府野生动物保护主管部门责令限期捕回，处一万元以上十万元以下罚款；逾期不捕回的，由有关野生动物保护主管部门代为捕回或者采取降低影响的措施，所需费用由被责令限期捕回者承担；构成犯罪的，依法追究刑事责任。

第六十条 违反本法第四十二条第一款规定，伪造、变造、买卖、转让、租借有关证件、专用标识或者有关批准文件的，由县级以上人民政府野生动物保护主管部门没收违法证件、专用标识、有关批准文件和违法所得，并处五万元以上五十万元以下罚款；构成违反治安管理行为的，由公安机关依法给予治安管理处罚；构成犯罪的，依法追究刑事责任。

第六十一条 县级以上人民政府野生动物保护主管部门和其他负有野生动物保护职责的部门、机构应当按照有关规定处理罚没的野生动物及其制品，具体办法由国务院野生动物保护主管部门会同国务院有关部门制定。

第六十二条 县级以上人民政府野生动物保护主管部门应当加强对野生动物及其制品鉴定、价值评估工作的规范、指导。本法规定的猎获物价值、野生动物及其制品价值的评估标准和方法，由国务院野生动物保护主管部门制定。

第六十三条 对违反本法规定破坏野生动物资源、生态环境，损害社会公共利益的行为，可以依照《中华人民共和国环境保护法》《中华人民共和国民事诉讼法》《中华人民共和国行政诉讼法》等法律的规定向人民法院提起诉讼。

第五章 附 则

第六十四条 本法自2023年5月1日起施行。

# 自然资源部　国家林业和草原局关于共同做好森林、草原、湿地调查监测工作的意见

自然资发〔2022〕5号

各省（自治区、直辖市）自然资源主管部门、林草主管部门，新疆生产建设兵团自然资源局、林草局：

根据《深化党和国家机构改革方案》和自然资源部、国家林草局"三定"规定，森林、草原、湿地等自然资源调查职责整合至自然资源部，国家林草局负责森林、草原、湿地动态监测工作。为搞好森林、草原、湿地等自然资源调查监测工作协调配合，减少工作重复浪费，充分发挥现有机构队伍的调查监测能力，提出以下意见：

**一、统一森林、草原、湿地调查监测制度**

森林、草原、湿地调查监测每年开展一次，并以第三次全国国土调查（以下简称"三调"）及上年度国土变更调查形成的林地、草地、湿地地类图斑为工作范围。

（一）统一工作部署

自然资源部与国家林草局每年3月份根据管理工作需要，联合发文部署森林、草原、湿地调查监测工作，明确调查监测任务和工作要求。省级自然资源主管部门与林草主管部门联合发文或转发文件，共同推动做好本行政辖区森林、草原、湿地调查监测工作。市县级自然资源主管部门与林草主管部门要密切配合，协同做好本行政辖区森林、草原、湿地调查监测工作。

（二）统一分类标准

林地、草地、湿地指标依据《国土空间调查监测、规划和用途管制用地用海分类指南》，可以根据需要，在林地、草地、湿地的二级地类基础上细化。森林面积、森林覆盖率、森林蓄积量指标应覆盖并仅限于"三调"及其国土变更调查的全部林地范围，草原面积、草原综合植被盖度应覆盖并仅限于"三调"及其国土变更调查的全部草地范围。需要调整分类指标的，自然资源部会同国家林草局修订分类标准。林草业务管理需要的其他专项监测指标由国家林草局确定。

（三）统一调查底图

森林、草原、湿地调查监测以上一年度国土变更调查成果为底图，保持相关数据基础的一致性。自然资源部统一向国家林草局提供年度国土变更调查成果，国家林草局统一制作调查底图下发地方林草主管部门使用。各级自然资源主管部门和林草主管部门共享卫星遥感影像数据（含原始数据和正射影像图）和相关基础地理信息数据。

（四）统一成果发布

森林、草原、湿地调查监测成果由自然资源主管部门和林草主管部门共同审核。森林覆盖率、森林蓄积量、草原综合植被盖度及其他成果由林草主管部门发布。

**二、明确任务与分工**

自然资源部和国家林草局共同组建工作专班，负责起草工作部署文件，审核调查监测工作方案，协调基础图件，解决调查监测中的重大问题，审核调查监测成果。工作专班领导小组由自然资源部主

管副部长任组长，国家林草局主管副局长、自然资源部一位总师任副组长。国家林草局负责组织实施森林、草原、湿地调查监测工作，中国地质调查局自然资源综合调查指挥中心参与。

地方各级自然资源主管部门与林草主管部门参照以上模式，组建工作专班，并开展调查监测工作。地方各级调查监测成果经工作专班审核后，由自然资源主管部门和林草主管部门共同上报。

三、工作要求

（一）高度重视统一开展森林、草原、湿地调查监测工作

统一开展森林、草原、湿地调查监测工作是自然资源部、国家林草局落实党中央、国务院关于机构改革重大决策部署的重要举措，各级自然资源主管部门与林草主管部门要高度重视这项工作，按照"党中央精神、国家立场、权责对等、严起来"的要求，切实转变观念，以高度负责的态度，密切配合，全程负责、履职到位，不折不扣地完

成好这项工作。参与森林、草原、湿地调查监测的相关单位要转变工作作风，优化工作方式，不断改进和完善森林、草原、湿地调查监测工作。

（二）协同推进相关工作

各级自然资源主管部门与林草主管部门要加强年度国土变更调查与森林、草原、湿地调查监测工作的衔接，协同推进自然资源调查监测的各项相关工作。在森林、草原、湿地调查监测工作中发现实地现状相对上年度国土变更调查结果发生变化的，要及时纳入当年国土变更调查。森林、草原、湿地调查监测工作中，要对此类图斑的相关属性信息进行记录，在当年国土变更调查成果形成后，及时将相关属性信息关联到对应图斑上，纳入当年森林、草原、湿地调查监测成果和国土空间基础信息平台。

（三）严格质量管控

各级工作专班是本区域森林、草原、湿地调查监测成果质量的责任主体，坚持分阶段分层级的全程

质量管控，建立质量回溯机制，前一阶段调查监测结果检查合格后方可开展下一阶段的工作，调查成果经逐级检查合格后方可汇交。

（四）加强成果共享应用

各级自然资源主管部门与林草主管部门要加强各类自然资源调查监测成果的共享应用，并根据需要向政府其他部门提供相关调查监测成果，扩大成果共享应用范围和成效。

（五）加强创新技术研究

调查监测应采用相对成熟、稳定的技术方法。对于需形成总体面积的调查监测指标，应采用内外业结合的图斑调绘方法开展全面调查，其他指标可采用抽样方法调查。各级自然资源主管部门和林草主管部门，各森林、草原、湿地调查监测工作参与单位应加强新技术新方法研究，开展试点实验，经可靠性验证后，适时组织推广应用。

自然资源部　国家林业和草原局
2022年1月7日

# 国家林业和草原局关于印发《林草产业发展规划（2021—2025年）》的通知

林规发〔2022〕14号

各省、自治区、直辖市、新疆生产建设兵团林业和草原主管部门，各计划单列市林业和草原主管部门，国家林业和草原局各司局、各派出机构、各直属单位、大兴安岭集团：

为全面贯彻落实习近平生态文

明思想，深入践行绿水青山就是金山银山理念，加快推动林草产业高质量发展，我局研究制定了《林草产业发展规划（2021—2025年）》（见附件）。现印发给你们，请结合实际，认真组织实施。

特此通知。

附件：林草产业发展规划（2021—2025年）（略）

国家林业和草原局
2022年1月28日

# 国家林业和草原局办公室
# 关于印发《林草中药材产业发展指南》的通知

办改字〔2022〕7号

各省、自治区、直辖市、新疆生产建设兵团林业和草原主管部门，国家林业和草原局各司局、各派出机构、各直属单位、大兴安岭集团：

为深入贯彻落实《中共中央国务院关于促进中医药传承创新发展的意见》，推动全国林草中药材产业高质量发展，我局编制了《林草中药材产业发展指南》（见附件）。现印发给你们，请结合实际认真组织实施。

特此通知。

附件：林草中药材产业发展指南（略）

国家林业和草原局办公室
2022年2月24日

# 国家林业和草原局关于
# 科学开展2022年国土绿化工作的通知

林生发〔2022〕17号

各省、自治区、直辖市、新疆生产建设兵团林业和草原主管部门，大兴安岭集团：

为全面贯彻党的十九大和十九届历次全会以及中央经济工作会议、中央农村工作会议精神，认真落实《国务院办公厅关于科学绿化的指导意见》（国办发〔2021〕19号）、《国务院办公厅关于加强草原保护修复的若干意见》（国办发〔2021〕7号），推动国土绿化高质量发展，现就科学开展2022年国土绿化工作通知如下：

**一、全面摸清国土绿化空间**

按照《自然资源部 国家林业和草原局关于在国土空间规划中明确造林绿化空间的通知》（自然资发〔2021〕198号）要求，组织开展造林绿化空间适宜性评估，全面摸清适宜造林绿化空间。地方各级林业和草原主管部门要积极主动与自然资源部门做好工作对接，建立自然资源部门牵头、林业和草原主管部门配合的协同工作机制，成立工作专班，制定工作方案，细化相关评估指标和标准，补充完善调查图斑，严格质量把关，把握工作节奏，按时完成造林绿化空间摸底工作，为今后带位置上报、带图斑下达造林绿化任务奠定工作基础。

**二、持续推进国土绿化落地上图**

坚持把国土绿化落地上图作为科学绿化的第一道工序。各地要全面总结落地上图工作经验，以落地上图为抓手，进一步提高国土绿化精细化管理水平。启动种草改良任务落地上图。切实提高落地上图工作质量，建立健全与自然资源部门会审工作机制，不断提高造林种草计划任务和完成任务上图的准确性。要充分发挥落地上图在国土绿化全过程管理中的作用，全面实行"双重"工程和国土绿化试点示范项目任务落地上图，研究推进义务植树、部门绿化、社会造林落地上图工作。2022年新造油茶林和低产油茶林改造任务全部纳入造林完成任务上图。省级林业和草原主管部门要持续加强落地上图技术培训，确保基层熟练掌握落地上图工作要求和操作技术。

**三、精准提升林草资源质量**

坚持数量质量、存量增量并重，持续推进调结构、提质量。各省级林业和草原主管部门要加大退化林和退化草原修复力度，全面摸清退化林和退化草原本底，因地制宜、科学修复。要加强珍贵树种培育，在林地质量较高、水热条件较好地区优先培育乡土珍贵树种。黄河流域各省区要根据我局部署要求，组织开展林草植被适宜性评价，提出植被调整方案，多措并举，优化林草生态系统布局、结构和功能。各地要强化新造幼林地封育和管护，建立完善造林绿化管护制度和投入政策，提高成林率。要全面加强天然林保护修复，巩固提升退耕还林还草成果，加强中幼林抚育，加大人工林抚育间伐任务实施比重。开展森林经营试点，逐步完善以森林经营方案为核心的森林经营管理制度。推动和规范基本草原划定，加强草原禁牧休牧和草畜平衡监管，推进草畜平衡示范县建设。开展免耕补播技术试点推广，强化草原生态修复工程项目管理，逐步改善草原生态状况。充分利用陆地生态系统定位观测研究站，加强与气象、水利、地质调查等部门及科研院所合作，完善林草生态系统监测体系。

### 四、加强试点示范项目建设

各地要认真落实《"十四五"林业草原保护发展规划纲要》，依托"双重"工程项目、国土绿化试点示范项目、中央财政补助项目和地方重点生态工程，贯彻山水林田湖草沙系统治理理念，大力推进林草区域性系统治理项目建设，加强项目落地上图、作业设计、检查验收、后期管护等全过程质量管理。科学绿化试点示范省，要着力破解国土绿化突出问题和薄弱环节，强化政策创新，抓好组织实施；其他省份，要积极推进本地区科学绿化示范建设，充分发挥示范带动效应。扎实推进三北工程科学绿化试点县建设，进一步探索创新三北工程建设新模式。积极开展国家草原公园、国有草场试点建设，提高草原资源综合效益，实现草原健康可持续发展。各级林业和草原主管部门要建立健全造林作业设计审查制度，明确用地、用水、种苗和技术措施等审核内容，规范审查程序，加强审核把关并监督实施。

### 五、抓好林草种和苗生产供应

各地要依据主要乡土树种名录，加强乡土树种良种选育，尽快选育一批适宜于旱半干旱地区造林的乡土乔灌木良种。优化国家重点林木良种基地树种结构，科学划定一批乡土珍贵树种、灌木树种采种基地，保障国土绿化对良种的多样化需求。推进林木种苗与国有林场融合发展，加强保障性苗圃建设，

提高生态修复种苗供给能力和质量水平，做到就近育苗、订单育苗。按照《中华人民共和国主要草种目录（2021年）》，加强优质乡土草种选育、扩繁和推广应用，提高草种自给率，草原生态修复用种原则上要使用乡土草种。完善种苗供需预测预报制度，及时发布种苗供需信息，持续开展种苗质量抽检和市场监管，严把国土绿化种苗质量关。各省级林业和草原主管部门要注意研判"双重"工程投资方式变化情况，指导各地提前做好种苗准备，加强县级单位之间种苗余缺调剂。

### 六、不断提升绿化惠民成效

各地要充分发挥森林和草原生态系统多种功能，培育林草主导产业、特色产业和新兴产业，积极探索推广绿水青山就是金山银山的转化路径。推广兼顾生态和经济效益的绿化模式，科学发展特色经济林果、竹藤花卉、林下经济、森林康养等绿色富民产业，实现经济发展和民生改善良性循环。大力发展油茶、核桃、文冠果等木本油料产业，合理安排种植面积，加大品种改良、低产林改造，提高木本油料供给能力。积极发展草牧业，在条件适宜地区开展人工草地建设，提高优质饲草供给能力。加强天然草原管理，推广应用先进实用放牧管理技术，提高科学放牧管理水平和草牧业生产效益。持续推进森林城市建设，推动森林进机关、进学校、进社区、进园区，倡导见缝插绿、拆违建绿，将森林科学合理地融入城市空间。有序开展乡村绿化

美化，鼓励农村"四旁"植树、庭院绿化，加强古树名木保护，鼓励易地扶贫搬迁地通过农村土地综合整治，利用废弃闲置土地增加村庄绿地，改善提升农村人居环境。

### 七、统筹推进春季造林绿化

当前，春季造林已由南向北陆续展开。各地要落实常态化疫情防控和安全生产措施，提前做好物资储备，抢抓造林绿化黄金时节，稳步有序推进国土绿化。优先安排脱贫人口参与造林种草、乡村绿化美化。加强生态护林员精细化管理。在国土绿化基础设施建设中，积极推广"以工代赈"方式。巩固拓展好脱贫攻坚成果，全面助力乡村振兴。根据中国气象局关于今春气候趋势预测，全国大部分地区气温较常年同期偏高，降水偏少，新疆北部偏少2至5成。有关地区要密切关注气候变化，切实加强造林种草管护，提前做好抗旱保苗准备。

科学推进国土绿化，是贯彻新发展理念、建设美丽中国的必然要求，是实现碳达峰碳中和目标的战略选择。各地要认真践行习近平生态文明思想，贯彻落实习近平总书记有关重要指示批示精神，统筹推进山水林田湖草沙一体化保护和系统治理，科学制定时间表、路线图，全面完成国土绿化各项工作，以优异成绩迎接党的二十大胜利召开。

特此通知。

国家林业和草原局
2022年2月28日

# 国家林业和草原局关于加强引进林草种子、苗木检疫审批与监管工作的通知

## 林生规〔2022〕1号

各省、自治区、直辖市、新疆生产建设兵团林业和草原主管部门，各计划单列市林业和草原主管部门，国家林业和草原局各司局、各

派出机构、各直属单位、大兴安岭集团，内蒙古、吉林、长白山、龙江、伊春森工集团：

为贯彻落实国家深化"放管

服"改革要求，规范从国外（含境外，下同）引进林草种子、苗木的检疫管理，有效防止外来有害生物入侵和扩散，防范生物安全风险，

现就加强引进林草种子、苗木（以下简称"林草引种"）检疫审批与监管工作有关事项通知如下：

**一、规范许可程序**

（一）申请单位应按要求填写并提供《引进林草种子、苗木检疫审批申请表》（见附件1）；引进需要隔离试种种苗的，还需提供隔离试种条件说明材料；引进展览用种苗的，还需提供展会批准文件、展览期间及结束后的管理措施；引进科研、交流、交换和赠送用种苗的，还需提供科研项目任务书、合同、协议、公函及隔离措施、项目完成后的处理措施等材料。

（二）审批机构应根据行政许可有关法律法规规定和职权范围开展引种检疫审批。

（三）审批机构应根据申请单位所具备的隔离试种条件和能力，审核引种种类和数量。经审查合格，核发《国外引进林草种子、苗木检疫审批单》（以下简称"审批单"）。审批单有效期限为6个月，特殊情况可适当延长，但不得超过9个月。

（四）审批机构无法确定引种风险程度的，可根据情况组织开展专家评审。属于国内首次引种或者引种国家（地区）为首次的，以及属于展览、科研、交流、交换、赠送的申请，须组织专家评审。专家评审时间不纳入法律法规规定的期限，时间一般控制在3个月以内。

（五）申请单位需变更审批单的有效期限和入境口岸的，应在有效期届满7个工作日前提出申请，并提交变更情况说明。获批准而没有引进的，申请单位应在有效期届满后7个工作日内将审批单退回。

**二、加强隔离试种**

（一）林草引种单位应具备与引进的种苗种类、数量相适应的隔离试种地。其中，引进果品生产或经营用种苗的，隔离试种地应为国家林业和草原局认定的普及型国外引种试种苗圃；政府、团体、科研教学机构引进用于展览、科研、交流、

交换、赠送的种苗的，隔离试种地需通过审批机构组织的专家评审。

（二）隔离方式和期限

1．引进用途为生产果品的或引进类型为木本实生苗、乔木、灌木、竹藤、盆景的，要进行全部隔离试种。其中：引进用途为生产果品的，隔离试种时间不得少于2年；首次引进的种类，时间不得少于1年；引进类型为木本实生苗、乔木、灌木、竹藤、盆景的，时间不得少于6个月。

2．引进类型为种子、营养繁殖苗、花卉、种球、宿根、草茎、接穗、插条的，要进行抽样隔离试种，抽样比例为0.01%～5%。其中，林木种子、接穗、插条的隔离试种时间不得少于6个月，其他种类隔离试种时间不得少于4周。

3．引进类型为草种、组培苗的或列入暂免隔离试种种类名单的，可以暂免隔离试种。暂免隔离试种植物种类实行名单制管理（见附件2），由国家林业和草原局根据经济社会发展水平、检疫监管能力、国内外有害生物发生危害情况，以及林草引种的实际情况发布和调整。

4．引进用于展览、科研、交流、交换、赠送的，由审批机构参考专家评审意见确定隔离方式和期限。

（三）省级审批机构应将首次引进种类的隔离试种情况报国家林业和草原局，隔离试种成功后，方可再次审批同一种类。

**三、深化"放管服"改革**

（一）普及型国外引种试种苗圃资格证书有效期限由3年调整为5年，苗圃地使用权期限不少于5年，且不得占用耕地。

（二）审批机构应以"互联网+监管"为依托和改革方向，建立健全监管制度，履行监管责任。可通过现场检查、企业约谈、电话回访、视频监控等多种方式开展监管工作，也可组织县级以上林业和草原主管部门、行业协会等开展监管。

（三）引种单位应建立和完善

档案，做到引种全过程留痕和可追溯管理。隔离试种档案应包括每批次引进种类的隔离试种情况、植物疫情监测和防治情况，以及出圃批次、时间、数量、去向等。暂免隔离试种的引种档案应包括每批次引进种类的去向、数量、时间、种植情况等。

（四）引种单位在隔离试种期间发现植物疫情时，应及时报告审批机构和当地植物检疫机构，并在植物检疫机构的监督指导下，对隔离试种和已移植销售的种苗及时采取封锁、控制和扑灭等措施，并承担疫情除治费用。

（五）引种单位未按规定开展隔离试种及相关工作的，或者不配合监管工作的，可纳入重点监管对象管理；因行政许可申请人隐瞒有关情况或者提供虚假材料，导致实际林草引种数量与审批数量相差大，或者审批单延期、变更比例达本单位本年度已发放审批单的5%的，暂停受理审批申请3个月；存在其他违法违规行为的，按国家有关规定处罚。

**四、相关要求**

（一）各级林业和草原主管部门要加强与农业农村、海关等部门的沟通和协作，鼓励行业协会等社团组织参与有关工作，支持规范、诚信、创新型企业发展。

（二）省级林业和草原主管部门可结合当地具体情况，制定林草引种管理办法。

本通知自印发之日起执行。《国家林业和草原局关于印发〈引进林草种子、苗木检疫审批与监管办法〉的通知》（林生规〔2019〕5号）同时废止。

附件：

1．引进林草种子、苗木检疫审批申请表（式样）（略）

2．暂免隔离试种植物种类名单

国家林业和草原局
2022年3月29日

附件2

## 暂免隔离试种植物种类名单

蝴蝶兰*Phalaenopsis* spp.  果子蔓*Guzmania* spp.  康乃馨*Dianthus caryophyllus*
丽穗凤梨*Vriesea carinata*  大花蕙兰*Cymbidium* spp.  红掌*Anthurium andreanum*

注：1．以上植物以拉丁学名为准。
　　2．以上植物只限于人工培育的种类、品种。

# 市场监管总局　农业农村部　国家林草局
# 关于停止执行《关于禁止野生动物交易的公告》的公告

## 2022年第15号

为落实党中央、国务院决策部署，积极应对新冠肺炎疫情，阻断可能的传染源和传播途径，2020年1月26日，市场监管总局、农业农村部、国家林草局联合发布了《关于禁止野生动物交易的公告》（2020年第4号，以下简称《公告》）。

《公告》发布后，各地区各相关部门持续开展相关行动，采取有力措施，强化联合执法，隔离封控野生动物饲养繁育场所，加强对农（集）贸市场、超市、餐饮单位、电商平台等经营场所的监督检查，及时受理、处理涉野生动物投诉举报，坚决取缔和查封违法违规野生动物经营场所，从严查处违法案件，广泛开展禁止滥食野生动物

宣传教育，在加强野生动物保护管理、打击滥捕滥食野生动物违法行为、提升公众自觉抵制滥食和非法交易野生动物意识等方面取得了积极成效，社会各界给予充分肯定。

2020年2月24日全国人大常委会公布并施行了《关于全面禁止非法野生动物交易、革除滥食野生动物陋习、切实保障人民群众生命健康安全的决定》（以下简称《决定》），2020年5月29日农业农村部公布了经国务院批准的《国家畜禽遗传资源目录》。上述两个文件对全面禁止野生动物非法交易、滥食行为等作出了明确规定，禁止交易、食用的野生动物范围更加明确，在养陆生野生动物与家畜家禽

的界限更加清晰。

经研究，市场监管总局、农业农村部、国家林草局决定，即日起停止执行《公告》。各地区各相关部门要依据《中华人民共和国野生动物保护法》《中华人民共和国渔业法》《中华人民共和国动物防疫法》《决定》等相关法律法规，继续加强陆生、水生野生动物保护管理，加大对非法野生动物交易、滥食野生动物行为的打击力度，切实保障人民群众生命健康安全。

市场监管总局
农业农村部
国家林草局
2022年5月30日

# 国家林业和草原局
# 关于印发《国家公园管理暂行办法》的通知

林保发〔2022〕64号

各省、自治区、直辖市、新疆生产建设兵团林业和草原主管部门，国家林业和草原局各司局、各派出机构、各直属单位、大兴安岭集团：

为加强国家公园建设管理，保障国家公园工作平稳有序开展，我局研究制定了《国家公园管理暂行办法》（见附件），现印发给你们，请遵照执行。

特此通知。

附件：国家公园管理暂行办法

国家林业和草原局
2022年6月1日

附件

## 国家公园管理暂行办法

### 第一章　总　则

**第一条**　为加强国家公园建设管理，保持重要自然生态系统的原真性和完整性，维护生物多样性和生态安全，促进人与自然和谐共生，实现全民共享、世代传承，依据相关法律法规和党中央、国务院有关文件精神，制定本办法。

**第二条**　在中华人民共和国领域及管辖的其他海域开展国家公园规划建设、保护管理、公众服务、监督执法及相关活动，适用本办法。

**第三条**　本办法所称国家公园，是指由国家批准设立并主导管理，以保护具有国家代表性的自然生态系统为主要目的，实现自然资源科学保护和合理利用的特定陆域或者海域。

**第四条**　国家公园的建设管理应当坚持保护第一、科学管理、合理利用、多方参与的原则。

**第五条**　国家林业和草原局（国家公园管理局）负责全国国家公园的监督管理工作。

各国家公园管理机构负责国家公园自然资源资产管理、生态保护修复、社会参与管理、科普宣教等工作。

**第六条**　国家林业和草原局（国家公园管理局）会同国家公园所在地省级人民政府建立局省联席会议机制，统筹协调国家公园保护管理工作。

省级林业和草原主管部门和国家公园管理机构可以商国家公园所在地市、县级人民政府，建立国家公园日常工作协作机制。

国家林业和草原局（国家公园管理局）和各国家公园管理机构可以建立咨询机制，广泛听取专家学者、企事业单位、社会组织、社会公众等的意见。

**第七条**　国家公园管理机构依职能负责国家公园建设管理资金预算编制、执行。严格依法依规使用各类资金，加强各类资金统筹使用，落实预算绩效管理，提升资金使用效益。

### 第二章　规划建设

**第八条**　国家林业和草原局（国家公园管理局）依据国土空间规划和国家公园设立标准，编制国家公园空间布局方案，按程序报批。

国家林业和草原局（国家公园管理局）根据经批准的国家公园空间布局方案，组织开展国家公园设立前期工作，编制设立方案，按程序报国务院审批。

**第九条**　国家公园范围划定应当坚持实事求是，开展充分调查和科学论证，从源头减少和解决空间矛盾冲突。

经批准设立的国家公园范围内不再保留或新设立其他类型的自然保护地。

国家林业和草原局（国家公园管理局）依据国务院批复的设立方案和国家有关规定，向社会公开国家公园范围边界、面积和管控分区。

**第十条**　国家公园管理机构应当配合国家公园所在地省级人民政府，自国家公园批准设立之日起一年内，根据国务院批准的国家公园范围边界，完成国家公园勘界立标。

国家公园管理机构应当配合不动产登记机构将国家公园作为独立自然资源登记单元，依法依规对国家公园内的自然资源进行统一确权登记。

**第十一条**　国家公园总体规划应当自批准设立之日起一年内编制完成。

国家公园管理机构可以根据国家公园总体规划，编制生态保护修复、生态旅游、自然教育等专项规划或实施方案，并按程序报批后组织实施。

国家林业和草原局（国家公园管理局）定期组织对国家公园总体规划和专项规划的实施情况开展评估。确需调整总体规划和专项规划的，应当报原审批机关批准。

第十二条　国家公园管理机构应按照国家公园总体规划组织实施相关建设活动，摸清保护、宣教及民生基础设施等本底情况，充分利用原有设施，建设和完善必要的保护、管理、服务和应急等设施。

第十三条　国家公园范围内的保护、宣教及民生基础设施等建设项目应当遵循绿色营建理念，与自然景观和文化特色相协调，其选址、规模、风格、施工等应当符合国家公园总体规划和管控要求，采取必要措施消减对自然、人文资源和生态系统的不利影响，并依法依规办理相关手续。

第十四条　国家公园管理机构应当会同国家公园所在地县级以上地方人民政府加强对国家公园周边建设项目的监督管理，相关项目建设不得损害国家公园内的生态系统和环境质量；造成损害的，应当限期整改。

第十五条　国家公园管理机构应当充分运用现代化技术手段，提高管理和服务效能，推动国家公园实现智慧管理和服务。

## 第三章　保护管理

第十六条　国家公园应当根据功能定位进行合理分区，划为核心保护区和一般控制区，实行分区管控。

国家公园范围内自然生态系统保存完整、代表性强，核心资源集中分布，或者生态脆弱需要休养生息的区域应当划为核心保护区。国家公园核心保护区以外的区域划为一般控制区。

第十七条　国家公园核心保护区原则上禁止人为活动。国家公园管理机构在确保主要保护对象和生态环境不受损害的情况下，可以按照有关法律法规政策，开展或者允许开展下列活动：

（一）管护巡护、调查监测、防灾减灾、应急救援等活动及必要

的设施修筑，以及因有害生物防治、外来物种入侵等开展的生态修复、病虫害动植物清理等活动；

（二）暂时不能搬迁的原住居民，可以在不扩大现有规模的前提下，开展生活必要的种植、放牧、采集、捕捞、养殖等生产活动，修缮生产生活设施；

（三）国家特殊战略、国防和军队建设、军事行动等需要修筑设施、开展调查和勘查等相关活动；

（四）国务院批准的其他活动。

第十八条　国家公园一般控制区禁止开发性、生产性建设活动，国家公园管理机构在确保生态功能不造成破坏的情况下，可以按照有关法律法规政策，开展或者允许开展下列有限人为活动：

（一）核心保护区允许开展的活动；

（二）因国家重大能源资源安全需要开展的战略性能源资源勘查，公益性自然资源调查和地质勘查；

（三）自然资源、生态环境监测和执法，包括水文水资源监测及涉水违法事件的查处等，灾害防治和应急抢险活动；

（四）经依法批准进行的非破坏性科学研究观测、标本采集；

（五）经依法批准的考古调查发掘和文物保护活动；

（六）不破坏生态功能的生态旅游和相关的必要公共设施建设；

（七）必须且无法避让、符合县级以上国土空间规划的线性基础设施建设、防洪和供水设施建设与运行维护；

（八）重要生态修复工程，在严格落实草畜平衡制度要求的前提下开展适度放牧，以及在集体和个人所有的人工商品林内开展必要的经营；

（九）法律、行政法规规定的其他活动。

第十九条　国家公园管理机构应当按照依法、自愿、有偿的原则，探索通过租赁、合作、设立保护地役权等方式对国家公园内集体所有土地及其附属资源实施管理，在确保维护产权人权益前提下，探索通过赎买、置换等方式将集体所有商品林或其他集体资产转为全民所有自然资源资产，实现统一保护。

第二十条　国家公园管理机构

应当组织对国家公园内自然资源、人文资源和经济社会状况等开展调查监测和统计分析，形成本底资源数据库。

第二十一条　国家林业和草原局（国家公园管理局）会同国务院有关部门建立自然资源统一调查监测评价体系，掌握国家公园内自然资源、生态状况、人类活动等现状及动态变化情况，定期将变化点位推送国家公园管理机构进行核实。

第二十二条　国家公园内退化自然生态系统修复、生态廊道连通、重要栖息地恢复等生态修复活动应当坚持自然恢复为主，确有必要开展人工修复活动的，应当经科学论证。

第二十三条　国家公园管理机构应当建立巡护巡查制度，组织专业巡护队伍，开展日常巡查工作，及时掌握人类活动和资源动态变化情况。

第二十四条　国家公园管理机构应当加强国家公园科研能力建设，组织开展生态保护和修复、文化传承、生态旅游、风险管控和生态监测等科学技术的研究、推广和应用。

第二十五条　国家公园管理机构应当配合所在地县级以上地方人民政府清理规范国家公园区域内不符合管控要求的矿业权、水电开发等项目，落实矛盾冲突处置方案，通过分类处置方式有序退出。

第二十六条　国家公园管理机构应当依法履行森林草原防火、防灾减灾、安全生产责任，建立防灾减灾和应急保障机制，组建专业队伍，制定突发事件应急预案，预防和应对各类自然灾害。

第二十七条　国家公园管理机构应当会同国家公园所在地县级以上地方人民政府防控国家公园内野生动物致害，依法对受法律法规保护的野生动物造成的人员伤亡、农作物或其他财产损失开展野生动物致害补偿。

## 第四章　公众服务

第二十八条　国家公园管理机构根据国家公园总体规划和专项规划，立足全民公益性的国家公园理念，为全社会提供优质生态产品，

以及科研、教育、文化、生态旅游等公众服务。

**第二十九条** 国家公园管理机构应当开展国家公园国际合作交流、科普宣教等工作，引导群众性自治组织、社会组织、企事业单位、志愿者等开展宣传教育活动。

**第三十条** 国家公园管理机构应当建立科研、教育培训平台，在确保严格保护的前提下，为高等院校、科研单位和社会组织开展科学研究、教学实习、人才培养提供便利。

**第三十一条** 国家公园管理机构应当划定适当区域，设置宣教场所，建设多元化的标识、展示和解说系统，培养自然教育人才队伍，组织开展科普和宣传教育活动。

**第三十二条** 国家公园管理机构应当按照总体规划确定的区域、访客容量和路线，建设必要的公共服务设施，完善生态旅游服务体系，探索建立预约制度，严格控制开发利用强度，最大限度减少对生态环境的干扰。

国家公园管理机构应当为访客提供必要的救助服务，建设无障碍服务设施，并制定访客安全保障制度，配合所在地人民政府开展突发事件应对工作。

**第三十三条** 国家公园管理机构应当建立国家公园综合信息平台，依法向社会公众提供自然资源、保护管理、科研监测、自然教育、生态旅游等信息服务。

**第三十四条** 国家公园管理机构应当引导和规范原住居民从事环境友好型经营活动，践行公民生态环境行为规范，支持和传承传统文化及人地和谐的生态产业模式。完善生态管护岗位选聘机制，优先安排国家公园内及其周边社区原住居民参与生态管护、生态监测等工作。

国家公园周边社区建设应当与国家公园保护目标相协调。国家公园毗邻地区县级以上地方人民政府可以与国家公园管理机构签订合作协议，合理规划建设入口社区。

**第三十五条** 国家公园管理机构应当建立志愿服务机制，制定志愿者招募、培训、管理和激励的具体办法，鼓励和支持志愿者、志愿服务组织参与国家公园的保护、服务、宣传等工作。

**第三十六条** 国家林业和草原局（国家公园管理局）负责组织设计和发布中国国家公园标志，国家公园管理机构可以确定其管理的国家公园专用标志。

未经国家林业和草原局（国家公园管理局）同意，任何单位、组织和个人不得为商业目的使用中国国家公园标志。

## 第五章 监督执法

**第三十七条** 国家公园管理机构可以按照所在地省级人民政府授权履行自然资源、林业草原等领域相关执法职责。

支持公安机关、海警机构、生态环境综合执法机构等单位在国家公园设置派出机构，依法查处违法行为。

**第三十八条** 国家公园管理机构应当对破坏国家公园生态环境、自然资源和人文资源的违法违规行为予以制止。涉及重大违法违规活动的由国家林业和草原局（国家公园管理局）有关森林资源监督派出机构进行督办，涉及其他部门职责的，应当将问题线索及时移交相关部门。

**第三十九条** 国家公园管理机构应当建立健全社会监督机制，接受社会监督，保障社会公众的知情权、参与权、监督权。

公民、法人和其他组织有权依法对国家公园内的违法违规行为进行举报。

## 第六章 附 则

**第四十条** 本办法由国家林业和草原局（国家公园管理局）负责解释。

**第四十一条** 本办法自发布之日起施行。

# 国家林业和草原局 自然资源部
# 关于印发《全国湿地保护规划（2022—2030年）》的通知

林规发〔2022〕99号

各省、自治区、直辖市、新疆生产建设兵团林业和草原主管部门、自然资源主管部门，上海市海洋局：

按照《中华人民共和国湿地保护法》关于编制全国湿地保护规划的规定，国家林业和草原局、自然资源部编制了《全国湿地保护规划（2022—2030年）》（见附件）。现印发给你们，请结合实际认真贯彻落实。

特此通知。

附件：《全国湿地保护规划（2022—2030年）》（略）

国家林业和草原局
自然资源部
2022年10月13日

# 自然资源部　国家林草局
# 国家发展改革委　财政部　农业农村部
# 关于进一步完善政策措施　巩固退耕还林还草成果的通知

自然资发〔2022〕191号

各省、自治区、直辖市人民政府，新疆生产建设兵团：

党中央、国务院高度重视退耕还林还草工作。1999年以来，我国先后实施两轮退耕还林还草，工程综合效益显著，有力促进了生态改善和农牧民增收，对推进生态文明建设、促进区域经济社会发展等发挥了重要作用。为进一步完善政策措施，巩固退耕还林还草成果，经国务院同意，现就有关事项通知如下：

## 一、认清当前形势

退耕还林还草工程实施20多年来，各地区各有关部门认真贯彻落实党中央、国务院决策部署，累计安排退耕还林还草2.13亿亩，惠及1.58亿农牧民，取得显著成效，同时也面临可退耕空间不足、成果巩固难度较大等问题。根据当前形势，为统筹耕地保护和生态安全，暂缓安排新增退耕还林还草任务，将工作重心转到巩固已有建设成果上来。各地要切实提高政治站位，扎实做好退耕还林还草任务落实和成果巩固工作。

## 二、延长补助期限

为巩固退耕还林还草成果，2014年开始实施的第二轮退耕还林还草现金补助期满后，中央财政安排资金，延长补助期限，继续给予适当补助。具体补助年限和标准是：退耕还林现金补助期限延长5年，补助标准为每亩500元，每年每亩100元；退耕还草现金补助期限延长3年，补助标准为每亩300元，每年每亩100元。涉及农民集体所有土地的，现金补助原则上发放给原土地承包权人，流转耕地实施退耕还林还草的按合同约定发放。现金补助政策已经到期的，2022年一次性补齐应发放补助。补助资金严格按照国家和省级林草部门确认的县级验收结果发放，并与管护责任挂钩。

## 三、实行精准管理

各地要全面调查核实第二轮退耕还林还草实施情况，已安排但尚未实施的退耕还林还草任务，要严格限定在全国"三区三线"划定的耕地保护红线任务外实施，且符合国家允许退耕的5种情形（即25度以上坡耕地、陡坡梯田、重要水源地15—25度坡耕地、严重沙化耕地、严重污染耕地）。加快推进退耕还林还草地块上图入库，按照统一技术要求建立并完善第二轮退耕还林还草矢量数据库，确保底数清、位置准、数据实、信息全。加强部门协同，尽快将退耕还林还草地块矢量数据补充标注到以第三次全国国土调查为基础的最新年度国土变更调查成果底图，并纳入国土空间规划"一张图"，实行动态监管和信息共享。对达到地类调查标准的，应及时变更地类，调整承包经营合同，并依申请换发不动产权证书，确保退耕还林还草地块权属清晰。

## 四、巩固已有成果

各地要依法依规将退耕还林还草已有成果统一纳入林草资源管理，严格管护，合理利用。将符合条件的退耕还林还草地块按规定分别纳入森林生态效益补偿和草原生态保护补助奖励范围。在详细调查摸底基础上，编制省级退耕还林还草巩固成果提质增效实施方案，对确有必要的已退耕地块，开展补植补造补播、森林抚育、灌木平茬、低质低效林改造、品种改良和退化人工草地更新复壮等。在充分尊重群众意愿、兼顾生态效益的基础上，根据退耕地资源禀赋强化科学经营，积极发展绿色富民产业。

## 五、强化责任落实

继续实行省级人民政府对本地区退耕还林还草负总责，按照目标、任务、资金、责任"四到省"要求，进一步加强组织领导，逐级落实市、县、乡目标和责任，细化措施办法，强化成果巩固。加强资金监管，及时发放补助资金，严格执行村级张榜公示制度，接受群众监督，坚决杜绝骗取套取、虚报冒领和挤占挪用补助资金等问题的发生。各地要高度重视巡视督查、审计监督、检查验收等发现问题的整改，落实整改措施，确保整改到位。各级发展改革、财政、自然资源、农业农村、林草等部门要各司其职、密切配合，形成工作合力。国家林草局要进一步加强指导和监管，将退耕还林还草工作纳入林长制督导考核范围。

自然资源部
国家林草局
国家发展改革委
财政部
农业农村部
2022年10月28日

# 国家林业和草原局
# 关于规范国家重点保护野生植物采集管理的通知

各省、自治区、直辖市、新疆生产建设兵团林业和草原主管部门，大兴安岭集团：

为进一步规范国家重点保护野生植物采集管理，提高行政许可审批质量和效率，现就相关事项通知如下：

一、国家重点保护野生植物是指《中华人民共和国野生植物保护条例》（以下简称《条例》）规定的国家一级保护野生植物和国家二级保护野生植物。

二、采集（含采伐、采挖、移植）国家重点保护野生植物，必须持有《国家重点保护野生植物采集证》（以下简称《采集证》，见附件1）。《采集证》由我局统一印制。

三、申请采集国家重点保护野生植物的，应当填写《国家重点保护野生植物采集申请表》（见附件2），并提交采集目的、被采集物种权属情况及以下相关说明材料：

（一）用于人工培育的，提交采集作业区野生植物资源状况、培育基地项目立项文件或者背景情况说明、培育基地规模和技术力量说明及采集作业办法。

（二）用于科学研究、文化交流的，提交科研或者交流项目立项文件或者相关背景资料及采集作业办法。

（三）因重大工程建设需要采集的，提交工程立项文件及工程实施相关背景资料；需要移植的还应当提交移植原因、移植方案及移植后管理措施说明材料，并应当优先考虑移植。

（四）因自然灾害造成安全隐患需要采集的，提交情况说明及采集作业办法和采集后的处置方案。

四、采集后的国家一级重点保护野生植物，不能用于商业性贸易。

五、《采集证》的申请、审批、核发按以下规定办理：

因科学研究、人工培育、文化交流等特殊需要，采集国家一级保护野生植物的，报我局或我局委托的行政机关审批核发《采集证》。采集国家二级保护野生植物的，报省级林业和草原主管部门或者其委托的行政机关审批核发《采集证》。

六、采集城市园林或自然保护地内的国家一级或者二级保护野生植物的，须先征得城市园林或自然保护地管理机构同意，然后依照本通知第五条的规定申请《采集证》。

七、有下列情形之一的，不予核发采集证：

（一）不符合批准条件的。

（二）申请人隐瞒有关情况或者提供虚假材料的。

（三）根据国家重点保护野生植物资源现状不宜采集的。

八、采集国家重点保护野生树木的，除申请办理《采集证》外，还必须依法办理林木采伐许可证，实行采伐限额管理。

九、各级审批机关要按照《条例》的规定和本通知的要求严格审批，做好监督管理工作。采集地县级林业和草原主管部门应依法对采集活动进行事中事后监督和查验，并将检查结果及时报告批准机关。

本通知自发布之日起施行，《国家林业和草原局关于规范国家重点保护野生植物采集管理的通知》（林护发〔2019〕22号）同时废止。

特此通知。

附件：1. 国家重点保护野生植物采集证（略）
2. 国家重点保护野生植物采集申请表（略）

国家林业和草原局
2022年10月28日

# 国家林业和草原局关于印发
# 《国家湿地公园管理办法》的通知

林沙规〔2022〕3号

各省、自治区、直辖市、新疆生产建设兵团林业和草原主管部门，国家林业和草原局各司局、各派出机构、各直属单位、大兴安岭集团：

为加强国家湿地公园建设管理，确保在自然公园管理办法等文件出台前相关管理工作有效衔接，我局根据《湿地保护法》和工作实际，修订了《国家湿地公园管理办法》，现印发给你们，请遵照执行。执行中有何意见建议，请及时反馈我局。

特此通知。

附件：国家湿地公园管理办法

国家林业和草原局
2022年12月30日

附件

## 国家湿地公园管理办法

**第一条** 为加强国家湿地公园建设和管理，促进国家湿地公园健康发展，有效保护湿地资源，根据《湿地保护法》及国家有关政策，制定本办法。

国家湿地公园的设立、建设、管理和撤销应遵守本办法。

**第二条** 国家湿地公园是指以保护湿地生态系统、合理利用湿地资源、开展湿地宣传教育和科学研究为目的，经国家林业和草原局批准设立，按照有关规定予以保护和管理的特定区域。

国家湿地公园是自然保护体系的重要组成部分，属社会公益事业。国家鼓励公民、法人和其他组织捐资或者志愿参与国家湿地公园保护和建设工作。

**第三条** 县级以上林业和草原主管部门负责国家湿地公园的指导、监督和管理。

**第四条** 国家湿地公园的建设和管理，应当遵循"全面保护、科学修复、合理利用、持续发展"的方针。

**第五条** 具备下列条件的，可申请设立国家湿地公园：

（一）湿地生态系统在全国或者区域范围内具有典型性；或者湿地区域生态地位重要；或者湿地主体生态功能具有典型示范性；或者湿地生物多样性丰富；或者集中分布有珍贵、濒危的野生生物物种。

（二）具有重要或者特殊科学研究、宣传教育和文化价值。

（三）成为省级湿地公园两年以上（含两年）。

（四）省级湿地公园总体规划实施良好。

（五）土地权属清晰，相关权利主体同意作为国家湿地公园。

（六）湿地保护、科研监测、科普宣传教育等工作取得显著成效。

**第六条** 申请晋升为国家湿地公园的，可由省级林业和草原主管部门向国家林业和草原局提出申请。

国家林业和草原局对申请材料进行审查，组织专家实地考察，召开专家评审会，并在所在地进行公示，经审核后符合晋升条件的设立为国家湿地公园。

**第七条** 申请设立国家湿地公园的，应当提交如下材料：

（一）所在地省级林业和草原主管部门提交的申请文件、申报书。

（二）设立省级湿地公园的批复文件。

（三）所在地县级以上地方人民政府同意晋升国家湿地公园的文件；跨行政区域的，需提交其共同上级地方人民政府同意晋升国家湿地公园的文件。

（四）县级以上地方人民政府出具的湿地公园土地权属清晰和相关权利主体同意纳入湿地公园管理的证明文件。

（五）湿地公园总体规划及其范围、功能区边界矢量图。

（六）反映湿地公园资源现状和建设管理情况的报告及影像资料。

**第八条** 国家湿地公园的湿地面积原则上不低于100公顷，湿地率不低于30%。

国家湿地公园范围与自然保护区、森林公园不得重叠或者交叉。

**第九条** 国家湿地公园采取下列命名方式：

省级名称+地市级或县级名称+湿地名+国家湿地公园。

**第十条** 国家湿地公园应当按照总体规划确定的范围进行标桩定界，任何单位和个人不得擅自改变和挪动界标。

**第十一条** 国家湿地公园应划定保育区。根据自然条件和管理需要，可划分恢复重建区、合理利用区，实行分区管理。

保育区除开展保护、监测、科学研究等必需的保护管理活动外，不得进行任何与湿地生态系统保护和管理无关的其他活动。恢复重建区应当开展培育和恢复湿地的相关活动。合理利用区应当开展以生态展示、科普教育为主的宣教活动，可开展不损害湿地生态系统功能的生态体验及管理服务等活动。

保育区、恢复重建区的面积之和及其湿地面积之和应分别大于湿地公园总面积、湿地公园湿地总面积的60%。

第十二条　国家湿地公园的撤销、更名、范围和功能区调整，须经国家林业和草原局同意。

第十三条　国家湿地公园管理机构应当具体负责国家湿地公园的保护管理工作，制定并实施湿地公园总体规划和管理计划，完善保护管理制度。

第十四条　国家湿地公园应当设置宣教设施，建立和完善解说系统，宣传湿地功能和价值，普及湿地知识，提高公众湿地保护意识。

第十五条　国家湿地公园管理机构应当定期组织开展湿地资源调查和动态监测，建立档案，并根据监测情况采取相应的保护管理措施。

第十六条　国家湿地公园管理机构应当建立和谐的社区共管机制，优先吸收当地居民从事湿地资源管护和服务等活动。

第十七条　省级林业和草原主管部门应当每年向国家林业和草原局报送所在地国家湿地公园建设管理情况，并通过"中国湿地公园"信息管理系统报送湿地公园年度数据。

第十八条　禁止擅自征收、占用国家湿地公园的土地。确需征收、占用的，用地单位应当征求省级林业和草原主管部门的意见后，方可依法办理相关手续。由省级林业和草原主管部门报国家林业和草原局备案。

第十九条　除国家另有规定外，国家湿地公园内禁止下列行为：

（一）开（围）垦、填埋或者排干湿地。

（二）截断湿地水源。

（三）挖沙、采矿。

（四）倾倒有毒有害物质、废弃物、垃圾。

（五）从事房地产、度假村、高尔夫球场、风力发电、光伏发电等任何不符合主体功能定位的建设项目和开发活动。

（六）破坏野生动物栖息地和迁徙通道、鱼类洄游通道，滥采滥捕野生动植物。

（七）引入外来物种。

（八）擅自放牧、捕捞、取土、取水、排污、放生。

（九）其他破坏湿地及其生态功能的活动。

第二十条　省级以上林业和草原主管部门组织对国家湿地公园的建设和管理状况开展监督检查和评估工作，并根据评估结果提出整改意见。

监督评估的主要内容包括：

（一）准予设立国家湿地公园的本底条件是否发生变化。

（二）机构能力建设、规章制度的制定及执行等情况。

（三）总体规划实施情况。

（四）湿地资源的保护管理和合理利用等情况。

（五）宣传教育、科研监测和档案管理等情况。

（六）其他应当检查的内容。

第二十一条　因自然因素造成国家湿地公园生态特征退化的，省级林业和草原主管部门应当进行调查，指导国家湿地公园管理机构制定实施补救方案，并向国家林业和草原局报告。

经监督评估发现存在问题的国家湿地公园，省级以上林业和草原主管部门通知其限期整改。限期整改的国家湿地公园应当在整改期满后15日内向下达整改通知的林业和草原主管部门报送书面整改报告。

第二十二条　因管理不善导致国家湿地公园条件丧失的，或者对存在重大问题拒不整改或者整改不符合要求的，国家林业和草原局撤销其国家湿地公园的命名，并向社会公布。

撤销国家湿地公园命名的县级行政区内，自撤销之日起两年内不得申请设立国家湿地公园。

第二十三条　本办法自2023年1月1日起实施。

# 国家林业和草原局关于印发《国家沙漠公园管理办法》的通知

林沙规〔2022〕4号

各省、自治区、直辖市、新疆生产建设兵团林业和草原主管部门，国家林业和草原局各司局、各派出机构、各直属单位、大兴安岭集团：

为进一步规范国家沙漠（石漠）公园建设和管理，我局修订了《国家沙漠公园管理办法》，现印发给你们，请遵照执行。

附件：国家沙漠公园管理办法

国家林业和草原局
2022年12月30日

附件

# 国家沙漠公园管理办法

**第一条** 为规范国家沙漠公园（含石漠公园）建设和管理，根据《"十四五"林业草原保护发展规划纲要》《全国防沙治沙规划（2021—2030年）》和《沙化土地封禁保护修复制度方案》，制定本办法。

国家沙漠公园的建设和管理应当遵守本办法。

**第二条** 沙漠公园是以荒漠景观为主体，以保护荒漠生态系统和生态功能为核心，合理利用自然与人文景观资源，开展生态保护及植被恢复、科研监测、宣传教育、生态旅游等活动的特定区域。

**第三条** 国家沙漠公园建设和管理必须遵循"保护优先、科学规划、合理利用、持续发展"的基本原则，在地域上不得与国家已批准设立的其他保护区域重叠或者交叉。

**第四条** 国家沙漠公园建设是国家生态建设的重要组成部分，属社会公益事业。国家鼓励公民、法人和其他组织捐资或者志愿参与沙漠公园建设和保护工作。

**第五条** 国家林业和草原局负责国家沙漠公园建设的指导、监督和管理，具体工作由荒漠化防治司承担。

国家沙漠公园原则上以县域为单位组织建设。县级以上地方人民政府林草主管部门负责本辖区内国家沙漠公园建设的指导和监督。跨县级及以上行政区域的国家沙漠公园建设应当由相应的上级人民政府林草主管部门负责指导和监督。

**第六条** 具备下列基本条件可申报国家沙漠公园：

（一）所在区域的荒漠生态系统具有典型性和代表性，或者防沙治沙生态区位重要。

（二）面积原则上不低于200公顷，公园中沙化土地面积一般应占公园总面积的60%以上。

（三）土地所有权、使用权权属无争议，四至清晰，相关权利人无不同意见。国家沙漠公园范围内土地原则上以国有土地为主。

（四）区域内水资源能够保证国家沙漠公园生态和其他用水需求。

（五）具有较高的科学价值和美学价值。

**第七条** 省级林草主管部门对于符合上述申报条件的地区，可以向国家林业和草原局申请建立国家沙漠公园。申报材料包括以下内容：

（一）省级林草主管部门出具的申请文件和申报书（见附）。

（二）拟建国家沙漠公园的总体规划文本及专家评审意见。

（三）反映拟建国家沙漠公园现状的宣传画册和视频宣传片。

（四）所在地县级人民政府同意建设国家沙漠公园的批复文件；跨行政区域的，需提交其同属上级人民政府同意建设国家沙漠公园的批复文件。

（五）县级人民政府出具的拟建国家沙漠公园土地权属清晰、无争议的证明文件。

（六）县级人民政府出具的拟建国家沙漠公园相关利益主体无争议的证明材料。

**第八条** 国家林业和草原局组建国家沙漠公园评审专家委员会，负责对申报材料进行审核，并根据需要组织专家进行实地评估。

国家林业和草原局召开国家沙漠公园综合评审会，对国家沙漠公园建设资格进行综合评审。评审专家通过审查申请材料、听取实地考查评估意见、观看视频资料和综合评议等环节，形成综合评审意见。

**第九条** 根据综合评审意见和全国总体规划，国家林业和草原局确定拟建国家沙漠公园名单，在国家林业和草原局政府网站上进行公示，时间为10个工作日，公示无异议后由国家林业和草原局复函同意建设国家沙漠公园。

**第十条** 国家沙漠公园建设单位实行滚动式管理，采取"准入—退出"机制。对有明显不良记录的，责令其限期整改；整改仍不合格的，停止国家沙漠公园建设，取消其称号。

**第十一条** 国家沙漠公园所在地县级以上地方人民政府应当明确管理机构，统一负责国家沙漠公园的建设与管理工作。管理机构应当定期对辖区内的资源开展调查和动态监测，建立档案，并根据监测情况采取相应的管理措施。

**第十二条** 国家沙漠公园建设要合理进行功能分区，发挥保护、科研、宣教和游憩等生态公益功能。功能分区主要包括生态保育区、宣教展示区、沙漠体验区、管理服务区。

（一）生态保育区应当实行最严格的生态保护和管理，最大限度减少对生态环境的破坏和消极影响。生态保育区可利用现有人员和技术手段开展沙漠公园的植被保护工作，建立必要的保护设施，提高管理水平，巩固建设成果。对具有植被恢复条件和可能发生植被退化的区域，可采取以生物措施为主的综合治理措施，持续提高沙漠公园的生态功能。生态保育区面积原则上应不小于国家沙漠公园总面积的60%。

（二）宣教展示区主要开展与荒漠生态系统相关的科普宣教和自然人文景观的展示活动。可修建必要的基础设施，如道路、展示牌及科普教育设施等。

（三）沙漠体验区可在不损害荒漠生态系统功能的前提下开展生态旅游、文化、体育等活动，建设必要的旅游景点和配套设施。沙漠体验区面积原则上不超过国家沙漠公园总面积的20%。

（四）管理服务区主要开展管理、接待和服务等活动，可进行必要的基础设施建设，完善服务功能，提高服务水平。管理服务区面积应不超过国家沙漠公园总面积的5%。

**第十三条** 国家沙漠公园应当按照总体规划确定的范围进行建设，任何单位和个人不得擅自更改建设范围。建设范围的变更，须经国家林业和草原局同意。

国家沙漠公园建设要与所在地主体功能区规划、防沙治沙规划和土地利用规划相衔接，与生态资源保护、利用等相关规划相协调。

**第十四条** 国家沙漠公园使用统一标识和命名，国家沙漠公园采取下列命名方式：省（自治区、直辖市）—地名—国家沙漠公园。

**第十五条** 国家沙漠公园建设应当着力提高公众防沙治沙和生态保护意识。鼓励国家沙漠公园定期向中小学生免费开放。

**第十六条** 除国家另有规定外，在国家沙漠公园范围内禁止下列行为：

（一）开展房地产、高尔夫球场、大型楼堂馆所、工业开发、农业开发等建设项目。

（二）直接排放或者堆放未经处理或者超标准的生活污水、废水、废渣、废物及其他污染物。

（三）其他破坏或者有损荒漠生态系统功能的活动。

**第十七条** 本办法自2023年1月1日起实施。

## 国家林业和草原局公告

# 国家林业和草原局公告

### 2022年第1号

根据《中华人民共和国行政许可法》《中华人民共和国种子法》和《林木种子生产经营许可证管理办法》规定，我局决定对有效期届满未延续的临沂星豪园林绿化有限公司等22家公司，以及依法终止的青岛昌明花卉科技有限公司的林木种子生产经营许可证予以注销（详见附件）。自许可证有效期届满之日起，被注销的林木种子生产经营许可证（正本、副本）和许可证编号停止使用，由省级林业和草原主管部门将被注销的林木种子生产经营许可证（正本、副本）予以收回。

特此公告。

附件：注销林木种子生产经营许可证的企业名单

国家林业和草原局
2022年1月19日

附件

## 注销林木种子生产经营许可证的企业名单

| 序号 | 企业名称 | 生产经营种类 | 地址 | 许可证编号 | 注销原因 | 有效期届满时间 |
|---|---|---|---|---|---|---|
| 1 | 临沂星豪园林绿化有限公司 | 城镇绿化苗木、花卉 | 山东省临沂市兰山区银雀山路4号园林处家属院东1单位502室 | 国鲁林种字0305号 | 有效期满未延续 | 2021.08.19 |
| 2 | 青岛百卉晟生态科技有限公司 | 花卉 | 青岛市即墨市龙山街道办事处龙山路东 | 国鲁林种字0306号 | 有效期满未延续 | 2021.08.19 |
| 3 | 绍兴禾森农业发展有限公司 | 城镇绿化苗木、花卉 | 浙江省新昌县镜岭镇练使村 | 国浙林种字0307号 | 有效期满未延续 | 2021.09.02 |
| 4 | 宁波永丰园林建设有限公司 | 城镇绿化苗木、花卉 | 浙江省宁波市宁海县长街镇青珠农场 | 国浙林种字0308号 | 有效期满未延续 | 2021.09.02 |

（续表）

| 序号 | 企业名称 | 生产经营种类 | 地址 | 许可证编号 | 注销原因 | 有效期届满时间 |
|---|---|---|---|---|---|---|
| 5 | 金华市诚融园艺有限公司 | 城镇绿化苗木、花卉 | 金华市金华山旅游经济区赤松镇下杨村 | 国浙林种字0309号 | 有效期届满未延续 | 2021.09.02 |
| 6 | 燕园（唐山）农林科技有限公司 | 造林苗木、经济林苗木、城镇绿化苗木、花卉 | 乐亭县城区工业聚集区 | 国冀林种字0312号 | 有效期届满未延续 | 2021.10.14 |
| 7 | 江苏天道林业发展有限公司 | 经济林苗木、城镇绿化苗木 | 常州市新北区孟河镇大道东亭苑12－6、12－7室 | 国苏林种字0187号 | 有效期届满未延续 | 2021.10.31 |
| 8 | 济南华宇展艺农业科技有限公司 | 花卉 | 济南市商河县新兴街1号 | 国鲁林种字0188号 | 有效期届满未延续 | 2021.10.31 |
| 9 | 贵州罗甸超越农业有限公司 | 经济林苗木 | 罗甸县木引镇从里村下丛二组17号 | 国黔林种字0313号 | 有效期届满未延续 | 2021.11.04 |
| 10 | 北京上林苑生态科技有限公司 | 一般林木种子、花卉种子、草坪草种子 | 北京市昌平区回龙观镇生命园路4号院7号楼1层102－2 | 国京林种字0318号 | 有效期届满未延续 | 2021.11.04 |
| 11 | 烟台海曼迪葡萄酿酒物料有限公司 | 经济林苗木 | 山东省蓬莱市登州办事处 | 国鲁林种字0320号 | 有效期届满未延续 | 2021.11.04 |
| 12 | 南京田承钢苗木有限公司 | 城镇绿化苗木 | 南京市高淳区固城镇花联村田家99号 | 国苏林种字0322号 | 有效期届满未延续 | 2021.11.04 |
| 13 | 北京神州克劳沃园艺技术有限责任公司 | 一般林木种子、花卉种子、花卉种球、造林苗木、经济林苗木、城镇绿化苗木、花卉 | 北京市朝阳区惠新东街19号综合楼8层 | 国京林种字0191号 | 有效期届满未延续 | 2021.11.19 |
| 14 | 炎邦生态环境建设有限公司 | 城镇绿化苗木、花卉 | 浙江省宁波市北仑区新碶大同现代农业园区 | 国浙林种字0193号 | 有效期届满未延续 | 2021.11.29 |
| 15 | 宁波市镇海枫佳苗木有限公司 | 城镇绿化苗木、花卉 | 宁波市镇海区骆驼街道朝阳村沈家河头 | 国浙林种字0323号 | 有效期届满未延续 | 2021.12.13 |
| 16 | 阳谷苹安耶果农业科技有限公司 | 经济林苗木 | 山东省聊城市阳谷县安乐镇凤祥路16号－2 | 国鲁林种字0324号 | 有效期届满未延续 | 2021.12.13 |
| 17 | 沭阳俄乐岗苗木繁育技术有限公司 | 城镇绿化苗木 | 沭阳县陇集镇发展大道1号 | 国苏林种字0325号 | 有效期届满未延续 | 2021.12.13 |
| 18 | 浙江大自然园艺有限公司 | 一般林木种子、花卉种子、草坪草种子、种球、城镇绿化苗木、花卉 | 浙江省金华市金东区江东镇十八里公路林场 | 国浙林种字0326号 | 有效期届满未延续 | 2021.12.13 |
| 19 | 江苏丰收大地种业发展有限公司 | 造林苗木、经济林苗木 | 盐城市大丰区疏港路199号丰收大地办公楼四层 | 国苏林种字0328号 | 有效期届满未延续 | 2021.12.13 |
| 20 | 创世纪种业有限公司 | 城镇绿化苗木、经济林苗木、花卉、花卉种球 | 深圳市龙岗区坪地街道中心社区埔仔路22号A701创世纪种业大厦7楼 | 国粤林种字0200号 | 有效期届满未延续 | 2021.12.19 |

（续表）

| 序号 | 企业名称 | 生产经营种类 | 地址 | 许可证编号 | 注销原因 | 有效期届满时间 |
|---|---|---|---|---|---|---|
| 21 | 山东樱聚缘农业科技发展股份有限公司 | 造林苗木、经济林苗木、城镇绿化苗木、花卉 | 山东省威海临港经济技术开发区汪疃镇王家产村 | 国鲁林种字0329号 | 有效期届满未延续 | 2021.12.22 |
| 22 | 邢台越海农业有限公司 | 造林苗木、经济林苗木、城镇绿化苗木 | 河北省邢台市威县张营乡从容村 | 国冀林种字0330号 | 有效期届满未延续 | 2021.12.22 |
| 23 | 青岛昌明花卉科技有限公司 | 花卉 | 青岛平度市南村镇李家庄村 | 国鲁林种字0327号 | 依法终止 | 2021.12.22 |

# 国家林业和草原局公告

## 2022年第2号

根据《中华人民共和国种子法》第十九条的规定，现将由国家林业和草原局林木品种审定委员会审定通过的'森海2号'杨树等22个品种作为林木良种（良种名录详见附件）予以公告。自公告发布之日起，这些品种在林业生产中可以作为林木良种使用，并在本公告规定的适宜种植范围内推广。

特此公告。

附件：2021年度国家级林木良种名录（中英文）（英文略）

国家林业和草原局
2022年1月25日

附件

## 2021年度林木良种名录（中文）

### 审定通过品种

**1. '森海2号'杨树**

树种：杨树

学名：*Populus×*'Senhai 2'

类别：品种

通过类别：审定

编号：国S-SV-PS-001-2021

申请人：中国林业科学研究院林业研究所

选育人：胡建军、赵自成、秦培钧、曾庆银、苏雪辉、王丽娟、李振刚、冯长红、张学龙、巴威、岳志强、校丙申、黄爱菊、李淑梅、卢孟柱、李玲、安学惠、韩一凡

**品种特性**

雄株，三倍体。主干通直圆满，树冠中等，树皮光滑，青灰色。在北京地区7年生胸径、树高年均生长量分别为2.77cm、1.97m；单株材积0.1520m³，分别超过对照108杨、创新杨11.0%、11.16%；11年生基本密度为0.349g/cm³，纤维长1431.57μm，纤维宽27.10μm。

**主要用途**

用材树种。

**栽培技术要点**

选用无病虫壮苗栽植，带根苗木胸径2.0cm以上，苗高3.5m以上；插干规格胸径2.0cm以上，高度3.5m以上；截干规格直径2.0cm以上，高度50cm；深植50cm～60cm；造林前苗木浸泡2天以上，造林密度300～1250株/hm²，造林后1～3年可间作矮杆作物。

**适宜种植范围**

北京、河北、河南等杨树适宜栽培区。

**2. '中怀1号'杨树**

树种：杨树

学名：*Populus deltoides* 'Zhonghuai 1'

类别：品种

通过类别：审定

编号：国S-SV-PD-002-2021

申请人：中国林业科学研究院林业研究所

选育人：胡建军、赵自成、曾庆银、李金花、赵树堂、王留强、苏雪辉、李振刚、李喜林、王志

彬、刘宾、贾建学、李玲、卢孟柱、韩一凡

### 品种特性

雄株，三倍体。主干通直圆满，树皮灰褐色，纵裂。在北京地区7年生胸径、树高年均生长量分别为2.76cm、2.17m；单株材积0.1627m³，分别超过对照108杨、创新杨18.8%、19.0%；11年生纤维长1453.19μm，纤维宽25.75μm，基本密度0.351g/cm³；木质素、综纤维素、α-纤维素、1%NaOH抽出物含量分别为18.01%、78.61%、45.66%和16.24%；木质素含量比对照108杨、中林46杨减少6.34%～8.44%、综纤维素增加1.75%～3.89%。

### 主要用途

用材树种。

### 栽培技术要点

选用无病虫危害壮苗用于栽植，带根苗木胸径2.0cm，苗高3.5m以上；插干规格胸径2.0cm以上，高度3.5m以上；截干规格直径2.0cm以上，高度50cm；深埋50～60cm；造林前苗木浸泡2天以上。造林密度300～1250株/hm²，造林后1～3年可间作矮杆作物。

### 适宜种植范围

北京、河北、河南等杨树适宜栽培区。

### 3. ‘瑞都红玫’葡萄

树种：葡萄
学名：*Vitis vinifera*
　　　‘Ruidu Hongmei’
类别：品种
通过类别：审定
编号：国S-SV-VV-003-2021
申请人：北京市林业果树科学研究院
选育人：徐海英、孙磊、闫爱玲、张国军、唐美玲、雷赟、王慧玲、王晓玥、任建成、王健苹、刘万好、刘鑫铭、陈婷

### 品种特性

早熟品种。果穗圆锥形，有副穗，平均单穗重430.0g。果粒椭圆形或圆形，平均单粒重6.6g，最大单粒重9g。成熟时果皮紫红色，有玫瑰香味，可溶性固形物含量为18.2%。在北京地区一般4月中下旬萌芽，5月下旬开花，8月中或下旬果实成熟，生长期约120天左右。盛果期亩产可达1500kg。

### 主要用途

鲜食。

### 栽培技术要点

篱架栽培使用扇形整枝，中短梢相结合修剪；棚架栽培使用龙干形整枝，以短梢修剪为主。注意提高结果部位，增加底部通风带，以减少果实病虫害发生。适当疏花疏果，果实套袋栽培，每穗留果粒70～90粒。果实转色后注意补充磷钾肥并及时防治白腐病和炭疽病等果实病害。

### 适宜种植范围

北京、山东地区露地栽培，福建地区避雨设施内栽培。

### 4. ‘瑞都科美’葡萄

树种：葡萄
学名：*Vitis vinifera*
　　　‘Ruidu Kemei’
类别：品种
通过类别：审定
编号：国S-SV-VV-004-2021
申请人：北京市林业果树科学研究院
选育人：徐海英、孙磊、闫爱玲、张国军、唐美玲、雷赟、王慧玲、王晓玥、任建成、王健苹、刘万好、刘鑫铭、陈婷

### 品种特性

中熟品种。果穗圆锥形，有副穗，平均单穗重502.5g；果穗紧密度中或松，果粒着生紧密度中或松；果粒椭圆形或卵圆形，平均单粒重7.2g，最大单粒重9.0g；成熟时果皮金黄色，味甜，有浓玫瑰香味，可溶性固形物含量为17.2%，可滴定酸含量0.5%。在北京地区4月中下旬萌芽，5月下旬开花，8月下旬果实成熟，生长期约130天左右。盛果期亩产1500kg以上。

### 主要用途

鲜食。

### 栽培技术要点

篱架栽培使用扇形整枝，中短梢相结合修剪；棚架栽培使用龙干形整枝，以短梢修剪为主。注意提高结果部位，增加底部通风带，以减少果实病虫害发生。适当疏花疏果，果实套袋栽培，每穗留果粒70～90粒。果实转色后注意补充磷钾肥并及时防治白腐病和炭疽病等果实病害。

### 适宜种植范围

北京、山东地区露地栽培，福建地区避雨设施内栽培。

### 5. ‘京暑红’板栗

树种：板栗
学名：*Castanea mollissima*
　　　‘Jingshuhong’
类别：品种
通过类别：审定
编号：国S-SV-CM-005-2021
申请人：北京农学院
选育人：秦岭、曹庆芹、张卿、秦建国、陆斌、邢宇、王金宝、梁义春、刘建玲、房克凤

### 品种特性

早熟品种。总苞椭圆形，平均单苞重49.1g，每苞平均含坚果2.3粒，平均单粒重8.2g；坚果红褐色，出实率41.2%；栗仁含水量57.23%，淀粉含量38.15%，可溶性糖含量20.41%；内果皮易剥离，果肉黄色，质地细糯，风味香甜。在北京地区4月中旬萌芽，6月中旬盛花，8月23日左右成熟，果实发育期约75天。盛果期亩产209.7kg。

### 主要用途

炒食、加工利用，也可作为育种材料。

### 栽培技术要点

适宜密植栽培，授粉树配置以‘燕山红栗’和‘燕山早丰’为宜。树形宜采用自然开心形，每平方米树冠投影面积保留结果母枝6～9个。盛果期修剪疏缩结合，生长期注意对红蜘蛛、桃蛀螟等害虫的防治。由于采收期早，白天气温较高，建议及时拾栗。如果打栗采收，应及时脱蓬，防霉烂。

### 适宜种植范围

北京、河北、云南等板栗适宜栽培区。

### 6. ‘金华1号’薄壳山核桃

树种：薄壳山核桃
学名：*Carya illinoinensis*
　　　‘Jinhua 1’
类别：品种
通过类别：审定
编号：国S-SV-CI-006-2021
申请人：浙江省林业科学研究院
选育人：朱汤军、习学良、彭华正、叶华琳、金群英、徐文荣、李永荣、吴超群、何正宽、谢孝福、许明权、寸怀弟

### 品种特性

大果型品种，坚果平均长40.87mm、果径23.66mm，果长/果径1.73。坚果长椭圆形，果顶钝尖，凹陷，果底圆；平均单果重33.99g，平均单个坚果干重8.09g，出籽（湿籽）率23.80%；坚果出仁率为45.49%，易取仁，果仁黄白色，无涩味。盛果期平均亩产93.18kg，超过对照品种'Pawnee'53%。3月中下旬萌芽，4月中旬花芽萌动，7~8月果实速生期，10月中旬果实采收。

### 主要用途

鲜食或加工。

### 栽培技术要点

12月至次年3月定植，选择'绍兴1号'、'ZL30'以及'莫霍克'等作为授粉树；初植时株行距按4m×4m，后期稳定为8m×8m，可间种低矮猕猴桃、油茶、桃树等；生长期内对当年抽生的新梢进行短截，结果期的植株，以冬季修剪为主，修剪时尽量保留结果母枝，增加结果部位；注意肥水管理。

### 适宜种植范围

浙江、江苏和云南等薄壳山核桃适宜栽培区。

### 7. '绍兴1号'薄壳山核桃

树种：薄壳山核桃

学名：*Carya illinoinensis* 'Shaoxing 1'

类别：品种

通过类别：审定

编号：国S-SV-CI-007-2021

申请人：浙江省林业科学研究院

选育人：朱汤军、习学良、彭华正、叶华琳、金群英、徐文荣、李永荣、吴超群、何正宽、谢孝福、许明权、寸怀弟

### 品种特性

小果型品种，平均果长32.6mm，平均果径22.2mm，长径比1.47。果实长椭圆形，壳面光滑。平均单果重25.87g，平均单个坚果干重6.32g，出籽（湿籽）率24.43%，坚果出仁率45.49%。盛果期平均亩产118.42kg，超过对照品种'Pawnee'94%。3月中下旬萌芽，4月中旬花芽萌动，7~8月果实速生期，10月中旬果实采收。

### 主要用途

鲜食或加工。

### 栽培技术要点

12月至次年3月定植，选择'金华1号'、'ZL30'以及'莫霍克'等作为授粉树；初植时株行距按4m×4m，后期稳定为8m×8m，可间种低矮猕猴桃、油茶、桃树等；生长期内对当年抽生的新梢进行短截，结果期的植株，以冬季修剪为主，修剪时尽量保留结果母枝，增加结果部位；注意肥水管理。

### 适宜种植范围

浙江、江苏和云南等薄壳山核桃适宜栽培区。

### 8. '秋蜜'枣

树种：枣

学名：*Ziziphus jujuba* 'Qiumi'

类别：品种

通过类别：审定

编号：国S-SV-ZJ-008-2021

申请人：河北农业大学

选育人：毛永民、姜闯、申连英、王晓玲、毛利慧、陆军、仇晓靖、吴凤霞、陈月媚、潘晓飞、邵晓勇、曹芳、刘淑怡、李智慧、李旭茂

### 品种特性

树势中庸，针刺不发达。枣吊平直，平均长22cm。果实椭圆形，平均单果重10.83g；果顶平，果皮橘红色，光滑，鲜枣果肉白绿色，可溶性固形物含量33.5%，可滴定酸含量1.63%，果实可食率96.5%，干枣含糖量76.94%。在河北大名地区4月上旬萌芽，6月上旬盛花期，9月上中旬成熟，果实发育期90天，盛果期平均亩产1007.9kg。

### 主要用途

鲜食、制干。

### 栽培技术要点

选用地径1.2cm以上的壮苗，按照1~2m×2~4m的株行距定植。栽后用水灌足灌透，在栽植行两边覆盖0.8~1m宽的黑地膜或园艺地布。树形采用疏散分层形或开心形，花量大，自然坐果率高，不需要开甲。主要防治绿盲蝽象、红蜘蛛、枣锈病等常见病虫害。

### 适宜种植范围

河北、新疆阿克苏和库尔勒等枣适宜栽培区。

### 9. '晋富2号'苹果

树种：苹果

学名：*Malus pumila* 'Jinfu 2'

类别：品种

通过类别：审定

编号：国S-SV-MP-009-2021

申请人：山西农业大学

选育人：牛自勉、蔚露、李志强、廉国武、谢鹏、林琼、李全、王红宁、程晓廷、卢志俊、何江、郝燕燕、何永波、张超、孙俊宝、杨培仁

### 品种特性

'宫腾富士'苹果的芽变品种。果面浓红，色彩鲜亮，着色面积95%以上；果实平均可溶性固形物含量16.2%，含钾1380mg/kg，含钙79.8mg/kg，含镁68.8mg/kg，含锌0.134mg/kg，含铁0.858mg/kg，总糖含量13.75g/100g，Vc含量3.18mg/100g。能耐冬季极端-25℃低温，在山西省临猗县盛果期亩产可达2954~3268kg。

### 主要用途

鲜食，加工果汁或果干。

### 栽培技术要点

乔化果园株行距5m×6m或6m×8m，采用开心树形，成龄树全树保留3~4个主枝，并培养下垂的长抽结果枝；矮化果园株行距4m×1~1.5m，采用高纺锤树形，成龄树每株选留25~40个结果枝。平均每亩留果量1.05万~1.2万个，并在5月中旬之前完成疏果定果。

### 适宜种植范围

山西、河北、河南等苹果适宜栽培区。

### 10. '瑞香红'苹果

树种：苹果

学名：*Malus domestica* 'Ruixianghong'

类别：品种

通过类别：审定

编号：国S-SV-MD-010-2021

申请人：西北农林科技大学

选育人：赵政阳、杨亚州、王雷存、高华、刘振中、武月妮、梁俊、张伯虎、景淑娟、孙鲁龙、畅文选、徐巨涛、孙建春、柴相让、段宝珍

### 品种特性

'秦富1号'作母本，'粉红女士'作父本杂交选育，晚熟品种。树势中庸，树姿直立；果实大小中等，平均单果重197g；果实长圆柱

形，果形指数0.97；果实深红色，果肉黄白色；果实硬度8.6kg/cm²，可溶性固形物含量16.9%，总糖含量14.59g/100g，可滴定酸含量0.18%，Vc含量1.85mg/100g。成熟期10月下旬，在陕西省白水县盛果期亩产可达2579kg。

**主要用途**

鲜食。

**栽培技术要点**

采用M26、M9-T337等矮化自根砧或中间砧矮化栽培，株行距1.5～2m×3.5～4m；选用长富2号、新红星、嘎拉、瑞阳等作为授粉品种，按15%～20%配置；树形选用细长纺锤形或高纺锤形，树高控制在3.5～4.0m，中心干培养20～30个结果枝组；冬剪以疏枝为主。注重对蚜虫、卷叶蛾、叶螨、食心虫和早期落叶病、白粉病等病虫害的防治。

**适宜种植范围**

陕西、山西、甘肃等苹果适宜栽培区。

**11. '鄂植8号'油橄榄**

树种：油橄榄

学名：*Olea europaea* 'Ezhi 8'

类别：品种

通过类别：审定

编号：国S-SV-OE-011-2021

申请人：湖北省林业科学研究院

选育人：邓先珍、姜德志、姜成英、武显维、宁德鲁、赵海云、黄发新、程军勇、陈卓良、王瑞文、李勇杰、黄国振、吴文俊、郑京津

**品种特性**

树冠圆头形，冠体低矮；果实长椭圆形，玫瑰红色，果汁少；果核倒卵圆形，褐色，有沟状条纹；单果重4.26g，果形指数1.49；鲜果含油率在17%～21%；油酸含量70.6%～73.5%，亚油酸含量6.39%～9.1%，棕榈酸含量15.7%～17.3%，硬脂酸含量1.13%～2.4%，盛果期单株产量在9.6kg～27.6kg。

**主要用途**

食用油料树种；果实也可加工制成蜜饯、罐头。

**栽培技术要点**

选择2年生以上扦插苗或嫁接苗按4×5m～5×6m栽植；采用开心树形。湿度较大的地区注意炭疽病的防治，采果后全园喷1次0.3～

0.5波美度石硫合剂。在春季新梢生长至花期，喷施1:2:200波尔多液2～3次，果实发病期用40%多菌灵可湿性500～800倍液可以有效控制病害蔓延。

**适宜种植范围**

湖北、甘肃、云南等油橄榄适宜栽培区。

**12. '桑梓2号'桑树**

树种：桑树

学名：*Morus alba* 'Sangzi 2'

类别：品种

通过类别：审定

编号：国S-SV-MA-012-2021

申请人：安徽省农业科学院蚕桑研究所

选育人：邓永进、于洁、孙明娜、韩智宏、章守富、高俊兰、丁天龙、杨璐、刘志宏、钱沁春、潘立斌、张泽伟、赵莲英、潘听党、刘可计、王朝晖、张慧敏、王召锋、曹若梅、潘子梅、刘国峰、朱燕、朱景娟、张媛

**品种特性**

2009年采用离子束辐射诱变育种，2012年筛选出变异优株。桑果呈紫褐色，果长2～4cm，果重3～5g，果柄极短，有籽；具2次结果习性，以春季产量最大，秋季产量约为春季的15%；果实蛋白质含量2.29g/100g，花青素含量0.344%，总糖含量8.7%，总酸含量1.79g/kg，可溶性固形物含量13.7%，出汁率63.9%。桑果始熟期5月上旬，盛熟期在5月中下旬，6月上旬果期结束，果期一个月，全年累计亩产果可达3000kg。

**主要用途**

鲜食或加工。

**栽培技术要点**

定植时株行距2m×3m，每年3月上中旬发芽后喷施甲基托布津、啶酰菌胺等药剂防治病害；6月上旬果期结束后加强修剪，树形以主干、主枝、结果枝三级结构的中空外心型为宜；通风透光，及时去除病果。

**适宜种植范围**

安徽、河南、新疆等桑树适宜栽培区。

**13. '桑梓3号'桑树**

树种：桑树

学名：*Morus alba* 'Sangzi 3'

类别：品种

通过类别：审定

编号：国S-SV-MA-013-2021

申请人：安徽省农业科学院蚕桑研究所

选育人：邓永进、于洁、孙明娜、韩智宏、刘健、潘听党、王锐、杨璐、刘和洋、李冰、钱沁春、潘立斌、张泽伟、王朝晖、刘国峰、张慧敏、王召锋、陈艳英、曹若梅、任笑媛、杨志芳、陶西俊、陈怀玉

**品种特性**

'珍珠白'为母本，'大白珍珠'为父本杂交选育。果实乳白色，总糖含量15.9%，总酸含量1.55g/kg，花青素含量0.0105%，蛋白质含量1.30g/100g，出汁率73.9%，可溶性固形物含量24.2%。桑果始熟期5月上旬，盛熟期在5月中下旬，6月上旬果期结束，为期一个月。定植3年后达丰产期，平均亩产可达360.65kg。

**主要用途**

鲜食或加工。

**栽培技术要点**

选取根系发达、生长健壮的嫁接苗定植，定植时间以12月初到次年3月上旬为宜。株行距按2m×3m。每年3月上中旬发芽后喷施甲基托布津、啶酰菌胺等药剂防治病害；6月上旬果期结束后加强修剪，树形以主干、主枝、结果枝三级结构的中空外心型为宜；通风透光，及时去除病果。

**适宜种植范围**

安徽、河南、新疆等桑树适宜栽培区。

**14. '锦花'桃**

树种：桃

学名：*Prunus persica* 'Jinhua'

类别：品种

通过类别：审定

编号：国S-SV-PP-014-2021

申请人：上海市农业科学院

选育人：叶正文、苏明申、杜纪红、李雄伟、周慧娟、张夏南、张明昊

**品种特性**

果肉金黄，肉质硬溶；成熟期较'锦园'晚熟20～25天；平均单果重为238～263g。果实可溶

性固形物含量13.8%，可滴定酸含量0.36%，蔗糖含量45.5mg/g，果糖含量24.0mg/g，葡萄糖含量21.5mg/g，山梨醇含量9.0mg/g，苹果酸含量2.8mg/g，奎宁酸含量2.8mg/g，柠檬酸含量2.0mg/g，Vc含量11.0mg/100g；在上海地区9月上旬集中采收，6年达到盛果期，8年生亩产可达1989kg。

**主要用途**

鲜食。

**栽培技术要点**

选择土层深厚，地下水位1m以下的地块建园，不需配置授粉树；7月上旬和8月上旬各施肥一次，以速效氮磷钾复合肥为主；及时防治桃穿孔病、桃褐腐病、桃蚜、桃蛀螟、桃小食心虫、桃潜叶蛾等病虫害。

**适宜种植范围**

上海、山东等桃适宜栽培区。

**15．'瑞蟠21号'桃**

树种：桃

学名：*Prunus persica* 'Ruipan 21'

类别：品种

通过类别：审定

编号：国S-SV-PP-015-2021

申请人：北京市林业果树科学研究院

选育人：郭继英、姜全、赵剑波、任飞、张瑜、王尚德、刘鑫、王真、李新越、郭建强

**品种特性**

'幻想'为母本，'瑞蟠4号'为父本杂交选育，晚熟品种。果实扁平形，平均单果重235.6g；果肉黄白色，粘核。可溶性固形物含量13.5%，总糖含量9.74%，可滴定酸含量0.19%，Vc含量8.72g/100g。北京地区3月下旬萌芽，4月中旬盛花，9月下旬果实成熟，果实发育期166天，生长期208天左右。盛果期亩产可达2200kg以上。

**主要用途**

鲜食。

**栽培技术要点**

幼树春季萌芽期定植，使用"Y"字形树形，株行距2.5～3m×5～6m；幼树及时开心、扭枝，开张树体角度。根据预期产量合理留果，生长后期加强褐腐病、食心虫和桔小实蝇的防治。

**适宜种植范围**

北京、河北、山东等桃适宜栽培区。

**16．'云甜1号'甜龙竹**

树种：甜龙竹

学名：*Dendrocalamus brandisii* 'Yuntian 1'

类别：品种

通过类别：审定

编号：国S-SV-DB-016-2021

申请人：西南林业大学

选育人：辉朝茂、刘蔚漪、官凤英、黄大勇、张喜、孙茂盛、史正军、石明、鲁定伟、申家兴、邹学明、稼凯

**品种特性**

秆高15～25m，直径12～18cm，节间长30～40cm；秆型通直，枝下高大于3m，秆基部箨片直立，幼秆基部具有明显的条纹状灰白色绒毛；最早于6月上旬即开始发笋，每丛发笋可达15头，粗蛋白质含量2.10%，鲜味氨基酸含量0.476%，甜味氨基酸含量0.145%，芳香族氨基酸含量0.031%，粗脂肪含量1.94%；单笋平均鲜重3.3kg，产笋量可达16335kg/hm²。

**主要用途**

笋用。

**栽培技术要点**

采用雨季造林，初植密度为12～22株/亩，点状或块状整地，规格60cm×60cm×50cm，宜采用打浆定植；成林后适时适量施用农家肥或生物有机肥，注意疏笋育竹、留笋养竹，每丛留5～7秆，截秆去稍，秆高保留3～4m。加强抚育和病虫害防治。

**适宜种植范围**

云南南部，广西、贵州等竹适宜栽培区。

**17．'华金'油茶**

树种：油茶

学名：*Camellia oleifera* 'Huajin'

类别：品种

通过类别：审定

编号：国S-SV-CO-017-2021

申请人：中南林业科技大学

选育人：谭晓风、袁德义、袁军、李建安、邹锋、李泽、刘蕾、黄东、程军勇、黄永芳、余亚平

**品种特性**

树体生长旺盛，树冠纺锤形；10月中下旬为始花期，11月上旬为盛花期；果实青色，椭圆形；种籽数6～10粒，鲜出籽率36.38%，百粒重220.82g，干籽含油率46.0%，油酸含量81.65%，亚油酸含量9.22%，棕榈油酸含量6.14%，硬脂酸含量2.20%。盛产期平均产油可达930kg/hm²。

**主要用途**

食用油料树种。

**栽培技术要点**

采用3年生轻基质大苗造林，造林密度为60～82株/亩；授粉品种为'华鑫'或'长林53'；适当剪去过密枝条，进入盛果期适当疏果；适时施肥，保障营养供给；10月中下旬果实种子成熟，初裂果时采收。

**适宜种植范围**

湖南、湖北、河南、广东、广西、贵州、江西等油茶适宜栽培区。

**18．'华硕'油茶**

树种：油茶

学名：*Camellia oleifera* 'Huashuo'

类别：品种

通过类别：审定

编号：国S-SV-CO-018-2021

申请人：中南林业科技大学

选育人：谭晓风、袁德义、袁军、李建安、邹锋、李泽、刘蕾、黄东、程军勇、黄永芳、余亚平

**品种特性**

树冠圆头形，树体紧凑；果实成熟时黄色，籽数12～18粒，鲜出籽率42.36%，百粒重250.0g，干籽含油率41.71%。油酸含量89.89%，亚油酸含量7.77%，盛产期平均产油可达1023kg/hm²。

**主要用途**

食用油料树种。

**栽培技术要点**

采用3年生轻基质大苗造林，造林密度为60～82株/亩；授粉品种为'衡东大桃2'；枝叶稀疏，幼树适当整形，不宜过度修剪，进入盛果期适当疏果；适时施肥，保障营养供给，10月下旬至11月上旬果实种子成熟，不裂果，适时采收。

**适宜种植范围**

湖南、湖北、河南、广东、广

西、贵州、江西等油茶适宜栽培区。

**19.'华鑫'油茶**
树种：油茶
学名：*Camellia oleifera* 'Huaxin'
类别：品种
通过类别：审定
编号：国S-SV-CO-019-2021
申请人：中南林业科技大学
选育人：谭晓风、袁德义、袁军、李建安、邹锋、李泽、刘蕾、黄东、程军勇、黄永芳、余亚平

**品种特性**
树体生长旺盛，树冠自然圆头；果形扁圆形，青黄色，籽数7～15粒，鲜出籽率52.56%，百粒重310.37g，干籽含油率39.97%；油酸含量88.90%，亚油酸含量8.38%，亚麻酸含量0.06%，硬脂酸含量1.46%。盛产期平均产油可达900kg/hm²。

**主要用途**
食用油料树种。

**栽培技术要点**
采用3年生轻基质大苗造林，造林密度为60～82株/亩；授粉品种为'华金'或'LXC15'；枝叶较为稀疏，幼树适当整形，不宜过度修剪，进入盛果期适当疏果；适时施肥，保障营养供给，10月下旬果实种子成熟，初裂果时采收。

**适宜种植范围**
湖南、湖北、河南、广东、广西、贵州、江西等油茶适宜栽培区。

**20.'红棘1号'沙棘**
树种：沙棘
学名：*Hippohae rhamnoides* × *H. subspsinensis* 'Hongji 1'
类别：无性系
通过类别：审定
编号：国S-SV-HR-020-2021
申请人：中国林业科学研究院林业研究所
选育人：张建国、段爱国、罗红梅、孙广树、乌志颜、李健雄、何彩云、周闯、刘湘杰、高君亮、张国昀、芦特、丁蕾、赵艳华、梁桂琢

**品种特性**
灌木，株高可达4.0m；少刺，2年生枝平均每10cm枝段棘刺数2～3个；果实呈红色，近圆形，7月底成熟；平均百果重27.0g，果柄长2.0～3.0mm。果实Ve含量2.5mg/100g，Vc含量388.65mg/100g，总黄酮92.8mg/100g，叶片总黄酮达1820.9mg/100g。5年进入盛果期，盛果期平均单株产量3.0kg以上。

**主要用途**
生态树种与经济林树种兼用。

**栽培技术要点**
选择2年生嫩枝扦插苗，在苗木萌动前1～2周，顶浆栽植；选择2m×3m或1.5m×3m，机械管理的地块可选择2m×4m或2m×5m定植，雌雄配置比8:1。

**适宜种植范围**
内蒙古、辽宁等沙棘适宜栽培区。

**21.'中棘3号'沙棘**
树种：沙棘
学名：*Hippohae rhamnoides* × *H. subspsinensis* 'Zhongji 3'
类别：品种
通过类别：审定
编号：国S-SV-HR-021-2021
申请人：中国林业科学研究院林业研究所
选育人：张建国、段爱国、罗红梅、孙广树、乌志颜、李健雄、何彩云、周闯、刘湘杰、高君亮、张国昀、郎立刚、魏玉燕

**品种特性**
灌木，株高可达4.0m；少刺，2年生枝平均每10cm枝段棘刺数少于4个；果实成熟期8月初，果实黄色，近圆形；平均百果重38g。果实Ve含量1.17mg/100g，Vc含量430.10mg/100g，总黄酮含量35.54mg/100g，叶片总黄酮含量达298.6mg/100g。5年进入盛果期，盛果期平均单株产量3.0kg以上。

**主要用途**
生态树种与经济林树种兼用。

**栽培技术要点**
选择2年生嫩枝扦插苗，在苗木萌动前1—2周，顶浆栽植；选择2m×3m或1.5m×3m，机械管理的地块可选择2m×4m或2m×5m定植，雌雄配置比8:1。

**适宜种植范围**
内蒙古、辽宁等沙棘适宜栽培区。

**22.'中棘4号'沙棘**
树种：沙棘
学名：*Hippohae rhamnoides* × *H. subspsinensis* 'Zhongji 4'
类别：品种
通过类别：审定
编号：国S-SV-HR-022-2021
申请人：中国林业科学研究院林业研究所
选育人：段爱国、张建国、罗红梅、孙广树、乌志颜、李健雄、何彩云、周闯、刘湘杰、高君亮、张国昀、芦特、丁蕾

**品种特性**
灌木，株高可达4.5m；少刺，2年生枝平均每10cm枝段棘刺数2～3个；果实成熟期7月底，果实黄色，近圆形；平均百果重可达36.6g，果实Ve含量2.1mg/100g，Vc含量348mg/100g，总黄酮含量50.54mg/100g，叶片总黄酮含量达408.1mg/100g。5年进入盛果期，主要用途生态树种与经济林树种兼用。

**栽培技术要点**
选择2年生嫩枝扦插苗，在苗木萌动前1～2周，顶浆栽植；株行距2m×3m或1.5m×3m，机械管理的地块可选择株行距2m×4m或2m×5m定植，雌雄配置比8:1。

**适宜种植范围**
内蒙古、辽宁等沙棘适宜栽培区。

# 国家林业和草原局
# 中华人民共和国濒危物种进出口管理办公室公告

## 2022年第3号

为支持举办2022年杭州亚运会、亚残运会，切实做好服务保障工作，提高杭州亚运会、亚残运会有关人员来华携带濒危野生动植物及其制品行政许可审批效率，现将国家林业和草原局（以下简称"国家林草局"）实施的陆生野生动植物进出口审批行政许可事项、中华人民共和国濒危物种进出口管理办公室（以下简称"国家濒管办"）实施的允许进出口证明书核发行政许可事项，分别委托（授权）浙江省林业局和国家管办上海办事处实施。现将有关事项公告如下：

**一、适用对象**

参加2022年杭州亚运会、亚残运会的有关单位及人员。

**二、委托（授权）范围和程序**

（一）陆生野生动植物及其制品的进出口。进口或者再出口列入《濒危野生动植物种国际贸易公约》附录且在国家林草局、国家濒管办长期委托（授权）事项范围外的陆生野生动植物及其制品的，凭杭州亚运会、亚残运会组委会出具

的参会证明，向浙江省林业局申请准予行政许可决定书后，向国家濒管办上海办事处申请允许进出口证明书。

进口或者再出口国家林草局、国家管办长期委托（授权）事项范围内的陆生野生动植物及其制品的，继续按相关公告执行。

（二）水生野生动物及其制品的进出口。进口或者再出口列入《濒危野生动植物种国际贸易公约》附录且在国家濒管办长期授权事项范围外的水生野生动物及其制品的，凭杭州亚运会、亚残运会组委会出具的参会证明及水生野生动物保护主管部门行政许可批准文件，向国家濒管办上海办事处申请允许进出口证明书。

进口或者再出口国家管办长期授权事项范围内的水生野生动植物及其制品的，继续按相关公告执行。

**三、委托（授权）时间**

2022年8月1日至10月20日。其间，国家林草局、国家濒管办不再受理本公告委托（授权）的行政许

可事项。

**四、申报途径**

申请人通过"中国国际贸易'单一窗口'标准版野生动植物进出口证书管理系统"（www.singlewindow.cn），向国家濒管办上海办事处申请允许进出口证明书。

**五、联系方式**

浙江省林业局

电话：0571-87399241

邮箱：935399542@qq.com

地址：浙江省杭州市江干区凯旋路226号

国家濒管办上海办事处

电话：021-50477216

021-50477217

传真：021-50477250

地址：上海市浦东新区富特北路456号南楼2楼

特此公告。

国家林草局

国家濒管办

2022年2月11日

# 国家林业和草原局公告

## 2022年第4号

根据《植物检疫条例》和《全国检疫性林业有害生物疫区管理办法》（林造发〔2018〕64号）的有关规定，现将我国2022年撤销的松材线虫病疫区公告如下：

**辽宁省**：宽甸满族自治县。

**江苏省**：扬州市仪征市。

**江西省**：新余市分宜县。

**河南省**：信阳市固始县。

**湖南省**：益阳市赫山区。

**广西壮族自治区**：柳州市柳城县。

**四川省**：雅安市石棉县。

**贵州省**：黔南布依族苗族自治州荔波县，黔东南苗族侗族自治

州雷山县。

**云南省**：昭通市水富市。

**陕西省**：西安市鄠邑区。

国家林业和草原局

2022年3月11日

# 国家林业和草原局公告

## 2022年第5号

根据《植物检疫条例》和《全国检疫性林业有害生物疫区管理办法》（林造发〔2018〕64号）有关规定，现将我国2022年美国白蛾疫区公告如下：

**北京市：** 东城区、西城区、朝阳区、海淀区、丰台区、石景山区、门头沟区、房山区、通州区、顺义区、大兴、昌平区、平谷区、怀柔区、密云区。

**天津市：** 和平区、河东区、河西区、南开区、河北区、红桥区、滨海新区、东丽区、西青区、津南区、北辰区、武清区、宝坻区、宁河区、静海区、蓟州区。

**河北省：** 石家庄市长安区、桥西区、新华区、裕华区、藁城区、鹿泉区、新乐市、井陉县、正定县、行唐县、灵寿县、高邑县、深泽县、无极县、平山县、元氏县，唐山市路南区、路北区、古冶区、开平区、丰南区、丰润区、曹妃甸区、遵化市、迁安市、滦州市、滦南县、乐亭县、迁西县、玉田县，秦皇岛市海港区、山海关区、北戴河区、抚宁区、昌黎县、卢龙县、青龙满族自治县、邯郸市邯山区、丛台区、复兴区、肥乡区、永年区、临漳县、成安县、大名县、邱县、鸡泽县、广平县、馆陶县、魏县、曲周县、邢台市襄都区、信都区、任泽区、南和区、南宫市、沙河市、临城县、内丘县、柏乡县、隆尧县、宁晋县、巨鹿县、广宗县、平乡县、威县、清河县、临西县、保定市竞秀区、莲池区、满城区、清苑区、徐水区、涿州市、安国市、高碑店市、涞水县、定兴县、唐县、高阳县、望都县、易县、曲阳县、蠡县、顺平县、博野县、承德市鹰手营子矿区、平泉市、兴隆县、宽城满族自治县、沧州市新华区、运河区、泊头市、任丘市、黄骅市、河间市、沧县、青

县、东光县、海兴县、盐山县、肃宁县、南皮县、吴桥县、献县、孟村回族自治县，廊坊市安次区、广阳区、霸州市、三河市、固安县、永清县、香河县、大城县、文安县、大厂回族自治县，衡水市桃城区、冀州区、深州市、枣强县、武邑县、武强县、饶阳县、安平县、故城县、景县、阜城县，定州市，辛集市，雄安新区容城县、安新县、雄县。

**内蒙古自治区：** 通辽市科尔沁左翼后旗、科尔沁左翼中旗。

**辽宁省：** 沈阳市苏家屯区、浑南区、沈北新区、于洪区、辽中区、新民市、康平县、法库县，大连市甘井子区、旅顺口区、金普新区、普兰店区、瓦房店市、庄河市、长海县，鞍山市千山区、海城市、台安县、岫岩满族自治县，抚顺市顺城区、抚顺县，本溪市平山区、溪湖区、明山区、南芬区、本溪满族自治县、桓仁满族自治县，丹东市振兴区、元宝区、振安区、合作区、东港市、凤城市、宽甸满族自治县，锦州市太和区、凌海市、北镇市、黑山县、义县，营口市鲅鱼圈区、老边区、盖州市、大石桥市，阜新市清河门区、细河区、阜新蒙古族自治县、彰武县，辽阳市文圣区、宏伟区、弓长岭区、太子河区、灯塔市、辽阳县，盘锦市大洼区、盘山县，铁岭市银州区、清河区、调兵山市、开原市、铁岭县、西丰县、昌图县，葫芦岛市连山区、龙港区、南票区、兴城市、绥中县。

**吉林省：** 长春市双阳区、长春经济技术开发区、长春汽车经济技术开发区、长春高新技术开发区、公主岭市，四平市铁西区、双辽市、梨树县，辽源市龙山区、西安区、东辽县、东丰县，通化市梅河口市、集安市。

**上海市：** 闵行区、宝山区、嘉定区、浦东新区、金山区、松江区、青浦区、奉贤区。

**江苏省：** 南京市玄武区※（※表示2021年以来美国白蛾新发生县级行政区，下同）、秦淮区、建邺区、鼓楼区、浦口区、栖霞区、江宁区、六合区，徐州市鼓楼区、云龙区、贾汪区、泉山区、铜山区、新沂市、邳州市、丰县、沛县、睢宁县，连云港市连云区、海州区、赣榆区、东海县、灌云县、灌南县，淮安市淮安区、淮阴区、清江浦区、洪泽区、涟水县、盱眙县、金湖县，盐城市亭湖区、盐都区、大丰区、东台市、响水县、滨海县、阜宁县、射阳县、建湖县，扬州市广陵区、邗江区、江都区、仪征市、高邮市、宝应县，镇江市润州区、丹徒区、扬中市、镇江高新技术产业开发区※，泰州市海陵区、姜堰区、兴化市，宿迁市宿城区、宿豫区、沭阳县、泗阳县、泗洪县。

**浙江省：** 嘉兴市嘉善县※、平湖市※。

**安徽省：** 合肥市瑶海区、庐阳区、蜀山区、包河区、巢湖市、长丰县、肥东县，芜湖市鸠江区、弋江区、繁昌区、无为市，蚌埠市龙子湖区、蚌山区、禹会区、淮上区、怀远县、五河县、固镇县，淮南市大通区、田家庵区、谢家集区、八公山区、潘集区、毛集实验区、凤台县、寿县，马鞍山市雨山区、当涂县、含山县，淮北市杜集区、相山区、烈山区、濉溪县，铜陵市义安区、郊区，阜阳市颍州区、颍东区、颍泉区、界首市、临泉县、太和县、阜南县、颍上县，宿州市埇桥区、砀山县、萧县、灵璧县、泗县，滁州市南谯区、琅琊区、天长市、明光市、来安县、全椒县、定远县、凤阳县，六安市霍

邱县，亳州市谯城区、涡阳县、蒙城县、利辛县，池州市贵池区。

**山东省：** 济南市历下区、市中区、槐荫区、天桥区、历城区、长清区、章丘区、济阳区、莱芜区、钢城区、平阴县、商河县，青岛市市南区、市北区、青岛西海岸新区、崂山区、李沧区、城阳区、即墨区、胶州市、平度市、莱西市，淄博市周村区、张店区、淄川区、博山区、临淄区、桓台县、高青县、沂源县，枣庄市市中区、薛城区、峄城区、台儿庄区、山亭区、滕州市，东营市东营区、河口区、垦利区、利津县、广饶县，烟台市芝罘区、福山区、牟平区、莱山区、蓬莱区、龙口市、莱阳市、莱州市、招远市、栖霞市、海阳市，潍坊市潍城区、寒亭区、坊子区、奎文区、青州市、诸城市、寿光市、安丘市、高密市、昌邑市、临朐县、昌乐县，济宁市任城区、兖州区、曲阜市、邹城市、微山县、鱼台县、金乡县、嘉祥县、汶上县、泗水县、梁山县，泰安市泰山区、岱岳区、新泰市、肥城市、宁阳县、东平县，威海市环翠区、文登区、荣成市、乳山市，日照市东港区、岚山区、五莲县、莒县，临沂市兰山区、罗庄区、河东区、沂南县、郯城县、沂水县、兰陵县、费县、平邑县、莒南县、蒙阴县、临沭县，德州市德城区、陵城区、乐陵市、禹城市、宁津县、庆云县、临邑县、齐河县、平原县、夏津县、武城县，聊城市东昌府区、茌平区、临清市、阳谷县、莘县、东阿县、冠县、高唐县，滨州市滨城区、沾化区、邹平市、惠民县、阳信县、无棣县、博兴县，菏泽市牡丹区、定陶区、曹县、单县、成武县、巨野县、郓城县、鄄城县、东明县。

**河南省：** 郑州市金水区、惠济区、郑东新区、中牟县，开封市龙亭区、顺河回族区、鼓楼区、祥符区、开封新区、通许县、尉氏县，平顶山市叶县，安阳市文峰区、北关区、安阳县、汤阴县、内黄县，鹤壁市山城区、淇滨区、浚县、淇县，新乡市红旗区、卫滨区、卫辉市、新乡县、原阳县、延津县、封丘县，焦作市修武县、武陟县，濮阳市华龙区、濮阳经济技术开发区、清丰县、南乐县、范县、台前县、濮阳县，许昌市建安区、魏都区、鄢陵县、襄城县，漯河市源汇区、郾城区、召陵区、舞阳县、临颍县，商丘市梁园区、睢阳区、民权县、夏邑县、虞城县、睢县，周口市川汇区、淮阳区、项城市、扶沟县、西华县、商水县、沈丘县、郸城县，驻马店市驿城区、确山县、泌阳县、遂平县、西平县、上蔡县、汝南县、平舆县、正阳县，信阳市浉河区、平桥区、罗山县、光山县、潢川县、淮滨县、息县、商城县、新县，滑县，兰考县，固始县，新蔡县，长垣市，永城市。

**湖北省：** 孝感市孝南区、应城市、安陆市、云梦县、孝昌县、大悟县，襄阳市襄州区、枣阳市，随州市广水市、随县，黄冈市红安县。

**陕西省：** 西安市西咸新区沣西新城、西咸新区沣东新城、高新区、鄠邑区。

特此公告。

国家林业和草原局<br>2022年3月11日

# 国家林业和草原局公告

## 2022年第6号

根据《植物检疫条例》和《全国检疫性林业有害生物疫区管理办法》（林造发〔2018〕64号）的有关规定，现将我国2022年松材线虫病疫区公告如下：

**辽宁省：** 沈阳市浑南区，大连市中山区、西岗区、沙河口区、甘井子区、长海县，抚顺市东洲区、顺城区、抚顺县、新宾满族自治县、清原满族自治县，本溪市溪湖区、明山区、本溪满族自治县，丹东市凤城市，辽阳市灯塔市、辽阳县，铁岭市开原市、铁岭县。

**吉林省：** 通化市东昌区※（※表示国家林业和草原局公告2021年第5号发布后新发生的县级行政区，下同）、二道江区※，延边朝鲜族自治州汪清县※。

**江苏省：** 南京市玄武区、浦口区、栖霞区、雨花台区、江宁区、六合区、溧水区、高淳区，无锡市惠山区、滨湖区、宜兴市，常州市金坛区、溧阳市，连云港市连云区、海州区、赣榆区、灌云县，淮安市盱眙县，镇江市润州区、丹徒区、句容市、镇江高新技术产业开发区。

**浙江省：** 杭州市萧山区、余杭区、富阳区、临安区、建德市、桐庐县、淳安县，宁波市海曙区、北仑区、鄞州区、奉化区、余姚市、慈溪市、象山县、宁海县，温州市鹿城区、龙湾区、瓯海区、洞头区、瑞安市、乐清市、龙港市、永嘉县、平阳县、苍南县、文成县、泰顺县，湖州市吴兴区、德清县、长兴县、安吉县，绍兴市越城区、柯桥区、上虞区、诸暨市、嵊州市、新昌县，金华市婺城区、金东区、兰溪市、义乌市、东阳市、永康市、武义县、浦江县、磐安县，衢州市柯城区、衢江区、江山市、常山县、开化县、龙游县，舟山市定海区，台州市椒江区※、黄岩区、温岭市、临海市、玉环市、三门县、天台县、仙居县，丽水市莲都区、龙泉市、青田县、缙云县、遂昌县、松阳县、云和县、庆元县、景宁畲族自治县。

**安徽省**：合肥市巢湖市、肥东县、肥西县、庐江县，芜湖市无为市、南陵县，马鞍山市博望区、当涂县，铜陵市郊区、枞阳县，安庆市大观区、宜秀区、桐城市、潜山市、怀宁县、太湖县、宿松县、望江县、岳西县，黄山市屯溪区、黄山区、徽州区、歙县、休宁县、黟县、祁门县，滁州市南谯区、明光市、来安县、全椒县、定远县、凤阳县，六安市金安区、裕安区、叶集区、霍邱县、舒城县、金寨县、霍山县，池州市贵池区、东至县、石台县、青阳县，宣城市宣州区、宁国市、广德市、泾县、绩溪县、旌德县。

**福建省**：福州市马尾区、晋安区、长乐区、福清市、闽侯县、连江县、罗源县、闽清县、永泰县，厦门市同安区、翔安区，莆田市城厢区、涵江区、荔城区、仙游县，三明市三元区、沙县区、永安市、大田县、清流县、将乐县、泰宁县、建宁县，泉州市丰泽区、洛江区、晋江市、南安市、惠安县、安溪县、永春县，漳州市云霄县、诏安县、南靖县，南平市延平区、建阳区、邵武市、武夷山市、建瓯市、顺昌县、浦城县、光泽县、松溪县、政和县，龙岩市漳平市、上杭县、连城县，宁德市蕉城区、福安市、福鼎市、霞浦县、古田县、寿宁县、周宁县、柘荣县。

**江西省**：南昌市新建区、进贤县、安义县，九江市柴桑区、濂溪区、瑞昌市、共青城市、庐山市、修水县、武宁县、都昌县、永修县、德安县，景德镇市昌江区、乐平市、浮梁县，新余市渝水区，鹰潭市余江区、月湖区、贵溪市，赣州市章贡区、南康区、赣县区、龙南市、瑞金市、信丰县、大余县、上犹县、崇义县、安远县、全南县、定南县、兴国县、宁都县、于都县、会昌县、寻乌县，宜春市袁州区、樟树市、丰城市、高安市、靖安县、奉新县、上高县、宜丰县、铜鼓县、万载县，上饶市信州区、广丰区、广信区、德兴市、玉山县、铅山县、横峰县、弋阳县、余干县、鄱阳县、万年县、婺源县，吉安市青原区、井冈山市、吉安县、吉水县、新干县、峡江县、永丰县、遂川县、万安县、泰和县、安福县、永新县，抚州市临川区、东乡区、南城县、黎川县、南丰县、崇仁县、乐安县、宜黄县、金溪县、资溪县、广昌县。

**山东省**：济南市莱芜区，青岛市西海岸新区（黄岛区）、崂山区、李沧区、城阳区、即墨区，烟台市芝罘区、福山区、牟平区、莱山区、长岛综试区、栖霞市，济宁市泗水县，泰安市泰山区、岱岳区，威海市环翠区、文登区、荣成市、乳山市，日照市东港区、岚山区、五莲县，临沂市莒南县、临沭县。

**河南省**：洛阳市栾川县，三门峡市卢氏县，南阳市西峡县、淅川县，信阳市罗山县、光山县、新县，驻马店市确山县。

**湖北省**：武汉市武昌区、青山区、洪山区、武汉东湖新技术开发区、武汉东湖生态旅游风景区、武汉经济技术开发区（汉南区）、蔡甸区、江夏区、黄陂区、新洲区，黄石市黄石港区、下陆区、铁山区、大冶市、阳新县，十堰市茅箭区、张湾区、郧阳区、十堰经济技术开发区、武当山旅游经济特区、丹江口市、郧西县、竹山县、竹溪县、房县，宜昌市点军区、猇亭区、宜昌高新技术产业开发区、夷陵区、宜都市、当阳市、枝江市、远安县、兴山县、秭归县、长阳土家族自治县、五峰土家族自治县，襄阳市襄城区、樊城区、襄州区、枣阳市、宜城市、南漳县、谷城县、保康县，鄂州市梁子湖区、鄂城区，荆门市东宝区、掇刀区、钟祥市、京山市，孝感市安陆市、孝昌县、大悟县，荆州市荆州区、石首市、松滋市，黄冈市麻城市、武穴市、团风县、红安县、罗田县、英山县、浠水县、蕲春县、黄梅县，咸宁市咸安区、赤壁市、嘉鱼县、通城县、崇阳县、通山县，随州市曾都区、广水市、随县，恩施土家族苗族自治州恩施市、利川市、建始县、巴东县、宣恩县、咸丰县、来凤县。

**湖南省**：长沙市岳麓区、开福区、雨花区、望城区、浏阳市、宁乡市、长沙县，株洲市芦淞区、石峰区、醴陵市、攸县、茶陵县、炎陵县，湘潭市雨湖区、岳塘区、湘乡市、湘潭县，衡阳市珠晖区、雁峰区、蒸湘区、南岳区、常宁市、衡阳县、衡南县、衡山县、衡东县、祁东县，邵阳市双清区、大祥区、武冈市、邵东市、新邵县、邵阳县、绥宁县、城步苗族自治县，岳阳市云溪区、汨罗市、临湘市、岳阳县、平江县，常德市鼎城区、安乡县、临澧县、桃源县，张家界市永定区、武陵源区、慈利县，益阳市桃江县、安化县，郴州市资兴市、桂阳县、宜章县、永兴县、安仁县，永州市零陵区、冷水滩区、东安县、江永县、宁远县，怀化市中方县、沅陵县、芷江侗族自治县、靖州苗族侗族自治县，娄底市娄星区、涟源市、双峰县、新化县，湘西土家族苗族自治州吉首市、凤凰县、花垣县、保靖县、古丈县、永顺县、龙山县。

**广东省**：广州市白云区、黄埔区、花都区、从化区、增城区，珠海市香洲区，汕头市澄海区、濠江区、潮南区、南澳县，佛山市南海区、高明区、三水区，韶关市浈江区、武江区、曲江区、乐昌市、南雄市、仁化县、始兴县、翁源县、新丰县、乳源瑶族自治县，河源市源城区、东源县、和平县、龙川县、紫金县、连平县，梅州市梅江区、梅县区、兴宁市、平远县、蕉岭县、大埔县、丰顺县、五华县，惠州市惠城区、惠阳区、惠东县、博罗县、龙门县，汕尾市海丰县、陆河县，东莞市、中山市，江门市蓬江区、新会区、鹤山市，阳江市江城区、阳春市，茂名市高州市，肇庆市鼎湖区、广宁县、德庆县、封开县、怀集县、四会市※，清远市清城区、清新区、英德市、连州市、佛冈县、阳山县、连山壮族瑶族自治县、连南瑶族自治县※，潮州市潮安区、湘桥区、饶平县，揭阳市揭东区、榕城区、空港经济区、普宁市、惠来县、揭西县，云浮市郁南县、罗定市。

**广西壮族自治区**：南宁市西乡塘区、江南区、兴宁区、青秀区、武鸣区、横州市，柳州市城中区、柳北区、柳南区、鱼峰区、三江侗族自治县※，桂林市叠彩区※、象山区※、七星区※、雁山区※、临桂区、恭城瑶族自治县、全州县、兴安县、永福县、灵川县、资源县※、平乐县※，梧州市万秀区、长洲区、岑溪市、苍梧县、藤县※，防城港市防城区，钦州市浦北县、灵山县，贵港市港北区、桂平市、平南县※，玉林市玉州区、兴业县、容县、博白县，百色市靖西市、田林县，贺州市平桂区、八步区、钟山县，河池市宜州区、大化瑶族自治县※，来宾市金秀瑶族自治县，崇左市大新县、龙州县。

**重庆市：**万州区、黔江区、涪陵区、大渡口区、江北区、沙坪坝区、九龙坡区、南岸区、北碚区、渝北区、巴南区、长寿区、江津区、合川区、永川区、南川区、綦江区、大足区、铜梁区、璧山区、潼南区、荣昌区、开州区、梁平区、武隆区、城口县、丰都县、忠县、垫江县、云阳县、巫山县、石

柱土家族自治县、秀山土家族苗族自治县、酉阳土家族苗族自治县、彭水苗族土家族自治县、万盛经济技术开发区。

**四川省：**自贡市自流井区、贡井区、富顺县，泸州市泸县、古蔺县，绵阳市涪城区、平武县，广元市朝天区※、剑阁县，内江市隆昌市、资中县，乐山市市中区，南充市顺庆区、高坪区、阆中市、仪陇县，宜宾市翠屏区、南溪区、叙州区、江安县、长宁县、高县、珙县、筠连县、屏山县，广安市前锋区※、华蓥市、邻水县，达州市通川区、达川区、万源市、宣汉县、开江县、大竹县、渠县，雅安市名山区，巴中市巴州区、恩阳区、通江县、平昌县，资阳市安岳县，凉山彝族自治州西昌市、喜德县。

**贵州省：**贵阳市乌当区※，遵义市播州区、仁怀市、凤冈县、习

水县，毕节市金沙县，铜仁市碧江区、万山区、松桃苗族自治县，黔东南苗族侗族自治州剑河县、榕江县、从江县，黔南布依族苗族自治州福泉市。

**云南省：**昆明市西山区※，文山壮族苗族自治州麻栗坡县※。

**陕西省：**汉中市洋县、西乡县、留坝县、佛坪县、略阳县、勉县、宁强县、镇巴县，安康市汉滨区、汉阴县、石泉县、宁陕县、紫阳县、岚皋县、平利县、白河县、旬阳市，商洛市商州区、洛南县、丹凤县、商南县、山阳县、镇安县、柞水县。

**甘肃省：**陇南市康县※。

国家林业和草原局
2022年3月14日

# 国家林业和草原局公告

## 2022年第7号

根据《国务院办公厅关于全面实行行政许可事项清单管理的通知》（国办发〔2022〕2号），我局研究制定了《林草部门取消的行政许可事项及事中事后监管措施》（见附件），现予发布。

特此公告。

附件：林草部门取消的行政许可事项及事中事后监管措施

国家林业和草原局
2022年3月21日

附件

## 林草部门取消的行政许可事项及事中事后监管措施

| 序号 | 取消的行政许可事项名称 | 监管层级 | 监管部门 | 监管措施 |
|---|---|---|---|---|
| 1 | 主要林木品种审定 | 国家级 | 国家林草局 | 1. 国家林草局根据《主要林木品种审定办法》，按照行政确认方式管理。<br>2. 完善审定标准体系，促进品种审定工作更加科学公正地开展。<br>3. 加强申报品种的现场查定工作，对申报材料的真实性进行严格审核，加强事中监管。<br>4. 建立良种样品标准库，构建林木良种分子身份证，杜绝同物异名现象，提高事后监管效率。 |

（续表）

| 序号 | 取消的行政许可事项名称 | 监管层级 | 监管部门 | 监管措施 |
|---|---|---|---|---|
| 2 | 国家级森林公园设立、撤销、改变经营范围或变更隶属关系审批 | 国家级 | 国家林草局 | 1. 国家林草局按照内部审批方式管理，印发国家级森林公园设立、撤销、调整范围事项办理的相关办法，明确申报程序、申请条件和材料、审查及批复程序等。<br>2. 根据自然保护地管理要求，国家林草局国家级自然公园评审委员会根据《国家林草局国家级自然公园评审委员会评审工作规则》，对国家级森林公园设立、撤销、调整范围审批统一评审，不再办理变更隶属关系审批。<br>3. 按照《森林公园管理办法》《国家级森林公园管理办法》以及自然保护地有关规定，加强对国家级森林公园的监督管理。发挥各级林草主管部门作用，加大监督检查力度。 |
| 3 | 进口林木种子苗木 | 国家级 | 国家林草局 | 1. 国家林草局加强对企业进口行为的指导与监管。通过分析其他相关审批信息，了解企业在进口林木种子苗木过程中存在的问题并进行指导监督，促进行业自律。<br>2. 进一步规范林草种子生产经营许可证核发和从国外引进林草种子、苗木检疫这两项与进口林木种子苗木相关的审批，加强审批过程中信息互通共享，强化监管。<br>3. 在相关审批"双随机、一公开"等监管中，一并对进口林木种子苗木情况进行检查。对违反《种子法》相关规定，依法予以查处并公开结果。 |
| 4 | 向境外提供或者与境外开展合作研究利用林草种质资源审批省级初审 | 国家级 | 国家林草局 | 1. 国家林草局严格按照《种子法》等规定，依法实施"向境外提供或者与境外开展合作研究利用林草种质资源审批"。<br>2. 全面公开"向境外提供或者与境外开展合作研究利用林草种质资源审批"的申请材料要件和办理程序，实行行政许可网上办理，实现行政许可全流程进度查询、全过程可追溯。<br>3. 采取"双随机、一公开"等方式，加强监督检查，畅通投诉举报渠道，发现违法违规行为，及时依法查处。<br>4. 征求向境外提供或与境外开展合作研究利用林草种质资源所属的省级林草主管部门意见，加强事中监管。 |
| 5 | 收购珍贵树木种子和限制收购林木种子审批 | 省级 | 省级林草主管部门 | 1. 省级林草主管部门加强对生产经营林木种子企业监督和引导，督促企业树立质量意识，健全种子生产经营档案，使其经营的林木种子种源、品种和销售去向均清楚。<br>2. 进一步完善采种、种子区划、种子质量相关标准，引导广大林木种子企业依照标准生产经营。<br>3. 加大行政处罚力度。按照《种子法》规定，严厉打击抢采掠青、以次充好、哄抬价格行为，涉及犯罪的移送司法机关处理。<br>4. 强化社会监督，公布举报电话，及时处理投诉举报。 |
| 6 | 使用低于国家或地方规定的种用标准的林木种子审批 | 省级 | 省级林草主管部门 | 1. 配合有关部门科学制定并及时更新林木种子标准。<br>2. 加强对种苗使用者的宣传引导，强调使用良种壮苗造林的重要性。<br>3. 强化对用种用苗质量监管，持续开展林木种苗质量抽检。<br>4. 强化社会监督，公布举报电话，及时处理投诉举报。 |
| 7 | 与国外签署涉及森林和野生动物类型国家级自然保护区协议审批 | 国家级 | 国家林草局 | 1. 加强对国家级自然保护区与国外签署协议，特别是涉及外事外交及重要遗产资源的统筹协调。<br>2. 加强合作情况、合作项目等信息共享。<br>3. 组织有关单位定期报告合作协议的执行情况，确保合作落实落地。 |

| 序号 | 取消的行政许可事项名称 | 监管层级 | 监管部门 | 监管措施 |
|---|---|---|---|---|
| 8 | 实施植物新品种强制许可审批 | 国家级 | 国家林草局 | 1. 国家林草局严格按照《种子法》《植物新品种保护条例》等规定，依法实施植物新品种强制许可制度。<br>2. 印发实施植物新品种强制许可办理的相关办法，明确管理程序、条件和材料要求等。<br>3. 采取专家现场考察和评审等方式，对强制许可的理由及必要性，提出评估意见。对通过强制许可的，及时予以登记和公告。<br>4. 取得实施强制许可的单位或者个人与品种权人未能达成协议的，国家林草局将按照规定对强制许可使用费进行裁决。<br>5. 加强事中事后监管，对强制许可事项进行监督管理，检查强制许可实施的内容、时间、规模等，及时跟踪了解实施进展和成效。 |

# 国家林业和草原局公告

## 2022年第8号

根据《中华人民共和国种子法》《中华人民共和国植物新品种保护条例》《中华人民共和国植物新品种保护条例实施细则（林业部分）》，经国家林业和草原局植物新品种保护办公室审查，"旭日"等215项植物新品种权申请符合授权条件，现决定授予植物新品种权（名单见附件），并颁发《植物新品种权证书》。

特此公告。

附件：国家林业和草原局2022年第一批授予植物新品种权名单

国家林业和草原局
2022年5月13日

附件

## 国家林业和草原局2022年第一批授予植物新品种权名单

| 序号 | 品种名称 | 所属属（种） | 品种权号 | 品种权人 | 申请号 | 申请日 | 培育人 |
|---|---|---|---|---|---|---|---|
| 1 | 旭日 | 蔷薇属 | 20220001 | 云南锦苑花卉产业股份有限公司、云南锦科花卉工程研究中心有限公司 | 20150252 | 2015.12.03 | 倪功、曹荣根、田连通、白云评、乔丽婷、阳明祥 |
| 2 | 阿兰 | 蔷薇属 | 20220002 | 云南锦科花卉工程研究中心有限公司 | 20160380 | 2016.11.25 | 倪功、曹荣根、田连通、白云评、乔丽婷、阳明祥、何琼 |
| 3 | 拉马 | 蔷薇属 | 20220003 | 云南锦科花卉工程研究中心有限公司 | 20180044 | 2017.12.29 | 曹荣根、张力、倪功、田连通、白云评、乔丽婷、阳明祥、何琼 |
| 4 | 盛夏 | 蔷薇属 | 20220004 | 云南锦科花卉工程研究中心有限公司 | 20180046 | 2017.12.29 | 曹荣根、张力、倪功、田连通、白云评、乔丽婷、阳明祥、何琼 |

| 序号 | 品种名称 | 所属属（种） | 品种权号 | 品种权人 | 申请号 | 申请日 | 培育人 |
|---|---|---|---|---|---|---|---|
| 5 | 瑞斯0520A（RUICI0520A） | 蔷薇属 | 20220005 | 迪瑞特知识产权公司（De Ruiter Intellectual Property B.V.） | 20180117 | 2018.01.25 | 汉克·德·格罗特（H.C.A. de Groot） |
| 6 | 奥斯普莱（AUSAPPLY） | 蔷薇属 | 20220006 | 英国大卫奥斯汀月季公司（David Austin Roses Limited） | 20180210 | 2018.04.12 | 大卫·奥斯汀（David J.C. Austin） |
| 7 | 奥斯布莱格（AUSOBLIGE） | 蔷薇属 | 20220007 | 英国大卫奥斯汀月季公司（David Austin Roses Limited ） | 20180211 | 2018.04.12 | 大卫·奥斯汀（David J.C. Austin） |
| 8 | 亚植之恋 | 叶子花属 | 20220008 | 福建省亚热带植物研究所 | 20180251 | 2018.05.25 | 林春松、徐凤侠、黄青云、张雪芹、张文惠 |
| 9 | 西吕75664（SCH75664） | 蔷薇属 | 20220009 | 荷兰彼得·西吕厄斯控股公司（Piet Schreurs Holding B.V.） | 20180355 | 2018.07.03 | P.N.J.西吕厄斯（Petrus Nicolaas Johannes Schreurs） |
| 10 | 紫烟 | 李属 | 20220010 | 英德市旺地樱花种植有限公司、广州红树林生态科技有限公司、广东天适樱花悠乐园有限公司 | 20180372 | 2018.07.08 | 叶小玲、朱　军、叶超宏、熊海坚、彭秋瑜、何宗儒、陈红锋、胡晓敏 |
| 11 | 满堂红 | 李属 | 20220011 | 广州红树林生态科技有限公司、英德市旺地樱花种植有限公司、韶关市旺地樱花种植有限公司 | 20180379 | 2018.07.08 | 曾昭佳、叶小玲、朱　军、胡晓敏、邱晓平、何宗儒、陈端妮、阮文俊 |
| 12 | 红之樽 | 蔷薇属 | 20220012 | 云南锦科花卉工程研究中心有限公司 | 20180468 | 2018.08.09 | 倪　功、曹荣根、田连通、乔丽婷、何　琼、阳明祥、白云平 |
| 13 | 瑞可1341A（RUICO1341A） | 蔷薇属 | 20220013 | 迪瑞特知识产权公司（De Ruiter Intellectual Property B.V.） | 20180498 | 2018.08.28 | 汉克·德·格罗特（H.C.A. de Groot） |
| 14 | 瑞克1236A（RUICK1236A） | 蔷薇属 | 20220014 | 迪瑞特知识产权公司（De Ruiter Intellectual Property B.V.） | 20180515 | 2018.09.01 | 汉克·德·格罗特（H.C.A. de Groot） |
| 15 | 平瓣绿萼 | 梅 | 20220015 | 浙江农林大学 | 20180531 | 2018.09.03 | 赵宏波、董　彬、张　超、付建新 |
| 16 | 长艳宫粉 | 梅 | 20220016 | 浙江农林大学 | 20180534 | 2018.09.03 | 赵宏波、董　彬、张　超、包志毅 |
| 17 | 蓝海之梦 | 越橘属 | 20220017 | 大连森茂现代农业有限公司 | 20180549 | 2018.09.03 | 王贺新、徐国辉 |
| 18 | 蓝韵之光 | 越橘属 | 20220018 | 成都森茂现代农业有限公司、大连森茂现代农业有限公司 | 20180551 | 2018.09.04 | 赵丽娜、王贺新、徐国辉 |

（续表）

| 序号 | 品种名称 | 所属属（种） | 品种权号 | 品种权人 | 申请号 | 申请日 | 培育人 |
|---|---|---|---|---|---|---|---|
| 19 | 晨雁 | 越橘属 | 20220019 | 大连大学、大连来宝现代农业科技有限公司、大连森茂现代农业有限公司 | 20180562 | 2018.09.04 | 王贺新、吴小南、徐国辉、李春日、包华真、张国、徐银双、娄鑫、赵丽娜、姜长辉 |
| 20 | 尼尔普豪斯（NIRPHORSE） | 蔷薇属 | 20220020 | 尼尔普国际有限公司（NIRP INTERNATIONAL SA） | 20180629 | 2018.09.14 | 亚历山德罗·吉奥恩（Alessandro Ghione） |
| 21 | 尼尔普SW（NIRPSW） | 蔷薇属 | 20220021 | 尼尔普国际有限公司（NIRP INTERNATIONAL SA） | 20180642 | 2018.09.14 | 亚历山德罗·吉奥恩（Alessandro Ghione） |
| 22 | 一丈红 | 蔷薇属 | 20220022 | 云南锦科花卉工程研究中心有限公司 | 20180674 | 2018.10.17 | 曹荣根、张力、倪功、田连通、白云评、乔丽婷、阳明祥、何琼 |
| 23 | 启明星 | 越橘属 | 20220023 | 大连森茂现代农业有限公司 | 20180690 | 2018.10.20 | 王贺新、徐国辉 |
| 24 | 墨蓝 | 越橘属 | 20220024 | 四川省农业科学院经济作物育种栽培研究所、大连森茂现代农业有限公司、大连大学 | 20180691 | 2018.10.20 | 阳翠、董顺文、张小军、陈昌琳、钟程操、徐国辉、王贺新 |
| 25 | 国蓝 | 越橘属 | 20220025 | 大连大学、大连森茂现代农业有限公司、大连普世蓝农业科技有限公司 | 20180692 | 2018.10.20 | 徐国辉、李逸斐、杜乾慧、王丽、尹泽宇、任瀚、苏秦、高铭楠、王欣、赵丽娜、王贺新、徐银双、姜长辉 |
| 26 | 雪蓝 | 越橘属 | 20220026 | 大连森茂现代农业有限公司、大连大学 | 20180694 | 2018.10.20 | 徐国辉、黄子莹、姜长辉、徐银双、王贺新、娄鑫、刘国玲 |
| 27 | 团圆 | 越橘属 | 20220027 | 大连森茂现代农业有限公司、大连大学、大连普世蓝农业科技有限公司 | 20180696 | 2018.10.20 | 徐国辉、王丽、杨焕军、宋维瑄、郑鑫磊、李逸斐、杜乾慧、付香、徐银双、刘国玲、娄鑫、王贺新 |
| 28 | 宝珠 | 越橘属 | 20220028 | 大连普世蓝农业科技有限公司、大连森茂现代农业有限公司 | 20180697 | 2018.10.20 | 赵丽娜、徐银双、杨焕军、宋维瑄、郑鑫磊、徐国辉、姜长辉、王贺新、刘国玲 |
| 29 | 南沙蓝 | 越橘属 | 20220029 | 大连森茂现代农业有限公司 | 20180700 | 2018.10.20 | 王贺新、徐国辉 |
| 30 | 蓝冰 | 越橘属 | 20220030 | 大连森茂现代农业有限公司、大连大学、大连普世蓝农业科技有限公司 | 20180701 | 2018.10.20 | 徐国辉、杜乾慧、王丽、尹泽宇、任瀚、娄鑫、王贺新、徐银双、刘国玲、赵丽娜 |
| 31 | 艳影 | 蔷薇属 | 20220031 | 云南锦科花卉工程研究中心有限公司 | 20180793 | 2018.11.24 | 倪功、曹荣根、田连通、乔丽婷、何琼、阳明祥、白云平 |

（续表）

| 序号 | 品种名称 | 所属属（种） | 品种权号 | 品种权人 | 申请号 | 申请日 | 培育人 |
|---|---|---|---|---|---|---|---|
| 32 | 温存 | 蔷薇属 | 20220032 | 云南锦科花卉工程研究中心有限公司 | 20180795 | 2018.11.24 | 倪 功、曹荣根、田连通、乔丽婷、何 琼、阳明祥、白云评 |
| 33 | 娇羞 | 蔷薇属 | 20220033 | 云南锦科花卉工程研究中心有限公司 | 20180796 | 2018.11.24 | 倪 功、曹荣根、田连通、乔丽婷、何 琼、阳明祥、白云平 |
| 34 | 星辉 | 蔷薇属 | 20220034 | 云南锦科花卉工程研究中心有限公司 | 20180798 | 2018.11.23 | 倪 功、曹荣根、田连通、乔丽婷、何 琼、阳明祥 |
| 35 | 娇颜 | 蔷薇属 | 20220035 | 云南锦科花卉工程研究中心有限公司 | 20180800 | 2018.11.24 | 倪 功、曹荣根、田连通、乔丽婷、何 琼、阳明祥 |
| 36 | 尼尔普伟菲（NIRPWIFI） | 蔷薇属 | 20220036 | 尼尔普国际有限公司（NIRP INTERNATIONAL SA） | 20180836 | 2018.12.07 | 亚历山德罗·吉奥恩（Alessandro Ghione） |
| 37 | 曼洛克（MANOCK） | 蔷薇属 | 20220037 | 尼尔普国际有限公司（NIRP INTERNATIONAL SA） | 20180843 | 2018.12.07 | 亚历山德罗·吉奥恩（Alessandro Ghione） |
| 38 | 尼尔普拉格（NIRPRAG） | 蔷薇属 | 20220038 | 尼尔普国际有限公司（NIRP INTERNATIONAL SA） | 20190108 | 2018.12.25 | 亚历山德罗·吉奥恩（Alessandro Ghione） |
| 39 | 娃芭拉80100CP（80100WABARA-CP） | 蔷薇属 | 20220039 | 株式会社玫瑰世界（Rose Universe Co.,Ltd.） | 20190182 | 2018.01.30 | 国枝启司 |
| 40 | 娃芭拉80103（80103WABARA） | 蔷薇属 | 20220040 | 株式会社玫瑰世界（Rose Universe Co.,Ltd.） | 20190183 | 2018.01.26 | 国枝启司 |
| 41 | 娃芭拉80101（80101WABARA） | 蔷薇属 | 20220041 | 株式会社玫瑰世界（Rose Universe Co.,Ltd.） | 20190184 | 2018.01.26 | 国枝启司 |
| 42 | 阿萨利米（ARSALIM） | 蔷薇属 | 20220042 | A.R.B.A.公司（A.R.B.A. B.V.） | 20190193 | 2019.01.29 | 艾尔·皮·德布林（Ir. P. de Bruin） |
| 43 | 瑞普克0401A（RUIPK0401A） | 蔷薇属 | 20220043 | 迪瑞特知识产权公司（De Ruiter Intellectual Property B.V.） | 20190237 | 2019.03.14 | 汉克·德·格罗特（H.C.A. de Groot） |
| 44 | 瑞普恩0722A（RUIPN0722A） | 蔷薇属 | 20220044 | 迪瑞特知识产权公司（De Ruiter Intellectual Property B.V.） | 20190239 | 2019.03.14 | 汉克·德·格罗特（H.C.A. de Groot） |
| 45 | 坦14121（TAN14121） | 蔷薇属 | 20220045 | 德国坦涛月季育种公司（Rosen Tantau KG, Germany） | 20190313 | 2019.04.15 | 克里斯汀安·埃维尔斯（Christian Evers） |
| 46 | 多盟思慕（Dorosmur） | 蔷薇属 | 20220046 | 多盟集团公司（Dümmen Group B.V.） | 20190347 | 2019.05.21 | 西尔万·卡穆斯塔（Silvan Kamstra） |
| 47 | 多盟莫里斯（Doromonlis） | 蔷薇属 | 20220047 | 多盟集团公司（Dümmen Group B.V.） | 20190349 | 2019.05.21 | 菲利普·威斯（Philippe Veys） |

（续表）

| 序号 | 品种名称 | 所属属（种） | 品种权号 | 品种权人 | 申请号 | 申请日 | 培育人 |
|---|---|---|---|---|---|---|---|
| 48 | 吉尔斯莫蒙特（GEUS-MOMENTS） | 蔷薇属 | 20220048 | 选择育种公司（Select Breeding B.V.） | 20190353 | 2019.05.21 | 迈克尔·德·吉尔斯（Michael de Geus） |
| 49 | 坦12209（TAN12209） | 蔷薇属 | 20220049 | 德国坦涛月季育种公司（Rosen Tantau KG, Germany） | 20190375 | 2019.06.05 | 克里斯汀安·埃维尔斯（Christian Evers） |
| 50 | 西吕74764（SCH74764） | 蔷薇属 | 20220050 | 荷兰彼得·西吕厄斯控股公司（Piet Schreurs Holding B.V.） | 20190376 | 2019.06.05 | P.N.J.西吕厄斯（Petrus Nicolaas Johannes Schreurs） |
| 51 | 多盟萨什（Dorosumshi） | 蔷薇属 | 20220051 | 多盟集团公司（Dümmen Group B.V.） | 20190389 | 2019.06.06 | 西尔万·卡穆斯塔（Silvan Kamstra） |
| 52 | 多盟克拉艾（Dorocrazeye） | 蔷薇属 | 20220052 | 多盟集团公司（Dümmen Group B.V.） | 20190392 | 2019.06.06 | 西尔万·卡穆斯塔（Silvan Kamstra） |
| 53 | 莱克提斯拉卡特（Lexteewsizza cat） | 蔷薇属 | 20220053 | 多盟集团公司（Dümmen Group B.V.） | 20190394 | 2019.06.06 | 菲利普·威斯（Philippe Veys） |
| 54 | 南农丰娇 | 梅 | 20220054 | 南京农业大学 | 20190422 | 2019.06.27 | 高志红、倪照君、侍婷、韩键、章镇 |
| 55 | 胭脂雪 | 李属 | 20220055 | 南京林业大学、福建丹樱生态农业发展有限公司 | 20190442 | 2019.07.09 | 伊贤贵、林荣光、王贤荣、王珉、叶谋鑫、王琳、林玮捷、李蒙、段一凡、朱淑霞 |
| 56 | 香雪公主 | 蔷薇属 | 20220056 | 玉溪迪瑞特花卉有限公司 | 20190485 | 2019.08.09 | 杜秀娟 |
| 57 | 倾心 | 蔷薇属 | 20220057 | 云南锦科花卉工程研究中心有限公司 | 20190502 | 2019.08.12 | 田连通、倪功、乔丽婷、何琼、王江兵 |
| 58 | 茜茜公主 | 蔷薇属 | 20220058 | 云南锦科花卉工程研究中心有限公司 | 20190503 | 2019.08.12 | 田连通、倪功、乔丽婷、何琼、王江兵 |
| 59 | 烈火如歌 | 蔷薇属 | 20220059 | 云南锦科花卉工程研究中心有限公司 | 20190507 | 2019.08.12 | 田连通、倪功、乔丽婷、何琼、阳明祥 |
| 60 | 星期八 | 蔷薇属 | 20220060 | 云南锦科花卉工程研究中心有限公司 | 20190509 | 2019.08.12 | 田连通、倪功、乔丽婷、何琼、阳明祥 |
| 61 | 斯佩巴普（Spebalpe） | 蔷薇属 | 20220061 | 斯佩克玫瑰育种国际有限公司（Spek Rose Breeding International B.V.） | 20190569 | 2019.08.23 | 埃里克·罗纳德·斯佩克（Erik Ronald Spek） |
| 62 | 斯佩贝克斯（Spebex） | 蔷薇属 | 20220062 | 斯佩克玫瑰育种国际有限公司（Spek Rose Breeding International B.V.） | 20190574 | 2019.08.23 | 埃里克·罗纳德·斯佩克（Erik Ronald Spek） |
| 63 | 斯佩德嘉塔（Spedegatta） | 蔷薇属 | 20220063 | 斯佩克玫瑰育种国际有限公司（Spek Rose Breeding International B.V.） | 20190579 | 2019.08.23 | 埃里克·罗纳德·斯佩克（Erik Ronald Spek） |

（续表）

| 序号 | 品种名称 | 所属属（种） | 品种权号 | 品种权人 | 申请号 | 申请日 | 培育人 |
|---|---|---|---|---|---|---|---|
| 64 | 斯佩英红（Spehinred） | 蔷薇属 | 20220064 | 斯佩克玫瑰育种国际有限公司（Spek Rose Breeding International B.V.） | 20190584 | 2019.08.23 | 埃里克·罗纳德·斯佩克（Erik Ronald Spek） |
| 65 | 斯佩巴曼莎（Spebamantha） | 蔷薇属 | 20220065 | 斯佩克玫瑰育种国际有限公司（Spek Rose Breeding International B.V.） | 20190632 | 2019.09.04 | 埃里克·罗纳德·斯佩克（Erik Ronald Spek） |
| 66 | 斯佩波密兹（Spebomets） | 蔷薇属 | 20220066 | 斯佩克玫瑰育种国际有限公司（Spek Rose Breeding International B.V.） | 20190633 | 2019.09.04 | 埃里克·罗纳德·斯佩克（Erik Ronald Spek） |
| 67 | 斯佩克（Specur） | 蔷薇属 | 20220067 | 斯佩克玫瑰育种国际有限公司（Spek Rose Breeding International B.V.） | 20190635 | 2019.09.04 | 埃里克·罗纳德·斯佩克（Erik Ronald Spek） |
| 68 | 凤凰传奇 | 蔷薇属 | 20220068 | 云南省农业科学院花卉研究所、云南桂舒悦园艺科技有限公司 | 20190699 | 2019.10.09 | 张　颢、唐开学、邱显钦、晏慧君、王其刚、陈　敏、蹇洪英、周宁宁、李淑斌 |
| 69 | 戴尔巴洛斯（Delbaros） | 蔷薇属 | 20220069 | 法国乔治斯·戴尔巴德月季有限公司（Société Nouvelle Pépinières & Roseraies Georges DELBARD） | 20190710 | 2019.10.12 | 阿诺德·戴尔巴德（Arnaud.delbard） |
| 70 | 戴斯帕拉泰（Delsprastel） | 蔷薇属 | 20220070 | 法国乔治斯·戴尔巴德月季有限公司（Société Nouvelle Pépinières & Roseraies Georges DELBARD） | 20190712 | 2019.10.12 | 阿诺德·戴尔巴德（Arnaud.delbard） |
| 71 | 戴尔维佳（Delverja） | 蔷薇属 | 20220071 | 法国乔治斯·戴尔巴德月季有限公司（Société Nouvelle Pépinières & Roseraies Georges DELBARD） | 20190713 | 2019.10.12 | 阿诺德·戴尔巴德（Arnaud.delbard） |
| 72 | 西露丝83483（SCH83483） | 蔷薇属 | 20220072 | 荷兰西露丝花卉控股有限公司（Piet Schreurs Holding B.V.） | 20200204 | 2020.03.20 | P.N.J.西露丝（Petrus Nicolaas Johannes Schreurs） |
| 73 | 小灵感 | 蔷薇属 | 20220073 | 宜良多彩盆栽有限公司 | 20200218 | 2020.04.01 | 刘天平、胡明飞、何云县、卢　燕、叶晓念 |
| 74 | 神秘 | 蔷薇属 | 20220074 | 宜良多彩盆栽有限公司 | 20200225 | 2020.04.01 | 刘天平、胡明飞、何云县、卢燕、叶晓念 |
| 75 | 蓝海 | 蔷薇属 | 20220075 | 宜良多彩盆栽有限公司 | 20200227 | 2020.04.01 | 刘天平、胡明飞、何云县、卢　燕、叶晓念 |
| 76 | 布丁 | 蔷薇属 | 20220076 | 宜良多彩盆栽有限公司 | 20200230 | 2020.04.01 | 刘天平、胡明飞、何云县、卢　燕、叶晓念 |

（续表）

| 序号 | 品种名称 | 所属属（种） | 品种权号 | 品种权人 | 申请号 | 申请日 | 培育人 |
|---|---|---|---|---|---|---|---|
| 77 | 陈寺峪1号 | 板栗 | 20220077 | 山东省果树研究所 | 20200233 | 2020.04.02 | 洪坡、刘庆忠、王甲威、陈新、朱东姿、张力思、徐丽、魏海蓉、宗晓娟、李化传 |
| 78 | 国丰1号 | 板栗 | 20220078 | 山东省果树研究所 | 20200235 | 2020.04.02 | 洪坡、刘庆忠、朱东姿、陈新、张力思、王甲威、徐丽、魏海蓉、谭钺、邹强 |
| 79 | 奥斯怡蜜芝（AUSIMAGE） | 蔷薇属 | 20220079 | 英国大卫奥斯汀月季公司（David Austin Roses Limited） | 20200241 | 2020.04.07 | 大卫·奥斯汀（David J.C. Austin） |
| 80 | 奥斯瓦格斯（AUSWAGSY） | 蔷薇属 | 20220080 | 英国大卫奥斯汀月季公司（David Austin Roses Limited） | 20200242 | 2020.04.07 | 大卫·奥斯汀（David J.C. Austin） |
| 81 | 多盟哈尼阿维（Dorohoneyav） | 蔷薇属 | 20220081 | 多盟集团公司（Dümmen Group B.V.） | 20200246 | 2020.04.07 | 菲利普·威斯（Philippe Veys） |
| 82 | 莱克斯特奈普（Lexytnelp） | 蔷薇属 | 20220082 | 多盟集团公司（Dümmen Group B.V.） | 20200250 | 2020.04.07 | 西尔万·卡穆斯塔（Silvan Kamstra） |
| 83 | 瑞斯2557A（RUICI2557A） | 蔷薇属 | 20220083 | 迪瑞特知识产权公司（De Ruiter Intellectual Property B.V.） | 20200252 | 2020.04.07 | 汉克·德·格罗特（H.C.A. de Groot） |
| 84 | 瑞可吉1247A（RUICJ1247A） | 蔷薇属 | 20220084 | 迪瑞特知识产权公司（De Ruiter Intellectual Property B.V.） | 20200253 | 2020.04.07 | 汉克·德·格罗特（H.C.A. de Groot） |
| 85 | 多盟波纳普（Dorobonap） | 蔷薇属 | 20220085 | 多盟集团公司（Dümmen Group B.V.） | 20200303 | 2020.04.24 | 菲利普·威斯（Philippe Veys） |
| 86 | 爱普特153014（IPT153014） | 蔷薇属 | 20220086 | 荷兰英特普兰特月季育种公司（Interplant Roses B.V.） | 20200309 | 2020.04.30 | 范·多伊萨姆（ir. A.J.H. van Doesum） |
| 87 | 爱普特032414（IPT032414） | 蔷薇属 | 20220087 | 荷兰英特普兰特月季育种公司（Interplant Roses B.V.） | 20200312 | 2020.04.30 | 范·多伊萨姆（ir. A.J.H. van Doesum） |
| 88 | 英特慕思红（INTERMUXPRED） | 蔷薇属 | 20220088 | 荷兰英特普兰特月季育种公司（Interplant Roses B.V.） | 20200314 | 2020.04.30 | 范·多伊萨姆（ir. A.J.H. van Doesum） |
| 89 | 爱普特234014（IPT234014） | 蔷薇属 | 20220089 | 荷兰英特普兰特月季育种公司（Interplant Roses B.V.） | 20200330 | 2020.05.07 | 范·多伊萨姆（ir. A.J.H. van Doesum） |
| 90 | 粉嫣 | 李属 | 20220090 | 福建丹樱生态农业发展有限公司 | 20200346 | 2020.05.22 | 王珉、阙平、林荣光、王琳、林玮捷、胡坚平 |

（续表）

| 序号 | 品种名称 | 所属属（种） | 品种权号 | 品种权人 | 申请号 | 申请日 | 培育人 |
|---|---|---|---|---|---|---|---|
| 91 | 元霞 | 李属 | 20220091 | 福建丹樱生态农业发展有限公司 | 20200349 | 2020.05.22 | 王珉、林荣光、王琳、林玮捷、阙平、胡坚平 |
| 92 | 霞飞 | 李属 | 20220092 | 福建丹樱生态农业发展有限公司 | 20200350 | 2020.05.22 | 阙平、林荣光、王珉、林玮捷、胡坚平、王星榕 |
| 93 | 元绯 | 李属 | 20220093 | 福建丹樱生态农业发展有限公司 | 20200351 | 2020.05.22 | 胡坚平、林荣光、王琳、王珉、林玮捷、阙平 |
| 94 | 彤妃 | 李属 | 20220094 | 福建丹樱生态农业发展有限公司 | 20200352 | 2020.05.22 | 王珉、吕彤、阙平、魏一、林荣光、林玮捷、胡坚平 |
| 95 | 盈春 | 李属 | 20220095 | 福建丹樱生态农业发展有限公司 | 20200353 | 2020.05.22 | 林荣光、王珉、胡坚平、阙平、王琳、林玮捷 |
| 96 | 丰花早樱 | 李属 | 20220096 | 福建丹樱生态农业发展有限公司 | 20200355 | 2020.05.22 | 王琳、王珉、林荣光、林玮捷、阙平、胡坚平 |
| 97 | 蕊蝶 | 李属 | 20220097 | 福建丹樱生态农业发展有限公司 | 20200359 | 2020.05.22 | 王珉、王琳、林荣光、林玮捷、胡坚平 |
| 98 | 婉红 | 李属 | 20220098 | 福建丹樱生态农业发展有限公司 | 20200361 | 2020.05.22 | 阙平、魏一、林毅雁、王珉、林玮捷、胡坚平、林荣光、王琳 |
| 99 | 醉妃 | 李属 | 20220099 | 福建丹樱生态农业发展有限公司 | 20200362 | 2020.05.22 | 王琳、林荣光、王珉、林玮捷、胡坚平、阙平、王星榕 |
| 100 | 大秋紫 | 山茱萸属 | 20220100 | 山东万路达园林科技有限公司、山东万路达毛梾文化产业发展有限公司、青岛市园林林业技术学校 | 20200385 | 2020.06.05 | 罗杰、张帆、赵阳、颜鲁、王笑、吕昆仑、张伟、赵祥宝、綦真、胡鹏、刘琪、张庆通、王芳、王乾 |
| 101 | 绿箭 | 山茱萸属 | 20220101 | 山东万路达毛梾文化产业发展有限公司、山东万路达园林科技有限公司 | 20200387 | 2020.06.05 | 董春晖、张帆、彭芸、赵路苹、杨鸿刚、邵红梅、颜鲁、张伟、赵祥宝、张庆通、李明花、王芳 |
| 102 | 南紫1号 | 红豆杉属 | 20220102 | 中南林业科技大学 | 20200406 | 2020.06.12 | 曹基武、何日成、刘木胜、吴毅、彭继庆、刘春林 |
| 103 | 天骄 | 李属 | 20220103 | 英德市旺地樱花种植有限公司、韶关市旺地樱花种植有限公司、广州天适集团有限公司 | 20200451 | 2020.06.29 | 曾昭佳、朱军、刘振静、杨梓滨、赵月、叶小玲、冯钦钊、胡晓敏 |
| 104 | 春色 | 李属 | 20220104 | 广州天适集团有限公司、广州旺地园林工程有限公司、英德市旺地樱花种植有限公司 | 20200456 | 2020.06.29 | 胡晓敏、叶小玲、赵月、陈端妮、刘振静、朱军、杨梓滨、高珊 |

（续表）

| 序号 | 品种名称 | 所属属（种） | 品种权号 | 品种权人 | 申请号 | 申请日 | 培育人 |
|---|---|---|---|---|---|---|---|
| 105 | 南国佳人 | 李属 | 20220105 | 广州天适集团有限公司、广州旺地园林工程有限公司、韶关市旺地樱花种植有限公司 | 20200457 | 2020.06.29 | 叶小玲、陈红锋、何宗儒、朱军、冯钦钊、熊海坚、叶超宏、胡晓敏 |
| 106 | 吉尔斯普拉（GEUSPURA） | 蔷薇属 | 20220106 | 选择育种公司（Select Breeding B.V.） | 20200482 | 2020.07.05 | 迈克尔·德·吉尔斯（Michael de Geus） |
| 107 | 坦10167（TAN10167） | 蔷薇属 | 20220107 | 德国坦涛月季育种公司（Rosen Tantau KG, Germany） | 20200487 | 2020.07.08 | 克里斯汀安·埃维尔斯（Christian Evers） |
| 108 | 西露丝70787（SCH70787） | 蔷薇属 | 20220108 | 荷兰西露丝花卉控股有限公司（Piet Schreurs Holding B.V.） | 20200494 | 2020.07.09 | P.N.J.西露丝（Petrus Nicolaas Johannes Schreurs） |
| 109 | 西露丝82959（SCH82959） | 蔷薇属 | 20220109 | 荷兰西露丝花卉控股有限公司（Piet Schreurs Holding B.V.） | 20200496 | 2020.07.09 | P.N.J.西露丝（Petrus Nicolaas Johannes Schreurs） |
| 110 | 艾必斯塔（IRBstar） | 蔷薇属 | 20220110 | E.G. 希尔公司（E.G. Hill Company Inc.） | 20200542 | 2020.07.17 | 迪恩·如勒（Dean Rule） |
| 111 | 尼尔普索（NIRPSOL） | 蔷薇属 | 20220111 | 尼尔普国际有限公司（NIRP INTERNATIONAL SA） | 20200557 | 2020.07.22 | 亚历山德罗·吉奥恩（Alessandro Ghione） |
| 112 | 吉龙1号 | 樟属 | 20220112 | 吉安市林业科学研究所 | 20200571 | 2020.07.29 | 甘青、李茂军、彭招兰、周日巍、黄逢龙、蒋志茵、周琴、杨亮、龚伟、周小卿、吴茂隆、刘钊、吴雪松、贺珑、董文浩 |
| 113 | 西露丝85200（SCH85200） | 蔷薇属 | 20220113 | 荷兰西露丝花卉控股有限公司（Piet Schreurs Holding B.V.） | 20200792 | 2020.09.24 | P.N.J.西露丝（Petrus Nicolaas Johannes Schreurs） |
| 114 | 西露丝88431（SCH88431） | 蔷薇属 | 20220114 | 荷兰西露丝花卉控股有限公司（Piet Schreurs Holding B.V.） | 20200793 | 2020.09.24 | P.N.J.西露丝（Petrus Nicolaas Johannes Schreurs） |
| 115 | 岭南紫蝶 | 紫薇 | 20220115 | 郴州市林业科学研究所、长沙湘莹园林科技有限公司 | 20200823 | 2020.10.09 | 何才生、李茂娟、王华龙、曹凤鸣、曹炜、王曦、侯德平、刘海石、王惠 |
| 116 | 岭南粉韵 | 紫薇 | 20220116 | 郴州市林业科学研究所、长沙湘莹园林科技有限公司 | 20200824 | 2020.10.09 | 李茂娟、何才生、刘海石、崔强、张海霞、邓少华、廖祯妮、刘娟娟、王惠 |
| 117 | 岭南贵妃 | 紫薇 | 20220117 | 郴州市林业科学研究所、长沙湘莹园林科技有限公司 | 20200825 | 2020.10.09 | 刘海石、何才生、李茂娟、徐毓泽、刘超、曾玉祥、谷阳、朱志全、王惠 |
| 118 | 西农1号 | 花椒属 | 20220118 | 西北农林科技大学 | 20200826 | 2020.10.09 | 魏安智、杨途熙、刘永红、薛智德、唐光辉、费希同 |

（续表）

| 序号 | 品种名称 | 所属属（种） | 品种权号 | 品种权人 | 申请号 | 申请日 | 培育人 |
|---|---|---|---|---|---|---|---|
| 119 | 西农2号 | 花椒属 | 20220119 | 西北农林科技大学 | 20200827 | 2020.10.09 | 刘永红、薛智德、魏安智、杨途熙、马 尧 |
| 120 | 西农3号 | 花椒属 | 20220120 | 西北农林科技大学 | 20200828 | 2020.10.09 | 魏安智、刘永红、杨途熙、薛智德、唐光辉、刘玉林 |
| 121 | 西农5号 | 花椒属 | 20220121 | 西北农林科技大学 | 20200829 | 2020.10.09 | 杨途熙、魏安智、刘永红、薛智德、冯世静、刘玉林 |
| 122 | 圆圆 | 无患子属 | 20220122 | 北京林业大学、福建源华林业生物科技有限公司 | 20200853 | 2020.10.18 | 贾黎明、郑玉琳、刘济铭、陈 仲、徐圆圆、史双龙、赵国春、王 昕、王立宪、兰 天、翁学煌、罗水晶、张端光 |
| 123 | 稳稳 | 无患子属 | 20220123 | 北京林业大学、福建源华林业生物科技有限公司 | 20200856 | 2020.10.18 | 贾黎明、刘济铭、孙操稳、陈 仲、郑玉琳、史双龙、王 昕、王立宪、翁学煌、张端光、罗水晶 |
| 124 | 媛华 | 无患子属 | 20220124 | 福建源华林业生物科技有限公司、北京林业大学 | 20200857 | 2020.10.18 | 贾黎明、刘济铭、高 媛、陈 仲、孙操稳、高世轮、赵国春、刘诗琦、徐圆圆、翁学煌、罗水晶、张端光 |
| 125 | 紫叶粉黛 | 桃花 | 20220125 | 陕西省西安植物园 | 20200868 | 2020.10.21 | 王亚玲、樊 璐、叶 卫、吴建军、冯瑞生 |
| 126 | 潇湘红魁 | 紫薇 | 20220126 | 湖南省林业科学院、长沙湘莹园林科技有限公司 | 20200876 | 2020.10.22 | 王湘莹、李永欣、蔡 能、乔中全、曾慧杰、王晓明、陈 艺、王 惠 |
| 127 | 潇湘惊艳 | 紫薇 | 20220127 | 湖南省林业科学院、长沙湘莹园林科技有限公司 | 20200877 | 2020.10.22 | 王湘莹、乔中全、曾慧杰、王晓明、李永欣、蔡 能、陈 艺、王 惠 |
| 128 | 潇湘紫珠 | 紫薇 | 20220128 | 湖南省林业科学院、长沙湘莹园林科技有限公司 | 20200878 | 2020.10.22 | 王湘莹、曾慧杰、蔡 能、王晓明、乔中全、李永欣、陈 艺、王 惠 |
| 129 | 潇湘美人 | 紫薇 | 20220129 | 湖南省林业科学院、长沙湘莹园林科技有限公司 | 20200879 | 2020.10.22 | 王湘莹、王晓明、蔡 能、乔中全、曾慧杰、李永欣、陈 艺、王 惠 |
| 130 | 潇湘粉韵 | 紫薇 | 20220130 | 湖南省林业科学院、长沙湘莹园林科技有限公司 | 20200880 | 2020.10.22 | 李永欣、王晓明、蔡 能、曾慧杰、乔中全、陈 艺、王湘莹、王 惠 |
| 131 | 潇湘红馨 | 紫薇 | 20220131 | 湖南省林业科学院、长沙湘莹园林科技有限公司 | 20200881 | 2020.10.22 | 李永欣、王晓明、蔡 能、曾慧杰、乔中全、刘思思、陈 艺、王湘莹、王 惠 |

（续表）

| 序号 | 品种名称 | 所属属（种） | 品种权号 | 品种权人 | 申请号 | 申请日 | 培育人 |
|---|---|---|---|---|---|---|---|
| 132 | 潇湘紫星 | 紫薇 | 20220132 | 湖南省林业科学院、长沙湘莹园林科技有限公司 | 20200882 | 2020.10.22 | 李永欣、王晓明、蔡能、曾慧杰、乔中全、刘思思、陈艺、王湘莹、王惠 |
| 133 | 潇湘红霞 | 紫薇 | 20220133 | 湖南省林业科学院、长沙湘莹园林科技有限公司 | 20200883 | 2020.10.22 | 蔡能、王晓明、乔中全、曾慧杰、李永欣、王湘莹、陈艺、王惠 |
| 134 | 潇湘雪蝶 | 紫薇 | 20220134 | 湖南省林业科学院、长沙湘莹园林科技有限公司 | 20200884 | 2020.10.22 | 乔中全、王晓明、曾慧杰、蔡能、李永欣、陈艺、王湘莹、王惠 |
| 135 | 潇湘艳紫 | 紫薇 | 20220135 | 湖南省林业科学院、长沙湘莹园林科技有限公司 | 20200885 | 2020.10.22 | 曾慧杰、王晓明、乔中全、蔡能、李永欣、王湘莹、陈艺、王惠 |
| 136 | 潇湘彩蝶 | 紫薇 | 20220136 | 湖南省林业科学院、湘西自治州林学会、长沙湘莹园林科技有限公司 | 20200886 | 2020.10.22 | 王晓明、钟少伟、向魁文、和红晓、李永欣、蔡能、曾慧杰、乔中全、王惠 |
| 137 | 潇湘粉蝶 | 紫薇 | 20220137 | 湖南省林业科学院、长沙湘莹园林科技有限公司、益阳南洞庭湖自然保护区管理局 | 20200888 | 2020.10.22 | 王晓明、李清平、李永欣、蔡能、乔中全、曾慧杰、陈艺、王惠 |
| 138 | 潇湘艳舞 | 紫薇 | 20220138 | 湖南省林业科学院、湖南彩霞园林绿化有限公司、长沙湘莹园林科技有限公司 | 20200889 | 2020.10.22 | 王晓明、黄佳丽、乔中全、曾慧杰、李永欣、蔡能、陈艺、王惠 |
| 139 | 五福映日 | 梅 | 20220139 | 浙江农林大学 | 20200909 | 2020.10.29 | 赵宏波、董彬、杨丽媛、王千千 |
| 140 | 晓阳朱砂 | 梅 | 20220140 | 浙江农林大学 | 20200910 | 2020.10.29 | 赵宏波、董彬、杨丽媛、王千千 |
| 141 | 月光玉蝶 | 梅 | 20220141 | 浙江农林大学 | 20200911 | 2020.10.29 | 赵宏波、董彬、杨丽媛、王千千 |
| 142 | 多变粉妆 | 梅 | 20220142 | 浙江农林大学 | 20200912 | 2020.10.29 | 董彬、赵宏波、杨丽媛、王千千、王楠楠 |
| 143 | 桃红宫粉 | 梅 | 20220143 | 浙江农林大学 | 20200913 | 2020.10.29 | 董彬、赵宏波、杨丽媛、王千千、王楠楠 |
| 144 | 脂红宫粉 | 梅 | 20220144 | 浙江农林大学 | 20200914 | 2020.10.29 | 赵宏波、董彬、杨丽媛、王千千、王楠楠 |
| 145 | 素玉绿萼 | 梅 | 20220145 | 浙江农林大学 | 20200915 | 2020.10.29 | 赵宏波、董彬、杨丽媛、王千千、王楠楠 |
| 146 | 金紫冠 | 蜡梅 | 20220146 | 浙江农林大学 | 20200916 | 2020.10.29 | 赵宏波、杨丽媛、董彬、王千千 |

（续表）

| 序号 | 品种名称 | 所属属（种） | 品种权号 | 品种权人 | 申请号 | 申请日 | 培育人 |
|---|---|---|---|---|---|---|---|
| 147 | 平黄素心 | 蜡梅 | 20220147 | 浙江农林大学 | 20200917 | 2020.10.29 | 杨丽媛、赵宏波、董 彬、王千千 |
| 148 | 黄馨素 | 蜡梅 | 20220148 | 浙江农林大学 | 20200918 | 2020.10.29 | 杨丽媛、赵宏波、董 彬、王千千 |
| 149 | 玉堂春 | 蜡梅 | 20220149 | 浙江农林大学 | 20200919 | 2020.10.29 | 赵宏波、杨丽媛、董 彬、王千千 |
| 150 | 新月紫影 | 蜡梅 | 20220150 | 浙江农林大学 | 20200920 | 2020.10.29 | 赵宏波、杨丽媛、董 彬、王千千 |
| 151 | 大棠琴红 | 苹果属 | 20220151 | 青岛市农业科学研究院 | 20200933 | 2020.11.01 | 沙广利、马荣群、黄 粤、孙红涛、孙吉禄、葛红娟、张蕊芬 |
| 152 | 芳颜 | 蔷薇属 | 20220152 | 云南省农业科学院花卉研究所、云南集创园艺科技有限公司 | 20200938 | 2020.11.02 | 蹇洪英、王其刚、晏慧君、邱显钦、陈 敏、张 婷、李树发、李淑斌、周宁宁 |
| 153 | 无刺红 | 花椒属 | 20220153 | 四川省林业科学研究院、四川省植物工程研究院 | 20200939 | 2020.11.03 | 罗建勋、刘芙蓉、王海峰、姜德云、曾 攀、龚 霞、吴银明、马阿义 |
| 154 | 爱普开234513（IPK234513） | 蔷薇属 | 20220154 | 荷兰英特普兰特月季育种公司（Interplant Roses B.V.） | 20200942 | 2020.11.06 | 范·多伊萨姆（ir. A.J.H. van Doesum） |
| 155 | 奇红2号 | 文冠果 | 20220155 | 潍坊职业学院、山东沃奇农业开发有限公司 | 20200945 | 2020.11.06 | 丁世民、李守科、吴祥春、赵从凯、朱亮庆、赵祥树、王 蕾 |
| 156 | 宝钧夏风 | 山茶属 | 20220156 | 龙岩市花木南园艺有限公司 | 20200947 | 2020.11.07 | 张陈环、游鸣飞、王大庄 |
| 157 | 春晓 | 山茶属 | 20220157 | 龙岩市花木南园艺有限公司 | 20200949 | 2020.11.07 | 张陈环、游鸣飞、王大庄 |
| 158 | 春香 | 山茶属 | 20220158 | 福建省龙岩市秀峰茶花有限公司 | 20200950 | 2020.11.07 | 张陈环、张森行、游鸣飞、王大庄 |
| 159 | 大庄秋香 | 山茶属 | 20220159 | 福建省龙岩市秀峰茶花有限公司 | 20200951 | 2020.11.07 | 张陈环、游鸣飞、王大庄 |
| 160 | 秀峰一号 | 山茶属 | 20220160 | 福建省龙岩市秀峰茶花有限公司 | 20200952 | 2020.11.07 | 张陈环、张寿丰、段明霞 |
| 161 | 京玉2号 | 枣属 | 20220161 | 北京市林业果树科学研究院 | 20200958 | 2020.11.10 | 潘青华、张玉平、胡广隆 |
| 162 | 平安葫芦枣 | 枣属 | 20220162 | 北京市林业果树科学研究院、北京市水源保护林试验工作站 | 20200959 | 2020.11.10 | 潘青华、张俊民、张玉平、胡广隆 |

（续表）

| 序号 | 品种名称 | 所属属（种） | 品种权号 | 品种权人 | 申请号 | 申请日 | 培育人 |
|---|---|---|---|---|---|---|---|
| 163 | 水枣 | 枣属 | 20220163 | 北京市林业果树科学研究院、涿鹿县林业和草原局、涿鹿神林果业有限公司 | 20200960 | 2020.11.10 | 张玉平、李雪峰、刘汉芬、潘青华、周晨虹 |
| 164 | 墨狮 | 芍药属 | 20220164 | 扬州大学 | 20200965 | 2020.11.11 | 陶俊、祖梦婷、赵大球、孟家松 |
| 165 | 红艳流金 | 芍药属 | 20220165 | 扬州大学 | 20200966 | 2020.11.11 | 陶俊、潘昊磊、汤寓涵、赵大球 |
| 166 | 玉玲珑 | 芍药属 | 20220166 | 苏州工业园区园林绿化工程有限公司、扬州大学 | 20200967 | 2020.11.11 | 赵志华、沈顾、查凤林、徐瑞、陶俊 |
| 167 | 露红烟紫 | 芍药属 | 20220167 | 苏州工业园区园林绿化工程有限公司、扬州大学 | 20200968 | 2020.11.11 | 李萍、赵志华、赵崇九、王曦君、陶俊 |
| 168 | 姹紫芳妍 | 芍药属 | 20220168 | 苏州工业园区园林绿化工程有限公司、扬州大学 | 20200969 | 2020.11.11 | 龚伟、杨卫卫、孔芬、赵大球、汤寓涵 |
| 169 | 流光争艳 | 芍药属 | 20220169 | 苏州工业园区园林绿化工程有限公司、扬州大学 | 20200970 | 2020.11.11 | 孔芬、陈鑫、刘鹏、徐丽娅、赵大球 |
| 170 | 翠湖彤云 | 杜鹃花属 | 20220170 | 云南省农业科学院花卉研究所 | 20200972 | 2020.11.12 | 解玮佳、张露、李世峰、彭绿春、宋杰、王继华、李绅崇、蔡艳飞 |
| 171 | 阳春雪 | 杜鹃花属 | 20220171 | 云南省农业科学院花卉研究所 | 20200973 | 2020.11.12 | 李世峰、彭绿春、解玮佳、张露、宋杰、蔡艳飞、张颢、许凤 |
| 172 | 红妆 | 杜鹃花属 | 20220172 | 云南省农业科学院花卉研究所 | 20200974 | 2020.11.12 | 王继华、宋杰、解玮佳、李世峰、李树发、彭绿春、蔡艳飞、李慧敏 |
| 173 | 花妍 | 杜鹃花属 | 20220173 | 云南省农业科学院花卉研究所 | 20200975 | 2020.11.12 | 解玮佳、李世峰、彭绿春、宋杰、张露、黎霞、李绅崇、张艺萍 |
| 174 | 芳华 | 杜鹃花属 | 20220174 | 云南省农业科学院花卉研究所 | 20200976 | 2020.11.12 | 彭绿春、蔡艳飞、宋杰、张露、李世峰、解玮佳、王继华、杨秀梅 |
| 175 | 春晖 | 李属 | 20220175 | 黑龙江省森林植物园 | 20200986 | 2020.11.18 | 郁永英、李洪林、杨向东、郁永富、单春兰、李长海、翟晓鸥、宋莹莹、张少琳、姜远翻 |
| 176 | 春光 | 荚蒾属 | 20220176 | 黑龙江省森林植物园 | 20200987 | 2020.11.18 | 郁永英、李洪林、杨向东、郁永富、单春兰、李长海、翟晓鸥、宋莹莹、张少琳、姜远翻 |

（续表）

| 序号 | 品种名称 | 所属属（种） | 品种权号 | 品种权人 | 申请号 | 申请日 | 培育人 |
|---|---|---|---|---|---|---|---|
| 177 | 白河之恋 | 花楸属 | 20220177 | 黑龙江省森林植物园 | 20200988 | 2020.11.18 | 郁永英、李洪林、杨向东、郁永富、单春兰、李长海、翟晓鸥、宋莹莹、张少琳、姜远翻 |
| 178 | 佳甜 | 山楂属 | 20220178 | 北京市林业果树科学研究院 | 20200992 | 2020.11.19 | 董宁光、郑书旗、张　锐、王　敏 |
| 179 | 华农润雪 | 梅 | 20220179 | 华中农业大学 | 20200993 | 2020.11.19 | 张　杰、张俊卫、包满珠 |
| 180 | 华农早粉 | 梅 | 20220180 | 华中农业大学 | 20200994 | 2020.11.19 | 张俊卫、张　杰、包满珠 |
| 181 | 礼宾月凤 | 木通属 | 20220181 | 中国林业科学研究院林业研究所、古丈县明宏农业发展有限公司 | 20200999 | 2020.11.25 | 李　斌、林富荣、郭文英、黄　平、向明宏 |
| 182 | 礼宾亮凤 | 木通属 | 20220182 | 中国林业科学研究院林业研究所、古丈县明宏农业发展有限公司 | 20201000 | 2020.11.25 | 李　斌、林富荣、郭文英、黄　平、向明宏 |
| 183 | 礼宾山凤 | 木通属 | 20220183 | 中国林业科学研究院林业研究所、重庆市林业科学研究院、巫山县聚豪缘农业开发有限公司 | 20201001 | 2020.11.25 | 李　斌、林富荣、郭文英、黄　平、刘春生、王　伟、李月文、林　梅、任仕猛 |
| 184 | 雅丰 | 胡颓子属 | 20220184 | 新疆林业科学院 | 20201015 | 2020.11.26 | 罗青红、刘巧玲、周　斌、古丽尼沙·卡斯木、盛玮、帕提古丽·买买提吐尔逊、阿不都热西提·热合曼、蒋　腾、池文泽、刘丽燕 |
| 185 | 金莎 | 胡颓子属 | 20220185 | 新疆林业科学院 | 20201016 | 2020.11.26 | 阿不都热西提·热合曼、盛　玮、蒋　腾、周　斌、罗青红、帕提古丽·买买提吐尔逊、池文泽、刘丽燕、古丽尼沙·卡斯木、刘巧玲 |
| 186 | 白沙甜 | 胡颓子属 | 20220186 | 新疆林业科学院 | 20201017 | 2020.11.26 | 阿不都热西提·热合曼、刘巧玲、罗青红、蒋　腾、帕提古丽·买买提吐尔逊、古丽尼沙·卡斯木、盛玮、周　斌、刘丽燕、池文泽 |
| 187 | 红玉 | 胡颓子属 | 20220187 | 新疆林业科学院 | 20201018 | 2020.11.26 | 周　斌、池文泽、蒋　腾、刘丽燕、盛　玮、刘巧玲、罗青红、帕提古丽·买买提吐尔逊、古丽尼沙·卡斯木、阿不都热西提·热合曼 |

（续表）

| 序号 | 品种名称 | 所属属（种） | 品种权号 | 品种权人 | 申请号 | 申请日 | 培育人 |
|---|---|---|---|---|---|---|---|
| 188 | 红铃 | 胡颓子属 | 20220188 | 新疆林业科学院 | 20201019 | 2020.11.26 | 周　斌、刘丽燕、帕提古丽·买买提吐尔逊、古丽尼沙·卡斯木、罗青红、蒋　腾、刘巧玲、阿不都热西提·热合曼、盛　玮、池文泽 |
| 189 | 金皇后 | 胡颓子属 | 20220189 | 新疆林业科学院 | 20201020 | 2020.11.26 | 阿不都热西提·热合曼、古丽尼沙·卡斯木、罗青红、刘丽燕、蒋　腾、刘巧玲、池文泽、周　斌、帕提古丽·买买提吐尔逊、盛　玮 |
| 190 | 鹤重锦 | 素馨属 | 20220190 | 河南省鹤城迎春花研究院有限公司 | 20201021 | 2020.11.27 | 张志华、马淑芳、郭朝蓝、王玉华、李　辉、王金梅、高　天、邱　玲 |
| 191 | 鹤顶黄 | 素馨属 | 20220191 | 河南省鹤城迎春花研究院有限公司 | 20201022 | 2020.11.27 | 郭朝蓝、张志华、王玉华、马淑芳、李永生、蔡金海、李玉生、刘秀云、张志琴 |
| 192 | 尖尖角 | 文冠果 | 20220192 | 山东省林木种质资源中心、山东林昱宏文冠果有限公司 | 20201028 | 2020.11.30 | 王　磊、赵永军、解孝满、李文清、张鑫洋、赵立军、王　震、林俊梅 |
| 193 | 小珍珠 | 文冠果 | 20220193 | 山东省林木种质资源中心、山东林昱宏文冠果有限公司 | 20201029 | 2020.11.30 | 赵永军、吴　丹、解孝满、李文清、王　震、张鑫洋、林俊梅、刘　莉 |
| 194 | 大珍珠 | 文冠果 | 20220194 | 山东省林木种质资源中心、山东林昱宏文冠果有限公司 | 20201030 | 2020.11.30 | 解孝满、赵永军、王　磊、林俊梅、刘　莉、庄振杰、高广臣 |
| 195 | 亚青 | 松属 | 20220195 | 中国林业科学研究院亚热带林业研究所、临海市林业技术推广和场圃旅游服务总站 | 20201032 | 2020.12.04 | 刘青华、周志春、金国庆、陈献志、罗　柠、徐新快 |
| 196 | 中柿6号 | 柿 | 20220196 | 国家林业和草原局泡桐研究开发中心 | 20201043 | 2020.12.09 | 韩卫娟、傅建敏、孙　鹏、刁松锋、李华威、索玉静 |
| 197 | 格拉14088（GRA14088） | 蔷薇属 | 20220197 | 澳大利亚巨花苗圃有限公司（Grandiflora Nurseries Pty. Ltd.） | 20201058 | 2020.12.16 | H.E.舒德尔斯（H.E. Schreuders） |
| 198 | 格拉131153（GRA131153） | 蔷薇属 | 20220198 | 澳大利亚巨花苗圃有限公司（Grandiflora Nurseries Pty. Ltd.） | 20201060 | 2020.12.16 | H.E.舒德尔斯（H.E. Schreuders） |

（续表）

| 序号 | 品种名称 | 所属属（种） | 品种权号 | 品种权人 | 申请号 | 申请日 | 培育人 |
|---|---|---|---|---|---|---|---|
| 199 | 格拉136411（GRA136411） | 蔷薇属 | 20220199 | 澳大利亚巨花苗圃有限公司（Grandiflora Nurseries Pty. Ltd.） | 20201061 | 2020.12.16 | H.E.舒德尔斯（H.E. Schreuders） |
| 200 | 绿粉黛 | 槭属 | 20220200 | 青岛抬头生态建设工程有限公司 | 20201097 | 2020.12.19 | 郝雪英、郭赛谦、张振英、朱晓兵、李增强、余拱鑫 |
| 201 | 雀之翎 | 槭属 | 20220201 | 青岛抬头生态建设工程有限公司 | 20201098 | 2020.12.19 | 张振英、郭百川、郭赛谦、朱晓兵、郝雪英、余拱鑫 |
| 202 | 枫之异 | 槭属 | 20220202 | 青岛抬头生态建设工程有限公司 | 20201099 | 2020.12.19 | 朱晓兵、郭百川、郭赛谦、张振英、郝雪英、李增强 |
| 203 | 红襄衣 | 槭属 | 20220203 | 青岛抬头生态建设工程有限公司 | 20201100 | 2020.12.19 | 郭赛谦、张振英、朱晓兵、郝雪英、余拱鑫、李增强 |
| 204 | 湘农惜红 | 檵木属 | 20220204 | 湖南农业大学 | 20201101 | 2020.12.19 | 李炎林、于晓英、许璐、李玉帆、邓斯颖、张力 |
| 205 | 湘农湘韵 | 檵木属 | 20220205 | 湖南农业大学 | 20201102 | 2020.12.19 | 李炎林、张大毛、于晓英、许璐、张霞、张力 |
| 206 | 湘农粉黛 | 檵木属 | 20220206 | 湖南农业大学 | 20201103 | 2020.12.19 | 李炎林、张霞、于晓英、张大毛、许璐、郭佩瑶 |
| 207 | 湘农小娇 | 檵木属 | 20220207 | 湖南农业大学 | 20201104 | 2020.12.19 | 于晓英、张力、李炎林、郭佩瑶、许璐、邓斯颖 |
| 208 | 湘农玉蛟 | 檵木属 | 20220208 | 湖南农业大学 | 20201105 | 2020.12.19 | 李炎林、于晓英、王香菲、许璐、张大毛、张力 |
| 209 | 湘农粉娇 | 檵木属 | 20220209 | 湖南农业大学 | 20201106 | 2020.12.19 | 于晓英、张霞、李炎林、许璐、张大毛、张力 |
| 210 | 贵妃杨 | 杨属 | 20220210 | 白城市林业科学研究院 | 20210005 | 2021.01.07 | 王凤林 |
| 211 | 朝霞 | 乌桕属 | 20220211 | 浙江省林业科学研究院 | 20210028 | 2021.01.18 | 李因刚、柳新红、周琦、蒋冬月、沈鑫、石从广 |
| 212 | 争艳 | 乌桕属 | 20220212 | 浙江省林业科学研究院 | 20210032 | 2021.01.19 | 李因刚、石从广、柳新红、周琦、沈鑫、蒋冬月 |
| 213 | 漫山红遍 | 乌桕属 | 20220213 | 浙江省林业科学研究院 | 20210033 | 2021.01.19 | 李因刚、柳新红、周琦、张丽芳、沈鑫、蒋冬月 |
| 214 | 灿烂 | 乌桕属 | 20220214 | 浙江省林业科学研究院 | 20210034 | 2021.01.19 | 李因刚、周琦、柳新红、沈鑫、蒋冬月、石从广 |
| 215 | 辉煌 | 乌桕属 | 20220215 | 浙江省林业科学研究院 | 20210035 | 2021.01.19 | 李因刚、周琦、柳新红、石从广、沈鑫、蒋冬月 |

# 国家林业和草原局公告

## 2022年第9号

根据《国务院办公厅关于全面实行行政许可事项清单管理的通知》（国办发〔2022〕2号），我局梳理形成了《法律、行政法规、国务院决定设定的行政许可事项清单（林草行业2022年版）》（见附件），现予以发布。

特此公告。

附件：法律、行政法规、国务院决定设定的行政许可事项清单（林草行业2022年版）

国家林业和草原局
2022年7月15日

附件

## 法律、行政法规、国务院决定设定的行政许可事项清单
### （林草行业2022年版）

| 序号 | 许可事项名称 | 子项 | 实施机关 | 设定依据 |
|---|---|---|---|---|
| 1 | 林草种子生产经营许可证核发 | 国家级：<br>1. 进出口林草种子生产经营许可证核发<br>省级：<br>2. 林木良种繁殖材料，主要草种杂交种子及其亲本种子、常规原种种子生产经营许可证核发<br>3. 普通林草种子生产经营许可证核发（省级权限）<br>设区的市级：<br>4. 普通林草种子生产经营许可证核发（设区的市级权限）<br>县级：<br>5. 普通林草种子生产经营许可证核发（县级权限） | 国家林草局；省级、设区的市级、县级林草部门 | 《中华人民共和国种子法》第三十一条：从事种子进出口业务的种子生产经营许可证，由国务院农业农村、林业草原主管部门核发。国务院农业农村、林业草原主管部门可以委托省、自治区、直辖市人民政府农业农村、林业草原主管部门接收申请材料。<br>从事主要农作物杂交种子及其亲本种子、林木良种繁殖材料生产经营的，以及符合国务院农业农村主管部门规定条件的实行选育生产经营相结合的农作物种子企业的种子生产经营许可证，由省、自治区、直辖市人民政府农业农村、林业草原主管部门核发。<br>前两款规定以外的其他种子的生产经营许可证，由生产经营者所在地县级以上地方人民政府农业农村、林业草原主管部门核发。<br>第九十一条：……草种、烟草种、中药材种、食用菌菌种的种质资源管理和选育、生产经营、管理等活动，参照本法执行。 |
| 2 | 国家重点保护林草种质资源采集、采伐审批 | 国家级：<br>1. 国家林草种质资源库内资源采集、采伐审批<br>省级：<br>2. 国家林草种质资源库外资源采集、采伐审批 | 国家林草局；省级林草部门 | 《中华人民共和国种子法》第八条：国家依法保护种质资源，任何单位和个人不得侵占和破坏种质资源。禁止采集或者采伐国家重点保护的天然种质资源。因科研等特殊情况需要采集或者采伐的，应当经国务院或者省、自治区、直辖市人民政府的农业农村、林业草原主管部门批准。<br>第九十一条：……草种、烟草种、中药材种、食用菌菌种的种质资源管理和选育、生产经营、管理等活动，参照本法执行。<br>《林木种质资源管理办法》第十九条：禁止采集或者采伐国家重点保护的天然林木种质资源。因科学研究、良种选育、文化交流、种质资源更新等特殊情况需要采集或者采伐的，除按照有关法律、法规的规定办理采集或者采伐批准文件外，还应当按照本条第二款、第三款的规定办理审批手续。 |

（续表）

| 序号 | 许可事项名称 | 子项 | 实施机关 | 设定依据 |
|---|---|---|---|---|
| 2 | 国家重点保护林草种质资源采集、采伐审批 | 国家级：<br>1. 国家林草种质资源库内资源采集、采伐审批<br>省级：<br>2. 国家林草种质资源库外资源采集、采伐审批 | 国家林草局；省级林草部门 | 采集或者采伐国家林木种质资源库内的，申请人应当向国家林业局提交《采集或者采伐林木种质资源申请表》及申请说明，说明内容应当包括采集或者采伐的理由、用途、方案等；国家林业局应当自受理之日起20个工作日内作出审批决定，并出具《采集或者采伐林木种质资源许可表》；不予审批的，应当书面告知申请人并说明理由。采集或者采伐国家林木种质资源库以外的，应当经省、自治区、直辖市人民政府林业主管部门批准，批准结果报国家林业局备查。 |
| 3 | 向境外提供或者与境外开展合作研究利用林草种质资源审批 | — | 国家林草局 | 《中华人民共和国种子法》第十一条：国家对种质资源享有主权。任何单位和个人向境外提供种质资源，或者与境外机构、个人开展合作研究利用种质资源的，应当报国务院农业农村、林业草原主管部门批准，并同时提交国家共享惠益的方案。国务院农业农村、林业草原主管部门可以委托省、自治区、直辖市人民政府农业农村、林业草原主管部门接收申请材料。国务院农业农村、林业草原主管部门应当将批准情况通报国务院生态环境主管部门。从境外引进种质资源的，依照国务院农业农村、林业草原主管部门的有关规定办理。第九十一条：……草种、烟草种、中药材种、食用菌菌种的种质资源管理和选育、生产经营、管理等活动，参照本法执行。 |
| 4 | 林草转基因及向外国人转让林草植物新品种申请权或品种权审批 | 1. 开展林草转基因工程活动审批<br>2. 向外国人转让林草植物新品种申请权或植物新品种权审批 | 国家林草局 | 《国务院对确需保留的行政审批项目设定行政许可的决定》附件第340项：开展林木转基因工程活动审批；实施机关：国家林业局。<br>《中华人民共和国植物新品种保护条例》第三条：国务院农业、林业行政部门（以下统称审批机关）按照职责分工共同负责植物新品种权申请的受理和审查并对符合本条例规定的植物新品种授予植物新品种权（以下称品种权）。<br>第九条：植物新品种的申请权和品种权可以依法转让。中国的单位或者个人就其在国内培育的植物新品种向外国人转让申请权或者品种权的，应当经审批机关批准。国有单位在国内转让申请权或者品种权的，应当按照国家有关规定报经有关行政主管部门批准。转让申请权或品种权的，当事人应当订立书面合同，并向审批机关登记，由审批机关予以公告。 |
| 5 | 从国外引进林草种子、苗木检疫和隔离试种审批 | 国家级：<br>1. 国务院有关部门所属的在京单位从国外引进林草种子、苗木检疫审批<br>2. 普及型国外引种试种苗圃资格认定<br>省级：<br>3. 从国外引进林草种子、苗木检疫审批 | 国家林草局；省级林草部门（植物检疫机构） | 《植物检疫条例》第十二条：从国外引进种子、苗木，引进单位应当向所在地的省、自治区、直辖市植物检疫机构提出申请，办理检疫审批手续。但是，国务院有关部门所属的在京单位从国外引进种子、苗木，应当向国务院农业主管部门、林业主管部门所属的植物检疫机构提出申请，办理检疫审批手续。具体办法由国务院农业主管部门、林业主管部门制定。从国外引进、可能潜伏有危险性病、虫的种子、苗木和其他繁殖材料，必须隔离试种，植物检疫机构应进行调查、观察和检验，证明确实不带危险性病、虫的，方可分散种植。<br>《国务院对确需保留的行政审批项目设定行政许可的决定》附件第343项：普及型国外引种试种苗圃资格认定；实施机关：国家林业局。 |

（续表）

| 序号 | 许可事项名称 | 子项 | 实施机关 | 设定依据 |
|---|---|---|---|---|
| 6 | 林草植物检疫证书核发 | **省级：**<br>1. 省际间调运林草植物检疫证书核发<br>**设区的市级：**<br>2. 省内调运林草植物检疫证书核发（设区的市级权限）<br>3. 林草植物产地检疫证书核发（设区的市级权限）<br>**县级：**<br>4. 省内调运林草植物检疫证书核发（县级权限）<br>5. 林草植物产地检疫证书核发（县级权限） | 省级、设区的市级、县级林草部门（植物检疫机构） | 《植物检疫条例》第三条：县级以上地方各级农业主管部门、林业主管部门所属的植物检疫机构，负责执行国家的植物检疫任务……<br>第七条：调运植物和植物产品，属于下列情况的，必须经过检疫：（一）列入应施检疫的植物、植物产品名单的，运出发生疫情的县级行政区域之前，必须经过检疫；（二）凡种子、苗木和其他繁殖材料，不论是否列入应施检疫的植物、植物产品名单和运往何地，在调运之前，都必须经过检疫。<br>第八条：按照本条例第七条的规定必须检疫的植物和植物产品，经检疫未发现植物检疫对象的，发给植物检疫证书。发现有植物检疫对象、但能彻底消毒处理的，托运人应按植物检疫机构的要求，在指定地点作消毒处理，经检查合格后发给植物检疫证书；无法消毒处理的，应停止调运。植物检疫证书的格式由国务院农业主管部门、林业主管部门制定。对可能被植物检疫对象污染的包装材料、运载工具、场地、仓库等，也应实施检疫。如已被污染，托运人应按植物检疫机构的要求处理。因实施检疫需要的车船停留、货物搬运、开拆、取样、储存、消毒处理等费用，由托运人负责。<br>第十条：省、自治区、直辖市间调运本条例第七条规定必须经过检疫的植物和植物产品的，调入单位必须事先征得所在地的省、自治区、直辖市植物检疫机构同意，并向调出单位提出检疫要求；调出单位必须根据该检疫要求向所在地的省、自治区、直辖市植物检疫机构申请检疫。对调入的植物和植物产品，调入单位所在地的省、自治区、直辖市的植物检疫机构应当查验检疫证书，必要时可以复检。<br>第十一条：……试验、推广的种子、苗木和其他繁殖材料，不得带有植物检疫对象。植物检疫机构应实施产地检疫。 |
| 7 | 松材线虫病疫木加工板材定点加工企业审批 | — | 国家林草局 | 《国务院对确需保留的行政审批项目设定行政许可的决定》附件第342项：松材线虫病疫木加工板材定点加工企业审批；实施机关：国家林业局。 |
| 8 | 建设项目使用林地及在森林和野生动物类型国家级自然保护区建设审批 | **国家级：**<br>1. 矿藏勘查、开采以及其他各类工程建设占用林地审核（国家级权限）<br>2. 在森林和野生动物类型国家级自然保护区修筑设施审批<br>**省级：**<br>3. 矿藏勘查、开采以及其他各类工程建设占用林地审核（省级权限）<br>4. 临时使用林地审批（省级权限）<br>5. 修筑直接为林业生产经营服务的工程设施占用林地审批（省级权限） | 国家林草局；省级、设区的市级、县级林草部门 | 《中华人民共和国森林法》第三十七条：矿藏勘查、开采以及其他各类工程建设，应当不占或者少占林地；确需占用林地的，应当经县级以上人民政府林业主管部门审核同意，依法办理建设用地审批手续。……<br>第三十八条：需要临时使用林地的，应当经县级以上人民政府林业主管部门批准；临时使用林地的期限一般不超过二年，并不得在临时使用的林地上修建永久性建筑物。临时使用林地期满后一年内，用地单位或者个人应当恢复植被和林业生产条件。 |

（续表）

| 序号 | 许可事项名称 | 子项 | 实施机关 | 设定依据 |
|---|---|---|---|---|
| 8 | 建设项目使用林地及在森林和野生动物类型国家级自然保护区建设审批 | **设区的市级：**<br>6．临时使用林地审批（设区的市级权限）<br>7．修筑直接为林业生产经营服务的工程设施占用林地审批（设区的市级权限）<br>**县级：**<br>8．临时使用林地审批（县级权限）<br>9．修筑直接为林业生产经营服务的工程设施占用林地审批（县级权限） | 国家林草局；省级、设区的市级、县级林草部门 | 第五十二条：在林地上修筑下列直接为林业生产经营服务的工程设施，符合国家有关部门规定的标准的，由县级以上人民政府林业主管部门批准，不需要办理建设用地审批手续；超过标准需要占用林地的，应当依法办理建设用地审批手续：（一）培育、生产种子、苗木的设施；（二）贮存种子、苗木、木材的设施；（三）集材道、运材道、防火巡护道、森林步道；（四）林业科研、科普教育设施；（五）野生动植物保护、护林、林业有害生物防治、森林防火、木材检疫的设施；（六）供水、供电、供热、供气、通讯基础设施；（七）其他直接为林业生产服务的工程设施。<br>《中华人民共和国森林法实施条例》第十六条：勘查、开采矿藏和修建道路、水利、电力、通讯等工程，需要占用或者征收、征用林地的，必须遵守下列规定：……（二）占用或者征收、征用防护林林地或者特种用途林林地面积10公顷以上的，用材林、经济林、薪炭林林地及其采伐迹地面积35公顷以上的，其他林地面积70公顷以上的，由国务院林业主管部门审核；占用或者征收、征用林地面积低于上述规定数量的，由省、自治区、直辖市人民政府林业主管部门审核。占用或者征收、征用重点林区的林地的，由国务院林业主管部门审核……<br>《森林和野生动物类型自然保护区管理办法》第十一条：自然保护区的自然环境和自然资源，由自然保护区管理机构统一管理。未经林业部或省、自治区、直辖市林业主管部门批准，任何单位和个人不得进入自然保护区建立机构和修筑设施。 |
| 9 | 建设项目使用草原审批 | **国家级：**<br>1．矿藏开采、工程建设等征收、征用或者使用七十公顷以上草原审核<br>**省级：**<br>2．矿藏开采、工程建设等征收、征用或者使用七十公顷及其以下草原审核<br>3．临时占用草原审批（省级权限）<br>4．在草原上修建直接为草原保护和畜牧业生产服务的工程设施审批（省级权限）<br>**设区的市级：**<br>5．临时占用草原审批（设区的市级权限）<br>6．在草原上修建直接为草原保护和畜牧业生产服务的工程设施审批（设区的市级权限）<br>**县级：**<br>7．临时占用草原审批（县级权限）<br>8．在草原上修建直接为草原保护和畜牧业生产服务的工程设施审批（县级权限） | 国家林草局；省级、设区的市级、县级林草部门 | 《中华人民共和国草原法》第三十八条：进行矿藏开采和工程建设，应当不占或者少占草原；确需征收、征用或者使用草原的，必须经省级以上人民政府草原行政主管部门审核同意后，依照有关土地管理的法律、行政法规办理建设用地审批手续。<br>第四十条：需要临时占用草原的，应当经县级以上地方人民政府草原行政主管部门审核同意。临时占用草原的期限不得超过二年，并不得在临时占用的草原上修建永久性建筑物、构筑物；占用期满，用地单位必须恢复草原植被并及时退还。<br>第四十一条：在草原上修建直接为草原保护和畜牧业生产服务的工程设施，需要使用草原的，由县级以上人民政府草原行政主管部门批准；修筑其他工程，需要将草原转为非畜牧业生产用地的，必须依法办理建设用地审批手续。前款所称直接为草原保护和畜牧业生产服务的工程设施，是指：（一）生产、贮存草种和饲草饲料的设施；（二）牲畜圈舍、配种点、剪毛点、药浴池、人畜饮水设施；（三）科研、试验、示范基地；（四）草原防火和灌溉设施。<br>《国务院关于取消和下放一批行政审批项目的决定》（国发〔2014〕5号）附件第29项：在草原上修建直接为草原保护和畜牧业生产服务的工程设施使用七十公顷以上草原审批；处理决定：下放至省级人民政府农业主管部门。 |

（续表）

| 序号 | 许可事项名称 | 子项 | 实施机关 | 设定依据 |
|---|---|---|---|---|
| 10 | 林木采伐许可证核发 | 国家级：<br>1．重点林区林木采伐许可证核发<br>省级：<br>2．林木采伐许可证核发（省级权限）<br>设区的市级：<br>3．林木采伐许可证核发（设区的市级权限）<br>县级：<br>4．林木采伐许可证核发（县级权限） | 国家林草局；省级、设区的市级、县级林草部门 | 《中华人民共和国森林法》第五十六条：采伐林地上的林木应当申请采伐许可证，并按照采伐许可证的规定进行采伐；采伐自然保护区以外的竹林，不需要申请采伐许可证，但应当符合林木采伐技术规程。农村居民采伐自留地和房前屋后个人所有的零星林木，不需要申请采伐许可证。非林地上的农田防护林、防风固沙林、护路林、护岸护堤林和城镇林木等的更新采伐，由有关主管部门按照有关规定管理。采挖移植林木按照采伐林木管理。具体办法由国务院林业主管部门制定。禁止伪造、变造、买卖、租借采伐许可证。<br>第五十七条：采伐许可证由县级以上人民政府林业主管部门核发。县级以上人民政府林业主管部门应当采取措施，方便申请人办理采伐许可证。农村居民采伐自留山和个人承包集体林地上的林木，由县级人民政府林业主管部门或者其委托的乡镇人民政府核发采伐许可证。<br>第五十九条：符合林木采伐技术规程的，审核发放采伐许可证的部门应当及时核发采伐许可证。但是，审核发放采伐许可证的部门不得超过年采伐限额发放采伐许可证。<br>《中华人民共和国森林法实施条例》第三十二条：除森林法已有明确规定的外，林木采伐许可证按照下列规定权限核发：（一）县属国有林场，由所在地的县级人民政府林业主管部门核发；（二）省、自治区、直辖市和设区的市、自治州所属的国有林业企业事业单位、其他国有企业事业单位，由所在地的省、自治区、直辖市人民政府林业主管部门核发；（三）重点林区的国有林业企业事业单位，由国务院林业主管部门核发。 |
| 11 | 从事营利性治沙活动许可 | 省级：<br>1．从事营利性治沙活动许可（省级权限）<br>设区的市级：<br>2．从事营利性治沙活动许可（设区的市级权限）<br>县级：<br>3．从事营利性治沙活动许可（县级权限） | 省级、设区的市级、县级林草部门 | 《中华人民共和国防沙治沙法》第二十六条：不具有土地所有权或者使用权的单位和个人从事营利性治沙活动的，应当先与土地所有权人或者使用权人签订协议，依法取得土地使用权。在治理活动开始之前，从事营利性治沙活动的单位和个人应当向治理项目所在地的县级以上地方人民政府林业草原行政主管部门或者县级以上地方人民政府指定的其他行政主管部门提出治理申请…… |
| 12 | 在国家级风景名胜区内修建缆车、索道等重大建设工程项目选址方案核准 | — | 省级林草部门 | 《风景名胜区条例》第二十八条：……在国家级风景名胜区内修建缆车、索道等重大建设工程，项目的选址方案应当报省、自治区人民政府建设主管部门和直辖市人民政府风景名胜区主管部门核准。 |

（续表）

| 序号 | 许可事项名称 | 子项 | 实施机关 | 设定依据 |
|---|---|---|---|---|
| 13 | 在风景名胜区内从事建设、设置广告、举办大型游乐活动以及其他影响生态和景观活动许可 | **设区的市级：**<br>1．在风景名胜区内从事建设、设置广告、举办大型游乐活动以及其他影响生态和景观活动许可（设区的市级权限）<br>**县级：**<br>2．在风景名胜区内从事建设、设置广告、举办大型游乐活动以及其他影响生态和景观活动许可（县级权限） | 风景名胜区管理机构 | 《风景名胜区条例》第二十八条：在风景名胜区内从事本条例第二十六条、第二十七条禁止范围以外的建设活动，应当经风景名胜区管理机构审核后，依照有关法律、法规的规定办理审批手续。<br>第二十九条：在风景名胜区内进行下列活动，应当经风景名胜区管理机构审核后，依照有关法律、法规的规定报有关主管部门批准：<br>（一）设置、张贴商业广告；（二）举办大型游乐等活动；（三）改变水资源、水环境自然状态的活动；（四）其他影响生态和景观的活动。 |
| 14 | 进入自然保护区从事有关活动审批 | **省级：**<br>1．在森林和野生动物类型地方级自然保护区修筑设施审批<br>2．进入国家级自然保护区核心区从事科学研究观测、调查活动审批<br>3．进入地方级自然保护区核心区从事科学研究观测、调查活动审批（省级权限）<br>4．在自然保护区缓冲区从事非破坏性科研教学实习和标本采集审批（省级权限）<br>**设区的市级：**<br>5．进入地方级自然保护区核心区从事科学研究观测、调查活动审批（设区的市级权限）<br>6．在自然保护区缓冲区从事非破坏性科研教学实习和标本采集审批（设区的市级权限）<br>**县级：**<br>7．进入地方级自然保护区核心区从事科学研究观测、调查活动审批（县级权限）<br>8．在自然保护区缓冲区从事非破坏性科研教学实习和标本采集审批（县级权限） | 省级林草部门、自然保护区管理机构 | 《中华人民共和国自然保护区条例》第二十七条：禁止任何人进入自然保护区的核心区。因科学研究的需要，必须进入核心区从事科学研究观测、调查活动的，应当事先向自然保护区管理机构提交申请和活动计划，并经自然保护区管理机构批准；其中，进入国家级自然保护区核心区的，应当经省、自治区、直辖市人民政府有关自然保护区行政主管部门批准……<br>第二十八条：禁止在自然保护区的缓冲区开展旅游和生产经营活动。因教学科研的目的，需要进入自然保护区的缓冲区从事非破坏性的科学研究、教学实习和标本采集活动的，应当事先向自然保护区管理机构提交申请和活动计划，经自然保护区管理机构批准。从事前款活动的单位和个人，应当将其活动成果的副本提交自然保护区管理机构。<br>《森林和野生动物类型自然保护区管理办法》第十一条：自然保护区的自然环境和自然资源，由自然保护区管理机构统一管理。未经林业部或省、自治区、直辖市林业主管部门批准，任何单位和个人不得进入自然保护区建立机构和修筑设施。 |

（续表）

| 序号 | 许可事项名称 | 子项 | 实施机关 | 设定依据 |
|---|---|---|---|---|
| 15 | 猎捕陆生野生动物审批 | **国家级：**<br>1. 猎捕国家一级保护陆生野生动物审批<br>**省级：**<br>2. 猎捕国家二级保护陆生野生动物审批<br>3. 猎捕非国家重点保护陆生野生动物审批（省级权限）<br>**设区的市级：**<br>4. 猎捕非国家重点保护陆生野生动物审批（设区的市级权限）<br>**县级：**<br>5. 猎捕非国家重点保护陆生野生动物审批（县级权限） | 国家林草局；省级、设区的市级、县级林草部门 | 《中华人民共和国野生动物保护法》第二十一条：禁止猎捕、杀害国家重点保护野生动物。因科学研究、种群调控、疫源疫病监测或者其他特殊情况，需要猎捕国家一级保护野生动物的，应当向国务院野生动物保护主管部门申请特许猎捕证；需要猎捕国家二级保护野生动物的，应当向省、自治区、直辖市人民政府野生动物保护主管部门申请特许猎捕证。<br>第二十二条：猎捕非国家重点保护野生动物的，应当依法取得县级以上地方人民政府野生动物保护主管部门核发的狩猎证，并且服从猎捕量限额管理。<br>《中华人民共和国陆生野生动物保护实施条例》第十二条：申请特许猎捕证的程序如下：（一）需要捕捉国家一级保护野生动物的，必须附具申请人所在地和捕捉地的省、自治区、直辖市人民政府林业行政主管部门签署的意见，向国务院林业行政主管部门申请特许猎捕证；（二）需要在本省、自治区、直辖市猎捕国家二级保护野生动物的，必须附具申请人所在地的县级人民政府野生动物行政主管部门签署的意见，向省、自治区、直辖市人民政府林业行政主管部门申请特许猎捕证；（三）需要跨省、自治区、直辖市猎捕国家二级保护野生动物的，必须附具申请人所在地的省、自治区、直辖市人民政府林业行政主管部门签署的意见，向猎捕地的省、自治区、直辖市人民政府林业行政主管部门申请特许猎捕证…… |
| 16 | 国家重点保护陆生野生动物人工繁育许可证核发 | **国家级：**<br>1. 国务院规定由国家林草局审批的国家重点保护陆生野生动物人工繁育许可证核发<br>**省级：**<br>2. 国家重点保护陆生野生动物人工繁育许可证核发（省级权限） | 国家林草局；省级林草部门 | 《中华人民共和国野生动物保护法》第二十五条：国家支持有关科学研究机构因物种保护目的人工繁育国家重点保护野生动物。前款规定以外的人工繁育国家重点保护野生动物实行许可制度。人工繁育国家重点保护野生动物的，应当经省、自治区、直辖市人民政府野生动物保护主管部门批准，取得人工繁育许可证，但国务院对批准机关另有规定的除外……<br>《国家林业局　农业部公告（2017年第14号）》：经国务院批准，大熊猫、朱鹮、虎、豹类、象类、金丝猴类、长臂猿类、犀牛类、猩猩类、鸨类共10种（类）国家重点保护陆生野生动物的人工繁育和出售、购买、利用其活体及制品活动的批准机关定为国家林业局。 |
| 17 | 外来陆生野生动物物种野外放生审批 | — | 国家林草局 | 《中华人民共和国野生动物保护法》第三十七条：从境外引进野生动物物种的，应当经国务院野生动物保护主管部门批准。从境外引进列入本法第三十五条第一款名录的野生动物，还应当依法取得允许进出口证明书。海关依法实施进境检疫，凭进口批准文件或者允许进出口证明书以及检疫证明按照规定办理通关手续。从境外引进野生动物物种的，应当采取安全可靠的防范措施，防止其进入野外环境，避免对生态系统造成危害。确需将其放归野外的，按照国家有关规定执行。<br>第三十八条：任何组织和个人将野生动物放生至野外环境，应当选择适合放生地野外生存的当地物种，不得干扰当地居民的正常生活、生产，避免对生态系统造成危害。随意放生野生动物，造成他人人身、财产损害或者危害生态系统的，依法承担法律责任。<br>《中华人民共和国陆生野生动物保护实施条例》第二十二条：从国外或者外省、自治区、直辖市引进野生动物进行驯养繁殖的，应当采取适当措施，防止其逃至野外；需要将其放生于野外的，放生单位应当向所在省、自治区、直辖市人民政府林业行政主管部门提出申请，经省级以上人民政府林业行政主管部门指定的科研机构进行科学论证后，报国务院林业行政主管部门或者其授权的单位批准…… |

| 序号 | 许可事项名称 | 子项 | 实施机关 | 设定依据 |
|---|---|---|---|---|
| 18 | 采集及出售、收购野生植物审批 | 国家级：<br>1. 采集国家一级保护野生植物审批<br>省级：<br>2. 采集国家二级保护野生植物以及甘草和麻黄草审批<br>3. 出售、收购国家二级保护野生植物审批 | 国家林草局；省级林草部门 | 《中华人民共和国野生植物保护条例》第十六条：禁止采集国家一级保护野生植物。因科学研究、人工培育、文化交流等特殊需要，采集国家一级保护野生植物的，应当按照管理权限向国务院林业行政主管部门或者其授权的机构申请采集证；或者向采集地的省、自治区、直辖市人民政府农业行政主管部门或者其授权的机构申请采集。采集国家二级保护野生植物的，必须经采集地的县级人民政府野生植物行政主管部门签署意见后，向省、自治区、直辖市人民政府野生植物行政主管部门或者其授权的机构申请采集证……<br>第十八条：……出售、收购国家二级保护野生植物的，必须经省、自治区、直辖市人民政府野生植物行政主管部门或者其授权的机构批准。<br>《国务院关于禁止采集和销售发菜制止滥挖甘草和麻黄草有关问题的通知》（国发〔2000〕13号）二、严格管理，制止滥挖甘草和麻黄草：（二）加强采集证和采挖活动的管理。采集甘草和麻黄草均须经采集地的县级人民政府农牧主管部门签署意见后，向省级人民政府农牧主管部门申请办理采集证…… |
| 19 | 出售、购买、利用国家重点保护陆生野生动物及其制品审批 | 国家级：<br>1. 出售、购买、利用国务院规定由国家林草局审批的国家重点保护陆生野生动物及其制品审批<br>省级：<br>2. 出售、购买、利用国家重点保护陆生野生动物及其制品审批（省级权限） | 国家林草局；省级林草部门 | 《中华人民共和国野生动物保护法》第二十七条：禁止出售、购买、利用国家重点保护野生动物及其制品。因科学研究、人工繁育、公众展示展演、文物保护或者其他特殊情况，需要出售、购买、利用国家重点保护野生动物及其制品的，应当经省、自治区、直辖市人民政府野生动物保护主管部门批准，并按照规定取得和使用专用标识，保证可追溯，但国务院对批准机关另有规定的除外……<br>《国家林业局 农业部公告（2017年第14号）》：经国务院批准，大熊猫、朱鹮、虎、豹类、象类、金丝猴类、长臂猿类、犀牛类、猩猩类、鸨类共10种（类）国家重点保护陆生野生动物的人工繁育和出售、购买、利用其活体及制品活动的批准机关定为国家林业局。 |
| 20 | 野生动植物进出口审批 | 1. 从境外引进非国际公约禁止或限制贸易的陆生野生动物物种审批<br>2. 出口国家重点保护或进出口国际公约限制贸易的陆生野生动物或其制品审批<br>3. 出口国家重点保护或进出口国际公约限制进出口的野生植物或其产品审批<br>4. 濒危野生动植物允许进出口证明书核发<br>5. 非进出口野生动植物种商品目录物种证明核发 | 国家林草局；国家濒危物种进出口管理办公室 | 《中华人民共和国野生动物保护法》第三十五条：中华人民共和国缔结或者参加的国际公约禁止或者限制贸易的野生动物或者其制品名录，由国家濒危物种进出口管理机构制定、调整并公布。进出口列入前款名录的野生动物或者其制品的，出口国家重点保护野生动物或者其制品的，应当经国务院野生动物保护主管部门或者国务院批准，并取得国家濒危物种进出口管理机构核发的允许进出口证明书。海关依法实施进出境检疫，凭允许进出口证明书、检疫证明按照规定办理通关手续……<br>第三十七条：从境外引进野生动物物种的，应当经国务院野生动物保护主管部门批准。从境外引进列入本法第三十五条第一款名录的野生动物，还应当依法取得允许进出口证明书。依法实施进境检疫。海关凭进口批准文件或者允许进出口证明书以及检疫证明按照规定办理通关手续…… |

（续表）

| 序号 | 许可事项名称 | 子项 | 实施机关 | 设定依据 |
|---|---|---|---|---|
| 20 | 野生动植物进出口审批 | 1．从境外引进非国际公约禁止或限制贸易的陆生野生动物物种审批<br>2．出口国家重点保护或进出口国际公约限制贸易的陆生野生动物或其制品审批<br>3．出口国家重点保护或进出口国际公约限制进出口的野生植物或其产品审批<br>4．濒危野生动植物允许进出口证明书核发<br>5．非进出口野生动植物种商品目录物种证明核发 | 国家林草局；国家濒危物种进出口管理办公室 | 《中华人民共和国野生植物保护条例》第二十条：出口国家重点保护野生植物或者进出口中国参加的国际公约所限制进出口的野生植物的，应当按照管理权限经国务院林业行政主管部门批准，或者经进出口者所在地的省、自治区、直辖市人民政府农业行政主管部门审核后报国务院农业行政主管部门批准，并取得国家濒危物种进出口管理机构核发的允许进出口证明书或者标签。海关凭允许进出口证明书或者标签查验放行。国务院野生植物行政主管部门应当将有关野生植物进出口的资料抄送国务院环境保护部门……<br>《中华人民共和国濒危野生动植物进出口管理条例》第四条：国家濒危物种进出口管理机构代表中国政府履行公约，依照本条例的规定对经国务院野生植物主管部门批准出口的国家重点保护的野生动植物及其产品、批准进口或者出口的公约限制进出口的濒危野生动植物及其产品，核发允许进出口证明书。<br>第七条：进口或者出口公约限制进出口的濒危野生动植物及其产品，出口国务院或者国务院野生动植物主管部门限制出口的野生动植物及其产品，应当经国务院野生动植物主管部门批准。<br>《国务院对确需保留的行政审批项目设定行政许可的决定》附件第344项：非进出口野生动植物种商品目录物种证明核发；实施机关：国家濒危物种进出口管理办公室。<br>《国务院对确需保留的行政审批项目设定行政许可的决定》附件第345项：引进陆生野生动物外来物种种类及数量审批；实施机关：国家林业局。 |
| 21 | 外国人对国家重点保护陆生野生动物进行野外考察或在野外拍摄电影、录像审批 | — | 省级林草部门 | 《中华人民共和国野生动物保护法》第四十条：外国人在我国对国家重点保护野生动物进行野外考察或者在野外拍摄电影、录像，应当经省、自治区、直辖市人民政府野生动物保护主管部门或者其授权的单位批准，并遵守有关法律法规规定。 |
| 22 | 森林草原防火期内在森林草原防火区野外用火审批 | 1．森林防火期内在森林防火区野外用火审批<br>2．草原防火期内因生产活动需要在草原上野外用火审批 | 县级政府（由林草部门承办） | 《森林防火条例》第二十五条：森林防火期内，禁止在森林防火区野外用火。因防治病虫鼠害、冻害等特殊情况确需野外用火的，应当经县级人民政府批准，并按照要求采取防火措施，严防失火；需要进入森林防火区进行实弹演习、爆破等活动的，应当经省、自治区、直辖市人民政府林业主管部门批准，并采取必要的防火措施；中国人民解放军和中国人民武装警察部队因处置突发事件和执行其他紧急任务需要进入森林防火区的，应当经其上级主管部门批准，并采取必要的防火措施。<br>《草原防火条例》第十八条：在草原防火期内，因生产活动需要在草原上野外用火的，应当经县级人民政府草原防火主管部门批准。用火单位或者个人应当采取防火措施，防止失火。在草原防火期内，因生活需要在草原上用火的，应当选择安全地点，采取防火措施，用火后彻底熄灭余火。除本条第一款、第二款规定的情形外，在草原防火期内，禁止在草原上野外用火。 |

（续表）

| 序号 | 许可事项名称 | 子项 | 实施机关 | 设定依据 |
|---|---|---|---|---|
| 23 | 森林草原防火期内在森林草原防火区爆破、勘察和施工等活动审批 | 省级：<br>1. 森林防火期内进入森林防火区进行爆破等活动审批<br>2. 草原防火期内在草原上进行爆破、勘察和施工等活动审批（省级权限）<br>设区的市级：<br>3. 草原防火期内在草原上进行爆破、勘察和施工等活动审批（设区的市级权限）<br>县级：<br>4. 草原防火期内在草原上进行爆破、勘察和施工等活动审批（县级权限） | 省级、设区的市级、县级林草部门 | 《森林防火条例》第二十五条：森林防火期内，禁止在森林防火区野外用火。因防治病虫鼠害、冻害等特殊情况确需野外用火的，应当经县级人民政府批准，并按照要求采取防火措施，严防失火；需要进入森林防火区进行实弹演习、爆破等活动的，应当经省、自治区、直辖市人民政府林业主管部门批准，并采取必要的防火措施；中国人民解放军和中国人民武装警察部队因处置突发事件和执行其他紧急任务需要进入森林防火区的，应当经其上级主管部门批准，并采取必要的防火措施。<br>《草原防火条例》第十九条：……在草原防火期内，在草原上进行爆破、勘察和施工等活动的，应当经县级以上地方人民政府草原防火主管部门批准，并采取防火措施，防止失火…… |
| 24 | 进入森林高火险区、草原防火管制区审批 | 省级：<br>1. 森林高火险期内进入森林高火险区审批（省级权限）<br>2. 进入草原防火管制区审批（省级权限）<br>设区的市级：<br>3. 森林高火险期内进入森林高火险区审批（设区的市级权限）<br>4. 进入草原防火管制区审批（设区的市级权限）<br>县级：<br>5. 森林高火险期内进入森林高火险区审批（县级权限）<br>6. 进入草原防火管制区审批（县级权限） | 省级、设区的市级、县级政府（由林草部门承办）；省级、设区的市级、县级林草部门 | 《森林防火条例》第二十九条：森林高火险期内，进入森林高火险区的，应当经县级以上地方人民政府批准，严格按照批准的时间、地点、范围活动，并接受县级以上地方人民政府林业主管部门的监督管理。<br>《草原防火条例》第二十二条：……进入草原防火管制区的车辆，应当取得县级以上地方人民政府草原防火主管部门颁发的草原防火通行证，并服从防火管制。 |
| 25 | 工商企业等社会资本通过流转取得林地经营权审批 | 省级：<br>1. 工商企业等社会资本通过流转取得林地经营权审批（省级权限）<br>设区的市级：<br>2. 工商企业等社会资本通过流转取得林地经营权审批（设区的市级权限）<br>县级：<br>3. 工商企业等社会资本通过流转取得林地经营权审批（县级权限） | 省级、设区的市级、县级政府（由林草部门承办） | 《中华人民共和国农村土地承包法》第四十五条：县级以上地方人民政府应当建立工商企业等社会资本通过流转取得土地经营权的资格审查、项目审核和风险防范制度。……具体办法由国务院农业农村、林业和草原主管部门规定。 |

# 国家林业和草原局
# 中华人民共和国濒危物种进出口管理办公室公告

## 2022年第10号

为全力支持上海"第五届中国国际进口博览会"（以下简称"进博会"），为参展商提供优质高效便捷的服务，提升贸易便利化水平，现将有关行政许可事项委托授权事宜公告如下：

**一、适用对象**

参加进博会的国内外展商。

**二、时间及范围**

自2022年10月1日至12月31日，国家林业和草原局（以下简称"国家林草局"）实施的野生动植物进出口审批行政许可事项委托上海市林业局实施；中华人民共和国濒危物种进出口管理办公室（以下简称"国家濒管办"）实施的允许进出口证明书核发行政许可事项授权国家濒管办上海办事处实施。其间，国家林草局、国家濒管办不再受理本公告委托和授权的行政许可事项。

（一）林草主管部门管理的野生动植物及其制品的进出口。进口或者再出口列入《濒危野生动植物种国际贸易公约》附录所列由林草主管部门负责管理的野生动植物及其制品，凭国家会展中心（上海）有限责任公司出具的参会证明，向上海市林业局申请并获得准予行政许可决定书后，向国家濒管办上海办事处申请允许进出口证明书。

（二）农业农村主管部门管理的野生动植物及其制品的进出口。进口或者再出口列入《濒危野生动植物种国际贸易公约》附录所列由农业农村主管部门负责管理的野生动植物及其制品，获得农业农村主管部门行政许可批准文件后，向国家濒管办上海办事处申请允许进出口证明书。

**三、申报途径**

2022年10月1日起，申请人通过"中国国际贸易'单一窗口'标准版野生动植物进出口证书管理系统"（www.singlewindow.cn），向国家濒管办上海办事处申请允许进出口证明书。

**四、联系方式**

上海市林业局

电话：021－52567188

传真：021－52567188

地址：上海市静安区胶州路768号

国家濒管办上海办事处

电话：021－50477216 50477217

传真：021－50477250

地址：上海市浦东新区富特北路456号南楼2楼

特此公告。

国家林业和草原局
中华人民共和国濒危物种
进出口管理办公室
2022年8月26日

# 国家林业和草原局公告

## 2022年第11号

国家林业和草原局批准发布《刨花干燥机节能监测方法》等47项林业行业标准（见附件），自2023年1月1日起实施。

特此公告。

附件：《刨花干燥机节能监测方法》等47项林业行业标准目录

国家林业和草原局
2022年9月7日

附件

# 《刨花干燥机节能监测方法》等47项林业行业标准目录

| 序号 | 标准编号 | 标准名称 | 代替标准 |
|---|---|---|---|
| 1 | LY/T 1286—2022 | 刨花干燥机节能监测方法 | LY/T 1286—2012 |
| 2 | LY/T 2071—2022 | 细木工板生产综合能耗 | LY/T 2071—2012 |
| 3 | LY/T 2074—2022 | 竹材胶合板生产综合能耗 | LY/T 2074—2012 |
| 4 | LY/T 1862—2022 | 木材工业气力运输与除尘系统节能技术规范 | LY/T 1862—2009 |
| 5 | LY/T 2072—2022 | 木材干燥生产综合能耗 | LY/T 2072—2012 |
| 6 | LY/T 2073—2022 | 浸渍纸层压木质地板生产综合能耗 | LY/T 2073—2012 |
| 7 | LY/T 3294—2022 | 竹质活性炭 | — |
| 8 | LY/T 1072—2022 | 竹篾定向材 | LY/T 1072—2002<br>LY/T 2225—2013 |
| 9 | LY/T 1773—2022 | 香榧 | LY/T 1773—2008<br>LY/T 1774—2008<br>LY/T 1940—2011 |
| 10 | LY/T 3295—2022 | 锯材有害生物湿热处理通用技术要求 | — |
| 11 | LY/T 3296—2022 | 木结构钉连接防腐性能测试方法 | — |
| 12 | LY/T 3297—2022 | 木材剪切模量的动态测试技术规程 | — |
| 13 | LY/T 3298—2022 | 室外木材用涂料自然老化性能测试方法 | — |
| 14 | LY/T 3299—2022 | 进境针叶材的管理规范 | — |
| 15 | LY/T 3300—2022 | 家具用干燥锯材 | — |
| 16 | LY/T 1069—2022 | 锯材气干工艺规程 | LY/T 1069—2012 |
| 17 | LY/T 1068—2022 | 锯材窑干工艺规程 | LY/T 1068—2012 |
| 18 | LY/T 1502—2022 | 马尾松原条 | LY/T 1502—2008 |
| 19 | LY/T 2058—2022 | 实木地板坯料 | LY/T 2058—2012 |
| 20 | LY/T 2143—2022 | 实木衣架 | LY/T 2143—2013 |
| 21 | LY/T 2057—2022 | 室内装修用木方 | LY/T 2057—2012 |
| 22 | LY/T 1293—2022 | 原条材积表 | LY/T 1293—1999 |
| 23 | LY/T 1793—2022 | 木纤维用原木 | LY/T 1793—2008 |
| 24 | LY/T 1200—2022 | 机台木 | LY/T 1200—2012 |
| 25 | LY/T 1156—2022 | 木板皮 | LY/T 1156—2012 |
| 26 | LY/T 3301—2022 | 实木厚芯胶合板 | — |
| 27 | LY/T 1984—2022 | 重组木地板 | LY/T 1984—2011 |
| 28 | LY/T 1860—2022 | 非甲醛热塑性树脂胶合板 | LY/T 1860—2009 |
| 29 | LY/T 1979—2022 | 刨花板生产节材和减排技术规范 | LY/T 1979—2011 |
| 30 | LY/T 3302—2022 | 人造板生产木粉尘燃爆防控技术规范 | — |

（续表）

| 序号 | 标准编号 | 标准名称 | 代替标准 |
|---|---|---|---|
| 31 | LY/T 3303—2022 | 石木塑复合地板 | — |
| 32 | LY/T 1318—2022 | 隔热软木砖 | LY/T 1318—1999<br>LY/T 1319—1999 |
| 33 | LY/T 3304—2022 | 软木装饰板 | — |
| 34 | LY/T 1045—2022 | 营林机械　产品型号编制方法 | LY/T 1045—2007 |
| 35 | LY/T 1618—2022 | 以汽油机为动力的背负式风力清扫机 | LY/T 1618—2004 |
| 36 | LY/T 1121—2022 | 交流电动链锯 | LY/T 1121—2010 |
| 37 | LY/T 1669—2022 | 车载式风送高射程喷雾机 | LY/T 1669—2006 |
| 38 | LY/T 1720—2022 | 林业工厂化育苗容器　系列型谱 | LY/T 1720—2007 |
| 39 | LY/T 1668—2022 | 以汽油机为动力的便携式收集粉碎清扫机 | LY/T 1668—2006 |
| 40 | LY/T 3305—2022 | 以汽油机为动力的手持式移栽挖树机 | — |
| 41 | LY/T 3306—2022 | 以锂离子电池为动力源的手持式修枝剪刀 | — |
| 42 | LY/T 3307—2022 | 以汽油机为动力的手推式割草松土两用机 | — |
| 43 | LY/T 3308—2022 | 落叶松树皮原花青素 | — |
| 44 | LY/T 3309—2022 | 越橘原花青素 | — |
| 45 | LY/T 1065—2022 | 松香深加工产品 | LY/T 1065—2014<br>LY/T 1066—1992<br>LY/T 1067—1992<br>LY/T 1179—2013<br>LY/T 1357—2008<br>LY/T 1358—2014<br>LY/T 1744—2008<br>LY/T 1745—2008<br>LY/T 1972—2011 |
| 46 | LY/T 1300—2022 | 单宁酸 | LY/T 1300—2005<br>LY/T 1640—2005 |
| 47 | LY/T 1616—2022 | 木质活性炭试验方法 | LY/T 1616—2004<br>LY/T 1786—2008<br>LY/T 2615—2016<br>LY/T 3013—2018<br>LY/T 3155—2019 |

# 国家林业和草原局公告

## 2022年第12号

根据国家沙化土地封禁保护区建设和管理有关规定，确定西藏自治区措勤县达东等12个国家沙化土地封禁保护区，现将国家沙化土地封禁保护区名单（见附件）予以公布。

特此公告。

附件：国家沙化土地封禁保护区名单

国家林业和草原局

2022年10月28日

附件

## 国家沙化土地封禁保护区名单

**西藏**

1. 西藏自治区措勤县达东国家沙化土地封禁保护区

2. 西藏自治区措勤县珠龙国家沙化土地封禁保护区

**甘肃**

3. 甘肃省金塔县红墩子国家沙化土地封禁保护区

4. 甘肃省凉州区邓马营湖国家沙化土地封禁保护区

**新疆**

5. 新疆维吾尔自治区库尔勒市群尔库木沙漠国家沙化土地封禁保护区

6. 新疆维吾尔自治区木垒县头道沙漠国家沙化土地封禁保护区

7. 新疆维吾尔自治区莎车县恰热克镇布古里沙漠国家沙化土地封禁保护区

8. 新疆维吾尔自治区民丰县尼雅河西岸国家沙化土地封禁保护区

9. 新疆维吾尔自治区若羌县瓦石峡国家沙化土地封禁保护区

10. 新疆维吾尔自治区洛浦县红白山国家沙化土地封禁保护区

11. 新疆维吾尔自治区墨玉县喀尔赛镇东北部国家沙化土地封禁保护区

12. 新疆维吾尔自治区于田县英巴格乡国家沙化土地封禁保护区

# 国家林业和草原局公告

## 2022年第13号

为进一步推进"一网通办"，提升行政许可便利化水平，现将有关事项公告如下：

自2022年12月1日起，行政许可申请人通过中国国际贸易"单一窗口"系统，申请办理"濒危野生动植物允许进出口证明书核发"和"非进出口野生动植物种商品目录物种证明核发"时，不再同步提交纸质材料。

对存疑的行政许可申请材料，我局将采取调取原件、现场核查、函询外方履约机构等方式，进一步核实有关情况。

特此公告。

国家林业和草原局

2022年10月28日

# 国家林业和草原局公告

## 2022年第14号

根据《国务院关于深化"证照分离"改革进一步激发市场主体活力的通知》（国发〔2021〕7号），我局自2022年12月1日起，对金丝猴类"国务院规定由国家林草局审批的国家重点保护陆生野生动物人工繁育许可证核发"实行告知承诺制审批。凡申请人通过登陆国家林业和草原局网上行政审批平台，在线提交申请表且承诺符合审批条件的，我局直接作出准予许可的决定。

特此公告。

附件：金丝猴类"国务院规定由国家林草局审批的国家重点保护陆生野生动物人工繁育许可证核发"告知书、承诺书（略）

国家林业和草原局
2022年11月10日

# 国家林业和草原局公告

## 2022年第15号

根据《中华人民共和国种子法》第十九条、第九十一条的规定，现将由国家林业和草原局草品种审定委员会审定通过的'青牧2号'老芒麦等6个草品种（详见附件）予以公告。自公告发布之日起，这些品种可以在本公告规定的适宜种植范围内推广。

特此公告。

附件：2022年度草品种名录（中英文）（英文略）

国家林业和草原局
2022年11月21日

附件

## 2022年度草品种名录（中文）

### 1. '青牧2号'老芒麦

草种名称：老芒麦
学名：*Elymus sibiricus* 'Qingmu 2'
品种类别：育成品种
编号：国S-BV-ES-001-2022
申报单位：青海省畜牧兽医科学院
选育人：刘文辉、梁国玲、贾志锋、张永超、李文

**品种特性**

禾本科披碱草属多年生草本。株高40～100cm，叶片和花序占茎叶总量的44.8%。播种当年幼苗生长缓慢，第2年以后形成草皮。踩踏试验后5天可恢复正常生长，植株枯死率5.2%，恢复后长势与试验前无明显区别。无灌溉条件下，第2至4年平均株高51cm，青干草产量8781～10285kg/hm²，平均种子产量280.5kg/hm²，粗蛋白含量13.8%。再生草平均干草产量3897.7kg/hm²，两年平均总干草产量8232.8kg/hm²，较对照'同德'老芒麦分别高34.17%、10.56%。

**主要用途**

适于建植放牧草地，也可用于退化草地生态修复。

**栽培技术要点**

夏秋季土地深翻20～30cm，有条件的地区耕翻时施入基肥。如播种地杂草较多，可选用10%草甘磷进行灭杀，搁置半年，翌年春翻地、耙磨，使地面平整，5～6月条播，行距30～40cm，播种量为15～22.5kg/hm²，播种深度2～3cm。播种当年注意中耕除草，分蘖期和枯黄期需进行灌水。开花期刈割，留茬5～7cm，种子成熟后易脱落，可在种籽50%～60%成熟时进行收获。

**适宜推广区域**

适宜在青藏高原海拔3200m以下的地区进行种子生产，海拔4000m以下地区进行天然草地补播改良、生态环境治理和建立放牧型

草地。

## 2. '中科10号'羊草

草种名称：羊草

学名：*Leymus chinensis* 'zhongke 10'

品种类别：育成品种

编号：国S-BV-LC-002-2022

申报单位：中国科学院植物研究所

选育人：刘公社、齐冬梅、董晓兵、刘辉、程丽琴、李晓霞、陈双燕、武自念

### 品种特性

禾本科多年生草本。株高104~120cm，地下横走根茎发达，主要分布于地表5~20cm。平均生育期90天，平均生长天数219天。早期生长速度快，修复效率平均为366天，较对照'中科1号'羊草提早10天；播种当年最大盖度较对照平均提高11%。第2至4年平均鲜草产量22396kg/hm²，平均干草产量8995kg/hm²，平均种子产量295kg/hm²，平均地下生物量9252kg/hm²。在内蒙古呼伦贝尔市越冬率可达97%。

### 主要用途

生态修复与饲草兼用。

### 栽培技术要点

结合整地施750kg/hm²有机肥作底肥，翻耕25cm，旋耕15cm，镇压两遍。条播，行距10~20cm，播种深度1~2cm，播种量30~45kg/hm²。缺水地块播种后需及时灌水，种子萌发前保持土壤相对含水量60%~80%。返青期施氮磷钾复合肥200~300kg/hm²、尿素100~120kg/hm²，施肥后立刻灌返青水，冬季霜降前灌冻水。播种当年杂草较多时可以刈割清除，留茬高度5cm，播种当年严禁放牧。

### 适宜推广区域

适宜在我国北方年降水量280mm以上地区种植，海拔3800m以下地区可产种子，海拔4700m以下地区用于生态修复。

## 3. '中科36号'羊草

草种名称：羊草

学名：*Leymus chinensis* 'Zhongcao 36'

品种类别：育成品种

编号：国S-BV-LC-003-2022

申报单位：中国农业科学院草原研究所、张掖市草原工作站

选育人：武自念、李志勇、甘辉林、刘公社、李元恒、田春育、刘倩、常春

### 品种特性

禾本科多年生草本。株高100~126cm，叶层高76~96cm。须根系，具根茎，多分布于地下10cm。种子发芽率80%以上，种子播后7天左右出苗，15~20天形成永久根，40天分蘖，生育期121~126天。pH5.8~9.0可正常生长，最适pH6.2~8.4。在内蒙古呼和浩特地区越冬率98%，第2至4年平均鲜草产量24567kg/hm²，干草产量7935kg/hm²，种子产量279kg/hm²，比对照'吉生1号'羊草分别增加9.30%、9.11%、38.97%。开花期粗蛋白含量11.98%。

### 主要用途

生态修复与饲草兼用。

### 栽培技术要点

春季到秋季皆可播种，最晚可在霜降前30天。条播、撒播均可，条播行距25~50cm，播量10~20kg/hm²，播深1.0~1.5cm。返青期、孕穗期或越冬前灌水，配以追肥。有条件的地区刈割后可灌水和施肥，施尿素150~225kg/hm²。刈割留茬高度4~6cm，部分地区可刈割2次，刈割后应保证有30~40天的再生期。种子采收宜在穗头变黄、籽粒变硬而未脱落，80%以上种子成熟时进行。

### 适宜推广区域

适宜内蒙古中东部地区及其他年降雨量350mm以上的北方地区。

## 4. '中野1号'野牛草

草种名称：野牛草

学名：*Buchole dactyloides* 'Zhongye 1'

品种类别：育成品种

编号：国S-BV-BD-004-2022

申报单位：中国农业大学

选育人：孙彦、王克华、李跃、胡倩楠、王显国

### 品种特性

禾本科多年生草本。株高5~22cm。匍匐茎长且多，在沙质土壤没有施肥条件下，匍匐茎日平均生长0.95cm。群体以雌株为主。扩展速度比对照'中坪1号'提高15%以上，在河北涿州覆盖度达到75%以上，比对照缩短28天。在雌雄株适宜配比和有效的管理下，种子产量可达1780~2310kg/hm²。黏土、沙土、壤土均可生长，可耐受轻中度盐碱。

### 主要用途

普通绿化、边坡绿化等低养护地区的绿化，生态修复及放牧草地的改良。

### 栽培技术要点

种子或营养繁殖均可。播种采用条播或撒播，春末夏初播种，条播行距15~30cm，播种量10~15g/m²，覆土深度不宜超过1.5cm。营养繁殖多采用分株法或匍匐茎埋压法，株行间距15~30cm，最宽可至60cm，栽后立即浇水。用于生态修复草地当年可不修剪，或在种子成熟后修剪1次，留茬5~7cm；可在建植前喷施芽前除草剂二氯喹啉酸、氰草津、咪唑乙烟酸和硝磺草酮等控制杂草，成熟后采用芽后除草剂，未返青施用甲磺草胺+氨氟乐灵喷施。

### 适宜推广区域

适宜在我国北方年均降雨量为250~630mm半干旱、半湿润地区种植。

## 5. '中林育5号'野牛草

草种名称：野牛草

学名：*Buchloe dactyloides* 'Zhonglinyu 5'

品种类别：育成品种

编号：国S-BV-BD-005-2022

申报单位：中国林业科学研究院生态保护与修复研究所

选育人：钱永强、孙振元、邹博坤、陈雨峰

### 品种特性

禾本科多年生草本，株高27.6±2.6cm。叶片平均长度19.7±3.3cm，叶片平均宽度2.4~3.3mm。匍匐茎发达且分枝多，节间长度4~7cm，5周长度可达0.9m。北京地区按株行距30cm×30cm穴植，70天内覆盖度达85%，较对照'Texoka'少15天。结籽位置在植株偏上部，较对照'中林育2号'结籽位置高4~6cm，易于机械收获。北京地区种子产量达600kg/hm²，内蒙古锡林郭勒盟苏尼特右旗地区越冬率100%。

### 主要用途

主要用于草地、边坡、山脚林

缘、公园绿地等低养护立地生态修复和绿地建植。

**栽培技术要点**

建植时，机械清除杂草，不需深翻耕，按30cm行距开沟，采用穴盘苗或裸根苗，按30cm株距沟植，随时覆土踩压，保证根系与土壤密实接触。种植后统一镇压、整平，喷施苗前除草剂，一周内及时充分浇水，保证土壤湿度，植株形成新根后即可正常管理。应用于退化草原生态修复时，可选择在沙壤土、壤土、黏性土等不同土壤类型立地，按不大于1m×1m的株行距雨季前穴植，随种随压实。非雨季建植，需要带水作业，保证种植穴内充分给水；建植成活后无须特殊管理。

**适宜推广区域**

适宜于华北地区种植。

6. '川西'虉草

草种名称：虉草

学名：*Phalaris arundinacea*

'Chuanxi'

品种类别：野生驯化品种

编号：国S-WDV-PA-006-2022

申报单位：四川省草原科学研究院、四川农业大学、贵州省草业研究所、四川省草原工作总站

选育人：张建波、闫利军、马啸、龙忠富、白史且、李达旭、季晓菲、雷雄、游明鸿、鄢家俊、张健、常丹、李英主、陈莉敏

**品种特性**

禾本科多年生草本。株高110～160cm，茎秆常单生或少数丛生，具6～8节。根系发达，具根茎，入土深达1m以上。修复效率为318天，水淹胁迫20天成活率为100%。平均干草产量17168kg/hm²，粗蛋白含量在初花期为11.8%，比对照'川草引3号'虉草分别提高11.90%、2%。在川西高原-30.0℃可安全越冬，对土壤要求不严格。

**主要用途**

主要用于退化湿地、退化草地生态修复，也可用于高产人工草地建植。

**栽培技术要点**

栽种前20天左右清除大田杂草，耕耙（深度20～30cm），精细平整。施4500kg/hm²的有机肥作底肥。无性移栽需提前一周对种苗进行清理，去除杂草和死苗，将种苗进行刈割处理，留茬15～30cm，挖苗分蘖，确保每蔸含2～3个分蘖；5月上旬至6月中旬移栽，建植密度25500～30000株/hm²，拔节期和分蘖至抽穗分别施750kg/hm²的氮肥。种子建植需在播种前对种子精选，晒种2～3天，5月上旬至6月中旬播种，播种量22.5～30kg/hm²，播种行距30～50cm，拔节期和分蘖至抽穗分别施750kg/hm²的氮肥。

**适宜推广区域**

适宜川西高原及西南地区海拔2500～4000m，降水量600mm以上区域种植。

# 国家林业和草原局公告

## （2022年第16号）

国家林业和草原局批准发布《速生丰产用材林检验方法》等43项林业行业标准（见附件），自2023年4月1日起实施。

特此公告。

附件：《速生丰产用材林检验方法》等43项林业行业标准目录

国家林业和草原局

2022年11月30日

附件

## 《速生丰产用材林检验方法》等43项林业行业标准目录

| 序号 | 标准编号 | 标准名称 | 代替标准 |
|---|---|---|---|
| 1 | LY/T 1078—2022 | 速生丰产用材林检验方法 | LY/T 1078—1992 |
| 2 | LY/T 3310—2022 | 檫木培育技术规程 | — |
| 3 | LY/T 1897—2022 | 华北落叶松人工林经营技术规程 | LY/T 1897—2010 |
| 4 | LY/T 1824—2022 | 湿地松、火炬松培育技术规程 | LY/T 1824—2009<br>LY/T 1528—2016<br>LY/T 3066—2018 |
| 5 | LY/T 3311—2022 | 古茶树 | — |

（续表）

| 序号 | 标准编号 | 标准名称 | | 代替标准 |
|---|---|---|---|---|
| 6 | LY/T 3312—2022 | 国家森林乡村评价指标 | | — |
| 7 | LY/T 3313—2022 | 国家储备林可持续经营指南 | | — |
| 8 | LY/T 3314—2022 | 皂荚培育技术规程 | | — |
| 9 | LY/T 3315—2022 | 森林立地质量评价技术规程 | | — |
| 10 | LY/T 3316—2022 | 黄土高原小流域植被修复技术规程 | | — |
| 11 | LY/T 3317—2022 | 竹林低碳经营与碳汇计量监测技术规范 | | — |
| 12 | LY/T1955—2022 | 林地保护利用规划林地落界技术规程 | | LY/T 1955—2011 |
| 13 | LY/T1956—2022 | 县级林地保护利用规划编制技术规程 | | LY/T 1956—2011 |
| 14 | LY/T 3318—2022 | 草原生态建设工程效益监测评价技术规范 | | — |
| 15 | LY/T 3319—2022 | 草原征占用审核现场查验技术规范 | | — |
| 16 | LY/T 3320—2022 | 草畜平衡评价技术规范 | | — |
| 17 | LY/T 3321—2022 | 草原生态价值评估技术规范 | | — |
| 18 | LY/T 3322—2022 | 草原资源承载力监测与评价技术规范 | | — |
| 19 | LY/T 3323—2022 | 草原生态修复技术规程 | | — |
| 20 | LY/T 3324—2022 | 野生动物保护繁育 犀牛 | | — |
| 21 | LY/T 3325—2022 | 野生动物保护繁育 象 | | — |
| 22 | LY/T 3326—2022 | 野生动物保护繁育 羚牛 | | — |
| 23 | LY/T 3327—2022 | 富贵籽育苗技术规程 | | — |
| 24 | LY/T 3328—2022 | 林业财政支出项目绩效报告编写指南 | | — |
| 25 | LY/T 3329—2022 | 自然教育指南 | | — |
| 26 | LY/T 3330—2022 | 森林土壤碳储量调查技术规程 | | — |
| 27 | LY/T 3331—2022 | 中国林业企业社会责任信息披露指南 | | — |
| 28 | LY/T 3332—2022 | 森林保险查勘定损技术规程 | | — |
| 29 | LY/T 3333—2022 | 林业血防抑螺成效提升技术规程 | | — |
| 30 | LY/T 3334—2022 | 植物新品种特异性、一致性、稳定性测试指南 | 木麻黄属 | — |
| 31 | LY/T 3335—2022 | 植物新品种特异性、一致性、稳定性测试指南 | 李属－樱花 | — |
| 32 | LY/T 3336—2022 | 植物新品种特异性、一致性、稳定性测试指南 | 金丝桃属 | — |
| 33 | LY/T 3337—2022 | 植物新品种特异性、一致性、稳定性测试指南 | 金缕梅属 | — |
| 34 | LY/T 3338—2022 | 植物新品种特异性、一致性、稳定性测试指南 | 侧柏属 | — |
| 35 | LY/T 3339—2022 | 植物新品种特异性、一致性、稳定性测试指南 | 黄檗属 | — |
| 36 | LY/T 3340—2022 | 植物新品种特异性、一致性、稳定性测试指南 | 栀子属 | — |
| 37 | LY/T 3341—2022 | 植物新品种特异性、一致性、稳定性测试指南 | 杜仲属 | — |
| 38 | LY/T 2286—2022 | 植物新品种特异性、一致性、稳定性测试指南 | 梓树属 | LY/T 2286—2014 |
| 39 | LY/T 3342—2022 | 中国森林认证 自然保护地资源经营 | | — |
| 40 | LY/T 2282—2022 | 中国森林认证 产销监管链认证操作指南 | | LY/T 2282—2014 |
| 41 | LY/T 2281—2022 | 中国森林认证 产销监管链认证审核导则 | | LY/T 2281—2014 |
| 42 | LY/T 2276—2022 | 中国森林认证 竹林经营认证审核导则 | | LY/T 2276—2014 |
| 43 | LY/T 2274—2022 | 中国森林认证 非木质林产品经营认证审核导则 | | LY/T 2274—2014 |

# 国家林业和草原局公告

## 2022年第17号

为进一步贯彻落实"放管服"改革要求，根据《中华人民共和国行政许可法》《国家林业局委托实施林业行政许可事项管理办法》（国家林业局令第45号）的规定，现将国家林业和草原局委托实施的"矿藏勘查、开采以及其他各类工程建设占用林地审核"和"重点林区林木采伐许可证核发"行政许可事项公告如下：

### 一、委托事项

（一）将《中华人民共和国森林法》第三十七条第一款规定的矿藏勘查、开采以及其他各类工程建设占用林地审核事项，按照《中华人民共和国森林法实施条例》第十六条第二项规定审核权限为国家林业和草原局的，委托至各省、自治区、直辖市、新疆生产建设兵团林业和草原主管部门实施。其中，涉及内蒙古森工集团范围内的，委托至内蒙古自治区林业和草原局实施；涉及吉林森工集团、长白山森工集团范围内的，委托至吉林省林业和草原局实施；涉及龙江森工集团、伊春森工集团和大兴安岭集团公司范围内的，委托至黑龙江省林业和草原局实施。

（二）将《中华人民共和国森林法》第五十七条第一款规定的采伐许可证核发事项，按照《中华人民共和国森林法实施条例》第三十二条第三项规定审核权限为国家林业和草原局的，委托至内蒙古、吉林、黑龙江三省（区）林业和草原主管部门实施。其中，涉及内蒙古森工集团范围内的，委托至内蒙古自治区林业和草原局实施；涉及吉林森工集团、长白山森工集团范围内的，委托至吉林省林业和草原局实施；涉及龙江森工集团、伊春森工集团和大兴安岭集团公司范围内的，委托至黑龙江省林业和草原局实施。

### 二、委托时间

根据国家林业和草原局公告（2021年第2号），将已委托至各省、自治区、直辖市、新疆生产建设兵团林业和草原主管部门实施的矿藏勘查、开采以及其他各类工程建设占用林地审核事项（占用东北、内蒙古重点国有林区林地的除外），延续委托至《森林法实施条例》修订后施行之日止。

重点林区范围内的"矿藏勘查、开采以及其他各类工程建设占用林地审核"和"重点林区林木采伐许可证核发"两项行政许可事项，委托期限自2023年1月1日起，至《森林法实施条例》修订后施行之日止。

国家林业和草原局对其委托的行政许可事项可进行变更、中止或者终止，并将及时向社会公告。

### 三、受托机关名称、地址、联系方式

自2023年1月1日起，国家林业和草原局原则上不再受理本公告委托的重点林区范围内的"矿藏勘查、开采以及其他各类工程建设占用林地审核"事项。

自2023年1月1日起，国家林业和草原局驻内蒙古、长春、黑龙江和大兴安岭专员办原则上不再受理本公告委托的"重点林区林木采伐许可证核发"事项。

请符合本公告委托范围的申请人到各省、自治区、直辖市、新疆生产建设兵团林业和草原主管部门申办以上行政许可事项。受托机关名称、地址、联系方式见附件。

### 四、有关要求

各省、自治区、直辖市及新疆生产建设兵团林业和草原主管部门要按照法律、行政法规和有关政策规定，严格审核建设项目使用林地，核发林木采伐许可证。特别要严格审查涉及占用重点林区、生态保护红线、国家公园等各类自然保护地范围内林地及国家级公益林林地的建设项目。不得对承接的委托工作实施再委托。

国家林业和草原局将强化对委托项目办理的事前事中事后监管，推进各地开展网上审批，采取数据共享模式实时跟进工作进度；加强对各省、自治区、直辖市、新疆生产建设兵团林业和草原主管部门的业务指导，明确委托许可工作标准和具体要求；定期开展监督检查，重点检查是否依法依规办理许可、有无超期许可、超林地定额或采伐限额实施许可等情况。对监督检查中发现违规问题的，督促纠正；对违法审批项目较多、情节严重的省份，提前终止委托工作。

占用林地行政许可委托工作的具体监管要求参照《建设项目使用林地、草原及在森林和野生动物类型国家级自然保护区建设行政许可委托工作监管办法》执行。

### 五、注意事项

国家林业和草原局在2023年1月1日之前已经受理的重点林区范围内的"矿藏勘查、开采以及其他各类工程建设占用林地审核"和"重点林区林木采伐许可证核发"申请，仍然由国家林业和草原局继续办理相关许可事宜。

特此公告。

附件：受托机关名称、地址、联系方式（略）

国家林业和草原局
2022年12月16日

# 国家林业和草原局
# 中华人民共和国濒危物种进出口管理办公室公告

## 2022年第18号

为进一步优化野生动植物进出口行政许可服务，现决定自2023年1月1日起在北京市开展野生动植物进出口审批和允许进出口证明书核发两项行政许可事项一次性申请试点工作。现将有关事宜公告如下：

**一、适用对象**

在北京市注册的企事业法人机构。

**二、适用范围**

国家林业和草原局委托北京市园林绿化局实施审批的"出口国家重点保护或进出口国际公约限制贸易的陆生野生动物或其制品事项""出口国家重点保护野生植物或进出口中国参加的国际公约限制进出口野生植物或其制品事项"和中华人民共和国濒危物种进出口管理办公室授权国家濒管办北京办事处实施审批的"允许进出口证明书核发行政许可事项"。

**三、申报途径及结果**

申请机构可通过"中国国际贸易单一窗口标准版野生动植物进出口证书管理系统"（www.singlewindow.cn）的"一次性申请（北京试点）"窗口，一次性提交野生动植物进出口审批和允许进出口证明书核发所需申请材料，不再同步提交纸质材料。审批结果可通过野生动植物进出口证书管理系统查询，经批准核发的行政许可文件限一次性使用。

申请机构根据进出口实际情况及相关活动安排，可选择上述一次性申请方式，或按原申请渠道、程序分别向北京市园林绿化局和国家濒管办北京办事处提出申请。

**四、联系方式**

北京市园林绿化局

电话：010-89150240

传真：010-84236622

地址：北京市东城区安外小黄庄北街1号国家濒管办北京办事处

电话：010-84239873

010-84239875

传真：010-84239874

地址：北京市东城区和平里东街18号

特此公告。

国家林业和草原局
中华人民共和国
濒危物种进出口管理办公室
2022年12月20日

# 国家林业和草原局公告

## 2022年第19号

根据《中华人民共和国种子法》第十九条规定，现将由国家林业和草原局林木品种审定委员会审定通过的'中林6号'楸树等21个品种和认定通过的'豫林2号'香椿等4个品种作为林木良种（详见附件）予以公告。自公告发布之日起，这些品种在林业生产中可以作为林木良种使用，并在本公告规定的适宜种植范围内推广。

特此公告。

附件：2022年度林木良种名录（中英文）（英文略）

国家林业和草原局
2022年12月23日

# 2022年度林木良种名录（中文）

审定通过品种

## 1.'中林6号'楸树
树种：楸树
学名：*Catalpa bungei* 'Zhonglin 6'
类别：无性系
通过类别：审定
编号：国 S-SC-CB-001-2022
申请人：中国林业科学研究院林业研究所
选育人：王军辉、麻文俊、翟文继、董玉山、赵鲲、杨桂娟、贠慧玲、张珅、薛惠芬、刘俊龙、解孝满、汪小溪、王楠、晏增、赵蓬晖、苗婷婷

**品种特性**
主干通直，树冠呈卵形。叶片三角状卵形，花萼浅紫色。在河南地区13年生平均胸径和树高分别为17.67cm和13.17m，10年生气干密度0.455g/cm³，基本密度为0.408g/cm³，体积干缩系数为0.341%，抗压强度、抗弯强度和抗弯弹性模量分别为15.6MPa、53.1MPa、5131.6MPa。

**主要用途**
用材树种。

**栽培技术要点**
植树穴呈方形或圆形，穴径50～60cm，深50cm；栽植时间在土壤解冻后2～4周，采取"三埋、两踩、一提苗"的栽植方法，幼龄期注意抹芽、截顶、定干；栽植3年后修枝，使枝下高达到5m，条件允许可每年适当浇水施肥。

**适宜种植范围**
河南、山东、安徽等楸树适宜栽培区。

## 2.'江淮1号'美洲黑杨
树种：美洲黑杨
学名：*Populus deltoides* 'Jianghuai1'
类别：品种
通过类别：审定
编号：国S-SV-PD-002-2022
申请人：中国林业科学研究院林业研究所
选育人：丁昌俊、苏晓华、于一苏、黄秦军、赵自成、吴中能、苏雪辉、刘俊龙

**品种特性**
雄性。树皮深灰褐色，纵裂，树干较通直，树冠长椭圆形。11年生木材基本密度0.377g/cm³，木材气干密度0.501g/cm³；纤维长度0.98mm，纤维长宽比为50.5，纤维壁腔比为0.30。在安徽蚌埠9年生胸径、树高、单株材积、单位面积蓄积年生长量分别为30.24cm、26.2m、0.71m³和39.03m³/亩，分别超过对照品种I-69杨7.70%、4.38%、20.06%和20.05%。

**主要用途**
用材树种。

**栽培技术要点**
选择土壤pH值中性或稍偏碱性的平原、丘陵、江湖滩地，采用大苗、壮苗植苗或者插干造林，栽前泡足水。中大径级造林，初植密度为5m×5m或5m×6m；小径级造林，初植密度为2m×3m或3m×3m。及时抹芽、修枝、整形、浇灌、除草松土、施肥和病虫害防治。

**适宜种植范围**
安徽、江苏南部、湖北东部等美洲黑杨适宜栽培区。

## 3.湿加松家系EH1223
树种：湿地松×加勒比松
学名：*Pinus elliottii×P. caribaea* 'EH1223'
类别：家系
通过类别：审定
编号：国 S-SF-PE-003-2022
申请人：广东省林业科学研究院
选育人：赵奋成、郭文冰、林昌明、李宪政、王哲、谢国彪、林能庆、程勇、李福明、曾明、吴惠姗、吴际友、邹秉章、龙俊、周保彪、李义良、刘阳、廖仿炎、张应中

**品种特性**
湿地松为母本，洪都拉斯加勒比松为父本的杂交子代。各试验点年均单株材积0.0235m³。木材基本密度为0.549g/cm³，木材顺纹抗压强度48.0MPa，抗弯强度122.5MPa，抗弯弹性模量15420MPa；纤维长度为2.629mm，综纤维素含量72.3%，木质素含量23.4%。

**主要用途**
用材树种。

**栽培技术要点**
选择光照充足、海拔在500m以下、土壤疏松、微酸性、土层80cm以上造林地。条状或沿等高线水平带状整地，挖穴、施放基肥，以高度20cm、地径3mm以上的容器苗春季造林，种植密度1100株/hm²。造林后2～3年进行适当除草、松土、追肥，8～10年起做适度间伐。

**适宜种植范围**
广东、福建、湖南等湿加松适宜栽培区。

## 4.'黄秆'乌哺鸡竹
树种：乌哺鸡竹
学名：*Phyllostachys vivax* 'Huanggan'
类别：品种
通过类别：审定
编号：国 S-SV-PV-004-2022
申请人：中国林业科学研究院亚热带林业研究所
选育人：袁金玲、岳晋军、张运山、马婧瑶、刘菊容、徐达、袁娜、肖志宏、田立斌、林敏水、马乃训、王云、刘向东

**品种特性**
水肥充沛条件下秆高可达8～11m，胸径5～8cm。新竹幼秆呈现近透明状淡硫黄色，节下微被白粉，老秆颜色渐深，呈金黄色。节间长15～30cm，竹壁厚3～7mm。秆中下部节间偶有1至数条不规则的绿色纵条纹。秆箨背面黄绿色至淡黄色，光滑无毛。箨叶带状披针形，前半部强烈皱折下垂，中部有的带青色条纹，边缘为淡黄色，有的呈黑褐色条纹；叶片浓密，一般长10～15cm，宽1.5～2.0cm，平展或呈簇状微微下垂。

**主要用途**
观赏品种。

**栽培技术要点**

造林选择在海拔500m以下，坡度20°以下，土层厚度50cm以上，疏松、肥沃，排水和透气性良好的壤土或沙质壤土，土壤pH值4.5～7.0，地下水位1m以下地区。提前2～3个月整地，2月、6月梅雨季和10～11月造林。选用1～2年生无病虫害，无开花枝母竹，或颜色鲜艳，芽体饱满，有4～5个壮芽的竹鞭，初植密度在1500～3000株/hm²，郁闭前可套种矮秆作物，做好除草松土、施肥、灌溉、排水等常规管理扩鞭养竹。

**适宜种植范围**

福建、浙江、安徽、湖南等乌哺鸡竹适宜栽培区。

**5.'元宝'毛竹**

树种：毛竹

学名：*Phyllostachys edulis* 'Yuanbao'

类别：品种

通过类别：审定

编号：国S-SV-PED-005-2022

申请人：中国林业科学研究院亚热带林业研究所、益阳市林业科学研究所

选育人：岳晋军、袁金玲、肖志宏、田立斌、林敏水、马婧瑕、张新明、徐达、袁娜、马乃训、卓秋萍、黄术、谢文超

**品种特性**

株高4～5m；秆扁圆形，节间局部凹陷，节间上部略粗于下部，节波状，从侧面看呈元宝状；分枝以下节间长通常小于10cm，且相邻的节间交互歪斜；分枝角一般为31°～32°；枝条排列紧密，枝叶浓密。

**主要用途**

观赏品种。

**栽培技术要点**

造林选择在年降水量1000mm以上，年平均气温15℃以上，极端低温－13℃以上区域的丘陵、平地、溪流两岸、四旁杂地。选择土层厚度50cm以上、疏松、肥沃的壤土或冲积土，排灌条件良好，pH值为4.5～7.0的微酸性或中性土壤。栽植前细致整地，在土壤中拌入适量的有机肥，按照3m×3m密度，挖长宽深100cm×60cm×60cm的栽植穴，以2～3年生、生长健壮、无病

虫害的竹株做母竹栽植，回填20～30cm表层土。在母竹栽植初期要及时浇水保证土壤水分充足，同时用支架固定秆部以防风倒。

**适宜种植范围**

湖南、福建、浙江等毛竹适宜栽培区。

**6.'北玺'葡萄**

树种：葡萄

类别：品种

编号：国S-SV-VV-006-2022

学名：*Vitis vinifera* × *V. amurensis* 'Beixi'

通过类别：审定

申请人：中国科学院植物研究所

选育人：李绍华、范培格、梁振昌、王利军、段伟、吴本宏、杨美容、黎盛臣、辛海平、匡阳甫、李前隽、代占武、任冲、王毅、徐美隆、谢军、廖宣峰

**品种特性**

植株生长势中等。果粒着生中等紧密，近圆形，紫黑色，平均粒重1.7g。果粉厚，果皮厚，果肉与种子不易分离，肉质中等。平均每一结果枝上的果穗数为1.9个，果穗圆锥形。平均穗重188.6g。果汁颜色为绿黄色。果实可溶性固形物含量23.2%～25.8%，可滴定酸含量7.6～9.2g/L，出汁率67.4%。成年树体亩产控制在500～600kg。酿制的葡萄酒深宝石红色，有黑醋栗、蓝莓等小浆果气息，和微弱的玫瑰香气。

**主要用途**

酿酒。

**栽培技术要点**

栽植区域土壤以全盐含量不高于2.5g/kg的壤土、沙砾土等为宜，地下水位不高于1.5m，年日照时数3000h以上，无霜期155天以上。平栽株距1.0～1.2m，行距2.3～3.0m，栽植密度2775～4350株/hm²。采用直立主干的双臂水平"T"型或单臂水平"倒L"型整形，主干高度60cm以上。华北地区定植当年不埋土可露地越冬，西北地区幼树（1～2年生）采取隔行取土简易埋土方式越冬，埋土厚度10～20cm，生长健壮的成年树体不埋土露地越冬。

**适宜种植范围**

北京、天津、宁夏等葡萄适宜栽培区。

**7.'北馨'葡萄**

树种：葡萄

学名：*Vitis vinifera* × *V. amurensis* 'Beixin'

类别：品种

通过类别：审定

编号：国S-SV-VV-007-2022

申请人：中国科学院植物研究所

选育人：李绍华、梁振昌、范培格、王利军、段伟、吴本宏、杨美容、黎盛臣、辛海平、匡阳甫、李前隽、代占武、任冲、王毅、徐美隆、谢军、廖宣峰

**品种特性**

植株生长势较强。果粒着生中等紧密，近圆形，紫黑色，平均粒重2.3g。果粉厚，果皮厚，果肉与种子不易分离，肉质中等。平均每一结果枝上的果穗数为2.0个，果穗圆锥形。平均穗重155.5g。果汁颜色为绿黄色。果实可溶性固形物含量多为22.4%～25.4%，可滴定酸含量多为7.9～9.3g/L，出汁率67.9%。成年树体亩产控制在600～800kg。酿制的葡萄酒宝石红色，有微弱的玫瑰香气。

**主要用途**

酿酒。

**栽培技术要点**

栽植区域土壤以全盐含量不高于2.5g/kg的壤土、沙砾土等为宜，地下水位不高于1.5m，年日照时数3000h以上，无霜期155天以上。平栽株距1.0～1.2m，行距2.3～3.0m，栽植密度2775～4350株/hm²。采用直立主干的双臂水平"T"型或单臂水平"倒L"型整形，主干高度60cm以上。华北地区定植当年不埋土可露地越冬，西北地区幼树（1～2年生）采取隔行取土简易埋土方式越冬，埋土厚度10～20cm，生长健壮的成年树体不埋土露地越冬。

**适宜种植范围**

北京、天津、宁夏等葡萄适宜栽培区。

**8.'中油蟠9号'桃**

树种：桃

学名：*Prunus persica* 'Zhongyoupan 9'

类别：品种

通过类别：审定

编号：国S-SV-PP-008-2022

申请人：中国农业科学院郑州

果树研究所

选育人：王力荣、方伟超、陈昌文、朱更瑞、曹珂、王新卫、张涛

**品种特性**

早中熟品种。平均单果重200g，最大果重350g，果实底色黄，果面近全红；果肉黄色，肉质为半不溶质；风味甜，可溶性固形物含量15.4%，可溶性糖含量11.72%，总酸含量0.22%；在郑州地区果实7月上旬成熟，果实发育期约100天。盛果期亩产可达2600kg。

**主要用途**

鲜食。

**栽培技术要点**

在花后45天左右进行疏果，进入盛果期后，果与果之间的距离应大于25cm。采用套袋栽培，以外黄内黑（红）+油光纸袋为宜。合理施肥，保证树势健壮，结果部位在树体中外部，但应保留足够的叶片，避免太阳直射引起果锈。

**适宜种植范围**

河南、山东、北京等桃适宜栽培区。

9. '中蟠13号'桃

树种：桃

学名：*Prunus persica* 'Zhongpan 13'

类别：品种

通过类别：审定

编号：国S-SV-PP-009-2022

申请人：中国农业科学院郑州果树研究所

选育人：王力荣、陈昌文、朱更瑞、方伟超、曹珂、王新卫、王玲玲

**品种特性**

早中熟品种。树势中强，长、中、短果枝均能结果。果实扁平，平均单果重180g，最大果重260g；果皮茸毛短，底色黄，果面60%以上着红色；果肉橙黄色，硬溶质，较耐运输；果实风味甜，可溶性固形物含量13.9%，粘核。在郑州地区果实7月初成熟，果实发育期95天。盛果期亩产可达2900kg。

**主要用途**

鲜食。

**栽培技术要点**

适当控制肥水以控制树势，可以采用起垄栽培，垄高0.4m，垄宽1.2m。需要加大疏花疏果力度，果

间距离应大于15cm。多雨地区可套袋。果实硬度一般，适时采收。

**适宜种植范围**

河南、山东、北京等桃适宜栽培区。

10. '齐云山1号'南酸枣

树种：南酸枣

学名：*Choerospondias axillaris* 'Qiyunshan 1'

类别：品种

通过类别：审定

编号：国S-SV-CA-010-2022

申请人：江西齐云山食品有限公司、中国林业科学研究院林业研究所

选育人：刘继延、林富荣、凌华山、古和群、黄锦程、刘洪生、郑勇奇、郭文英、陈后荣、何利人、陈周海、林朝楷

**品种特性**

树皮灰褐色，浅纵裂。果实长梨形，未成熟时为青色，成熟后为黄色，果肉颜色白色或略带淡黄色，平均单果重29g。果实10月中下旬始熟，果肉含量53%。蛋白质含量1.31g/100g，总氨基酸含量2.16g/100g，脂肪含量0.09g/100g；Vc含量0.24g/100g，单宁含量0.81g/100g。盛果期亩产可达1100～1300kg。

**主要用途**

鲜食或加工。

**栽培技术要点**

宜选择海拔300～800m山脚、山谷土层肥厚或较肥厚的红壤、黄红壤宜林地建园。行距7～8m，株距6～7m，每公顷配置15～30株雄株作授粉树。定植后在离地约1m处留3～4个主枝，主枝萌发后在80cm处短截，每个主枝再留3～4个侧枝以培养冠型。成年树可于4月下旬至5月下旬开花期，株施有机肥10～15kg、石灰1kg以保花；于6～7月果实膨大期，株施腐熟绿肥与饼肥10kg,并辅以少量磷钾肥。

**适宜种植范围**

江西、福建和广东等南酸枣适宜栽培区。

11. '齐云山13号'南酸枣

树种：南酸枣

学名：*Choerospondias axillaris* 'Qiyunshan 13'

类别：品种

通过类别：审定

编号：国S-SV-CA-011-2022

申请人：江西齐云山食品有限公司、中国林业科学研究院林业研究所

选育人：刘继延、林富荣、凌华山、古和群、黄锦程、刘洪生、郑勇奇、郭文英、陈后荣、何利人、陈周海、林朝楷

**品种特性**

树皮灰褐色，浅纵裂。果实形状为倒卵形，未成熟时为青色，成熟后为黄色，果肉颜色白色或略带淡黄色。平均单果重20.3g，果实9月中旬始熟，果肉含量56%。蛋白质含量0.68g/100g，总氨基酸含量2.62g/100g，脂肪含量0.08g/100g；Vc含量0.16g/100g，单宁含量0.93g/100g。盛果期亩产可达1100～1300kg。

**主要用途**

鲜食或加工。

**栽培技术要点**

宜选择海拔300～800m山脚、山谷土层肥厚或较肥厚的红壤、黄红壤宜林地建园。行距7～8m，株距6～7m，每公顷配置15～30株雄株作授粉树。定植后在离地约1m处留3～4个主枝，主枝萌发后在80cm处短截，每个主枝再留3～4个侧枝以培养冠型。成年树可于4月下旬至5月下旬开花期，株施有机肥10～15kg、石灰1kg以保花；于6～7月果实膨大期，株施腐熟绿肥与饼肥10kg,并辅以少量磷钾肥。

**适宜种植范围**

江西、福建和广东等南酸枣适宜栽培区。

12. '粤椹74'桑

树种：桑树

学名：*Morus atropurpurea* 'Yueshen 74'

类别：品种

通过类别：审定

编号：国S-SV-MA-012-2022

申请人：广东省农业科学院蚕业与农产品加工研究所

选育人：唐翠明、罗国庆、吴剑安、吴福泉、杨琼、陈列辉、肖更生、钟建武、黄炳辉、王振江、戴凡炜、林森、陈莲、赵登超

**品种特性**

叶形为长心形，叶色深绿。

成熟果紫黑色，圆筒形，果长径平均4.5cm，横径平均1.7cm。平均单果重5.5g，每米条平均产果量531.2g。鲜果有籽，可溶性固形物含量10.5%～13%，前花青素含量1.08～1.28g/100g。盛果期年产果量1800kg/亩，产叶量2200kg/亩。鲜果汁发酵酒的酒精度11.8%～13.3%vol，干浸出物47.5～53.6g/L，总酸（以酒石酸计）5.58g/L，总糖（以葡萄糖计）57.5g/L。

成熟果紫黑色，圆筒形，果长径平均4.5cm，横径平均1.7cm。平均单果重5.5g，每米条平均产果量531.2g。鲜果有籽，可溶性固形物含量10.5%～13%，前花青素含量1.08～1.28g/100g。盛果期年产果量1800kg/亩，产叶量2200kg/亩。鲜果汁发酵酒的酒精度11.8%～13.3%vol，干浸出物47.5～53.6g/L，总酸（以酒石酸计）5.58g/L，总糖（以葡萄糖计）57.5g/L。

**主要用途**

桑果酒加工，也可果叶兼用。

**栽培技术要点**

春季种植，华南地区秋冬季亦可种植。栽植行距3.5～4.0m，株距1.5～2.0m。树形宜二级主干树形，一级主干高度80cm，二级主干3～4条，长度40cm。每年果期结束后剪枝，把二级主干上的一年生枝条剪留5～10cm，除弱留强。每年施冬肥、壮果肥和催枝肥。冬肥宜在冬芽萌动前施入，以生物有机肥或腐熟的花生麸、鸡粪等长效有机肥为主，建园后第一年每株施100g，以后每年每株增加50～100g，第5年后每株每次施400～500g。

**适宜种植范围**

广东、湖北、山东等省桑树适宜栽培区。

## 13.'粤椹大10'桑

树种：桑树

学名：*Morus atropurpurea* 'Yueshenda 10'

类别：品种

通过类别：审定

编号：国 S-SV-MA-013-2022

申请人：广东省农业科学院蚕业与农产品加工研究所

选育人：陈训庭、罗国庆、唐翠明、吴福泉、肖更生、吴剑安、黄楚辉、任德珠、陈列辉、陈卫东、杨琼、钟建武、黄炳辉、王振江

**品种特性**

叶形为心形，叶色翠绿。成熟果紫黑色，圆筒形，果长径平均4.3cm，横径平均1.7cm。平均单果重5.4g，每米条平均产果量526.2g。在广东省桑果盛熟期3月中旬至4月上旬。鲜果无籽，可溶性固形物含量11.7%～13.2%，前花青素含量0.95～1.23g/100g。盛果期年产果量1500kg/亩，产叶量2000kg/亩。

**主要用途**

鲜食或加工。

**栽培技术要点**

长江以北地区宜春季种植。栽植密度一般为1500～2250株/hm²，行距3.5～4.0m，株距1.5～2.0m。树形宜二级主干树形，一级主干高度80cm，二级主干3～4条，长度40cm。每年果期结束后剪枝，把二级主干上的一年生枝条剪留5～10cm，除弱留强。每年施冬肥、壮果肥和催枝肥。冬肥宜在冬芽萌动前施入，以生物有机肥或腐熟的花生麸、鸡粪等长效有机肥为主，建园后第一年每株施100g，以后每年每株增加50～100g，第5年后每株每次施400～500g。

**适宜种植范围**

在广东、湖北、山东等桑树适宜栽培区。

## 14.'华仲16号'杜仲

树种：杜仲

学名：*Eucommia ulmoides* 'Huazhong 16'

类别：品种

通过类别：审定

编号：国 S-SV-EU-014-2022

申请人：中国林业科学研究院经济林研究所

选育人：王璐、杜兰英、刘丹、杜庆鑫、刘攀峰、杜红岩、孙志强、朱景乐、王运钢、王会娜、仝伯强、行永刚、杨菲、郫凯敏、岳慧、庆军

**品种特性**

叶片绿色，椭圆形，长11～14cm，宽5～7cm。果实椭圆形，平均果实长3.39cm，宽1.29cm，平均种仁长1.78cm，宽0.56cm，成熟果实千粒重84g。果皮杜仲橡胶含量19%～22%，种仁粗脂肪含量25%～29%，α-亚麻酸含量65%～68%。果实9月中旬至10月上旬成熟。嫁接苗或高接换雌后2～3年开花，第5～6年进入盛果期。盛果期每年产果量达150～230kg/亩。

**主要用途**

可作为油料植物，鲜果用于榨取亚麻酸油。

**栽培技术要点**

选'华仲5号'、'华仲11号'、'华仲22号'等品种为授粉树，比例3%～5%。株行距为2～4m×3～5m，或种植成宽窄行，宽行5～6m，窄行2～3m，株距3m。树形宜采用自然开心形、两层疏散开心形、自然纺锤形。萌芽到7月份追肥3～4次。高接园第1年每株每次施100g杜仲果园专用N、P、K复合肥，以后每年每株增加50～100g，建园8年后每株每次施肥量400g。

**适宜种植范围**

河南、山东等杜仲适宜栽培区。

## 15.'华仲22号'杜仲

树种：杜仲

学名：*Eucommia ulmoides* 'Huazhong 22'

类别：品种

通过类别：审定

编号：国 S-SV-EU-015-2022

申请人：中国林业科学研究院经济林研究所

选育人：刘攀峰、杜庆鑫、仝伯强、王璐、杜兰英、杜红岩、孙志强、朱景乐、王运钢、王会娜、行永刚、刘丹、杨菲、郫凯敏、岳慧、庆军

**品种特性**

叶片椭圆形，叶长13～17cm，叶宽5～8cm。在河南省花期3月下旬至4月上旬，雄花6～11枚簇生于当年生枝条基部，平均花径2.32cm，花高2.38cm，雄蕊长度1.24cm，每芽雄蕊数112～145个，雄花氨基酸含量可达20.4%。嫁接苗或高接换优后2～3年开花，4～5年进入盛花期，盛花期可产鲜雄花240～380kg/亩。

**主要用途**

制作雄花茶。

**栽培技术要点**

作为雄花茶园，栽植密度为2m×3m～2m×4m；春季在盛花期采集雄花时，将开花枝留3～8个芽剪去；夏季5～6月份，在当年生枝条基部进行环剥或环割，环剥宽度0.3～1.0cm，留0.2～0.5cm的营养带。每3～5年将开花枝组逐步回缩短截一轮。

**适宜种植范围**

河南、山东等杜仲适宜栽培区。

## 16.'豫金1号'忍冬

树种：忍冬

学名：*Lonicera japonica* 'Yujin 1'

类别：品种

通过类别：审定

编号：国 S-SV-LJ-016-2022

申请人：河南师范大学、封丘县贾庄金银花种植专业合作社

选育人：李建军、赵喜亭、常翠芳、王兰、刘保彬、张光田、贾国伦、王君、任美玲、连笑雅、叶成霖、程婷、董倩倩、常筱沛、黄倩

**品种特性**

直立性强，茎枝粗壮。叶形为阔形或卵圆形，叶色浅绿。花千蕾质量23.95g，超过对照品种'封丘大毛花'15.64%，绿原酸含量4.38%，酚酸类总含量（绿原酸、异绿原酸A、异绿原酸C）6.55%，木犀草苷含量0.088%。在河南新乡5年生干花亩产可达77.2kg。

**主要用途**

中药材。

栽培技术要点

栽植密度3150～6150株/hm²。早春萌芽期间和干旱时，及时浇水，雨季及时排水；入冬浇一次封冻水。每年追肥4次，每次追复合肥375kg/hm²左右。春季及时摘掉金银花茎或分枝顶端部分，促生分枝，疏除密枝。注意病虫害防治，最后一次施药距采收间隔天数不得少于20天。

**适宜种植范围**

河南、河北等忍冬适宜栽培区。

17. '中柿7号'柿

树种：柿

类别：品种

学名：*Diospyros kaki* 'Zhongshi 7'

通过类别：审定

编号：国 S-SV-DK-017-2022

申请人：中国林业科学研究院经济林研究所

选育人：刁松锋、李华威、傅建敏、韩卫娟、索玉静、孙鹏、金钰、孟海波、李好先、张悦、范长山、骆翔、陈利娜、李彦民、张嘉嘉

**品种特性**

果实亮红色、小果长圆形，单果重约60g；果实10月中旬进入熟期，树上挂果至12月中下旬。果实可溶性固形物含量19%，单宁总含量2.30mg/g，可溶性糖含量29.71mg/g，水溶性果胶5.08mg/g。在河南省定植4～5年后进入丰产期，盛果期产量可达1900kg/亩。

**主要用途**

鲜食或加工。

**栽培技术要点**

造林宜选择以君迁子为砧木的2年生苗。适宜密植，根据立地条件可选择株行距1～4m×3～5m。通过加强春季抹牙和夏季修剪控制树体。可分别在5月中下旬和7月中下旬增补以氮、钾、镁和钙等为主的叶面肥，以减少大小年现象；果实成熟后至落叶前增施有机肥。

**适宜种植范围**

河南、山东等柿适宜栽培区。

18. '黑山寨7号'板栗

树种：板栗

学名：*Castanea mollissima* 'Heishanzhai 7'

类别：品种

通过类别：审定

编号：国 S-SV-CM-018-2022

申请人：北京市农林科学院

选育人：兰彦平、程丽莉、胡广隆、程运河、江锡兵、黄武刚、周志军、曹庆昌

**品种特性**

植株生长势较强，树姿半开张。总苞呈椭圆形，每个总苞内坚果数平均2.3个。坚果椭圆形，外种皮深褐色，果面茸毛极少，光泽亮；平均单粒重8.9g，涩皮易剥离。果肉总糖含量8.6%，淀粉含量39.6%，粗纤维含量1.60%，脂肪含量0.9%，蛋白质含量3.86%。钾含量405mg/100g。盛果期产量可达130kg/亩。

**主要用途**

炒食或加工。

**栽培技术要点**

能适应土层较薄的山地和河滩地种植。山地株行距4m×5m，河滩地株行距5m×6m。嫁接当年，对新梢进行4～5次摘心和拉枝处理。树形选用自然开心形，主枝4～5个，冬剪时，保留全部结果母枝。盛果期树冬剪时，在果前稍长度7cm左右时，每平方米树冠垂直投影面积可留10～14个结果母枝。落叶后，主干以及主枝的向阳部位应及时涂白防止日灼。

**适宜种植范围**

北京、浙江等板栗适宜栽培区。

19. '燕平'板栗

树种：板栗

学名：*Castanea mollissima* 'Yanping'

类别：品种

通过类别：审定

编号：国 S-SV-CM-019-2022

申请人：北京市农林科学院

选育人：兰彦平、程丽莉、胡广隆、程运河、江锡兵、周志军、曹庆昌、兰卫宗

**品种特性**

树冠较开张。在北京地区9月中下旬果实成熟。果实发育期110天左右。总苞椭圆形，平均重58.96g，每苞平均含坚果2.8个，坚果平均单粒重12.05g，平均果径2.63cm×3.30cm×2.3cm，红褐色，有光泽，内果皮易剥离，果肉黄色。坚果总糖含量7.7%，淀粉含量34.1%，粗纤维含量1.60%，脂肪含量1.7%，蛋白质含量5.12%。

**主要用途**

炒食或加工。

**栽培技术要点**

在平地、河滩地建园株行距以3m×4m为宜；山地、丘陵薄地株行距以3m×3.5m为宜。基肥在果实采收后施入。3月上旬、5月下旬至6月上旬、8月下旬至9月上旬灌水。树形宜选用疏层主干延迟开心形或自然开心形，主枝4～5个。每平方米树冠投影面积留结果母枝8～10个。病虫害防治以红蜘蛛、桃蛀螟、酮枯病为主。

**适宜种植范围**

北京、浙江等板栗适宜栽培区。

20. '华特'毛花猕猴桃

树种：毛花猕猴桃

学名：*Actinidia eriantha* 'Huate'

类别：品种

通过类别：审定

编号：国 S-SV-AE-020-2022

申请人：浙江省农业科学院

选育人：张慧琴、谢鸣、张庆朝、彭尚进、蒋桂华、徐永平、古咸彬、陆玲鸿、郑子洪、鲍金平

**品种特性**

植株生长势强。果实长圆柱形，果皮绿褐色，密集灰白色长绒毛，果实软熟时果皮极易剥离，果肉绿色，平均单果重87.3g，最

大单果重132.2g。果实Vc含量628.37mg/100g，可溶性固形物含量14.7%，总酸含量1.24%，总糖含量9.0%。盛果期产量1700kg/亩。

**主要用途**

鲜食。

**栽培技术要点**

造林选择海拔300～800m的丘陵、山坡地。株行距为4m×3～4m。大棚架栽培及"一干两蔓"树形为宜。雌雄株比例6～8:1，授粉品种'毛雄1号'。重施基肥和有机肥，冬季宜采用短截加疏删的修剪方法，及时更新复壮。

**适宜种植范围**

浙江、福建、湖北等毛花猕猴桃适宜栽培区。

### 21. '中猕2号'美味猕猴桃

树种：美味猕猴桃

学名：*Actinidia chinensis* 'Zhongmi 2'

类别：品种

通过类别：审定

编号：国S-SV-AC-021-2022

申请人：中国农业科学院郑州果树研究所

选育人：齐秀娟、方金豹、林苗苗、顾红、钟云鹏、孙雷明、陈锦永、王然、李玉阔、程大伟

**品种特性**

中熟品种，树势强。果实圆柱形或短圆形，果皮绿色，果面均匀分布黄色硬毛且较难脱落。平均单果重108g，最大单果重145g，纵径6.5～7.8cm，横径5.8～6.8cm，果柄长度2.5～3.8cm。果肉翠绿，Vc含量91.8mg/100g，可溶性固形物含量19.2%，干物质含量21.1%，可溶性糖含量12.86%，总酸含量1.60%。盛果期产量可达2500kg/亩。

**主要用途**

鲜食。

**栽培技术要点**

在伤流萌芽前进行定植，株行距3m×4m。配置同期开花的美味猕猴桃雄株作为授粉树，比例5～8:1，也可以采用完全人工授粉。水平大棚架、T型架或牵引架均可，实行单主干双主蔓管理。树体采用冬季修剪和夏季修剪相结合方式管理。及时疏蕾疏果，长果枝留4～6个果，中果枝留3～4个果，短果

枝留1～2个果；夏季树冠下透光率控制在20%～30%，叶果比6:1。在雨水较多年份贮藏期需预防软腐病发生。

**适宜种植范围**

河南、湖北、云南、四川等美味猕猴桃适宜栽培区。

## 认定通过品种

### 1. '豫林2号'香椿

树种：香椿

学名：*Toona sinensis* 'Yulin 2'

类别：无性系

通过类别：认定5年（2022年12月23日—2027年12月22日）

编号：国R-SC-TS-001-2022

申请人：中国林业科学研究院林业研究所

选育人：麻文俊、王军辉、翟文继、董玉山、刘俊龙、杨桂娟、解孝满、薛惠芬、贾德胜、赵蓬晖、王付玉、苗婷婷、晏增、马永涛、张武强

**品种特性**

树皮粗糙，深褐色，红色心材。在河南南阳10年生树高和胸径分别为12.9m和20.8cm，遗传增益分别为8.4%和16.8%。8年生木材基本密度为0.468g/cm³，气干密度为0.579g/cm³，体积干缩系数为0.417%，顺纹抗压强度、抗弯强度和抗弯弹性模量分别为40.7MPa、82.7MPa、7574MPa。

**主要用途**

用材树种。

**栽培技术要点**

造林地宜选择在阳坡、土层深厚地块，壤土、沙壤土最佳，黏壤土次之，pH值6.5～7.5，排水良好，地下水位在1m以下。穴状整地，穴规格50cm×50cm×50cm。春季发芽前栽植，亦可晚秋和初冬造林，秋冬季栽后需平茬。大径材生产造林密度要小；水土保持造林密度要大。造林后及时进行抹芽、除蘖、除草、松土、追肥、灌水等措施。造林后合理修枝培养主干，5年后保持干高占树高的2/5，修枝高度控制在7～8m。

**适宜种植范围**

河南、安徽、山东等香椿适宜栽培区。

### 2. 西南桦家系大青山22号

树种：西南桦

学名：*Betula alnoides* 'Daqingshan 22'

类别：家系

通过类别：认定2年（2022年12月23日—2024年12月22日）

编号：国R-SF-BA-002-2022

申请人：中国林业科学研究院热带林业研究所、中国林业科学研究院热带林业研究中心、福建省林业科学研究院、保山市林业和草原技术推广站、勐腊县林业和草原局

选育人：郭俊杰、曾杰、贾宏炎、陈碧华、赵志刚、杨晏平、朱先成、王春胜、黄佳聪、劳庆祥、郭文福、方碧江、仓正伟、张劲松、李志真、陈伟、韩金发、王欢

**品种特性**

干形通直。生长9年后年均树高、胸径生长量1.24±0.07m、1.42±0.10cm；18年生木材全干密度、顺纹抗压强度、抗弯强度、抗弯弹性模量、冲击韧性和硬度分别为0.687g/cm³、54.7MPa、114.9MPa、15440MPa、74kJ/m²和3330N。由湿材到全干和由湿材到气干的体积干缩率分别为15.5%和8.2%；由全干到湿材和由全干到气干体积湿胀率分别为18.3%和7.8%；全干密度为0.687g/cm3。

**主要用途**

用材树种。

**栽培技术要点**

在广西，宜春季造林、雨季补植；云南应以雨季种植为主。造林地全面清理方式，宜带垦或穴垦造林，带垦宽度一般为0.6～1.0m，穴垦的穴径0.5～0.7m、深0.3～0.5m；宜采用40cm×40cm×30cm或50cm×50cm×40cm等穴规格。造林前，施用过磷酸钙200～300g和复合肥100g做基肥；造林株行距可采用2m×3m，3m×3m或2m×4m。可与红锥、杉木等进行混交。造林后一般抚育3年，每年抚育两次，分别在雨季前和雨季后进行，追肥量视经济情况而定。

**适宜种植范围**

广西、云南西部和南部等西南桦适宜栽培区。

### 3. 西南桦家系景洪1号

树种：西南桦

学名：*Betula alnoides* 'Jinghong 1'

类别：家系

通过类别：认定2年（2022年12月23日—2024年12月22日）

编号：国R-SF-BA-003-2022

申请人：中国林业科学研究院热带林业研究所、中国林业科学研究院热带林业研究中心、福建省林业科学研究院、保山市林业和草原技术推广站、勐腊县林业和草原局

选育人：郭俊杰、曾杰、贾宏炎、杨晏平、朱先成、陈碧华、赵志刚、王春胜、黄佳聪、仓正伟、张劲松、劳庆祥、郭文福、方碧江、李志真、陈伟、韩金发、王欢

**品种特性**

树干通直，生长9年后年均树高、胸径生长量可达1.30±0.08m和1.46±0.08cm；其木材全干密度、顺纹抗压强度、抗弯强度、抗弯弹性模量、冲击韧性和硬度分别为0.688g/cm³、47.3MPa、111.2MPa、15270MPa、66kJ/m²和3510N。由湿材到全干和由湿材到气干的体积干缩率分别为14.6%和6.4%；由全干到湿材和由全干到气干体积湿胀率分别为17.9%和7.6%；全干密度为0.688g/cm³。

**主要用途**

用材树种。

**栽培技术要点**

在广西，宜春季造林、雨季补植；云南应以雨季种植为主。造林地全面清理方式，宜带垦或穴垦造林，带垦宽度一般为0.6～1.0m，穴垦的穴径0.5～0.7m、深0.3～0.5m；宜采用40cm×40cm×30cm或50cm×50cm×40cm等穴规格。造林前，施用过磷酸钙200～300g和复合肥100g做基肥；造林株行距可采用2m×3m，3m×3m或2m×4m。可与红锥、杉木等进行混交。造林后一般抚育3年，每年抚育两次，分别在雨季前和雨季后进行，追肥量视经济情况而定。

**适宜种植范围**

广西、云南西部和南部等西南桦适宜栽培区。

4. '华桐1号'山桐子

树种：山桐子

学名：*Idesia polycarpa* 'Huatong 1'

类别：品种

通过类别：认定5年（2022年12月23日—2027年12月22日）

编号：国R-SV-IP-004-2022

申请人：湖北旭舟林农科技有限公司（国家林业草原山桐子工程技术研究中心）

选育人：刘汉蓁、顿春垚、陈剑英、曹健、吴代坤、谷飞云、李双龙、袁兵武、张嬠爽、李兵、王盛斌、万松胜

**品种特性**

成枝力强，枝条间长13.5cm。叶片深绿色，卵圆形。果实圆球形，横径0.75cm，纵径0.72cm，呈鲜红色，成熟期紫红色，冬季果实成熟后不易脱落。果实于10月中旬至11月上旬成熟。嫁接苗或高接换头树3年开花，5年进入盛果期，平均单株果穗数量352个，盛果期后亩产鲜果达1050kg，果实含油率36.51%，亚油酸含量67.3%。

**主要用途**

油料树种。

**栽培技术要点**

以坡度在5°以上的半阳坡或阳坡、土层较为深厚地块为宜，以地径大于1cm，苗高大于100cm的1年生嫁接苗造林。栽植密度可按照3～5m×3～6m，配置5%～10%同花期授粉树。提倡冬季造穴冻土，春季定植，根部离地面不超过3cm。定干1～1.5m，高度控制在6m以内。缺墒补水、缺肥补肥、树旺控势，宜使用复合肥，有条件的区域可每年一次行间深翻。

**适宜种植范围**

湖北、云南、陕西等山桐子适宜栽培区。

注：通过认定的林木良种，认定期满后不得作为良种继续使用，应重新进行林木品种审定。

# 国家林业和草原局公告

## 2022年第20号

为进一步推进政务服务网上办理，增强数字政府效能，现将有关事项公告如下：

自2023年1月1日起，行政许可申请人向我局申请行政许可，均通过国家林业和草原局网上行政审批平台、东北内蒙古重点林区林木采伐管理系统、中国国际贸易"单一窗口"提交，我局不再接收纸质申请材料，保密事项除外。

特此公告。

国家林业和草原局
2022年12月24日

# 国家林业和草原局公告

## 2022年第21号

为深入贯彻落实"放管服"改革要求，提高行政许可工作效率，根据《中华人民共和国行政许可法》《国家林业局委托实施林业行政许可事项管理办法》（国家林业局令第45号）的规定，现将国家林业和草原局委托实施的"国务院有关部门所属的在京单位从国外引进林草种子、苗木检疫审批"行政许可事项公告如下：

**一、委托事项**

《中华人民共和国植物检疫条例》第十二条规定的国务院有关部门所属的在京单位从国外引进种子、苗木检疫审批事项，规定审批权限为国家林业和草原局，委托北京市园林绿化局实施。

**二、委托时间**

委托期限自2023年1月1日起，至2027年12月31日止。

国家林业和草原局对其委托的行政许可事项进行变更、中止或者终止，将及时向社会公告。

**三、受托机关名称、地址、联系方式**

受托机关名称：北京市园林绿化局

地址：北京市东城区安外小黄庄北街1号

联系方式：89150240、84236687

行政许可网上申请方式：中国国际贸易单一窗口网站"引进林草种子、苗木检疫审批单"应用系统

**四、有关要求**

北京市园林绿化局要按照法律、行政法规和有关政策规定，办理引种检疫审批手续，特别是对可能潜伏有危险性森林草原病、虫的，要进行严格审查。不得对承接的委托工作实施再委托。

国家林业和草原局将强化对委托事项办理的事中事后监管，采取数据共享模式实时跟进工作进度；定期开展监督检查，重点检查是否依法依规办理许可、有无超期许可等情况。对监督检查中发现的违规问题，督促纠正；如违法审批事项较多，提前终止委托工作。

2022年12月31日之前已经受理的"国务院有关部门所属的在京单位从国外引进林草种子、苗木检疫审批"申请，仍然由国家林业和草原局继续办理相关许可事宜。

特此公告。

国家林业和草原局
2022年12月28日

# 国家林业和草原局公告

## 2022年第22号

根据《中华人民共和国种子法》《中华人民共和国植物新品种保护条例》《中华人民共和国植物新品种保护条例实施细则（林业部分）》，经国家林业和草原局植物新品种保护办公室审查，"东林1号"等436项植物新品种权申请符合授权条件，现决定授予植物新品种权，并颁发《植物新品种权证书》。

特此公告。

附件：国家林业和草原局2022年第二批授予植物新品种权名单

国家林业和草原局
2022年12月29日

附件

# 国家林业和草原局2022年第二批授予植物新品种权名单

| 序号 | 品种名称 | 所属属（种） | 品种权号 | 品种权人 | 申请号 | 申请日 | 培育人 |
|---|---|---|---|---|---|---|---|
| 1 | 东林1号 | 桉属 | 20220216 | 广西壮族自治区国有东门林场 | 20150142 | 2015.08.10 | 兰　俊、张　磊、王建忠、熊　涛、黎怀玲、莫继有、苏　勇、唐再生、陈东林、石　前、李丽芳、吴永富、沈　云、吴　兵、黄全东 |
| 2 | 阿德丽塔（Adelita） | 悬钩子属 | 20220217 | 纳瓦拉植物股份有限公司（Plantas de Navarra, S.A.） | 20160110 | 2016.06.03 | 亚历山大皮尔罗恩-达尔邦尼（Alexandre PIERRON-DARBONNE） |
| 3 | 东林5号 | 桉属 | 20220218 | 广西壮族自治区国有东门林场 | 20170145 | 2017.03.07 | 邱炳发、兰　俊、王建忠、张　磊、熊　涛、莫继有、黎怀玲、唐再生、李丽芳、马忠才 |
| 4 | 东林6号 | 桉属 | 20220219 | 广西壮族自治区国有东门林场 | 20170146 | 2017.03.07 | 邱炳发、熊　涛、张　磊、黎怀玲、兰　俊、王建忠、唐再生、李丽芳、刘金炽 |
| 5 | 绿箭 | 白蜡树属 | 20220220 | 山东省林业科学研究院 | 20170278 | 2017.06.01 | 吴德军、燕丽萍、刘翠兰、王振猛、姚俊修、王因花、王　爱、张　波、贺英俊、任　飞、杨庆山 |
| 6 | 德瑞斯红十三（DrisRasp Thirteen） | 悬钩子属 | 20220221 | 德瑞斯克公司（Driscoll's, Inc.） | 20170567 | 2017.06.06 | 马提亚·维腾（Matthias D. VITTEN）、布莱恩·K.汉密尔顿（Brian K. HAMILTON）、理查德·E.哈里森（Richard E. HARRISON） |
| 7 | 纯洁 | 蔷薇属 | 20220222 | 云南锦科花卉工程研究中心有限公司 | 20180041 | 2017.12.29 | 曹荣根、张　力、倪　功、田连通、白云评、乔丽婷、阳明祥、何　琼 |
| 8 | 莱克斯克劳德（Lexeclod） | 蔷薇属 | 20220223 | 荷兰多盟集团公司（Dümmen Group B.V.） | 20180089 | 2018.01.12 | 菲利普·韦斯（Philippe Veys） |
| 9 | 德瑞斯红十二（DrisRasp Twelve） | 悬钩子属 | 20220224 | 德瑞斯克公司（Driscoll's, Inc.） | 20180265 | 2017.11.20 | 马提亚斯·维腾（Matthias D.VITTEN）、理查德·E.哈里森（Richard E. HARRISON）、路易斯·米格尔·罗德里格兹·马丁内兹（Luis Miguel Rodriguez MARTINEZ） |
| 10 | 森茂495 | 越橘属 | 20220225 | 大连森茂现代农业有限公司、大连大学 | 20180271 | 2018.06.03 | 徐国辉、王贺新、陈英敏、赵丽娜、闫东玲、张明军、娄　鑫 |

（续表）

| 序号 | 品种名称 | 所属属（种） | 品种权号 | 品种权人 | 申请号 | 申请日 | 培育人 |
|---|---|---|---|---|---|---|---|
| 11 | 森茂 529 | 越橘属 | 20220226 | 大连森茂现代农业有限公司、大连大学 | 20180272 | 2018.06.03 | 徐国辉、王贺新、陈英敏、闫东玲、赵丽娜、张明军、娄鑫 |
| 12 | 森茂 543 | 越橘属 | 20220227 | 大连森茂现代农业有限公司 | 20180277 | 2018.06.03 | 王贺新、陈英敏、徐国辉、闫东玲、赵丽娜 |
| 13 | 森茂 538 | 越橘属 | 20220228 | 大连森茂现代农业有限公司 | 20180278 | 2018.06.03 | 陈英敏、王贺新、赵丽娜、徐国辉、闫东玲 |
| 14 | 森茂 460 | 越橘属 | 20220229 | 大连森茂现代农业有限公司 | 20180279 | 2018.06.03 | 王贺新、陈英敏、徐国辉、赵丽娜、闫东玲 |
| 15 | 丽良 | 蚊母树属 | 20220230 | 华东药用植物园科研管理中心 | 20180318 | 2018.06.12 | 王军锋、练发良、徐肇友、姚金星、张声梯、戴海英、雷珍、何小勇、陈世通、揭任娟 |
| 16 | 丽姬 | 蚊母树属 | 20220231 | 华东药用植物园科研管理中心 | 20180320 | 2018.06.12 | 洪震、周世军、戴海英、姚金星、练发良、郑俞、何小勇、潘永柱、雷珍 |
| 17 | 雪里红 | 蚊母树属 | 20220232 | 华东药用植物园科研管理中心 | 20180321 | 2018.06.12 | 戴海英、练发良、章慧青、周雄飞、吴冰宜、徐肇友、揭任娟、潘永柱、洪震、王军锋、何小勇、姚菊俊 |
| 18 | 西吕 74152（SCH74152） | 蔷薇属 | 20220233 | 荷兰彼得·西吕厄斯控股公司（Piet Schreurs Holding B.V.） | 20180356 | 2018.07.04 | P.N.J.西吕厄斯（Petrus Nicolaas Johannes Schreurs） |
| 19 | 英特雅士利（Interaciryl） | 蔷薇属 | 20220234 | 英特普兰特月季育种公司（Interplant Roses B.V.） | 20180414 | 2018.07.11 | 范·多伊萨姆（Ir. A.J.H. van Doesum） |
| 20 | 粉之妍 | 蔷薇属 | 20220235 | 云南锦科花卉工程研究中心有限公司 | 20180469 | 2018.08.09 | 倪功、曹荣根、田连通、乔丽婷、何琼、阳明祥、白云平 |
| 21 | 玫拉卡巴（MEICRAKABA） | 蔷薇属 | 20220236 | 法国玫兰国际有限公司（MEILLAND INTER-NATIONAL S.A） | 20180516 | 2018.09.01 | 阿兰·安东尼·玫兰（Alain Antoine MEILLAND） |
| 22 | 森茂 383 | 越橘属 | 20220237 | 大连森茂现代农业有限公司 | 20180553 | 2018.09.04 | 王贺新、徐国辉、彭恒辰 |
| 23 | 普世蓝 271 | 越橘属 | 20220238 | 大连普世蓝农业科技有限公司 | 20180566 | 2018.09.04 | 王一舒、陈英敏、闫东玲 |
| 24 | 森茂 176 | 越橘属 | 20220239 | 大连森茂现代农业有限公司 | 20180574 | 2018.09.04 | 王贺新、张敏、徐国辉、雷蕾、彭恒辰 |
| 25 | 森茂 225 | 越橘属 | 20220240 | 大连森茂现代农业有限公司 | 20180576 | 2018.09.04 | 徐国辉、王贺新、闫东玲 |

（续表）

| 序号 | 品种名称 | 所属属（种） | 品种权号 | 品种权人 | 申请号 | 申请日 | 培育人 |
|---|---|---|---|---|---|---|---|
| 26 | 森茂 263 | 越橘属 | 20220241 | 大连大学、大连森茂现代农业有限公司 | 20180616 | 2018.09.13 | 王贺新、彭恒辰、雷蕾、闫东玲、张明军、魏炳康、娄鑫 |
| 27 | 尼尔普马可（NIRPMACLE） | 蔷薇属 | 20220242 | 尼尔普国际有限公司（NIRP INTERNATIONAL SA） | 20180637 | 2018.09.14 | 亚历山德罗·吉奥恩（Alessandro Ghione） |
| 28 | 红云 | 紫薇属 | 20220243 | 泰安市泰山林业科学研究院、泰安时代园林科技开发有限公司 | 20180645 | 2018.09.21 | 王长宪、张林、王峰、张安琪、孙忠奎、王郑昊、程甜甜、高红、孙芳、谢学阳 |
| 29 | 红海 | 紫薇属 | 20220244 | 泰安市泰山林业科学研究院、泰安时代园林科技开发有限公司 | 20180646 | 2018.09.21 | 程甜甜、张林、王峰、朱翠翠、孙忠奎、李承秀、王波、于永畅、乔谦、杨波 |
| 30 | 花海 | 紫薇属 | 20220245 | 泰安市泰山林业科学研究院、泰安时代园林科技开发有限公司 | 20180647 | 2018.09.21 | 王峰、孙忠奎、王郑昊、张林、朱翠翠、孙芳、李承秀、李长新、于永畅、任红剑 |
| 31 | 浓情 | 紫薇属 | 20220246 | 泰安市泰山林业科学研究院、泰安时代园林科技开发有限公司 | 20180648 | 2018.09.21 | 王峰、孙忠奎、张林、程甜甜、李承秀、朱翠翠、王郑昊、李长新、仲凤维、王长宪 |
| 32 | 祥云 | 紫薇属 | 20220247 | 泰安市泰山林业科学研究院、泰安时代园林科技开发有限公司 | 20180649 | 2018.09.21 | 张林、孙忠奎、王峰、程甜甜、张安琪、王长宪、仲凤维、王波、杨波、乔谦 |
| 33 | 追梦 | 紫薇属 | 20220248 | 泰安市泰山林业科学研究院、泰安时代园林科技开发有限公司 | 20180650 | 2018.09.25 | 李承秀、张林、孙忠奎、张兴、程甜甜、杜辉、王长宪、李长新、谢学阳、仲凤维 |
| 34 | 凤飞 | 槭属 | 20220249 | 泰安市泰山林业科学研究院、泰安时代园林科技开发有限公司 | 20180659 | 2018.10.09 | 张林、王峰、杜辉、程甜甜、张安琪、孙忠奎、朱翠翠、王郑昊、任红剑、王波、谷文硕 |
| 35 | 凤蝶 | 槭属 | 20220250 | 泰安市泰山林业科学研究院、泰安时代园林科技开发有限公司 | 20180660 | 2018.10.09 | 张林、王长宪、孙忠奎、李承秀、程甜甜、王峰、张安琪、朱翠翠、乔谦、于永畅、李长新 |
| 36 | 醉玲珑 | 蔷薇属 | 20220251 | 云南锦科花卉工程研究中心有限公司 | 20180673 | 2018.10.17 | 曹荣根、张力、倪功、田连通、白云评、乔丽婷、阳明祥、何琼 |

（续表）

| 序号 | 品种名称 | 所属属（种） | 品种权号 | 品种权人 | 申请号 | 申请日 | 培育人 |
|---|---|---|---|---|---|---|---|
| 37 | 金蝉 | 蔷薇属 | 20220252 | 云南锦科花卉工程研究中心有限公司 | 20180676 | 2018.10.17 | 曹荣根、张 力、倪 功、田连通、白云评、乔丽婷、阳明祥、何 琼 |
| 38 | 热林 22 | 桉属 | 20220253 | 中国林业科学研究院热带林业研究所 | 20180723 | 2018.11.05 | 徐建民、李光友、陆钊华、卢国桓、赵汝玉、黄宏健、胡 杨、谭沛涛、陈守光、徐秀婷 |
| 39 | 热林 120 | 桉属 | 20220254 | 中国林业科学研究院热带林业研究所 | 20180724 | 2018.11.05 | 徐建民、李光友、陆钊华、姚庆端、胡德荣、刘荣忠、胡 杨、陆海飞、罗成学、粟国磊、陈儒香 |
| 40 | 热林 518 | 桉属 | 20220255 | 中国林业科学研究院热带林业研究所 | 20180725 | 2018.11.05 | 徐建民、李光友、陆钊华、彭仕尧、吴世军、赵汝玉、胡 杨、黄宏健、陈应彪、谭沛涛、陈文平、陈儒香 |
| 41 | 烈火 | 蔷薇属 | 20220256 | 云南艾蔷薇园艺科技有限公司 | 20180741 | 2018.11.18 | 程小毛、谭思艳、卢秀慧、张林华 |
| 42 | 粉之语 | 蔷薇属 | 20220257 | 云南锦科花卉工程研究中心有限公司 | 20180794 | 2018.11.24 | 倪 功、曹荣根、田连通、乔丽婷、何 琼、阳明祥、白云平 |
| 43 | 西吕 78149（SCH78149） | 蔷薇属 | 20220258 | 荷兰彼得·西吕厄斯控股公司（Piet Schreurs Holding B.V.） | 20180827 | 2018.12.07 | P.N.J.西吕厄斯（Petrus Nicolaas Johannes Schreurs） |
| 44 | 尼尔派得（NIRPEDE） | 蔷薇属 | 20220259 | 尼尔普国际有限公司（NIRP INTERNATIONAL S.A.） | 20180838 | 2018.12.07 | 亚历山德罗·吉奥恩（Alessandro Ghione） |
| 45 | 燕京黄 | 蔷薇属 | 20220260 | 北京市园林科学研究院 | 20180872 | 2018.12.11 | 周 燕、赵世伟、冯 慧、李纳新、王洪伟 |
| 46 | 美月 | 蔷薇属 | 20220261 | 北京市园林科学研究院 | 20180875 | 2018.12.11 | 周 燕、冯 慧、巢 阳、王 涛 |
| 47 | 粉燕巢 | 蔷薇属 | 20220262 | 北京市园林科学研究院 | 20180877 | 2018.12.11 | 周 燕、吉乃喆、陈洪菲、李纳新、王 岩 |
| 48 | 燕山黄 | 蔷薇属 | 20220263 | 北京市园林科学研究院 | 20180879 | 2018.12.11 | 周 燕、赵世伟、冯 慧、李纳新、华 莹 |
| 49 | 金粉玉 | 蔷薇属 | 20220264 | 北京市园林科学研究院、北京林业大学 | 20180886 | 2018.12.11 | 周 燕、高述民、吉乃喆、杨慕菡、吴洪敏、李纳新 |
| 50 | 春燕 | 蔷薇属 | 20220265 | 北京市园林科学研究院、北京林业大学 | 20180890 | 2018.12.11 | 周 燕、高述民、杨慕菡、孙亚红、李纳新、甄 伟 |
| 51 | 张仁3号 | 杏 | 20220266 | 张家口市农业科学院 | 20180892 | 2018.12.12 | 王秀荣、吕丽霞、张 斌、许建铭、王玉祥、张宝英、任全军、张 敏、闫凤岐、王伟军、郝建宇、景 刚 |

（续表）

| 序号 | 品种名称 | 所属属（种） | 品种权号 | 品种权人 | 申请号 | 申请日 | 培育人 |
|---|---|---|---|---|---|---|---|
| 52 | 燕京粉 | 蔷薇属 | 20220267 | 北京林业大学 | 20180900 | 2018.12.17 | 高述民、周　燕、冯　慧、杨慕菡、张　凡、祝园园、范莉娟、郑国欢、李纳新 |
| 53 | 燕京公主 | 蔷薇属 | 20220268 | 北京林业大学 | 20180901 | 2018.12.17 | 高述民、周　燕、杨慕菡、祝园园、孙亚红、吴洪敏、张　凡、李纳新 |
| 54 | 笑妃 | 蔷薇属 | 20220269 | 北京林业大学 | 20180902 | 2018.12.17 | 高述民、周　燕、杨慕菡、祝园园、孙亚红、吴洪敏、张　凡、李纳新 |
| 55 | 星光天空（StarlitSky） | 绣球属 | 20220270 | 川舆园艺有限公司（有限会社川舆園芸） | 20180905 | 2018.09.01 | 川口隆德 |
| 56 | 凤舞 | 蔷薇属 | 20220271 | 宜良多彩盆栽有限公司 | 20190013 | 2018.12.18 | 刘天平、胡明飞、何云县、卢　燕、叶晓念 |
| 57 | 华冠 | 白蜡树属 | 20220272 | 李承水 | 20190097 | 2018.12.23 | 李承水、刘　平、袁传镇、丰　震、李　燕、徐金莲、郭赛谦、张振英、颜国栋 |
| 58 | 普卢塔图（PROTATU） | 蔷薇属 | 20220273 | 荷兰奥夫堡植物研究公司（Plant Research Overberg B.V.） | 20190111 | 2018.12.25 | P.A. 范德波尔（P. A.van de Pol） |
| 59 | 普卢坦诺（PROTANO） | 蔷薇属 | 20220274 | 荷兰奥夫堡植物研究公司（Plant Research Overberg B.V.） | 20190112 | 2018.12.25 | P.A. 范德波尔（P. A.van de Pol） |
| 60 | 圆月之光 | 蔷薇属 | 20220275 | 北京市园林科学研究院、辽阳市千百汇月季种植专业合作社 | 20190127 | 2018.12.29 | 张西西、华　莹、陈洪菲、樊德新、赵世伟、卜燕华、马俊丽 |
| 61 | 圆月之星 | 蔷薇属 | 20220276 | 北京市园林科学研究院、辽阳市千百汇月季种植专业合作社 | 20190128 | 2018.12.29 | 张西西、华　莹、陈洪菲、马俊丽、樊德新、赵世伟、卜燕华 |
| 62 | 邕红 | 木槿属 | 20220277 | 南宁市园林科研所、南宁圣特生物科技有限公司 | 20190132 | 2019.01.02 | 秦　玲、黄旭光、王坤煌、阮　俊、王卫南、赵建文、黄丽丹、陆炎松、黄　霖、黄英群 |
| 63 | 立叶 | 侧柏属 | 20220278 | 北京市农林科学院 | 20190136 | 2019.01.03 | 刘国彬、曹　均、张玉平、白　金、潘青华、姚砚武、廖　婷、王　烨、郭丽琴 |
| 64 | 热林28 | 桉属 | 20220279 | 中国林业科学研究院热带林业研究所 | 20190160 | 2019.01.21 | 李光友、徐建民、彭仕尧、赵汝玉、胡　杨、黄宏健、陈文平、欧　生、李华强、陈马兴、陈守光、徐秀婷、陈儒香 |

（续表）

| 序号 | 品种名称 | 所属属（种） | 品种权号 | 品种权人 | 申请号 | 申请日 | 培育人 |
|---|---|---|---|---|---|---|---|
| 65 | 热林 108 | 桉属 | 20220280 | 中国林业科学研究院热带林业研究所 | 20190161 | 2019.01.21 | 李光友、徐建民、姚庆端、陆钊华、洪长福、方福钟、陆海飞、刘荣忠、胡　杨、黄宏健 |
| 66 | 热林 117 | 桉属 | 20220281 | 中国林业科学研究院热带林业研究所 | 20190162 | 2019.01.21 | 李光友、徐建民、姚庆端、陆钊华、方福钟、吴世军、刘荣忠、胡　杨、粟国磊、姜　成、李从容 |
| 67 | 娃芭拉 80102（80102WABARA） | 蔷薇属 | 20220282 | 株式会社玫瑰世界（Rose Universe Co., Ltd.） | 20190181 | 2018.01.26 | 国枝启司 |
| 68 | 苏楝 S20 | 楝属 | 20220283 | 江苏省林业科学研究院 | 20190190 | 2019.01.29 | 隋德宗、吴　静、王保松、陈庆生、施士争、王伟伟、教忠意、郑纪伟、姜开朋 |
| 69 | 苏楝 S80 | 楝属 | 20220284 | 江苏省林业科学研究院 | 20190191 | 2019.01.29 | 隋德宗、吴　静、王保松、陈庆生、施士争、王伟伟、教忠意、郑纪伟、姜开朋 |
| 70 | 蝴蝶舞 | 紫薇属 | 20220285 | 北京林业大学 | 20190209 | 2019.02.28 | 潘会堂、冯　露、梁晓涵、刘婷婷、鞠易倩、张启翔、蔡　明、郑唐春、程堂仁、王　佳 |
| 71 | 贝肯珀娜（BKPONAR） | 大戟属 | 20220286 | 荷兰贝肯坎普植物有限公司（Beekenkamp Plants B.V.） | 20190240 | 2019.03.14 | 安妮·科妮莉亚·贝肯坎普（Annie Cornelia Beekenkamp） |
| 72 | 吉尔斯艾乐（GEUSELEA） | 蔷薇属 | 20220287 | 选择育种公司（Select Breeding B.V.） | 20190352 | 2019.05.21 | 迈克尔·德·吉尔斯（Michael de Geus） |
| 73 | 玫克瑞特（MEICREPEAT） | 蔷薇属 | 20220288 | 法国玫兰国际有限公司（MEILLAND INTER-NATIONAL S.A） | 20190356 | 2019.05.22 | 阿兰·安东尼·玫兰（Alain Antoine MEILLAND） |
| 74 | 西吕 77020（SCH77020） | 蔷薇属 | 20220289 | 荷兰彼得·西吕厄斯控股公司（Piet Schreurs Holding B.V.） | 20190377 | 2019.06.05 | P.N.J.西吕厄斯（Petrus Nicolaas Johannes Schreurs） |
| 75 | 西吕 80407（SCH80407） | 蔷薇属 | 20220290 | 荷兰彼得·西吕厄斯控股公司（Piet Schreurs Holding B.V.） | 20190378 | 2019.06.05 | P.N.J.西吕厄斯（Petrus Nicolaas Johannes Schreurs） |
| 76 | 西吕 84906（SCH84906） | 蔷薇属 | 20220291 | 荷兰彼得·西吕厄斯控股公司（Piet Schreurs Holding B.V.） | 20190379 | 2019.06.05 | P.N.J.西吕厄斯（Petrus Nicolaas Johannes Schreurs） |
| 77 | 无刺玫一号 | 蔷薇属 | 20220292 | 马荣申、韩子衍、杜宪臣 | 20190411 | 2019.06.18 | 马荣申、韩子衍、杜宪臣、赵红艳、杜君如 |

（续表）

| 序号 | 品种名称 | 所属属（种） | 品种权号 | 品种权人 | 申请号 | 申请日 | 培育人 |
|---|---|---|---|---|---|---|---|
| 78 | 多普莱姆（Duepobrnemb） | 大戟属 | 20220293 | 荷兰多盟集团公司（Dümmen Group B.V.） | 20190438 | 2019.07.08 | 阿彦·库特（Arjan Koot） |
| 79 | 黑天鹅 | 蔷薇属 | 20220294 | 俞红强 | 20190490 | 2019.08.09 | 俞红强 |
| 80 | 金凤凰 | 蔷薇属 | 20220295 | 俞红强 | 20190492 | 2019.08.09 | 俞红强 |
| 81 | 金山 | 蔷薇属 | 20220296 | 俞红强 | 20190494 | 2019.08.09 | 俞红强 |
| 82 | 元气少女 | 蔷薇属 | 20220297 | 云南锦科花卉工程研究中心有限公司 | 20190504 | 2019.08.12 | 田连通、倪功、乔丽婷、何琼、王江兵 |
| 83 | 桃花醉 | 蔷薇属 | 20220298 | 云南锦科花卉工程研究中心有限公司 | 20190505 | 2019.08.12 | 田连通、倪功、乔丽婷、何琼、王江兵 |
| 84 | 春之舞 | 蔷薇属 | 20220299 | 云南锦科花卉工程研究中心有限公司 | 20190506 | 2019.08.12 | 田连通、倪功、乔丽婷、何琼、阳明祥 |
| 85 | 落霞 | 蔷薇属 | 20220300 | 云南锦科花卉工程研究中心有限公司 | 20190508 | 2019.08.12 | 田连通、倪功、乔丽婷、何琼、阳明祥 |
| 86 | 蒹葭 | 蔷薇属 | 20220301 | 云南锦科花卉工程研究中心有限公司 | 20190510 | 2019.08.12 | 田连通、倪功、乔丽婷、何琼 |
| 87 | 无双 | 蔷薇属 | 20220302 | 云南锦科花卉工程研究中心有限公司 | 20190511 | 2019.08.12 | 田连通、倪功、乔丽婷、何琼、阳明祥 |
| 88 | 流年 | 蔷薇属 | 20220303 | 云南锦科花卉工程研究中心有限公司 | 20190512 | 2019.08.12 | 田连通、倪功、张力、乔丽婷、何琼、王江兵 |
| 89 | 卷叶流苏 | 流苏树属 | 20220304 | 山东农业大学 | 20190521 | 2019.08.13 | 李际红、国浩平、曲凯、刘佳庚、周文玲、王宝锐、侯丽丽、郭海丽、王如月 |
| 90 | 冲霄 | 流苏树属 | 20220305 | 山东农业大学 | 20190525 | 2019.08.13 | 李际红、曲凯、国浩平、刘佳庚、周文玲、王宝锐、侯丽丽、郭海丽、王如月 |
| 91 | 斯佩巴帕（Spebapeau） | 蔷薇属 | 20220306 | 斯佩克玫瑰育种国际有限公司（Spek Rose Breeding International B.V.） | 20190570 | 2019.08.23 | 埃里克·罗纳德·斯佩克（Erik Ronald Spek） |
| 92 | 斯佩巴特（Spebardot） | 蔷薇属 | 20220307 | 斯佩克玫瑰育种国际有限公司（Spek Rose Breeding International B.V.） | 20190571 | 2019.08.23 | 埃里克·罗纳德·斯佩克（Erik Ronald Spek） |
| 93 | 斯佩班迪（Spebandy） | 蔷薇属 | 20220308 | 斯佩克玫瑰育种国际有限公司（Spek Rose Breeding International B.V.） | 20190572 | 2019.08.23 | 埃里克·罗纳德·斯佩克（Erik Ronald Spek） |
| 94 | 斯佩贝儿丽斯（Spebareless） | 蔷薇属 | 20220309 | 斯佩克玫瑰育种国际有限公司（Spek Rose Breeding International B.V.） | 20190573 | 2019.08.23 | 埃里克·罗纳德·斯佩克（Erik Ronald Spek） |

（续表）

| 序号 | 品种名称 | 所属属（种） | 品种权号 | 品种权人 | 申请号 | 申请日 | 培育人 |
|---|---|---|---|---|---|---|---|
| 95 | 斯佩比诺（Spebinion） | 蔷薇属 | 20220310 | 斯佩克玫瑰育种国际有限公司（Spek Rose Breeding International B.V.） | 20190575 | 2019.08.23 | 埃里克·罗纳德·斯佩克（Erik Ronald Spek） |
| 96 | 斯佩伯红（Speburred） | 蔷薇属 | 20220311 | 斯佩克玫瑰育种国际有限公司（Spek Rose Breeding International B.V.） | 20190576 | 2019.08.23 | 埃里克·罗纳德·斯佩克（Erik Ronald Spek） |
| 97 | 斯佩达珀（Spedapple） | 蔷薇属 | 20220312 | 斯佩克玫瑰育种国际有限公司（Spek Rose Breeding International B.V.） | 20190577 | 2019.08.23 | 埃里克·罗纳德·斯佩克（Erik Ronald Spek） |
| 98 | 斯佩达兹（Spedatz） | 蔷薇属 | 20220313 | 斯佩克玫瑰育种国际有限公司（Spek Rose Breeding International B.V.） | 20190578 | 2019.08.23 | 埃里克·罗纳德·斯佩克（Erik Ronald Spek） |
| 99 | 斯佩多菲亚（Spedophia） | 蔷薇属 | 20220314 | 斯佩克玫瑰育种国际有限公司（Spek Rose Breeding International B.V.） | 20190580 | 2019.08.23 | 埃里克·罗纳德·斯佩克（Erik Ronald Spek） |
| 100 | 斯佩薇拉（Spewella） | 蔷薇属 | 20220315 | 斯佩克玫瑰育种国际有限公司（Spek Rose Breeding International B.V.） | 20190581 | 2019.08.23 | 埃里克·罗纳德·斯佩克（Erik Ronald Spek） |
| 101 | 斯佩维丽（Spevelly） | 蔷薇属 | 20220316 | 斯佩克玫瑰育种国际有限公司（Spek Rose Breeding International B.V.） | 20190582 | 2019.08.23 | 埃里克·罗纳德·斯佩克（Erik Ronald Spek） |
| 102 | 斯佩维斯（Spevessy） | 蔷薇属 | 20220317 | 斯佩克玫瑰育种国际有限公司（Spek Rose Breeding International B.V.） | 20190583 | 2019.08.23 | 埃里克·罗纳德·斯佩克（Erik Ronald Spek） |
| 103 | 聚发 | 蔷薇属 | 20220318 | 南阳月季基地 | 20190586 | 2019.08.25 | 赵磊、李文奇、孙聚有、王怀青、许春峰、邢远基、吴奉朝 |
| 104 | 霓裳 | 野牡丹属 | 20220319 | 中山大学、广州普邦园林股份有限公司 | 20190625 | 2019.08.30 | 周仁超、刘莹、陈静芳、曾凤、李子华、张硕、易慧琳、谢腾芳、王刚、邢景景、李灿 |
| 105 | 斯佩汉娜（Spehanna） | 蔷薇属 | 20220320 | 斯佩克玫瑰育种国际有限公司（Spek Rose Breeding International B.V.） | 20190634 | 2019.09.04 | 埃里克·罗纳德·斯佩克（Erik Ronald Spek） |
| 106 | 楚林保丰 | 核桃属 | 20220321 | 保康县核桃技术推广中心、湖北省林业科学研究院 | 20190661 | 2019.09.17 | 王其竹、徐永杰、付亚男、廖舒、徐朝煜、李孝鑫、王代全、陈万胜、陈远雄 |

（续表）

| 序号 | 品种名称 | 所属属（种） | 品种权号 | 品种权人 | 申请号 | 申请日 | 培育人 |
|---|---|---|---|---|---|---|---|
| 107 | 新月玉言 | 蔷薇属 | 20220322 | 韩倩 | 20190667 | 2019.09.18 | 韩倩 |
| 108 | 树生瑞奇 | 核桃属 | 20220323 | 济宁波尼果农林科技有限公司 | 20190693 | 2019.09.27 | 田献润、何庆景、薛红燕、祝令顺、杨玉良、杨克强、公庆党、赵春磊、巨云为、田胜男 |
| 109 | 蝶影重重 | 蔷薇属 | 20220324 | 云南省农业科学院花卉研究所、云南桂舒悦园艺科技有限公司 | 20190700 | 2019.10.09 | 陈敏、唐开学、张颢、邱显钦、王其刚、李淑斌、晏慧君、蹇洪英、周宁宁 |
| 110 | 梦青春 | 蔷薇属 | 20220325 | 云南省农业科学院花卉研究所、云南桂舒悦园艺科技有限公司 | 20190701 | 2019.10.09 | 邱显钦、唐开学、张颢、晏慧君、王其刚、陈敏、蹇洪英、周宁宁、李淑斌 |
| 111 | 湘女情 | 紫薇属 | 20220326 | 湖南省林业科学院、长沙湘莹园林科技有限公司 | 20190731 | 2019.10.17 | 王湘莹、王晓明、李永欣、曾慧杰、乔中全、蔡能、陈艺、刘思思、王惠 |
| 112 | 锦绣红 | 紫薇属 | 20220327 | 湖南省林业科学院、长沙湘莹园林科技有限公司 | 20190734 | 2019.10.17 | 曾慧杰、王晓明、乔中全、蔡能、李永欣、王湘莹、刘思思、陈艺、张翼、王惠 |
| 113 | 红精灵 | 紫薇属 | 20220328 | 湖南省林业科学院、长沙湘莹园林科技有限公司 | 20190736 | 2019.10.17 | 蔡能、李永欣、乔中全、曾慧杰、王晓明、王湘莹、刘思思、陈艺、王惠 |
| 114 | 湘南红 | 紫薇属 | 20220329 | 湖南省林业科学院、郴州市林业科学研究所、长沙湘莹园林科技有限公司 | 20190742 | 2019.10.17 | 何才生、王晓明、曾慧杰、蔡能、李永欣、乔中全、王湘莹、王惠 |
| 115 | 阿卢布罗（ARBLUBLO） | 蔷薇属 | 20220330 | A.R.B.A.公司（A.R.B.A.B.V.） | 20190747 | 2019.10.21 | 艾尔·皮·德布林（Ir. P. de Bruin） |
| 116 | 普拉布鲁1525（Plablue1525） | 越橘属 | 20220331 | 纳瓦拉植物股份有限公司（Plantas de Navarra, S.A.） | 20190762 | 2019.10.29 | 亚历山大皮尔罗恩-达尔邦尼（Alexandre Pierron-Darbonne） |
| 117 | 苦水新玫1号 | 蔷薇属 | 20220332 | 甘肃新玫农业发展有限公司 | 20190785 | 2019.11.08 | 王春友、施茂林、施胜林 |
| 118 | 红狮子 | 杜鹃花属 | 20220333 | 金华市永根杜鹃花培育有限公司 | 20200008 | 2019.12.09 | 方永根、汤荣堂、郑国良、黄飞来 |
| 119 | 早春五彩 | 杜鹃花属 | 20220334 | 金华市永根杜鹃花培育有限公司 | 20200009 | 2019.12.09 | 方永根、郑国良、汤荣堂 |
| 120 | 蜻蜓 | 杜鹃花属 | 20220335 | 金华市永根杜鹃花培育有限公司 | 20200010 | 2019.12.09 | 方永根、郑国良、黄飞来、汤荣堂 |
| 121 | 红艳 | 杜鹃花属 | 20220336 | 金华市永根杜鹃花培育有限公司 | 20200012 | 2019.12.09 | 方永根、黄飞来、汤荣堂、郑国良 |

（续表）

| 序号 | 品种名称 | 所属属（种） | 品种权号 | 品种权人 | 申请号 | 申请日 | 培育人 |
|---|---|---|---|---|---|---|---|
| 122 | 红绣球 | 杜鹃花属 | 20220337 | 金华市永根杜鹃花培育有限公司 | 20200015 | 2019.12.09 | 方永根 |
| 123 | 夕阳红 | 杜鹃花属 | 20220338 | 青岛永根园艺有限公司 | 20200017 | 2019.12.09 | 方永根、马　云、赵玉弟 |
| 124 | 奔放 | 杜鹃花属 | 20220339 | 青岛永根园艺有限公司 | 20200019 | 2019.12.09 | 方永根 |
| 125 | 希望 | 杜鹃花属 | 20220340 | 青岛永根园艺有限公司 | 20200023 | 2019.12.09 | 方永根 |
| 126 | 秾苑小生 | 芍药属 | 20220341 | 城发集团（青岛）旅游发展有限公司、中国农业科学院蔬菜花卉研究所 | 20200030 | 2019.12.10 | 周兆宇、董　昱、张秀新、范俊峰、王顺利 |
| 127 | 秾苑玉堂 | 芍药属 | 20220342 | 中国农业科学院蔬菜花卉研究所 | 20200032 | 2019.12.10 | 王顺利、张秀新、薛璟祺、石丰瑞、房桂 霞 |
| 128 | 英特爱巴布尔（Intereybabul） | 蔷薇属 | 20220343 | 英特普兰特月季育种公司（ Interplant Roses B.V. ） | 20200053 | 2019.12.12 | 范·多伊萨姆（ir. A.J.H. van Doesum） |
| 129 | 英特爱巴布特斯（Intereybabtes） | 蔷薇属 | 20220344 | 英特普兰特月季育种公司（ Interplant Roses B.V. ） | 20200054 | 2019.12.12 | 范·多伊萨姆（ir. A.J.H. van Doesum） |
| 130 | 英特爱巴伯尔格（Intereybabolg） | 蔷薇属 | 20220345 | 英特普兰特月季育种公司（ Interplant Roses B.V. ） | 20200055 | 2019.12.12 | 范·多伊萨姆（ir. A.J.H. van Doesum） |
| 131 | 英特爱巴布纳福（Intereybabnaf） | 蔷薇属 | 20220346 | 英特普兰特月季育种公司（ Interplant Roses B.V. ） | 20200056 | 2019.12.12 | 范·多伊萨姆（ir. A.J.H. van Doesum） |
| 132 | 英特爱巴布斯（Intereybabews） | 蔷薇属 | 20220347 | 英特普兰特月季育种公司（ Interplant Roses B.V. ） | 20200057 | 2019.12.12 | 范·多伊萨姆（ir. A.J.H. van Doesum） |
| 133 | 英特爱巴勃特（Intereybabert） | 蔷薇属 | 20220348 | 英特普兰特月季育种公司（ Interplant Roses B.V. ） | 20200058 | 2019.12.12 | 范·多伊萨姆（ir. A.J.H. van Doesum） |
| 134 | 筑梓 1 号 | 梓树属 | 20220349 | 保定筑邦园林景观工程有限公司 | 20200060 | 2019.12.17 | 高龙肖、兰素金、岳彩伟、黄孝志、岳宗瑞、崔炫洁、李　勇 |
| 135 | 香妃 | 梓树属 | 20220350 | 保定筑邦园林景观工程有限公司 | 20200065 | 2019.12.25 | 岳彩伟、兰素金、谢启章、高龙肖、岳宗瑞、崔炫洁、黄孝志、李　勇 |
| 136 | 炫杨一号 | 杨属 | 20220351 | 保定筑邦园林景观工程有限公司 | 20200066 | 2019.12.25 | 高龙肖、岳彩伟、谢启章、兰素金、崔炫洁、黄孝志、岳宗瑞、李　勇 |
| 137 | 仙僮一号 | 蔷薇属 | 20220352 | 江苏省林业科学研究院 | 20200070 | 2019.12.25 | 汪有良、蒋泽平、黄利斌 |
| 138 | 仙僮二号 | 蔷薇属 | 20220353 | 江苏省林业科学研究院 | 20200071 | 2019.12.25 | 汪有良、蒋泽平、黄利斌 |
| 139 | 东山红霞 | 杜鹃花属 | 20220354 | 福建洋塔园艺有限公司 | 20200084 | 2019.12.30 | 游文聪、方永根、黄泽春、魏　磊、鄂宏宇、刘生财 |

（续表）

| 序号 | 品种名称 | 所属属（种） | 品种权号 | 品种权人 | 申请号 | 申请日 | 培育人 |
|---|---|---|---|---|---|---|---|
| 140 | 翠屏春晓 | 杜鹃花属 | 20220355 | 福建洋塔园艺有限公司 | 20200086 | 2019.12.30 | 陈发兴、游文聪、陈秋玲、卫梅、陈孝丑、方永根 |
| 141 | 临水玉凤 | 杜鹃花属 | 20220356 | 福建洋塔园艺有限公司 | 20200089 | 2019.12.30 | 游文聪、方永根、张经宋、戴丽新、陈发兴、黄泽春 |
| 142 | 繁华 | 蔷薇属 | 20220357 | 云南大学、昆明南国山花园艺科技有限责任公司 | 20200130 | 2020.01.06 | 吴学尉、王丽花、黄斌全、何飞飞、刘丹丹、刘海英、曾倩、杨玉勇 |
| 143 | 西露丝42384（SCH42384） | 蔷薇属 | 20220358 | 荷兰西露丝花卉控股有限公司（Piet Schreurs Holding B.V.） | 20200186 | 2020.03.13 | P.N.J.西露丝（Petrus Nicolaas Johannes Schreurs） |
| 144 | 西露88566（SCH88566） | 蔷薇属 | 20220359 | 荷兰西露丝花卉控股有限公司（Piet Schreurs Holding B.V.） | 20200205 | 2020.03.20 | P.N.J.西露丝（Petrus Nicolaas Johannes Schreurs） |
| 145 | 加美1号 | 杨属 | 20220360 | 中国林业科学研究院林业研究所 | 20200214 | 2020.04.02 | 苏晓华、黄秦军、茆胜军、张冰玉、丁昌俊、梁德军、褚延广、张伟溪 |
| 146 | 加美2号 | 杨属 | 20220361 | 中国林业科学研究院林业研究所 | 20200215 | 2020.04.02 | 苏晓华、黄秦军、茆胜军、张冰玉、丁昌俊、梁德军、褚延广、张伟溪 |
| 147 | 青雄1号 | 杨属 | 20220362 | 中国林业科学研究院林业研究所 | 20200216 | 2020.04.02 | 苏晓华、张伟溪、茆胜军、丁昌俊、梁德军、黄秦军 |
| 148 | 青雄2号 | 杨属 | 20220363 | 中国林业科学研究院林业研究所 | 20200217 | 2020.04.02 | 苏晓华、黄秦军、茆胜军、丁昌俊、梁德军、张伟溪 |
| 149 | 灵感 | 蔷薇属 | 20220364 | 宜良多彩盆栽有限公司 | 20200223 | 2020.04.01 | 刘天平、胡明飞、何云县、卢燕、叶晓念 |
| 150 | 京桂1号桉 | 桉属 | 20220365 | 北京林业大学、广西壮族自治区国有东门林场 | 20200282 | 2020.04.12 | 康向阳、杨珺、邱炳发、兰俊、王建忠、熊涛、张磊、詹定举、唐再生、刘鑫 |
| 151 | 京桂2号桉 | 桉属 | 20220366 | 北京林业大学、广西壮族自治区国有东门林场 | 20200283 | 2020.04.12 | 康向阳、杨珺、兰俊、王建忠、邱炳发、张磊、熊涛、黎怀玲、覃卫星、罗成龙 |
| 152 | 京桂3号桉 | 桉属 | 20220367 | 北京林业大学、广西壮族自治区国有东门林场 | 20200284 | 2020.04.12 | 杨珺、康向阳、王建忠、兰俊、张磊、邱炳发、熊涛、唐再生、覃林波、赵英伟 |
| 153 | 京桂4号桉 | 桉属 | 20220368 | 北京林业大学、广西壮族自治区国有东门林场 | 20200285 | 2020.04.12 | 杨珺、康向阳、熊涛、邱炳发、王建忠、兰俊、张磊、刘鑫、李丽芳、卫忠诚 |

（续表）

| 序号 | 品种名称 | 所属属（种） | 品种权号 | 品种权人 | 申请号 | 申请日 | 培育人 |
|---|---|---|---|---|---|---|---|
| 154 | 京桂5号桉 | 桉属 | 20220369 | 北京林业大学、广西壮族自治区国有东门林场 | 20200286 | 2020.04.12 | 杨　珺、康向阳、兰　俊、熊　涛、邱炳发、王建忠、张　磊、唐再生、李卫发、姚秀冬 |
| 155 | 紫玉之妃 | 蔷薇属 | 20220370 | 玉溪紫玉花卉产业有限公司、玉溪市农业科学院 | 20200291 | 2020.04.15 | 张军云、段家彬、张　钟、张建康、钱遵姚、杨光焰、王文智、杨世先、张艳华、董　广、李晓亮 |
| 156 | 翩然 | 莼莱属 | 20220371 | 中国科学院武汉植物园 | 20200296 | 2020.04.22 | 刘宏涛、吕文君、夏伯顺、黄　升、袁　玲、王淑慧 |
| 157 | 锦绣楝 | 楝属 | 20220372 | 肖以恒 | 20200297 | 2020.04.23 | 肖以恒 |
| 158 | 蓝汐 | 越橘属 | 20220373 | 大连森茂现代农业有限公司 | 20200323 | 2020.05.01 | 王贺新、徐国辉 |
| 159 | 尹棘2号 | 枣属 | 20220374 | 沧州市农林科学院 | 20200337 | 2020.05.12 | 孙文元、孙　一、李俊英、芮松青、王　梅、黄素芳、李雅静、陈　健、赵忠祥、郭维新、王连鹏 |
| 160 | 尹棘3号 | 枣属 | 20220375 | 沧州市农林科学院 | 20200338 | 2020.05.12 | 孙文元、孙　一、李俊英、芮松青、王　梅、黄素芳、李雅静、陈　健、赵忠祥、郭维新、王连鹏 |
| 161 | 尹棘4号 | 枣属 | 20220376 | 沧州市农林科学院 | 20200339 | 2020.05.12 | 孙文元、孙　一、黄素芳、李俊英、芮松青、赵忠祥、赵花其、陈　健、曹平平、薛　文、李亚卉、王　梅、武　婷、郭维新、王连鹏、王云计、李雅静 |
| 162 | 尹棘5号 | 枣属 | 20220377 | 沧州市农林科学院 | 20200340 | 2020.05.12 | 孙文元、孙　一、李俊英、芮松青、黄素芳、李雅静、赵忠祥、郭维新、王连鹏 |
| 163 | 尹棘6号 | 枣属 | 20220378 | 沧州市农林科学院 | 20200341 | 2020.05.12 | 孙文元、孙　一、李俊英、芮松青、黄素芳、李雅静、赵忠祥、郭维新、王连鹏 |
| 164 | 恩皮斯文19280（NPCW19280） | 大戟属 | 20220379 | 克莱姆+索恩股份有限公司（Klemm + Sohn GmbH & Co. KG） | 20200342 | 2020.05.14 | 奎多·乌·图布夫（Guido von Tubeuf） |
| 165 | 恩皮斯文19282（NPCW19282） | 大戟属 | 20220380 | 克莱姆+索恩股份有限公司（Klemm + Sohn GmbH & Co. KG） | 20200343 | 2020.05.14 | 奎多·乌·图布夫（Guido von Tubeuf） |
| 166 | 紫之梦 | 绣球属 | 20220381 | 上海辰山植物园、杭州市园林绿化股份有限公司 | 20200363 | 2020.05.22 | 胡永红、叶　康、秦　俊、高　凯、邱　帅、张宪权、魏建芬、陈　浩、彭悠悠、刘群录 |

（续表）

| 序号 | 品种名称 | 所属属（种） | 品种权号 | 品种权人 | 申请号 | 申请日 | 培育人 |
|---|---|---|---|---|---|---|---|
| 167 | 梦幻星空 | 绣球属 | 20220382 | 上海辰山植物园、杭州市园林绿化股份有限公司 | 20200364 | 2020.05.22 | 秦俊、叶康、胡永红、邱帅、高凯、张宪权、郭娟、孙丽娜、张楠、刘群录 |
| 168 | 中闽3号 | 叶子花属 | 20220383 | 厦门市园林植物园 | 20200432 | 2020.06.28 | 周群、林悦其 |
| 169 | 紫袍 | 叶子花属 | 20220384 | 厦门市园林植物园、厦门路艺生态科技有限公司 | 20200433 | 2020.06.28 | 周群、陈志腾 |
| 170 | 苏柳2012 | 柳属 | 20220385 | 江苏省林业科学研究院 | 20200468 | 2020.07.02 | 何旭东、王保松、隋德宗、王伟伟 |
| 171 | 苏柳2013 | 柳属 | 20220386 | 江苏省林业科学研究院 | 20200469 | 2020.07.02 | 教忠意、王保松、何旭东、郑纪伟 |
| 172 | 苏柳2043 | 柳属 | 20220387 | 江苏省林业科学研究院 | 20200472 | 2020.07.02 | 教忠意、王红玲、黄瑞芳、施士争 |
| 173 | 衡蜡一号 | 白蜡树属 | 20220388 | 衡水市林业科学研究所、河北农业大学、衡水林源绿化工程有限公司 | 20200483 | 2020.07.06 | 张会恰、张军、杨爱颖、吴娜、孟丁丁、杜向前、任晔、李轩、宋爱红、张彦杰、孟丽、杨敏生 |
| 174 | 衡蜡二号 | 白蜡树属 | 20220389 | 衡水市林业科学研究所、河北农业大学、衡水林源绿化工程有限公司 | 20200484 | 2020.07.06 | 张会恰、董研、吴娜、杨爱颖、孟丁丁、陈红刚、辛芳英、孟丽、穆丽英、张锐、李轩、杨敏生 |
| 175 | 衡蜡三号 | 白蜡树属 | 20220390 | 衡水市林业科学研究所、河北农业大学、衡水林源绿化工程有限公司 | 20200485 | 2020.07.06 | 张会恰、任亚超、孟丁丁、杨爱颖、吴娜、王桂景、孙春雨、何立焕、王玉才、张绍杰、杨敏生 |
| 176 | 坦13161（TAN13161） | 蔷薇属 | 20220391 | 德国坦涛月季育种公司（Rosen Tantau KG, Germany） | 20200491 | 2020.07.08 | 克里斯汀安·埃维尔斯（Christian Evers） |
| 177 | 西露丝78234（SCH78234） | 蔷薇属 | 20220392 | 荷兰西露丝花卉控股有限公司（Piet Schreurs Holding B.V.） | 20200495 | 2020.07.09 | P.N.J.西露丝（Petrus Nicolaas Johannes Schreurs） |
| 178 | 西露丝85712（SCH85712） | 蔷薇属 | 20220393 | 荷兰西露丝花卉控股有限公司（Piet Schreurs Holding B.V.） | 20200497 | 2020.07.09 | P.N.J.西露丝（Petrus Nicolaas Johannes Schreurs） |
| 179 | 建南1号 | 卫矛属 | 20220394 | 高建设、冯天爽、张正振 | 20200521 | 2020.07.16 | 高建设、冯天爽、张正振、姚飞、刘春和、高伟、王浩、伍红见、冯天玉、杜贞星、王传亮、高悦鹏 |
| 180 | 建南2号 | 卫矛属 | 20220395 | 高伟、刘春和、伍红见 | 20200522 | 2020.07.16 | 高伟、刘春和、伍红见、高建设、冯天爽、张正振、姚飞、王浩、冯天玉、杜贞星、王传亮、高悦鹏 |

（续表）

| 序号 | 品种名称 | 所属属（种） | 品种权号 | 品种权人 | 申请号 | 申请日 | 培育人 |
|---|---|---|---|---|---|---|---|
| 181 | 建南4号 | 卫矛属 | 20220396 | 高悦鹏、王传亮、杜贞星 | 20200524 | 2020.07.16 | 高悦鹏、王传亮、杜贞星、姚　飞、王　浩、冯天玉、高　伟、刘春和、伍红见、高建设、冯天爽、张正振 |
| 182 | 草莓布丁 | 蔷薇属 | 20220397 | 中国农业科学院蔬菜花卉研究所 | 20200526 | 2020.07.16 | 葛　红、杨树华、李秋香、贾瑞冬、赵　鑫 |
| 183 | 喜洋洋 | 蔷薇属 | 20220398 | 中国农业科学院蔬菜花卉研究所 | 20200527 | 2020.07.16 | 杨树华、葛　红、李秋香、贾瑞冬、赵　鑫 |
| 184 | 玉娇刺玫 | 蔷薇属 | 20220399 | 中国农业科学院蔬菜花卉研究所 | 20200528 | 2020.07.16 | 葛　红、杨树华、李秋香、贾瑞冬、赵　鑫、闫　菲 |
| 185 | 粉樱刺玫 | 蔷薇属 | 20220400 | 中国农业科学院蔬菜花卉研究所 | 20200529 | 2020.07.16 | 葛　红、杨树华、李秋香、贾瑞冬、赵　鑫 |
| 186 | 红色马卡龙 | 蔷薇属 | 20220401 | 中国农业科学院蔬菜花卉研究所 | 20200530 | 2020.07.16 | 杨树华、葛　红、李秋香、贾瑞冬、赵　鑫 |
| 187 | 夏日香雪 | 胡枝子属 | 20220402 | 河北燕青农业科技有限公司 | 20200531 | 2020.07.16 | 杨彦青、庞　曼、郭艳超 |
| 188 | 尼尔普吉尔（NIRPKILL） | 蔷薇属 | 20220403 | 尼尔普国际有限公司（NIRP INTERNATIONAL SA） | 20200554 | 2020.07.22 | 亚历山德罗·吉奥恩（Alessandro Ghione） |
| 189 | 尼尔普泰尔（NIRPTERE） | 蔷薇属 | 20220404 | 尼尔普国际有限公司（NIRP INTERNATIONAL SA） | 20200558 | 2020.07.22 | 亚历山德罗·吉奥恩（Alessandro Ghione） |
| 190 | 奢香1号 | 杜鹃花属 | 20220405 | 贵州师范大学 | 20200592 | 2020.08.05 | 龚记熠、李欲轲、唐　明、张习敏、孙　威、乙　引、刘　杰 |
| 191 | 楚林保鑫 | 核桃属 | 20220406 | 湖北省林业科学研究院、保康县核桃技术推广中心 | 20200602 | 2020.08.07 | 徐永杰、王其竹、廖　舒、付亚男、徐春永、姜德志、徐朝煜、李孝鑫、王代全、陈万胜、赵　勇 |
| 192 | 紫绮 | 紫薇属 | 20220407 | 浙江省林业科学研究院 | 20200625 | 2020.08.17 | 王金凤、周　琦、陈卓梅 |
| 193 | 紫俏 | 紫薇属 | 20220408 | 浙江省林业科学研究院、浙江省亚热带作物研究所 | 20200626 | 2020.08.17 | 王金凤、周　琦、陈卓梅、马晓华 |
| 194 | 绝代双娇 | 紫薇属 | 20220409 | 浙江省林业科学研究院 | 20200627 | 2020.08.17 | 周　琦、陈卓梅、王金凤 |
| 195 | 紫绶 | 紫薇属 | 20220410 | 浙江省林业科学研究院 | 20200628 | 2020.08.17 | 陈卓梅、周　琦、王金凤 |
| 196 | 秾点繁红 | 芍药属 | 20220411 | 城发集团（青岛）旅游发展有限公司、中国农业科学院蔬菜花卉研究所 | 20200635 | 2020.08.07 | 周兆宇、董　昱、张秀新、范俊峰、任秀霞 |
| 197 | 秾点千红 | 芍药属 | 20220412 | 中国农业科学院蔬菜花卉研究所 | 20200636 | 2020.08.07 | 张秀新、薛璟祺、范俊峰、薛玉前、王　芳 |

（续表）

| 序号 | 品种名称 | 所属属（种） | 品种权号 | 品种权人 | 申请号 | 申请日 | 培育人 |
|---|---|---|---|---|---|---|---|
| 198 | 秾色国艳 | 芍药属 | 20220413 | 城发集团（青岛）旅游发展有限公司、中国农业科学院蔬菜花卉研究所 | 20200640 | 2020.08.07 | 薛文栋、张秀新、董昱、王艳艳、任秀霞 |
| 199 | 秾苑粉簪 | 芍药属 | 20220414 | 中国农业科学院蔬菜花卉研究所 | 20200648 | 2020.08.07 | 张秀新、薛璟祺、薛玉前、李丰见、柳志勇 |
| 200 | 秾苑幻彩 | 芍药属 | 20220415 | 中国农业科学院蔬菜花卉研究所 | 20200649 | 2020.08.07 | 张秀新、王顺利、任秀霞、房桂霞 |
| 201 | 秾苑绣女 | 芍药属 | 20220416 | 城发集团（青岛）旅游发展有限公司、中国农业科学院蔬菜花卉研究所 | 20200655 | 2020.08.07 | 薛文栋、张秀新、王艳艳、李昆、薛璟祺 |
| 202 | 秾苑玉冠 | 芍药属 | 20220417 | 中国农业科学院蔬菜花卉研究所 | 20200656 | 2020.08.07 | 张秀新、王顺利、范俊峰、慈惠婷 |
| 203 | 秾苑玉楼 | 芍药属 | 20220418 | 中国农业科学院蔬菜花卉研究所 | 20200658 | 2020.08.07 | 张秀新、薛璟祺、薛玉前、王芳 |
| 204 | 首善之花 | 蔷薇属 | 20220419 | 北京纳波湾园艺有限公司 | 20200702 | 2020.08.30 | 王波 |
| 205 | 长城歌谣 | 蔷薇属 | 20220420 | 北京纳波湾园艺有限公司 | 20200703 | 2020.08.30 | 王波、祁阁洲、王文雅 |
| 206 | 夏都之光 | 蔷薇属 | 20220421 | 北京纳波湾园艺有限公司 | 20200704 | 2020.08.30 | 王波、祁阁洲、王文雅 |
| 207 | 秋恋 | 蔷薇属 | 20220422 | 云南锦科花卉工程研究中心有限公司 | 20200709 | 2020.09.01 | 倪功、曹荣根、何琼、乔丽婷、田连通、阳明祥、王江兵 |
| 208 | 迷梦 | 蔷薇属 | 20220423 | 云南锦科花卉工程研究中心有限公司 | 20200718 | 2020.09.01 | 倪功、曹荣根、何琼、乔丽婷、田连通、阳明祥、王江兵 |
| 209 | 辛格瑞拉 | 蔷薇属 | 20220424 | 云南锦科花卉工程研究中心有限公司 | 20200724 | 2020.09.01 | 倪功、曹荣根、何琼、乔丽婷、田连通、阳明祥、王江兵 |
| 210 | 蒙樱1号 | 李属 | 20220425 | 赤峰市林业科学研究所 | 20200736 | 2020.09.07 | 程瑞春、李显玉、乌志颜、张岱松、张丽、齐鑫淼、许成国、李晓宇、段磊 |
| 211 | 德瑞斯红十七（DrisRaspSeventeen） | 悬钩子属 | 20220426 | 德瑞斯克公司（Driscoll's, Inc.） | 20200739 | 2019.11.19 | 马提亚斯·维腾（Matthias VITTEN）、路易斯·米格尔·罗德里格兹·马丁内兹（Luis Miguel Rodriguez MARTINEZ）、凯尔·拉克（Kyle RAK）、詹姆斯·海里格（James HEILIG） |
| 212 | 贝肯朋来（BKPONAI） | 大戟属 | 20220427 | 荷兰贝肯坎普植物有限公司（Beekenkamp Plants B.V.） | 20200750 | 2020.09.13 | 安妮·考莱利雅·贝肯坎普（Annie Cornelia Beekenkamp） |

（续表）

| 序号 | 品种名称 | 所属属（种） | 品种权号 | 品种权人 | 申请号 | 申请日 | 培育人 |
|---|---|---|---|---|---|---|---|
| 213 | 贝肯朋贝（BKPONBF） | 大戟属 | 20220428 | 荷兰贝肯坎普植物有限公司（Beekenkamp Plants B.V.） | 20200751 | 2020.09.13 | 安妮·考莱利雅·贝肯坎普（Annie Cornelia Beekenkamp） |
| 214 | 贝肯朋乐（BKPONLR） | 大戟属 | 20220429 | 荷兰贝肯坎普植物有限公司（Beekenkamp Plants B.V.） | 20200752 | 2020.09.13 | 安妮·考莱利雅·贝肯坎普（Annie Cornelia Beekenkamp） |
| 215 | 浙覆3号 | 悬钩子属 | 20220430 | 台州市农业科学研究院、台州学院 | 20200769 | 2020.09.15 | 江景勇、陈珍、邱莉萍、邱智敏、李小白、华小菊、潘仙鹏、洪小玲 |
| 216 | 三川页 | 杏 | 20220431 | 赤峰市林业科学研究所 | 20200770 | 2020.09.17 | 李显玉、乔明武、赵鸥、阿拉坦图雅、穆喜云、段磊 |
| 217 | 紫玉 | 丁香属 | 20220432 | 北京市植物园管理处、中国园林博物馆北京筹备办公室 | 20200785 | 2020.09.18 | 陈进勇、孟昕、樊金龙、朱莹 |
| 218 | 紫霞 | 丁香属 | 20220433 | 北京市植物园管理处、中国园林博物馆北京筹备办公室 | 20200786 | 2020.09.18 | 陈进勇、孟昕、樊金龙、朱莹 |
| 219 | 蒙樱2号 | 李属 | 20220434 | 赤峰市林业科学研究所 | 20200787 | 2020.09.20 | 程瑞春、李显玉、乌志颜、张岱松、李晓宇、齐鑫淼、许成国、赵明智、王艳刚 |
| 220 | 西露丝80693（SCH80693） | 蔷薇属 | 20220435 | 荷兰西露丝花卉控股有限公司（Piet Schreurs Holding B.V.） | 20200791 | 2020.09.24 | P.N.J.西露丝（Petrus Nicolaas Johannes Schreurs） |
| 221 | 西露丝88448（SCH88448） | 蔷薇属 | 20220436 | 荷兰西露丝花卉控股有限公司（Piet Schreurs Holding B.V.） | 20200794 | 2020.09.24 | P.N.J.西露丝（Petrus Nicolaas Johannes Schreurs） |
| 222 | 西露丝88470（SCH88470） | 蔷薇属 | 20220437 | 荷兰西露丝花卉控股有限公司（Piet Schreurs Holding B.V.） | 20200795 | 2020.09.24 | P.N.J.西露丝（Petrus Nicolaas Johannes Schreurs） |
| 223 | 勋章 | 栎属 | 20220438 | 日照金枫园林科技有限公司、山东省林业科学研究院 | 20200804 | 2020.09.28 | 王振猛、王洪永、马丙尧、王霞、陈睿、王清华、张新慰、杜振宇、王燕、毛秀红、高嘉、王世才 |
| 224 | 香雪2号 | 栀子属 | 20220439 | 嵊州市栀香花木有限公司 | 20200813 | 2020.09.29 | 张军、张冬芬、求鹏英、黄少平、徐全华、宋科佳、钱亚来、毕文玉、施玲玲 |
| 225 | 华林桐6号 | 泡桐属 | 20220440 | 雷凯、赵丹宁、杨元林 | 20200831 | 2020.10.11 | 雷凯、赵丹宁、杨元林、雷自星、杨金明、韦运武、李囡囡、王睿、王宇甦 |
| 226 | 红昕 | 无患子属 | 20220441 | 北京林业大学、福建源华林业生物科技有限公司 | 20200854 | 2020.10.18 | 贾黎明、刘济铭、陈仲、王昕、孙操稳、郑玉琳、赵国春、刘诗琦、何秋阳、翁学煌、罗水晶、张端光 |

（续表）

| 序号 | 品种名称 | 所属属（种） | 品种权号 | 品种权人 | 申请号 | 申请日 | 培育人 |
|---|---|---|---|---|---|---|---|
| 227 | 潇湘紫裳 | 紫薇属 | 20220442 | 湖南省林业科学院、湘西自治州林学会、长沙湘莹园林科技有限公司 | 20200887 | 2020.10.22 | 王晓明、向魁文、李永欣、蔡　能、曾慧杰、乔中全、陈　艺、王　惠 |
| 228 | 相思豆 | 蔷薇属 | 20220443 | 云南锦科花卉工程研究中心有限公司 | 20200930 | 2020.10.31 | 倪　功、曹荣根、何　琼、乔丽婷、田连通、阳明祥、王江兵 |
| 229 | 爱普开061814（IPK061814） | 蔷薇属 | 20220444 | 英特普兰特月季育种公司（Interplant Roses B.V.） | 20200943 | 2020.11.06 | 范·多伊萨姆（ir. A.J.H. van Doesum） |
| 230 | 鲁栾1号 | 栾树属 | 20220445 | 山东省林业保护和发展服务中心、滕州市林业事业发展中心 | 20200956 | 2020.11.09 | 窦　霄、董章凯、段正洪、徐昌建、周继磊、张明哲、刘　红、张　军、秦永建、秦荣荣、郭建曜、崔凤华、甄　民 |
| 231 | 鲁栾2号 | 栾树属 | 20220446 | 山东省林业保护和发展服务中心、滕州市林业事业发展中心 | 20200957 | 2020.11.09 | 窦　霄、董章凯、段正洪、徐昌建、周继磊、张明哲、张鹏远、张　军、秦永建、秦荣荣、郭建曜、崔凤华、甄　民 |
| 232 | 瑞克恩1053B（RUICN1053B） | 蔷薇属 | 20220447 | 迪瑞特知识产权公司（De Ruiter Intellectual Property B.V.） | 20200961 | 2020.11.11 | 汉克·德·格罗特（H.C.A. de Groot） |
| 233 | 瑞慕克0004（RUIMCR0004） | 蔷薇属 | 20220448 | 迪瑞特知识产权公司（De Ruiter Intellectual Property B.V.） | 20200964 | 2020.11.11 | 汉克·德·格罗特（H.C.A. de Groot） |
| 234 | 辽青1号 | 杨属 | 20220449 | 辽宁省杨树研究所 | 20200997 | 2020.11.24 | 蔺胜军、刘　巍、彭儒胜、梁德军、尹　杰、宋立志、彭建东、党　伟 |
| 235 | 辽青2号 | 杨属 | 20220450 | 辽宁省杨树研究所 | 20200998 | 2020.11.24 | 蔺胜军、刘　巍、彭儒胜、梁德军、尹　杰、宋立志、彭建东、周　成 |
| 236 | 瑞克优2031A（RUICQ2031A） | 蔷薇属 | 20220451 | 迪瑞特知识产权公司（De Ruiter Intellectual Property B.V.） | 20201004 | 2020.11.25 | 汉克·德·格罗特（H.C.A. de Groot） |
| 237 | 瑞克优2117A（RUICQ2117A） | 蔷薇属 | 20220452 | 迪瑞特知识产权公司（De Ruiter Intellectual Property B.V.） | 20201005 | 2020.11.25 | 汉克·德·格罗特（H.C.A. de Groot） |
| 238 | 瑞克优2700A（RUICQ2700A） | 蔷薇属 | 20220453 | 迪瑞特知识产权公司（De Ruiter Intellectual Property B.V.） | 20201006 | 2020.11.25 | 汉克·德·格罗特（H.C.A. de Groot） |
| 239 | 金珀 | 文冠果 | 20220454 | 山东林昱宏文冠果股份有限公司、山东省林草种质资源中心 | 20201023 | 2020.11.30 | 张鑫洋、王　震、赵永军、吴　丹、解孝满、杨海平、李　猛、林俊梅 |

（续表）

| 序号 | 品种名称 | 所属属（种） | 品种权号 | 品种权人 | 申请号 | 申请日 | 培育人 |
|---|---|---|---|---|---|---|---|
| 240 | 绯豆 | 文冠果 | 20220455 | 山东林昱宏文冠果股份有限公司、山东省林草种质资源中心 | 20201024 | 2020.11.30 | 王震、王磊、赵永军、解孝满、庄振杰、林俊梅、高广臣、刘莉 |
| 241 | 怀奇 | 栗属 | 20220456 | 北京市怀柔区板栗技术试验与推广站 | 20201033 | 2020.12.04 | 刘建玲、邢宇、赵永廉、秦岭、刘阳、王金宝、曹庆芹、刘海涛、张卿、孙玮玮、何久艳 |
| 242 | 京暑红 | 栗属 | 20220457 | 北京农学院 | 20201035 | 2020.12.04 | 秦岭、曹庆芹、张卿、邢宇、刘建玲、刘海涛、王金宝 |
| 243 | 华光 | 石榴属 | 20220458 | 中国农业科学院郑州果树研究所 | 20201045 | 2020.12.10 | 曹尚银、李好先、骆翔、陈利娜 |
| 244 | 比乌马（BBWMA） | 蔷薇属 | 20220459 | 厄瓜多尔橙褐育种工程公司（Brownbreeding Ingenieria S.A.） | 20201054 | 2020.12.13 | 特兰·巴利亚（Teran Barea） |
| 245 | 格拉16836（GRA16836） | 蔷薇属 | 20220460 | 澳大利亚巨花苗圃有限公司（Grandiflora Nurseries Pty. Ltd.） | 20201059 | 2020.12.16 | H. E. 舒德尔斯（H. E. Schreuders） |
| 246 | 格拉161264（GRA161264） | 蔷薇属 | 20220461 | 澳大利亚巨花苗圃有限公司（Grandiflora Nurseries Pty. Ltd.） | 20201063 | 2020.12.16 | H. E. 舒德尔斯（H. E. Schreuders） |
| 247 | 格拉1511131（GRA1511131） | 蔷薇属 | 20220462 | 澳大利亚巨花苗圃有限公司（Grandiflora Nurseries Pty. Ltd.） | 20201064 | 2020.12.16 | H. E. 舒德尔斯（H. E. Schreuders） |
| 248 | 格拉1512517（GRA1512517） | 蔷薇属 | 20220463 | 澳大利亚巨花苗圃有限公司（Grandiflora Nurseries Pty. Ltd.） | 20201066 | 2020.12.16 | H. E. 舒德尔斯（H. E. Schreuders） |
| 249 | 张双6号 | 杏 | 20220464 | 张家口市农业科学院 | 20201067 | 2020.12.16 | 王秀荣、吕丽霞、许建铭、王玉祥、王维、赵海洋、王伟军、郝建宇、刘晓婕、杨振华、贾莉、楚紫辉、李克文、闫文静 |
| 250 | 大花冬绿 | 蜡梅 | 20220465 | 北京林业大学、鄢陵县林海绿色投资发展有限公司、鄢陵县林业局 | 20201087 | 2020.12.17 | 李庆卫、王静、张纪堂、张春萍、梁永恒、曹应伟、王秀军、许彦军、李乐辉 |
| 251 | 淡妆蝶舞 | 蜡梅 | 20220466 | 北京林业大学、鄢陵县林海绿色投资发展有限公司、鄢陵县林业局 | 20201088 | 2020.12.17 | 李庆卫、张纪堂、张春萍、王秀军、王静、李乐辉、丁铭明、许彦军、柴德勇 |
| 252 | 黄金枝 | 蜡梅 | 20220467 | 北京林业大学、鄢陵县林海绿色投资发展有限公司、鄢陵县林业局 | 20201090 | 2020.12.17 | 李庆卫、张纪堂、王静、刘建科、曹应伟、陈彦伟、梁永恒、王秀军、姬雪芹 |

（续表）

| 序号 | 品种名称 | 所属属（种） | 品种权号 | 品种权人 | 申请号 | 申请日 | 培育人 |
|---|---|---|---|---|---|---|---|
| 253 | 南林宁玉 | 木樨属 | 20220468 | 南京林业大学、江苏农林职业技术学院 | 20201095 | 2020.12.18 | 岳远征、王良桂、杨秀莲、陈贡伟、施婷婷 |
| 254 | 南林秋韵 | 木樨属 | 20220469 | 南京林业大学、江苏农林职业技术学院 | 20201096 | 2020.12.18 | 杨秀莲、王良桂、岳远征、陈贡伟、施婷婷 |
| 255 | 风姿2号 | 刺槐属 | 20220470 | 河北农业大学、保定市满城区苗圃场、保定市林木种苗管理站 | 20201111 | 2020.12.27 | 张军、董研、王进茂、杨敏生、柳俊明、王立成、李清泉、陈义兰、吴娜 |
| 256 | 风姿3号 | 刺槐属 | 20220471 | 河北农业大学、河北省洪崖山国有林场、保定市林木种苗管理站 | 20201112 | 2020.12.27 | 张军、陈义兰、郝晨汝、董研、杨敏生、庞新博、刘朝华、柳俊明、王立成、陈红刚 |
| 257 | 风姿4号 | 刺槐属 | 20220472 | 河北农业大学、衡水市林业科学研究所 | 20201113 | 2020.12.27 | 王进茂、张军、董研、杨敏生、李轩、杨爱颖、柳俊明、李清泉、李心力、孟丽 |
| 258 | 娉婷 | 丁香属 | 20220473 | 中国科学院植物研究所 | 20201115 | 2020.12.28 | 崔洪霞、石雷、臧淑英 |
| 259 | 蜀森11号 | 木通属 | 20220474 | 四川农业大学、成都农业科技职业学院、四川八月瓜生物科技有限公司 | 20201116 | 2020.12.28 | 罗培高、高芳、陈巍、杨皓、阳淑、沈金亮、钟胜福、关雎、黎青 |
| 260 | 蜀森13号 | 木通属 | 20220475 | 四川农业大学、雅安八月瓜生物科技有限公司、四川八月瓜生物科技有限公司 | 20201118 | 2020.12.28 | 罗培高、高芳、杨皓、陈巍、符鹏、何自行、尤华忠、关雎、张秋怡、董晴 |
| 261 | 蜀森14号 | 木通属 | 20220476 | 四川农业大学、四川八月瓜生物科技有限公司、达州市农业科学研究院 | 20201119 | 2020.12.28 | 罗培高、阳淑、华小菊、沈金亮、钟胜福、黎青、关雎、陈巍、杨皓 |
| 262 | 酥籽 | 石榴属 | 20220477 | 安徽省农业科学院园艺研究所 | 20201123 | 2020.12.30 | 徐义流、秦改花、刘春燕、张德安、黎积誉 |
| 263 | 妃红 | 石榴属 | 20220478 | 安徽省农业科学院园艺研究所 | 20201124 | 2020.12.30 | 秦改花、刘春燕、黎积誉、徐义流、赵宏远 |
| 264 | 出水芙蓉 | 木槿属 | 20220479 | 中国热带农业科学院热带作物品种资源研究所 | 20210007 | 2021.01.13 | 牛俊海、冷青云、徐世松、黄少华 |
| 265 | 富贵 | 杜鹃花属 | 20220480 | 浙江省林业科学研究院 | 20210008 | 2021.01.13 | 杨华、宋绪忠、王秀云、陈卓梅、王金凤、沈剑 |
| 266 | 紫荷 | 紫薇属 | 20220481 | 江苏省中国科学院植物研究所 | 20210016 | 2021.01.14 | 李亚、王淑安、王鹏、汪庆、李林芳、杨如同 |
| 267 | 粉芙蓉 | 紫薇属 | 20220482 | 江苏省中国科学院植物研究所 | 20210017 | 2021.01.14 | 王鹏、王淑安、李亚、汪庆、李林芳、杨如同 |
| 268 | 稚子面 | 紫薇属 | 20220483 | 江苏省中国科学院植物研究所 | 20210018 | 2021.01.14 | 汪庆、王淑安、王鹏、李林芳、杨如同、李亚 |

（续表）

| 序号 | 品种名称 | 所属属（种） | 品种权号 | 品种权人 | 申请号 | 申请日 | 培育人 |
|---|---|---|---|---|---|---|---|
| 269 | 金盾 | 木槿属 | 20220484 | 中国热带农业科学院热带作物品种资源研究所 | 20210019 | 2021.01.14 | 牛俊海、冷青云、徐世松、黄少华 |
| 270 | 桃蕾 | 紫薇属 | 20220485 | 江苏省中国科学院植物研究所 | 20210020 | 2021.01.14 | 王淑安、王鹏、李亚、汪庆、李林芳、杨如同 |
| 271 | 香腮雪 | 紫薇属 | 20220486 | 江苏省中国科学院植物研究所 | 20210021 | 2021.01.14 | 王淑安、王鹏、汪庆、李亚、李林芳、杨如同 |
| 272 | 红海星 | 木槿属 | 20220487 | 中国热带农业科学院热带作物品种资源研究所 | 20210022 | 2021.01.18 | 牛俊海、冷青云、徐世松、黄少华 |
| 273 | 龙爪红 | 木槿属 | 20220488 | 中国热带农业科学院热带作物品种资源研究所 | 20210023 | 2021.01.18 | 牛俊海、冷青云、徐世松、黄少华 |
| 274 | 菲韵 | 蔷薇属 | 20220489 | 中国农业大学 | 20210037 | 2021.01.19 | 高俊平、张常青、马男、李永红、周晓锋、孙小明 |
| 275 | 娉婷 | 蔷薇属 | 20220490 | 中国农业大学 | 20210043 | 2021.01.20 | 高俊平、周晓锋、马男、马超、张常青、孙小明 |
| 276 | 落日熔金 | 蔷薇属 | 20220491 | 中国农业大学 | 20210044 | 2021.01.20 | 高俊平、李永红、马男、马超、张常青、景维坤 |
| 277 | 华丽 | 花椒属 | 20220492 | 丽江市林业科学研究所、华坪县林业和草原局 | 20210048 | 2021.01.21 | 高云贵、李庆华、彭吉光、王洪艳、关云琳、杨志刚、王晓燕、马琴、洪献梅、丁德品、杨根林、子桂才、谭凤琼、王益琴、胡佳莫 |
| 278 | 多盟赛思慕（Dorosigsym） | 蔷薇属 | 20220493 | 多盟集团公司（Dümmen Group B.V.） | 20210052 | 2021.01.22 | 菲利普·威斯（Philippe Veys） |
| 279 | 多盟斯帕森（Dorospasen） | 蔷薇属 | 20220494 | 多盟集团公司（Dümmen Group B.V.） | 20210053 | 2021.01.22 | 菲利普·威斯（Philippe Veys） |
| 280 | 多盟苏士（Dorosuez） | 蔷薇属 | 20220495 | 多盟集团公司（Dümmen Group B.V.） | 20210054 | 2021.01.22 | 菲利普·威斯（Philippe Veys） |
| 281 | 玉盘龙珠 | 木槿属 | 20220496 | 温州科技职业学院（温州市农业科学研究院） | 20210057 | 2021.01.23 | 陈家龙、朱建军、王巍伟 |
| 282 | 紫姝 | 野牡丹属 | 20220497 | 广州普邦园林股份有限公司、中山大学 | 20210082 | 2021.02.04 | 谢腾芳、刘晓洲、李冰敏、谭广文、曾凤、周仁超、邓演文、贾培义、刘莹、钟燕、孙晨雨、李银 |
| 283 | 绿凤凰 | 栎属 | 20220498 | 东台市通源种苗场、中国林业科学研究院亚热带林业研究所 | 20210112 | 2021.02.23 | 路晓宏、陈益泰、柴胜元、王树凤、路鲲、叶厚群、樊岁君、谈士浪、何小洋 |
| 284 | 福广 | 栎属 | 20220499 | 中国林业科学研究院亚热带林业研究所、东台市通源种苗场 | 20210113 | 2021.02.24 | 柴胜元、王树凤、孙海菁、路晓宏、施翔、叶厚群、唐育林、路燕 |

（续表）

| 序号 | 品种名称 | 所属属（种） | 品种权号 | 品种权人 | 申请号 | 申请日 | 培育人 |
|---|---|---|---|---|---|---|---|
| 285 | 福吉 | 栎属 | 20220500 | 中国林业科学研究院亚热带林业研究所、东台市通源种苗场 | 20210114 | 2021.02.24 | 柴胜元、王树凤、陈益泰、孙海菁、路晓宏、叶厚群、唐育林、路 燕 |
| 286 | 福源 | 栎属 | 20220501 | 东台市通源种苗场、中国林业科学研究院亚热带林业研究所 | 20210115 | 2021.02.24 | 路晓宏、柴胜元、陈益泰、施 翔、路 鲲、叶厚群、樊岁君、谈士浪、何小洋 |
| 287 | 南山春紫 | 杜鹃花属 | 20220502 | 重庆市南山植物园管理处 | 20210119 | 2021.02.26 | 权俊萍、张绍林、陈 静、李 丽、刘家艳、陈欣媛 |
| 288 | 宁香1号 | 紫薇属 | 20220503 | 江苏省中国科学院植物研究所 | 20210126 | 2021.03.02 | 陈 红、王传永、李云龙、蔡小龙、周艳威、陆小清、种昕冉、周 婷 |
| 289 | 绯云添香 | 紫薇属 | 20220504 | 江苏省中国科学院植物研究所 | 20210128 | 2021.03.02 | 王传永、陈 红、蔡小龙、李云龙、陆小清 |
| 290 | 宁香2号 | 紫薇属 | 20220505 | 江苏省中国科学院植物研究所 | 20210131 | 2021.03.03 | 陈 红、李云龙、王传永、周艳威、陆小清、种昕冉、张 凡 |
| 291 | 小山秋白 | 鸢尾属 | 20220506 | 北京林业大学、高亦珂、范诸平 | 20210134 | 2021.03.03 | 高亦珂、范诸平、郭彦超、张启翔 |
| 292 | 小山紫旗 | 鸢尾属 | 20220507 | 北京林业大学、高亦珂、范诸平 | 20210135 | 2021.03.03 | 高亦珂、范诸平、郭彦超、张启翔 |
| 293 | 祖母秋紫 | 鸢尾属 | 20220508 | 北京林业大学、高亦珂、范诸平 | 20210136 | 2021.03.03 | 高亦珂、范诸平、郭彦超、张启翔 |
| 294 | 磐匀榧 | 榧树属 | 20220509 | 浙江农林大学、磐安县自然资源和规划局、磐安县农家缘香榧专业合作社 | 20210137 | 2021.03.04 | 张 敏、陈红星、张 迟、郑国良、张苏炯、傅志华、曹兆平、张 笑 |
| 295 | 磐东榧 | 榧树属 | 20220510 | 浙江农林大学、磐安县自然资源和规划局、磐安县农家缘香榧专业合作社 | 20210138 | 2021.03.04 | 张 敏、陈红星、张 迟、张苏炯、郑国良、陈海清、傅志华 |
| 296 | 恩皮斯文18087（NPCW18087） | 大戟属 | 20220511 | 克莱姆+索恩股份有限公司（Klemm + Sohn GmbH & Co. KG） | 20210141 | 2021.03.05 | 奎多·乌·图布夫（Guido von Tubeuf） |
| 297 | 竹蝶 | 木槿属 | 20220512 | 中国热带农业科学院热带作物品种资源研究所 | 20210175 | 2021.03.17 | 牛俊海、冷青云、徐世松、黄少华 |
| 298 | 桂柿1号 | 柿 | 20220513 | 广西特色作物研究院 | 20210182 | 2021.03.18 | 全金成、黄金盟、江一红 |
| 299 | 磐早榧 | 榧树属 | 20220514 | 磐安县自然资源和规划局、浙江省林业科学研究院、磐安县中药产业发展促进中心 | 20210195 | 2021.04.01 | 陈红星、李海波、张苏炯、宋其岩、叶碧欢、张 敏、马苗岳 |
| 300 | 金小白 | 叶子花属 | 20220515 | 海南省农业科学院热带园艺研究所 | 20210197 | 2021.04.06 | 杨 珺、符瑞侃、云 勇 |

（续表）

| 序号 | 品种名称 | 所属属（种） | 品种权号 | 品种权人 | 申请号 | 申请日 | 培育人 |
|---|---|---|---|---|---|---|---|
| 301 | 颖荷 | 蔷薇属 | 20220516 | 安徽颖荷生态农业发展有限公司、阜阳市百益花卉园艺有限公司、安徽省农业科学院农业工程研究所 | 20210200 | 2021.04.07 | 康丽云、樊德新、兰　伟、张雨涵、唐　菲、史　丹、史　良、王晶晶、孟艳琼、朱糠宁 |
| 302 | 锦簇 | 蜡梅 | 20220517 | 河南省林业科学研究院 | 20210214 | 2021.04.12 | 沈植国、丁　鑫、王安亭、孙　萌、程建明、沈希辉、汤正辉、石发良 |
| 303 | 袅晴丝 | 蔷薇属 | 20220518 | 北京市园林科学研究院、辽阳市千百汇月季种植专业合作社 | 20210232 | 2021.04.20 | 张西西、吴建芝、张春和、赵世伟、樊德新、赵继业 |
| 304 | 冬日暖阳 | 木槿属 | 20220519 | 南宁市园林科研所、广西槿汇岭南园林科技有限公司 | 20210234 | 2021.04.20 | 霍　行、黄旭光、杨思霞、廖堂贵 |
| 305 | 紫焰 | 木槿属 | 20220520 | 南宁市园林科研所、广西槿汇岭南园林科技有限公司 | 20210237 | 2021.04.21 | 黄丽丹、黄旭光、杨思霞、姜立甫 |
| 306 | 暮春粉黛 | 蔷薇属 | 20220521 | 北京市园林科学研究院、辽阳市千百汇月季种植专业合作社 | 20210239 | 2021.04.21 | 张西西、樊德新、张春和、舒健骅、田　宇、赵世伟、赵继业 |
| 307 | 旌旗在望 | 蔷薇属 | 20220522 | 北京市园林科学研究院、辽阳市千百汇月季种植专业合作社 | 20210241 | 2021.04.21 | 张西西、樊德新、舒健骅、徐　菁、赵世伟、闫东艳 |
| 308 | 粉黛 | 木槿属 | 20220523 | 南宁市园林科研所、广西槿汇岭南园林科技有限公司 | 20210242 | 2021.04.21 | 黄玲璞、黄旭光、杨思霞、阮　俊 |
| 309 | 媚霞 | 木槿属 | 20220524 | 南宁市园林科研所、广西槿汇岭南园林科技有限公司 | 20210243 | 2021.04.21 | 姜立甫、黄旭光、杨思霞、黄菊秋、冉思霖 |
| 310 | 醉红蝶 | 木槿属 | 20220525 | 南宁市园林科研所、广西槿汇岭南园林科技有限公司 | 20210244 | 2021.04.21 | 黄宇寒、黄旭光、杨思霞、韦惠师 |
| 311 | 暮山紫 | 木槿属 | 20220526 | 南宁市园林科研所、广西槿汇岭南园林科技有限公司 | 20210247 | 2021.04.21 | 黄旭光、阮　俊、罗恩波、黄爱玲 |
| 312 | 蝶梦 | 木槿属 | 20220527 | 南宁市园林科研所、广西槿汇岭南园林科技有限公司 | 20210248 | 2021.04.21 | 黄旭光、王卫南、覃民全、杨思霞 |
| 313 | 梦粉碧玉 | 木槿属 | 20220528 | 南宁市园林科研所、广西槿汇岭南园林科技有限公司 | 20210250 | 2021.04.23 | 秦　玲、黄旭光、赵建文、陆炎松 |
| 314 | 芳菲 | 木槿属 | 20220529 | 南宁市园林科研所、广西槿汇岭南园林科技有限公司 | 20210251 | 2021.04.23 | 杨思霞、黄旭光、王卫南、杨华妹 |
| 315 | 辽蓝513 | 越橘属 | 20220530 | 辽宁省果树科学研究所 | 20210259 | 2021.04.30 | 陶承光、刘有春、王兴东、王宏光、王　升、魏　鑫、谭永军、刘修丽、袁兴福、魏永祥 |
| 316 | 豫红1号 | 蜡梅 | 20220531 | 河南省林业科学研究院 | 20210260 | 2021.04.30 | 沈植国、尚忠海、丁　鑫、岳长平、汤正辉、孙　萌、程建明、沈希辉 |

（续表）

| 序号 | 品种名称 | 所属属（种） | 品种权号 | 品种权人 | 申请号 | 申请日 | 培育人 |
|---|---|---|---|---|---|---|---|
| 317 | 密花风铃 | 蜡梅 | 20220532 | 河南省林业科学研究院 | 20210261 | 2021.04.30 | 丁　鑫、沈植国、王志刚、孙　萌、陈尚凤、韩　健、汤正辉、程建明、沈希辉 |
| 318 | 小晴 | 叶子花属 | 20220533 | 海南省农业科学院热带园艺研究所 | 20210282 | 2021.05.10 | 杨　珺、符瑞侃、云　勇 |
| 319 | 凤尾楠 | 楠属 | 20220534 | 长江大学 | 20210283 | 2021.05.10 | 费永俊、胡　蝶、孙　兵、肖　波、于鹏宇、潘　晓 |
| 320 | 辽蓝515 | 越橘属 | 20220535 | 辽宁省果树科学研究所 | 20210285 | 2021.05.11 | 刘　成、刘有春、杨玉春、杨艳敏、孙　斌、张　舵、王　莉、高树清、魏永祥、蒋明三 |
| 321 | 丹墨玫枝（DanmoRose Branch） | 蔷薇属 | 20220536 | 有限会社木村企画（CO.LTD.KIMURA PLANNING）、沈阳晶卉园艺有限公司 | 20210288 | 2021.05.13 | 木村卓功（Takunori Kimura） |
| 322 | 潘妮洛佩亚（penelopeia） | 蔷薇属 | 20220537 | 有限会社木村企画（CO.LTD.KIMURA PLANNING）、沈阳晶卉园艺有限公司 | 20210292 | 2021.05.13 | 木村卓功（Takunori Kimura） |
| 323 | 托妮莎德（Doniazade） | 蔷薇属 | 20220538 | 有限会社木村企画（CO.LTD.KIMURA PLANNING）、沈阳晶卉园艺有限公司 | 20210293 | 2021.05.13 | 木村卓功（Takunori Kimura） |
| 324 | 夏莉玛（Shalimar） | 蔷薇属 | 20220539 | 有限会社木村企画（CO.LTD.KIMURA PLANNING）、沈阳晶卉园艺有限公司 | 20210294 | 2021.05.13 | 木村卓功（Takunori Kimura） |
| 325 | 月夜光影（Shadow Of TheMoon） | 蔷薇属 | 20220540 | 有限会社木村企画（CO.LTD.KIMURA PLANNING）、沈阳晶卉园艺有限公司 | 20210296 | 2021.05.13 | 木村卓功（Takunori Kimura） |
| 326 | 骏好 | 叶子花属 | 20220541 | 厦门市园林植物园 | 20210299 | 2021.05.14 | 周　群 |
| 327 | 卧龙1号 | 叶子花属 | 20220542 | 厦门市园林植物园 | 20210300 | 2021.05.14 | 周　群 |
| 328 | 星斑1号 | 叶子花属 | 20220543 | 厦门市园林植物园 | 20210301 | 2021.05.14 | 周　群、张万旗 |
| 329 | 黔莓1号 | 悬钩子属 | 20220544 | 贵州省亚热带作物研究所 | 20210313 | 2021.05.17 | 申　刚、刘凡值、李廷洋、杨　剑、尚　昆、刘剑东 |
| 330 | 森茂714 | 越橘属 | 20220545 | 大连大学、四川省农业科学院经济作物育种栽培研究所 | 20210314 | 2021.05.17 | 徐国辉、王贺新、阳　翠、董顺文、张小军、陈昌琳、钟程操 |
| 331 | 云上曦 | 山茶属 | 20220546 | 云南省农业科学院花卉研究所 | 20210333 | 2021.05.17 | 蔡艳飞、李树发、王继华、李世峰、解玮佳、宋　杰 |

（续表）

| 序号 | 品种名称 | 所属属（种） | 品种权号 | 品种权人 | 申请号 | 申请日 | 培育人 |
|---|---|---|---|---|---|---|---|
| 332 | 砂时计（LeSablier） | 蔷薇属 | 20220547 | 有限会社木村企画（CO.LTD. KIMURA PLANNING）、沈阳晶卉园艺有限公司 | 20210335 | 2021.05.17 | 木村卓功（Takunori Kimura） |
| 333 | 仲林1号 | 杜仲 | 20220548 | 国家林业和草原局泡桐研究开发中心 | 20210380 | 2021.05.27 | 王璐、杜兰英、杜红岩、刘攀峰、杜庆鑫、孙志强、庆军、何凤 |
| 334 | 华仲26号 | 杜仲 | 20220549 | 国家林业和草原局泡桐研究开发中心 | 20210381 | 2021.05.27 | 杜红岩、王璐、杜兰英、刘攀峰、杜庆鑫、孙志强、庆军、何凤 |
| 335 | 华仲20号 | 杜仲 | 20220550 | 国家林业和草原局泡桐研究开发中心 | 20210382 | 2021.05.27 | 杜庆鑫、刘攀峰、王璐、杜兰英、杜红岩、孙志强、庆军、何凤、黄海燕 |
| 336 | 华仲19号 | 杜仲 | 20220551 | 国家林业和草原局泡桐研究开发中心 | 20210383 | 2021.05.27 | 刘攀峰、杜庆鑫、王璐、杜兰英、杜红岩、孙志强、刘昌勇、庆军、何凤 |
| 337 | 尼尔普瑞塔（NIRPRITA） | 蔷薇属 | 20220552 | 尼尔普国际有限公司（NIRP INTERNATIONAL SA） | 20210401 | 2021.06.01 | 亚历山德罗·吉奥恩（Alessandro Ghione） |
| 338 | 尼尔普特里克（NIRPTRILK） | 蔷薇属 | 20220553 | 尼尔普国际有限公司（NIRP INTERNATIONAL SA） | 20210402 | 2021.06.01 | 亚历山德罗·吉奥恩（Alessandro Ghione） |
| 339 | 白蝶 | 羊蹄甲属 | 20220554 | 中国科学院西双版纳热带植物园 | 20210405 | 2021.06.01 | 吴福川、钱丽珠、李关宏 |
| 340 | 华彩染黛 | 芍药属 | 20220555 | 中国科学院植物研究所 | 20210407 | 2021.06.03 | 杨勇、王亮生、李珊珊、吴铭鑫、张琳 |
| 341 | 春花秋月 | 苹果属 | 20220556 | 南京林业大学、扬州小苹果园艺有限公司 | 20210410 | 2021.06.03 | 张往祥、刘星辰、彭冶、曹福亮 |
| 342 | 红颜 | 苹果属 | 20220557 | 南京林业大学、扬州小苹果园艺有限公司 | 20210411 | 2021.06.03 | 张往祥、陈永霞、谢寅峰、徐天炜、刘星辰 |
| 343 | 红珍珠 | 苹果属 | 20220558 | 南京林业大学、扬州小苹果园艺有限公司 | 20210412 | 2021.06.03 | 张往祥、徐立安、彭冶、刘星辰、曹福亮 |
| 344 | 金典 | 苹果属 | 20220559 | 南京林业大学、扬州小苹果园艺有限公司 | 20210413 | 2021.06.03 | 张往祥、张之晨、何娜、范月嵘 |
| 345 | 金秋 | 苹果属 | 20220560 | 南京林业大学、扬州小苹果园艺有限公司 | 20210414 | 2021.06.03 | 张往祥、徐立安、冯岚、刘星辰、曹福亮 |
| 346 | 夏艳 | 苹果属 | 20220561 | 南京林业大学、扬州小苹果园艺有限公司 | 20210415 | 2021.06.03 | 张往祥、彭冶、刘星辰、曹福亮 |
| 347 | 华妃醉颜 | 芍药属 | 20220562 | 中国科学院植物研究所 | 20210416 | 2021.06.03 | 李珊珊、王亮生、杨勇、王倩玉、任红旭 |

（续表）

| 序号 | 品种名称 | 所属属（种） | 品种权号 | 品种权人 | 申请号 | 申请日 | 培育人 |
|---|---|---|---|---|---|---|---|
| 348 | 华彩星辰 | 芍药属 | 20220563 | 中国科学院植物研究所 | 20210418 | 2021.06.03 | 李珊珊、王亮生、杨勇、朱瑾、徐文忠 |
| 349 | 华妃荷韵 | 芍药属 | 20220564 | 中国科学院植物研究所 | 20210421 | 2021.06.03 | 杨勇、王亮生、李珊珊、武耀星、刘成 |
| 350 | 丰丹 | 李属 | 20220565 | 福建丹樱生态农业发展有限公司 | 20210422 | 2021.06.03 | 林荣光、廖鹏辉、吕彤、魏一、阙平、王星榕 |
| 351 | 步步高 | 李属 | 20220566 | 广州天适集团有限公司、广州旺地园林工程有限公司、英德市旺地樱花种植有限公司 | 20210424 | 2021.06.04 | 胡晓敏、叶小玲、朱军、何宗儒、陈端妮、冯钦钊、杨梓滨、高珊 |
| 352 | 若玉 | 李属 | 20220567 | 英德市旺地樱花种植有限公司、韶关市旺地樱花种植有限公司、广东宝地南华产城发展有限公司 | 20210426 | 2021.06.04 | 梁荣、李振权、谢畅、胡晓敏、李园凤、叶小玲、朱军 |
| 353 | 华妃焕彩 | 芍药属 | 20220568 | 中国科学院植物研究所 | 20210429 | 2021.06.07 | 杨勇、王亮生、李珊珊、吕梦雯、薛博阳 |
| 354 | 华妃闭月 | 芍药属 | 20220569 | 中国科学院植物研究所 | 20210430 | 2021.06.07 | 王亮生、李珊珊、杨勇、王晓晗、肖红强 |
| 355 | 华焰红阳 | 芍药属 | 20220570 | 中国科学院植物研究所 | 20210432 | 2021.06.07 | 王亮生、杨勇、李珊珊、胡杨、徐文忠 |
| 356 | 冰翡 | 李属 | 20220571 | 韶关市旺地樱花种植有限公司、英德市旺地樱花种植有限公司、广州旺地园林工程有限公司 | 20210433 | 2021.06.07 | 朱军、叶小玲、钟文超、胡晓敏、高珊、杨梓滨、叶小兰、胡雨寒 |
| 357 | 映雪 | 李属 | 20220572 | 英德市旺地樱花种植有限公司、韶关市旺地樱花种植有限公司、广州天适集团有限公司 | 20210435 | 2021.06.07 | 胡晓敏、叶小玲、黄碧金、熊育明、陈端妮、冯钦钊、高珊、朱军 |
| 358 | 华妃十八 | 芍药属 | 20220573 | 中国科学院植物研究所 | 20210436 | 2021.06.07 | 王亮生、李珊珊、杨勇、侯异璇、肖红强 |
| 359 | 华彩叠锦 | 芍药属 | 20220574 | 中国科学院植物研究所 | 20210437 | 2021.06.07 | 王亮生、杨勇、李珊珊、苏治帆、任红旭 |
| 360 | 天适红 | 李属 | 20220575 | 广州天适集团有限公司、广州旺地园林工程有限公司、英德市旺地樱花种植有限公司 | 20210438 | 2021.06.07 | 高扬、袁美琼、胡晓敏、叶小玲、朱军、熊婷婷、高珊、何宗儒 |
| 361 | 华妃浓妆 | 芍药属 | 20220576 | 中国科学院植物研究所 | 20210439 | 2021.06.07 | 李珊珊、王亮生、杨勇、薛畅、刘成 |
| 362 | 华彩流光 | 芍药属 | 20220577 | 中国科学院植物研究所 | 20210440 | 2021.06.07 | 李珊珊、王亮生、杨勇、孙苗、张艺馨 |

（续表）

| 序号 | 品种名称 | 所属属（种） | 品种权号 | 品种权人 | 申请号 | 申请日 | 培育人 |
|---|---|---|---|---|---|---|---|
| 363 | 华玉光芒 | 芍药属 | 20220578 | 中国科学院植物研究所 | 20210445 | 2021.06.08 | 王亮生、杨勇、李珊珊、李冰、张玲 |
| 364 | 十月江南 | 苹果属 | 20220579 | 南京林业大学、扬州小苹果园艺有限公司 | 20210452 | 2021.06.08 | 张往祥、陈永霞、刘星辰、谢寅峰、陆晓吉 |
| 365 | 紫晶 | 苹果属 | 20220580 | 南京林业大学、扬州小苹果园艺有限公司 | 20210453 | 2021.06.08 | 张往祥、徐立安、陆晓吉、刘星辰、曹福亮 |
| 366 | 紫玉坠 | 苹果属 | 20220581 | 南京林业大学、扬州小苹果园艺有限公司 | 20210455 | 2021.06.09 | 张往祥、陈永霞、范月嵘、冯岚 |
| 367 | 双蕊飞霞 | 李属 | 20220582 | 福建丹樱生态农业发展有限公司 | 20210464 | 2021.06.10 | 胡坚平、庄莉彬、游云飞、林榕燕、罗志贤、林兵、吕彤、魏一、王琳 |
| 368 | 灼灼其华 | 蔷薇属 | 20220583 | 云南省农业科学院花卉研究所 | 20210466 | 2021.06.10 | 邱显钦、晏慧君、王其刚、周宁宁、蹇洪英、陈敏 |
| 369 | 珍宝 | 蔷薇属 | 20220584 | 云南省农业科学院花卉研究所 | 20210467 | 2021.06.10 | 邱显钦、晏慧君、王其刚、蹇洪英、陈敏、周宁宁 |
| 370 | 翠霞 | 李属 | 20220585 | 福建丹樱生态农业发展有限公司 | 20210468 | 2021.06.10 | 王星榕、邹小兴、叶菁、吕彤、晏琴梅、郑淑娟、王耿昌、毛志群、林荣光 |
| 371 | 雅典娜 | 苹果属 | 20220586 | 南京林业大学、扬州小苹果园艺有限公司 | 20210473 | 2021.06.10 | 张往祥、刘星辰、魏子秋、彭冶、曹福亮 |
| 372 | 珊瑚湾 | 苹果属 | 20220587 | 南京林业大学、扬州小苹果园艺有限公司 | 20210478 | 2021.06.10 | 张往祥、徐立安、徐天炜、陆晓吉、彭琴 |
| 373 | 韧月 | 蔷薇属 | 20220588 | 蓝月（上海）花卉科技工作室、上海佰麟园林绿化工程有限公司 | 20210484 | 2021.06.11 | 明凤、李东世、李博文 |
| 374 | 香珊瑚 | 苹果属 | 20220589 | 南京林业大学、扬州小苹果园艺有限公司 | 20210489 | 2021.06.11 | 张往祥、彭冶、徐天炜、何娜、曹福亮 |
| 375 | 星辰 | 李属 | 20220590 | 韶关市旺地樱花种植有限公司、英德市旺地樱花种植有限公司、广州旺地园林工程有限公司 | 20210491 | 2021.06.15 | 张尚坤、张伟、杨进良、徐金晶、宁阳阳、叶小玲、朱军、胡晓敏 |
| 376 | 粉色佳人 | 羊蹄甲属 | 20220591 | 中国科学院西双版纳热带植物园 | 20210492 | 2021.06.15 | 吴福川 |
| 377 | 闽韵 | 李属 | 20220592 | 福建丹樱生态农业发展有限公司 | 20210496 | 2021.06.16 | 林玮捷、戴志聪、陈文团、罗剑锋、朱玲、林荣光、吕彤 |

（续表）

| 序号 | 品种名称 | 所属属（种） | 品种权号 | 品种权人 | 申请号 | 申请日 | 培育人 |
|---|---|---|---|---|---|---|---|
| 378 | 宁农杞15号 | 枸杞属 | 20220593 | 宁夏农林科学院枸杞科学研究所 | 20210513 | 2021.06.22 | 秦垦、张波、戴国礼、曹有龙、焦恩宁、黄婷、何昕孺、周旋、段淋渊、安巍、石志刚、何军、高燕 |
| 379 | 暖玉 | 李属 | 20220594 | 广州旺地园林工程有限公司、韶关市旺地樱花种植有限公司、英德市旺地樱花种植有限公司 | 20210514 | 2021.06.22 | 赵平丽、李振权、钟文超、朱军、叶小玲、胡晓敏、高珊、叶小娟 |
| 380 | 早栗5号 | 栗属 | 20220595 | 北京市农林科学院 | 20210519 | 2021.06.24 | 兰彦平、程丽莉、程运河、曹庆昌 |
| 381 | 国芩1号 | 黄芩属 | 20220596 | 中国中药有限公司、国药种业有限公司 | 20210526 | 2021.06.24 | 王继永、曾燕、刘美娟、郑司浩、王浩、尚兴朴、李进瞳 |
| 382 | 京仁4号 | 杏 | 20220597 | 北京市农林科学院 | 20210528 | 2021.06.25 | 孙浩元、杨丽、王玉柱、张俊环、姜凤超、张美玲 |
| 383 | 祝融 | 杜鹃花属 | 20220598 | 江苏省农业科学院 | 20210544 | 2021.07.05 | 苏家乐、刘晓青、李畅、周惠民、何丽斯、孙晓波、郭臻昊 |
| 384 | 霞飞 | 杜鹃花属 | 20220599 | 江苏省农业科学院 | 20210551 | 2021.07.05 | 刘晓青、李畅、苏家乐、何丽斯、周惠民、孙晓波 |
| 385 | 天适琬玉 | 李属 | 20220600 | 韶关市旺地樱花种植有限公司、英德市旺地樱花种植有限公司、广州旺地园林工程有限公司 | 20210558 | 2021.07.05 | 周世均、赵平丽、熊育明、朱军、冯钦钊、叶小玲、胡晓敏、高珊 |
| 386 | 天适妙玉 | 李属 | 20220601 | 广州旺地园林工程有限公司、广州天适集团有限公司、韶关市旺地樱花种植有限公司 | 20210559 | 2021.07.05 | 胡晓敏、叶小玲、朱军、冯钦钊、杨梓滨、高珊、彭秋瑜 |
| 387 | 西园1号 | 羊蹄甲属 | 20220602 | 中国科学院西双版纳热带植物园 | 20210560 | 2021.07.05 | 吴福川、钱丽珠、李关宏 |
| 388 | 恩达 | 玉叶金花属 | 20220603 | 中国科学院西双版纳热带植物园 | 20210561 | 2021.07.05 | 吴福川 |
| 389 | 飞翔 | 李属 | 20220604 | 韶关市旺地樱花种植有限公司、广州旺地园林工程有限公司、广州天适集团有限公司 | 20210566 | 2021.07.06 | 朱军、高扬、胡晓敏、叶小玲、林杰好、胡小锋、杨梓滨、阮文俊 |
| 390 | 多盟奥利森（Doroolysen） | 蔷薇属 | 20220605 | 多盟集团公司（Dümmen Group B.V.） | 20210568 | 2021.07.07 | 菲利普·威斯（Philippe Veys） |

（续表）

| 序号 | 品种名称 | 所属属（种） | 品种权号 | 品种权人 | 申请号 | 申请日 | 培育人 |
|---|---|---|---|---|---|---|---|
| 391 | 奥莱嘉德嘉玛（Olijadvjama） | 蔷薇属 | 20220606 | 多盟集团公司（Dümmen Group B.V.） | 20210569 | 2021.07.07 | 菲利普·威斯（Philippe Veys） |
| 392 | 多盟拉文（Dorolaven） | 蔷薇属 | 20220607 | 多盟集团公司（Dümmen Group B.V.） | 20210571 | 2021.07.07 | 菲利普·威斯（Philippe Veys） |
| 393 | 多盟雷迪丽（Doroladyli） | 蔷薇属 | 20220608 | 多盟集团公司（Dümmen Group B.V.） | 20210572 | 2021.07.07 | 菲利普·威斯（Philippe Veys） |
| 394 | 多盟欧拉恩（Dorooraon） | 蔷薇属 | 20220609 | 多盟集团公司（Dümmen Group B.V.） | 20210573 | 2021.07.07 | 菲利普·威斯（Philippe Veys） |
| 395 | 多盟皮驰弗（Doropeachfu） | 蔷薇属 | 20220610 | 多盟集团公司（Dümmen Group B.V.） | 20210574 | 2021.07.07 | 菲利普·威斯（Philippe Veys） |
| 396 | 多盟耶弗（Doroyelfor） | 蔷薇属 | 20220611 | 多盟集团公司（Dümmen Group B.V.） | 20210575 | 2021.07.07 | 菲利普·威斯（Philippe Veys） |
| 397 | 香妃玉 | 杜鹃花属 | 20220612 | 江苏省农业科学院 | 20210576 | 2021.07.07 | 李畅、刘晓青、苏家乐、周惠民、何丽斯、孙晓波 |
| 398 | 阿朵朵 | 杜鹃花属 | 20220613 | 江苏省农业科学院 | 20210577 | 2021.07.07 | 刘晓青、苏家乐、李畅、何丽斯、周惠民、孙晓波 |
| 399 | 天适风华 | 李属 | 20220614 | 英德市旺地樱花种植有限公司、韶关市旺地樱花种植有限公司、广州天适集团有限公司 | 20210578 | 2021.07.07 | 叶小玲、胡晓敏、陈端妮、朱军、冯钦钊、杨梓滨、高珊、何宗儒 |
| 400 | 云之绯羽 | 杜鹃花属 | 20220615 | 云南省农业科学院花卉研究所 | 20210579 | 2021.07.07 | 解玮佳、李世峰、宋杰、彭绿春、王继华、张颢、杨秀梅、许凤 |
| 401 | 翠湖晓妆 | 杜鹃花属 | 20220616 | 云南省农业科学院花卉研究所 | 20210580 | 2021.07.07 | 李世峰、解玮佳、彭绿春、王继华、张露、张颢、张丽芳、唐路瑶 |
| 402 | 云之染彩 | 杜鹃花属 | 20220617 | 云南省农业科学院花卉研究所 | 20210581 | 2021.07.07 | 彭绿春、宋杰、张露、李世峰、解玮佳、王继华、蔡艳飞、杨秀梅 |
| 403 | 云之蜜语 | 杜鹃花属 | 20220618 | 云南省农业科学院花卉研究所 | 20210582 | 2021.07.07 | 王继华、彭绿春、解玮佳、李世峰、宋杰、李树发、蔡艳飞、张艺萍 |
| 404 | 翠湖怜香 | 杜鹃花属 | 20220619 | 云南省农业科学院花卉研究所 | 20210583 | 2021.07.07 | 解玮佳、李世峰、彭绿春、宋杰、张露、许凤、李绅崇、李慧敏 |
| 405 | 多盟弗古微德（Doroforgowed） | 蔷薇属 | 20220620 | 多盟集团公司（Dümmen Group B.V.） | 20210584 | 2021.07.08 | 西尔万·卡穆斯塔（Silvan Kamstra） |
| 406 | 明媚 | 李属 | 20220621 | 英德市旺地樱花种植有限公司、广州天适集团有限公司、韶关市旺地樱花种植有限公司 | 20210592 | 2021.07.08 | 朱军、杨梓滨、曾劲、胡晓敏、冯钦钊、陈端妮、高珊、叶小玲 |

（续表）

| 序号 | 品种名称 | 所属属（种） | 品种权号 | 品种权人 | 申请号 | 申请日 | 培育人 |
|---|---|---|---|---|---|---|---|
| 407 | 天适流光 | 李属 | 20220622 | 广州天适集团有限公司、韶关市旺地樱花种植有限公司、英德市旺地樱花种植有限公司 | 20210593 | 2021.07.08 | 胡晓敏、赵平丽、朱　军、叶小玲、高　珊、冯钦钊、何宗儒、杨梓滨 |
| 408 | 蒙樱3号 | 李属 | 20220623 | 赤峰市林业科学研究所 | 20210594 | 2021.07.08 | 程瑞春、李显玉、乌志颜、张岱松、许成国、李晓宇、张　丽、赵明智、王艳刚 |
| 409 | 朝云 | 李属 | 20220624 | 韶关市旺地樱花种植有限公司、广州旺地园林工程有限公司、英德市旺地樱花种植有限公司 | 20210598 | 2021.07.09 | 叶小玲、张　伟、鲁好君、沈荔荔、徐金晶、温剑龙、朱　军、胡晓敏 |
| 410 | 鲁箭 | 白蜡树属 | 20220625 | 山东省林业科学研究院 | 20210629 | 2021.07.13 | 吴德军、燕丽萍、王因花、刘翠兰、李　丽、梁　静、李庆华、高　嘉、刘桂民、王开芳、翟国锋、魏　娟、舒秀阁 |
| 411 | 绒红3号 | 白蜡树属 | 20220626 | 山东省林业科学研究院 | 20210639 | 2021.07.13 | 燕丽萍、吴德军、王因花、刘翠兰、李　丽、臧真荣、任　飞、李庆华、翟国锋、姚俊修、李善文、舒秀阁、刘国利 |
| 412 | 红箭 | 白蜡树属 | 20220627 | 山东省林业科学研究院 | 20210642 | 2021.07.13 | 王因花、吴德军、燕丽萍、李　丽、刘翠兰、王开芳、梁　静、高　嘉、王振猛、姚俊修、任　飞、翟国锋 |
| 413 | 京红1号 | 核桃属 | 20220628 | 北京市农林科学院 | 20210644 | 2021.07.13 | 郝艳宾、齐建勋、张赟齐、陈永浩、董宁光、蔡亚军 |
| 414 | 绿塔 | 山矾属 | 20220629 | 德兴市荣兴苗木有限责任公司 | 20210666 | 2021.07.15 | 倪尉廷、高　芳、周小安、江　兰、陶露露、周卫荣、周卫信 |
| 415 | 团聚 | 大丽花属 | 20220630 | 云南省农业科学院花卉研究所 | 20210669 | 2021.07.15 | 王祥宁、段　青、郭　燕、杜文文、贾文杰、马璐琳 |
| 416 | 追梦 | 李属 | 20220631 | 广州天适集团有限公司、韶关市旺地樱花种植有限公司、英德市旺地樱花种植有限公司 | 20210677 | 2021.07.16 | 董　斌、高　珊、胡晓敏、朱　军、赵平丽、叶小玲、冯钦钊、杨梓滨 |
| 417 | 丰收 | 大丽花属 | 20220632 | 云南省农业科学院花卉研究所 | 20210679 | 2021.07.18 | 贾文杰、杜文文、段　青、王祥宁、郭　燕、马璐琳 |
| 418 | 祥瑞 | 李属 | 20220633 | 广州旺地园林工程有限公司、英德市旺地樱花种植有限公司、韶关市旺地樱花种植有限公司 | 20210690 | 2021.07.19 | 叶小玲、冯钦钊、曾　劲、李园凤、朱　军、胡晓敏、熊育明 |

（续表）

| 序号 | 品种名称 | 所属属（种） | 品种权号 | 品种权人 | 申请号 | 申请日 | 培育人 |
|---|---|---|---|---|---|---|---|
| 419 | 火花 | 大丽花属 | 20220634 | 云南省农业科学院花卉研究所 | 20210691 | 2021.07.19 | 王继华、贾文杰、杜文文、马璐琳、段 青、孙建丽 |
| 420 | 赤玉 | 大丽花属 | 20220635 | 云南省农业科学院花卉研究所 | 20210692 | 2021.07.19 | 张 颢、段 青、杜文文、郭 燕、贾文杰、杨 维 |
| 421 | 红颜 | 大丽花属 | 20220636 | 云南省农业科学院花卉研究所、玉溪云星生物科技有限公司 | 20210693 | 2021.07.19 | 杜文文、贾文杰、段 青、吴丽芳、马璐琳、王祥宁 |
| 422 | 小清新 | 大丽花属 | 20220637 | 云南省农业科学院花卉研究所、玉溪云星生物科技有限公司 | 20210699 | 2021.07.19 | 段 青、杜文文、马璐琳、李慧敏、王祥宁 |
| 423 | 晨曦 | 李属 | 20220638 | 广州天适集团有限公司、英德市旺地樱花种植有限公司、韶关市旺地樱花种植有限公司 | 20210701 | 2021.07.20 | 朱 军、叶自慧、黄碧金、叶小玲、高 珊、杨梓滨、陈端妮、胡晓敏 |
| 424 | 萤火 | 大丽花属 | 20220639 | 云南省农业科学院花卉研究所、玉溪云星生物科技有限公司 | 20210702 | 2021.07.20 | 马璐琳、段 青、杜文文、贾文杰、王祥宁、郭 燕 |
| 425 | 天适繁星 | 李属 | 20220640 | 广州旺地园林工程有限公司、广州天适集团有限公司、韶关市旺地樱花种植有限公司 | 20210712 | 2021.07.20 | 张尚坤、陈端妮、杨进良、林杰好、朱 军、叶小玲、胡晓敏、杨梓滨 |
| 426 | 粉黛 | 大丽花属 | 20220641 | 云南省农业科学院花卉研究所 | 20210726 | 2021.07.22 | 段 青、杜文文、王祥宁、贾文杰、崔光芬、瞿素萍、李慧敏 |
| 427 | 丹心 | 李属 | 20220642 | 广州天适集团有限公司、广州旺地园林工程有限公司、英德市旺地樱花种植有限公司 | 20210727 | 2021.07.22 | 崔晓东、胡晓敏、朱 军、杨梓滨、叶小玲、叶小霞、高 珊、何宗儒 |
| 428 | 天适云舒 | 李属 | 20220643 | 广州旺地园林工程有限公司、广州天适集团有限公司、英德市旺地樱花种植有限公司 | 20210728 | 2021.07.22 | 叶小玲、胡晓敏、朱 军、陈端妮、熊育明、杨梓滨、邱晓平 |
| 429 | 俊秀 | 卫矛属 | 20220644 | 廊坊嘉沐园林科技有限公司 | 20210742 | 2021.07.29 | 姚 飞、闫淑芳、王 浩、张 军、高悦鹏、冯树香、刘易超、杨敏生、陈丽英、樊彦聪、代嵩华、冯天玉 |
| 430 | 碧波 | 卫矛属 | 20220645 | 廊坊嘉沐园林科技有限公司 | 20210743 | 2021.07.29 | 高悦鹏、张 军、闫淑芳、刘易超、冯树香、杨敏生、代嵩华、陈丽英、樊彦聪 |
| 431 | 龙翔 | 卫矛属 | 20220646 | 廊坊嘉沐园林科技有限公司 | 20210744 | 2021.07.29 | 高悦鹏、闫淑芳、张 军、冯树香、刘易超、杨敏生、樊彦聪、陈丽英、代嵩华 |

（续表）

| 序号 | 品种名称 | 所属属（种） | 品种权号 | 品种权人 | 申请号 | 申请日 | 培育人 |
|---|---|---|---|---|---|---|---|
| 432 | 喜洋洋 | 羊蹄甲属 | 20220647 | 中国科学院西双版纳热带植物园 | 20210748 | 2021.07.29 | 吴福川、钱丽珠、郝春卉 |
| 433 | 且听风 | 蔷薇属 | 20220648 | 北京林业大学 | 20210749 | 2021.07.30 | 于超、罗乐、程璧瑄、周利君、潘会堂、张启翔 |
| 434 | 君莫笑 | 蔷薇属 | 20220649 | 北京林业大学 | 20210750 | 2021.07.30 | 于超、罗乐、周利君、程璧瑄、潘会堂、张启翔 |
| 435 | 红队长（Red Captain） | 蔷薇属 | 20220650 | 奥特曼植物公司（Altman Plants） | 20210753 | 2021.07.30 | 林彬（PingLim） |
| 436 | 繁星 | 茶藨子属 | 20220651 | 黑龙江省雨蕾生物科技发展有限公司、黑龙江省林业科学研究所、黑龙江碧云科技开发有限公司 | 20210754 | 2021.07.30 | 李巍、胡伟、王艳敏、李海霞、王洪梅、张海峰、李静、郭成博、李正华、刘凤英 |

02

# 中国林业
# 和草原概述

# 2022年的中国林业和草原

【综　述】　一年来，国家林草局党组深入践行习近平生态文明思想，认真贯彻落实习近平总书记重要指示批示精神和党中央决策部署，持续推行"1+N"工作机制，着力建设"讲政治、守纪律、负责任、有效率"的模范机关，扎实推进重点工作提质量、上水平，并取得阶段性成果。

【全面学习、全面把握、全面落实党的二十大精神】　召开国家林草局党组扩大会议及时传达学习、原原本本学习二十大报告和习近平总书记重要讲话，从学习培训、宣传引导、贯彻落实三个方面列出28项具体举措，覆盖到每个支部、每名党员，确保二十大精神深入人心。对标对表二十大新部署新要求，局党组组织集中学习研讨，列出科学开展大规模国土绿化行动、深化集体林权制度改革等14个专题，在全局范围组织开展大学习大讨论活动，推动学习贯彻活动走深走实、落地生根。

【贯彻落实习近平总书记重要指示批示精神】　始终将学习贯彻落实习近平总书记重要指示批示精神作为重要政治任务和局党组会议第一议题，及时研究部署，制定落实举措，采取"1+N"工作机制、建立贯彻落实台账、成立工作专班、实行一周一通报等措施，确保贯彻落实不折不扣、有力有效。全年收到习近平总书记重要指示批示43项，已办理完成40项，其余3项正在落实当中。其中，向国务院报送《深化集体林权制度改革方案》，制定《加快油茶产业发展三年行动方案（2023—2025年）》，对全国现有508.19万株古树名木进行有效保护，与四部门联合印发《互花米草防治专项行动计划（2022—2025年）》，围绕耕地保护、违建别墅整治、高尔夫球场整治等资源保护、生态保护问题，配合有关部门采取调研核查、清理整治、专项打击等有效举措。同时，认真做好李克强总理、韩正副总理等中央领导同志67件批示办理，抓好相关工作落实。

【全面从严治党走深走实】　召开全面从严治党工作暨警示教育会议，开展纪法专题学习教育月活动。开展人员招录、资金管理、招投标（政府采购）、"小金库"4个专项整治，上收毕业生招录权限，统一组织公开招聘，规范经营收入等非财政拨款资金管理。全年共立案47件、党纪处分52人、诫勉谈话29人。强化中央巡视整改，263项整改措施全部完成，形成固定机制并将长期坚持87项。完成第十九届中央任期内巡视全覆盖任务，推进内部审计全覆盖。召开意识形态专题会，完成意识形态专项自查，建成局意识形态主题教室。坚持正确选人用人导向，统筹加强班子建设和年轻干部培养使用，全年提拔重用干部88人，包括6名"80后"年轻干部，中组部民主评议结果显示选人用人满意度得到较大提升。

【全力服务稳增长】　认真落实党中央、国务院有关要求，各级林草部门靠前服务、联动放权，全年共办理省级以上重大建设项目用林用草申请1608项，为20个省份安排备用林地定额6.7万公顷，做到应办尽办、能快则快。在服务能源保供方面，建立国家重点保供煤矿用林用草审核"绿色通道"，办结230项使用林地申请、170项使用草原申请。在推进重大项目加快落地方面，采取"程序不变、特事特办"措施，稳妥办理258个国家重大项目涉自然保护地相关手续，引江补汉、新疆G331线等项目获得好评。及时组织专家对鄱阳湖等水利项目进行科学论证。支持和规范在沙漠、戈壁、荒漠地区发展光伏、风电等新能源产业。深化"放管服"改革，将重点国有林区占用林地审核和林木采伐许可证发放委托省级林草部门实施，在广西、贵州等省份开展人工商品林采伐管理改革试点。2022年全国林业产业总产值9.07万亿元，林产品进出口贸易额1918.75亿美元。

【国土绿化】　深入贯彻落实习近平总书记关于森林"四库"、林草兴则生态兴等重要指示精神，统筹推进山水林田湖草沙系统治理，全年完成造林420.28万公顷、种草改良321.41万公顷、沙化石漠化土地治理195.14万公顷。组织实施林草区域性系统治理项目51个，启动实施第二批国土绿化试点示范项目20个。推进国土绿化科学精细管理，造林绿化任务首次实现带位置上报、带图斑下达，推进造林、种草改良任务统一落地上图，部局联合开展造林绿化空间调查评估。完成油茶种植15.64万公顷、改造29.07万公顷，茶油年产量有望突破100万吨。印发《全国防沙治沙规划（2021—2030年）》和《全国国土绿化规划纲要（2022—2030年）》，国务院批准延长第二轮退耕还林还草补助期限，编制完成《全国天然林保护修复中长期规划（2021—2035年）》和《三北工程总体规划（修编）》。制定全国森林可持续经营试点实施方案。首次发布新华·中国（合肥）苗木价格指数。新增国家森林城市26个，总数达到219个。成立林草碳汇研究院，开展林业碳汇试点。

【国家公园建设】　认真落实习近平总书记关于建设世界最大国家公园体系的重要指示要求，四部委联合印发《国家公园空间布局方案》，科学布局49个国家公园候选区，占陆域国土面积10.3%。国务院办公厅转发《关于推进国家公园建设若干财政政策的意见》，明确5个方面财政支持政策。向国务院报送《国家公园法（草案）》，印发《国家公园管理暂行办法》。建立局省联席会议工作机制，"一对一"协调解决重大问题，向中央机构编制委员会办公室报送5个国家公园的管理机构设置方案，印发《国家公园总体规划编制和审批管理办法（试行）》，指导编制第一批国家公园总体规划，积极推动各地稳妥调处矿业权、小水电、人工商品林等历史遗留问题。联合印发《国家公园设立指南》，稳妥有序推动新的国家公园创建工作。衔接生态保护红线划定工作，修改形成《全国自然保护地整合优化方案》。

【林长制管理体系初步形成】　全面推行林长制，形成省、市、县、乡、村五级林长组织体系，各级林长近120万名，初步建立起党委领导、党政同责、属地负责、部门协同、源头治理的林草资源保护管理长效机制。组织开展林长制督查考核评价，实施成效明显的4个市4个县获得国务院激励，林长制督查考核列入中央和国家机关年度督查检查考核计划。中共中央办公厅在规范林长制工作进展情况的报告中，对全面推行林长制工作给予充分肯定。创新林草监测评价工作，首次发布统一标准、统一底图、统一时点的2021年度林草生态综合监测评价成果，发布第六次全国荒漠化沙化调查和第四次石漠化调查结果。林草生态网络感知系统的5个子系统持续优化完善，实现上线运行。挂牌督办、通报一批破坏林草资源的重点案件，推进案件清零，2013年以来违法问题查处整改到位率达90%以上。

【生物多样性保护】　习近平总书记在湿地公约大会上发表视频致辞，向第二届世界竹藤大会致贺信，引起国内外强烈反响。两个大会办得简约、精彩、安全，生动讲述了人与自然和谐共生的中国故事，取得了通过《武汉宣言》、设立国际红树林中心、"以竹代塑"倡议等标志性成果。正式实施《湿地保护法》，联合印发全国湿地保护规划，指导督促5个省份推进红树林保护修复。认真落实中国和卡塔尔两国元首共识，首次在中东地区开展大熊猫保护研究国际合作。向国务院报送野猪等野生动物致害防控工作方案，野生动物毁损责任纳入中央财政农业保险保费补贴范围。组织编制《国家植物园体系规划》，国家植物园和华南国家植物园正式挂牌运行，发布第二次全国重点保护野生植物资源调查成果。联合开展打击野生动植物非法贸易专项行动，查办案件1.19万起。

【防灾减灾工作】　认真落实习近平总书记关于"积极防范部署"的重要批示要求，出台《关于全面加强新形势下森林草原防灭火工作的意见》，全面加强调度安排、制度完善、隐患排查和早期处置，派出42个督导组到23个省份开展包片蹲点338天。派出工作组指导重庆、湖南、广西、江西等省份科学处置火情。克服南方遭遇历史罕见持续高温、夏秋连旱等不利影响，全年森林草原火灾受害率继续保持历史低位。全国共发生森林火灾709起，受害森林面积6853.9公顷，全国共发生草原火灾21起，受害面积3183.04公顷。深入开展松材线虫病防控五年攻坚行动，实施分区分级精准施策，充分运用"揭榜挂帅"科研攻关项目成果，松材线虫病发生面积和病死树数量比上年分别下降11.9%和26.1%，疫情加重态势得到初步遏制。加强美国白蛾防治联防联控，北京地区实现不成灾、不扰民。完成草原有害生物防治1385万公顷，完成率134.90%。

【基础保障】　全年落实中央林草资金1368亿元，实行项目储备库管理。安排林草科研项目46个，林木遗传育种全国重点实验室获得批复，启动实施"草种优良品种选育""油茶采收机械研发"揭榜挂帅项目。大兴安岭集团森林资源保护发展绩效考核、薪酬改革、债务处理等取得阶段性进展，全国林业改革发展综合试点和国有林场绩效考核激励机制试点进展顺利。巩固拓展生态脱贫成果同乡村振兴有效衔接，保持生态护林员政策稳定，落实定点帮扶任务，做好林草援疆援藏工作。持续开展"我为群众办实事"和建言献策活动，确定并落实36项办实事项目，为省级林草部门解决10个方面60个困难和问题。认真落实疫情防控措施，全力保障机关正常有序运转和干部职工身体健康。开展林草主题宣传活动，中央主流媒体播发林草报道9万条次，编发《舆情快报》280期。召开弘扬塞罕坝精神座谈会，表彰了一批全国绿化先进集体、劳动模范和先进工作者。

（办公室、规划司供稿）

# 林草
# 培育

# 林草种苗生产

【综　述】　2022年，全国共生产林木种子1090万千克，可出圃供造林绿化苗木287亿株，实际使用林木种子704万千克，苗木95亿株，林木种苗数量和质量基本满足国土绿化的需求。

## 种苗生产情况

**种子采收**　全国共生产林木种子1090万千克，其中：林木良种426万千克。生产穗条24亿条（根）。树种主要有油松、红松、核桃、小叶锦鸡儿、栓皮栎、山杏、银杏、侧柏、花椒、椰子、文冠果、澳洲坚果、槟榔、柠条、沙棘、板栗、山桃、红树林、胡桃、油茶等。与2021年相比，林木种子产量减少33.3%，良种减少21.0%，穗条增加4.3%。

**苗木生产**　全国实际育苗总面积112.3万公顷，其中国有苗圃育苗面积5.9万公顷，占总面积5.3%。全国新育面积8.2万公顷，占育苗总面积的7.3%。与2021年相比，实际育苗总面积和新育面积分别减少9.9%和18%。树种主要有：油松、桂花、白蜡、香樟、国槐、樟子松、栾树、女贞、白皮松、榉树、红叶石楠、海棠、樱花、紫薇、云杉、悬铃木、杨树、紫叶李、雪松、银杏、侧柏等。

全国生产苗木总量430亿株，容器苗87亿株，良种苗106亿株；年末在圃苗木总量334亿株，可供下年造林绿化苗木240亿株。与2021年相比，苗木生产总量与可供下年造林绿化苗木数量分别减少19.2%、16.4%。

**林木种子库存情况**　截至2022年种子采收前，库存林木种子299万千克。与2021年相比，增加20.1%。树种主要有：核桃、油松、侧柏、红松、沙棘、银杏、山桃、花椒、山杏、板栗、五角枫、柠条、香椿、砂生槐、樟子松、毛桃、小叶锦鸡儿、连翘、细枝岩黄芪、黄杨等。

## 种苗使用情况

**林木种子**　造林绿化实际使用林木种子704万千克，其中良种192万千克，穗条16.9亿条（根）。与2021年相比，林木种子减少53.9万千克。树种主要有：核桃、锦鸡儿、侧柏、红松、油松、银杏、油茶、椰子、澳洲坚果、山杏、沙棘、槟榔、柠条、麻栎、板栗、砂生槐、花椒、细枝岩黄芪、柠条锦鸡儿、文冠果等。

**苗木使用**　除留圃苗外，造林绿化实际使用苗木量为95亿株，良种苗木35亿株。与2021年相比，用苗总量减少21亿株。树种主要有：红叶石楠、油松、红松、云杉、樟子松、杉木、侧柏、桉树、红花檵木、油茶、梭梭、刺槐、杨树、黄杨、连翘、金叶女贞、山杏、海棠、杜鹃、青海云杉等。

## 林木种苗基地情况

全国共有各类苗圃24.22万个，同比减少13.4%。其中，国有性质苗圃为0.35万个，占苗圃总数1.4%；省级及以上林木良种基地765个，面积12.71万公顷；林木采种基地1307个，采种面积26.58万公顷。　　（于滨丽）

【林木品种审定】　国家林草局林木品种审定委员会审（认）定林木良种25个，北京、河北、山西、内蒙古、辽宁、吉林、黑龙江、上海、江苏、浙江、安徽、福建、江西、山东、河南、湖北、湖南、广西、四川、重庆、贵州、云南、陕西、宁夏24个省级林木品种审定委员会审（认）定林木良种482个。内蒙古、浙江、四川、宁夏4个省（区）引种备案林木良种6个。
（李允菲）

【草品种审定】　国家林草局草品种审定委员会审定通过草品种6个，其中，生态修复用草和牧草兼用品种3个，生态修复用草种3个；收到30个申请参试品种，17个通过评审，进入国家草品种区域试验站进行区域试验。北京、辽宁、吉林、黑龙江、山东、贵州、云南、甘肃8个省（区、市）共审定草品种38个。
（李允菲）

【《全国油茶主推品种和推荐品种目录》】　为进一步加强油茶良种使用管理，引导各地选择适宜的油茶品种进行推广应用，9月30日，国家林草局印发《全国油茶主推品种和推荐品种目录》，筛选出16个品种作为全国主推品种，65个品种作为各省（区、市）推荐品种，首次提出配置品种建议，并要求各地进一步提高对油茶良种推广应用的认识，扎实做好油茶品种优化调整工作，狠抓油茶良种壮苗应用，加强油茶种苗质量监管。　（赵　兵）

【新华·中国（合肥）苗木价格指数】　11月19日，国家林草局林场种苗司联合新华社中国经济信息社正式对外发布新华·中国（合肥）

羊草牙克石生产试验

苗木价格指数首期研究成果。指数首期研究分别选取中国经济林、用材林、绿化观赏苗木代表性树种和代表规格为样本。经济林树种方面，选定长林4号、长林40号、长林53号、湘林XLC15（210）、华金、华硕、华鑫、岑软8个油茶品种2年生嫁接容器苗为代表规格品。用材林方面，选取杉木、桉树两个树种，其中杉木选择良种1年生籽播容器苗、1年生籽播裸根苗为代表规格品；桉树选择百日组培容器苗为代表规格品。绿化观赏树种方面，选定红叶石楠、香樟两个树种，红叶石楠选择色块苗冠幅20厘米、30厘米容器苗为代表规格品；香樟选择胸径12厘米、15厘米、18厘米全冠带土球苗为代表规格品。通过全面采集各树种苗木主产区苗圃、苗企、苗木市场样本树种代表规格和品种的实际成交价格，确保指数数据的全面性、真实性。同时，接入线上平台、专业花木市场的实时行情及报价数据，更加高频化、动态化、可视化、实时化展现苗木市场价格动态。

（赵　兵）

【林草种苗供需预测预报制度】　为加强林草种苗供需信息服务，引导林草种苗生产经营和使用者合理安排生产，国家林草局林场种苗司组织北京林业大学和国家林草局草原研究中心，根据当前全国国土绿化和生态治理重点工程对林草种苗的需求，以及种苗生产实际情况，对2023年全国苗木和草种供需情况进行分析，编制完成《2023年全国苗木供需分析报告》和《2023年全国草种供需分析报告》，于11月19日在安徽·合肥苗木交易大会开幕式上正式发布，同时通过《中国绿色时报》、《中国花卉报》、新华财经、人民网、国家林草局官网等多种形式向社会发布。　（赵　兵）

【林草种苗质量抽检】　4月13日，国家林草局林场种苗司印发《关于开展2022年全国林草种苗质量抽检工作的通知》，组织国家级林草种苗质量检验机构于4—11月对河北、山西、内蒙古、辽宁、吉林、湖南、云南、西藏8个省（区）开展林草种苗质量抽检工作，同时部署其他省份开展自查。重点检查国

家投资或以国家投资为主的造林绿化项目使用的林草种子和苗木的质量。国家级抽查共检测林木种子样品62个、草种样品66个、苗木苗批91个，涉及34个县63个用种或用苗单位。检测结果显示，林木种子样品合格率为61.3%，草种样品合格率为71.2%，苗木苗批合格率为100%。供种单位和供苗单位种子生产经营许可制度落实率为100%，林木种苗标签使用率为100%，草种标签使用率为86.3%。

抽查的34个县造林种草项目均有作业设计，造林种草作业设计较前几年有所规范，对林草种苗的播种品质均提出了要求。此次抽查有8个用种单位和16个用苗单位涉及招投标，基本采用的是综合评标方式，招投标文件与作业设计基本保持一致，内蒙古、辽宁、吉林、河北、湖南招投标文件中均体现了就近采购、就近用苗的原则，对苗木调运距离作出了不超过100千米的要求。山西省和西藏自治区用于飞播的种子样品合格率仅为61.3%，下降幅度较大。内蒙古自治区和云南省的草种样品合格率为71.2%，较上年的56.7%提高了14.5%，但国产草种质量较差、草种加工手段落后、草种中含有检疫性植物等问题突出。

（薛天婴）

【打击制售假劣种苗和保护植物新品种权工作】　6月9日，印发《国家林业和草原局办公室关于组织开展2022年打击制售假劣林草种苗和侵犯植物新品种权工作的通知》，要求各地正确认识现阶段打击侵权假冒工作面临的新形势，加强种苗市场监管，强化植物新品种权保护，强化宣传教育，加大侵权假冒案件查处力度。全国共查处假冒伪劣、无证、超范围生产经营、未按要求备案、无档案等各类种苗违法案件217起，罚没金额113万余元。其中，查处制售假冒伪劣种苗案件37起，罚没金额近50万元。

（薛天婴）

【林草种苗行政许可随机抽查】　为加强对林草种苗行政许可事中、事后监管，按照《国家林业局行政许可随机抽查检查办法》的要求，国家林草局林场种苗司于7月开展林草种苗行政许可随机抽查。此次抽

查随机抽取林场种苗司、国家级林木种苗质检中心和省级林业和草原主管部门推荐人员，组成2个检查组，赴北京、福建2个省（市）的4家公司开展"进出口林草种子生产经营许可证核发""林木种子苗木（种用）进口审批""普及型国外引种试种苗圃资格认定""国务院有关部门所属的在京单位从国外引进林草种子、苗木检疫审批"许可事项的事后监督检查。重点检查被许可企业按照许可内容从事生产经营相关的活动情况、是否具备准予许可时的条件情况、依法从业情况等。检查过程中，检查人员听取被检查企业的情况介绍，现场查看企业生产基地、经营场所、设施设备、技术人员等情况，查阅生产经营档案，并现场向被检查企业提出改进工作的意见建议。4家企业检查结果均为合格。检查结束后，国家林草局向被检查企业反馈了抽查结果。同时，将本次检查全部结果录入国家"互联网+监管"系统。

（薛天婴）

【种苗行政审批制度改革】　为贯彻落实"放管服"改革要求，国家林草局下发第21号公告，从2023年1月1日起将"国务院有关部门所属的在京单位从国外引进林草种子、苗木检疫审批"委托北京市园林绿化局实施。

（薛天婴）

【《全国一体化在线政务服务平台电子证照　普及型国外引种试种苗圃资格证书》】　为推进电子证照信息归集利用，国家林草局林场种苗司与国务院办公厅电子政务办公室联合发布《全国一体化在线政务服务平台　电子证照　普及型国外引种试种苗圃资格证书》（C 0287—2022）。标准共分为范围、规范性引用文件、术语和定义、证书信息、编目要求、证照文件要求等七部分。

（于滨丽）

【行政许可事项】

林木种子生产经营许可证核发

全国发放（含新办和延续，下同）林草种子生产经营许可证15591万份，其中国家林草局发放许可证65份。截至2022年年底，全国持证林草种子生产经营者12.1万个，其中在国家林草局领取许可证的301个。

**普及型国外引种试种苗圃资格认定** 办理普及型国外引种试种苗圃资格认定(含新办、变更、延续)45件。全国持有普及型国外引种试种苗圃资格证书的企业98家。

**国务院有关部门所属的在京单位从国外引进林草种子、苗木检疫审批** 办理国务院有关部门所属的在京单位从国外引进林草种子、苗木检疫审批(含新办、变更)128件。

**向境外提供、从境外引进或者与境外开展全作研究利用林木种质资源审批** 办理申请1件,为贵州省植物园(贵州省园林科学研究所、贵州省植物研究所)申请与英国国际植物园保护联盟开展合作研究利用平坝械种质资源。

(薛天婴 李允菲)

【**全国林场种苗处(站、局)长视频会议**】 于2月22日召开。会议听取12个省(区)典型发言,总结交流近两年林草种苗、国有林场、森林公园和生态旅游工作,分析当前面临的新形势新任务,研究部署2022年重点工作。林场种苗司班子成员和全体干部,各省(区、市)林草主管部门林草种苗、国有林场、森林公园和生态旅游处(站、局)负责同志和相关业务工作人员参加会议。 (丁明明)

【**国家林草种质资源库建设**】 1月20日,印发《国家林业和草原局关于公布第三批国家林木种质资源库的通知》(林场发〔2022〕10号),公布62处第三批国家林木种质资源库,国家林木种质资源原地、异地保存库数量达到161处。11月11日,批复布局国家林草种质资源设施保存库海南分库,国家林草种质资源设施保存分库数量达到5处。3月15日至5月14日,举办林木种质资源库建设管理网络专题培训班,培训全国林草主管部门种质资源管理人员、国家和省级林草种质资源库管理人员和技术骨干共计5000余人。 (李允菲)

【**全国草种质资源普查试点**】 起草《草种质资源普查技术规程》,配套开发草种质资源普查应用程序。7月,在内蒙古自治区赤峰市启动全国草种质资源普查试点工作,主要在克什克腾旗草原、浑善达克沙地草原、乌兰布统五彩山附近的亚高山草甸、大青山林场开展普查。普查试点采集到标本、DNA样品各172份、种子约7万粒、拍摄植物照片3500余张,发现并收集到角盘兰、知母、红柴胡、草麻黄等珍稀草种种质资源。 (李允菲)

【**全国林草种质资源普查与收集**】 继续开展秦岭区林木种质资源普查与收集工作,完成陕西省石泉县、凤县、商南县、洛南县、佛坪国家级自然保护区5个县级单元的普查与收集外业调查工作。举办普查技术培训班,召开方案论证、标本鉴定会议和交流会议。通过林草种质普查应用程序和信息系统,记录普查数据1.8万余条,上传植物照片7.6万余张,登记优良或特异单株181株,采集标本3000余号11000余份、DNA样品2700余份,调查发现陕西新记录种10种,收集野生植物种子819份,分别提交山东省林草种质资源中心、中国林科院林业研究所等单位保存。 (李允菲)

【**林木种质资源保存库保存资源登记**】 3—10月,通过国家林草种质资源库信息平台对161处国家林木种质资源库和各省(区、市)林草主管部门确定的省级林木种质资源库保存的林木种质资源进行登记。截至2022年底,161处国家林木种质资源库累计保存登记林木种质资源8.6万份。 (丁明明)

【**国家林草种质资源鉴定评价中心**】 12月,国家林草局印发文件,同意依托中国林科院林业研究所成立国家林草种质资源鉴定评价中心。国家林草种质资源鉴定评价中心将以推动中国林草种质资源深度挖掘和高效利用为目标,建立健全林草种质资源鉴定评价领域标准体系,构建林草种质资源基础数据平台;协同、指导国家林草种质资源库开展林草种质资源规模化、精准化鉴定评价,深入发掘能够满足现代林草育种需求的优异资源和关键基因,服务中国林草种业创新发展。 (丁明明)

陕西省新记录种——守宫木

2022年通过审定林木良种'中蟠13号'桃

# 林业生物质能源

【综　述】　近年来，国家林草局、国家能源局、国家发展改革委等按照国家总体发展思路，坚持问题导向，采取了一系列措施，不断探索创新，扎实推动林业生物质能源发展。2022年，我国可再生能源新增装机1.52亿千瓦，总发电装机容量达到12.13亿千瓦，生物质发电新增装机334万千瓦，占并网装机达4132万千瓦，农林生物质发电装机容量1632万千瓦。全国可再生能源发电量达2.7万亿千瓦时，生物质发电量1824亿千瓦时，较上年增长187亿千瓦时。随着中国大力鼓励和支持发展可再生能源，各类农林废弃物发电项目纷纷启动建设。林业生物质成型燃料产业得到飞速发展，技术设备日益成熟，产业链趋于完善，生产和应用已初步形成了一定的规模，基本实现了产业化。

生物质多联产、生物柴油和燃料乙醇转化利用技术已进入产业示范阶段，生物质多联产技术基于生物质气化的气、固、液三相产物进行热、电、炭、肥等多产品联产，解决了传统生物质能源生产技术产品单一、经济效益不显著、规模小、存在一定污染等问题，具有规模化、产业化生产的潜力。

（林业生物质能源
由生态保护修复司供稿）

04

森林资源
管理与监督

# 林长制

**【全国全面建立林长制】** 2022年6月，全国全面建立林长制目标如期实现，各地初步形成上下衔接、系统完备的组织体系，权责清晰、职责明确的责任体系，保障有力、运行有效的制度体系，初步构建党政同责、属地负责、部门协同、源头治理、全域覆盖的长效机制。

**组织体系是基础** 各省份印发实施文件，党委、政府主要负责同志担任总林长，设立副总林长，各级林长近120万名。除直辖市及新疆生产建设兵团外，全面建成省、市、县、乡、村五级林长体系。山西、内蒙古等省（区）单独设立国有林区、国有林场林长，广西单设红树林林长。广东、湖南等省成立省级工作领导小组或工作委员会。各地设立林长办，全面建立组织协调、督促指导等工作机制，辽宁、黑龙江、上海、重庆、四川、西藏、新疆及新疆生产建设兵团由省级领导担任林长办主任，黑龙江、安徽、福建、湖南、广西、四川单独设立省级林长制工作处。

**责任体系是核心** 全国初步构建以党政主要领导负责制为核心的责任体系，逐步形成一级抓一级、层层抓落实的工作格局。各级林长把全局、解难题、推重点、督落实，研究解决林草生态建设重大问题，林草资源保护发展主体责任由林草主管部门上升到地方党委、政府，林草管理责任制实现重大突破和升级。

**制度体系是保障** 各省聚焦《关于全面推行林长制的意见》要求，作出制度安排，建立林长会议、信息公开、部门协作和工作督查等四项制度，创新建立总林长令、"林长+"等配套制度，形成"1+4+N"制度体系，并持续在创新制度供给、促进制度集成、发挥制度效能上下功夫，推动形成"长"按"制"办，以"制"促"治"的工作格局。安徽、江西两省率先颁布省级林长制条例，为充分发挥林长制制度优势提供法律保障。 （孙伟娜 王威）

**【林长制有效运行】** 各地建立由林长担纲、林长会议为决策平台、林长办为执行机构、政府各部门为成员单位、各类服务平台为支撑的工作运行体系，林长制有效运行。

**各级林长明责履责尽责** 各地划分责任区域，明确林长责任分工。安徽、江西通过省级立法将各级林长责任予以固化，安徽实行省级林长重点功能区分工负责制，江西首创"三单一函"工作机制。山东、新疆等13个省（区）按照泰山、天山等重点生态功能区划片分区负责。北京、安徽、广西出台规范林长履职尽责的指导性意见。各省级总林长亲自部署、亲自推动，24个省召开总林长会议36次，25个省发布总林长令39道，28个省总林长调研巡林318次，重点推动国家公园建设、国土绿化、资源保护、防火防虫等工作。

**部门协作形成工作合力** 23个省建立"林长+检察长"协作机制，17个省全面推行警长制，公检法合力解决涉林草违法犯罪问题。北京、黑龙江探索河湖长制、林长制、田长制"三长"联动机制。辽宁省林草局联合八部门开展辽西北防风治沙固土三年攻坚行动计划，湖南、内蒙古等省（区）多部门联合开展综合整治行动，贵州、福建等地省委组织部组织林长制进党校课堂。

**基层基础持续夯实** 各地以"员、站"为保障，切实强化源头治理。基层林长和护林员普遍设置，资源管护实现网格化，切实解决林草资源保护"最后一公里"问题。江西首创"一长两员"管理体系，各地创新"一长多员"网格化管护体系。各省建设林长制智慧平台，提升源头监管信息化水平。各地实施防火网格化管理，全面提高防火管理水平。湖南以林长制推进基层基础建设，推行乡镇林长办和林业站"一套人马、两块牌子"，出台《护林员网格化管理办法（试行）》，逐步实现林草资源"全域全要素"管理。福建实现林业站对全省涉林乡镇全覆盖，70%以上乡镇林业站加挂林长办牌子。 （林章楠 张凤英）

**【林长制督查考核】** 为全面落实习近平总书记关于"加大督查考评力度"的指示精神和党中央、国务院有关决策部署，按照中央督查检查考核计划要求，2月，国家林草局印发《林长制督查考核办法（试行）》及其工作方案，对各省（区、市）及新疆生产建设兵团组织实施林长制督查考核。考核内容涉及国土绿化、资源保护管理、以国家公园为主体的自然保护地体系建设、野生动植物保护、森林草原灾害防控、林长制实施运行等6个方面，以及突出工作成效加分项和"三个重大"减分项。2022年年底，首次组织开展考核工作，考核结果分优秀、良好两个等次，评定12个省（区、市）为优秀等次，19个省（区、市）及新疆生产建设兵团为良好等次，考核结果已报中组部、中办督查室、国办督查室，作为地方有关党政领导干部综合考核评价和自然资源资产离任审计的重要依据，并以"一省一单"形式分送各省党委、政府，抄送中办、中组部、国办。 （王威 宋天宇）

**【林长制激励措施】** 为贯彻落实党中央、国务院关于进一步加强督查激励的决策部署，依据《国务院办公厅关于新形势下进一步加强督查激励的通知》要求，3月，国家林草局与财政部联合印发《林长制激励措施实施办法（试行）》，通过对真抓实干，全面推行林长制工作成效明显的地方予以表扬激励，充分调动和激发各地保护发展林草资源的积极性、主动性和创造性。12月，印发《国家林业和草原局办公室关于启动2023年林长制激励工作的通知》，正式启动2022年度林长制激励市县评选工作，共收到30个省（区、市）及新疆生产建设兵团报送的19个市、12个县申报材料，遴选4市4县报送国办。

（宋天宇　张凤英）

## 森林资源保护管理

【综　述】　2022年，资源司深入开展调查研究，强化部局融合发展，林长制在全国全面建立，安徽、江西等改革示范区先行省成果稳步呈现，林长制督查考核作为中央督检考核计划首次顺利启动，林长制作为国务院激励事项第一次兑现激励；2021中国林草生态综合监测评价成果正式发布，部局联合开展全国林草湿调查监测及荒漠、林草碳汇、国家级公益林监测顺利实施，进入汇总攻坚阶段；扎实开展2022年全国森林督查，启动实施按季度推送卫片，严肃查处一批毁林采石、采矿、种参等典型案件，加强对各专员办服务指导，着力推进完成2013年以来90%以上的积案旧案查处整改，实现销号清零；建设项目使用林地审核审批在全国全面实施委托下放，大力推进稳住经济大盘和保供煤炭用林项目依法高效落地；修订《林木采伐技术规程》，优化采伐App面积转换和委托代办功能，有序推进重点林区采伐许可事项委托下放；谋划进一步扩大全国森林可持续经营试点，组织编制《全国森林可持续经营试点实施方案（2023—2025年）》，确定310家试点单位，全力支持各试点实施森林质量精准提升工程；开展重点林区改革运行和大兴安岭集团改革专题调研，重点国有林区经营管理制度措施不断完善；党的二十大精神学习务实深入，全面从严治党不断深化，宣传工作有声有色。森林资源保护管理能力不断提升，有力推动林草事业高质量发展。

（李　磊　徐骁巍）

【重点国有林区改革】　2022年，国家林草局深入贯彻落实党中央国务院关于深化改革的决策部署，采取督导检查、完善制度、深度调研等多种形式，协调推动深化重点国有林区改革，不断巩固和提升改革成果。在多方的共同努力下，生态建设持续加强，职工生活有效保障，经济转型态势良好，林区社会发展和谐稳定。

**生态保护取得新成效**　各森工（林业）集团认真贯彻上级部门工作部署，聚焦森林资源保护发展主责主业，坚守森林资源底线，严守生态保护红线，全面履行好森林资源经营保护职责。加强管护队伍建设，强化源头保护，实行网格化管理，提升管护质量，通过建立企业林长制度，进一步压实各方责任。切实加强森林经营，精准提升森林质量，2022年共完成森林抚育67.27万公顷，营造林19.27万公顷，有害生物防治61.27万公顷。持续开展森林督查，严厉打击破坏森林资源违法行为，重点国有林区违法案件数量不断下降，违法占用林地面积、违法采伐蓄积量分别较2020年下降15%和88%。加大森林防火和有害生物防治力度，未发生重特大森林火灾和松材线虫等重大生物灾害。据监测数据显示，重点国有林区森林蓄积由改革验收时的31.7亿立方米，增长到2022年的32.35亿立方米，增长6500万立方米。

**经济转型实现新发展**　各森工（林业）集团深入贯彻落实习近平总书记"两山"理论，在确保森林资源安全的前提下，立足绿色资源优势，加强林区转型发展谋篇布局，呈现蓄势待发的良好态势。大兴安岭林区"两地两带四园"生态产业发展布局初具规模，创建一批国家级有机食品示范基地；内蒙古森工集团全力打造寻梦兴安、徒步春摄、根河之恋、岭秀森工、冰雪穿越5款秘境大兴安岭系列产品，与中粮海优（北京）有限公司签订了产地直送合作协议；吉林森工集团按照标准化、规模化、品牌化、市场化和产业化发展方向，推进产学研协同创新，2022年森林食药总产值17.4亿元；长白山森工集团精心打造白河"长白恋歌"等生态旅游项目，大石头亚光湖等被评为省级森林康养基地，2022年接待游客50万人次。据统计，重点国有林区6个森工（林业）集团2022年共实现营业收入122.97亿元，为推动林区绿色转型、带动职工就业增收奠定坚实基础。

**职工生活保障再上新台阶**　各森工（林业）集团深入贯彻以人民为中心的发展理念，加强民生保障性基础设施建设，不断推进职工增收，林区职工群众获得感、幸福感不断提升。长白山森工集团2021年和2022年共投入资金1.27亿元，用于林区道路、局址给排水和中心林场供水建设；内蒙古森工林区1715.92千米林场场部对外连接道路全部修建完毕。据统计，2022年重点国有林区累计投入资金7.4亿元，用于林区民生保障性基础设施建设；6个森工（林业）集团在册职工人数由改革验收时（2020年统计）的37.62万人，减少到2022年的28.74万人，减少8.88万人；在岗在册职工医疗、养老等社会保障实现全覆盖，离退休职工基本全部实现社会化管理；大兴安岭、内蒙古、吉林、长白山、龙江、伊春森工（林业）集团在岗在册职工年人均工资分别增长到2022年的6.14万元、6.82万元、6.56万元、7.19万元、5.68万元、5.22万元。

**企业发展迈出新步伐** 各森工（林业）集团坚决贯彻党中央决策部署，全面推进森工企业改革，着力建立现代企业制度，激发企业内生动力，提升生态安全保障能力。大兴安岭集团坚持实施"强党建、优生态、促发展、惠民生"总体战略，"三年三步走、三年开新局"行动计划圆满收官，搭建了组织管理运行体系的"四梁八柱"；内蒙古森工集团深入贯彻改革要求，开展国有企业总部机关化专项治理，合理优化内设机构，集团现代企业制度更加成熟定型，生态优先、绿色发展部分更加坚定；长白山森工集团对标国企改革三年行动量化指标，39项改革任务全部落实落地；龙江森工集团建立完善党委会、董事会、经理层治理结构，制定完善制度24项，135户企业完成公司制改革；伊春森工集团建立"两会一层"议事规则50多项，进一步健全市场化经营机制。经过两年多的努力，各森工（林业）集团实现了改革平稳有序过渡，职工人心思上、人心思进，各项工作稳中有序、稳中有进，森工企业发展态势良好。（沙永恒）

**【优化重点国有林区管理体制专题调研】** 按照国家林草局局长关志鸥关于"组成专班研究权力下放和完善体制"的要求，由资源司牵头，会同局办公室、保护地司、防火司、国家公园中心组成3个调研工作组，分赴内蒙古、吉林、黑龙江3个省（区）进行专题调研，全面深入了解改革后重点国有林区运行情况，森林资源管理体制中存在的突出问题，重点围绕林木采伐和占用林地许可委托下放等提出了工作建议，为不断推动完善森林资源管理体制提供参考和依据，巩固和深化改革成果。依据调研情况，经国家林草局党组研究决定，已将重点国有林区占用林地审核和林木采伐许可事项委托至3个省（区）省级林草主管部门实施。（沙永恒）

**【编制完成《重点国有林区全民所有自然资源委托代理机制试点实施方案》】** 根据全民所有自然资源委托代理机制职责分工要求，按照自然资源部工作部署，组织相关技术支撑单位，编制完成了《重点国有林区全民所有自然资源委托代理机制试点实施方案》，并经过专家论证和反复征求意见后报送自然资源部，为制定和印发全民所有自然资源清单工作提供支撑。（沙永恒）

**【完善大兴安岭林业集团公司管理体制】** 按照国家林草局党组的要求和工作部署，由资源司牵头，与人事司、规财司、发展研究中心组成联合调研组，深入黑龙江大兴安岭重点国有林区，开展了"大兴安岭林业集团公司隶属关系调整后运行情况"专题调研，深入了解大兴安岭集团公司及其所属的加格达奇、松岭、漠河林业局直管改革后在管理体制、职能发挥、干部队伍、与属地政府协调配合等情况，存在的有关问题，研究提出解决有关问题的意见和建议，为进一步完善大兴安岭林业集团公司管理体制，深化大兴安岭林区改革提供参考。同时，积极推动大兴安岭林业集团公司森林资源保护发展绩效考核办法制定和薪酬改革工作，推动建立现代企业制度。（沙永恒）

# 森林资源监测

**【综　述】**

**林草生态综合监测步入常态化运行** 联合印发《自然资源部 国家林业和草原局关于共同做好森林、草原、湿地调查监测工作的意见》《自然资源部 国家林业和草原局关于开展2022年全国森林、草原、湿地调查监测工作的通知》，印发《国家林业和草原局办公室关于常态化开展林草生态综合监测工作的通知》。

**综合监测成果丰硕** 正式出版了《2021中国林草资源及生态状况》《2021中国林草生态综合监测评价报告》，在中宣部"中国这十年"系列主题新闻发布会上发布综合监测主要成果；央视综合频道新闻联播报道并滚动播出我国首次林草生态综合监测评价成果，"2021年我国森林草湿地生态总价值每年28.58万亿元，全国林草生态系统呈现健康状况向好、质量逐步提升、功能稳步增强的发展态势"。

**技术体系不断完善** 局领导亲自推进，召开林草系统工作部署会、工作推进会。综合监测领导小组办公室组织国家级技术培训、各直属院会、司局协调会、部局工作专班会、全国汇总工作会议等多次。组织直属院完成全国遥感数据处理910万平方千米、2022年监测底图制作和林草湿变化图斑两轮判读区划214万个，印发《全国森林、草原、湿地调查监测技术规程》《全国森林、草原、湿地调查监测质量检查办法（试行）》

《荒漠监测技术规定》《国家级公益林监测技术规定》，一体化推进森林、草原、湿地、荒漠和林草碳汇、国家级公益林监测。完成全国5.7万个样地的现地调查，提交完成全国3163个县级单位的图斑数据，处理汇总数据达600亿组。印发表扬通报，召开2021年工作总结会，对全国贡献突出的61个单位、156名个人予以表扬。

**为林草生态网络感知系统提供资源数据和底图保障** 继续维护国家森林资源智慧管理平台，完善综合监测业务系统，丰富内外业多场景应用软件；升级林草资源图手机App，支持国家林草局各单位业务需求；形成林草资源图年度数据库，及时为林草生态网络感知系统提供数据更新并业务支撑。

（森林资源监测
由红玉、胡中岳供稿）

# 森林可持续经营

**【扩大全国森林可持续经营试点】**
国家林草局深入调研、分析总结、剖析问题，落实关志鸥局长在弘扬塞罕坝精神座谈会上的讲话精神，组织专家集中研究、创新政策，吸纳各方意见，形成了《全国森林可持续经营试点实施方案（2023—2025年）》，经9月21日局长专题会和11月16日局务会审议通过，并以局文印发各地，计划用三年左右时间（2023—2025年）在全国开展森林可持续经营试点工作，以国有林为主，兼顾集体林，按照先易后难原则，依次优先考虑人工林、商品林、天然林、公益林，科学开展中幼龄林抚育，探索模式、破解难题、创新机制、实现突破，以试点示范引领带动各地提高森林质量、调整林分结构、创新管理机制，进而推动林草工作高质量发展。

**【2022年度试点工作】** 围绕试点任务布局、落地上图、成效评价、督导考核等内容，制定试点工作方案和落地上图技术要点，优化完善落界上图App，扎实开展4期业务培训，加强13家试点单位"一对一"专家跟踪指导，按月调度试点工作进展，编制工作进展简报2期，指导各地完成了2022年度试点任务面积2.26万公顷，成效监测样地1106个，落地上图工作综合完成率96.7%。加强试点政策举措和配套制度建设，强化科技支撑，起草《试点管理办法》《落地上图技术方案》《专家衔接机制》，修订拟发布《森林经营规划编制指南》和《森林经营方案技术规范》2个行业标准。

**【森林可持续经营政策机制研究】**
一是深入基层调研，充分调动专家团队，开展森林可持续经营试点政策机制和碳汇潜力分析研究，编制《南方地区森林质量提升与木材供应双赢实现途径》《全面加强森林经营 精准提升森林质量 努力推进林草事业高质量发展》等专题报告，为森林质量提升提供决策依据。二是完善森林经营资金安排决策管理机制，配合规财司修订完善《林业草原改革发展资金管理办法》《中央财政林业草原项目储备库入库指南》，将森林抚育项目扩展到森林质量提升领域，强化森林经营方案的决策指导作用，积极研究试点经费落实事宜，指导各省份统筹经费支持2022年试点工作。三是与林科院资信所建立了科技创新对接机制，落实林科院专家团队为森林经营提供典型林分经营技术和立地质量评价等内容的科技支撑。与发展中心开展中国森林可持续经营机制问卷调查，为完善我国森林可持续经营政策机制提供支撑作用。

**【宣传引导和国际交流】** 及时回应社会关注，总结提炼多年来试点取得的经验做法，通过《林长制简报》和《中国绿色时报》分两批推介17个试点典型案例，通过《朝闻天下》播出《我国森林质量不断提升，固碳能力显著增强》新闻，在《中国绿色时报》刊发《森林经营，事关国家"双碳"目标战略》，努力营造以提升森林质量为核心的森林经营新格局。持续推进蒙特利尔进程履约、中芬森林可持续经营示范基地建设，线上参加蒙特利尔进程第31次工作组会议，参与编写《蒙特利尔进程指标回顾综述与展望（1990—2020年）》，将开展的试点工作等纳入中德、中芬等林业双边合作的重点领域，分享中国森林可持续经营实践经验。

（森林可持续经营由王雪军供稿）

# 林木采伐管理

**【2022年采伐限额执行情况】** 根据国家林业和草原局印发的《关于加强"十四五"期间林木采伐管理的通知》，"十四五"期间继续执行"一严二活"的采伐管理政策：一是天然林和公益林采伐管理要"严"。落实《天然林保护修复制度方案》要求，继续全面停止天然林商业性采伐，严格控制天然林皆伐改造。严格执行相关技术规程和政策要求，加强国家级公益林抚育和更新采伐、低质低效林改造管理，加快森林正向演替，逐步提升天然林和公益林生态功能。二是科学经营，采伐管理要"灵活"。支持各地开展森林抚育、推进退化林修复和森林质量精准提升。根据森林资源保护和科学经营实际需要，抚育采伐、低产低效林改造分项限额不足的，可调整使用主伐和更新采伐限额。发生森林火灾、林业有害生物等重大自然灾害确需清理受害木的，其采伐限额可在县域范围内不分类型集中使用等管理政策。三是人工商品林采伐依法"放活"。推进商品林集约经营，实行集体人工商品林主伐限额结转机制，鼓励各地开展国有森林经营单位主伐限额"五年总控"试点，推进人工商品林集约化经营和保障全国木材供给。

根据各省级单位上报的2022年度采伐限额执行情况，经统计，2022年度全国使用的采伐限额为12290.3万立方米，是全国年采伐限额27550万立方米的44.6%，较2021年减少了0.8个百分点。按森林类别分，商品林使用10842.6万立方米，占商品林年采伐限额21600万立方米的50.2%；公益林使用1447.7万立方米，占公益林年采伐限额5950万立方米的24.3%。按采伐类型分，主伐使用9367.1万立方米，占主伐限额14999万立方米的62.5%，抚育使用1071.1万立方米，占抚育限额5839.2万立方米的18.3%，更新采伐520.5万立方米，占更新采伐限额1797.7万立方米的29.0%，低产低效林改造使用320.1万立方米，占低产低效林改造限额1444.5万立方米的22.2%，其他采伐使用1011.5万立方米，占其他采伐限额3469.6万立方米的29.2%。各地在应对森林火灾、林业有害生物等重大自然灾害的受灾林木清理，影响电力、交通、水利设施，安全运营和日常维护等公共安全的林木采伐，以及自然保护区等特殊情况的采伐共使用315.0万立方米，占省级不可预见性限额1513万立方米的20.8%。

在全国各地区限额使用情况中，广西使用4211.5万立方米，占全国限额使用总量的34.3%；广东使用1506.1万立方米，占全国限额使用总量12.3%，两广限额使用占比为46.5%，也与其作为全国主要木材供应基地密切相关。

（刘星平　张　敏）

**【林木采伐"放管服"成效明显】** 国家林业和草原局将"林木采伐App推广使用、实现网络在线申请、实行告知承诺制审批"作为林木采伐"放管服"改革和"减证便民"的有效举措进行全面贯彻落实。2022年，在总结各地实行告知承诺制审批和林木采伐App使用情况的基础上，针对出行困难、智能手机使用不便的林农群体，在林木采伐App中研发面积转换、委托代办功能，并要求各地足额保障告知承诺制审批所需采伐限额。经统计，2022年全国各省办理林木采伐告知承诺审批65197件、采伐蓄积量516484立方米，如按平均每立方米费用15元测算，共为林农节省支出约775万元。此项林木采伐便民举措每年将惠及的林农超过10万户，有效破解了林农个人申请数量大、基层林业服务机构人员少、准备伐区调查设计材料耗时费力、多次往返办证点办理相关手续等采伐许可证办理难题。

国家林业和草原局对湖南省浏阳市、浙江省松阳县和福建省三明市的林木采伐"放管服"经验进行梳理总结，以《林草部门借助信息化手段推行告知承诺制便利林农个人依法办理许可证》向司法部上报了"减证便民"典型案例。

（张　敏　王鹤智）

**【重点林区采伐许可委托工作】** 为深入贯彻落实国务院"放管服"改革的有关要求和关志鸥局长的指示精神，于2022年年底着手研究落实"重点林区林木采伐许可证核发"行政审批委托至省级林草主管部门实施事项。12月16日，发布《国家林业和草原局公告》（2022年第17号），将采伐许可证核发事项委托至内蒙古、吉林、黑龙江三省（区）林业和草原主管部门实施，委托期限自2023年1月1日起，至《森林法实施条例》修订后施行之日止。随后，国家林业和草原局分别与内蒙古、吉林、黑龙江三省（区）林业和草原主管部门签订了委托办理行政审批事项协议。12月22日，国家林业和草原局办公室下发《关于做好委托核发重点林区林木采伐许可证工作的通知》（办资字〔2022〕134号），明确了审批核发流程和用章、文号管理，强调指定专人负责和后续抽查监管。

同时，为确保委托工作的顺利交接和稳步推进，资源司会同国家林草局规划院更新完善东北、内蒙古重点国有林区林木采伐管理系统，做好系统的升级改造和后台运行维护工作，并对相关技术人员就重点林区采伐许可证审批事项的交接与管理及东北内蒙古重点林区林木采伐管理系统的使用进行了培训，确保重点林区林木采伐许可证核发"放得下、接得住、管得好"。

（张　敏　庞尧予）

**【支持各地开展采伐管理改革试点】** 国家林业和草原局鼓励湖南、广西和贵州等省（区）根据现行采伐管理实际，结合林木采伐"放管服"改革，探索和深化林木采伐管理改革试点，推动林草事业高质量发展。一是针对湖南省部分县市"十四五"期间年采伐限额编制时未充分考虑"双重"项目实施需要的问题，按照国家林业和草原局加强"十四五"期间林木采伐管理通知的有关精神，2022年国家林草局支持湖南省将2021年结余的集体和个人主伐限额结转到2022年，用于县域范围内的森林质量提升、国家储备林建设。二是广西壮族自治区是我国木材生产的主要基地，以桉树为主的速生丰产林的采伐需求受木材市场价格波动影响较大，直接导致木材供需与采伐限额无法匹配的矛盾。为有效缓解采伐限额满足年度采伐需求，国家林业和草原局同意广西壮族自治区林业局《建设广西现代林业产业示范区 推进人工商品林采伐管理改革试点方案》，开展结转限额县域统筹使用、不可预见性采伐限额年度结转等人工商品林采伐管理改革试点内容。三是落实《国务院关于支持贵州在新时代西部大开发上闯新路的意见》，国家林业和草原局指导和支持贵州省探索开展"人工商品林主伐限额五年总控，年采伐量按经营方案确定"的采伐限额管理改革，100个国有林场和8个集体林场在"十四五"期间人工商品林主伐限额五年总数不变的前提下，根据人工商品林经营需要，各编案单位年采伐限额按批准的森林经营方案（2021—2025年）确定的年采伐量进行采伐。 　　（张　敏　王鹤智）

## 林地管理

【重大项目使用林地要素保障】 2022年，为坚决贯彻落实党中央、国务院"疫情要防住、经济要稳住、发展要安全"的决策部署，国家林草局出台相关政策、开辟绿色通道、主动靠前服务、保障林地定额等有力措施，确保稳增长项目用林依法依规、高效落地。全国各省级林草主管部门办理完成涉林重大交通、能源、水利项目1146项，使用林地4.43万公顷，办结率100%；办理保供煤矿项目228项，使用林地1.01万公顷；川藏铁路四川、西藏2个省（区）配套工程办理使用林地手续75项，面积1011公顷。主要举措如下。

出台项目用地政策 2022年5月，国家林草局印发《关于切实做好稳经济保民生建设项目使用林地工作的通知》，明确要求各级林草主管部门依法依规做好涉林保障工作；配合自然资源部出台《关于积极做好用地用海要素保障的通知》，指导地方用好用足政策，助力稳住经济大盘。

实现国家林草局审核权限的林地行政许可"全委托"办理 12月16日，发布国家林业和草原局公告（2022年第17号），将重点林区建设项目使用林地行政许可委托至内蒙古、吉林、黑龙江3个省（区）林草主管部门实施，对重点林区外国家林草局权限的建设项目使用林地行政许可，延续委托各省级林草主管部门实施。

紧急追加备用林地定额 严格按照"生态优先、统筹兼顾、保障重点"的原则，共为20个省份追加下达国家备用林地定额，助力稳增长重大项目建设。

高效提供林地审核审批服务 对重大项目开辟绿色通道，实行限时办结制度，并定期追踪审批进度。组建节假日应急专班，确保休假期间用林手续办理不间断。全面实行网上审核审批，让"数据多跑路，申报人员少跑腿"。

全力做好事前对接指导 要求各级林草主管部门提前介入，优化项目选址。定期调度，及时掌握重点项目进展，指导地方解决项目办理的难点和问题。加强部门协同，积极与同级自然资源等相关部门沟通对接，并指导建设单位高效组织申请材料。 　　（赵倩倩）

【2021年建设项目使用林地行政许可委托实施情况评估】 为切实加强建设项目使用林地行政许可委托工作监管，真实全面了解受委托单位工作开展情况和实施成效，6月，资源司组织各专员办对各省级林草主管部门2021年2—12月委托办理使用林地行政许可工作进行了评估，制定并下发了《建设项目使用林地行政许可委托工作实施情况评估方案》，召开启动培训会，要求各专员办客观公正地完成评估工作，确保委托工作"放得下、接得稳、管得住、效果好"。

各专员办严格按照《评估方案》的评估方法和评估内容，科学严谨地开展评估工作，并如期报送了评估成果。特别是北京、长春、成都、上海、贵阳专员办以实为本、以严为纲，检查评估取得突出成效。

评估检查发现，个别省份仍存在一些不容忽视的问题，主要体现在审核把关不严、制度执行不到位等方面。此外，各地在工作及时性、材料齐备性、内容规范性等方面存在程序履行不到位、个别项目网上审批材料填写不规范等情况。针对检查存在的问题，由专员办督促有问题的省份进一步规范和严格审核把关，避免在今后工作中出现类似问题。 　　（胡长茹）

【2022年全国建设项目使用林地审核审批情况】 全国（不含台湾省，

下同）共审核使用林地项目44838项，审核同意面积185761.77公顷；批准临时占用林地和直接为林业生产服务的工程设施使用林地项目31930项，批准面积88864.88公顷；征收森林植被恢复费387.79亿元。其中，国家林业和草原局审核（含委托部分）使用林地项目1197项，审核同意面积88623.09公顷，征收森林植被恢复费139.24亿元。各省（区、市、新疆生产建设兵团）林业和草原主管部门审核使用林地项目43641项，审核同意面积97138.68公顷；批准临时占用林地和直接为林业生产服务的工程设施使用林地项目31930项，批准面积88864.88公顷；征收森林植被恢复费248.55亿元。

（张亮亮）

**【2022年建设项目使用林地及在国家级自然保护区建设行政许可监督检查】** 为落实《行政许可法》有关规定，根据《国家林业和草原局建设项目使用林地及在国家级自然保护区建设行政许可随机抽查工作细则》，2022年，国家林业和草原局组织15个派出机构（以下统称"专员办"）开展了国家林业和草原局建设项目使用林地及在国家级自然保护区建设行政许可被许可人监督检查工作。根据统计，监督检查共投入人员372名，用时1218个

工日，检查了164个国家林草局审核同意或批准的使用林地及在国家级自然保护区建设项目，涉及198个县级单位。

检查的164个建设项目，实际使用林地面积11541.01公顷，检查结果表明，多数主体工程能够做到按照行政许可规定的地点、面积、用途、期限等依法依规使用林地及在国家级自然保护区建设。但检查也发现一些建设项目不同程度地存在超审核（批）使用、未经批准使用、异地使用林地等问题，面积245.84公顷；部分建设项目附属设施或辅助工程也不同程度存在违法违规使用林地情况，面积109.56公顷。各专员办已对检查出的违法违规使用林地项目进行了督查整改，大部分项目已整改到位。下一步，国家林草局要求各专员办对2022年检查中发现的违法违规使用林地项目未查处到位的，继续进行督查督办，确保整改到位。 （朱琛）

**【《关于建设项目使用林地准予许可决定书延期有关问题的复函》】** 为加强建设项目使用林地审核审批管理，进一步明确建设项目使用林地审批行政许可延期相关问题，1月，国家林业和草原局下发《关于建设项目使用林地准予许可决定书延期有关

问题的复函》（林资发〔2022〕7号，以下简称《复函》）。《复函》明确了建设项目使用林地许可逾期时效性的问题、办理延期手续的有关规定、逾期重新办理手续的有关要求及森林植被恢复费的征收标准等，并且对各级林草部门监督管理提出了要求。 （滕青林）

**【《关于支持吉林人参产业高质量发展的意见》】** 9月，国家林业和草原局、农业农村部、国家卫生健康委员会、国家市场监督管理总局、国家药品监督管理局、国家中医药管理局联合下发《关于支持吉林人参产业高质量发展的意见》（林函资字〔2022〕80号，以下简称《意见》）。《意见》要求科学改进人参种植模式。在不破坏森林生态系统的前提下，将人参种植模式重点转向林下仿野生栽培和人工林下生态种植，合理合规利用林下空间，推动人参等中药材规范化培育。《意见》还指出，要加强人参种质资源保护，推进人参纳入保健食品原料目录，扩大人参申请新食品原料的范围，建立高品质人参等级标准和加快推进国家级人参科研平台建设。 （聂大仓）

---

表4-1 2022年度国家林业和草原局审核（含委托部分）建设项目使用林地情况

单位：项、公顷、万元

| 省（区、市）、森工（林业）集团、兵团 | 审核使用林地 | | |
| --- | --- | --- | --- |
| | 项目数 | 面积 | 森林植被恢复费 |
| 全国总计 | 1197 | 88623.0891 | 1392445.9742 |
| 北京 | 4 | 393.9688 | 17032.6920 |
| 河北 | 16 | 1162.3154 | 15283.3034 |
| 山西 | 24 | 1711.9582 | 20852.5335 |
| 内蒙古 | 140 | 7529.5189 | 119249.3355 |
| 辽宁 | 16 | 2520.9989 | 45036.0034 |
| 吉林 | 27 | 473.7159 | 9973.4021 |
| 黑龙江 | 61 | 6611.4079 | 100920.2102 |
| 上海 | 3 | 47.8561 | 0 |
| 江苏 | 17 | 887.5120 | 16366.3745 |
| 浙江 | 40 | 2923.1056 | 73139.9365 |

（续表）

| 省（区、市）、森工（林业）集团、兵团 | 审核使用林地 | | |
|---|---|---|---|
| | 项目数 | 面积 | 森林植被恢复费 |
| 安　徽 | 29 | 3548.7894 | 55479.0232 |
| 福　建 | 22 | 1187.9910 | 32357.5210 |
| 江　西 | 71 | 5117.8724 | 89037.1168 |
| 山　东 | 22 | 1269.6880 | 18266.8294 |
| 河　南 | 44 | 5439.0289 | 63044.3025 |
| 湖　北 | 32 | 2521.7299 | 40095.9982 |
| 湖　南 | 18 | 1192.3883 | 19432.1890 |
| 广　东 | 65 | 4744.1342 | 120602.5861 |
| 广　西 | 108 | 11388.3366 | 125927.7092 |
| 海　南 | 10 | 1842.3280 | 17422.1167 |
| 重　庆 | 17 | 1248.2184 | 37143.9976 |
| 四　川 | 39 | 3157.9525 | 40432.3500 |
| 贵　州 | 33 | 2989.4120 | 52334.8343 |
| 云　南 | 93 | 9795.7719 | 124760.0529 |
| 西　藏 | 52 | 1813.7282 | 37179.7383 |
| 陕　西 | 41 | 1584.4744 | 38359.4652 |
| 甘　肃 | 12 | 480.6796 | 8858.2312 |
| 青　海 | 4 | 738.3258 | 9133.7870 |
| 宁　夏 | 6 | 442.2629 | 5969.2708 |
| 新　疆 | 48 | 2583.3966 | 24959.3257 |
| 新疆兵团 | 37 | 1162.6097 | 12358.6707 |
| 内蒙古森工 | 26 | 32.1574 | 315.2817 |
| 大兴安岭 | 20 | 79.4553 | 1121.7856 |

备注：以上为准予许可项目。

表4-2　2022年度各省（区、市、新疆生产建设兵团）审核审批建设项目使用林地情况

单位：项、公顷、万元

| 省（区、市）森工（林业）集团、兵团 | 审核使用林地 | | | 审批临时占用林地 | | | 审批直接为林业生产服务占用林地 | |
|---|---|---|---|---|---|---|---|---|
| | 项目数 | 面积 | 森林植被恢复费 | 项目数 | 面积 | 森林植被恢复费 | 项目数 | 面积 |
| 总　计 | 43641 | 97138.6786 | 1711398.2057 | 14407 | 62850.6891 | 774070.7083 | 17523 | 26014.1902 |
| 北　京 | 88 | 141.6831 | 33292.2640 | 77 | 87.0764 | 20074.7985 | 194 | 84.0034 |
| 天　津 | 133 | 196.7064 | 3584.0606 | 65 | 211.9463 | 3164.1876 | | |
| 河　北 | 482 | 1682.7502 | 22708.8501 | 134 | 1923.6258 | 10639.9505 | 75 | 152.1996 |
| 山　西 | 380 | 1697.1344 | 19084.9198 | 353 | 2662.6779 | 21761.8284 | 154 | 1061.8699 |

131

（续表）

| 省（区、市）森工（林业）集团、兵团 | 审核使用林地 | | | 审批临时占用林地 | | | 审批直接为林业生产服务占用林地 | |
|---|---|---|---|---|---|---|---|---|
| | 项目数 | 面积 | 森林植被恢复费 | 项目数 | 面积 | 森林植被恢复费 | 项目数 | 面积 |
| 内蒙古 | 1815 | 4800.3020 | 62935.7238 | 540 | 4967.5158 | 59163.5008 | 264 | 1285.8518 |
| 辽　宁 | 430 | 1423.1652 | 24779.0623 | 162 | 1311.4473 | 10774.2749 | 123 | 375.6072 |
| 吉　林 | 334 | 906.2658 | 19851.1488 | 149 | 734.4148 | 10812.6063 | 42 | 25.5654 |
| 黑龙江 | 311 | 854.4364 | 14989.4670 | 331 | 1123.9468 | 15503.1192 | 57 | 123.0220 |
| 上　海 | 175 | 116.7894 | 5781.0753 | 19 | 26.7473 | 1323.9913 | | |
| 江　苏 | 611 | 1121.3270 | 18763.9740 | 165 | 789.6316 | 9865.7648 | 41 | 15.7744 |
| 浙　江 | 4857 | 4860.9486 | 109452.8996 | 653 | 976.7053 | 17853.4585 | 1671 | 964.0318 |
| 安　徽 | 1756 | 3717.1073 | 73066.5453 | 485 | 1147.7975 | 16884.7817 | 794 | 348.6494 |
| 福　建 | 2962 | 4704.3651 | 104597.0532 | 292 | 887.6700 | 19785.8215 | 905 | 594.8911 |
| 江　西 | 2209 | 7750.7795 | 124978.7617 | 1097 | 2712.7762 | 32608.6766 | 1428 | 903.2434 |
| 山　东 | 1118 | 1546.9456 | 25014.1817 | 422 | 770.5926 | 11427.0923 | 220 | 190.6232 |
| 河　南 | 989 | 3481.8671 | 56929.1539 | 197 | 1487.4350 | 14154.1970 | 43 | 55.1728 |
| 湖　北 | 3215 | 7118.8125 | 116964.5462 | 770 | 2312.9708 | 31280.5319 | 885 | 1181.5035 |
| 湖　南 | 3580 | 6018.4428 | 107831.4057 | 794 | 1565.8549 | 21636.2483 | 1281 | 1269.0207 |
| 广　东 | 2442 | 7823.7415 | 182619.2827 | 502 | 1993.8604 | 38615.5030 | 246 | 352.5796 |
| 广　西 | 1574 | 6832.7875 | 100891.2856 | 1590 | 9428.9941 | 92770.0546 | 1622 | 2532.4655 |
| 海　南 | 974 | 1299.1810 | 19740.9125 | 176 | 444.8581 | 3742.7219 | 322 | 57.1501 |
| 重　庆 | 643 | 1492.6205 | 50626.8949 | 642 | 1714.6102 | 45308.3899 | 3272 | 2148.3498 |
| 四　川 | 2481 | 5838.0066 | 108321.4500 | 1340 | 3566.6064 | 54141.5869 | 2106 | 6233.2157 |
| 贵　州 | 2361 | 3189.4571 | 54885.8918 | 351 | 4609.8186 | 39401.3550 | 118 | 279.2080 |
| 云　南 | 2712 | 9857.1994 | 113756.2170 | 1066 | 6277.1036 | 58860.4753 | 1127 | 3405.9978 |
| 西　藏 | 1130 | 1510.1123 | 25102.9333 | 199 | 1123.4579 | 18381.7991 | — | — |
| 陕　西 | 989 | 2919.3674 | 59800.2397 | 540 | 3425.2429 | 50283.5767 | 146 | 149.2220 |
| 甘　肃 | 234 | 407.2079 | 9836.7621 | 112 | 231.4106 | 5729.6220 | 18 | 13.0654 |
| 青　海 | 105 | 164.6654 | 2457.0292 | 63 | 353.4693 | 4440.3783 | 14 | 15.9810 |
| 宁　夏 | 428 | 486.2235 | 8089.9801 | 233 | 1015.6464 | 11564.6454 | 18 | 186.3192 |
| 新　疆 | 1450 | 2261.2323 | 20104.6088 | 737 | 2528.8341 | 18167.1423 | 101 | 710.8850 |
| 新疆兵团 | 673 | 917.0478 | 10559.6251 | 113 | 260.5455 | 2201.8514 | 24 | 24.9859 |
| 内蒙古森工 | — | — | — | 11 | 46.3049 | 84.8646 | 119 | 866.9998 |
| 大兴安岭 | — | — | — | 27 | 129.0938 | 1661.9118 | 93 | 406.7358 |

备注：以上为准予许可项目。

# 森林资源监督与执法

**【全国林业和草原行政案件统计分析情况】** 全国共发生林草行政案件9.95万起，查结9.40万起。其中，违法使用林地案件45993起，占46.23%；滥伐林木案件16764起，占16.85%；毁坏林木、林地案件14347起，占14.42%；盗伐林木案件2380起，占2.39%；非法收购、加工、运输木材案件1502起，占1.51%，涉森林资源行政案件占比达81.40%。

通过案件查处全国共恢复林地0.82万公顷，自然保护地或栖息地面积5.86公顷；没收木材0.58万立方米、种子0.07万千克、幼树或苗木33.33万株；没收野生动物0.56万只、野生植物1.17万株，收缴野生动物制品147件、野生植物制品74件；案件处罚总金额20.31亿元，其中，罚款20.11亿元，没收非法所得0.20亿元；行政处罚人数9.49万人次，责令补种树木663.51万株。案件共造成损失林地1.54万公顷、草原0.43万公顷、自然保护地或栖息地面积78.42公顷；林木12.74万立方米、竹子157.13万根、幼树或苗木305.04万株、种子1.33万千克；野生动物0.92万只、野生植物4.51万株。

（班奇）

**【森林监督和林政执法】** 保护森林资源，森林督查是"利器"。一是森林督查"强震慑"。2022年，国家林草局坚持高位推动，按照"国家统筹、省负总责、分级负责、上下联动、齐抓共管"的总体部署，以全面推行林长制为契机，卫星遥感技术与地面核实相结合，省级自查与国家核查相结合，加大卫片推送频次，首次组织同一年度两批次疑似违法图斑全国自查，提升了发现和打击违法问题的时效性。首次通过"腾讯会议+直播"方式，开展贯通国家、省、市、县各级林政执法人员的全国性技术培训。下发2021年森林督查全国通报和整改通知；挂牌督办8个破坏森林资源问题严重的县级单位，约谈其人民政府主要负责人，函告相关省级人民政府。从结果看，全国违法占用林地面积、违法采伐面积和蓄积量实现连续4年下降，各地保护发展森林资源的思想认识逐年提升，社会群众关注度日益提高。森林督查已经上升为党中央、国务院对各级林长的具体要求，成为各级林草部门加强森林资源保护管理的重要抓手，上下联动、分级负责的常态化国家森林资源保护监管体系初步成型，主动发现破坏森林资源问题的能力和水平大大提高，"天上看、地面查"使违法违规破坏森林资源行为无处遁形，形成有力震慑。全国通报、挂牌督办、警示约谈、媒体曝光、区域限批、现地督导等系列举措形成"组合拳"，有效压实地方政府主体责任，强力推进问题整改。二是紧盯问题"零容忍"。紧紧抓住林长制考核"牛鼻子"，压实地方主体责任，以林长制推进会、全国森林督查技术培训班等为契机，组织开展查处整改情况省级自查自纠和国家级抽检，持续调度、督导各地加快推进违法问题清零，使大量历史积案、旧案得以查处整改。截至2022年年底，全国38个省级单位2013—2021年森林督查发现案件40余万起，查处整改总到位率90%以上，实现了历史性的突破。全年下发查办通知26份，组织督查督办破坏森林资源案件31件，及时响应社会关注。形成了以森林督查发现问题为主线，媒体报导、群众举报、内部材料等为补充的多重问题线索渠道。国家林草局针对毁林采石采矿、违规土地整理毁林造地等严重破坏森林资源问题，重点挂牌督办12起重大案件，公开通报22起典型案例，以案示警、以案释法。针对毁林种参等重点领域违法问题，组织指导吉林、黑龙江开展打击毁林种参专项行动。内蒙古黄岗梁森林公园内违法采矿、沿河公司毁林种参等问题得以推动和纠正。作为成员单位，会同自然资源部、国家发展改革委、民政部等部门，积极配合推进违建别墅、高尔夫球场、违建墓地、涉黑涉恶等问题全国清理整治。

（戴明睿）

**【森林资源监督】** 组织各派出机构加强森林资源监督与案件督办。15个派出机构共督查督办案件2403起，办结1935起，办结率80.52%。督导各地开展破坏森林资源案件动态清零，党的十八大以来案件查处整改率达90%以上。向各省级人民政府提交监督通报，反映了116个突出问题，提出了121个意见建议，共有53位省级领导（省委书记11位，省长11位）对监督通报作出批示，全力推动问题整改。各派出机构通过约谈，加强对森林资源管理问题严重地区督查督办，2022年共约谈地方政府29次、128人，其中地市级18人，县处级及以下110人。严格按照党中央、中央纪委监委在自然资源领域开展行政监督与纪检监察监督贯通机制试点要求，组织各派出机构认真落实贯通机制要求，依法依规向省级纪检监察部门移送问题线索2条，以党内监督优势推动森林资源保护发展。

（段秀廷、周若菲）

# 森林
# 资源保护

# 林业有害生物防治

【综　述】　2022年，林业有害生物防治工作坚持以习近平生态文明思想为指导，深入贯彻党中央、国务院决策部署，以林长制为抓手，以松材线虫病、美国白蛾等重大林业有害生物防治为重点，扎实推进防治工作，取得明显成效。据统计，全年采取各类措施防治960万公顷，累计防治作业面积1746.04万公顷，无公害防治率达94.02%。中央财政林业有害生物防治补助资金从10亿元增加到12.5亿元，重点支持松材线虫病疫情防控；中央预算内投资2亿元，提升重点地区防控能力。

2022年全国主要林业有害生物偏重发生、局部成灾，持续高发态势趋缓。据统计，全年共发生1187.09万公顷，同比下降5.44%。其中，虫害发生729.74万公顷，同比下降6.04%；病害发生262.95万公顷，同比下降7.65%；林业鼠（兔）害发生177.01万公顷，同比上升1.35%；有害植物发生17.38万公顷，同比下降10%。

松材线虫病疫情发生面积151.15万公顷，同比下降11.94%，病死（含枯死、濒死）松树1040.48万株、同比下降26.10%。2022年松材线虫病新增7个县级疫区，公告撤销37个县级疫区（其中，广东省揭阳市空港经济区因区划调整，撤销县级疫区），全国县级疫区总量由731个减少至701个。

美国白蛾累计发生面积67.65万公顷，同比下降7.50%，相比2017年发生高峰下降23.65万公顷，中度以下发生面积占比99.64%。疫情扩散势头减缓，整体轻度发生，但黄淮和长江中下游部分防治薄弱区点片状发生偏重。2022年美国白蛾新增3个县级疫区，公告撤销1个县级疫区，全国县级疫区总量613个。

林业鼠（兔）害危害整体有所加重，在东北和西北局部地区的荒漠林地和新植林地造成偏重危害。鼢鼠类整体危害有所加重，西北局部地区中幼林地和未成林地危害偏重，局地成灾。沙鼠类整体轻度发生，新疆北疆和内蒙古西部荒漠区局地偏重。鼬鼠类在东北林区整体中度以下发生，但在黑龙江和内蒙古森工局地危害偏重。

【松材线虫病防治】　扎实推进松材线虫病疫情防控五年攻坚行动（2021—2025年），全国首次实现县级疫区、乡镇疫点数量净下降，有40个县级疫区和293个乡镇疫点达到拔除标准；连续2年实现发生面积和病死树数量"双下降"，同比下降11.9%和26.1%。泰山连续3年实现无疫情。将松材线虫病纳入林长制督查考核，向省级总林长通报防控情况，推动地方压实防控责任。各地深入推行林长制，通过签署林长令、建立"林长+检察长""林长+警长+检察长"机制、开展林长巡林、下达检察建议书等形式，创新推动松材线虫病防控落地见效。落实部门分工协作机制，公安部指导全国公安机关严厉打击妨害动植物防疫、检疫犯罪活动，海关总署加强进口松木检疫管理，林草局印发《关于加强国内进口松木流通环节检疫监管工作的通知》，严防松材线虫病传播。推进蒙辽吉黑、皖浙赣环黄山、秦巴山区联防联控机制，促进形成区域间防控合力。积极推进科技攻关"揭榜挂帅"项目，修订印发《松材线虫病防治技术方案（2022年版）》。成立14个工作组开展包片蹲点，实地调研指导141个县（区），发现问题162个、立行立改97个。及时指导辽宁开展松材线虫病疫区内雪倒木灾害处置工作，挽回林农经济损失6亿元。开发应用林草生态网络感知系统，进一步加强防控精细化、可视化、信息化管理。制作发布《防治松材线虫 守护绿水青山》宣传片，多形式、多途径开展科普宣传，营造群防群控良好氛围。

【美国白蛾防治】　全力开展美国白蛾防控攻坚，实现了全国"控突发、防扰民"和首都"不成灾、不扰民"的目标，确保党的二十大期间首都生态安全。发生面积连续5年下降。全年新增3个县级疫区，均处于长江沿岸，新增数量创近十年来新低，扩散趋势得到初步控制。危害程度整体减轻。轻度发生面积占97.58%，22个县级疫区实现无疫情，局地疫情反弹势头得到有效遏制，全年未发生重大灾情和舆情。北京第三代幼虫受害木数量同比下降80.61%，全市受理咨询举报同比下降93.88%。陕西4个县级疫区均未发现美国白蛾危害，整体实现了零发生。安徽7个县级疫区、103个乡镇疫点实现无疫情，实现发生面积、县级疫情发生区、乡镇级疫情发生点"三下降"。会同住房城乡建设、农业农村等八部门联合印发《关于进一步加强美国白蛾防控工作的通知》，建立部门间协调联动机制。制定《2022年度美国白蛾联防联控机制工作方案》，建立以京津冀为主体、辐射全部发生省份的工作机制。组建8个包片蹲点工作组，派出43名专业人员协助北京市推进查防一体，先后持续129天，累计走访16个区、1608个居民小区（村庄）、徒步行程约2万千米，现场讲解防治技术242次，发现并指导基层消除风险点位1437个。

（林业有害生物防治
由生态保护修复司供稿）

# 野生动植物
# 保护

【综　述】　2022年，野生动植物保护司（中华人民共和国濒危物种进出口管理办公室）（以下简称动植物司）通过建章立制、综合施策、监测防控、对外交流、强化执法等，积极构建起珍稀濒危野生动植物高质量保护体系，切实维护国家生物安全，为野生动植物保护工作开启新的征程。

**保护制度基础**　配合全国人大常委会修订《野生动物保护法》，持续推进配套制度建设。对全国人大常委会修法提出的建议和各方反馈意见，及时研究提出进一步修改完善的建议，得到采纳；主动研究《野生植物保护条例》修订工作，组织起草有关野生动物人工繁育、重要栖息地评估认定、专用标识管理等规定草案，完成《有重要生态、科学、社会价值的陆生野生动物名录》征求意见，配合农业农村部等部门制定《野生动物检疫办法》和《外来入侵物种管理办法》等。组织编制野生动植物保护各项规划，完成《国家植物园体系规划（2022—2035年）》《全国鸟类迁徙通道保护行动方案》《"十四五"全国极小种群野生植物拯救保护建设方案》《濒危野生植物扩繁和迁地保护研究中心建设

中国南方朱鹮种群重建启动仪式暨朱鹮保护研讨会

实施方案》以及虎、长臂猿、朱鹮等野生动植物专项保护规划、方案的起草，组织编制《野生动物监测技术指南》《野生植物监测技术指南》，指导各地科学系统构建监测和保护管理体系。组织编制《病死陆生野生动物无害化处理管理办法》，规范病死陆生野生动物无害化处理的具体流程、技术规范和操作注意事项，并对处理病死陆生野生动物过程中的保存运输、人员防护等方面提出具体要求。

**濒危物种拯救**　对习近平总书记和其他中央领导同志关注、批示的灭绝式非法猎杀蚯蚓、东北虎近亲繁殖及中华鲟、长江白鲟等保护问题，及时组织研究，提出对策。系统研究大熊猫第五次调查、野外保护、圈养种群管理；成立亚洲象、海南长臂猿保护专家委员会。指导各地组织实施48种濒危野生动物和50种濒危野生植物系列保护项目，强化野外巡护、收容救护，濒危野生动植物种群总体不断扩大。完成第二次全国重点保护野生植物资源调查，发布调查报告；完成国家重点保护野生植物迁地保护情况调查，编写《国家重点保护野生植物迁地保护情况调查报告》，持续推进全国兰科植物资源专项调查；

加快第二次全国野生动物资源调查进度，开展野生动物监测试点和鹤类、鹳类等越冬水鸟同步调查监测，组织编制《鸟类环志技术规程》等技术标准。强化对鄱阳湖水利枢纽等系列重大建设项目对国家重点野生动植物及其栖息地影响的科学评估，提出缓解负面影响的意见和建议，统筹兼顾野生动植物保护与社会经济的协调发展。

**行业安全规范管理**　组织开展防控野猪危害综合试点成效评估，会同中央农办、中央政法委等18家部门（单位）研究拟定了野猪等野生动物致害防控工作方案，并按程序完成报批。指导各地排查行业安全隐患，对人工繁育老虎、马戏表演等重点问题专题调研，提出应对策略。进一步贯彻落实国务院"放、管、服"电视电话会议精神，在北京市启动野生动植物进出口一次性申请试点，支持杭州亚运会、亚残运会落实有关快速、简捷办理野生动植物及其制品进出口事项的要求。推进长臂猿、象、犀牛、羚牛、实验动物等野生动物保护繁育行业标准制定修订，提高行业规范化管理水平。

**重点野生动植物执法监管**　组织中央政法委等27个成员单位召开第四次打击野生动植物非法贸易部际联席会议，印发《防范和打击网络野生动植物非法贸易工作组工作方案》，健全打击野生动植物非法贸易工作机制。完善平安建设考评办法、林长制督察考核和林长制激励考核评分细则中有关野生动植物保护指标。联合公安部等10个部门开展打击野生动植物非法贸易活动"清风行动"，共查办野生动植物案件11922起，收缴野生动植物131224只（头、尾、株），制品141193件、197447.82千克，木材约97吨。联合农业农村部等7个部门印发《关于开展"网盾行动"的通知》《关于加强网络野生动植物交易

管理工作的通知》；继续发挥野生动植物义务监督员作用，监督地方办理非法贸易案件；指导编制《中国打击野生动物非法贸易最佳实践》。

**国际履约执法协调** 积极配合外交大局。为安全、如期、顺利运送两只大熊猫赴卡塔尔合作活动做好保障工作，圆满完成两国领导人交办的任务。现与中国开展大熊猫国际合作活动的国家19个，境外合作机构共23家，在外合作大熊猫71只。对2021年国际合作研究项目海外大熊猫健康情况进行全面评估。认真履行国际公约。组织参加CITES第19届缔约方大会和公约常委会第74次会议，中方首次举办的"中国打击野生动物非法贸易最佳实践"获高度赞誉；妥善处理虎、豹、象、犀、穿山甲和刺猬紫檀等履约敏感物种事务，维护中国合法权益。出席全球野生动植物执法网络第四次会议等CoP19会议议题讨论会，中国成功当选为《公约》常务委员会候补成员国和植物委员会代表。不断加强部门协调。充分发挥打击野生动植物非法贸易部际联席会议制度作用，组织多部门参加《公约》秘书处、国际刑警组织等国际机构组织的合作交流及联合执法行动，沟通中美墨建立打击非法交易石首鱼三方执法联络小组，持续推进对亚洲、非洲国家履约管理和执法人员培训交流活动，加强与国际非政府组织交流合作。深入扩展国际合作。先后参加有关虎、象、雪豹等物种保护国际会议，认真履行中俄等政府间候鸟保护协定以及东亚—澳大利西亚迁飞区合作伙伴关系，召开多边和双边会议，交流中日韩澳鸟类保护政策法规和执行候鸟保护双边协定的情况，扩展双边合作行动领域。

**筑牢生物安全防线** 野生动物疫源疫病监测防控。调整公布720处国家级陆生野生动物疫源疫病监测站，印发《2022年重点野生动物疫病主动监测预警工作实施方案》，参与修订《人畜共患传染病名录》。召开2022年野生动物疫病趋势会商会及主动预警总结会，研判重点野生动物疫病发生风险，全年发现并妥善处置野生动物异常情况225起。林草外来入侵物种防控。成立国家林业和草原局生物安全工作领

导小组，组织编制《林业和草原生物安全规划（2022—2025年）》；印发《国家林业和草原局关于加强林草生物安全工作的通知》；编写《外来入侵物种监测站点布局方案》《重点外来入侵物种参考图册》《监测调查工作历》等指导性材料，建立外来入侵物种普查月报告制度，召开外来入侵物种普查工作研讨会，推进外来入侵物种普查和生物安全相关工作；履行外来入侵物种普查领导小组办公室和生物安全协调机制工作职责，配合农业农村部等部委制定《外来入侵物种管理办法》《重点管理外来入侵物种名录》，印发《加强外来物种入侵防控2022年工作要点的通知》。

**建议提案办理** 针对43件人大建议、34件政协提案深化与代表委员的沟通商议，高质量完成涉及《野生动物保护法》修改完善、野猪等野生动物致害、药用野生动植物资源规范化管理、外来入侵物种防治、濒危野生动植物种保护工作等各方面建议提案的办结，按时办结率100%。

**多措并举宣传保护成效** 会同国家林草局宣传中心、中动协、中国绿色时报社等单位，广泛利用各种媒体渠道平台开展野生动植物保护正面宣传，评选发布"2021年野生动植物保护十大事件"，开展"世界野生动植物日""全球老虎日""世界大象日""415"国民安全教育日等宣传活动，配合新华社、《人民日报》《环球时报》做好野生动植物保护、迎接党的二十大等主题宣传。出版野生动植物保护科普书籍，继续抓好保护进校园活动。及时妥善应对旅美大熊猫、河南亚洲象等舆论热点，引导舆论走向，营造全社会共同保护的良好氛围。

（刘盈含）

【**助力杭州亚运会、亚残运会和上海第五届进博会**】 2月11日，印发《国家林业和草原局 中华人民共和国濒危物种进出口管理办公室公告》，委托（授权）实施野生动植物进口、再出口事项，支持杭州亚运会、亚残运会筹备召开，落实有关快速、简捷办理野生动植物及其制品进出口事项的要求。印发《国家林业和草原局 中华人民共

和国濒危物种进出口管理办公室公告》，提高上海第五届进博会濒危物种展品的行政许可审批效率，为国内外展商提供了便捷高效服务。

（苏 锐）

【**第二次全国重点保护野生植物资源调查成果发布**】 2月10日，国家林草局正式向社会公布第二次全国重点保护野生植物资源调查成果。此次调查在除港、澳、台之外的31个省（区、市）全面开展，经过近10年的努力，系统摸清全国受威胁程度较大、受关注程度较高的283种野生植物的种群数量、分布情况、生境特征、受威胁程度和就地保护现状等本底数据。经汇总整理，专家多次论证，形成《第二次全国重点保护野生植物资源调查简报》，为野生植物保护管理提供了科学依据。

（李开凡）

【**"清风行动"**】 2月15日至5月15日，由国家林草局牵头，联合农业农村部、中央政法委、中央网信办、公安部、交通运输部、海关总署、市场监管总局、国家铁路局、中国民航局、国家邮政局共10个部门，在全国范围内组织开展代号为"清风行动"的打击野生动物非法贸易联合行动。行动期间，全国共出动执法车辆40万余次，执法人员120万余人次；监督检查野生动物栖息地、人工繁育和经营利用场所、交通运输站点、口岸和沿海地区、长江流域禁捕水域等各类场所110万余处；查办野生动植物案件近1.2万起，其中行政案件4300余起，刑事案件7500余起；打掉犯罪团伙719个，打击处理违法犯罪人员1.4万余人；收缴野生动植物13万余只（头、尾、株），野生动植物制品14万余件、近20万千克，木材约97吨，非法猎具渔具4.6万余个（张、台），没收违法所得5600余万元，处以罚款和罚金1亿多元。

（纪 敬）

【**2022联合国第九个"世界野生动植物日"中国宣传活动**】 2—3月以"关注旗舰物种保护 推进美丽中国建设"为主题，组织开展第九个"世界野生动植物日"主题宣传活动，在《人民日报》、国家林业和草原局、中国大熊猫保护研究中心官方微信账号、微博账号等平台

发布第九个"世界野生动植物日"代言大熊猫征名活动，在学习强国App和中动协微信公众号分别推出"世界野生动植物日"专项答题和有奖问答活动，制作宣传视频，印制主题海报、易拉宝等宣传材料。最终熊猫中心2021年出生的"家美二仔"和"冰冰二仔"作为第九个"世界野生动植物日"代言大熊猫，正式被命名为"青宝"和"冰宝"。此次宣传活动全面提升了宣传覆盖面和影响力，取得了良好成效。

（刘盈含）

【妥善处理刺猬紫檀禁贸后相关事宜】　3月28日，CITES秘书处发布2022/021号通知，要求所有刺猬紫檀的分布国在30日内提交开展非致危性判定（NDF）和来源合法性判定(LAF)情况的报告，或者主动对刺猬紫檀出口设置零限额；同时，明确要求所有进口国拒绝接受所有刺猬紫檀出口证。国家濒管办以为群众办实事为导向，经与秘书处多次交涉、反复斡旋、据理力争，6月8日CITES秘书处发布2022/045号通知，允许进口国对3月28日前已经离港的刺猬紫檀在履行尽职调查义务后根据公约要求自行决定是否接受或拒绝这些刺猬紫檀木材。对于3月28日前合法离开出口国港口的刺猬紫檀，从"明确要求禁止进口"到"根据公约要求自行决定是否进口"，交涉取得了重大突破和胜利。在维护国家形象的同时为中国企业争取了合法利益，减少了巨额经济损失，获得了群众的认可，收到了多家企业和相关协会的10余个锦旗，以及中国驻塞拉利昂大使馆的感谢信。　　　　（郭　琳）

【成立林草生物安全工作领导小组】　4月7日，国家林草局办公室印发《国家林业和草原局办公室关于成立生物安全工作领导小组的通知》，成立国家林业和草原局生物安全工作领导小组，明确各部门的职责分工和目标任务，构建了协同有序的林草生物安全工作机制，组织召开了领导小组办公室第一次工作会议。　　　　（秦思源）

【编制外来入侵物种普查指导性材料】　4月，编制完成《全国森林草原湿地生态系统重点外来入侵物

西双版纳植物园（郭琳　供图）

种参考图册》《全国森林草原湿地生态系统重点外来入侵物种监测调查工作历》等指导性材料，高效推进林草外来入侵物种普查工作。

（秦思源）

【国家植物园体系规划编制完成】　为贯彻习近平总书记在《生物多样性公约》第十五次缔约方大会领导人峰会上的主旨讲话精神，落实《国务院关于同意在北京设立国家植物园的批复》中关于"要进一步统筹规划、合理布局，稳步推进全国国家植物园体系建设"的要求，国家林草局联合住房城乡建设部、中科院开展《国家植物园体系规划》（以下简称《规划》）编制工作。4月8日，国家林草局办公室印发《关于商请提供现有植物园基本情况的函》，收集各地植物园基本情况，为科学编制规划做参考。6月8日，国家林草局印发《关于成立植物园体系规划编制工作领导小组的通知》和《关于成立植物园体系规划编制工作专家组的通知》。2—8月，规划编制工作组先后赴云南、广西、四川、西藏等10余个省（区、市）开展国家植物园体系规划编制调研工作。9月2日，国家林草局正式发函征求32个省（区、市）、新疆建设兵团和22个相关部委的意见。经过深入摸底、反复磋商、实地调研、多次组织专家论证和广泛征求意见，于10月14日编制形成《国家植物园体系规划（2022—2035年（送审稿）》（以下简称《规划》）。11月，《规划》通过国家林草局的

局务会议审议、北京林业大学的第三方评估和国家发展改革委的与宏观政策取向一致性评估。《规划》以习近平新时代中国特色社会主义思想为指导，以野生植物迁地保护为核心，坚持国家代表性、科学系统性、社会公益性，按照统筹谋划、科学布局，保护优先、科技支撑，积极稳妥、分步实施，国家主导、开放合作的基本原则，在整合现有资源基础上建设具有国际影响力和示范引领作用的国家植物园，着力构建中国特色、世界一流的国家植物园体系。

（舒江平）

【国际合作交流】　组织参加第二届全球老虎保护论坛、第三届亚洲象分布国会议、第四届亚洲虎分布国会议、全球雪豹指导委员会第七次会议等国际会议，积极参与国际事务，正面宣传中国保护成就，倡导推进国际合作。认真履行中俄等政府间候鸟保护协定以及东亚—澳大利西亚迁飞区合作伙伴关系，召开多边和双边会议，交流中日韩澳鸟类保护政策法规和执行候鸟保护双边协定的情况，扩展双边合作行动领域。　　　（尹玉涵　何语霏）

【行业安全规范管理】　5月30日印发《市场监管总局　农业农村部　国家林草局关于停止执行〈关于禁止野生动物交易的公告〉的公告》，同时要求各地区、各相关部门继续加强陆生、水生野生动物保护管理，加大对非法野生动物交

易、滥食野生动物行为的打击力度，切实保障人民群众生命健康安全。9月29日发布实施国家重点保护陆生野生动物人工繁育许可证电子证照，对于深化行政体制改革、提升野生动物保护管理能力现代化水平具有重要意义。

（尹玉涵 苏 锐）

【成立野生动植物专家委员会】 6月1日，国家林草局成立海南长臂猿保护专家委员会，主要承担海南长臂猿有关政策与重大问题研究任务，提供技术支持和专家咨询服务；参与海南长臂猿保护管理重大项目、重大活动评审和重大课题、重大成果论证工作；参与海南长臂猿保护科普、宣传、教育等相关活动，为海南长臂猿保护管理工作提供建议；承担国家林草局部署的其他重大问题的专家咨询任务。6月2日，国家林草局成立亚洲象保护专家委员会，主要承担亚洲象有关政策与重大问题研究任务，提供技术支持和专家咨询服务；参与亚洲象保护管理重大项目、重大活动评审和重大课题、重大成果论证工作；参与亚洲象保护科普、宣传、教育等相关活动，为亚洲象保护管理工作提供建议；承担国家林草局部署的其他重大问题的专家咨询任务。12月5日，国家林草局办公室印发《关于成立国家林业和草原局野生植物保护专家咨询委员会的通知》，遴选50余名野生植物保护领域的院士专家担任专家咨询委员会委员，为野生植物保护管理工作建言献策。

（甄 伟 尹玉涵 舒江平）

【野生动植物保护与社会经济协调发展】 针对野猪等野生动物致害防控工作，制订《防控野猪危害综合试点成效评估方案（试行）》，印发《关于组织开展防控野猪危害综合试点成效评估的通知》，推进14个试点省（区）种群调控、主动预防等野猪危害防控工作的进展和成效科学评估。制订野猪等野生动物致害防控工作方案，商中央农办、中央政法委等18家部门同意，按程序报批。 （尹玉涵）

【全国外来入侵物种普查培训班】于8月15—19日举办，培训班邀请相关专家围绕外来入侵物种普查组织与管理、外来入侵物种普查数据采集App及数据管理平台使用、林草生态系统主要外来入侵物种调查技术等内容进行授课，全国累计培训各级专业技术人员4.53万人次。

（秦思源）

【林草生物安全和外来入侵物种普查工作调研】 9月14日至10月31日，印发《国家林业和草原局生物安全工作领导小组办公室关于开展全国林草生物安全防控暨外来入侵物种普查工作调研的函》，完成山西、内蒙古等14个省份的生物安全暨外来入侵物种普查工作调研，全面推进林草领域生物安全和外来入侵物种普查工作。 （秦思源）

【启动中国在中东地区首个大熊猫合作研究项目】 为落实中卡两国最高领导人达成的共识，经中卡双方精心准备，全力保障，两只大熊猫"四海""京京"于10月19日顺利抵达卡塔尔并在世界杯前亮相，正式启动中国在中东地区首个大熊猫合作研究项目。 （张 玲）

【大熊猫保护繁育成效显著】 按照《国家林业和草原局野生动植物保护司关于印发2022年度全国圈养大熊猫优化繁育配对方案的通知》，2022年繁育成活大熊猫幼仔37只，全球圈养种群数量达到698只。

（张 玲）

【"网盾行动"】 11月1日至12月31日，由国家林草局牵头，农业农村部、中央政法委、中央网信办、公安部、海关总署、市场监管总局、国家邮政局7个部门，在全国范围内组织开展代号为"网盾行动"的打击整治网络非法野生动植物交易联合行动。行动期间，全国共出动执法车辆126308台次、执法人员482269人次；监督检查互联网和寄递企业484863家，监督检查商（用）户（家）350179家；查办野生动植物案件6062起，打掉犯罪团伙246个，打击处理违法犯罪人员7303人；收缴野生动植物705571只（头、尾、株），野生动植物制品28496件，非法猎具渔具26911个（张、台），没收违法所得1124.39万元。 （纪 敬）

【保护法律制度体系建设】 12月30日，第十三届全国人民代表大会常务委员会第三十八次会议修订通过《野生动物保护法》。该法于2023年5月1日实施。此次《野生动物保护法》修改，深入贯彻习近平生态文明思想和党的二十大精神，切实加强对重要生态系统保护和修复，坚持保护优先、规范利用、严格监管的原则，积极回应社会关切，进一步完善野生动物保护和管理制度，加大对违法行为的处罚力度，做好与《生物安全法》《动物防疫法》《畜牧法》等相关法律的衔接，秉持生态文明理念，推动绿色发展，促进人与自然和谐共生。保护法的修改完善不仅为加强野生

中东地区迎来首对大熊猫"四海""京京"，中国与卡塔尔大熊猫合作研究项目顺利启动

动物保护奠定了坚实基础，也为依法强化保护，推进生态文明建设提出了更高要求，影响重大而深远。研究拟订陆生野生动物及其制品专用标识管理办法及标识范围、《陆生野生动物重要栖息地评估认定规程及第一批野生动物重要栖息地名录》《有重要生态、科学、社会价值的陆生野生动物名录》等法律法规配套措施。

（尹玉涵　苏　锐）

# 野生动植物
# 保护监测

【综　述】　2022年，国家林草局野生动物保护监测中心（以下简称动物保护中心）围绕"十四五"林草保护发展规划，完成国家林草局重点工作安排、党组及局领导交办的任务，扎实履职尽责，狠抓工作落实，在推进国家植物园体系建设、强化动植物迁地保护、完善标准体系建设、统筹构建监测体系框架、科学执法、协助履行国际公约、创新保护宣传等方面取得进展，朝着全面保护野生动植物迈出坚实步伐。　　　（朱寒松）

【国家植物园体系规划调研】　为深入贯彻习近平总书记关于国家植物园体系建设的重要讲话精神，落实国务院决策部署，按照局领导的指示要求，2—8月，赴云南、上海、湖北、陕西、北京、广西、四川、西藏、辽宁、江西、江苏11省（区、市）实地调研14个国内代表性植物园，视频调研中科院新疆生态与地理研究所伊犁植物园。调研组认真梳理植物园建设和发展中存在的问题，深入探讨国家植物园体系建设的工作思路。调研组完成4份调研报告，形成《国家植物园体系规划调研报告》，呈报国家林草局领导。　　　　　（何　拓）

【国家植物园体系建设】　一是编制完成《国家植物园体系布局方案》（简称《布局方案》）。11月，《布局方案》通过国家林草局局务会审议。12月，履行上报国务院程序。组织召开局长办公会、部门协调会、专家咨询和论证会、研讨会等50余次；收集整理全国植物园基

本情况，掌握国内外最新研究成果；广泛征求各省、22个部委和有关专家对《布局方案》的意见，全面梳理形成意见采纳情况报告；负责编制履行报批程序的所有要件，组织开展合法性审核、与宏观政策取向一致性评估和第三方评估。二是协调推动国家植物园、华南国家植物园设立、揭牌和建设等工作。三是组织编制《国家植物园设立规范》《国家植物园考核评价规范》《国家植物园建设方案编写提纲》等国家植物园相关技术标准。

（董　晖）

【野生植物迁地保护】　一是编制完成《濒危野生植物扩繁和迁地保护研究中心建设实施方案》，以局文下发。二是组织编制《濒危野生植物扩繁和迁地保护研究中心建设技术规范》《濒危野生植物扩繁和迁地保护研究中心建设投资指南》。三是组织开展第一批濒危野生植物扩繁和迁地保护中心的申报和专家评审工作，梳理27个省份54个单位的申报材料，对遴选出的15个单位开展现场评审。　（董　晖）

【野生植物标准化建设】　组建国家林草局野生植物标准化技术委员会，并承担秘书处工作。制定发布《野生植物保护领域标准体系》。起草野生植物标委会章程、工作计划、秘书处工作细则等文件。征集野生植物标委会专家委员。编印《野生动植物保护法律法规文件汇编》。参与修订《野生植物保护条例》。　　　　　　　（何　拓）

【编制完成《全国陆生野生动物

监测技术指南（试行）》】　以"十四五"期间亟须开展抢救性保护的48个珍稀濒危野生动物为代表，结合物种特性和栖息地类型，组织编制《陆生野生动物监测技术指南（试行）》，依据48个极度濒危野生动物的生物学特性及其栖息地类型实施分类监测，并综合国内外广泛认同的科学理论和高新技术归纳16种监测方法和技术。《指南》系统地厘清了各种监测方法和技术的应用范围，明确了全国野生动物保护监测工作的组织框架，规范了监测单元、监测样区的划分原则与监测技术方法。同时，为统一规范全国监测数据提交，《指南》对全国各级陆生野生动物监测数据库和信息平台建设提出了要求。

（岳建兵）

【编制完成朱鹮、大鸨、波斑鸨、猎隼4个物种保护行动方案】　开展大鸨、波斑鸨、朱鹮、猎隼等旗舰物种保护研究，编制完成大鸨、波斑鸨、朱鹮、猎隼保护行动方案，在加强重点物种栖息地保护的基础上进一步提出了全面保护和科学保护的实现路径和关键环节。

（朱淑怡）

【灭绝式捕杀蚯蚓调研】　赴福建、江西、海南等省开展灭绝式捕杀蚯蚓情况调研，有力支撑《关于加强野生蚯蚓保护 改善土壤生态环境的通知》的制定和《国家保护的有重要生态、科学、社会价值的陆生野生动物名录》的调整。

（岳建兵）

【陆生野生动物保护研究机构和收容救护机构现状】　为全面了解掌握全国林草系统陆生野生动物保护

研究机构和收容救护机构情况，促进陆生野生动物保护研究和收容救护高质量发展，2022年开展全国林草系统陆生野生动物保护研究机构和收容救护机构摸底调研。截至2021年，全国林草系统陆生野生动物保护研究机构123个，主要承担野生动物保护研究、调查监测及疫源疫病监测任务，对濒危野生动物资源调查监测和物种保护、繁育研究以及野生动物经营利用管理提供了有力的科技支撑；全国林草系统陆生野生动物收容救护机构594个，其中省级收容救护机构16个，及时、就地、就近开展受伤、病弱、迷途和案件移交保管等野生动物收容救护工作，有效减少野外因伤、病、饿等导致的野生动物的死亡，为野生动物保护作出了重要贡献。

（保护评估处）

【协助完成《濒危野生动植物种国际贸易公约》履约】　派员参加《濒危野生动植物种国际贸易公约》（CITES）第74、75、76次常委会和第19届缔约方大会，按照动植物司分工完成牵头议题相关工作。组织世界自然基金会（WWF）等单位编写国家林草局参加第19届缔约方大会官宣材料《中国打击非法野生动物贸易最佳实践》，展示中国履约成就，讲述中国的生态保护故事。

（乔梦培）

【罚没野生动植物及其制品工作现状】　先后前往内蒙古、广西等6个省（区、市）开展实地调研、对各省（区、市）开展罚没品存量及保存仓库情况的调查摸底工作，广泛了解国内罚没野生动植物及其制品移交和保管处置工作现状、存在的问题，梳理存在的主要问题，提出科学推进罚没品移交和保管处置工作的建议意见。同时，按照动植物司分工，作为国家林草局第二调研组牵头联合海关总署、国管局、最高人民检察院等单位人员，对黑龙江省、江苏省野生动植物执法相关工作进行调研，摸清两省（区）野生动植物执法相关情况，针对问题提出相应建议、意见。　（乔梦培）

【科普宣传】　首次应用人工智能机器人开展野生动植物保护宣传，在央视频"央视一套"以直播形式开展"国家植物园直播专场"宣传节目，以人工智能机器人与专家对话形式，讲述国家植物园建设、野生植物迁地保护以及生物多样性保护的重要意义，创新科普宣传方式，扩大宣传力度和全社会参与程度。

（乔梦培）

【履约和野生动植物保护执法培训】　面向内蒙古和黑龙江两省（区）基层野生动植物保护管理人员及相关执法部门人员，线上与自然资源保护协会共同举办履约和野生动植物保护执法培训，提升基层林草系统工作人员履约和执法的政策水平和工作能力。

（乔梦培）

调研中国科学院西双版纳热带植物园

福建省泉州市灭绝式捕杀蚯蚓调研现场

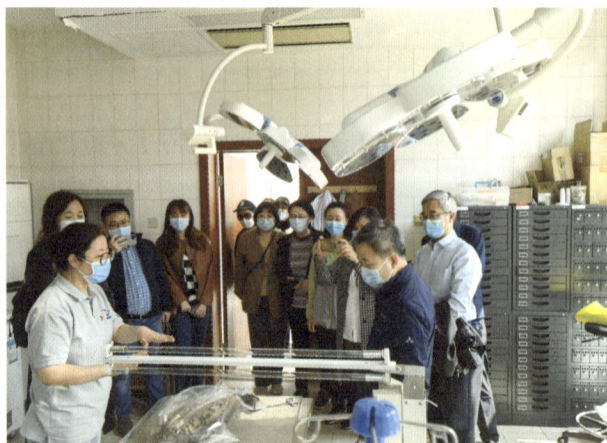

赴北京市野生动物救护中心交流学习

CITES第19届缔约方大会

# 草原
# 资源管理

# 草原监测

**【综　述】**　2022年，指导19个省（区、市）出台贯彻落实《国务院办公厅关于加强草原保护修复的若干意见》的意见措施，完成2022年种草改良任务321.33万公顷，草原有害生物防治任务1026.67万公顷，开展年度草原监测评价，草原综合植被盖度达50.32%，首次开展草原变化图斑判读和核查处置工作，推进保供煤矿使用草原手续办理，加快小草能源、水利、交通重大项目使用草原审核，确定18处试点国有草场建设试点，发布12处"红色草原"，在推动草原高质量发展的新征程中迈出坚实步伐。

（颜国强）

**【林草综合监测评价工作】**　全面启动林草生态综合监测草原监测评价，完成外业监测样地1.8万个。组织划定草班小班，将草原落实到山头地块，建立草原基础数据档案图库。对2022年草原监测数据进行全面汇总分析，对草原生态质量、数量、功能、结构、碳汇等指标进行科学测算，编制《2022年全国草原监测报告》，丰富林草生态白皮书有关草原内容体现形式。

（王冠聪）

# 草原资源保护

**【综　述】**　草原是我国生态文明建设的主战场。国家林草局草原司采取有力措施，切实推进草原生态保护补助奖励政策及一系列草原政策落实，推动草原资源保护工作深入开展。

（王卓然　郝　明）

**【草原有害生物防治】**　一是积极做好草原有害生物防治工作。2022年全国草原生物灾害防治工作投入经费4.16亿元，全国共完成草原生物灾害防治任务1384.64万公顷，共挽回牧草损失480万吨，挽回牧草直接经济损失15亿元。通过开展草原有害生物灾害防治工作，进一步改善了草原生态环境，提升了草原生态生产功能，保护了农牧民赖以生存的生产生活资料，取得了良好的生态效益、经济效益和社会效益。二是绿色防控水平不断提升。2022年，完成草原鼠害防治面积981.27万公顷，其中绿色防治面积443.42万公顷，比上年增加161.82万公顷，绿色防治比例达到45.2%；完成草原虫害防治面积363.41万公顷，其中绿色防治面积277.44万公顷，绿色防治比例达到76.34%。　　（王卓然　郝　明）

**【第三轮草原生态保护补助补奖政策】**　调度了解各省（区）第三轮草原补奖政策落实推进情况。指导督促有关省（区）认真落实国家林草局办公室、农业农村部办公厅联合印发的《关于落实第三轮草原生态保护补助奖励政策切实做好禁牧和草畜平衡有关工作的通知》要求，切实强化草原禁牧休牧和草畜平衡管理。　（郭　旭　周建伟）

**【草原确权登记和承包管理工作】**　与自然资源部确权登记局联合开展草原承包管理和确权登记有关情况书面调研，指导地方分类推进南方省份、北方半农半牧区草地的承包管理和确权登记工作，为全面加强草原资源保护和执法监管奠定基础。

（郭　旭　周建伟）

**【基本草原划定工作】**　完成甘肃省肃南县和宁夏回族自治区盐池县基本草原划定试点工作。起草基本草原划定工作规程和基本草原保护条例等制度文件，为推动和规范全国基本草原划定工作，提供依据和经验。

（郭　旭　周建伟）

**【草畜平衡示范区建设试点】**　研究起草草畜平衡示范区建设布局规划，完善主要建设内容以及管理机制等制度性建设意见。

（郭　旭　周建伟）

**【草原生态环境损害赔偿制度试点】**　探索草原生态环境损害赔偿责任追究制度，开展生态环境损害赔偿案例实践，探索建立符合草原保护修复特点的生态环境损害赔偿执法责任追究制度。重点探究"草原服务功能丧失"和"造成草原永久性损害的损失"生态经济价值核算问题。起草《生态环境损害赔偿制度规定（草案）》。

（郭　旭　周建伟）

## ▶ 草原修复

**【综　述】** 全面贯彻落实习近平生态文明思想，统筹山水林田湖草沙整体保护、系统修复、综合治理，促进草原生态系统良性循环，不断优化国家生态安全屏障体系。指导各地科学布局和组织实施草原生态修复工程项目，对工程实施成效进行全面评价。加强乡土草种繁育建设，推广免耕补播等科学修复技术，着力提升草原生态系统自我修复能力，改善草原生态系统质量，稳定和提升草原生态系统功能。

**【草原国土绿化行动】** 2022年，指导各省（区）完成年度种草改良任务321.4万公顷，其中人工种草120.4万公顷、草原改良753.75万公顷。

**【国土绿化种草改良生产建设任务管理】** 全面启动国土绿化种草改良生产建设任务计划和完成情况落地上图精细化管理，落实全部任务计划和完成情况落地上图率85%以上。

**【草原生态修复工程】** 2022年，草原生态修复工程实施省（区）扩大到河北、山西、内蒙古、辽宁、河南、湖南、广西、四川、贵州、云南、西藏、陕西、甘肃、青海、宁夏、新疆16个省（区）和新疆生产建设兵团。通过重点区域生态保护和修复专项安排中央预算内投资28.2亿元，安排草原围栏41.39万公顷、退化草原改良82.54万公顷、人工种草28.23万公顷。通过生态修复工程的持续性投入促进了工程区草原植被恢复，保护和修复了草原生态系统，提升了草原生态功能。

**【草原生态保护修复工程项目管理评价】** 印发《关于开展草原生态保护修复工程项目实施成效评价工作的通知》，组织各省（区）对工程项目的管理和实施成效开展自评，对重点省（区）组织国家级调查评价，分析存在的问题，指导各地更好地推进工程项目实施。

（草原修复由王卓然、郝明供稿）

## ▶ 草原征占用审核审批

**【综　述】** 2022年，全国各级草原行政主管部门共审核审批征占用草原申请5872批次，比上年度减少6197批次；审核审批草原面积68658.15公顷，比上年度减少10094.32公顷；征收草原植被恢复费用185974.36万元，比上年度增加51296.29万元。征占用草原面积按用途分：公路、铁路、机场建设等基础类项目605批次，面积17756.02公顷；水利水电设施类项目135批次，面积1236.39公顷；矿藏开采类项目327批次，面积14603.36公顷；草原保护畜牧业类项目266批次，面积3877.45公顷；光伏光电类项目539批次，面积16975.55公顷，油、气田建设类项目96批次，面积443.34公顷；其他项目3904批次，面积13766.04公顷。

（草原征占用审核审批由韩丰泽、周富斐供稿）

# ▶ 草原执法监督

**【草原变化图斑判读和核查处置工作】** 编制《2022年草原变化图斑核查工作方案（暂行）》和《草原变化图斑抽查核查处置技术方案（暂行）》，印发《国家林业和草原局草原管理司关于部署开展2022年草原变化图斑判读和核查处置工作的通知》。召开草原变化图斑抽查核查处置工作部署视频会议，部署判读和核查处置工作。全年共完成图斑核实22.33万个，排查疑似违法违规图斑1.35万个。

**【通报破坏草原资源典型案件】** 收集和筛选2018年机构改革以来，各地查处的破坏草原资源典型案件。印发《国家林业和草原局关于16起破坏草原资源案件的通报》，发挥案件警示教育作用，严厉打击草原违法违规行为，巩固草原生态保护修复成果。督促指导审计反馈问题、环保督察通报案例、媒体反映涉及的破坏草原植被等典型违法案件查处和地方草原资源保护与执法监管工作。

**【草原执法监管专项督查检查】** 根据国家林草局林长办《2022年下半年林长制落实情况督查工作方案》要求，对河北、黑龙江、云南、西藏4省（区）的草原资源保护和执法监管重点工作开展专项检查督查。重点检查4省（区）贯彻落实草原法律法规和草原违法违规案件查处及整改情况，排查草原违法违规重大案件发生情况，对发生的重大案件明确主体责任、强化督促整改情况等。赴内蒙古、陕西开展草原执法监管情况督导调研。

**【草原资源保护和执法监管培训班】** 结合草原变化图斑判读和核查处置工作，举办2022年草原资源保护和执法监管培训班。培训班采取线下和线上相结合的方式，将培训范围扩大覆盖到了基层县（区）级草原监管机构，共计2000余人参加了线上培训。

**【草原普法宣传月活动】** 组织各地在2022年6月以"依法保护草原 建设生态文明"为主题开展草原普法宣传月活动，各地受宣群众达190余万人次。在吉林省镇赉县与吉林省林业和草原局、白城市人民政府联合举办全国草原普法宣传月现场活动，部分省（区）代表、吉林省相关部门、白城市相关执法监管部门代表、基层干部、农牧民群众等共500多人参加现场活动。

（草原执法监督由郭旭、周建伟
供稿）

07

# 湿地
# 保护管理

# ▶ 湿地保护与修复

【综　述】　2022年，湿地司深入学习贯彻党的二十大及习近平总书记重要致辞精神，认真贯彻落实中央领导同志重要指示批示精神，积极推进《湿地保护法》贯彻实施，出色完成《湿地公约》第十四届缔约方大会（以下简称"COP14大会"）筹办工作，全面加强湿地生态保护修复，着力提升保护监管和国家湿地公园管理水平，深入开展《湿地公约》履约工作，有序推进党建和日常工作稳步发展，将湿地事业推向高质量发展新高度。

（张一诺）

【湿地保护修复】　联合自然资源部印发了《全国湿地保护规划（2022—2030年）》《黄河三角洲湿地保护修复规划》。联合自然资源部等五部门印发了《重要湿地修复方案编制指南》。配合安排资金中央预算内投资约12.4亿元，实施湿地保护修复重大工程13个，实施重大区域发展战略（长江经济带绿色发展方向）国家湿地公园湿地保护和修复项目33个。配合提出2022年林业改革发展资金湿地保护补助项目资金安排建议方案，协助下达资金20亿元，实施湿地生态效益补偿、湿地保护与恢复项目。组织标委会召开2022年年会，推进4项国家标准、10项行业标准制修订工作。

（刘　平）

【湿地动态监测】　开展国家林草生态综合监测评价和湿地资源监测评价工作，编制了湿地监测的相关技术方案和技术规程，指导开展湿地变化图斑判读和核实工作。完善了全国湿地矢量数据库基础信息；组织编制了国家林草生态综合监测报告中湿地相关内容，开展了国际重要湿地生态状况监测，形成了2022年《中国国际重要湿地生态状况》白皮书。联合中国地质调查局部署继续开展泥炭沼泽碳库调查工作，指导开展西藏泥炭沼泽碳库调查任务，四川、甘肃等省份有序推进数据分析和内业汇总工作。　（梁兵宽）

【湿地监督管理】　组织开展2022年度全国国际重要湿地、国家重要湿地、国家湿地公园疑似问题卫片判读，督促指导地方对疑似问题进行核实，对发现的问题加强整改。对《2022年长江经济带生态环境突出问题整改方案台账》披露的江苏、浙江、江西涉湿问题，督促地方整改到位。将湿地资源保护管理纳入林长制考核范围，组织开展2022年度林长制湿地有关内容考核。印发《19省份湿地保护空缺分析研究报告》，完成全国31个省（区、市）湿地保护空缺分析，指导各地加强湿地保护。　（李　明）

【国家湿地公园建设】　2022年，共61处国家湿地公园通过试点验收，4处省级湿地公园晋升为国家湿地公园。组织开展《湿地保护法》宣传周活动，倡议全国国家湿地公园免费开放一周，活动期间，参与游客达726万人次，科普宣教受众达409.8万人次。　（李　明）

【全国重要湿地名录发布】　印发了《国家重要湿地认定和名录发布规定》，指导各地开展新一批国家重要湿地申报工作，完成了20个省份56处申报国家重要湿地的程序性审查工作。指导各地完善省级重要湿地的管理办法或标准，发布34处省级重要湿地名录，截至2022年年底，全国共有1027处省级重要湿地。

（赵忠明）

【2022年《湿地公约》履约和湿地保护国际合作】　深入开展《湿地公约》履约工作。一是积极参加国际会议，筹备和参加了COP14大会、《湿地公约》第三届特别缔约方大会。《湿地公约》第59次常委会第一阶段和第二阶段会议、COP14大会工作组会议、亚洲区域预备会议、世界水论坛、全球滨海论坛框架组系列会议、中国—乌拉圭林业工作组会议、法国开发署年会等12次国际会议；认真研究会议文件及重点议题，制定参会对案，明确表态口径；邀请中国驻日内瓦使团赴前方参会，制作任务分工表，做好线上会议后勤保障工作。二是加强国际重要湿地管理，扩大国际重要湿地规模，组织开展指定国际重要湿地工作，经材料初审和专家考察，按照程序审核并征求所在省级人民政府同意后报公约秘书处。三是妥善处理国际重要湿地遗留问题。就湖南南洞庭国际重要湿地范围调整进行了调研及专家论证，并已按照程序报公约秘书处。四是组织开展国际重要湿地数据更新。按照公约每6年进行一次数据更新的要求，对1992年和2004年列入《国际重要湿地名录》的双台河口等15处国际重要湿地的数据信息进行更新。五是开展2022年世界湿地日中国主场宣传活动。在国家林草局和湖南省林业局设立两个活动现场，通过线上线下相结合的方式开展世界湿地日宣传活动。时任《湿地公约》秘书长的玛莎·罗杰斯·乌瑞格在视频致辞中对中国政府在湿地保护方面作出的努力给予充分肯定。

加强国际多双边合作，不断拓宽国际合作渠道。一是推进实施全球环境基金GEF7期项目，召开项目指导委员会第二次会议，指导GEF项目推动湿地保护主流化工作。二是研究申报GEF8期项目。完成GEF8期"冻土泥炭地保护项目"相关申请文件的撰写和提交工作。做好项目顶层设计，深入摸清基层需求，翔实编制项目文件，积极协调各有关部门支持。三是加强与境外非政府组织合作。继续推进大自然保护协会蓝碳领域合作，与世界自然基金会共同出版《全球湿地展望》专刊。四是举办湿地援外培训项目。与竹子研究开发中心共同承

办"一带一路"国家湿地保护与管理研修班。启动实施亚合资金澜沧江—湄公河流域湿地可持续管理国际合作项目。　　（周　瑞）

【《湿地保护法》贯彻落实】　6月1日，《湿地保护法》施行。从国家到地方，采取了一系列有力举措，掀起了《湿地保护法》宣贯热潮。一是配合全国人民代表大会常务委员会法制工作委员会编写并出版《中华人民共和国湿地保护法释义》，翻译《湿地保护法》英文版本并在全国人大网站公布，在COP14大会日内瓦会场发放宣传。二是配合全国人大常委会组织召开栗战书委员长主持的《湿地保护法》实施座谈会；举办绿色大讲堂，邀请专家解读法律精神，交流研讨法律贯彻实施；刊发关志鸥局长关于全面贯彻实施《湿地保护法》的署名文章；以局文形式下发贯彻实施《湿地保护法》通知；在"学习强国"推出专项答题。三是举办"学习贯彻《湿地保护法》"线上培训班，培训200余人次。四是组织全国国家湿地公园开展"《湿地保护法》宣传周"活动，倡议各地国家湿地公园免费开放一周，吸引游客726万人次，普法宣教受众达409.8万人次。五是研究提出《湿地保护法》配套法规、政策清单和时间表，出台配套制度7项，拟定完成国际标准4项、行业标准5项；研究起草《湿地面积总量划定管控方案》；开展湿地恢复费缴纳和使用管理暂行办法调研、研究及起草工作。六是配合自然资源部自然资源确权登记局在上海崇明东滩国际重要湿地开展自然资源统一确权登记工作。　（秦英英）

【湿地保护宣传】　2022年，湿地保护宣传以深入学习贯彻党的二十大精神为根本遵循，以COP14大会为主线，围绕红树林、国家湿地公园、国际重要湿地、国际湿地城市等主题，积极传播推进绿色发展、人与自然和谐共生的生态文明理念，讲好中国湿地保护故事。一是深入宣传贯彻党的二十大精神。党的二十大胜利召开后，湿地司第一时间撰写了学习宣传贯彻党的二十大精神文章——《谱写生态文明和

美丽中国的湿地新篇章》，刊发于国家林草局官方网站、官方微信公众号及《中国绿色时报》。二是铺天盖地宣传COP14大会。相关内容的全网媒体阅读量达10亿次，微博话题阅读量超16亿次，22次登上微博热搜榜，打造了5个千万级话题。《人民日报》、新华社、央视《新闻联播》等中央主流媒体聚焦湿地保护共计500余次。央视纪录片频道、国际频道推出《中国湿地》纪录片，获得海内外关注。局属媒体推出报刊会刊、官网官微专题等。湿地保护成为国际国内共同关注的热点话题。三是配合宣传中心筹备国家林草局新闻发布会湿地内容全年共4次；在《中国绿色时报》开辟湿地报道专栏《珍爱湿地　人与自然和谐共生》，成系列报道湿地领域重大事件、各地湿地保护成效和做法。全国两会期间，配合绿色中国杂志社制作推送《两会小林通——关注两会·聚焦大美湿地》一期，获得40多万人次点击率。
　　　　　　　　　　（张一诺）

【互花米草防治】　一是国家林草局多次专题部署互花米草防治有关工作，研究各项贯彻落实举措。二是分管局领导带队赴福建开展专题调研，自然资源部、国家林草局相关部门多次赴山东、上海、福建等地实地调研，同时对其他沿海省份开展书面调研，形成了调研报告。三是会签自然资源部、生态环境部、水利部、农业农村部后，呈报了互花米草防治有关情况的报告。四是将互花米草防治工作纳入各省林长制考核范围，设立互花米草可持续治理技术研发"揭榜挂帅"项目。五是联合自然资源部、生态环境部、水利部、农业农村部印发《互花米草防治专项行动计划（2022—2025年）》，明确了今后一个时期的防治工作总体目标和具体任务。　　　　　（梁兵宽）

【COP14大会】　COP14大会于2022年11月5—13日举办，在湖北武汉设主会场、在瑞士日内瓦设分会场，主题为"珍爱湿地　人与自然和谐共生"。
　　中国以举办COP14大会为契机，向世界传播习近平生态文明思想，彰显了中国贡献和大国担当，

为世界奉献了一届有特色、有质量、有影响的《湿地公约》大会。一是习近平主席致辞赢得国内外广泛赞誉。习近平主席发表题为《珍爱湿地　守护未来　推进湿地保护全球行动》的视频致辞，提出了推进湿地保护全球行动的重要主张。与会中外代表和有关人士给予高度评价和称赞，认为致辞意义重大、令人鼓舞，展现了中国政府对湿地保护的重视，展示了中国在湿地保护方面的全球领导力，中国的生态文明、绿色发展理念与实践正影响世界。二是讲好彰显习近平生态文明思想的中国故事。中央宣传部制订了报道方案，组织中外媒体刊播了大量稿件和融合报道，点击量、阅读量突破10亿次。举办中国履行《湿地公约》三十周年成就展，全方位推出专版专题专栏、展板书籍图册、短视频等各类宣传，展示了中国生态文明建设和湿地履约的历史性成就，展现了湿地之美。三是展示湖北、武汉浴火重生的新面貌和生态宜居的新形象。宣传推介湖北省和武汉市贯彻落实习近平新时代中国特色社会主义思想，走生态优先、绿色发展之路，实施长江大保护，推进高质量发展，提升人民群众幸福指数和生态福祉的巨大变化。四是统筹线上和线下，实现了武汉主会场和日内瓦分会场同样丰富、同样精彩。共有142个缔约方和有关国际组织的950多名代表参会。武汉主会场举行了大会开幕式、部级高级别会议、成就展、东道国活动等近30场线上线下活动。日内瓦分会场举行了全体会议、常委会会议、主席团会议、闭幕式等90多场线上线下活动。五是发挥引领和推动作用，形成了《武汉宣言》等标志性成果。部级高级别会议通过了由中国牵头起草的《武汉宣言》，标志着国际社会形成了新的共识。通过了《2025—2030年全球湿地保护战略框架》，描绘新的愿景，引领公约发展方向。成功以公约框架下现行唯一的实体国际合作机制——区域动议形式，在深圳设立全球首个国际红树林中心。大会共通过21项决议，包括中国提出的设立国际红树林中心、将湿地纳入国家可持续发展战略、加强小微湿地保护和管理3项决议。六是扩

大《湿地公约》影响，推动全球生态保护治理。《湿地公约》秘书长等代表认为，此次大会是生态领域的一次国际重要会议，大会同联合国气候变化大会和生物多样性大会等紧密相连，是生态保护领域多边会议重启的开始，有助于推进全球生态保护治理。世界自然保护联盟等国际组织负责人认为，本次大会成为推进全球湿地保护的重要里程碑，将推动全球生态环境的保护和复苏。 （周 瑞）

【解读《全国湿地保护规划（2022—2030年）》】 为贯彻落实习近平总书记关于湿地保护的重要指示批示精神，全面贯彻实施《湿地保护法》，根据《全国重要生态系统保护和修复重大工程总体规划（2021—2035年）》及其专项规划，10月，国家林草局联合自然资源部印发了《全国湿地保护规划（2022—2030年）》。

《规划》明确了我国湿地保护的总体要求、空间布局和重点任务，提出到2025年，全国湿地保有量总体稳定，湿地保护率达到55%，科学修复退化湿地，红树林规模增加、质量提升，健全湿地保护法规制度体系，提升湿地监测监管能力水平，提高湿地生态系统质量和稳定性。新增国际重要湿地20处、国家重要湿地50处。到2030年，湿地保护高质量发展新格局初步建立，湿地生态系统功能和生物多样性明显改善，湿地生态系统综合服务功能增强、固碳能力得到提高，湿地保护法治化水平持续提升，使中国成为全球湿地保护修复的重要参与者、贡献者和引领者。

《规划》以"三区四带"为总体布局，提出实行湿地面积总量管控、落实湿地分级管理体系、实施保护修复工程、强化湿地资源监测监管、加强科技支撑、深度参与湿地保护国际事务6项重点任务。重点任务包括湿地面积总量管控划定规则、出台国家重要湿地相关政策、在30个重点区域开展湿地保护修复项目、完善湿地标准体系等16项具体任务。 （刘 平）

# 08

# 荒漠化
# 防　治

# ▶ 防沙治沙

【综　述】　2022年，完成沙化土地治理任务158.67万公顷，石漠化综合治理任务36.47万公顷。《全国防沙治沙规划（2021—2030年）》经国务院同意，由国家林草局、国家发展改革委、财政部等七部委联合印发实施。组织参加《联合国防治荒漠化公约》第十五次缔约方大会，习近平主席特别代表、国务委员兼外交部长王毅以视频方式出席领导人峰会并致辞。完成第六次全国荒漠化和沙化调查、岩溶地区第四次石漠化调查，并对外发布主要监测结果。印发《关于进一步加强全国防沙治沙综合示范区建设的通知》《全国沙产业发展指南》。审核办理完成6个建设项目占用封禁保护区事项，积极支持沙漠、戈壁、荒漠地区发展风电光伏产业。新建、续建沙化土地封禁保护区6个，沙化土地封禁保护区达到113个；开展荒漠生态保护补偿试点，实施封禁保护补偿面积148.32万公顷。积极争取国家发展改革委支持，防沙治沙综合示范区投资由2021年的5000万元增加至8000万元。新建国家荒漠（石漠）公园3个，国家荒漠（石漠）公园达128个。有效应对2022年春季8次沙尘天气过程。举办中国支持"非洲绿色长城"建设国际研修班，向国际社会发布荒漠化防治英语在线课程及中国大数据支持"非洲绿色长城"建设在线工具。组织开展全国防沙治沙先进集体和先进个人表彰、第28个"世界防治荒漠化与干旱日"宣传活动和5月12日"全国防灾减灾日"沙尘暴灾害科普宣传活动。　　　　　　　　（刘　勇）

【《全国防沙治沙规划（2021—2030年）》】　12月，经国务院同意，由国家林草局会同国家发展改革委、财政部、自然资源部、生态环境部、水利部、农业农村部联合印发实施《全国防沙治沙规划（2021—2030年）》（以下简称《规划》）。《规划》共有七章，分别为防沙治沙形势、总体思路、总体布局和重点建设区域、分类保护沙化土地、推进重点区域沙化土地综合治理、适度发展绿色生态沙产业、健全规划实施保障机制等。《规划》是开展防沙治沙工作的指导性文件，是履行《联合国防治荒漠化公约》的具体行动，是省级人民政府编制本行政区域防沙治沙规划的主要依据。规划确定的各省防沙治沙任务，是开展省级防沙治沙任期目标责任考核和林长制督查考核的重要指标。　　　　　　　　（潘红星）

【第六次全国荒漠化和沙化监测】　圆满完成第六次全国荒漠化和沙化调查，取得重要成果。根据第六次全国荒漠化和沙化调查结果，截至2019年，全国荒漠化土地面积257.37万平方千米，占国土面积的26.81%；沙化土地面积168.78万平方千米，占国土面积的17.58%；具有明显沙化趋势的土地面积27.92万平方千米，占国土面积的2.91%。与2014年相比，全国荒漠化土地净减少378.8万公顷，下降1.45%，年均减少75.76万公顷。全国沙化土地面积净减少333.52万公顷，下降1.94%，年均减少66.7万公顷。沙区土地上的平均植被盖度为20.22%，较2014年上升1.90个百分点。

第六次全国荒漠化和沙化调查在基础底图、遥感数据、技术方法等方面都有较大的提高。主要体现在以下四个方面：一是适应新要求，统一调查底图。二是利用新成果，提高调查精度。三是运用新技术，提高调查效率。四是精准复位调查，确保动态可靠。　（刘旭升）

【岩溶地区第四次石漠化调查】　根据岩溶地区第四次石漠化调查结果，截至2021年，全国石漠化土地面积722.3万公顷，占岩溶面积的14.9%。与2016年相比，石漠化土地净减少333.1万公顷，年均减少66.6万公顷，年均缩减率为7.72%。石漠化地区植被综合盖度达65.4%，较2016年提高4个百分点。

根据调查结果显示，石漠化地区生态状况发生历史性、转折性、全局性变化。主要表现在以下五个方面：一是石漠化土地面积持续减少，程度明显减轻。自2005年以来连续3个调查期石漠化土地面积持续缩减，石漠化面积由2005年的1296万公顷，减少到2022年的722.3万公顷。不同程度的石漠化土地面积均出现减少，其中：轻度石漠化减少118.8万公顷，中度减少149.2万公顷，重度减少54.2万公顷，极重度减少10.9万公顷。二是林草植被结构得到优化。岩溶土地上乔木型植被面积达2133.6万公顷，占岩溶土地面积的47.20%。自2011年以来，岩溶地区乔木型植被面积增加404.3万公顷，无植被及作物覆盖面积减少361.1万公顷，乔木型植被面积比重大幅增加，灌木型、无植被型面积比重降低，林草植被结构得到优化。三是植被总盖度增加。岩溶地区植被总盖度达到65.4%，较2011年提高7.9个百分点。岩溶地区2000—2021年平均归一化植被指数为0.82，其中，2000—2012年为0.80，2013—2021年为0.84，虽因气候等因素影响出现波动，但归一化植被指数总体呈现上升趋势，植被总盖度显著提升。四是水土流失状况明显改善。根据专家测算，与2011年相比，岩溶地区水土流失面积由2073.2万公顷减少到1565万公顷，减少24.5%；土壤侵蚀模数由725.8吨/（年·平方千米）下降到600.9吨/（年·平方千米），降低17.2%；土壤流（漏）失量由1.50亿吨减少到0.94亿吨，减少37.5%。五是区域社会经济稳步发展。2011年至今，八省（区）岩溶地区约2900万贫困人口实现脱贫，占八省

（区）脱贫人口的50%，占到全国脱贫人口的1/4以上。结合石漠化综合治理工程建设，各地积极发展生态经果林产业。　　（刘旭升）

【沙尘暴灾害及应急处置工作情况】按照《重大沙尘暴灾害应急预案》要求，积极有效应对沙尘天气。一是联合中国气象局对2022年春季沙尘天气趋势进行会商，会商结果上报国务院。二是及早部署应急工作。以国家林草局文下发《国家林业和草原局关于认真做好2022年沙尘暴灾害应急处置工作的通知》（林沙发〔2022〕12号），对北方各省（区、市）的沙尘暴灾害应急处置工作进行部署，要求北方各省（区、市）落实应急处置措施。三是严格落实值班制度。为做好冬奥会期间的灾害监测，2022年2月，提前进入应急值守工作状态，安排专人值守、落实带班值班制度，实时监测分析研判沙尘天气发生发展过程及其灾害情况，共处理卫星遥感影像1.6万幅，制图342幅，制作《工作信息》240份。四是认真开展地面监测。2—5月，沙尘暴地面监测站报送沙尘照片和微视频1958个，接收沙尘观测报送信息938条，各级沙尘暴信息员通过短信平台发送沙尘预警及监测信息1万多条。五是健全会商研判机制。2022年，增加"两会"期间等重要时间节点的专题会商，建立中短期和中长期沙尘天气预测预报工作组。6月，与中国气象局召开2022年春季沙尘天气总结研讨会，总结分析2022年春季沙尘天气特征和成因，并形成《关于2022年春季沙尘天气应急处置工作情况的报告》。六是完善工作报告制度。继续执行沙尘暴应急工作周报、专报和急报制度。应急值守期内，共报送《沙尘暴应急工作周报》16期、《沙尘暴应急工作专报》2期，制作《沙尘暴监测与灾情评估简报》9期。七是推进沙尘暴灾害应急处置管理平台正式投入应用。依托国家林草局林草生态感知系统建设，进一步优化和完善沙尘暴灾害应急处置管理平台，实现遥感影像沙尘识别、气象数据分析等基础功能并正式投入应用。　　（刘旭升）

【荒漠化公约履约和国际合作】履行《联合国防治荒漠化公约》情况　一是习近平主席特别代表、国务委员兼外交部长王毅以视频方式出席《联合国防治荒漠化公约》（下称《公约》）干旱与土地可持续治理领导人峰会并致辞，阐明荒漠化履约重要意义和中国政策主张。二是组织外交、气象、农业农村等相关部委和中国驻科特迪瓦大使馆近20名人员，以前后方联动的形式，完成公约第十五次缔约方大会参会任务。三是指导有关单位举办"一带一路"国家履行《联合国防治荒漠化公约》高级官员研修班并发布荒漠化防治英语在线课程。

国际合作情况　一是11月习近平主席宣布探讨设立中蒙荒漠化防治合作中心，12月宣布设立中阿干旱、荒漠化和土地退化国际研究中心，荒漠化防治成为中国外交大局中推动国际社会绿色发展的重要抓手。二是积极参与二十国集团《减少土地退化和加强陆地栖息地保护的全球倡议》指导委员会等国际进程，推荐中国代表当选指导委员会委员，中国专家入选公约核心专家团队，全方面参与国际规则制定。三是贯彻落实习近平主席在2021年中非合作论坛上做出的承诺，联合外交部条法司于4月以视频形式举办中国支持"非洲绿色长城"建设国际研修班，布基纳法索驻华大使及国家林草局副局长刘东生出席开班式并致辞，该班被写入国家领导人讲话，得到国内外主流媒体报道。　　（王骅）

【荒漠化生态文化及宣传】　一是组织举办第28个世界防治荒漠化与干旱日国家主场纪念活动，发布中国大数据支持"非洲绿色长城"建设在线工具。二是推荐中国六个最佳实践案例载入《全球土地展望》，扩大荒漠化防治对外宣传。三是在主流媒体集中开展荒漠化、石漠化防治成效宣传。央视《朝闻天下》《晚间新闻》等播发党的十八大以来中国治沙成效和经验等新闻4条，《人民日报》《中国日报》、中新社等主流媒体刊发多篇防沙治沙报道，相关转载报道共计1.2万条。在新媒体平台推出《绿色中国云对话——2022年世界防治荒漠化与干旱日特别节目》和《携手防治荒漠化 共建命运共同体》短视频，观看量达160多万次。四是加大科普宣传力度，以全国防灾减灾周为契机，开展"减轻灾害风险 守护美好家园"主题宣传活动，制作《一分钟了解沙尘暴》小视频等，宣传效果明显。　　（王帆）

09

# 自然保护地
# 管理

# ▶ 建设发展

**【自然保护地整合优化工作】** 国家林草局会同自然资源部对接"三区三线"划定，特别是永久基本农田划定工作有关要求，指导各地进一步完善自然保护地整合优化预案，召开视频会议进行部署，并对预案再完善情况进行调度和梳理。2022年4月，向自然资源部报送《关于向国务院报请审定〈全国自然保护地整合优化方案〉的请示》，并跟踪协调自然资源部相关司局意见。7月，印发《国家林业和草原局办公室关于做好风景名胜区整合优化预案编制工作的函》，启动风景名胜区整合优化。

（陈涤非）

**【涉自然保护地重大项目保障】** 贯彻落实党中央、国务院重大决策部署，坚持一手抓保护、一手抓保障，研究提出支持国家级自然保护地内国家重大项目的总体思路和主要措施，优化审核程序，加快审批进度。2022年，共收到涉及国家级自然保护地的重大项目258个，其中，交通项目91个，水利项目42个，能源项目125个。截至12月31日，全部项目已办结，有力保障国家重大项目落地实施。 （贾 恒）

**【自然保护地标准体系建设】** 6月，国家林草局保护地司会同科技司完成《关于印发自然保护地领域标准体系和相关工作安排的通知》的意见征询等工作，并及时印发；组织召开国家林业和草原局国家公园和自然保护地标委会工作会议暨2022年年会，深入谋划下一步重点工作，用科学、一流标准引领全国自然保护地建设事业。 （罗 颖）

# ▶ 立法监督

**【自然保护地立法】** 2022年，自然保护地立法工作取得重大进展，《国家公园法（送审稿）》于11月28日按照立法程序由自然资源部报送国务院。《自然保护地法》《风景名胜区条例》立法项目持续推进，按照自然资源部、国家林草局确定的新的立法思路重新研究起草形成的《自然保护地法（草案）》，完成首轮对有关中央国家机关和省级林业和草原主管部门的意见征询；组织专家和有关省份风景名胜区主管人员，在对中央国家机关和省级林业和草原主管部门反馈意见研究、吸纳的基础上，修改形成《风景名胜区条例（草案）》，并结合风景名胜区整合优化工作进一步修改完善。为保障《国家公园法》出台前国家公园建设管理工作的平稳有序开展，国家林草局于6月1日印发《国家公园管理暂行办法》；经征求国务院有关主管部门和省级林业和草原主管部门意见并修改完善，《国家级自然公园管理办法》于9月23日经2022年第2次国家林草局局务会审议并原则通过。

国家林草局组织修改《自然保护区条例》，经反复研究形成修改稿，经自然资源部党组会议审议后，于8月26日至9月26日向社会公开征求意见。征求意见期间，共收到来自各部委、地方、自然保护区管理机构、大专院校、科研院所、非政府组织、企业和个人的意见1247条。针对修改意见，国家林草局召开专家论证会，经反复修改完善形成《自然保护区条例（修订草案）》，于10月21日按照立法程序正式上报自然资源部。

（许 晶 陈涤非）

**【以国家公园为主体的自然保护地体系建设成为林长制督查考核重要指标】** 11月14日，国家林草局、林长制工作领导小组办公室印发《2022年度林长制督查考核评分说明》，"以国家公园为主体的自然保护地体系建设"被列为六大基础项指标之一，分值20分，占基础项总分值100分的1/5，成为林长制督查考核的重要指标。根据该评分说明，以国家公园为主体的自然保护地体系建设指标的评价因素包括国家公园建设推进情况、自然保护地年度工作开展情况、自然保护地总体规划编制完成情况和自然保护地监管情况。 （许 晶）

**【人类活动遥感监测实现对国家级自然保护地全覆盖】** 2022年，国家林草局将国家公园以及国家级风景名胜区等国家级自然公园纳入人类活动遥感监测范围，实现对国家级自然保护地的全覆盖。通过"全国自然保护地监督检查管理"平台，全年先后派发4批（次）国家公园、2批（次）国家级自然保护区、2批（次）国家级海洋保护地、2批（次）国家级风景名胜区、1批（次）国家地质公园、1批（次）国家级森林公园疑似问题点位共计22546个。有关省级林业和草原主管部门及国家公园管理机构积极组织实地核查，年度核查完成率达100%，自然保护地监管力度不断加强。 （许　晶）

【推进"绿剑行动"整改验收】　依照《关于加快推进湖南小溪　广东南岭　广东象头山　甘肃祁连山国家级自然保护区"绿剑行动"整改验收工作的通知》，截至12月31日，"绿剑行动"重点督办的30个国家级自然保护区，有27个已完成整改验收并销号。 （许　晶）

【自然保护地违法违规问题查处】2022年，扎实开展自然保护地违法违规问题的查处工作。一是11月1日与中国海警局等3部门联合开展"碧海2022"海洋生态环境保护和自然资源开发利用专项执法行动，11月26日与生态环境部等6部门联合开展"绿盾2022"自然保护地强化监督工作，并对长江流域自然保护地长江十年禁渔及水生生物保护工作情况进行调度，督促落实。二是对中央环境保护督察集中通报典型案例、审计署自然资源资产审计、国家信访局、长江经济带生态环境警示片、黄河流域生态环境警示片以及媒体披露的近30个涉自然保护地违法违规问题，专函督办，定期调度整改落实情况，督促问题查处到位。三是对反映自然保护地违法违规问题的8件群众来信，按照《信访条例》的规定全部完成办理。 （许　晶）

# 生物多样性保护与监测

【自然保护地监测工作】　印发《全国自然保护地生物多样性监测方案（试行）》，为全国自然保护地开展下一步生物多样性监测工作奠定基础；完成全国自然保护地监测数据采集App和监测平台软件优化升级，平台注册用户达4万人；编制完成《林草系统生物多样性保护"十四五"规划和2035年远景目标（第6版修改稿）》；组织召开2022年全国自然保护地生物多样性监测工作推进会议，推动"天空地"一体化监测体系建设。
（生物多样性保护与监测由罗颖供稿）

# 国家公园管理

【综　述】　2022年，国家林草局（国家公园管理局）坚决扛起建设国家公园的重大政治责任，稳步推进首批国家公园各项建设工作，有序推动新一批国家公园创建设立，会同有关部门印发《国家公园空间布局方案》《国家公园设立指南》《国家公园管理暂行办法》等。国家公园支撑保障体系逐步成熟，监测及感知系统进一步优化，国家公园理念得到广泛传播，国家公园已成为中国生态文明建设的亮丽名片。 （黄　浸）

【《国家公园空间布局方案》出台】11月5日，习近平主席在《湿地公约》第十四届缔约方大会开幕式上宣布中国制定了《国家公园空间布局方案》。11月8日，国务院发布《关于国家公园空间布局方案的批复》。11月30日，国家林草局（国家公园管理局）、财政部、自然资源部、生态环境部联合印发《国家公园空间布局方案》，为推进国家公园高质量发展、建设世界最大的国家公园体系提供了基本遵循。12月29日，国家林草局（国家公园管理局）在北京召开国家公园空间布局方案新闻发布会，邀请财政部、自然资源部、生态环境部、中科院等单位共同解读方案内容。 （黄　浸）

【高质量建设第一批国家公园】　5月底至6月初，国家林草局（国家公园管理局）以"一对一"形式与5个国家公园涉及省（区）分别召开局省联席会议，充分发挥协调推进工作机制，推进各项重点建设任务。第一批国家公园管理机构设置工作有序开展，国家林草局配合

武夷山大峡谷（武夷山国家公园江西片区　供图）

国家公园空间布局方案新闻发布会（宋峥　摄）

中央编办积极推进第一批国家公园管理机构设置工作，共同指导相关省（区）认真落实中央编委文件精神和国务院对国家公园设立方案的批复要求，因园施策提出国家公园管理机构设置方案。扎实推进总体规划编制和勘界定标，印发《国家公园总体规划编制和审批管理办法（试行）》并根据办法起草实施细则，指导第一批国家公园总体规划编制，组织评审论证，征求部门意见，开展最大国家公园体系调研。印发《关于加快推进第一批国家公园勘界工作的函》，对东北虎豹、武夷山及大熊猫国家公园四川片区勘界成果进行初审。有序推动自然资源确权登记及资产管理。自然资源部、国家林草局（国家公园管理局）联合印发《关于组织开展正式设立的国家公园自然资源确权登记公告登簿工作的通知》，组织动员第一批国家公园开展登记工作，海南热带雨林国家公园于2022年年底实现自然资源登簿，三江源、东北虎豹、大熊猫、武夷山4个国家公园依法规持续推进自然资源确权登记。配合自然资源部开展全民所有自然资源资产所有权委托代理机制试点相关工作。　　　（黄　浸）

【推动新一批国家公园创建设立】
国家林草局（国家公园管理局）会同财政部联合印发《国家公园设立指南》，明确创建设立工作流程及材料编报等要求。指导相关省份，按照《国家公园空间布局方案》的最新要求，开展国家公园创建设立相关工作。祁连山、钱江源、南山、神农架、香格里拉5个原国家公园体制试点区持续完善设立条件；推进黄河口等12个国家公园候选区开展创建工作，并对部分候选区完成第三方创建评估等工作。（黄　浸）

【支撑保障】　一是强化法规制度保障。经过深入调研、征求意见、专家论证，形成《国家公园法（送审稿）》，持续加强与司法部等部门沟通协调，编写执法监督等14个立法专题材料。印发《国家公园管理暂行办法》，保障立法过渡期内国家公园建设管理工作。组织起草《国家公园志愿服务管理办法》《国家公园特许经营管理办法》两个规范性文件。二是强化财政政策保障。9月，国务院办公厅转发财政部、国家林草局（国家公园管理局）制定的《关于推进国家公园建设若干财政政策的意见》，明确财政支持国家公园建设的5个重点方向，提出5项政策举措。国家发展改革委建立国家公园建设重点项目库，加大对国家公园范围内公共基础设施建设的支持力度。
（黄　浸）

【"天空地"一体化监测体系及感知系统建设】　采用先进科学技术推进国家公园"天空地"一体化监测体系建设，指导三江源、大熊猫、东北虎豹国家公园开展监测试点项目，推进大熊猫国家公园监测平台建设。每季度开展第一批国家公园地类变化遥感监测核实工作，加强监管。进一步优化完善国家公园感知系统框架，加强数据对接共享。
（黄　浸）

【国家公园理念深入人心】　多渠道多形式广泛宣传展示国家公园。在新华网首页上线国家公园专栏；与央广中国之声合作推出《国家公园·两天一夜》系列直播节目，场均触达量突破1.2亿；与腾讯联合推出《夏至·国家公园》直播活动，总点击量突破3亿次；与腾讯联合制作发布的国家公园主题曲《最珍贵的你》，单日全网曝光量超2800万；首张中国国家公园12.5亿像素

东北虎豹国家公园温带针阔混交林（东北虎豹国家公园　供图）

中国国家公园纪念邮票
（国家公园中心　供图）

VR全景照片——全景"云"游东北虎豹国家公园获得广泛好评；在《人民日报》推出系列宣传报道，在《旗帜》开展国家公园专题宣传；联合中国地质博物馆举办"我们的国家公园"专题展览；配合中国邮政集团，设计发行中国国家公园纪念邮票；配合中国人民银行，开展首批国家公园普通纪念币及金银纪念币设计。国家公园理念得到广泛传播，逐步深入人心。（黄　浸）

【"建设全世界最大的国家公园体系"研究调研】　按照国家林草局党组关于林草高质量大调研工作部署，国家林草局保护地司会同国家公园（自然保护地）发展中心组织开展"建设全世界最大的国家公园体系"调研。调研工作组深入实地，通过资料收集与整理、座谈交流、实地走访、野外调查等多种形式，梳理全国第一批国家公园、国家公园体制试点区和创建区有关情况，对照全球国家公园基本状况，提出建设全世界最大国家公园体系的意义、建设基础、建设难点和对策。
（李兴军）

# 自然保护区管理

【自然保护区总体规划编制审批】为提高自然保护区总体规划审批效率，增强审批透明度，优化政务服务，国家林草局建立国家级自然保护区总体规划线上审批系统，并于10月1日正式上线运行。4月15日，国家林草局批复《江西鄱阳湖国家级自然保护区总体规划（2022—2031年）》《江西婺源森林鸟类国家级自然保护区总体规划（2022—2031年）》《湖南鹰嘴界国家级自然保护区总体规划（2022—2031年）》《重庆缙云山国家级自然保护区总体规划（2021—2030年）》《云南大围山国家级自然保护区总体规划（2022—2031年）》《宁夏中卫沙坡头国家级自然保护区总体规划（2021—2030）》6个国家级自然保护区总体规划；12月30日，国家林草局批复《内蒙古罕山国家级自然保护区总体规划（2022—2031年）》《黑龙江细鳞河国家级自然保护区总体规划（2021—2030年）》《黑龙江北极村国家级自然保护区总体规划（2022—2031年）》《黑龙江岭峰国家级自然保护区总体规划（2021—2030年）》《湖南张家界大鲵国家级自然保护区总体规划（2022—2031年）》《四川白河国家级自然保护区总体规划（2022—2031年）》《四川小金四姑娘山国家级自然保护区总体规划（2021—2030年）》《贵州茂兰国家级自然保护区总体规划（2022—2031年）》《贵州宽阔水国家级自然保护区总体规划（2022—2031年）》9个国家级自然保护区总体规划；将总体规划完成情况纳入林长制考核指标。

【国家级自然保护区新建调整审查】 4月14日，国家林草局召开国家级自然保护区评审会，对黑龙江饶河东北黑蜂、河南新乡黄河湿地鸟类、湖北堵河源、重庆阴条岭、贵州麻阳河5处国家级自然保护区功能区调整，海南三亚珊瑚礁国家级自然保护区范围调整，以及山西人祖山晋升国家级自然保护区等事项进行评审。10月25日召开评审会，对江苏盐城湿地珍禽国家级自然保护区功能区调整进行评审。6月13日、9月21日、11月25日分别批复黑龙江饶河东北黑蜂、河南新乡黄河湿地鸟类、湖北堵河源、重庆阴条岭、湖北长江天鹅洲白鱀豚、江苏盐城湿地珍禽6处国家级自然保护区功能区调整方案。组织审查湖北木林子国家级自然保护区功能区调整方案。

（自然保护区管理由陈涤非供稿）

# 自然公园管理

【国家级自然公园评审】 按照《国家林业和草原局国家级自然公园评审委员会评审规则》，于4月、12月组织开展2次国家级自然公园评审工作，共涉及32处国家级自然公园新建和范围调整，包括山西山阴桑干河、江苏扬州北湖、江苏南京长江新济洲等19处国家湿地公园，黑龙江红松林、黑龙江桃山、河南燕子山、广东圭峰山、湖南嘉山、贵州凤凰山、南京栖霞山、江西峰山、湖南五尖山9处国家森林公园，云南弥勒云峰山、云南丘北舍得、甘肃肃州天锣城3处国家沙漠公园和厦门1处国家级海洋公园，

评审结果经公示无异议后，以国家林草局文印发评审决定。对2021年度自然公园有关数据及需要制修订的规范进行梳理，编制《国家级自然公园数据统计手册》。参与修订《自然公园管理暂行办法》。

（孙 铁）

【风景名胜区管理】 持续推进风景名胜区改革与规划审批重点工作。

**风景名胜区整合优化** 研究制定《风景名胜区整合优化规则》，并与自然资源部空间规划局达成一致意见。7月27日，印发《风景名胜区整合优化规则》并部署开展整合优化预案编制工作。7月28日，自然保护地管理司组织召开全国电视电话会议，部署开展整合优化预案编制工作。组织专家指导各地编制预案，会同自然保护地整合优化专班，对风景名胜区整合优化预案矢量数据成果开展集中联合审查，对103个国家级风景名胜区开展专家审查。10月底，基本完成全国风景名胜区整合优化预案审查工作，并一体纳入自然保护地整合优化方案。

**风景名胜区规划审查审批** 3月，成立风景名胜区规划审查专班，组织专家、会同有关部门对隆中、宝鸡天台山、红枫湖等37处国家级风景名胜区总体规划开展审查。清源山、隆中、凤凰、沿河乌江山峡、平塘、宝鸡天台山、罗布人村寨7处总体规划经自然资源部报国务院审批。组织审查三亚热带海滨风景名胜区天涯海角景区、三亚热带海滨风景名胜区大小洞天景区等33处国家级风景名胜区详细规划。其中，三亚热带海滨风景名胜区天涯海角景区、三亚热带海滨风景名胜区大小洞天片区、浣江—五泄风景名胜区五泄景区（南片区）等12处详细规划已批复。建成风景名胜区规划审批线上管理系统。

**风景名胜区有关制度制修订** 开展《风景名胜区条例》修订工作，根据整合优化有关成果进行修改，形成送审稿。研究制订《国家级风景名胜区总体规划和详细规划审查工作规程》《国家级风景名胜区总

风景名胜区整合优化预案专家汇报会

体规划和详细规划专家审查技术要求》《国家级风景名胜区规划和重大建设项目建设方案编制工作指南》3个制度文件。

**风景名胜区重大建设项目落地**　对国家级风景名胜区内待落地的490个国家级和省级重大建设项目进行梳理，报自然资源部、国家林草局专题会研究。与国家发展改革委、自然资源部等部门沟通，对10个已纳入国家重点项目要素清单的项目，组织专家进行专题研究，指导地方对引江济汉、铜吉铁路等8个重大项目核准落地。

**风景名胜区其他工作**　组织专家开展黄河古贤水利枢纽涉自然保护地及湿地影响论证，将专家论证意见反馈水利部。完成浙江省国家级风景名胜区详细规划委托审批事项。

（刘红纯）

# 世界自然遗产 /
# 双遗产

**【世界遗产申报】**　组织开展"海南热带雨林和黎族传统聚落"申遗工作，指导海南省林业局完成申报世界遗产预备清单准备工作和申报材料修改，经中国联合国教科文组织全国委员会将"海南热带雨林和黎族传统聚落"作为世界遗产预备清单项目报至联合国教科文组织世界遗产中心。持续推进"中国黄（渤）海候鸟栖息地（第二期）"申遗工作，经国务院同意，"中国黄（渤）海候鸟栖息地（第二期）"作为中国2023年世界遗产申报项目正式提交联合国教科文组织。积极推动"西藏神山圣湖"和"内蒙古巴丹吉林沙漠—沙山湖泊群"等项目申遗工作，指导西藏自治区林业和草原局、中国风景名胜区协会研究提出"西藏神山圣湖"项目申遗路径和方案，参加西藏自治区人民政府组织的世界遗产申报座谈会。组织审核"闽江河口湿地"世界遗产预备清单申报材料，并经中国联合国教科文组织全国委员会报至联合国教科文组织世界遗产中心。

**【世界遗产保护管理】**　根据第44届世界遗产大会决议要求，完成"湖北神农架"世界自然遗产地相关规划审查，指导地方编制完成武陵源、中国南方喀斯特、三江并流3处世界遗产保护状况报告，并报送联合国教科文组织世界遗产中心。多次线上参加世界遗产委员会特设工作组会议，配合中国联合国教科文组织全国委员会秘书处就世界遗产资金使用和咨询机构设置等会议议题研提意见。

（世界自然遗产/双遗产由孙铁供稿）

# 世界地质公园

**【新增2处世界地质公园候选地】**　指导中国武功山、坎布拉成功申报入选联合国教科文组织世界地质公园候选地。确定恩施大峡谷—腾龙洞地质公园作为2023年度中国向联合国教科文组织申报世界地质公园项目。3月4日，组织召开长白山申报世界地质公园工作推进会。

**【世界地质公园再评估】**　审定2022年度中国房山、五大连池等14处世界地质公园再评估进展报告，并组织完成向联合国教科文组织的报送工作。

**【世界地质公园网络办公室工作】**　与联合国教科文组织、世界地质公园网络等国际组织保持沟通联络。组织指导中国世界地质公园向世界地质公园网络提交2021年度工作总结并缴纳2022年度年费，维护世界地质公园中英文网站正常运作，发布英文版世界地质公园网络通讯2期。

（世界地质公园由程梦旎供稿）

# ▶ 合作交流

**【生物多样性公约履约】** 3月11日至4月1日，国家林草局保护地司和国际司派员作为中国代表团成员赴瑞士日内瓦参加《生物多样性公约》系列会议，参与涉及国家林草局业务的部分议题讨论；6月18—30日，国家林草局保护地司派员赴肯尼亚内罗毕参加《生物多样性公约》"2020年后全球生物多样性框架"不限名额工作组第4次会议，为涉林草相关议题准备备答口径，并就谈判研提意见；11月30日至12月23日，国家林草局保护地司派员作为国家代表团成员赴加拿大蒙特利尔参加《生物多样性公约》第十五次缔约方大会（COP15）第二阶段会议，并参与各项涉林草工作的谈判工作，为《昆明—蒙特利尔全球生物多样性框架》顺利通过贡献林草力量；在两场边会上作主旨发言；COP15大会第二阶段前，多次为生态环境部提供大会可能涉及的社会热点问题参考回应口径等。

（罗 颖）

**【中法自然保护地相关国际合作】** 积极开展中法自然保护地合作，履约两国签署的谅解备忘录。5月和9月，国家林草局保护地司先后两次配合国际司组织并参加中法自然保护线上研讨会，并组织全国约260个自然保护地管理机构工作人员在线参会。

（罗 颖）

**【中德非自然保护地相关合作】** 推进"中德非三方自然保护地合作"项目，该项目目前已进入第二阶段，国家林草局与德国国际合作机构（GIZ）、世界自然保护联盟（IUCN）总部和非洲国家（纳米比亚、赞比亚）建立定期沟通机制。

（罗 颖）

**【中俄自然保护地相关合作】** 7月6日，国家林草局参加中俄总理定期会晤机制环保分委会自然保护区与生物多样性工作组第十六次会议，向俄方介绍中国建设国家公园相关情况。10月28日，国家林草局以视频形式组织召开《中华人民共和国政府与俄罗斯联邦政府关于兴凯湖自然保护区协定》中俄混合委员会第三次会议。会议期间，国家林草局、俄罗斯联邦自然资源和生态部就落实《协定》进展情况、开展鸟类保护、研究和监测合作、开辟兴凯湖国际自然保护区旅游网页、共同开展兴凯湖宣教活动等事项进行了讨论，并研究制定2022—2024年混合委员会工作计划。

（陈涤非）

**【全球环境基金"白海豚项目"通过中期评估】** 2022年年初，在相关方的共同努力下，"白海豚项目"完成中期评估工作，并取得"满意"评级。国际评估专家高度评价项目成果，并对相关自然保护地的积极参与予以肯定。3月29日，召开第三次指导委员会线上会议。2022年，"白海豚项目"在海洋保护地政策法规研究、保护地管理、生物多样性监测、社区共管、融资等方面开展了大量工作，为项目主流化和示范省（区）海洋生物多样性保护提供了有力支持。

（程梦旎）

**【全球环境基金"河口项目"积极参与联合国"海洋十年"】** "河口项目"先后于2022年4月和7月成功申请了两项"海洋十年"活动，充分展示了中国海洋保护地管理成效。2022年，顺利完成联合国粮食及农业组织（FAO）组织的第三方中期评估工作并获得"满意"等级。2022年，"河口项目"通过开展黄河口生物多样性差异分析、旗舰物种基线调查和监测，建立并应用基于地理信息系统（GIS）的智能信息共享系统，举办第七届粤港澳自然保护地研学座谈会等，为黄河口和珠江口地区保护地网络化建设、保护地监测及协调、提高公众对河口生态保护的认知等方面作出了积极贡献。

（程梦旎）

《中华人民共和国政府与俄罗斯联邦政府关于兴凯湖自然保护区协定》中俄混合委员会第三次会议

## ▶ 宣传教育

【自然保护地宣传教育】　组织自然保护地监测视频征集和物种审核鉴定工作，向《秘境之眼》栏目推送，2022年视频被《秘境之眼》采纳、播出363期，传播总触超过130亿人次，在央视一套官方微博、微信、秒拍等新媒体平台发布信息累计覆盖超3.8亿人；在央视频App推出白头叶猴、河狸等8路慢直播，首推VR长、短动物纪录片及《乐在秘境》《爱在秘境》《奇在秘境》等精彩视频6.5万条，总播放量达到2926.8万；组织开展"你记忆中的美丽影像"《秘境之眼》精彩影像点赞活动，共有32条自然保护区野生动物精彩视频入围，获得超814万点赞票数，保护区视频播放量超83万余次，H5端内访问量超147万。活动期间秘境之眼账号涨粉超2.3万人，日均粉丝增加最高达9400余人，并带动秘境央友圈涨粉超2000人；在《中国绿色时报》刊登《2021年中国自然保护地十件大事》，新华网和新闻网客户端、中央广电总台央视新闻客户端等主流媒体进行了宣传报道，仅新华网客户端浏览量就达到102.9万人次。

（罗　颖）

【"文化和自然遗产日"主题宣传】　印发《关于开展2022年"文化和自然遗产日"主题宣传活动通知》，要求各省（区、市）结合自身实际情况，积极组织开展相关宣传工作。6月11日，会同重庆市林业局、重庆市巫山县人民政府，采用"线上+线下"方式举办2022年"文化和自然遗产日"主题活动。同步开展有关视频、海报等宣发工作，国家林草局保护地司接受央视媒体采访。　　（孙　铁）

【"世界海洋日"主题宣传】　2022年"世界海洋日"期间，组织开展"保护海洋生物多样性　人与自然和谐共生"主题宣传活动。

（程梦旎）

【"世界地球日"推广宣传】　协调指导中国世界地质公园组织开展第53个"世界地球日"宣传推广活动和"第三届亚太地质公园周"之"友好姊妹公园互展互动"活动。

（程梦旎）

全国第六个"文化和自然遗产日"主题活动在重庆市巫山县举行（卢先庆　摄）

# 10

# 林草
# 生态建设

# 国土绿化

【造林绿化】 2022年，各地各部门认真贯彻落实习近平生态文明思想，践行绿水青山就是金山银山的理念，统筹山水林田湖草沙一体化保护和修复，科学、节俭、务实开展造林绿化，编制印发《全国国土绿化规划纲要（2022—2030年）》相关内容，全面完成年度造林计划任务，共完成造林420.28万公顷。

人工造林（含更新，下同） 全年完成人工造林139.64万公顷，占全国造林完成任务的33.23%。山西、湖南、广东、甘肃、内蒙古、广西、江西7个省（区）人工造林均超过6.67万公顷（百万亩），占全国人工造林面积的57.28%，其中，山西省人工造林23.25万公顷，面积居全国第一。

封山育林 全年完成封山育林105.73万公顷，占全国造林面积的25.16%。陕西、河北、青海、湖南、四川5个省封山育林均超过6.67万公顷（百万亩），占全国封山育林面积的45.44%。

飞播造林 河北、山西、内蒙古、河南、重庆、四川、西藏、陕西、青海9个省（区、市）开展了飞播造林，面积16.61万公顷（百万亩），占全国造林面积的3.95%。西藏、陕西2个省（区）占全国飞播造林面积的60.93%。

退化林修复 全年完成退化林修复158.29万公顷，占全国造林面积的37.66%。江西、贵州、湖南、内蒙古、陕西、吉林、甘肃、云南、重庆、四川10个省（区、市）退化林修复均超过6.67万公顷（百万亩），占全国退化林修复面积的67.76%。

【造林绿化落地上图】 2022年，造林计划任务实现"带位置上报、带图斑下达"。由各地自下而上带位置申报计划任务，国家比对国土"三调"成果数据，重点审核占用耕地情况，确定年度造林计划任务

345.33万公顷，带图斑下达各地。修订印发《造林绿化落地上图技术规范》，升级国土绿化落地上图管理系统，开发国土绿化重点项目上图模块，推动实现造林种草、防沙治沙、油茶种植等国土绿化任务全部落地上图。

【国土绿化试点示范项目】 根据国土绿化现状，统筹考虑区域自然地理条件、水资源状况差异性，采取竞争性评选方式，支持青海省黄南藏族自治州、吉林省白城市、北京市密云区、宁夏回族自治区吴忠市、湖北省咸宁市、内蒙古自治区包头市、湖南省湘潭市、甘肃省庆阳市、黑龙江省鸡西市、山西省朔州市、江西省吉安市、山东省潍坊市、辽宁省阜新市、广东省惠州市、陕西省宝鸡市、重庆市三峡库区、新疆生产建设兵团第九师、贵州省毕节市、福建省南平市、四川省达州市20个地市实施了第二批国土绿化试点示范项目，下达中央财政投资40亿元，安排营造林任务23.17万公顷。

【国家特殊及珍稀林木培育项目】 发布《主要栽培珍贵树种参考名录（2022年）》，印发《"十四五"全国珍稀林木培育实施方案》，优化珍稀林木发展布局，明确培育目标任务，规范项目化管理要求。统筹考虑珍稀林木资源现状及培育工作基础，支持河北、山西、辽宁、吉林、黑龙江、江西、山东、河南、湖北、广东、广西、贵州、云南、西藏15个省份开展珍稀林木培育项目建设，下达中央预算内投资1.3亿元，安排珍稀林木新造、改培任务1.21万公顷。

【义务植树】 3月30日，习近平总书记连续第10年参加首都义务植树活动，并发表重要指示。全国人大、全国政协、中央军委分别开展

"全国人大机关义务植树""全国政协机关义务植树""百名将军义务植树"活动。全国绿化委员会组织开展第21次共和国部长义务植树活动。31个省（区、市）和新疆生产建设兵团领导以不同方式参加义务植树。各地多措并举，扎实推进"互联网+全民义务植树"高质量发展。北京新建17个"互联网+全民义务植树"基地，举办各类义务植树活动3000余场。黑龙江新建义务植树基地244个、新设立义务植树接待点347个，同比增长34.4%。湖北组织全省各地林业部门和各机关、社会团体积极开展"绿色机关""绿色校园"等创建活动，全年组织各类义务植树活动5215场。湖南省委书记、省长在植树节当天发表署名文章，号召全省上下植树造林，各地"廉政林""党员林"等主题林营造蔚然成风。福建推出"全民义务植树网"手机端应用平台，上线148个劳动尽责活动，推出"我为碳中和种棵树""守护古树，留住乡愁"等捐资尽责项目。

【党和国家领导人参加首都义务植树活动】 3月30日，党和国家领导人习近平、李克强、栗战书、汪洋、王沪宁、赵乐际、韩正、王岐山等集体乘车，来到位于北京市大兴区黄村镇的植树点，同首都群众一起参加义务植树活动。党的十八大以来，习近平总书记连续10年参加首都义务植树活动，多次谈到造林绿化的重大意义。习近平总书记强调，森林是水库、钱库、粮库，现在应该再加上一个"碳库"。森林和草原对国家生态安全具有基础性、战略性作用，林草兴则生态兴。要弘扬塞罕坝精神，继续推进全民义务植树工作，创新方式方法，加强宣传教育，科学、节俭、务实组织开展义务植树活动。各级领导干部要抓好国土绿化和生态文

明建设各项工作，让锦绣河山造福人民。

【2022年共和国部长义务植树活动】4月9日，2022年共和国部长义务植树活动在北京举行。来自中共中央直属机关、中央国家机关各部门和北京市的133名部级领导干部参加义务植树活动，共栽下华山松、白皮松、国槐、栾树、臭椿、山桃、华北紫丁香等1100株乡土树木。经统计，共和国部长义务植树活动开展20多年来，累计有部级干部3453人次参加，共栽下树木4万余株，发挥了领导干部在植树造林、绿化祖国方面的示范带头作用，为大力弘扬生态文明理念、建设美丽中国作出积极贡献。

【"互联网+全民义务植树"活动】全国绿化委员会办公室联合中国绿化基金会积极推进"互联网+全民义务植树"，创新义务植树尽责形式，全年发布各类尽责活动262个。全民义务植树网络平台首开央企专版，上线"中国石油——我为碳中和种棵树""中国石化——塞罕坝生态示范林"网络捐资项目。积极推进"黄河流域生态保护修复——义务植树专项行动"，在全民义务植树网络平台上线专项行动首批项目。组织国家林草局干部职工捐资尽责活动，建设国家林草局塞罕坝义务植树基地。

【全国绿化评比表彰】印发了《全国绿化委员会 人力资源和社会保障部 国家林业和草原局关于表彰全国绿化先进集体、劳动模范和先进工作者的决定》（人社部发〔2022〕52号），授予北京市通州区园林绿化局等298个单位"全国绿化先进集体"称号；授予马立强等146名同志、追授何文兵同志"全国绿化劳动模范"称号；授予刘丽莉等145名同志、追授周宗哲同志"全国绿化先进工作者"称号。

【义务植树立法】全国绿化委员会办公室克服疫情影响，集中通过视频连线等方式，与各省绿委办进行在线调研，听取全民义务植树立法意见建议，形成调研报告。组织国家林草局规划院、绿化基金会、北京林业大学等单位，就义务植树立法工作进行专题座谈交流，完善立法框架思路，组织起草《全民义务植树条例》初稿。

【弘扬塞罕坝精神座谈会】在习近平总书记考察河北省塞罕坝机械林场一周年和塞罕坝建场60周年之际，8月23日，国家林草局、河北省人民政府以线上、线下相结合的方式召开弘扬塞罕坝精神座谈会，主会场设在塞罕坝机械林场，在各省（区、市）和新疆生产建设兵团林草主管部门及六大森工（林业）集团设立分会场。会议重温习近平总书记重要指示批示精神，表彰全国绿化先进集体、劳动模范和先进工作者，大力弘扬塞罕坝精神，积极推动塞罕坝机械林场二次创业和我国林草工作高质量发展。

【部门（系统）绿化成效】国家发展改革委印发实施《长江重点生态区（含川滇生态屏障）等重要生态系统保护和修复重大工程建设规划》。在"三区四带"等重点区域组织开展72个生态保护和修复工程项目建设。下达中央预算内投资254亿元，全面落实"双重"规划及专项建设规划。积极支持油茶产业发展、草种业核心技术攻关等工作。

教育部将生态文明教育有机融入中小学课堂教学。增设湿地保护与恢复等新专业，遴选认定林学等25个国家级一流本科专业建设点，开展林草领域重点实验室重组和新建工作。

科技部积极支持速生林木新品种选育、林草病虫害检测预警和防控、重要生态区保护修复等技术和装备研发。联合多部门印发《"十四五"生态环境领域科技创新专项规划》。

财政部完善林业草原财政政策体系，持续增加投入，中央财政下达地方林业草原转移支付资金共计1028亿元，支持林业草原生态保护恢复和改革发展。下达地方重点生态保护修复治理资金170亿元，支持实施山水林田湖草沙一体化保护和修复工程、历史遗留废弃矿山修复示范工程等。

自然资源部加大重要生态系统保护和修复重大工程建设，组织实施"十四五"前两批19个山水林田湖草沙一体化保护和修复工程项目，"山水工程"入选世界十大生态恢复旗舰项目。印发《"十四五"历史遗留废弃矿山生态修复行动计划》，持续推进青藏高原等重点区域历史遗留矿山生态修复项目。

生态环境部牵头参加《联合国气候变化框架公约》第二十七次缔约方大会，积极参与涉林议题履约谈判。组织开展2022年全国生态质量评价，完成2022年全国生态地面监测试点工作，对森林等生态系统开展生物要素和环境要素监测与评价。建立生态环保金融支持项目储备库，持续推进生态环境导向的开发模式试点。

住房城乡建设部印发《"十四五"全国城市基础设施建设规划》，推进城市结构性绿地建设。修订印发《国家园林城市申报与评选管理办法》，全国100多个城市开展了国家园林城市建设。印发《关于推动"口袋公园"建设的通知》，全国各地建设3520个"口袋公园"。

交通运输部指导各地按照高速公路、普通国省道、农村公路特点，科学实施公路绿化，全年完成公路绿化里程近10万千米。联合国家发展改革委印发《国家公路网规划》。

水利部在长江上中游等重点区域实施水土保持重点工程。全国共治理水土流失面积6.3万平方千米，打造生态清洁小流域496个。强化落实河湖长制，推进沿河沿湖绿色生态廊道建设。加强水资源统一调度和生态补水，实现乌兰布和沙漠、库布其沙漠腹地形成一定面积的生态湿地，河口三角洲水面显著增加。

农业农村部开展村庄清洁行动，鼓励开展农村庭院和"四旁"绿化，持续改善农村人居环境。大力推进高标准农田建设，因害设防、因地制宜布设低密度、条带型、网格状农田防护林网工程。

文化和旅游部鼓励造林绿化题材作品参展参演全国舞台艺术优秀剧目展演等重大节庆、展演、展览活动。支持群众文艺工作者、爱好者创作造林绿化相关题材的文艺作品。

人民银行推广"林权抵押+林权收储+森林保险"贷款模式，鼓励创新发展绿色权益抵质押贷款业务。截至2022年底，全国绿色贷款余额22.03万亿元。

国家广播电视总局组织制作理论节目《思想耀江山·绿色篇》，推出纪录片《最美中国，四季如歌》和电视剧《春风又绿江南岸》等一批生态建设相关题材优秀作品。

中央直属机关坚持把"朴素、自然、和谐、节俭"的生态理念融入机关绿化工作全过程，全年1.5万名中直机关干部职工履行植树尽责义务，折合完成义务植树任务12.6万余株。

中央国家机关以建设节约型绿色机关为重点，广泛开展义务植树活动，积极推进机关庭院绿化美化工作。组织38个部门及所属在京单位10万余人参与义务植树，栽植养护各类乔灌木、花卉24.9万余株。

中央军委后勤保障部印发《关于深入推进2022年度军事区域造林绿化工作的通知》，动员广大官兵积极参与植树造林，支援驻地生态建设。

全国工会系统发动300万余名干部职工、3.5万余名劳模和先进工作者、4万家企业单位参与义务植树，建设工会林、劳模林1300余个，面积近1.13万公顷，种植树木2300万余株。

全国共青团系统发起青少年"绿植领养"活动，动员高校青少年广泛参与，累计发动1124所高校859.16万人参与，共发放绿植1400多万份。

全国妇联系统将绿色发展理念融入妇女工作，动员广大妇女开展种植"母亲公益林"等绿色志愿服务活动。累计创建"美丽庭院"635万户，以庭院"小美"助推乡村"大美"。

中国国家铁路集团指导所属单位实现新增铁路宜林地段全面绿化，全国铁路绿化里程累计达5.59万千米，铁路线路绿化率达87.32%。

中国石油持续推进碳汇林、碳中和林建设，发起"我为碳中和种棵树"公益活动，完成义务植树423万株，新建绿地1370公顷。中国石化深入开展绿色企业行动，完成义务植树194万株，新建绿地186.9公顷。全国冶金系统开展矿山复垦行动，新建绿地415公顷，新增复垦造林面积287.5公顷。中国邮政实施绿色邮政建设行动，着力减少碳排放，试点推出浙江竹林碳汇等绿色金融产品。

北京市圆满完成中央领导、全国人大、全国政协、中央军委、共和国部长义务植树活动的服务保障工作，完成党的二十大、北京冬奥会和冬残奥会等重大活动景观环境服务保障任务。

【第五届中国绿化博览会筹备工作】印发《全国绿化委员会关于举办第五届中国绿化博览会的通知》。成立第五届中国绿化博览会组委会，倪岳峰、王正谱、关志鸥任组长。河北省、雄安新区分别成立筹委会、执委会。河北省人民政府向各参展方发送了邀请函。完成《第五届中国绿化博览会博览园总体规划方案》编制工作。绿博园基础地形改造、主要道路桥梁建设和背景绿化等已基本完成。

【乡村绿化美化】 国家林业和草原局联合农业农村部、自然资源部、国家乡村振兴局印发了《"十四五"乡村绿化美化行动方案》，以"保护、增绿、提质、增效"为主线，明确目标任务，强化部门政策协同。将村庄绿化覆盖率指标纳入美丽中国建设评估指标和农业绿色发展水平监测评价指标体系，组织开展2022年村庄绿化覆盖率调查，村庄绿化覆盖率达到32.01%。组织制定修订《乡村绿化技术规程》《国家森林乡村评价指标》等技术标准，编制完成《乡村绿化美化模式范例》，为规范乡村绿化美化建设和提升建设水平提供了遵循。

（国土绿化由生态保护修复司供稿）

# 古树名木保护

【综 述】 各地、各有关部门以习近平生态文明思想为指导，认真贯彻落实习近平总书记关于古树名木保护的重要指示批示精神和党中央、国务院决策部署，扎实开展古树名木资源普查，严格落实管护责任，积极实施古树名木抢救复壮，建立健全古树名木保护法律法规，创新宣传教育方式，切实加强古树名木保护管理，取得了明显成效。

【古树名木资源普查】 2015—2021年，全国绿化委员会组织开展了第二次全国古树名木资源普查，建立了古树名木资源管理档案和数据库。2022年9月，全国绿化委员会办公室、住房城乡建设部、国家林草局联合发布资源普查主要结果。全国普查范围内的古树名木共计508.19万株，包括散生122.13万株和群状386.06万株；分布在城市的有24.66万株，分布在乡村的有483.53万株。

【专项打击整治行动】 9月至12月，为贯彻落实习近平总书记关于古树名木保护的重要批示精神，公安部、住房城乡建设部、国家林草局在全国组织开展了打击破坏古树名木违法犯罪活动专项整治行动，共侦破刑事案件135起，抓获犯罪嫌疑人369名，挽救、追回古树名木530株，极大地震慑了违法犯罪分子，有力斩断了相关利益链条，切实维护了古树名木资源安全。

【古树名木保护立法】 《古树名木保护条例》列入国家林草局2022年立法工作计划，多次组织召开视频调研座谈会、专题研讨会，充分听取各地、各有关部门意见建议，形成《古树名木保护条例（征求意见稿）》。征求各省份绿化委员会办公室、全国绿化委员会成员单位和最高人民法院、最高人民检察院、中央机构编制委员会办公室等有关部门意见，进一步修改完善条例文本。

【古树名木保护支撑保障建设】　顺利完成湖北、重庆、宁夏3省份古树名木抢救复壮试点，有效促进古树名木的健康生长。组织各地开展古树名木信息管理系统入库数据更新和校核，推动建立全国古树名木保护管理"一张图"。

【古树名木保护宣传发动】　由中宣部部署，中央各大主流媒体开展了古树名木保护专项宣传，《人民日报》推出《保护古树名木　维护生态安全》、央视《焦点访谈》栏目播出《让古树名木"老有所依"》等，营造了良好社会氛围。组织开展以"保护古树名木　共享绿水青山"为主题的2022年全国古树名木保护科普宣传周活动，在国家植物园举办了启动仪式，"中国古树名木保护图片展"同期开展，在全国掀起了一轮古树名木保护热潮。制作发布了《古树名木　最美中国记忆》宣传片。

（古树名木由生态保护修复司供稿）

# 森林城市建设

【综　述】　2022年，北京市石景山区等26个城市被授予"国家森林城市"称号，全国国家森林城市数量达到218个，包括地级及以上城市196个，县级城市22个。甘肃省和西藏自治区实现国家森林城市"零的突破"。

【森林城市制度规范建设】　印发《国家森林城市管理办法》，编制《国家森林城市测评体系操作手册（2022年版）》，修订《国家森林城市评价指标》国家标准。

【森林城市动态管理】　依据《国家森林城市评价指标》国家标准，要求8个省（区）的12个城市开展整改，巩固提升国家森林城市建设成果，推动森林城市高质量发展。

（森林城市建设由生态保护修复司供稿）

# 森林公园建设
# 与管理

【综　述】　2022年是中国森林公园发展40周年，也是纳入自然保护地体系，持续推进整合优化的第四个年头。森林公园事业稳步推进的同时主动谋求转变，一是推动森林公园整合优化工作，研究制定与风景名胜区交叉重叠区域的处理政策。二是调整国家级森林公园政策体系。三是加强国家级森林公园监管。四是推进国家级森林公园总体规划与范围调整工作。

【森林公园整合优化】　3月10日，召开推进森林公园整合优化工作视频会议，强调森林公园整合优化的工作要求，推动各省开展整合优化相关工作。组织国家林草局规划院就整合优化后破碎化严重、规模小、与国家级风景名胜区交叉重叠等问题，统计分析国家级森林公园整合优化情况，研究制定与风景名胜区交叉重叠区域的处理政策。

【规范国家级森林公园审批】　根据《国务院办公厅关于全面实行行政许可事项清单管理的通知》，国家级森林公园设立、撤销、改变经营范围或者变更隶属关系审批未列入行政许可事项清单，不再作为行政许可事项管理。3月30日，国家林草局印发《关于规范国家级森林公园设立、范围调整等审批事项的通知》，对国家级森林公园设立、范围调整、撤销、变更名称及核准数据5类事项的申报条件、材料及申报和审批程序作出规定。

【国家级森林公园监管】　全年抽选10处新批建国家级森林公园开展遥感监测试点工作，掌握相关森林公园的开发建设情况。在安徽省启用推广金林系统森林公园分系统，将安徽省35处国家级森林公园的相关数据（含基础信息、管理体系、总体规划、建设发展、重大变更信息、边界矢量等相关数据）录入金林工程森林公园监管系统。配合自然资源部违建别墅清查整治专项行动，先后赴山东、天津、福建3个省（市）开展调研核查工作。4月，对内蒙古黄岗梁舆情问题进行深入调查研究，指导内蒙古自治区林草局开展整改工作。

【国家级森林公园总体规划审批】 4月24日，批复内蒙古图博勒、内蒙古马鞍山、黑龙江天石、黑龙江

呼兰、安徽马家溪、安徽老嘉山、湖北虎爪山、广东英德、四川凌云山、新疆巩乃斯10个国家级森林公园总体规划。11月8日，批复江苏南通狼山、安徽徽州、江西罗霄山大峡谷、广西狮子山、四川沙鲁里山、贵州玉舍、贵州毕节、云南博吉金、甘肃石佛沟9个国家级森林公园总体规划。

【国家级森林公园范围调整】 5月26日，批复黑龙江红松林、黑龙江桃山、河南燕子山、湖南嘉山、广东圭峰山、贵州凤凰山6个国家级森林公园范围调整。12月28日，批复南京栖霞山、江西峰山、湖南五尖山3个国家级森林公园范围调整事项。

（森林公园建设与管理由张志供稿）

# 林草应对气候变化

【林业碳汇试点建设】 印发《国家林业和草原局办公室关于公布2022年度林业碳汇试点市（县）和国有林场森林碳汇试点名单》，明确18个市（县）和21家国有林场成为试点单位。举办培训班，研讨解决试点方案编制、增汇技术等关键问题，并做出针对性指导。召开试点方案专题推进会，组织专家"一地一策，逐一会诊"，结合地方特色，明确试点目标，聚焦重点任务，优化试点方案。建立"上下联动"的专家指导工作机制，为试点单位提供"一对一"的全过程跟踪

指导服务。

【碳汇计量监测】 组织召开林草综合监测中补充碳汇调查因子专家研讨会，研究林草综合监测结果支撑国家温室气体清单编制，并对做好基础调查工作涉及的碳汇计量提出需求。完成2021年林草生态综合监测。结果显示，林草植被总碳储量114.43亿吨，其中森林碳储量92.87亿吨，林草年碳汇量12.80亿吨二氧化碳。

【应对气候变化履约】 积极参加国

家温室气体清单工作进展研讨会，组织召开专题会议，指导参与国家温室气体清单编制工作，承担2015—2020年"中国土地利用、土地利用变化与林业温室气体清单"编制任务，配合完成第四次国家信息通报和第三次两年更新报告的初稿撰写。参加《联合国气候变化框架公约》附属机构第五十六次会议、《联合国气候变化框架公约》第二十七次缔约方大会，完成承担的相关议题任务。

（林草应对气候变化
由生态保护修复司供稿）

# 重要生态系统保护和修复重大工程

【"双重"工程实施情况】 自2021年起，国家正式实施《全国重要生态系统保护和修复重大工程总体规划（2021—2035年）》，围绕"三区四带"生态修复总体格局形成了"1+N"规划体系，将过去条块分割的任务分解模式，转变为山水林田湖草沙系统治理模式，在青藏高原生态屏障区、黄河重点生态区、长江重点生态区、东北森林带、北

方防沙带、南方丘陵山地带、海岸带等重点区域布局实施重大生态系统保护修复工程。2022年，通过中央预算内投资安排资金219亿元、实施工程项目72个。其中，安排营造林资金172亿元，下达任务217.45万公顷（人工造林47.75万公顷、封山育林55.87万公顷、飞播造林7.28万公顷、退化林修复106.65万公顷）。

【工程项目管理】 指导各地从本地生态建设需求出发，贯彻落实山水林田湖草沙生命共同体理念，以生态治理区域为单元，突出不同生态系统修复特点，规划设计"双重"项目，合理确定林、草、沙、湿建设任务。坚持系统观念，坚持问题导向，从加强"双重"工程项目综合管理入手，开展项目前期审查、中期建设调度、后期验收评价的全周

期管理。组织开展双重项目文本技术审查，逐个提出审查意见，并汇总形成审查报告。针对未开工项目，研究形成督促工作方案，并下发通知定期调度工作进展。

【造林绿化空间适宜性评估】　按照部、局联合印发《关于在国土空间规划中明确造林绿化空间的通知》要求，部署各地开展造林绿化空间适宜性评估。与自然资源部联合举办面向自然资源和林草两部门、直达到县的万人线上培训，下发《关于做好规划造林绿化空间成果审核上报有关工作的通知》，建立定期调度机制，加强技术指导，分片调研督导，组织开展数据审核分析，召开进展情况调度会，有序推进造林绿化空间调查评估工作。截至2022年底，除西藏外，全国30个省份和新疆兵团林草部门完成造林绿化空间调查评估，已逐级逐步提交至省级自然资源部门开展规划审核。

【山水林田湖草沙系统治理模式专题调研】　落实局党组关于开展"践行习近平生态文明思想，加快推进林草工作高质量发展"调研工作的部署要求，开展统筹山水林田湖草沙系统治理模式专题调研。邀请中国工程院尹伟伦院士、中国科学院地理所等4个单位的9名专家院士，开展专题座谈，分析梳理系统治理存在的主要问题。将政策文件、重大规划、调研报告、典型案例、理论文章五大类参考材料汇编成册，作为工作参考。召开调研启动会，明确调研重点，组织8个单位分成6个调研组，采取走访、蹲点及书面调研相结合的方式，开展延安、榆林、兰州、民勤、察汗淖尔、固原、松原等实地调研，系统分析存在突出问题，研究提出系统治理对策建议。经多轮征求意见、反复修改完善，形成专题调研报告及系统治理模式和典型案例汇编。

【农田防护林建设】　与自然资源部、农业农村部联合印发《关于加强农田防护林建设管理工作的通知》，从政策层面和实施层面推动解决农田防护林建设用地、资金支持、管理责任等问题。组织制订《农田防护林建设技术规程》国家标准，并通过国家标准委员会标准立项答辩。

【坝上地区植树造林监测评估】　在张家口和承德市的12个县（区）开展造林监测评估。组织启动无人机激光雷达和光学遥感监测实验，完成两千余幅无人机影像处理和监测数据库平台测试运行，编制《"天空地"一体化监测评估工作报告》，提出调查因子精准提取方法，探索营造林成效监测的高新技术路线。

（重要生态系统保护和修复重大工程由生态保护修复司供稿）

# 天然林保护修复

【综　述】　实施天然林保护修复是党中央站在中华民族可持续发展战略高度作出的重大决策，是维护国土生态安全、促进天然林休养生息、有效解决国有林区"两危"问题的重要举措，是中国林业以木材生产为主向以生态保护建设为主和建设生态文明的重要标志。2022年，生态中心深入贯彻习近平总书记关于天然林保护修复系列重要指示批示精神，认真落实《天然林保护修复制度方案》要求，组织编制天然林保护修复中长期规划，健全完善制度体系，努力构建天然林保护修复新格局。

【编制完成《全国天然林保护修复中长期规划（2021—2035年）》】认真研究谋划，在深入分析形势、总结经验的基础上，坚持开放问策、集思广益、凝聚共识，紧密与国家发展改革委、财政部等沟通协调，多方听取专家建议，广泛征求地方意见，统筹考虑林草事业高质

天保护林员巡山护林（宁夏回族自治区林业和草原局　供图）

量发展、国家公园建设以及重点国有林区改革发展和林区社会稳定需要，以构建健康稳定功能完备的天然林生态系统为目标，以提升天然林质量效益为核心，确定新阶段天然林保护修复总体要求、战略布局、规划任务和支持保障，编制完成《全国天然林保护修复中长期规划（2021—2035年）》，目前正在按程序推进。

【做好规划出台前后政策衔接】 为确保天保政策连续性和林区社会稳定，妥善处理《全国天然林保护修复中长期规划（2021—2035年）》出台前的资金安排依据问题及起草呈报国务院领导的请示，按原有政

策落实2022年中央财政资金及2023年提前下达资金，保障资金不断档、各项建设任务有序推进。全年落实天然林保护修复中央投资430多亿元，全国1.72亿公顷天然林得到有效管护，质量持续向好，完成抚育任务111.6万公顷，林区民生进一步改善，职工基本养老、基本医疗保险实现全覆盖，近50万职工实现长期稳定就业，生态经济社会综合效益更加凸显。

【加强天然林管护能力建设】 组织开展天然林管护能力建设情况调查工作，对全国的管护体系、管护制度、管护站点分布及设施设备、管护站点需求等情况全面摸底。汇总

2017—2019年度国有林区管护用房建设情况。建立2021年度和2022年度管护用房建设项目台账，定期调度项目进展。

【提升天然林保护修复管理】 全面梳理、认真研究天然林保护修复相关重要内容，积极争取纳入《中华人民共和国森林法实施条例》，完善制度体系。加强政策研究，注重基层调研，夯实基础工作，组织开展全面停止天然林商业性采伐政策研究、天然林保护资金支出结构调研，扎实做好天保人员信息管理系统年度数据更新工作，不断提升天然林保护修复治理能力和水平，推动天然林高水平保护、高质量发展。

（天然林保护修复由周晨供稿）

# 退耕还林还草

【综　述】 2022年，按照党中央、国务院关于退耕还林还草工作的总体部署及国家林草局党组的工作要求，稳步推进退耕还林还草各项工作，持续巩固和拓展退耕还林还草成果。

【协调出台后续政策】 积极协调有关部门，研究延长第二轮退耕还林还草补助年限、巩固成果等具体措施，在征求25个省（区、市）和新疆生产建设兵团及10个部门意见的基础上，经国务院同意，10月31日，自然资源部、国家林草局、国家发展改革委、财政部、农业农村部印发《关于进一步完善政策措施　巩固退耕还林还草成果的通知》（以下简称《通知》），明确退耕还林还草延长补助期限、强化成果巩固、实施精准管理、狠抓责任落实的政策和工作要求，为今后一个时期退耕还林还草工作提供了重要遵循。围绕贯彻落实《通知》开展集中宣传解读，在30余家主流媒体发布《通知》全文和新闻通稿，举

办线上培训，解读《通知》相关政策措施和工作要求。

【扎实开展落地上图】 印发《关于进一步做好新一轮退耕还林还草上图入库工作的通知》，安排部署22个省（区、市）和新疆生产建设兵团进行第二轮退耕还林还草落地上

图工作。开展技术培训并密切跟踪各地落地上图进展情况，及时给予技术指导，研究解决出现的问题，顺利完成第二轮退耕还林还草矢量数据汇总，建立全国第二轮退耕还林还草矢量数据库。通过坐标系转换、整省数据合并、数据逻辑性检查等技术处理及多轮次与国土"二

甘肃省定西市安定区赵家铺退耕还林工程（王宏宾　摄）

调""三调"底图套合分析，初步形成落地上图成果，为切实巩固退耕还林还草成果和实行精细化管理提供依据。

**【统筹谋划提质增效】**　印发《关于做好退耕还林调查摸底工作的通知》，组织各地对退耕还林开展调查摸底，摸清退耕还林实施和建设质量情况，掌握巩固成果存在的问题和需求，形成《全国退耕还林调查摸底工作报告》。依托专业技术单位，选取典型区域、模式开展退耕还林巩固成果提质增效专项研究，形成《退耕还林巩固成果提质增效专项研究报告》。积极谋划退耕还林高质量发展，编制完成《新一轮退耕还林还草发展报告》。研究起草《全国退耕还林巩固成果提质增效实施方案》，为全面组织和科学实施提质增效奠定坚实基础。

**【协助落实补助资金】**　根据县级检查验收结果，提出2022年退耕还林还草中央财政转移支付资金分配建议，协助有关部门下达中央财政转移支付资金约130.7亿元，其中第一轮退耕还生态林森林抚育资金25.7亿元，第二轮退耕还林还草现金补助67.4亿元，第二轮退耕还林还草延长期补助37.6亿元，调动退耕农户爱林护绿的积极性，进一步巩固退耕还林还草已有建设成果，助力乡村振兴。

（退耕还林还草由乐也、王芳供稿）

# 国家储备林建设

**【综　述】**　木材安全是关系全国生态文明和社会主义现代化建设的重大战略问题，维护国家木材安全，必须立足国内，提高自身木材供给能力，缓解木材供给总量不足和结构失衡问题。国家储备林建设自2012年启动实施以来，截至2022年年底，全国累计建设国家储备林616.23万公顷，共落实投资1396.1亿元，其中落实金融贷款1142.9亿元。2022年，国家林草局坚决贯彻党中央、国务院决策部署，牢固树立和践行绿水青山就是金山银山理念，大力推动国家储备林建设，不断推动项目建设、规范工程管理，取得良好成效。

**【推进国家储备林建设任务落地】**全年累计完成储备林建设任务46.19万公顷，其中：集约人工林栽培11.51万公顷，现有林改培15.10万公顷，中幼龄林抚育19.58万公顷。全国共落实投资411.82亿元，其中：中央投资6.56亿元，金融贷款344.63亿元，地方投资60.63亿元。为增加木材储备、保障木材安全和大规模国土绿化作出积极贡献。

**【编制《"十四五"国家储备林建设实施方案》】**　《"十四五"

广西柳州市三门江林场国家储备林马尾松大径材示范林

国家储备林建设实施方案》明确"十四五"期间国家储备林建设总体思路、目标任务、建设布局和保障措施，有力指导各地"十四五"期间国家储备林建设。

【制订《国家储备林建设管理办法（试行）》】 《国家储备林建设管理办法（试行）》对加强和规范国家储备林建设与管理、确保工程建设规范运行、推进国家储备林高质量发展起到积极作用。

【国家储备林建设评估工作】 通过结合省级自评估，全面总结10年来国家储备林工程建设成效和好的经验做法，研究存在问题，提出政策建议，进一步促进国家储备林建设事业高质量发展。

【工程技术支撑】 发布《国家储备林可持续经营管理指南》《速生丰产用材林检验方法》《印度紫檀培育技术规程》《南酸枣培育技术规程》《檫木培育技术规程》。组织对干旱、半干旱地区国家储备林建设方案进行专家论证，积极指导地方开展国家储备林建设。

【成果宣传】 扩大建设成果，在《中国绿色时报》"林草'十四五'这样开局"栏目中，发布《财政金融合力助推国家储备林高质量发展》专栏文章。

【与WWF对外合作】 深化与WWF开展人工林可持续经营二期合作项目，组织专家赴8个基层林场调查指导，开展5次线上培训。与WWF代表座谈总结2022年工作情况，确定2023年合作计划。

（国家储备林建设由张家驹供稿）

# 林业血防

【综　述】 林业血防工作是全国血防工作的重要组成部分。2006年以来，通过生物抑螺、生态控螺，林业血防从根本上预防和控制了血吸虫病传播，对中国全面消除血吸虫病、保障人民生命安全、改善疫区生态环境和社会经济持续向好发挥了关键性作用。林业血防工程自2006年启动以来，江苏、安徽、江西、湖北、湖南、四川和云南7个省共建设血防林123.84万公顷，包括抑螺防病林105.08万公顷，抑螺成效改造提升18.76万公顷；累计投入资金118.21亿元，包括中央专项投资19.8亿元，地方配套及建设资金68.19亿元，其他林草生态工程（含防护林、退耕还林、退化林修复等工程）资金30.22亿元。构建试验示范区8个，建立56个长期固定监测样点。

【印发《国家林业和草原局关于做好"十四五"期间全国林业血防工作的通知》】 《国家林业和草原局关于做好"十四五"期间全国林业血防工作的通知》明确"十四五"期间全国林业血防工作范围、区域布局、目标任务和保障措施，有力指导疫区省份做好林业血防工作。

【林业血防工程质量与效益调查】 利用在安徽、江西、湖北等省长期建立的56处固定监测样地，完成第四期林业血防工程质量与效益监测，正在开展第五期林业血防监测工作。

【林业血防技术支撑】 发布《林业血防抑螺成效提升技术规程》。重点疫区结合"双重"（全国重要生态系统保护和修复重大工程）和重点林业工程，全年共开展抑螺林草建设和抑螺成效提升改造8.67万公顷，完成投资8亿元。

（林业血防由张家驹供稿）

# 三北防护林
# 体系工程

【综　述】 2022年，国家林草局西北华北东北防护林建设局（以下简称三北局）党组深入学习贯彻党的二十大精神，统筹实施山水林田湖草沙一体化保护和系统治理重大项目，大力推进科学绿化和退化林修复，提升工程管理水平。

贯彻习近平总书记对三北工程重要指示批示精神，将其转化为发展思路，细化分解为年度目标。确定21项落实任务，建立专项任务台账，压实落实责任。组建5个工作专班，锚定国土绿化、工程质量提升、项目建设等重点任务精准发力。采取月调度季总结，全面推进工程建设。

**强化规划引领**　推进《三北工程总体规划（修编）》《三北工程六期规划（2021—2030年）》报批。起草新时代三北工程高质量发展的指导意见和若干措施，为三北工程高质量发展定好路线图。创新工程监督管理机制，完成《三北工程监督检测技术方案》课题研究，起草《三北工程监督管理办法（试行）》《三北工程监督管理工作方案（试行）》《三北工程监督管理技术方案（试行）》。完成三北工程架构体系、三北工程服务国家"双碳"战略实践路径等重大研究。完成《三北工程退化林修复技术规程》修订，全面开展三北工程退化林草摸底调查，完成数据审核，探索研究退化林修复政策和措施。

**推进三北工程科学绿化**　国家林草局出台《关于全面推进三北工程科学绿化的实施意见》，印发《三北工程县域科学绿化技术指南（试行）》，召开三北工程科学绿化试点县建设视频工作会，全面启动20个三北工程科学绿化试点县建设。

**探索工程规模化治理路径**　按照国家发展改革委农经司、国家林草局规财司工作部署，组织完成河北省雄安新区白洋淀上游、青海省湟水流域和内蒙古自治区浑善达克沙地三个新建规模化林场试点的中期评估工作，提交《新建规模化林场试点中期评估报告》。启动鄂托克前旗"三化"（退化、沙化、盐碱化）草原生态保护修复试点示范项目建设，开启"三化"草原生态保护修复及利用创新发展的序幕。推动木本油料及乡土树种草种良种壮苗基地建设，完成对三北地区木本油料发展情况和乡土树种草种良种壮苗情况的调查统计。选定一批中幼林抚育示范项目，逐步提升林地综合效益。

**宣传五期工程建设成就**　《焦点访谈》栏目12月1日播出三北五期工程专题节目《久久为功建造绿色长城》，引起强烈社会反响。

《人民日报》、新华社、中央广播电视总台、《光明日报》、《经济日报》等中央主流媒体发布转载三北工程相关新闻报道上百篇，央视《新闻联播》《焦点访谈》《新闻直播间》《朝闻天下》等栏目多次播出三北工程新闻报道，对三北工程建设成效和重点工作进行深入报道。社会关注度持续上升，百度搜索词条"三北工程科学绿化"相关信息条数超500万，新华社《新华视点》、新华社客户端等报道三北工程成效文章浏览量超过100万人次，《焦点访谈》三北工程专题节目央视客户端视频浏览量近90万人次。

【**2022年三北工程站（局）长会议**】于1月11日在银川召开。山西、黑龙江、陕西、甘肃、新疆林业和草原主管部门有关负责同志作典型发言，介绍在推进三北工程建设中的主要做法和成功经验。会议通报表彰2021年度信息工作先进单位和个人。

【**中国林业产业联合会三北工程生态产业分会成立大会**】　于1月11日在北京、银川两地通过线上线下结合的方式举办。原国家林业局总工程师、中国林业产业联合会常务副会长封加平到会讲话并向三北工程生态产业分会授牌。生态产业分会已有企业会员177家、个人会员235位。

【**新建规模化林场中期评估**】　2月23日至3月4日，国家林草局三北局会同国家发展改革委农经司、国家林草局西北调查规划院分赴河北、

内蒙古、青海三省（区）开展新建规模化林场试点中期评估工作。《新建规模化林场试点中期评估报告》于6月通过专家论证。

【**"3·12"植树节系列活动**】　3月11日，三北局与宁夏林草局赴宁夏中卫市治沙林场和沙坡头国家级自然保护区共同开展"3·12全民参与植绿护绿·共建共享美丽三北"主题联学活动。次日，三北局会同宁夏林草局、绿化委员会办公室、首府绿化委员会办公室等单位在银川市举行"3·12"植树节主题宣传活动。

【**国家林草局党组书记、局长关志鸥调研三北局**】　4月22日，国家林草局党组书记、局长关志鸥到三北局调研三北工程建设和机关建设。24日上午，三北局党组认真学习关志鸥局长在调研座谈会上的讲话精神，研究《贯彻落实关志鸥局长调研座谈会讲话任务分工方案》，确定15项具体工作任务，安排部署贯彻落实具体工作。

【**《三北地区优良草种名录》编撰工作**】　4月，启动《三北地区优良草种名录》编撰工作。《三北地区优良草种名录》将以中国草品种名录为基础，按照适应性强、分布范围广、应用价值高等原则，做好草种业这个小切口大战略、小种子大产业，为三北地区草原保护修复与草牧业高质量发展提供技术支撑。

【**厚植研学班**】　4月12日，举办

三北局和宁夏林草局在银川开展"3·12"植树节主题宣传活动

厚植研学开班第一课。该班旨在持续巩固拓展党史学习教育成果，推进干部职工之间的业务钻研和学习交流常态化，不断提升业务能力水平，采取不定期学习的形式，鼓励干部职工走向讲台。

【三北工程"5·12"专题会议】 5月12日，国家林草局党组召开专题会议，专门研究三北工程发展事宜。会议听取三北党组书记冯德乾关于推进新时代三北工程高质量发展的汇报。会议就两个规划修编、三北局赋能、创新管理方式、大力弘扬"三北精神"和支持三北局发展一揽子政策等方面作出明确要求。

【《关于全面推进三北工程科学绿化的实施意见》】 5月18日，在国务院办公厅印发《关于科学绿化的指导意见》一周年之际，国家林草局办公室印发《关于全面推进三北工程科学绿化的实施意见》，为三北工程开展科学绿化指明方向。

【《三北工程总体规划（修编）》和《三北工程六期规划（2021—2030年）》】 5月24日，国家林草局召开视频会议，专题研究讨论《三北工程总体规划（修编）》和《三北工程六期规划（2021—2030年）》文本。国家林草局主要领导，办公室、生态司、资源司等10余个司局主要负责同志参加会议。

【"统筹山水林田湖草沙系统治理模式研究"专题调研】 5—10月，为持续深入贯彻习近平总书记对三北工程建设重要指示精神，落实国家林草局关于统筹山水林田湖草沙系统治理模式专题调研的安排部署，国家林草局三北局积极参与国家林草局局长关志鸥、副局长刘东生牵头负责的"统筹山水林田湖草沙系统治理模式研究"课题调研任务，选派15名干部组成五个蹲点调研组，分赴延安榆林、甘肃兰州、甘肃民勤、察汗淖尔和宁夏固原等六地开展为期3～6个月的蹲点调研。

【"奋斗正青春，献礼二十大——寻找最美朗读者"演讲比赛】 6月，国家林草局开展"奋斗正青春，献礼二十大——寻找最美朗读者"演讲比赛，三北局3名干部分获二等奖、三等奖、优秀奖。

【中国绿色碳汇基金会三北专项基金】 于7月11日在宁夏银川正式挂牌成立。中国绿色碳汇基金会三北专项基金是以增汇减排、应对气候变化为目的的公募基金，由中国林业产业联合会三北工程生态产业分会发起。

【荒漠化地区风光电建设生态保护与修复技术科考团】 7月8日，荒漠化地区风光电建设生态保护与修复技术科考团到三北局座谈，专题研讨荒漠化地区风光电建设生态保护修复问题。科考团从6月至9月对内蒙古、陕西、宁夏、新疆、甘肃、青海等三北地区六省（区）开展重点考察评估。这次科考对风光电基地的生态保护与修复设计提出建设思路，提供技术支撑，发展低碳零碳负碳产业，助力荒漠区域早日实现绿水青山起到了积极作用。

【《三北防护林体系建设五期工程（2011—2020）评估报告》】 7月28日，国家林草局召开第三季度例行新闻发布会，对外公布《三北防护林体系建设五期工程（2011—2020）评估报告》，该报告由中国工程院院士张守攻作序。国家林草局三北局副局长张良介绍三北五期工程建设成效，五期工程累计完成营造林保存面积527.12万公顷，工程区森林覆盖率由四期末（2010年）的12.40%增加至五期末（2020年）的13.84%，提高1.44个百分点，森林资源稳步增长，生态状况持续好转。

【成立三北局网络安全领导小组】 9月13日，根据国家林草局和宁夏回族自治区关于网络安全工作的部署要求，三北局成立三北局网络安全领导小组，修订完善《三北局网络安全责任机构及职责》《三北局网络与信息安全事件应急预案》等网络安全制度。根据《三北局网络安全加固建设方案》和经费拨付情况，逐步采购配齐网络防护设备。进行网络安全风险自查，做好网络维护和办公设备的故障排除工作，对替换的内网电脑进行硬盘格式化并重装系统，保质保量完成网络安全和服务保障工作。

【科学绿化试点县建设】 9月20日，国家林草局三北局召开三北工程科学绿化试点县建设视频工作会，安排部署科学绿化试点县建设工作。来自国家林草局生态司、规财司的负责同志，三北地区各省（区）林草主管部门负责人、试点县政府负责人、试点县林草部门负责人与技术人员等近400人参加会议。

【黄河重大国家战略党建工作协作交流会】 9月22日，黄河重大国家战略党建工作协作交流会发布"党建引领保障黄河重大国家战略创新案例征集活动"获奖名单。国家林草局三北局申报的案例《党建引领奋楫笃行 三北工程助力黄河生态保护和高质量发展》荣获金奖。

【新时代三北工程高质量发展培训班】 于10月12—14日举办，培训采取线上录播授课的形式进行。国家林草局生态司、规划院、西北院的专家，重点围绕《关于科学绿化的指导意见》《三北工程总体规划（修编）》、三北地区山水林田湖草沙一体化保护和系统治理等内容进行解读和交流。黑龙江和宁夏两省（区）总结分享推动三北工程高质量发展的经验和做法。

【三北工程退化林草摸底调查工作】 10月，三北工程退化林草摸底调查工作取得进展，各省（区）顺利完成三北工程退化林草摸底调查和省级成果报送工作。

【《三北工程服务国家"双碳"战略实践路径研究》】 11月16日，《三北工程服务国家"双碳"战略实践路径研究》通过专家论证。

【《三北防护林稳定性与生态功能提升技术与示范》】 12月11日，"十四五"国家重点研发计划"典型脆弱生态系统保护与修复"重点专项《三北防护林稳定性与生态功能提升技术与示范》项目在北京启动，项目由北京林业大学牵头，联合中国科学院、兰州大学、中国林科院等单位共同开展研究，执行期3年，包含5个课题。

（三北防护林体系工程
由袁向明供稿）

11

# 林草
# 改革

# 国有林场改革

【综　述】　2022年是国有林场试点探索，寻求突破，更好适应新要求、承担新使命的关键之年。国有林场改革紧紧围绕"推动国有林场绿色发展"这个主题，积极推进各项试点工作，认真谋划深化国有林场改革，推进绿色发展调研，统筹落实支持国有林场二次创业，努力夯实基础建设，为推动国有林场高质量发展奠定了基础。

【深化国有林场绩效考核激励制试点】　进一步确定在浙江省东方红林场、山东省原山林场、福建省三明市省属国有林场、贵州省和广西壮族自治区部分国有林场开展深化国有林场绩效考核激励机制试点。组织召开深化国有林场改革试点视频工作会议，加强对试点单位的指导和监督，听取5个省（区）深化国有林场改革试点工作推进情况、取得的成效、存在的困难和问题、下一步工作打算等，并对下一步工作提出明确要求。试点工作进展顺利，在分区分类探索国有林场经营性收入分配激励机制，建立国有林场经营利润按规定比例提取后用于职工奖励机制，国有林场突破事业单位工资调控水平，促进国有林场事业高质量发展等方面取得一定突破。

【推进绿色发展调研】　会同国家发展改革委体制改革综合司、国家发展改革委经济体制与管理研究所及国家林草局发展研究中心组成联合调研组，采取选择部分省（区）进行重点调研、各省（区、市）全面调研和问卷调研相结合的方式，全面开展研究工作。赴北京、宁夏2个省份开展调研，探索现行国有林场行政管理层级、绩效考核激励机制、绿色产业发展、基础建设等方面符合国有林场行业特点的体制机制支持政策。

【支持塞罕坝林场"二次创业"】　积极协调国家林草局相关司局、单位，完成2022年度支持塞罕坝林场"二次创业"6项内容15个措施的相关工作，总结形成阶段性报告。将8月国家林草局局长关志鸥在弘扬塞罕坝精神座谈会上的讲话精神和调研塞罕坝林场期间的若干指示同2021年国家林草局印发的关于支持塞罕坝林场二次创业的若干措施结合，形成新的支持塞罕坝林场的工作台账。

【国有林场森林经营和碳汇试点】　根据《国家林业和草原局办公室关于下达2022年度全国森林经营重点

试点单位任务的通知》，指导督促38个国有林场森林经营重点试点单位制定具体措施，切实抓好组织落实，积极稳妥推进试点工作。赴北京、宁夏、河北等地开展森林经营试点调研督导工作，完善《国有林场新型森林经营方案编制指南》。编制《国有林场森林碳汇试点建设项目实施方案编制提纲》，确定16家国有林场为第一批全国林草碳汇试点单位。

【国有林场管护用房建设试点】　持续推进国有林场管护用房建设试点工作，安排内蒙古、江西、广西、重庆、云南5个省（区、市）管护用房试点任务414处，中央投资9005万元。编制《国有林场（林区）管护用房建设实施方案（2023—2025年）》，以国有林场为主并在全国推进管护用房建设。

【国有林场GEF项目】　完成项目延期12个月至2023年年底的相关审批程序，印发贵州毕节、河北丰宁和江西信丰以林为主的山水林田湖草沙规划，指导项目执行办公室按计划开展项目专家招聘和宣传等工作。

（国有林场改革由张岱峰供稿）

# 集体林权
# 制度改革

【综　述】　2022年，党的二十大报告明确提出，深化集体林权制度改革。各级林草主管部门全面贯彻落实党的二十大精神和习近平总书记重要指示批示精神，持续深化

集体林权制度改革，不断激发林业发展内生动力，推动实现生态美、百姓富的有机统一。截至2022年年底，林业规模经营主体为11.7万个，林权抵押贷款余额约1300亿

元，集体林业带动当地农民就业人数超过4000万人。　（毛　飞）

【全国林业改革发展综合试点】　1月26日，国家林草局召开全国林业改

革发展综合试点工作组座谈会，总结蹲点调研工作成果。6个工作组经过在试点市为期半年的蹲点调研，梳理出7个方面34条林业改革发展中面临的突出问题，提出7个方面38条有针对性的对策建议。7月4日，召开全国林业改革发展综合试点工作调度会，总结综合试点工作阶段性成效，交流各试点市经验做法，研究部署下一阶段重点工作。山西省晋城市、吉林省通化市、安徽省宣城市、福建省三明市、江西省抚州市、四川省成都市6个试点市切实加强组织领导，建立市委、市政府牵头抓总、各有关部门协调配合、社会智库支撑的工作机制，合力推进综合试点工作。各试点市立足新形势新变化，积极开展新探索新实践。　（毛　飞）

【集体林权管理】　12月30日，自然资源部办公厅、国家林草局办公室联合印发《清理规范林权确权登记历史遗留问题案例》，宣传推广一批典型案例，强化试点工作成果应用。推进林权管理信息化建设，全面启用全国林权综合监管系统，推动林权综合监管系统与不动产登记系统信息共享。　（毛　飞）

【集体林权制度改革调研】　年内，国家林草局深入多个省份调研集体林权制度改革情况，广泛听取林农群众、林业经营者、地方林草部门、专家学者等各方意见和诉求，研究提出深化集体林权制度改革的政策建议，推动完善顶层设计。8月12日，北京大学国家发展研究院召开继续深化集体林权制度改革专家座谈会，中央财办、中央党校、全国人大农业农村委员会、中国工程院、北京大学、清华大学、中国社科院大学等单位的专家参会，围绕深化集体林权制度改革开展深入研讨并建言献策。　（毛　飞）

【集体林权制度改革典型案例推介】　年内，国家林草局开展第三批林业改革发展典型案例征集工作，筛选出江西省创新林业投融资机制、福建省武平县搭建林业金融区块链融资服务平台、宁夏回族自治区灵武市探索建立山林资源政府回购机制等一批典型案例。通过《国家林业和草原局简报》《林业改革动态》等平台推介了福建省三明市、江西省抚州市、四川省成都市等地深化改革、加快发展的典型案例。　（毛　飞）

# 草原改革

【出台贯彻落实《意见》配套措施，指导各地制定出台配套措施】持续贯彻落实习近平总书记重要批示精神，以推进《关于加强草原保护修复的若干意见》的贯彻落实为抓手，指导19个省（区、市）结合本行政区域草原资源特点和工作实际，出台贯彻落实《意见》配套措施。调研各地贯彻落实《意见》的情况，总结基层经验，分析存在的问题，形成调研报告。
　（颜国强）

# 12

# 林草产业

# 林业产业发展

【综　述】　2022年，全国林业产业发展取得新的成效，全国林业产业总产值达到9.07万亿元，林产品进出口贸易额达到1918.75亿美元。油茶等木本油料、特色经济林、林下经济、竹产业等特色产业加快发展，为促进林农增收致富、丰富优质林产品供给、保障国家粮油安全发挥了重要作用。　　（毛　飞）

【印发《林草产业发展规划（2021—2025年）》】　1月28日，发布《国家林业和草原局关于印发〈林草产业发展规划（2021—2025年）〉的通知》（林规发〔2022〕14号），强调"十四五"时期，大力培育、合理利用林草资源，促进产业深度融合，指导经济林等12个重点领域发展，扩大优质产品有效供给，有效保障国家生态安全、木材安全、粮油安全和能源安全。推进木竹加工产业全面绿色转型，积极发展循环经济。强化科技支撑，深化国际合作。　　　　　　　（毛　飞）

【第二批国家林业产业示范园区认定命名】　1月29日，国家林草局办公室印发《关于公布第二批认定命名国家林业产业示范园区名单的通知》，认定命名河北省安国中药材产业示范园区等59家园区为国家林业产业示范园区，并要求各地、各单位继续加强对园区的建设和管理，制定扶持政策，充分发挥其在促进区域经济发展、加快地方产业结构优化调整、加速高新技术产业集群形成等方面的重要作用。
　　　　　　　　　　　　（李　林）

【现代林业产业示范区建设】　1月17日，广西壮族自治区人民政府、国家林草局联合印发广西现代林业产业示范区实施方案，明确构建"一带、两链、三区、四圈、多点"的广西现代林业产业发展格局，确定提升木材供给能力、发展木本油料、发展绿色富民产业、推进木竹加工提档、发展林化医药产业5项主要任务。2月27日，江西省人民政府、国家林草局联合印发《江西现代林业产业示范省实施方案》，明确建设油茶产业高质量发展先行区、竹产业创新发展示范区、家具产业转型升级聚集区、森林旅游与森林康养产业发展融合区、林下经济产业精品区5项主要任务。国家林草局发改司组织开展了现代林业产业示范区创建制度研究。
　　　　　　　　　　　　（高均凯）

【第十五届中国义乌国际森林产品博览会】　11月5—8日，国家林草局与浙江省人民政府联合举办第十五届中国义乌国际森林产品博览会，采取线上线下相结合的方式办展，线下展会设国际标准展位2075个，展览面积5万平方米，来自20个国家和地区的1331家企业参展，到会客商6.1万人次，4天累计实现成交额10.28亿元。线上入驻企业802家，上线产品近4850个，线上流量350万人次。　　（张　阳）

【林草中药材产业发展指南】　2月，国家林草局办公室印发《林草中药材产业发展指南》，明确林草中药材发展的总体思路、重点任务、培育方式、区域布局和保障措施，着力推动全国林草中药材产业高质量发展。《指南》将全国划分为9个林草中药材生产区，针对每个生产区域自然地理条件，明确适合生态种植、野生抚育和仿野生栽培的中药材种类，并发布常用中药材年需求量等。　　　　　　（徐　波）

【中药材生产质量管理规范】　3月，国家林草局会同国家药监局、农业农村部和国家中医药局发布《中药材生产质量管理规范》，明确中药材生产企业在基地选址、设施设备、种植养殖、采收加工、包装运输、质量检验等方面的规范化生产和质量管理基本要求。　（徐　波）

【油茶等木本油料发展】　国家林草局认真贯彻习近平总书记关于油茶产业发展的重要指示批示精神，按照党中央、国务院的决策部署，采取超常规举措，成立油茶产业发展工作专班，组织编制印发《加快油茶产业发展三年行动方案（2023—2025年）》，联合中央农办、自然资源部深入调研，着力解决油茶发展用地用钱问题，实行机关司局蹲点包保制度，召开推进油茶生产视频会议，制作发布油茶生产实用技术系列网络课程，印发全国油茶主推品种和推荐品种目录，明确16个全国主推品种和65个区域推荐品种。实施油茶生产任务落地上图精细化管理，将油茶产业发展纳入林长制考核，扎实推进油茶等木本油料生产。

　　15个油茶产区省份党委、政府高度重视油茶等木本油料生产。江西省颁布《江西省山茶油条例》，云南省印发《云南省核桃产业高质量发展三年行动方案（2023—2025年）》，湖北、四川、浙江、广西等省（区）先后以党委或政府名义召开会议部署油茶产业发展工作，落实油茶生产任务，建立生产指导和监督考核机制。各地完成油茶新增种植15.64万公顷、改造29.07万公顷的油茶生产年度计划任务，并全部落地上图。　　（高均凯）

【《加快油茶产业发展三年行动方案（2023—2025年）》】　12月22日，国家林草局、国家发展改革委、财政部联合印发《加快油茶产业发展三年行动方案（2023—2025年）》，明确加快发展油茶产业的总体思路、重点任务、进度安排、支持政策和组织保障措施。2023—2025年，全国计划新增油茶种植127.8万公顷、改造低产林85.06万公顷。相关生产任务和茶油产能目标细化分解落实到省，确保党中央、国务院确定的2025年全国油茶种植面积达到600万公顷、茶油产能达到200万吨的目标任务全面完成。

（高均凯）

**【完善油茶生产用地政策】**　在前期深入调查研究的基础上，6月2日，自然资源部、国家林草局联合印发《关于保障油茶生产用地的通知》，明确支持利用低效茶园、低效人工商品林地、疏林地、灌木林地等各类适宜的非耕地国土资源改培油茶，油茶、橡胶等各类经济林依据《中华人民共和国森林法》纳入森林覆盖率统计范围，扩种、改造油茶不影响林地保有量。7月28日，国家林草局办公室印发《关于做好油茶生产用地保障工作的通知》，明确允许将坡度较缓、土层较厚、不易产生水土流失、适宜种植油茶的二级国家级公益林、地方公益林调整为商品林，扩大油茶种植空间；允许对划为天然林、公益林地油茶林采取带状更新、高接换冠、品种更新等方式实施低产林改造；涉及林木采伐的，优先保障采伐指标，加快办理审批手续。8月1日，国家林草局办公室与农业农村部办公厅联合印发《关于联合开展低产低效茶园改种油茶潜力调度工作的通知》。各地已初步整合140万公顷以上的低效茶园、低效人工商品林地、疏林地、灌木林地等适宜的非耕地国土资源，油茶生产的用地需求得到保障。　　（高均凯）

**【油茶生产实用技术系列网络课程】**　4月24日，国家林草局通过门户网站、官方微信公众号等媒体渠道，向社会发布油茶生产实用技术系列网络课程，包括油茶造林地选择与整理技术、油茶基地基础设施建设、油茶良种选择与品种配置等13门课程。课程内容涵盖油茶生产各环节，主要由全国油茶经济林咨询专家主讲。　　　（高均凯）

**【经济林工作】**　认真贯彻习近平总书记关于树立大食物观重要指示精神，与农业农村部联合开展向森林要食物课题研究。持续开展全国经济林统计调查、经济林产品标准制修订、全国经济林产销对接应用系统开发调试等工作，突出抓好油茶等木本油料发展，着力构建从基地建设到加工营销的全产业链融合发展的工作体系。全国经济林继续保持平稳发展态势，种植面积达4666.67万公顷，年产量超2亿吨，产值超2.2万亿元，种植区域涉及2400多个县（区）、9000多万人口，726个脱贫县从事经济林的人口达4035万，年人均经济林收入1.29万元。油茶种植面积达466.67万公顷，茶油产量90万吨，成为全国食用植物油消费量前十位的油种之一。　　　　　　　（高均凯）

**【林特产品馆】**　8月8日，国家林草局与中国建设银行联合印发《关于持续深入做好林特产品馆建设的通知》，要求按照"增规模、丰产品、树标品、延服务、创品牌、扩影响"的思路，持续深入推进林特产品馆建设。林特产品馆自2021年6月上线以来，已经建立30个省级林特产品分馆，360家林特产品生产经销企业入驻，9095款林特产品上线，销售额累计超过3亿元，为大兴安岭林业集团公司开发的龙岭快贷产品发放个人信用贷款近2亿元，政银合作日益紧密，产生了良好的社会反响。　　（高均凯）

**【中国农民丰收节经济林节庆活动】**　认真贯彻落实习近平总书记关于中国农民丰收节的重要指示批示精神和2022年中央1号文件"办好中国农民丰收节"的部署，按照《2022年中国农民丰收节组织实施工作方案》的安排，国家林草局围绕"贯彻落实习近平总书记关于向森林要食物的重要指示精神，突出展示油茶等木本粮油发展成果"的主题，指导各地举办"中国（永州）油茶节""云南大理漾濞核桃节""甘肃陇南油橄榄节""中国韩城花椒节"等39项经济林丰收节庆重点活动、104项系列活动，各地发布经济林惠农措施82项。　　（高均凯）

**【中国农民丰收节金秋消费季活动】**　9月13日，国家林草局与农业农村部等部门联合发起的中国农民丰收节金秋消费季活动在北京启动。国家林草局组织6个省（市）16家企业的茶油、核桃油、橄榄油、杏仁油、榛子油等木本食用油参加开幕式现场展示。近年来，国家林草局持续推动木本油料产业发展，全国木本油料种植面积已经超过1333.33万公顷。其中，核桃种植面积约800万公顷、年产核桃超过500万吨。经过林业科技人员长期攻关，中国木本油料树种栽培技术储备相对充足，已经具备了"南油茶、北榛子、中西部核桃仁用杏、西南油橄榄"生产布局的基本条件。

（高均凯）

**【中国特色农产品优势区评估监测】**　8月2日，农业农村部、国家林草局联合组织开展第二批中国特色农产品优势区综合评估和2022年度动态监测工作。评估范围为2018年度认定的第二批84个中国特色农产品优势区。评估内容包括产业发展、质量安全、品牌建设、技术装备、绿色发展和支撑保障。动态监测范围为已经认定的全部308个中国特色农产品优势区和省级特优区，监测内容包括主要做法、发展成效、典型模式、创新举措、困难问题、下一步工作思路等。　（高均凯）

# 草产业发展

【国有草场试点建设】 2022年，国家林草局确定了首批18处国有草场建设试点，探索以草原资源为基础，草原管理功能为支撑，大力开展草原生态修复治理，科学利用草原生产和生态功能，建设集草原资源保护、草原生态修复、合理利用草原等经营管理于一体的多元化、多领域融合发展的新时期国有草场。在有效保护的前提下，积极发展草种繁育、人工草地建设、草产品加工、草原特色养殖、生态旅游等现代草业，建立保护修复新模式，搭建草业发展新平台，推动经营体制新实践，创新草原生态保护修复与草业协同发展模式。

（韩丰泽 赵 欢）

【第二届草种业高质量发展研讨会】 6月26日，草原管理司举办了第二届草种业高质量发展研讨会，国家林草局副局长刘东生、九三学社中央委员会副主席印红出席会议并讲话。来自全国人大、全国政协、国家发展改革委、科技部、农业农村部、国家林草局以及九三学社中央等部门的有关代表，与南志标、尹伟伦、种康、曹晓风等院士、专家一起，围绕"乡土草种与草原生态修复"主体，开展了草种业发展产学研大交流、大讨论。研讨会达成了明确我国草种业国家战略地位、加强乡土草种培育、简化草品种审定程序、启动草种生产基地建设等共识。 （王卓然 郝 明）

# 生态旅游

【综 述】 2022年，全国生态旅游受疫情冲击，总体表现低迷，通过一系列的标准制定与发展引导，生态旅游走上更绿色、更有弹性、更包容的可持续发展道路，成为林草部门践行"两山"理论的重要途径、推动林业草原转型发展的重要举措、推动生态文明建设的重要抓手，引导生态旅游绿色发展。全国林草系统生态旅游游客量为13.24亿人次，为2021年全年生态旅游游客量（20.93亿人次）的63.25%，2020年全年生态旅游游客量（18.68亿人次）的70.88%，为疫情发生前2019年全国生态旅游游客量（29.8亿人次）的44.43%。

【生态旅游游客量数据采集、测算和发布】 采集509家"全国林草系统生态旅游游客量数据采集样本单位"数据，按月和主要节假日收集样本数据并测算全国生态旅游游客量数据。2022年全国林草生态旅游游客量为13.24亿人次。

【《2021全国林草系统生态旅游发展报告》】 11月，国家林草局生态旅游管理办公室主编的《2021全国林草系统生态旅游发展报告》出版，主要内容为政策环境、全国林草系统生态旅游游客量测算、新业态新产品培育、主题活动、标准与培训、媒体报道、各省（区、市）林草生态旅游工作亮点等。

【生态旅游标准化】 1月4日，国家林草局林场种苗司会同科技司研究制定并印发包括基础通用、规划管理、质量评定、旅游产品四大类内容的生态旅游标准体系。1月18日，颁布《自然教育指南》（LY/T 3329—2022）行业标准，提出了自然教育的总则和操作流程，明确了资源、对象、目标、主题、内容、设施、人员和监测评估的原则性要求。

【户外运动和露营旅游发展】 10月25日，国家林草局会同体育总局等8个部门印发《户外运动产业发展规划（2022—2025年）》。为在保护生态的前提下推进户外运动、露营旅游休闲等有序发展，11月22日，国家林草局会同文化和旅游部等14个部门印发《关于推动露营旅游休闲健康有序发展的指导意见》。

（生态旅游由张志供稿）

## ▶ 草原旅游

【"红色草原"推介活动】 4月11日，国家文物局和国家林草局联合印发通知，组织开展"红色草原"推介活动。8月17日，国家文物局和国家林草局公布第一批"红色草原"名单。首批12处"红色草原"，既包括长征、戍边、两弹一星等红色资源文物，也涵盖草原文旅、草牧业等绿色资源。通过推介"红色草原"，深入贯彻落实习近平总书记关于传承红色基因、赓续红色血脉指示精神，弘扬草原地区革命文化，促进草原地区生态保护修复，推动各有关地区和部门切实加强对"红色草原"革命文物和草原保护修复与合理利用的支持力度。促进红色文化与绿色生态融合发展，以绿色发展促进红色资源保护传承，以红色资源赋能草原地区高质量发展和生态文明建设。

（韩丰泽　赵　欢）

## ▶ 竹藤花卉产业

【竹产业】 2022年，全国竹林面积859.88万公顷，大径竹产量42.37亿根，竹产业产值4127.63亿元。

【花卉产业】 2022年，年末实有花卉种植面积149.42万公顷，销售额2254.76亿元人民币，出口额4.86亿美元。

【行业指导】 与农业农村部联合印发《关于推进花卉业高质量发展的指导意见》，为实现花卉业高质量发展提出思路举措，印发花卉竹藤领域标准体系，为有序健全花卉竹藤标准提供遵循。做好数据统计分析，完成2021年全国花卉竹藤产业数据统计工作，印发《2021年全国竹产业发展报告》《2021中国花卉产业发展报告》《2022年全国花卉产销形势分析报告》《2021年全国花卉进出口数据分析报告》。

【展会组织】 圆满完成2022荷兰阿尔梅勒世界园艺博览会参展任务，中国展园作为荷兰世园会面积最大的国际室外展园，荣获荷兰世园会组委会室外展园铜奖和最佳体验奖，展会期间共有47万余人次来此参观，得到各界人士的高度评价和广泛好评。

（竹藤花卉产业由生态保护修复司
供稿）

13

# 林草
# 防火

# ▶ 林草防火工作

**【综 述】** 2022年，全国发生森林火灾709起（其中重大火灾4起），受害森林面积6853.88公顷，因森林火灾伤亡44人（其中死亡17人）；发生草原火灾21起，受害草原面积3183.04公顷，无人员伤亡。

**工作部署** 党中央、国务院高度重视森林草原防火工作，中央领导同志多次作出重要指示批示，防火司先后10次向中共中央、国务院、国务院办公厅、国家森防指报送贯彻落实情况。局党组多次召开党组会、专题会研究森林草原防火工作。局主要负责同志全年对森林草原防火工作作出指示批示要求100余次。4次召开全国林草系统森林草原防火工作电视电话会议，部署森林草原防火工作。局领导与7个省（区）市林草部门视频交流、调度指导防火工作，带队赴南方重点集体林区开展防火调研。会同相关部门研判森林草原火险态势，向部分省总林长发送防火提示函。元旦、春节、冬奥会、两会、清明、"五一"、国庆、党的二十大等重点时段，组织开展森林草原防火视频调度20余次。

**制度体系建设** 配合应急部提请中共中央办公厅、国务院办公厅印发《关于全面加强新形势下森林草原防灭火工作的意见》，并认真研究抓好落实。与应急部多次沟通，推进《森林草原防灭火条例》《关于加强地方森林草原消防队伍建设的指导意见》修订。印发《森林草原防火约谈暂行办法》《关于进一步加强林草系统森林草原专业消防队伍建设的意见》《全国林业和草原系统地方森林草原消防队伍训练手册》《关于加强森林草原防火网格化管理的意见》。

**火情早期处理** 严格落实全天候值班值守制度，全面掌握林情社情和火情动态，及时调度各地火情，准确及时报告火情信息。每周发布《森林草原火险趋势分析报告》，提示高火险地区因险设防、提前部署。赴吉林、山东、重庆、大兴安岭等地指导森林草原消防队伍技能比武。派出工作组赴云南、四川、西藏、山东指导火情早期处理。针对重庆、湖南、广西、江西等省（区）火情，第一时间派出多个工作组指导火情早期处理，参与指挥扑救，调集物资支援，确保快速处置。充分发挥国家雷电探测网和三维全波雷电监测站的作用，其中，大兴安岭集团科学快速处置36起雷击火，平均扑救时间1小时36分钟，最快的仅26分钟就扑灭，用时最长的4小时27分钟，均无人员伤亡。

**压紧压实防火责任** 将防火工作作为林长制考核重要内容，压紧压实地方各级党委政府责任。针对大兴安岭林区防火形势严峻、雷击火多发，国家林草局防火督查专员带队赴大兴安岭林区连续开展包片蹲点工作50余天。党的二十大期间，派出13人参加国家森防办组织的对内蒙古等10个省（区）的专项督查，增派2个工作组赴湖南永州市指导森林火灾防控工作。11月10日起，派出新一轮包片蹲点工作组赴高火险省（区）开展指导工作。截至年底，已向23个省（区、市）派出43个包片蹲点工作组，累计蹲点347天，走访132个市、261个县（区）、691个基层单位，整改隐患281处。

**火源管控和火灾隐患排查** 配合应急部开展四川省森林草原防灭火专项督导整治"回头看"。联合开展森林草原火灾隐患排查整治和查处违规用火行为专项行动，全国共出动人员223.6万人次，排查火灾隐患7.5万处，整改火灾隐患5.3万处，受理案件3956起，查处和破获案件数量3398起，打击处理和教育人员29.9万人次，罚款金额412.9万元，追责问责615人。在全国范围内开展森林草原火灾隐患排查整治"百日攻坚"。持续推进林牧区输配电设施火灾隐患排查整治，全国共排查线路78万千米，其中存在隐患8.9万千米，已完成整改4.4万千米。指导签署滇黔川渝藏联防协议，召开京津冀晋蒙联防会议、沪苏浙皖防火联席会议，筹备闽赣湘粤桂防火联席会议。抓好防火常态化、全覆盖宣传教育，通过新媒体平台推送文章881篇。

**夯实防控能力** 联合应急部印发《"十四五"全国草原防灭火规划》。推进《全国森林防火规划（2016—2025年）》中期评估，编制《森林草原防火重大项目建设方案（2022—2023年）》，组织实施防火项目145个，落实中央预算内投资27.2亿元、中央财政补助资金5亿元。升级优化林草生态网络感知系统防火子系统，接入视频近1.9万个。建成国内首个雷击火野外综合观测试验基地。先后向重庆、湖南、广西等21个省（区）调拨应急物资累计14106台（台、件、套），价值2368.56万元。为13个省（区）的408台森林消防专用车辆办理免征车辆购置税手续。

**保持安全稳定形势** 组织召开安全生产和森林草原防火电视电话会议，深入学习贯彻习近平总书记等中央领导同志关于安全生产工作的重要指示批示精神，传达贯彻落实3月31日全国安全生产电视电话会议精神以及安全生产十五条硬措施。印发《国家林业和草原局安全生产工作领导小组2022年工作要点》《关于切实加强"五一"假日期间和汛期林草系统安全生产工作的通知》《关于开展大兴安岭集团自建房专项整治的通知》等。召开国家林草局安全生产工作领导小组会议，传达学习习近平总书记关于"4·29"湖南长沙市居民自建房坍塌重大事故的重要指示精神和李克强总理批示要求、国务院安全生产委员会全国自建房安全专项整治电视电话会议精神。及时组织四川林草系统和熊猫中心应对四川芦山6.1级地震。在第十四个"全国防灾减灾日"，与中国航天科技集团有限公司正式建立战略合作关系。全力迎接国务院安全生产考核第四组对国家林草局2021年度安全生产工作考核，并取得"良好"的考核成绩。专门选派2名干部配合国安委考核组分赴多地、多部门进行为期1个月的考核巡查。

（林草防火工作由李新华供稿）

# 林草防火重要活动及会议

**【全国林草系统森林草原防火和安全生产工作电视电话会议】** 于1月19日召开。会议传达学习中央领导同志关于森林草原防火和安全生产工作的重要批示要求，贯彻落实全国安全生产电视电话会议精神，部署抓好春节、冬奥会、冬残奥会期间工作任务，坚决遏制重特大森林草原火灾和安全生产事故，为经济社会发展创造稳定的安全环境。

**【2022年滇黔川渝藏森林草原防火联席会议】** 于2月23日在云南昆明召开。会上，西南五省（区、市）林草主管部门交流防火工作先进经验和特色做法，共同签署《云南省、贵州省、四川省、重庆市、西藏自治区森林草原防火联防联控合作协议》。

**【全国森林草原防火标准化技术委员会重新组建】** 3月，国家标准化管理委员会发布公告，决定重新组建全国森林草原防火标准化技术委员会。新组建的全国森林草原防火标准化技术委员会主要负责森林草原火灾预防和早期处理（包括森林草原防火设施与装备、森林草原防火技术、森林草原防火管理及森林草原防火基础和综合类）领域标准制定修订工作。全国森林草原防火标准化技术委员会由35名委员组成，国家林草局森林草原防火司司长周鸿升担任主任委员，此外还设有5名副主任委员，秘书处设在国家林草局林草调查规划院，负责承担标委会日常事务等。

**【全国春季森林草原防火工作电视电话会议】** 于3月18日召开。会议深入贯彻习近平总书记关于森林草原防火工作的系列重要指示批示精神，传达学习李克强总理重要批示和国家森防指全国森林草原防灭火工作电视电话会议精神，分析研判当前面临的火险形势，进一步安排部署春季森林草原防火工作。

**【森林草原防火约谈暂行办法】** 3月24日，国家林草局出台《森林草原防火约谈暂行办法》。《办法》指出，森林草原防火约谈是指国家林草局约见未履行森林草原防火职责或者履行职责不到位的县级以上地方人民政府、林业和草原主管部门、六大森工（林业）集团负责人，就森林草原防火工作中存在的问题开展提醒告诫谈话、听取情况说明、提出整改要求的一种行政措施。

**【森林草原火灾隐患排查整治和查处违规用火行为专项行动】** 4月2日，国家森林草原防灭火指挥部办公室、国家林草局、公安部、应急管理部联合印发《关于组织开展森林草原火灾隐患排查整治和查处违规用火行为专项行动的通知》，决定自即日起至12月15日在全国范围组织开展森林草原火灾隐患排查整治和查处违规用火行为专项行动。《通知》指出，专项行动包含森林草原火灾隐患排查整治和查处违规用火行为两个方面，旨在督促各地逐步化解风险隐患，解决人为火多发频发的顽疾。

**【全国林草系统安全生产暨森林草原防火工作电视电话会议】** 于4月25日召开。会议传达学习习近平总书记关于安全生产工作的重要指示批示精神，贯彻落实全国安全生产电视电话会议精神，进一步树牢"两个至上"理念，深刻吸取近期各类安全生产事故教训，深入分析林草系统安全生产工作面临的形势，对安全生产工作进行再动员再部署，坚决防范遏制重特大安全生产事故及森林草原火灾发生，为党的二十大胜利召开和经济社会稳定发展创造良好的安全环境。

**【全国林草火灾风险普查质量检查培训】** 5月30日，国家林草局森林草原防火司、国家林草局调查规划院为进一步提升全国林草火灾风险普查数据质量，提高普查各级质检人员业务能力，稳步推进全国林草火灾风险普查各项工作开展，组织开展全国林草火灾风险普查质量检查培训。此次培训采取线上方式，对象包括全国各省（区、市）和新疆生产建设兵团林草主管部门，人员包括局各直属院普查工作领导、负责人和技术人员，受训人员超过1500人。

**【印发《全国林业和草原系统地方森林草原消防队伍训练手册》】** 6月7日，国家林草局印发《全国林业和草原系统地方森林草原消防队伍训练手册》，标志着地方森林草原消防队伍训练正规化建设迈出新步伐。《训练手册》在章节设置上遵循先易后难、循序渐进的施训规律，在内容编写上坚持突出重点、简明实用的基本原则，依次从森林草原火灾基础理论、队列训练、体能训练、常用灭火机具使用、单兵合成动作训练、火场紧急避险6个方面进行系统规范，并对常用灭火战术做了简要介绍。

【森林防火规划专家论证会】 7月6日，国家林草局防火司会同应急部火灾防治管理司通过线上线下相结合的方式，组织召开《〈全国森林防火规划（2016—2025年）〉中期评估报告》和《全国草原防灭火规划（2021—2025年）》专家论证会。专家组一致同意评估报告和防灭火规划通过论证。国家林草局规财司、防火中心、规划院等相关人员共同参会。

【全国林草系统防火业务培训班】 于7月19—23日在吉林敦化举办，来自全国林草系统防火一线的130余名基层职工参加。此次培训重点围绕森林草原防灭火在生态文明建设中的重要地位和作用、森林草原防灭火形势发展及典型案例分析、火灾预防管理、扑救训练组织与实施等内容开展培训，并组织学员观摩吉林延边州森林消防支队敦化大队进行的防灭火现场展示。

【印发《国家林草局林长办关于进一步加强极端高温气候下森林草原防火工作的紧急通知》】 8月22日，国家林草局林长制工作领导小组办公室发布紧急通知，要求进一步加强极端高温天气下森林草原防火工作。通知指出，近期，受持续高温、干旱等极端气候影响，重庆、四川等地接连发生山火，且有集中爆发态势，森林火灾防控形势极为严峻。国家林草局党组高度重视，要求各级林长要切实做好本地区森林防火工作，科学有效应对高危火险天气挑战。

【全国秋冬季森林草原防火暨安全生产工作电视电话会议】 于9月16日召开。会议贯彻落实中央领导同志关于森林草原防火的重要指示精神，传达国家森防指全国秋冬季森林草原防火工作电视电话会议精神，总结春夏季防火工作情况，分析研判秋冬季防火形势，安排部署林草系统森林草原防火工作。

【2022年京津冀晋蒙森林草原防火联席会议】 于9月28日在内蒙古自治区乌兰察布市召开。会议要求，在加强属地防火工作的同时，要进一步发挥好联防联控机制优势，主动做好与周边接壤省份、毗邻市县沟通协作，强化"联"的意识，落实"防"的举措，增强"控"的效果，真正发挥资源共享、优势互补、互利共赢的平台作用，推进协作水平再上新台阶，确保取得实实在在的成效。

【印发《国家林业和草原局办公室关于进一步做好党的二十大期间森林草原防火工作通知》】 10月12日，国家林草局办公室印发通知，要求进一步做好党的二十大期间森林草原防火工作。通知要求各级林草部门要深入贯彻全国秋冬季森林草原防火暨安全生产工作电视电话会议精神，坚持"防未、防危、防违""打早、打小、打了"全链条管理，抓紧抓实抓细森林草原防火各项工作，为党的二十大胜利召开营造安全稳定环境。

【视频调度高温干旱极端天气森林草原防火工作】 10月18日，国家林草局紧急视频调度部分地区森林草原防火工作，分析研判当前火险形势，安排部署下一步工作。会议听取湖南、广西、江西3个省（区）的森林防火情况汇报，了解各地森林防火形势进展。会议要求，各地要坚持"预防为主、积极消灭"的森林防火方针，切实做到事有人管、火有人防、责有人担，压实基层护林员、村干部责任，推动落实防火责任"最后一公里"。要将"打早、打小、打了"的防灭火基本原则贯彻始终，全力做好火情早期处置工作，务必遵循"人民至上、生命至上"理念，高度重视扑救人员安全。要重视火因调查和责任追究，对肇事者迅速严惩。要总结以往经验，吸取教训，积累火灾资料进行分析和总结，确保当前森林草原防火形势稳定。

【全国森林草原防火暨安全生产工作电视电话会议】 11月16日，国家林草局召开全国森林草原防火暨安全生产工作电视电话会议，学习贯彻习近平总书记重要批示精神，落实全国森林草原防灭火电视电话会议部署和局党组会要求，分析研判当前火险形势，安排部署下一步工作。

（林草防火重要活动及会议
由李新华供稿）

# 森林草原火灾
# 预防监测

**【综述】** 森林草原火灾预防监测中心（以下简称防火中心）成立以来，按照国家林草局党组要求和局领导的重要指示精神，突出政治建设为统领，以火险早预测、火情早发现、火灾早防范为主要工作目标，积极构建"两个体系"（专家辅助决策体系、"天空地人网"预防监测体系）、推进"三项工作"（防火队伍技能评价工作、防火项目资金评估工作、灾后损失评估工作）、夯实"四个基础"（用好各类数据资源、开展技术装备创新应用、做好防火物资储备库管理、加强监测预警人才队伍建设），积极谋划，主动作为，逐步构建人防、物防、技防、智防多效联防的火灾预防监测新格局，为森林草原防火工作发展提供了有力的技术支撑和保障。　　　　　（辛相宇）

**【规范化建设发展】** 完成新党支部组建工作，落实"三会一课"制度，汇编学习材料，建立党支部"一点微"课堂，编发42期党建知识"每日一学"。制订党支部2022年党建活动计划，组织防火司、防火中心联合开展"我为防火植新绿"主题党日活动，与北京市防火中心开展支部共建启动仪式。
　　　　　　　　　　　（辛相宇）

**【排查森林草原火灾各类隐患】** 2022年，防火中心共派出51人次参加29个包片蹲点工作组，累计蹲点256天，走访89个地市、187个县区、469个基层单位，下发问题清单40份，排查各类隐患近200处。中心领导带队赴重庆、湖南、内蒙古三省（市）火灾现场，协助地方做好火情早期处理工作。　　（张秀梅）

**【森林草原火险形势会商活动】** 会同应急部、气象局、林科院、省级林草部门等，组织开展元旦、春节、清明、"五一"、国庆等重要时段以及北京冬奥会、两会、党的二十大等重大活动期间全国森林草原火险形势会商活动，对重点区域、重点时段火险形势进行分析研判。全年参加和组织开展各类会商15次，形成预测意见，为各级林草部门准确掌握火险趋势变化奠定基础，有效实现火险早分析、趋势早掌握和防控早应对。　　（赵佳音）

**【火灾情况分析研判】** 根据国内外林草火情，形成《我国森林草原防火形势分析与预测》《韩国2022.3.4森林火灾情况及对我国当前森林草原防火工作启示》《2022年全球重要森林火灾综合分析报告》等综合性分析报告，科学分析火灾情况和原因、提出工作建议，为相关地区开展林草防火工作提供借鉴参考。　　　　　（赵佳音）

**【建立国家林草防火短信预警平台】** 推进落实中国移动云MAS、5G新消息等平台在林草防火预警监测工作中的应用，在高火险时段以及重要节日、重大活动前，及时通过平台向相关省级林草防火部门领导和同志发布火险信息、雷击数据以及有关工作提醒，使早预警得到技术手段支撑。　　　　　　（赵佳音）

**【引入林草卫星监测手段】** 4月，引入静止卫星和极轨卫星相融合的多源卫星观测模式监测火情，使用10颗星源，监测周期实现10分钟一次，增加监测国境线外50千米的境外热点，缩小监测周期、加大监测范围，确保国家林草局及时掌握更多林草火情，提前防范应对。
　　　　　　　　　　　（赵佳音）

**【引入林草涉火舆情监测手段】** 7月，引入林草涉火舆情监测手段，充分发挥社会舆论的作用，第一时间获取全国范围内森林草原涉火舆情，提升全方位感知火情信息能力。全年通过舆情监测提早发现52起火情信息，指导当地及时进行处置，奠定了早发现的基础。
　　　　　　　　　　　（赵佳音）

2022年北京冬奥会期间，防火司、防火中心值班员通过林草防火感知系统监测全国火情

**【申报建设"全国森林草原防火调度管理综合应用平台项目"】** 2月，

"全国森林草原防火调度管理综合应用平台项目"获批，主要建设内容为森林草原防火研判分析室环境改造以及信息化设备的全面优化升级。防火司、防火中心高度重视项目建设工作，成立项目专班、制订方案计划、组织项目培训，坚持依法依规依程序、保质保量保效率，明确分工，压实责任，积极开展，稳步推进，为科学预防森林草原火灾和及时有效处置早期火情提供先进技术支撑和保障。 （赵佳音）

**【印发《关于开展省级防火调度平台接入国家平台工作的通知》】** 4月8日，防火司、防火中心联合印发《关于开展省级防火调度平台接入国家平台工作的通知》，组织全国林草系统省级防火信息化系统和视频监控系统接入国家林草防火感知系统，加快推进全国森林草原防火"天空地人网"体系构建。截至12月底，全国已接入18个省（区）各类视频监控设备17970个，接入省级防火信息化平台14家。 （赵佳音）

**【研发建设国家公园防火感知系统】** 8月，研发建设国家公园防火感知系统，充分利用先进信息化技术手段，强化国家公园内防火科技应用。通过接入首批正式设立的5个国家公园的区域图层、基本情况、气象情况、林地资源、重要动植物资源分布情况、防火设施等数据信息，可实现对国家公园区域内火情监测、火险预警、早期处理、调度指挥等功能，积极推进国家公园防火工作高效开展。 （吴 润）

**【雷击火防控科技项目应用】** 对接国家林草局雷击火防控应急科技项目，利用雷电监测数据和森林资源数据，形成雷电监测日报和小时报，辅助雷击火防控。实现对内蒙

5月，防火司、防火中心通过林草防火线上值班室调度重点地区火情火险情况

古大兴安岭、黑龙江大兴安岭地区的雷闪情况进行实时动态监测，精准掌握落雷位置、强度，督促当地密切关注，在2022年发生的36起雷击火科学处置中发挥了重要作用。据统计，2022年雷击火平均扑救时间为1小时36分钟，最快的仅26分钟就扑灭，用时最长的为4小时27分钟，实现了"雷击火不过夜"的目标。 （吴 润）

**【建立林草防火线上值班室】** 2月，建立林草防火线上值班室，与全国各省级林草防火值班室联通，在高火险时段和火情发生期间保持24小时畅通，便于随时掌握火情火险情况，开展日常火情调度视频连线。全年完成对高火险地区的各类紧急视频调度和18次集中视频调度，其中关志鸥、李树铭等国家林草局领导参加13次。 （吴 润）

**【国家林草局森林草原防火专家库建设】** 起草报送森林草原防火专家库工作方案和高级专家组工作机

制。经国家林草局领导批准后，组织各省级林草部门等单位推荐专家人选，对各单位报送材料进行汇总评审，完成省级专家库人员和高级专家组人员推荐。 （关 震）

**【印发《森林草原火灾预防监测中心物资采购公开招标管理暂行办法》】** 7月6日，防火中心研究制定并印发《森林草原火灾预防监测中心物资采购公开招标管理暂行办法》，就防火物资采购招标组织机构和职责、公开招标程序、工作要求、监督管理等作出明确规定，建立防火物资采购工作长效机制。

（吴秀明）

**【完成2022年度森林草原防火储备物资采购任务】** 6—12月，防火中心组织开展2022年度森林草原防火储备物资采购工作，共采购19包防火物资共22698台（套），中标总金额1890.44万元。

（吴秀明 卢 渊）

# 14

# 林草
# 法治建设

# 林草立法

【立法计划相关工作】　制定《国家林业和草原局2022年立法工作计划》，明确国家公园法、自然保护地条例、风景名胜区条例、古树名木保护条例以及林业行政处罚程序规定、林木种子生产经营许可证管理办法制修订等6项重点立法项目。同时，国家公园法制定、自然保护地法制定、自然保护区条例、风景名胜区条例、森林法实施条例、林业行政处罚程序规定、林木种子生产经营许可证管理办法制修订列入《自然资源部2022年度立法工作计划》；野生动物保护法修改列入《全国人大常委会2022年度立法工作计划》，并报送列入《国务院2022年度立法工作计划》的立法项目。

【《国家公园法》制定】　《国家公园法（草案）》完成前期立法工作后，于9月底报送自然资源部，经自然资源部第3次部务会议审议通过后，于11月底报送国务院。

【完成野生动物保护法修订】　配合全国人民代表大会常务委员会法制工作委员会、宪法和法律委员会做好《野生动物保护法（修订草案）》第二次、第三次审议相关工作。12月底，全国人大常委会第三十八次会议修订通过《野生动物保护法》。

【废止一批部门规章】　按照立法工作程序，1月初向自然资源部报送了拟废止的7件部门规章，包括《沿海国家特殊保护林带管理规定》《林业行政执法证件管理办法》《国家林业局关于授权森林公安机关代行行政处罚权的决定》《林木和林地权属登记管理办法》《林业统计管理办法》《国家林业局产品质量检验检测机构管理办法》《林业固定资产投资建设项目管理办法》。自然资源部于10月发布《自然资源部关于第四批废止部门规章的决定》（自然资源部令第9号），废止前述7件部门规章。

【做好生态环境领域重点立法工作】　配合全国人大做好青藏高原生态保护法、黄河保护法、海洋环境保护法制修订工作，参加相关立法工作专班会议、起草小组会和立法座谈会，做好与全国人大的沟通协调，及时提出修改意见和建议。8月底，《青藏高原生态保护法（草案）》提请全国人大常委会初次审议。10月底，全国人大常委会第三十七次会议审议通过《黄河保护法》。

【法律法规的制修订和解读工作】　国家林业和草原局积极配合全国人大、司法部等立法机关以及有关部门做好《黑土地保护法》《畜牧法》《农村集体经济组织法》《渔业法》《耕地保护法》《生态环境监测条例》《植物新品种保护条例》等法律法规的制修订工作。配合全国人大常委会有关专门委员会编写湿地保护法释义和种子法释义、导读等，组织提供了《长江保护法》《种子法》实施情况的有关材料。

（林草立法由左妮供稿）

# 林草行政执法

【林草执法制度建设】　一是完善林草行政处罚程序规章制度。完成《林业草原行政处罚程序规定（草案）》征求社会公众意见程序，并结合赴北京市实地调研成果，进一步予以修改完善。二是推动林草相关司法解释出台。积极向最高法研究室反应林草执法工作现状和制度需求，报送相关司法解释修改意见和条文建议。《关于办理破坏野生动物资源刑事案件适用法律若干问题的解释》已由最高法、最高检颁布实施，《关于办理破坏森林资源刑事案件适用法律若干问题的解释》和《关于审理破坏林地资源刑事案件适用法律若干问题的解释》也将进入最后审议程序。三是配合开展执法队伍建设调研。按照局党组年度调研计划明确的重点内容，将执法队伍建设纳入林草机构队伍调研课题之中，陪同局领导赴福建省进行实地调研，并协助课题牵头单位完成各地书面调研和报告起草工作。

【法治保障】　一是做好重要文件起草的法治服务和审核把关。围绕局内重点工作，对国家林草局拟出台或者上报的重要政策性文件、管理规范和规划等，协助主办单位厘清法律依据，校准文字表述，共同研究解决难点问题，提出修改完善建议40余件次，出具合法性审核意见17份。二是认真开展规范性文件管理。2022年规范性文件制定计划共列入19件。实时根据文件制定、修改或者废止情况更新国家林草局规范性文件库，并定期向主办单位发送规范性文件到期提醒函，截至今年12月底，国家林草局现行有效规范性文件共151件。三是发挥法律顾问职能作用。对接国家林草局两个顾问律所，在国家林草局对外签署合作协议、签订劳务合同、公开政府信息等过程中，提供咨询意见30余份，并对局内各单位和地方林草部门工作中遇到的法律问题给予专业建议。四是强化国家林草局公职律师建设。协调司法部批准国家林草局首批13名公职律师，公职律师制度进入实际运行阶段。

【依法履行复议应诉职责】　在行政复议方面：共办理行政复议案件22件，其中，不予受理5件。在行政应诉方面：共办理行政诉讼案件12起。其中，一审6起。经国家林草局行政复议后，当事人不服又提起诉讼的5件。复议应诉中，林地占用纠纷和政府信息公开不规范两类案件占比较大，持续关注自然保护地与矿业权矛盾纠纷类案件，及时向涉案单位沟通反馈问题，通报

司法部、人民法院有关要求，开展难点问题磋商，共同剖析当前工作风险点，推动完善相关行政行为。

【法治宣传教育】　一是完成"七五"普法总结和"八五"普法部署。经请示局领导同意，在总结评比林草系统"七五"普法工作的基础上，通报表扬85个表现突出的单位和129名表现突出的个人。按照全国法治宣传教育"八五"规划要求，制发《全国林草系统法治宣传教育第八个五年规划》，并指导省级林草部门做好宣传、发动和组织工作。二是组织开展各类普法活动。利用国家安全教育日、宪法宣传周等重要节点，在局内开展专项答题、书籍发放、播放宣传片等系列普法活动，并按要求向全国普法办报送活动情况。组织谋划"绿色大讲堂"活动，邀请中国社会科学院法学研究所所长莫纪宏就"习近平法治思想的时代性"开展专题讲座。在林草系统开展优秀法治动漫微视频征集评选，推荐其中8件作品参加全国评比。三是举办林草法治工作培训班。邀请全国人大常委会、最高法、司法部有关领导，面向各省级林草部门和局本级有关单位负责法治同志，在国家林草局管理干部学院开展授课培训。四是认真答复公众涉法问题咨询。对自然资源部和国家林草局官网群众留言

中涉及林草执法问题，通过电话、书面等形式作出答复20余件次。

【林草法治相关总结报告】　按照要求以自然资源部党组名义，向党中央、国务院报送年度林草法治建设情况。向中央全面依法治国委员会办公室报送林草执法主要问题和对策。向司法部分别报送国家林草局规范性文件管理、合法性审核、行政复议应诉工作开展情况。

【权责清单编制】　会同人事司完成权责清单编制和修改完善工作，目前已通过中央机构编制委员会办公室联审会议审查和国办复核程序，将正式提请国务院审议。

【执法检查工作】　按照国务院办公厅、全国人大环境与资源保护委员会等要求，及时总结上报重点法律贯彻落实情况，配合做好长江保护法等执法检查相关工作，协助起草执法检查报告林草部分。

【执法相关文件意见反馈】　针对司法部、最高法、最高检等对《行政执法人员管理办法》《最高人民法院关于审理生态环境侵权责任纠纷案件适用法律若干问题的规定》等13件征求意见来文，认真做好研究答复。

（林草行政执法由王佳男供稿）

# 林草行政
# 审批改革

【林草行政审批制度改革】　一是全面实行行政许可事项清单管理，发布林草行业行政许可事项清单和取消行政许可事项的监管措施，逐项编制实施规范。二是协调国务院办公厅电子政务办公室（简称国办电政办），开展委托行政许可事项在线监管工作，实现建设项目使用林地、草原审核等6项委托许可的网上办理和在线监管。三是持续加

大简政放权力度，将风景名胜区详规和国家公园总规委托浙江试点实施，扩大授权各办事处核发野生植物类允许进出口证明书范围，推动引种检疫审批并委托北京市园林绿化局实施。四是与国办电政办联合印发国家重点保护陆生野生动物人工繁育许可证、普及型国外引种试种苗圃资格证书电子证照标准，开发电子证照功能，积极推进涉企证

照电子化。五是开展"双随机、一公开"监管，印发实施2022年检查工作计划。六是将网上行政审批平台迁移到政务外网，全面实现全流程网上审批。七是加强政务服务中心建设，开展综合咨询服务，为社会公众提供涉林草法律法规、政策措施、行政复议等方面的咨询服务。

（林草行政审批改革由杨娜供稿）

# ▶ 草原法治建设

【综　述】　《草原法》是我国草原管理的根本大法，是草原保护修复利用的总章程。自2018年9月《草原法》修改被列入《十三届全国人大常委会立法规划》二类立法项目后，国家林业和草原局高度重视，及时启动并推进《草原法》修改工作。2022年，草原司组织召开草原法修改专家研讨会，听取主要草原省（区）草原负责同志、草原和法律领域专家学者的意见建议。开展修复重大问题研究，组织专家队伍集中研究，在此基础上起草了《草原法》修改草稿对照表。

（草原法治建设由赵玉荣供稿）

15

# 林草
# 科学技术

# 林草科技概述

【林草科技奖励】 指导开展第十三届梁希林业科学技术奖评选工作。评出获奖项目161项：自然科学奖17项，其中一等奖2项，二等奖15项；技术发明奖7项，其中一等奖2项，二等奖5项；科技进步奖获奖项目137项，其中一等奖6项，二等奖77项，三等奖54项。

表15-1 第十三届梁希林业科学技术奖一等奖名单

| 序号 | 项目名称 | 项目完成人 | 主要完成单位 | 获奖等级 |
|---|---|---|---|---|
| 1 | 基于机载激光雷达的亚热带森林结构参数反演研究 | 曹林；阮宏华；佘光辉；孙圆；汪贵斌 | 南京林业大学 | 自然科学奖一等奖 |
| 2 | 林木芳香资源分子特性调控与定向转化机制研究 | 李淑君；李坚；陈志俊；马艳丽；方桂珍 | 东北林业大学 | 自然科学奖一等奖 |
| 3 | 圆竹工程材关键技术创新与应用 | 费本华；方长华；刘焕荣；张秀标；邵长专；蔡卫 | 国际竹藤中心；国际竹藤中心三亚研究基地；重庆中竹建筑科技有限公司；安吉竹境竹业科技有限公司；广东建中新竹材科技有限公司；安吉悦腾竹文化发展有限公司；杭州所氏竹业有限公司 | 技术发明奖一等奖 |
| 4 | 典型非食用植物油脂高值化利用关键技术与产业化 | 周永红；张猛；李梅；朱新宝；贾普友；罗振扬 | 中国林业科学研究院林产化学工业研究所；南京林业大学；江苏强林生物能源材料有限公司 | 技术发明奖一等奖 |
| 5 | 塞罕坝地区植被恢复与森林经营关键技术集成与示范 | 黄选瑞；陈智卿；许中旗；张志东；于士涛；刘强；房利民；杨晋宇；付立华；赵立群；卢伟；张菲；杨会娟；张健东；贾彦龙 | 河北农业大学；河北省塞罕坝机械林场 | 科技进步奖一等奖 |
| 6 | 香榧坚果采后品质提升关键技术及新产品开发 | 吴家胜；宋丽丽；胡渊渊；喻卫武；索金伟；张祖瑛；娄和强；郇伟伟；俞伟钢；王建峰；郎学军；戴文圣；孟祥河；张瑞；俞晨良 | 浙江农林大学；新昌县康益祺农业发展有限公司；浙江柏灵农业发展股份有限公司；杭州水碓湾农业开发有限公司 | 科技进步奖一等奖 |
| 7 | 大熊猫保护遗传管理理论与技术 | 方盛国；张一；路永斌；雷颖虎；张玲；李德生；张和民；万秋红；罗波；朱英；李仁贵；赵鹏鹏；葛云法；钟义 | 浙江大学；中国大熊猫保护研究中心；秦岭大熊猫研究中心；中国野生动物保护协会 | 科技进步奖一等奖 |
| 8 | 沙棘遗传改良与产业化栽培技术创新 | 张建国；段爱国；何彩云；罗红梅；单金友；姚玉军；孙广树；乌志颜；赵江；刘利成；张国昀；李显玉；唐克；周闯；刘湘杰 | 中国林业科学研究院林业研究所；中国林业科学研究院沙漠林业实验中心；黑龙江省农业科学院乡村振兴科技研究所；赤峰市林业科学研究所；阜新市林业发展服务中心；内蒙古宇航人高技术产业有限责任公司；孙吴县林业和草原局；内蒙古沙漠之花生态产业科技有限公司 | 科技进步奖一等奖 |

（续表）

| 序号 | 项目名称 | 项目完成人 | 主要完成单位 | 获奖等级 |
|---|---|---|---|---|
| 9 | 南方主要珍贵树种良种选育和高效培育技术 | 徐大平；郭俊杰；贾宏炎；潘文；黄桂华；辜云杰；刘小金；范辉华；章挺；申文辉；李志辉；崔之益；王春胜；谌红辉；梁坤南 | 中国林业科学研究院热带林业研究所；中国林业科学研究院热带林业实验中心；广东省林业科学研究院；四川省林业科学研究院；福建省林业科学研究院；江西省林业科学院；广西壮族自治区林业科学研究院；中南林业科技大学 | 科技进步奖一等奖 |
| 10 | 专业足球场草坪建造与养护关键技术研究与示范 | 韩烈保；宋桂龙；陈雨峰；周志湘；贾辰雁；罗红松；许立新；王宁；李海斌；李富翠；张丹丹；曾丽萍；刘静；冉倍源；刘卓成 | 北京林业大学；北京天仁科技发展有限公司；蒙草生态环境（集团）股份有限公司；华体体育发展股份有限公司；北京泛华新兴体育产业股份有限公司 | 科技进步奖一等奖 |

（李　岩）

# 林草科技
# 创新发展

【科技项目攻关】　参与"科技创新2030——农业生物育种"重大项目实施方案编制，"十四五"期间在林草板块拟部署杨树、松树、苜蓿3个林草物种精准育种技术体系研究共9个项目。获批国家重点研发计划专项25个，国拨经费近4亿元。配合农业农村部编制《农业急需技术集成转化实施方案》，将油茶、核桃2个木本油料树种生产技术纳入其中。开展大型仪器共享平台数据更新，增补大型仪器75台（套）。向中国工程院推荐"中国特色国家公园体制战略研究""以竹代塑全产业链创新与集成战略研究"等4项选题建议。与科技部等四部门联合印发《"十四五"生态环境领域科技创新专项规划》。批复林业和草原国家创新联盟及国家林草局直属单位自主研发项目173项，总经费3.6亿元。

**表15-2　推荐获批国家重点研发计划项目清单（2022年）**

| 序号 | 名　称 | 项目负责人 | 项目承担单位 | 项目经费（万元） |
|---|---|---|---|---|
| 1 | 林木优异种质资源形成基础与挖掘创新 | 刘妍婧 | 中国林业科学研究院 | 1989 |
| 2 | 南方速生林木新品种选育 | 周志春 | 中国林业科学研究院亚热带林业研究所 | 1990 |
| 3 | 北方速生林木新品种选育 | 黄秦军 | 中国林业科学研究院林业研究所 | 1991 |
| 4 | 主要经济林优质高产新品种创制与精准栽培技术 | 李芳东 | 中国林业科学研究院经济林研究所 | 2000 |
| 5 | 林源天然产物代谢调控与高效转化基础 | 付玉杰 | 北京林业大学 | 2000 |
| 6 | 木质材料绿色制造与应用关键技术 | 储富祥 | 中国林业科学研究院木材工业研究所 | 2000 |
| 7 | 非木质资源绿色加工关键技术 | 周永红 | 中国林业科学研究院林产化学工业研究所 | 2000 |
| 8 | 竹藤资源增值利用关键技术 | 刘杏娥 | 国际竹藤中心 | 2060 |

（续表）

| 序号 | 名　称 | 项目负责人 | 项目承担单位 | 项目经费（万元） |
|---|---|---|---|---|
| 9 | 油茶等木本油料轻简栽培和高效采收装备 | 周建波 | 国家林业和草原局哈尔滨林业机械研究所 | 2500 |
| 10 | 水氮高效吸收利用调控杨树纸浆材和楸树珍贵材品质的作用机制 | 石文广 | 中国林业科学研究院林业研究所 | 200 |
| 11 | 降香黄檀-檀香混交林心材形成的水氮耦合作用机制 | 孟　森 | 中国林业科学研究院热带林业研究所 | 200 |
| 12 | 油松与马尾松根系及针叶与水养互作对木材品质的影响机制 | 钮世辉 | 北京林业大学 | 200 |
| 13 | 基于目标性状的半干旱区华北落叶松定向培育基础研究 | 田　地 | 北京林业大学 | 200 |
| 14 | 防护林病虫害演替规律与全程绿色防控技术体系集成示范 | 王永林 | 北京林业大学 | 1783 |
| 15 | 东部重要河口湿地生态恢复与调控关键技术 | 崔丽娟 | 中国林业科学研究院生态保护与修复研究所 | 1800 |
| 16 | 南方低山丘陵区山水林田湖草沙系统治理技术与示范 | 姜春前 | 中国林业科学研究院林业研究所 | 1550 |
| 17 | 三北防护林稳定性与生态功能提升技术与示范 | 张志强 | 北京林业大学 | 1830 |
| 18 | 西南高山峡谷区水土流失综合防治技术与示范 | 周金星 | 北京林业大学 | 1550 |
| 19 | 长航时无人机森林大型动物智能监测识别技术 | 许　福 | 北京林业大学 | 1561.5 |
| 20 | 《中国沙漠志》编研 | 卢　琦 | 中国林业科学研究院生态保护与修复研究所 | 681 |
| 21 | 吐哈盆地生物多样性与特殊抗逆生物资源调查 | 安黎哲 | 北京林业大学 | 2000 |
| 22 | 中欧对地观测合作森林监测技术与示范应用 | 田　昕 | 中国林业科学研究院资源信息研究所 | 400 |
| 23 | 抗虫高产杨树新品种设计与培育 | 胡建军 | 中国林业科学研究院林业研究所 | 2624 |
| 24 | 抗松材线虫病松树新品种设计与培育 | 汪阳东 | 中国林业科学研究院亚热带林业研究所 | 2098 |
| 25 | 国家公园环境与人类活动交互智能可视化技术与应用 | 张怀清 | 中国林业科学研究院资源信息研究所 | 200 |

【"揭榜挂帅"项目研究】　启动实施"草种优良品种选育""油茶采收机械研发"2个"揭榜挂帅"项目，持续推进"松材线虫病防控""森林雷击火防控"2个在研"揭榜挂帅"项目，推进新设"野生动植物和古树名木鉴定技术及系统研发""互花米草可持续治理技术研发"2个"揭榜挂帅"项目。

【森林价值核算】　与国家统计局联合印发《关于开展森林资源价值核算试点工作的通知》，在内蒙古、福建、河南、海南、青海5个省（区）开展森林资源价值核算试点工作。

（林草科技创新发展由祝万顺供稿）

# 林草科技
# 推广服务

**【林草科技成果】** 国家林草科技推广成果库新入库1200多项，库存总数达到1.29万余项。组织修订《国家林草科技推广成果库管理办法》。评审遴选出16个油茶主推品种和56个区域推荐品种。征集293项森林草原防火技术成果。

**【林草科技推广示范项目】** 安排中央财政林草科技推广示范资金项目548个，资金5亿元。完成11项林草科技成果国家级推广项目的现场查定和验收工作。

**【成果转化平台】** 批复认定8个国家林业草原工程技术研究中心，编撰《国家林业草原工程技术研究中心2021年度报告》。

表15-3　新批复林草科技成果转化平台

| 序号 | 林草科技成果转化平台名称 | 依托单位 |
| --- | --- | --- |
| 1 | 古树健康与古树文化工程技术研究中心 | 北京农学院 |
| 2 | 木质材料循环利用工程技术研究中心 | 北京林业大学 |
| 3 | 国家储备林工程技术研究中心 | 重庆市林业投资开发有限责任公司 |
| 4 | 赏食百合工程技术研究中心 | 北京市农林科学院 |
| 5 | 樱桃工程技术研究中心 | 北京市农林科学院 |
| 6 | 桂花工程技术研究中心 | 湖北科技学院 |
| 7 | 大跨度胶合木材料工程技术研究中心 | 大兴安岭神州北极木业有限公司 |
| 8 | 林下兽用中草药植物资源高效加工利用工程技术研究中心 | 中国农业大学 |

**【推广体系建设】** 安排中央预算内基建投资3000万元，支持6个省（区）推广站建设。制定《林业和草原科技推广站建设中央预算内投资专项监督管理办法》。推进国家林草局科技推广转化中心筹建。遴选公布第二批100名最美林草科技推广员，聘任第三批300名国家林草乡土专家。全国组建护林员互助组689个。组建推广员包干组3323个。

**【林草科技帮扶】** 统筹740万元，在4个定点帮扶县立项12个科技帮扶项目。印发《关于开展林草科技服务助力乡村振兴重点工作的通知》，组建"1+N"科技服务团252个和林草乡土专家帮帮团494个，开展产业技术指导和帮扶服务。推进"林草高新技术进青海、兴安、新疆"活动。

**【国家林草科技大讲堂培训】** 举办11期国家林草科技大讲堂培训直播，累计播放量突破4000万次。国家林草科技大讲堂培训直播入选2022年林草科技十件大事，荣获2022年政务新媒体典型案例和第十一届梁希科普奖。

**【夯实科普工作基础】** 研究制定《国家林草科普基地评价规范》，组织认定首批国家林草科普基地。制定《国家林草科普专家库成员遴选工作方案（试行）》，开展国家林草科普专家库成员推荐。

**【科技周等科普活动】** 举办全国科技活动周轮值主场活动暨2022年全国林草科技周活动和全国科技周品牌活动。组织参加第四届、第五届全国科学实验展演活动。3部作品获评全国优秀科普微视频。举办全国林业和草原科普讲解大赛，推荐的3名选手荣获全国科普讲解大赛二等奖和优秀奖，国家林草局科技司荣获优秀组织奖。

（林草科技推广服务由
楼暨康供稿）

# 林草科技平台建设

【实验室平台建设】 开展农业领域全国重点实验室重组工作，推荐申报林木遗传育种、林业生物质化学利用2个全国重点实验室。推进局级重点实验室重组工作，编制局级重点实验室重组方案，加快推进中国林科院和国际竹藤中心开展局级重点实验室重组试点。批复建立林草有害生物药剂防治国家林草局重点实验室，开展大熊猫国家林草局重点实验室更名和建设工作，推进国家植物园和华南国家植物园局级重点实验室筹建工作。持续推进科技协同创新中心建设工作。批复浙江省林业局依托国家林草装备科技创新园开展国家林草机械装备创新试验示范基地试点工作。持续支持林产化学与材料国际创新高地、林草装备科技创新园、油茶科创谷建设，加快推进林草智能装备、海峡花卉产业科技创新高地建设。批复筹建9家林业和草原国家创新联盟。组织编制《国家陆地生态系统定位观测研究站发展方案（2023—2025年）》，组织修订《国家陆地生态系统定位观测研究站管理办法》。首次发布《中国陆地生态系统质量定位观测研究报告（2020年）》。组织完成215个生态站综合评估工作。批复新建5个生态站。编制生态站数据汇交填报规范（2022版），起草草原生态站汇交数据指标体系。

表15-4  新建国家陆地生态系统定位观测研究站名单

| 序号 | 生态站名称 | 归口管理单位 |
| --- | --- | --- |
| 1 | 黑龙江三江平原沼泽草甸生态系统国家定位观测研究站 | 黑龙江省林业和草原局 |
| 2 | 西藏雅尼湿地生态系统国家定位观测研究站 | 西藏自治区林业和草原局 |
| 3 | 青海木里草原生态系统国家定位观测研究站 | 青海省林业和草原局 |
| 4 | 青海西宁城市生态系统国家定位观测研究站 | 青海省林业和草原局 |
| 5 | 北京城市生态系统国家定位观测研究站 | 北京市园林绿化局 |

（林草科技平台建设由祝万顺供稿）

# 林草标准质量工作

【林草标准体系建设】 研究撰写《新时代林草标准化高质量发展战略研究报告》，印发《林业和草原新型标准体系》，包括国家标准和行业标准1500余项。发布国家标准32项，行业标准90项。批复筹建野生植物、林草工程建设、林草应对气候变化3个行业标委会。召开林草领域标准采用国际标准视频培训会。推荐贡献奖标准项目奖3项，标准组织奖1项，突出贡献奖1项。推荐国际竹藤中心费本华研究员获得中国标准创新突出贡献奖。

【标准国际化工作】 指导全国林业机械标准化技术委员会参加ISO/TC23/SC15自行式林业机械国际分标委、ISO/TC23/SC13动力草坪和园艺设备国际分标委、ISO/TC23/SC17手动便携（手持）式动力草坪和园艺设备及林业机械国际分标委工作会议。

【林产品质量监管和质检能力建设】 组织开展林产品质量监测、林产品检验检测能力验证、林产品质量检验检测线上培训班、林产品检验检测技能比武。

【保障北京冬（残）奥会食用林产品安全】 积极发挥北京冬奥会食品供应安全工作协调小组成员作用，切实保障北京冬奥会食品供应安全，受到国务院食安办、北京冬（残）奥组委表扬。

（林草标准质量工作由莫润宏供稿）

# 林草科技
# 人才建设

【人才队伍建设】 评选出第四批林业和草原科技创新青年拔尖人才25人、领军人才25人、创新团队25个。

| 表15-5 第四批林业和草原科技创新青年拔尖人才入选名单 | | |
| --- | --- | --- |
| 序号 | 姓名 | 所在单位 |
| 1 | 丁昌俊 | 中国林业科学研究院林业研究所 |
| 2 | 张苏芳 | 中国林业科学研究院森林生态环境与保护研究所 |
| 3 | 赵 荣 | 中国林业科学研究院林业科技信息研究所 |
| 4 | 张亚慧 | 中国林业科学研究院木材工业研究所 |
| 5 | 张 猛 | 中国林业科学研究院林产化学工业研究所 |
| 6 | 栾军伟 | 国际竹藤中心 |
| 7 | 刘焕荣 | 国际竹藤中心 |
| 8 | 田大栓 | 中国科学院地理科学与资源研究所 |
| 9 | 史艳财 | 广西壮族自治区、中国科学院广西植物研究所 |
| 10 | 龙瑞才 | 中国农业科学院北京畜牧兽医研究所 |
| 11 | 梁俊毅 | 中国农业大学 |
| 12 | 任海彦 | 南京农业大学 |
| 13 | 许长征 | 西南大学 |
| 14 | 李方正 | 北京林业大学 |
| 15 | 任学勇 | 北京林业大学 |
| 16 | 王 君 | 北京林业大学 |
| 17 | 王永林 | 北京林业大学 |
| 18 | 娄志超 | 南京林业大学 |
| 19 | 薛良交 | 南京林业大学 |
| 20 | 李海涛 | 南京林业大学 |
| 21 | 党晓宏 | 内蒙古农业大学 |
| 22 | 李莹莹 | 浙江农林大学 |
| 23 | 吴鹏飞 | 福建农林大学 |
| 24 | 洪燕真 | 福建农林大学 |
| 25 | 韩 彪 | 山东省林草种质资源中心 |

| 表15-6 第四批林业和草原科技创新领军人才入选名单 | | |
| --- | --- | --- |
| 序号 | 姓名 | 所在单位 |
| 1 | 何彩云 | 中国林业科学研究院林业研究所 |
| 2 | 吴统贵 | 中国林业科学研究院亚热带林业研究所 |
| 3 | 王小艺 | 中国林业科学研究院森林生态环境与保护研究所 |
| 4 | 王 锋 | 中国林业科学研究院生态保护与修复研究所 |
| 5 | 周海宾 | 中国林业科学研究院木材工业研究所 |
| 6 | 陈新云 | 国家林业和草原局林草调查规划院 |
| 7 | 刘广路 | 国际竹藤中心 |
| 8 | 卫 伟 | 中国科学院生态环境研究中心 |
| 9 | 邹元春 | 中国科学院东北地理与农业生态研究所 |
| 10 | 邵长亮 | 中国农业科学院农业资源与农业区划研究所 |
| 11 | 钮世辉 | 北京林业大学 |
| 12 | 崔宝凯 | 北京林业大学 |
| 13 | 石 娟 | 北京林业大学 |
| 14 | 肖海军 | 北京林业大学 |
| 15 | 张彦华 | 东北林业大学 |
| 16 | 宋永明 | 东北林业大学 |
| 17 | 张 书 | 南京林业大学 |
| 18 | 王 森 | 中南林业科技大学 |
| 19 | 李向红 | 西南林业大学 |
| 20 | 薛 蕙 | 西北农林科技大学 |
| 21 | 张德强 | 北京农学院 |
| 22 | 李新宇 | 北京市园林绿化科学研究院 |
| 23 | 李国婧 | 内蒙古农业大学 |
| 24 | 张忠辉 | 吉林省林业科学研究院 |
| 25 | 李开祥 | 广西壮族自治区林业科学研究院 |

#### 表15-7 第四批林业和草原科技创新团队入选名单

| 序号 | 团队名称 | 负责人 | 所在单位 |
|---|---|---|---|
| 1 | 草地资源与利用创新团队 | 钱永强 | 中国林业科学研究院生态保护与修复研究所 |
| 2 | 木竹结构材料安全评价及工程应用创新团队 | 任海青 | 中国林业科学研究院木材工业研究所 |
| 3 | 生物质功能高分子材料创新团队 | 周永红 | 中国林业科学研究院林产化学工业研究所 |
| 4 | 仁用杏培育与利用创新团队 | 乌云塔娜 | 中国林业科学研究院经济林研究所 |
| 5 | 林草生态综合监测理论与技术创新团队 | 黄国胜 | 国家林业和草原局林草调查规划院 |
| 6 | 山水林田湖草沙系统性生态修复创新团队 | 王正文 | 中国科学院沈阳应用生态研究所 |
| 7 | 林木果实贮藏与保鲜创新团队 | 段学武 | 中国科学院华南植物园 |
| 8 | 草原生物灾害监测预警与绿色防控创新团队 | 林克剑 | 中国农业科学院草原研究所 |
| 9 | 菊花种质创新与遗传育种创新团队 | 陈发棣 | 南京农业大学 |
| 10 | 落叶栎高效培育创新团队 | 李国雷 | 北京林业大学 |
| 11 | 林木功能成分代谢调控与利用创新团队 | 付玉杰 | 北京林业大学 |
| 12 | 北方草种质资源发掘与新品种选育创新团队 | 常智慧 | 北京林业大学 |
| 13 | 荒漠化防治与荒漠生态学创新团队 | 张宇清 | 北京林业大学 |
| 14 | 麝类种质资源保育及种群恢复创新团队 | 张 东 | 北京林业大学 |
| 15 | 油松遗传改良科技创新团队 | 李 伟 | 北京林业大学 |
| 16 | 北方河口湿地保护与修复创新团队 | 张明祥 | 北京林业大学 |
| 17 | 森林作业机械装备及其智能化创新团队 | 阚江明 | 北京林业大学 |
| 18 | 现代林业装备智能化与绿色制造创新团队 | 刘九庆 | 东北林业大学 |
| 19 | 松材线虫病预防与控制创新团队 | 陈凤毛 | 南京林业大学 |
| 20 | 油茶育种创新团队 | 袁德义 | 中南林业科技大学 |
| 21 | 北方特色浆果保鲜加工创新团队 | 李 斌 | 沈阳农业大学 |
| 22 | 半干旱地区经济林种质资源创制与利用创新团队 | 董胜君 | 沈阳农业大学 |
| 23 | 银杏高效栽培与品质调控创新团队 | 王 莉 | 扬州大学 |
| 24 | 竹林生产与生态服务协同提升创新团队 | 宋新章 | 浙江农林大学 |
| 25 | 热带地区油茶创新团队 | 马锦林 | 广西壮族自治区林业科学研究院 |

（林草科技人才建设由祝万顺供稿）

# 林草知识产权保护

**【履行部际联席会议成员单位职责】** 作为国务院知识产权战略实施工作部际联席会议成员单位，认真履行部际联席会议成员单位职责，落实《关于强化知识产权保护的意见》《知识产权强国建设纲要（2021—2035年）》《"十四五"国家知识产权保护和运用规划》《知识产权强国建设纲要和"十四五"规划实施年度推进计划》的各项分工任务，切实推进林草知识产权各项工作，顺利通过国家知识产权局联合中宣部、市场监管总局对国家林草局2022年知识产权保护工作的检查考核。　（王地利）

**【联合印发《关于加快推动知识产权服务业高质量发展的意见》】** 国家林草局与国家知识产权局等17个部门联合印发《关于加快推动知识产权服务业高质量发展的意见》。其中明确，到2030年，知识产权服务业专业化、市场化、国际化水平明显提升，基本形成业态丰富、布局合理、行为规范、服务优质、全链条贯通的知识产权服务业高质量发展格局，成为加快知识产权强国建设和经济高质量发展的重要支撑。实现发展环境全面优化、行业贡献持续提升、服务体系更加健全、支撑作用显著增强。推动专利、植物新品种等不同知识产权类型和代理、法律、运营、信息、咨询等不同业态知识产权服务机构有序发展。推动知识产权服务业面向农业农村，建立供需对接机制，服务保障农业、林草良种技术攻关，促进植物新品种惠农，支持地理标志保护工程和地理标志农产品保护工程，推进地理标志助力乡村振兴。
（王地利）

**【4项林草专利获第二十三届中国专利优秀奖】** 7月，根据《国家知识产权局关于第二十三届中国专利奖授奖的决定》，共有4项林草专利荣获第二十三届中国专利优秀奖（见表15-8）。　（王地利）

**【第二十四届中国专利奖组织推荐工作】** 9月，国家林草局科技中心发布《关于组织申报第二十四届中国专利奖的通知》，组织中国林业科学研究院、国际竹藤中心等单位进行林草专利项目申报，在积极动员、广泛征集的基础上，按照申报程序、参评条件等要求对申报的专利项目进行专家评审、推荐和公示，国家林草局推荐中国林业科学研究院木材工业研究所的"一种木材识别方法及系统"（ZL201810830841.3）和中国林业科学研究院林产化学工业研究所的"植物油基阻燃多元醇及其制备方法和应用"（ZL201410840737.4）2项林草发明专利项目参加第二十四届中国专利奖评选。　（王地利）

**【林业和草原知识产权转化运用项目】** 2022年，国家林草局科技中心组织实施10项林草知识产权转化运用项目，包括"罗城优良竹种繁育及高效栽培关键技术转化运用""户外竹质双拼梁装配式廊亭加工技术在广西龙胜美丽乡村建设中的转化运用"和"鼠害种群数量调查关键技术转化运用"3项林草专利技术转化运用项目，"重瓣型观赏海棠新品种转化运用""蓝莓新品种转化运用"和"枸杞新品种转化运用"等7项林草授权植物新品种转化运用项目（见表15-9）。其中在国家林草局定点帮扶县广西罗城县开展的竹种繁育技术专利转化运用项目完善了麻竹造林及高效培育技术体系，组建了罗城竹产业科技创新服务团队和竹子栽培乡土专家队伍，促使鲜笋最高产量超过45吨/公顷，有效促进罗城竹产业健康可持续发展，带动当地农户增产增收，助力乡村振兴。国家林草局科技中心组织专家对国家竹藤中心承担的"石竹复合墙体加工及构件组装的产业化应用技术"知识产

**表15-8　2022年中国专利优秀奖——林草项目**

| 序号 | 专利号 | 专利名称 | 专利权人 | 发明人 |
|---|---|---|---|---|
| 1 | ZL2016109 11852.5 | 基于一张图的林业大数据建设方法 | 北京航天泰坦科技股份有限公司 | 谭靖、李莹、彭松、张富华 |
| 2 | ZL2014105 94950.1 | 木材加工中心的机头结构 | 南兴装备股份有限公司 | 邓金贵、邱宇、董慧涛、赵莉莉、黄剑锋、王勇 |
| 3 | ZL2015106 57242.2 | 智能割草机 | 苏州宝时得电动工具有限公司 | 冉沅忠、杜江、孙云红 |
| 4 | ZL2016107 78516.8 | 一种带有导辊的成型装置的全自动纤维板生产线 | 广东华凯科技股份有限公司 | 刘伯健 |

表15-9　2022年林草知识产权转化运用项目

| 序号 | 项目名称 | 承担单位 | 负责人 |
|---|---|---|---|
| 1 | 罗城优良竹种繁育及高效栽培关键技术转化运用 | 广西河池市罗城仫佬族自治县林业局 | 欧文斌 |
| 2 | 户外竹质双拼梁装配式廊亭加工技术在广西龙胜美丽乡村建设中的转化运用 | 国际竹藤中心 | 叶翰舟<br>王　戈 |
| 3 | 鼠害种群数量调查关键技术转化运用 | 国家林草局生物灾害防控中心 | 温玄烨 |
| 4 | 重瓣型观赏海棠新品种转化运用 | 南京林业大学 | 张往祥 |
| 5 | 蓝莓新品种转化运用 | 大连大学 | 徐国辉 |
| 6 | 彩叶丁香新品种转化运用 | 黑龙江省森林植物园 | 翟晓鸥 |
| 7 | 绒毛白蜡新品种转化运用 | 山东省林业科学研究院 | 吴德军 |
| 8 | 三叶木通新品种转化运用 | 中国林业科学研究院林业研究所 | 李　斌 |
| 9 | 月季新品种转化运用 | 北京市园林绿化科学研究院 | 赵世伟 |
| 10 | 枸杞新品种转化运用 | 宁夏农林科学院枸杞科学研究所 | 曹有龙 |

权转化运用项目进行现场查定和验收，该项目通过验收。　（王地利）

【2022年全国林业和草原知识产权宣传周】　4月20—26日是全国知识产权宣传周，国家林草局副局长谭光明代表国家林草局在全国知识产权宣传周启动仪式上以视频方式致辞。国家林草局作为宣传周组委会成员单位，同步在线上和线下开展林草知识产权宣传周系列活动。在国家林草局机关大院开展《2021中国林业和草原知识产权年度报告》书籍赠阅活动，播放《优良林草植物新品种巡礼》视频、张贴专题宣传海报，营造热烈宣传氛围；开通"2022年全国林草知识产权宣传周"专题网站，图文并茂地展示林草知识产权成果和最新进展；在《中国绿色时报》专版刊发题为《保护知识产权　赋能林草创新》文章，以数字的形式全面展示林草知识产权的工作成绩、亮点及进展；在国际植物新品种保护联盟（UPOV）社交媒体平台宣传中国林草植物新品种和育种人事迹；制作《新闻2+1》（知识产权宣传周特别节目），同步在全国党媒信息公共平台和各大自媒体平台发布，进一步增强宣传影响力。　（柳玉霞）

【《2021中国林业和草原知识产权年度报告》出版发行】　4月，国家林草局科技中心、国家林草局知识产权研究中心编著的《2021中国林业和草原知识产权年度报告》由中国林业出版社出版发行。该书全面总结了2021年林草知识产权工作的主要进展和成果，为人们了解林草知识产权工作提供基础素材，为加快推进现代林草高质量发展提供有力支撑。　（柳玉霞）

【林业和草原知识产权战略信息获表彰】　12月，国务院知识产权战略实施工作部际联席会议办公室公布2022年度知识产权战略信息工作先进个人及优秀战略信息，国家林草局科技中心柳玉霞荣获知识产权战略信息工作先进个人。　（柳玉霞）

【林业和草原重点领域专利预警分析】　2022年，国家林草局知识产权研究中心引进智慧芽（Patsnap）专利分析系统和Derwent Data Analyzer（DDA）等专利分析工具，建成集专利检索、管理和分析功能于一体的林草专利信息预警分析系统，采用智能化的数据挖掘技术和先进的可视化技术，可自动进行几十种重要的专利分析，自动生成近百种统计图表，并可实时监测和分析国内外林草行业相关领域的专利动态变化，为林草专利预警分析研究提供基础数据分析平台。

（刘　源）

【林业和草原知识产权国际动态研究】　2022年，国家林草局持续跟踪国内外林草知识产权进展，重点对《国际植物新品种保护公约》（1991年文本）的社会效益、加拿大植物育种权利制度、欧洲各国与日本森林遗传资源保护情况进行分析研究，为国际履约和谈判提供信息支撑。全年编印《林业知识产权动态》6期，发表动态信息36篇、政策探讨论文6篇、研究综述报告6篇、统计分析报告6篇。

（柳玉霞　刘　源）

# 林草植物新品种保护

【《中华人民共和国植物新品种保护条例》修订】　年内，为贯彻落实中央种业振兴行动部署和新修改种子法有关要求，进一步加大种业知识产权保护力度，激励种业原始创新，国家林草局积极推进《中华人民共和国植物新品种保护条例》修订工作，完善植物新品种保护顶层设计。与农业农村部共同成立条例修订工作小组，召开条例修订座谈会，研究相关修订内容，并征求各方专家建议，形成条例修订征求意见稿。11月，《中华人民共和国植物新品种保护条例（修订征求意见稿）》向社会公开征求修订意见。

（王地利）

【推动建立实质性派生品种（EDV）制度】　年内，新修改的《中华人民共和国种子法》提出建立实质性派生品种制度。为推进实质性派生品种工作，7月举办林草新品种分子测试技术研讨会，针对分子技术在植物新品种保护领域的应用、推动实质性派生品种制度落地实施展开讨论。国家林草局科技中心（植物新品种保护办公室）在技术上、流程上、制度上层层突破，运用合适技术手段，推动实质性派生品种制度落到实处，对实质性派生品种制度实施步骤和办法作出规定，更好地激励原创育种和原始创新。

（柳玉霞）

【林草植物新品种申请和授权】　2022年，国家林草局科技中心（植物新品种保护办公室）共受理国内外植物新品种权申请1828件，同比增长26.76%，年度申请量再创历史新高，授予植物新品种权651件。发布申请公告6批，事务公告6批，授权公告2批，完成品种权变更、申请人变更、品种更名等268份。截至2022年年底，国家林草局科技中心（植物新品种保护办公室）共受理国内外植物新品种申请8836件，授予植物新品种权4055件。

（刘　源）

表15-10　1999—2022年林草植物新品种申请量和授权量统计

单位：件

| 年度 | 申请量 | | | 授权量 | | |
|---|---|---|---|---|---|---|
| | 国内申请人 | 国外申请人 | 合计 | 国内品种权人 | 国外品种权人 | 合计 |
| 1999 | 181 | 1 | 182 | 6 | 0 | 6 |
| 2000 | 7 | 4 | 11 | 18 | 5 | 23 |
| 2001 | 8 | 2 | 10 | 19 | 0 | 19 |
| 2002 | 13 | 4 | 17 | 1 | 0 | 1 |
| 2003 | 14 | 35 | 49 | 7 | 0 | 7 |
| 2004 | 17 | 19 | 36 | 16 | 0 | 16 |
| 2005 | 41 | 32 | 73 | 19 | 22 | 41 |
| 2006 | 22 | 29 | 51 | 8 | 0 | 8 |
| 2007 | 35 | 26 | 61 | 33 | 45 | 78 |
| 2008 | 57 | 20 | 77 | 35 | 5 | 40 |
| 2009 | 62 | 5 | 67 | 42 | 13 | 55 |
| 2010 | 85 | 4 | 89 | 26 | 0 | 26 |
| 2011 | 123 | 16 | 139 | 11 | 0 | 11 |
| 2012 | 196 | 26 | 222 | 169 | 0 | 169 |
| 2013 | 169 | 8 | 177 | 115 | 43 | 158 |
| 2014 | 243 | 11 | 254 | 150 | 19 | 169 |
| 2015 | 208 | 65 | 273 | 164 | 12 | 176 |
| 2016 | 328 | 72 | 400 | 178 | 17 | 195 |
| 2017 | 516 | 107 | 623 | 153 | 7 | 160 |
| 2018 | 720 | 186 | 906 | 359 | 46 | 405 |
| 2019 | 656 | 146 | 802 | 351 | 88 | 439 |
| 2020 | 897 | 150 | 1047 | 332 | 109 | 441 |
| 2021 | 1228 | 214 | 1442 | 637 | 124 | 761 |
| 2022 | 1649 | 179 | 1828 | 501 | 150 | 651 |
| 合计 | 7475 | 1361 | 8836 | 3350 | 705 | 4055 |

**【强化林草植物新品种惠农工作】**
2022年，国家林草局科技中心继续深入推进新品种惠农工作。前往北京延庆、大兴、北京林业大学等地与创新企业、评估公司、科研院所开展座谈，深入了解各个行业在植物新品种转化运用方面的需求和难点，研究探索林草植物新品种惠农新形式。10月，发布《关于征集林草植物新品种惠农典型案例的通知》，面向全国公开征集林草植物新品种惠农的典型案例和优秀做法，初步掌握我国林草植物新品种转化运用情况。　　（柳玉霞）

**【林草新品种及知识产权保护与管理培训班】**　9月，国家林草局科技中心线上举办林草新品种及知识产权保护与管理培训班，来自31个省（区、市）及新疆生产建设兵团林业和草原主管部门、各大林草高校、林草综合测试站、测试分中心、分子鉴定实验室等单位的相关人员共700多人参加培训。针对国际植物新品种保护联盟（UPOV）最新进展、新修改《中华人民共和国种子法》、植物新品种相关法律问题、植物新品种申请授权程序和2022年度"双打"执法要求进行详细讲解。培训班通过"林草网络学堂"平台进行线上直播，学员不仅可以在当天参加直播培训，还可以

在一个月内反复观看学习，增强培训效果。　　　　　　（柳玉霞）

**【林草植物新品种审查测试工作】**
年内，完成林草植物新品种网上初步审查1809件，反馈修改意见1800次，初步审查反馈意见时间压缩至15天以内。全年组织完成植物新品种实质审查684件，其中现场审查420件，田间测试264件，提交的审查（测试）报告为授权审查提供了重要依据。截至2022年年底，国家林草局植物新品种保护办公室共委托各测试机构开展1838个申请品种的田间测试工作，已完成1151个品种的田间测试并提交正式测试报告。
　　　　　（段经华　杨瑷铭）

**【设立国家林草植物新品种崖州测试分中心】**　6月，国家林草局批复同意在海南省设立国家林草植物新品种崖州测试分中心。崖州测试分中心由海南省林业科学研究院牵头负责，国际竹藤中心三亚研究基地提供技术支撑，该测试分中心的建立将为海南省种业创新高地建设发挥重要的支撑作用。
　　　　　（段经华　杨瑷铭）

**【9项林业植物新品种测试指南标准发布】**　根据国家林草局公告（2022年第16号），木麻黄属、李属—樱花、金丝桃属、金缕梅属、侧柏属、黄檗属、栀子属、杜仲属和梓

树属9项林业植物新品种测试指南标准正式发布。截至2022年年底，已完成79项测试指南标准制定，其中国家标准13项、林业行业标准66项，这些标准的实施为进一步提升林草植物新品种的授权质量和审查测试能力提供了有力支撑。
　　　　　（段经华　杨瑷铭）

**【林业植物新品种国际测试指南编制工作】**　6月，在国际植物新品种保护联盟（UPOV）第54届观赏植物和树木工作组会议上，银杏国际测试指南获UPOV批准立项，将由中国专家牵头编制。由中国专家牵头编制的枸杞属测试指南（第二稿）、木兰属测试指南（第三稿）广泛征询专家意见，在UPOV技术工作组会议上对国外专家提出的修改建议进行了交流和答复。7月，国家林草局科技中心在银川召开枸杞属国际测试指南研制项目协调推进会，通报UPOV技术工作组会议讨论情况，研究提出下一步工作方案。截至2022年年底，中国专家共牵头承担了山茶属、牡丹、丁香属、核桃属、木兰属、枸杞属和银杏7项国际测试指南标准制定，已完成山茶属、牡丹、丁香属、核桃属4项并由UPOV发布实施，进一步提升了林草植物新品种国际标准话语权。
　　　　　（段经华　杨瑷铭）

表15-11　2022年发布的林业植物新品种测试指南标准

| 序号 | 标准号 | 标准名称 | 发布日期 |
|---|---|---|---|
| 1 | LY/T 3334—2022 | 植物新品种特异性、一致性、稳定性测试指南 木麻黄属 | 20221130 |
| 2 | LY/T 3335—2022 | 植物新品种特异性、一致性、稳定性测试指南 李属—樱花 | 20221130 |
| 3 | LY/T 3336—2022 | 植物新品种特异性、一致性、稳定性测试指南 金丝桃属 | 20221130 |
| 4 | LY/T 3337—2022 | 植物新品种特异性、一致性、稳定性测试指南 金缕梅属 | 20221130 |
| 5 | LY/T 3338—2022 | 植物新品种特异性、一致性、稳定性测试指南 侧柏属 | 20221130 |
| 6 | LY/T 3339—2022 | 植物新品种特异性、一致性、稳定性测试指南 黄檗属 | 20221130 |
| 7 | LY/T 3340—2022 | 植物新品种特异性、一致性、稳定性测试指南 栀子属 | 20221130 |
| 8 | LY/T 3341—2022 | 植物新品种特异性、一致性、稳定性测试指南 杜仲属 | 20221130 |
| 9 | LY/T 2286—2022 | 植物新品种特异性、一致性、稳定性测试指南 梓树属（代替标准LY/T 2286—2014） | 20221130 |

## 林草生物安全管理

【林草转基因工程活动】 2022年，组织专家分别在广西南宁、山东青岛和福建福州对转基因赤桉、'南林895'杨和麻竹中间试验3项申请进行安全性评价，对广西林科院、青岛农业大学和福建农林大学等申请单位下发4项行政许可决定。

【林木转基因安全性监测】 2022年，贯彻落实《中华人民共和国生物安全法》，对国家林草局许可的转基因林木试验进行6批次长期监测，委托科研单位科学评价转基因林木的遗传稳定性和生态适应性，常态化跟踪监测转基因林木对生态环境的影响，加强对林木转基因试验的安全管理，切实保障林木转基因生物安全。

【防范外来物种入侵工作】 委托相关单位继续做好林草外来物种调查与研究及外来有害植物风险评价及信息平台建设。为国家生物安全保护与决策提供科学依据。

（林草生物安全管理由马梅、杜冉供稿）

## 林草遗传资源保护与管理

【林草遗传资源多样性评价】 新增11项林草遗传资源遗传多样性调查与评价项目，同时继续支持2021年委托的10个项目，涉及中国珍贵硬皮树种赤皮青冈、名贵香料沉香木、特有濒危植物血皮槭等珍稀、特有主要造林树种、草种的遗传资源，通过调查掌握遗传资源种类分布及收集、保存情况，研究提出遗传资源保护措施，挖掘特色基因并进行功能鉴定，明确遗传资源下一步开发和利用方向，为优良新品种选育提供特色育种材料。

（林草遗传资源保护与管理由马梅、杜冉供稿）

## 森林认证

【森林认证制度建设】 2022年6月，完成森林认证标委会换届工作，第三届森林认证标委会由33位委员组成，中国工程院张守攻院士担任主任委员。7月，国家林草局科技司、科技中心联合印发《森林认证领域标准体系》，最新版森林认证标准体系由基础通用类和认证实践类两类标准组成。经国家标准委发布，正式批准《中国森林认证 森林碳汇》标准（20220800—T—432）列入2022年碳达峰碳中和国家标准专项计划及外文版计划。正式发布《中国森林认证 竹林经营》（GB/T 41546—2022），完成《中国森林认证 自然保护地资源经营》（LY/T 3342—2022）、《中国森林认证 非木质林产品经营认证审核导则》（LY/T 2274—2022）、《中国森林认证 竹林经营认证审核导则》（LY/T 2276—2022）、《中国森林认证 产销监管链认证审核导则》（LY/T 2281—2022）、《中国森林认证 产销监管链认证操作指南》（LY/T 2282—2022）5项行业标准的报批和发布工作。截至2022年年底，中国森林认证领域已发布并现行有效国标4项、行标28项。

【森林认证试点示范】 2022年，国家林草局科技中心共组织实施森林认证项目12项，开展国家储备林可持续经营认证模式研究建设工作，在山西中条山林管局、云南卫国林业局持续推进天然林保护修复认证试点工作，认证面积超过20万公顷。组织开展森林认证技术规范研究、测试、标委会管理、互认能力建设工作，在阿克苏地区柯柯牙开展森林经营和非木质林产品认证实践工作，在湖南开展竹林经营认证及竹林认证与竹林碳汇能力建设试点工作，在陕西韩城开展花椒非木质林产品认证试点研究工作、在黑龙江大兴安岭等地积极开展非木质林产品认证工作，在江苏泗阳开展木材生产加工企业产销监管链认证实践工作。

【森林认证创新联盟】 2022年9月，为进一步推动新时期森林认证工作，国家林草局科技中心指导成立"森林认证国家创新联盟"（简称"联盟"）。联盟是一个集多行业、多领域、多学科优势的综合性平台，以推动森林可持续经营，服务国家战略为目标，运用"联+盟"式运作机制，集合各方力量，创新发展模式，从市场化、辅助性层面，进一步推动和引导规范森林可持续经营、林草产业转型升级与绿色消费，发挥森林认证的制度优势，构建林产品精准溯源体系，践行生态产品价值实现新机制，助力绿色发展和美丽乡村建设，服务"双碳"目标和生态文明建设。截至2022年年底，联盟有76家成员单位，包括森林经营单位、林产品生产加工企业、销售平台、第三方机构、金融机构、行业协会、科研机构、高校、地方政府部门等。重点工作包括：提升公众意识，服务绿色发展；拓展认证范围，提升服务能力；发挥协同优势，创新发展模式；推动结果采信，培育认证市场；以需求为导向，助力成员发展；推广中国标准，贡献中国方案。

（森林认证由于玲、张嘉伟供稿）

张守攻院士被聘为森林认证国家创新联盟专家委员会主任委员

（张嘉伟、黄松林 摄）

# 林草智力引进

【派出线上因公出国（境）培训团组】 国家林草局作为首批线上出国（境）培训试点的中央国家机关单位之一，获批并成功举办英国林草种子生物学与种质资源保持技术线上出国（境）培训团组，聘请英国皇家植物园邱园千年种子库的顶级专家团队为培训班授课，来自全国林草行业管理部门、科研院所以及涉林草高校等300多人参加培训，此次培训影响力大、覆盖面广，是疫情下进行国际学术培训的一次创新尝试。 （蔡天娇）

【申报2022年度中国政府友谊奖】 国家林草局推荐的澳大利亚籍国际湿地知名专家科林·麦克斯韦·芬列森尔获得2022年度中国政府友谊奖。该专家在《湿地公约》第十四届缔约方大会展示湿地科技成果方面作出积极贡献。 （蔡天娇）

【申报2022年度国家外国专家项目工作】 围绕解决林草突出重点、难点问题，引进高精尖外国专家，组织申报2022年度国家外国专家项目，获批8项；执行2021年度批复的两年期国家外国专家项目7项，通过线上、线下相结合的方式聘请专家88人次，聘请专家17人。 （蔡天娇）

【国家引才引智示范基地管理工作】 克服疫情不利影响，帮助确需来华的加拿大籍外国专家到国家引才引智基地中国林科院林产化学工业研究所指导工作。通过与科研人员面对面探讨交流，对中国竹材制浆及其资源化利用过程中存在的亟待解决问题，提出了解决路径和方法。 （蔡天娇）

【公派留学项目申报工作】 申报各类公派留学项目4批次，获批16人。 （柳玉霞）

# 16

# 林草
# 对外开放

# 重要外事活动

【签署中新大熊猫保护合作谅解备忘录】 2022年1月30日，国家林业和草原局和新加坡贸易与工业部通过邮件交换的形式正式签署了《关于促进大熊猫保护合作的谅解备忘录》，并作为北京冬奥会期间习近平主席会见新加坡总统哈莉玛的成果文件公布。 （颜 鑫）

【"中法国家公园品牌建设"线上研讨会】 5月18日，为落实中法双方签署的《关于自然保护领域合作的谅解备忘录》，国家林业和草原局与法国生物多样性局共同召开"中法国家公园品牌建设"线上研讨会，分享交流了法国国家公园品牌"国家公园之精神"建设经验及中国国家公园品牌建设规划等。 （何雨可）

【两项林草内容纳入全球发展高层对话会成果清单】 6月24日，全球发展高层对话会在金砖国家领导人第十四次会晤期间举行。会议以"构建新时代全球发展伙伴关系，携手落实2030年可持续发展议程"为主题展开深入讨论，并达成广泛共识。会议发布了32项全球发展高层对话会成果清单，其中涉林草两项，分别是中国将同国际竹藤组织共同发起"以竹代塑"倡议，减少塑料污染，应对气候变化；建立全球森林可持续管理网络，促进生态系统保护和林业经济发展。 （郑思贤）

【中新迁徙水鸟及其栖息地保护合作对话启动】 为庆祝中国与新西兰建交50周年，7月27日，国家林业和草原局以视频方式与新西兰资源保护部共同举办了中新迁徙水鸟及其栖息地保护合作对话启动仪式暨中新迁徙水鸟保护研讨会。

中新双方就迁徙水鸟及其栖息地各自保护情况、实地保护工作进展、未来合作计划进行了深入交流。双方积极评价启动中新迁徙水鸟及其栖息地保护合作对话的重要意义，高度赞赏中新迁徙水鸟及其栖息地保护成效及合作成果，表达了继续在政府部门和科研机构等层面开展全方位迁徙水鸟保护政策对话、技术研讨和务实合作的积极意愿。 （徐 欣）

【出席第五届亚太经合组织林业部长级会议】 8月23—25日，中国林业和草原代表团赴泰国清迈出席第五届亚太经合组织（APEC）林业部长级会议，外交部和中国驻泰国使馆派员参加。会议围绕"开放、联通、平衡"这一主题，就"通过森林资源管理实现可持续发展"和"合法林产品贸易"等议题进行了深入交流，会后发布了主席声明。

中方在发言中表示，中国是APEC林业部长级会议的倡议方和首届会议的举办方，始终积极推动并建设性地参与历届会议；建议根据《2040年APEC布特拉加亚愿景》和《APEC奥特奥罗亚行动计划》要求，继续发挥APEC林业部长级会议的作用，加强亚太地区林业高层政策对话和务实合作，推动亚太区域乃至全球森林保护、恢复和可持续管理。

会议期间，代表团与泰国、俄罗斯等代表团进行了双边交流，实地调研了亚太森林组织资助的"泰国基于生物多样性保护和自然教育中心的城市林业示范项目"。 （肖望新）

【支持蒙古国"种植10亿棵树计划"并推进中蒙荒漠化防治合作】 4月25日，中国国家林业和草原局与蒙古国环境和旅游部召开中蒙林业工作组第二次荒漠化防治专题会议，蒙古环境和绿色发展政策总统顾问参会，双方进一步探讨了支持蒙古"种植10亿棵树计划"和中蒙荒漠化防治合作有效路径。11月，中国国家林业和草原局与蒙古国环境和旅游部通过邮件交换的形式正式签署《关于干旱风险预防、荒漠化缓解和草原恢复的合作意向书》，双方将在意向书框架下推进中蒙荒漠化防治合作，并探讨建立相关合作研究中心。11月21—25日，国家林业和草原局国际合作司、中国林科院生态保护与修复研究所以视频授课的方式举办蒙古土地退化与荒漠化防治技术培训班。此次培训班内容涵盖中国荒漠化防治的总体方案与实践、人工智能在荒漠化监测中的应用和实践等，旨在积极支持蒙方"种植10亿棵树"计划，同蒙方开展防治荒漠化防治合作。 （颜 鑫）

【出席联合国粮农组织林业委员会第26次会议】 10月3—7日，联合国粮农组织林业委员会第26次会议在意大利罗马举行。中国国家林业和草原局代表团出席会议，并在开幕式上介绍了中国生态文明建设和林业、草原、国家公园融合发展的思路、理念和做法，现场引发积极反响。各成员国围绕如何建设一个更好的疫情后绿色世界积极贡献各自的智慧和方案。

会议期间，中国国家林草局代表团拜会了联合国粮农组织总干事屈冬玉，双方回顾了在全球森林资源评估和全球环境基金项目等方面的成功合作，就今后双方在林草碳汇、湿地保护和国际组织派员及宣介中国林草方案等领域的合作交换意见，达成积极共识。此外，代表团还应约会见了相关国家和国际组织代表团，并展开研讨交流。

联合国粮农组织林业委员会会议每两年召开一次。此次会议是新冠病毒疫情暴发后首次以线下方式召开，来自100多个国家的代表出席会议。 （郑思贤）

【赴瑞士日内瓦筹备《湿地公约》第十四届缔约方大会】 10月5—13日，由国家林业和草原局与湖北省武汉市组成的中国林草代表团赴瑞士日内瓦筹备《湿地公约》第十四届缔约方大会。

代表团拜会了中国常驻日内瓦代表团陈旭大使，介绍了相关筹备工作进展，并就下一步筹备工作有关事项与陈旭大使进行了深入的交流。陈旭大使表示将全力配合大会的筹备工作，派员全程参加大会相关活动。

代表团与《湿地公约》秘书长穆松达·蒙巴等秘书处人员举行了工作会谈，就大会筹备相关事项进行了充分沟通和协商。蒙巴秘书长表示将继续与中方相互支持配合，共同办好大会，为全球湿地保护作出积极贡献。常驻日内瓦代表团沈艳杰参赞参加会谈。

代表团还实地调研了日内瓦国际会议中心，就开幕式、高级别会议和展览等场地以及相关活动安排等与国际会议中心和《湿地公约》秘书处相关负责人进行会商。

（郑思贤）

【中卡大熊猫合作研究顺利落地】10月19日，大熊猫"四海"和"京京"乘专机抵达卡塔尔首都多哈。根据中卡大熊猫保护研究合作协议，两国将开展为期15年的大熊猫合作研究。这是中东地区迎来的首对大熊猫。11月17日，在卡塔尔世界杯开赛前夕，大熊猫"四海"与"京京"正式同当地民众见面，卡塔尔首相兼内政大臣哈立德为熊猫馆揭牌。

（余　跃）

【出席新西兰驻华使馆举办的"第二届东亚—澳大利西亚迁飞路线之友"招待会】10月31日，应新西兰驻华大使傅恩莱邀请，国家林业和草原局派员出席新西兰驻华使馆举办的"第二届东亚—澳大利西亚迁飞路线之友"招待会并致辞。

（陈　琳）

【《湿地公约》第十四届缔约方大会开幕式在武汉举行】11月5—13日，《湿地公约》第十四届缔约方大会以线上线下结合的方式召开，在中国武汉设主会场，在瑞士日内瓦设分会场。会议主题为"珍爱湿地，人与自然和谐共生"，共有142个缔约方和有关国际组织的950多名代表参会。习近平主席在大会开幕式上发表题为《珍爱湿地　守护未来　推进湿地保护全球行动》

的视频致辞，提出了推进湿地保护全球行动的重要主张，阐述了中国建设湿地类型国家公园、实施全国湿地保护规划和重大工程、建设"国际红树林中心"、支持举办全球滨海论坛会议等重大举措，产生热烈反响。

武汉主会场举行了大会开幕式、部级高级别会议、成就展、东道国活动等近30场线上线下活动，简约精彩的开幕式，以东湖、沉湖等为重点的湿地考察，体现了中国气派、荆楚特色、武汉风韵。日内瓦分会场举行了全体会议、常委会会议、主席团会议、闭幕式等90多场线上线下活动。大会期间，各国代表和联合国相关机构专家审议了《湿地公约》2025—2030年战略框架决议，引领公约发展方向；讨论在中国设立"国际红树林中心"，将其作为全球红树林保护和国际合作的重要基地。

11月6日上午，中国履行《湿地公约》三十周年成就展在武汉举办揭幕仪式，展示中国湿地保护取得的历史性成就，为全社会搭建关注湿地的重要平台和窗口。11月10日，《湿地公约》秘书处向包括中国的安徽合肥、山东济宁、重庆梁平、江西南昌、辽宁盘锦、湖北武汉、江苏盐城在内的13个城市颁发国际湿地城市证书，这是城市湿地在生态保护领域的最高荣誉。

《湿地公约》是致力于湿地生态系统保护和合理利用的政府间协定，于1971年2月在伊朗拉姆萨尔签署。截至2022年年底，湿地公约已有172个缔约方。此次是中国首次承办《湿地公约》缔约方大会。

（郑思贤）

【国际竹藤组织成立二十五周年志庆暨第二届世界竹藤大会在北京举行】11月7—8日，由中国国家林业和草原局与国际竹藤组织共同主办的国际竹藤组织成立二十五周年志庆暨第二届世界竹藤大会在北京举行。该届大会以"竹藤——基于自然的可持续发展解决方案"为主题，旨在推动竹藤产业健康发展、助力实现碳中和目标，探索竹藤发展新机遇，打造竹藤对话新平台。大会开幕式上启动了"以竹代塑"倡议，并举办了大使对话、特邀报告和36场平行会议等系列活动。来

自国际竹藤组织成员国、有关国际组织和非政府组织，以及科研院所、高校、企业界的代表参会，对加强各方合作，推进"以竹代塑"行动，共建清洁美丽世界具有重要意义。

开幕式上，全国人大常委会副委员长曹建明宣读习近平主席贺信并致辞。喀麦隆总统保罗·比亚、厄瓜多尔总统吉列尔莫·拉索、埃塞俄比亚总统萨赫勒·沃克·祖德、联合国副秘书长李军华、联合国粮农组织总干事屈冬玉、联合国工业发展组织总干事格尔德·穆勒、国际农业发展基金总裁阿尔瓦罗·拉里奥七位政要及国际组织负责人以视频形式向大会致辞。国家林草局局长关志鸥，国际竹藤组织理事会主席国政府代表、喀麦隆驻华大使马丁·姆巴纳，国际竹藤组织董事会联合主席江泽慧作了发言。曹建明、关志鸥、江泽慧分别代表中国政府、国际竹藤组织共同发布"以竹代塑"倡议。喀麦隆、厄瓜多尔、埃塞俄比亚、巴拿马等国家驻华大使及联合国粮农组织驻华代表参加大使对话，就"以竹代塑"议题发表观点。国际竹藤组织董事会联合主席、国际木材科学院院士江泽慧，中国工程院院士尹伟伦，联合国粮农组织高级林业官员克里斯托夫·贝萨西耶，荷兰代尔夫特理工大学博士巴勃罗·范德卢特四位专家作了特邀报告。有关国家驻华使馆、国际组织在华机构、全国人大、全国政协和外交部、财政部、国家发展改革委、科技部、自然资源部、国合署有关负责人等近100人出席线下活动。

国际竹藤组织成立于1997年，是第一个总部设在中国的政府间国际组织，也是全球唯一一家专门致力于竹藤可持续发展的国际机构，2017年成为联合国大会观察员。截至2022年年底，国际竹藤组织共有49个成员国和4个观察员国，广泛分布在非洲、亚洲、美洲和大洋洲，总部设在中国北京，在喀麦隆雅温得、厄瓜多尔基多、埃塞俄比亚亚的斯亚贝巴、加纳阿克拉和印度新德里设有5个区域办事处。

（何金星）

【联合国粮农组织新任林业负责人吴志民赴罗马上任】12月5日，

国家林草局湿地管理司原司长吴志民赴意大利罗马就任联合国粮农组织林业司司长，将在未来四年协调全球林业事务。

近年来，随着中国特色大国外交的全面推进，林草参与全球生态治理、推动生态外交的作用日益凸显。在中组部和外交部等支持帮助下，国家林业和草原局已有多名人员在《联合国防治荒漠化公约》、联合国森林论坛秘书处、国际竹藤组织、亚太森林组织等涉林国际组织和机构任职，履行国际义务、展现负责任大国担当。　（毛　锋）

# ▶ 对外交流与合作

【2022年"澜湄周"活动】　在"澜湄周"期间举办了2022年林业合作"澜湄周"活动暨澜湄国家林业合作项目研讨会、油茶资源调查项目交流启动会并与泰国皇家林业局召开澜湄合作人才培养交流会等系列活动，宣介澜湄合作成果。
　（颜　鑫）

【推进大熊猫保护研究国际合作项目】　指导中国动物园协会与日本和歌山县白浜野生动物园签署大熊猫合作研究延期协议，将大熊猫"良浜""枫浜"的在日时间延长至2025年。妥善应对神户大熊猫"爽爽"病情，指导中日双方专家就诊治护理保持技术交流合作。组织中国野生动物保护协会、中国大熊猫保护研究中心等单位与俄罗斯莫斯科动物园举行大熊猫保护繁育线上研讨会，就大熊猫繁育、竹子种植及供给等问题交换意见。完成中韩大熊猫项目中期评估。
　（吴　青）

【"中德非自然保护三方合作项目"赞比亚实施小组第二次会议】　于2月17日以视频形式召开，会议回顾了赞比亚实施小组工作进展、保护地评估情况，交流了2022年工作计划等。　（何雨可）

【中英合作国际林业投资与贸易项目二期指导委员会第三次会议】　于3月1日以视频形式召开，会议听取了各项目执行方的项目二期进展报告，介绍了2022年工作计划及项目预算等。　（何雨可）

【"中德非自然保护三方合作项目"纳米比亚实施小组第一次会议】　于3月2日以视频形式召开，会上讨论并通过了2022年工作计划，就在《生物多样性公约》第十五次缔约方会议第二阶段会议期间举办配套活动进行了探讨。　（何雨可）

【"中欧生物多样性基金项目"2022年度战略和监测年会】　6月10日，由欧盟出资、法国开发署具体执行的"中欧生物多样性基金项目"2022年度战略和监测年会以视频形式召开。会议回顾了2022年项目实施进展，讨论了下一年度工作计划。
　（何雨可）

【中国－俄罗斯候鸟保护工作组第三次会议】　于4月7日以视频会议方式召开。中国国家林业和草原局野生动植物保护司副司长万自明与俄罗斯自然资源与生态部下属监察局局长环境管理顾问汉米尔诺夫共同主持了会议。会议审议了2018—2020年中俄候鸟及其栖息地保护合作计划执行情况，讨论了2022—2023年中俄候鸟及其栖息地保护合作计划，并磋商了俄罗斯朱鹮种群恢复合作事宜。　（吴　青）

【中英合作国际林业投资与贸易项目二期指导委员会第四次会议】　于9月16日以线下形式召开，会议听取了各项目进展情况，介绍了二期结束后的过渡期工作计划及预算安排等。　（何雨可）

【中德林业工作组第八次会议召开】　9月19日，中德林业工作组第八次会议以视频形式召开。会议交流了2021年11月第七次工作组会议以来两国林业领域的最新发展，回顾了中德林业政策对话平台及中德合作山西森林可持续经营示范林场建设项目实施情况，就推动开展二期合作达成原则共识。双方还就联合国森林论坛、林业推动实现联合国可持续发展目标、打击木材非法采伐及相关贸易等议题深入交换了意见。
　（何雨可）

【"中德非自然保护三方合作项目"指导委员会第一次会议】　于9月23日以视频方式召开，会议回顾了整体项目目标，各指委会成员就项目实施情况和下一步工作计划进行交流。
　（何雨可）

【"中法生物多样性监测及数据管理"研讨会】　9月28日，国家林业和草原局与法国生物多样性局共同召开"中法生物多样性监测及数据管理"线上研讨会，双方分享了生物多样性监测技术现状、未来趋势，介绍了监测数据的采集、集成、管理及具体应用等。　（何雨可）

【落实《中华人民共和国政府与俄罗斯联邦政府关于兴凯湖自然保护区协定》中俄混合委员会第三次会议】　2022年10月28日，落实《中华人民共和国政府与俄罗斯联邦政府关于兴凯湖自然保护区协定》中俄混合委员会第三次会议以视频会议方式召开。中国国家林业和草原局国际合作司二级巡视员许强兴与俄罗斯自然资源和生态部自然保护地发展国家政策与调节司副司长切尔托夫·阿尔图尔·符拉基斯拉沃维奇共同主持了会议。会议审定了双方落实协定进展情况，讨论了在兴凯湖流域开展鸟类保护、研究、监测领域合作，同意各自开设兴凯湖自然保护区旅游网页，共同开展兴凯湖宣教活动，并讨论通过了2022—2024年工作计划。　　（吴　青）

【"中德非自然保护三方合作项目"纳米比亚实施小组第二次会议】　于11月29日以视频形式召开，会议回顾了纳米比亚实施小组工作进展，介绍了2023年3月项目二期结束前的工作计划，探讨了二期结束后就未实施内容继续开展合作的可能性。
　　（何雨可）

【中德合作"山西森林可持续经营技术示范林场建设"项目指导委员会第四次会议】　于12月13日以视频形式召开。会议听取了项目实施进展报告，总结了项目技术成果和经验，就项目一期结束后设置12个月的过渡期及继续开展二期合作达成原则共识。　　（何雨可）

【参加法国生物多样性局组织召开的"自然保护地管理机构国际论坛"】　12月15日，在加拿大蒙特利尔召开的《生物多样性公约》第十五次缔约方大会（COP15）第二阶段会议期间，中国国家林业和草原局代表团参加了法国生物多样性局组织的第二届"自然保护地管理机构国际论坛"，介绍了中国在生物多样性保护方面的进展及成就，分享了中国以国家公园为主体的自然保护地体系建设进展。法国、英国、加拿大、墨西哥、欧盟等多个国家及地区保护地管理机构也派员参会。　　（何雨可）

【国际人才培养】　2022年9—12月，国家林业和草原局第六期国际合作和外语应用能力培训班在上海外国语大学举办，各有关司局、直属单位的12名干部参加了培训班，强化了国际合作和外语应用能力，提升了跨文化沟通能力和国际理解能力。

成功推荐一人参加2023年度韩国"全球环境政策未来领军人硕士学位项目（MGLEP）"，接受学位教育。推荐2人赴韩参加2022年度韩国国家公园友谊项目，开展国家公园领域交流。　　（吴　青）

# 重要国际会议

【参加亚太经合组织打击木材非法采伐及相关贸易专家组第二十一次会议】　2月14—15日，亚太经合组织（APEC）打击木材非法采伐及相关贸易专家组（EGILAT）第二十一次会议以视频形式召开，国家林业和草原局派团参加会议。会议交流了APEC经济体在打击木材非法采伐及相关贸易方面的最新进展，肯定了2019—2021政策议题的成果，讨论了未来两年新的政策议题（2022—2024）"促进合法采伐林产品贸易和流通：探索木材合法性框架"，并支持泰国举办第五次APEC林业部长级会议的具体方案。
　　（陈　琳）

【参加《濒危野生动植物种国际贸易公约》第74次常委会会议】　3月7—11日，《濒危野生动植物种国际贸易公约》第74次常委会会议在法国里昂召开。中国组织由驻法使馆组成的前方代表团，以及由国家林业和草原局、外交部、公安部、农业农村部等有关部门和单位组成的后方代表团出席。会议共设置89项议题，综合议题包括议事规则、战略愿景、遵约与执法、财政事务等，物种议题涉及象、犀、穿山甲、赛加羚羊、石首鱼、大型猫科动物、热带木材和兰科植物等。会前，前后方代表团人员多次召开专题会议，深入研究各项议题，认真分析文件背景，妥善提出中国立场和观点。会议期间，后方代表团根据谈判形势随时调整发言提纲，丰富发言内容，采取"后方支持前方、前后方协同作战"的与会模式，有力维护了包括中国在内的亚洲国家权益，为在巴拿马召开的第十九次缔约方大会奠定了基础。
　　（何金星）

【《联合国防治荒漠化公约》第十五次缔约方大会在阿比让召开】　5月9—20日，《联合国防治荒漠化公约》第十五次缔约方大会（COP15）在科特迪瓦经济首都阿比让召开。此次缔约方大会主题为"土地、生命、传承：从匮乏到富足"，共设置土地退化零增长、履约国家报告、干旱、土地保有权、全球环境基金等国际机构为全球荒漠化防治事业融资等几十项议题并通过相关国际法决议。中国组织由驻科使馆组成的前方代表团，以及由国家林业和草原局、外交部、国家气象局、中国农业大学、北京林业大学有关部门和单位组成的后方代表团共同出席会议。

当地时间5月9日，习近平主席特别代表、国务委员兼外交部部长王毅在北京以视频方式出席干旱与土地可持续治理领导人峰会并致辞。此次峰会是《联合国防治荒漠化公约》第十五次缔约方大会高级别部分，由科特迪瓦主办，通过了《阿比让倡议》。科特迪瓦总统瓦塔拉主持会议，十余位国家领导人出席并致辞。　　（廖　菁）

【参加《湿地公约》第59次常委会第二阶段会议】　5月23—27日，《湿地公约》常委会第59次会议第二阶段会议在位于瑞士格兰德的《湿地公约》秘书处所在地召开，由国家林业和草原局、外交部、北京林业大学、常驻日内瓦代表团等有关部门和单位组成的中国代表团采用线上线下相结合方式参会。国家林业和草原局作为常委会COP14工作组组长，通过视频连线主持工作组会议；其他议题由中国常驻日内瓦代表团线下参会，代表团收看直播。

会议由常委会主席国阿联酋主持，来自18个国家及部分联合国附属机构的200余名代表参加了会议。会议共设置30项议程及1项临时闭门会议，主要议题包括审议秘书长报告、COP14工作组报告、战略工作组报告、效率工作组报告、财务报告、管理工作组报告及决议草案，并讨论了因俄乌冲突导致国际重要湿地受到影响等议题。会上还评选了湿地公约奖和湿地城市名单，并最终形成38项决定。

（何金星）

【参加亚太经合组织打击非法采伐及相关贸易专家组第二十二次会议】　8月21—22日，亚太经合组织（APEC）打击木材非法采伐及相关贸易专家组（EGILAT）第二十二次会议以视频形式召开，国家林业和草原局派团参加会议。会议交流了打击非法采伐及相关贸易工作进展，介绍了政策议题"促进合法采伐林产品贸易和流通：探索木材合法性框架"的实施计划和最新进展，审议通过了专家组2023—2027多年期战略规划，听取了泰国对第五次APEC林业部长级会议筹备情况的介绍。

（陈琳）

【《濒危野生动植物种国际贸易公约》第十九届缔约方大会】　11月14—25日，《濒危野生动植物种国际贸易公约》第十九届缔约方大会在巴拿马共和国巴拿马城召开，共有各缔约方代表以及政府间国际组织和非政府组织的观察员等超2000人参加，重点讨论52项物种提案和91项政策议题。中国政府代表团由国家林业和草原局、外交部、公安部、农业农村部、海关总署、中国科学院、驻巴拿马使馆和香港渔农自然护理署组成。

11月13日，中国作为常委会副主席国派员参加CITES第75次常委会会议，主要研究了CITES第十九届缔约方大会的相关安排，审议了老挝等国的遵约事宜、CITES合法和非法贸易年度报告的准备及提交指南、人工繁育动物物种的贸易回顾以及加利福尼亚湾石首鱼、非洲狮的贸易等事宜。

大会开幕当天，中国打击野生动物非法贸易最佳实践边会召开。中国国家林草局代表系统介绍了中国在法律法规建设、部门协调配合、日常执法监管、联合打击行动、国际执法合作、宣传教育培训等方面的工作，分享了藏羚羊保护执法成果，敦促其他国家完善国内立法、提高执法能力、加强执法合作、全链条打击野生动植物犯罪。中国野生动物保护协会介绍了与非政府组织合作在华开展的相关宣传教育和能力建设活动。

此次边会由中国国家濒危物种进出口管理办公室和世界自然基金会联合主办，是中国政府首次在重大国际会议上举办打击野生动植物非法贸易相关会议，意在展示中国执法相关措施和成效，分享中国成功经验，推动强化国家间执法交流合作，积极构建地球生命共同体。

（廖菁）

# 国际金融组织合作

【综述】　2022年，国际金融组织贷款项目立足于服务国家生态文明建设和林草保护与发展，以长江经济带大保护、黄河流域生态保护、绿色"一带一路"建设为重点，坚持统筹新冠病毒疫情防控和重点合作业务，线上、线下活动有机结合，各项工作取得积极进展。

国际金融组织项目合作　强化规范指导，管好在建贷赠款项目。世界银行、欧洲投资银行联合贷款"长江经济带珍稀树种保护与发展项目"和全球环境基金赠款"中国森林可持续管理提高森林应对气候变化能力项目"实施进展顺利。加强组织协调，推动待建项目筹备工作。欧洲投资银行贷款"黄河流域沙化土地可持续治理项目"准备工作取得阶段性进展；亚洲开发银行贷款"丝绸之路沿线地区生态治理与保护项目"和全球环境基金赠款"长江经济带生物多样性就地保护项目"获批。深化合作交流，与世界银行、欧洲投资银行等机构保持密切沟通，协商开展新项目合作。

（汪国中）

【全球环境基金赠款"中国森林可持续管理提高森林应对气候变化能力项目"签订项目实施运营合作伙伴补充协议】　1月，国家林草局合作中心与联合国粮食及农业组织（FAO）签订项目实施运营合作伙伴补充协议。实施方由国家林草局原世界银行贷款项目管理中心变更为国家林草局国际合作交流中心，实施方授权官员、账户名称相应进行变更。

（钱腾）

【全球环境基金赠款"中国森林可持续管理提高森林应对气候变化能力项目"召开项目指导委员会会议】　4月，全球环境基金赠款"中国森林可持续管理提高森林应对气候变化能力项目"召开2022年度项目指导委员会会议，调整并组建新

一届项目指导委员会成员，审议通过项目年度工作计划、采购计划和经费预算。　　　　（钱　腾）

【世界银行检查组对世界银行贷款"长江经济带珍稀树种保护与发展项目"进行中期评估】　5月11—13日，世界银行检查组对世行贷款"长江经济带珍稀树种保护与发展项目"开展中期评估，重点评估项目中期实施进展和指标完成情况。检查组对项目省实施情况表示充分肯定。　　　　　　　　（于　一）

【世界银行和欧洲投资银行联合融资"长江经济带珍稀树种保护与发展项目"管理培训暨经验交流会】10月11日，国家林草局合作中心组织安徽、江西、四川3省召开世界银行和欧洲投资银行联合融资"长江经济带珍稀树种保护与发展项目"管理培训暨经验交流会，世行和欧投行官员参加此次会议并分别介绍贷款政策，会上还进行了相关技术培训。　　　　　　　（于　一）

【全球环境基金赠款"加强长江经济带生物多样性就地保护项目"获批】　12月，全球环境基金（GEF）秘书处主席致函世界自然保护联盟（IUCN）代表，批准中国国家林草局合作中心与IUCN共同申报的"加强长江经济带生物多样性就地保护"子项目，核准GEF赠款资金3302752美元，子项目将在四川、江西和安徽3省关键保护地开展生物多样性就地保护。
　　　　　　　　　　　（钱　腾）

【亚洲开发银行贷款"丝绸之路沿线地区生态治理与保护项目"正式谈判签约】　12月19日，财政部与亚洲开发银行授权代表正式签署"丝绸之路沿线地区生态治理与保护项目"贷款协定。该项目批准贷款为1.97亿美元，贷款期限为25年。
　　　　　　　　　　　（钱　腾）

# 民间国际合作与交流

【综　述】　2022年，林草民间交流合作立足于服务国家外交大局和林草保护与发展，以履行《联合国森林文书》、拓展绿色"一带一路"建设、规范境外非政府组织合作为重点，坚持统筹新冠病毒疫情防控和重点合作业务，线上、线下活动有机结合，相关工作取得积极进展。

履行《联合国森林文书》　组织安排局领导视频会见联合国森林论坛（UNFF）新任秘书长，进一步促进与UNFF秘书处的良好合作关系；圆满完成第十七届会议参会任务，深入参与会议决议磋商，提出中国主张，妥善处理敏感议题；坚守中方底线，稳慎处理"全球森林资金网络办公室落户北京"谈判核心问题；扎实推进履行《联合国森林文书》示范单位建设，加强项目管理，向国际社会展示中国履约最佳实践；以"国际森林日"为抓手，指导支持各示范单位积极开展科普宣教，提升履约影响力。

民间合作和"一带一路"项目建设　巩固中日民间绿化合作，推进山东单县和黑龙江大庆项目顺利实施。协调欧盟、德国复兴银行启动实施绿色促进贷款技术援助基金对话专题项目。与外交部欧洲司和中国花卉协会共同推进英国曼彻斯特桥水花园"中国园"项目。巩固与非洲国家公园网络、瑞典家庭林主联合会、大森林论坛等组织的交流。开展林草援外培训评价工作。

境外非政府组织监管与合作　贯彻落实《境外非政府组织境内活动管理法》和国家林草局相关指南，完善工作机制，强化关键环节和重点项目监管，组织开展40次专家评估论证；引导境外非政府组织针对林草重点业务有序开展务实合作，向青海、江西等省捐赠90辆巡护摩托车、50套巡护设备，支持国家公园等保护区巡护，开展野生动物保护宣传和提高保护区能力培训，全力支持《湿地公约》等涉林公约缔约方大会。　　　　　　　（汪国中）

【2021年履行《联合国森林文书》示范单位建设项目评审会】　于2月16—17日以线上线下相结合的形式召开。由国家林草局合作中心、履约专家组和财务专家组成的项目评审组对北京市西山试验林场管理处等7家履约示范单位实施的2021年度履约项目进行评审。评审结果显示，7家单位均能按项目合同要求完成项目任务，实现了预期成果。
　　　　　　　　　　　（吴　凝）

【2022年履行《联合国森林文书》示范单位建设项目立项评审会】于2月17日召开。由履约专家组成员组成的评审组对云南双江等8个示范单位提交的项目申请进行了认真评审，从项目目标、项目内容、工作方法、项目预算、项目成果等五个方面共12个小项对申请书进行打分。根据评审结果和项目资金情况，合作中心最终明确2022年拟委托河北塞罕坝机械林场等4家单位实施项目。　　　　　（郭瑜富）

【2022年"国际森林日"宣传活动】于3月21—27日举行。根据疫情防控要求，国家林草局合作中心围绕"国际森林日"主题"森林与可持续生产和消费"，在国家林草局机关播放"国际森林日"宣传幻灯片，展示宣传图，并组织各示范单位因地制宜开展庆祝宣传活动，增进林业

系统人员和社会公众对国际森林问题的了解，展示履约建设成果。

（毛琪）

**【国家林草局局长关志鸥视频会见联合国森林论坛秘书长比奥女士】** 4月14日，合作中心组织安排国家林草局局长关志鸥视频会见联合国森林论坛秘书长比奥女士。关志鸥介绍了国家林草局的主要职能及中国在推动实现全球森林目标方面的工作成果和履行《联合国森林文书》示范单位建设工作相关情况，比奥女士感谢中国政府给予联合国森林论坛的长期支持，表示愿与中方进一步加强沟通与合作，共同推动全球森林可持续经营发展。

（郭瑜富）

**【联合国森林文书论坛第十七届会议】** 于5月9—13日在纽约联合国总部以线下线上相结合的方式召开。会议主要议题包括《联合国森林战略规划》（UNSPF）实施情况与政策讨论、2024年国际森林安排（IAF）中期评估筹备工作、论坛信托基金情况、新冠病毒疫情对森林和林业部门的影响及各国采取的应对措施、高级别圆桌会议等。国家林草局合作中心组团以线上方式参加本届会议，深入参与会议各项议题的讨论，围绕中国2021年履行UNSPF的相关进展、科普宣传、全球森林资金网络、信托基金等多项议题分享经验，稳慎应对突发情况，并与有关国家密切配合，积极参与会议决议草案讨论，确保决议内容反映中国和发展中国家关切，顺利实现参会目标。 （毛琪）

**【履行《联合国森林文书》示范单位建设项目检查督导工作】** 于7月13—17日在云南省临沧市双江县开展。国家林草局合作中心实地检查指导双江履约项目工作，提出完善项目实施的要求，确保项目实现预期目标。 （吴凝）

**【开展中日植树造林国际联合项目黑龙江大庆项目检查】** 7月，国家林草局合作中心相关负责人会同国家林草局国际司司长孟宪林一行赴黑龙江大庆检查项目完成情况。大庆项目地位于科尔沁沙地余脉嫩江沙地，该项目的实施对大庆市西部银浪牧场生态环境改善起到了促进作用。 （徐映雪）

**【绿色促进贷款技术援助基金对话专题项目启动】** 7月，绿色促进贷款技术援助基金（TAG—China）对话专题项目启动。国家林草局合作中心积极协调欧盟驻华代表团、德国复兴银行和中方项目单位，组织召开项目启动会议和专家磋商会；指导完成项目启动报告和问卷；牵头制订项目管理办法。 （郭潇潇）

**【签署绿色促进贷款技术援助基金对话专题项目咨询合同】** 7月14日，国家林草局合作中心与北京中林林业联合规划设计院有限公司签署绿色促进贷款技术援助基金对话专题项目咨询合同。按照项目咨询公司招标规定，经三方竞标和多轮评估，中林设计院公司被确定为项目咨询机构，具体负责项目设计、执行和资金日常使用及管理等工作。 （李博）

**【向青海、江西自然保护地管理单位捐赠野外巡护物资】** 7—8月，国家林草局合作中心协调大自然保护协会（TNC）、野生救援（WA）、自然资源保护协会（NRDC）、国际爱护动物基金会（IFAW）及保护国际基金会（CI）、国际鹤类基金会（ICF）、大自然保护协会（TNC）等国际环保组织驻华代表机构向青海和江西自然保护地管理单位捐赠共计90辆生态巡护摩托车，为地方生态建设提供切实帮助，助力国家生态建设及林草高质量发展。

（孙颖哲）

**【履行《联合国森林文书》示范单位建设研修班】** 于9月6—7日在线上举办。国家林草局合作中心组织履约专家和境外非政府组织代表向17家履约示范单位及所在省（市）林草主管部门和龙江森工集团的业务主管和技术骨干进行有关国际森林问题、森林可持续经营、履约科普宣教等方面内容的授课培训。

（吴凝）

**【推进全球森林资金网络办公室谈判进程】** 合作中心会同国际司于9月22日应约与UNFF秘书处举行视频会议，双方就在华设立资金网络办公室核心问题开展磋商，并在会后各自内部协商后再次以书面形式交换意见。中方将根据联合国方面的反馈开展下一步工作。 （毛琪）

**【境外非政府组织林草合作培训班】** 9月28—29日，在北京以线上形式举办2022年境外非政府组织林草合作培训班，国家林草局业务主管的11家境外非政府组织北京代表处首席代表及项目负责人共计50人参加此次培训。培训班邀请国家林草局相关业务司局和北京市公安局境外非政府组织管理办公室分别介绍并解读《野生动物保护法》《湿地法》《森林法》和以国家公园为主体的保护地体系建设成就和未来发展方向，并就境外非政府组织在华活动中面临的问题和挑战进行交流与讨论。通过此次培训，进一步加强引导各境外非政府组织代表机构围绕林草"十四五"工作重点开展项目活动，向国际社会讲好中国林草故事。 （徐欣）

**【中英共建"中国园"项目】** 2022年，国家林草局合作中心会同中国花卉协会协调推进英国曼彻斯特桥水花园"中国园"项目，派员参加11次工作组视频会议推进项目工作，参与推动签订中国园项目框架合作备忘录及确定中国园设计方案和规划建设方案。 （郭潇潇）

**【林业草原援外培训评价工作】** 2022年，持续强化援外培训管理。按照商务部培训中心要求，对国家林草局林干院2021年实施的6期线上培训班出具评价意见，为推进新时期林业草原援外管理工作提供参考。

（李博）

# 林草科技国际合作
# 交流与履约

【参加2022年国际植物新品种保护联盟年度会议】　10月24—28日，国际植物新品种保护联盟（UPOV）2022年度会议在日内瓦召开，国家林草局派员线上参会。会议主要包括理事会第56届常规会议（C/56）、顾问委员会第99届会议（CC/99）、行政法律委员会第79届会议（CAJ/79）、技术委员会第58届会议（TC/58）等。会议提供包含中文在内6种语言的同传服务，这是UPOV首次将中文作为会议工作语言使用。在本次理事会换届选举工作中，中国专家成功当选理事会主席，成为UPOV历史上首位中国籍理事会主席。　（柳玉霞）

【参加东亚植物新品种保护论坛】7月13—14日，第十五届东亚植物新品种保护论坛（EAPVPF）会议和国际植物新品种保护研讨会在印度尼西亚通过视频会议方式召开。来自国际植物新品种保护联盟（UPOV）办公室、欧盟植物新品种保护办公室（CPVO）、中日韩及东盟十国的60多名代表参加会议。中国代表在会上介绍在东亚论坛"10年战略规划"框架下，中国2022—2023年的发展计划及合作活动建议。　（柳玉霞　刘　源）

【林草植物新品种国际宣传】　4月23日，在中国加入国际植物新品种保护联盟（UPOV）23周年之际，国家林草局通过UPOV社交媒体平台发布了刺槐属新品种'泓森槐'，山楂属新品种'金如意'，石榴属新品种'天使红'和'中石榴4号'，木兰属新品种'娇丹''娇红1号''绿星'和'小璇'8个中国林草植物新品种和4位青年育种者事迹，展现中国林草新品种创制创新风貌，讲好中国林草植物新品种保护故事。　（柳玉霞）

【首次在UPOV官网发布中国林草新品种宣传视频】　8月26日，国家林草局科技中心制作的"中国优良林草植物新品种巡礼"英文宣传视频在国际植物新品种保护联盟（UPOV）官网发布。视频集中展示中国国内市场效益高、群众口碑好、产业化潜力大的近80个优良林草植物新品种。这是以国家林草局名义首次在国际官方网站发布林草植物新品种宣传视频，向世界展现了中国林草植物新品种事业取得的成绩，也提高了中国植物新品种保护的国际影响力。　（柳玉霞）

【中欧植物新品种保护法律法规研讨会】　5月6日，根据中欧植物新品种保护合作计划，在中欧知识产权合作项目（IPKey项目）和国际植物新品种保护联盟（UPOV）支持下，欧盟植物新品种保护办公室（CPVO）、国家林草局科技中心（植物新品种保护办公室）以及农业相关部门联合主办的中欧植物新品种保护法律法规研讨会在线上召开。会上，围绕实质性派生品种（EDV）、欧盟植物新品种保护法律法规最新情况、中国农业和林草植物新品种保护最新进展等进行了交流研讨。　（柳玉霞）

【国际培训】　2022年，国家林草局科技中心共组织开展5次有关植物新品种保护的国际培训，包括UPOV远程学习课程3次，东亚论坛DUS初级和高级研讨班各1次，共计88人次。通过国际培训，中国从事植物新品种保护工作的管理和技术人员有机会深入了解国际植物新品种保护体系，进一步强化中国植物新品种保护人才队伍，为深入参与国际交流与合作奠定人才基础。　（柳玉霞）

【国际合作交流与履约】　根据联合国粮农组织（FAO）要求，编制并完成《第二次中国林木遗传资源国家报告》。《报告》充分体现10年间中国林木遗传资源领域的变化和发展，对了解中国林木遗传资源动态变化趋势及其动因，并从国内、国际多个层面采取相应措施进行干预具有重要意义。　（马梅杜舟）

CERTIFICATE OF ENDORSEMENT

森林认证体系认可计划（PEFC）证书（张嘉伟、黄松林　供图）

【森林认证国际化】 11月，中国森林认证体系（CFCC）正式获得森林认证体系认可计划（PEFC）颁发的认可证书。这是继2014年CFCC首次获得认可后再次获得PEFC的国际认可。获得国际认可是中国森林认证与国际接轨的重要途径。与PEFC实现互认后，通过CFCC认证的林产品可同时加载CFCC和PEFC认证标识。CFCC与欧美50多个国家实现互认互通，是中国林产品拓展国际市场的"绿色通行证"，是帮助林产品加工企业扩大认证原料来源的有效途径。作为国家统一推行的森林认证制度，开展CFCC认证是践行"两山理论"的具体体现，是展现企业社会责任、探索生态产品价值实现机制和服务绿色发展的有效路径。

（于 玲 张嘉伟）

17

# 国有林场与林业
# 工作站建设

# 国有林场建设与管理

【综述】 2022年，国有林场建设工作取得阶段性成果。推动绿色发展，全力抓好国有林场和种苗融合发展示范。强化国有林场信息化管理，推进国有林场基础数据收集。加强政策支持，调整完善中央财政支持国有贫困林场扶贫资金政策。

【国有林场和种苗融合发展】 制订《国有林场特色种苗基地建设方案》。召开两次视频会议，要求有关省（区）积极稳妥引导欠发达国有林场巩固提升任务资金向种苗基地建设倾斜。收集云南、福建、黑龙江、宁夏等10个省（区）国有林场与种苗融合发展工作情况，分析工作做法和经验，起草《国有林场与种苗融合发展的指导意见》。

【国有林场信息化管理】 31个省（区、市）及中国林科院上报国有林场矢量边界数据。国有林场矢量数据已经正式对接国家林草局生态网络感知系统，已有1000余个国有林场落界上图。

【中央财政欠发达国有林场巩固提升任务补助资金】 中央财政安排欠发达国有林场巩固提升任务补助资金7亿元，支持784个欠发达国有林场实施巩固提升项目。4月，印发《国家林草局林场种苗司关于开展中央财政欠发达国有林场巩固提升任务补助资金政策落实情况调研的通知》，指导各地落实好欠发达国有林场巩固提升任务。各地聚焦支持欠发达国有林场因地制宜发展林下种养业、生态旅游、珍贵树种和优良乡土树种等特色优势产业，发展林下种植业面积700公顷，其中发展种苗产业面积546.67公顷，同时支持欠发达国有林场的道路、供水、供电、危旧房屋等基础设施建设，新建和改造主要林下经济节点对外连接道路、连通分场道路、连通管护站点道路及其他道路2529千米，助力周边乡村振兴，带动就业2.1万人。

（国有林场建设与管理
由杜书翰供稿）

# 林业工作站建设

【综述】 2022年，国家林业和草原局林业工作站管理总站（以下简称"工作总站"）紧密围绕林草中心工作和创新发展要求，攻坚克难、真抓实干，各项工作取得明显成效。

**落实精神** 一是深入践行习近平新时代中国特色社会主义思想，坚持问题导向，提出"一站一员一窗口、抓虫抓险抓稽查""林业站发展功能化、乡镇林长办运转实体化、护林员管理规范化"等创新发展思路，产生积极成效，引领和推动工作开展。二是牢固树立全心全意为人民服务的宗旨意识，在为群众办实事解难题上取得明显成效：在夯实林长制基层基础上，推进全国生态护林员统筹管理，实现生态护林员联动管理系统升级扩面，生态护林员信息化管理迈上新台阶，森林资源网格化管理基础更加坚实；在强化林草基层基础能力上，印发实施《全国林业工作站"十四五"建设实施方案》，推动各地恢复、加强乡镇林业站机构建设，林草基层建设探底回升、预期向好；在提升群众防范化解风险能力方面，推动野生动物毁损正式纳入中央财政农业保险保费补贴范畴。

**夯实基础** 一是推进基层基础探底回升。将加强乡镇林业站能力建设、规范生态护林员管理纳入林长制督查考核和激励范畴，有效助推基层"林长—林业站—护林员"一体化建设，助力部分省份恢复和加强林业站机构队伍，林草基层基础探底回升预期增强。2022年，全国共恢复乡镇林业站1013个，其中，独立站680个。二是推进标准站建设提质增效。2022年度中央预算内标准站建设投资1.45亿元，同比增加36.8%。修订了《乡镇林业工作站工程建设标准》（国标）、《标准化林业工作站验收管理办法》、《基层林业工作站建设中央预算内投资专项监督管理办法》，标准站建设管理步入规范化发展新阶段。加大了对双重工程区、松材线虫病疫区和重点预防区等林草重点区域的独立站、恢复挂牌的综合站建设力度。全年新建成540个全国标准化林业工作站。三是推进服务能力持续增强。2022年，"全国乡镇林业站岗位培训在线学习平台"新上线课程51门,"林业站学习"应用程序推广使用,学习便捷度、满意度进一步提高。编写《乡镇林业站站长应知应会1000题(第二版)》,更新站长能力测试题库。开展站长能力测试,全年培训测试学员近4000人。指导各地完善规章制度、简化办事程序、优化服务模式、提高公共服务能力水平,全国超5000个林业站开展"一站式""全程代理"服务。

**统筹管理** 一是生态护林员统筹管理取得明显进展。印发《生态护林员统筹管理工作方案》和《关于进一步加强管理 更好发挥生态护林员作用的通知》,明确了开展统筹管理的工作原则、目标、任务分工和要求。全国生态护林员联动管理系统实现"两个全覆盖":在地域上覆盖全国31个省(区、市)、新疆生产建设兵团和六大森工(林业)集团的所有生态护林员;类别上覆盖包括脱贫人口生态护林员在内的所有林草资源管护人员。通过多措调度,截至2022年年底,生态护林员日上线人数从3万人增加至25.88万人,上线率达到25%。二是脱贫人口生态护林员管理稳步推进。2022年,中央年度选聘资金稳定在64亿元,地方配套资金22亿元,共选聘生态护林员近110万人,带动近300万人稳定增收。印发《关于进一步加强脱贫人口生态护林员管理的通知》,提高管理规范化水平。联合中国农林水利气象工会,首次将生态护林员纳入基层困难林业职工慰问范围。

**专班工作** 一是松材线虫病专班全面摸底松材线虫病疫区和重点预防区的林业站建设情况,研究制定《林业站松材线虫病防治主要设备(仪器)参照表》;大力宣传推广各地林业站、护林员参与松材线虫病防治的工作做法和典型经验;赴湖南省多地调研乡镇林业站、生态护林员在参与松材线虫病防治中开展防控宣传、疫情监测、疫木除治及监管、流失疫木清理执法等工作情况,着力查找问题、总结经验,提升林业站有害生物防治业务能力。二是宣传专班以"一站一员一窗口"专题宣传活动为主线,围绕"我为生态站好岗、我为家乡看好树、我为林农服好务",

联手《人民日报》、中央电视台、《中国绿色时报》等诸多媒体,开展多形式、多维度集中宣传,在林业站系统引发热烈反响。在《人民日报》刊登《与林为伴 守护青山》文稿,反映林业站、生态护林员在生态建设中的突出贡献;央视新闻频道多栏目对林业站、生态护林员相关工作进行专访;印发《全国林业站站务信息报送制度工作细则》,编载站务信息4800余条,编印工作简报3期;选评30余篇感人事迹在《中国绿色时报》专栏报道;配合制作"献礼二十大"活动《绿色使命》音乐短片。三是调研专班深入基层,深挖细研,着力为基层解难题,为发展谋方向。全年开展各类调研11次。

**案件稽查** 一是强化案件统计分析。修订《林业和草原行政案件类型规定》,落实"一案一台账"管理,严抓"零"案件单位复核,开展全国林草行政案件统计,分析数据背后的深层次原因,通报年度案件统计情况,为资源保护决策提供支持。二是强化案件稽查督办。制定《工作总站关于进一步加强森林资源行政案件稽查督办工作的若干措施》,修订《林业行政案件受理与稽查办法》,编写《森林资源行政案件稽查和督办工作指南》,开展举报案件现地督办。完成森林资源行政案件档案数字化归档和管理工作。三是强化行政执法资格管理。更新行政执法资格考试题库,录制视频课程,增加网上学习模块,提升执法人员业务能力和考务信息化水平。

**林草保险** 一是森林保险取得新发展。《森林保险行业示范条款》《森林保险查勘定损技术规程(LY/T 3332—2022)》正式发布;中央财政森林保险保费补贴政策覆盖面突破29个省(区、市),新增天津市。二是草原保险取得新突破。贵州省签订首张草原保险保单。内蒙古自治区省级财政支持的草原保险试点,首个保险年度参保205.31万公顷,保费4137.34万元,赔付1428.82万元。三是野生动物致害保险探索新机制。积极争取在《中央财政农业保险保费补贴管理办法》中明确将野生动物损毁纳入保险责任。联合财政部、中国银保

监会印发《关于在防控野猪危害综合试点省区开展野生动物致害保险工作的通知》,推动各省(区、市)有效防范野生动物肇事风险。四是护林员保险获得新成效。推动云南省启动护林员保险工作。截至2022年年底,贵州、安徽、江西等省继续为生态护林员捐赠人身保险。

(卢明洁)

【全国林业工作站基本情况】 截至2022年年底,全国有地级林业站151个,管理人员2248人;有县级林业站1349个,管理人员17945人。有乡镇林业站23322个,其中按设置形式分,机构独立的林业站共有7497个(包括管理两个以上乡镇的区域站864个),占总站数的32.2%;农业综合服务中心、自然资源所等加挂林业站牌子的综合站6579个,占28.2%;无林业站机构编制文件但正常履职的"林业站"9246个,占39.6%。按管理体制分,垂直管理的林业站有4200个,占总站数的18.0%;县、乡双重管理的林业站有1606个,占6.9%;乡镇管理的林业站17516个,占75.1%。

全国乡镇林业站职工核定编制73724人,年末在岗职工76097人,其中长期职工71778人。在岗职工中,纳入财政全额的67023人,占职工总数的88.1%;纳入财政差额的2438人,占3.2%;依靠林业经费的3625人,占4.8%;自收自支供养的3011人,占3.9%。在岗职工中,35岁以下的16164人,占21.3%;36~50岁的40353人,占53%;51岁以上的19580人,占25.7%。在岗职工中,具有大专及以上学历的52503人,占职工总数的69%;专业技术人员40691人,占职工总数的53.5%。与2021年相比,全国乡镇林业站职工核定编制增加8705,增长13.4%;年末在岗职工增加148人;大专以上学历人数占比提高0.2个百分点;35岁以下职工增加876人,占比提高了1个百分点。乡镇林业站职工队伍稳中有增,整体素质有所提升。

2022年,全国共完成乡镇林业站建设投资24969万元,较2021年增加2890万元、增幅13.1%。其中,国家投资14510万元,地方配套10459万元;地方配套中,省级

投资2446万元。各地以标准化林业站建设为抓手，多措并举筹措地方资金，不断强化林业站基础建设，福建、广西、重庆、浙江等11个省（区、市）争取省级专项资金用于林业站建设，湖南省28个市县共投资3389万元用于乡镇林业站、林长办一体化建设。全国共有12265个、52.6%的乡镇林业站拥有自有业务用房，面积共230.5万平方米，站均187.9平方米，其中有107个乡镇林业站新建了业务用房，新建面积25812.2平方米，站均241.2平方米；有6878个、29.5%的林业站拥有交通工具，共有10659台，其中350个站新配备了交通工具；有20781个、89.1%的乡镇林业站拥有计算机，共有52270台，站均2.5台，其中1263个站新配备了计算机。

2022年，全国林业站紧紧围绕中心，服务大局，在林业行政执法、全面推行林长制、政策宣传、科技推广、开展社会化服务等方面发挥了重要作用，为林草事业高质量发展作出了积极贡献。全国共有5271个乡镇林业站受上级林草主管部门的委托行使林业行政执法权，占乡镇林业站总数的22.6%；加挂林长办牌子的10989个，占47.1%；加挂野生动植物保护站牌子的2757个，占11.8%；加挂科技推广站牌子的1599个，占6.9%；加挂公益林管护站牌子的2152个，占9.2%；加挂森林防火指挥部（所）牌子的2638个，占11.3%；加挂病虫害防治（林业有害生物防治）站牌子的1609个，占6.9%；加挂天然林资源管护站牌子的1969个，占8.4%；加挂生态监测站牌子的545个，占2.3%。全年办理林政案件57897件，调处纠纷32013件。全国共有5755个、24.7%的林业站开展一站式、全程代理服务，共有8898个、38.2%的林业站参与开展森林保险工作。全年共开展政策等宣传工作151.9万人天；培训林农408.6万人次。指导、扶持林业经济合作组织5.9万个，带动农户194.8万户。拥有科技推广站办示范基地9.1万公顷，开展科技推广27.5万公顷。全国林业站共管理指导乡村生态护林员172.7万人，站均管理74人；护林员共管护林地面积19936.5万公顷，人均管护面积115.4公顷。全国林业

站指导扶持乡村林场19429个，其中，集体林场10281个，占林场总数的52.9%；家庭林场8976个，占46.2%。林场经营面积共计699.2万公顷，林场从业人员13.4万人。

（王井）

【全国林业工作站本底调查关键数据年度更新】　组织全国31个省（区、市）和新疆生产建设兵团开展2022年全国林业站本底调查关键数据年度更新工作。调查内容包括地、县级林业站管理部门及人员情况，乡镇林业站机构、队伍及基本建设投资、主要装备、职能作用发挥、指导管理护林员以及辖区乡村林场等几个方面。采用"林业工作站本底数据报表管理系统"填报，以县级林业站管理部门为单元，对全国乡镇林业站及地、县级管理部门情况进行采集、录入、上报，共收集数据35万余个，撰写《2022年全国林业工作站本底调查关键数据年度更新统计分析报告》。　（谢娜）

【林业工作站行业管理】　一是以全面推行林长制为契机，加强林业站建设。指导各省级林业站主管部门主动争取把林业站融入林长制改革工作，先后有25个省份在林长制实施意见中明确加强乡镇林业站或林业工作机构能力建设的内容，指导各地积极恢复林业站。二是谋划顶层设计。参与制定《林长制督查考核办法（试行）》《林长制督查考核方案》；围绕加强林业站建设和护林员管理，牵头制订"夯实基层基础"部分考核指标及评分方法，充分发挥林业站、生态护林员在森林资源网格化管理中的基础性作用。三是注重规划引领。印发《全国林业工作站"十四五"建设实施方案》，明确"十四五"期间林业站建设的指导思想、基本原则、目标任务和保障措施，确定完善体系建设、提高管理能力、加强人员力量、提升服务水平等主要任务，以期进一步提升林业站建设质量，夯实基层林草管理服务基础，强化林草事业支撑保障。四是推动落实林业站行业安全生产责任。落实"三个必须"（管行业必须管安全、管业务必须管安全、管生产必须管安全）要求，牵头制定安全生产实施方案和责任清单；部署开展

林业站安全生产自查，指导省级林业站管理部门逐级压实地方属地责任，配合地方各级安全生产管理部门做好林业站危房排查，及时消除安全隐患；支持地方加大危房维修改造力度，对符合标准站建设条件且房屋为危房的76个林业站，结合2022年标准站建设项目开展危房维修改造。　（谢娜）

【标准化林业工作站建设】　一是扩大中央投资规模。2022年度中央预算内基本建设投入1.45亿元，较上年增加3900万元，增长36.8%。二是争取资金用于松材线虫病疫区和重型预防区林业站建设；对全国731个松材线虫病疫区以及448个重点预防区的林业站队伍情况进行全面摸底，研究制订《林业站松材线虫病防治主要设备（仪器）参照表》。三是加大对双重工程区、松材线虫病疫区以及重点预防区等林草重点区域林业站的建设力度，统筹安排2022年度标准站建设项目，共安排落实全国20个省（区、市）、400个乡（镇）林业站开展标准化建设，其中，一级站250个、二级站150个。四是强化标准站建设指导，鼓励各省份把地方资金建设的林业站纳入国家标准站检查验收范畴，上海、浙江、福建、湖南4个省（市）共计15个自建站申请国家验收；做好在建项目实施进度追踪和标准站建设项目绩效评价，督促指导各省级林业站管理部门履行监督管理责任。五是部署开展标准站建设验收工作。印发《关于开展2022年度标准化林业站建设验收工作的通知》，采取实地验收和书面验收相结合的方式，对28个省（区、市）开展验收。

（罗雪）

【林业站公共服务能力提升】　一是继续指导各地完善规章制度、扩大涉林事项网上受理数量和种类、简化办事程序、优化服务模式，提高公共服务能力水平，打通服务林农群众"最后一公里"。进一步总结各地开展公共服务的经验，研究开展服务的具体事项、服务模式、制度机制建立、服务窗口设立以及服务人员培训等事项，为下一步工作提供借鉴。二是开展调查研究，赴湖南省调研林业站通过完善基础

设施、明确服务事项、规范服务流程、加强业务培训等措施强化公共服务情况。调度各地林业站开展服务窗口建设的先进典型，多措并举向全国推广。　　　（张桐瑞）

【林业站培训】　一是组织站长能力测试。根据各省（区、市）年度测试需求确定年度测试任务，采用线上线下培训与线上测试相结合的方式组织开展站长能力测试。全年培训及测试学员近4000人，创历史新高。组织编写《乡镇林业站站长应知应会1000题（第二版）》，进一步强化林业站干部职工培训教育工作。二是平台建设与应用。继续利用"全国乡镇林业站岗位培训在线学习平台"及"林业站学习"应用程序对乡镇林业站干部职工开展培训，提高林业站队伍整体素质，提升服务林农能力。截至2022年年底，平台注册人数达8.5万人，总访问量近2000万人次，上线课程700余门，学习总时长近450万小时。2022年新上线林长制政策解读、森林资源保护等课程51门。开发电子版乡镇林业站站长岗位培训证书及网络学时证明，实现可在线查询、可实时打印。　　　（张桐瑞）

【林业站宣传】　一是开展"一站一员一窗口"专题宣传。组织开展"我为生态站好岗——家乡的林业站、我为家乡看好树——身边的护林员、我为林农服好务——贴心的服务窗口"专题宣传活动，重点宣传基层林业站、林业站干部职工和生态护林员扎根基层、无私奉献、积极推动生态文明和美丽中国建设的感人事迹。二是联合主流媒体开展宣传活动。在《人民日报》刊登《与林为伴　守护青山》，反映林业站、生态护林员在生态建设中作出的突出贡献；协调央视媒体就林业站、生态护林员等内容进行专访，并在《朝闻天下》《新闻直播间》等栏目播出，引起热烈反响。三是参与制作发布《绿色使命》"献礼二十大"音乐短片。（张桐瑞）

【生态护林员统筹管理】　一是印发《生态护林员统筹管理工作方案》。明确了工作原则、目标和任务分工，为高质量推进统筹管理工作奠定基础。二是开展典型经验调研。赴广西、内蒙古、青海等省（区）开展生态护林员管理专项工作调研，了解掌握各类生态护林员队伍建设与管理实际情况，为推进统筹管理工作积累了经验。三是印发《关于进一步加强管理　更好发挥生态护林员作用的通知》。明确深化生态护林员统筹管理的十项具体要求，逐步推动统一名称、数据归口、信息联动、分类指导、制度完善等工作，初步形成统筹管理新框架。　　　（朱天琦）

【联动管理系统建设推广应用】　全国生态护林员联动管理系统（以下简称"系统"）是国家林草局林草生态网络感知系统重要组成部分。一是完成系统优化升级扩面。优化完善系统17项功能，满足扩大系统使用范围需求，推动系统实现护林员类别和地域的"两个全覆盖"。二是完成系统二次上线。印发《关于推广应用生态护林员联动管理系统的通知》，举办系统使用培训班。扩大系统应用范围至全国所有生态护林员并开展信息录入工作。三是深入推广系统应用。截至2022年12月，各级管理用户2.6万人，全国生态护林员日上线率达25%，护林员每天上线人数上升至25.88万人。系统推广应用提升了行业护林员管理信息化和智能化水平，为推进林草治理体系和治理能力现代化提供了重要支撑。四是推进系统共用共享。完成林草生态感知网络系统考核验收，逐步推动联动管理系统与其他司局业务系统对接共享，实现跨单位信息共享。　（朱天琦）

【"林长制+护林员"一体化建设】指导地方开展生态护林员绩效考评。督促地方建立生态护林员绩效考评机制，进一步优化完善考核内容，建立客观、具体、可量化的考评指标体系，将考评结果与劳务报酬、奖惩挂钩。　（朱天琦）

【脱贫人口生态护林员管理】　一是督促落实中央补助资金。督促中西部22个省份严格资金管理，按规定合理分配补助资金，确保重点地区所需，切实提高资金使用效率，按时发放生态护林员劳务报酬。湖北、广西等省（区）采取提高补助标准形式逐步消化结转资金。二是督促落实选（续）聘任务。督促各地制定选（续）聘实施方案，迅速分解选聘任务，指导落实选聘政策。2022年，中央年度选聘资金稳定在64亿元，地方落实配套资金22亿元，共选聘生态护林员近110万人，带动300多万人稳定增收。三是印发《关于进一步加强脱贫人口生态护林员管理的通知》。明确提高政治站位、保持队伍稳定、严格资金管理、提高信息化水平、加大培训力度、加强考核监督、强化安全保障七个方面重点任务，提高管理规范化水平。甘肃、江西、广西等省（区）新修订了生态护林员选聘实施细则。四是加强安全保障。调度脱贫人口生态护林员保险购买情况，收集各地在生态护林员保险购买方面存在的问题及解决方案，推广好的做法和典型经验。据统计，脱贫人口生态护林员保险覆盖率约为89.6%。贵州、安徽、江西等省继续为生态护林员捐赠人身保险，云南省协调保险公司定制优惠保险产品。　　　（朱天琦）

【生态护林员宣传慰问】　国家林草局联合中国农林水利气象工会初步建立合作机制，首次将生态护林员纳入基层困难林业职工（包括脱贫人口生态护林员）慰问范围。2022年，慰问困难生态护林员100名，中国农林水利气象工会共发放慰问金10万元。　（朱天琦）

【行政案件稽查】　加大群众举报稽查督办力度，筛查清理2020—2022年各地超过办理时限和经催办未反馈结果的举报件，开展举报件现地督办试点。加大基层林草行政执法工作支持力度，印发《林业和草原行政案件典型案例评析》，助推基层执法能力建设。开展林草行政案件管理工作专题调研，深入了解林草行政执法和案件管理工作现状。举办全国林业和草原行政案件统计分析培训班，编印《2021年度全国林业和草原行政案件统计分析报告汇编》，提升业务人员理论素养和综合能力。修订《林业和草原行政案件类型规定》《林业行政案件受理与稽查办法》，编写《森林资源行政案件稽查和督办工作指南》，更新案件稽查督办和统计分析工作依据。升级"全国林业和草原行政案件统计分析系统"，完成2022年度全国林业和草原行政案件统计分析工作。2022年度全国共发生林草行政案件9.95万起，其中，林业站系统直接受理和协助受理林业行政案件5.79万起，占全国案件发生总量的58.19%。　　　　　　（黄彦涵）

【行政执法资格管理】　做好行政执法人员管理工作，动态管理行政执法人员信息，制订国家林草局本级行政执法资格考试方案，组织新增行政执法人员执法资格考试预报名工作。根据新修订的《中华人民共和国湿地保护法》《中华人民共和国种子法》等法律法规，更新和修订行政执法资格考试题库，录制相关培训视频课程，推动执法人员业务能力提升。增加行政执法资格考试网上学习功能模块，提升行政执法人员业务培训和资格考试工作的信息化水平。　　　（黄彦涵）

【森林保险发展情况】　2022年，中央财政森林保险保费补贴工作覆盖29个省（区、市）、4个计划单列市和4个森工企业，其中新疆维吾尔自治区开展了地方特色林果业保险，中央财政给予奖补支持。政策性森林保险总参保面积1.64亿公顷，同比增长0.04%，其中公益林1.21亿公顷，商品林0.43亿公顷。总保额19912.99亿元，总保费38.37亿元。各级财政补贴33.66亿元，占总保费的88%，其中，中央财政补贴16.84亿元，林业生产经营主体自缴保费4.71亿元。全年完成理赔12102起，赔付面积65.55万公顷，已决赔款11.05亿元，简单赔付率28.80%。　　　　　　（胡云辉）

【森林保险继续"提标、扩面、增品"】　2022年，天津市正式启动政策性森林保险工作，完成1.19万公顷重点公益林投保。推动10个省（区、市）调整保额和费率，提高保障水平。协调财政部、中国银保监会制修订《农业保险承保理赔管理办法》《中央财政农业保险保费补贴管理办法》，维持了森林保险中央财政保费补贴比例，扩大保险责任范围。以行业标准出台《森林保险查勘定损技术规程》，为森林保险查勘定损工作提供了规范性依据。　　　　　　（胡云辉）

【草原保险工作】　内蒙古自治区省级财政支持的草原保险工作取得新成效。全年参保面积205.31万公顷，保费4137.34万元，理赔灾害271起，理赔面积39.28万公顷，理赔金额1670.26万元，简单赔付率40.37%，有效保障了受灾草原农牧民灾后恢复生产生活。贵州省签订首张草原保险保单。　（胡云辉）

【野生动物致害保险】　一是拓展森林保险责任。积极沟通财政部、中国银保监会，在《中央财政农业保险保费补贴管理办法》中明确将野生动物损毁纳入政策性农业保险的保险责任。二是开启野生动物致害保险工作。国家林草局办公室、财政部办公厅、中国银保监会办公厅联合印发通知，推动在14个防控野猪危害综合试点省份开展野生动物致害保险工作。　（胡云辉）

【宣传推动森林保险工作】　一是编写《2022中国森林保险发展报告》，梳理2021年森林保险相关政策和行业发展情况，新增林草特色保险章节，系统总结森林保险在机制创新、技术应用创新和服务创新等方面的探索；全方位展示森林保险在生态恢复、防灾减灾、金融服务、助力乡村振兴等方面的生动丰富实践。二是针对林草保险工作开展的诸多实践，编写《森林草原保险案例评析》，通过对不同类型案例的整理与评价，普及林草保险知识，促进经验交流，推动各地开发合适的保险产品，提升林草保险政策的制定能力及运用水平。

　　　　　　（胡云辉）

# 18

# 林草规划财务
# 与审计监督

# 林业和草原规划

**【林业和草原规划】** 2022年1月29日，国家林草局印发《林草产业发展规划（2021—2025年）》（林规发〔2022〕14号）。3月14日，国家林草局会同国家发展改革委、财政部、自然资源部、农业农村部联合印发《国家公园等自然保护地建设及野生动植物保护重大工程建设规划（2021—2035年）》（林规发〔2022〕20号）。9月9日，全国绿化委员会印发《全国国土绿化规划纲要（2022—2030年）》（全绿字〔2022〕2号）。10月17日，国家林草局、应急管理部联合印发《"十四五"全国草原防灭火规划》（林规发〔2022〕100号）。11月21日，国家林草局、自然资源部联合印发《黄河三角洲湿地保护修复规划》（林规发〔2022〕118号）。12月13日，国家林草局、自然资源部联合印发《全国湿地保护规划（2022—2030年）》（林规发〔2022〕99号）。12月22日，国家林草局会同国家发展改革委、财政部、自然资源部、生态环境部、水利部、农业农村部联合印发《全国防沙治沙规划（2021—2030年）》（林规发〔2022〕115号）。

**【京津冀协同发展】** 国家林草局积极支持在京津冀地区开展国土绿化、京津风沙源治理、三北防护林建设、国家植物园体系建设等林草重点工作。2022年4月，国家林草局与住房和城乡建设部、中国科学院、北京市人民政府合作共建的国家植物园在北京正式揭牌。11月，国家林草局会同自然资源部等部门联合印发《关于进一步完善政策措施 巩固退耕还林还草成果的通知》，明确延长第二轮退耕还林还草补助期限，将退耕还林还草工作重心转移到巩固成果上来。制定了《2022年度美国白蛾联防联控机制工作方案》，组建9个工作组开展包片蹲点工作，"防突发、防扰民"京津冀地区年度防控目标任务完成。2022年安排中央预算内投资6.48亿元，实施太行山（河北）生态综合治理、燕山山地生态综合治理"双重"工程项目2个。安排中央财政资金6863万元，实施湿地保护和修复项目4个、湿地生态效益补偿项目2个。

**【长江经济带发展】** 国家林草局积极支持在长江经济带沿江各省份开展国土绿化、生物多样性保护、湿地生态保护和恢复、石漠化综合治理、国家公园创建等林草重点工作。将符合条件的国际重要湿地、国家重要湿地纳入《全国湿地保护规划（2022—2030年）》范围。继续全面停止天然林商业性采伐，下达天然林管护任务6000多万公顷。安排石漠化治理任务20万公顷。支持开展珍稀濒危野生动植物调查监测、保护救护和野生动物疫病监测防控、致害补偿等工作。高质量开展自然保护地整合优化工作。推进大熊猫国家公园总体规划修编及勘界立标。支持神农架、南山、钱江源－百山祖、香格里拉国家公园体制试点和亚洲象、若尔盖、梵净山等国家公园创建。在贵州毕节、赤水探索发行林业碳票，在江西搭建"湿地银行"服务平台，在重庆城口县开展重点生态区内及周边连片的非国有林逐步赎买，开展林草碳汇政策研究。指导江西省抚州市推进全国林业改革发展综合试点。2022年安排年度中央预算内投资53.2亿元，实施"双重"工程项目20个。安排中央财政造林补助20.9亿元，下达年度造林计划任务106.92万公顷，营造林任务63.63万公顷。安排中央财政资金12亿元，支持实施湖北咸宁等6个国土绿化试点示范项目。安排中央预算内投资4060万元，支持江西等4省实施国家特殊及珍稀林木培育项目。

**【长三角一体化发展】** 国家林草局积极支持在长三角地区开展国土绿化、湿地生态保护和恢复、生物多样性保护、国家公园创建等林草重点工作。指导安徽省、浙江省积极推进编制《皖西大别山区和皖南—浙西—浙南山区长三角绿色生态屏障建设方案》。实施湿地生态修复项目，在洪泽湖自然保护区内退渔还湖4000公顷。将符合条件的国际重要湿地、国家重要湿地纳入《全国湿地保护规划（2022—2030年）》范围。指导浙江省实施珍稀濒危野生动植物抢救保护项目35个。指导江苏省加强对麋鹿、丹顶鹤等珍稀濒危物种的野外保护和栖息地修复。推进自然保护地整合优化。开展国家级自然保护地规划审查，批复富春江－新安江等9个国家级风景名胜区详细规划，通过南京钟山等6个国家级风景名胜区总体规划。推进钱江源－百山祖国家公园创建。支持安徽省全面建设全国林长制改革示范区。建设国家林业草原油茶工程技术研究中心、浙江杭州国家林业科技园区、浙江东阳国家香榧生物产业基地等国家级林草科技推广平台22个。成立松材线虫病预防与控制技术国家林业和草原局重点实验室。2022年安排中央财政造林补助资金13.2亿元，造林任务4.15万公顷。

**【黄河流域生态保护和高质量发展】** 国家林草局积极支持在黄河流域沿黄各省开展国土绿化、退耕还林还草、水土流失综合治理、湿地生态保护和恢复、生物多样性保护等林草重点工作。联合自然资源部印发《黄河三角洲湿地保护修复规划》。在内蒙古科尔沁、宁夏天湖、山东黄河三角洲、四川若尔盖等重要湿地实施湿地保护和修复重大工程4个。在除山西外的8省（区）安排中央财政林业改革发展资金5.84亿元，开展湿地保护和恢复、湿地生态效益补偿。完成防沙治沙任务82.2万公顷。支持开展防沙治沙综合示范区建设。将青海、甘肃、宁夏、内蒙古、陕西等省（区）的53个国家沙化土地封禁保护区纳入荒漠生态保护补偿范围。支持开展珍稀濒危野生动植物调查监测、保护救护、野生动物疫病监测防控、野生动物致害补偿等工作。指导地方编制完善《三江源国家公园总体规划》。推动祁连山、秦岭、若尔盖等国家公园创建。将黄河口、秦岭、若尔盖等生态重要区域纳入国家公园空间布局方案。2022年安排中央预算内投资59.5亿元，完成造林任务172.69万公顷，营造林任务73.37万公顷，实施重点生态保护修复项目12个。安排中央财政资金16亿元，支持青海黄南藏族自治州、内蒙古包头市等地实施国土绿化试点示范项目。指导山东、河南、宁夏3省（区）编制科学绿化试点示范省建设实施方案。安排山西、内蒙古等7省（区）退耕还林还草资金37.2亿元。完成种草改良185.87万公顷。

【粤港澳大湾区建设】 国家林草局积极支持在粤港澳大湾区开展国土绿化、生物多样性保护、湿地生态保护和恢复、国家植物园建设等林草重点工作。将广东省符合条件的国际重要湿地、国家重要湿地、湿地类型国家级自然保护区，特别是红树林湿地纳入《全国湿地保护规划（2022—2030年）》范围。支持国际红树林中心落户深圳。指导编制《广东省陆生野生动物致害补偿办法》，探索开展野生动物肇事责任保险。推进国家林业和草原局穿山甲保护研究中心建设。支持创建南岭国家公园。高标准推进华南国家植物园建设。2022年安排2亿元支持广东省开展国土绿化试点示范项目建设。安排中央财政造林补贴资金4217万元，国家特殊及珍稀林木培育项目中央预算内投资636万元，支持广东省开展大规模国土绿化行动。支持粤港澳大湾区建成9个国家森林城市。安排中央财政资金4200万元，指导实施湿地保护与恢复项目6个、湿地生态效益补偿项目1个。

【海南自贸港建设】 国家林草局积极支持在海南自贸港开展生物多样性保护、湿地生态保护和恢复、国家公园建设等林草重点工作。研究制定了《关于支持海南自由贸易港林业生态建设的若干措施》，重点提出高质量建设海南热带雨林国家公园、强化林地资源保护利用等8条支持举措。加快推进海南热带雨林国家公园总体规划编制。落实局省联席会议及协调推进机制，高质量推进海南热带雨林国家公园建设工作，共同制定重点任务工作台账。加大支持海南自由贸易港建设项目使用林地保障力度，共下达和追加林地定额3335公顷，其中为环热带雨林国家公园旅游公路等4个重点项目追加国家备用定额1557公顷，确保了重点项目顺利实施。安排中央预算内投资6000万元，支持海南东寨港国家级自然保护区湿地保护修复。

（林业和草原规划由严妮、闫钰倩供稿）

# 林业和草原投资

【中央预算内投资】 2022年，共安排中央预算内投资279.19亿元，其中："双重"工程251.18亿元（重点区域生态保护和修复219亿元，生态保护修复支撑体系32.18亿元），国家公园1.36亿元，国家级自然公园3亿元，草种业核心技术攻关2亿元，草原防火等部门专项20亿元，部门自身建设等其他1.65亿元。

【中央预算内投资政策】 一是加大投资力度，扩大有效投资。围绕"双重"工程实施，按照国家林草局党组"巩固成果、持续用力、提质量上水平"的具体要求，积极争取加大投资争取力度、优化投资结构、及时下达投资计划，印发《国家林业和草原局关于积极扩大有效投资做好林草项目前期工作的通知》，力促项目尽快开工建设、形成并扩大林草有效投资，服务稳经济大局。二是提高生产计划任务精细化管理水平。贯彻科学绿化的指导意见和坚决制止耕地"非农化""非粮化"的意见，编制《2022年度林草重点任务预安排计划》，与相关司局单位建立统分结合的项目会商和全过程综合管理机制，完成重点区域生态保护项目精细审核工作，实行"直达到县、落地上图"精细化管理，种草改良首次实行"落地上图"。三是有序推进"十四五"规划102项重大工程实施。按照局党组要求，将由国家林草局牵头的北方防沙带等9项重大工程分解落实到具体建设项目和司局、单位，纳入国家重大建设项目库管理调度，建立任务台账，全力推进项目建设，按月报送实施进展，积极推动经济稳定发展、形成有效投资。四是优化投资结构，强化项目储备。编制完成《国有林场（林区）管护用房建设方案（2023—2025年）》，将管护用房支持范围由试点省份扩大到全国，重点支持国有林场管护用房建设，补齐国有林场管护用房基础设施建设短板。谋划储备林草系统治理、森林防火、种质资源库等林草大项目。五是强化规范资金项目管理程序。制定《林业和草原中央预算内投资计划管理程序》，建立共商共建共管机制，加强业务司局对投资计划申报、安排、执行的协同监管。通过国家重大建设项目库监管调度项目进展和资金拨付进度，对下达投资计划未开工、超期未完工项目逐个开展调度分析和督促整改。　（张　凯）

【中央财政资金投入】　2022年，国家林业和草原局积极协调财政部，认真贯彻落实党中央、国务院决策部署，紧紧围绕科学推进大规模国土绿化，全面保护天然林，加强森林资源管护，实施草原生态修复治理，巩固退耕还林还草成果，建立以国家公园为主体的自然保护地体系，强化湿地保护修复，国家重点野生动植物保护，林业草原有害生物防治及森林草原防火等重点工作，不断完善财政政策，加大资金支持力度。中央财政共安排资金1046.56亿元，其中，林业草原生态保护恢复资金568.56亿元、林业改革发展资金471亿元、中央财政衔接推进乡村振兴补助欠发达国有林场巩固提升任务7亿元，为加快林业草原生态建设和改革发展提供了重要保障。主要包括：一是支持科学推进大规模国土绿化，安排资金175.17亿元，用于造林、草原生态修复治理、森林质量提升、油茶发展、沙化土地封禁保护补偿等，其中，通过竞争性评审方式安排资金40亿元支持20个国土绿化试点示范项目。二是支持自然保护地及野生动植物保护等，安排资金65.71亿元，用于国家公园、国家级自然保护区、湿地保护修复、国家重点野生动植物保护，其中，国家公园补助21.71亿元，用于国家公园生态系统保护修复、创建和运行管理、协调发展、保护科研和科普宣教、国际合作和社会参与等。三是支持森林保护补偿，安排资金765.62亿

元，用于森林保护修复、非国有林生态保护补偿、退耕还林还草、生态护林员补助等，全面保护天然林，统一天然林和国家级公益林保护支持政策。四是支持林业草原防灾减灾，安排资金20.24亿元，用于森林草原防火、林草有害生物防治。五是支持林草支撑保障，安排资金19.82亿元，用于林木良种培育、草种繁育、林草科技推广示范、林长制督查考核奖励、欠发达国有林场巩固提升、全国性林草综合监测等方面。　（张　媛）

【中央财政资金政策】　为深入贯彻落实党中央、国务院重大决策部署和国家重大战略，进一步规范中央财政林业草原转移支付资金管理，提高资金预算安排的科学性、规范性和精准度，不断完善财政资金制度建设。一是由国务院办公厅转发财政部、国家林草局（国家公园局）《关于推进国家公园建设若干财政政策的意见》，推动构建投入保障到位、资金统筹到位、引导带动到位、绩效管理到位的国家公园财政保障制度。二是经国务院同意，会同自然资源部、国家发展改革委、财政部、农业农村部联合印发《关于进一步完善政策措施巩固退耕还林还草成果的通知》，根据形势，暂缓安排新增退耕还林还草任务，将工作重心转到巩固已有建设成果上来，对2014年开始实施的第二轮退耕还林还草现金补助期满后，中央财政安排资金，继续给予适当补助。三是按照板块化管理的要求，加强财政资金统筹整合，2022年12月，与财政部联合修订印发了《林业草原生态保护恢复资金管理办法》和《林业草原改革发展资金管理办法》，将资金整合用于国家公园及其他自然保护地、国家重点野生动植物保护、森林保护修复、生态护林员、国土绿化、非国

有林生态保护补偿、林业草原支撑保障体系、林长制督查考核奖励等方面。四是完善项目储备制度，推动中央财政林业草原项目库工作落实落地，国家林业和草原局办公室、财政部办公厅联合印发《中央财政国家公园和林业草原项目入库指南》，坚持"资金跟着项目走"，加强重大项目储备，明确项目管理范围、入库管理等要求。　（张　媛）

【部门预算资金】　国家林业和草原局部门预算管理工作始终坚持以过"紧日子"为指导思想，围绕持续完善项目整合方案，优化预算支出结构，推进实施预算管理一体化，强化预算绩效管理等内容，全力为国家林业和草原局机关及直属单位运转、履职提供保障，较好地完成了各项工作。2022年全年财政拨款62.75亿元。扣除基本建设、转移支付上划资金后，部门预算财政拨款23.54亿元。重点保障了在职及离退休人员基本支出、国家林草生态综合监测、国家公园及自然保护地管理、森林草原火灾预防与管理、野生动植物保护与管理、外来物种入侵防控、林业有害生物防治、林草生态网络感知系统等支出。
　（周金华）

【林业草原投资完成额】　2022年，林草投资完成总额3662亿元，比2021年减少12.18%。其中，固定资产投资完成额698亿元，用于重点区域生态保护和修复工程项目投资完成额184亿元。从资金来源看，中央资金投资完成额为1178亿元，比2021年增加16亿元；地方财政资金投资完成额为1139亿元，比2021年减少3.64%；社会资金（含国内贷款、企业自筹等其他社会资金）投资完成额为1345亿元，受疫情影响比2021年减少26.34%。
　（林　琳）

# 林业和草原
# 区域发展

**【援疆情况】** 一是高位推动新疆林草事业高质量发展。国家林草局配合国家发展改革委、财政部安排新疆中央林草资金55.27亿元。与新疆维吾尔自治区党委、政府和新疆生产建设兵团在北京召开座谈会，就推进国家公园创建、生态保护修复、森林草原防火等事项进行了磋商并达成共识。二是布局实施重点生态工程。落实《全国重要生态系统保护和修复重大工程总体规划（2021—2035年）》，启动实施阿尔金草原荒漠生态保护和修复工程、塔里木河流域生态修复工程、天山和阿尔泰山森林草原保护工程。根据《"十四五"林业草原保护发展规划纲要》，重点推进阿尔金草原荒漠、塔里木河、伊犁河谷林草区域性系统治理项目建设。三是科学推进大规模国土绿化行动。完成造林11.86万公顷、种草改良49.32万公顷，将42.13万公顷沙化土地纳入中央财政沙化土地封禁保护补偿范围，1140万公顷天然林和国家级公益林通过生态效益补偿补助得到有效管护。支持新疆生产建设兵团第九师按照集中连片、综合治理的方式，开展国土绿化试点示范。新建阿克苏地区、和田地区、麦盖提县3个全国防沙治沙综合示范区和库尔勒市、木垒县、莎车县等8个国家沙化土地封禁保护区。将库尔勒市和依宁县纳入三北工程科学绿化试点县建设，在1000个村庄开展绿化美化。四是持续加强林草资源保护管理。指导新疆全面推行林长制，由党委、政府主要负责人担任总林长，建立健全林长制组织体系和制度体系。做好稳经济保民生建设项目使用林地工作，对新疆列入国家和省级重点建设项目目录的基础设施项目、公共事业和民生项目优先保障林地定额使用。开展雪豹、河狸、野骆驼等调查监测，实施普氏野马人工繁育和野外放归，启动乌鲁木齐市、

哈密市林草外来入侵物种普查。实施森林草原防火基础设施建设项目9个，支持开展边境防火隔离带建设、航空护林、防火物资储备等火灾预防和火情早期处理工作。五是加快构建以国家公园为主体的自然保护地体系。将卡拉麦里、阿尔泰山、天山、塔里木、昆仑山5个国家公园候选区纳入《国家公园空间布局方案》，同意开展卡拉麦里、昆仑山国家公园创建工作，委托第三方机构开展卡拉麦里国家公园创建评估、范围和分区论证。指导新疆进一步完善自然保护地整合优化方案，厘清各类自然保护地基本情况，为解决自然保护地交叉重叠及历史遗留和现实矛盾冲突等问题奠定基础。六是推进生态富民和科技强林。支持新疆选聘续聘生态护林员4.43万名，稳定脱贫人口就业增收。优化林草产业发展布局，指导特色林果、林下经济提质增效。联合新疆维吾尔自治区、广东省人民政府做好第三届中国新疆特色林果产品博览会前期筹备工作，与中国建设银行合作在林特产品展示展销平台设立新疆林特产品馆，推广新疆特色林果品牌。批复设立国家林业草原绿洲林业工程技术研究中心、新疆温宿国家红枣生物产业基地等国家级林草科技成果推广平台。将新和县桃桑、阿尔泰河谷阔叶树种、昆玉市多枝柽柳纳入第三批国家林木种质资源库。

**【援藏情况】** 主要涉及西藏自治区和四川省、云南省、甘肃省、青海省4个涉藏工作重点省。一是高位推动林草援藏事业高质量发展。国家林草局配合国家发展改革委、财政部安排西藏和四川、云南、甘肃、青海四省中央林草资金337.09亿元，支持开展国土绿化、林草资源保护管理、以国家公园为主体的自然保护地体系建设等林草重点工作，为推进西藏和四省涉藏州县

长治久安和高质量发展，建设美丽中国、实现中华民族永续发展奠定坚实生态基础。二是布局实施重点生态工程。落实《全国重要生态系统保护和修复重大工程总体规划（2021—2035年）》要求，统筹考虑自然条件相似性、生态系统完整性、生态地理单元连续性和工程实施可操作性，启动实施三江源、祁连山、西藏"两江四河"造林绿化与综合整治等重点生态保护和修复工程。根据《"十四五"林业草原保护发展规划纲要》布局安排，重点推进黄河源、长江源、拉萨河等林草区域性系统治理项目建设。三是科学推进大规模国土绿化行动。完成造林74.86万公顷、种草改良177.13万公顷、治理沙化石漠化土地38.40万公顷，6326.67万公顷天然林和国家级公益林得到有效管护。在青海黄南藏族自治州启动实施国土绿化试点示范项目，通过采取一体化、系统治理的措施，按照集中连片、综合治理的方式，开展国土绿化试点示范。授予西藏林芝市"国家森林城市"称号，确定青海果洛藏族自治州为第一批全国林业碳汇试点市，支持四川巴塘格木、西藏拉萨那孜、甘肃玛曲、青海苏吉湾等11个国家草原自然公园试点建设，新建西藏措勤县达东、珠龙2个国家沙化土地封禁保护区，批复同意四川松潘岷江源国家湿地公园功能区调整方案。四是持续加强林草资源保护管理。指导西藏和四省出台全面推行林长制实施文件，由党委、政府主要负责人担任总林长，建立省、市、县、乡、村五级林长组织体系。印发《关于切实做好稳经济保民生建设项目使用林地工作的通知》，对西藏和四省列入国家和省级重点建设项目目录的基础设施项目、公共事业和民生项目优先保障林地定额使用。启动藏野驴、藏羚羊、大熊猫、雪豹、猕猴等专项调查，开展

红豆杉、巨柏等国家重点保护野生植物就地和迁地保护，实施第二批极小种群野生植物保护拯救项目。支持四川甘孜藏族自治州、西藏昌都市、青海果洛藏族自治州和黄南藏族自治州新建国家林木种质资源库。持续提升林草防火减灾能力，支持西藏和四省立项实施国家投资森林防火基建项目16个。五是加快构建以国家公园为主体的自然保护地体系。将西藏和四省生态重要区域纳入国家公园空间布局，支持开展羌塘、珠穆朗玛峰、若尔盖、青海湖等国家公园创建工作。召开大熊猫、三江源国家公园第二次局省联席会议，完成三江源、大熊猫国家公园管理机构设置方案编报，推动大熊猫、三江源国家公园总体规划修编及勘界立标，统筹推进三江源、大熊猫国家公园"天空地"一体化监测试点项目建设。指导西藏和四省开展自然保护地整合优化预案编制和完善工作，厘清各类自然保护地基本情况，为有效解决自然保护地交叉重叠、矛盾冲突等问题奠定基础。与西藏共建青藏高原国家公园示范区，推进西藏神山圣湖世界自然和文化双遗产申报进程，推动青海建设以国家公园为主体的自然保护地体系示范省。六是推进生态富民和科技强林。会同自然资源部制定印发定点帮扶西藏察隅县"十四五"时期工作方案，在加强生态保护修复、落实强边固边用地保障、支持高黎贡山国家公园建设等10个方面提出具体帮扶措施。通过林草生态帮扶专项基金无偿投入200万元在察隅县实施四季果园示范基地建设项目，扶持察隅县发展壮大林草特色产业。批复设立国家林业草原西南森林与草原生态防火工程技术研究中心等12个国家级林草科技推广平台。安排西藏和四省中央财政生态护林员补助资金20.72亿元，占全国总规模的32.38%，支持选聘续聘生态护林员37.69万名，助力原"三区三州"深度贫困地区巩固拓展脱贫攻坚成果、促进乡村振兴。

【青藏高原生态环境保护和可持续发展】 主要涉及四川省、云南省、西藏自治区、甘肃省、青海省、新疆维吾尔自治区6个省（区）。一是高位推动青藏高原林草事业高质量发展。国家林草局配合国家发展改革委、财政部安排青藏高原6省（区）中央林草资金392.46亿元，支持开展国土绿化、林草资源保护管理、以国家公园为主体的自然保护地体系建设等林草重点工作，为推动青藏高原生态环境保护和可持续发展贡献林草力量。二是布局实施重点生态工程。落实《全国重要生态系统保护和修复重大工程总体规划（2021—2035年）》要求，统筹考虑自然条件相似性、生态系统完整性、生态地理单元连续性和工程实施可操作性，启动实施三江源、藏西北羌塘高原、藏东南高原等重点生态保护和修复工程。根据《"十四五"林业草原保护发展规划纲要》布局安排，重点推进黄河源、长江源、雅砻江、拉萨河等20个林草区域性系统治理项目建设。三是科学推进大规模国土绿化行动。完成造林86.72万公顷，种草改良126.47万公顷，治理沙化石漠化土地77.18万公顷，7466.67万公顷天然林和国家级公益林得到有效管护。支持四川、甘肃、青海、新疆启动实施国土绿化试点示范项目，通过采取一体化、系统治理的措施，按照集中连片、综合治理的方式，开展国土绿化试点示范。授予四川达州市、甘肃平凉市和西藏林芝市"国家森林城市"称号。确定云南省宁洱县、青海省果洛藏族自治州为第一批全国林业碳汇试点市（县）。支持建设14处国家草原自然公园试点和7处国有草场试点，新建12个国家沙化土地封禁保护区，指定4处国际重要湿地。四是持续加强林草资源保护管理。指导青藏高原6省（区）出台全面推行林长制实施文件，由党委、政府主要负责人担任总林长，建立省、市、县、乡、村五级林长组织体系。印发《关于切实做好稳经济保民生建设项目使用林地工作的通知》，对青藏高原列入国家和省级重点建设项目目录的基础设施项目、公共事业和民生项目优先保障林地定额使用。启动藏野驴、藏羚羊、大熊猫、雪豹、猕猴等专项调查，开展红豆杉、巨柏等国家重点保护野生植物就地和迁地保护，实施第二批极小种群野生植物保护拯救项目。支持甘肃、青海、新疆建设国家林木种质资源库。持续提升林草防火减灾能力，立项实施森林草原防火基础设施建设项目33个。五是加快构建以国家公园为主体的自然保护地体系。印发《国家公园空间布局方案》，在青藏高原布局13个国家公园候选区，支持开展羌塘、珠穆朗玛峰、若尔盖、青海湖等国家公园创建工作。召开大熊猫、三江源国家公园第二次局省联席会议，完成三江源、大熊猫国家公园管理机构设置方案编报，推动大熊猫、三江源国家公园总体规划修编及勘界立标，统筹推进三江源、大熊猫国家公园"天空地"一体化监测试点项目建设。指导青藏高原6省（区）开展自然保护地整合优化预案编制和完善工作，厘清各类自然保护地基本情况，为有效解决自然保护地交叉重叠、矛盾冲突等问题奠定基础。推动青海建设以国家公园为主体的自然保护地体系示范省。与西藏共建青藏高原国家公园示范区，推进青海坎布拉世界地质公园、西藏神山圣湖世界自然和文化双遗产申报进程。六是推进生态富民和科技强林。认定国家酒泉枸杞产业示范园区等11家园区为国家林业产业示范园区。立项实施"青藏高原沙地鼠害综合防治示范推广"等107个林业科技推广示范项目，推广示范一批先进、成熟、实用林草科技成果。安排青藏高原6省（区）中央财政生态护林员补助资金25.15亿元，占全国总规模的39.3%，支持选聘续聘生态护林员42.12万名，持续加强生态护林员精细化管理。

【西部大开发】 主要涉及内蒙古自治区、广西壮族自治区、重庆市、四川省、贵州省、云南省、西藏自治区、陕西省、甘肃省、青海省、宁夏回族自治区、新疆维吾尔自治区12个省份。一是高位推动西部地区林草事业高质量发展。国家林草局配合国家发展改革委、财政部安排西部大开发12省份中央林草资金757.25亿元，支持开展国土绿化、林草资源保护管理、以国家公园为主体的自然保护地体系建设等林草重点工作，全力推动西部地区林草事业高质量发展。二是布局实施重点生态工程。落实《全国重要生态系统保护和修复重大工程总体规划（2021—2035年）》要求，统筹考虑自然条件相似性、生态系统完整性、生态地理单元连续性和工程实施可操作性，启动实施三江源、祁连山、若尔盖草原湿地－甘南黄河重要水源补给、藏西北羌塘高原、藏东南高原、西藏"两江四河"造林绿化与综合整治等重点生态保护和修复工程。根据《"十四五"林业草原保护发展规划纲要》布局安排，重点推进共和盆地、乌兰布和沙漠、陕北地区等林草区域性系统治理项目建设。三是科学推进大规模国土绿化行动。完成造林204.16万公顷、种草改良305.96万公顷，治理沙化石漠化土地113.15万公顷，1.32亿公顷天然林和国家级公益林得到有效管护。指导重庆、四川、宁夏开展科学绿化试点示范省（区、市）建设。支持内蒙古自治区包头市、重庆市、四川省达州市、贵州省毕节市、陕西省宝鸡市、甘肃省庆阳市、青海省黄南藏族自治州、宁夏回族自治区吴忠市、新疆生产建设兵团第九师启动实施国土绿化试点示范项目。授予重庆市涪陵区、贵州省六盘水市、西藏自治区林芝市等11个市"国家森林城市"称号，确定内蒙古自治区阿尔山市、云南省宁洱县、陕西省咸阳市等7个市（县）为林业碳汇试点市（县）。建设四川巴塘格木、西藏拉萨那孜、甘肃玛曲等31处国家草原自然公园试点。四是持续加强林草资源保护管理。指导西部省份建立健全林长制体系，由党委、政府主要负责人担任总林长，建立省、市、县、乡、村五级林长组织体系。印发《关于切实做好稳经济保民生建设项目使用林地工作的通知》，对西部省份列入国家和省级重点建设项目目录的基础设施项目、公共事业和民生项目优先保障林地定额使用。启动藏野驴、藏羚羊、大熊猫、雪豹、猕猴等专项调查，开展红豆杉、巨柏等国家重点保护野生植物就地和迁地保护，实施朱鹮、林麝、普氏野马、秦岭冷杉、大果青杆、长序榆等专项拯救。批复内蒙古图博勒、广西狮子山、四川凌云山等10处国家级森林公园总体规划。持续

提升林草防火减灾能力，支持西部省份立项实施森林草原防火基础设施建设项目70个。支持贵州省在松材线虫病疫区开展松材线虫病防治与马尾松人工商品林改培试点。五是加快构建以国家公园为主体的自然保护地体系。将西部省份生态重要区域纳入《国家公园空间布局方案》，支持开展羌塘、若尔盖、青海湖、梵净山、西南岩溶等国家公园创建工作。召开大熊猫、三江源国家公园第二次局省联席会议，完成三江源、大熊猫国家公园管理机构设置方案编报，推动大熊猫、三江源国家公园总体规划修编及勘界立标，统筹推进三江源、大熊猫国家公园"天空地"一体化监测试点项目建设。指导西部省份开展自然保护地整合优化预案编制和完善工作，厘清各类自然保护地基本情况，为有效解决自然保护地交叉重叠、矛盾冲突等问题奠定基础。与西藏共建青藏高原国家公园示范区，推进西藏神山圣湖世界自然和文化双遗产申报进程，推动青海建设以国家公园为主体的自然保护地体系示范省。六是推进生态富民和科技强林。持续做好对广西龙胜、罗城和贵州独山、荔波以及西藏察隅5个县的定点帮扶工作。同广西壮族自治区人民政府合作共建广西现代林业产业示范区。安排西部省份油茶新增种植、低产林改造生产任务9.82万公顷。指导西部省份296项林草科技成果入选国家林草科技推广成果库，批复设立国家林业草原文冠果工程技术研究中心等34个国家级林草科技推广平台。安排西部省份中央财政生态护林员补助资金44.6亿元，占全国总规模的69.69%，支持选聘续聘生态护林员76.29万名，持续加强生态护林员精细化管理。

**【中部崛起】** 主要涉及山西省、安徽省、江西省、河南省、湖北省、湖南省。一是高位推动中部地区林草事业高质量发展。国家林草局配合国家发展改革委、财政部安排中部崛起6省中央林草资金215.73亿元，支持开展国土绿化、林草资源保护管理、以国家公园为主体的自然保护地体系建设等林草重点工作，全面提升中部地区生态

环境质量和稳定性，为推动新时代中部地区高质量发展贡献林草力量。二是布局实施重点生态工程。落实《全国重要生态系统保护和修复重大工程总体规划（2021—2035年）》及其专项规划，启动实施南岭山地森林及生物多样性保护、湘桂岩溶地区石漠化综合治理、武陵山区生物多样性保护等重点生态保护和修复工程。根据《"十四五"林业草原保护发展规划纲要》布局安排，重点推进吕梁山、洞庭湖流域、皖南山区等林草区域性系统治理项目建设。三是科学推进大规模国土绿化行动。完成造林108.83万公顷、种草改良5.13万公顷，治理沙化石漠化土地14.69万公顷，建设国家储备林6.41万公顷，2626.67万公顷天然林和国家级公益林得到有效管护。支持河南省、湖南省开展科学绿化试点示范省建设。在山西省朔州市、江西省吉安市、湖北省咸宁市、湖南省湘潭市启动实施国土绿化试点示范项目。授予安徽省滁州市、河南省开封市"国家森林城市"称号，确定江西省万年县为林业碳汇试点市（县），安徽省霍邱县西山林场、湖北省太子山林场、湖南省永州市江华林场为国有林场森林碳汇试点。四是持续加强林草资源保护管理。指导中部各省出台全面推行林长制实施文件，由党委、政府主要负责人担任总林长，建立省、市、县、乡、村五级林长组织体系。印发《关于切实做好稳经济保民生建设项目使用林地工作的通知》，对中部地区列入国家和省级重点建设项目目录的基础设施项目、公共事业和民生项目优先保障林地定额使用。指导野猪等野生动物致害补偿和保险理赔，开展中华穿山甲野外调查监测和救护，实施安徽麝、大别山五针松、银缕梅等极小种群物种的野外调查保护和人工扩繁试验。认证安徽省合肥市、江西省南昌市为国际湿地城市。立项实施森林草原防火基础设施建设项目23个，支持开展航空护林、防火物资储备等火灾预防和火情早期处理工作。五是加快构建以国家公园为主体的自然保护地体系。指导中部各省开展自然保护地整合优化预案编制和完善工作。将武夷山、神农架、南山、太行山、

井冈山、黄山（牯牛降）、张家界7个国家公园候选区纳入国家公园空间布局方案，组织开展南山、神农架国家公园创建评估和范围论证。会同江西省组织召开武夷山国家公园第二次省联席会议，编制完成《武夷山国家公园管理机构设置方案》，组织开展武夷山国家公园总体规划审核评估和勘界立标，推进国家公园"天空地"一体化监测试点项目建设。六是推进生态富民和科技强林。安排中部6省中央财政生态护林员补助资金14.69亿元，占全国总规模的22.96%，支持选聘续聘生态护林员21万名，持续强化生态护林员精细化管理。将河南省光山县、江西省信丰县、湖南省汉寿县等132个县纳入全国油茶生产重点县布局。认定命名国家六安叶集新型家居产业示范园区、国家瑞昌华中国际木业家居产业示范园区、国家濮阳木业示范园区等13家园区为国家林业产业示范园区。批复设立桂花研究中心等19个国家级林草科技推广平台，支持219项林草科技成果入选国家林草科技推广成果库。

【兴边富民、守边固边】　主要涉及内蒙古自治区、辽宁省、吉林省、黑龙江省、广西壮族自治区、云南省、西藏自治区、甘肃省、新疆维吾尔自治区9个省（区）。一是高位推动边境地区林草事业高质量发展。国家林草局配合国家发展改革委、财政部安排边境9省（区）（以下简称"边境地区"）中央林草资金734.45亿元，支持开展国土绿化、林草资源保护管理、以国家公园为主体的自然保护地体系建设等林草重点工作，全力推动边境地区林草事业高质量发展。二是布局实施重点生态工程。落实《全国重要生态系统保护和修复重大工程总体规划（2021—2035年）》要求，统筹考虑自然条件相似性、生态系统完整性、生态地理单元连续性和工程实施可操作性，启动实施大兴安岭森林生态保育工程、内蒙古高原生态保护和修复工程、天山和阿尔泰山森林草原保护工程等生态保护和修复重大工程。根据《"十四五"林业草原保护发展规划纲要》布局安排，重点推进大兴

安岭、乌兰布和沙漠、伊犁河谷等林草区域性系统治理项目建设。三是科学推进大规模国土绿化行动。完成造林132.54万公顷、种草改良236.23万公顷，治理沙化石漠化土地84.01万公顷。支持内蒙古自治区包头市、辽宁省阜新市、吉林省白城市、黑龙江省鸡西市、甘肃省庆阳市和新疆生产建设兵团第九师启动实施国土绿化试点示范项目。授予辽宁省辽阳市、甘肃省平凉市和西藏自治区林芝市"国家森林城市"称号，确定内蒙古自治区包头市和阿尔山市、吉林省延边朝鲜族自治州、黑龙江省依兰县、云南省宁洱县为林业碳汇试点市（县）。支持内蒙古自治区敕勒川、西藏自治区拉萨那孜、甘肃省玛曲县等24处国家草原自然公园试点建设。四是持续加强林草资源保护管理。指导边境地区建立健全林长制体系，由党委、政府主要负责人担任总林长，建立省、市、县、乡、村五级林长组织体系。印发《关于切实做好稳经济保民生建设项目使用林地工作的通知》，对边境地区列入国家和省级重点建设项目目录的基础设施项目、公共事业和民生项目优先保障林地定额使用。启动藏野驴、藏羚羊、雪豹等专项调查，开展红豆杉、巨柏等国家重点保护野生植物就地和迁地保护。组织实施森林草原防火基础设施建设项目87个，持续提升边境地区森林草原火灾综合防控能力。新建西藏自治区措勤县达东、甘肃省金塔县红墩子、新疆维吾尔自治区库尔勒市群尔库木沙漠等12个国家沙化土地封禁保护区。五是加快构建以国家公园为主体的自然保护地体系。将边境地区生态重要区域纳入《国家公园空间布局方案》，支持开展亚洲象、珠穆朗玛峰等国家公园创建工作。组织召开东北虎豹国家公园第二次局省联席会议，完成东北虎豹国家公园管理机构设置方案编报，优化完善《东北虎豹国家公园总体规划》，统筹推进国家公园"天空地"一体化监测试点项目建设。指导边境地区开展自然保护地整合优化预案编制和完善工作，厘清各类自然保护地基本情况，为有效解决自然保护地交叉重叠、矛盾冲突等问题奠定基础。与西藏共建青藏高

原国家公园示范区，推进西藏神山圣湖世界自然和文化双遗产申报进程。六是推进生态富民和科技强林。持续强化对西藏自治区林芝市察隅县的定点帮扶工作，联合印发《自然资源部　国家林业和草原局定点帮扶西藏察隅县"十四五"时期工作方案》。同广西壮族自治区人民政府合作共建广西现代林业产业示范区。指导边境地区256项林草科技成果入选国家林草科技推广成果库，批复设立国家林业草原文冠果工程技术研究中心等27个国家级林草科技推广平台。安排边境地区中央财政生态护林员补助资金27.92亿元，占全国总规模的43.63%，支持选聘续聘生态护林员42.41万名，持续加强生态护林员精细化管理。

【民族地区】　主要涉及内蒙古自治区、广西壮族自治区、西藏自治区、宁夏回族自治区、新疆维吾尔自治区5个民族自治区和贵州省、云南省、青海省3个多民族省。一是高位推动民族地区林草事业高质量发展。国家林草局配合国家发展改革委、财政部安排5个民族自治区和贵州、云南、青海3个多民族省（以下简称"民族地区"）中央林草资金512.25亿元，支持开展国土绿化、林草资源保护管理、以国家公园为主体的自然保护地体系建设等林草重点工作，全面提升民族地区生态环境质量和稳定性，为推动新时代党的民族工作高质量发展贡献林草力量。二是布局实施重点生态工程。落实《全国重要生态系统保护和修复重大工程总体规划（2021—2035年）》及其专项规划，启动实施三江源、内蒙古高原等重点生态保护和修复工程。根据《"十四五"林业草原保护发展规划纲要》布局安排，重点推进黄河源、长江源、乌兰布和沙漠等林草区域性系统治理项目建设。三是稳步推进大规模国土绿化行动。完成造林126.37万公顷、种草改良291.53万公顷，治理沙化石漠化土地85.36万公顷，8900万公顷天然林和国家级公益林得到有效管护。在青海省黄南藏族自治州、宁夏回族自治区吴忠市、内蒙古自治区包头市、新疆生产建设兵团第九师、

贵州省毕节市启动实施国土绿化试点示范项目。授予贵州省黔南布依族苗族自治州、六盘水市、铜仁市和西藏自治区林芝市"国家森林城市"称号。确定内蒙古自治区包头市、阿尔山市，贵州省毕节市，云南省宁洱哈尼族彝族自治县，青海省果洛藏族自治州，宁夏回族自治区固原市为第一批全国林业碳汇试点市（县）。支持建设11处国家草原自然公园试点和14处国有草场试点。新建国家沙化土地封禁保护区10处、国家石漠公园2个。四是持续加强林草资源保护管理。指导民族地区出台全面推行林长制实施文件，由党委、政府主要负责人担任总林长，建立省、市、县、乡、村五级林长组织体系。印发《关于切实做好稳经济保民生建设项目使用林地工作的通知》，对民族地区列入国家和省级重点建设项目目录的基础设施项目、公共事业和民生项目优先保障林地定额使用。启动藏野驴、藏羚羊、雪豹等专项调查，开展红豆杉、巨柏等国家重点保护野生植物就地和迁地保护，实施第二批极小种群野生植物保护拯救项目。支持广西东门林场国家桉树种质资源库等5处国家林木种质资源库建设。支持民族地区立项实施国家投资森林草原防火基础设施建设项目49个。五是加快构建以国家公园为主体的自然保护地体系。将民族地区生态重要区域纳入国家公园空间布局，支持开展羌塘、卡拉麦里、亚洲象等国家公园创建工作。召开三江源国家公园第二次局省联席会议，完成管理机构设置方案编报，推动总体规划修编和勘界立标，推进国家公园"天空地"一体化监测试点项目建设。指导民族地区开展自然保护地整合优化预案编制和完善工作，支持青海以国家公园为主体的自然保护地体系示范省建设，与西藏共建青藏高原国家公园示范区，推动青海坎布拉世界地质公园、内蒙古"巴丹吉林沙漠－沙山湖泊群"世界自然遗产和西藏"神山圣湖"世界自然文化双遗产申报进程。六是推动生态富民产业发展。安排民族地区中央财政生态护林员补助资金32.57亿元，占全国总规模的51%，支持选聘续聘生态护林员55.02万名，持续强化生态

护林员精细化管理。将广西壮族自治区乐业县、贵州省玉屏侗族自治县、云南省金平苗族瑶族傣族自治县等49个县纳入全国油茶生产重点县名单。认定命名国家阿拉善沙产业示范园区等14家园区为国家林业产业示范园区。通过林业草原生态帮扶专项基金无偿投入700万元在广西龙胜、罗城和贵州独山、荔波以及西藏察隅5个定点帮扶县实施产业帮扶项目，扶持定点帮扶县发展壮大生态富民产业。

【革命老区】 主要涉及北京市、河北省、山西省、浙江省、安徽省、福建省、江西省、山东省、河南省、湖北省、湖南省、广东省、广西壮族自治区、海南省、重庆市、四川省、贵州省、云南省、陕西省、甘肃省、宁夏回族自治区21个省份。一是高位推动革命老区林草事业高质量发展。国家林草局配合国家发展改革委、财政部安排革命老区涉及的21个省份中央林草资金761.37亿元，支持开展国土绿化、林草资源保护管理、以国家公园为主体的自然保护地体系建设等林草重点工作，全力推动革命老区林草事业高质量发展。二是布局实施重点生态工程。落实《全国重要生态系统保护和修复重大工程总体规划（2021—2035年）》要求，统筹考虑自然条件相似性、生态系统完整性、生态地理单元连续性和工程实施可操作性，启动实施秦岭等重点生态保护和修复工程。根据《"十四五"林业草原保护发展规划纲要》布局安排，重点推进秦岭中麓、赣江源、赤水河右岸等林草区域性系统治理项目建设。三是科学推进大规模国土绿化行动。完成造林305.98万公顷、种草改良76.17万公顷，治理沙化石漠化土地86.02万公顷。支持福建省南平市、江西省吉安市、山东省潍坊市、广东省惠州市、重庆市、四川省达州市、陕西省宝鸡市、甘肃省庆阳市、宁夏回族自治区吴忠市启动实施国土绿化试点示范项目。授予北京市门头沟区，河北省邢台市、邯郸市，广东省韶关市，贵州省铜仁市、黔南布依族苗族自治州，陕西省咸阳市"国家森林城市"称号。确定浙江省丽水市，福建省三明市、龙岩市、南平市，广

东省韶关市，陕西省咸阳市，宁夏回族自治区固原市为林业碳汇试点市（县）。四是持续加强林草资源保护管理。指导革命老区建立健全林长制体系，由党委、政府主要负责人担任总林长，建立省、市、县、乡、村五级林长组织体系。印发《关于切实做好稳经济保民生建设项目使用林地工作的通知》，对革命老区列入国家和省级重点建设项目目录的基础设施项目、公共事业和民生项目优先保障林地定额使用。启动朱鹮野外放归，强化海南长臂猿、黔金丝猴等濒危野生动物保护，实施大别山五针松、银缕梅等极小种群物种的野外调查保护和人工扩繁试验，指导开展野猪等野生动物致害补偿和保险理赔。组织实施森林草原防火基础设施建设项目86个，持续提升革命老区森林草原火灾综合防控能力。指导山东省济宁市、湖北省武汉市获得"国际湿地城市"称号，将14处湿地纳入国际重要湿地名录。五是加快构建以国家公园为主体的自然保护地体系。将革命老区生态重要区域纳入《国家公园空间布局方案》，支持开展黄河口、秦岭等国家公园创建工作。高质量建设大熊猫、武夷山、海南热带雨林国家公园，积极推动国家公园管理机构设置方案编报，指导推进国家公园总体规划编制审批及勘界立标，统筹推进国家公园"天空地"一体化监测试点项目建设。指导革命老区开展自然保护地整合优化预案编制和完善工作，厘清各类自然保护地基本情况，为有效解决自然保护地交叉重叠、矛盾冲突等问题奠定基础。六是推进生态富民和科技强林。持续强化对广西壮族自治区河池市罗城仫佬族自治县、贵州省黔南布依族苗族自治州荔波县和独山县的定点帮扶工作。同广西壮族自治区人民政府合作共建广西现代林业产业示范区。指导革命老区517项林草科技成果入选国家林草科技推广成果库，立项实施397个中央财政林业科技推广示范项目。安排革命老区中央财政生态护林员补助资金53.24亿元，占全国总规模的83.19%，支持选聘续聘生态护林员70.84万名，持续加强生态护林员精细化管理。

（林业和草原区域发展由李俊恺供稿）

# 林业和草原对外经济贸易合作

【林产品对外贸易】 2022年，中国林产品进出口贸易总额为1918.74亿美元，比2021年增长3.70%。其中，出口992.42亿美元，比2021年增长7.69%，占全国商品出口额的2.76%，比2021年下降0.02个百分点；进口926.32亿美元，比2021年下降0.27%，占全国商品进口额的3.41%，比2021年下降0.05个百分点。林产品进出口贸易总额中，木质林产品占67.13%，比2021年提高0.11个百分点。

【主要林产品出口】 2022年，中国林产品出口市场主要集中于亚洲、北美洲和欧洲，市场集中度提高，美国是林产品出口的最大贸易伙伴，但份额明显下降；与2021年比，出口总额中亚洲、拉丁美洲和非洲的份额分别提高2.26、0.91和0.82个百分点，北美洲和欧洲的份额分别下降2.56和1.55个百分点。

木质林产品出口763.43亿美元，比2021年增长9.40%。其中，原木出口5.28万立方米、合0.20亿美元，分别比2021年增长393.46%和400.00%，全部为阔叶材；锯材（不包括特形材）出口25.89万立方米、合1.68亿美元，分别比2021年下降9.82%和11.11%；胶合板、纤维板和刨花板出口额分别为55.51亿美元、12.10亿美元和3.89亿美元，与2021年相比，胶合板和刨花板出口额分别下降4.61%和8.90%，纤维板出口额提高0.67%；木家具出口3.57亿件、合255.97亿美元，分别比2021年下降20.84%和0.01%；纸类产品出口340.02亿美元，比2021年增长26.05%。

非木质林产品出口228.99亿美元，比2021年增长2.35%。其中，果类出口75.16亿美元，比2021年下降8.65%；木本油料出口17294.74吨、合2493.49万美元，分别比2021年增长9.13%和45.30%；林化产品出口39.11亿美元，比2021年增长46.64%。

【主要林产品进口】 2022年，中国林产品进口市场主要集中于亚洲和欧洲，市场集中度下降，泰国是林产品进口的最大贸易伙伴。进口总额中拉丁美洲和亚洲份额分别提高2.68和0.57个百分点，欧洲和大洋洲的份额分别下降2.56和0.57个百分点。

木质林产品进口524.66亿美元，比2021年下降3.26%。其中，原木进口4360.23万立方米、合85.33亿美元，分别比2021年下降31.42%和26.41%；锯材（不包括特形材）进口2647.17万立方米、合75.29亿美元，分别比2021年下降8.22%和4.16%；胶合板、纤维板和刨花板进口额分别为1.88亿美元、0.98亿美元和4.10亿美元，与2021年相比，胶合板和刨花板的进口额分别提高23.68%和26.93%，纤维板进口额下降25.76%；木家具进口435.40万件、合8.81亿美元，分别比2021年下降37.49%和11.46%；纸类产品进口294.36亿美元，比2021年增长1.52%。

非木质林产品进口401.68亿美元，比2021年增长3.94%。其中，果类进口198.22亿美元，比2021年增长1.05%；木本油料进口575.05万吨、合73.30亿美元，与2021年相比，进口量下降20.47%、进口额提高0.67%；林化产品进口49.62亿美元，比2021年增长1.91%。

（林业和草原对外经济贸易合作由朱介石、付丽、林琳供稿）

# 林业和草原巩固拓展脱贫成果

【生态脱贫成果巩固】 一是继续完善生态护林员政策。2022年，生态护林员补助资金规模继续维持64亿元不变，有效保障了110.2万名生态护林员稳定就业。制定印发《关于进一步加强脱贫人口生态护林员管理的通知》，从保持队伍稳定、严格资金管理等方面，对生态护林员管理工作提出了明确要求。制定《生态护林员统筹管理工作方案》，将生态护林员纳入林草资源网格化管理体系。制定《推进生态护林员保险工作方案》，研究推动生态护林员保险工作的目标和实现路径。全国生态护林员联动管理系统录入在聘生态护林员信息达109万条，落图管护责任区218万个。二是积极推广以工代赈方式。配合国家发展改革委，修订印发了《国家以工代赈管理办法》。与国家发展改革委等部门联合制定印发《重点工程以工代赈建设任务和用工环节指导目录》和《适用以工代赈重点工程年度任务清单》，明确了林草相关内容。通过在林业草原基础设施建设领域积极推广以工代赈方式，不断增加脱贫群众收入，进一步巩固拓展生态脱贫成果。 三是大力发展油茶产业。出台《全国油茶生产三年行动方案（2023—2025年）》，明确"十四五"时期油茶发展的目标任务及资金支持政策。印发《自然资源部、国家林业和草原局关于保障油茶生产用地的通知》及《关于做好油茶生产用地保障工作的通知》，释放适宜林地、规划造林地、低效茶园等非耕地国土资源发展油茶的潜力。安排中央预算内投资6亿元，用于支持油茶新造、退化林修复。通过林业草原改革发展资金安排12亿元，比2021年增加5.37亿元，支持重点省份10.93万公顷油茶林新造改造。利用国土绿化试点示范，支持符合条件的油茶营造项目。挖掘油茶种植大县生产潜力，研究开展全国油茶生产重点县和油茶产业示范园建设工作。四是推进林下经济等产业。制定《国家林下经济示范基地管理办法》《林下经济发展技术指南》，形成《木竹结构建筑和木竹建材产业发展指南》和《竹产业重点领域发展指南》大纲，明确油茶等木本油料、特色经济林果、林下经济、竹产业发展布局、目标和任务。印发《林草中药材产业发展指南》，指导脱贫地区科学有序发展林草中药材产业。五是积极发展森林旅游产业。积极引导脱贫地区根据林草资源禀赋，大力发展森林旅游产业。启动编制位于江西、湖南两省交界地区的罗霄山国家森林步道总体规划。支持河北塞罕坝国家森林公园加强自然教育工作，组织编制《塞罕坝自然教育指南》《七星湖自然教育手册》《王尚海纪念林自然教育手册》。六是共建现代林业产业示范区。为进一步推动林业产业高质量发展，与江西、广西两省（区）共建现代

林业产业示范区。与两省（区）联合印发《江西现代林业产业示范区实施方案》和《广西现代林业产业示范区实施方案》，力争形成一批可复制、可推广的经验做法，在全国发挥示范带头作用。七是办好林业相关展会。联合浙江省人民政府共同举办第十五届中国义乌国际森林产品博览会，为脱贫地区提供免费展位，扩大脱贫地区林产品销售渠道及品牌影响力。八是科学推进国土绿化。印发《全国国土绿化规划纲要（2022—2030年）》《关于科学开展2022年国土绿化工作的通知》，对科学开展国土绿化进行全面部署。全年完成造林383万公顷，种草改良321.4万公顷。首次实行造林计划任务带位置上报、带图斑下达。升级国土绿化落地上图系统，优化技术方法，修订技术规范，协同推进国土绿化面上任务和重点项目上图。组织实施重点区域生态保护和修复项目71个和第二批国土绿化试点示范项目20个。制定全国森林可持续经营试点实施方案，确定310家试点单位、17.13万公顷试点任务。九是开展乡村绿化美化。联合农业农村部、自然资源部、国家乡村振兴局，制定印发《"十四五"乡村绿化美化行动方案》，以"保护、增绿、提质、增效"为主线，明确了9项主要任务，提出不同地区的行动目标。组织开展2022年村庄绿化覆盖率调查，监测村庄绿化状况。修订《乡村绿化技术规程》，编制《乡村绿化美化模式范例》，指导各地科学开展乡村绿化美化。

【定点帮扶】 主要涉及广西壮族自治区桂林市龙胜各族自治县、河池市罗城仫佬族自治县和贵州省黔南布依族苗族自治州的独山县、荔波县4个县。一是加强宏观指导，高位推动定点帮扶工作。2月，国家林草局召开局党组会议，研究部署乡村振兴和定点帮扶工作，要求全体林草干部职工提高政治站位，把坚决守住定点县不发生规模性返贫的底线作为"国之大者"，对标对表党中央决策部署，全力做好林草领域全面推进乡村振兴和定点帮

扶相关工作，保持生态护林员政策连续稳定，继续拓展生态公益岗位，推广绿色富民产业好经验好做法，全面推进巩固拓展林草脱贫成果同乡村振兴有效衔接。3月，印发《国家林业和草原局乡村振兴与定点帮扶工作领导小组办公室关于进一步做好2022年定点帮扶工作的通知》，将重点工作任务分解细化到各成员单位，建立工作台账，明确任务目标和时间节点，层层压实责任。4月，推进国家战略实施和落实新时代区域发展要求，印发出台《关于支持贵州林草事业高质量发展的若干措施》，将持续做好独山县、荔波县定点帮扶工作，保持林草帮扶政策、资金支持和帮扶力量总体稳定等纳入支持措施。9月，国家林草局乡村振兴与定点帮扶工作领导小组办公室赴国家乡村振兴局社会帮扶司汇报前三季度定点帮扶工作情况，并就持续做好定点帮扶工作、解决投入机制等事宜进行座谈交流。8—9月，国家林草局副局长李春良、总工程师闫振先后带队赴广西龙胜县、罗城县和贵州独山县、荔波县开展定点帮扶工作调研，指导定点帮扶县巩固拓展脱贫攻坚成果、促进乡村振兴。国家林草局乡村振兴与定点帮扶工作领导小组各成员单位聚焦"四个不摘"政策、防止返贫监测、乡村产业发展等情况，深入定点帮扶县乡镇和村屯开展实地调研，系统总结林草定点帮扶成效和经验。二是压茬接续轮换，强化挂职干部帮扶作用。及时完成挂职干部轮换接续工作。选派3名副司局级干部分别挂任广西壮族自治区林业局副局长，桂林市委常委、桂林市副市长和贵州省黔南州委常委、黔南州副州长，选派4名处级干部到定点帮扶县挂职，选派3名青年干部到国家乡村振兴重点帮扶县罗城县和独山县挂职。修订印发《国家林业和草原局定点帮扶挂职干部工作职责》，进一步明确挂职干部帮扶工作任务及要求，督促定点帮扶县挂职干部履职尽责、担当作为，切实发挥作用。通过召开座谈会、组建微信群、成立挂职干部临时党支部等方式，围绕乡村振兴

和定点帮扶工作重心，集中学习思考，一起讨论谋划，为推动帮扶工作上台阶出主意、想办法。三是挖掘优势潜力，推动乡村振兴取得实效。寻找定点帮扶县产业发展瓶颈突破口，科学谋划产业布局，支持发展生态种养殖、特色林果、生态旅游、林下经济等带动群众就业增收的林草特色生态产业。持续募集林草生态帮扶专项基金950万元，在定点帮扶县实施笋用麻竹种植及加工、牧草有机肥生产、板蓝根林下种植及初加工、高产油桐种植4个产业帮扶项目，扶持合作社7个，建成麻竹、油桐、板蓝根种植示范基地66.67公顷，联结脱贫户499户1811人，户均年增收1.5万元。扶持2家当地林草龙头企业，吸纳当地劳动力在上下游产业就业3000余人，不断增强定点帮扶县产业发展内生动力。持续推进消费帮扶，累计采购定点帮扶县农产品231.22万元，采购其他脱贫地区农产品562.05万元；帮助定点帮扶县销售农产品6238.03万元，帮助其他脱贫地区销售农产品792.05万元。组织机关服务局、竹藤中心、贵阳专员办等单位继续保持与各定点帮扶县基层党组织结对共建关系，指导抓党建促乡村振兴。通过结对共建活动，累计捐款5.64万元，打造乡村振兴示范点8个，围绕"产业兴旺、生态宜居、乡风文明、治理有效、生活富裕"五个方面形成党建结合的乡村振兴新模式。国家林草局统筹755万元在定点帮扶县立项实施林草科技帮扶项目13个。组织中国林科院专家赴龙胜县开展笋用竹培育技术培训，培训技术人员、林农100余人。选派林草专家参与科技部主办的"科技列车河池行"活动，在罗城县实地指导南方鲜食枣高效栽培和麻竹笋用林高效培育，举办生态产品绿色核算与碳中和评估专题讲座。组建"1+N"林草科技服务团，深入独山县和荔波县开展油茶、山桐子、无患子、海花草、刺梨、林下经济等林草产业技术指导服务。组织林草专家团队赴独山县开展2期"'春晖行动•风筝计划'共'桐'富裕产业技术培训及项目推广活动"，培训油桐种植技术人员120人，受培训的产业发展带头人获得"全国乡村振兴青年先锋标兵""全国向上向善好青年"等荣誉称号。在荔波县举办3期油茶低产林改造及高效栽培等相关技术培训班，培训技术人员、林农50余人。积极协调各类林草培训班安排定点帮扶县培训名额，共培训基层干部623人、乡村振兴带头人92人、技术人员530人，进一步筑牢乡村发展根基。通过支持定点帮扶县深入推进文旅融合，挖掘民族特色文化和自然生态等旅游资源，为精准帮扶找到了一条新路子，打造了"生态建设+民俗文化+乡村旅游"的全域融合发展模式，定点帮扶县生态旅游产业蓬勃发展。罗城县米椎林乡村旅游区被评为广西五星级乡村旅游区、木栾生态农庄被评为广西四星级乡村旅游区，荔波县瑶山村上榜中国美丽休闲乡村、瑶山古寨景区入选非遗旅游景区。国家林草局安排定点帮扶县林草资金4.3亿元，通过科学开展国土绿化行动、实施重点生态工程建设、强化林草资源保护管理等措施，进一步巩固生态文明建设成果，持续改善乡村人居环境。支持独山县、荔波县实施国家储备林建设，引进国家储备林项目贷款3.47亿元，开展树种结构调整优化和森林质量精准提升。推动生态护林员与林长制工作有效结合，在保持定点帮扶县生态护林员队伍规模稳定的基础上，进一步推动生态护林员信息化、可视化、精细化管理，充分发挥生态护林员"绿水青山警卫员、帮扶政策宣传员、林草科技推广员、基层林草工作监督员"的作用，为当地生态建设、林草高质量发展提供基础保障。加强林业有害生物防治，选派专家团队赴荔波县指导松材线虫病疫情防控工作，有效地遏制松材线虫病疫情在当地扩散蔓延。通过推动定点帮扶县加强生态文明建设，当地生态保护取得明显成效，独山县、荔波县所在的黔南州荣获"国家森林城市"称号，龙胜县荣获"广西森林城市"称号。

（林业和草原巩固拓展脱贫成果
由李俊恺供稿）

# 林业和草原生产统计

### 表18-1　全国国土绿化任务完成情况

| 指标名称 | 单　位 | 本年实际 |
|---|---|---|
| 一、造林面积 | 公顷 | **4202790** |
| 　　1．人工造林面积 | 公顷 | 930860 |
| 　　2．飞播造林面积 | 公顷 | 166099 |
| 　　3．封山育林面积 | 公顷 | 1057316 |
| 　　4．退化林修复面积 | 公顷 | 1582935 |
| 　　5．人工更新面积 | 公顷 | 465579 |
| 二、种草改良面积 | 公顷 | **3214088** |
| 　　1．人工种草 | 公顷 | 481558 |
| 　　2．飞播种草 | 公顷 | — |
| 　　3．草原改良 | 公顷 | 722338 |
| 　　4．围栏封育 | 公顷 | 2010192 |

### 表18-2　全国森林经营情况

| 指标名称 | 单　位 | 本年实际 |
|---|---|---|
| 森林抚育面积 | 公顷 | **5737514** |
| 　　1．抚育采伐 | 公顷 | 1223827 |
| 　　2．补植抚育 | 公顷 | 372882 |
| 　　3．人工促进天然更新 | 公顷 | 206524 |
| 　　4．其他综合抚育 | 公顷 | 3934281 |

### 表18-3　全国林草种苗生产情况

| 指标名称 | 单　位 | 本年实际 |
|---|---|---|
| 一、种子生产 | — | — |
| 　　1．林木种子产量 | 吨 | 10896 |
| 　　　其中：良种 | 吨 | 4264 |
| 　　2．穗条产量 | 万条（根） | 237358 |
| 　　3．草种产量 | 吨 | 5412 |

（续表）

| 指标名称 | 单 位 | 本年实际 |
|---|---|---|
| 二、苗木生产 | — | — |
| 1. 育苗面积 | 公顷 | 1123454 |
| 其中：新育 | 公顷 | 81512 |
| 2. 苗木产量 | 万株 | 4298206 |
| 其中：良种 | 万株 | 1062640 |

## 表18-4  全国林草产业总产值（按现行价格计算）

单位：万元

| 指　标 | 总产值 |
|---|---|
| **林草产业总产值** | **907186591** |
| 1. **第一产业** | **290720198** |
| （1）林木育种和育苗 | 22507195 |
| （2）营造林 | 18817426 |
| （3）木材和竹材采运 | 16447496 |
| （4）经济林产品的种植与采集 | 175779844 |
| （5）花卉及其他观赏植物种植 | 29642526 |
| （6）陆生野生动物繁育 | 2772737 |
| （7）草种植及割草 | 3364315 |
| （8）其他 | 21388660 |
| 2. **第二产业** | **404041590** |
| （1）木材加工和木、竹、藤、棕、苇制品制造 | 147664091 |
| （2）木、竹、藤家具制造 | 76478940 |
| （3）木、竹、苇浆造纸和纸制品 | 75201387 |
| （4）林产化学产品制造 | 6373235 |
| （5）木质工艺品和木质文教体育用品制造 | 10843674 |
| （6）非木质林产品加工制造业 | 62311604 |
| （7）饲草加工 | 693284 |
| （8）其他 | 24475376 |
| 3. **第三产业** | **212424803** |
| （1）林业生产服务 | 9758732 |
| （2）林业旅游与休闲服务 | 161733300 |
| （3）草原旅游与休闲服务 | 1537831 |
| （4）林业生态服务 | 11641206 |

（续表）

| 指　　标 | 总产值 |
|---|---|
| （5）林业专业技术服务 | 3734168 |
| （6）林草公共管理及其他组织服务 | 8860934 |
| （7）其他 | 15158631 |
| 补充资料： | |
| 1．竹产业产值 | 41232473 |
| 2．林下经济产值 | 97300706 |

### 表18-5　全国主要木材、竹材产品产量

| 指标名称 | 单　位 | 全部产量 |
|---|---|---|
| 一、木材 | 万立方米 | **12193** |
| 　1．原木 | 万立方米 | 10586 |
| 　2．薪材 | 万立方米 | 1607 |
| 二、竹材 | — | — |
| 　（一）大径竹 | 万根 | 421840 |
| 　　1．毛竹 | 万根 | 256962 |
| 　　2．其他 | 万根 | 164878 |
| 　（二）小杂竹 | 万吨 | 1733 |

注：大径竹一般指直径在5厘米以上、以根为计量单位的竹材。

### 表18-6　全国主要木竹加工产品及林化产品产量

| 指标名称 | 单　位 | 产　量 |
|---|---|---|
| 一、锯材 | 万立方米 | **5699** |
| 二、人造板 | 万立方米 | **30110** |
| 　1．胶合板 | 万立方米 | 17629 |
| 　2．木质纤维板 | 万立方米 | 4364 |
| 　3．木质刨花板 | 万立方米 | 2658 |
| 　4．细木工板 | 万立方米 | 2277 |
| 　5．集成材 | 万立方米 | 104 |
| 　6．其他人造板 | 万立方米 | 3079 |
| 三、木竹地板 | 万平方米 | **65058** |
| 　1．实木地板 | 万平方米 | 5187 |
| 　2．实木复合木地板 | 万平方米 | 12294 |
| 　3．浸渍纸层压木质地板（强化木地板） | 万平方米 | 16145 |

（续表）

| 指标名称 | 单 位 | 产 量 |
|---|---|---|
| 4. 竹地板（含竹木复合地板） | 万平方米 | 2393 |
| 5. 其他木地板（含软木地板、木塑和木石塑复合地板等） | 万平方米 | 29039 |
| 四、林化产品 | — | — |
| 1. 松香类产品 | 吨 | 672106 |
| 2. 栲胶类产品 | 吨 | 52848 |
| 3. 紫胶类产品 | 吨 | 3070 |

## 表18-7 全国主要经济林产品生产情况

单位：吨

| 指 标 | 产 量 |
|---|---|
| 各类经济林总计 | **224254409** |
| 一、水果 | **176473965** |
| 1. 苹果 | 41217941 |
| 2. 柑橘 | 48489614 |
| 3. 梨 | 18072842 |
| 4. 葡萄 | 12415730 |
| 5. 桃 | 17829114 |
| 6. 杏 | 1909703 |
| 7. 荔枝 | 2266368 |
| 8. 龙眼 | 1588850 |
| 9. 猕猴桃 | 2707384 |
| 10. 其他水果 | 29976419 |
| 二、干果 | **12807264** |
| 1. 板栗 | 2343085 |
| 2. 枣 | 6034855 |
| 3. 仁用杏（大扁杏、山杏） | 583572 |
| 4. 柿子 | 2237604 |
| 5. 银杏 | 174675 |
| 6. 榛子 | 176672 |
| 7. 松子 | 194872 |
| 8. 薄壳山核桃 | 129272 |
| 9. 其他干果 | 932658 |

（续表）

| 指　标 | 产　量 |
| --- | --- |
| **三、林产饮料** | **3516337** |
| 　1．毛茶 | 2911975 |
| 　2．咖啡 | 137271 |
| 　3．其他林产饮料 | 467091 |
| **四、林产调料** | **1877670** |
| 　1．花椒 | 1243145 |
| 　2．八角 | 297158 |
| 　3．桂皮 | 106118 |
| 　4．其他林产调料 | 231249 |
| **五、森林食品** | **8014005** |
| 　1．竹笋 | 4730537 |
| 　2．食用菌 | 2308050 |
| 　3．山野菜 | 401696 |
| 　4．香椿 | 149273 |
| 　5．其他森林食品 | 424450 |
| **六、森林药材** | **7722989** |
| 　1．杜仲 | 227316 |
| 　2．黄柏 | 140696 |
| 　3．厚朴 | 189911 |
| 　4．枸杞 | 382927 |
| 　5．山茱萸 | 373041 |
| 　6．沙棘 | 303923 |
| 　7．五味子 | 108776 |
| 　8．其他森林药材 | 5996399 |
| **七、木本油料** | **9342668** |
| 　1．油茶籽 | 2946191 |
| 　2．核桃 | 5934635 |
| 　3．油橄榄 | 83719 |
| 　4．文冠果 | 13026 |
| 　5．油用牡丹 | 67574 |
| 　6．其他木本油料 | 297523 |
| **八、林产工业原料** | **4499511** |
| 　1．漆树 | 8143 |

（续表）

| 指　标 | 产　量 |
|---|---|
| 2．油桐 | 183103 |
| 3．乌桕 | 3620 |
| 4．五倍子 | 9200 |
| 5．棕片 | 30443 |
| 6．松脂 | 1239694 |
| 7．紫胶 | 1940 |
| 8．橡胶 | 979574 |
| 9．其他工业原料 | 2043794 |

## 表18-8　全国油茶产业发展情况

| 指　标 | 单　位 | 产　量 |
|---|---|---|
| 一、年末实有油茶林面积 | 公顷 | **4535031** |
| 　　其中：当年新增 | 公顷 | 156376 |
| 　　　　　当年低改 | 公顷 | 290662 |
| 二、油茶籽产量 | 吨 | **2946191** |
| 三、茶油产量 | 吨 | **649190** |
| 四、经营主体 | — | — |
| 　　1．小农户 | 户 | 2755457 |
| 　　2．家庭林场 | 个 | 50384 |
| 　　3．专业合作社 | 个 | 11566 |
| 　　4．种植企业 | 个 | 4262 |
| 五、茶油加工 | — | — |
| 　　1．小作坊 | — | — |
| 　　（1）数量 | 个 | 14347 |
| 　　（2）产油量 | 吨 | 297058 |
| 　　2．规模以上加工企业 | — | — |
| 　　（1）数量 | 个 | 424 |
| 　　（2）产油量 | 吨 | 233704 |
| 　　3．其他加工企业 | — | — |
| 　　（1）数量 | 个 | 1428 |
| 　　（2）产油量 | 吨 | 71122 |

## 表18-9　全国花卉产业发展情况

| 指标名称 | 单　位 | 本年实际 |
|---|---|---|
| 一、年末实有种植面积 | 公顷 | **1494199** |
| 　　1. 观赏苗木 | 公顷 | 837297 |
| 　　2. 盆栽植物类（包括盆栽植物、盆景） | 公顷 | 105337 |
| 　　3. 鲜切花（切花、切叶、切枝） | 公顷 | 71301 |
| 　　4. 食用与药用花卉 | 公顷 | 315068 |
| 　　5. 种子、种球、种苗花卉 | 公顷 | 41276 |
| 　　6. 其他 | 公顷 | 123920 |
| 二、主要类别产量 | — | — |
| 　　1. 观赏苗木 | 万株 | 2121678 |
| 　　2. 盆栽植物类（包括盆栽植物、盆景） | 万盆 | 3915402 |
| 　　3. 鲜切花（切花、切叶、切枝） | 万支 | 3643330 |
| 　　4. 食用与药用花卉 | 千克 | 495412288 |
| 三、销售额 | 万元 | **22547644** |
| 　　1. 观赏苗木 | 万元 | 10387205 |
| 　　2. 盆栽植物类（包括盆栽植物、盆景） | 万元 | 5903840 |
| 　　3. 鲜切花（切花、切叶、切枝） | 万元 | 2639722 |
| 　　4. 食用与药用花卉 | 万元 | 1767140 |
| 　　5. 种子、种球、种苗花卉 | 万元 | 761181 |
| 　　6. 其他 | 万元 | 1088556 |
| 四、出口额 | 万美元 | **86289** |
| 五、大型花卉市场 | 个 | **879** |
| 六、大型花卉企业 | 个 | **5249** |
| 七、设施化栽培面积 | 万平方米 | **97813** |
| 八、花卉从业人员期末人数 | 人 | **5289258** |
| 　　其中：花农 | 户 | 1696998 |
| 　　　　　具有工程师（含）职称以上从业人员 | 人 | 79771 |

# 林业和草原投资统计

### 表18-10 全国林草投资完成情况

单位：万元

| 指标名称 | 本年实际 | 中央资金 | | 地方资金 | 国内贷款 | 利用外资 | 自筹资金 | 其他社会资金 |
|---|---|---|---|---|---|---|---|---|
| | | 中央预算内基本建设资金 | 中央财政资金 | | | | | |
| 总计 | **36616472** | **2643374** | **9132927** | **11394754** | **3038262** | **59181** | **6043319** | **4304655** |
| 其中：固定资产投资完成额 | 6982736 | 1010268 | 467151 | 1302364 | 795235 | 6023 | 2371298 | 1030397 |
| 重点区域生态保护和修复工程项目 | 1836476 | 1633123 | — | 113284 | — | — | 90069 | — |
| 一、造林 | 7494975 | 1294977 | 1096512 | 2445891 | 952789 | 36194 | 1098334 | 570277 |
| 二、森林经营 | 6267914 | 125790 | 1576313 | 1219582 | 1499577 | 9421 | 1037136 | 800094 |
| 三、草原保护修复 | 976331 | 267860 | 479436 | 144012 | — | — | 71950 | 13073 |
| 四、湿地保护修复 | 477386 | 63352 | 194743 | 184464 | 69 | — | 18532 | 16226 |
| 五、荒漠化治理 | 281620 | 150227 | 73814 | 53863 | — | — | 2336 | 1379 |
| 六、林草有害生物防治 | 601344 | 34486 | 151355 | 359484 | 146 | — | 39119 | 16754 |
| 七、林草防火 | 741041 | 161719 | 84382 | 448536 | 806 | — | 33140 | 12457 |
| 八、自然保护地管理和监测 | 598051 | 60858 | 189604 | 224225 | — | 220 | 117971 | 5173 |
| 九、生物多样性保护 | 324767 | 118250 | 96589 | 77020 | — | 126 | 23576 | 9206 |
| 十、其他 | 18853045 | 365853 | 5190179 | 6237677 | 584875 | 13219 | 3601226 | 2860016 |

### 表18-11 各地区林草投资完成情况

单位：万元

| 地区 | 自年初累计完成投资 | | | |
|---|---|---|---|---|
| | 总计 | 其中 | | |
| | | 国家投资 | 固定资产投资完成额 | 重点区域生态保护和修复工程项目 |
| 全国 | **36616472** | **23171054** | **6982736** | **1836476** |
| 北京 | 1178884 | 1164385 | 470589 | 50915 |
| 天津 | 63945 | 62482 | 48929 | — |

（续表）

| 地 区 | 自年初累计完成投资 | | | |
|---|---|---|---|---|
| | 总 计 | 其 中 | | |
| | | 国家投资 | 固定资产投资完成额 | 重点区域生态保护和修复工程项目 |
| 河 北 | 945254 | 869188 | 175990 | 48745 |
| 山 西 | 972375 | 922538 | 193833 | 232393 |
| 内蒙古 | 1579871 | 1555741 | 184817 | 89547 |
| 辽 宁 | 355290 | 347225 | 25125 | 14765 |
| 吉 林 | 840350 | 799739 | 32873 | 53355 |
| 黑龙江 | 1858599 | 1520148 | 75425 | 38853 |
| 上 海 | 104200 | 104070 | 52925 | — |
| 江 苏 | 328499 | 185789 | 3328 | 69 |
| 浙 江 | 718221 | 524520 | 13160 | — |
| 安 徽 | 700701 | 303968 | 82964 | 4633 |
| 福 建 | 827534 | 505901 | 18763 | 37212 |
| 江 西 | 1143015 | 728200 | 1755 | 17265 |
| 山 东 | 621655 | 571895 | 28833 | 9425 |
| 河 南 | 716659 | 492100 | 57792 | 48829 |
| 湖 北 | 1210261 | 788176 | 46991 | 92843 |
| 湖 南 | 1608820 | 1032985 | 162899 | 54987 |
| 广 东 | 1116216 | 961989 | 15799 | 19275 |
| 广 西 | 6656842 | 741399 | 3320300 | 113634 |
| 海 南 | 156601 | 140073 | 5558 | 7329 |
| 重 庆 | 811831 | 559497 | 131013 | 42834 |
| 四 川 | 2354117 | 1271362 | 84953 | 69837 |
| 贵 州 | 2892679 | 1193941 | 721769 | 178098 |
| 云 南 | 1329168 | 1149772 | 86575 | 34031 |
| 西 藏 | 290159 | 290159 | 7924 | 20960 |
| 陕 西 | 961330 | 881842 | 198940 | 118054 |
| 甘 肃 | 1509987 | 1112764 | 217153 | 186024 |
| 青 海 | 684556 | 678815 | 257611 | 119068 |
| 宁 夏 | 392794 | 374238 | 145325 | 66820 |
| 新 疆 | 738108 | 699496 | 35982 | 53676 |
| 局直属单位 | 947950 | 636655 | 76841 | 13000 |
| 大兴安岭 | 395344 | 369233 | 49953 | 13000 |

表18-12　国家林业和草原局机关及直属单位林草投资完成情况

单位：万元

| 单　位 | 自年初累计完成投资 | |
|---|---|---|
| | 总　计 | 其中：固定资产投资完成额 |
| 总　计 | **947950** | **76841** |
| 国家林业和草原局本级 | 52299 | — |
| 国家林业和草原局机关服务中心 | 6728 | — |
| 国家林业和草原局信息中心 | 12106 | 4241 |
| 国家林业和草原局林业工作站管理总站 | 1228 | — |
| 国家林业和草原局财会核算审计中心 | 1324 | — |
| 国家林业和草原局宣传中心 | 2671 | — |
| 国家林业和草原局生态建设工程管理中心 | 1007 | — |
| 国家林业和草原局西北华北东北防护林建设局 | 2539 | — |
| 国家林业和草原局科技发展中心（国家林业和草原局植物新品种保护办公室） | 1356 | — |
| 国家林业和草原局发展研究中心（国家林业和草原局法律事务中心） | 3161 | 15 |
| 国家林业和草原局国际合作交流中心 | 1345 | — |
| 国家林业和草原局国家公园（自然保护地）发展中心 | 1016 | — |
| 国家林业和草原局野生动物保护监测中心 | 442 | — |
| 国家林业和草原局森林草原火灾预防监测中心 | 854 | 40 |
| 中国林业科学研究院 | 186022 | 11509 |
| 国家林业和草原局林草调查规划院 | 47881 | 2138 |
| 国家林业和草原局产业发展规划院 | 28729 | — |
| 国家林业和草原局管理干部学院 | 9386 | 1631 |
| 中国绿色时报社 | 3521 | — |
| 中国林业出版社 | 6385 | — |
| 国际竹藤中心 | 13077 | 1091 |
| 国家林业和草原局亚太森林网络管理中心 | 1261 | — |
| 中国林学会 | 2137 | — |
| 中国野生动物保护协会 | 762 | — |
| 中国绿化基金会 | 20705 | — |
| 国家林业和草原局驻内蒙古自治区森林资源监督专员办事处 | 897 | — |
| 国家林业和草原局驻长春森林资源监督专员办事处 | 390 | — |
| 国家林业和草原局驻黑龙江省森林资源监督专员办事处 | 714 | — |
| 国家林业和草原局驻大兴安岭林业集团公司森林资源监督专员办事处 | 371 | — |

（续表）

| 单 位 | 自年初累计完成投资 | |
|---|---|---|
| | 总 计 | 其中：固定资产投资完成额 |
| 国家林业和草原局驻成都森林资源监督专员办事处 | 562 | — |
| 国家林业和草原局驻云南省森林资源监督专员办事处 | 713 | — |
| 国家林业和草原局驻福州森林资源监督专员办事处 | 606 | — |
| 国家林业和草原局驻西安森林资源监督专员办事处 | 223 | — |
| 国家林业和草原局驻武汉森林资源监督专员办事处 | 522 | — |
| 国家林业和草原局驻贵阳森林资源监督专员办事处 | 440 | — |
| 国家林业和草原局驻广州森林资源监督专员办事处 | 1137 | — |
| 国家林业和草原局驻合肥森林资源监督专员办事处 | 246 | — |
| 国家林业和草原局驻乌鲁木齐森林资源监督专员办事处 | 622 | — |
| 国家林业和草原局驻上海森林资源监督专员办事处 | 682 | — |
| 国家林业和草原局驻北京森林资源监督专员办事处 | 906 | — |
| 国家林业和草原局生物灾害防控中心 | 7256 | — |
| 国家林业和草原局华东调查规划院 | 15762 | — |
| 国家林业和草原局中南调查规划院 | 17465 | 1422 |
| 国家林业和草原局西北调查规划院 | 41386 | 1852 |
| 国家林业和草原局西南调查规划院 | 22656 | 611 |
| 中国大熊猫保护研究中心 | 11142 | 635 |
| 大兴安岭林业集团公司 | 395344 | 49953 |
| 国家林业和草原局重点国有林区森林资源监测中心 | 10252 | — |
| 国家林业和草原局幼儿园 | 1641 | — |
| 四川卧龙国家级自然保护区管理局 | 1923 | 1692 |
| 陕西佛坪国家级自然保护区管理局 | — | — |
| 甘肃白水江国家级自然保护区管理局 | 6149 | 11 |

# 劳动工资统计

### 表18-13 全国林草系统从业人员和劳动报酬情况

| 指标 | 单位数（个） | 年末人数（人） | | | | | 在岗职工年平均人数（人） | 在岗职工年工资总额（万元） | 在岗职工年平均工资（元） | 年末实有离退休人员（人） |
| | | 总计 | 单位从业人员 | | | 离开本单位仍保留劳动关系人员 | | | | |
| | | | 合计 | 在岗职工 | 其他从业人员 | | | | | |
| 总计 | 22958 | 890089 | 792531 | 733936 | 58595 | 97558 | 743651 | 6080707 | 81768 | 939415 |
| 一、企业 | 2488 | 396764 | 307796 | 289574 | 18222 | 88968 | 294890 | 1693766 | 57437 | 578102 |
| 二、事业 | 17635 | 437878 | 429339 | 391077 | 38262 | 8539 | 395602 | 3697910 | 93476 | 311906 |
| 三、机关 | 2835 | 55447 | 55396 | 53285 | 2111 | 51 | 53159 | 689031 | 129617 | 49407 |

### 表18-14 国家林业和草原局机关及直属单位从业人员和劳动报酬情况

| 指标 | 单位数（个） | 年末人数（人） | | | | | 在岗职工年平均人数（人） | 在岗职工年工资总额（万元） | 在岗职工年平均工资（元） | 年末实有离退休人员（人） |
| | | 总计 | 单位从业人员 | | | 离开本单位仍保留劳动关系人员 | | | | |
| | | | 合计 | 在岗职工 | 其他从业人员 | | | | | |
| 总 计 | 116 | 41298 | 39627 | 39305 | 322 | 1671 | 39065 | 348939 | 89323 | 55891 |
| 国家林业和草原局本级 | 1 | 362 | 362 | 362 | — | — | 363 | 6373 | 175565 | — |
| 国家林业和草原局机关服务中心 | 1 | 113 | 113 | 113 | — | — | 112 | 1897 | 169375 | 95 |
| 国家林业和草原局信息中心 | 1 | 24 | 24 | 24 | — | — | 27 | 403 | 149259 | 7 |
| 国家林业和草原局林业工作站管理总站 | 1 | 27 | 27 | 26 | 1 | — | 26 | 460 | 176923 | 19 |
| 国家林业和草原局财会核算审计中心 | 1 | 58 | 58 | 55 | 3 | — | 42 | 646 | 153810 | 11 |
| 国家林业和草原局宣传中心 | 1 | 25 | 25 | 24 | 1 | — | 27 | 443 | 164074 | 10 |
| 国家林业和草原局生态建设工程管理中心 | 1 | 49 | 49 | 49 | — | — | 48 | 868 | 180833 | 16 |
| 国家林业和草原局西北华北东北防护林建设局 | 1 | 65 | 65 | 65 | — | — | 69 | 1123 | 162754 | 73 |
| 国家林业和草原局科技发展中心（国家林业和草原局植物新品种保护办公室） | 1 | 25 | 25 | 24 | 1 | — | 21 | 347 | 165238 | 11 |

（续表）

| 指　标 | 单位数（个） | 年末人数（人） | | | | 离开本单位仍保留劳动关系人员 | 在岗职工年平均人数（人） | 在岗职工年工资总额（万元） | 在岗职工年平均工资（元） | 年末实有离退休人员（人） |
|---|---|---|---|---|---|---|---|---|---|---|
| | | 总计 | 单位从业人员 | | | | | | | |
| | | | 合计 | 在岗职工 | 其他从业人员 | | | | | |
| 国家林业和草原局发展研究中心（国家林业和草原局法律事务中心） | 1 | 65 | 65 | 65 | — | — | 64 | 919 | 143594 | 38 |
| 国家林业和草原局国际合作交流中心 | 1 | 28 | 28 | 28 | — | — | 30 | 437 | 145667 | 8 |
| 国家林业和草原局国家公园（自然保护地）发展中心 | 1 | 10 | 10 | 10 | — | — | 10 | 126 | 126000 | 1 |
| 国家林业和草原局野生动物保护监测中心 | 1 | 17 | 17 | 17 | — | — | 15 | 261 | 174000 | — |
| 国家林业和草原局森林草原火灾预防监测中心 | 1 | 15 | 15 | 15 | — | — | 12 | 198 | 165000 | 1 |
| 中国林业科学研究院 | 19 | 3577 | 3577 | 3577 | — | — | 3422 | 59094 | 172688 | 3141 |
| 国家林业和草原局林草调查规划院 | 1 | 318 | 307 | 284 | 23 | 11 | 282 | 13847 | 491028 | 198 |
| 国家林业和草原局产业发展规划院 | 1 | 424 | 424 | 354 | 70 | — | 367 | 12253 | 333869 | 242 |
| 国家林业和草原局管理干部学院 | 1 | 223 | 223 | 141 | 82 | — | 146 | 2730 | 186986 | 113 |
| 中国绿色时报社 | 1 | 84 | 84 | 81 | 3 | — | 83 | 2059 | 248072 | 30 |
| 中国林业出版社 | 1 | 120 | 120 | 114 | 6 | — | 117 | 2482 | 212137 | 84 |
| 国际竹藤中心 | 2 | 145 | 142 | 141 | 1 | 3 | 129 | 3322 | 257519 | 15 |
| 国家林业和草原局亚太森林网络管理中心 | 1 | 14 | 14 | 14 | — | — | 15 | 261 | 174000 | 2 |
| 中国林学会 | 1 | 38 | 38 | 31 | 7 | — | 32 | 710 | 221875 | 29 |
| 中国野生动物保护协会 | 1 | 33 | 33 | 31 | 2 | — | 32 | 474 | 148125 | 18 |
| 中国绿化基金会 | 1 | 30 | 30 | 30 | — | — | 30 | 553 | 184333 | 5 |
| 国家林业和草原局驻内蒙古自治区森林资源监督专员办事处 | 1 | 27 | 27 | 27 | — | — | 25 | 536 | 214400 | 16 |
| 国家林业和草原局驻长春森林资源监督专员办事处 | 1 | 23 | 23 | 22 | 1 | — | 24 | 273 | 113750 | 16 |
| 国家林业和草原局驻黑龙江省森林资源监督专员办事处 | 1 | 25 | 25 | 25 | — | — | 27 | 340 | 125926 | 21 |
| 国家林业和草原局驻大兴安岭林业集团公司森林资源监督专员办事处 | 1 | 16 | 16 | 16 | — | — | 16 | 312 | 195000 | 9 |
| 国家林业和草原局驻成都森林资源监督专员办事处 | 1 | 27 | 27 | 27 | — | — | 27 | 290 | 107407 | 4 |
| 国家林业和草原局驻云南省森林资源监督专员办事处 | 1 | 12 | 12 | 12 | — | — | 13 | 322 | 247692 | 7 |

（续表）

| 指　标 | 单位数（个） | 总计 | 单位从业人员 | | 离开本单位仍保留劳动关系人员 | 在岗职工年平均人数（人） | 在岗职工年工资总额（万元） | 在岗职工年平均工资（元） | 年末实有离退休人员（人） |
| --- | --- | --- | --- | --- | --- | --- | --- | --- | --- |
| | | | 合计 | 在岗职工 | 其他从业人员 | | | | |
| 国家林业和草原局驻福州森林资源监督专员办事处 | 1 | 16 | 16 | 16 | — | — | 16 | 262 | 163750 | 6 |
| 国家林业和草原局驻西安森林资源监督专员办事处 | 1 | 23 | 23 | 21 | 2 | — | 22 | 259 | 117727 | 6 |
| 国家林业和草原局驻武汉森林资源监督专员办事处 | 1 | 18 | 18 | 18 | — | — | 18 | 247 | 137222 | 3 |
| 国家林业和草原局驻贵阳森林资源监督专员办事处 | 1 | 16 | 16 | 14 | 2 | — | 16 | 207 | 129375 | 3 |
| 国家林业和草原局驻广州森林资源监督专员办事处 | 1 | 27 | 27 | 25 | 2 | — | 25 | 655 | 262000 | 3 |
| 国家林业和草原局驻合肥森林资源监督专员办事处 | 1 | 15 | 15 | 13 | 2 | — | 13 | 286 | 220000 | 3 |
| 国家林业和草原局驻乌鲁木齐森林资源监督专员办事处 | 1 | 19 | 19 | 14 | 5 | — | 14 | 192 | 137143 | 1 |
| 国家林业和草原局驻上海森林资源监督专员办事处 | 1 | 16 | 16 | 14 | 2 | — | 14 | 340 | 242857 | 5 |
| 国家林业和草原局驻北京森林资源监督专员办事处 | 1 | 22 | 22 | 22 | — | — | 22 | 373 | 169545 | 4 |
| 国家林业和草原局生物灾害防控中心 | 1 | 109 | 109 | 109 | — | — | 106 | 1246 | 117547 | 83 |
| 国家林业和草原局华东调查规划院 | 1 | 201 | 201 | 201 | — | — | 193 | 7309 | 378705 | 108 |
| 国家林业和草原局中南调查规划院 | 1 | 245 | 245 | 205 | 40 | — | 202 | 6755 | 334406 | 104 |
| 国家林业和草原局西北调查规划院 | 1 | 268 | 268 | 244 | 24 | — | 238 | 9689 | 407101 | 109 |
| 国家林业和草原局西南调查规划院 | 1 | 318 | 318 | 318 | — | — | 315 | 9158 | 290730 | 163 |
| 中国大熊猫保护研究中心 | 1 | 254 | 254 | 252 | 2 | — | 256 | 3444 | 134531 | 5 |
| 大兴安岭林业集团公司 | 46 | 32992 | 31335 | 31335 | — | 1657 | 31210 | 183950 | 58939 | 50581 |
| 国家林业和草原局重点国有林区森林资源监测中心 | 1 | 291 | 291 | 271 | 20 | — | 294 | 5649 | 192143 | 191 |
| 国家林业和草原局幼儿园 | 1 | 77 | 77 | 77 | — | — | 81 | 843 | 104074 | 9 |
| 四川卧龙国家级自然保护区管理局 | 1 | 153 | 153 | 153 | — | — | 153 | 1850 | 120915 | 153 |
| 陕西佛坪国家级自然保护区管理局 | 1 | 77 | 77 | 57 | 20 | — | 82 | 968 | 118049 | 50 |
| 甘肃白水江国家级自然保护区管理局 | 1 | 122 | 122 | 122 | — | — | 122 | 898 | 73607 | 61 |

# 林草审计监督

【综述】 2022年，财会审计中心深入学习贯彻习近平新时代中国特色社会主义思想和党的二十大精神，认真贯彻落实习近平总书记关于审计工作重要讲话、指示、批示精神和党中央决策部署，以政治机关建设为统领，巩固党史学习教育成果，持续推进全面从严治党，围绕林草工作大局，履行内部审计核心职能，加强制度建设，完善工作机制，充分发挥监督、服务、保障职能作用，以实际行动贯彻落实生态文明思想，践行"两个维护"，服务林业、草原、国家公园三位一体高质量融合发展。

【健全制度】 制定《财会核算审计中心审计台账管理暂行办法》，修订《国家林业和草原局审计工作操作规范》，优化内部审计工作程序，为内部审计工作规范开展提供制度保证。实行审前廉政谈话和审后执纪监督回访制度，严格落实审计"四严禁""八不准"纪律要求，不断规范管理，提高工作质量。

【内部审计】 坚持围绕中心、服务大局，强化审计监督，推动问题整改，有力促进林草事业健康发展。一是组织开展领导干部经济责任审计，按照融合发展、成果共享的要求，充分利用国家林草局内部巡视工作成果，完成11家单位主要负责人离任经济责任审计工作，正式印发审计报告18份，重点审计资金约20.99亿元，为促进加强国家林草局干部管理提供有力支持。二是财会审计中心首次对部分资金存量大、自由裁量权大的局属单位开展财务收支情况审计，摸清家底，查找隐患，联合第三方审计机构完成规划院、出版社等9家单位的财务收支审计工作。指导第三方审计机构完成23家单位2021年度预算执行审计，做深做实内部审计监督，共计重点审计资金约96.80亿元。三是督导有关单位认真落实审计问题整改，2021年问题整改取得阶段性成果，审计发现问题中85%以上已完成整改。四是举办内审线上业务培训班，培训130名财务、审计人员，助力提升财务审计人员的业务素质和工作能力。开展审计专题讲座，邀请资深专家讲授基本建设项目财务审计实务，并进行案例分析，加强审计队伍建设，提高审计队伍整体素质。开展"提高林草审计工作质量路径研究调研"相关工作，总结审计实践中的经验，不断探索新时代林草审计工作质量提升的路径和举措。

【专项审计】 始终心怀"国之大者"，将中央决策部署作为审计的"指南针"和"风向标"，充分发挥审计监督利剑作用，努力提升中央资金的使用效益。一是组织完成三江源、东北虎豹、大熊猫、海南热带雨林、武夷山（福建片区和江西片区）5个第一批设立的国家公园2020—2021年中央资金专项审计，重点审计资金约15.53亿元，提出意见、建议19条，为中央资金规范管理、安全有效使用提供支持保障。二是开展部分重点国有林区2019—2021年中央资金使用情况审计，重点审计资金约48.36亿元，提出意见建议10条，为重点国有林区改革发展和政策制定提供参考。三是配合开展2019—2021年中央财政林业草原转移支付资金使用管理情况自查自纠，汇总分析各省份自查情况，了解情况，有的放矢，积极防范风险隐患。

（林草审计监督由张端供稿）

# 19

# 林草
# 信息化

## 林草网络安全和信息化

【综　述】　2022年，信息中心坚持以习近平生态文明思想和习近平总书记关于网络强国战略的一系列重要论述和指示批示精神为指引，深入贯彻落实《党委（党组）网络安全工作责任制实施办法》和《"十四五"国家信息化规划》《"十四五"推进国家政务信息化规划》等党和国家网信工作重要决策部署，全面加强制度机制建设，立足为林业、草原、国家公园融合发展提供有力支撑保障。一是调整了国家林草局网信工作领导小组和局网信办人员，增加局网信领导小组承担全局深化信息技术自主创新成果应用、软件正版化、信息化新技术应用等职能；二是制定印发了《国家林业和草原局关于进一步加强网络安全和信息化工作的意见》，明确了"十四五"时期林草网络安全和信息化工作的主要目标和工作重点，以共建共享共用林草生态网络感知系统为首要任务，确定了建设"大平台、大系统、大数据、大安全、大运维"的总体思路和保障措施，并配套制定了《网络安全管理办法》《政务信息资源共享管理办法（试行）》；三是局网信工作领导小组加挂局信创工作领导小组牌子，研究制定了《国家林业和草原局深化信创工作实施细则》，对全局深化信创应用工作总体要求、主要任务、重点工作、组织保障等进行了统筹安排部署；四是按照《"十四五"推动国家政务信息化规划》，按牵头部门要求，编制了《生态环境优化工程（林草生态感知部分）框架方案》，为"十四五"和今后一个时期林草网络安全和信息化建设相关项目立项奠定了重要基础；五是努力推进林草网信工作更好地融入国家信息化数字化进程，在数字乡村建设、全国一体化政务数据平台建设和"互联网＋监管"等工作中积极履行职责，发挥作用。

（林草网络安全和信息化由周庆宇供稿）

## 网站建设

【内容建设】　2022年国家林业和草原局政府网（以下简称局政府网站）共发布信息45942条，点击量增加1.96亿次，持续发挥权威信息发布平台作用，不断提高政治站位，做大做强正面宣传，进一步扩大网站宣传力、传播力和影响力。加强重要林草政策文件和涉及群众切身利益、需要公众广泛知晓的政府信息发布，积极推进林草决策公开、执行公开、管理公开、服务公开、结果公开；聚焦党的二十大，打造思想理论宣传阵地，制作专题第一时间做好学习宣传党的二十大的信息发布，重点展示林草系统学习宣传贯彻党的二十大精神；加强林草重点工作和重大主题宣传涉林草报道，策划并开设9个新专题，强化"美丽中国相册"、中国林草网络电视等林草科普宣传，共发布各类宣传信息3533条。

【互动交流】　局政府网站走好林草网上群众路线，听民意、聚民智、解民忧，全年共回复有关野生动植物保护、森林资源管理、政策法规、草原保护等有效留言1272条，内容涉及林地征占用问题、个人观赏宠物饲养、全国森林资源数据查询、自然公园与保护区相关问题咨询、野生动植物保护等级查询、国家储备林政策等。完成中国政府网留言回复17件，开展在线直播11次，征求意见15次。

【网站监管】　建立健全网站安全管理责任制，着力加强局政府网站信息安全工作。严格内容发布审核制度，严把政治关、法律关、政策关、保密关、文字关，着力提升文稿质量。加强网站数据管理，定期对全站信息数据进行全面安全检测并对历史信息数据按年度进行备份归档，全年归档数据124784条。做好网站平台技术支撑，全年巡检网站及信息发布系统496次，加强关键节点网站安全管理，保障网站安全运行。局政府网站在清华大学国家治理研究院发布的《2022年中国政府网站绩效评估报告》中，位列国务院部门网站第三名。

（网站建设由周庆宇供稿）

# 系统建设

**【林草生态网络感知系统】** 持续推进以实际应用为重点的感知系统建设，已经集成森林、草原、湿地、荒漠和生物多样性保护"四个生态系统一个多样性"相关资源基础数据。重点提升和优化了国土绿化落地上图、国家公园感知、森林草原防火监测预警、沙尘暴监测预报、松材线虫病疫情防控监管、自然保护地监督管理、京津冀林草资源动态监督、生态护林员联动管理8个应用系统，有力支撑保障了林草业务工作，极大提升了工作的联动性、精准性、便捷性。完成了2021年林草生态综合监测数据入库，开展了感知应用考核验收，完成了感知系统建设方案中期评估，制定了《感知中心常态化管理工作方案》，全力保障感知系统常态化应用，累计服务保障百余次指挥、调度及日常培训。制定印发感知系统林草资源数据库建设相关技术文件，统一数据源格式，规范感知系统数据库建设，在全国林草工作"一盘棋"的总体要求下，接入7个地方成熟应用系统，推进共建共享共用取得新成效。

**【信创工程】** 完成局信创工程建设任务，实现了综合办公和主要政务工作信息化应用国产化转型，办公网终端替换率100%、终端单轨运行率100%、政务应用支持率100%。开发建设的综合办公系统、移动办公系统、智慧机关管理系统等33个专门业务应用系统、五大平台全部投入使用。完成局电子政务外网1429台桌面终端、147台服务器、25套数据库、87套中间件全部国产化适配改造或整合重构，建成了基于信创环境的私有云，形成了信创环境下移动办公系统建设、云平台建设、政务应用系统整合等可复制、可推广的经验。移动办公系统实现实时在线音视频交流、随时随地办公，有力保障了疫情期间局政务工作的正常运转。

**【"金林工程"】** 2022年"金林工程"全部完成了5类系统的预验收并交付相关司局单位应用。全年与相关司局单位沟通协调对接140多次，累计举办线上培训87次、培训4000多人次，系统总用户数达120万，数据更新入库已达1800多万条。探索形成了业务需求导向的林草信息化建设新路子，实现了部门履职能力、工作效率、资源利用水平、整合协同力度、安全防护水平"五个提升"的建设成效。

**【涉密办公系统】** 坚决推进局涉密办公系统从小范围试用到全局全面用起来，圆满完成真试真用。项目建成包括涉密电子公文处理、综合办公、安全增强邮件等功能的涉密办公系统及配套运维系统，积累了经验，培养了人才，为全局深入推进信创常态化奠定了重要基础。

（系统建设由周庆宇供稿）

# 安全保障

**【重要节点网络安全保障】** 以北京冬奥会和冬残奥会、2022年全国"两会"和党的二十大等重大活动举办期间网络安全保障任务为主线周密部署，分别制定印发专门网络安全保障工作方案、召开动员部署会议。组织全局开展信息系统渗透测试，共计发现并整改安全漏洞255个；举办局网络安全宣传周活动，以线上线下融合方式进行立体宣传，发放宣传手册300册、组织安全知识问答覆盖600余人次；加强重点保障期值班值守，安排7×24小时值班119人次，确保网络系统安全稳定运行。

**【网络和数据安全监督检查】** 扎实开展国家林草局网络和数据安全监督检查，梳理建立了局网络系统等级保护工作台账，登记建册等级保护对象120余个；完成公安部现场检查迎检、软件正版化现场检查迎检等专项检查工作；赴防火司、中国林科院、规划院等8家司局和直属单位开展网络安全现场检查，通报存在安全风险隐患，进一步压实网络安全工作责任，督促做好网络安全建设和管理工作等。

**【网络安全建设与测评】** 研究制定并印发了《国家林业和草原局网络安全管理办法》，明确了加强网络安全能力建设、落实网络安全工作责任、履行网络安全应急值守责任的总体要求；严格落实等级保护制度，组织开展了信创工程、"金林工程"、局政府网站共计20个信息系统的等级保护测评，同步开展商用密码安全性评估。

【网络安全风险防御】 根据中央网信办和公安部网络安全专用系统有关通报信息，结合国家林草局实际，累计开展预警通报95次，下发整改通知单42次，并监督完成问题隐患整改；局中心机房全年共抵御渗透扫描7.84亿次、防御入侵攻击141万次、拦截恶意病毒攻击155万次，手动封禁恶意IP地址超3万个，

手动查杀病毒、修复漏洞494次，开展终端安全防护1.8万次；针对政府网站被篡改、综合办公系统受勒索、行政审批数据泄露等典型场景，开展年度网络安全应急演练，不断提升应急响应水平。

（安全保障由周庆宇供稿）

# 大数据

【数据共享】 研究制定并印发《国家林业和草原局政务信息资源共享管理办法（试行）》；完成长江流域数据共享工作，实现国家重点保护陆生野生动植物名录、长江流域植被覆盖率、森林蓄积量、草原综合植被覆盖度、国家公园基本信息5类数据共享；按照《国务院部门数据共享责任清单（第五批）》《国务院有关部门垂管系统与地方数据平台对接清单（第三批）》，大力推进国家林草局7条政务数据共享；完成全国林草种植检疫信息化管理与服务平台数据共享工作，林地审批系统待迁移后开展数据共享工作；重构局政务信息资源共享平台，共编制资源目录782条，发布数据18条。

【林草信息化示范区】 为贯彻落实《数字乡村建设行动计划（2022—2025年）》有关要求，充分发挥先进典型的示范引领作用，带动林草信息化高质量发展，正式启动林草信息化示范区创建工作，制定发布《全国林草信息化示范区创建方案》并向全国评比达标表彰工作协

国家林业和草原局政务信息资源共享平台主页（周庆宇　供图）

调小组办公室完成备案，截至2022年年底，共收到19个省级林草部门、2个局直属单位共计41个申报材料；北京、湖北、福建3个林草信息化优秀省份被国家林草局通报表扬；完成中央网信办2022年数字乡村发展工作要点及总结报送工作。

【标准建设】 根据林草生态网络感知系统建设实际，发布《林业草原信息领域标准体系》，完成近百项已发布标准的整合梳理，重点开展林草信息资源、数据共享、应用服务、安全管理等相关标准规范制定与应用；召开全国林业和草原信息标准化技术委员会年度工作会议及标委会秘书处会议，组织完成国标复审、碳达峰碳中和技术标准申报、参加标准写作和标准管理培训等工作。

（大数据由周庆宇供稿）

# 办公自动化

**【网络和信息系统运维】** 严格落实疫情防控常态化要求，认真制定疫情防控运维应急预案，优化配置力量，加强运维管理，提升服务效率。视频会议系统等网络和信息化应用在疫情期间发挥了不可替代的重要作用，2022年累计保障重大工作、重要会议、国际合作等各类视频会议300余次。全年实行7×24小时值班，共安排运维值班421人次，做到7×24小时实时监控各类政务系统运行情况，特别是在春节、北京冬奥会、五一、端午、国庆、全国"两会"、党的二十大等重要活动保障期间安排双人24小时全程值班值守，处理中心机房各类告警721次，设备全面维护52次，确保重要时间节点信息系统的安全稳定。

**【办公自动化运维】** 2022年，局新版综合办公系统、涉密办公系统、移动办公系统等正式上线运行，成为林草工作不可或缺的重要支撑。持续加强政务工作信息化技术支撑，全年共接听服务电话15347个，上门技术服务5290次，新版综合办公系统上线运行后进行了20余次系统更新，新增、调整功能72项，发布办公网公示公告、内部通知等信息143件，处理用户信息调整217次，答复局建言献策17件，实现了在线收看"绿色大讲堂"、党的二十大精神贯彻落实等局重大会议。

（办公自动化由周庆宇供稿）

# 政务服务

**【网上行政审批平台】** 国家林草局网上行政审批平台实现与全国一体化政务服务平台统一身份认证、数据资源共享，局行政审批事项实现全部"上线进网入库"。国产化适配改造后已办结事项755件，局本级直接实施的行政审批事项全部实现网上审批；6项委托省级林草部门实施的行政审批事项办件数据和审批结果已共享至全国一体化政务服务平台，国家林草局已获取各省审批数据100多万条，初步实现了对林草行政许可事项全部在线监管。

**【智慧后勤系统】** 依托信创工程建设"智慧后勤"服务系统，主副食预订、访客入院管理、刷脸权限办理、车证办理、好书征集、便民服务等9项服务事项上线使用，其中主副食预订功能累计使用超过1900人次，访客入院审批达到858次；对接国管局"央小服"系统，完成在线支付功能开发；优化建言献策功能，开发抄送分管局领导、评论跟帖、各单位意见栏等功能，完成全年4个季度数据统计工作。

**【技术培训】** 2022年11月30日至12月2日组织举办了全国林草信息化新技术暨网络安全与网站信息员培训班，来自省级林业和草原主管部门及国家林草局有关司局、直属单位、派出机构承担信息化工作的处室负责人、网络安全工作联络员和网站信息员共计265人参加培训。培训紧密融合林草业务发展，进一步明确了林草网信工作的重点任务，提高了网络安全意识，增强了网络安全事件应急处置能力。

（政务服务由周庆宇供稿）

国家林业和草原局网上行政审批平台主页（周庆宇　供图）

20

# 林草教育
# 与培训

# 林草教育与培训工作

【制度机制建设】 印发《关于组织开展国家林业和草原局"十四五"院校规划教材（第二批）建设工作的通知》，开展第二批规划教材建设工作。成立草学系列教材建设工作组和专家委员会，为草学系列教材建设提供学术指导和专业咨询，推动完善草学系列教材建设。起草完善《国家林业和草原局重点专业建设管理暂行办法》，建立林草专业发展规章制度。

【重点培训】 按照人社部"2022年高级研修项目计划"统一安排，在北京举办落实乡村振兴战略与林草新兴产业发展技术高级专业技术研修班1期，培训林草部门主管乡村振兴工作和基层一线从事林草工作人员100人。

【公务员法定培训】 根据《公务员法》《公务员培训管理规定》等制度要求，结合岗位需要和个人发展需求，面向国家林草局干部职工开展公务员法定培训。举办处级干部在职培训班1期，培训处级干部151人。举办处级干部任职培训班1期，培训新任职处级干部202人。举办新录用人员培训班1期，培训新录用人员200人。根据中央组织部、中央国家机关工委要求，选派国家林草局21名司局级干部参加2022年中央和国家机关司局级专题研修班。

【行业示范培训】 为履行好生态保护修复、山水林田湖草沙综合治理和自然保护地统一监管的重大职责使命，开展行业示范培训。举办市（县）林草局局长业务培训，共有来自全国的100名市（县）林业和草原局局长参加培训。 开展基层林草实用人才培训，做好脱贫攻坚成果同乡村振兴有效衔接，培训基层相关林草技术人员和创业者210名。举办新疆（含兵团）林草干部培训班，培训新疆林草系统干部167人。针对林草系统年轻干部组织1期重点培训，培训40岁以下干部39人。

【干部培训教材建设】 加强干部培训教材建设，按照国家林草局干部培训教材编写规划，组织完成《经济林理论与实践》出版，完成《林业和草原意识形态工作理论与实践》《森林康养理论与实践》《自然保护地建设理论与实践》《林业工作站管理理论与实践》4本培训教材初稿编写，逐步丰富适应干部履职需要和学习特点的林草特色教材库。

【远程教育】 借助新媒体技术平台，继续推进全国党员干部现代远程教育林草专题教材制播工作。全年向中央组织部报送全国党员干部现代远程教育林草专题教材制播课件48期，总时长约1440分钟。

【林草学科专业建设】 完成国家林草局第二批重点学科验收。开展国家林草局第三批重点学科推荐工作，共推荐出33个重点学科和14个重点培育学科，持续引领新形势下的林草学科高质量发展。根据《职业教育法》及教育部相关要求，开展了2022年职业教育专业目录增补论证工作，向教育部提供10余条增补建议。推动林草专业设置紧密对接产业布局和行业发展需要。

【林草教育组织指导】 召开林学和风景园林两个专业学位研究生教学指导委员会第一次全体会议，总结近五年工作情况，谋划下一个五年工作思路，提出促进专业更好发展的切实举措。建立健全林草职业教育教学指导委员会管理体制机制，制定林草职业教育教学指导委员会工作规划、章程、经费管理办法、印章管理办法、专委会设置方案及管理办法等6个指导性文件。开展林业教育学会成人教育分会第五届委员会换届选举工作，按照换届筹备方案，推动换届工作有序进行。

【林草教育品牌活动】 印发第三届全国林草教学名师名单，开展教学名师建言献策活动，为林草教育工作特别是学科建设、教材建设工作提供宝贵意见40余条。开展第五届林草职业技能大赛赛项设置和赛点设置工作，为下一年大赛召开做好准备工作。推动林草教育活动宣传工作，对教学名师的先进事迹进行梳理汇总，在《中国绿色时报》刊发相关宣传稿，不断提升品牌活动知名度和影响力，凝聚林草教育服务行业发展合力。

（林草教育与培训工作由梁灏供稿）

# ▶ 林草教材管理

【综　述】　2022年出版普通高等教育、职业教育和干部教育培训教材225种，其中，新书100种；重印书125种。完成70种国家林业和草原局规划教材出版工作。

4月，有24种职业教材入选人力资源社会保障部的国家级技工教育和职业教育培训教材目录，其中高级技能专业教材21种，中级技能专业教材3种。完成"十四五"职业教育国家规划教材申报及复核工作，截至12月底，共完成26种教材的相关材料整理及上传工作。

深度参与国家林草局职教中心、全国林业和草原职业教育教学指导委员会相关工作，8月参加"2022年全国职业院校技能大赛"，并在赛会上开展全国林草职业院校花卉生产与花艺专业建设研讨活动。

【第二批国家林业和草原局"十四五"规划教材申报立项工作】　7月组织并开展"十四五"国家林业和草原局规划教材第二批的申报、评审、立项工作。此次申报共收到75所院校（普通高等院校39所、职业院校35所，科研单位1家）的申报材料。申报数量667种，其中，本科424种，研究生67种，职教176种；新编、修订、成书均有申报。

【成立国家林业和草原局草学系列教材建设工作组和专家委员会】　7月正式成立国家林业和草原局草学系列教材建设工作组和专家委员会，9月组织召开草学系列教材专家指导委员会工作启动会暨"国家林业和草原局'十四五'规划教材（草学系列）"主编会，参会人员达到100余人，涵盖全国草学专业业内知名专家，顺利启动下一阶段教材编写工作。12月月底完成2个品种的出版。

【教材建设培训班】　11月举办两期院校教材建设培训班，分别是普通高等院校教材建设培训班（线上）、职业教育教材建设培训班（线上），参训学员达到1700多人，覆盖60多所院校。

（林草教材管理由高红岩供稿）

# ▶ 北京林业大学

【概　述】　2022年，北京林业大学占地面积878.40万平方米，产权校舍建筑面积73.18万平方米。图书馆建筑面积2.34万平方米。全年教育经费投入150008.18万元，其中，财政拨款76680.72万元、自筹经费73327.46万元。固定资产总值361926.33万元，其中，教学、科研仪器设备资产值79412.16万元，信息化设备资产值20076.25万元。拥有教室164间，其中，网络多媒体教室163间。拥有图书197.58万册，计算机10678台。网络信息点30956个，电子邮件系统用户12306个，数字资源量中电子图书138.4512万册、电子期刊499560册、学位论文7019626册、音视频111283小时。

学校由教育部直属管理，教育部、国家林业和草原局和北京市政府共建，设有1个校区，设置17个院（系、部）。开设65个本科专业（方向），覆盖8个学科门类；具有一级学科25个；一级学科博士点8个，博士学位授权点8个；一级学科硕士点25个，硕士专业学位授权类别17个；博士后科研流动站7个，其中，博士后研究人员出站24人、进站45人、在站161人。"双一流"建设学科2个，国家级一流本科专业建设点27个，省部级一流专业建设点18个，北京市重点建设一流专业2个。

国家、省（部）级重点实验室、工程中心及野外台站等科技平台（基地）共85个。其中国家级平台6个，省部级平台（基地）79个。国家级平台中，全国重点实验室2个，国家工程技术中心1个，国家工程研究中心1个，国际科技合作基地1个，国家野外台站1个。省部级平台（基地）中，北京实验室1个，教育部重点实验室3个，教育部工程中心4个，教育部野外台站2个，水利部水土保持科技示范园区2个，国家林草局重点实验室8个，国家林草局工程技术研究中心8个，国家林草局野外台站9个，国家林草局长期科研基地3个，国家林草局质检中心1个，国家林草局创新联盟27个，国家能源局能源研发中心1个，北京市重点实验室8个，北京市工程技术研究中心2个。

教职工2098人，其中，专任教师1386人，包括正高级355人、副高级600人；博士生导师370人、硕士生导师495人。院士4人（含兼职），国家级人才称号共计42人次，其中，国家重大人才工程入选者21人次，国家重大工程青年人才计划入选者21人次。外籍教师3人，其中，教授2人。学历教育学生中毕业生8295人，其中，研究生2042人（博士生254人、硕士生1788人）、普通本专科生3409人（本科生3409人、专科生0人）、成人教育本专科生2844人（本科生2523人、专科生321人）。本科毕业生就业率93.1%。招生7771人，其中，研究生2716人（博士生408人、硕士生2308人）、普通本专科生3526人（本科生3526人、专科生0人）、成人教育本专科生1529人（本科生1510人、专科生19人）。高考北京地区提档线物理/生物/地理（选考一门）专业组627分、物理/历史/地理（选考一门）专业组617分、物理/化学/地理（选考一门）专业组618分、不限选考专业组605分、化学/生物（选考一门）专业组613分、化学必考专业组601分、物理/化学/生物（选考一门）专业组606分、物理必考专业组595分、化学/生物（选考一门）中加合作办学专业组596分、物理/化学/生物（选考一门）中加合作办学专业组574分。在校生（不含留学生）25587人，其中，研究生7991人（博士生1460人、硕士生6531人）、普通本专科生13730人（本科生13730人、专科生0人）、成人教育本专科生3866人（本科生3821人、专科生45人）。留学生毕业56人，招录113人、在校296人。网址：www.bjfu.edu.cn。

【党建思政工作】 实施学习宣传贯彻党的二十大精神12项专项行动计划，将开展学校中长期战略谋划作为现阶段贯彻落实党的二十大精神的重要载体和重要成果，并作为全年的工作主线，相关做法入选北京教育系统创新案例。全方位推进习近平新时代中国特色社会主义思想"三进"工作，研究出台"三进"实施方案和监督方案。织密建强组织体系，召开党建思政工作会，推进基层党组织创优行动，基层党组织和党员作用在疫情防控、

事业发展中得到充分检验。注重干部队伍体系化建设、整体功能提升，配强17个学院领导班子，更加注重培植"双肩挑"干部和年轻干部成长沃土，在校内外挂职借调、定点帮扶支教中强化干部交流锻炼，在给任务、压担子中促进干部加速成长。紧抓教师政治素养和师德涵养提升，成立党委教师工作委员会，制定二级单位教师思政和师德师风建设任务清单，狠抓教师政治理论学习，固化每周一次学习的"生物钟"。推进学生思想政治工作走深走实，探索以"接诉即办"为牵引的学生思政工作新模式，深化"大思政课"综合改革。全面强化学生心理健康工作，制定全员心理育人任务清单。持续推进全面从严治党，站在维护事业和促进发展角度健全监督体系，将问题发现、解决在萌芽状态。

【科研平台建设】 积极承建国家林草种质资源库，整合学者学术资源和专业顶尖机构智慧完成可研报告编制任务，报告成为学校探索有组织科研的成功典范。紧抓全国重点实验室重组历史机遇，首次获批2个全国重点实验室，有力彰显了学校科技创新"国家队"的地位。有组织科研再上新台阶，获批科技部重大项目12项、国家自然科学基金项目104项；获教育部高等学校科学研究优秀成果奖8项；省部级及以上科技平台数量达85个，培育植物新品种46项，获发明专利181项，发表高水平论文900余篇；成立生态文明智库中心，深度服务国家生态文明战略和行业需求。

【推动实施人才引领发展战略】 把人才工作摆在更加突出位置研究部署，召开工作务虚会专题谋划人才工作，持续抓好人才强校战略组织领导。深入实施"5·5工程"，做好人才计划申报指导，8人获批国家级人才计划，其中2人获国家杰出青年科学基金项目支持；8位教师和8个团队入选林草科技创新人才和团队，数量居全国首位。持续推动人才评价方式改革，健全以聘期目标和实际贡献为重点的考核评价体系，建立以"好+高"业绩贡献为导向的绩效分配体系，体现多

劳多得、优劳优酬；创建引进人才、急需紧缺、正常评审、破格评审、绿色通道、长期从教六大类人才分类评价的职称评审体系，引导和鼓励教师产出高水平业绩成果和重大标志性成果。

【人才培养体系构建】 第五轮学科评估成绩显著，林学、风景园林学继续保持A+领先优势，林业、风景园林两个专业学位斩获A+，林业工程首次进入A档行列，20个参评学科中17个实现晋级。促成水土保持与荒漠化防治成为一级学科，深化生态修复工程学、城乡人居生态环境学北京市高精尖学科、减碳固碳科学与工程交叉学科建设；获批国家公园建设与管理本科专业；筹建林业、风景园林两个专业博士学位点；设立全国唯一生态文明建设交叉学科博士点。大力提升人才培养质量，成立本科教学指导委员会，实施"树人行动"计划，建立劳动教育耕读教育实践基地；深入实施研究生"1358"质量工程，试点推进本研贯通培养；加强专业建设力度，国家一流专业总数达到27个，北京市一流专业总数达到18个；获北京市教育教学成果奖12项，其中特等奖1项（为首次获得）；毕业生就业率超过93%，本科生深造率达53.8%。

【扩大办学影响】 以"传承·奋进"为主题精心谋划70周年校庆，开展口述、图说、档案见证等"北林历史"系列活动，建成校史馆、档案馆，举办校友系列活动，编纂出版《北京林业大学学术思想文库》，承办《湿地公约》第十四届缔约方大会（COP14）全球迁飞区水鸟栖息地保护论坛，发布建校70周年宣传片，编创校庆纪念版原创话剧《梁希》。全方位科技服务"绿色冬奥"建设，16支团队助力北京冬奥会重点区域生态修复与景观质量提升，遴选374名师生服务保障北京冬奥会，成立冬奥会志愿者宣讲团，传播冬奥精神。全力服务北京"生物多样性之都"和"种业之都"建设，承担西山乌鸦种群生态研究、门头沟区生物普查、副中心"森林城市"建设、朝阳区生物多样性规划等科研项目，推进共

建首都生物多样性保护研究院。加强对外战略合作，与国家林草局生态中心、中国林科院、国家林草局三北局、北京辖区政府等9家国内单位签订战略合作协议；与国际竹藤组织、保加利亚林业大学等8个国际组织和境外高校签订合作协议；助力科右前旗乡村振兴，帮扶工作连续三年荣获最高等次"好"。

**【研究阐释践行习近平生态文明思想】** 抓实习近平总书记勉励语学习贯彻，将勉励语提出的"生态文明宣传教育""绿色科技创新"等指示要求作为指导全校办学实践的重要遵循，实施19项贯彻落实举措。强化习近平生态文明思想引领作用，将"把生态文明建设作为立校之本、发展之基"写入学校章程；推进全国青少年生态文明教育实践，编制《新时代青年生态文明教育教程》，组织近百支实践团队面向全国开展社会实践、科技服务，主动联合中国科协发起全国青少年绿色科技创新大赛；获批全国林业高校中唯一的职教国培基地，获得教育部唯一全国绿化先进集体，博士生初雯雯获2022年中国青年五四奖章。展现研究阐释"北林担当"，主持教育部习近平生态文明思想重大研究专项，发布黄河生态文明绿皮书、国家公园绿皮书；深度参与《湿地公约》第十四届缔约方大会，在国家湿地保护立法、自然保护地立法中贡献北林智慧。

**【雄安校区建设规划】** 组建雄安规划建设指挥部，率先派员进驻雄安。成立监督领导小组，确保校区建设成为"阳光工程"。高质量完成新校区总体规划方案编制任务，广泛凝聚全校师生智慧，谋划学校发展总体目标和两校区办学定位，启动校区功能布局和科研平台规划等研究论证。打造科技服务千年之城"北林样板"，与雄安新区签订首批科技专项落地雄安合作协议，围绕雄安产业发展、绿色智能城市建设、白洋淀生态保护等重点领域开展联合科技攻关。积极参与建立"雄安四校"协同创新联盟，研提雄安校区建设瓶颈问题，争取雄安校区建设政策支持，推进四校协同创新工作。

（北京林业大学由任照祝供稿）

# 东北林业大学

**【概　述】** 2022年，东北林业大学有研究生、全日制本科生2.9万余人，其中本科生19428人、研究生9779人。有教职员工2400余人，其中专任教师1400余人。有中国工程院院士1人，"长江学者"特聘教授6人、青年学者3人，国家杰出青年基金获得者2人，国家优秀青年科学基金获得者6人，全国"百千万人才工程"人选1人，新世纪"百千万工程"人选3人，"万人计划"科技创新领军人才2人、青年拔尖人才5人，"青年人才托举工程"入选者10人，"新世纪优秀人才支持计划"入选者23人。享受国务院政府特殊津贴专家24人，国家有突出贡献中青年专家1人，省部级有突出贡献中青年专家8人，"龙江学者"特聘教授10人、青年学者6人。有首批全国高校黄大年式教师团队1个、教育部"长江学者和创新团队发展计划"创新团队2个。

学校设有研究生院、19个学院和1个教学部，有68个本科专业、26个国家级一流本科专业建设点，10个一级学科博士点，19个一级学科硕士点，17个类别的专业学位硕士点，9个博士后科研流动站，1个博士后科研工作站。拥有林业工程、林学2个世界一流建设学科，生物学、生态学、风景园林学、农林经济管理4个国内一流建设学科，3个一级学科国家重点学科、11个二级学科国家重点学科、8个国家林草局重点学科、2个国家林草局重点（培育）学科、1个黑龙江省重点学科群、7个黑龙江省重点一级学科。有7个黑龙江省领军人才梯队、4个黑龙江省"头雁"团队。有国家发改委和教育部联合批准的国家生命科学与技术人才培养基地、教育部批准的国家理科基础科学研究和教学人才培养基地（生物学），是国家教育体制改革试点学校，国家级卓越工程师和卓越农林人才教育培养计划项目试点学校，教育部深化创新创业教育示范高校，全国高校实践育人创新创业基地。学校有植物学与动物学、农业科学、化学、材料科学、工程学、环境科学与生态学、生物与化学7个学科进入ESI全球排名前1%。

学校拥有优良的教学科研平台和实践教学基地。有林木遗传育种全国重点实验室（东北林业大学）、黑龙江帽儿山森林生态系统国家野外科学观测研究站；有森林植物生态学、生物质材料科学与技术、东北盐碱植被恢复与重建、森林生态系统可持续经营4个教育部重点实验室，6个国家林业和草原局重点实验室，15个黑龙江省重点实验室；有2个教育部工程研究中心，4个国家林业和草原局工程技术研究中心及猫科动物研究中心，3个高等学校学科创新引智基地（其中1个升级为"2.0"计划）；有林学、森林工程、野生动物3个国家级实验教学示范中心，森林工程、野生动物2个国家级虚拟仿真实验教学中心，6个省级实验教学示范中心；有2个教育部野外科学观测研究站，4个国家林业和草原局生态系统定位研究站；有1个省哲学社会科学研究基地，5个省级普通高校人文社会科学重点研究基地，2个省级智库；有3个国家林业和草原局批准的长期科研基地；有国家林业和草原局野生动植物检测中心、国家林业和草原局工程质量监督管理总站检测中心等；有帽儿山实验林场、凉水实验林场等6个校内实习基地、310个校外教学实习基地和160个校外研究生实习基地。先后与近30个国家和地区的100余所高等院校和研究机构建立了校际合作关系。

【党建与思想政治工作】 2022年，学校将学习宣传贯彻党的二十大精神作为首要政治任务，召开党委常委会专题学习研究部署党的二十大精神学习宣传贯彻事宜，制定了工作方案和工作任务台账。召开传达学习党的二十大精神大会，成立了师生宣讲团，全校累计学习宣讲94场，受众3.8万余人次，全力推动党的二十大精神在学校落地生根。学校坚持用习近平新时代中国特色社会主义思想凝心铸魂，不断强化思想理论武装，通过党委理论学习中心组学习、主题党日等多种形式，系统学习习近平总书记重要讲话和指示批示精神，推动党史学习教育常态化长效化。学校始终坚持党建引领，持续培育创建党建工作品牌，深入实施"一学院一品牌、一支部一特色"质量提升工程和"党建领航，树木树人"工程，创建"兴林担当、美美与共"党建工作品牌，制定"堡垒计划"，2个党支部入选第三批全国高校党建工作样板支部，获评黑龙江省公办高校党建"标杆院系"1个、"样板支部"3个，培育创建校级"标杆院系"5个、"样板支部"12个、"双带头人"教师党支部书记工作室7个。学校纵深推进全面从严治党，紧盯"关键少数"和重点领域强化风险防范，开展第五、第六轮党委校内巡察工作，加强巡察整改和成果运用。学校深入实施"树人工程"，加快思政育人体系建设，切实提升大学生思政教育针对性和实效性。2人获评"龙江最美高校

辅导员"，1人获第九届黑龙江省高校辅导员素质能力大赛一等奖，1人获黑龙江省青年五四奖章，1个集体、2名师生分别获评全省五四红旗团支部、全省优秀共青团干部、全省优秀共青团员。1人获"中国大学生自强之星"荣誉称号，1人当选全国学联驻会执行主席。

【教育教学】 学校重视提升人才培养质量，不断加强专业内涵发展，完成本科专业人才培养方案（2022版）修订。学校新获批第三批国家级一流本科专业建设点7个、省级12个，一流专业建设点实现学院全覆盖。持续开展本科课程评估、第六轮院部评估，2个专业通过教育部工程教育专业认证，通过数量位居农林院校第一。构建生态文明人才培养体系，开展生态文明特色课程，遴选28项生态文明教育、耕读教育、劳动教育和自然教育的实践课程。获批教育部产学合作协同育人项目13项，黑龙江省首批现代产业学院建设点1项，与深圳华大基因股份有限公司成立首届创新班，新建优质生源基地25个。获得11项省级教学成果奖，其中特等奖2项，实现学校省级教学成果特等奖零的突破。3人入选省级教学名师、1人获省级教学成果一等奖。持续深化硕士研究生录取机制改革，实施研究生生源质量提升行动计划。开展专业学位研究生培养模式改革，逐步构建和完善"创新实践+学位论文"一体化的产教深度融合的专业学位研究生培养模式。新建研究生优质实践基地26个，获批立项建设国家级"科技小院"5个。开展学位授权点动态调整工作，举办研究生导师学校2022年春季学期（第三期）培训班。校领导带头开展访企拓岗促就业专项行动，走访132家企业。持续推进"支林"计划，首批54名"支林"计划学生奔赴林区工作。

【学科建设】 学校再次入选"双一流"建设高校。积极布局新一轮学科专业优化调整工作，部署开展学科建设自评估，开展学术方向、一级学科带头人、学术方向带头人以及学科梯队骨干调整和遴选工作。2个学科获批国家林业和草原局

第三批局重点学科，第二批8个局重点（培育）学科全部通过终期验收。在第五轮学科评估中，学校特色学科实力稳中有升。新增生物与化学学科进入ESI全球排名前1%。

【师资队伍建设】 学校始终坚持党管人才，着力构建校院"二级联动"的引才体系，制定《东北林业大学"成栋英才引进计划"管理办法》及2023—2025年人才引进规划，引进高层次人才占比达到30%。坚持高端引领，健全人才培育机制，研究制订成栋创新团队支持计划、成栋青年人才国内访学研修计划，搭建人才成长平台。全年获批中国博士后特别资助等项目同比增长105%，累计获得资助经费同比增长204%。实施新晋升高级职称人员聘期考核管理，不断完善引进人才聘期考核和中期评估工作流程，加大考核退出力度。

【科学研究】 召开学校科技工作会议，全年共签订各类纵向、横向科研项目等1151项，创历史新高。获批国家级科研项目立项90余项。以第一完成单位获得教育部2022年高等学校科学研究优秀成果奖自然科学一等奖1项、科技进步二等奖1项。完成林木遗传育种全国重点实验室的重组申报工作，获批黑龙江省国际合作平台3个。成立"东北林业大学林草环境检验检测中心"，被国务院批准为"全国第三次土壤普查第三批实验室"。获第十六届林草青年科技奖1人、第十五届黑龙江省青年科技奖2人。入选第七届中国科协青年人才托举工程3人、第八届中国科协青年人才托举工程2人、2022年林草最美科技工作者1人。创办野生动物领域高起点国际学术期刊 *Wildlife Letters*。

【国际交流合作】 学校不断拓展对外交流合作的深度与广度，同国外高校新签和续签校际合作协议8份，以线上形式举办"全球气候变化背景下的野火：认识与管理"研讨会等4场高水平国际会议。2个学科创新引智基地持续获得科技部经费支持，1个学科创新引智基地顺利通过国家外国专家局验收，获得

2022年7月10日，举行东北林业大学服务黑龙江经济高质量发展市校企战略合作签约仪式（东北林业大学宣传部 供图）

五年滚动支持。新获批科技部高端外国专家引智项目9项、省科技厅外专项目1项、教育部王宽诚教育基金会资助项目1项，外国专家经费增长幅度达73%。积极推进学院国际化建设，制定了《东北林业大学学院国际化工作考核办法》。发挥奥林联合研究院作用，深入推进国际科研项目合作及高层次国际化人才培养，提升教师参与国际项目的能力。持续推进来华留学机制体制建设，成立留学生招生工作领导小组。

【社会服务】 学校把服务地方发展作为重要使命，积极为黑龙江全面振兴全方位振兴提供更多人才和智力支撑。70年校庆日当天与黑龙江12个地市以及部分重点企业集中签署了市校企战略合作协议。服务社会能力不断提高，横向项目合同经费连续两年突破1亿元，60项科技成果与企业开展"点对点"对接。推进新型高校智库建设，32篇咨政信息被上级部门采用。学校召开乡村振兴专题工作会议8次，派驻定点帮扶齐齐哈尔市泰来县新任挂职干部2名，派出教授服务团37人次深入对接指导。通过直接投入、引入资金和招商引资等途径筹集帮扶资金，培训县乡村基层干部、专业技术人才、乡村振兴带头人等1877人次，打造3个乡村振兴示范点。

【"十四五"规划和教育评价改革】
学校制定"十四五"规划实施方

案，推进"八个衔接"，建立主要指标、重点任务、各专项规划和各教学单位规划进度表"三张清单"，建立"三类监测"，加强"四大保障"。强化考核监督，推动"十四五"规划落地落实。梳理2021年度学校"十四五"规划实施情况，对人才培养、学科建设、人才队伍建设等11个方面1260余项数据进行了整理分析。对标对表《深化新时代教育评价改革总体方案》要求，系统推进制度体系建设，修订、出台评价类规范性文件38项，废止26项，破除"五唯"顽瘴痼疾取得实质性进展。开展了首次成栋奖评选工作，成栋奖评选的引导性、示范性效果初步呈现。学校获

批黑龙江省深化新时代教育评价改革试点校。

【办学条件和环境】 学校严格落实安全防范责任制，组织安全生产大检查，开展实验室安全专项行动，加强食品安全管理，完善食材安全检测机制。升级配置森林防火装备，学校实现连续65年无森林火灾。持续改善校园环境，推进美丽校园建设。组织实施各类修缮项目80项，校史馆改建完成，熊猫广场投入使用，林业示范基地环境升级，兴安门改造完成，校园宣传橱窗等文化载体风格统一。3号学生公寓正式交付使用，体育场馆设施全部免费向学生开放。信息化建设持续推进，智慧图书馆一期、数字档案馆二期建设项目基本完成，进一步扩充OA系统功能，优化精简各类办事审批流程。

【70周年校庆】 2022年是学校建校70周年，学校以"砥砺奋进、绿水青山"为主题，坚持文化校庆、学术校庆、校友校庆、节俭校庆，举办了系列庆祝活动。7月10日，学校隆重举行了庆祝建校70周年大会，近500名嘉宾和校友亲临庆祝大会现场，广大师生、海内外校友线上线下共襄盛会。学校与黑龙江省内12个地市、有关企业签订了市校企战略合作协议，主动服务地方高质量发展需要；举办高等农林院校校长论坛、"碳中和与绿色低碳

2022年7月10日，举行庆祝东北林业大学建校70周年大会

（东北林业大学宣传部 供图）

发展"高峰论坛、农林院校助力乡村振兴工作座谈会、教育服务东北振兴工作座谈会等学术报告、研讨会议。7月10日晚，学校举行了由学校师生自编自导自演的校庆文艺晚会。校庆活动回顾了学校办学历程，总结了办学经验，展示了办学成就，为学校发展凝聚了强大奋进力量。

【校园疫情防控】 学校始终坚持"人民至上，生命至上"原则，修订完善各项工作方案和应急处置预案，组织开展应急模拟演练，做好特殊时期的物资供应和服务保障工作。制定《东北林业大学传染病疫情防治人员临时性工作补助办法》。全年实施校园封闭管理4次，累计住校教职工6200余人次，开展核酸检测273轮，采集455.3万余人次。

【其他工作】 2022年，《东北林业大学章程》修正案获教育部正式核准。实施第二批"高校银龄教师支援西部计划"，选派7名退休教师分别赴广西河池学院和新疆塔里木大学开展援教工作。学校获中国老科学技术工作者协会先进集体奖和黑龙江省首批"绿色校园"、黑龙江省卫生工作先进集体称号。

（东北林业大学由刘国相供稿）

# 南京林业大学

【概　述】 2022年，学校设21个学院（部），8个博士后流动站、8个博士学位授权一级学科点、26个硕士学位授权一级学科点。1个国家一流学科（林业工程），2个一级学科国家重点学科（林业工程、生态学），4个二级学科国家重点学科（林木遗传育种、林产化学加工工程、木材科学与技术、森林保护学），1个江苏省一级学科国家重点学科培育点，4个江苏高校优势学科，13个国家林业和草原局重点学科（含重点培育学科），10个江苏省重点学科。全国第四轮学科评估，林业工程、林学获A＋，风景园林学获A－。工程学、植物与动物科学、农业科学、材料科学、化学、环境生态学和生物与生物化学7个学科进入ESI学科全球机构排名前1%。

有79个本科专业（招生69个），有国家级一流专业建设点31个，国家级特色专业建设点6个，国家级精品开放课程6门，国家级课程思政示范课程1门，国家级一流本科课程16门。有国家级实验教学示范中心2个，国家级虚拟仿真中心2个，国家级大学生校外实践基地1个，江苏省重点产业学院2个。

有教职工2535人，其中专任教师1869人，博士生导师251人，硕士生导师683人，具有高级职称1111人。有中国工程院院士2人、双聘及特聘国内外院士9人。有江苏省"333工程"第一层次首席科学家4人，省部级教学名师7人，省部级有突出贡献的中青年专家14人，江苏省科技创新团队及"青蓝工程"等省级创新团队17个。

在校生37295人（住宿31305人），其中普通本科生25900人，研究生7915人，成人本科生3480人。全年招生11418人，其中普通本科生7098人，研究生2685人，成人教育学生1635人；毕业8502人，其中普通本科生5992人，研究生1603人，成人教育学生907人。在校留学生（注册）310人，全年招生73人，毕业34人。

2022年，学校领导班子换届，赵茂程任党委书记，勇强任校长。

召开中共南京林业大学第十七次代表大会，选举产生了学校第十七届党委委员和纪委委员。举行了120周年创新发展大会暨中国特色生态文明建设论坛，白马校区建设指挥部挂牌，金埔研究院成立，徐平炬生物技术大楼、瑞华经济林研究院揭牌。获江苏省文明校园、首批江苏省绿色学校、江苏省智慧校园示范校、江苏省涉外办学工作先进单位、全省群众体育先进单位、首批国家级创新创业学院建设单位等称号。

林业工程学科再次入选"双一流"建设学科，智慧林业人才培养模式改革、智能林业装备人才培养模式研究2个虚拟教研室入选教育部首批建设试点，机械设计制造及其自动化、家具设计与工程、木

2022年11月19日，南京林业大学120周年创新发展大会暨中国特色生态文明建设论坛举行（张健　摄）

材科学与工程3个专业获评省级产教融合型品牌专业，物联网工程专业获服务外包类专业嵌入式人才培养项目，生物技术、化学工程与工艺、自动化、给排水科学与工程、测绘工程、金融工程、英语、视觉传达设计、家居设计与工程、交通运输10个专业入选国家级一流本科专业建设点，江南园林遗产保护与活化重点实验室获批。

承办第二届生态文明引领下的乡村振兴国际研讨会、中国林业青年科学家论坛、江苏省社科研究协作论坛、生态环境治理现代化学术论坛、面向双碳战略的森林高质量发展论坛、林产工业绿色低碳高质量发展论坛、江苏省研究生"田园之诗"乡村振兴创新设计大赛、第五届"憧憬·美丽中国"艺术设计大赛、林业有害生物成灾机制与绿色防控暑期学校、国家林业碳汇管理研修班等。

曹福亮领衔的林木资源高效培育教师团队获评全国高校黄大年式教师团队，王浩团队的规划成果获南京大胜关公园总体规划国际招标二等奖（一等奖空缺），周建斌当选俄罗斯自然科学院外籍院士，许林云获评中国农工民主党先进个人，曹林获评江苏省"十大青年科技之星"。

【中共南京林业大学第十七次代表大会】 9月28—29日，学校召开第十七次党代会。大会通过了《聚焦生态文明战略，聚力"双一流"建设，奋力开创特色鲜明高水平大学高质量发展新局面》的工作报告，科学制定了此后五年的总体发展目标和五大发展战略。会议选举了新一届党委委员和纪委委员。

【120周年创新发展大会】 11月19日，南京林业大学120周年创新发展大会暨中国特色生态文明建设论坛举行。国家林业和草原局副局长谭光明、人事司司长李金华、科技司司长郝育军，中国林科院院长储富祥，中国林学会秘书长陈幸良，中国福马集团董事长孙峰，东方汽轮机有限公司副总经理张绍先，中国林科院木材所所长傅峰，中共南京市委秘书长蒋跃建，中国工程院院士曹福亮、蒋剑春等出席活动。南京林业大学师生员工、海内外校友和关心学校发展的各界人士近70万人，相聚线上线下共襄盛典。国家林草局副局长谭光明，校友代表蒋跃建、徐平炬，兄弟高校代表陈利根分别致辞。

【2个虚拟教研室入选教育部首批虚拟教研室建设试点】 2月，曹福亮院士领衔的智慧林业人才培养模式改革虚拟教研室和周宏平教授领衔的智能林业装备人才培养模式研究虚拟教研室入选教育部首批虚拟教研室建设试点。智慧林业人才培养模式改革虚拟教研室致力于建设跨学科、跨区域的符合新时代立德树人要求的新农科虚拟教研室，利用互联网信息技术组成教学研究团队及教学学术共同体，解决智慧林业人才培养中的共性、前瞻性问题，实现智慧林业教学全国一盘棋。智能林业装备人才培养模式研究虚拟教研室瞄准中国制造高质量发展国家战略，以林业装备工程胜任能力为抓手，建成理念先进、功能完备、具有行业特色及重要影响力的智能林业装备虚拟教研室，培养符合智能化时代需求、具有工程素养和创新精神的高素质特色工程人才。

【10个专业入选国家级一流本科专业建设点】 6月，教育部公布2021年度国家级和省级一流本科专业建设点名单。南京林业大学生物技术、化学工程与工艺、自动化、给排水科学与工程、测绘工程、金融工程、英语、视觉传达设计、家居设计与工程、交通运输10个专业入选国家级一流本科专业建设点。

【国家林业碳汇管理研修班】 6月27日，商务部"一带一路"国家林业碳汇管理研修班在南京林业大学开班，副校长张红出席开班仪式并致辞，国家林草局竹子研究开发中心副主任陈玉和、国际林业科技培训中心主任丁兴萃，以及来自埃及、埃塞俄比亚、巴基斯坦、喀麦隆、肯尼亚、尼日利亚、斯里兰卡、泰国、坦桑尼亚、乌干达、伊朗、约旦12个国家的65名学员参加开班仪式。研修班是商务部援外培训项目，历时三周，采取线上讲授、交流与云参观相结合的方式，邀请20余名国内专家授课，通过案例分析，让学员了解林业碳汇管理的重点和难点、成果和经验、碳市场交易规则与技巧等内容，加强了中国与"一带一路"沿线国家的林业交流与合作。

【中国设计理论与乡村振兴学术研讨会】 8月11日，中国设计理论与乡村振兴学术研讨会——第六届中国设计理论暨第六届"中国工匠"培育高端论坛召开。此次论坛由南京林业大学、同济大学以及国家社科重大项目《中华工匠文化体系及其传承创新研究》课题组共同主办。来自国内近40所知名高校、院所的50余名研究学者、设计师参会。同期还举办了"第一届中国当代乡村设计提名展"。副校长张晓琴研究员，论坛发起人同济大学邹其昌教授，浙江大学孙守迁教授，东南大学赵军教授出席。开幕式由艺术设计学院院长祝遵崚教授主持。在专题报告环节，孙守迁作主题报告，在分议题交流环节，20余名学者代表分别围绕乡村振兴相关的8个议题进行讨论。

【林业有害生物成灾机制与绿色防控暑期学校】 8月15日，林业有害生物成灾机制与绿色防控暑期学校开班仪式举行。该项目由江苏省农学类研究生教育指导委员会主办，南京林业大学研究生院和林学院承办。来自北京大学、阿尔伯塔大学、北京林业大学等30余所高校的近300名师生通过线上线下结合方式参加。南京林业大学原副校长叶建仁教授、相关部门负责人出席线下开班仪式。

【江南园林遗产保护与活化重点实验室获批】 8月，该实验室获江苏省文化和旅游厅批准。南京林业大学风景园林学院牵头申报，苏州博物馆、中国科学院南京土壤研究所、苏州市计成文物建筑研究设计院有限公司合作共建，张青萍任实验室主任。将围绕江南园林遗产文化和旅游领域当代需求，瞄准未来发展，开展保护技术和活化应用的基础研究，为风景园林行业技术创新和社会发展提供服务。

【江苏省研究生"田园之诗"乡村振兴创新设计大赛】 9月23日，2022年江苏省研究生"田园之诗"乡村振兴创新设计大赛启动仪式在南京市高淳区花山村举办。此次大赛由江苏省艺术学类研究生教育指导委员会主办，江苏省教育厅、江苏省住房和城乡建设厅指导，南京林业大学承办。江苏省教育厅二级巡视员张兆臣、江苏省住房和城乡建设厅二级巡视员唐世海、南京市高淳区委副书记宋卫星、南京艺术学院院长张凌浩、南京林业大学副校长李维林等出席开幕式。大赛自8月开启作品征集，历经作品征集、作品初评、作品终评、颁奖典礼与论坛4个阶段，至10月底征集截止。此次大赛选取江苏省南京市高淳区固城街道花山村（何家村—吴家村片区）、常州市武进区前黄镇联庆村、淮安市淮安区车桥镇卢滩村和扬州市宝应县射阳湖镇鹅村作为设计选址。参赛者自选一个或多个乡村进行设计。

【南京林业大学金埔研究院成立】 10月10日，该研究院签约成立，研究院由南京林业大学与金埔园林股份有限公司合作共建。江苏省风景园林协会理事长王翔，南京市绿化园林局一级调研员齐佩文，金埔园林股份有限公司董事长王宜森，南京林业大学领导赵茂程、勇强、刘中亮、张晓琴出席签约仪式。勇强、王宜森分别代表校企双方在共建书上签字并互相授牌。会上，举行了捐赠仪式，王宜森、勇强、刘中亮分别代表捐赠方、受捐方和接受方代表签订了捐赠协议。

【第二届世界竹藤大会平行会议】 11月7日，国际竹藤组织成立二十五周年志庆暨第二届世界竹藤大会在北京开幕。11月8日，南京林业大学受邀以线上线下结合的方式承办"竹类植物发育生物学及其竹林可持续经营技术"和"生态系统服务和价值核算"两场平行会议。"竹类植物发育生物学及其竹林可持续经营技术"会议，副校长尹佟明教授代表学校致欢迎辞，10余个国家百余名竹子专家学者参加。"生态系统服务和价值核算"会议由毛岭峰教授主持，南京农业大学韩光教授、国际竹藤中心栾军伟教授、中国农科院邵长亮教授、南京林业大学葛之葳副教授、平武县猫熊谷农场张玉波董事长担任发言嘉宾。

【南京大胜关公园总体规划国际招标获奖】 11月8日，在南京市规划和自然资源局与南京市雨花台区政府组织的南京大胜关公园总体规划国际招标中，王浩教授团队的规划成果获二等奖（一等奖空缺）。大胜关公园位于南京河西板块和雨花滨江板块的交汇点，系南京江南主城滨江岸线的重要组成部分，占地面积约120公顷。该规划吸引了美国SWA、荷兰MLA+、澳大利亚HASSELL等6家国内外知名公司参加。南京林业大学规划方案通过对场地现状分析，通过生态智慧引导下的场地生境重构、生活智慧启迪下的游憩活力激发、造园智慧指引下的空间格局塑造和数字智慧支持下的智能体系建设四个策略，提出"江河慧、自然心"主题和建设目标。

【面向双碳战略的森林高质量发展论坛】 11月19日，论坛由林学院和生物与环境学院共同承办，线上线下同步召开，邀请校友报告。骆有庆教授以松材线虫病和松切梢小蠹为例，分析介绍了遥感监测技术在林木病虫害早期诊断和量化方面的可行性。邬荣领教授以胡杨耐盐性研究为例，在发展跨学科的统计模型、解析复杂形状遗传结构与调控机理等方面进行了综合报告。葛颂教授从进化生物学和林木遗传资源、林木进化生物学研究的若干实例、林木遗传资源研究的若干思考三个方面阐述了进化生物学在林业研究中的实践与应用。

【林产工业绿色低碳高质量发展论坛】 11月19日，论坛由林业工程学部承办，林产化学与材料国际创新高地与江苏省林业资源高效加工利用协同创新中心协办。东北林业大学李坚院士、中国林科院蒋剑春院士、加拿大英属哥伦比亚大学Orlando J. Rojas教授、南京林业大学校长勇强教授、西南林业大学副校长杜官本教授出席论坛开幕式，开幕式由副校长徐信武主持。论坛分别作特邀报告，分享了林产工业绿色低碳发展领域的最新研究成果，交流了学术思想。

（南京林业大学由钱一群供稿）

# 西南林业大学

【概　述】 2022年，学校有全日制在校本科生24958人，硕士研究生3854人，博士研究生197人。在编教职工1268人，全校教师中有正高级职称的161人、副高级职称的319人。有国家、省部级以上人才共245人次。国家百千万人才1人，国家高层次人才特殊支持计划科技创新领军人才1人，全国优秀教师2人，国家有突出贡献中青年专家1人，享受国务院特殊津贴专家3人，教育部新世纪优秀人才2人。云南省"兴滇英才"支持计划120人，其中，科技领军人才1人、云岭学者5人；高端外国专家1人、创业人才1人、产业创新人才11人、教学名师8人、文化名家3人；青年人才90人。云南省有突出贡献优秀专业技术人才7人，享受云南省政府特殊津贴专家13人，省委联系专家13人，国家林草局教学名师3人，国家林业和草原科技创新领军人才2人，国家林业和草原青年拔尖人才2人，云南省中青年学术和技术带头人28人，云南省技术创新人才7人。

学校占地169.64公顷，馆藏纸质图书1941848册，电子图书近82万册，中外文数据库23个，标本馆藏有各类标本50万余份。设有21个教学单位，本科专业83个，中外合作专业1个，第二学士学位专业10个，其中国家级第一类特色专业3个、国家卓越农林人才培养计划专业4个、国家卓越工程师培养计划专业3个、省级特色专业5个，国家一流专业建设点8个，省级一流专业建设点24个。有林学、林业工程、风景园林学、农林经济管理4个博士后科研流动站，有一级学科博士点4个、一级学科硕士点15个、专业硕士学位点15个、国家林业和草原局重点学科6个、培育学科1个，省级重点学科5个、省级优势特色重点建设学科2个、省院省校合作咨询共建学科2个，A类高峰学科1个、B类高峰学科2个、B类高峰学科优势特色研究方向1个，A类高原学科2个。2022年获批云南省重点支持建设一流学科3个、特色学科建设计划4个、新学科培育计划1个。学校植物与动物科学进入ESI全球排名前1%。

学校获批成立林业生物质资源高效利用技术国家地方联合工程研究中心、生物质材料国际联合研究中心、西南山地森林资源保育与利用教育部重点实验室、国家高原湿地研究中心、云南生物多样性研究院、云南森林资源资产管理及林权制度研究基地。有国家林业和草原长期科研基地3个，国家林业和草原局重点实验室3个、工程技术研究中心2个、检验检测中心1个、生态系统定位研究站3个、创新联盟3个。有省级工程实验室1个、省级工程研究中心4个、省级重点实验室4个、省级工程技术研究中心1个、省级野外科学观测研究站1个、省级国际联合研究中心2个、省级国际科技合作基地1个、省级面向南亚东南亚科技创新中心

2个。有院士工作站4个、专家工作站7个。有协同创新中心1个、省高校重点实验室13个、省高校工程研究中心6个、昆明市工程技术研究中心2个、昆明市国际研发中心1个。设有中国林学会国家公园分会、中国林学会古树名木分会、云南省生态文明建设研究与发展促进会。有各级各类自然科学类创新团队22个，省级哲学社会科学创新团队4个、研究基地1个、智库2个，社科普及基地2个。学校有林业调查规划设计甲B级资质证书、木材与木竹制品质量检验检测计量认证资质证书、生产建设项目水土保持方案编制乙级资格证书、生产建设项目水土保持监测乙级资格证书、风景园林工程设计专项乙级资质证书、建筑行业建筑工程丙级资质证书、旅游规划设计乙级资质证书。

学校与21个国家和中国台湾地区的60余所高校和研究机构签署合作协议，在非洲马里共和国孔子学院及孔子课堂各1所，与不列颠哥伦比亚大学（UBC）林学院合作共建亚太林学院，留学生生源国覆盖五大洲20余国，涵盖本科、硕士和博士学历留学生及非学历留学生。

**【党建思政工作】**  召开学校第三次党代会，高质量完成"两委"换届工作，明确提出了今后五年工作的指导思想、发展目标、重点任务。健全"我为群众办实事"长效机制，制定领导班子民生实事计划105项，班子成员为民办实事清单123项，办结率99%。开展"推进作风革命 加强效能建设 弘扬奉献精神"主题实践活动，专题学习115场、"大讨论"65场，781名党员干部查摆问题3304项，制定整改措施3347条。积极构建"大思政"工作格局，持续打造"红为底色、绿为特色"思政工作品牌，获批省课程思政示范项目2项、课程思政教改项目3项，在2022年高校思想政治理论课教师教学比赛中获一等奖3项。

**【人才培养】**  招收全日制本科、研究生11402人，高等学历继续教育本专科学生15670人，各类别留学生培养总数超650人次。4个专业入选国家级一流本科专业建设点，

9个专业入选省级一流本科专业建设点。79个专业参加第四轮云南省本科专业综合评价，2个专业进入"增A计划"，C类及以上专业占比89%。2022年撤销8个专业，新增2个专业，其中湿地保护与恢复为全国首个获批本科新专业。开展2022版人才培养方案修订，完成全部专业课程的准入认定，20门课程获批省级一流课程。持续整顿学风，学生出勤率达到99.5%以上，非上课时间主动上自习的人数比例达95%以上。承办云南省第八届"互联网+"大学生创新创业大赛，获省级金奖25项、银奖11项，学校获优秀组织奖，获全国决赛银奖1项。加强研究生课程、教学、毕业等关键环节管理，立项建设全国高等农林院校研究生教育系列教材62本，获批省级研究生优质课程建设项目28项、省级研究生导师团队建设项目28项、省级专业学位研究生教学案例库建设项目33项。推动校外教学点清理整治，与25个校外教学点签订合作办学协议，成为海南省考试局园林、土地资源管理2个本科专业自学考试主考学校，成立"西南林业大学继续教育学院海南自考助学中心"。做好来华留学生在新冠疫情常态化下的日常教育管理，开展好"汉语桥"线上团组项目和"七彩云南 多彩生活""绿水青山美茶香咖啡浓"团组课程活动。

**【学科建设】**  顺利通过省级立项建设博士、硕士学位授权点中期检查。召开"双一流"建设领导小组学科学位点建设专题会议，加强学科建设引导资金使用和管理。完成校内二级学科评估，增强学科内涵建设措施的靶标性。1个学科进入ESI全球排名前1%，1个学科获批国家林业和草原局重点培育学科。4个学科入选省级一流建设学科"特色学科支持计划"，1个学科入选"新学科培育计划"，3个学科入选省级"重点支持建设"一流学科。

**【科学研究】**  印发"十四五"时期科技创新和社会合作专项规划，编制科技创新选点布局实施方案，做好顶层设计。新增自然科学项目458项，到账经费6983.41万元。新增哲学社会科学项目106项，到账

经费360万元。新增云南省院士专家工作站3家、昆明市国际科技合作基地1家，合作共建省野外科学观测研究站1家。获何梁何利基金科学与技术创新奖1项、第十六届林草青年科技奖1项、云南省青年科技奖1项。发表国际高影响力论文（三大检索期刊）342篇，出版学术著作41部，获批植物新品种3件，授权发明专利32件。"校史馆—古茶树资源馆—世界茶叶图书馆"获批成为省级社科普及示范基地，1个创新团队入选省级哲学社会科学创新团队。

【师资队伍】　强化师德师风建设，开展160余名青年教师师德师风专题培训，举办教师节庆祝大会和"师德师风建设月"活动，发挥优秀教师引领示范作用。坚持引培并举，引进8名高层次人才，34人新增入选"兴滇英才支持计划"，2人获批省政府高层次人才购房补贴资助，为100余名"云南省兴滇英才支持计划"入选者办理"兴滇惠才卡"。开展全员聘任，持续推进聘用制改革。修订绩效工资分配办法，做好职称评聘，进一步发挥激励作用。

【对外交流】　强化孔子学院办学

保障，推进孔子学院新建大楼设施设备配套建设，完成孔子学院5年期续授权并续签协议。完成中外合作办学项目首轮评估。9名师生获公派留学项目资助，获批国际科研项目3项，举办或参与国际学术会议3场，承办第五届南亚东南亚教育合作论坛会期活动，进一步提高教师国际科研水平。

【办学条件】　白龙校区城市科技学院建设项目复工建设稳步推进，校园道路（U形路）建设项目、网球场篮球场施工项目竣工验收。石林校区一期项目取得阶段性成果，完成各项投资总额约7.5亿元。绿色大学、节能校园建设实效明显，获评"全国公共机构生活垃圾分类和资源循环利用示范工作单位"。完成校属企业体制改革，注销关闭4家校办企业，保留管理3家校办企业，推进公益性资产管理改革。加强借款清理和统筹，健全内控体系建设，财务服务质量和效率进一步增强。图书文献服务质量、标本馆讲解服务、信息化技术保障水平进一步提升。档案、校史工作取得实效，"云茶档案基地"正式挂牌成立。

【社会服务】　加强与地方政府、企业院所等合作，开展技术开发、

技术咨询、技术服务合同项目206项，技术交易额9641万元，到账经费1598万元。专利转让15件，交易价格43万元。实施巨龙竹、五倍子等推广项目4项，经费400万元。获批云南省科技特派团1个，国际科技特派员、省科技特派员及"三区"科技人才项目195项，到位经费442万元。建成云南生物多样性网上博物馆，主办《湿地公约》第十四届缔约方大会（COP14）"高原湿地保护与恢复"论坛，积极为云南生态文明教育提供智力支持。持续做好教育帮扶、消费帮扶，助力"一村一品""一县一业"，获全国文化科技卫生"三下乡"活动示范项目1项。

【平安校园】　警校共建机制持续深化，校园安防系统建设成效显著，全力推动技防、物防、消防安全，校园安全稳定局面进一步加固。重视离退休工作，利用钉钉、老年大学、老体协等平台，创新服务离退休教职工。支持云南大学附属中学西林分校民转公，稳定优质办学。科学精准做好校园疫情防控。推广校友电子卡、建设校友之家、开设校友论坛，校友工作取得实效。

（西南林业大学由张志才供稿）

# 中南林业科技大学

【概　述】　学校设有研究生院和24个教学单位，有80个本科专业，其中国家级一流本科专业建设点23个、国家级特色专业4个、省级一流本科专业建设点22个。有博士学位授权一级学科6个、硕士学位授权一级学科20个、硕士专业学位授权类别16个、博士后科研流动站5个。国家特色重点学科2个、国家重点（培育）学科3个、国家林草局重点（培育）学科9个、湖南省世界一流培育学科1个、湖南省国

内一流建设（培育）学科6个、湖南省"十四五"重点学科5个，自主设置交叉学科1个，农业科学、工程学、环境生态学、材料科学、植物与动物科学5个学科进入ESI全球排名前1%。

2022年，学校有全日制在校学生3万余人，其中本、专科学生2.6余万人，研究生5500余人。有教职工2300余人，具有高级职称的960余人。其中，中国工程院院士1人，双聘院士4人，长江学者、

"万人计划"人才、百千万人才工程入选者、国家优青等国家级人才16人，第八届国务院学位委员会学科评议组成员2人，教育部新世纪人才、国家林业和草原科技创新人才、芙蓉学者、湖南省科技领军人才、湖南智库领军人才等100人，全国优秀教师、优秀教育工作者4人，国家重点领域创新团队1个、省部级创新团队15个、省研究生优秀教学团队16个。

【3个学科进入ESI世界排名前1%】环境生态学、材料科学和植物与动物科学3个学科首次进入ESI全球前1%学科，学校ESI全球前1%学科总数达到5个。

【岳麓山实验室林大林科院片区建设】 成功将南园校区土地处置纳入岳麓山实验室建设范围。完成了学校牵头的"1部（种业研究部）+3个品种创制中心（经济林、碳汇林和特色林木）"的建设方案和规划布局选址等工作。完成现代林业大楼项目建设场地选址工作，启动林业共享服务中心建设前期工作。

【乡村振兴工作】 学校与团省委共建湖南省乡村振兴青年人才研究院，与保靖县签署乡村振兴校县合作协议。校领导、相关部门单位主要负责人分批前往阿扎河村调研乡村振兴工作、慰问结对帮扶农户。分批派出6支专业技术人才团队指导阿扎河村制定各类产业发展规划10余个。

【党建和思政工作】 严格执行党委领导下的校长负责制。认真开展《贯彻执行党委领导下的校长负责制》自查自纠工作。2022年9月起，党委书记王汉青带队深入18个学院进行深度调研，党委副书记、校长吴义强召开6次专场座谈会，其他校领导根据分工分别参与。推荐省管干部2人，其中，校外任职省管干部1人。遴选推荐挂职科技副县长5人、援藏专业技术人才1人、乡镇挂职1人。加强党外代表人士队伍建设。成立了学校党外知识分子联谊会，通过了《中南林业科技大学党外知识分子联谊会章程》，选举产生了第一届理事会和理事会领导班子。推荐全国人大代表1名，省人大代表和省政协委员6名。

深入推进全面从严治党。精准开展政治监督。制定《中南林业科技大学问责办法》《中南林业科技大学党风廉政建设责任制落实情况报告制度》。开通"清廉林大"微信公众号，及时宣传党的二十大精神，开创湖湘红色家书等专栏。2022年下半年，分别对理学院党委和马克思主义党总支开展了一个月的常规巡察工作。

扎实开展了全校基层党组织集中换届选举工作。机关一党委组织部（党校）党支部和机电工程学院机械基础党支部成功入选教育部全国高校党建工作样板支部培育创建单位。

对标对表推进重点马院建设。配齐配强三支队伍，新增编制内辅导员37人、编内心理教师1名。大力推进思政课程和课程思政建设，获湖南省课程思政教学竞赛（英语专业组）一等奖1项。

【人才培养】 立项省级思政课"金课"1项，获省课程思政教学竞赛一等奖1项，1人获省高校思想政治教育研究优秀案例一等奖。生物技术等11个专业获批第三批国家一流本科专业建设点，总数达23个，新增省级一流本科专业建设点2个。获湖南省第十三届高等教育教学成果奖17项，其中特等奖1项、一等奖3项、二等奖4项。获全国教学创新大赛三等奖1项，高校青年教师（电子技术基础）授课竞赛一等奖1项。学生获第十七届"挑战杯"全国大学生课外学术科技作品竞赛三等奖3项。获省级及以上大学生学科竞赛奖项415项，其中国家级奖项140项。学校团委获评湖南省五四红旗团委，1个基层团组织获全国五四红旗团支部、1个基层团组织获全国高校"活力团支部"荣誉称号。学校创新创业基地获批湖南省创业优秀示范基地称号。

【招生与就业】 2022年录取本科新生7909名，较上年增加1680人。全面落实就业工作"一把手"工程，认真开展"高校书记校长访企拓岗促就业"专项行动。班子成员走访调研企业203家，新开拓岗位4886个，新与72家企业达成合作意向，与13家企业签订合作协议，直接帮助227名毕业生成功签约。2022届本科毕业生6026人，毕业去向落实率86.76%。

【师资队伍建设】 2022年，经过公开招聘相关程序引进博士74人，调入教授、副教授、博士10人。修订校内外"树人学者"遴选办法。1人获"万人计划青年拔尖人才"称号，1人获"湖南省优秀教师"称号，3人获"湖南省科技创新领军人才"称号，8人获"湖南省青年科技人才"称号，11人获"湖南省青年骨干教师"称号，本年度新增"双聘院士"1人，新增院士后备人才1人，新增湖南省高校思想政治优秀工作者1人。获批中国林学会"最美林草科技工作者"1人和湖南省最美科技工作者提名人选1人，1人获评"全国林业和草原教学名师"。

【学科建设与科研工作】 林学等5个学科入选湖南省"十四五"重点学科，农林经济管理等4个学科成功获批国家林业和草原局重点学科。全年获得各类纵向科研项目347项，其中国家基金项目46项（自科39项，社科7项）。成立知识产权中心（科技成果转化中心），学校加入湖南省高校知识产权运营联盟，全年共签订科技成果转化合同18项，合同金额1506万元。发表SCI论文572篇，影响因子大于30的论文1篇，影响因子大于10的论文36篇。获湖南省科学技术奖5项、湖南省社会科学优秀成果奖4项（其中一等奖1项），获林草青年科技奖1项。

【科技创新平台建设】 积极推进种质资源示范基地和种质资源库建设，获批首批省种业创新计划项目。新增1个湖南省工程研究中心和2个省级社科研究基地。湖南会同杉木林生态系统国家野外科学观测研究站在国家野外台站评估中获评优秀。

【社会服务】 积极实施"林科教"工程升级版，参加罗霄山和武陵山产业联盟，并成为副理事长单位，派出300多人次科技特派员，并拓展到新疆伊犁、广东肇庆等地推广学校科技成果。成功申报人力资源和社会保障部湘赣边区乡村振兴示范区油茶全产业链专家服务团，2022年被人力资源和社会保障部列为专家服务基层全国示范团。成功主办了"第一届绿色发展智库论坛"，承办了"森林生态价值实现与绿色发展高层论坛"，成为湖南省中非经贸合作研究会理事单位。以线上线下方式在学校和巴基斯坦瓜达尔自由区同时举办了"第二届中巴热带干旱经济林科技交流会议暨高效水土保持植物学术交流会",此学术交流会被评为国家林业和草原局2022年度林草科技十件大事之一。

【管理与改革】 学校获评"湖南省深化新时代教育评价改革试点高校"。《推进过程性评价与结果性评价相统一的学生评价改革》入选湖南省深化新时代教育评价改革省级典型案例。及时调整优化疫情防控政策和措施,最大程度保护师生员工生命健康安全。全面贯彻落实让更多三湘学子享受优质高等教育的决策部署,改造宿舍1300多间,新增床位2588个,确保9600余名新生顺利入住。努力改善民生,提高教工体检标准。"纪念办学60周年捐赠纪念园"——雅望轩正式开园,为建校60周年画上圆满的句号。学校获评安全生产和消防工作先进单位,获评长沙市无烟校园示范单位。

(中南林业科技大学由皮芳芳供稿)

# 21

# 林草精神
# 文明建设

# 国家林业和草原局直属机关党的建设

【综　述】　2022年，国家林业和草原局党组始终坚持以习近平新时代中国特色社会主义思想为根本遵循，深入学习宣传贯彻党的二十大精神，全面落实新时代党的建设总要求，扎实推进"讲政治、守纪律、负责任、有效率"模范机关创建，机关党的建设取得新成效，为林草工作高质量发展提供坚强政治引领和政治保障。

【深入学习宣传贯彻党的二十大精神】　一是原原本本学习党的二十大精神。组织全局党员干部认真收听收看党的二十大开幕式、新一届中共中央政治局常委同中外记者见面会、中央新闻发布会，在办公大楼设置学习宣传贯彻党的二十大精神专栏，通过摆放宣传展板、悬挂宣传标语、播放视频短片等形式，不断掀起学习贯彻党的二十大精神热潮。二是制定印发学习宣传贯彻工作方案。从组织学习培训、做好宣传引导、抓好贯彻落实3个方面列出28项重点工作，对全局学习宣传贯彻党的二十大精神作出统一安排部署，确保党的二十大精神覆盖到每个支部、每名党员。三是举办司局长学习研讨班。11月25日至12月1日，举办学习贯彻党的二十大精神司局长学习研讨班，党组书记、局长关志鸥宣讲党的二十大精神，讲开班第一课。邀请中央党校（国家行政学院）社会和生态文明教研部主任褚松燕、毛泽东思想教研室主任祝彦深入解读党的二十大精神，推动学习贯彻活动走深走实。四是组织开展大学习大讨论。围绕二十大报告提出的林草工作新目标新任务新要求，坚持问题导向，列出科学开展大规模国土绿化行动、集体林权制度改革等14个专题，在全局范围内开展党的二十大精神大学习大讨论活动，研究提出工作思路和落实举措，坚决把党的二十大作出的重大战略部署、提出的任务要求不折不扣地贯彻落实到位。

【坚持以习近平新时代中国特色社会主义思想凝心铸魂】　一是突出中心组领学促学作用。党组理论学习中心组坚持以身作则、率先垂范，围绕《习近平谈治国理政》第四卷、习近平经济思想、习近平总书记在省部级主要领导干部专题研讨班开班式上的重要讲话等开展集体学习研讨。各司局单位理论学习中心组按照要求组织开展不少于4次集体学习研讨，教育引导广大党员干部切实把思想和行动统一到以习近平同志为核心的党中央决策部署上来。二是强化绿色大讲堂学习。围绕习近平法治思想、保密工作、自然保护地建设、学习贯彻《湿地保护法》等专题举办12次绿色大讲堂，通过内网向全体党员干部直播，扩大学习覆盖面。三是开展"学查改"专项工作。制定党组"学查改"工作方案，邀请习近平经济思想研究中心主任史育龙作专题辅导，各基层党组织通过"三会一课"、主题党日、专题组织生活会等，围绕"六对照六看六查"检视存在不足，推进整改落实，努力将"学查改"的成果转化为走好第一方阵的政治担当。四是巩固拓展党史学习教育成果。印发《党组推动党史学习教育常态化长效化工作方案》，制定15条具体措施，确定30项为干部职工办实事项目，举办学习贯彻党的十九届六中全会处级干部培训班，推动党史学习教育常态化制度化。

【模范政治机关创建】　一是持续推行"1+N"工作机制。坚持把贯彻落实习近平总书记重要指示批示精神作为首要政治任务，定期组织汇编《习近平总书记关于林业和草原工作重要论述摘编》，成立工作专班，聚焦重点、合力攻坚，全年收到习近平总书记重要指示批示

31项，已基本完成28项。二是严格二十大代表选举。按程序完成动员部署、推荐提名和组织考察等党的二十大代表、中央和国家机关党代会代表推选工作，全局党组织参与率达100%，党员参与率达99.58%。三是创建"四强"党支部。制定印发《关于开展〈中央和国家机关基层党组织建设质量提升三年行动计划（2019—2021年）〉实施情况总结评估暨"四强"党支部评定工作的通知》，持续巩固党支部标准化规范化建设成果，评定一批"四强"党支部，57个党支部被评为自然资源部直属机关"四强"党支部，30个党支部被评为中央和国家机关"四强"党支部。四是开展党建工作专项督查。认真做好迎接中央和国家机关党的建设专项督查工作，对局属8个单位2021年党建工作记录进行抽查，排查机关党建工作存在的突出问题，督促各级党组织按期换届，开展机关党建知识测评，压实管党治党政治责任。

【党风廉政建设和反腐败工作】　一是常态化开展警示教育。严格执行中央八项规定精神，深入开展纪法专题学习教育月活动和"如何正确对待和行使手中权力"大讨论，定期召开全面从严治党工作暨警示教育会议，公开通报曝光违纪违法典型案例，案例发生单位党组织书记作深刻检讨，用身边事警醒教育身边人。二是深化以案促改。以原设计院党委副书记、院长周岩案件暴露问题为切入点，梳理体制短板、制度漏洞、管理弱项和监督盲区，开展人员招录、资金管理、招投标和"小金库"4个专项整治，组织各单位查找廉政风险点747个、"一把手"廉政风险点303个，建立防控措施1528项，新制定、修订制度755个。三是严肃执纪问责。坚持有案必查、有腐必惩，重点关注和查处在权力运行中存在的滥用

职权、以权谋私、优亲厚友等违规违纪问题，全年共收到信访举报411件，其中检举控告280件，处置问题线索244件；共立案47件、党纪处分61人、诫勉谈话29人，以零容忍态度惩治腐败。四是加强机关纪委建设。印发《关于加强机关纪委建设的通知》，从完善领导体制、健全工作机制、压实工作责任、建强纪检队伍4个方面细化19项措施，增设纪委专职副书记，成立纪律审查室，增加人员编制3名，不断强化监督执纪能力水平。

【中央巡视整改和内部巡视工作】
一是强化中央巡视整改。坚持一月一调度、一季一审议，及时掌握整改进展情况，扎实推进整改工作，按要求向中央巡视领导小组、中央纪委报送巡视整改情况。263项整改措施已经完成262项，形成固定机制并将长期坚持87项，尚未整改完成1项。二是完成内部巡视全覆盖任务。选派45人组成5个巡视组，对15个派出机构开展内部巡视和"回头看"。党组共派出25个巡视组对48个单位开展四轮内部巡视，完成十九届任期全覆盖目标。三是压实内部巡视整改责任。出台党组《关于加强巡视整改日常监督的实施办法（试行）》《巡视组考核评价规定（试行）》。截至年底，内部巡视发现的645个问题，整改完成率为94.68%，职工对巡视整改满意度为99%。四是完善巡视制度体系。系统总结党的十九大以来国家林草局内部巡视开展的经验

做法，初步建立领导小组考核、巡视组自评、被巡视党组织对作风评价的三级考核评价体系。编写局内部巡视发现的10个典型案例分析材料，1个案例被中央巡视办《巡视巡察参考》采用刊登。

【压实管党治党责任】 一是党组书记严格履行第一责任人责任。党组书记对机关党建重要工作亲自部署、重要情况亲自协调、重要问题亲自督办，带头参加党内大型学习教育活动，带头以普通党员身份参加所在支部组织生活，带头认领巡视督查发现问题推动整改落实。2022年，共主持召开19次党组会议，其中16次会议专题听取党建工作汇报、研究党建工作。二是班子成员认真履行"一岗双责"。建立月自查评估、季督导检查制度，局领导班子成员定期召开分管部门全面从严治党会议，听取分管单位党建工作情况，分析研判党建工作中存在的问题，主动开展对分管单位党员干部的思想教育、谈心谈话和作风监督，层层传导压力。三是主动配合中央纪委国家监委驻自然资源部纪检监察组落实监督责任。完善与驻部纪检监察组定期会商、重要情况通报、线索联合排查、党员处分等工作机制，每半年召开一次会商会，推动主体责任和监督责任协调贯通、形成合力。四是强化党建工作考核。牢固树立抓机关党建是本职、不抓机关党建是失职、抓不好机关党建是渎职的理念，规范党建考核程序，细化党建考核指标，

把抓党建工作绩效与领导班子、领导干部评优评先挂钩，充分发挥考核"指挥棒""风向标"作用。

【党的群团工作】 一是加强和改进机关工会工作。修订完善工会规章制度，完成工会换届工作，设置智能书柜推进全民阅读。落实职工福利制度，关心关爱基层挂职锻炼和艰苦边远地区工作的干部职工，走访慰问生活困难职工65人，发放慰问金46.85万元，充分体现组织的关心和温暖。推进职工之家建设，支持文体协会活动，推动工会工作更加科学、标准、规范。二是强化青年工作。隆重庆祝中国共产主义青年团成立100周年，举办青年成长讲坛，建强青年学习小组，组织青年干部朗读者比赛、书画摄影比赛和公文写作大赛，承办中央和国家机关青年植树交友活动和"根在基层"调研实践活动，营造积极活泼的机关文化氛围。三是强化妇女工作。开展心理健康大篷车活动，举办健康知识讲座，开展女性保健知识测试，组织女职工观看音乐会，积极推报全国三八红旗手、全国五好家庭荣誉称号评选。四是强化统战工作。完成民主党派调查摸底工作，完善党外人士数据库，确定无党派重点人员名单，召开各民主党派支部负责人座谈会和侨联换届会议，加强与党外干部联系服务，不断提高党的统一战线工作水平。截至年底，全局各民主党派人士共有172人，具有侨身份人员261人。

（国家林业和草原局直属机关党
的建设由张华供稿）

# 林草宣传

【综　述】 2022年，国家林草局宣传中心紧紧围绕迎接宣传贯彻党的二十大为工作主线，坚持以习近平新时代中国特色社会主义思想为指导，认真贯彻局党组重要决策部

署，守正创新，踔厉奋发，为加快推进林草事业高质量发展营造了良好社会舆论氛围。全年召开新闻发布会10场，央媒刊播发报道9.5万余条（次）。其中，《人民日报》刊

发1374条（一版99条），新华社播发超万条，央视播出4310条（《新闻联播》350条）。

【贯彻党的二十大精神宣传】 配

2022年11月5日，《湿地公约》第十四届缔约方大会会旗交接仪式

合中宣部召开"中国这十年"林草主题新闻发布会，与中央网信办联合开展"美丽中国·网络媒体生态行"主题采访活动，协调中央媒体持续在"奋进新征程建功新时代""沿着总书记的足迹""江河奔腾看中国""学习贯彻党的二十大精神"等专题专栏中推出林草建设亮点、成效。组织局属媒体推出5篇十年林草事业发展成就综述等。同时，组织做好林草系统学习贯彻党的二十大精神宣传，《人民日报》、央视《新闻联播》推出多篇重头报道。局属媒体开设专题专栏，推出各单位学习体会报道，反映林草部门以党的二十大精神为引领，推进林草高质量发展的新作为、新举措、新经验。

**【林草重大主题宣传】** 聚焦"两会"召开、国家植物园设立、植树节、生物多样性日、《湿地保护法》正式实施、世界荒漠化与干旱日等重大节点，国土绿化、动植物保护、湿地保护修复、荒漠化防治和林草灾害防治等重要职能，组织各类媒体多角度、全方位、顶格化开展宣传。圆满完成两个国际会议宣传任务，其中，《湿地公约》第十四届缔约方大会宣传得到各方赞许，全网相关报道11万余条。《人民日报》推出报道16条次；新华社全媒体刊发1200余篇中英文稿件获海量关注，其中9篇在全网置顶；央视《新闻联播》《焦点访谈》等栏目播出报道300余条（次）。相关微博话题阅读量超17亿次，24次登上微博热搜榜。第二届世界竹藤大会形成报道信息超2.5万条，1个微博话题阅读量过亿。持续开展

国家公园宣传，联合中央广播电视总台制播栏目《国家公园·两天一夜》，受众触达量近6亿人次。组织媒体推出国家公园设立一周年专题报道。绿色中国网络电视制作播出《国家公园》系列节目60期，播放量1.2亿。国家林草局创制的国家公园主题曲《最珍贵的你》在各大媒体热播。做好国家植物园、华南国家植物园揭牌活动宣传。制定宣传方案，组织媒体开展实地探访，全方位解读报道，相关报道信息5万余条。

**【典型选树宣传】** 开展践行习近平生态文明思想先进事迹征集工作，加大新疆柯柯牙等先进典型的选树宣传力度，推荐2名林草职工入选中央宣传部、自然资源部"最美自然守护者"先进事迹。在习近平总书记考察塞罕坝林场一周年之际，国家林草局召开弘扬塞罕坝精神座谈会，大力宣传和传承塞罕坝精神。

**【舆情监测与管理】** 严格落实《舆情快报》日报和每周舆情风险提示工作制，编发《舆情快报》255期。组织专家、涉事单位接受采访，及时发布权威信息，妥善处置小象"莫莉"、大熊猫"团团"等热点敏感舆情，确保重要政治节点、重大敏感时期林草舆论场平稳有序。

**【媒体融合发展】** 联合央视新媒体继续高质量推出《秘境之眼》，制播系列节目《一起探秘国家公园》受到大众热捧。与腾讯公司推出国家公园线上系列大型公益宣传活动，"云"游东北虎豹国家公园和"夏至"海南热带雨林国家公园总点击量超5亿次。邀请新媒体千万级粉丝主播在央视推出《探秘国家植物园》节目，点击量突破3000万次。央广"云听林草"系列公益广告投放触达量累计1.75亿人次。绿色中国网络电视《云访谈》《林草一周新闻》实现新媒体平台矩阵式传播。《晓林百科》推出的《湿地保护法》科普动画在抖音App开屏海报展现量达1000万。关注森林网新媒体矩阵延伸至林草基层一线。

2022年9月19日，"中国这十年"林草主题新闻发布会

【生态文化建设】 参与迎接党的二十大胜利召开主题成就展，图片、视频采纳量为历次之最，全面展现林草建设重大成就。开展"我自豪，我是中国林草人"林草故事、"奋进新征程·建功新时代"林草诗歌征集，"镜头中的国家公园""最美湿地"摄影大赛等最美系列征集展示活动，组织"著名作家看湿地"采风，多维度展示林草厚重生态文化。《绿色中国》杂志成为唯一连续18年进入全国"两会"的绿色期刊。协调做好《熊猫印记》出版工作，出版第二批"林业草原科普读本"，筹划编写《守护绿色青山——中国林草生态实践》图书。拍摄完成电影《超级旺旺》，电视剧《圣地可可西里》《绿色誓言》等进入后期制作和发行阶段。制作专题片《难忘的一年》《林草反腐警钟长鸣》，制挂主题宣传海报和大院道旗，推动机关文化建设。

【关注森林活动】 召开全国第四届关注森林活动组委会第四次会议。举办绿色中国行——走进重庆梁平、黑龙江方正等系列主题公益活动。开展国家青少年自然教育绿色营地认定，发布40个营地名录。组织全国三亿青少年进森林研学活动15场，举办多期自然教育导师培训班。联合中国宋庆龄科技文化交流中心开展5期自然研学营。

2022年9月27日，"奋进新时代"主题成就展

2022年7月22日，全国三亿青少年进森林研学教育活动（梁平站）启动

指导福建省关注森林活动组委会举办"关注森林·探秘武夷——走进光泽"生态科考活动。召开国家林草局与中国农林水利工会第20次联席工作会，积极组织开展"暖边绿境"等宣传实践活动；大力推进与全国工商联各项联合工作；与北京林业大学共同启动"绿桥、绿色长征"环保公益活动。

（林草宣传由李茵诺供稿）

## ▶ 林草出版

【综　述】 2022年，中国林业出版社有限公司(以下简称出版社)出版图书604种，总印数100.78万册，生产码洋约1.1亿元。

**围绕国家林草局党组中心工作，做好林草宣传出版** 出版社认真贯彻落实局重点宣传工作方案，与相关司局和行业单位主动对接、共同谋划，策划出版13种（26卷）局重大宣传图书，通过图书出版、新媒体体验、多平台宣传、行业发行等一系列"组合拳"，宣传林草事业发展新成果。

**主题出版物** 为迎接党的二十大召开，与局宣传中心共同策划出版《守护绿水青山——中国林草生态实践》，展现林业和草原事业发展的历史性成就。作为学习党的二十大精神推荐图书，在林草行业内引发学习热潮，并受到中央部委青年干部学习平台的推广，销量超2500册。围绕林业草原国家公园三位一体发展，策划丛书《林业草原国家公园融合发展（全7册）》，被中宣部列入2022年度主题出版重点出版选题、国家出版基金项目。

**服务《湿地公约》第十四届**

**缔约方大会出版物** 借助《湿地保护法》施行，在《湿地公约》第十四届缔约方大会召开之际首发湿地科普丛书《湿地光影丛书》（全3册）和《湿地中国科普丛书》（全9册），向社会公众全景展示中国湿地保护和修复成果。首创"我是湿地守护者"线上新媒体艺术展，展览进驻局官网和关注森林网，公众可分别从手机端、网页端进入观展，总浏览量为1.75万次，独立访客3300人。推出湿地科普短视频，于湿地大会期间至2023年"世界湿地日"，在公众号、抖音等多个视频平台每日更新播放，持续向公众普及湿地知识。

**宣传重点野生动物出版物** 助力"熊猫外交"，在中国向卡塔尔赠送大熊猫之际，出版外宣出版物《大熊猫！大熊猫！》（中卡英三语）。集中推出大熊猫系列图书，《大熊猫201问》（中英双语）、《成长日记——大熊猫"淘淘"的故事》《熊猫印迹》《大熊猫专业技术科普图书》等。

**宣传国家公园出版物** 策划《国家公园融媒体宣传》项目，推出"解说我们的国家公园"系列宣传文本。与祁连山国家公园签订战略合作协议，策划祁连山自然教育分级出版物，逐步建立以提供知识服务推动国家公园宣传建设的业务模式。

**自然教育出版物** 建立"壹自然"自然教育出版品牌，策划"自然教育理论与实务""自然教育基础知识""自然教育课程设计""自然教育绘本"4个系列近30个选题。设计制作"自然教育基础课程"线上课程，首批20节课程已完成课程录制工作。

**草学高等教材** 正式成立国家林草局草学系列教材建设工作组和专家委员会，召开草学系列教材启动会。2022年年底陆续出版《草类植物分子生物学实验技术》《草地灌溉与排水》《草坪草病理学》，填补草学高等教材领域空白。

**"去库存"专项工作** 出版社党委坚决贯彻落实局领导重要指示精神，迅速成立去库存工作领导小组，把"去库存"作为出版社年度工作重点全面落实。制订出版社《去库存管理办法》，明确工作思路、规范实施途径，为探索存量图书科学管理提供制度保障。"减增量，去存量"同向发力：在"减增量"方面，出版社强化选题论证制度，制订出版社《图书印数定价管理办法》，科学决策新出图书印数；成立两个营销专班分别拓宽行业和大众市场渠道，加速图书流转。在"去存量"方面，首批确定808种，72.14万册，3557.99万元码洋的报废图书，向全社职工公示。稳步开展图书报废工作，成立图书报废工作领导小组，通过比选的方式确定图书报废合作企业并签订业务合同，对部分报废图书下架打包，做好充足准备。

**【大国担当的镜与鉴——应对气候变化与构建生态文明】** 郇庆治，2022年1月。

该书包含相互关联的五章，分别阐述该书的核心论题——中国应对全球气候变化与构建生态文明的学科背景知识、全球气候变化的事实与性质、全球气候治理的发展历程与主要成果、中国全球气候治理中的身份定位与行动战略以及中国当下正在实施的社会主义生态文明建设。

**【李坚文集（再续）】** 李坚，2022年1月。

该书是《李坚文集》和《李坚文集（续）》的再延续，主要精选了李坚院士2012年以来发表的重要学术论文100余篇，内容涵盖木基功能材料、木材仿生与智能响应、生物质基气凝胶、纳米纤维素等前沿研究方向。

**【"中国山水林田湖草生态产品监测评估及绿色核算"系列丛书】** 王兵（总主编），2022年。

内容主要包括山水林田湖草生态监测与评估方法学研究、山水林田湖草长期野外观测数据集、山水林田湖草生态系统长期定位观测研究专著、山水林田湖草生态产品绿色核算与碳中和评估研究、山水林田湖草生态保护与修复监测区划布局与技术研究成果等。从该系列丛书目前已经出版《河北省秦皇岛市森林生态产品绿色核算与碳中和评估》《天然林保护修复生态监测区划和布局研究》《内蒙古森工集团生态产品绿色核算与森林碳中和评估》等34个分册。应用"森林生态连清技术体系"对国家、省域、地级市、森工集团、保护区、林场等不同尺度的森林、草地和湿地生态产品价值进行核算，评估不同尺度区域的森林全口径碳汇量。同时，基于天保工程、退耕还林工程实施区域和省域尺度森林分区状况进行天然林保护修复、退耕还林工程和省域尺度生态监测区划和布局。

**【湿地光影丛书】** 陈建伟，崔林，袁明辉，2022年10月。

《湿地公约》第十四届缔约方大会于2022年11月5—13日在中国武汉和瑞士日内瓦同时举办。为传播湿地文化、弘扬和谐理念，出版社自主策划出版了"湿地光影丛书"，作为对大会的献礼。该丛书由《全景湿地》《微距生灵》《天鹅圣境》三部组成。

**【湿地中国科普丛书】** 中国生态学学会科普工作委员会，2022年10月。

该丛书由李文华院士作序，中国生态学学会科普工作委员会组织编写，来自全国的200多位一线科研工作者共同创作，是全国首套从生态系统和物种两个维度全面解读中国湿地的科普丛书。其内容既包括沼泽、滨海、湖泊、河流等各类天然湿地，也包括城市与农业等人工湿地；既有湿地植物和湿地鸟类这些人们较为关注的湿地生物，也有湿地自然教育这种充分发挥湿地社会功能的内容；既以科学原理和科学事实为基础保障科学性，又重视图文并茂与典型案例增强可读性。该丛书在COP14大会主会场展出，并被CCTV等多家媒体报道。

**【草地灌溉与排水】** 苏德荣，2022年12月。

该教材从草产业发展和草地生态建设的实际出发，紧密结合我国人工草地和城市草坪发展的需要，针对人工草地及城市草坪对灌溉与排水技术的基本要求，阐述如何对人工草地和城市草坪选择合理的灌溉方式，如何规划设计人工草地和城市草坪的灌溉、排水系统，以及如何做好人工草地和城市草坪的灌溉水管理。内容包括草地植物的水量与耗水规律、草地灌溉与土壤持水性能、草地灌溉水管理的基本理论，并重点讲述包括草坪喷灌、城市绿地地下滴灌、大型喷灌机在人工草地中的应用等灌溉系统的规划设计方法。

【森林昆虫学（第2版）】 李成德，2022年10月。

该书作为森林保护专业的核心课教材，系统介绍了中国森林害虫发生与危害概况、森林昆虫学及其研究内容和发展历史、森林昆虫学研究的发展现状以及森林昆虫学基础理论知识，分述介绍了苗圃及根部害虫、顶芽及枝梢害虫、食叶害虫、蛀干害虫、球果种实害虫以及木材害虫重要虫种的分布、危害、形态特征、生活史及习性和防治方法等内容，是广大林业工作者获取森林昆虫知识的重要参考。

【园林植物育种学（第2版）】 戴思兰，2022年1月。

该教材第1版为"教育部普通高等教育'十五'国家级规划教材"；第2版被列为国家林业和草原局普通高等教育"十三五"规划教材。全书分为16章，主要内容包括：园林植物育种的基本策略，园林植物的种质资源，引种驯化，选择育种，有性杂交育种，远缘杂交育种，杂种优势的利用，诱变育种，倍性育种，植物离体培养育种，分子育种，植物表型组学在育种中的应用，栽培植物的命名及栽培品种登录、品种审定和植物新品种保护，园林植物良种繁育，园林植物育种试验设计等。

【园林工程施工技术（第3版）】 陈科东，2022年8月。

该教材是在第2版的基础上进行了修订与优化，围绕国家生态文明建设及乡村振兴战略与人居环境建设，全面系统地介绍了园林景观工程各要素施工技术过程，着力于工程要素施工程序、施工技术要点、施工问题解决等技能，所编内容收入了编者的许多实际工程施工经验，引入现实园林工程范例，并附有必要的工程范例和参考用表。全书分园林工程施工概述、园林工程施工前期准备、园林工程现场施工放样、园林土方工程施工、园林给排水工程施工、水景工程施工、景石与假山工程施工、园林建筑小品工程施工、园路工程施工、大树移植工程及园林工程现场施工资料整理共11个单元，增补了实用技术工程点点通等。

【中国植物保护百科全书】 中国植物保护百科全书总编纂委员会，2022年。

《中国植物保护百科全书》是国家重点出版物出版规划项目、国家辞书编纂出版规划项目、国家出版基金资助项目，是中国首部植物保护领域系统、全面、权威的工具书。《中国植物保护百科全书》包括综合卷、植物病理卷、昆虫卷、杂草卷、农药卷、鼠害卷、生物防治卷、生物安全卷共8卷16册，约7800个词条，约2700万字。由李家洋、张守攻、吴孔明、方精云、方荣祥、朱有勇、康乐、钱旭红、陈剑平、康振生、陈宗懋、宋宝安、李正名、柏连阳14位院士领衔，中国科学院、中国农业科学院、中国林业科学研究院及全国相关院校、单位，3000余名业界知名专家撰稿、审稿，历时10年，是当代中国及世界植物保护领域科技成果的结晶。

《中国植物保护百科全书》集当代植物保护领域基本理论、全面知识、最新成果大成，对中国及世界植物保护和农业发展、粮食安全具有重要意义，填补了中国植物保护专业百科空白，是中国科技工作者对世界植物保护领域作出的重大贡献。

【中国迁地栽培植物志·球兰属】 张静峰，蔡磊，2022年1月。

该志收录了中国主要植物园迁地栽培的夹竹桃科萝藦亚科球兰属植物163种7亚种，其中中国原生植物38种1亚种，原产于热带亚洲等境外分布植物125种6亚种，结合国际最新分类学研究及干标本和文献查阅，纠正了植物园鉴定错误的物种名称，修订了《中国植物志》和 *Flora of China* 基于干标本观察的部分物种的分类学信息。科拉丁名采纳Endress et al.（2014）的分类系统，种拉丁名主要参考美国密苏里植物园植物数据库（Tropicos），及国际植物名称索引（IPNI），并按拉丁名字母顺序排列。每种植物介绍包括中文名、拉丁名、异名等分类学信息和自然分布、鉴别特征、迁地栽培形态特征、受威胁状况评价、引种信息、物候信息、迁地栽培要点及植物应用评价等，并附精美彩色图片展示物种形态学特征。

【进口木材贸易、检验、监管和维权：36年实录】 黄卫国，2022年4月。

中国作为全球最大的木材消费国和进口国，如何保障木材资源持续稳定供给，不仅关系到中国木材工业及其所带动的相关上下游产业绿色可持续发展问题，而且更关系到保障中国木材安全的战略问题。该书主要著者黄卫国及其团队，围绕木材贸易、检验、监管和维权四个维度，从大到国际国内法律法规、方针政策，小到检尺算法、木材微观特征，全面、系统、科学地浓缩、提炼并升华在进口木材领域丰富的实际工作经验，撰写出了这部拥有近100万字及1000余幅精美图片的鸿篇巨作。

【北京林业大学学术思想文库（第一辑）】 北京林业大学，2022年10月。

该套丛书多视角展示北京林业大学的发展历程，见证院士与北林的共同成长；首次系统梳理当代林业科学家的科学思想、科学理念；弘扬院士们的科学精神、治学风范和人生态度，讲好当代学术故事。

【大熊猫！大熊猫！（中英阿语）】 张玲，2022年9月。

书中内容为中英阿三语，以时间为线索，讲述了大熊猫从出生到成年的故事以及人们为保护大熊猫所作的努力。

【大熊猫201问】 张和民，张一，张玲，陈猛，2022年12月。

该书是一本大熊猫的口袋"百科全书"，同时也是一本了解大熊猫的入门必读书。可以随时随地翻开任何一页，就能立刻了解一个关于大熊猫的有趣知识。全书采用中英双语，通过这些考证和核实的有效数据，提炼出最具优先级的关于大熊猫的201个问题。

【守护绿水青山——中国林草生态实践】 国家林业和草原局宣传中心，2022年。

该书全二册，分别从生态修护、林草改革、自然保护、生态惠民四个部分，讲述了塞罕坝机械林场的生态创业史、山西右玉沙地造林生态保护修复、甘肃八步沙林场防沙治沙、青海祁连山黑土滩治理、天津七里海湿地保护修复等30个全国林草生态实践的成果和经验，图文并茂，用鲜活的案例和生动地讲述让全国林草行业和社会各界更好地了解林草生态建设成就、经验和故事。

【中国林草应对气候变化、中国国有林场等分册（林业草原科普读本）】国家林业和草原局宣传中心等，2022年。

《中国林草应对气候变化》主要介绍了应对气候变化的相关知识，对中国林草应对气候变化所做的努力和取得的成效做了重点介绍，同时通过各地林草应对气候变化的具体实践成果总结，加深人们对中国应对气候变化的了解。《中国国有林场》介绍了什么是国有林场，为什么要进行国有林场改革，国有林场改革取得了哪些成绩、又遇到了哪些问题，以及如何解决这些问题；同时详细介绍了17家各有特色的国有林场。

【中国近现代园林史】 吴泽民，2022年。

该书为读者展示了中国近现代园林史的清晰脉络。著者在大量梳理文献资料和相关记录的基础上，按照民国时期、新中国成立初期、20世纪五六十年代、20世纪80年代、世纪之交这几个重要的历史发展阶段，甄选出中国近现代百年来具有重要影响的园林作品、设计师、园林学家、园林理论学说、园林著作，结合中国园林事业发展进程中具有重要影响的主要事件，客观、真实地反映了中国近现代园林发展史。

【花园植物大图典】 江胜德，2022年9月。

该书是一本收集了近8000种花园植物的图典，基本上包含了市场上常见的花园植物。这份植物名单是从全球42个国家与地区、200多家植物供应商，共计上万种植物单品中挑选出来的，它是园艺爱好者们选择花园植物栽种品种的指南，也是对未来植物流行趋势的预测。每种植物都有精美的图片，科学准确的学名和中文品种名，以及用图例标识的花色、类型（草本、灌木、乔木）、开花季节、是否有香味、单瓣还是重瓣、发芽要求、温度要求、花期长短、光照类型、花苞数量、株高、习性、养护要点等信息。

【中国林业百科全书·森林培育卷】《中国林业百科全书》总编纂委员会，2022年。

《中国林业百科全书·森林培育卷》（以下简称《森林培育卷》）是我国第一部全面、系统、权威介绍森林培育相关知识的大型工具书，以条目的形式系统梳理总结了我国森林培育科学研究成果和生产实践经验，同时展示了国际森林培育科技最新进展，是中国森林培育领域专家、学者历时6年多集体智慧的结晶，也是中国林业科技工作者对世界林业科技的贡献。《森林培育卷》全面介绍了森林培育基本概念、基本理论、基本方法等。主要内容包括森林培育概论、林木种子、苗木培育、森林营造、森林抚育、森林主伐更新、林农复合经营、城市森林培育、竹藤培育、主要树种培育，以及森林培育学科重要人物、组织机构、出版物、事件等。

《森林培育卷》由中国工程院院士、全国人大环资委副主任委员张守攻研究员，南京林业大学方升佐教授担任主编。来自中国林业科学研究院、北京林业大学、南京林业大学、东北林业大学、国际竹藤中心等55个教学科研单位的300余人组成阵容强大的编写队伍。该书权威性、科学性、系统性、前沿性兼容，适于林业行业管理、科研等从业人员，大中院校师生以及社会公众等了解林业知识。

（林草出版由王远、肖基浒供稿）

◎《中国林业百科全书·森林培育卷》

◎《湿地中国科普丛书》

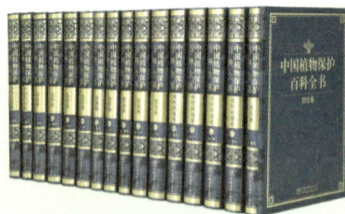

◎《中国植物保护百科全书》

◎《守护绿水青山——中国林草生态实践》

◎《湿地光影丛书》

◎《北京林业大学学术思想文库》

◎《大熊猫！大熊猫！》
《大熊猫201问》
《淘淘日记》

2022年"林版"好书

# 林草报刊

【综　述】　2022年，中国绿色时报社以迎接党的二十大和宣传贯彻党的二十大精神为主线，深入学习宣传习近平生态文明思想，以高度的政治责任感和使命感，全力抓好各项工作，发挥林业草原行业媒体舆论主阵地的重要作用，为推进生态文明和美丽中国建设、推动林草事业高质量发展提供了有力舆论支持。

2022年，报社1个版面入选"非凡十年"经济建设成就新闻图片展，3个版面入选"礼赞新时代　再创新伟业"全国主流媒体新闻摄影展；8件、5件作品分别获得自然资源部、国家林草局"喜迎二十大·奋进新征程"公文写作大赛奖；1件作品获得自然资源部年度好新闻奖，2件作品荣获中国副刊研究会副刊作品奖，1个专栏获得中国报纸副刊研究会最佳专栏奖；2名记者被评为"新春走基层"优秀个人，1名记者被评为《湿地公约》第十四届缔约方大会筹备组织工作先进个人；报社和2名记者被评为第二届世界竹藤大会筹备工作先进单位、先进个人。

【持续宣传习近平新时代中国特色社会主义思想特别是习近平生态文明思想】　及时、全面报道习近平总书记重要活动、生态文明重要论述，以及对林草工作的重要讲话和指示批示精神。及时报道党中央、国务院重大方针政策和决策部署。推出总书记关心林草工作综述、总书记连续10年参加首都义务植树活动系列述评、森林"四库"系列解读。做好总书记考察海南、四川、湖北、新疆、辽宁、陕西、河南等地的报道。

【开展党的二十大专题报道】　一是广泛开展十年成就宣传。报社各媒体平台及时转发新华社重要报道和中央媒体涉及林草成就的报道。组织林草建设成就系列宣传，推出"奋进新征程　建功新时代·非凡十年"专栏，连续刊发《践行习近平生态文明思想　奋力谱写林草高质量发展新篇章》等5篇重点综述，并刊发国土绿化、林长制、国家公园、草原建设等12篇专题成就报道；配合中宣部举行"中国这十年"系列主题新闻发布会，整理林草成就相关数据，设计制作《中国这十年：10组数据看林草》系列海报。持续做好林草成就报道。二是及时做好重要时政报道。对标新华社、《人民日报》、中国政府网等时政新闻报道，做好二十大程序宣传，二十大期间报纸共推出15个整版报道、新媒体平台及时发布

2022年11月1日，《中国绿色时报》推出中国湿地特刊

《中国共产党章程》《党的二十大报告诞生记》等要闻信息25条。报社运维的局官网上线"中国共产党第二十次全国代表大会"专题，发布要闻、报告、公报等68条，局官微发布时政要闻19篇。三是做好党代表事迹和热议话题报道。开设"二十大代表风采"专栏，报道林草系统5位基层党代表先进事迹，全媒体平台推出"二十大时光""党代表通道"专栏，刊发党代表热议生态文明和林草话题以及各地林草部门反响等报道14篇。四是持续报道贯彻落实情况。开设"学习宣传贯彻党的二十大精神"专栏，刊发林草系统机关单位、基层干部群众学习宣传贯彻党的二十大精神的新思路、新举措、新部署。截至12月31日，各平台共发布学习贯彻报道和信息160余篇（条）。

【策划林草重要会议报道】 一是围绕中国履行《湿地公约》30周年，国际竹藤组织成立25周年，组织湿地和竹藤宣传报道。二是《湿地公约》第十四届缔约方大会报道。完整报道习近平总书记在《湿地公约》第十四届缔约方大会开幕式上的致辞，推出"珍爱湿地 人与自然和谐共生""湿地中国 国际重要湿地""COP14时间"专栏，及时全面做好大会重要议程报道，发表社论《携手共绘全球湿地保护新篇章》；报纸推出12个版面的"中国湿地"特刊，《森林与人类》杂志出版"中国湿地"特辑。三是第二届世界竹藤大会报道。准确报道习近平总书记向国际竹藤组织成立25周年志庆暨第二届世界竹藤大会致贺信；及时做好大会重要报道。推出2个整版"竹藤之约"专题报道，《世界竹子看中国》《探索发展新机遇 打造对话新闻平台》全面报道了大会取得的丰硕成果。

【林草重点工作宣传】 推出"全面推行林长制""推进科学绿化""国家公园专家说""推进林草高质量发展""十四五林草这样开新局""我为群众办实事"等一系列专栏，做好林草重点工作宣传。"全面推行林长制"专栏累计发稿超过200篇，"推进科学绿化""园林乡土树种"等专栏刊发推行科学绿化的要闻资讯、成效经验和研究成果等，"生态美 百姓富"专栏全景式报道了各地发展林草产业增收致富的典型。在国家公园成立一周年之际，推出《中国国家公园诞生周年大事速览》专题报道，推出《美丽中国相册·我们的国家公园》系列视觉报道，精心策划10期国家公园系列海报，以鲜明的主题、精彩的文案、有冲击力的视觉效果，向公众传递国家公园建设的新理念、新进展、新知识。策划推出草原"四库"系列报道，做好草原普法宣传月报道。国家林草局与国家文物局公布第一批"红色草原"后，陆续推出一批主题报道。针对中国草产业中的草种短板，推出一批原创报道。

【林草典型和科普宣传】 开展"林草榜样"宣传，持续刊发全国绿化劳动模范和全国绿化先进工作者的先进事迹；开展"最美自然守护者"宣传。持续推出"树木传奇·深度影响中国的树木""国家公园环球行"大型专题宣传，"树木传奇"已推出158种深度影响中国的树木，"国家公园环球行"推出62个世界经典国家公园。推出新专题"中国极小种群野生植物图鉴"，集中介绍了30种极小种群野生植物。古树名木保护宣传贯穿全年。持续开展自然教育宣传，被11家单位共同成立的自然保护公益伙伴计划作为典型案例。"森林中国"专栏刊发图片报道200余次。持续做好"美丽中国相册"专题。

【完成国家林草局政府网和局微信公众号信息运维工作】 2022年，局政府网资讯、专题、科普、机构等版块共发布信息30907条。新开设运维"2022两会 林草聚焦""学习贯彻党的二十大精神""聚焦林草重点工作""松材线虫病、美国白蛾防控""油茶产业发展""湿地保护""携手防治荒漠化 共建命运共同体""科学绿化"等9个专题，持续运维"中国国家公园""全面落实林长制改革"等6个原有专题。继2021年度获中国政府网站绩效评估部委网站并列第三名之后，2022年度国家林草局政府网单独荣膺部委网站第三名。国家林草局微信公众号共发布各类信息1943条，粉丝量增至12.1万，较2021年增长77%。策划推出原创新媒体作品300余件，被有关平台转发，微博、强国号以及报社采编部门运营的中国森林草原防火、绿色党建等14个微信公众号保持良好发展态势。

（林草报刊由杨玉兰、张红梅、韦荣华供稿）

22

# 各省、自治区、直辖市林（草）业

## 北京市林业

【概　述】　2022年，北京市园林绿化系统紧紧围绕落实首都城市战略定位，圆满完成北京市委、市政府部署的各项任务。全年新增造林绿化10200公顷、城市绿地240公顷，全市森林覆盖率达到44.8%，森林蓄积量达到3164万立方米；城市绿化覆盖率达到49.3%，人均公园绿地面积达到16.89平方米。

　　重大任务保障　圆满完成以"喜迎二十大，奋进新征程"为主题的景观环境服务保障任务、冬奥会和冬残奥会环境服务保障工作以及中央领导、全国人大常委会领导和全国政协领导、共和国将军和部长等重大植树活动的组织协调和服务保障工作。

　　植树造林　完成新一轮百万亩造林任务10200公顷，栽植各类苗木485万株，城市总规确定的生态格局基本形成。完成战略留白临时绿化3461.8公顷，留白增绿5344.3公顷，揭网见绿7480公顷。京津风沙源治理工程林业任务全部完成，20年累计营造林61.47万公顷，首都山区森林覆盖率达到67%。支持河北张家口和承德坝上地区完成造林6.67万公顷，森林质量精准提升7.27万公顷。

　　扩展绿色空间　建设城市绿道47千米、森林步道100千米、林荫路20条，打造近自然森林；注重生物多样性保护，建设生态保育小区479处。

　　公园景区建设　持续推进温榆河、南苑森林湿地、奥北森林公园等重点项目建设，提升改造全龄友好公园30处，完成围栏优化7.9万延长米，建成城市休闲公园180处、口袋公园和小微绿地323处，持续开展文明游园专项行动，发布"文明游园"形象标识，市民游园环境明显改善。

　　绿色产业　全市林业产业年产值达到126.3亿元，带动近25万从业人员就业增收。全年新发展果树623.13公顷，建成"京字号"果品示范基地15个。积极推进乡土树种草种培育，审定林草品种14个，新优花卉品种展示会推介品种1400余个；启动实施蜂产业绿色高质量提升行动。发展林下经济1.33万公顷。创新"五节一展"（北京郁金香文化节、北京菊花文化节、北京月季文化节、北京牡丹文化节、北京（首届）荷花文化节和迎春年宵花展）花卉文化活动，年接待游客超2000万人次。

　　资源安全　全市各级林长达到10269人，发布市级总林长令4道，市（区）林长巡林超600人次，"三长联动，一巡三查"制度逐步完善。完成森林防火视频监控系统建设498处，总数达1028路，林区监控覆盖率达85%；全市形成卫星遥感、航空巡护、视频监控、塔台瞭望、地面巡查五位一体的"天空地"监测预警体系。全面加强林业有害生物防治，美国白蛾防控实现不成灾、不扰民目标；建立园林绿化资源生态监测体系，完善资源督查闭环管理机制，开展系列打击破坏林地绿地违法行为、野生动植物保护和种苗林保等系列执法专项行动，查处案件815件、没收野生动物及其制品1113件。

【北京市园林绿化工作会】　于1月14日召开，北京市园林绿化局（首都绿化办）局长（主任）邓乃平总结"十四五"开局之年全市园林绿化工作，会议指出：2021年，北京市全年新增造林绿化10666.67公顷，城市绿地400公顷，全市森林覆盖率达到44.6%，平原地区森林覆盖率达到31%，森林蓄积量达到2690万立方米；城市绿化覆盖率达到49%，人均公园绿地面积16.6平方米。会议对2022年主要工作作出具体安排。北京市副市长卢彦发表讲话，并部署2022年园林绿化重点工作。此次会议以视频形式召开，局（办）领导班子成员、市公园管理中心领导班子成员、市有关部门、有关市国企及各区主管领导与园林绿化系统各单位党政正职共计120余人参加。

【2022年北京迎春年宵花展】　1月15—31日，北京市2022年迎春年宵花展以"百花绽放　迎春纳福"为主题，在各大花卉市场举办。北京地

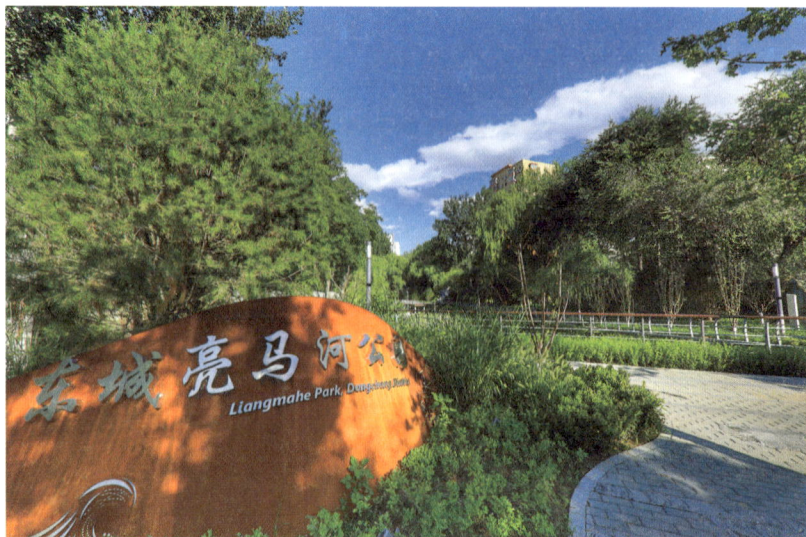
亮马河（东城段）景观提升工程景观（薛毅　摄）

区产年宵花卉以蝴蝶兰、长寿花、红掌、蟹爪兰、仙客来等盆栽花卉种类为主，约500万余盆，百合、菊花等切花100余万支。通过组合盆栽评比、特色文化活动、市场联动线上直播等方式，向广大市民展示节庆花卉文化和应用形式，带动花卉消费，繁荣市场。北京年宵花市场以家庭园艺产品为主，呈现小型化、精品化特点。

【全国政协领导义务植树活动】 4月11日，全国政协副主席刘奇葆、万钢、李斌、巴特尔、汪永清、苏辉、何维、邵鸿、高云龙，全国政协副秘书长、机关党组成员、专门委员会驻会副主任和全国政协机关部分干部职工，到海淀区西山国家森林公园参加义务植树活动。共栽植、抚育白皮松、山桃、流苏、连翘等树木1000余株。北京市政协主席魏小东陪同。

【中央军委领导参加义务植树活动】 4月2日，中央军委副主席许其亮、张又侠，中央军委委员魏凤和、李作成、苗华、张升民，军委机关各部门以及驻京大单位领导，到北京市海淀区知春路北侧植树点参加义务植树活动。植树点位于规划建设的京张铁路遗址公园内，是城市公共空间改造提升用地。许其亮、张又侠与军地领导和部队官兵一起共栽种油松、白皮松、银杏等树苗1500余株。北京市委书记蔡奇、市长陈吉宁一同参加植树活动。

【首都市民义务植树】 4月3日，第38个"首都义务植树日"，首都市民以植树栽花、清理绿地、抚育林木、认养树木等多种形式履行植树义务。据统计，2022年春季以来，共有120万人次首都市民参加义务植树活动，新植各类树木26万余株，养护树木240万余株，清扫绿地671万平方米，设立主题宣传咨询站414个。

【2022北京郁金香文化节】 4月3日至5月中旬，2022年北京郁金香文化节在北京植物园、中山公园、北京世园公园、北京世界花卉大观园、北京国际鲜花港五大展区联合启动。文化节首次推出主题花——

'国泰'郁金香，在中山公园、北京世园公园、北京世界花卉大观园、北京国际鲜花港设置郁金香展区，共计15万平方米。文化节举办以"郁见花开"为主题的首届郁金香插花花艺大赛。

【党和国家领导人参加义务植树活动】 3月30日，党和国家领导人习近平、李克强、栗战书、汪洋、王沪宁、赵乐际、韩正、王岐山等到北京市大兴区黄村镇参加首都义务植树活动。植树点位于大兴新城城市休闲公园内，面积约100公顷。习近平总书记指出，森林是水库、钱库、粮库，现在应该再加上一个"碳库"。森林和草原对国家生态安全具有基础性、战略性作用，林草兴则生态兴。现在，我国生态文明建设进入了实现生态环境改善由量变到质变的关键时期。我们要坚定不移贯彻新发展理念，坚定不移走生态优先、绿色发展之路，统筹推进山水林田湖草沙一体化保护和系统治理，科学开展国土绿化，提升林草资源总量和质量，巩固和增强生态系统碳汇能力，为推动全球环境和气候治理、建设人与自然和谐共生的现代化作出更大贡献。习近平总书记强调，植绿护绿、关爱自然是中华民族的传统美德。要弘扬塞罕坝精神，继续推进全民义务植树工作，创新方式方法，加强宣传教育，科学、节俭、务实组织开展义务植树活动。各级领导干部要抓好国土绿化和生态文明建设各项工作，让锦绣河山造福人民。习近平总书记接连种下油松、碧桃、白玉兰、海棠、小叶白蜡等多棵树苗。在京中共中央政治局委员、中央书记处书记、国务委员等参加植树活动。北京市委主要领导参加活动。

【全国人大常委会领导义务植树活动】 4月7日，全国人大常委会副委员长曹建明、张春贤、沈跃跃、吉炳轩、艾力更·依明巴海、陈竺、王东明、白玛赤林、郝明金、武维华，全国人大常委会秘书长、副秘书长、机关党组成员，各专门委员会、工作委员会负责人，到北京市丰台区青龙湖植树场地参加义务植树活动。共栽种油松、白蜡、元宝枫等树苗300余株。北京市人

大常委会主任李伟陪同。

【共和国部长义务植树活动】 4月9日，2022年共和国部长义务植树活动在北京市通州区张家湾镇南火垡村举行，活动以"履行植树义务，共建美丽中国"为主题。参加活动的有中共中央直属机关、中央国家机关各部门和北京市的133名部级领导干部，共栽植华山松、白皮松、槐树、栾树、臭椿、山桃、华北紫丁香等树苗1100余株。北京市市长陈吉宁等参加义务植树活动。

【北京国际友好林植树活动】 4月16日，2022年北京国际友好林植树活动在北京市昌平沙河镇举行，此次植树活动以"美丽北京 绿色同行"为主题，有来自五大洲40多个国家的驻华使节、在京外国专家和留学生代表共百余人参加植树活动，共种下油松、白皮松、槐树等200余棵树苗，并对植树地块树木进行了抚育。

【北京全面推行林长制】 年内，北京市林长制实现市、区、乡（镇、街道）、村（社区）四级林长责任体系全市覆盖，建立健全巡查、督查、调度、信息共享、部门协作、考核和总林长令发布7项配套制度。2022年共计23位市级林长深入全市35个乡（镇、街道）48个点位，调研26次，召开座谈会9场，全市市、区林长巡林共计达300人次。强化部门协作。由北京市规划和自然资源委员会牵头，推动建立田长制、河长制和林长制"三长联动"一张工作底图，并协同联动工作，北京市通州区率先开展试点工作。北京市11个区建立"林长制+检察"机制，昌平区建立"林长+警长+检察长"机制。结合林长制年度主要改革任务设置考核内容；考核重点包括区级实施方案制订、新一轮百万亩造林、森林防火、有害生物防治和宣传工作等13个指标，完成年度林长制考核任务。

【2022年北京牡丹文化节】 4月16日至5月31日，2022年北京牡丹文化节在北京西山国家森林公园、景山公园、北京世界花卉大观园、北京世

园公园、世界葡萄博览园、旧县镇妫州牡丹园、大榆树镇国色牡丹园七大展区共同举办。此次牡丹文化节展出观赏面积共有80公顷，达历届之最，共有中国牡丹四大种群、九大色系、十大花型的800余个品种。此次文化节的主题花为'姚黄'牡丹。线上线下文化活动同步进行。

**【2022北京（首届）荷花文化节】**
6月28日至8月底，北京市园林绿化局组织举办2022北京（首届）荷花文化节，此次活动共设国家植物园（南园）、玉渊潭公园、紫竹院公园、圆明园遗址公园、莲花池公园和奥林匹克森林公园六大展区，荷花观赏面积达到86.67公顷。其间，共展出荷花品种200余个，品种类型涵盖'姣容三变'等中国传统荷花品种、'粉舞飞'等北京自主知识产权荷花新品种，还有千年普兰店古莲等。搭配100多个色彩靓丽的睡莲、花色多变叶片能承重的王莲及其他水生植物，突出北京荷花等水生植物种质资源保存、研发实力以及园林景观应用水平。

**【2022年北京菊花文化节】** 9月24日至11月底，北京市园林绿化局主办，以"群芳竞秀迎盛会·菊韵飘香绽金秋"为主题，国家植物园（北园）、天坛公园、北海公园、北京国际鲜花港共打造菊花观赏面积15万平方米，布置精品菊花3万余盆；展出独本菊、花园小菊、

切花菊、食用菊等千余个品种，以及精品造型菊、盆景菊等各类型艺菊。首次推出两款菊花文化节主题花，第一款是中国传统菊花品种中的名品"金背大红"；第二款主题花"花木小菊·绚秋系列"是由北京市花木有限公司自主培育而成的园林型小菊。升级北京菊花擂台赛活动，邀请近40家相关单位及民间养菊高手参加。特别是"斗菊"现场推出"菊花花神"形象大比拼，展示以菊花为主题的插花作品、人体花艺，让市民领略到菊花的别样魅力。各展区线上线下活动丰富多样，满足市民不同需求。

**【完成新一轮百万亩工程年度任务】**
年内，北京市完成新一轮百万亩造林绿化任务10013.33公顷，栽植各类苗木485万株。新一轮百万亩造林工程自2018年至2022年，全市累计完成新一轮百万亩造林6.8万公顷。北京市森林覆盖率提升7个百分点，北京平原地区由14.85%提高到31.4%，实现了总量翻一番。一屏、三环、五河、九楔区域（一屏即山区绿色屏障，三环即一道绿隔城市公园、二道绿隔郊野森林公园、环首都国家公园体系，五水即拒马河、永定河、温榆河、潮白河、沟河为主构成的河湖水系，九楔即平原区九条连接中心城、新城及周边区域的楔形生态空间）绿色空间分别增加3.68%、13.36%、11.51%、16.01%。建成大尺度近自

然森林为主和生态廊道连通的森林生态网络，平原区万亩以上的绿色空间斑块达40处，千亩以上绿色空间斑块达498处，建成生态廊道30余条。实施留白增绿、战略留白临时绿化7634公顷，受损弃置地生态修复4653.33公顷，沙坑、砂石坑生态修复治理1973.33公顷。累计发展林下经济3.33万公顷，增加碳汇268.16万吨。促进农民绿岗就业增收和生态旅游新场景新业态的发展，创造绿色就业岗位16.54万个，建成新型集体林场100余个。

**【完成京津风沙源治理二期工程】**
年内，北京圆满完成京津风沙源治理二期工程。此工程2002—2022年共实施两期，工程通过植树造林、退耕还林、草地治理、小流域综合治理、生态移民等治理措施，厚植山区绿色生态屏障，防风治沙，涵养保护饮用水源，保障首都生态安全。工程共完成营林造林61.46万公顷。其中完成规划一期任务47.2万公顷，包括退耕还林7万公顷、人工造林7.23万公顷、飞播造林2.11万公顷、爆破造林1.6万公顷、封山育林29.27万公顷。完成规划二期任务14.26万公顷，包括人工造林2.79万公顷，低效林改造2.74万公顷、封山育林8.73万公顷。山区森林覆盖率达到58.8%，比2000年增加19个百分点。

**【绿隔地区公园建设】** 年内，北京市园林绿化局全面推进第一道绿化隔离地区城市公园环、第二道绿化隔离地区郊野公园环建设，持续推进奥北森林公园二期、南苑森林湿地公园、温榆河二期等重点公园建设，在顺义建设"千亩银杏园"、在昌平区建设未来科学城生态休闲公园沙河片区；制订《北京市绿隔地区公园建设与管理规范（试行）》，按照重点养护区、一般养护区、生态保育区和10%自然带等不同功能定位；加强绿隔地区公园基础设施建设，对道路、老旧设施等进行维修和更换，结合全市体育公园发展规划，增加适合健身、休闲、娱乐等大众体育运动的设施设备，因地制宜布置排球、羽毛球等非标场地，提升市民的体验感和公园综合功能。

新一轮百万亩造林工程——密云区太师屯镇小漕村（密云区园林绿化局供图）

【温榆河公园建设】 温榆河公园位于北京市市域中部，中心城区东北边缘，朝阳、顺义、昌平三区交界地区，规划范围约30平方千米。公园一期建设主要集中在京承高速路以西，面积9.8平方千米，2022年10月，公园一期已全面对外开放。其中：顺义一期故城记忆区位于温榆河畔，紧邻顺义区后沙峪和国际人才社区，占地面积约0.82平方千米，2020年8月底开工建设，2022年7月开园；朝阳一期健康绿苑区位于湿地示范区南侧，京承高速以西，北苑东路以东，北至清河，南至城铁13号线区域，2022年9月开园；昌平一期清河下段生态治理范围从立水桥到沙子营闸，含城市段（回龙观、天通苑地区）3.4千米和公园段（北苑东路以下）6.6千米，2021年年底开工建设，2022年10月对外开放。公园二期建设主要集中在京承高速路以东，面积18平方千米，2022年10月开工建设。

【森林经营】 年内，北京市园林绿化局完成山区森林经营抚育任务4.67万公顷，着力改善林分结构，提升森林固碳增汇能力。重点对侧柏等过密林分加大疏伐力度，全年完成2万公顷侧柏林疏伐。建设永久示范区30处，带动森林经营水平提升。完成10.67万公顷平原生态林实现分级分类养护，完成林分结构调整7200公顷，林下补椴68.8万株，补植补种乔灌木幼苗51.5万株。建成生态保育小区92处，其中建设小微湿地194处，设置本杰士堆600个、人工鸟巢2163个、昆虫旅馆575个、种植食源蜜源性植物（含地被）38.9万株。建设50处平原生态林综合示范区。建成市级森林经营管理综合示范区20处。

【提前完成永定河生态修复园林绿化】 年内，北京市园林绿化局会同市水务局完成新机场、首钢遗址、冬奥会等永定河沿线重要区域新增造林1.28万公顷、森林质量精准提升2.78万公顷，提前超额完成规划确定的"到2022年完成1.27万公顷造林、2.53万公顷森林质量精准提升任务"。

【留白增绿工程建设】 年内，北京市在中心城区重点打造朝阳十八里店代征绿地、海淀园外园地区东西红门景观提升、丰台郭庄子绿地、石景山首钢南区绿地等；在平原地区新城区，结合新一轮百万亩造林，聚焦重点区域重点项目，因地制宜实施大尺度绿化，重点建设昌平沙河绿地等；在北京城市副中心，大力推进城市副中心城市绿心建设，建设高标准、大尺度城市森林，重点建设张家湾绿化工程等；在生态涵养区，结合原有林地绿地，按照集中连片、填平补齐、连接碎片化资源的要求，实施造林绿化，重点建设密云白河公园等。2022年计划实施373.3公顷，截至2022年年底，实施387.55公顷，占比103.8%。

永定河综合治理和生态修复景观（何建勇 摄）

【美国白蛾防控】 年内，北京市委、市政府将以美国白蛾为主的重大有害生物防控纳入林长制考核和生物安全监测预警机制调度内容，市主要领导2次签发总林长令，组织街（乡）、社区（村）和有林单位落实防控措施。按照市、区部署，开展巡林检查，落实防控措施。全市布设3578个监测点，按照主防第一代、查防二、三代的防控策略，坚持采取以绿色防治为主的综合治理措施，因地制宜、分区施策，使用无公害药剂开展地面防治、飞机防治，应用天敌、草把等生物物理措施。严格管理农药，发布药剂推荐名录。全市累计出动人员40.52万人次，监测巡查156.15万千米，发现受害木8.94万株，使用诱芯1.38万枚、杀虫灯0.23万台，释放周氏啮小蜂33.95亿头，围草把等物理措施防治16.39万株，以无公害药剂为主预防和除治林木941.42万株次、飞机防治7.98万公顷次，诱捕成虫9.20万头，实现第一代成虫数量同比下降80.98%、第二代成虫数量同比下降79.98%、第三代幼虫受害木同比下降80.61%的显著成效。全市共受理舆情240件，同比下降93.88%。全年未发生灾害和扰民舆情。

【创建国家森林城市】 年内，北京市园林绿化系统落实市委、市政府总体部署和《北京森林城市发展规划（2018—2035年）》计划安排，2025年前除东城区和西城区外其他14个有条件的区都要达到国家森林城市标准。平谷区和延庆区已分别于2018年和2019年被授予"国家森林城市"称号。2022年，国家林草局印发《关于授予北京市石景山区等26个城市"国家森林城市"称号的决定》，北京市石景山、通州、怀柔、密云、门头沟5个区获得"国家森林城市"称号。

【"揭网见绿"工程】 年内，北京市园林绿化局建立市、区两级"揭网见绿"工作统筹协调机制，明确职责分工，建立构建数据共享和技术对接平台，实现地块点位落点落图及核验互动；组织各区根据规划及用地性质和地上条件，并结合土壤现状、气候时节等特点，实施分类多样多元的见绿工作；综合运用卫星遥感监测、航拍、手机信令大数据监测等多种信息技术手段，对各类盖网地块实施情况进行动态监测核查，为专项任务进度把控、年度计划制订提供支撑。全年全市共完成揭网见绿7480公顷，共计4685个地块，提前两个月完成年度任务，长安街沿线、首都机场周边等大会涉及的重点联络线区域已全部实现"揭网见绿"。

【京津冀协同发展】 年内，北京市园林绿化局完成城市副中心155平方千米内外绿化建设，以公园绿地、城市森林等方式精细织绿1246.67公顷。以拓宽加厚东西部生态带、完善林网连通为主，新增大尺度绿化6586.67公顷，为潮白河森林公园建设打好基础。强化与河北三河市、大厂回族自治县以及香河县对接，完成京哈、京秦、通燕高速等多条跨区生态廊道增宽加厚。在大运河、潮白河、永定河等区域性河流生态廊道流域以及通州、大兴、房山等接壤区域加大绿化力度，两轮造林在京津保过渡地区营造森林湿地2.8万公顷，万亩绿色版块达到21处（新增10处），环京绿带基本建成，推动京津冀森林城市群建设。在延庆冬奥会周边形成大尺度绿色基底1.2万公顷，实施核心区赛道周边生态修复328公顷，强化植被迁地保护，建设冬奥森林公园；

沿线实施通道增彩延绿265千米，绿化美化提升景观林3933.33公顷。

【完成二十大期间景观服务保障】 年内，北京市园林绿化局组织实施以"喜迎二十大，奋进新征程"为主题的天安门及长安街沿线花坛摆放。在天安门广场及长安街沿线布置15组主题花坛及7000平方米地栽花卉，共使用花卉440余万株。花坛总体布局是：在天安门广场中心布置"祝福祖国"巨型花果篮，东长安街摆放7组花坛，展示奋进新时代伟大祖国取得的辉煌成就；西长安街摆放7组花坛，体现人民对美好生活的向往。2022年花坛筛选使用来自国内自主知识产权新品种、乡土植物和国外引进新品种100个，北京市园林绿化科学研究院、北京市农林科学院、北京农学院、北京市花木有限公司等6家单位培育的30余个自主选育新品种。10月11—16日凌晨，更换为秋季耐寒花卉，天安门广场共更换花卉12.5万株，长安街沿线共更换5万株，并将天安门广场中心花坛、纪念碑北侧花坛、双子座大厦花坛、京西宾馆西门花坛4座主题花坛"喜迎二十大"文字更换为"喜庆二十大"。

【完成冬奥赛前筹办任务】 1月，北京市园林绿化局各项冬奥赛前筹办任务全部完成，包括天安门广场、

长安街沿线及延庆、朝阳、石景山三区共10处冬奥花坛；完成金水桥、机场高速沿线区域冬季绿地景观提升，整治全市绿地景观1900万余平方米；延庆赛区周边完成松山328公顷生态修复工程、121.33公顷景观提升工程、8933.33公顷森林精准提升工程和6333.33公顷京津风沙源工程；完成4.73万公顷碳中和造林工程所产生的53万吨净碳汇量计量、核证和捐赠工作；建设完成冬奥赛区周边24千米防火路、91处警示点、27套监控和721.07公顷防火隔离系统，设置61处林业有害生物监测点（线），综合防治306.66公顷重点区域。

【完成2022年北京冬奥会和冬残奥会绿化景观布置】 年内，北京市园林绿化局完成冬奥会园林绿化环境景观布置，在主要道路、重点街区、联络线共布置10组重点花坛、125处景观节点，增种11.1万余株常绿乔木，补植356万余株彩色叶植物，新增绿地29万余平方米，整治绿地1900余万平方米，成为北京历史上首次冬季大规模室外花坛景观应用。北京冬季奥林匹克公园建成并开放。城区竞赛场馆和重要联络线实施绿化建设656.3公顷，其中首钢冬奥场馆周边实施绿化改造228.1公顷，首钢外围结合西长安街城市森林公园群建设，新增和改造绿地177公顷。整治绿地1900万余平方米，增种常绿乔木、观果植物370余万株，机场高速、天安门前铺设园林有机覆盖物近8000平方米。冬奥会延庆赛区周边新增造林4000公顷。完成松山地区生态修复，京礼、京藏、京新高速及京张高铁等通道沿线绿化，重点区域矿山生态治理等重点工程。

【完成涉冬奥赛时服务保障工作】 2月25日，北京市园林绿化局（首都绿化办）完成涉冬奥赛时服务保障工作。保障期间，共组织1.2万余人、900余台车辆每日开展全市冬季绿化养护；24小时专人值守冬奥花坛；部署森林防灭火队伍3000余人24小时值守涉奥区域；开展多样化冰雪活动和宣传，累计参与群众140万余人次，线上互动近10万人次；出动1.4万余人次应对大风、降

西城区广安门南街二十大主题花坛"奋进新时代"（康欣 摄）

雪等极端天气；出动执法人员1980人次，巡查重点市场点位556处，上报野生动物监测信息3300余条。

【果产业】　年内，北京市新发展果树623.13公顷88.8万株，累计试点使用有机肥替代化肥30万吨，减少纯氮磷钾使用量约2400吨。建设15个综合性老北京水果示范基地，新建国光苹果、郎家园枣10公顷，完成对红肖梨、京白梨等10余个品种约400公顷的提质增效工作。建立安全利用类分类管理台账、严格管控类园地分类管理台账，明确主要信息及地上种植情况等。对食用林产品实施产品监测，共抽取样品72个，检测结果均符合国家标准。

【花卉产业】　年内，北京市建成2个国家级花卉标准化生产示范区，重点开展市花月季、花坛花卉、乡土地被的种苗繁育与产业化生产示范，研发成果达国际水平，实现200多个花坛花卉种苗生产并辐射全国。打造数字花卉，建成"北京花卉"产业链数字平台，提升北京现代化交易服务水平。全市花卉种植面积2200公顷，年产值8.8亿元，盆栽植物产量1.3亿盆。直接从事生产的企业192家，花农500余家，从业者6500人。

【蜂产业】　年内，北京市园林绿化局在密云区和房山区设置马来氏网固定监测点30个，与资源监测中心联合完成北京市蜜粉源植物面积统计工作，北京市12个区18种蜜粉源植物，共有49.63万公顷。继续推动完善蜂业政策性保险，521户蜂农、9万多群蜂群参保。全市蜜蜂饲养总量为23.97万群，其中中华蜜蜂1.5万群，西方蜂22.47万群，全市共有蜂业专业合作组织64个，蜂业基地60个，从业人员2.5万人，养蜂户0.68万户，养蜂总产值2亿元。

【林下经济】　年内，北京市园林绿化局与市农业农村局联合印发《关于科学利用森林资源促进林下经济高质量发展的通知》，为北京市林下经济规范发展提供政策依据。2022年选取7家集体林场，开展7种不同类型的林下经济产业模式试点建设。开展林下百合、万寿菊等林下种植作物的技术标准制定，并对林菌、林蜂、林花、林下中药材等十三大类30多个品种的林下种养殖标准规范、技术规程开展收集、整理、归纳等工作。大力推进林下经济建设，全年完成1.33万公顷林下经济建设。

【种苗产业】　年内，北京市园林绿化局开展贯彻《北京市种子条例》宣传活动，编制完成《北京市林草种质资源保护利用发展规划》，加强3处国家林木种质资源库和2处国家林木良种基地建设，开展海棠、白皮松、流苏等种质资源收集、保存、信息登记，强化林草种质资源保护，实施各类行政检查141批次。开展林草种子"双随机"抽查4批次，抽检企业15家。持续跟进各区复耕政策落地及苗圃复耕情况，积极做好协调、指导工作，稳妥推进苗圃结构调整。

【野生动植物保护】　年内，北京市园林绿化系统共接收市民救护及执法部门罚没野生动物230种2528只（条）。接受罚没珍稀濒危野生动植物制品15批次共1.53万件，共计3.06吨。全市组织开展11轮市级联合执法行动，督导各区、各部门开展89次专项行动，野生动物行政类案件立案76件，罚款114.9万元。做好野生动植物行政审批工作，为企业创造更好的营商环境。完成《北京市重点保护陆生野生动物造成损失补偿办法（初稿）》，启动"迎豹回家"计划，强化野生动植物栖息地保护与智慧监管工作。

【新型集体林场建设】　年内，北京市新建新型集体林场31个。全市累计建成新型集体林场108个，经营管护1770个村的集体生态林15.33余万公顷，其中包括平原集体生态林6.67余万公顷，山区集体生态林8.67余万公顷。为当地创造1.8万个就业岗位，解决当地农民就业1.5万人，占林场总就业人数的82%。制订印发《北京市市级示范性集体林场建设项目管理办法》《北京市新型集体林场建设和管理实施细则》《北京市园林绿化局关于进一步加强新型集体林场建设工作的通知》《北京市新型集体林场市级年度绩效考评办法》等一系列规章制度，细化和规范北京市新型集体林场建设、管理、评比、考核的相关措施。

【森林防火】　年内，北京市全面推行"森林防火码"和"互联网+森林草原督查"系统应用。积极推动林区防火道路改造提升、多功能蓄水池、标准化集式防火检查站、平原地区智能保护基站等建设。科学划分三级森林防火区划分工作，其中全市一级森林防火区共86.67万公顷。覆盖全市域的森林防火卫星遥感监测预警平台正式运行，完

推进城市副中心绿化建设——副中心城市绿心森林公园

善防火体制机制，抓好责任落实，2022年度（2021年11月1日至2022年5月31日）森林防火期，北京市无森林火灾发生。

【公园绿地建设】 年内，北京市全年新增城市绿地240公顷，完成海淀京张铁路遗址公园、石景山敬德寺公园等26处休闲公园、城市森林建设，有效提升公园绿地500米服务半径覆盖率；见缝插绿新建东城香饵胡同、海淀北京印象北等口袋公园及小微绿地50处；完成丰台玉泉营地块、石景山首钢东南区地块等9个单独立项留白增绿项目8.5公顷；城市副中心行政办公区实施3块公共绿地共3.5公顷绿地建设。

【"绿剑"行动】 2月18日，北京市园林绿化执法大队联合市农业农村执法总队、森林公安分局、城管执法总队等相关部门协同开展"绿剑行动"。行动开展以来，共联合执法52次，日常巡查检查485次，出动执法人员1980人次，执法车辆485台次，巡查检查点位556个，查办野生动物案件30起，收缴野生动物29只（头），制品6件，救助野生动物89只（头）。

【大事记】

1月14日 北京市园林绿化工作会召开。

1月17日 2022年北京迎春年宵花展正式启动，"北京花卉"产业链数字平台同步上线，市民可通过"北京花卉"微信小程序直接线上购买鲜花。

1月19日 北京市首届林草品种审定委员会正式成立。

1月21日 京津冀区域协同首部园林绿化剩余物资源化利用地方标准《园林绿化有机覆盖物应用技术规程》正式发布。

1月24日 京津冀区域协同首部古树保护地方标准《古柏树养护与复壮技术规程》发布实施。

1月25日 北京市副市长卢彦主持召开视频会议，调度推进全市2022年新一轮百万亩造林绿化工作。

1月 第八届北京市民快乐冰雪季系列活动在北京世园公园、紫竹院公园、通州台湖公园等21家公园举行。

1月 密云水库上游山区发现兰科无喙兰属新纪录种——叉唇无喙兰。

2月9日 北京市新增2处国家级林木种质资源库，分别为常绿树种国家林木种质资源库（西山林场管理处）和古树名木国家林木种质资源库（北京市绿地养护中心）。

2月16日 北京市园林绿化局与市农业农村局就外来入侵物种普查开展工作对接。

2月20日 北京市森林防火事务中心完成2022北京冬奥会延庆赛区靠前驻防巡护阶段性保障任务。

2月28日 国家林草局局长关志鸥赴大兴区和通州区调研义务植树活动工作筹备情况，北京市园林绿化局（首都绿化办）局长（主任）邓乃平陪同调研。

2月 北京城市生态系统国家定位观测研究站通过国家林草局专家评审。

3月2日 北京市副市长卢彦调研昌平区林长制及奥北森林公园一期有关工作。

3月2日 北京市园林绿化局联合首都文明办、市公安局、市文化和旅游局等多部门共同启动2022年"文明游园 青春添彩"主题宣传文创作品征集活动。

3月8日 北京市园林绿化局（首都绿化办）局长（主任）邓乃平赴顺义区大孙各庄、南彩等地现场调度新一轮百万亩造林绿化工作。

3月9日 北京市副市长卢彦实地检查大兴狼垡城市森林公园建设和运行情况。

3月9日 北京市园林绿化局（首都绿化办）局长（主任）邓乃平赴昌平兴寿镇、温榆河一期昌平园、奥北森林公园二期调度重大生态修复工程和郊野公园建设，赴大兴区调研义务植树活动筹备工作，并到北京市绿地养护中心进行调研。

3月17日 北京市副市长谈绪祥带队到平谷区检查森林防灭火工作。

3月22日 15只国家一级重点保护野生动物白枕鹤到访北京城市副中心，为北京有观测记录以来最大种群数量。

3月24日 北京市园林绿化局（首都绿化办）制订印发《关于开展2022年平原生态林养护经营重点工作的通知》《关于开展平原生态林林下补栎工作的通知》。

3月26日 国家林草局局长关志鸥和机关干部到朝阳区孙河乡参加义务植树活动。北京市园林绿化局（首都绿化办）主管领导及朝阳区近百名干部群众参加，共栽植白皮松、国槐、元宝枫、紫丁香等树种500余株，并对已栽的200株树木进行了松土、浇水、围堰等抚育管护。

3月28日 第十届北京森林文化节在北京市十三陵林场蟒山国家森林公园开幕。

3月30日 党和国家领导人习近平、李克强、栗战书、汪洋、王沪宁、赵乐际、韩正、王岐山等来到北京市大兴区黄村镇参加首都义务植树活动。

3月31日 北京日报客户端上线推出"公园赏花观叶地图"。

3月 北京市2021—2022公园冰雪季圆满落幕，共有140万人参与冰雪活动。

4月1日 《北京市种子条例》正式施行。

4月2日 中央军委副主席许其亮、张又侠，中央军委委员魏凤和、李作成、苗华、张升民，军委机关各部门、驻京大单位参加义务植树活动。

4月2日 2022年北京郁金香文化节启动。

4月6日 北京市房山森林城市主题公园建成开放。

4月9日 2022年共和国部长义务植树活动举行。

4月11日 全国政协副主席刘奇葆、万钢、李斌、巴特尔、汪永清、苏辉、何维、邵鸿、高云龙和全国政协机关干部职工参加义务植树活动。

4月12日 北京市首家园林绿化专家工作站在大兴区庞各庄镇韩家铺村挂牌成立。

4月13日 北京市副市长卢彦赴通州区现场调度2022年新一轮百万亩造林绿化建设进展，检查抢栽抢种有关情况。

4月15日 北京市开展文明游园专项整治行动。活动期间，共组织文明引导员和绿色使者志愿者14.7万人次，设立宣传栏6800个、引导提示牌1.1万处，张贴海报9000张，联合城管、公安等部门执法1680次。

4月16日　2022"北京国际友好林"植树活动举行。

4月16日至5月31日　北京牡丹文化节举办。

4月18日　北京市副市长卢彦主持召开市委生态文明委生态环境建设小组2022年第一次全体会议，审议2022年工作要点，调度园林绿化重点工作。

4月18日　国家植物园在北京市海淀区正式揭牌。

4月18日　北京市首次在房山区蒲洼乡发现野生多被银莲花。

4月29日　北京首届郁金香插花花艺大赛在世界花卉大观园开赛。

5月12日　2022年北京春季新优花卉品种展示推介会暨第八届北京花木春季花展在北京国际鲜花港研发中心温室举办。

5月12—19日　京津冀三省（市）联合举办主题为"防控林业生物灾害，共同守护美好家园"的林业有害生物防灾减灾宣传活动。

5月25日　京津冀联合举办"5·25"林业植物检疫检查和宣传活动。

5月31日　北京市委书记蔡奇赴东城区龙潭西湖公园检查防汛工作。

6月10日　"北京颐和园智慧旅游"项目荣获2022年IDC亚太区智慧城市大奖。

6月20日　北京市"城市绿地生态系统科学观测研究站"升级成为国家站。

6月22日　北京市副市长卢彦带队赴中国林业集团走访调研。

6月24日　2022北京（首届）荷花文化节启动。

6月6日　延庆区探索实施"古树村庄"模式，保护古树名木出新策，多措并举开展古树名木保护复壮工作。

7月5日　国家林草局副局长谭光明一行到密云区调研指导北京市园林绿化科技创新工作，北京市园林绿化局（首都绿化办）局长（主任）邓乃平陪同调研。

7月10日　全国罕见鸟类——栗鸢现身密云水库，为北京市地区首次记录。

7月14日　密云区九搂十八杈古柏及生境整体保护成效被世界新闻网、美国MSN、英国新闻等国外10余家媒体报道。

7月18日　北京市园林绿化局

（首都绿化办）制订印发《北京市公园配套服务项目经营准入标准（试行）》。

7月26日　北京市公园统一预约平台上线试运行，汇集北京52家公园风景区门票预约入口。

8月1日　北京市制定印发《北京市森林防火物资储备库管理办法（试行）》。

8月4日　北京市副市长、市级林长谈绪祥带队到怀柔区调研检查林长制工作。

8月5日　北京市委常委、副市长、市级林长杨晋柏带队到石景山区调研林长制工作推进情况。北京市副市长谈绪祥带队到地坛公园调研文物保护利用工作。

8月8日　市政府副秘书长徐贱云、陈蓓赴昌平区现场调研郊野公园铺装设施建设管理工作。

8月8日　北京市园林绿化局（首都绿化办）修订印发《北京市公园安全管理规范（试行）》。

8月9日　北京市副市长卢彦赴丰台南苑森林湿地公园调研检查园区建设管理工作。

8月17日　北京市委常委、宣传部部长、市级林长莫高义带队到门头沟区考察林长制工作开展情况。

8月21日　以"绿色科技　多彩生活"为主题的2022年北京园林绿化科技活动周在通州区城市绿心森林公园启动。

8月31日　北京市副市长卢彦赴北京市园林绿化局（首都绿化办），主持召开园林绿化系统领导干部大会。会上，北京市委组织部副部长张彤军宣布市委、市政府对市园林绿化局（首都绿化办）主要领导的任命决定，高大伟任中共北京市园林绿化局、首都绿化委员会办公室党组书记。

8月31日　北京市园林绿化科学研究院成为全国首批194个"科创中国"园林绿化创新基地之一。

9月1日　海淀区建成北京市首个古树社区，该古树社区位于海淀八里庄街道世纪新景园。

9月3日　北京市园林绿化局（首都绿化办）召开专题会议，研究推进《北京市智慧园林三年行动计划（2023—2025年）》有关工作。

9月4—5日　北京市园林绿化局（首都绿化办）会同市气象服务

中心首次通过电视进行有害生物预测预报。

9月4—6日　2022中国自然教育大会在北京市园林绿化科学研究院举办，北京市园林绿化局（首都绿化办）党组书记高大伟出席大会开幕式。

9月5日　国家林草局林场种苗司会同国家发展改革委体改司对北京市京西、八达岭、松山、西山等多个国有林场开展调研工作。

9月8日　北京市园林绿化局（首都绿化办）党组书记高大伟专题研究北京市林长制改革、森林资源管理和局行政审批等重点工作。

9月18日　北京市园林绿化局（首都绿化办）在石景山区永定河休闲森林公园举办第十届"北京湿地日"宣传活动，活动主题为"依法保护修复湿地，提升湿地生态质量"。

9月24日至11月底　北京市园林绿化局举办2022年北京菊花展。

9月25日　以"保护古树名木共享绿水青山"为主题的2022年全国古树名木保护科普宣传周在北京国家植物园启动，北京市园林绿化局（首都绿化办）党组书记高大伟出席启动仪式。

9月25日　北京潞湾国家级陆生野生动物疫源疫病监测站在通州区大运河森林公园挂牌成立。

9月25日　北京市园林绿化局（首都绿化办）完成国庆及党的二十大天安门广场及长安街沿线花卉景观布置工程。

9月27日　北京市副市长卢彦检查天安门广场花卉景观布置情况，现场查看广场中心"祝福祖国"花坛及周边花卉布置。

9月27日　北京市园林绿化局（首都绿化办）组织召开北京市园林绿化系统安全工作电视电话会议，深化部署国庆和党的二十大召开期间行业安全保障工作。

9月28日　北京市委书记蔡奇、市长陈吉宁共同签发2022年第3号北京市总林长令，发布《关于全面加强国庆、党的二十大期间和秋冬季森林防灭火工作的通知》。

9月28日　由北京市公园管理中心主办、颐和园管理处承办的系列精品文物专题展"园说Ⅳ——这片山水这片园"在颐和园博物馆揭幕，北京市园林绿化局（办）党组书记高大伟出席开幕式并致辞。

9月30日　国家森林和草原防火办公室主任、国家林草局副局长张永利带队赴门头沟区督导检查森林防火火工作。

10月10日　北京市人大常委会主任李伟带队到南大荒森林休闲公园调研湿地建设。

10月16日　北京市园林绿化局（首都绿化办）组织完成党的二十大天安门广场及长安街沿线花卉景观布置转场工作。

10月19日　国家林草局副局长李树铭带队赴北京市平谷、顺义两区督导森林防火工作。

10月26日　北京市园林绿化局（首都绿化办）党组书记高大伟赴市松山保护区管理处调研指导工作。

10月26日　北京市首次在房山区上方山国家森林公园发现罕见热带苔藓植物光苔。

10月28日　北京市建成全国首个生态节约型宿根植物生产标准化示范区样板。

10月28日　北京市园林绿化局（首都绿化办）与北京树木医学研究会联合举办北京市园林绿化行业职工技能培训——林业有害生物防治员和树木医生培训班。

10月　北京市园林绿化局（首都绿化办）编制完成《北京地区银杏衰弱原因及解决方案》手册，为全市树木健康诊断与复壮工作提供科技支撑。

11月5日　2022北京菊花文化节菊花擂台赛在中国插花艺术博物馆举行。

11月15日　北京市园林绿化局（首都绿化办）党组书记高大伟赴市八达岭林场管理处和延庆野鸭湖国家湿地公园调研指导有关工作。

11月　北京市园林绿化局（首都

绿化办）与市城管执法局联合制定印发《北京市园林绿化行政执法协作工作机制（试行）》。

12月2日　北京市园林绿化局（首都绿化办）党组书记高大伟以视频形式参加"北方地区城市背景下多尺度绿化生态效益评价体系的研究及建立"项目专家验收会。

12月8日　通州区入选国家林业碳汇试点。

12月20日　奥北森林公园一期开园试运营。

12月23日　市委常委、统战部部长、市级林长游钧带队到平谷区巡林调研。

12月　北京市园林绿化局（首都绿化办）和北京市市场监管局联合制定印发《首都园林绿化标准体系》，为首都园林绿化高质量发展提供技术支持。

（北京市林业由齐庆栓供稿）

# 天津市林业

【概　述】　2022年，天津市林业工作认真落实中央大政方针和市委、市政府决策部署，推动林业工作高质量发展再上新台阶。2022年天津市国家级公益林面积8280公顷，市级公益林面积3713.33公顷。全年共审批建设项目永久使用林地146项，面积196.71公顷；审批临时使用林地65项，面积211.95公顷；收缴植被恢复费6762.45万元。全市各级林业主管部门严格落实林业安全生产工作各项防范措施，实现连续32年无重大森林火灾和3年零火灾。

【绿色生态屏障建设】　天津市依据《天津市绿色生态屏障"十四五"建设实施方案》和《2022年天津市绿色生态屏障建设任务安排》，科学筹划并按计划启动五个方面、十七类重点工程。通过一年的建设，重点片区生态修复已基本完成，蓝绿空间占比提升超过65%，

生态环境大幅提升，生态效益充分凸显，有效地促进区域内经济效益、社会效益转化落地。一是完成海河绿芯生态修复。为整体带动提升海河两岸生态功能，全年深耕总面积13.08平方千米海河绿芯，共完成土方工程190万立方米，植树4.7万株，林地达到640公顷、整合修复耕地达到270.07公顷。二是配备完善生态路网。建设完成海河绿芯—古海岸生态廊道（东丽段）—古海岸生态廊道（滨海段）全程约30千米主干路、41.3千米林间路、乡村路。三是超额完成年度造林任务。2022年度，屏障区计划新造林100公顷，已完成193.33公顷，一级管控区林地面积已达1.28万公顷，森林绿化覆盖率超过26%。四是积极推进拆迁修复工程。各区继续加大拆迁工作力度，累计完成拆迁64.33万平方米。五是稳步开展基础设施工程。启动独流减河生态

修复、林水涵养区水系连通等10项工程，水系调度能力进一步增强；提高林地管理养护能力，设立微型消防库、环境空气自动检测站等设施，完善绿屏管理监测系统。六是持续助力乡村振兴。津南区西泥沽村、月桥村、小黄庄村、南付营村4个"美丽乡村"示范村建设已完成区级验收，正在等待市级验收。七是夯实旅游发展基础。编制完成绿色生态屏障旅游专项规划，正在履行报批流程。建成宁河永定新河林水生态区驿站、东丽海河绿芯生态驿站，推进西泥沽村、月桥村等乡村特色旅游示范区建设，为发展生态、乡村、文化游奠定良好基础。八是同步推进二、三级管控区建设。完成天津钢管制造有限公司设备装置智能化升级工程，推动滨海新区国际生物医药产业园、西青区综合垃圾处理厂、津南区佳沃世界新农业等二、三级管控区建设试

东丽区古海岸湿地绿廊（张雪峰　摄）

点取得重要进展。

**【造林绿化】**　天津市高度重视国土绿化工作，全年完成营造林面积5773.3公顷，占年度任务的118.3%，其中完成京津风沙源治理工程封山育林项目5453.3公顷。完成村庄绿化面积57.3公顷。2022年营造林主要以封山育林为主，新造林主要集中在绿色生态屏障区，其他地区以更新造林为主。

**【林业产业】**　天津市发展林下经济3.25万公顷，总产值4.07亿元，林业合作社数量180个，国家级林下经济示范基地4个，带动农户5.2万户。经济林2.55万公顷，产量28.6万吨，产值达19.1亿元。

**【森林资源管理】**

**编制林地保护利用规划和"十四五"期间占用林地定额**　按照国家林草局关于编制新一轮林地保护利用规划和编制"十四五"期间占用林地定额测算工作部署，制订天津市实施方案和技术方案，坚持集约节约使用林地，实行总量控制。组织各区科学测算各类建设项目使用林地规模，编制天津市"十四五"期间占用林地定额。按照天津市国土空间规划编制工作要求，为保障林业发展空间，科学划定林业发展空间，为国土空间规划提供基础保障，强化林地保护利用，落实林地分级用途管制，组织编制《天津市林地布局及保护利用规划（2021—2035年）》，指导各区开展区级林地保护利用规划编制工作。

**林草生态综合监测评价工作**　按照国家林草局关于开展2022年森林、草原、湿地调查监测工作部署要求，查清天津市林草湿资源现状和年度变化情况，科学评价其质量和生态状况，制订天津市工作方案和实施方案，确定图斑监测和样地调查任务分工、完成时限和质量管控措施，下发《市规划资源局关于印发〈天津市2022年森林、草原、湿地调查监测工作方案〉的通知》（津规资调查发〔2022〕87号），组织进行工作部署和技术培训，组建市区两级联合外业调查队伍，积极开展调查监测工作。

**森林督查**　按照国家林草局关于开展2022年森林督查工作部署要求，持续加大森林资源保护力度，严厉打击破坏森林资源违法问题，制订工作方案和操作细则，印发《市规划资源局关于开展2022年森林督查工作的通知》（津规资森保发〔2022〕109号），明确目标任务、进度安排和自查成果，及时发现并依法查处破坏森林资源违法行为，切实保护森林资源。

**食用林产品质量安全监测工作**　按照国家林草局关于开展2022年食用林产品质量监测工作和市食品安全委员会关于食品安全工作部署要求，制订监测方案，印发《市规划资源局关于开展2022年食用林产品质量安全监测工作的通知》（津规资森保发〔2022〕99号），确定核桃、板栗、杏、鲜枣、山楂、文冠果、油用牡丹、花椒共8个监测品种，监测品种及其产地土壤共510批次，明确食用林产品质量安全监测项目及依据标准、产地土壤质量安全监测项目及依据标准。组织进行工作部署和监测技术培训，印制宣传品指导各区开展宣传活动。监测结果全部合格。

**制定林木采伐管理措施**　为切实加强天津市"十四五"期间林木采伐管理，印发《市规划资源局关于加强和规范"十四五"期间林木采伐管理的通知》（津规资森保发〔2022〕177号），进一步规范"十四五"期间林木采伐限额使用、审核审批和监管。2022年度全市占用限额发放许可证2603个、采伐林木6.96万立方米。

**林地和林木审核审批工作**　严格执行国家下达天津市年度林地定额和天津市年森林采伐限额指标，认真落实"放管服"改革，提升服务效率，开展并指导各区政务服务部门做好建设项目使用林地和林木采伐依法审核审批，督促各区林业主管部门加强事中事后监管。2022年全市共审核审批永久使用林地定额的建设项目133项，面积196.71公顷。临时使用林地和修筑直接为林业生产服务的工程设施使用林地的项目65项，面积211.95公顷，收取森林植被恢复费6762.45万元。

**【湿地资源保护】**　天津继续推动湿地自然保护区规划，持续推动开展土地流转、生态移民、生态补水、湿地保护修复等工作。规划确定的重点生态保护修复工程基本完成；七里海生态移民安置房主体建设基本完成，陆续开展各项验收，同时推进配套公建和市政设施建设；大黄堡核心区生态移民工程安置房推进建设，京津农药厂（英力公司）开展土壤和地下水修复；北大港落实生产经营活动退出，开展清网、清船等行动，加强野生动物保护、救护和监测工作；团泊保护区启动鸟类资源本底调查，完成水库西堤部分区域水生植物栽植工作。通过规

州河国家湿地公园（刘喜凤　摄）

划实施，湿地生态系统明显向好。州河国家湿地公园和下营环秀湖国家湿地公园通过国家林草局验收，正式挂牌。同时，持续开展天津市重要湿地监测评估，生态状况稳定。

**【自然保护地管理】**　坚持生态优先、绿色发展，以自然生态系统原真性、完整性保护的原则，组织编制《天津市自然保护地规划》及各保护区总体规划，积极构建分类科学、布局合理、保护有力、管理有效的自然保护地体系，确保重要自然生态系统、自然遗迹、自然景观和生物多样性得到系统保护。编制完成《黄崖关长城风景名胜区总体规划（2020—2035年）》并获市政府批复。编制完成《天津市风景名胜区整合优化预案》，经市政府专题会审议通过，上报国家林草局。以保障国家南水北调东线二期工程需求并落实保护区滨海目标及生态环境为宗旨，积极推动天津市北大港湿地自然保护区功能分区调整工作，市政府批复同意后，按照程序报国家林草局备案。

**【林业有害生物防治】**　联防联治，全面推动防治工作。在美国白蛾防治重要节点，依托林长办统筹协调市级各相关部门及各区加强美国白蛾防治工作，并赴重点区现场监督调研。同时，在飞机防治关键时间节点，组织推动并指导武清、西青、蓟州、静海等区开展飞机防治，切实落实防治工作。开展应急管理和演练培训，提升应对突发事

件的能力。修订完成《天津市林业有害生物灾害应急预案》，由市政府办公厅正式印发。8月11—12日，在蓟州区开展天津市林业有害生物灾害应急防控演练，积累了天津市应对林业有害生物灾害突发事件的实战经验，提升了快速反应、应急处理和协调作战能力。多种形式开展科普宣传，努力提升群众参与度。充分利用"天津规划自然资源"公众号、津云等媒体平台，发布美国白蛾、春尺蠖、松材线虫病等科普知识，并对《生物安全法》和《天津市林业有害生物灾害应急预案》等政策进行解读，提升群众认知度。

**【森林防火】**　天津市2021—2022年度森林防火期未发生森林火灾，实

现连续32年无重大森林火灾和3年零火灾。主要工作包括：一是全方位强化森防责任落实，按照"三管三必须"（管行业必须管安全、管业务必须管安全、管生产经营必须管安全）的要求和"属地管理、分级负责"的原则，逐级落实森林防火和林业安全生产责任。二是不断提升科技赋能水平，天津市智慧森林视频监测服务一期项目54个智能摄像头全面投入使用，实现蓟州北部山区重点防火区域24小时智能监测全覆盖。三是加强基础能力建设，指导蓟州区完成北部山区3196万平方米隔离带和"三边"（村边、路边、坟边）清理割打，在山区重要点位升级改造14个统一标准防火检查站，高火险期间采用卫星遥感、直升机等手段开展巡查监护，2022年年底，在蓟州北部山区已基本形成卫星遥感、航空巡护、视频监测、高点瞭望、地面巡查"五位一体"的"空天地"监测预防体系。四是强化规划引领，完成《天津市森林防火（2021—2025年）规划》编制，为全面提升森林火灾防控能力提供指引。五是广泛开展森防宣传，在传统宣传手段的基础上，开拓央视报道、视频直播、主题展览、线上校园科普等全新方式，有效提高宣传质量和影响力。六是逐层级强化督导检查，常态化以"四不两直"、现场拉动的方式对全市各涉农区开展森林防火安全督导检查活动。七是严格火源管控，多次修订完善森林防火相

2022年天津市静海区第三代美国白蛾飞机防治作业（庞瑞瑞　摄）

2022年天津市林业有害生物灾害应急防控演练（庞瑞瑞　摄）

关行政审批事项，全力推广"防火码"使用，发挥"防火码"在进山入林人员车辆管理、火源管控上的作用。

**【野生动物保护】**

**市野生动物保护工作领导小组全体会议**　5月26日，召开市野生动物保护工作领导小组第一次全体会议，副市长孙文魁出席并讲话，会议对2021年天津市野生动物保护工作进行总结，安排部署2022年工作任务。9月30日，召开市野生动物保护工作领导小组第二次全体会议，市政府副秘书长蔡云鹏出席并讲话，会议对2022年天津市秋冬季候鸟保护工作进行安排部署。

**"清风行动"和"网盾行动"**　按照国家统一部署，2月15日至5月15日，在全市范围内组织开展代号为"清风行动"的打击破坏野生动物资源违法犯罪联合行动；于11月1日至12月31日，在全市范围内开展代号为"网盾行动"的打击整治网络非法野生动植物交易联合行动。其中，通过"清风行动"，全市查办案件42件，打击处理违法犯罪人员44人，查获涉案野生动物370只（头）。

**宣传教育**　3月3日，市规划展览馆举办天津市"世界野生动植物日"主题宣传活动。4月12日，在北辰区中环花鸟鱼虫市场举办主题为"爱护鸟儿精灵　共享绿美天津"的天津市第41届"爱鸟周"暨"2022清风行动"执法宣传活动。

11月23日，在七里海湿地自然保护区，举办以"保护野生动物资源，共绘绿水青山家园"为主题的2022年天津市"野生动物宣传月"宣传活动。

**【科技兴林】**　2022年，天津市林业科技工作深入实施创新驱动发展战略，推动林草科技创新平台建设、组织中央财政林业科技推广项目实施、助力林草科技人才培养、构建林草领域地方标准体系、开展林草科普宣传等活动，天津林业科技工作再上新台阶。

**天津市自然保护地监控体系国家创新联盟建设**　天津市自然保护地监控体系国家创新联盟协助天津市规划和自然资源局开展湿地自然保护区人类活动动态监测工作，取

得重要进展。开展国家林草局自筹研发项目"综合多源遥感数据的七里海湿地资源调查与生态状况动态监测试点"和"基于生态浮岛技术的滨海湿地生态功能恢复研究"的研究工作。2022年10月，天津市自然保护地监控体系国家创新联盟组织召开第二届理事会第二次会议。天津市滨海湿地生态建设国家创新联盟围绕《中华人民共和国湿地保护法》，搭建联盟体系架构、摸清天津市湿地保护区面积底数、开展生态建设规划三项基础性工作，取得显著成效。开展国家林草局自筹研发项目"渤海滨海湿地用地用海分类与底图底数建设研究"的研究工作。

**天津市林木育种和森林培育国家长期科研基地建设**　天津市林木育种和森林培育国家长期科研基地申报实施科研课题3项，完成国家自然基金项目1项。完成15份核桃、枣等经济林种质资源的收集与保存。发表科研论文3篇，获天津市科技进步奖二等奖和三等奖各1项。

**中央财政林业科技推广示范项目**　天津市北大港湿地自然保护区管理中心申报实施"北大港湿地植被碳汇量关键技术及管理平台推广"项目1项；天津市蓟州区林业产业发展服务中心申报实施"石质山困难立地造林关键技术示范与推广""蓟州区花椒优质高效栽培技术示范推广"项目2项。

**国家林草乡土专家和最美林草科技推广员**　天津市蓟州区林业产

麋鹿（七里海湿地管理中心　供图）

业发展服务中心张绍青等9名同志获聘第三批国家林草乡土专家。天津市滨海新区农业农村发展服务中心王峰、天津市蓟州区林业产业发展服务中心吕宝山2名同志入选第二批"最美林草科技推广员"。

**天津市林草领域地方标准体系** 天津市规划和自然资源局会同天津市标准化研究院对天津市现有林草地方标准进行整合优化，形成天津市林草地方标准体系，包含16项林草地方标准内容，并纳入国家林草局科技司印发的《林业和草原领域新型地方标准体系汇编》。10月，组织召开天津市规划和自然资源局标准管理及编制政策培训会。会议邀请天津市市场监管委相关同志讲授地方标准计划申报、编制修订流程等程序。天津市标准化研究院有关同志解读国家标准化发展纲要等政策文件。通过培训，有效指导天津市规划和自然资源局系统单位在林草等领域地方标准的编制修订工作。

**林业科普宣传** 组织收看国家林草科技大讲堂系列讲座，大力宣传林草科技工作成效、深化普及林草科技知识。结合全国防灾减灾日暨天津市第36届科技周活动，举办天津市规划和自然资源局"减轻灾害风险、守护美好家园"主题展览，宣传森林生态建设、生物灾害防治等科普知识。相关活动经央视客户端、人民日报客户端、《天津日报》等媒体广泛报道。组织参加国家林草局林草科普讲解大赛。1名选手获全国林草科普讲解大赛三等奖。

**【林业信息化建设】**

**国土空间基础信息平台** 国土空间基础信息平台建设工作已全部完成，可以对城市信息模型（CIM）平台建设提供支撑，国土空间基础信息平台二期建设工作已经由天津市大数据管理中心组织完成项目初验。通过建设平台二期完善了综合监测分析、三维数据可视化分析、数据资源管理等方面的能力。

**天津市智慧林长系统建设** 配合落实天津市智慧林长系统建设经费，广泛开展社会调研，编制智慧林长系统初设方案，并按照专家评审意见完善。按照信息化管理要求，编制天津市智慧林长系统建设业务需求，配合市委网信办等部门完成政

采程序，年底召开项目启动会，建立定期沟通机制，推动构建源头治理、全域覆盖的网格化管理体系。

**【林业改革】** 天津市按照国家林草局要求，进一步深化集体林权改革成果，8月15—16日组织各级负责集体林权改革的人员进行培训，推进集体林权制度改革工作向纵深发展。印发《市规划资源局关于全面推进全市林权流转交易工作的通知》，明确全市集体林地经营权和林木所有权、使用权，需通过林权交易平台进行交易，增加集体林权交易的透明度，保护林农的合法权益，全年完成林权交易260笔，合同金额1.83亿元。

**【古树名木保护管理】** 3月，天津市委书记李鸿忠带队赴蓟州区调研古树名木保护工作，现场查看穿芳峪镇东水厂村千年古槐保护情况，于3月31日、5月14日、5月23日先后三次作出重要批示，明确要求履行好古树名木保护职责。一是加强立法保护。3月，天津市人大常委会审议修订《天津市绿化条例》，将古树名木保护管理内容列入地方法规，使古树名木保护工作有章可循、有法可依，推动古树名木保护工作更加科学规范。二是组织专家论证、坚持科学管护。4月，天津市绿化委员会办公室邀请由尹伟伦院士领衔的古树保护专家团队，对全市古树名木生存环境进行专题论证、会商研究，提出科学、生态、符合自然生物本性需要的重要意见和权威建议，为古树名木保护工作提供了强大技术支撑。三是建立完善长效保护机制。根据专家团队意见，天津市绿化委员会办公室先后制定印发《关于进一步加强城市树木保护的工作方案》《关于进一步加强全市古树名木保护工作方案》《天津市改善古树名木生存环境技术工作方案》等一系列文件，在规划、建设、管理等环节细化实化古树名木保护工作，形成古树名木和城市树木常态化长效化保护管理机制。四是全面开展古树后备资源调查。按照市委关于建立完善古树后备资源库的督查要求，从7月起，在全市范围内开展古树后备资源调查，调查范围为"树龄在80年以上

接近100年的树木"，据统计，全市符合后备资源条件的树木共计229株。五是加强古树名木保护宣传。充分利用电视台、电台、《国土绿化》杂志、网络等媒体，开展形式多样的宣传活动，2022年组织全市开展"保护古树名木 共享绿水青山"主题宣传活动，现场发放古树名木保护宣传页或宣传册，讲解古树名木保护的基本原则及相关法律法规、宣传天津市古树名木保护成果，引导公众对古树名木的关注与爱护。六是开展专项行动，严厉打击违法犯罪活动。9月至12月底，市绿委办联合市公安局和市城市管理委，在全市范围内开展打击破坏古树名木违法犯罪活动专项整治行动，制订印发《打击破坏古树名木违法犯罪活动专项整治行动方案》，采取"四不两直"方式开展巡查检查，督导各区加强日常巡护巡查，加大对古树名木违法破坏行为的打击力度。

**【生态旅游】** 天津市现有各类自然保护区、风景名胜区、湿地公园、地质公园等自然保护地共计17处。其中，自然保护区8处，湿地公园4处，海洋公园1处，森林公园1处，风景名胜区2处，开展森林生态旅游的区域主要为天津九龙山国家森林公园、天津市盘山风景名胜区和天津黄崖关长城风景名胜区。2022年生态旅游受疫情影响，年接待生态旅游游客75.18万人次，总收入为3886.88万元。

**【林业法治建设】**

**林草管理领域法规制度建设** 出台市规划资源局2022年立法工作计划，并按照计划修订出台《天津市绿化条例》。对照市人大常委会立法规划（2023—2027年）编制工作安排和项目建议征集有关要求，统筹安排，认真研究提出本市林草领域拟纳入市人大常委会立法规划（2023—2027年）的项目建议，积极推动《天津市湿地保护条例（修订）》《天津市野生动物保护条例（修订）》《天津市实施〈中华人民共和国森林法〉办法（修订）》《天津市自然保护地条例》《天津市风景名胜区条例》列入立法规划。

**普法宣传** 继续把握"世界野

生动植物日""爱鸟周"等普法宣传节点，围绕"关注旗舰物种保护，推动美丽中国建设""爱护鸟儿精灵　共享绿美天津""预防森林火灾　共享绿色家园""防范森林火灾　维护生态安全""打击制售假劣林草种苗和侵犯植物新品种权"等主题，采取线上、线下多种形式开展宣传活动，借助电视、网络、报刊等主流媒介，广泛宣传习近平生态文明思想和相关法律法规，增强社会公众自然资源保护和生态文明意识。坚持行政执法中精准普法。坚持将普法与执法紧密结合，在执法过程中，向行政相对人，利害关系人宣传习近平生态文明思想、习近平法治思想及野生动物保护、林业管理相关法律法规，取得了良好的宣传效果。

**法治建设成果**　天津市规划和自然资源局推进法治建设取得成效受到广泛认可。"坚持法治引领　全面加强湿地自然资源区保护修复"获第六届"法治政府奖提名奖"。在天津市委全面依法治市委办组织的法治政府建设第三方评估中获评优秀，位列市直机关第四名。

**【大事记】**

1月1日　天津市政府办公厅正式印发《天津市林业有害生物灾害应急预案》。

1月7日　天津市副市长孙文魁赴滨海新区、东丽区和宁河区绿色生态屏障调研，并召开第十九次现场推动会。

2月10日　天津市规划和自然资源局党委书记、局长陈勇召开绿色生态屏障"十四五"建设实施方案专题研究会暨第二十次现场推动会。

4月4日　天津市规划和自然资源局党委书记、局长陈勇赴蓟州区检查指导森林防火和林业安全生产工作。

4月14日　天津市规划和自然资源局联合央视总台开展《走近森林防火"智能大脑"　体验防火"黑科技"》直播活动，多维度深入宣传普及森林防火知识。

6月　天津市规划和自然资源局设立绿色生态屏障建设管理处，承担天津市加强滨海新区与中心城区中间地带规划管控建设绿色生态屏障工作领导小组办公室日常工作。

6月9日　天津市委书记李鸿忠、市长张工、市人大常委会主任段春华和市政协主席盛茂林等市领导深入东丽区、滨海新区调研绿色生态屏障建设情况，就下一步重点任务作出部署。

6月14日　天津市人民政府批复同意《黄崖关长城风景名胜区总体规划（2020—2035年）》（津政函〔2022〕55号）。

6月15日　市林长办组织召开2022年美国白蛾联防联治协调推动会，各区分管区长及市级相关部门有关负责同志参会，会议对全市美国白蛾联防联治工作进行部署。

6月22日　天津市规划和自然资源局在天津中医药大学组织召开天津市第二批省级林草种质资源库认定评审会。

6月23日　天津市规划和自然资源局印发《市规划资源局等关于印发天津市鼓励和支持社会资本参与生态保护修复实施意见的通知》。

7月4日　天津市规划和自然资源局组织召开2022年森林督查工作部署会议。

7月12日　天津市规划和自然资源局印发《市规划资源局关于加强和规范"十四五"期间林木采伐管理的通知》。

7月14日　市林长办召开2022年全市林长制实施情况督查评估工作启动会。

7月15日　天津市政府第199次常务会审议通过《关于2021年度天津市林长制工作情况的汇报》。

7月20日　天津市规划和自然资源局召开全市2022年食用林产品质量安全工作部署暨培训会。

7月28日　天津市智慧森林防火监测一期项目54个智能摄像头正式投入使用。

8月1日　天津市规划和自然资源局组织召开2022年造林绿化工程用苗和林草种苗质量监测工作启动会。

8月10日　市林长办联合市检察院印发《天津市"林长+检察长"协同工作机制》。

8月11—12日　在蓟州区组织开展天津市林业有害生物灾害应急防控演练。

8月17日　天津市规划和自然资源局专题研究协调推动高速铁路沿线林带树木隐患治理工作。

8月18日　天津市规划和自然资源局举办天津市2022年打击制售假劣林草种苗和侵犯植物新品种权专项行动动员部署会。

9月1日　天津市规划和自然资源局组织召开天津市第二批林草种质资源库认定工作会议。

9月23日　天津市规划和自然资源局召开全市秋冬季森林防火暨林业行业安全生产工作电视电话会议。

10月12日　天津市规划和自然资源局对林草种质资源普查工作进展情况进行督察。

10月17日　天津市规划和自然资源局党委书记、局长陈勇赴津南区绿色屏障调研指导森林防火、野生动物保护及林业有害生物防治工作。

10月30日　天津市人民政府批复同意《天津市北大港湿地自然保护区范围及功能区调整》（津政函〔2022〕122号）。

11月5日　天津市规划和自然资源局面向全市中小学生开展"防范森林火灾　守护绿水青山"直播活动。

11月8—10日　天津市规划和自然资源局联合市森防办举办森林防灭火技能培训班。

11月16日　天津市规划和自然资源局组织召开全市森林防火暨安全生产工作电视电话会议。

11月27日　天津市发布2022年第1号总林长令《关于切实做好森林防火工作的令》。

12月9日　天津市规划和自然资源局组织召开2022年天津市林草种苗质量抽查报告专家评审会。

12月12日　市林长办召开天津市智慧林长系统建设项目启动会，研究确定建设方案，建立工作机制。

12月14日　《国家林业和草原局关于2022年国家湿地公园试点验收结果的通知》（林湿发〔2022〕126号）批复天津州河国家湿地公园和下营环秀湖国家湿地公园通过国家林草局验收。

（天津市林业由张敏供稿）

# 河北省林草业

【概 述】 2022年，河北省林草系统完整、全面、准确贯彻新发展理念，大力弘扬塞罕坝精神，科学开展大规模国土绿化，全面推进林草事业改革发展，并取得突出成效。全年完成营造林42.45万公顷、退化草原治理2.97万公顷、防沙治沙19.05万公顷，分别为任务目标的106%、124%和150%。全省3150万人义务植树1.07亿株。

**国土绿化** 邯郸市、邢台市成功创建国家森林城市。22个县（市、区）成功创建省级森林城市，被授予"河北省森林城市"称号。建成200个省级森林乡村，1000个村完成改造提升。第五届中国绿博会筹备工作有序进行，全国绿化委员会成立第五届中国绿化博览会组委会，河北省成立筹委会和执委会，制订筹备工作方案和总体布局方案，绿博会总体规划上报全国绿委办。

**林长制** 3月30日，召开省级总林长会议。省委将林长制列入省管领导班子和领导干部考核指标体系，以总林长令形式发布省级六项配套制度，自上而下形成配套齐全、管理规范、运转高效的制度体系。省级林长巡林督查60多次，市、县级总林长召开会议232次，发布市、县级林长令256个，巡林1.3万余人次。在全省探索推行"林长+检察长""林长+警长"等机制，推动形成多部门协同发力、共同治理新格局。认真组织实施年度林长制工作考核，考核结果经总林长审定后通报全省。

**森林草原防火防灾** 全年发生1起森林火灾，连续3年实现重要节日期间全省"零火灾"，实现冬奥会和冬残奥会、党的二十大期间"零火灾"。完成林业有害生物防治92.4万公顷次，完成草原有害生物防治28.47万公顷次，有效防范了重大有害生物灾害发生蔓延。同时，切实抓好安全生产、信访稳定

河北省木兰围场国有林场五道沟林场（姚伟强 摄）

和疫情防控工作，全年没有发生安全生产责任事故。

**林草资源监督保护** 燕山—塞罕坝国家公园纳入《国家公园空间布局方案》候选名单，积极开展前期创建工作，编制《塞罕坝国家公园创建方案》。自然保护地整合优化工作阶段性目标基本完成，整合优化成果已上报国家林草局、自然资源部。按时完成全省102483个图斑、1876个样地的林草湿年度调查监测任务。全省13个市（含定州、辛集市）和雄安新区均建立林草行政执法机构，执法人员数量从2021年的980人增加到1911人。依法查处涉林草案件1521起，恢复林地120多公顷，补种树木3.1万余株。实施候鸟迁徙"护飞行动"。雄安新区在白洋淀划定9个鸟类重要栖息地，野生鸟类达到275种，较新区成立前增加69种。

**稳经济促发展** 坚持疫情要防住、经济要稳住、发展要安全，全力服务抓投资上项目促发展。一是强化政策支持。印发《关于落实保障经济稳定四条林草措施的通知》，提出4个方面保障经济稳定

的林草措施。二是完善要素保障。对省委、省政府重点推进的重大项目，特别是抽水蓄能电站、风电光伏等新能源项目，全力支持保障。全年完成林草用地审批522个，保障项目用地2893.33公顷。三是优化营商环境。梳理完成林草权责清单，明确八类197项行政权力事项，做到权责法定，依法行政。推进政务服务标准化规范化便利化，完成林草系统"四级四同"目录清单和实施清单，政务事项网办率达到100%。进一步推进简政放权，向北戴河新区下放行政许可事项2项，向正定县下放行政许可事项2项。完成"证照分离"改革8项，组织开展"双随机一公开"监管，制订省林草局信用监管事项清单，动态调整信用信息资源目录，完成"双公示"（行政许可、行政处罚）信息367条。

**林草支撑保障能力** 一是积极争取项目资金。落实省级以上资金42.2亿元，是年度计划的120%。谋划储备基础设施项目188个，省级预算内项目审批个数和资金投入为历年最高水平。国家林草局对河北

省研究谋划的国家公园创建等7项重点事项给予大力支持。二是加快林草产业发展。与中国建设银行河北省分行签订《战略合作协议》，将为全省林草企业、合作社等提供不少于13亿元融资额度。以现代林果花卉产业基地建设项目为抓手，带动全省经济林新发展和提质增效6.33万公顷。三是强化科技支撑。组织科研攻关项目11项，中央和省财政科技推广项目28项，增加成果储备51项，建立示范基地40个，辐射带动面积1.75万公顷。全面启动林草种质资源普查，确定2个省级林木种质资源库、13个省级保障性苗圃。柳江盆地被认定为第一批全国科普教育基地。积极开展科技惠民服务，承办第21期国家林草科技大讲堂。四是加强队伍建设。经省委编办批复同意，塞罕坝机械林场和雾灵山国家级自然保护区管理中心由公益二类调整为公益一类，省林草局19个直属事业单位全部为财政性资金基本保证的公益一类事业单位。牢固树立正确选人用人导向，坚持德才兼备、以德为先、任人唯贤，干部队伍结构进一步优化。五是加大宣传力度。与《河北日报》、长城新媒体签署战略合作协议。在省级以上主流媒体发表各类宣传稿件1580余篇。组织策划"驼梁华北豹""白洋淀青头潜鸭""世界候鸟日"等主题宣传。与新华社联合开展林长制专题采访，全国多家主流媒体重要版面同时刊发报道。与中央广播电视总台开展共建"四力"实践基地项目，河北电影制片厂入驻塞罕坝林场拍摄纪录片《绿歌——塞罕坝》，与长城新媒体共同策划《归来·久别重逢的生态之美》系列节目。开通省林草局微信公众号。

**塞罕坝机械林场"二次创业"** 省委、省政府认真落实习近平总书记对塞罕坝机械林场重要指示批示精神，省委书记倪岳峰、省长王正谱多次调研，提出要求。常务副省长葛海蛟主持召开塞罕坝及周边地区生态保护领导小组会议，安排部署相关工作，省林草局全力推动工作落实。塞罕坝机械林场森林抚育试点成效明显，防火安全全面加强。开展塞罕坝生态文明宣传教育示范基地建设项目规划设计，比选确定建筑风格、设计方案等，启动立项审批工作。成立国家林草局党校塞罕坝分校，中国科学院等15家单位组建成立塞罕坝生态文明研究院，成立全省首个"5G+智慧林草实验室"，建设开通5G基站37座。

【省领导参加义务植树活动】 3月26日，省委书记、省人大常委会主任王东峰，省委副书记、省长王正谱，省政协主席叶冬松，省委副书记廉毅敏等到石家庄市鹿泉区小壁林场，同广大党员干部群众一起参加义务植树活动。王东峰、王正谱等听取2022年全省国土绿化行动谋划和推进情况汇报，详细了解石家庄市造林绿化工作进展，对进一步提升全省森林覆盖率、为加快建设现代化经济强省美丽河北提供生态支撑提出明确要求。在石家庄的省委常委，省人大常委会、省政府、省政协领导班子成员，中部战区陆军、省军区负责同志，省法院院长，省检察院检察长，武警河北省总队负责同志等一同参加植树活动。

【首个总林长令发布】 3月17日，省委书记、省总林长王东峰，省长、

省总林长王正谱共同发布首个总林长令，公布《河北省林长制省级会议制度（试行）》《河北省林长制省级考核办法（试行）》《河北省省级林长巡林督查制度（试行）》《河北省林长制信息公开制度（试行）》《河北省林长制省级部门协作制度（试行）》《河北省林长办公室工作协调制度（试行）》六项配套制度，通过建章立制，进一步完善全省林长制制度体系，形成全社会共同保护森林草原资源、共同助力生态文明建设的合力。

【弘扬塞罕坝精神座谈会】 于8月23日在塞罕坝机械林场召开，由国家林草局与河北省政府共同主办。全国绿化委员会副主任、国家林草局局长关志鸥，河北省委常委、常务副省长葛海蛟出席会议并讲话，共同为中共国家林业和草原局党校塞罕坝分校揭牌。关志鸥、葛海蛟等领导为全国绿化先进集体、劳动模范和先进工作者代表颁发奖牌、证书和奖章，单位和个人获奖代表分别就大力弘扬塞罕坝精神、努力做好本职工作、推动林草事业高质量发展作了典型发言。

【9个单位荣膺全国绿化先进集体】 8月18日，全国绿化委员会、人力资源社会保障部、国家林草局印发《关于表彰全国绿化先进集体、劳动模范和先进工作者的决定》，塞罕坝机械林场、省财政厅自然资源和生态环境处、秦皇岛市林业局、石家庄市绿化委员会办公室、张家口市林业和草原局、丰宁满族自治县林业和草原局、邢台市林业技术推广站、邯郸市复兴区农业农村局、河北雄安新区管理委员会规划

塞罕坝林海（王龙 摄）

建设局9个单位获得"全国绿化先进集体"称号，有5名同志获"全国绿化劳动模范"称号，有6名同志获"全国绿化先进工作者"称号。

【第五届中国绿化博览会筹备工作】一是全面建立筹备组织体系，6月9日，全国绿化委员会成立第五届中国绿化博览会组委会，主任由河北省委书记倪岳峰、省长王正谱和国家林草局局长关志鸥担任，9月21日，省政府办公厅成立省筹备委员会，主任由主管副省长担任，11月1日，雄安新区成立执行委员会，主任由省委常委、雄安新区党工委书记、管委会主任张国华担任。二是制定筹备工作方案，明确筹备工作的十大关键环节和时间节点，得到全国绿化委员会办公室认可。三是高标准、高质量编制博览园总体规划方案，7月22—23日，关志鸥赴雄安新区调研，提出要高标准举办第五届中国绿化博览会。9月25日，倪岳峰在省委雄安工作专题会上听取第五届中国绿化博览会总体规划方案，提出要"高标准编制令人眼前一亮的精品规划方案"。12月27日，倪岳峰、王正谱听取并原则通过博览园总体规划方案。四是11月18日，全国绿化委员会下发通知，对全国筹备工作进行了安排部署。五是省林草局成立由局主要领导任组长，各副局长任副组长，相关处室主要负责同志为成员的领导小组，举全局之力支持服务绿博会的筹备工作，同时抽调精干人员，组建省筹备委员会办公室工作专班。

【塞罕坝生态文明研究院成立】4月7日，国家林业和草原局印发《关于成立塞罕坝生态文明研究院的通知》，批准成立塞罕坝生态文明研究院。塞罕坝生态文明研究院由中国科学院、中国农科院、中国林科院、北京林业大学、河北省科技厅、河北省林草局、塞罕坝机械林场等15家单位组建。研究院主要任务是，以习近平新时代中国特色社会主义思想为指导，深入贯彻习近平总书记在塞罕坝机械林场考察和参加首都义务植树活动时系列重要指示精神，深刻理解和落实生态文明理念，以"林草兴则生态兴""生态兴则文明兴"的历史责任感，聚焦生态文明领域理论和科技创新工作，为生态文明和美丽中国建设提供支撑。

【第21期国家林草科技大讲堂】于6月28日在石家庄举办，由国家林业和草原局科技司主办，河北省林草局承办，江西省林业科技推广和宣传教育中心、国家林草局管理干部学院协办。大讲堂直播培训活动以"河北主要经济树种高效栽培和森林经营关键技术"为主题，由河北农业大学、河北省农林科学院、河北省林业和草原科学研究院的7位专家授课，讲解板栗、枣、仁用杏、柿子、花椒、皂荚等河北主要经济树种的高效栽培关键技术和主要生态树种的森林经营关键技术。直播培训在省林草局设立主会场，在11个地级市和部分县（市、区）设立分会场，并通过"国家林草科技大讲堂"微信视频号、央视频、抖音、快手等平台同步直播。共75万余人次通过直播平台在线观看及互动，创历史新高。

【首家市级关注森林活动组织成立】6月23日，邢台市关注森林活动组委会和执委会第一次工作会议在市政协召开，标志着邢台市关注森林活动组织委员会正式成立。会议审议并通过《邢台市关注森林活动工作规则》《关注森林活动三年行动计划（2022—2024）》和《关注森林活动2022年工作方案》。邢台市是河北省首个成立关注森林活动组委会和执委会的地级市。组委会由市政协人资环委、市林业局、市总工会、团市委、市妇联、市工商联、市自然资源与规划局、市教育局、市文广旅、邢台广播电视台、邢台日报社组成，执委会设在邢台市林业局。

【大事记】
1月19日 全省林草系统森林草原防火和安全生产工作电视电话会议召开，对省"两会"、春节、冬奥会及全国"两会"期间的森林草原防火和安全生产工作进行再强调、再部署。
1月25日 全省林业和草原工作视频会议在石家庄市召开。回顾总结2021年全省林业草原工作，安排部署2022年工作。省林草局党组书记、局长刘凤庭出席会议并讲话。
2月10日 省人民政府印发《关于调整河北省重点保护陆生野生动物名录》的通知，公布新调整后的《河北省重点保护陆生动物名录》。
2月10日 国家林草局官网公布第二批国家林业产业示范园区名单，河北省有国家安国中药材产业示范园区、国家定州苗木花卉产业示范园区2个园区入选。
3月3日 全省林草有害生物防治工作视频会议召开，传达贯彻省领导重要批示和全国林草有害生物防治工作视频会议精神，总结2021年林草有害生物防治工作，安排部署当前和今后一个时期全省林业草原有害生物防治工作。
3月7日 省林草局印发《关于科学开展灌木林地造林绿化的指导意见》。
3月16日 省委书记王东峰主持召开省委常委会扩大会，听取全省春季造林绿化和义务植树开展情况及下一步工作安排。
3月18日 全省林草系统春季森林草原防火视频会议召开，集中收看收听全国林草系统2022年春季森林草原防火工作电视电话会议，分析当前面临的森林草原防火形势，安排部署全省春季特别是清明、"五一"期间的森林草原防火重点工作。
3月29日 省长王正谱在石家庄市调研检查森林草原防灭火工作。
3月30日 省委书记、省人大常委会主任、省级总林长王东峰主持召开全省2022年度省级总林长会议，听取2021年度全省林长制工作情况汇报，研究部署2022年度林草资源管护重点任务。省委副书记、省长、省级总林长王正谱，省委副书记廉毅敏出席会议。
5月7日 省林草局印发《河北省村庄绿化提升和省级森林乡村建设五年行动方案（2021—2025年）》。
5月12日 省林草局印发《河北省林草产业发展规划（2021—2025年）》。
5月22—25日 省林草局组织野生动物专家、河北大学鸟类研究团队和雄安新区安新县自然资源局有关人员在对白洋淀湿地鸟类进行观测考察时发现10余只极危物种、国家一级重点保护野生动物青头潜鸭成体。这是该地继2021年发现青头潜鸭越冬后，首次在繁殖季发现该物种成体。

5月28日　省委书记倪岳峰到塞罕坝展览馆、月亮山望海楼、尚海纪念林调研，看望慰问林场职工。

6月10日　省林草局印发《关于落实保障经济稳定四条林草措施的通知》。

6月16日　由省林草局、石家庄市林业局主办、灵寿县自然资源和规划局承办的河北省2022年草原普法宣传月活动暨草原保护活动日宣传活动启动仪式在灵寿县花溪谷树桥公园举行。

6月22日　"保护野生动物·共建生命共同体"野生动物保护宣传活动在石家庄市动物园举办，活动由省林草局、省野生动物保护协会主办，石家庄市林业局、石家庄市动物园协办，旨在通过宣传野生动物保护相关法律法规，普及野生动物保护知识，提高全社会保护野生动物意识，推动全省野生动物保护事业的健康发展。

6月22日　省林草局与河北日报报业集团战略合作框架协议签约仪式在河北日报报业大厦举行。

7月7—9日　省政协调研组12人赴围场县就林草碳汇等工作进行调研。

7月21—22日　2022年京津冀林草有害生物联防联治第一次联席会议在张家口市蔚县召开。会议听取2021年联防联控工作开展情况汇报，举行京冀两省（市）轮值交接仪式，2022年轮值单位有关负责同志通报2022年协同防控工作计划，三省（市）交流松材线虫病、美国白蛾等重大有害生物防控经验做法。

8月5日　全省草原保护建设工作现场会在张家口市塞北管理区召开，总结2022年上半年全省草原工作，并对下阶段重点工作进行安排部署。

8月10日　全省林业和草原行政执法工作会议在承德市召开，对机构改革以来全省林草行政执法工作进行总结，分析当前工作面临的形势与任务，对全面加强林草行政执法工作进行安排部署。

8月24日　省林草局与长城新媒体集团签署战略合作协议。

9月14日　全省加强秋冬季候鸟保护工作视频会议召开，对全省秋冬季候鸟保护工作进行再安排、再部署，确保途经河北候鸟顺利安全迁徙。

9月16日　2022年秋冬季全省林草系统森林草原防火暨安全生产工作视频会议召开，贯彻落实国家森防指、国家林草局会议精神，总结春防工作，分析森林草原防火以及安全生产工作面临形势，安排部署当前和今后一段时期的重点工作。

9月19日　省林草局召开贯彻落实弘扬塞罕坝精神座谈会精神做好二十大林草行业安全稳定工作视频会议，传达学习弘扬塞罕坝精神座谈会和全省安全生产工作会议精神，全面总结2022年以来工作，对森林草原防火、安全稳定、国土绿化、林长制等重点工作进行安排部署。

9月28日　省林草局与建行河北省分行签订《战略合作协议》。

10月14日　国家林草局党校塞罕坝分校召开第一次工作会议。审定国家林草局党校塞罕坝分校工作规则，研究通过塞罕坝分校领导班子成员和2022—2023年工作要点。会议以视频连线方式召开，设国家林草局干部学院、河北省林草局、塞罕坝机械林场三个会场，由国家林草局机关党委常务副书记高红电主持。

11月2日　国家林草局授予邯郸市、邢台市"国家森林城市"荣誉称号。

（河北省林草业袁媛供稿）

白洋淀青头潜鸭（刘洵　摄）

野生动物保护宣传活动（王铁军　摄）

# 山西省林草业

【概　述】　2022年，山西省林业和草原局以习近平生态文明思想为指引，聚焦服务黄河流域生态保护和高质量发展战略、乡村振兴战略，按照山水林田湖草沙系统治理的理念，紧紧围绕"两山七河一流域"（太行山、吕梁山；汾河、桑干河、滹沱河、漳河、沁河、涑水河、大清河；黄河流域）生态修复保护布局，大力加强林草生态工程项目建设，推进全省林草事业高质量发展取得新成效。2022年，全省林草总产值613.56亿元，其中第一产值513.39亿元，第二产值47.08亿元，第三产值53.09亿元。全省林草生态建设资金达到76.46亿元，较2021年的63.11亿元增加13.35亿元，增幅达21.15%。

**国土绿化**　坚持科学推进国土绿化，省政府出台《关于开展科学绿化的实施意见》，组织召开全省科学绿化太原推进会。省林草局印发《关于科学开展2022年国土绿化工作的通知》和《关于统筹疫情防控条件下进一步加快春季造林绿化工作的通知》，召开全省春季国土绿化暨林草防灭火工作电视电话会议，在偏关县召开国家重点区域生态保护和修复工程现场推进会，掀起造林绿化高潮。全年完成营造林36.73万公顷，超额完成省政府下达的年度目标任务；其中人工造林完成23.34万公顷，位居全国第一；沿黄河流域19个县率先实现基本绿化。推进国家草原自然公园试点建设，以省政府名义出台《国家草原自然公园试点建设指导方案》，保护修复草原1.87万公顷，种草改良2万公顷，繁育草种350公顷。统筹推进城乡绿化，完成义务植树7000万株，指导3个市26个县开展森林城市建设，建设森林乡村502个；加强古树名木保护工作，对300株一级古树及其生境进行树体复壮和生境改善。完成全省造林绿化空间调查评估工作。制定出台《山西省禁牧轮牧休牧条例》，于2023年1月1日起正式实施。

**林长制**　全省设置省、市、县、乡、村五级林长3.38万名；其中，国有林管理单位结合实际情况全部设置林长，共设置林长1391名。省、市、县三级全部出台林长制意见或实施方案。省级出台林长制实施方案以及林长会议、工作督查、部门协作、工作报告、信息公开、工作考核六项配套制度。省级林长分别以1～2个市和省直林局为各自责任区。市级林长划分为11个责任区、县级林长划分为135个责任区、乡级林长划分为1426个责任区、村级林长划分为20214个责任区。省级总林长签署发布《关于加强森林草原防灭火工作的令》《关于确保实现"十四五"森林覆盖率目标的令》，全面压实保护和发展林草资源的责任。出台《山西省林长制激励措施实施办法（试行）》，申请省级财政预算1500万元作为林长制工作的激励资金，每年对5个县、5个乡分别给予县级200万元、乡级100万元资金奖励。制订2022年林长制工作考核实施方案，完成对各市和各省直林局的督查考核工作。开展"林长在行动""林长兴林草"主题宣传活动，助推林长制工作落地落实。

**林草资源保护**　严格林地使用审核审批工作，永久性使用林地0.34万公顷；临时性使用林地0.27万公顷；直接为林业生产经营服务工程设施使用林地0.11万公顷；总计收缴森林植被恢复费6.17亿元。审批林木采伐75.86万立方米，生产木材24.32万立方米。完善森林资源管理政策体系，印发《山西省恢复植被和林业生产条件、树木补种标准（试行）》。开展违法破坏森林资源案件查处整改"清零"专项行动，推动2013—2021年案件排查和森林督查发现案件查处整改到位。加强森林督查，完成2022年森林督查图斑的自查调查工作。推进挂牌督办问题整改，督导沁源县破坏森林资源问题整改工作有效推进。完成全省林草系统"三级联办在线服务平台"建设工作，受理林草行政审批事项913件，办结845件。加强林草行政审批事后监管，全面推进"双随机、一公开"监管工作。印发《山西省森林草原防火"十四五"规划（2021—2025年）》，发布山西省第1号总林长令《关于加强森林草原防灭火工作的令》，扎实开展全省第二届森林草原防火宣传月活动，严厉打击野外违规用火，严密防范森林草原火灾发生。2022年全省监测热点89起、形成火情32起、发生火灾3起，较2021年火情持平、火灾下降62.5%，成为火灾发生次数最少、资源受害率最低、12小时扑灭率最高的年份。

**生物多样性保护**　编制印发《山西省野生动植物保护发展规划（2022—2035年）》。启动"山西华北豹保护工程"，开展华北豹、原麝、褐马鸡三大物种专项调查，野生动物重要栖息地调查，以及栖息地修复、生态廊道建设、救护繁育和野化放归等方面的尝试。全省安排47个项目单位对主要濒危物种开展全覆盖调查监测。完成濒危野生植物扩繁和迁地保护研究中心申报工作，太原植物园列入全国试点。推进野生动物危害防控和致害补偿试点，以省政府令发布《山西省陆生野生动物造成人身与财产损害补偿办法》；在平定、方山等5个县开展野生动物危害防控试点，猎获野猪1400多只；在沁水、陵川等8个县域开展省级野生动物致害补偿保险试点，完成理赔案件987件、赔付金额496万元。基本完成森林、草原、湿地外来入侵物种普查的野外调查任务。规范健全野生动物疫源疫病站点职责和预警机制，修订完善《山西省突发陆生野生动物疫情应急预案》。启动全省野生动植物保护管理数据库建设工作，初步建成野生动植物资源库、保护库、生物安全库、执法库、利用监管库、宣教库6个数据库。扎实开展"清风行动""网盾行动"，查处非法猎捕、采集、交易、运输野生动植物案件60多起。举办第41届"爱鸟周"活动；在"野生动物保护宣传月"开展摄影征文比赛、野保知识电视大赛、野生动物防疫演练等系列活动；在五台山建成全省首座高寒地区生物标本馆，在太原市建成生物多样性保护博物馆，引导社会公众关注和参与生物多样性保护工作。

**林草行政执法** 整合现有林草行政执法力量，实行包案责任制，将全省11个地市和9个省直林区划成晋北、晋中、晋南3个责任片区，落实包片处室领导和包案责任人，压实林草行政执法办案责任。修订完善《山西省林草行政案件督办办法》，保障信访举报案件及上级转办案件落实。制定出台《山西省林草行政执法与刑事司法衔接实施办法》，推进行刑衔接工作。起草印发《关于做好生态环境保护综合行政执法与林草行政执法衔接工作的通知》，进一步厘清自然保护地执法边界和案件移送程序；制定出台《山西省林业和草原局行政处罚裁量权适用办法》和《山西省林业和草原局行政处罚裁量基准》，细化14个大类124项538条林草行政处罚标准。组织开展"零"案件县和10起以内案件县（区）专项核查工作，倒逼林草行政执法责任落实和案件质量提升。对2022年度作出"限期恢复植被和林业生产条件决定"的案件开展执法监督"回头看"工作，监督处罚措施落实到位。严厉打击涉林违法行为，全省查处林草行政案件1922起，处罚1882人次，收缴罚款0.57亿元。

**林草产业** 通过林草惠民项目带动30多万脱贫人口增收6.13亿元，林业生态扶贫PPP项目兑付农户资金7.81亿元。完成《山西省经济林发展条例》实施情况自查工作。成功举办2022（阳城）首届山西森林旅游节。印发《关于做好2022年国家林业重点展会参展工作的通知》，组织各地做好2022年经

济林节庆活动。推动芮城花椒与企业开展"云签约"，临猗冬枣成功申报地理标志证明商标，稷山板枣获得区域公用品牌认证。全省累计创建地理标志产品35个。推动稷山板枣公园成为3A级旅游景区，五峰慧果沙棘产业园成为国家2A级工业旅游景区。推动吕梁野山坡、天芝润、白老大等16个品牌入选山西特优农产品品牌名录，左权核桃、夏县花椒等23个产品入选全国名特优新农产品名录，兴谷壶瓶枣、延年翘冠山连翘茶等10个品牌入选全省第一批"有机旱作·晋品"产品品牌。五台山沙棘制品有限公司被评定为"山西省智能制造标杆企业"。继续完善善融商务平台山西林特产品馆，推荐全省特色优质林特产品上线销售，目前21家林业龙头企业40余种林特生态产品入驻，2022年交易额0.16亿元，位列全国第二，累计交易额突破0.34亿元。山西（吕梁）干果商贸平台"一基地、三中心"基本建成；线上交易平台入驻经营主体40余家，交易额0.2亿元；产地交易中心实现交易额10亿元；山西干果实训学院、山西干果产品质量检验中心、山西干果大数据平台等平台服务中心开始运行。

**林草科技** 下达中央财政林业科技推广示范资金0.19亿元，实施项目20个，推广优良品种9个，转化先进技术8个，应用标准8个，建设示范林666.67余公顷，繁育良种2700万株，辐射带动面积2.33万公顷。下达省级林业重点研发计划专项资金750万元，实施72个项目，开展优良乡土树种选育、森林经营、病虫害防治等10个方向的研究，培育植物新品种和林木良种8个；"核桃种质资源收集评价和优质高抗高产良种选育"获山西省科技进步奖二等奖；"林火智能监测与决策支持系统技术引进"获山西省科技合作二等奖。完成80项省级地方标准制修订项目报批工作，24项标准项目公告实施；制定《山西省林草地方标准体系》；《红脂大小蠹综合管理技术规程》（DB14/T 549—2010）获第一届山西省标准化创新贡献奖标准项目二等奖；《柠条锦鸡儿平茬技术规程》（LY/T 2458—2015）获第一届山西省标准化创新贡献奖标准项目三等

奖。山西省林业和草原科学研究院的郭学斌获第一届山西省标准化创新贡献奖个人奖。完成省级食用林产品及其产地土壤质量安全抽样检测4000批次，涉及核桃、鲜枣、沙棘、花椒、仁用杏、板栗等产品，合格率99.8%。山西太行山森林生态系统国家定位观测研究站被国家林草局评定为"优"等级。3人荣获国家林草局"最美林草科技推广员"称号。10人被聘为国家林草乡土专家。举办"国家林草科技大讲堂"2022年第1期（总第17期）——"黄河中游特色经济林高效栽培实用技术"直播培训活动；开展林草科技活动周系列活动；山西庞泉沟国家级自然保护区管理局林草科普基地通过全国林草科普基地专家验收；在全国林业和草原科普讲解大赛中获二等奖2名、三等奖1名及优秀组织奖；建立完善省级林草科普专家库，入库专家57人。

**林草改革** 继续推进晋城市全国林业改革发展综合试点，印发《关于加强对晋城全国林业改革发展综合试点市帮扶指导的通知》，指导晋城市印发实施方案，召开晋城全国林业改革发展综合试点市建设推进会。晋城市创新林业金融措施政策，在全省首次为林农发放"助林卡"，完成全省首单野生动物致害保险理赔工作，开展全省首次集体林抚育试点和首个古树名木保险试点，完成全省首批新一轮退耕还林地全部发证工作。推进集体林地承包经营纠纷调处，出台集体林地承包经营纠纷调处考核方案，在晋城市举办全省林权改革暨集体林地承包经营纠纷调处培训班，进一步强化了集体林地承包经营纠纷调处工作。下发《关于加快完成原林权登记资料移交整合工作的通知》，督导剩余8个市30个县在年底前全部完成原林权登记资料整理移交工作，实现全省117个县林权档案资料全部移交到位。

**林草有害生物防治** 全省完成林业有害生物防治面积19.07万公顷，无公害防治率90%以上。全省林业有害生物成灾率0.56‰，远低于3.5‰的要求指标。全面完成国家下达松材线虫病等重大林业有害生物防治任务，监测松林201.21万公顷，防治林地鼠（兔）害5.08万

公顷次。完成草原鼠虫害防治面积29.19万公顷，其中忻州市和管涔山国有林管理局、五台山国有林管理局集中连片治理效果比较明显。印发《山西省松材线虫病5年攻坚行动工作方案》，围绕美国白蛾监测和松材线虫病普查工作，取样检测树木6632株，持续保持松材线虫病和美国白蛾"零疫情"。聚焦黄河流域生物灾害防治，省级确定30个示范区，以点带面推动无公害防治。推进草原有害生物普查，完成外业踏查路线3771条，覆盖面积和标准地调查任务超额完成。与山西农业大学专家团队合作对印加孔雀草等外来物种开展专项调查。完成盂县、文水等5个县（市）的基层林业科技推广站基础设施建设项目竣工验收工作，指导清徐等20个县开展项目实施。

【省直林区建设】 山西省直国有林管理局共完成营造林15.2万公顷。其中杨树林局1.67万公顷，管涔林局2万公顷，五台林局1.2万公顷，黑茶林局1.24万公顷，关帝林局2.50万公顷，太行林局1万公顷，太岳林局1.23万公顷，吕梁林局2.84万公顷，中条林局1.37万公顷，省林业生态基地0.13万公顷。省直林局坚持以高质量发展为主题，推进各项工作落地落实。杨树林局发挥苗圃地资源丰富的优势，建成千亩乡土草种繁育基地。黑茶林局坚持造林、抚育工程公开招标，严格质量管理；荣获"全国五一劳动奖"。管涔林局在偏关、河曲、保德县等地实施精品造林工程1万公顷。五台林局完善管权、管事、管人制度74项。关帝林局实施完成0.37万公顷国土绿化试点示范项目；获"全国绿化先进集体"荣誉称号。太行林局打造12条重点工程示范线。太岳林局打造兴唐寺至大南坪15千米的现代林业建设样板区。吕梁林局与河津市开展废弃矿山生态修复，着力打造局县合作样板，完成修复任务270公顷。中条林局完成中德合作"山西森林可持续经营技术示范林场建设项目"一期建设任务，成功申报世界自然基金会合作的项目。

【市县林草工作】 山西省各市完成国家和省级营造林任务21.52万公顷，其中太原市1.01万公顷，大同市2.96万公顷，朔州市1.56万公顷，忻州市4.76万公顷，吕梁市4.09万公顷，晋中市3.12万公顷，阳泉市0.80万公顷，长治市1.55万公顷，晋城市0.07万公顷，临汾市0.76万公顷，运城市0.85万公顷。各市结合实际，大力推进林草生态建设。太原市围绕创建森林城市，累计完成国土绿化、森林质量提升、生态文化建设、义务植树、古树名木保护等任务2.94万公顷，总投资13.61亿元。大同市着力推动荒漠化治理，全年完成治理任务0.33万公顷。朔州市统筹山水林田湖草沙系统治理，完成中央财政国土绿化试点示范项目0.71万公顷。忻州市制定出台《忻州市重点区域生态保护和修复中央预算内投资专项管理办法》《忻州市重点区域生态保护和修复项目资金管理办法》《忻州市重点区域生态保护和修复项目检查验收办法》《忻州市重点区域生态保护和修复项目作业设计审批办法》，规范重点区域生态保护和修复项目实施。吕梁市着力增绿增收共赢，安排完成3.33万公顷经济林提质增效和6.67万公顷林下经济任务。晋中市大力加强草原生态修复治理工作，完成草原生态修复治理任务0.53万公顷。阳泉市争取启动实施太行山生态保护和修复重点项目工程。运城市实施完成县级重点项目造林任务0.38万公顷。

【全省林业和草原工作电视电话会议】 2月18日，山西省林草局召开全省林业和草原工作电视电话会议，总结2021年工作，安排2022年工作。局党组书记、局长袁同锁出席会议并讲话。局党组成员、副局长黄守孝主持会议。省政府副省长贺天才对会议作出专门批示，并对2022年林草重点工作提出具体要求。会议要求，全省林草工作要以林长制为抓手，以"两山七河一流域"为重点，以科学绿化为遵循，坚持"增绿、提质、防灾、创新"四位一体，立足基本绿化，着力转型发展。

【义务植树活动】 4月2日，山西省林草局在阳曲县北山国家"互联网＋全民义务植树"基地组织林草系统、企业和学校等近百名干部群众、志愿者参加义务植树活动，共栽植油松、云杉、华山松、金叶榆等乔木300余株。在当日的义务植树活动现场，还举行了太原市森林单位授牌仪式。

【第41届"爱鸟周"活动启动仪式】 4月15日，山西省第41届"爱鸟周"活动启动仪式在吕梁林局举行。此次活动以"守护蓝天精灵、共享美好家园"为主题，由山西省林草局、临汾市人民政府、山西省野生动植物保护协会共同主办，吕梁林局、临汾市规划和自然资源局具体承办。由于疫情影响，活动采取网络直播进行，播放专题宣传片，发出"爱鸟护鸟倡议书"，向志愿者代表进行授旗，吕梁林局职工表演爱鸟护鸟大型情景剧。省林草局二级巡视员陈俊飞，临汾市委常委、常务副市长王渊通过视频出席活动并致辞。各市规划和自然资源局（林业局）、省直林局、国家级自然保护区管理局等林草系统干部职工，以及学生、志愿者、社会群众等3400余人在线观看活动启动仪式。

【混沟林草种质资源专项调查】 混沟位于山西南部的中条山脉东段，是山西历山国家级自然保护区核心区的重要组成部分，分布有华北唯一一片原始森林，自然生态系统完整、林草植被结构复杂、种质资源丰富、生物多样性富集，是华北地区珍贵的"物种基因库"。5月6日，山西省林草种质资源普查重点区域混沟专项调查启动仪式在垣曲县后河水库举行。山西省林草局党组书记、局长袁同锁出席启动仪式，为混沟专项调查队进行授旗，并宣布混沟林草种质资源专项调查工作正式启动。混沟林草种质资源专项调查为期15天，调查队人员共28人，由山西省国有林场和种苗工作总站具体牵头负责，以山西农业大学林学院、草业学院为主，抽调山西省林业和草原工程总站、山西省林业和草原资源调查监测中心、太原植物园的专家组成。

【湿地保护立法调研座谈会】 5月13

山西省义务植树活动

日，山西省司法厅在太原召开《山西省湿地保护条例（草案）》立法调研座谈会。省发展改革委、财政厅、自然资源厅、林草局等相关人员，晋中市、祁县湿地保护负责人，以及山西昌源河国家湿地公园和襄垣县三漳省级湿地公园负责人参加会议。

**【全省国家重点区域生态保护和修复工程现场推进会】**　8月4—5日，全省国家重点区域生态保护和修复工程现场推进会在偏关县召开。省林草局党组书记、局长袁同锁出席并讲话，二级巡视员李振龙主持会议并传达学习了习近平总书记关于黄河流域生态保护和高质量发展的重要讲话重要指示。忻州市政府副秘书长薛治国致辞。省林草局主要业务处室、单位负责人，各市规划和自然资源局（林业局）分管副局长，省直九大林局局长，沿黄干流19个县林业局局长和2022年人工造林任务大于4000公顷的6个县林业局局长，共计50余人参加会议。会议的主要任务是，聚焦服务黄河流域生态保护和高质量发展战略，分析国家重点区域生态保护和修复工程实施面临的形势、存在的问题，进一步坚持问题导向，采取针对性措施，全面加快国家重点区域生态保护和修复工程实施步伐。4日下午，与会人员现场观摩偏关县的黄河一号公路沿线荒山系统治理增绿工程、退化柠条林高标准示范补绿工程、林草文旅融合发展兴绿工程、乾坤湾造林绿化护绿工程，学习偏关县的经验和做法。5日上午在偏关县政府召开的会议上，偏关县、晋中市、吕梁林局、兴县、寿阳县、岢岚县分别作了发言。

**【全省国有林场工作培训会】**　于9月15—16日在太行山国有林管理局召开。会议总结上一年以来工作，部署下一阶段重点工作。山西省人民政府副省长贺天才作出批示。省林草局党组书记、局长袁同锁出席并讲话；局党组成员、副局长黄守孝主持会议；局总经济师康鹏驹出席并宣读贺天才重要批示。晋中市人大常委会副主任、和顺县委书记许利伟出席并致辞。

此次会议分为现场观摩和室内会议两部分内容。9月15日下午，现场观摩太行林局海眼寺国家油松良种基地、海眼寺林场油松良种繁育基地、局县合作（松烟镇）通道绿化工程、阳曲山生态修复治理工程。9月16日上午，观摩坪松林场"场圃园"一体化建设情况，随后召开大会，晋中市自然资源和规划局、太行林局作了工作情况汇报，安泽县国有林场、屯留区国有林场、永济市国有林场、太岳林局大南坪中心林场、五台林局平型关中心林场、关帝林局南海滩林场负责人分别作了交流发言。

**【2022（阳城）·首届山西森林旅游节】**　于9月20日开幕。此次旅游节时间为9月20日到10月7日。在旅游节上，邀请省内外户外运动品牌、森林土特产品企业74家企业参展，共展出产品200多种；举办森林旅游（康养）论坛，邀请中国工程院尹伟伦院士、山西林投公司李吉龙高级工程师和太原师范学院牛俊杰教授等知名专家学者围绕森林生态旅游与森林康养产业发展进行主题演讲；全省11个地市、9个省直林局、4个森林旅游示范县、7个生态旅游开发示范区（县）及阳城县共32个参展单位进行了森林旅游成果展示。

**【大事记】**

1月5日　山西省林草局林木品种审定委员会主任委员会议审定36个林木品种、认定5个林木品种。

1月19日　"国家林草科技大讲堂"2022年第1期（总第17期）直播培训活动在山西举办。

1月21日　山西省林草局组织召开"五述五评"会议。

1月23日　中共山西省委书记林武、山西省人民政府省长蓝佛安签署2022年第1号总林长令——《关于加强森林草原防灭火工作的令》。

2月11日　山西省人民政府召开全省春季国土绿化暨林草防灭火工作电视电话会议。

2月17日　山西省朔州市永定河（桑干河）源头国土绿化试点示范项目通过国家评选。

2月18日　山西省林草局召开全省林业和草原工作电视电话会议。

3月2日　山西林业生态发展有限公司与山西清泽阳光环保科技有限公司签订山西省林业生态扶贫PPP项目碳汇开发合作协议。

3月10日　山西省林草局与山西人民广播电台联合举办"政风行风热线"——2022年"3·12"植树节专栏现场采访活动。主要围绕国土绿化、义务植树、防沙治沙、草原保护和退耕还林五方面内容进行采访互动。

3月15日　山西省人民政府办公厅印发《关于开展科学绿化的实施意见》。

3月17日　山西省人民政府召开全省春季森林草原防灭火工作电视电话会议，副省长贺天才出席会议并讲话。

3月21日　山西省林草局印发《山西省松材线虫病疫情防控五年攻坚行动方案（2021—2025年）》。

全省国家重点区域生态保护和修复工程现场推进会

4月1日　山西省人民政府召开全省清明节期间森林草原防灭火工作视频调度会议，副省长贺天才出席会议并讲话。

4月15日　山西省第41届"爱鸟周"活动启动仪式在吕梁山国有林管理局举行。

5月6日　山西省林草种质资源普查重点区域混沟专项调查启动仪式在垣曲县后河水库举行。

5月23日　山西省委常委会（深改委）审议通过，省政府办公厅印发《山西省国家草原自然公园试点建设指导方案》。

5月27日　山西省林草局召开2022年党风廉政建设工作电视电话会议，系统总结2021年党风廉政建设和反腐败工作，安排部署2022年党风廉政建设和反腐败工作任务。省委第六巡视组副组长王华到会指导。省纪委监委驻省自然资源厅纪检监察组一级巡视员田永明出席并讲话。

5月27日　省关注森林活动组委会在太原市阳曲县召开第二次会议。省政协副主席、省关注森林活动组委会主任张瑞鹏出席并讲话。

6月9日　山西省林草局向全社会发出《依法保护草原　建设美丽山西》的倡议书。

6月13日　山西省省级总林长签发《关于确保实现"十四五"森林覆盖率目标的令》。

6月14日　山西林草生态综合监测评价图斑监测和样地监测工作全面启动。

6月17日　山西省人大常委会组织在山西的全国人大代表在静乐县开展《山西省湿地保护条例》《山西省整沟治理促进条例》立法调研视察。

6月23日　山西省人民政府新闻办举行新闻发布会介绍2022年第2号省级总林长令，以及《关于开展科学绿化的实施意见》和《山西省国家草原自然公园试点建设指导方案》有关内容并回答记者提问。

7月1日　山西省林草局举办"喜迎二十大　奋进新征程"主题活动。

8月3日　晋冀森林草原防火联防联控工作座谈会在大同市召开。

8月4—5日　全省国家重点区域生态保护和修复工程现场推进会在偏关县召开。

8月14日　全省森林公园森林风景资源调查启动会在山西省太岳山国有林管理局石膏山林场召开。

8月17日　《山西省林长制省级工作考核制度》正式印发执行。

9月27—28日　山西省2022年度森林草原防灭火综合演练技能比武暨全省秋冬季森林草原防火工作会议在太岳林局七里峪林场举行。

10月11日　省政府召开全省科学绿化电视电话会议，副省长贺天才出席会议并讲话。

10月11日　山西省人民政府发布《关于表彰获得第一届山西省标准化创新贡献奖标准项目和个人的决定》。

11月1日　2022年山西省野生动物保护宣传月启动仪式暨褐马鸡放归活动在关帝林局云顶山省级自然保护区举行。

11月8日　山西省林草局组织召开巡视整改落实情况汇报会。

11月10日　山西省林草局印发《恢复植被和林业生产条件、树木补种标准（试行）》。山西省林草局、山西省高级人民法院、山西省人民检察院、山西省公安厅联合印发《山西省林草行政执法与刑事司法衔接工作实施办法（试行）》。

12月1日　国家林草局公布国家陆地生态系统定位观测研究站评估结果，山西太行山和山西吉县黄土高原2个生态站被评定为"优"等级。

12月9日　山西省林草局关于《山西省经济林发展条例》实施情况的自查报告，在山西省十三届人大常委会第三十八次会议上审查通过。

12月15日　山西省首届"百佳新媒体账号"推选名单出炉，山西省林草局微信公众号作为全省40个"最具服务力政务新媒体账号"之一入选其中。

12月15日　中国林业产业联合会发布公示公告，山西六地入选2022年国家级森林康养试点建设单位。其中，山西省晋城市高平市东城街道为国家级全域森林康养试点建设街道；山西省太行山国有林管理局石源林场两河口森林康养基地等3家单位为国家级森林康养试点建设基地；山西省忻州市繁峙县德润茂森林康养人家等2家单位为中国森林康养人家。

12月18日　山西省林草局印发行政处罚裁量权适用办法以及裁量权基准。自2023年2月1日起施行，有效期两年。

12月19日　山西省科学技术厅公布2022年度全省科普宣传专项项目名单。山西省林草局《碳汇那些事》和《走近褐马鸡》2个科普项目成功入选。

（山西省林草业由裴琦洋供稿）

# 内蒙古自治区
# 林草业

【概　述】　2022年，内蒙古自治区林草局认真践行习近平生态文明思想，牢固树立绿水青山就是金山银山理念，全面落实党中央、国务院决策部署，深入贯彻习近平总书记对内蒙古重要讲话重要指示批示精神，按照自治区党委、政府工作要求，切实加强生态保护建设，科学统筹保护与发展关系，不断筑牢中国北方重要生态安全屏障。

**国土绿化和防沙治沙**　聚焦"一线一区两带"（一线是以大兴安岭、阴山、贺兰山等主要山脉构成的生态安全屏障"脊梁"和"骨架"；一区是黄河流域重点生态区；两带是大兴安岭森林带和北方防沙带）重点区域，实行建设任务"直达到县、落地上图"精细化管理，超额完成国家下达的任务。全区完成造林、种草、防沙治沙分别为31.6万公顷、114.4万公顷、50万公顷，分别为年度任务的155.6%、125.3%和134%。完成黄河流域林草生态建设61.6万公顷，为年度任务的167.9%。完成浑善达克规模化林场建设任务1.9万公顷，为年度任务的130%。完成森林抚育9.26万公顷、退化林修复11.05万公顷、退化草原改良41.7万公顷。

**林草资源保护管理**　印发《进一步加强草畜平衡和禁牧休牧工作的指导意见》。发布内蒙古自治区《第三批重要湿地名录》和盟市重要湿地名录，察汗淖尔自治区

大青山（郭利平　摄）

湿地公园成功晋升国家湿地公园。大青山、巴丹吉林、呼伦贝尔、松嫩鹤乡、大兴安岭、贺兰山6个区域进入国家公园候选名单，数量位居全国第一。加快草原生态数字化监管平台建设，初步建立起33个牧业旗县纵向到底、横向到边的草原网格化监管机制。建立较为完备的天然林、公益林管护体系，组建13738人的天然林管护队伍和23553人的公益林管护队伍，有效管护天然林926.88万公顷，国家级公益林1023.11万公顷，居全国第一。审核的征占用草原林地项目全部如期办结。全链条打击破坏野生动植物资源违法犯罪活动。破坏草原林地

违规违法行为专项整治行动基本完成，31240个问题全部有效整治，专项整治行动转入常态化治理。第二轮中央环保督察反馈问题整改工作有序推进，均达到时序进度，1014个违规违法侵占森林公园破坏生态问题图斑和案件全部完成整改。

**林草灾害防控**　突出抓好森林草原防火，坚持严防死守重点区域、重点时期、重点人群，做到早发现、快处置、打小火。全区共发生森林草原火灾29起，全部得到及时有效处置，火灾受害面积较上一年下降41.9%。强化林草有害生物防治，全区完成林业有害生物防治42.14万公顷，草原鼠、虫害防治

苏木山（郭利平　摄）

477.92万公顷，未发生重大灾害。深入开展安全生产专项整治三年行动，连续多年未发生重特大安全生产事故。

**林草改革** 发布首个总林长令，召开自治区总林长会议，印发《林长制考核办法》，打造4个自治区级林长制示范点和17个盟市级示范点。坚持先行先试，林草湿碳汇工作取得新突破，编制《内蒙古森林草原湿地碳汇能力巩固提升实施方案》，成为全国首个经省级"双碳"领导小组审议通过的方案。包头市、阿尔山市被列入国家2022年度林业碳汇试点市（县）。推动国有林场、种苗基地融合发展，浑善达克规模化林场和鄂尔多斯造林总场被中国林场协会评为"2022年十佳林场"。

**支撑保障体系建设** 加强科技推广和应用，认定第一批内蒙古自治区林业和草原科技推广基地3个，获国家林草局植物新品种授权4个，发布地方标准40项。新审定通过林木良种13个，草品种23个。积极推进国家林草种质资源设施保存库内蒙古分库建设。全区林草种质资源普查累计调查线路长度超10万千米，收集林草种质资源2000余份，制作标本1.7万份。

**林草生态惠民** 持续加大脱贫旗县项目、资金支持力度，将66.6%的林业重点项目和46.1%的草原重点项目安排在帮扶旗县。下达中央财政欠发达国有林场巩固提升任务补助资金4671万元，重点支持7个盟市的42个国有林场建设。精准选聘生态护林员17348人，落实帮扶旗县国家和自治区公益林生态效益补助资金17亿元。实施内蒙古自治区财政资金支持林业产业化项目6个，落实财政资金445万元。满洲里木材加工贸易园区和阿拉善沙产业园区成功获得国家林业产业示范园区认定，填补了内蒙古自治区没有国家林业产业示范园区的空白。

**【《自治区违规违法占用森林公园破坏生态问题排查整治工作方案》】** 为深刻吸取中央第三生态环境保护督察组指出的"内蒙古赤峰克什克腾旗违规占用国家森林公园生态破坏问题突出"典型案例教训，内蒙古自治区林草局起草《自治区违规违法占用森林公园破坏生态问题排查整治工作方案》，2022年5月27日以自治区政府办公厅名义印发。《方案》明确5月至12月，在全区开展为期8个月的专项整治，重点整治森林公园内违规开矿、乱排乱放乱埋污染环境、乱占滥垦林地草原、违建和工业能源开发、不符合森林公园总体规划开发建设、破坏河湖水系生态六类问题。

**【《内蒙古自治区林业和草原局关于进一步加强森林草原湿地资源保护监管工作的通知》】** 为进一步压实资源监管责任，健全完善监管制度，切实加强森林草原湿地保护管理工作，内蒙古自治区林草局起草《关于进一步加强森林草原湿地资源保护监管工作的通知》，并于2022年6月16日正式印发。《通知》主要包括严格落实森林草原湿地保护监管责任、进一步健全完善监管制度落实监管责任、依法严肃查处各类破坏林地草原湿地行为、切实做好林草植被恢复和湿地修复、严格执法监督考核评价和责任追究等内容。

**【《林长制考核办法》】** 为建立健全林长制考核评价制度，进一步压实林长制考核工作，根据2022年国家林草局印发的《林长制督查考核办法（试行）》《林长制督查考核工作方案（试行）》，内蒙古自治区林草局起草《内蒙古自治区林长制考核办法（试行）》。2022年8月25日《考核办法》通过2022年自治区总林长会议审议，并于8月26日正式印发施行。《考核办法》共分6章19条，主要包括总则、考核对象和分工、考核内容、考核实施、考核结果运用以及附则等内容。

**【《绿染北疆满目新》电视专题片】** 为迎接党的二十大胜利召开，全面展示党的十八大以来内蒙古林草生态建设保护取得的成效，讴歌林草生态保护建设一线先进典型，内蒙古自治区林草局历时3个多月制作电视专题片《绿染北疆满目新》，并在新华网、央广网、学习强国及内蒙古广播电视台等媒体平台播出。

**【国家林草种质资源设施保存库内蒙古分库项目建设】** 3月，自治区发展改革委批复国家林草种质资源设施保存库内蒙古分库建设项目立项。为加快推进内蒙古分库建设，内蒙古自治区林草局成立项目建设工作领导小组、工作专班、项目基建办，全面推进项目建设。2022年主要完成项目招标代理公司确定、项目工程设计和工程造价及清单编制单位招标、项目规划方案编制及报批、人防工程建设专家论证及建设报批、项目工程规划许可证审批、项目工艺设计方案论证、初步设计编制及深化完善等工作。内蒙古分库建设项目已列入国家林草局、内蒙古自治区政府以及内蒙古自治区林草局重点项目，项目建成后，可以保存林草种质资源80万份，将成为全国容量最大、设施最先进、技术最领先的林草种质资源设施保存库，并成为全国草种质资源保存研发中心和内蒙古自治区林草科普教育基地。

**【大事记】**

1月29日 全区林业和草原工作视频会议召开，内蒙古自治区林草局党组书记、局长郝影讲话，国家林草局驻内蒙古森林资源监督专员李国臣讲话，内蒙古自治区林草局一级巡视员阿勇嘎主持会议并传达全国林业和草原工作视频会议精神，内蒙古自治区纪委监委驻自然资源厅纪检监察组组长马彪出席会议，内蒙古自治区林草局副厅级以上干部、各处室单位主要负责人在主会场参加会议，各盟市林草局班子成员，满洲里市、二连浩特市自然资源局主要负责同志、分管负责同志在分会场参加会议。

3月23日 内蒙古自治区破坏草原林地违规违法行为专项整治工作领导小组召开2022年第一次会议，自治区党委副书记、包头市委书记孟凡利讲话，自治区林草局局长郝影汇报专项整治工作进展情况，领导小组组长、副组长，自治区司法厅、自然资源厅等相关单位负责同志及领导小组各成员单位有关人员参会。

4月1日 内蒙古自治区党委书记、总林长石泰峰和自治区政府主席、总林长王莉霞共同签发内蒙古首个总林长令——《关于开展林长巡查工作的令》，要求全区各级林长认真履职，全面开展巡查工作。

**4月10日** 内蒙古自治区林草局召开2022年党的工作暨党风廉政建设工作会议，总结2021年工作，部署2022年重点工作。

**4月18日** 石泰峰、王莉霞、李秀领、刘爽、杨伟东等内蒙古自治区省军级领导同志到自治区党政军义务植树基地，与首府机关干部一同参加义务植树活动，自治区党委、人大常委会、政府、政协省级领导，自治区法检"两长"，内蒙古军区、武警内蒙古总队军级领导同志，区直有关部门和呼和浩特市机关干部参加植树活动。

**4月24日** 由内蒙古自治区党委直属机关工委、自治区团委、自治区林草局共同主办，内蒙古林草生态建设有限责任公司协办，赛罕区园林建设服务中心承办的2022年

"喜迎二十大 永远跟党走 奋进新征程"区直机关义务植树活动在榆林镇开展。自治区党委直属机关工委二级巡视员王忠安、自治区团委副书记高国峰等领导出席，区直机关、企事业单位110余名干部职工参加。

**5月7日** 内蒙古自治区党委常委、呼和浩特市委书记包钢到自治区林草局考察并进行座谈，呼和浩特市委副书记曹思阳、副市长刘建国及市属相关部门负责人陪同，自治区林草局局长郝影、副局长娄伯君、马强、铁牛、陈永泉，一级巡视员阿勇嘎、王才旺、东淑华参加座谈。

**5月12日** 内蒙古自治区林草局、宁夏回族自治区林草局在呼和浩特市召开创建贺兰山国家公园暨贺兰山生态保护会商会议。内蒙古自治区林草局党组书记、局长郝影

主持会议，内蒙古、宁夏林草局分管领导、相关处室负责同志，国家林草局林业调查规划院（国家公园研究中心）负责同志参加会议。会议共同协商研究创建贺兰山国家公园和加强贺兰山生态保护事宜，签署《宁夏林业和草原局 内蒙古林业和草原局共同创建贺兰山国家公园和建立生态保护协同监管、联合执法机制合作协议》。

**7月29日** 内蒙古自治区人民政府副主席李秉荣率队到北京赴国家林草局沟通对接工作，国家林草局召开工作协调会，国家林草局局长关志鸥、副局长李春良出席，李秉荣汇报有关工作，自治区林草局局长郝影发言，国家林草局办公室、生态司等单位以及内蒙古自治区林草局有关部门负责人参加了会议。

（内蒙古自治区林草业由何泉玮供稿）

# 内蒙古森林工业集团

**【概　述】** 2022年，内蒙古森林工业集团有限责任公司（以下简称"内蒙古森工集团"）完成林业产业总产值77.64亿元，较2021年增加8.43亿元，同比增长12.19%，其中第一产业产值完成28.97亿元，同比增长4.17%；第二产业产值完成9.05亿元，同比下降17.69%；第三产业产值完成39.62亿元，同比增长18.55%；三大产业结构比（产值比）由2021年的36:16:48调整为37:12:51。完成林业投资61.12亿元。国有资产保值增值率101.64%，实现利润1.55亿元。

**【生态建设】**

**森林资源管理** 全面推行林长制，制订林长会议、信息公开、林长巡查等制度和林长制工作考核办法；与属地司法机关、森林公安建立"林长+检察长""林长+警长"协同工作机制，开展协作

办案，2022年共查办林业行政案件1737起，结案率97.12%。与内蒙古人民检察院兴安盟分院签署《生态损害赔偿案件认购林草碳汇合作框架协议》，实现内蒙古自治区首例生态损害"以碳代偿"。深入开展破坏草原林地违规违法行为专项整治行动，对2010年以来的1.2万起涉林案件、964个疑似图斑进行全面排查，所有问题案件、图斑全部整改销号，累计收回林地1646.7公顷，追缴罚金325万元，追责问责120人。完成根河等5家森工公司自然资源确权登记试点工作。开展林草湿生态综合监测，完成样地调查499块，图斑监测3052块。在全国率先完成林地"一张图"、二类调查基础数据、国家级公益林数据库"三库合一"，实现林草湿数据与国土三调数据对接融合。配合开展中央环保督察，7件群众反映的生态环境问题信访案件全部办结。

**森林经营** 2022年完成植被恢复2266.67公顷，森林抚育19.33万公顷；培育苗木120.93公顷，产苗1.6亿株。按照国家"双重"规划关于分区域、分流域、分重点生态单元开展生态保护修复重大工程，实施额尔古纳河流域生态保护恢复工程，组织9家森工公司、147支队伍、7133名职工开展远征造林，完成退化林修复2.67万公顷，人工更新造林402公顷。制订《造林工程项目建设管理权限和管理程序规定》及系列操作细则，完善质量监理、检查验收、责任追究等森林经营制度体系。推进乌尔旗汉、根河森林经营试点建设，完成试点人工林抚育594.13公顷、天然林抚育125.93公顷，采伐蓄积量16652立方米，出材7809立方米。投入资金1075万元改善苗圃设施设备条件。打造西伯利亚红松、沙棘等良种基地。

**自然保护地建设** 制订《内蒙

古大兴安岭林区自然保护区管理办法》，根据保护区自然生态系统的原真性、整体性、系统性及生态价值实行差异化管控。汗马国家级自然保护区入选世界自然保护联盟绿色名录。开展违规违法侵占森林公园破坏生态问题排查整治，9处国家森林公园126个排查问题案件全部销号。争取湿地保护修复资金2800万元，提升湿地保护监测能力。严格陆生野生动物疫源疫病监测防控，未发现野生动物异常死亡现象。

**灾害防控** 全年发生森林火灾10起，其中蒙古国入境火1起，雷电火9起；10起森林火灾过火总面积45.8公顷，受害森林面积25.6公顷，森林受害率0.0025‰，当日灭火率100%，平均扑灭时间2.3小时。连续五年未发生人为森林火灾。聚焦"严细实专精早"，修订专业队伍建设与管理规范、配备标准、战术战法和训练大纲，组建300人的航空消防特勤突击队、856人的以水灭火中队、676人的机械化快速反应中队，新建索降训练塔15座，强化训练磨合和实战演练，提升多兵种、立体化灭火作战能力。森林防火预警监测系统建设项目通过内蒙古自治区发改委备案，各标段工程全部开工，其中电源采购、传输保障等分项工程实现交付。内蒙古森工集团与国家雷击火和边境火防控技术创新联盟合作，在内蒙古大兴安岭重点国有林区布设三维全波雷电监测站6部，实现重点防火区域雷电监测全覆盖。全年完成林业有害生物监测面积820万公顷、防治面积18.27万公顷，开展399万公顷松林松材线虫专项普查，完成"四率"指标。

【国有企业改革】 开展国有企业改革"百日攻坚行动"和三年行动"回头看"自评估，在内蒙古自治区国资委组织的3次考核评估中均获A级，完成国企改革三年行动目标任务。持续开展对标管理提升行动，构建"两利四率"、生态保护建设、运营效率、经营绩效等对标指标体系。推进"两非两资"专项治理和"压减"工作，累计清退注销低效、无效子企业16户，吊销未注销子分公司、分支机构133户；清理退出低效、无效参股投资企业

股权，梳理对外参股企业14户，涉及投资2326万元，通过股权转让、定向减资、解散清算等方式依法依规进行处置。企业退休人员实现社会化管理。职工家属区物业管理等社会职能移交属地政府，完成国有企业办社会职能剥离。制订《内蒙古森工集团关于加大研发投入提升科技创新能力工作方案》，集团科技研发投入强度2.84%。推行市场化用工，全年引进全日制应届本科毕业生160人，社会化公开考录招聘工勤技能人员159人，新入职员工公开招聘率达到100%。实行全员绩效考核和岗位绩效工资制度。推进内蒙古自治区"五个大起底"行动落实，采取投工投劳、以工代赈、竞价比选、公开采选等方式降本增效，结余资金3476万元。开展混合所有制改革，森工集团林下产品公司与呼伦贝尔林海森林经营管理公司合作组建森桦生物科技有限公司，桦树汁加工项目竣工投产。修订完善内控管理制度，建立起以公司章程为基础的各项内控制度办法102项。

【企业管理】 制修订融资担保、捐赠、负债、应收款项等管理制度办法，搭建全面预算管理体系，明确阳光采购预算编制范围、标准与程序，集团及所属各单位年度采购预算纳入全面预算管理。提升预算事前预测、事中监控分析、事后总结全过程管理水平，压缩预算单位可变性公用经费支出10%，压缩三公经费支出10%。建立资金管理系统平台，防范资金风险，对38个直属单位、198个银行账户资金收付情况进行实时监控。制订实施《内蒙古森工集团建设项目执行监督管理责任制规定（试行）》，建立项目"半月调度"工作机制，开工建设森林防灭火、资源管护、基础设施等各类政府投资项目89个，完工56个；组织验收项目117个，通过验收106个，验收通过率90.6%。森工集团纳入呼伦贝尔市职工培训试点单位，全年开展造林更新、林木种苗、森林抚育、特种车辆驾驶等各类培训31期、4030人次。推进安全生产专项整治三年行动集中攻坚，全年未发生生产安全死亡责任事故和重大设备责任事故。完善干

部考核评价任用机制，考准考实干部政治素质，实施优秀年轻干部"789"工程，调整中层领导人员108人。印发《内蒙古森工集团党委推进领导人员能上能下实施方案》，管理人员80人通过公开遴选方式进入新的工作岗位，233名集团及子企业部门正副职通过公开竞聘方式上岗，56人不胜任现职进行了退出调整。纪检机关受理群众信访举报211件、问题线索235件，立案53件，结案54件，给予党纪政务处分69人。

【产业发展】 完成金江沟矿泉水采矿权延续、温泉增项手续办理等前期工作，取得采矿许可证。图里河镇西尼气林场等4宗矿泉水探矿权成功摘牌。举办"畅游祖国北疆之大兴安岭""秘境大兴安岭金秋穿越之旅"等系列活动，全年接待游客25万人次，旅游直接收入1500余万元。编制《内蒙古自治区森林食品链建设方案》，内蒙古大兴安岭重点国有林区榛子、沙棘、蓝莓等经济林经营面积1.07万公顷，芍药、防风等中草药种植面积2000余万公顷，培育西伯利亚红松面积1.36万公顷。开设冷极专卖店8家，实现销售收入1238万元。内蒙古大兴安岭黑木耳通过"蒙"字标认证审核。森工集团被授权首批"呼伦贝尔大草原"市域公用品牌单位。制订碳汇能力巩固提升行动方案，与中国林业集团、包钢集团等企业签署林业碳汇战略合作协议；与呼伦贝尔林业集团、兴安盟行政公署、鄂温克旗人民政府分别签署《林草碳汇经济发展战略合作框架协议》，在林草碳汇项目产品开发、开展碳资产交易等方面迈出新步伐。全年完成碳汇交易8笔，交易金额1407万元，林区碳汇产业累计实现销售收入3516万元。全年完成成品油销售3.4万吨，实现营业收入2.53亿元。推进森林调查规划院、航空护林局、生态研究院司法鉴定所等功能保障性单位"走出去"，通过提供生态服务实现营业收入2800余万元。

【民生改善】 实行全员绩效考核和岗位绩效工资制度，在岗职工年均工资超过8.2万元。企业年金

内蒙古森工集团参加全球绿色发展与碳中和主题会议开幕式暨主题论坛

累计征缴金额12.98亿元，为7299名员工办理支付领取，累计支付到账资金1亿元。落实集体合同制度，工会代表职工与企业协商签订"1+3"合同。开展困难职工帮扶救助，全年筹措送温暖资金700余万元，走访慰问职工群众4506户；筹集金秋助学资金90万元，资助困难职工子女370人；统筹安排家庭经济扶持资金1016万元，扶持家庭经济户505户。1716千米林场场部对外连接道路、960千米林下经济节点路基本完工。配合属地政府完成省道204线乌奴耳至塔尔气段、满归至根河段公路大修改造。电信普遍服务试点3029千米主干光缆全线调通，141座基站建成并投入使用。12个森工公司全民健身中心建设项目完工。践行国企社会责任，组织志愿者配合属地值班值守、入户调查，提供新冠病毒疫情防控保障车辆和防疫检测工作场所，累计捐款800万元支持呼和浩特市、呼伦贝尔市、牙克石市疫情防控。林区两级信访系统受理办理信访件366件，受理率100%，及时受理率100%，办结率100%，按期办结率99.3%，群众满意率93.9%。中央、内蒙古自治区的113件重复信访事项全部化解。"12345"政务服务便民热线转办事项132件，响应接收率、问题解决率、群众满意率均达到100%。

**【文化建设】** 组织编排大型情景剧《林海俊杰》演出，内蒙古国资委在系统范围内组织5万余人收看。林区职工的"伐木操作证"和"森林管护证"作为展品，在"奋进新时代"主题成就展北京展览馆展出。完成37个内蒙古自治区文明单位复查，新晋内蒙古自治区文明单位5个，内蒙古自治区文明家庭1个。森工集团企业标识投入使用。举办内蒙古大兴安岭林区第九次民族团结进步表彰大会。

**【大事记】**

1月6日 内蒙古森工集团与兴安盟行政公署签订林草碳汇经济发展战略合作框架协议，推动绿水青山向"金山银山"转化。

2月10日 内蒙古森工集团林长制办公室与呼伦贝尔市人民检察院联合印发通知，建立"林长+检察长"协同工作机制，充分发挥林长制办公室与检察机关合力作用，协同推动内蒙古大兴安岭林区森林草原资源保护和高质量发展。

3月22日 内蒙古森工集团林长制办公室与内蒙古自治区人民检察院兴安盟分院联合印发通知，建立"林长+检察长"协同工作机制。

4月14日 内蒙古自治区党委副书记、自治区主席王莉霞深入森工集团乌尔旗汉森工公司、内蒙古大兴安岭森林调查规划院、大兴安岭森林消防支队调研春季森林防灭火工作。内蒙古自治区党委常委、自治区常务副主席黄志强陪同。

6月2日 内蒙古森工集团与鄂温克旗人民政府签订林草碳汇经济发展战略合作框架协议。

6月19日 内蒙古自治区党委书记孙绍聘在呼伦贝尔市主持召开促进经济社会发展、加强生态环境保护座谈会，听取内蒙古森工集团工作情况汇报。

8月17日 森工集团举行林业碳汇战略合作签约仪式，与中国林业集团有限公司、包钢集团、东北中石油国际事业有限公司、内蒙古产权交易中心、和君资本签订战略合作框架协议。

8月18日 内蒙古大兴安岭林区开发建设70周年庆祝大会在牙克石举行。大会授予171个单位（部门）"兴安脊梁"先进集体奖牌，授予1074名同志"兴安脊梁"先进个人奖章和证书。

9月4日 全球绿色发展与碳中和主题会议开幕式暨主题论坛在北京国家会议中心举行，内蒙古森工集团签署国际绿色经济协会"双碳"服务功能综合体伙伴计划。

12月10日 内蒙古汗马国家级自然保护区入选中国11个自然保护地和世界自然保护联盟（IUCN）自然保护地"绿色名录"。

（内蒙古森工集团
由杨建飞、朱显明供稿）
（图片由内蒙古森工集团提供）

内蒙古大兴安岭林区开发建设70周年庆祝大会在牙克石举行

# ▶ 辽宁省林草业

【概　述】　2022年，辽宁省广大林草工作者以强烈的责任感、使命感投身林草事业，用心用情做好林草生态修复、资源保护、科学利用等各项工作，推动全省林草事业取得新进展、新成效。

【林业生态建设】　一是扎实开展绿满辽宁工程建设。全年完成绿满辽宁工程林草类项目建设任务26.19万公顷，是年度计划的124%。其中，完成辽西北防风治沙固土建设任务21.39万公顷，是年度计划的121.6%，完成绿化扩面提质治理任务4.81万公顷，是年度计划的135.7%。二是科学推进国土绿化。深入落实国务院关于科学绿化的指导意见，科学开展生态修复治理，推进城乡绿化建设。全年完成营造林10.53万公顷，是计划的121.5%；全民义务植树6019万株，是计划的100.3%；完成沙化土地治理1.73万公顷，是计划的100%。三是扎实推进全国科学绿化试点示范省建设，制订试点示范省建设实施方案，启动局省共建工作。四是会同公安、住建部门联合开展打击破坏古树名木专项行动。

【林草资源管护】　深入推行林长制。进一步完善保护发展森林、草原、湿地资源的政策措施和制度机制，全面建立由各级党委、政府主要负责同志担任林长（总林长）的五级林长体系，25401名林长上岗履职，设立省、市、县、乡四级林长制办公室1241个。各级林长累计开展巡林40余万次，解决多项重点突出问题。充分发挥林长办公室职能。省、市林长办公室将"清零行动"、防火防虫等内容，向同级林长提供问题清单，推动以问题为导向巡林。定期调度并发布进展情况通报。建立森林资源保护司法护航机制。联合省法院、省检察院、省公安厅制定《关于全面建立"林长+法院院长+检察长+警长"协作机制的指导意见》，建立"林长+法院院长+检察长+警长"协作机制，形成协作联动合力。深入开展森林督查，在全国率先联合检察系统、公安系统开展森林督查问题整改"清零行动"，对2013年以来积压的破坏森林资源案件进行限期查处，已办结30046件，结案率91.6%。严格执行建设项目使用林地定额和森林采伐限额管理制度，出台完善天然林保护修复制度实施方案，强化天然林和公益林管护，完成全省200.93万公顷国家级公益

林优化工作。全面完成年度林草生态综合监测工作，监测样地1367个、图斑10万个。

【野生动植物管控】　一是开展珍稀濒危物种及栖息地保护修复。实施珍稀濒危物种保护工程，新繁育成活丹顶鹤幼雏80只，繁育丹顶鹤数量达到280只；修复保护全球最大黑嘴鸥栖息繁殖地606.67公顷；人工扩繁培育东北红豆杉种源2万株。推进沈阳国家植物园创建工作。完成124种国家重点保护鸟类和20处野生保护动物重要栖息地专项调查，结果显示全省栖息地质量不断改善，面积不断增加，种群数量不断扩大。二是严厉打击乱捕滥猎和非法交易野生动植物行为。会同公安、市场监管、网信等部门和单位联合开展"清风行动""网盾行动""秋冬季候鸟保护专项行动"等打击野生动植物违法犯罪联合行动，查办案件218起，打掉犯罪团伙5个，处理违法犯罪人员261人。三是开展野鸟高致病性禽流感、野猪非洲猪瘟主动预警监测，未发现动物疫情。四是加强外来入侵物种防控。组织开展森林、草原、湿地生态系统外来入侵物种普查，踏查面积571.6万公顷，覆盖13个市和54个县（市、区），发现外来入侵物种数量11种，确立了防治基础。

【自然保护地体系建设】　深入贯彻落实党中央、国务院关于建立以国家公园为主体的自然保护地体系决策部署，优化调整国家公园创建范围，并更名为"辽河口国家公园"，修改完善相应技术文本，通过国家公园管理局组织的现场评估及范围与分区论证，专家组一致认为拟建辽河口国家公园范围与分区方案基本符合国家公园设立要求。2022年11月5日，习近平主席在《湿地公约》第十四届缔约方大

桓仁县生态公益林

营口市候鸟迁徙

会开幕式致辞中指出，"重点建设
三江源、青海湖、若尔盖、黄河
口、辽河口、松嫩鹤乡等湿地类型
国家公园"，表明辽宁省创建工作
得到国家的肯定和支持，正式进入
设立工作阶段。11月11日和14日，
省委、省政府分别召开省委常委会
和省政府常务会议，就贯彻落实习
近平主席在《湿地公约》第十四届
缔约方大会开幕式上的致辞精神作
了相关部署。11月21日，省政府向
国务院报送设立辽河口国家公园的
请示。组织开展风景名胜区整合优
化工作，形成《辽宁省风景名胜区
整合优化预案（报批稿）》，并通
过国家专家组审查。加强自然保护
区建设。积极争取中央财政资金和
省财政资金，分别支持14个国家级
自然保护区和6个省级自然保护区
建设，提升自然保护区保护管理、
科研监测和科普宣教能力。争取中
央预算内资金开展白石砬子国家级
自然保护区基础设施建设。开展全
省风景名胜区问题排查调研工作。
深入风景名胜区排查梳理问题，提
出整改要求，为规范化管理奠定基
础。做好世界自然遗产提名地保护
工作。组织专家对中国黄（渤）海
候鸟栖息地（第二期）保护管理规
划进行论证，并对接迎接国际专家
实地考察的准备工作。加强地质遗
迹保护，开展地质公园地质遗迹保
护项目验收工作。

【草原湿地保护修复】　一是强化
草原保护修复。扎实开展草原生态

修复，完成草原生态修复治理面积
5.56万公顷，完成草原鼠虫害防
治面积14万公顷，防治效果超过
85%。二是加强湿地修复治理。宣
传贯彻《湿地保护法》，启动《辽
宁省湿地保护条例》修订工作，大

彰武县草原路

东港市湿地

连等地及时开展相应工作。印发
《辽宁省一般湿地的确认标准》《辽
宁省一般湿地管理办法（暂行）》，
指导各地发布第一批29处一般湿地
名录。实施辽宁双台河口国际重要
湿地生态效益补偿项目，完成了
0.51万公顷耕地损失补偿和3.84万
公顷湿地补水工作。积极推进7个
省财政湿地保护补助项目实施。经
积极创建，《湿地公约》第十四届
缔约方大会正式授牌盘锦市为"国
际湿地城市"，成为全国13个国际
湿地城市之一。

【防灾减灾能力建设】　一是强化
森林草原防灭火能力建设。在全国
率先编制森林草原防灭火基础设施
建设规划，建立健全六级防火网格
化体系。持续推进森林草原火灾
风险普查工作。开展打击野外违法
违规用火、火灾隐患排查整治专
项行动，整改各类火灾隐患1262
处。举办全省首届森林草原防火比
武演练。全年共发生森林火灾10

起，受害森林面积141.27公顷，森林火灾受害率0.023‰，低于国家0.9‰的控制指标，处于历史低位期。二是提升林业有害生物防治水平。全省松材线虫病疫情防控形成"五个一"辽宁独特模式（一项松材线虫病疫情防控专项行动，一部《辽宁省林业有害生物防治条例》，一本《辽宁省松材线虫病疫情防控指南》，一个松材线虫病疫情精细化监管平台，一套疫情防控综合管理体系），年度拔除本溪市本溪县1个疫区，拔除抚顺市新宾县红升乡、大连市长海县大长山岛等4个疫点，本溪、丹东两市实现无疫情。与上年同比实现"五下降"（疫区、疫点、染疫小班、发生面积、病死株数五下降）。开展美国白蛾、松沫蝉等林业有害生物防控工作。年度林业有害生物成灾率0.86‰，低于国家7.3‰的控制指标。三是扎实推进林草行业安全生产工作。健全完善安全生产工作机制，依法制订发布林草安全生产权力和责任清单；持续实施安全生产专项整治三年行动；强化新业态安全监管。扎实推进林区禁种铲毒工作，实现"零种植、零产出"。

**【林草改革】** 一是依法推进林草"放管服"改革。围绕省委、省政府稳经济工作要求，主动服务本桓、凌绥、京沈高速和辽河干流防洪提升工程等重点项目，优化审批流程，争取国家林地备用定额1800公顷，确保项目的顺利实施。二是持续推进国有林场改革。推动省属两个国有林场在职职工全部转为全额财政拨款事业编制，彻底解决国有林场改革历史遗留问题。分区域选定本溪县兰河峪林场、阜蒙县大板林场、省实验林场三个国有林场，开展第一批现代国有林场创建试点，积极探索创新国有林场发展模式。三是不断深化集体林权制度改革。在本溪县、阜蒙县、北票市三地启动集体林权制度改革试点。规范林权流转管理，在全省18个乡（镇）开展集体林权流转规范试点工作。培育新型经营主体，建设家庭林场和林业专业合作社49个，总数累计达到3959个。完成特色经济林和林下经济建设面积0.68万公顷。四是探索研究提升森林碳汇。

在本溪市、宽甸县、岫岩县、北票市和彰武县五地，设置样地1100块，确定42个主要树种制定碳汇计量模型，试点探索研究精准提升森林碳汇经营模式和关键技术。

**【林草支撑体系建设】** 扎实开展全省林草系统行政执法专项考核工作，出台一系列工作文件，开展系统培训、案卷评查、典型宣传、集中打击违法违规行为等系列活动，规范林草行政执法行为。落实省以上林业草原专项资金24.04亿元（其中，中央级资金17.34亿元，省级资金6.7亿元），比上年增加1.4亿元。全省森林保险工作实现"提标降率"，规定保额由7500元/公顷提高到12000元/公顷，费率由3‰降至2.25‰，进一步保障了林农权益。完成育苗2.07万公顷、16亿株。加强林草科技创新平台建设，新增国家林草创新平台2个；完善林草地方标准化体系，立项34项，发布实施32项；完成监测食用林产品1500批次国家林草局任务。完成中央财政推广项目20个。在国家和省级媒体刊发宣传稿件911篇，网站发布各类信息1545条（次），微信公众号发布信息596条。组织申报彰武治沙精神干部学校成为第二批国家青少年自然教育绿色营地。

**【全省林业和草原工作会议】** 于2月11日以电视电话会议形式召开。辽宁省林草局党组书记、局长金东海作报告。会议全面总结回顾2021年全省林草重点工作，研究分析林草工作新要求、新形势，要求2022年全省林草工作要以林长制为抓手，加大林业草原生态建设力度，强化森林、草原、湿地、沙地、自然保护地与野生动植物资源保护管理，提升灾害防控能力，深化重点领域改革，夯实林草基层基础，推动林草行业高质量发展。

**【省领导参加义务植树活动】** 4月13日，北部战区政治委员范骁骏，辽宁省委书记、省人大常委会主任张国清，省委副书记、省长李乐成，省政协主席周波等军地领导到沈阳浑南科技城启动区创享公园，与机关干部、部队官兵一起参加义务植树活动。

**【大事记】**

1月3日 经省政府工作会议审定，印发《辽宁省"十四五"林业草原发展规划》。

2月14日 与省自然资源厅、省生态环境厅、省水利厅联合印发《辽宁省一般湿地的确认标准》《辽宁省一般湿地管理办法（暂行）》。

2月16日 向国务院报送《关于上报辽宁大黑山国家级自然保护区范围及功能区调整的请示》。

3月8日 中共辽宁省委编办批复同意辽宁省林业和草原局加挂林长制工作处牌子，承担省林长制办公室的日常工作。

3月21日 阜新市国土绿化试点示范项目通过财政部、国家林草局组织的竞争性评审，获得中央财政2亿元专项补助。

3月31日 以创建办名义向副省长姜有为报送《关于上报辽河口国家公园自评估报告的请示》，经省委书记张国清、省长李乐成、副省长姜有为圈批同意，对国家公园范围进行优化，更名为"辽河口国家公园"。

6月9—12日 辽河口国家公园通过了国家林草局（国家公园管理局）组织的现场评估。

8月5日 辽宁省林草局、国家林草局长春专员办、辽宁省公安厅、辽宁省市场监督管理局联合印发《辽宁省秋冬季鸟类等野生动物保护专项行动实施方案》，在全省范围内开展为期5个月的秋冬季鸟类等野生动物保护专项行动，严惩非法猎捕和交易鸟类等野生动物违法行为。

8月24日 联合省法院、省检察院、省公安厅印发《关于全面建立"林长+法院院长+检察长+警长"协作机制的指导意见》，建立森林资源保护司法护航机制。

9月1日 省委办公厅、省政府办公厅印发《辽宁省完善天然林保护修复制度实施办法》，进一步加大天然林保护力度，建立天然林保护长效机制。

9月28日 中共辽宁省委编办印发《关于调整省林业发展服务中心人员编制的批复》，省属两个国有林场现有人员全部转为财政全额补助人员，经费纳入同级政府财政预算，解决了国有林场改革的历史遗留问题。

9月30日　以省政府名义印发《辽宁省人民政府关于葫芦岛青山县级自然保护区范围及功能区调整的批复》。

11月11日　辽宁省委常委会会召开会议，就贯彻落实习近平主席在《湿地公约》第十四届缔约方大会开幕式上的致辞精神作相关工作部署。

11月14日　省政府召开常务会议，传达学习习近平总书记在《湿地公约》第十四届缔约方大会开幕式上的致辞，并听取设立辽河口国家公园有关情况及下一步工作举措的汇报。

11月21日　以省政府名义向国务院正式报送《关于设立辽河口国家公园的请示》及相关技术文本。

（辽宁省林草业由何东阳供稿）
（图片由辽宁省林草局提供）

# 大连市林业

【概　述】　2022年，大连市按照《大连市林业生态建设"十四五"规划》要求，持续推进国土绿化工作，以荒山造林、更新造林、退化林分修复为重点，进一步推进沿海防护林纵深体系建设，完成人工造林1333公顷，全市生态安全屏障不断巩固；以乡村绿化美化、廊道绿化、农村空闲地绿化为抓手，大力推进农村"四旁"植树建设，完成农村"四旁"植树201万株，进一步提升农村人居环境整治水平，不断夯实乡村振兴的生态基础，改善乡村生态环境。根据2020年度森林资源管理"一张图"数据，大连市林地总面积49.91万公顷，森林蓄积量1574.57万立方米。其中有林地面积42.17万公顷，国家级公益林7.34万公顷，地方公益林20.15万公顷，天然林4.72万公顷。大连市有森林公园14处，其中国家级10个、省级4个，总面积4.42万公顷。按照《大连市第三次全国国土调查主要数据公报》显示，大连市湿地面积47193.78公顷。其中，沼泽草地81.30公顷，沿海滩涂46118.91公顷，内陆滩涂855.52公顷，沼泽地138.05公顷。

【国土绿化】　2022年，大连市全年人工造林面积1333公顷，其中荒山造林767公顷，更新造林及退化林分修复566公顷。以美丽宜居村绿化美化为重点，完成农村"四旁"植树201万株。开展森林抚育工作，持续提升森林质量，完成中央财政森林抚育补助任务1333.3公顷。

【全面推行林长制】　2022年，大连市持续完善各级林长制组织体系，将各级林长责任落实到包片责任区域，实现全覆盖；持续完善"一长五员"［村（社区）级林长、林业工作机构监管员、行政执法人员、警员、森林消防队员、乡村护林员］网格化管理体系，将监管责任落实到村（社区）级网格，推动森林资源管护向源头转移，强化区域联防联控，实现森林资源源头治理全域覆盖。建立林长会议制度、信息公开制度、部门协作制度、工作督查制度、巡林制度和考核制度，出台《"一长五员"网格化管理工作制度》《护林员管理暂行办法》《森林火情早期处置办法》等文件，为推动林长制责任落实和长效运行机制建设夯实基础。全年市本级林长累计开展26次巡林活动，推动各地林长认真履行职责，逐级落实管护责任，森林防火、森林督查、基层基础建设、野生动物保护等重点工作得到进一步加强。

【林业产业发展】　2022年，大连市充分发挥大连民族大学、大连大学团队科研力量，通过开展科技下乡、技术推广等服务，引导和带动庄河市、瓦房店市、普兰店区和金普新区林农户发展文冠果产业。配合国家林草局完成木质林产品监测5批次，完成省、市食用林产品检测任务210批次。对食用林产品生产实际和存在的风险隐患，及时发现不合格信息，开展定期通报，做好质量安全风险评估和监督管理工作。利用丰富的森林资源，探索和推进森林康养产业建设。

【集体林权制度改革】　2022年，大连市持续推进集体林权流转和监管，通过全国林权综合监管系统，做好全市林权监管系统录入。确定庄河市步云山乡为示范乡镇，引导基层规范完善流转制度、推广使用合同示范文本及台账备案管理等。召开培训会议，针对集体林地承包经营纠纷调处政策及具体案例进行认真细致的指导，进一步增强和提升全市集体林地承包经营纠纷调处工作的业务能力水平。开展林业合作社、家庭林场示范评选工作，推进新型林业经营主体规范、健康发展。普兰店区大果榛子合作社被评为国家级示范社。全市创建涉林合作社2个，其中金普新区1个，瓦房店市1个。

【国有林场建设】　2022年，大连市对国有林场基本情况、基础设施现状及需求、在编职工现状等情况开展调度，全面了解全市国有林场工作建设情况。督导国有林场安全生产工作，防止重大恶性安全生产事故发生。

【自然保护地管理】　2022年，大连市有自然保护区11个，其中国家级自然保护区4个、省级自然保护区1个、市级自然保护区6个；森林公园14个，其中国家级10个、省级4个；风景名胜区3个，其中国家级2个、省级1个；海洋公园4个，均为国家级；地质公园4个，其中国家级2个、省级2个。大连市完善自然保护地整合优化预案并开展风景名胜区整合优化预案编制工作，市自然资源局组织自然保护地整合优化技术团队，调整完善自然保护地整合优化预案、编制风景名胜区整合优化预案，及时报送自然保护地以及风景名胜区整合优化成果数据。印发《大连市风景名胜区整合优化预案编制工作方案》，要求各地区科学编制风景名胜区整合优化预案，统筹协调风景名胜区与"三区三线"存在的空间矛盾冲突，为完善自然保护地整合优化方案奠定基础。

【野生动物与湿地保护管理】 2022年，大连市组织开展"清风行动""秋冬季候鸟保护专项行动"，严厉打击乱捕滥猎和非法交易野生动植物行为。启动《大连市湿地保护发展规划（2021—2035年）》项目编制工作。有效处置百余起野生动物救助信息，救助野生动物700余只，以"野生植物日""爱鸟周"等活动为契机，广泛开展野生动植物法律法规和保护知识宣传。

【林业有害生物防治】 2022年，大连市共完成疫木集中除治7.1万株，除治面积2866.67公顷。完成松材线虫病媒介昆虫飞防项目两轮飞机防治工作，飞防212个架次，有效作业面积2万余公顷。完成当年的美国白蛾防治工作。

【防沙治沙】 大连市防沙治沙工作已全部建设完成。2022年，大连市以巩固防沙治沙成果为目标，持续推进沙区国土绿化和美丽乡村建设。12个乡镇共投资1419万元，完成荒山造林448.45公顷，道路绿化154.35千米，防沙治沙成果得以持续巩固。

大连市森林火灾处置综合演练（大连市自然资源局　供图）

【森林防火】 2022年，大连市发生一般性森林火灾3起，森林受害面积20.03公顷，森林火灾受害率为0.04‰，低于国家控制指标。全市共出动巡护和宣传人员168700余人次，出动森林防火巡防、宣传车辆41550余台次；设置临时检查站31500余个，没收火种4500余个；制作悬挂宣传条幅21800余条，发放宣传单165万余份。利用电视台、报刊及政府网站等新闻媒体，累计发布公益性森林防火通告、播放森林防火动漫公益广告、宣传《大连市人民政府森林防火命令》及森林火险气象信息1800余次，利用微信公众号等自媒体平台发布森林防火宣传信息30余次，阅读量超过15万人次。通过各级党委和政府上下一心，齐抓共管，确保了重要时间节点全市森林资源和人民生命财产的安全。11月，大连市金普新区专业森林消防队参加省林草局在辽阳市举办的全省首届林草系统森林草原消防队伍专业技能大比武和综合演练，综合成绩第一名。

【大事记】
2月14日　大连市林长制办公室印发《市级林长名单及责任区域》《林长制六项配套制度》。

4月6日　大连市林长制办公室印发《大连市林长制考核工作方案（试行）》。

4月21日　大连市召开市级林长会议，听取全面推行林长制工作汇报，研究部署下一步工作。

5月26日　大连市林长制办公室向各市级林长呈报巡林工作提示单，组织开展上半年林长巡林活动。

9月23日　大连市林长制办公室印发《"一长五员"职责》《"一长五员"网格化处置流程图》等工作制度。

10月18日　大连市自然资源局森林资源管理处加挂"林长制工作处"牌子，承担大连市林长制办公室的日常工作。

11月1日　大连市林长制办公室向各市级林长呈报巡林工作提示单，组织开展下半年林长巡林活动。

11月17日　大连市组织金普新区专业森林消防队参加全省首届林草系统森林草原消防队伍专业技能大比武和综合演练，综合成绩第一名。

12月21日　大连市市级林长胡玉亭、陈绍旺签发《关于严厉打击破坏森林资源违法行为的令》（大连市林长令2022年1号）。

（大连市林业由卢俐骅供稿）

# 吉林省林草业

【概　述】　2022年，吉林省林业和草原工作自觉践行新发展理念，大力推进林草事业改革发展，全面完成各项改革发展任务。国有林场、林区改革持续深化，东北虎豹国家公园建设、自然保护地体系建设扎实推进，林长制全面铺开；全省林草生态系统42年无重大森林火灾；林草资源保护、林草科技创新和转型发展、"数字林草建设"、优化林草政务服务环境取得丰硕成果。全省林业用地面积883.09万公顷，活立木总蓄积量10.93亿立方米，森林覆盖率45.27%；全省草原面积67.47万公顷，草原综合植被覆盖率72.15%。

【林草改革】　持续深化国有林场改革，积极推动国有林场改革关键政策落实落地。全省国有林场落实全额事业身份人员491人。妥善解决松原市哈达山国有林保护中心2018年前退休职工社保问题。扎实推进创建现代国有林场试点，16个试点林场共计投入资金5.35亿元，建设各类示范林3537公顷，全面完善场区基础设施，发展林下经济、生态旅游等绿色产业项目34个，试点建设成效凸显。支持欠发达国有林场巩固提升，投入资金5425万元，支持24个市、县欠发达国有林场发展特色优势产业，已实现收益1058万元，带动495名周边村民就业增收。全面完成乡镇林业站机构改革。全省686个乡镇林业站中，有667个林业站完成体制调整，实行乡镇管理；有15个林业站仍实行原体制机制，属县级林草部门派出机构；有4个林业站属于双重领导。

【林草法治】　持续深化"放管服"改革，取消行政许可事项3项，将"林木种子生产经营许可证""草种生产许可证""草种经营许可证"三证合一为"林草种子生产经营许可证"，林草营商环境持续优化。吉林省林草局行政审批办公室连续17年获评吉林省政务大厅"优秀进驻单位"。

【生态建设】　全省共完成造林绿化14.76万公顷。修复完善中西部农防林0.25万公顷，沙化土地治理1.06万公顷。完成公路铁路河流绿化2109千米。新建和完善提高城市绿地面积0.06万公顷，绿化美化村屯1354个。建设全民义务植树基地221个，义务植树数量1448万株。

【林木采伐管理】　2022年，全省严格落实全面停止天然林商业性采伐政策，强化天然林保护。印发《关于加强"十四五"期间森林采伐管理的通知》，为"十四五"期间森林采伐管理提供基本遵循，促进森林资源的科学经营和合理利用。印发《关于规范省级不可预见性采伐限额使用管理有关事项的通知》，全面规范林木采伐省级不可预见性采伐限额的使用范围、申报材料、办理程序等有关要求，压实采伐许可证核发机关的主体责任以及属地政府的监管责任，并通过县级自检、省级抽检等措施，确保科学合理使用省级不可预见性林木采伐限额。

【林草生态综合监测评价】　2022年，根据国家林草局的统一安排部署，吉林省率先启动并圆满完成林草生态综合监测评价工作，共完成样地监测1430块和图斑监测27282个，形成2022年森林、草原、湿地资源数据。

【全面推行林长制】　3月，吉林省全面建立省、市、县、乡、村五级林长制体系，共设林长16521名，建立林长办公室1115处，提前3个月完成国家部署的任务。按照省级分片担责抓统筹、市级注重实效抓监督、县级落实落地抓施工、乡级林间地头抓落实、村级细致入微抓末端的责任框架，压实各级林长责任。在资源源头治理上，将全省林草资源划分为26815块管护网格，落实22645名网格长、32318名巡护员，配置"一林一警"5049名，实现了山有人巡、林有人造、树有人护、责有人担。高规格召开年度省级林长会议，修改《吉林省林长制工作考核制度》，出台《吉林省林长制激励措施实施办法》，进一步完善监督考核"指挥棒"和督查激励"点赞+奖励"推进机制。

【森林草原防火】　推动防火区内秸秆离田，开展林缘清理和边境隔离

扶余市村屯绿化

带开设，林草专业、半专业扑火队伍靠前驻防，确保处置火情打早打小打了。严格落实24小时值班和高火险期领导在岗带班制度。局领导班子成员分片包保，"四不两直"开展森林草原防火督查检查。全面健全优化防火信息化管理体系，积极营造全社会共同支持参与防火的良好氛围。2022年野外违规用火数量下降70%，全年未发生森林草原火灾，全省实现连续42年无重大森林火灾。

【林草有害生物防治】 2022年，全省应施调查监测的林业有害生物种类为65种，通过调查监测达到发生的种类为57种，全省应施调查监测面积为1419.38万公顷，实施调查监测面积为1417.21万公顷，全省平均调查监测覆盖率为99.85%。2022年全省林业有害生物防治作业面积为37.58万公顷次，无公害作业面积37.28万公顷次，无公害防治率为99.2%。2022年全省有4个松材线虫病疫区，分别为通化市东昌区、二道江区，延边州汪清县，吉林市船营区。其中，2022年9月16日吉林市船营区被确认发生松材线虫病疫情，发生面积91.2公顷，累计无害化处置疫木18598株。2022年全省有14个美国白蛾疫区，包括29个美国白蛾疫点，发生面积为34.73公顷，全部完成防治作业。经封锁除治，辽源市东辽县平岗镇达到撤销疫点的标准。草原有害生物主要包括鼠、虫害，2022年共防治面积5.33万公顷。

【林政执法】 2022年，全省共查结林草行政案件4542起。其中，盗伐林木案459起，滥伐林木案197起，毁坏林木、林地案278起，违法使用林地案576起，非法收购、加工、运输林木材案12起，违反草原法律法规案11起，违反野生动物保护法律法规案51起，违反森林、草原防火法规案142起，违反林草有害生物防治检疫法规案18起，违反自然保护地管理法规案164起，其他林业和草原行政案件2634起。行政处罚4556人，罚款1657.40万元，恢复林地53.37公顷，没收非法所得13395元、木材124.7立方米、野生动物32只，补种树木74762株。

【野生动植物保护】 持续加大野生东北虎、豹等野生动物栖息地保护力度。组织开展野外巡护值守、清山清套清网清毒饵活动和候鸟护飞行动，东北虎豹等野生动物栖息生境得到持续改善，东北虎豹国家公园内的东北虎、东北豹数量从2017年的27只、42只，分别增长到50只、60只以上。启动全省首次迁徙水鸟同步调查。秋季共记录到水鸟81种62.98万只，制订9个水鸟迁徙区域分布示意图，为做好鸟类保护管理奠定基础。积极推进市、县野生动物收容救护站及向海、莫莫格疫源疫病监测标准站建设项目。全面加强野猪非洲猪瘟、鸟类高致病性禽流感等野生动物疫源疫病监测防控和主动预警工作。积极推进野生动物致害补偿保险工作进程。组织开展对重点地区、新晋升的保护物种资源调查及朝鲜崖柏等极小种群保护工作，指导实施一批科研保护试点项目。以举办全省"爱鸟

周""世界野生动植物日"等活动为契机，广泛开展宣传活动。组织相关地区开展野生动物安全警示宣传，有效防范"人兽冲突"。推动市（县）建立健全打击野生动植物非法贸易部门间联席会议制度，依托联席会议制度组织协调各有关部门开展"清风行动""网盾行动"等专项行动，2022年全省共查办案件505起，处理违法人员530人，打掉犯罪团伙10个，收缴野生动物14707只（头、尾）、野生植物1993株，动植物制品305个（件）、非法猎具3702个（张）。

【湿地保护管理】 2022年，制定发布《吉林省省级重要湿地名录（第二批）》，编制《吉林省湿地保护"十四五"规划》。在全省范围内筛选吉林长白山湿地、吉林松花江三湖湿地、吉林敦化雁鸣湖湿地等16处重要湿地，纳入第二批省级重要湿地名录。全省湿地有效保护率达到45.22%。

【自然保护地建设管理】 积极推动自然保护地体系建设和整合优化工作。深入贯彻中共中央办公厅、国务院办公厅《关于建立以国家公园为主体的自然保护地体系建设的指导意见》，再次调整完善吉林省自然保护地整合优化预案，编制完成风景名胜区整合优化预案，进一步解决历史遗留问题，为开创保护地发展新局面奠定基础。推进东北虎豹国家公园建设取得新进展，配合东北虎豹国家公园管理局编制总体规划，开展公园勘界，持续做好清山清套、森林防火和生态保护修复等工作，东北虎豹国家公园各项建设工作开展顺利，重大任务有效推进。组织编制《吉林省保护地自然教育研学规划》。长白山保护区、龙湾群森林公园入选世界自然保护联盟绿色名录。投入资金重点支持大布苏、四平山门、三湖国家级自然保护区研学基地建设，鼓励向海、龙湾等保护地深度参与地方5A级景区创建，充分利用保护地优势，开展生态体验、研学宣教活动，为社会各界提供最优质的生态产品。

吉林哈泥国家级自然保护区湿地

【林草重点生态工程】 坚决贯彻

落实中共中央办公厅、国务院办公厅《天然林保护修复制度方案》和《中共吉林省委办公厅 吉林省人民政府办公厅关于落实〈天然林保护修复制度方案〉的实施意见》，强化顶层设计，组织编制《吉林省天然林保护修复中长期规划》初稿，科学设计吉林省天然林保护修复政策任务。天保工程区落实森林管护面积379万公顷，年末在册职工5万人，全员参加基本养老、医疗、失业、工伤、生育保险。天保工程全年完成国家投资50.4亿元。新建、改建、加固管护用房98个。全面完成天然林后备资源培育9.8万公顷。与省财政厅联合印发《关于支持国有林区转型发展的实施方案》，常态化持续推动国有林区转型发展。指导各天保工程实施单位

发展森林康养休闲研学旅游、特色种植养殖和资源加工利用、森林培育和经营建设任务30个，不断提高林区自身造血功能，推动林区转型发展迈上新台阶。

【林草种苗】 搭建"吉林省林木种苗信息服务平台"网站，建立健全收集、分析、发布林木种苗市场供求信息。吉林省白石山林业局千金榆、假色槭国家林木种质资源库，中国农业科学院特产所软枣猕猴桃、五味子国家林木种质资源库，长白山森工集团东北红豆杉国家林木种质资源库获批国家林木质资源库。全省林草品种审（认）定数量再创新高，审（认）定省级林木良种19个，审（认）定省级草品种4个。全年生产林木种子52.83

万千克。其中，苗木培育用种20万千克，优良穗条1000万条。全省育苗面积1.31万公顷，培育苗木20.50亿株，出圃苗木4.53亿株，良种使用率达76%。

【林草产业】 编制印发《林下及林特产业集群2022年工作推进方案》《吉林省林下经济发展规划（2021—2025年）》，利用省级财政资金1455万元，扶持41项产业项目建设。加强林产品线上交易，与中国建设银行吉林省分行合作打造林产品线上交易平台"吉林省林特产品馆"。落实《吉林省森林（草原、湿地）休闲旅游康养产业发展规划（2021—2035年）》，建立全省森林（草原、湿地）休闲旅游康养产业项目库，入库项目232项。发布"吉致吉品"森林康养基地服务团体标准，认定2022年度省级森林康养基地7个、森林人家4户。推进通化市全国林业改革发展综合试点建设，指导通化市编制9项配套实施方案，开展"七大示范基地"工程建设。落实吉林省委、省政府《关于完整准确全面贯彻新发展理念做好碳达峰碳中和工作的实施意见》，成立省林草局推进林草碳汇工作领导小组、工作专班和工作专家组，制定印发《吉林省林业和草原局推进林草碳汇工作方案》，确定13个林草碳汇试点单位，形成交易的林草碳汇项目7项，实现收益3488万元。

东北红豆杉

波泥河苗木产业基地

【林草投资】 2022年，全省共完成林草投资84.03亿元。其中，中央资金69.26亿元，约占林草建设资金总额的82.42%；地方财政资金10.71亿元，约占林草建设资金总额的12.74%；自筹资金和其他社会资金4.06亿元，约占林草建设资金总额的4.84%。中央投资仍为吉林省林草建设资金的主要来源。在全省林草完成投资中，用于生态修复治理（含造林与森林抚育、草原保护修复、湿地保护与恢复、荒漠化治理等）19.24亿元，约占林草完成投资额的22.90%；用于林业草原服务、保障和公共管理（含林业草原有害生物防治、林业草原防火、自然保护地监测管理、生物多样性保护、其他支出等）64.79亿元，占林业完

成投资额的77.10%。

【林草经济】 2022年,吉林省林草产业总产值约为1037.8亿元,同比增长9.6%。其中,第一产业产值332.4亿元,占比约32%;第二产业产值455.2亿元,占比约44%;第三产业产值250.2亿元,占比约24%。经济林产品(水果、干果、中药材、森林食品等)的种植与采集业产值为184.8亿元,同比增长2.2%,约占第一产业产值的55%;非木质林产品加工制造业(森林药材加工、果蔬、茶饮料等加工)产值达到198.2亿元,同比增长0.4%,约占第二产业产值的44%;森林旅游及休闲服务业产值79.3亿元,同比下降12%,约占第三产业产值的31.7%。

【林草科研与技术推广】 积极组织各级林业科研单位、教学单位和科技型企业,充分依托国家林草局产业创新联盟、重点实验室等科技创新平台,大力开展实用技术研发,充分发挥科技引领示范作用。全省林草行业25个项目通过科技成果验收,获得科技成果19项。利用中央财政资金2032万元,扶持39项林业科技推广示范项目建设,重点转化推广20个林草实用技术。组织开展食用林产品安全监测工作,发布《吉林省食用林产品监测指导性目录》,完成国家林草局部署的1000批次监测任务。围绕加快林草产业高质量发展,5项林草领域地方标准在吉林省市场监督管理厅立项。

【大事记】
2月17日 吉林省林业和草原工作视频会议在长春召开。局长孙光芝出席并讲话。
2月23日 白城市科尔沁沙地北缘综合治理国土绿化试点示范项目通过财政部、国家林草局2022年中央财政支持国土绿化试点示范项目竞争性评审,成功纳入中央财政支持范围。
4月28日 吉林省林草局森林草原防火和安全生产处获得中华全国总工会全国工人先锋号表彰。
4月29日 省委书记景俊海,省委副书记、省长韩俊,省政协主席江泽林等省领导到长春市香湾公园,与干部群众一同参加义务植树活动。
6月22日 全国草原普法宣传现场活动在白城市镇赉县举行,国家林草局草原管理司司长唐芳林、副司长宋中山出席并讲话。
7月12日 吉林省人民政府办公厅印发《关于科学绿化的实施意见》。
7月18日 抚松县被国家林草局三北局确定为"十四五"三北工程科学绿化试点县。
8月29日 经吉林省人民政府同意,发布《吉林省省级重要湿地名录(第二批)》。
11月10日 国务委员王勇在全国秋冬季森林草原防灭火工作电视电话会议上对吉林防火工作给予充分肯定和表扬。
11月30日 吉林省结束2022年秋季森林草原防火期,全年未发生森林草原火灾,胜利实现全省连续42年无重大森林火灾目标。
12月10日 吉林省长白山国家级自然保护区、龙湾群国家森林公园入选世界自然保护联盟绿色名录。
(吉林省林草业由耿伟刚供稿)
(图片由吉林省林草局提供)

# 吉林森林工业集团

【概 述】 中国吉林森林工业集团有限责任公司(以下简称"吉林森工集团")在吉林省委、省政府和国家林草局的正确领导下,牢牢把握生态建设的主体定位,全面落实森林资源经营保护措施,较好完成森林资源经营保护工作任务,森林质量稳步提升,辖区森林资源各项指标持续向好。完善落实党委前置研究讨论重大经营管理事项清单,全年吉林森工集团党委研究讨论、前置审核重整改革、经营发展、项目建设等重要事项104个。坚持党管干部原则,规范做好干部选拔和任用,选派4名中层干部外出挂职锻炼。总部及所属企业94名青年入选"吉林森工好青年"。

生态建设 落实天然林保护修复政策,严格实施中幼林抚育和低效林改造,加强森林后备资源培育和天然退化林修复,全年完成更新造林553.33公顷、中幼林抚育5.46万公顷、后备森林资源培育6.46万公顷,辖区森林蓄积量1.93亿立方米(占全省的19.6%),森林覆盖率93.4%,乔木林公顷蓄积量164.95立方米,红松、水曲柳、黄檗等珍贵树种蓄积量8640万立方米、占比45.6%,森林植被碳储量8700万吨,森林资源数量和质量持续提升,长白山地带性森林植被顶级群落正在逐步恢复。建成国家级林木良种基地4处、面积1960公顷,国家重点林木种质资源库2处、面积700公顷,培育保存红松、水曲柳、胡桃楸等13个珍贵树种种质资源,2021年共采集良种31617.5千克。抓好种苗选育繁殖、推广使用和贮备调剂,完成9个苗圃育苗面积108公顷、新播面积16.8公顷、出圃苗木2816万株。推进VCS碳汇项目吉林森工三岔子林业有限公司核证减排量签发和吉林森工白石山林业有限公司注册工作。投入2206万元用于森林病虫害防治,防治面积9.90万公顷,防治"四率"全部达标,未发生大面积森林病虫害。

森林防火 落实领导班子包保安全生产、森林防火、信访维稳和疫情防控"四个包保"责任制,通过调整安委会成员、健全森林防火领导机构、组建专职专责部门等措施，加大安全风险隐患整治，强化风险防范，有效遏制森林火灾和生产安全事故发生。坚持森林防灭火一体化运作，有效落实网格化包保机制，形成联防联控工作格局。将森林防火作为企业负责人年度经营考核主要指标，与8个林业公司主要负责人签订森林防火责任状，建立约谈提醒机制，构建扁平化指挥体系和工作体系。推行森林防火"五化"管理体系，建立"局、场（所）、站、点"四级森林管护体制，建成管护站点334座，森林消防队43支、半专业森林消防队53支，配备专业管护队伍7700余人，建设瞭望塔111座，建立综合管护指挥监控系统，加强无人机、"森林眼"等高科技手段的应用，森林管护成效不断提升，有效管护林地128万公顷，实现辖区连续42年无重大森林火灾。

**产业发展**　围绕森林资源经营产业和以天然矿泉水开发为龙头的森林大健康产业两大主业发展目标，制订产业发展思路及具体抓落实举措，据此调整完善吉林森工集团"十四五"发展规划。推进天然矿泉水龙头产业发展，泉阳泉矿泉水指定为中国国际进口博览会官方唯一用水，荣获2022年度地方"双百企业"标杆称号，泉阳泉矿泉水再次中标南航用水项目。7万吨矿泉水柔性生产线和10万吨桶装水项目完成设备安装和调试。20万吨含气矿泉水项目开工建设。与中国石化集团公司、中国石油天然气集团有限公司便利店系统等渠道型战略大客户开展深层次异业合作，泉阳泉矿泉水已覆盖除西藏、新疆、青海以外的全部省份。霍尔茨木门产品成功入选北京冬奥村项目建设。推动森林食药产业发展，围绕标准化、规模化、品牌化、市场化和产业化发展方向，推进与深圳市蓝美莓农业科技有限公司合资合作开发蓝莓资源，吉林森工临江林业有限公司和吉林森工松江河林业有限公司建成6.67公顷高标准蓝莓种植实验基地。吉林森工三岔子林业有限公司蔓越莓基地完成植苗45万株。吉林省健维天然生物科技有限公司研发多款以二氢槲皮素为主要原料的医疗保健新产品。

**经营管理**　加强经济运行调度分析，围绕全年经营指标，按月调度分析各企业经济运行情况，召开经济运行分析会议，有针对性提出扭亏增盈对策，督导企业按期完成全年预算目标。推行精细化管理模式，总结、推广、对标好的经验做法，聚焦关键领域和环节，严格经营管控，全年管理费用同比减少0.83亿元、销售费用同比减少0.56亿元。强化内部管理控制，立足防范化解投资和经营风险，围绕制度化、合规化目标，建立风险管理、内部控制和合规管理为主体的"三位一体"管控体系。开展内控制度废改立工作，废止80项、保留执行46项、修订27项、新立26项。制订投资项目管理、经济运行监控、内部控制评价、资产监督管理有关制度办法，做好企业日常经营过程中的风险防控。严格规范合同审批管理，全年审查各类合同34份、已签订16份。全年投入安全文明施工措施费2169万元，购置现场作业人员安全防护物品，更新和改善施工安全生产条件以及作业环境。"三供一业"移交完成收尾工作，争取到省财政资金6434.5万元，用于吉林森工白石山、红石林业有限公司的供水、物业4个项目改造，已与属地政府签订移交协议、办理相关手续。

**新冠病毒疫情防控**　认真贯彻落实党中央和吉林省委、省政府部署要求，在3月省内新冠病毒疫情集中爆发后，组织驻长春市和吉林市企业实行静态管理，做到守好门、管住人、不添乱，企业内未发生输入性疫情。所属林业有限公司选派11批次70余名医务人员驰援疫区，12家宾馆被政府紧急征用接待隔离、医护和工作人员，累计接待援助医务人员305人次、隔离人员551人次、工作人员485人次。吉林森工集团本部及所属企业累计捐款、捐物折合人民币1000余万元。省内企业共组建临时党支部83个、突击队150个、先锋岗163个，动员党员干部员工5894人下沉一线参与卡点执勤、入户登记、核酸检测和发送物资等工作，服务社区581个。

**维稳扶贫**　加大信访矛盾纠纷排查化解力度，对排查出的51项信访隐患严格落实领导包案制度，及时回应群众诉求，采取有效措施解决隐患问题。争取省级信访救助资金26.5万元，自筹资金补缴职工社会保险4.14亿元、住房公积金2.95亿元，全年接待职工来信来访181件次499人次，全年未发生群体性信访事件，实现党的二十大期间到省进京"零登记""零非访"工作目标。筹集送温暖资金34.45万元，走访慰问困难职工530人。围绕乡村振兴工作，成立乡村振兴包保帮扶工作领导小组和工作专班，对定点包保帮扶延边朝鲜族自治州和龙市龙坪村和图们市大星村开展产业帮扶和技术帮扶，帮扶龙坪村销售大米46万千克、290万元，龙坪村和大星村村集体分别增收25.5万元、2.9万元。在龙坪村和大星村开设爱心超市，捐赠生活用品和食品20万元。

**【大事记】**

5月17日　吉林森工集团召开2021年度二级企业党委书记抓基层党建述职评议考核暨2022年党的建设工作会议，所属企业党委书记围绕2021年履职尽责、抓基层党建情况、存在问题和下一步工作打算进行述职述责。

5月24日　吉林省副省长李伟到吉林森工集团调研企业改革发展情况。

7月14日　吉林省政协副主席、省工商联主席李维斗到吉林森工集团调研国有林区改革和企业转型发展情况。

7月26—28日　吉林森工集团在所属林区召开森林食药产业现场交流会和2022年年中经济运行分析会议。

7月21日　国家林草局副局长李树铭到吉林森工集团调研森林资源保护与防火、野生动物保护以及森林康养旅游项目发展情况。

8月18日　黑龙江省大兴安岭林业集团公司党委书记于辉到吉林森工集团调研企业经营发展和深化改革情况。

9月17日　吉林森工集团在吉林省抚松县抚松镇碱厂沟仙人泉水源地举行吉林长白山天泉公司年产20万吨含气水项目开工仪式。

12月5日　吉林省国资委党委书记、主任张志新到吉林森工集团调研企业经济运行情况，听取企业"十四五"发展规划调整情况。

（吉林森工集团由牟宇供稿）

# 黑龙江省林草业

【概　述】　2022年，黑龙江省建立"林长+河湖长+田长"联动机制和"林长+警长+检察长+法院院长"协作机制，将林长制纳入省委巡视巡察工作内容，有效推动各级林长履职尽责，保护发展好林草资源。全省完成营造林8.17万公顷；完成村庄绿化0.38万公顷，村庄绿化覆盖率达到19.49%；完成沙化土地治理0.62万公顷；完成草原生态修复治理2.76万公顷，草原综合植被盖度稳定在70%以上；完成退化湿地修复0.11万公顷，更新发布湿地名录；采收林木种子25万千克，培育各类苗木8.7亿株。全年未发生重大以上森林草原火灾，全省未发现松材线虫病和美国白蛾，林业有害生物成灾率控制在4‰以内。完成东北虎豹国家公园（黑龙江片区）勘界任务；科学确定风景名胜区21处；东北虎、东北豹等种群数量实现恢复性增长。全省林草总产值实现814亿元；全省林业碳汇储备项目达到31个，5家单位首批入选全国林业碳汇试点单位。

【完善林长制工作机制】　建立"林长+河湖长+田长"联动机制和"林长+警长+检察长+法院院长"协作机制，构建部门联动、打防结合、快速有力的林草资源保护新格局。完善林长制管理机制，建设林长制智慧管理系统，基本实现林长制工作信息化管理。完善林长制考核机制，制定出台全省《林长制督查考核办法》和《林长制激励措施实施办法》，将林长制纳入省委巡视巡察工作内容，有效推动各级林长履职尽责，保护发展好林草资源。

【生态建设与修复】　完成营造林8.17万公顷，完成2022年计划造林16898个图斑和2021年完成造林30577个图斑上图。营造生态经济林1.2万公顷，占人工造林比率同比增长12个百分点。在27个单位开展以红松、沙棘、大榛子、红豆杉、刺五加等为主要树种的生态经济林试点面积0.63万公顷。鹤岗市、鸡西市国土绿化试点示范项目完成造林0.17万公顷、退化林修复0.43万公顷、森林抚育3.35万公顷。完成村庄绿化0.38万公顷，村庄绿化覆盖率达到19.49%。打造130个省级村庄绿化示范村，首次将龙江森工、伊春森工10个林场居住点纳入省级村庄绿化示范建设。完成沙化土地治理0.62万公顷。推行"互联网+"全民义务植树活动，新建义务植树基地244个、新设立义务植树接待点347个，申请发放全民义务植树尽责证书1.9万份。采收林木种子25万千克，培育各类苗木8.7亿株。落实森林抚育30.4万公顷；完成草原生态修复治理2.76万公顷，草原综合植被盖度稳定在70%以上；完成退化湿地修复0.11万公顷，完成黑河坤河等3处国家湿地公园（试点）省级验收，配合国家林草局完成绥滨月牙湖国家湿地公园试点国家级验收。

【资源保护管理】　推进第二轮中央生态环保督察反馈涉林草问题整改落实，7项到期任务如期完成整改，9项跨年度任务达到时序进度。森林督查认定破坏森林资源问题图斑2013个，查处案件1714件、收回林地461公顷、追责问责324人，实现"案件查处、林地回收、追责问责"三到位。开展打击毁林种参专项行动，认定毁林种参问题图斑4156块、8219公顷，办理行政案件560件，移交刑事案件861件，毁林种参问题得到根本遏制。继续全面停止天然林商业性采伐，严格落实草原禁牧计划，更新发布湿地名录，实行湿地分级管理，全方位推进森林、草原、湿地休养生息；推进东北虎豹国家公园高质量建设，完成东北虎豹国家公园（黑龙江片区）勘界任务；整合优化自然保护地，确定风景名胜区21处，总面积39.5万公顷，占省域面积的0.84%，实现与其他各级各类自然保护地无交叉重叠，基本形成布局合理、管理有效且具有龙江特色的风景名胜区体系。建立全省打击野生动植物非法贸易部门联席会议制度，开展"2022清风行动"和巡山清套行动，打击破坏野生动物资源违法犯罪行为，保护野生动物栖息地，东北虎等种群数量实现恢复性增长。

【森林草原防火】　发挥五级林长抓防火作用，将"严、密、实"要求贯穿工作全链条，组织边境地区8个单位对中俄边境585.21千米防火隔离带开展维护清理，全省1256处检查站、1343处瞭望塔24小时坚守岗位，185支专业扑火队伍1.6万余人全部布防在防火一线。推进"互联网+防火"系统建设，卫星遥感监测范围覆盖全省，并延伸至边境外10千米，对全省范围内的火情进行全时段全方位监测，"智慧林火"App使用人数达32363人。应用铁塔视频监控系统，24小时监测路旁、村旁、田边、林缘等易发火情区域。增加部署170部卫星电话至防火基层一线，开通覆盖64处高火险区的数字超短波通信系统，形成常规通信、有线通信、超短波通信、卫星电话通信、视频会议通信"五网"覆盖的森林草原火灾应急通信体系。全面完成森林草原火灾风险普查任务，积极开展成果转换应用。组织开展清明、"五一"、端午、"十一"、党的二十大等重点时段森林草原防火战役，成立各级防火督查组12600余个，检查单位21482个（次）。全年未发生重大以上森林草原火灾，全省连续12年未发生重大以上森林草原火灾。

**【林草有害生物防治】** 全省未发生较大以上程度的林业有害生物灾害，林业有害生物发生面积40.63万公顷，成灾面积86.67公顷，成灾率控制在4‰以内；实施防治38.67万公顷，无公害防治面积37.36万公顷，无公害防治率为96.61%，未发现松材线虫病和美国白蛾。草原有害生物防治面积7.97万公顷。

**【林草科技与对外合作】** 实施中央财政林业科技推广示范项目27项，40个项目纳入2023年全国林业草原财政资金信息管理系统；开展2022年打击侵犯林草植物新品种权和2022年全省林草种苗质量双随机监督检查暨行政执法检查工作；完成全省13个生态站自建站以来监测数据对黑龙江省的传输工作；完成66项地方标准终审，53个标准制修订立项计划获得批准，组织省林科院筹备成立林草系统专业标准化技术委员会；开展对食用林产品"全项"指标监测工作，对哈尔滨市、伊春市等地木耳、榛子、松子、五味子、蓝莓、蕨菜、葡萄、龙牙楤木、松茸、人参及产地土壤进行1500批次采集，样品采集地点基本覆盖全省，样品合格率达100%；与世界自然基金会（WWF）合作开展黑龙江省生物多样性保护项目。

**【林草经济】** 编制《黑龙江省林下经济规划》，制订《黑龙江省林下产业振兴行动方案》《加快推进全省林下产业振兴实施方案》，研究产业扶持政策，部署全行业开启林下产业振兴行动，全年林下产业总产值实现814亿元。谋划林草碳汇经济，推动林业碳汇项目开发，全省储备项目达到31个，规模达到208万公顷；依兰县、哈尔滨市丹清河林场、龙江森工林口林业局公司、伊春森工溪水林场、大兴安岭林业集团公司图强林业局5家单位入选首批全国林业碳汇试点单位。伊春森工签约全省首例林业碳汇交易协议。助力涉林金融产品研发和推广，协助金融机构推出"龙林快贷"系列产品，累计投放贷款5.88亿元；完成林权信用类产品研发，大力发展集体林经济。

**【林草信息化】** 推进林草信息化建设与应用并行。优化林草生态网络感知系统建设，完善上下贯通、横向联通的36个林草业务系统；着眼资源保护智能化，延伸数字林草在资源监测、病虫害防治、造林绿化方面的应用深度，新增建设黑龙江省濒危野生动物救助管理平台、树木认养管理平台、碳汇地块采集平台、集体林权信息采集平台。满足部门业务需求，提升林草大数据服务能力，完善升级林长制智慧管理平台，新建林业产业管理平台、林场巩固提升项目管理平台、食用林产品质量安全检测追溯平台，丰富林草业务知识库。推进森林草原防火预警监测。对全省各级单位进行防火视频调度，实现省、市、县高效联动、迅速反应；对原有10处物候监测站及平台进行全面升级的基础上，在重点火险区域新建10处物候监测站，利用20处野外监测站点建模对全省森林草原物候进行监测。

**【关注森林活动和自然教育】** 推进绿色营地建设。全省新增2个国家青少年自然教育绿色营地，全省共4个国家级青少年自然教育绿色营地。推进省级青少年自然教育绿色营地建设，全省新增11个省级青少年自然教育绿色营地。开展自然研学交流。承办首届中国自然教育产业创新发展大会。开展龙藏中学生暑期"同心营"主题自然教育活动，与黑袍教育开展认养东北虎公益行动；与东北亚生物多样性研究中心等多家单位联合举办专题线上论坛；与大众社会工作中心联合举办新疆籍大学生东北虎保护自然教育主题实践活动；与英国素质教育发展认证中心中国办公室联合举办第二届东北虎保护志愿者培训等系列自然研学交流活动。推进青少年进森林研学活动。承办绿色中国行暨3亿青少年进森林黑龙江研学教育活动；举办"7·29"世界老虎日大型直播宣传和自然教育研学活动。指导青少年自然教育绿色营地开展形式多样的自然教育活动，全省开展各类自然教育实践活动近万次，近50余万人次参与。

**【"放管服"改革】** 将占用、征收、征用林地和草原许可3项省级林草行政权力委托下放至18个边境地区林草主管部门实施；将林木采伐许可、林木种子生产经营许可等8项省级林草行政权力委托下放至92个有能力承接的市、县级林草主管部门实施，进一步扩大基层林草部门的自主权，基本形成了授权到位、责任明晰、自主高效的林草管理体制。

**【大事记】**

1月10日 由中国中央电视台2022年除夕特别节目《虎跃龙腾中国年》与中央人民广播电台除夕特别节目《中国声音中国年》共同发起的"东北虎全球征名"活动启动，为2021年6月在哈尔滨东北虎林园出生的三胞胎幼虎全球征名。结果于1月31日揭晓，两只雌虎被命名为"叱咤""风禾"，雄虎名为"卓尔"。

1月14日 黑龙江日报报业集团龙头新闻"龙江林草"频道正式上线暨"虎年东北虎有约"大型融媒系列报道及公益活动启动仪式在黑龙江日报报业集团融媒中心举行。

1月21日 全省林业和草原工作视频会议召开，会议总结2021年工作，部署2022年重点工作。

1月27日 黑龙江广播电视台极光新闻客户端"东北虎"频道上线暨"全球宠爱计划"启动仪式在黑龙江广播电视台举行。

2月18日 黑龙江省打击野生动植物非法贸易部门联席会议制度第一次会议暨"2022清风行动"启动会议召开，标志着黑龙江省打击野生动植物非法贸易依法形成制度化、长效化机制，进入到多部门协同配合、同向发力，全链条、多环节依法打击破坏野生动植物资源的新局面。

2月23日 黑龙江省首例森林碳汇在伊春市签约。伊春森工集团公司与中国移动通信集团黑龙江有限公司、伊春鹿鸣矿业公司签订森林碳汇交易协议，交易金额为500万元，标志着黑龙江省在推进生态价值转换上迈出新的步伐，为实现"双碳"目标提供了有益的探索。

3月21日 全省春季候鸟保护工作会议召开。

3月24日 全省春季造林绿化暨林草系统防火工作会议召开。

4月2日 全省草原有害生物普查

森林碳汇签约仪式（胡锡韦　摄）

宣传贯彻《中华人民共和国湿地保护法》暨黑龙江湿地日哈尔滨湿地节系列活动启动仪式（魏振宏　摄）

暨草原重点工作推进视频会议召开。

4月3日　黑龙江省委书记、省人大常委会主任、省级总林长许勤到省林草局、省森林消防总队调研检查森林草原防灭火工作。

4月16日　黑龙江省委书记、省人大常委会主任许勤，省委副书记、省长胡昌升，省政协主席黄建盛，省委副书记王志军等领导同志到哈尔滨市太阳岛风景区石当站植树点，与干部群众一同参加2022年义务植树活动。

4月23日　黑龙江省委书记、总林长许勤，省长、总林长胡昌升共同签发2022年第1号总林长令——《关于落实林长制做好当前重点工作的令》。

5月26日　2022年度全省关注森林活动组委会会议在哈尔滨召开。

6月10日　宣传贯彻《中华人民共和国湿地保护法》暨黑龙江湿地日哈尔滨湿地节系列活动启动仪式在哈尔滨举行。

7月27日　黑龙江省林草局全面提升经营管理能力现场推进会议在鸡西绿海林业有限公司召开。

7月29日　2022年"全球老虎日"黑龙江省系列宣传活动启动仪式在牡丹江东宁市举行。

7月29日　"虎年观虎来龙江"数字系列推广活动在黑龙江东北虎林园启动。启动仪式上，黑龙江文旅首个数字虚拟主播"爽爽虎"精彩亮相，同时，国内首家东北虎云端观虎和东北虎线上认养平台正式上线。

8月18日　全国三亿青少年进森林研学教育黑龙江省活动在黑龙江省方正林业局有限公司启动。

9月9日　中共黑龙江省委宣传部举行黑龙江省"非凡十年"主题系列新闻发布会第六场。发布会以"坚定不移加强生态文明建设，巩固提升绿色发展优势"为主题。省林草局围绕党的十八大以来，黑龙江省林草行业在"绿水青山就是金山银山"的实践之路上的努力和成效及野生东北虎保护举措答记者问。

9月16日　全省林草系统秋季森林草原防火暨安全生产工作会议召开，贯彻落实国家林草局2022年全国秋冬季森林草原防火暨安全生产工作会议精神和全省秋季森林草原防灭火工作电视电话会议精神，全面部署全省林草系统秋季森林草原防火和安全生产工作。

11月11日　首届中国自然教育产业创新发展大会在哈尔滨市召开。大会通过政府职能部门、自然教育运营企业、自然教育基地以及从业专家代表的经验分享，为进一步推进自然教育产业向纵深发展凝聚了力量，指明了方向。

（黑龙江省林草业由魏振宏、李艳秀供稿）

# 龙江森林
# 工业集团

【概　述】　2022年，中国龙江森林工业集团有限公司（以下简称森工）全面落实国家林草局战略部署，确立了"建设现代化新森工"的奋斗目标，坚持"政治建企、生态立企、产业富企、文化润企、人才强企、民生筑企、法纪治企"的建企方针，实施"一年见起色、三年上台阶、五年大发展"的发展战略，培育"树人树木、开物成务"的企业核心文化，开展"远学塞罕坝，近学北大荒，管理学一重"活动，全力锻造森工生态建设铁军，聚焦主责主业，奋力攻坚破难，全面抓好生态建设，全力推进转型发展，各项工作取得新进展。

【森工改革】　全面实施国企改革攻坚，三年行动圆满收官，103项任务全部完成。三项制度改革通过黑龙江省人民政府国有资产监督管理委员会考核评估。推进社会化公开招聘和"千名大学生"引进工程，总部及食品集团、投资集团累计招录员工155名，研究生及以上学历占比95%以上，林业局公司、城市院墙企业累计招聘本科及以上大学生906名。集团和69家子企业全面推行了经理层成员任期制和契约化管理。完成2户企业混改工作。理顺森工直属6家实验林场管理体制。推动黑龙江省林业设计研究院和"三江"勘察设计院纵向一体化转企改制，省林业设计院有限公司挂牌运营。207名在岗在编社保经办人员移交属地。

【生态建设】　深入贯彻习近平生态文明思想，全面贯彻国家林草局的部署要求，牢记"国之大者"，践行"林草兴则生态兴"的历史使命，坚决履行保护发展森林资源的主责主业，坚守红线、底线不动摇，加大生态系统保护和修复力度，不断提升森林生态系统的多样性、稳定性、持续性。

林长制　确定各级林长1991人，开展巡林1.88万人次，创新建立"林长+"工作机制，实施"林长、河湖长、田长"联动，推动"林长制"向"林长治"转变，做到"山有人管、林有人看、责有人担"，森林资源得到有效保护。

森林经营　完成营造林3.61万公顷，占黑龙江全省任务的47.65%，珍贵树种营造比例95%以上，良种使用率达到97.7%，混交林营造比例达到52%，营造林工程全部实现矢量化、数字化管理。将每年的4月20日定为"森工植树日"，全年参加义务植树人数22.12万人次，义务植树144.3万株。完成森林抚育15.06万公顷，占黑龙江全省任务的49.55%。森林经营试点单位由4个扩大到11个。森林蓄积量达到6.84亿立方米，同比增加1011.23万立方米。

森林"两防"　全面落实森防责任和措施，投入4813万元，建成集林火监控、北斗定位、数字通讯、可视化指挥为一体的森林防灭火指挥中心，购置了61架无人机等现代装备，建设了占地1269平方米的集团防灭火物资储备库，打造具有森工特色的标准化、科技化、半军事化的森林消防"铁军"，连续

13年未发生重特大森林火灾。建立9处高标准区域检测中心、5处区域无人机防治中心，完成林业有害生物防治14.33万公顷，松材线虫病普查监测221.65万公顷，林区未发生重大有害生物事件。中央生态环保督察23起涉林案件全部办结。反馈的沾河问题地块全部恢复植被，通过了国家林草局及省林草局的检查验收。

野生动植物保护　开展"巡山清套"专项行动，确保东北虎豹栖息地生态环境安全，监测到东北虎活动踪迹25次，东北虎活动区域由9个林业局公司增加至14个。国家一级保护鸟类中华秋沙鸭再现森工林区。高山红景天、红豆杉等国家级珍贵野生植物实现恢复性增长。

保护地建设　完善自然保护地管理体系，建立负面清单，明确保护地禁止行为。东京城林业局公司镜泊湖源和大海林林业局公司二浪河2个国家湿地公园试点分别通过国家和省级验收。集团所属的桦南七星砬子东北虎国家级自然保护区、山河屯凤凰山国家森林公园、东京城镜泊湖国家森林公园、柴河威虎山国家森林公园、东方红国家级自然保护区5个自然保护地入选

迎春林业局有限公司试验苗圃

黑龙江省首批青少年自然教育绿色营地。

【转型发展】 深入践行"两山"发展理念，坚持在保护中发展、在发展中保护，不断壮大生态产业规模，加快将林区资源优势转变为经济优势。

坚持规划引领项目支撑 制定了森工集团三年滚动规划和森林食品、森林旅游康养、中药材、林业碳汇经济4个产业专项发展规划。完成项目储备库入库项目76个，重点推进7个产业项目，完成投资9502万元，下达专项经费1000万元支持27个科技项目。

营林产业 营造红松经济林0.18万公顷，累计面积1.66万公顷，良种红松嫁接0.08万公顷。累计种植刺五加0.75万公顷、沙棘0.58万公顷、榛子0.08万公顷、蓝莓树莓236.67公顷。投入资金6683万元建设标准化、机械化、智能化苗圃46处，12个单位的苗圃被确立为省级林业保障性苗圃，在圃苗木总量1.8亿株。

森林食品产业 践行"大食物观"，建设全国绿色食品原料标准化生产基地4.17万公顷。打造"森"标高端品牌，扩大"黑森"品牌影响力，推出12品类100余种森林食品，进驻大润发、物美、家乐福、上海联华四大商超连锁店800余家。建成标准化特色果蔬大棚990栋、面积41.47万公顷，建设果树园0.27万公顷。2022年，森林食品集团实现营业收入4亿元，同比增长97%。

中药材产业 新增中药材面积0.64万公顷，累计在田3.74万公顷，约占黑龙江省中药材种植的14%。新建中药材种子种苗基地13个，累计达到31个。成立森工中药材产业发展公司，推进中药材资源跨区域整合、产销一体化运营。在方正林业局公司建设4.66万平方米中药产业园区，新上年产5000吨的中药材精深加工项目。

森林旅游康养产业 制订《森工集团冰雪经济实施方案》，组建了旅游产业联盟，重点打造"中国雪乡"品牌。加快景区数字化建设，完成雪乡、平山两处景区数字化组网。大海林太平沟丛林探险、

方正鸳鸯峰玻璃滑漂项目建成运营，桦南林业局公司百年蒸汽火车旅游区被评为"黑龙江省工业旅游示范基地"。桦南林业局公司完达山森林康养基地、森工平山旅游区森林康养基地确定为国家级全域森林康养试点建设单位。2022年，接待游客62.46万人次，实现收入6045万元。

林业碳汇经济 集团被纳入黑龙江省林业碳汇试点，林口林业局公司被列为全国国有林场森林碳汇试点。组建森工碳资产投资开发公司，与北京绿交所、中林集团和省内资源交易中心等单位和机构开展战略合作，与兴业银行、中国联通等单位完成了多笔碳中和交易，实现碳交易收入209万元。助力2022世界5G大会，实现黑龙江省世界性大型会议首次碳中和。

对外合作交流 与山东默凤集团共同成立生物质产业投资公司，对森工林下剩余物进行综合开发利用，生产活性炭和木醋液等产品。与武汉高德红外集团在森林防火、野生动物保护、病虫害防治等领域进行合作，围绕林业应用场景进行无人机、红外遥感技术试点应用，在东方红打造"空天地"一体化管控体系示范样板。

【企业管理】 完善国有企业治理模式和经营机制，对标一流企业，查短板、补弱项、强管理，促进企业提质增效。制定完善各项管理

制度274项。成立集团企业管理专班，建立定期督导检查制度。严格预决算管理，加强存货和应收账款"两金"压控力度，58户二级单位资金实行集中监管。处置低效无效资产30项、资产原值1.55亿元。调整总部16个部门职能，完善人力资源信息化管理平台功能，实现人员信息动态管理。被黑龙江省人力资源和社会保障厅批准为省博士后创新实践基地。亏损企业治理成效显著，7户重点亏损企业全部实现减亏50%目标，其中5户企业实现扭亏为盈。集团全级次企业亏损面由47.6%下降至19.4%，同比减亏5亿元。注销子企业114户，处置"两非"（非主业企业、非优势主业企业）企业1户。开展审计项目22个，审查审核重大合同100件，项目合规审核23件。建成一体化数字管理平台，实现了财务集团化管控、人力资源精细化管理、政务无纸化办公。成立哈尔滨智烽科技有限公司，建成集团总部数据中心。

【民生建设】 推进权属企业薪酬体系改革，在岗职工人均年工资达到5.68万元，增幅16%，为森工历史上涨幅最大的一次。组建森工林区社会保险服务中心和各林业局公司社会保险服务分中心，保障社保基金安全和相关业务有序开展。推进美丽林场所建设，争取到中央财政资金3.8亿元用于生态保护、林场所环境整治等基础设施建设。履行

东方红林业局有限公司湿地

国企社会责任，组织3万余名干部职工参与疫情防控，投入资金2.1亿元，派出医护人员1.4万人次，驰援地方抗疫。落实安全生产主体责任，开展安全生产专项整治三年行动和迎党的二十大安全生产百日攻坚战，未发生重特大安全生产事故。

【大事记】

1月11日　黑龙江省委常委、省政府副省长王一新到森工集团调研召开座谈会。集团党委书记、董事长张旭东汇报工作，集团领导张冠武、赵宏宇、马椿平、张晓波、王林田、王齐丰、姜凯志，集团董事会秘书丁郁、总审计师周立新参加。

2月22日　国家林业和草原局资源司司长徐济德、国家林业和草原局黑龙江专员办副专员左焕玉等一行来到龙江森工集团，就重点国有林区改革后运行情况和存在问题开展专题调研，集团领导张旭东、张冠武、张晓波、王齐丰参加座谈会。

3月29日　黑龙江省政府副省长李玉刚主持召开专题工作会议，研讨推动黑龙江省向森林要食物、加快发展林下经济的思路、途径和措施，集团党委书记、董事长张冠武参加。

5月19日　黑龙江省林业和草原局与集团公司签署"智慧林草大数据平台"合作协议。黑龙江省林草局党组书记、局长王东旭，集团公司党委书记、董事长张冠武出席签字仪式并讲话。

5月30日　国家林业和草原局重点国有林区森林资源监测中心党委书记、主任张平，副主任徐大敏、丰兴秋、聂兴旺一行到集团公司就林草湿调查监测、林地保护利用规划、国有林区数字档案建设等方面开调研。集团公司党委书记、董事长张冠武出席座谈会并讲话。

6月9—10日　集团公司党委书记、董事长张冠武参加2022亚布力中国企业家论坛第二十二届年会。

6月24日　大兴安岭林业集团公司党委书记于辉，国家林业和草原局驻大兴安岭林业集团公司森林资源监督专员办事处专员纪宪，国家林业和草原局重点国有林区森林资源监测中心党委书记、主任、大兴安岭林业集团公司党委常委、纪委书记张平组成联合考察组到集团公司，就现代企业制度建设和产业发展等情况进行考察调研，集团公司党委书记、董事长张冠武主持召开座谈交流会。

6月28日　集团公司与黑龙江省公共资源交易中心、兴业银行哈尔滨分行签署企业资源碳中和林业碳汇交易框架合作协议，省财政厅党组成员、省公共资源交易中心党组书记、主任曲玉辰，集团公司党委书记、董事长张冠武，兴业银行哈尔滨分行党委书记、行长丁武民出席签约仪式并致辞。

7月2日　集团公司党委书记、董事长张冠武参加2022年全国工商联主席高端峰会暨全国优强民营企业助推黑龙江高质量发展大会。

7月10日　集团公司党委书记、董事长张冠武出席"东北林业大学70周年校庆活动"，并与东北林业大学签署战略合作框架协议。

7月22日　集团公司党委书记、董事长张冠武与中林集团党委书记、董事长余红辉等，就林业产业投资、林业碳汇方法学研究、生态资产评估入账、森林品牌集群打造、森林级标准制定等内容进行了洽谈交流。

7月29—31日　国家林草局总工程师闫振、东北虎豹国家公园管理局局长赵利、国家林草局国家公园中心主任田勇臣、东北虎豹国家公园协调推进组副组长许新桥、东北虎豹国家公园管理局局长毛光升等一行到绥阳林业局虎豹公园调研，集团公司党委书记、董事长张冠武陪同。

8月1日　山东默凤投资集团有限公司董事长杨树仁一行来到集团公司考察洽谈，集团公司党委书记、董事长张冠武主持对接洽谈会议并讲话。

8月17—18日　龙江森工集团2022年工作会议暨第一届一次职工代表大会在哈尔滨市召开，黑龙江省林业和草原局党组成员、副局长朱良坤，黑龙江省林业工会主席杨晶到会祝贺并讲话。

8月18日　绿色中国行——走进美丽方林暨全国三亿青少年进森林研学教育活动黑龙江省启动仪式在方正林业局有限公司鸳鸯峰景区举行。全国政协人口资源环境委员会副主任任亚平，全国政协常委、国家林业和草原局（国家公园管理局）副局长、全国关注森林活动执委会副主任刘东生，全国政协常委、黑龙江省政协副主席、省关注森林活动组委会主任赵雨森，中国绿化基金会主席陈述贤，省林业和草原局局长王东旭，集团公司党委书记、董事长张冠武出席活动。

9月21日　集团公司党委书记、董事长张冠武与黑龙江省交易集团党委书记、董事长王立峰，就国有资产交易、自然生态资源交易、企业招标采购、股权合作、人才培养等方面开展全面务实合作达成一致，并举行合作协议签约仪式。

（龙江森林工业集团由马晓杰供稿）

（图片由龙江森工集团提供）

方正林业局有限公司鸳鸯峰景区

# 伊春森工集团

【概　述】　2022年，黑龙江伊春森工集团有限责任公司认真履行国家林草局委托的森林经营保护职责，扎实抓好生态、振兴、民生等重点工作任务。以写好"林区三问"新答卷为核心，把转型发展作为第一要务。坚持把改革创新作为推动企业发展的不竭动力，建立健全现代企业制度和市场化经营机制，提升企业发展的内在动力。

组织机构　根据企业战略发展要求，伊春森工集团总部设立纪委、监察部、党委巡察办、工会、党委（董事会）办公室、党委组织部、党群工作部、总经理办公室、战略发展部、森林生态建设部、人力资源部、森防与安全监督部、财务部、市场合作营销部、规划建设部、审计和法律事务部、运行服务部、森林农业部、机关党委、政研室（深改办）、文联、林场振兴工作办公室、文化旅游发展部、科技部、融媒体中心、信访办公室26个机构。下辖伊春森工乌伊岭、汤旺河、新青、红星、五营、上甘岭、友好、翠峦、乌马河、美溪、金山屯、南岔、带岭、朗乡、桃山、铁力、双丰林业局有限责任公司17家公益类企业，以及伊春林业发展集团股份有限公司、伊春旅游发展集团股份有限公司、山鼎建筑工程有限责任公司、山鼎房地产开发有限责任公司、鼎红贸易有限责任公司、问鼎国际贸易有限责任公司、鼎隆苗木有限责任公司7家商业类企业，共有职工7.58万人。直属党委21个，下设党委4个、党总支89个、党支部593个、党员9849名。

【企业改革】　按照党中央、国务院和省委、省政府，市委、市政府关于国企改革三年行动的决策部署，在市委、市政府的坚强领导和伊春市国有资产监督管理局的大力指导下，伊春森工集团高度重视、认真谋划，改革之初就印发了《伊春森工集团公司改革三年行动实施方案（2020—2022年）》，明确了8个方面29项改革任务，其中承接市国企改革任务22项，创新任务8项，落实牵头单位13个、责任单位41个。同时，不断加大推进力度，切实抓好三轮改革"十周攻坚战"行动，积极组织参加龙江国企改革"云赋能计划""高质量完成国企改革三年行动"等专题培训10余次，开展专题调研1次，召开相关工作会议5次，开展督导检查7批次，进一步明晰了工作任务，压实了工作责任，有力推动了国企改革三年行动各项工作任务的深入落实。

完善现代企业制度　认真贯彻"两个一以贯之"要求，以《公司法》《党章》《公司章程》为依据，清晰界定党组织和"两会一层"职责功能。坚持党委会把关定向，积极推进"党建入章""前置讨论入章"，建立《党委决策和审议（前置研究讨论）重大事项清单》，保障了党组织意图在企业重大决策中得到充分体现。坚持董事会科学决策，制定了《董事会议事规则》《落实董事会职权实施方案》《加强子企业董事会建设工作方案》等工作机制及落实董事会职权的相关配套制度，成立了董事会战略和投资委员会、预算委员会、人事与薪酬委员会、审计委员会，制定了4个专门委员会工作细则，进一步明确伊春森工集团及子企业董事会定战略、作决策、防风险的决策职能。坚持经理层高效执行，建立了《总经理办公会议事规则》《董事会向经理层授权管理办法（试行）》《董事会向经理层授权清单》《经理层向董事会报告制度（试行）》等工作机制，为经理层推动工作落实、减少经营风险、提高企业效益提供了工作遵循。全年共召开党委会67次、董事会8次、总经理办公会议12次，经伊春森工集团党委会履行前置程序提交董事会讨论决定重大事项58项，监事会就有关工作提出意见建议9条，经理层积极落实完成，初步形成了权责法定、权责透明、协调运转、有效制衡的公司治理结构。改进考核体系，制定了《董事会及董事履职考核评价制度》，建立了《董事会授权跟踪监督评估和动态调整机制》，实施经理层成员契约化管理，每名经理层成员都签订年度和任期业绩考核责任书，并将完善法人治理结构、加强公司治理工作纳入《年度重点工作和产业项目考核指标》，与集团业务工作同部署、同推进、同考核。扎实推进子企业法人治理建设，在法人治理规范运行的基础上，推动法人治理建设重心下移，印发了《伊春森工集团公司制度文件汇编》，进一步加强了对林业局公司等重点子企业法人治理建设的工作指导。各林业局公司均已实现党委书记、董事长"一肩挑"，董事会"应建必建"，法人治理制度体系逐步健全，实现了规范运营。

健全市场化经营机制　2022年，重点实施"三项制度"改革，在乌伊岭、美溪、南岔和朗乡4个局公司开展人力资源合理配置和科学管理改革试点，逐步建立起员工能进能出、领导能上能下、薪酬能增能减的制度机制，使企业发展的内生动力得到全面提升。在劳动制度方面，实施公司管理机构和非生产人员瘦身，"南四局"铁力、双丰、桃山、朗乡公司通过实施管理机构和非生产人员瘦身，总部机构和人员分别减少50%和25%。建立人力资源管理平台，制定了黑龙江伊春森工集团有限责任公司员工管理办法、退出岗位管理办法、实行劳动用工网上备案，全员签订劳动合同，健全了以合同管理为核心、以岗位管理为基础的用工制度，实现在册不在岗人员"退一减一"，确保劳动关系和岗位职责明晰有序。

在人事制度方面，实行经理层成员聘任制、任期制，制定了《经理层成员任期制和契约化管理工作方案》《经理层成员任期制和契约化管理办法》《经理层成员考核办法及实施细则》《经理层成员薪酬管理办法》，以及《岗位聘任协议》《年度业绩考核责任书》《任期业绩考核责任书》《岗位说明书》，实现契约化管理。制定了《员工培训制度》，除对退役士兵全部按有关政策接收安置外，严格执行"凡进必考"原则，先后面向社会和高校公开招聘工作人员72人，公开遴选5人，提升了队伍年轻指数和工作活力。在分配制度方面，结合局公司职工增资，改革调整工资结构和岗位级差，制定了《关于伊春森工集团调整林业局公司在岗职工工资的指导意见》《工资总额管理办法》《薪酬分配制度》，《绩效考核制度》使薪酬向艰苦偏远岗位和贡献大的岗位倾斜，全面建立了"基础+绩效"结构化薪酬体系。实施全员绩效考核，制定了市场化经营机制不断健全。

**推进用工、人事、薪酬"三项制度"改革**　制定了《黑龙江伊春森工集团有限责任公司总部员工薪酬结构及标准改革实施方案（试行）》《黑龙江伊春森工集团有限责任公司总部员工绩效考核管理办法》《黑龙江伊春森工集团有限责任公司员工招聘管理制度（试行）》《黑龙江伊春森工集团有限责任公司总部经理层成员任期制和契约化薪酬管理办法（试行）》等8项制度；伊春森工集团及所属公司经理层成员实行了任期制和契约化薪酬，经理层以下人员建立了"基础+绩效"工资体制；建立用工备案数据库，全员实行网上劳动用工备案。

**【生态建设】**　2022年，坚持以习近平新时代中国特色社会主义思想为指导，始终铭记习近平总书记"林区三问"和"让伊春老林区焕发青春活力"殷殷嘱托，认真贯彻市委"生态立市、旅游强市"发展定位，持续抓好保护和培育森林资源主责主业，全力提升资源管护工作水平，生态文明建设成绩显著。着力加强更新造林，严格按照森林

经营方案制定造林计划，有效改善树种林种结构。着力加强森林抚育、林业有害生物防治作业，改善林木生长条件，森林质量和生态功能全面提高。从创新机制入手，全面加强森林管护、森林防火、野生动植物保护和自然保护地建设等工作，确保了森林资源安全和生态功能不断提升。

**林木资源**　伊春森工集团有林地面积306.87万公顷，覆被率为87.61%，森林总蓄积量3.46亿立方米。森林类型是以阔叶及其混交为主。主要树种有红松、云杉、冷杉、兴安落叶松、樟子松、水曲柳、黄檗、核桃楸、杨、椴、桦、榆等，藤条灌木遍布林业施业区。

**森林资源保护培育**　认真贯彻国务院办公厅《关于全面推行林长制的意见》，推进"伊春森工集团、林业局公司、林场分公司"三级企业林长制责任体系建设，建立企业内部林长制考核指标，制定《黑龙江伊春森工集团有限责任公司2023年林长制工作要点》《黑龙江伊春森工集团有限责任公司林长制日常督查考核办法》《林长制示范提升工作落实方案》《林长制宣传报道工作方案》，发布《黑龙江伊春森工集团有限责任公司林长命令（第一号）》。2022年完成小兴安岭森林湿地保护修复综合治理项目17193公顷，其中：人工造林800公顷，退化林修复14233公顷，封山育林2160公顷。完成森林抚育9.7万公顷，林业有害生物防治9.9万公顷，松材线虫病监测普查面积104.6万公顷，设立美国白蛾诱捕点116个。充分发挥森林防灭火工作指挥部办公室职能作用，全面开展森林防灭火工作，春、秋两防期间投入扑火兵力10021人，扑火机具1.2万台套；烧除草塘42954.45公顷、道路两侧防火线1134.78千米，林场周边隔离带1784.02公顷；深山腹地重点部位部署40支靠前驻防队伍，驻防兵力1029人。在应急航空救援伊春站举行了伊春森工集团森林扑灭火队伍1700人实兵拉练，参加市森防指办组织的"龙威2022-1"森林扑火实兵演练。通过天翼大喇叭、宣传条幅、微信公众号、宣传车、宣传旗、自媒体等方式开展全覆盖式宣传，共安装智能语音卡扣151

套，制作宣传条幅1587条，悬挂防火彩旗73824面，发放宣传单80余万份，大力宣传森林防火重要性、森林火灾危害性，并重点曝光引发火灾的典型案例。开展"5·6"反思宣传教育活动，引导全民参与到森林防火，积极与伊春森林蜜协会沟通联系，争得917户1300余名养蜂人对森林防火工作的认可和支持，充分调动养蜂人宣传森林防火的积极性，把具有火险隐患的养蜂员变为义务防火宣传员，把深山区的养蜂场变为防火宣传站。

**野生动植物保护和保护地建设**　常态化开展巡山清网、清套、清夹工作，清除各类猎具88个。开展"关注旗舰物种保护，推进美丽中国建设"第九个"世界野生动植物日"宣传活动，发放宣传单500余份，悬挂宣传条幅8条，发放吉祥物200件，科普展示"清网清套"工具3000余件。

**城市生态保护修复**　积极开展全民义务植树工作，参加义务植树27096人，综合完成义务植树26万株（其中：实体植树10万株，其他尽责形式折算植树16万株），加强苗圃建设，陆续推进升级改造，重点打造溪水等12个轻基质网袋育苗基地，轻基质网袋育苗造林技术，使苗木培育周期缩短30%以上，造林窗口期延长7倍以上，保存率、成活率分别达到90%和95%以上，完成培育红松轻基质网袋容器苗2478万株。

**【产业发展】**　2022年，实现林业总产值84亿元，同比增长9.5%，三次产业结构由46:10:44调整为45:10:45。

**生态旅游康养产业**　深入践行"两山"理念，坚持"生态立市、旅游强市"发展定位，走出了生态优先、绿色发展的新路子。承办全市第十一届"森林冰雪欢乐季"，建成"伊春冰雪文化创意园"。联合拍摄制作的《青山不墨》电视剧，成功申报"五个一工程"评选活动，并于4月6日在央视一套黄金时间播出，单日收视率占比高达3.49%。助力"林都伊春　冰壶之乡"，做好2022年中国冰壶联赛（伊春站）服务工作，聚焦城市IP，依托产业与人力优势，深入挖

掘旅游资源，多方位开展宣传营销，策划、宣传并组织"龙江美·桑榆情2022中国·伊春模特健康风采展示大赛"等14场大型活动，开发设计"99游伊春""寻找林区隐秘的林场，揭开小兴安岭神秘面纱研学营""远山深处休闲游"等11款产品。伊春森工汤旺河林业局公司新建占地5万余平方米的游客服务中心已投入使用，全面推进五营国家森林公园5A级景区创建工作。研发整体精品框架包含伊春所有景区、美食、游玩项目，以"分包商"的形式，将产品分包给各旅行社，实现统一标准、统一价格、统一管理，进一步发挥伊旅集团"龙头、平台、引擎"作用，为伊春市旅游市场奠定基础。

**森林食品产业** 完善优势产业链，重点发展黑木耳菌包产业，2022年种植木耳菌达1.2亿袋，累计加工黑木耳干品60.58万千克。生产木耳菌包3200万袋，同比增加23%。突出林下资源优势，做强林菜、林果产业链，积极引进生产山野菜产品的优势企业，开展采摘、种植、加工、销售一体化经营，探索形成"企业+农户"的山野菜产业发展模式，延长林菜产业链条，做好林菜的精深加工。在开展保护性采摘野生的同时做好特色林菜资源的保护和开发利用，已在伊春森工金山屯、乌马河、铁力、双丰等林业局公司成功种植老山芹、大叶芹和山葱等林菜2000公顷；小浆果种植达到2266.67公顷，累计培育红松坚果林1.1万公顷，年均采摘松子等坚果1.9万吨，山梨、山茄子等山野果1.3万吨。推进8666.67公顷红松果材兼用林项目，大力推广红松嫁接等促进结实技术。完成桦树汁采购1644吨，总产值328.8万元，坚持转方式、调结构，使森林食品产业多元化发展势头迅猛，伊春"中国森林食品之都"品牌越发响亮。

**特色种养业** 充分发挥森林生态优势，扩大养殖规模，创新养殖模式，持续夯实基础产业、壮大优势产业、培育新兴产业，推动林下养殖突破发展，全面促进森林猪、雪貂、鹿、林蛙、冷水鱼、蜜蜂等森林生态特色养殖多点开花、快速发展。截至年底，林业职工养牛740头，养猪4.68万头，养鸡24万只、养鹅2.12万只、养蜂7.32万箱、林蛙250余万千克、冷水鱼40.5万千克，畜牧总产值达3.7亿余元。投资4.15亿元，在伊春森工双丰、铁力、桃山、南岔、红星、乌伊岭林业局公司建设6个标准化森林湖羊种羊繁育基地，6个标准化种羊繁育基地已完成建设并投入使用，湖羊种羊累计存栏19766只，出栏12739只。各相关林业局公司共建成羊舍97栋，建设面积75492平方米；建成饲料仓储库14座，建设面积27608平方米；有机肥生产车间6个，配备机械化养殖设备89台（套），饲料耕地362.13公顷。争取高标准农田建设任务8233.33公顷，依托高标准农田建设，遵循市场价值规律，调整种植结构，扩大高产高效作物种植面积，种植大豆、玉米等粮食作物9.66万公顷，构建适应伊春林区高质量发展要求的生态养殖经济体系。

**北药产业** 充分发挥伊春森工集团林区面积大、适宜种植面积广的独有优势，因地制宜规划布局，不断扩大中药材种植规模。完成中药材种植和林下改培8466.7公顷，17个林业局公司的中药材在田总面积达到25143.1公顷。按照集约化、规模化、标准化的要求，有序推进了中药材基地建设，借助各类经营主体投入，多方争取政策资金，通过企业扶持支持，经过持续投资和打造，中药材种植基地建设水平大幅提升，形成了金山屯林业局公司合旺桔梗种植基地、铁力林业局公司松涛平贝种植基地、铁力林业局公司香草和泥和人参种植基地、双丰林业局公司寒地山楂、友好林业局公司黄芪、红星林业局公司清水河平贝、上甘岭林业局公司林下参等中药材种植基地，通过基地建设水平的不断提升，有效地推动了中药材种植高质量发展。道地中药材种苗自给能力显著增强，为保证中药材种苗需求新青林业局公司投资259万元，征地43.3公顷建立松林林场种苗繁育基地，培育刺五加、白鲜皮等中药材种苗；上甘岭林业局公司改造原红山林场17.3公顷闲置营林苗圃用于培育道地中药材种苗；双丰林业局公司借助省级中药材种苗繁育基地建设，持续扩大刺五加、五味子等种苗繁育，初具规模，为进一步发展中药材种植产业发展、满足本地道地中药材种苗需求打下坚实基础。

**持续探索实践推进资源转化财富** 伊春森工集团充分利用生态资源优势，与国开行、农发行开展深入合作，通过不断的探索与实践，建立了伊春森工集团自然生态产品价值转换机制与路径。伊春森工集团获取省国开行综合授信20亿元，其中，2022年第一期"伊春森工生态资源提质升级暨储备林项目"已获取国开行批复贷款1.46亿元，资金已全部到账；2022年与农发行合作的"湖羊养殖项目"获得农发行批复贷款1.69亿元，已根据伊春森工双丰、铁力、桃山、南岔林业局公司湖羊项目建设的实际需要发放贷款1.1亿元；2022年谋划"兴安岭生态银行"重点项目7个，均已录入国家重大建设项目库中。

**推进碳汇项目发展** 2022年伊春森工集团将上甘岭溪水林场确定为林业碳汇项目开发建设试点。溪水林场成功入选2022年度国有林场碳汇试点名单。项目计划投资5547.96万元，项目建设从探索林业碳汇巩固提升经营模式和关键技术入手，努力实现伊春森工集团生态产品价值转化，促进"双碳"目标如期实现。

**【民生保障】** 坚持以人民为中心，不断增进民生福祉，坚持以产业带就业，以发展促增收，以管理提效益，打牢职工工资正常发放和合理增长的物质基础。推进薪酬制度改革，增加职工收入，拓宽就业渠道，保障职工生活，全力抓好疫情防控和安全生产工作。

**保障职工就业增收** 率先在伊春森工乌伊岭、美溪、南岔、朗乡4个林业局公司开展人力资源合理配置和科学管理改革试点。严格实行"凡进必考"，鼎红公司公开招聘工作人员61名，林业局公司招聘130名防火及管护队员；开展校企合作，与伊春职业学院举办了林业技术和旅游康养委托培养班，共招生60名。对各林业局公司工资结构进行了调整，建立了"基础+绩效"的工资结构，人均工资从4.02万元增加至5.22万元，人均增资1000元/月。

做好困难职工救助　积极与省林业工会、市总工会、市慈善总会争取送温暖资金234万元。各级工会组织共走访慰问困难职工、低收入家庭、一线职工、困难老年人、孤儿、留守妇女和儿童、残疾人等3210人，发放慰问物资和送温暖资金合计404万元。扎实开展职工医疗互助保障工作，坚持以群众性、普惠性、公益性、互助性和安全性为基本原则，实行由伊春森工集团工会从职工互助保障资金中支持50%、各林业局公司基层单位补助25%、职工个人缴纳25%的资金补助模式，第一批次共参保13520人，工会匹配76.7万元。统筹部署各林业局公司组织人员力量摸清特殊困难群体底数，健全和完善困难群体台账，有效衔接各项民生兜底保障政策，对困难职工及时发现，对拟符合低保、特困、临救、加发和单人保条件的，第一时间与属地政府民政部门沟通协调，确保"应保尽保、应救尽救"，保持对困难群体的长期动态化监测，推动摸底排查工作制度化、常态化、精准化。

**全面推进林场振兴**　深入落实市委、市政府乡村和林场"双振兴"战略部署，切实担起"林区要发展、林场必振兴"历史使命，加快推进林场集中、集聚、集约发展。坚持规划先行，分类确定林场居民撤迁和建设标准，对人口基数较大、处于施业区枢纽地带的10个左右区域中心林场，按照小镇水平进行高标准重建，以充分发挥其吸纳人口和"第二局址"辐射带动作用；对有一定人口基数和产业基础的35个左右区域次中心林场，实行改造与新建相结合，使其基本达到社区标准并保持林场特有风貌；对其他40个左右人口较少、主要承担森林管护功能的林场，以改造为主，因地制宜改善人居环境，重点满足靠前驻防和季节性生产需要。2022年，按照先易后难和盘活已有原则，启动了20个林场居民撤迁，撤迁林场除必要的管护设施建设，不再投入人居设施。坚持试点引领，梯次推进美丽宜居林场建设，集中力量打造了13个美丽宜居示范林场，同时对未纳入示范建设的规划保留林场，各有侧重进行积累式提升。

保障国家和职工群众生命财产安全　强化安全责任意识，严肃安全生产责任，确保重要时间节点安全生产和职工生命财产安全。在"五一"、中秋、"十一"、党的二十大重要时间节点，伊春森工集团成立9个督导检查组聚焦重点环节，不间断开展安全风险检查。重要时间节点期间，共派出267个检查组、990人次，排查点位344处，共计排查隐患295处，全部整改完成；组织各林业局公司开展房屋隐患排查工作，共计排查房屋31382处，隐患房屋1383处，无人居住1201处，有人居住182处，对182处有人居住的隐患房屋已安排限期整改。加强宣传培训，提高安全防范能力，组织安全生产管理学习交流工作，开展"安全月""安全周"活动，邀请伊春市交警支队开展交通安全宣讲活动；各林业局公司充分利用公益广告、海报、短视频、提示条幅等，开展"进门入户送安全"1220次，利用LED显示屏24小时滚动播放活动标语，大力宣传安全生产方针政策法律法规知识、消防及职业卫生等常识，有效扩大了安全宣传的社会面。深入贯彻2022年度省、市总河湖长会议和文件精神，按照省总河湖长5号令部署，召开小微水体排查治理专项会议，成立专班及工作组，处级包保领导81人，共成立192个专班225个组，共投入963人，车辆244辆，对讲机347部等；全面复核卫星遥感疑似图斑12801处，确定了小微水体与需要长期管护水体988处，设立小微水体河长制公示牌126处。分析防汛形势，动员各级公司牢固树立"防大汛、抗大洪、救大灾"意识，统一思想，明确任务，认真做好防范和应对工作。综合各林业局公司雨情、水情、汛情、灾情，转发预警信息共4000余条；组织协调各林业局公司对63处地质灾害点、4座水库、81个山洪易发点和部分河流、堤岸、涉水旅游景区等重点区域进行安全隐患排查整改；提前储备编织袋、沙石等防汛物资应对可能发生的险情；修订完善《伊春森工集团公司防汛应急预案》；通过条幅、微信群、电视游动字幕和报刊等方式进行广泛的科普宣传，确保了国家和职工群众生命财产安全。

**【大事记】**

2月23日　全省首例森林碳汇签约仪式在伊春举行。伊春森工集团与中国移动通信集团黑龙江有限公司、伊春鹿鸣矿业公司签订了森林碳汇交易协议，交易金额为500万元。

3月1日　伊春森工集团与国家林业和草原局重点国有林区森林资源监测中心签约仪式在伊春森工集团举行。

5月23日　首届"伊春生态日"系列宣传活动启动仪式上，"两山"财富（伊春）论坛、中国绿色碳汇基金会伊春专项基金、国有林监测（伊春）中心揭牌；伊春森工"区块链+森工品牌提升"项目启动。

6月23日　伊春森工集团与中国电信黑龙江分公司"数智森工"战略合作协议签约仪式在伊春森工集团举行，双方充分发挥各自优势，在数字林业、智慧森工、智慧旅游、构建网络数智运营体系、政治建林、科技强林等方面，推动伊春森工集团产业智能发展。

6月28日　黑龙江伊春森工集团有限责任公司与中国联合网络通信有限公司黑龙江省分公司举行"数字森工"合作签约仪式，双方在技术、人才、数据资源整合、基础设施建设、资源认证等方面开展全方位合作，深入推进"数字森工"建设。

7月7日　伊春森工集团开展森林扑火队伍实兵拉练活动。

7月28日　伊春森工集团与中国能建北方区域总部举行战略合作签约仪式。

9月3日　黑龙江伊春森工集团有限责任公司与新华通讯社黑龙江分社签订战略合作协议。

9月18日　伊春森工集团与六家公司签订联合推动林草产业发展战略合作框架协议。

9月20日　国家林业和草原局国有林监测（伊春）中心举行挂牌仪式，伊春森工集团党委书记、董事长李忠培，伊春森工集团党委副书记、总经理杨公伟出席挂牌仪式。

9月23日　伊春森工集团国家储备林建设项目规划和可行性研究报告通过评审。

10月17日　由市委宣传部、市政府新闻办主办的"奋进新时代　开创振兴发展新局面"伊春森工专场新闻发布会举行。

11月18日 伊春森工集团召开文学艺术界联合会第一次代表大会。

12月20日 中国共产党伊春森工集团公司第一次代表大会召开。大会选举产生了第一届中国共产党伊春森工集团公司委员会和纪律检查委员会，通过了党委报告决议和纪委工作报告决议。伊春森工集团党委书记、董事长李忠培代表中国共产党伊春森工集团公司委员会作工作报告。

12月21日 伊春森工集团公司第一届二次职工代表大会召开，伊春森工集团党委书记、董事长李忠培参加会议并讲话，党委副书记、总经理杨公伟作公司工作报告，党委委员、职工董事、工会主席成刚主持会议。来自伊春森工集团各条战线的166名职工代表出席大会。

（伊春森工集团
由杨玉梅、潘思宇供稿）

# ▶ 上海市林业

【概　述】　2022年，上海市加大绿化造林，全年新增森林面积3400公顷，森林覆盖率达到18.51%。生态廊道建设全面完成，"绿道"网络基本成型，街心公园多点开花，"四化"（绿化、彩化、珍贵化、效益化）水平稳步提高。完成绿地建设1055.3公顷，绿道建设232千米，立体绿化建设44.6万平方米。

**表22-1　2022年上海绿化林业基本情况表**

| 项目 | 单位 | 数值 |
|---|---|---|
| 新建绿地 | 公顷 | 1055.3 |
| 新增公园绿地 | 公顷 | 512.8 |
| 新建绿道 | 千米 | 232 |
| 新增立体绿化 | 万平方米 | 44.6 |
| 新增林地 | 公顷 | 3400 |
| 森林覆盖率 | % | 18.51 |
| 湿地保有量 | 平方千米 | 727.75 |

【绿地建设】　扎实推进绿地建设，全年共新建绿地1055.3公顷，其中公园绿地512.8公顷。

【绿道建设】　超额完成"建成绿道200公里"任务目标，广中路、苏州河绿道普陀段（局部）、真北路、汶水东路、滨江森林公园（二期）、蕰藻浜、崇明生态大道等一批有特色的绿道建成开放，全年共完成232千米建设任务。

【口袋公园建设】　"新建改建60座口袋公园"首次被列入市委、市政府为民办实事项目，超额完成既定目标，全年共建成80座绿化景观面貌良好、基础配套设施完善、主题特色突出、服务功能多样的口袋公园。

【环城生态公园带建设】　制订环城生态公园带环上功能提升总体规划和设计导则，丰翔智秀公园、春光公园等7座环上公园建成开放，春申公园、锦梅公园等10座环上公园开工建设。落实环新城森林生态公园带造林空间，启动环新城森林生态公园带建设。

【"四化"建设】　按照公园城市建设要求，依托"常态花卉项目"，重点在口袋公园、绿道等建设及绿化特色道路创建等项目中推广应用"四化"新优植物，包括石蒜系列、萱草系列、鸢尾系列等宿根地被，北美海棠、月季"切月"、红枫"珊瑚阁"、穗花牡荆等花灌木。

【郊野公园建设】　加强已开放郊野公园的日常服务工作，完成合庆郊野公园开园指导工作。按照《上海市郊野公园运营管理指导意见》，指导各郊野公园提升运营管理水平。

【绿化特色道路】　按照绿化、彩化、珍贵化、效益化建设目标，按照《上海市绿化特色道路评定办法》要求，打造"两季有花、一季有色"的道路绿化特色景观，每年在全市创建一批绿化特色道路，2022年，共创建绿化特色道路16条。

【申城落叶景观道路】　2022年，"落叶不扫"景观道路为45条，自2013年起，申城道路保洁和垃圾清运行业开始打造落叶景观道路，徐汇区余庆路、武康路率先尝试对部分落叶道路"落叶不扫"，成为申城一道独特风景，受到许多市民点赞。2014年，全市落叶景观道路增至6条，2015年增至12条，2016年增至18条，2017年增至29条，2018年增至34条，2019年增至42条，2020年为41条，2021年为41条。

【花卉景观布置】　做好迎国庆和党的二十大全市绿化景观保障工作，重点区域绿化主题景点和花坛花箱布置亮点纷呈，花卉布置量1000万盆以上。

【城乡公园体系】　全市城乡公园数量达到670座，其中新增城市公园39座、口袋公园69座、乡村公园30座。

【公园免费开放】　上海植物园、上海曲水园实施免费开放。按照"免费开放不降管理质量、免费开放不降服务品质"的总体原则，不断完善基础设施，加强游园安全的管控，为市民游客创造安全有序的游园环境。全市收费城市公园减少至12座。

**【公园主题活动】** 因地制宜拓展公园主题功能，深化提升城市公园的服务功能与主题特色。全市7个区和3家直属公园与8所院校根据合作项目计划有序推进落实。40项主题功能拓展项目已相继实施完成。开展园艺大讲堂、绿化大篷车、流动花市等系列活动1563场，直接参与人数达30余万人次。全市共有社区园艺师327人，覆盖全部221个街道（镇），建成市民园艺中心72座，着力打造构建"市民园艺服务"网络。

**【国庆期间公园游客量】** 国庆期间，全市公园共接待游客410.19万人次（其中城市公园356.85万人次、郊野公园53.34万人次）。城市公园游客量较上年减少28.40%，其中，12座收费公园共接待游客58.75万人次，较上年同期减少21.64%；6座市属公园共接待游客64.9万人次，较上年同期减少13.65%；区属公园共接待游客291.96万人次，较上年同期减少31.02%。

**【古树名木管理】** 组织重大林业有害生物监测防控，布设3626只美国白蛾诱捕器，比上年增加52%，共完成防治作业面积4.53万公顷次。全年共完成16项144株古树名木复壮、设施维护与生境改善，45个古树名木生长势与环境监测点维护，388株古树名木病虫害治理，120株古树名木健康评估等实施内容。建成松江"六号千年古银杏园"、浦东泾南公园"千年古银杏园"、嘉定紫气东来绿地古银杏"双树园"等古树园。

**【树木工程中心建设】** 以提升城市行道树安全为目标，联合同济大学完成"应对台风侵袭的上海市行道树应用评价与优化策略研究""行道树风险机制研究"等专题研究，联合复旦大学、华东师范大学开展"公园城市背景下城市树木生态应用路径研究""上海城市树木树种结构优化研究""i-Tree模型的本地化及应用实践研究"等前瞻性研究。联合上海自然博物馆，积极探索项目化课程研发，开展策划行道树相关课程，形成《认识行道树》等科普课程。全年共举办线下科普活动22场，线上科普活动9场，服务市民4万余人。

**【立体绿化建设】** 新增立体绿化44.6万平方米，全力推进"百里花带"建设，巩固发展"申字形"高架沿口摆花工作。

**【市民绿化节】** 全年共开展园艺大讲堂、绿化大篷车、流动花市等各类活动1563场，直接参与人数达30余万人次，取得了良好的社会效应。

**【绿地开放】** 21家单位完成实施附属空间和绿地开放，5家单位完成开放方案编制。中山公园、鲁迅公园、复兴公园、和平公园、静安雕塑公园等一批公园拆除围墙，让更多街区面貌得到有效提升。

**【林长制全面推行】** 印发《上海市林长制2022年度考核办法》《上海市林长制指导督查工作方案（试行）》等文件。全面对接市、区、乡镇（街道）城市运行中心"一网统管"平台，指导重固、合庆、石门二路街道等39个街道（镇）创建林长制工作示范街道（镇），浦东新区、青浦区重固镇入选2022年度长三角一体化林长制改革示范区十大案例。

**【林业建设】** 2022年新增森林面积3400公顷，上海市森林面积已达12.65万公顷，森林覆盖率达18.51%。建成30个开放休闲林地，完成8个千亩开放林地项目与1400公顷生态廊道项目验收工作，完成公益林抚育2000公顷。强化造林项目管理，对65个造林项目、659个地块开展营造林实绩核查。

**【森林资源管理】** 印发《上海市生态公益林抚育管理意见（试行）》。扩大规模化、标准化经济果林生产，推进机械化、信息化和智能化成果应用，建成一批高质量经济果林示范园。完成5个林下种植复合经营项目的验收。推进崇明区和奉贤区正式申报创建国家森林城市，辰山植物园和东方绿舟被认定为国家青少年自然教育绿色营地。推进辰山植物园、上海植物园、中国科学院分子植物科学卓越创新中心联合申报国家植物园。

**【林业灾害防控】** 强化森林火灾和有害生物预警、监测与巡察，建成森林防火监测预警系统。抓好以美国白蛾为重点的有害生物防控工作，全年共完成防治作业面积4.53万公顷次。

**【"安全优质信得过果园"创建】** 自2011年上海市林业部门启动"安全优质信得过果园"创建工作，2022年，全市"安全优质信得过果园"已达93家，分布在全市9个郊区，统一使用专用"安全护盾"标识和果品安全追溯系统。

**【湿地保护修复】** 完成湿地生态综合监测，全市国土"三调"口径湿地总面积为7.27万公顷。全力推进崇明东滩申遗和崇明区正式申报创建国际湿地城市。推动崇明北湖生态修复项目列入崇明世界级生态岛建设三年行动计划。

**【常规专项监测】** 推动崇明北湖重大生态修复方案编制，启动崇明北湖科考项目，推动崇明北湖生态修复项目正式列入崇明生态岛三年行动计划。开展水鸟同步调查、绿（林）地鸟类调查、两栖类和兽类监测等陆生野生动物常规监测项目，2022年度共记录到野生鸟类307种685395只次，两栖类1目3科6种4132只次，兽类5目8科9种。

**【野生动植物进出口许可】** 持续做好野生动植物资源管理工作，全市办理各类野生动植物资源人工繁育、经营利用、进出口许可5780件。

**【野生动植物执法监督】** 加强野生动物保护执法，全市各级执法部门共查办野生动物案件176起，处以罚款和罚金5.64万元，加强与公安、渔政、水务、海警、海事等部门联勤联动，配合公安部门办理野生动植物刑事案件73起。

**【大事记】**
　　1月5日　市绿化市容局召开

"学习贯彻十九届六中全会精神 全面谋划2022年绿化市容工作"务虚会，局党政领导班子成员、二级巡视员，局机关处室主要负责人、各直属单位班子成员及各区绿化市容局主要负责人参加会议。

**1月12日** 上海市副市长彭沉雷一行赴市绿化市容局调研，局党政领导班子成员、纪委监委驻建设交通工作党委纪检监察组组长金跃明、局二级巡视员及相关处室主要负责人参加调研。

**1月27日** 市绿化市容局召开全市绿化建设管理年度工作会议，副局长、一级巡视员方岩出席，局相关处室和直属单位、各区绿化市容局、临港管委会绿化部门及各区绿化中心（署、所）相关负责人参加会议。

**2月10日** 市绿化市容局党组书记、局长邓建平赴静安区中兴公园、广中路绿化特色道路调研公园城市建设工作，静安区委书记于勇、区长王华、副区长李震，以及局相关处室和直属单位负责人参加调研。

**2月14日** 市绿化市容局会同市规划资源局召开环城生态公园带环上慢行空间贯通工作专题研讨会，市规划资源局副局长张玉鑫、市绿化市容局副局长汤臣栋，以及市规划资源局、市绿化市容局相关处室和直属单位、市规划院、市园林院等相关单位负责人参加会议。

**2月18日** 国家林草局动植物司副司长周志华一行6人赴辰山植物园调研国家植物园体系建设，市绿化市容局党组书记、局长邓建平，副局长方岩、汤臣栋，以及局相关处室和直属单位负责人参加调研。

**2月23日** 市绿化市容局党组书记、局长邓建平赴三林楔形绿地项目基地开展"促发展、保安全"大走访、大排查工作，浦东新区生态环境局党组书记、局长康永良，园林集团党委书记、董事长苏向明，党委副书记、总裁张勇伟，以及局相关处室和直属单位、绿建公司负责人参加调研。

**2月23日** 市绿化市容局召开2022年上海市有害生物预警防控工作会议，副局长顾晓君出席，局相关处室和直属单位，市公路、水务、铁路、房管等相关部门，各区绿化市容局及光明集团、上实集团等相关企业负责人参加会议。

**2月24日** 市绿化市容局召开2022年绿化市容行业年度工作会议，局党政领导班子成员、二级巡视员，局机关处室和各区绿化市容局主要负责人参加会议。

**2月24日** 市绿化市容局在浦东新区世纪公园召开2022年度上海市古树名木保护管理工作会议，副局长、一级巡视员方岩出席，局相关处室和直属单位、市城市管理行政执法局执法总队、各区绿化市容局和古树名木管理部门负责人，以及古树名木保护市级志愿者代表参加会议。

**5月1日** 自然资源部办公厅印发《上海崇明东滩国际重要湿地自然资源统一确权登记实施方案》，正式启动崇明东滩国际重要湿地的确权登记，也是全国首次开展关于湿地资源的确权登记工作。

**5月9日** 市绿化市容局副局长、一级巡视员方岩召开绿地养护复工复产工作专题会，局相关处室和直属单位负责人参加会议。

**5月28日** 市绿化市容局副局长、一级巡视员方岩召开2022年绿化条线防汛防台工作推进视频会议，局相关处室和直属单位负责人参加会议。

**5月30日** 市绿化市容局组织开展2022年森林和湿地调查监测技术培训，启动本市森林、湿地调查监测工作，局相关处室和直属单位，市测绘院、各区林业站、光明、上实、城投和地产等市属公司，以及第三方调查单位相关技术人员共计100余人参加视频培训。

**6月30日** 市绿化市容局会同市规划资源局共同组织召开2022年森林、湿地调查监测工作推进视频会议，市绿化市容局副局长顾晓君、市规划资源局副局长王训国、国家林草局华东院院长吴海平出席会议。两局相关业务处室和直属单位、市测绘院等技术支撑单位，各涉林区绿化市容、规划资源部门以及光明、上实、城投、地产、临港新片区管委会等单位负责人参加会议。

**7月1日** 市绿化市容局召开全市绿化行业年中工作视频会议，市绿化市容局副局长、一级巡视员方岩出席会议并讲话。局相关处室和直属单位、各区绿化市容局、临港管委会等相关部门负责人参加会议。

**7月6日** 市政府以视频会议形式召开市河湖长制林长制大会，市委书记、市总河长、市总林长李强出席会议并讲话，市委副书记、市长、市总河长、市总林长龚正主持会议，市领导诸葛宇杰、朱芝松、陈金山、郭芳、肖贵玉、黄震出席。副市长、市副总河长、市副总林长彭沉雷部署2022年河湖长制林长制重点工作。市河湖长制、林长制成员单位和各区负责人参加会议。

**7月7日** 市人大常委会副主任高小玫，市绿化市容局党组书记、局长邓建平，副局长顾晓君，市规划资源局副局长王训国，市财政局副局长王蔚静赴崇明区开展该区代表团在市人代会上提出的《关于规范有序推进湿地生态修复建议》督办调研工作。

**7月13—15日** 国家林草局驻上海专员办副专员高尚仁率督查组赴上海市松江区、嘉定区开展破坏森林资源案件督查督办工作，市绿化市容局副局长周海健陪同，局相关处室、松江区、嘉定区政府和区绿化市容局相关负责人参加。

**7月25日** 上海市首块居民区"林长制公示牌"揭牌仪式在静安区石门二路街道东王居民区举行，市绿化市容局副局长顾晓君，静安区副区长、区林长办主任李震为居民区首块"林长制公示牌"揭牌。

**8月2日** 市绿化市容局召开上海市创建国家植物园专家咨询视频会议，专家组由中科院院士许智宏、洪德元以及国家林草局、北京林业大学、华南国家植物园、中科院植物研究所、中科院庐山植物园、中科院西双版纳植物园等单位专家组成。市绿化市容局副局长方岩主持会议，市绿化市容局党组书记、局长邓建平，中科院分子卓越中心主任韩斌院士、陈晓亚院士出席会议，局相关处室和直属单位负责人参加会议。

**8月5日** 市绿化市容局举办《中华人民共和国湿地保护法》解读暨自然保护地培训会，市绿化市容局副局长顾晓君出席，局相关处室和直属单位、市级相关单位、各区绿化市容局、各自然保护地管理机构相关负责人参加线上培训。

8月19日 市政府以视频会议形式召开市林长办成员单位会议暨市绿化委员会全体会议。市副总林长、市林长办主任、市绿委主任、副市长彭沉雷出席会议并讲话，市林长办第一副主任、市绿委副主任、市政府副秘书长王为人主持会议。市绿化市容局党组书记、局长邓建平报告本市全面推行林长制、科学推进国土绿化的进展情况，并对下一步工作进行部署。市林长办、市绿委成员单位，各区林长办、区绿委成员单位及各街道（镇）负责人出席会议。

9月2日 市绿化市容局党组书记、局长邓建平组织召开新增森林面积任务工作专题会，副局长顾晓君出席会议，局相关处室和直属单位、各涉林区绿化市容局负责人参加会议。

9月22日 市绿化市容局举办2022年上海市野生动植物保护联合执法培训会暨执法联席会议，副局长、一级巡视员周海健出席，市、区两级绿化市容、公安、市场监管等部门相关负责人和业务骨干，以及上海铁路运输法院、上海铁路运输检察院、上海市价格认证中心相关负责人共140余人参加在线培训。

11月1日 "长三角植物园科普联盟"揭牌活动暨市科协和市绿化市容局合作签约仪式在辰山植物园举行，市绿化市容局党组书记、局长邓建平，市科协党组书记、副主席马兴发出席并致辞，市绿化市容局总工程师朱心军和市科协党组成员、副主席倪前龙代表双方单位签署合作框架协议。

11月1日 第八届上海国际自然保护周市绿化市容局分会场启动仪式暨"生态践行活动"在中山公园举行，市绿化市容局总工程师朱心军出席活动并致辞，上海国际自然保护周组委会副主任、上海科普教育发展基金会副理事长王智勇，局相关处室和直属单位、市科委、长宁区绿化市容局相关负责人，以

及首届行业科普讲解员大赛决赛获奖选手参加活动。

11月2日 由市绿化市容局主办，奉贤区绿化市容局、上海亚绿文化旅游发展（集团）有限公司承办的2022年上海市森林防火技能竞赛在奉贤申亚生态片林举行，市绿化市容局副局长顾晓君，以及市绿化市容行业工会、局相关处室和直属单位、奉贤区绿化市容局等单位负责人出席竞赛开幕式并观摩比赛。

11月3日 市绿化市容局举办2022年上海市林业行政执法队伍能力提升线上培训会，副局长、一级巡视员周海健出席，市、区两级林业部门，浦东新区城管执法局，临港管委会等部门负责人和执法人员共90余人参加培训。

11月11日 2022年度沪苏浙皖林业部门扎实推进长三角一体化高质量发展联席会议在苏州市召开，国家林草局防火司司长周鸿升、上海专员办专员苏宗海、合肥专员办专员李军，以及三省一市林业部门负责人出席会议。市绿化市容局副局长顾晓君代表上海市林业局与江苏省林业局、浙江省林业局、安徽省林业局共同签署《沪苏浙皖林业主管部门森林防火联防联控协议》。上海市嘉定区、金山区、青浦区和江苏省苏州市、浙江省嘉兴市、安徽省宣城市六地林业主管部门共同签署《长三角生态绿色一体化发展示范区重大林业有害生物联防联控框架协议》。

11月12日 由上海市绿化市容局、上海市人民对外友好协会、陕西省人民对外友好协会、陕西省林业局共同主办的"鹮美天下——共建人与自然生命共同体和中日韩合作"研讨会在上海举办，国家林草局动植物司司长张志忠视频致辞，市绿化市容局副局长顾晓君出席开幕启动仪式。

11月15日 国家林草局驻上海专员办专员苏宗海赴崇明区调研森林督查工作，市绿化市容局副局

长、一级巡视员周海健，以及局相关处室、区绿化市容局相关负责人参加调研。

11月15日 上海市绿化市容行业工会、上海市林业总站、上海市林学会联合举办"守'沪'森林"——2022年全市林业有害生物防控岗位技能竞赛，市绿化市容局副局长顾晓君，市绿化市容行业工会、市林学会，以及局相关处室和直属单位、闵行区绿化市容局相关负责人参加活动。

11月25日 市绿化市容局召开2022年度行道树冬春季综合养护工作视频会，市绿化市容局副局长、一级巡视员方岩出席，局相关处室和直属单位、各区绿化市容局、各区绿化中心（所）及各行道树养护公司负责人参加会议。

11月30日 市绿化市容局召开2022年绿化市容行业媒体座谈会，副局长、一级巡视员周海健出席，近20家中央和上海市主要媒体记者参加会议。

12月2日 市绿化市容局和市文明办联合命名第一批"上海市新时代文明实践公园"，市绿化市容局副局长、一级巡视员周海健和市文明办副主任郑英豪向上海辰山植物园、上海古猗园、大宁公园、世纪公园、航华公园和上海之鱼城市公园群6座公园代表颁发"上海市新时代文明实践公园"铭牌。

12月9日 市绿化市容局代表上海市参展的上海展园（室外），荣获第十三届中国（徐州）国际园林博览会室外展园综合竞赛最佳展园等6个奖项，其中最佳展园奖项排名第一。

12月20日 市绿化市容局以视频会议形式召开上海市今冬明春森林防火工作会议，市绿化市容局副局长顾晓君出席，局相关处室和直属单位，以及各区绿化市容局和林业站相关负责人参加会议。

（上海市林业由张李欣供稿）

# ▶ 江苏省林业

【概　述】　2022年，江苏省林业系统坚持以习近平新时代中国特色社会主义思想为指导，深入践行习近平生态文明思想，把学习贯彻习近平总书记重要指示批示精神作为重大政治任务，把贯彻落实省委省政府、国家林草局决策部署作为重大工作要求，坚持林业高质量发展，统筹推进林业改革发展安全各项工作，圆满完成年初确定的各项目标任务，为"强富美高"新江苏现代化建设作出新的贡献。

【造林绿化】　全省完成造林1.6万公顷，沿江县域新增造林506.6公顷，分别为年度计划的120.6%和152%，全省林木覆盖率达24.06%。扎实开展森林质量提升，完成低效林改造和退化林修复4466.6公顷，森林抚育4.1万公顷。联合省自然资源厅、农业农村厅转发国家三部委《关于加强农田防护林建设管理工作的通知》，为推进全省农田林网建设提供政策依据。高质量推进国家森林城市建设，连云港市获得"国家森林城市"荣誉称号。推动村庄绿化提档升级，制定印发《江苏省绿美村庄211提升工程三年实施方案（2023—2025年）》《江苏省绿美村庄211提升工程建

省领导参加义务植树活动

设标准》，新建绿美村庄505个。开展"履行植树义务、助力双碳行动"全民义务植树活动，省领导带头参加义务植树，举办义务植树活动3000多场，义务植树1020万株，建设义务植树基地219个，"互联网+义务植树"基地31个。抢救复壮古树名木518株，其中省级试点示范105株，全面完成打击破坏古树名木专项整治行动。组织修订《江苏省林业行业碳达峰碳中和实

施方案》，推广应用高碳汇营造林模式，盐城林场入选国家林草局国有林场森林碳汇试点。省绿化委员会全体成员会议召开。修订并印发《江苏省绿化委员会成员单位职责》，推进部门绿化协调发展。

【森林资源保护管理】　严格实行林地用途管制和定额管理。积极申请国家备用定额，优先保障全省重大基础设施、公共事业和民生工

长江两岸苏州造林绿化效果

程等使用林地，为全省628项建设项目提供林地审核服务，其中省级以上重大项目85件，涉及林地面积1194.14公顷。加强公益林建设和管理，省级以上公益林面积稳定在38万公顷以上，下达公益林生态效益补偿资金近2亿元。以国土"三调"数据成果为基础，组织开展省级公益林优化落界研究，为新一轮林地保护利用规划编制提供数据支撑。印发《江苏省林业局关于进一步加强"十四五"期间林木采伐管理工作的通知》，规范全省林木采伐管理。市、县两级林业主管部门全面使用"森林督查暨林政执法综合管理系统"，林政执法信息化水平切实提升。全面开展全省林草湿调查监测，协同推进国家级公益林监测、沙化监测、林草碳汇计量监测，形成2022年度全省森林、草地、湿地资源一张图。

【湿地保护修复】 全省新增自然湿地保护面积4.79万公顷，自然湿地保护总面积达125.67万公顷，全省自然湿地保护率达64.3%，长江干流湿地保护率提升到68%。严格管控湿地资源总量，申报2处国际重要湿地、3处国家重要湿地，新建1处国家湿地公园，1处国家级湿地公园通过验收，新建湿地保护小区136处，修复湿地3840公顷。规范出具占用湿地意见，其中涉及永久占用省级重要湿地5处，临时占用省级重要湿地4处，永久及临时占用一般湿地20余处。推进省级重要

湿地遥感动态监测和湿地监测平台建设，完成全省滨海湿地遥感监测评估及省级重要湿地遥感监测一期评估。开展森林湿地系统外来入侵物种普查。盐城市成功申报国际湿地城市。扬州市出台全省首部《乡村小微湿地修复规范》地方标准。

【野生动植物保护】 加强珍稀濒危陆生野生动植物物种保护拯救，开展珍稀濒危物种野外种群保护。对麋鹿、丹顶鹤、勺嘴鹬等珍稀濒危物种进行野外种群保护，开展生境保护与恢复，麋鹿种群达7033头，其中野外种群3116头。开展全国越冬鹤类、青头潜鸭和长三角水鸟同步调查，在全省48个重点区域持续开展野生动植物调查监测。野生动物疫源疫病主动预警采样1161份。南京市浦口区等多地探索建立野生动物肇事补偿保险制度。成立江苏省林业外来入侵物种普查工作领导小组，组织编制《江苏省森林、湿地生态系统外来入侵物种普查实施方案》，举办全省森林湿地生态系统外来入侵物种普查工作培训班。推进市、县建立野生动植物保护协作机制，全省91个县（市、区）建立打击野生动植物非法贸易联席会议制度。

【自然保护地管理】 出台《江苏省风景名胜区规划审查技术导则（试行）》，严格风景名胜区规划审查。完成全省自然保护地和风景名胜区整合优化预案上报，为"三

区三线"划定奠定基础。淮安等9市出台自然保护地体系建设文件。完成涉及自然保护地的重大项目审核审查90件。建成自然保护地管理信息系统，分4批推送疑似问题图斑10418个。南京钟山等10个风景名胜区规划修改完善，3个国家级自然保护区规划完成省级专家评审。开展南京、镇江江豚保护区本底资源和陆域生物多样性调查。组织编报《新洋港闸下移工程对中国黄（渤）海候鸟栖息地（第一期）世界自然遗产地影响评价报告》。配合做好第二轮中央环保督察，13项涉林问题整改责任全面落实。长江经济带5个生态环境问题完成销号验收。

【森林火灾预防】 开展森林火灾隐患排查整治和查处违规用火行为专项行动，派出2045个检查组、检查5551次，督促检查重点防火区域及单位6827个，排查风险隐患1033处，全部整改到位。印发《江苏省森林防火现代化体系建设规划》，推进《江苏省〈森林防火条例〉实施办法》修订。完善森林火灾监测预警平台，建成森林火灾监测预警中心77个、智能预警监控云台679个，防火卡口监控1592个。推进"互联网+防火督查"系统和"防火码"的应用，系统注册率、填报率和防火码启用率均达100%，森林防火智能化监管水平总体处于全国前列。森林防火队伍日趋专业化正规化，森林防火专业、半专业队伍达255支，举办全省第13届林业系统森林防火技能竞赛。组建省林业局森林防火突击队。加强基础设施建设，建成各类防火道路共10679千米，护林站（点）1418座。推进全省森林火灾风险普查，完成641个标准样地、64个大样地外业调查任务。签订《沪苏浙皖林业主管部门森林防火联防联控合作协议》和《沪苏浙皖林业局森林防火处党支部共建协议》，努力构建沪苏浙皖毗连地区森林资源绿色保护屏障。全省未发生重特大森林火灾和人员伤亡，森林火灾受害率控制在0.3‰以内。

【林业有害生物防控】 全省主要林业有害生物发生面积8.3万公顷，

太湖湿地晨曦

同比下降25.7%，总体以轻度发生为主，局部成灾。全省松材线虫病疫情发生面积、死亡松树数量同比分别下降1.19%和11.60%，拔除仪征市县级疫区，撤销5个乡镇级疫点，实现松材线虫病疫情发生面积、病死株数、疫区、疫点和疫情小班数量"五下降"。美国白蛾发生危害程度较轻，发生面积同比降幅近50%。以舟蛾为主的杨树食叶害虫危害面积下降明显。其他林业有害生物总体可控，红火蚁等外来林业有害生物经全面监测未发现疫情。全省各地综合运用化学、物理、生物等防控措施，无公害防治率达95%以上，成灾率8.15‰。省委书记吴政隆、省长许昆林连续三次就全省松材线虫病、美国白蛾、加拿大一枝黄花防控工作作出重要批示。省林业局会同省自然资源厅等八部门联合印发《关于切实做好加拿大一枝黄花防控工作的紧急通知》。推进《江苏省林业有害生物防控条例》立法，修订《江苏省植物检疫管理办法》。与南京海关等部门共同签署《防控重大动植物疫情暨促进农林牧渔业高质量发展合作备忘录》，沪苏浙皖有关县（区）签署《长三角生态绿色一体化发展示范区重大林业有害生物联防联控框架协议》。举办首届全省林业有害生物防控技能大赛，南京市获团体一等奖。

【林业产业发展】 全省林业产值5118亿元，受疫情影响相较2021年稳中略降。其中：第一产业1171亿元，占总产值22.9%，比上年产值增长0.5%；第二产业3269亿元，占总产值63.9%，比上年产值增长0.5%；第三产业678亿元，占总产值13.2%，比上年产值降低1.0%。林木种苗和林下经济千亿元级产业工程顺利收官，总产值达1061.1亿元。省政府印发《关于推进林草种苗高质量发展的意见》，推进林下经济持续发展。审（认）定林木良种36个，新增1处国家林木种质资源库、2处省级林木种质资源库。新认定2个国家林下经济示范基地，全省各级示范基地达232家，省级食用林产品质量安全监测1502批次，合格率100%。开展2022绿美江苏生态旅游系列推介活动，推

介发布六大类型201项活动。与省体育局签订全面推进美丽江苏建设共创健康美好生活框架合作协议。印发《江苏森林步道建设导则和评分细则》，新建森林步道21条，总里程146.73千米。宜兴阳羡旅游度假区入选国家级森林康养试点建设基地。完成《江苏省省级森林公园管理办法》修订。建立江苏省森林公园专家库。

【林业生态文化建设】 以植树节、湿地日等为契机，开展形式多样的林业主题宣传，在省级以上新闻媒体开展宣传报道150多篇次。制作江苏野生动植物保护宣传片，开展自然笔记大赛、湿地摄影比赛、鸟类保护与生态发展主题沙龙、探秘粮库科普等。通过《政风热线》《黄金时间——改革政策e解读》等品牌栏目，解读全省全面推行林长制落实情况，深入宣传林长制改革。泗洪洪泽湖保护区联合制作的动画片《环保特攻队》在央视等60余家媒体播出，播放量超1.5亿人次。盐城珍禽自然保护区联合央视频、学习强国等平台共同开展"鹤宝诞生记""鹤宝成长记"慢直播，累积线上播放量超1亿人次。大丰麋鹿保护区开展第十届鹿王争霸直播活动，吸引50多家媒体参与，近30万人次参与互动。通过央视纪录片《远方的家》《地理中国》等，全面宣传麋鹿保护感人事迹。

【林业改革】 省总林长亲自组织巡林，并就落实林长制等工作先后作出11次批示。2022年11月25日，

省委书记、省总林长吴政隆，省长、省总林长许昆林分别就全省林长制工作作出批示，省委常委、常务副省长、省副总林长费高云召开全省林长制工作推进会，进一步压实各级林长责任。经省委编委批复，省林业局成立林长制工作处。东台市、句容市改革举措获评长三角地区林长制改革十大案例。推动国有林场绿色发展，南京市启动"智慧林场"试点建设，六合区平山林场获评2022年全国"十佳林场"。指导宜兴市探索林业生态产品价值实现机制，核算年度森林生态产品增值。规范集体林权管理，促进集体林权有序入市，着手制定林权流转审批事项实施规范。推动林草审批事项全程网办，在全国率先实现林木采伐管理系统三方对接，数据全程共享。

【支撑保障】 全年下达中央和省级林业改革发展专项资金8.24亿元，落实林业贷款贴息补助3065万元。改革科技项目资金管理，推进科技创新和成果转化。实施林业科技创新与推广示范项目34项，启动典型森林、湿地生态系统碳储量调查与生态价值评估研究，编印林下经济种植标准化生产技术挂图。林业科技成果入选国家林草局科技司成果库67项，获得植物新品种授权数量42项，授权总量全国第五，林草年度专利量和专利总量全国第一。省林科院大力推进科技研发和成果转化，全年开展科技服务96项。加强林业人才队伍建设，73人获得全省林业高级职称资格，6人取得第

大丰麋鹿国家级自然保护区

六期"333工程"培养对象资格，1人获批技术二级岗。深入开展林业数字化转型，启动"智慧林业"信息化平台一期建设，提升林业管理信息化支撑能力。推进法治林业建设，开展《江苏省太湖风景名胜区条例》《江苏省湿地保护条例》等地方性法规的立法后评估。《江苏省湿地保护条例》列入2023年立法正式项目，《江苏省林业有害生物防控条例》列入预备项目。

**【大事记】**

**1月12日**　副省长、省副总林长储永宏在南京市江宁区调研检查林长制和森林防火等工作，省林业局领导沈建辉、仲志勤陪同。

**1月17日**　由省林业局、省科协主办的全省"世界湿地日"宣传活动启动仪式在南京举行，省林业局党组书记、局长沈建辉出席并讲话，省林业局总工程师吴小巧主持。

**2月16日**　副省长、省副总林长储永宏听取2021年林业资源监督通报问题整改落实情况汇报，省林业局党组书记、局长沈建辉，局党组成员、副局长王德平等参会。

**2月17日**　省林业局举行绿色守护者志愿服务队、森林防火突击队成立仪式。局党组书记、局长沈建辉和局党组成员、副局长、机关党委书记仲志勤分别授旗。

**3月10日**　省绿化委员会全体成员会议在南京召开，副省长、省绿化委员会主任储永宏出席并讲话，省政府副秘书长、省绿委副主任诸纪录主持会议，省林业局局长、省绿化委员会副主任沈建辉通报工作情况，省林业局总工程师、省绿委办主任吴小巧参加会议。

**4月2日**　省委书记、省人大常委会主任、省总林长吴政隆，省长、省总林长许昆林，省政协主席张义珍等省领导，在南京市六合区平山林场，与省市机关干部一起参加义务植树活动。省林业局党组书记、局长沈建辉，省林业局总工程师吴小巧等参加活动。

**4月22日**　2022江苏省暨南京市"爱鸟周"活动启动仪式在南京举行。

**4月28日**　省关注森林活动组委会第二次会议在南京召开。省政协副主席、党组副书记、组委会主任杨岳出席并讲话，省政协人资环委主任、组委会副主任王奇主持。省林业局副局长、执委会副主任仲志勤通报工作情况，省政协人资环委副主任、执委会副主任王鹏就工作要点作说明。

**5月12日**　省林业局联合南京市绿化园林局在南京市玄武湖公园开展"防控生物灾害、维护生态安全"主题宣传活动。

**5月29日**　省湿地保护委员会召开《中华人民共和国湿地保护法》贯彻实施座谈会暨省湿地保护委员会全体成员会议。

**5月31日**　省林业局党组书记、局长沈建辉带领局相关处室负责人走进省政风热线直播节目，解决群众诉求，回应百姓关切。

**7月28日**　2022绿美江苏生态旅游系列推介活动之宝华山"泡山节"启动仪式在句容宝华山国家森林公园举办。

**9月22—23日**　"喜迎二十大、奋进新征程"2022年全省林业有害生物防治职业技能竞赛在苏州举办，全省各设区市的13支参赛代表队共65名选手参赛。

**9月27日**　江苏省野生动物保护协会召开第五次会员代表大会。

**9月27—28日**　全省森林防火工作会议在无锡召开。

**10月20日**　省林长制工作领导小组办公室在南京召开2022年省林长制工作领导小组联络员会议。

**11月8日**　"以生境连续性和鸟类丰富度为目标的洪泽湖湿地生态修复实践案例"入选《长江流域十大生态保护与修复案例2022》，并在《湿地公约》第十四届缔约方大会"共建生命长江、传承大河文明"长江大保护论坛上发布，成为江苏省首个且唯一入选国际湿地保护大会的生态修复经典案例。

**11月11日**　在《湿地公约》第14届缔约方大会日内瓦分会场国际湿地城市授牌仪式上，包括盐城市在内的全球25个城市获颁"国际湿地城市"证书。

**11月11日**　2022年度沪苏浙皖林业部门扎实推进长三角一体化高质量发展联席会议在苏州召开。

**11月13日**　江苏镇江长江豚类省级自然保护区成立20周年暨2022年镇江长江江豚保护主题月启动仪式在镇江举行。

**11月23日**　全省林木种苗和林下经济工作会议召开。

**11月25日**　全省林长制工作推进会召开，省委书记、省总林长吴政隆，省长、省总林长许昆林作出批示。省委常委、常务副省长、省副总林长费高云出席会议并讲话。

**12月7日**　江苏省松材线虫病疫情防控40周年学术研讨暨工作推进会召开。

**12月13日**　经省政府同意，省林业局会同省发展改革委印发《江苏省森林防火现代化体系建设规划（2022—2030年）》。

**12月14—16日**　全省第13届林业系统森林防火技能竞赛成功举办。

（江苏省林业由王道敏供稿）
（图片由江苏省林业局提供）

火堆扑救

# 浙江省林业

【概　述】　2022年，浙江省林业部门认真贯彻落实中央和省委、省政府的决策部署，全力推进林业改革发展，国土绿化美化扎实推进，森林资源得到有效保护，自然保护地体系不断健全，野生动植物保护扎实有效，森林灾害防控全面强化，绿色富民产业稳步发展，林业改革创新全面深化，生态文化蓬勃发展。在国家林草局2022年林草重点工作表现突出单位通报中，浙江省林草资源保护管理，林草有害生物防控，油茶等林草产业发展，林草法治建设，林草科技、林业工作站和信息化建设，稳经济大盘用林用草要素保障六项工作被表扬，表扬总数蝉联全国第一。根据森林资源与生态状况年度监测，全省森林面积610.05万公顷，森林覆盖率61.27%，林地面积655.28万公顷，活立木蓄积量4.59亿立方米，森林植被碳储量30973.19万吨，森林生态服务功能总价值6128.17亿元。

【国土绿化美化】　2022年，持续推进新增百万亩国土绿化行动，严格执行国家制止耕地"非农化"、防止"非粮化"的政策要求，着力推进林地"应绿尽绿"，全年超额完成1.87万公顷新增造林任务。持续开展新一轮"一村万树"行动，推进乡村绿化美化，建成"一村万树"示范村259个。推进千万亩森林质量精准提升工程，2022年完成森林质量提升16.72万公顷。"浙江省先行先试探索林业碳汇发展新路径"作为全国样本在《绿化简报》上全国推广。3个市、县荣获首批国家林草碳汇试点，累计4个基地荣获国家青少年自然教育绿色营地，数量列全国第一。结合国家和省级"互联网+全民义务植树"基地建设，开发推广"浙里种树"应用程序，全年通过"浙里种树"登记开展活动超200场次。

【天然林、公益林保护管理】　2022年，浙江省林业局扎实推进天然林保护修复，率先完成市、县级天然林实施方案编制试点，金华、台州，安吉、开化、庆元、景宁2个市4个县完成实施方案编制，明确本行政区域天然林保护修复范围、目标和举措。公益林布局再优化，圆满完成全省省级以上公益林优化成果完善工作。强化公益林数字赋能，迭代升级浙江公益林、天然林管理应用场景，完成全省所有公益林分布县（市、区）试点试用。优化公益林补偿机制，联合省财政厅修订出台《浙江省森林生态效益补偿资金管理办法》。

【国有林场改革】　2022年，全省林业部门持续深化国有林场改革，加快推进国有林场高质量发展。持续推进现代国有林场建设，成功创建7家，全省累计建成"浙江省现代国有林场"48个，创建率达49%以上；创新开展"未来国有林场"建设试点，国家林草局2022年第21期和第33期专刊《浙江奏响国有林场引领共同富裕"三部曲"》简报，肯定浙江深化国有林场工作，邀请浙江录制《浙江省未来国有林场构思与探索》网络课程向全国推广，"未来国有林场"被列为浙江林业共同富裕示范区建设八大标志性成果之一，《未来国有林场建设导则》立项省级地方标准；在金华市婺城区东方红林场持续开展以建立绩效考核激励机制为重点的全国深化国有林场改革试点工作，为全国提供示范经验。2个国有林场和2名林场职工获"全国绿化先进集体"和"全国绿化劳动模范"称号。以临海市林场艰苦创业精神为原型的纪录片《不负青山》被省委组织部评为党员教育电视片一等奖，微电影《林海三代人》获2022年第十届中国梦（浙江）网络视频大赛剧情类短视频一等奖，并成功

入选国家广电总局2022网络视听精品节目名单，系全国林业系统唯一一部入选作品。

【古树名木保护】　2022年，省财政投入古树名木专项保护资金715.7万元，全省共投入保护资金6400多万元，实施病虫害除治7600多株，树体修补547株，修建树池3400多平方米，土壤改良9500多平方米，建成古树名木文化公园38个。创新"行业监管+公益诉讼+民主监督"模式，组织开展古树名木保护公益诉讼专项办案活动，破除硬化4600多平方米，拆除违章800多平方米，清理杂物近10吨，管线2500多米。全省林业和检察部门共同梳理涉嫌损害古树名木线索206条，立案160件，省级挂牌督办12件，凝聚各方力量共同推动古树名木依法保护工作取得明显成效。策划开展"浙里古树，由我守护""浙江：树在心中""银杏节""玩到天边"直播分享古树故事等专题宣传活动。在淳安、长兴、定海等地组织古树认养活动；在温州、定海开发上线"护木卫道""古树云认养"等数字应用场景；在磐安县以古树名木文化公园为抓手带动康养产业发展，促进乡村振兴和共同富裕，成为林业促进共同富裕典型案例等。

【生态文化建设】　2022年，浙江省林业部门深入推进"关注森林"工作，经省政协同意，完成省关注森林组织委员会和执行委员会成员调整。围绕省"关注森林"活动15周年契机，持续开设关注森林"国土绿化书记访谈"栏目，淳安县、桐乡市、象山县、衢州市柯城区4个县（市、区）委书记畅谈国土绿化。持续开展省森林城镇建设，完成省森林城镇创建与命名49个。大力推广"互联网+全民义务植树"模式，全省参加义务植树活

动人次达814万、植树2074万株。开展"世界湿地日""野生动植物日"、松材线虫病防治30周年等主题宣传，评选出"最美林业人"10名。起草《浙江省古道保护办法》，安排21条古道保护修复项目，仙霞古道入选首批大花园耀眼明珠。深入挖掘全省生态自然资源和生态人文资源，首次联合省文旅厅共同命名省级生态文化基地55个。加强青少年自然教育，利用"林护照"模式推进科普大本营活动品牌化，命名省级自然教育基地24个，9件精品课程在全国设计大赛获奖。

**【林业产业】** 2022年，全省各地不断深化改革创新，优化制度供给，强化政策保障，深入推进五大千亿主导产业发展，以改革创新促产业提质增效，全省林业主导产业平稳发展，绿色富民成效显著。联合省发展改革委等部门印发《关于科学利用林地资源促进木本粮油和林下经济高质量发展的实施意见》，组织起草《全省"千村万元"林下经济增收帮扶工程核查验收方案（试行）》《深化林技推广"四联"帮扶机制助力林下经济产业高质量发展》《浙江省木本油料全产业链发展实施方案（2022—2025年）》《浙江省油茶新种与低产林改造技术指南》等政策文件，为林业产业高质量发展赋能蓄力。实施竹产业振兴行动，累计建成竹材分解点58个、初级加工小微园区20个、竹产业园5个。提高油茶保供能力，完成油茶新种2000公顷、低产林改造5280公顷，香榧新种1066.67公顷。拓宽森林康养产业发展空间，建设省级森林康养基地24个、森林氧吧145个。扎实开展"千村万元"林下经济增收帮扶工程，完成验收"千村万元"林下经济增收帮扶工程任务村293个，建设基地面积6466.67余公顷。联合省中医药管理局开展2022年度浙江省林下道地中药材种植基地申报与认定工作，认定省林下道地中药材种植基地22家，认定道地面积666.67余公顷，林业主导产业平稳发展，绿色富民成效显著。

**【林木种质资源保护】** 持续推进种质资源库建设和管理，新增种质资源保存面积36公顷，累计建成省级以上公共种质资源库32处，收集保存种质资源2.5万份，国家林木种质资源库数量位居全国第一。"浙江省林草种质资源普查试点项目"通过验收。筛选具有重要利用与保存价值的种质资源211份。率先启动全省第二次林草种质资源普查工作，下发《浙江省林草种质资源普查实施方案（2022—2024年）》，制定完成200个重点树种种质调查操作技术规范，开发野外调查软件。在全省11个地市开展技术指导与培训，累计培训近400人次。

**【珍贵树种苗木保障】** 深入贯彻省委、省政府"新植1亿株珍贵树五年行动"重大决策部署，持续提升林业种苗保障能力。组织16家珍贵彩色树种省调控容器苗培育定点单位培育容器苗430万株，其中二、三类苗比例达85%以上，可实现造林2666.67余公顷。联合省广电集团开展以"我为亚运种棵树"珍贵树种赠苗植树系列活动，举办主题活动6场，在亚运场馆所在地、校园和乡村共种植珍贵彩色苗木4000余株，预计年碳汇量可达8万余千克，社会传播受众超过10亿人次。全面总结全省保障苗圃建设取得的成效以及经验做法，专题报道文章获《中国绿色时报》头条发布。

**【良种选育和种权保护】** 强化林木良种基地建设力度，组织开展2019—2021年全省13处国家重点林木良种基地实地考核，考核结果均为优秀。国家良种基地总面积达2146.67公顷，种子年生产量8979千克，穗条年生产量607万条，苗木年生产量1221万株。3个林木品种通过国家审定，31个林草品种通过省级审（认）定，林木良种引种备案品种1个。'长林53号'等7个油茶主推品种和2套品种配置方式被国家林草局列入《全国油茶主推品种和推荐品种目录》向全国推广。完成全省78处种苗基地落地上图，上图面积3343.13公顷。

**【林业科技创新】** 2022年，国家林草装备科技创新园建设全面推进，展示中心、研究院等一期项目进展迅速，引进德硕智能集成工具等10个项目；"浙江强林智能林草装备研究院"完成注册；9月认定公布首批省级林业机械装备创新试验基地8个，获国家林草局批复同意开展林草机械装备创新试验示范基地国家级试点。高能级科技创新平台落地，省部共建亚热带森林培育国家重点实验室通过验收，国家林草局共同富裕长三角林业国家创新联盟（筹）在湖州揭牌，森林芳香植物康养功能研究重点实验室获批省重点实验室，12个林业清新空气站完成功能提升。聚焦现代林业机械装备、林业碳汇、生态保护修复等领域开展科研协同攻关，申报国家林草局应急科技揭榜挂帅项目"油茶采收机械研发"，36个林业项目列入2023年省"尖兵""领雁"计划榜单，浙江省政府、中国林业科学研究院合作新立项21项。标准化和知识产权工作走在前列。编制完成林草领域新型地方标准体系，发布45项林业省级地方标准，开展5项省级地方标准实施效果评估，2个省级标准化重大试点项目获批立项。率先在全国开展知识产权奖（植物新品种、专利和地理标志等）评选工作，获授权新品种权45件。深入开展"送科技下乡"活动，组建72个"1+N"科技服务团，137名科技专家深入一线开展科技服务。科技奖励硕果累累，获省科技进步奖二等奖4项、三等奖3项，自然科学奖三等奖1项，第十二届梁希林业科学技术奖25项；10项成果列为2022年国家林草科技重点推广成果。浙江省林业局被中国科协评为2022年全国科普日优秀组织单位。15人受聘为国家林草乡土专家，4人上榜国家林草局第二批"最美林草科技推广员"名单。通报表扬全省林业科技工作成绩突出集体50个、突出个人200名，遴选聘任省级林业乡土专家81名。

**【林业龙头企业发展】** 2022年，全省积极探索林业经营模式创新，大力推进股份制合作经营，提炼总结了浦江林地股份制、安吉林木股份制和以仙居为代表的股份制家庭林场、以庆元为代表的国乡合作经营改革模式、以新昌为代表的强村富民"平台+基金"经营改革模式五种模式，全省共新增家庭林场等新型林业经营主体603个；持续培育和发展龙头企业，推动产业辐射和带动，推进现代林业经济发展，组织2022年度省级林业重点龙头企业认定和监测工作，认定省级林业重点龙头企业18家，监测合格企业189家，完成浙江省第四批国家林业龙头企业监测评价；命名省级特色产业示范县1个，省级特色产业强镇6个。

【"一亩山万元钱"科技富民行动】 2022年，持续推广"一亩山万元钱"科技富民模式，完成"一亩山万元钱"五年深化行动成效评估，通过《中国绿色时报》等媒体加大宣传力度，共建设示范基地8.7万公顷，其中新建培育1.2万公顷，辐射推广2.5万公顷，巩固深化5.0万公顷。培训林农2.5万人次，参与该项行动的企业（合作社）3754家、农户4.9万户。认定35个"一亩山万元钱"高质量基地和十大科技促进共同富裕典型案例。挖掘具有林业辨识度、可复制可推广的典型富民模式60个。加快林技推广数字化改革，开发建设"一亩山万元钱"林技推广应用场景和"林农百事通"小程序，完成落地上图3.6万公顷，及时掌握并有效解决林农群众在生产实践中所遇到的问题和需求。

【古道保护】 2022年3月，《浙江省古道保护办法》正式实施，这是全国首部专门保护古道的地方立法，具有浙江辨识度和全国引领性。印发《浙江省古道分级保护办法》《浙江省古道保护修复导则》和《关于做好古道保护办法贯彻落实的通知》等文件，指导各地贯彻落实古道保护办法。实施古道分级保护，组织全省古道资源调查，采集古道矢量数据，推进古道落地上图和数字化管理，开展一级古道认定工作。协调省政府新闻办召开古道保护工作新闻发布会，协调各级媒体开展古道保护工作宣传报道、政策解读等，推荐的马岭古道、会稽山香榧古道、括（栝）苍古道获评省大花园第二批耀眼明珠。

【森林康养基地建设】 2022年，大力培育森林康养载体，全省共发展国家级全域森林康养试点建设乡镇3个，国家级森林康养建设试点基地4个，中国森林康养人家1个，省级森林休闲养生城市2个，省级康养名镇6个，省级森林人家75个，省级森林氧吧145个，省级康养基地24个。

【花卉苗木产业提升】 立足提质增效富农，努力推动花木产业转型升级。联合浙江旅游之声、省花卉协会推出覆盖全省11个市59个县（市、区）的春花赏花地图与赏花攻略，地图浏览量超过6万多人次，赏花攻略浏览量达11万多人次。指导金华市制订《金华市林长制办公室关于保护森林资源探索推进林苗一体发展的实施意见》，探索花卉产业用地和转型发展新思路。指导长兴县对标"标准化、精品化、容器化、机械化"建立示范基地，入选十大林业共同富裕典型案例。认定长兴花卉苗木、常山油茶育苗、庆元苗圃3个基地为首批浙江省林业机械装备创新试验基地（共有8个基地）。指导做好长兴花木大会、金华花博会等省内花事活动。

【林业资源保护】 根据森林资源与生态状况年度监测，全省在林地和森林面积保持基本稳定的前提下，森林质量稳步提高，林分结构持续改善。根据全省以往统计口径，全省林地面积655.28万公顷，其中森林面积610.05万公顷；活立木蓄积量4.59亿立方米，其中森林蓄积量4.12亿立方米；毛竹总株数34.92亿株。全省乔木林单位面积蓄积量93.48立方米/公顷，其中，天然乔木林90.71立方米/公顷，人工乔木林104.53立方米/公顷。乔木林分平均郁闭度0.64，毛竹林每公顷立竹量4064株。全省活立木蓄积量总生长量与总消耗量之比为2.54∶1，保持生长量显著大于消耗量的趋势，活立木蓄积量持续稳定增长。全省森林覆盖率61.27%，居全国前列。森林生态服务功能总价值6128.17亿元。

【林地林木保护管理】 2022年，浙江省首次实施林长制考核，提请发布第1号、第2号省总林长令，推动各级林长履职尽责，县级以上林长开展巡林活动3000多人次。及时出台林地定额保障等10条林业系统助力稳经济措施，加大山区26个县高质量发展使用林地支持力度，全年终审各类使用林地项目7221个，使用林地面积9724.8公顷，全力服务经济社会发展大局。全面实施林地占补平衡管理，出台补充林地库建设配套政策。贯彻落实国家林草局通知要求，出台林木采挖、林木采伐等规范性文件，核发林木采伐蓄积量182.60万立方米。组织开展全省林草生态综合监测，建立林草湿调查与国土年度变更协同机制。加大森林督查工作力度，推进破坏森林资源案件查处整改，2021年度森林督查发现的3143个案件全部完成整改销号。

【湿地保护管理】 2022年，组织开展"三调"湿地逐地块调查，就"三调"湿地进行现地核实，了解各地湿地保护率及全省湿地现状变化原因。完成80处省重要湿地矢量落界、生态保护绩效评价工作，新增12处省级重要湿地，调出5处省级重要湿地。推进湿地修复工作，全年共在11个省级以上湿地公园实施重要湿地生态修复项目，安排中央和省级资金5000余万元。2022年全省整治修复海岸线360.13千米，建设美丽河湖3670千米，共修复湿地2000公顷，投入资金5亿多元。组织开展浙江省湿地保护修复工作成绩突出集体和个人评选，100个集体和200名个人得到表扬，开展"大美湿地诗画江南"《湿地保护法》宣传月活动，联合中国湿地博物馆等举办全国湿地绘画大赛、湿地法知识竞赛等系列活动。通过省林业局官网、浙江林业微信公众号等平台连载湿地推文23篇。继续推进杭州、温州国际湿地城市创建工作，在温州举办2022青科会卫星活动国家蓝碳论坛暨浙江省第三届红树林保护与发展论坛，促进浙江省红树林研究中心建设，新植红树林77公顷，超额完成年度任务。开展全省首笔湿地碳汇交易，湖州市德清"两山银行"与下渚湖街道签订湿地碳汇收储合约，以每吨58.83元的价格，购买下渚湖湿地1万吨碳汇量。实施全国首单湿地碳汇生态价值保险理赔，杭州湾国家湿地公园2022年因"梅花"台风损失获赔24.6万元。2022年4月，省委常委、常务副省长陈金彪在《我省落实湿地保护修复机制推动湿地功能全面发挥》信息专报上作出批示，对全省湿地保护成效给予肯定。

【自然保护地管理】 2022年，继续推进以国家公园为主体的自然保护地体系建设，争取正式设立钱江源－百山祖国家公园，5月26日，国家公园范围和分区方案通过由国家林草局组织的专家论证，已完成《钱江源－百山祖国家公园管理条例（草案）》送审稿并上报省政府，《钱江源－百山祖国家公园管理条例》列入省人大常委会2022年一类预备立法计划。积极筹备南北麂列岛国家公园创建，2022年12月组织国家林草局规划院、自然资源部第二海洋研究所、省森林资源监测中心相关专家赴温州市实地调研，研究制订国家公园三年推进行动方案，更好推进南北麂列岛国家公园创建。省林业管理部门大力推进浙江省名山公园建设，截至2022年年底，全省名山公园完成项目总投资额约145.13亿元，其中2022年全年完成投资额34.39亿元。浙江省林业局开展名山公园三年提升行动评估工作，联合省发展和改革委、省自然资源厅、省文化和旅游厅印发《浙江省名山公园行动计划（2023—2027年）》。组织"诗画名山浙里行"联动直播，名山公园走进大盘山、会稽山等宣传推介活动，进一步擦亮"浙江诗画名山"品牌。加强自然保护地建设，深入推进自然保护地整合优化，按照国家林草局的要求，结合"三区三线"划定，完善保护地整合优化预案，8月，根据自然资源部、国家林草局统一部署，高质量开展自然保护地（风景名胜区）整合优化并按时上报数据。贯彻落实林业数字化改革工作要求，推进自然保护地应用场景建设。深入开展自然保护地动态监测，推进"天空地"一体化监测网络建设，完成2022年度自然保护地变化监测项目终期验收和数据入库工作，首次开展海洋自然保护地水体质量的变化监测与评估。2023年动态监测项目

已做好项目申报和前期准备工作。12月29日，省林业局公布第二批33个"浙江省自然保护地融合发展镇（村）"名单。

【森林灾害防控】 2022年，全省共发生森林火灾20起，受害森林面积205.9公顷，森林火灾受害率为0.034‰，保持历史低位，未发生重特大森林火灾、群死群伤和火烧连营事故。印发《浙江省森林防火"五大能力提升"行动方案》，全力推进护林巡查、火情早期处理、引水灭火、林火阻隔、数字防火能力提升。建成全省护林巡查应用场景，完成护林责任网格落地上图。组织表彰30个全省护林先进集体、150名优秀护林员。9个县完成"引水灭火"建设，优化提升90支森林火情早期处理队伍能力。联合省交通运输厅，在开化等6地开展防火巡护道与农村公路共同建设试点，立项道路长度41.85千米。协同6个部门开展森林火灾隐患排查治理和打击违法用火专项行动。全力推进森林火灾风险普查，形成森林火灾危险性图、森林火灾人口风险等级图、森林火灾森林资源风险等级图等评估与区划图件成果147项。全力打好松材线虫病防治攻坚战，全省清理松材线虫病疫木478.5万株、面积47.14万公顷，实施古松树、名松树、大松树打孔注药保护340万株。通过高质量除治，秋季普查疫情面积比上年减少9.49万公顷，病死树数量比上年减少137.6万株，全省156个乡（镇）疫点、37666个小班实现无疫情，龙港市撤销疫区，淳安县威坪镇等32个乡镇（街道）撤销疫点。首次实现疫情发生面积、病死树数量、疫区数量、疫点数量、疫情小班数量及成灾率"六下降"。永康市成功获批国家级松材线虫病综合防治试点市。在临安、遂昌等地开展航空喷药防治试验，在青田等地开展打孔注药综合防治试点项目，在永康、柯桥等地试点无人化智慧巡检。联合综合行政执法、公安部门开展专项执法1828次，出动执法人员6066人次，检查相关企业5351家，查处检疫案件101起，罚款31.4万元，关闭非法加工经营松木企业13个。

【平安林区建设】 2022年，省林业局健全制度服务决策，全年共公开备案出台的行政规范性文件10件，提供各类合法性审查意见16件。回复省人大、常委会会司法厅等单位立法意见28件。推进规范性文件和局机关合同管理，全面清理印发的行政规范性文件，废止和失效22件，继续有效57件。对局机关103件合同进行合法性审查。调整完善行政处罚事项，划转76项行政处罚事项至综合执法部门，林业系统保留48项。推进"互联网+监管"，发布2022年林业"双随机"抽查工作计划和抽查任务，年度全省林业"双随机"检查完成率达100%。

【野生动植物保护】 2022年，浙江省记录有陆生野生脊椎动物790种，其中国家一级、二级重点保护野生动物192种，分布有黑麂、华南梅花鹿、中华凤头燕鸥等珍稀濒危野生动物；记录有高等植物6100余种，其中国家一级、二级重点保护野生植物115种，浙江特有种超过200个，分布有百山祖冷杉、普陀鹅耳枥、天目铁木等珍稀濒危野生植物。

【野生动植物资源调查】 2022年，有序推进县域野生动植物资源本底调查，推动德清、温岭、泰顺等13个县（市、区）开展调查工作，进一步摸清县域范围内野生动植物资源情况。连续6年开展全省迁徙水鸟同步调查及环志工作，共记录鸟类16.5万只，记录数比上年增长21%。开展朱鹮、中华凤头燕鸥等物种年度专项调查监测，监测到中华凤头燕鸥成鸟139只，朱鹮野外种群287只。推进《浙江野生动物志》编纂工作。

【林业资金稽查】 2022年，省林业局组织对桐庐等13个市（县）的2018年度省林业产业类重大重点任务资金，诸暨等33个市（县）的2016—2021年度国有天然林停伐补助资金和天然商品林停伐管护补助资金，清凉峰等11个国家级保护区的2018—2020年度中央林业改革发展资金和中央预算内投资计划资金开展全面稽查，涉及省级及以上资金3.96亿元。

**【林业资金绩效评价】** 2022年，省林业局联合省财政厅对94个市（县、单位）的2021年度中央林业改革发展资金、林业草原生态保护恢复资金、省级林业专项资金和衢州市中央国土绿化试点示范项目开展绩效评价，共涉及省级及以上资金14.59亿元。配合财政部、国家林草局开展对浙江省2021年度中央林业转移支付资金绩效评价工作，配合财政部浙江监管局完成对浙江省2021年度中央国家公园补助资金的重点绩效评价。

**【林业非税征缴】** 2022年，全省共征收森林植被恢复费17.25亿元，其中省级收入2.45亿元。完成林业非税收入财政电子票据改革，组织开展全省年度征缴数据清理。

**【自然保护区与生物多样性保护】** 浙江省建有省级以上自然保护区27个，总面积19.48万公顷，其中：国家级11个，面积14.87万公顷；省级16个，面积4.61万公顷。全省除嘉兴市外10个设区市均设立省级以上自然保护区，分布数量最多的丽水市有自然保护区6个，其次是衢州市5个；分布面积最大的3个设区市是宁波市、温州市和丽水市，分别为4.85万公顷、4.09万公顷和4.03万公顷。全省自然保护区涵盖森林生态、自然湿地与水域生态、海洋海岸生态、野生动物、野生植物和地质遗迹6个类型，在保护生物多样性、维护生态安全中发挥重要作用。自然保护区内分布有扬子鳄、华南梅花鹿、黑麂等国家一级重点保护野生动物11种，国家二级重点保护野生动物52种，省级重点保护野生动物57种。自然保护区内重点保护野生动物分别占省内国家重点保护野生动物种数的56.3%、省重点保护野生动物种数的79.2%。自然保护区内分布的重点保护野生植物占省内国家重点保护植物种数的90%以上。年内，全省林业部门开展生物多样性本底调查和评估，推进自然保护地规范化建设，促进珍稀濒危物种资源保护和可持续利用，并在资金补助、宣传教育等方面形成浙江特色和浙江经验，促进生物多样性保护的成效不断提高。

**森林和野生动物类型保护区** 2022年，浙江省省级以上自然保护区以森林和野生动物类型为主，有森林和野生动物类型自然保护区19个，其中国家级8个、省级11个，总面积12万公顷。年内，完成浙江九龙山国家级自然保护区扩面上报工作。3月12日，省政府向国务院上报《关于恳请调整浙江九龙山国家级自然保护区范围的请示》和相关材料，拟将面积从原来的批复面积5525公顷（矢量面积为5522.76公顷）扩大至12727.65公顷。

**海洋、地质遗迹、水生生物类型自然保护区** 2022年，浙江省有海洋类自然保护区3个，其中国家级自然保护区2个、省级自然保护区1个；有地质遗迹类自然保护区4个，其中国家级自然保护区1个、省级自然保护区3个；有省级水生生物自然保护区1个。浙江南麂列岛国家级海洋自然保护区是中国首批5个国家级海洋类型自然保护区之一，也是最早加入联合国教科文组织世界生物圈保护区网络的中国海岛类型自然保护区。浙江长兴地质遗迹国家级自然保护区煤山剖面是世界上唯一在一个剖面上同时拥有2个"金钉子"的标准剖面，具有重要的国际对比意义、极高的科学研究和科普教育价值。年内，规范调整常山黄泥塘"金钉子"地质遗迹省级自然保护区范围，4月9日，省政府下发《关于调整常山黄泥塘"金钉子"地质遗迹省级自然保护区范围的复函》，保护区面积调整为298.23公顷。10月26日，国际地质科学联合会公布全球首批100个地质遗产地，长兴地质遗迹国家级自然保护区"金钉子"剖面入选。

**自然保护区建设** 2022年，全省省级以上自然保护区获省级以上财政资金8117多万元。其中，中央预算内投资3023万元，中央林业改革发展资金4494万元，省林业改革发展资金600多万元。主要用于保护区生物多样性保护、基础设施建设与提升、资源监测等。年内，启动生态保护和修复支撑体系专项中央基建投资浙江乌岩岭国家级自然保护区基础设施建设、浙江九龙山国家级自然保护区管护巡护及生态网络感知监测体系建设2个项目。推进总体规划编制（修编），向国家林草局上报大盘山等国家级自然保护区总体规划1个，经省政府同意批复婺城南山、常山黄泥塘"金钉子"地质遗迹2个省级自然保护区总体规划。

**生物多样性保护** 2022年，实施35个珍稀濒危野生动植物抢救保护任务。通过开展栖息地修复、人工扩繁、野化放归等措施，促进濒危物种种群数量持续增长。如朱鹮繁育98只，中华凤头燕鸥孵化幼鸟49只，黄腹角雉成功繁育32只，普陀鹅耳枥人工回归试验种植100余株，天目铁木繁育苗木270余株。在国内率先开展濒危野生动植物抢救保护基地建设，设立首批朱鹮等5个抢救保护基地，全力打造野生动植物保护标志性成果。8月4日，在浙江玉环漩门湾湿地举行全省野生动物疫源疫病巡护监测应急演练。9月28日举办中国南方朱鹮种群重建启动仪式，与湖南、江苏等地签订合作协议，推动钱江源国家公园朱鹮放飞，依托德清基地打造"中国南方朱鹮种群重建摇篮"。

**【大事记】**

**1月6日** 《浙江通志·林业志》首发式暨总结会在杭州举行。浙江省方志办主任、《浙江通志》常务副总编郑金月，《浙江通志》副主编王良仟，《林业志》编纂委员会主任、省林业局党组书局、局长胡侠，《林业志》编纂委员会原副主任、原省林业厅副厅长俞坚出席并讲话，会议由《林业志》编纂委员会副主任、省林业局副局长陆献峰主持。

**1月13日** 省林业局在杭州召开全省各市林业局局长会议。省林业局局长胡侠主持会议并讲话，局领导诸葛承志、骆文坚、李永胜、李荣勋、沈国存出席会议。

**1月25日** 省委书记袁家军，省委副书记、省长王浩等领导在省人民大会堂与被选树为"最美浙江人"的先进人物和家属代表亲切见面，由省林业局选树的"最美林业人"代表陈征海、黄坚钦二人参加活动。

**2月24日** 省林业局印发《浙江省古道分级保护办法》和《浙江省古道保护修复导则（试行）》。

**2月25日** 省政府新闻办在杭

州组织召开浙江省古道保护工作新闻发布会，省林业局党组书记、局长胡侠介绍浙江省古道保护工作及《浙江省古道保护办法》有关情况，省司法厅一级巡视员杨必明、省林业局副局长陆献峰出席，省委宣传部部务会议成员、省政府新闻办副主任骆莉莉主持。

3月3日至4月1日　省林业局党组书记、局长胡侠，局领导杨幼平、诸葛承志、陆献峰、骆文坚、李永胜、李荣勋等，分别带队赴金华市、宁波市、衢州市、舟山市、杭州市、温州市、丽水市开展"绿化造林月"指导服务。

3月10—11日　省人民政府咨询委员会乡村振兴部部长陈荣高到长兴县林场调研"未来国有林场"建设试点工作。

3月16日　省政协副主席周国辉一行赴省林科院调研指导科技改革发展工作，省林业局党组书记、局长胡侠陪同调研。

3月23—24日　省委书记袁家军深入丽水市云和县、庆元县、龙泉市，指导学习贯彻全国两会精神，考察调研山区26个县高质量发展和基层治理工作。

3月29日　浙江省委书记、省总林长袁家军，省长、省总林长王浩共同签发第1号省总林长令——《关于开展林长巡林工作加强林业资源保护的通知》。

3月31日　省关注森林委员会、省绿化与自然保护地委员会、省林业局在杭州市萧山区钱江世纪城亚运村建设地块景观绿化带开展省、市、区三级联动"我为亚运种棵树"植树活动。省政协副主席、省关注森林组织委员会副主任周国辉，省林业局党组书记、局长胡侠，局领导诸葛承志、骆文坚、李荣勋及林业干部职工参加义务植树活动。

4月21日　经省政府同意，省发展改革委、省林业局等12个部门联合印发《关于科学利用林地资源促进木本粮油和林下经济高质量发展的实施意见》。

5月5日　省人大常委会委员、环资委主任委员林健东，副主任委员王挺革，环资工委副主任戴均玺一行到省林业局走访调研。省林业局党组书记、局长胡侠，局领导陆献

峰、骆文坚、李永胜等参加座谈。

5月19日　省委常委、常务副省长、省副总林长陈金彪赴诸暨市开展巡林调研工作。省政府副秘书长周日星，省林业局党组书记、局长胡侠，绍兴市委副书记、市长、市总林长施惠芳等陪同调研。

5月20日　省林业局党组书记、局长胡侠等一行赴淳安县调研指导林业重点工作并出席千岛湖植物园开园仪式。局党组成员、办公室主任沈国存，杭州市林业水利局副局长姚伟明、淳安县委书记杨建根等陪同调研或参加相关活动。

5月27日　经省委、省政府同意，省林长制办公室印发《2022年浙江省林长制工作考核指标体系、目标任务和评分细则的通知》。

5月31日　省林业局印发《关于助力稳经济若干政策措施的通知》，出台10条林业系统助力稳经济政策措施。

6月1日　《浙江省林业系统火情信息报送办法》正式实施。

6月9日　省政府咨询委员会主任黄旭明一行赴省林科院调研，省林业局党组成员、副局长陆献峰参加调研座谈。

7月8日　省政协常委、致公党省委会主委胡伟带队到省林业局开展"提升森林食物生态价值转化能力助力山区共同富裕"专题调研。省林业局党组书记、局长胡侠出席座谈会并讲话，局党组成员、副局长陆献峰，局党组成员、办公室主任沈国存陪同调研。

7月15日　浙江省野生动植物

保护协会召开第三届会员代表大会，省林业局党组书记、局长胡侠出席并讲话，中国野生动物保护协会副秘书长斯萍莅临指导，省林业局二级巡视员、野生动植物保护协会会长骆文坚作表态发言。

7月25日　《浙江省林业保障性苗圃管理办法》修订出台，于2022年9月1日起正式施行。

8月18—19日　国家林草局副局长李树铭带队，国家林草局驻上海专员办专员苏宗海，国家林草局华东调查规划院党委书记、院长吴海平等一行到浙江调研林木制和森林资源保护管理工作。

8月23日　浙江省在全国率先印发实施《浙江省林业技术推广中长期发展规划（2021—2035年）》。

8月31日　省林业局印发实施《浙江省木本油料全产业链发展实施方案（2022—2025年）》。

9月22日　省林业局与省农村发展集团有限公司举行合作交流座谈会，省林业局党组书记、局长胡侠，省农村发展集团有限公司党委书记、董事长吴高平出席，省林业局党组成员、副局长陆献峰参加座谈。

10月8日　省委、省政府在杭州召开全省高质量森林浙江建设部署视频会。省委副书记黄建发出席并发表讲话，省委常委、常务副省长徐文光主持会议。

10月20日　省林业局公布2022年度"一亩山万元钱"高质量基地和共同富裕典型案例。

10月28日　浙江省总林长签发第2号省总林长令——《关于持续做

省委、省政府高质量森林浙江建设部署会（浙江省林业局　供图）

第15届中国义乌国际森林产品博览会（浙江省林业局　供图）

好当前森林防火工作的令》。

11月5—8日　第15届中国义乌国际森林产品博览会在义乌国际博览中心举办。省政协副主席周国辉出席开幕式，国家林草局总工程师闫振，省林业局党组书记、局长胡侠为开幕式致辞。省林业局党组成员、副局长陆献峰参加。此次展会四天累计实现成交额10.28亿元。

11月5日　以"珍爱湿地　人与自然和谐共生"为主题的《湿地公约》第十四届缔约方大会在中国武汉和瑞士日内瓦同步开幕。浙江省人大常委会党组副书记、副主任李卫宁带团出席，省林业局一级巡视员杨幼平参加。

12月1日　由省林业局、省生态环境厅、省发展改革委共同举办的浙江省首批浙林碳汇项目减排量开发集中交易暨浙江省碳普惠减排量登记备案系统上线发布会议在杭州召开，会议以"线下+线上"的形式举行。省林业局党组书记、局长胡侠，省发展改革委副主任吴红梅，省生态环境厅副厅长、一级巡视员王以淼出席会议。

12月14日　省林业局、省中医药管理局联合公布第二批浙江省林下道地中药材种植基地名单。

（浙江省林业由朱齐超供稿）

# 安徽省林业

【概　述】　2022年，安徽省人工造林2.27万公顷、封山育林7.57万公顷、退化林修复4.91万公顷、森林抚育13.87万公顷。创建省级森林城市3个、森林城镇60个、森林村庄613个，滁州市创成国家森林城市，皖江国家森林城市群全面建成。全省林业总产值达5345.53亿元。

【林长制改革】　2022年，安徽省围绕提升林长履职效能，调整重点生态功能区域省级林长分工，出台《关于提升林长履职效能的若干举措》，建立健全"落实林长会议制度、落实林长巡林制度、落实林长责任区制度、直接联系林业产业基地、直接联系林业经营主体、直接联系基层林长"六项工作法。全省市、县发布市、县总林长令193个，各级林长巡林52.3万人次，推动解决松材线虫病防控、森林防火、基础设施建设等方面问题3.4万余个。健全护绿、增绿、用绿、管绿、活绿协同并进体制机制，制订平安、健康、碳汇、金银、活力"五大森林"行动专项实施方案。建立全国林长制改革示范区先行区动态调整机制，开展全国林长制改革示范区先行区建设评估，淮北市烈山区、蚌埠市禹会区、合肥市环巢湖地区、安庆市宿松县、六安市霍山县、黄山市黄山区6个示范区先行区被评为优秀等次。安徽省政府出台《支持社会资本参与林业发展若干措施》，持续推进宣城市全国林业综合改革发展试点工作。深化区域合作，牵头举办长三角一体化林长制改革示范区建设高端论坛暨沪苏浙皖共建长三角一体化林长制改革示范区第一次联席会议，发布2022年度长三角地区林长制改革十大案例。

【林业要素保障】　2022年，安徽省林业局建立重大项目林业要素保障"双周"会商机制。编制并确定"十四五"期间安徽省占用林地定额，比"十三五"时期增长42%。把2公顷以下林地使用审核权下放省辖市、省直管县林业主管部门。全年办理建设项目永久使用林地1785宗、7266公顷，有力保障省重点项目建设。出具重大建设项目不可避让生态保护红线论证审查意见92个，办理自然保护地内建设项目审查审批91个，研究制订《安徽省自然保护地建设项目准入管控清单（试行）》。

【林产品产量】　2022年，全省生产木材550.54万立方米，减少61.10万立方米，同比减少10%；毛竹15789万根，同比减少7.7%。水果种植面积18.03万公顷、产量470.94万吨，

| 表22-2　主要经济林产品产量情况 | | |
|---|---|---|
| 指标名称 | 年末实有种植面积（公顷） | 产量（吨） |
| 各类经济林总计 | 871204 | 5403297 |
| 一、水果 | 180314 | 4709393 |
| 二、干果 | 103104 | 152804 |
| 三、林产饮料 | 167682 | 138872 |
| 四、林产调料 | 115 | 953 |
| 五、森林食品 | 128314 | 161568 |
| 六、森林药材 | 31853 | 83632 |
| 七、木本油料 | 231485 | 130711 |
| 八、林产工业原料 | 28336 | 25365 |

同比减少7.7%、0.9%；干果种植面积10.31万公顷、产量15.28万吨，同比增加21.8%、12.1%；林产饮料13.89万吨，同比减少19.7%；林产调料0.10万吨，同比减少0.2%；森林食品产量2.66万吨，增长19.7%；森林药材种植面积3.19万公顷、产量8.36万吨，同比减少12.6%、17.9%；木本油料种植面积23.15万公顷、产量13.07万吨，同比减少11.6%、21.8%；林产工业原料产量2.54万吨，同比增加18.1%。

【产业发展】　2022年，争取中央和省级财政林业资金16.51亿元，其中惠农补贴资金5.86亿元，落实"五绿兴林•劝耕贷"18.97亿元、贴息贷款23.66亿元。全省林业"双招双引"签约项目310个、总投资1037亿元，固定资产投资增速13.8%。着力打造木竹综合利用、特色经济林、生态旅游与森林康养3个1000亿元产业和木本油料、苗木花卉2个超500亿元产业，加快形成"四群一带"产业发展新格局（"四群"，即皖北木材加工和特色经济林，皖东商品用材林培育和木本油料，皖西生态旅游与森林康养、木本油料和特色经济林，皖南生态旅游与森林康养、竹产业和特色经济林产业集群；"一带"，即皖中苗木花卉沿江产业带）。全省现有国家林业产业示范园区9个，省级林业特色高质量发展示范园37个；国家林业重点龙头企业43个，

省级林业产业化龙头企业875个，农民林业专业合作社示范社363个。全面助推乡村振兴，安排20个重点帮扶县涉林资金5.97亿元。组织实施林业科技特派员服务科技强林行动，召开安徽省市场化推进林业项目推介会，推动与中林集团战略合作，举办2022中国•合肥苗木花卉交易大会。

【林业科技】　组织实施林业科技特派员服务科技强林行动，开展"一周一技"、标准化、科技推广和普及等科技服务，推介先进适用技术46项，选派科技特派员326名，开展林业科技服务6321次，服务涉林主体17131个，培训林农44653人次，发放林业科普资料13.8万份，推广新品种、新技术、新模式、新装备等757个。组织实施中央财政林业科技推广示范资金项目18个，设立省级林业科研攻关课题和林业碳汇自筹科技攻关项目33项。出台《关于推进安徽省林草创新联合体建设的指导意见（试行）》，抗松材线虫病马尾松品种选育、杨树不飞絮新品种选育、特色经济竹抗逆性等研究取得新进展，全省新增国家林草科技成果库入库成果22项，获省科技进步奖二等奖、三等奖各1项，梁希林业科学技术奖二等奖、三等奖各1项。首次与安徽省市场监管局联合印发《安徽省林草领域新型地方标准体系》，新发布林业地方标准22项。《长江岸线森

林资源资源质量评价技术规范》为长三角地区首个立项林业标准。加强食用林产品安全监测，完成抽检1500批次。

【森林防灾减灾】　2022年，安徽省林业局出台《安徽省林业局森林防火约谈办法》，落实责任、传导压力。推进高火险区林火阻隔系统和以水灭火设施设备建设，加强省级物资储备库更新、保养及数字化管理。开展全省林业系统森林防火应急演练，强化值班值守。全省未发生较大及以上森林火灾，火灾次数、受害森林面积保持历史低位。加大松材线虫病疫情防控力度，实施环黄山风景区靶向防控、重点区域围歼、疫区清剿和预防区阻击"四大攻坚行动"。持续加强专项检疫执法，完成病死松树集中清理处置和重点区域健康松树打孔注药，疫情发生点、发生面积和病死松树数量实现"三下降"。

【安徽省市场化推进林业项目推介会】　于7月13日在宣城市郎溪县召开。安徽省副省长周喜安出席会议并讲话，安徽省政府副秘书长罗光勇主持会议，安徽省林业局党组书记、局长牛向阳对全省林业产业发展暨"双招双引"情况进行通报。会上，宣城市、滁州市、中国农业发展银行安徽省分行和安徽鸿叶集团有限公司四家单位作交流发言；举行项目推介和项目签约活动，现场推介项目5个、拟投资额182亿元，签约项目8个、总签约金额约154亿元。安徽省直有关单位、有关市政府分管负责人及林业主管部门负责人、金融机构代表和企业代表等参加会议。

【2022中国•合肥苗木花卉交易大会】　11月19—23日，2022"苗交会"在肥西县中国中部花木城举办。此次苗交会以"'苗卉'新生活"为主题，由安徽省人民政府主办，安徽省林业局和合肥市人民政府共同承办。在开幕式上，安徽省省长王清宪与国家林草局局长关志鸥共同为"全国（合肥）苗木花卉交易信息中心"揭牌，这是目前全国唯一的国家级苗木花卉交易信息平台。会上发布《2023年全国苗木

### 表22-3  主要木竹加工产品产量

| 指标名称 | 单位 | 产量 |
|---|---|---|
| 一、木材 | 立方米 | 5505363 |
| 　其中：针叶木材 | 立方米 | 1434003 |
| 　　1.原木 | 立方米 | 4401667 |
| 　　2.薪材 | 立方米 | 1103696 |
| 二、竹材 | — | — |
| 　　1.大径竹 | 根 | 189419500 |
| 　其中：毛竹 | 根 | 157895900 |
| 　　2.小杂竹 | 吨 | 463966 |
| 三、锯材 | 立方米 | 5568940 |
| 四、人造板 | 立方米 | 29903226 |
| 　　1.胶合板 | 立方米 | 20066112 |
| 　　2.木质纤维板 | 立方米 | 3745560 |
| 　　3.木质刨花板 | 立方米 | 3193462 |
| 　　4.细木工板 | 立方米 | 977044 |
| 　　5.集成材 | 立方米 | 31740 |
| 　　6.其他人造板 | 立方米 | 1889308 |
| 五、木竹地板 | 平方米 | 92914377 |
| 　　1.实木地板 | 平方米 | 4329102 |
| 　　2.实木复合木地板 | 平方米 | 13101994 |
| 　　3.浸渍纸层压木质地板（强化木地板） | 平方米 | 67447214 |
| 　　4.竹地板（含竹木复合地板） | 平方米 | 5184886 |
| 　　5.其他木地板（含软木地板、木塑和木石塑复合地板等） | 平方米 | 2851181 |
| 六、林化产品 | — | — |
| 　　1.松香类产品 | 吨 | 13428 |
| 　　2.栲胶类产品 | 吨 | 0 |
| 　　3.紫胶类产品 | 吨 | 0 |

供需分析报告》《2023年全国草种供需分析报告》，首次发布全国唯一的苗木行业权威指数——新华·中国（合肥）苗木价格指数，为苗木领域宏观经济决策以及监管政策制定提供了数据支撑与智力支持。首次开展"苗木花卉百万消费大放送"促销活动，专设企业馆，210家企业现场展销，约3万人次到会参观和交流交易，线上和现场交易销售对接金额达2.1亿元，现场签订意向合同金额近5.6亿元；组织36个林业"双招双引"项目现场集中签约，投资总金额207.3亿元，45个林业重点项目在云上苗交会发布，展会交易功能更加彰显。邀请长三角地区林业主管部门，举办长三角一体化林长制改革示范区建设高端论坛暨沪苏浙皖共建长三角一体化林长制改革示范区第一次联席会议，发布2022年度长三角地区林长制改革十大案例。

【国土绿化】  2022年，安徽省林业局开展造林绿化空间适宜性评估，确定国土空间规划中造林绿化空间，实现造林任务落地上图、带图斑下达、带位置上报。制定《安徽省城镇和乡村绿化技术导则》和《安徽省主要乡土树种名录》，明确不同区域绿化树种的正、负面清单，规范造林绿化树种选择应用。编制皖西大别山区和皖南—浙西—浙南山区长三角绿色生态屏障建设方案，推进区域生态共保。印发《关于加强农田防护林建设管理的实施意见》，逐步提高全省农田林网化率。全年全省完成人工造林2.27万公顷、封山育林7.57万公顷；欧洲投资银行贷款长江经济带珍稀树种保护与发展项目、欧洲投资银行中国气候变化框架二期贷款安徽林业项目分别完成营造林面积4266.67公顷和9666.67公顷；全省累计完成国家储备林建设面积1.14万公顷，投资13.77亿元；义务植树1.3亿株，适龄公民义务植树尽责率90%以上。创建省级森林城市3个、森林城镇60个、森林村庄613个。滁州市成功创建国家森林城市，皖江国家森林城市群全面建成。池州市国土绿化试点示范项目建成验收。印发《关于全面推进林业碳汇工作的实施方案》，出台《支持社会资本投资林业高质量发展若干政策措施》，创新生态产品价值实现机制。

【资源保护管理】
森林资源保护  2022年，安徽省林业局推进林草生态综合监测，完成与第三次全国国土调查数据对接融合。加强公益林管理制度建设，由安徽省政府办公厅印发《安徽省省级公益林划定和管理办法》。联合安徽省检察院、安徽省公安厅开展打击破坏森林资源违法犯罪专项行动，进一步畅通行刑衔接，形成打击违法犯罪合力。森林督查暨林政执法综合管理系统案件查处整改"清零"工作取得阶段性成效。

池州升金湖国际重要湿地

**湿地资源保护**　发布第二批省级重要湿地名录，实施扬子鳄、升金湖、淡水豚等重要湿地保护修复项目。全面建成环巢湖十大湿地，修复湿地4333.33公顷，合肥市成功创建国际湿地城市。

**野生动植物资源保护**　加强生物多样性保护，完善野生动物收容救护体系，发布野生植物保护名录，对128种野生植物进行重点保护。野外放归扬子鳄370条，持续复壮扬子鳄种群。开展"2022清风行动"，查办案件895起。启动全省林草种质资源普查，公布首批21个省级林草种质资源库。

【自然保护地管理】　2022年，安徽省林业局完善《安徽自然保护地整合优化预案》，编制《安徽省风景名胜区整合优化预案》，推进太平湖区域自然保护地"多规合一"。开展全省自然保护地勘界"回头看"，厘清边界范围。出台《安徽省省级自然保护区总体规划审批管理办法（试行）》，制订自然保护区、风景名胜区设立和规划编制程序，推动设立黄山大鲵省级自然保护区和安徽芜湖外龙窝湖、安庆新洲、涡阳包河省级湿地自然公园，完成7个自然保护地总体规划审查审批。扎实推进涉林突出生态环境问题整改，常态化开展自然保护地人类活动卫星遥感监测。积极稳妥推进黄山（牯牛降）国家公园创建。

【全省林业工作会议】　于1月23日召开。会议以习近平新时代中国特色社会主义思想为指导，全面贯彻党的十九大和十九届历次全会精神，认真落实中央经济工作会议、十九届中央纪委六次全会、中央农村工作会议和省第十一次党代会、省委经济工作会议、省"两会"及全国林业和草原工作视频会议精神，总结2021年工作，分析当前形势任务，部署2022年重点工作，奋力谱写林业高质量发展新篇章。

牯牛降国家级自然保护区

【大事记】

1月11—12日　副省长周喜安先后赴全椒县、来安县和明光市等地调研林业工作。

1月23日　全省林业工作会议在合肥召开。

2月12日　安徽省委书记郑栅洁赴合肥市实地调研督导巢湖综合治理、环巢湖湿地群保护修复等工作。省领导刘海泉、虞爱华、汪一光、何树山陪同。

3月2日　安徽省"世界野生动植物日"宣传活动暨"2022清风行动"启动仪式在巢湖半岛国家湿地公园月亮湾湿地举行。副省长周喜安出席并宣布活动启动。

3月3日　副省长周喜安赴池州市调研林业工作，实地查看自然保护区管理和生态保护修复情况。

3月3日　安徽省林业局印发《安徽省级湿地自然公园管理办法》。

3月4日　安徽省政府办公厅印发《安徽省省级公益林划定和管理办法》。

3月10日　副省长周喜安主持召开林业重点工作专题会，研究2021年全省林长制考核结果和2022年林长制改革工作要点起草情况。

3月11日　安徽省政府新闻办召开2021年安徽省国土绿化状况新闻发布会。

3月18日　安徽省政府办公厅印发《安徽省省级公益林划定和管理办法》。

3月29日　副省长周喜安主持召开林业重点工作专题会议，听取《2021年林长制改革进展情况》起草情况汇报。

3月31日至4月1日　副省长周喜安赴金寨县调研林长制改革工作，检查重点生态功能区域林长制实施和森林防火情况。

4月1日　安徽省政府办公厅印发《鼓励和支持社会资本参与生态保护修复若干措施》。

4月5日　安徽省林业局发布《2021年安徽省国土绿化状况公报》。

4月7日　安徽省委书记郑栅洁、省长王清宪、省政协主席唐良智等省暨合肥市党政军领导和部分省直机关干部、民兵、学生志愿者代表，共同参加一年一度的义务植树活动。

4月10—11日　副省长、省级副总林长周喜安赴黄山市调研深化林长制改革和自然保护地建设管理工作。

4月15日　省长、省级总林长王清宪主持召开省级林长会议，听取全省林长制改革工作进展情况汇报，审议并原则通过2021年全省林长制省级考核结果、《关于提升林长履职效能的若干举措》等，研究部署深化新一轮林长制改革工作。副省长、省级副总林长周喜安出席会议。

4月21日　安徽省林长制办公室印发《关于提升林长履职效能的

若干举措》。

6月2日　2022年扬子鳄野外放归活动以"多点放归、视频连线"方式在宣城市郎溪县、泾县、宣州区、广德市和芜湖市南陵县五地同时举行。

6月6日　安徽省林业局、安徽省法宣办共同主办的"大美湿地　润泽江淮"——《中华人民共和国湿地保护法》主题宣传展览在省法治宣传教育基地正式启动。

6月17日　省委常委、副省长、省级林长张红文赴安庆市大龙山国家森林公园督导调研，履行重点生态功能区域省级林长责任。

7月12日　省林长制办公室印发《重点生态功能区域省级林长分工方案》。

7月13日　全省市场化推进林业项目推介会在宣城市郎溪县召开。

7月28日　安徽省林长制办公室印发《安徽省林长制改革示范区先行区动态调整制度》。

8月10日　副省长王翠凤赴滁州市调研全国林长制改革示范区建设工作，深入琅琊山重点生态功能区巡林。

8月20日　副省长杨光荣赴阜阳市颍上县调研全国林长制改革示范区建设，深入省级林长责任区八里河省级自然保护区巡林。

8月21日　副省长周喜安赴池州市调研森林防火工作。

8月23日　安徽省林业局印发《安徽省林业局森林防火约谈暂行办法》。

8月30日　安徽省林业局和安徽省绿化委员会办公室联合印发《安徽省主要乡土树种名录》。

9月6日　全省林业系统"深入贯彻落实习近平总书记重要回信精神把安徽好山好水保护好"宣讲报告会在合肥举办。

9月23日　安徽省政府办公厅印发《关于推进木本油料产业发展若干措施》。

10月12日　2022年安徽省"保护野生动物宣传月"暨安徽省野生动物生态摄影大赛获奖作品展播活动启动仪式在安徽省图书馆举行，副省长周喜安出席并宣布活动启动。

10月12日　副省长周喜安赴肥西县、舒城县调研林业经济，调度

2022中国·合肥苗木花卉产业交易大会筹备工作。

10月13日　2022年全省林业系统森林防火综合演练在六安市舒城县举行，副省长周喜安出席并宣布活动开始。

11月15日　副省长周喜安赴来安县调研池杉湖国家湿地公园建设发展情况，召开湿地保护修复和湿地生态产品价值实现路径座谈会并讲话，安徽省政府副秘书长罗光勇主持会议。

11月16日　安徽省林业局印发《安徽省陆生野生动物人工繁育许可证管理办法》。

11月18日　安徽省政府与中林集团在合肥签署战略合作协议。安徽省委书记郑栅洁与国家林草局党组书记、局长关志鸥，中林集团党委书记、董事长余红辉举行工作会谈，安徽省省长王清宪见证签约。副省长周喜安参加有关活动。

11月19日　2022中国·合肥苗木花卉交易大会在中国中部花木城（肥西）开幕。省长王清宪宣布大会开幕。国家林草局局长关志鸥，省领导虞爱华、宋国权、孙云飞出席。副省长周喜安主持开幕式。省林业局党组书记、局长牛向阳在开幕式上致辞。

11月19日　长三角一体化林长制改革示范区建设高端论坛暨沪苏浙皖共建长三角一体化林长制改革示范区第一次联席会议在合肥举行，发布2022年度长三角地区林长制改革十大案例。

11月19日　2022年度林草良种发布推介会在合肥举行。

11月30日　安徽省政府新闻办举行2022中国·合肥苗木花卉交易大会成果发布会。

12月12日　安徽省政府公布《安徽省重点保护野生植物名录》。

12月12日　安徽省林业局印发《安徽省国家储备林建设规划（2022—2035年）》。

12月15日　中国风景名胜区设立40周年纪念大会暨创新与可持续发展论坛在黄山市举行。

12月29日　安徽省人民政府办公厅印发《支持社会资本参与林业发展若干措施》。

（安徽省林业由徐茜供稿）

（图片由安徽省林业局提供）

# 福建省林业

【概　述】　2022年，福建林业深入学习贯彻党的二十大精神，传承弘扬习近平总书记在福建工作期间关于林业改革发展的重要理念和重大实践，统筹推进疫情防控和林业重点工作，林业改革发展再创新佳绩，以国家公园为主体的自然保护地体系建设、集体林权制度改革和林长制、森林防火、有害生物防控、法治建设、林草科技和林业工作站及信息化6个方面工作得到国家林草局表扬，数量全国最多。林长制考核全国第一。

**两件大事**　上半年，深入开展"持续推进林业改革发展"系列活动，省委省政府召开全省林业改革发展会议暨省级总林长会议、集体林权制度改革20年座谈会，出台《关于持续推进林业改革发展的意见》；省林业局党组在《福建日报》刊发《让绿水青山永远成为福建的骄傲》理论文章，在中央和省级主流媒体推出宣传报道。下半年，在全国率先全面打响互花米草除治攻坚战，加强督促指导和质量监管，及时下达省级补助资金，取得显著成效。全省累计除治互花米草8988.4公顷，超过年度除治任务的53.89%，占除治总任务的98.69%。

**林业改革发展**　推进三明、南平、龙岩3个国家级和15个省级林业改革发展综合试点。南平市加快推广"森林生态银行"合作经营模式，漳州市在全国率先探索推行林业"地票"改革试点。顺昌县、沙县区、漳平市各选择2个乡（镇）探索开展由林权所有者自主确定人工商品林主伐年龄和采伐类型改革试点。搭建覆盖全省的林权交易平台，全省流转林权13.58万公顷、累计流转141.38万公顷。推进新型林业经营主体标准化建设，带动培育新型林业经营主体329家、累计11190家。联合7个部门出台《关于持续优化林业金融服务的指导意见》，依托"金融云"平台，设立

"福建省林业金融服务专区"，全省新增发放"闽林通"系列贷款18.95亿元，累计117.71亿元，受益农户9.94万户。

**林长制**　推动林长制从全面建立向全面见效转变，受到国家林草局通报表扬，在2022年首次开展的全国林长制督查考核中获评"优秀"，位列各省（区、市）首位。三明市获得2022年度国务院林长制督查激励。全省省、市、县、乡、村五级林长保有量32618名，划定责任区域23614个，保持省、市、县、乡、村五级林长体系及其责任区域全覆盖。全省区划森林资源巡护网格约1.8万个，全面配齐专业护林员，出台护林员管理办法、护林巡护网上考核办法。采取分级培训方式，对县、乡、村三级林长开展培训，举办林长制工作培训319场、参训人数23930人，确保每个县、乡、村级单位有1名以上林长接受培训。发挥省级林长制协作单位作用，协同推进林长制深入实施。探索创新"林长+"工作机制，省、市、县三级"林长+法院院长""林长+检察长""林长+警长"机制全面建立。联合省高级人民法院、省人民检察院将林业碳汇损失赔偿引入涉林刑事案件并制订计量方法，

十四届全国人大一次会议上被最高人民法院写入工作报告。

**造林绿化**　推动造林绿化落地上图，全省完成植树造林8.51万公顷、占年度任务的127.6%，完成森林抚育23.19万公顷、占年度任务的116%，完成封山育林7.33万公顷、占年度任务的110%，培育造林绿化苗木2.1亿株。启动实施森林质量精准提升和重点区域林相改善工作，2项工作分别完成23.42万公顷和0.39万公顷，分别占年度任务的111.9%和116.2%。完成国家储备林建设1.35万公顷，沿海防护林建设0.68万公顷，珍贵用材树种造林1.03万公顷，龙岩、南平超额完成中央财政国土绿化试点示范项目建设年度任务。建成省级森林城镇30个、省级森林村庄200个、省级"互联网+全民义务植树基地"12个，抢救复壮古树名木40株，遴选保护第二批"福建最美古树群"20片。

**林业生态价值**　逐步建立林业生态产品价值实现机制，拓宽"绿水青山"向"金山银山"转化通道。持续培育壮大木材加工、竹业、花卉苗木、林下经济、森林旅游五大林业产业，提供优质林业产品。出台《林业生态文化体系建设实施方案》，弘扬林业生态文化，

泉州市惠安县沿海防护林基干林带（黄海　摄）

福建最美古树群——霞浦县牙城镇渡头村榕树古树群（黄海　摄）

发挥自然保护地的功能作用，提供优质林业生态服务。南平、三明、龙岩被国家林草局列为全国林业碳汇试点市。组织20个林业碳中和试点，建设碳中和林6.82万公顷。在全国首创林业碳汇损失计量及赔偿机制。累计完成福建林业碳汇交易和再交易391.13万吨、5890.43万元，均居全国首位。将省级以上自然保护区内林权所有者补助政策适用范围扩大到省级以上各类自然保护地。督促各地加强森林生态效益补偿和天然林停伐管护直达资金监管。完成重点生态区位商品林赎买0.34万公顷，累计3.26万公顷。

**生态保护**　突出"治、防、改、检、封、罚"一体，强化对重点地区专项督导，全省疫情发生面积下降1.52万公顷，乡镇疫点数量下降8个，病死松树数量下降2.72万株，连续2年实现"三下降"。推动修订通过《福建省湿地保护条例》。闽江河口湿地正式列入世界自然遗产预备清单，新建成福清兴化湾水鸟省级自然保护区。高质量建设武夷山国家公园，推进管理机构设置、总体规划编制、勘界定标等重点改革任务。在全国率先编制出台《福建省自然保护地总体布局和发展规划（2022—2035年）》，4个省级风景名胜区总体规划获得省政府批复实施，武夷山编制并实施全国首个世界文化与自然双重遗产保护管理规划。在全国率先选择10个试点县开展林业执法队伍建设改革试点，有效缓解执法队伍力量不足等问题。开展森林督查案件"清零"攻坚行动，2013—2021年查处总到位率从2022年7月初的32.31%提高到年底的100%。建立森林防火组织、责任、管理、保障四大体系，落实高森林火险预警响应、火情报告、火灾处置、队伍建设、隐患排查、物资管理6项制度，组织开展森林火灾隐患排查整治百日攻坚，未发生重特大森林火灾和林业生产安全责任事故。

**林业产业**　全年省统计局核算的一产林业产值430亿元、增长5%，全省林业产业总产值7400亿元、增长5.4%。联合10个部门下发《关于加快推进竹产业高质量发展的通知》，编制下发《福建省林业产业发展指南（2021—2035年）》《福建省林下经济发展指南（2021—2030年）》。推动总投资221.8亿元的99个招商引资项目落地落实。推进7个竹产业一二三产融合发展重点县、13个笋竹精深加工示范县项目实施。完成2022年度省级名牌农产品（林业品牌）评选认定工作，评选认定2个区域公共品牌、9个名牌农产品。推动林业产业园区建设，以实施林产工业工程为重点，主动融入乡村振兴大局，重点扶持10个林产工业重点县和10个林产工业特色县发展。协调政和县竹木制品商会开展亚马逊等跨境电商推广、示范工作；邵武市"E知竹网"和永安市"竹师傅"等互联网平台日渐兴起；组织150多家企业参加福州、厦门跨境电商交易会、中国义乌国际森林产品博览会等，达成合作意向360多项，签订销售合同1.5亿元。引进6家花卉苗木、生态休闲观光等涉林台资企业，总投资0.53亿元。"森林康养""蝴蝶兰种苗和鲜切花生产技术""花卉文化交流"3个项目入选两岸标准共通试点。漳平牛樟王农业发展有限公司台湾牛樟芝融合产业项目在漳平市林业苗圃培育台湾牛樟苗木3万株。三明市引进台湾艾、地

武夷山国家公园（黄海　摄）

桃花、迷迭香、洋桔梗、野姜花等新品种10个，自动控温系统、自动给水系统新技术2项，示范推广面积20公顷。

**科技创新** 制订落实《推进林业科技创新实施方案》，推进"揭榜挂帅"科技攻关，竹产业发展、高碳汇林业、森林资源智慧监测等列入重点攻关项目，10项新成果获2021年度省科学技术进步奖，其中一等奖1项，二等奖4项，三等奖5项，选派705名林业科技特派员深入基层开展服务，依托福建林业职业技术学院招收高素质农民专科学历教育280名，配合举办福建省农村实用技术远程培训12期。新组建7个省级林业长期科研基地、2个创新团队和1个科技创新联盟。强化标准示范引领，组织编印《福建省新型林业地方标准体系》，9项优秀林业标准获批立项、9项发布实施、3项入选两岸标准共通试点、4项省级以上标准化示范区推进建设。

**服务保障** 编制林地审核流程"一张图"，常态化下派"小分队"深入基层一线服务，成立国道G228线滨海风景道涉林审批服务小组，热情服务、及时协调解决用林问题，全省审核使用林地项目2987件、林地面积5953.42公顷。加快实施智慧林业"123"一期工程——林长制管理暨无人机应用管理公共平台建设，完成85个县（市、区）林长制指挥中心建设。加快构建"供需融合、用管贯通、人机匹配、前后衔接、绩效挂钩"的林业无人机应用管理体系，搭建集卫星遥感、无人机监测、视频监控、护林员网格巡查为一体的"天空地"感知体系。

**【花卉苗木产业】** 2022年花卉苗木产业继续保持良好发展态势。全省花卉苗木全产业链总产值达1233.4亿元，比2021年增长5.9%。省级财政花卉产业发展项目建设有序推进，累计新建花卉温室大棚27.36万平方米。花卉苗木品种创新有新成效，10个属88个花卉品种获国家植物新品种权，完成三角梅、绣球、仙人掌和石斛属植物4个省级花卉种质资源库评审认定，收集保存种质资源1722份，完成登记671份。

**【林下经济】** 全省林下经济利用面积209.8万公顷、产值750亿元，扶持林下经济重点县27个，创建省级林下经济重点乡（镇）7个。首次开展2022—2024年省级林下经济重点县、重点乡镇认定工作，重点扶持光泽七叶一枝花、邵武黄精、泰宁崖壁铁皮石斛、清流岗梅、宁化三叶青、武平紫灵芝、长汀茯苓、上杭骨碎补、连城铁皮石斛、平和牛大力等品种。总结推广邵武市片仔癀——润身中药产业科技示范园"定制药园"生产模式和"大型药企+基地（国有林场）+林农"的林下中草药发展模式，设立道地药材检测中心和智慧生长数据监控中心，对林下中草药标准化种植进行检测监控，保障产品质量。总结推广邵武市在全省首创发放"林下经济经营权证"做法，探索破解林下经济作物无法作为抵押物的难题，促进融资发展。

**【森林旅游】** 落实"百园千道"生态产品共享工程项目建设任务。完成森林公园改造提升25个、森林步道建设358千米，超额完成2022年"百园千道"建设任务。推进森林康养工作。联合省卫健委、民政厅等部门在福州植物园举办福建省森林康养品牌LOGO发布仪式暨森林养生城市、森林康养小镇、森林康养基地授牌仪式。联合省卫健委、民政厅等部门，完成2022年森林养生城市、康养小镇、森林康养基地评定任务，确定武夷山等5个城市为省级森林养生城市、永安青

水畲族乡等14个乡（镇）为省级森林康养小镇、连城萱和谷等38个康养基地为省级森林康养基地。加强森林康养人才队伍培训。联合中国林学会森林疗养分会举办森林康养师培训班，参训学员70多人全部通过考核并取得中国林学会森林疗养师专业技能证书。

**【油茶】** 将支持油茶产业发展作为提高油料综合保障能力和助力乡村振兴的重要内容，编制印发《福建省油茶生产三年行动方案（2023—2025年）》，组织基层林业部门、油茶企业、专业合作社等1344人参加全国油茶生产实用技术网络培训，下达油茶示范基地建设补助资金2616.5万元，全省完成示范基地建设4766公顷。

**【林产品安全】** 完善源头监管，开展林产品质量安全监测工作，累计对2094批次木质林产品、林化产品、花卉和竹笋、油茶、锥栗及其产地土壤等林产品开展质量监测；加强对设区市食用林产品安全考核，实行一季一报一分析，做好即知即改，守住食用林产品安全底线。完善平台建设，福建省食用林产品安全信息追溯管理平台竣工验收，平台注册主体用户达700家，基本实现食用林产品产区全覆盖。提升检测能力，福建省林业科学研究院（省林产品检验中心）参加全国林产品检验检测能力验证，实现全项满意，成为全国117家中7家全

德化九仙山森林康养基地（黄海　摄）

项满意单位之一。

**【出台科学造林绿化实施意见】** 1月19日，福建省绿化委员会出台《关于科学造林绿化的实施意见》，提出以调结构、提质量、增资源、强效益为核心，科学造林绿化，强化森林经营，构建稳定、健康、优质、高效的森林生态系统。到2030年，全省森林覆盖率在2021年林草生态综合监测森林覆盖率65.12%的基础上增长0.19%，达到65.31%左右。

**【出台持续推进林业改革发展意见】** 6月29日，福建省委、省政府出台《关于持续推进林业改革发展的意见》，要求坚持问题导向、目标导向、结果导向，高起点深化林业改革、高标准提升森林质量、高要求强化生态保护、高效益发展富民林业、高品位弘扬生态文化、高水平建设智慧林业、高层次推进闽台融合，全方位推进林业高质量改革发展。

**【印发《福建省互花米草除治攻坚行动方案》】** 9月27日，福建省政府办公厅印发《福建省互花米草除治攻坚行动方案》，要求按照"一年明显见效、二年基本除治、三年完成修复、长期加强管护"总体目标和"全民动员、方法对路、科学除治、后期管护、生态提升"的工作要求，对全省现有9108公顷互花米草的除治、修复、提升及后期管护进行统筹安排，分区域、分

福清湾互花米草除治现场（黄海　摄）

年度开展除治攻坚行动，维护福建省滨海湿地生物多样性和生态系统安全，打造美丽生态岸线景观。

**【典型经验】**

**南平市林业产业兴林富民**　南平市始终践行绿水青山就是金山银山理念，2022年南平市林业总产值达1056亿元，先后获评"全国竹产业高质量发展示范市""中国竹工机械产业基地""国家林业碳汇试点市"等称号，引进中国竹产业协会竹家居与装饰分会。调好林业产业基础。实施森林质量提升行动，推广"森林三改"措施，即改单一针叶林为针阔混交林、改单层林为复层异龄林、改常绿用材林为常绿彩叶化多功能林，进一步优化林分、美化林相，精准提升森林质量。坚持科学经营竹山，累计建设丰产竹林23.75万公顷，占南平市竹林面积的54%；组建笋竹合作经济组织145家，建有竹山轨道机示范线10条、机械化采伐队58支；紧扣"以竹代塑"政策机遇，实施森林管理委员会（FSC）认证竹林12.87万公顷。坚持示范引领，系统集成大径材培育、复层异龄林、林下经济等资源培育成果，建成规模33.33公顷以上系统集成资源培育综合体30片。调活林业产业潜力。突出创新驱动，推广"森林生态银行·四个一"（即一村一平台、一户一股权、一年一分红、一县一数库）林业股份合作经营模式，实施

多重服务，开展多式联营，促进多方得利，效益比林农个体经营提高30%～50%，推广面积6040公顷，顺昌森林生态运营机制及"碳汇+"创新项目入选《保尔森可持续发展奖案例集（2022）》。率先探索林下空间流转机制，入选国家林草局《林业改革发展典型案例（第三批）》。深化绿色金融改革，创新推出"林下贷""林下经营权贷""竹塑贷"等绿色金融产品，累计发放贷款109笔、金额4.37亿元，与泉州银行南平分行签订设立50亿元专项信贷协议。调高林业产业效益。坚持"以二促一带三"（以第二产业促进第一产业发展并带动第三产业发展）的发展思路，将"一根竹"列为南平"五个一"特色产业培育对象，出台《南平市加快竹产业高质量发展的若干措施》等政策文件，持续助推竹企业技改升级、产品创新，促进竹产业延链补链、集群发展，竹产业产值483亿元，居福建省第一。推广"前端有科技特派员团队服务、中端有金融产品支撑、后端有加工企业收购"做法，高效益发展林药、林菌等林下经济，林下经济产值175亿元。推广"一元碳汇"项目，探索形成"碳汇+生态司法""碳汇+会议"等多种交易模式，销售额77.47万元，实现跨境（香港）销售。以森林人家、森林步道、森林公园为载体，鼓励林业大户、村集体利用农村闲置房、山地林缘等资源，科学发展森林康养产业，新增省级森林养生城市1个、省级森林康养小镇1个、省级森林康养基地6个，创建省级森林乡（镇）4个、省级森林村庄27个。

**三明市推深做实林长制**　三明市围绕全国林业改革发展综合试点市建设，推深做实林长制取得成效，9月底在全省率先完成森林督查"清零"行动任务。基层林业执法"一带三"（基层林业执法"一带三"：这是三明市针对解决基层执法人员减少、执法力量薄弱的问题，创新的一项做法。即在乡镇独立或分片区设立林业执法中队，充分利用和发挥乡镇林业站的现有人员，有行政执法证的人员编入执法中队，有专业林业技术资格证的作为技术鉴定人员，乡镇聘用

的护林员为前端巡护巡查人员，由林业站长兼任执法中队长，带领执法人员、技术人员、护林员三支队伍，努力做好林业行政执法工作，确保林业执法工作"三不误"）模式得到国家林草局肯定推广，写入省委、省政府《关于持续推进林业改革发展实施意见》。加强林长管林。突出高位推动。市委、市政府主要领导作为市级林长率先垂范，召开全市林长会议及工作专题会议，研究推动林业改革发展、资源保护等重大事项，并签发林长令、带头巡林护林。市、县两级累计召开林长会议、专题会议160场，林长、副林长开展巡林200余次。突出能力提升。常态化开展林长培训，组织县、乡、村各级林长培训31场、2456人次，6月市委组织部举办全市县级林长培训班，9月省委组织部在三明市召开全省县级林长专题培训班。突出协调联动。创新森林资源清单、工作提示单、问题清单以及工作督办函等"三单一函"制度，"点对点"向各级林长、林长办以及协作单位通报问题、反馈情况，推动工作落实。突出要素保障。市、县两级林长办增设人员67人，将林长制工作经费纳入同级政府财政预算，2021年市级财政安排林长制专项列支226万元。2022年全市争取中央、省级资金约7.89亿元，为森林资源保护发展工作提供资金保障。促进依法治林。基层力量持续夯实。统筹推进标准化林业站建设、林业执法改革和护林员巡护模式建设，全市标准化林业站建设达标比例59%。探索永安市"森林管家"等市场化管护新模式，全市配备护林员2495名，实现护林员培训全覆盖。执法能力持续提升。全面推行基层执法"一带三"模式，创新"局队合一、全员执法"机制，整合设立56个基层林业执法中队，实现护林员"岗哨发现"、林业站"技术鉴定"、执法中队"立案查处"无缝衔接，全市涉林案件发生率从2018年起逐年降比约23%，近3年未发生大案要案。防控责任持续压实。消减松材线虫病疫情存量面积2880公顷，拔除乡（镇）级疫点2个；出台违规用火举报奖励及秸秆等农业废弃物禁烧制度，源头管控农事用火等

重点隐患，全年仅发生1起森林火灾，为近10年来最少。推动产业兴林。抓资源培育，推进森林质量精准提升和重点区域林相改造行动，实施闽西北山地丘陵生物多样性保护项目，加快国家储备林基地建设，全年完成植树造林1.51万公顷、森林抚育4.21万公顷、封山育林1.25万公顷，均超额完成年度任务，累计建成省级森林城镇8个、森林村庄147个。抓产业增效，做大做强永安林业、青山纸业、福建金森等上市公司，增强龙头引领带动作用。打造特色富民产业，构建笋竹精深加工产业布局，永安竹制品产业示范园区升格为国家级示范园区，举办第17届林博会。抓林农增收，发展"林药""林菌"等林下经济，做强花卉苗木、油茶等特色富民产业，带动从业林农户均增收2万元以上。做优森林康养产业，培育大田翰霖泉糖尿病疗养、清流天芳悦潭抗癌调理、明溪紫云观鸟休闲等特色产品，全年森林康养营业收入19.9亿元。

**漳州市创新林业地票改革**　漳州市聚焦"抓流转增收益、抓经营创效益、抓服务保利益"，推进集体林权制度创新，探索完善生态产品价值实现机制，在全国率先探索开展林业地票改革试点，发挥三次分配作用，破解集体林地"三权"分置不清、权益不均、变现不易等难题，探索林区共同富裕的新路径。创新"以票分权"机制。漳州市将深化林改的着力点向巩固集体林地所有权和承包权上延伸，引导集体林地所有权人和承包权人通过地票兑现权益，林木所有权人和经营权人通过林票兑现权益，鼓励村集体以提供林地方式入股参与国有企事业单位从事合作经营，将林地投入折算为地票，将国有企事业单位、村民和其他出资人的出资份额折算为林票。漳州市实施首批改革样地2个村308.87公顷，实施试点49.6公顷，发放地票58.9万股、林票253.7万股。全市3个县（区）26个村镇全面推广，总面积2086公顷，将陆续发放地票2047.2万股、林票2791.3万股。创新"按票分利"机制。依托省属国有林场资金及技术优势，对合作项目进行集约化规模经营，支持村集体通过地票

参与项目分红，村集体和村民分别以地票方式分得3%和17%的股份纯利，国有企事业单位作为经营主体分得控股的51%分红，对社会资本开放剩余29%股份投资渠道，鼓励社会资本依法参与认购原始分配份额外的林票，让股权变股金、农民变股东，确保所有权人和承包权人能共享林地（林木）增值收益，防范林地大流转后的林农利益大流失风险，实现村集体、村民与经营权人多方共赢。创新"持票保障"机制。由林业会同人行、银保监和金融监管等部门协同加强林地两票的审核、发放和交易监管，自然资源部门全程参与林地精准确权，国有林场等项目经营单位提供兜底回购保证，保险机构提供托底赔偿保障，优化资源配置、调整分配格局。创新"拿票变现"机制。自主搭建林业票证管理平台和林业交易平台，为地票、林票提供全流程一体化管理。银行机构按"票"发放贷款，不再需要担保评估等其他流程，直接免担保质押放贷；社会资本直接投资林业，实现证券化运行，在平台规范流转，进一步打破森林资源流动性差的壁垒，让金融活水流入林业，集体林变成村民的银行。金融机构向全市国有林场授信2000万元，向试点村各授信500万元，首笔林业两票质押贷款9.5万元，全市林权抵押贷款余额1.32亿元，同比增长24.73%。

**宁德市互花米草"除用管"一体推进**　宁德市委、市政府高度重视互花米草除治工作，组织部署互花米草除治攻坚行动，全面打响全市互花米草除治攻坚战，除治速度领跑全省，探索形成互花米草"除用管"一体的"宁德模式"。全市完成互花米草除治4920.2公顷，超额完成全年任务，占总任务的97.6%。多措并举，确保除得净。市委、市政府召开市委常委会会议、全市动员部署会，部署全市互花米草除治工作。成立由市、县政府主要领导为组长的工作专班，推进除治工作。在蕉城区、福安市、霞浦县和福鼎市召开观摩会、推进会和现场会，指导推动各地工作进度。建立健全"日调度、周通报、月现场会""末三位黄牌警告"工作机制。全面掌握全市互花米草生

长和分布情况，建立互花米草除治斑块清单，层层落实责任人、完成时限等，实行"挂图作战"和销号管理，对进度偏慢的县、市重点指导，督促抓紧工期。因地制宜、分类施策，结合互花米草分布情况和潮汐、地势等条件，选用船台式、履带式2种挖掘机深翻挖根作业或采用人工挖除等除治方式，日均投入160多台挖掘机，抢抓日间双潮期开展作业。多类策划，确保用得好。开展生态修复，在福鼎、霞浦、福安等县（市）筛选80个图斑，面积1000多公顷，采用种植红树林、芦苇、南方碱蓬等乡土植物进行生态修复，恢复为适宜不同鸟类栖息、觅食的湿地生态环境。实行生态提升，综合考虑交通便利、生态修复、景观基础好、产业利用等因素，筛选面积约2400公顷的除治地，策划宁德七都滨海湿地城市景观公园、宁德漳湾后湾三都澳滨海阳台海上生态公园、宁德三都环岛滨海景观公园、福安溪尾溪邳湿地生态文化渔旅公园、福鼎巽城省级红树林湿地公园、霞浦长春东吾之滨滩涂湿地生态文化走廊、霞浦沙江汐路桥渔旅休闲公园、霞浦盐田鹅湾红树林景观公园8个生态提升点。多方发力，确保管得严。实行网格管理，以沿海县（市、区）、乡（镇、街道）、村（社区）为责任单位，建立"横向到边、纵向到底"的互花米草除治综合管护网格。明确管护责任，通过施工单位专业管护、使用单位长效管护、管护员日常巡护、网格长定期巡查以及职能部门监督指导等方式，及时发现互花米草复萌和入侵扩散情况，做到"早发现、早除治"和"除早、除少、除了"。开展考核考评，将互花米草除治综合管护责任落实情况纳入党政领导生态环境保护目标责任制、林长制等考核考评内容，纳入网格长述职述责报告中，各级网格长每年年终向上级网格长书面报告综合管护情况，对于履职不积极、管控不到位的单位和个人予以通报、约谈、考评扣分。

## 【大事记】

1月7日　福建省政府召开新闻发布会，公布武夷山国家公园生物资源本底调查阶段性成果。

1月26日　福建省林业局召开松材线虫病防治工作集体约谈会，集体约谈南平市延平区、南安市、闽清县、寿宁县4个县（市、区）政府分管负责人和林业局局长。

1月27日　武夷山国家公园（福建片区）勘界定标工作启动。

1月27日　福建省政府批复同意建立福清兴化湾水鸟省级自然保护区。

1月28日　福建省林业局下发《关于进一步加强松材线虫病疫木监管工作的通知》，对疫木采伐、运输和除害处理进行全方位、全链条监管，以防止疫木无序调运流通，确保疫情防控成效。

1月29日　国家林草局公布第二批59家国家林业产业示范园区名单，福建3家单位入选，分别是：国家漳浦海峡花卉集散中心产业示范园区、国家永安竹制品产业示范园区、国家顺昌木竹加工产业示范园区。

2月17—18日　福建省委书记尹力在南平市调研，深入武夷山国家公园、生态茶园、历史文化名镇和当地企业等，实地了解茶产业发展、国家公园建设、优秀传统文化保护等情况。

2月17—21日　全国政协常委、国家林草局副局长刘东生带领有关司局负责人，先后到福建省林业局、福建农林大学、三明市、龙岩市开展工作调研。

2月27日　由福建省林业局和省政协人口资源环境委员会联合主办的"关注森林·探秘武夷——走进光泽"2022年武夷山国家公园生态科考活动在光泽县寨里镇启动，中国科学院城市环境研究所院士朱永官，以及省内外9家科研单位的15位专家参加。

3月1日　《人民日报》要闻版"奋进新征程　建功新时代"专版刊发通讯《绿了山林　富了口袋》，点赞福建省南平市顺昌县探索森林生态银行，将分散、零碎的林业资源规模化、集约化整合，推进集体林权制度创新，让山林更绿、百姓更富。

3月2日　《武平县林业金融区块链融资服务平台》案例在人民文旅征集的全国各地"两山银行"建设案例中获得"两山金融服务实践创新"优秀案例。

3月3日　福建省林业局会同省关注森林活动组委会等单位在汀江源国家级自然保护区（长汀县）举办第9个"世界野生动植物日"宣传活动。

3月10—11日　福建省国有林场森林质量精准提升现场会暨全省国有林场工作会议在沙县召开。

3月25日　福建省林业局联合省关注森林活动组委会等单位举办福建省第40届"爱鸟周"活动线上启动仪式。

4月2日　福建省委书记尹力等领导在福州市闽侯县上街旗山湖项目绿化地块参加主题为"履行植树义务，助力碳中和"的义务植树活动。

4月11日　福建省人大常委会召开森林"一法一条例"执法检查汇报会。

4月19日　福建省首家"碳中和·福农驿站"在永安市曹远镇汶州社区党群服务中心正式投入运营。

4月26日　福建省召开"推进林业改革发展再出发"新闻发布会，介绍福建20年林业改革发展有关情况。

4月27日　漳州市举行林业地票、林票首发式暨"银政合作"签约仪式。

4月28日　福建省召开"十四五"专项规划系列新闻发布会"生态省建设"专场，省发展改革委、工信厅、自然资源厅、住建厅、林业局等负责人介绍有关情况，并回答记者提问。

4月28日　中华全国总工会印发《关于表彰2022年度全国五一劳动奖和全国工人先锋号的决定》，省林业局行政服务中心入选全国工人先锋号。

4月29日　闽江河口湿地保护20年实践系列活动暨2022年福建省湿地保护宣传周正式启动，省委常委、福州市委书记林宝金，省政协副主席刘献祥，省林业局党组书记、局长王智桢，国家林草局驻福州专员办一级巡视员李彦华等领导出席并讲话。

5月13—15日　第二届兰科植物保育与利用国际研讨会在福建福州举办。

5月19日　龙岩地质公园微电

影《一方水土》在世界地质公园网络电影节获奖入选"2021年中国自然保护地十件大事"。

5月25日 由国家林草局华东院编制完成的《湄洲碳中和岛林业碳汇本底调查与固碳潜力评估报告》通过专家评审。福建省完成全国首个海岛全域森林碳汇计量与增汇潜力评估。

6月5日 由福建省林业科技试验中心选送的20克降香黄檀种子实验材料搭乘神舟十四号载人飞船参与太空育种实验。

6月9日 国家林草局会同福建省、江西省政府召开局省联席会议，部署推进武夷山国家公园建设。

6月11日 第六个"文化和自然遗产日"主题宣传活动在泰宁县举行。

6月14—16日 福建省人大常委会副主任严可仕带队赴泉州市德化县、晋江市开展《中华人民共和国森林法》和《福建省森林条例》执法检查。

6月18日 福建省林业局与兴业银行在第二十届中国·海峡创新项目成果交易会福建金融服务"四大经济"对接会上签订战略合作协议。

6月21—24日 国家林草局副局长谭光明一行到福建调研指导基层林业执法队伍、国家公园管理机构建设等工作。

6月28日 福建省林业改革发展会议暨省级总林长会议在福州召开，省委书记、总林长尹力讲话，省长、总林长赵龙主持。

6月28日 福建集体林权制度改革20年座谈会在福州召开，省委副书记罗东川讲话，副省长康涛主持，全国政协常委、国家林草局副局长刘东生到会指导。

6月28日至7月2日 全国政协常委、国家林草局副局长刘东生一行到福建调研指导集体林权制度改革等工作。

7月1日 首届全国林草碳汇高峰论坛在福建省三明市举办，主题为"发挥林草碳汇优势，助力实现双碳目标"。

7月4—13日 福建省林业调查规划院与泰宁峨嵋峰、建宁闽江源、南平茫荡山3个国家级自然保护区共同开展野外陆生野生动物疫源疫病监测和应急演练。

7月15日 福建省设区市林业局长视频会议召开。会议深入学习贯彻全省林业改革发展会议暨省级总林长会议和集体林权制度改革20年座谈会等精神，回顾总结上半年工作，部署推进下一步林业改革发展工作。

7月19日 福建省林业局印发《福建省国有林场"百场带千村"活动方案》，全面启动福建省国有林场"百场带千村"活动。

7月19日 在"中国有约 A Date With China·你好福建 Hello Fujian"2022年国际媒体主题采访活动举办期间，由中央和地方新闻网站记者、在华外籍知华友华人士等组成的采访团在梅花山华南虎繁育研究所开展采访报道。

7月23—25日 首届武夷山国家公园自然教育活动在武夷山举办。

8月2日 首批4家泉州银行林业特色支行正式授牌。

8月18日 全国绿化委员会、人力资源和社会保障部、国家林草局3个部门联合印发《关于表彰全国绿化先进集体、劳动模范和先进工作者的决定》，福建8个单位入选"全国绿化先进集体"，4名个人入选"全国绿化劳动模范"，5名个人入选"全国绿化先进工作者"。

8月20日 中共福建省委、福建省人民政府印发《关于表彰全省造林绿化工作先进集体和先进个人的决定》，表彰27个"全省造林绿化工作先进集体"和98名"全省造林绿化工作先进个人"。

8月29日 福建省高级人民法院驻省林长办公室法官联络室正式揭牌成立。

9月14—15日 福建省委书记尹力到"全国林改策源地"捷文村实地调研。

9月20日 福建省高级人民法院、省林业局联合发布《关于在生态环境刑事案件中开展生态修复适用林业碳汇赔偿机制的工作指引（试行）》，在全国首创林业碳汇损失计量及赔偿机制。

9月21日 金融支持福建省林业改革与发展推进会在三明召开，省委常委、常务副省长郭宁宁出席并讲话。会上，福建省林业局与中国农业银行福建省分行签订战略合作协议。

9月21日 中国人民银行福州中心支行、福建省林业局等7个部门联合印发《关于持续优化林业金融服务的指导意见》，推出持续优化林业金融服务18条措施。

9月28日 全省互花米草除治攻坚行动动员部署视频会在福州召开，福建省委副书记、省长赵龙出席并讲话，副省长李建成主持。会前，福建省政府办公厅印发《福建省互花米草除治攻坚行动方案》。

10月11日 福建梅花山华南虎繁育研究所的华南虎种群再添新丁。

10月27日 福建省人民检察院驻省林长办公室检察联络室正式揭牌。此前，省人民检察院、省林长办公室印发《关于建立"林长+检察长"协作机制的意见》，省人民检察院、省林业局联合下发《关于在办理生态环境刑事犯罪和公益诉讼案件中适用林业碳汇赔偿机制开展生态修复的工作意见（试行）》。

11月5日 《国家公园》纪念邮票首发仪式，在武夷山国家公园宋街东方书院举行。

11月17日 三明市林业局驻市行政服务中心审核审批办、松溪县行政服务中心管理委员会林业局窗口被福建省总工会授予"福建省五一先锋号"。

11月24日 福建省人大常委会会议批准《福州市闽江河口湿地自然保护区管理办法》，2023年1月1日起施行。

11月24日 福建省第十三届人大常委会第三十六次会议通过《福建省湿地保护条例》修订，2023年1月1日起施行。

12月8日 生态环境部公布生物多样性优秀案例，福建闽江河口湿地生物多样性保护入选。

12月8—11日 第十七届海峡两岸（三明）林业博览会暨投资贸易洽谈会在福建省三明市举办。

12月15日 中加国际电影节在COP15国际会议期间展映《武夷山·我们的国家公园》。

12月16日 顺昌县零碳环保公益基金会通过线上方式分别与中国银河国际控股有限公司、联谊工程（国际控股）有限公司签署《"一元碳汇"购销合同》，开启顺昌"一元碳汇"跨境销售的新局面。

（福建省林业由刘建波、郭洁供稿）

# 江西省林业

【概　述】　2022年，江西林业系统积极践行"绿水青山就是金山银山"理念，认真落实省委全面建设"六个江西"（创新江西、富裕江西、美丽江西、幸福江西、和谐江西、勤廉江西）部署要求，着力做好建设好、保护好、利用好绿水青山"三篇文章"，扎实推动全年各项工作取得良好成效。超额完成年度造林绿化任务，松材线虫病疫区数量、疫点乡镇数量、发生面积和病死树数量实现"四下降"，出台《江西省林长制条例》《江西省山茶油发展条例》，协调中林集团与省政府签订战略合作协议，争取到中央和省级林业项目资金超50亿元，上饶市全面推行林长制工作成效明显，获国务院督查激励；在全国率先发布《江西省林业生物多样性保护公报》，"湿地银行"试点成效被《焦点访谈》报道，成功争取成为全国林地占补平衡试点省；吉安市获批2亿元中央财政国土绿化试点示范项目，万年县被列为全国首批林业碳汇试点县，江西林业持续为全国贡献经验；在全球率先破译红花油茶遗传密码，南昌市获批国际湿地城市，武功山入选联合国教科文组织世界地质公园候选地，江西环境工程职业学院教师李德鑫荣获世界技能大赛特别赛家具制作项目金牌，江西鄱阳湖国家级自然保护区管理局王小龙荣登"中国好人榜"。

【全民义务植树】　2月16日，易炼红、叶建春、姚增科等省委、省人大常委会、省政府、省政协领导班子成员到南昌市红谷滩区生米休闲公园，参加义务植树活动。创新开展"互联网+全民义务植树"试点，全省参加义务植树2442.5万人次，植树13722.2万株，义务植树尽责率达到88.8%。召开省绿化委员会全体会议和全省松材线虫病防控暨造林绿化现场会，压实工作责任，推进科学绿化。

【完成造林绿化任务】　全省完成营造林面积23.17万公顷，占年度任务的130.1%，其中，完成人工造林6.75万公顷，占年度任务的190.5%。完成年度造林绿化任务和计划落地上图工作。完成赣州市中央财政国土绿化试点示范项目年度计划任务，成功争取2022年国土绿化试点示范项目落户吉安市。

【持续提升森林质量】　全省完成低产低效林改造11.54万公顷、森林抚育12.015万公顷，分别占年度任务的107.1%、106%。深入推进森林可持续经营试点、森林经营样板基地建设、珍贵树种示范基地建设和林相改造更新试点工作，崇义县、永丰县官山林场入选国家林草局推介全国森林可持续经营试点典型案例。利用中央财政、政策性金融贷款和社会资本推进国家储备林建设。出台《江西省提升林质林相林效规划（2021—2030年）》。

【城乡绿化美化】　全省完成重点区域森林"四化"建设造林1.54万公顷，占年度计划的115.3%。2018年以来，全省已实施重点区域森林"四化"建设面积6.04万公顷，累计栽植彩化与珍贵树种3270万多株。推动于都县创建国家森林城市获国家林草局批复备案，全南县创建国家森林城市总体规划通过专家评审。新增省级森林城市2个。新命名"江西省森林乡村"452个、"江西省乡村森林公园"164处。

【古树名木保护】　深刻汲取"6·06"危害国家重点保护植物案件教训，督促各地以案示警、以案促改，进一步加强古树名木保护管理工作，联合省公安厅开展打击破坏古树名木违法犯罪活动专项整治行动。联合省住建厅开展第三次全省古树名木普查工作，进一步掌握古树名木资源和保护管理状况。

【林业碳汇工作】　加强林业碳汇培训和碳汇资源管理，积极开展林业碳汇科研攻关。启动四类林业碳汇试点，择优遴选11个森林固碳增汇试点单位、13个国家核证自愿减排量（CCER）林业碳汇开发试点单位、3个林业碳中和试点和5个林业碳汇监测试点单位。万年县被列为全国首批林业碳汇试点县。

【提升林木种苗保障能力】　6个油茶良种被国家林草局确定为全国油茶主推品种。新晋升3处国家级种质资源库，全省共审（认）定良种130个，油茶良种、林业重点工程杉、松类良种使用率100%。及时通报全省油茶苗木供需形势，全省各类育苗单位共提供造林绿化苗木11.1亿株，其中油茶苗木1.2亿株，为全省造林绿化和油茶产业发展提供有力支撑。

【林草生态网络感知系统建设】　将江西智慧林业建设纳入全省数字经济、数字政府、数字乡村等省级重大战略规划。在全国率先开展智慧林长平台与国家生态护林员平台系统融合。鄱阳湖湿地生态系统监测预警平台（二期）获国家批复，实施森林督查、自然保护地监管等系统建设，推进林权管理、林权流转、融资保险、要素交易等服务平台应用及林权大数据建设，林业信息化建设步伐不断加快。

【推深做实林长制】　省委书记、省级总林长主持召开省级总林长会议，签发省级总林长令，高位推进林长制工作开展。省、市、县三级林长开展巡林5581人次，市、县两级林长协调解决森林资源保护发展问题2602个。推动出台《江西省林长制条例》，推动江西省林长制从有章可循向有法可依转变。完善升级林长制巡护信息系统，林长制数字管理平台初步建成。上饶市林长制工作成效明显，获国务院督查激励。

【森林资源管理】 印发《关于进一步加强和规范林木采伐管理的通知》《江西省林地占用审核若干规定（试行）》，优化林木采伐和林地审核管理服务。持续加强公益林、天然林保护管理，国家公园、国家级自然保护区和省级自然保护区范围公益林补助标准分别提高至每公顷525元、495元、435元。出台《江西省林业行政处罚裁量基准》《江西省恢复植被和林业生产条件、树木补种标准（试行）》，指导各地陆续成立林业行政执法机构，整合强化执法队伍，初步形成省、市、县三级贯通的林业综合行政执法体系。常态化做好年度林草湿调查监测和森林督查工作，完成样地调查1323个。

【湿地草地生态保护】 省政府办公厅出台《关于加强鄱阳湖碟型湖管理与生态保护工作的通知》，推动解决鄱阳湖2个国家级自然保护区的湖权管理问题。新设立2处省级湿地公园，公布10处第二批省级重要湿地名录，新建小微湿地30处。采取生态补水、储备候鸟应急食源地及刈割老化苔草等措施，积极应对历史罕见持续高温干旱天气对鄱阳湖湿地生态安全的影响。组织开展草地变化图斑核查处置工作，部署开展草地变化图斑核查处置工作，及时查处破坏草地湿地资源违法违规行为。

【野生动植物保护】 联合省农业农村厅印发《江西省国家重点保护野生动物名录》《江西省国家重点保护野生植物名录》。庐山植物园纳入《国家植物园体系建设规划（2022—2035年）》。省、市、县全面建立野生动植物资源保护联席会议制度，开展"清风""网盾"行动，查办野生动植物案件647起。积极推进防控野猪危害综合试点，全省共建立护农猎捕队47支，猎捕野猪1945头，资溪县试点工作在全国试点工作推进会上受到表扬。启动国家重点保护野生植物

资源补充调查和林业外来入侵物种普查，坚持陆生野生动物疫源疫病常态化监测预警，江西省陆生野生动物疫源疫病研究中心正式挂牌成立，全年未发生一起野生动物疫情。

【自然保护地体系建设】 武夷山国家公园建立局省联席会议机制，完成总体规划和勘界工作成果报告编制，启动第一期综合科考。井冈山国家公园纳入国家公园空间布局。江西武功山地质公园被联合国教科文组织正式确定为世界地质公园候选地。推动武功山等13个风景名胜区规划报批工作，龟峰、仙女湖风景名胜区详规获得国家林草局批复。编制完成《江西省自然保护地发展规划2022—2035年》，出台生物多样性监测中长期规划和实施方案。在全国率先发布《江西省林业生物多样性保护公报》。中央电视台《秘境之眼》播出江西省自然保护区监控30期，创历史新高。

【森林防火】 针对历史罕见持续高温干旱天气，实行最严"禁火令"和重点地区"封山令"，开展省、市、县各级林长防火巡林，以

及森林火灾隐患排查整治、查处违法用火行为等专项行动，构建横向到边、纵向到底的"防火网"，确保全省森林防火形势总体平稳。完成"一省一市"森林火险普查评估区划试点工作，基本完成全省评估区划任务。

【松材线虫病防控】 省政府下达《2022—2023年度松材线虫病防控目标责任书》，全面压实松材线虫病疫情防控责任。全省共清理枯死松树429.79万株，清理面积27.73万公顷。完成疫木清理成效评估和秋季普查，新建区大塘坪乡等40个乡镇拔除疫点，全省实现疫区数量、疫点乡镇数量、发生面积和病死树数量"四下降"。

【产业发展】 国家林草局与省政府联合印发《江西现代林业产业示范省实施方案》，重点支持油茶、毛竹、家具、森林旅游与森林康养、林下经济五大产业发展。举办中国（赣州）第九届家具产业博览会。推动省委办公厅、省政府办公厅出台《关于提升油菜油茶等油料产能保障食用植物油有效供给的

5月22日，《江西省林业生物多样性保护公报》在全国率先发布

实施方案》，着力扩大油茶种植规模、提高茶油产量。全省完成油茶生产任务10.29万公顷，占年度任务的118.88%。出台《江西省山茶油发展条例》。举办江西首届油茶文化节，修订出台《江西省竹产业发展项目管理暂行办法》，举办中国（乐安）竹笋产业高质量发展高峰论坛和首届江西省竹资源高效利用高峰论坛。省政府办公厅出台《关于推进林下经济高质量发展的意见》，召开全省林下经济高质量发展动员部署暨油茶竹产业发展现场推进会，推进实施林下经济"三千亿工程"。全省新增森林药材种植面积1.96万公顷，新增香精香料种植面积1393.33公顷，林下经济产业规模保持全国前列。完成国家下达的1520批次食（药）用林产品及产地土壤监测任务。联合省民政厅、省卫生健康委员会、省中医药管理局联合印发《江西省森林康养基地管理办法》，认定省级森林康养基地26个。

【林业改革】 出台"深入实施简政放权"14条林业优化营商环境具体措施，深入实施强省会战略推动南昌林业高质量跨越式发展10条措施和《江西省林业领域包容免罚清单（2022版）》，制定林地流转奖补政策等9项惠企政策的办事指南。组织编制全省林业系统行政许可清单。完成省林业局依申请类政务服务事项进驻省政务服务中心工作。全国林业改革发展综合试点工作调度会在抚州召开。资溪县颁发全国首张林下经济收益权证，"推广资溪县林权收储运营改革经验"列入省委深改委《2022年江西省探索和推广的改革项目清单》。全省有林业规模经营（33.33公顷以上）主体4996个，共经营林地面积82.96万公顷。联合省政府金融办、中国人民银行南昌中心支行、江西银保监局印发《关于开展林权收储担保体系建设的通知》，安义等21个县（区）启动林权收储机构建设试点。全省累计发放林权贷款321.15亿元，余额145.8亿元。油茶和森林药材等地方特色农业保险签单面积69.63万公顷，为55.27万户次农户提供206.39亿元风险保障。依托南方林业产权交易所开展林业生态产

品交易1.52亿元。新增实施场外造林6013.33公顷，新增实施"百场百业"项目30处，累计实施"百场百业"项目72处，带动1.2万人次农户参与项目建设。

【林业科技】 8个林业科技项目列入省重点研发计划"揭榜挂帅"榜单。新授权林业植物新品种1个，新增国家林草局乡土专家9人、"最美林草科技推广员"4人、国家林草科技推广成果库优秀成果29个。制定江西省林业地方标准体系。组建江西省油茶产业科技创新联合体，成立江西省林业碳汇专家委员会。与省科技厅、省科协联合出台《江西省林业科普基地管理办法》。举办首届江西省林业科普讲解大赛，全国首家湿地候鸟类型的"学习强国"鄱阳湖科普基地建成并揭牌运行。与国际鹤类基金会签订合作备忘录，与赞比亚、俄罗斯等国家开展自然教育线上交流。获评2022年全国科技活动周及重大示范活动优秀单位。

【资金投入】 2022年，争取中央和省级林业项目资金超50亿元。其中，安排5.6亿元用于森林质量精准提升，重点支持林木良种培育、低产低效林改造、森林"四化"建设和森林抚育。争取中央基建生态保护和修复投资2.2亿元，全省59个双重规划区域县中有27个启动林草湿生态系统修复治理；吉安市争取中央财政补助2亿元，实施国土绿化试点示范项目。提高森林生态补偿标准，全省340万公顷省级以上生

态公益林和214.35万公顷天然林得到有效保护，其中国家公园、国家级自然保护区和省级自然保护区范围公益林补助标准分别提高到每公顷525元、495元、435元。投入3.3亿元用于森林防火、松材线虫病防治，支持营造2200公顷生物防火林带，对126支半专业扑火队进行补助。安排林业产业发展补助资金5.4亿元，推进产业示范省建设，重点支持油茶改造提升8万公顷，毛竹低改和笋用林1.2万公顷，森林药材1.47万公顷，新建森林康养基地27个。投入7600万元，在全省新建一批小微湿地、乡村森林公园和森林乡村，改善乡村人居环境，助力乡村振兴。

【在世界技能大赛夺金】 10月15日，江西环境工程职业学院教师李德鑫在瑞士巴塞尔举行的2022年世界技能大赛特别赛家具制作项目角逐中，勇夺金牌，为中国队斩获首金。2022年，该学院在中国国际"互联网+"大学生创新创业大赛总决赛荣获一金二铜，在全国职业院校技能大赛教学能力比赛中荣获一等奖1项、二等奖2项，先后荣获省级教学成果奖一等奖3项，二等奖7项。

【中林集团与省政府签订战略合作协议】 8月16日，中林集团与省政府签署战略合作协议。中林集团将深化与江西在国家储备林建设、林业碳汇开发和交易、油茶、竹木加工等重点领域合作，深度参与江西国家生态文明试验区和江西现代

首届江西油茶文化节

林业产业示范省建设，共同打造合作共赢典范。

【首届江西油茶文化节】 12月8日，以"江西山茶油·赣出好茶油"为主题的首届江西油茶文化节在赣州市南康区开幕，通过"瞰见秀美江西""品茶油忆乡愁""享美食乐游玩""搭建商贸桥梁"等形式多样、别具地方特色的系列活动，深入挖掘、宣传弘扬油茶文化，展示江西油茶产业发展成果，推介江西山茶油和赣南茶油品牌，振兴茶油消费市场，提升江西山茶油和赣南茶油品牌的社会影响力。

【破译红花油茶和樟树遗传密码】 1月25日，江西林业科研团队首次破译红花油茶遗传密码，该研究成果以红花油茶为研究对象，获得目前全球质量最高的红花油茶基因组，为油茶遗传改良奠定了重要的理论基础。9月21日，江西林业科研团队首次破译樟树遗传密码，该研究成果以中国境内有分布的樟属24种植物为材料，收集樟属植物材料万余份，利用多组学数据分析、群体遗传分析、代谢分析和功能基因组学分析等研究方法，历经十余年潜心研究，取得重大突破。

【上饶市林长制工作获国务院督查激励】 2022年，上饶市全面推行林长制工作成效明显，列入国务院办公厅"落实重大政策措施真抓实干成效明显"督查激励名单。上饶市各级林长常态化开展巡林，确保源头有人巡、后台有人盯、事件有人查、责任有人担，实现破坏林业资源案件数量和林业灾害发生率双下降。一年来，江西通过构建林长组织体系、源头管理体系、制度保障体系、目标考核体系和智慧管理体系，完善总林长发令机制、林长巡林机制、部门协作机制、督查督办机制和林长对接机制，不断推深做实林长制，逐步实现从林长制迈向"林长治"。

【南昌市获"国际湿地城市"认证】 6月10日，国际《湿地公约》常委会公布第二批国际湿地城市名单，南昌榜上有名，并在11月武汉召开的《湿地公约》第14届缔约方大会上获得授牌。南昌湿地资源禀赋优越，水域面积占全市总面积的29.87%，拥有2处国际重要湿地、4处省级重要湿地和5处省级湿地公园。南昌良好的湿地生态环境也为鸟类提供了适宜的栖息场所，作为东亚—澳大利西亚候鸟迁徙通道的重要中转站，为全球数十万只水鸟、75%以上的东方白鹳和98%的白鹤提供了越冬栖息地。

【出台两部省级林业地方性法规】 5月31日，江西省第十三届人民代表大会常务委员会第三十九次会议通过《江西省林长制条例》，于2022年7月1日起施行；该《林长制条例》明确设立省、市、县、乡、村五级林长，明确实施林长制推动林业资源保护发展"五绿"任务和林业资源网格化管理模式，实现林长制从"有章可循"迈向"有法可依"。11月25日，江西省第十三届人民代表大会常务委员会第四十二次会议通过《江西省山茶油发展条例》，于2023年1月1日起施行；该《山茶油发展条例》明确山茶油的政府职责、质量安全管理、产业发展支持政策等，这是全国首部针对油茶进行的地方性法规，为江西油茶产业健康发展提供法制保障和基本遵循。

【大事记】
1月1日 《江西省候鸟保护条例》施行。
1月24日 全省首家"湿地银行"在万年县珠溪湿地公园挂牌成立，签约完成全国首笔湿地占补平衡指标交易。
1月25日 省林业局召开2022年全省林业工作视频会议，会议传达全国林业和草原工作视频会议精神，并对今冬明春造林绿化、森林防火、松材线虫病疫情防控、湿地候鸟保护、新冠病毒疫情防控、安全生产和党风廉政建设等重点工作进行部署。
2月10日 省林业局召开打造"让党放心、人民满意"的模范机关动员会。
2月10—11日 省人大常委会党组成员、副主任张小平率队赴抚州市开展《江西省林长制条例（草案）》立法调研。

2月14—15日 副省长陈小平到武夷山国家公园（江西片区）专题调研国家公园建设工作，并就加快推进武夷山国家公园（江西片区）建设召开座谈会。
2月16日 易炼红、叶建春、姚增科等省委、省人大常委会、省政府、省政协领导班子成员到南昌市红谷滩区生米休闲公园，参加义务植树活动。省军区、省法院、省检察院、武警江西总队主要负责同志以及省直和南昌市机关干部参加义务植树活动。
2月17日 江西省人民政府、国家林草局联合印发《江西现代林业产业示范省实施方案》。
3月2—3日 副省长陈小平先后到庐山西海、永修县调研松材线虫病防治、产业发展和审计发现问题整改等工作。
3月3日 全球第九个"世界野生动植物日"，江西省"守护万物和谐，共享生态武夷"——主题宣传活动启动仪式在上饶市市民公园举行。
3月9—10日 副省长陈小平在鹰潭调研。
3月10日 鄱阳湖湿地生态系统监测预警平台项目（二期）获国家发展改革委和国家林草局联合批复。
3月12日 省林业局发布《江西省2021年国土绿化状况公报》。
3月15日 省委书记，省级总河湖长、总林长易炼红主持召开省级总河湖长总林长会议。
3月22日 省人大常委会副主任张小平在南昌主持召开促进和保障山茶油产业发展座谈会。
3月28日 省林业局印发《江西省林业外来入侵物种普查技术方案》。
3月30日 全省首家湿地资源运营中心在崇义县阳明湖国家湿地公园宣教中心正式挂牌成立，发放首笔湿地经营权质押贷款1000万元。
4月1日 江西省启动主题为"守护蓝天精灵，共享美好家园"的第41届"爱鸟周"线上宣传活动。
4月1日至5月10日 省林业有害生物防控工作指挥部在全省部署开展为期40天的松材线虫病疫木集中清理专项整治"春雷行动"。
4月7日 省人大常委会副主任张小平到省林业局走访调研并召开座谈会。

4月7—8日　省政府副省长陈小平赴九江市彭泽县和都昌县调研自然资源和林业工作。

4月19日　国家林草局公布第二批"最美林草科技推广员"名单，江西省推荐的省林业科学院王海霞、省林业科技推广和宣传教育中心李桂香、吉安市林业科学研究所彭招兰、兴国县林业技术推广站杨清心4人入选。

4月　武夷山国家公园（江西片区）与铅山县人民政府签署《联合勘定的界线协议书》，标志着武夷山国家公园（江西片区）279平方千米勘界工作全面完成。

5月10日　省人大常委会副主任、省级林长张小平赴鹰潭市开展巡林督导。

5月16—17日　副省长陈小平在抚州市调研林业产业高质量发展工作。

5月17日　省政协副主席李华栋一行到省林业局走访调研，就"做实唱响'三清天下秀'品牌"协商议题开展交流座谈。

5月18日　江西省人民政府批复同意设立江西万安云洲和临川白鹭两处省级湿地公园。

5月22日　《江西省林业生物多样性保护公报》发布。

5月22日　以"共建地球生命共同体，助力美丽江西建设"为主题的2022年国际生物多样性日宣传活动启动仪式暨专家论坛在南昌举行。

5月31日　江西省第十三届人民代表大会常务委员会第三十九次会议通过《江西省林长制条例》，并自7月1日起施行。

5月31日　国家林草局批复同意《龟峰风景名胜区龟峰景区及入口服务区详细规划》。

6月1日　《中华人民共和国湿地保护法》江西省普法宣传月启动仪式暨"秀丽江西　大美湿地"摄影大赛颁奖活动在南昌举行。

6月2日　《国务院办公厅关于对2021年落实有关重大政策措施真抓实干成效明显地方予以督查激励的通报》发布，上饶市林长制获督查激励。

6月8日　第二批国际湿地城市名单揭晓，南昌荣获"国际湿地城市"称号。

6月8日　副省长陈小平到新余市调研中央巡视反馈意见整改并巡林。

6月9日　国家林草局会同福建、江西两省政府以视频方式召开武夷山国家公园局省联席会议，总结部署武夷山国家公园建设有关工作。

6月9日　省人大常委会副主任张小平赴宜春市开展农村零散空闲地油茶种植情况调研。

6月20日　国家林草局林长制工作领导小组办公室印发《关于2021年林长制督查激励结果的通报》，对上饶市通报表扬并安排中央财政林业改革发展资金2000万元予以奖励。

6月27日　省政府新闻办、省林业局召开《江西省林长制条例》贯彻落实新闻发布会，宣布江西森林覆盖率达63.35%。

6月29日　中国（赣州）第九届家具产业博览会在南康区开幕。江西省委副书记、赣州市委书记吴忠琼出席并为赣州现代家居产业发展战略顾问颁发聘书，副省长陈小平宣布开幕，国家林草局党组成员、副局长李春良讲话。

6月29日　国家林草局党组成员、副局长李春良到万安县调研对口支援工作。

7月4日　全国林业改革发展综合试点工作调度会在江西省抚州市召开。国家林草局副局长刘东生出席会议并讲话。

7月6日　江西省林业局公布《江西省第二批省级重要湿地名录》。

7月13日　全省林下经济高质量发展动员部署暨油茶竹产业发展现场推进会在铜鼓召开，副省长陈小平出席会议并讲话。

7月20—21日　省委书记、省人大常委会主任易炼红深入武夷山国家公园（江西片区）和上饶市调研。

7月20日　江西省召开省绿化委员会全体会议，总结2021年度全省国土绿化工作，研究部署2022年度国土绿化工作。副省长陈小平主持会议并讲话。

8月3—4日　省长叶建春在庐山调研。

8月4—5日　省人大常委会副主任曾文明赴景德镇市、上饶市开展巡林督导工作。

8月10—11日　国家林草局党组成员、副局长李春良到武夷山国家公园（江西片区）调研，并召开国家公园建设与管理暨风景名胜区整合优化工作座谈会。

8月16日　江西省与中国林业集团在南昌签署战略合作协议。省长叶建春、中国林业集团董事长余红辉共同见证签约，副省长陈小平参加活动。

8月18—19日　省人大常委会党组成员、副主任张小平率队赴上饶市开展《江西省山茶油发展条例（草案）》立法调研和武夷山国家公园（江西片区）建设调研。

8月19日　省政府办公厅印发《关于进一步加强生物多样性保护的实施意见》。

9月22日　省林业局公布省级林业龙头企业364家。

9月7日　省人大常委会副主任张小平到桃红岭梅花鹿保护区调研

8月16日，江西省人民政府与中国林业集团有限公司签署战略合作协议

指导工作。

9月12日　省委常委、南昌市委书记李红军到湾里管理局调研检查森林防火工作并开展巡林。

9月22日　省委书记、省级总林长易炼红签发2022年1号省级总林长令——《关于坚决抓好当前森林资源保护发展工作的令》。

9月26日　全省国土绿化、森林防火、松材线虫病防控、湿地候鸟保护工作电视电话会议召开。副省长陈小平出席会议并讲话。

10月12—13日　省人大常委会副主任张小平率队到宜春市开展中药材产业发展情况调研。

10月17—18日　副省长、省级林长陈小平一行到江西南风面国家级自然保护区调研自然保护区保护与建设工作，并开展林长巡林，督导森林防火、候鸟保护等工作。

10月17日　省政协副主席、党组副书记、省级林长陈俊卿到九江市调研林长制和松材线虫病除治等林业工作。

10月20—21日　省人大常委会副主任胡世忠到崇义县开展《江西省山茶油发展条例（草案）》立法调研。

11月14日　省林业局在南昌举行江西林业融媒体中心启动仪式。

11月29日　省人大常委会副主任张小平到省林业科学院调研林业科技创新工作。

12月8日　首届江西油茶文化节开幕式在赣州市南康区举行，副省长陈小平出席活动。

（江西省林业由黄明亮供稿）
（图片由江西省林业局提供）

11月14日，江西林业融媒体中心正式启动

# 山东省林业

【概　述】　2022年，山东省自然资源厅（山东省林业局）（以下简称省自然资源厅）统筹山水林田湖草沙一体化保护和系统治理，推进科学绿化试点示范省建设，沂蒙山区域山水林田湖草沙一体化保护和修复工程完成年度目标，尼山区域国土绿化试点示范项目完成建设任务。开展历史遗留矿山生态修复，完成治理图斑1.03万个。推进林长制建设，修订完善《山东省林长制工作绩效评价办法》《山东省林长制工作绩效评价标准》，制订出台《山东省建设项目占用林地定额管理实施细则（试行）》等文件。形成国家级公益林优化调整成果，全年完成植树造林12226.67公顷。深化国有林场改革和集体林权制度改革，推动林业产业高质量发展，

2022年全省林业总产值6218亿元。做好古树名木保护工作，公布分级保护古树名木名录，认定一级保护古树名木1449株。黄河口国家公园进入设立报批阶段，长岛国家公园进入创建阶段。风景名胜区整合优化预案上报国家林草局并通过专家组评审。以国家公园为主体的自然保护地体系建设工作获得国家林草局通报表扬。

【国土绿化与生态修复】　2022年，省自然资源厅研究编制《山东省科学绿化试点示范省建设实施方案》，经省政府常务会议审议通过并报国家林草局审查。研究制订《盐碱地科学绿化技术导则》《山区科学绿化技术导则》《农田防护林科学营建技术导则》《沿海防护

林科学营建技术导则》《退化林修复技术导则》《村镇四旁绿化技术导则》，为科学绿化提供技术支撑。推行国土绿化项目"落地上图"，组织开展造林绿化空间适宜性评估，累计调查评估图斑184.69万个，总面积121.87万公顷。制订出台《山东省荒山造林与管护办法（试行）》，把山体绿化与创设公益岗结合，推广"工程造林+乡村绿化队+村护林队+村民公益岗"模式，开发生态护林员公益性岗位1.06万个，实现荒山增绿、群众增收、公益增岗。省财政安排专项资金7400万元，对2021年度造林绿化成果进行奖补。推动全民义务植树，组织开展全省"互联网+全民义务植树"活动，网上发放义务植树尽责证书，指导青岛、聊城两市

向中国绿化基金会申报"互联网+全民义务植树"捐资项目。全年完成植树造林12226.67公顷，滨州市获"国家森林城市"称号。

**矿山生态修复** 组织开展历史遗留矿山图斑核实，全省有历史遗留矿山图斑1.9万个，损毁面积7.3万公顷，其中已治理图斑1.03万个，面积4.5万公顷。联合省生态环境厅，申请省级财政资金1350万元，开展黄河流域（山东段）历史遗留矿山生态破坏与污染状况调查评价。济宁市南四湖自然保护区及其周边历史遗留废弃矿山生态修复示范工程入围国家名单，获中央财政资金支持3亿元，截至12月底，拨付到项目建设单位1.08亿元，完成生态修复面积43.98公顷。省级安排历史遗留矿山生态修复财政资金1.35亿元，治理历史遗留矿山86个，完成治理面积266公顷。制订出台《山东省露天矿山植被修复技术导则（试行）》《山东省自然资源厅关于进一步规范历史遗留废弃露天开采矿山采取自然恢复方式进行治理的通知》，完善矿山生态修复管理制度。组织开展2022年度矿山企业履行矿山地质环境保护与土地复垦义务情况检查。

**沂蒙山区域山水林田湖草沙一体化保护和修复工程** 截至12月底，完成投资40.26亿元，54项工程全部启动实施，累计完成生态保护修复治理面积1729平方千米。修

滨州市新立河西路沿线绿化景观林带航拍图

（滨州市自然资源和规划局 供图）

复湿地130.76公顷，水土流失治理1.97万公顷，生态覆绿414公顷，退化公益林修复6698公顷，生态保育通道357千米，河道修复97千米，修复破损山体1.95平方千米。

**尼山区域国土绿化试点示范项目** 创新造林绿化模式，新增配套基础设施，完成项目建设任务。完成人工造林1465.41公顷，退化林修复133.67公顷，森林抚育3068.7公顷，村庄绿化60个，古树保护修复1539株，建设防火隔离带30千米，新打深水井55处，建设永久性蓄水池175个，铺设引水管道299.6千米，建设硬质隔离148.2千米，新建护林房91个，安装责任公示牌119个、封山育林警示牌268个，超额完成一体化系统辅助工程。

**服务保障黄河重大国家战略任务** 推进沂蒙山区域山水林田湖草沙一体化保护和修复工程、尼山区域国土绿化试点示范项目和东营特殊及珍稀林木培育项目等4类重点平台项目，制订《山东省自然资源厅关于服务保障黄河流域生态保护和高质量发展的意见》，提出6类26项政策措施。

**【国有林场与集体林权制度改革】**
2022年，省自然资源厅持续深化国有林场改革，完成原山国有林场改革试点任务，新增原山艰苦创业教育基地现场教学点1处、观摩点1处，新增森林防火视频监控8处、巡护无人机2架，新发展林下经济17.33公顷，举办各类培训班89期、培训1637人次。对150处国有林场管护用房开展摸底调查、落地上图，全省国有林场管护用房1080套。组织10处国有林场实施森林质量精准提升工程。深化集体林权制度改革，推进集体林地"三权分置"，推动放活集体林地、林木经营权，完善集体林地经营管理政策措施。联合省财政厅、省农业农村厅、中国银保监会山东监管局修订印发《山东省苹果种植保险条款》和《山东省桃种植保险条款》，参

泰安市金山片区完成山体修复（张越 摄）

与制订《山东省农业保险保险费补贴资金管理实施细则》和地方优势特色农产品保险奖补政策，将林木育种育苗、古树名木保护等特色林产品保险纳入省地方优势特色农产品保险奖补范围，保障林农预期收益和合法权益。市、县两级注册开通集体林权综合监管系统，将3.9万条集体林权数据转移到国家集体林权综合监管系统，在全国率先完成数据录入工作。

【林草资源保护管理】　2022年，山东省全面建立省、市、县三级"林长+检察长"工作机制。省总林长签发总林长第1号令《关于切实加强森林资源保护发展的意见》。修改完善《山东省林长制工作绩效评价办法》《山东省林长制工作绩效评价标准》，制订出台《山东省林长制责任单位协作制度》《山东省林长制工作督查制度》。组织召开全省林长制工作培训会议，对2021年度林长制工作进行绩效评价，向16个设区市总林长书面反馈2021年度林长制工作绩效评价结果。印发《山东省建设项目占用林地定额管理实施细则（试行）》，研发山东省林地定额使用管理系统，实现林地定额动态精准管理和网上审批。争取国家林草局林地定额支持，保障1200余个项目落地。加强省级不可预见性采伐限额管理与使用，审查济南市等12个单位使用省级不可预见性采伐限额21.98万立方米。指导利津县王庄沙区林场、烟台市昆嵛山林场完成森林经营国家试点任务，对东营市垦利区、日照市岚山区、威海市文登区等9个县（市、区）中央财政投资森林抚育任务进行省级核查验收。严格森林资源监管，对18个永久占用林地项目、3个临时占用林地项目、2个直接为林业生产服务项目、52个林木采伐小班开展事中事后监督检查，督促问题查处整改。开展草原变化图斑核查工作，完成国家下发的5751个草原变化图斑核查任务，受到国家林草局表扬。开展乡镇标准化林业站建设，完成林业站站长能力测试和本底调查关键数据年度更新等工作。加强林草种质资源保护，推进国家林木种质资源设施保存库山东分库

建设，对全省7个国家级、35个省级林木种质资源库开展建设成效评估，完成国家库登记资源1126份、省级库登记资源8182份。组织开展全省草种质资源普查，收集草本植物种质资源种子208份、标本3131份、DNA材料2998份。

**古树名木保护**　组织开展古树名木保护科普宣传系列活动，制订宣传方案，在济南市千佛山公园举行宣传活动启动仪式，线上线下5000余人参加。制作山东省古树名木宣传视频，开展山东省"最美古树名木"摄影作品征集活动，提升全社会保护古树名木意识。公布分级保护古树名木名录，认定一级保护古树名木1449株，济南市、烟台市、德州市公布首批二级保护古树名录。开展打击破坏古树名木违法犯罪专项整治行动，制订行动方案，成立领导小组，开展线索排查，落实主管部门联系机制，确保完成专项整治行动。组织开展古树名木复壮，省级层面抢救复壮一级保护古树名木46株，青岛市复壮长势衰弱和濒危古树名木300株，临沂市对13株古树进行树洞修补，菏泽市保护复壮一级古树4株。

【森林督查】　2022年，省自然资源厅印发《山东省自然资源厅关于开展2022年全省森林督查工作的通知》，制订工作方案和技术细则，安排部署森林督查工作。接收国家下发森林督查图斑43935个，开展县级数据处理及分发工作。组织开展省级技术培训，完成对各设区市森林督查成果的省级内外业核查，形成全省森林督查数据成果报告，全面完成年度督查任务。

【森林草原防火】　2022年，省自然资源厅持续加大森林草原防火工作力度，召开3次防火专题工作会，落实省级森林草原防火分片包保工作机制，指导泰山、昆嵛山、沂蒙山等重点林区相关市、县、乡镇健全森林火灾联防联控工作机制。强化监测预警，综合采用卫星监测、视频监控、塔台瞭望、地面巡护等多种手段实施24小时全方位、立体化、全省域监测监管。建立森林草原火情火灾信息报送制度，指导各地加强隐患排查，2次

部署开展全省森林草原火灾隐患排查整治"百日攻坚"行动。加大火源管控力度，与省应急厅、省公安厅联合开展野外火源治理专项行动，与相关部门联合开展全省林区输配电设施火灾隐患排查治理专项行动，累计排查整改火灾隐患2257处，治理林区输配电隐患线路930余千米。基本完成森林草原火灾风险普查工作，向国家林草局汇交普查评估区划数据。加强基础设施建设，新建阻隔带420余千米。省级财政安排资金1000万元，建设智能卡口863个。推进济宁、淄博、枣庄3个市和省直国有林场森林火灾高风险区综合治理项目建设。强化宣传教育培训，联合印发《山东省森林草原冬春季防灭火宣传工作方案》，制作《森林防火警示片》《森林防火提个醒》宣传视频，《森林防火"十不要"》等宣传海报，提高全民防火意识。印发《山东省自然资源厅关于组织开展森林草原防火业务能力提升培训的通知》，全省累计开展培训620期（场次），对134个县（市、区）的808个乡（镇）、10162个村庄（社区）、123个林场负责人进行森林防火业务能力提升培训，总计培训47752人次。

【林业有害生物防控】　2022年，松材线虫病发生面积6.4万公顷，死亡松树64.1万株，实现连续三年"双下降"；美国白蛾发生面积21.37万公顷。省林业和草原有害生物防控指挥部办公室印发《山东省2022年度松材线虫病防治方案》《2022年美国白蛾防控方案》；省自然资源厅印发《山东省松材线虫病疫情防控五年攻坚行动方案（2021—2025年）》，修订松材线虫病防治技术规范，指导各地开展科学防治。召开指挥部专题会议1次，发布林业有害生物发生趋势预测预报10期，向16个设区市政府和成员单位发送防治提醒函5次，开展防控成效核查3轮。督促指导各地开展松材线虫病秋季普查，抓好泰山周边等重点生态区位松材线虫病防治工作，撤销5个疫区、7个疫点。开展全省森林、草原、湿地生态系统外来入侵物种普查，印发《外来入侵物种普查技术规程》，

编写普查手册，举办普查技术培训班，基本完成外业调查工作。制订《山东省林业植物检疫试点工作指导意见》，在青岛市西海岸新区、胶州市、日照市岚山区、临沂市临港区等地开展林业植物检疫改革试点，创新体制机制和运行模式。全省林业有害生物防治作业面积317.60万公顷。

【湿地保护】　2022年，按照《山东省自然资源厅关于进一步加强湿地公园管理工作的实施意见》，对湿地保护修复和湿地公园审批、监管、评价、调整、撤销、检查进行全面规范。抽取12处省级以上湿地公园，检查湿地资源保护利用情况，公开检查结果。全年完成工程占用省级以上湿地公园生态影响评估论证81件，有效保护湿地资源，

泰安市徂徕山林场开展无人机喷药防治松褐天牛工作（泰安市林业局　供图）

泰山林场森防站组织施工队在樱桃园管理区打孔注药保护松树

（泰安市林业局　供图）

保障重点项目实施。各级财政投入资金10.23亿元，实施湿地保护修复和提升项目58个，修复湿地8266.67公顷，生态补水3.6亿立方米，湿地生态系统多样性、稳定性、持续性有效改善。组织开展《湿地保护法》主题宣传，联合《齐鲁晚报》、"齐鲁壹点"在东营市举办第26个世界湿地日山东主题宣传暨"大美黄河口"直播启动上线活动，线上线下近200万人参与，全省湿地公园免费开放一周，累计接待游客51.7万人次，接受湿地科普宣教22万人次。召开《湿地保护法》专题培训会议，各级林业主管部门600余人参加。指导寒亭区禹王国家湿地公园申报国家重要湿地。组织参加《湿地公约》第十四届缔约方大会，指导东营市政府主办黄河三角洲湿地生态保护与修复

研讨会。济宁市成功创建第二批国际湿地城市。

【国家公园创建】　2022年，山东省组织完成黄河口国家公园创建各项重点任务，3月，通过由国家林草局委托中科院生态环境中心、自然资源部第一海洋研究所等单位专家组成评估工作组评估。6月，国家林草局向山东省反馈第三方创建评估意见，认为黄河口国家公园符合设立条件，同意山东省提出设立申请。省自然资源厅组建黄河口国家公园工作专班，建立每周沟通调度机制，完善《黄河口国家公园设立方案》《黄河口国家公园综合科学考察报告》《黄河口国家公园社会影响评价报告》等7项报批材料，改进黄河口国家公园专题片。6月28日，省政府向国家林草局函送《山东省人民政府关于申请设立黄河口国家公园的函》，黄河口国家公园进入设立报批阶段。10月，国家林草局向山东省反馈国家相关部委意见。按照反馈意见，组织技术团队对《黄河口国家公园设立方案》等设立报批成果材料进行补充完善，并形成《黄河口国家公园意见采纳情况说明》《黄河口国家公园设立方案修改说明》等材料，上报国家林草局并通过审查。省政府相关领导到东营市现场调研，黄河口国家公园设立方案经省政府常务会议审议通过。长岛国家公园正式进入创建阶段。省自然资源厅组织编制《长岛国家公园评估区综合科学考察报告》《长岛国家公园符合性认定报告》《长岛国家公园社会影响评价报告》，并邀请中国工程院院士尹伟伦、中国科学院院士魏辅文等7名专家组成专家组进行评审，征求烟台市、省直有关部门意见后，11月8日上报国家林草局国家公园专班审查。

【自然保护地管理】　2022年，省自然资源厅印发《山东省风景名胜区规划管理规定》《山东省自然资源厅关于加强地质公园和海洋特别保护区总体规划编制工作的通知》，16处省级风景名胜区总体规划获省政府批复，2处国家级风景名胜区总体规划按程序呈报国务院审批。组织修改完善青岛崂山风景

名胜区总体规划，并对相关专题影响报告进行评审论证。指导烟台、潍坊、威海、滨州4个市分别编制长岛等5个国家级自然保护区总体规划，组织专家进行现场勘察指导和评审论证，并报国家林草局审批。摸清全省地质公园和海洋特别保护区总体规划编制情况，规范规划编制工作，组织完成4个国家级、1个省级海洋公园总体规划论证评审并上报国家林草局。提升遥感监测能力，实现自然保护地遥感监测全覆盖。基于山东省空天地一体化自然资源监测监管系统，建设自然保护地监测应用场景，实现监测图斑月度推送、移动终端现场核实、核实结果在线报送等功能；举办空天地一体化自然资源监测监管系统自然保护地应用场景视频培训班，累计培训500余人次。印发《山东省自然资源厅办公室关于进一步做好自然保护地遥感监测工作的通知》《山东省自然资源厅办公室关于开展自然保护地范围数据核实的通知》。全年累计提取图斑2102个，通过"鲁地云"在线推送各相关市开展现场核查。核查自然保护地2022年以来建设项目实施、绩效目标、疑似问题点位核查处置、2020年以来生态补偿资金使用、总体规划编制实施和湿地保护修复项目进展等方面情况。联合省生态环境厅开展"绿盾行动"及自然保护地生态破坏问题排查整治专项行动，建立整治行动工作机制。印发自然保护地整合优化"再完善"技术规则和矢量数据格式报表要求，完善后全省自然保护地总面积163.81万公顷。组织开展全省风景名胜区整合优化工作，山东省风景名胜区整合优化预案经省政府专题会议研究、省政府常务会议审议通过，并上报国家林草局。通过风景名胜区整合优化，调出风景名胜区内矛盾冲突面积483.66平方千米。加强自然保护地安全生产管理，印发《山东省自然资源厅办公室关于开展好自然保护地安全生产"开工第一课"活动的通知》。

【野生动植物保护】 2022年，省自然资源厅增设省级陆生野生动物疫源疫病监测站18处，并落实工作补助资金。制订《山东省陆生野生动物疫源疫病监测防控管理办法》，联合省畜牧局、省卫生健康委签署《山东省人兽共患传染病防控合作备忘录》。建设山东省陆生野生动植物保护管理信息化系统，收录物种5000余种，建立人工繁育和经营利用证照库。联合有关部门开展"2022清风行动"，查办案件135起，打击处理违法犯罪人员232人。组织开展"2022网络市场监管""网盾"等专项行动，接收省纪委监委等机构收缴和海关罚没的濒危陆生野生动植物制品3批次61件。与青岛海关、青岛润海网络工程有限公司签署协议，委托保管大宗罚没物品198647千克。制订印发《山东省陆生野生动物人工繁育和经营利用管理办法》和《陆生野生动物人工繁育条件审核表》《陆生野生动物人工繁育（经营利用）场所现场查验表》格式文本，开展"双随机一公开"检查，严格事中事后监管，办理涉野生动植物行政许可390件。组织全省开展"世界野生动植物日""爱鸟周""野生动物保护宣传月"等主题宣传活动，举办山东省野生动物保护成果展，开设野生动植物保护管理大讲堂，制作山东野生动植物保护宣传片，编撰印制《山东省常见鸟类图册》2万余本。

【林业产业管理】 2022年，全省新认定商河花卉等13个省级特色农产品优势区、231个林业专业省级示范社，新创建9家国家级森林康养试点建设单位。对16处国家级林下经济示范基地、4处国家森林康养基地、14个国家林业重点龙头企业、2处国家林业产业示范园区开展监测，推出罗庄花卉等14个林业产业发展典型，发挥示范带动作用。

食用林产品质量监管 制订印发《食用林产品质量安全监督抽检实施方案》和《食用林产品质量安全风险监测实施方案》，完成核桃等11个树种4176批次抽检任务。开展食用林产品整治专项行动，对德州、聊城和滨州3个市6个县进行现场督导检查，对济宁、枣庄、临沂等市抽检不合格产品现场督导，销毁不合格批次葡萄、花椒等200余千克。组织省、市、县三级同步开展食用林产品质量安全宣传周活动，发放宣传资料1.8万余份，参加活动林农达1万余人次。

林木种苗质量监管 落实国家林草局部署，组织开展2022年林草种苗质量检查，对9个设区市48个县（市、区）133个苗木生产经营和使用单位213个种苗批次进行抽查。组织开展打击制售假劣林草种苗和侵犯植物新品种权行动，全省设立举报电话153个，查处种苗违法案件3起。组织开展持证苗木生产者摸底调查，全省有持证苗木生产者4598个，面积41933.33公顷。组织完成全省9处国家重点林木良种基地2021年度任务完成情况考评。省人大常委会对《种子法》《山东省种子条例》执行情况开展检查监督。组织开展2022年主要林草品种审定工作，认定林草品种35个。

【科学技术】 2022年，省自然资源厅加强科研平台建设，提升林草科技支撑水平。"黄河下游草种质创制与生态改良国家林业和草原局重点实验室"获国家林草局批复建设，组织鲁东大学等单位申报"国家林业和草原局滨海草种质资源工程技术研究中心"等科创平台，加大对生态定位站等平台提交数据审核力度。林业科技奖励和科技人才培养取得新成绩，2022年度全省林业科技项目获省级以上科技奖5项，其中获山东省科技进步奖二等奖1项，梁希林业科学技术奖二等奖3项、三等奖1项。组织申报第四批国家林草创新人才和团队10人（个）。截至12月底，全省有5人和2个团队分别获评国家林草局高层次科技人才和团队，数量居全国前列；3人获评2022年国家林草最美科技推广员。推进标准化和知识产权保护工作，组织开展2022年度自然资源领域"山东标准"项目征集，推荐林业标准项目13项。指导省林业标准化分技术委员会编制《山东省新型林草领域地方标准体系》。年内全省新获批植物新品种权13个。省林科院《一种杨树育种装置及其使用方法》获第四届山东省专利奖三等奖。组织参加国家林草局科普讲解大赛，3名选手分获一、二、三等奖，省自然资源厅获"2022年度全国林业和草原科普讲解大赛优秀组织奖"。组织全省林业系统开展"全国科技活动周""全国科普日"等科普宣传活动，举办"粒程"林草科普展、"流动的种质方舟"等科普活动20次。

【大事记】

1月12日　省自然资源厅召开全省林业和草原有害生物防控指挥部成员单位联席会议。

1月21日　由省自然资源厅、东营市政府主办，东营市自然资源和规划局、黄河三角洲国家级自然保护区管委会承办，《齐鲁晚报》、齐鲁壹点协办的2022年"世界湿地日"山东省主题宣传暨"大美黄河口"直播启动上线活动在东营市黄河三角洲国家级自然保护区举行。

1月29日　国家平阴玫瑰产业示范园区、国家临沂兰山木业示范园区、国家昌邑花木产业示范园区、国家宁津实木家具产业示范园区入选第二批国家林业产业示范园区。

2月11日　财政部、国家林草局以视频形式召开2022年国土绿化试点示范项目竞争性评审会议。省自然资源厅组织参会，潍坊市汇报临朐县沂山区域国土绿化试点示范项目情况。

2月17日　潍坊市临朐县沂山区域国土绿化试点示范项目入选2022年林业改革发展资金支持国土绿化试点示范项目名单。

3月18日　省自然资源厅召开全省林草系统2022年春季森林草原防火工作电视电话会议，对全省森林草原防火工作作出安排部署。

3月25日　省委常委会召开会议，听取副省长曾赞荣关于全省林长制工作情况的汇报，审议《关于切实加强全省森林草原防火工作的决定》《关于建立"林长+检察长"工作机制的意见》。省自然资源厅参加会议。

3月31日　国家林草局印发《关于聘任第三批林草乡土专家的通知》，山东有10人入选国家第三批林草乡土专家。

4月8—9日　副省长曾赞荣到临沂市调研蒙山森林防火以及生态修复、科学绿化等自然资源领域重点工作。省政府办公厅副主任牟书岭，省自然资源厅相关负责人参加调研。

枣庄市峄城区完成石榴盆景特色产业园建设提升

（枣庄市林业和绿化局　供图）

4月19日　国家林草局公布第二批"最美林草科技推广员"名单，山东省推荐的聊城市茌平区国有广平林场党支部书记、场长王吉贵，烟台市森林资源监测保护服务中心副主任、研究员曹国玉，山东省林草种质资源中心资源调查所所长、高级工程师刘丹3人上榜。

4月24日　副省长曾赞荣，省政府办公厅副主任牟书岭，省自然资源厅主要负责人等一行到泰安市调研森林防火和生态修复有关情况。

4月25日　省自然资源厅召开全省林业系统安全生产暨森林草原防火工作电视电话会议，就"五一"期间全省林草系统安全生产和森林草原防火工作作出安排部署。

5月10日　省自然资源厅召开深入贯彻落实黄河流域生态保护和高质量发展国家战略专项工作调度和推进会。

6月8日　"技能兴鲁"职业技能大赛——山东省首届花境技能竞赛启动仪式在山东青州弥河国家湿地公园举行。中国花卉协会秘书长张引潮视频致辞，省自然资源厅相关负责人出席启动仪式并讲话。

6月14—15日　国家林草局合肥专员办党组书记、专员李军调研督导黄河口国家公园创建工作，省自然资源厅、东营市人民政府相关负责人等陪同调研。

6月15日　省自然资源厅召开首届山东省森林文化周新闻发布会。省林业保护发展中心负责人对森林文化周筹备工作、重点活动、森林文化周特点等问题回答记者提问。中央驻山东新闻单位，省直以及济南市主要新闻单位记者参加发布会。

6月16日　省自然资源厅、聊城市政府在聊城市冠县举行山东省第28个世界防治荒漠化与干旱日宣传活动暨全省防沙治沙现场经验交流会。

6月29日　由省委省直机关工委重点支持、省自然资源厅主办，省林业保护和发展服务中心、淄博市自然资源和规划局承办的山东省首届国有林场森林防火应急救援技能竞赛省级决赛在淄博市原山林场举行。淄博市森林防火队获得团体一等奖；济南市森林防火队、泰安市森林防火队、临沂市森林防火队获得团体二等奖；济宁市森林防火队、青岛市森林防火队获得团体三等奖。

7月28—31日　第八届中国森林保护学术大会在泰安市召开。国家林草局生态保护修复司一级巡视员陈建武，中国林学会秘书长陈幸良，省自然资源厅相关负责人等出席大会并讲话。

8月17日　山东省获2022年全国林业和草原科普讲解大赛一、二、三等奖各1名和优秀组织奖。

9月22日　山东省林草生态综合监测国家级样地调查成果全部通过国家级质量检查。

11月1日　省自然资源厅召开全省森林草原防火工作视频会议。

11月1日　国家林草局驻合肥专员办副专员段植林、一级调研员刘国荣一行，到省林草种质资源中心调研国家林草种质资源设施保存库山东分库建设。

11月16日　国家林草局召开全国森林草原防火暨安全生产工作电视电话会议。会后，省自然资源厅对全省森林草原防火工作提出要求。

12月29日　省林草品种审定委员会召开2022年度主任委员会议。

（山东省林业由张彩霞供稿）

# ▶ 河南省林业

【概　述】　2022年，全省林业系统以喜迎党的二十大、贯彻二十大精神为主线，全面落实"疫情要防住、经济要稳住、发展要安全"的要求，围绕中心、服务大局，统筹林草湿沙，齐抓建管治效，各项工作取得新成效，迈上新台阶。

**生态保护**　黄河流域生态保护持续加力。绿化沿黄生态廊道620公顷，右岸实现贯通；修复黄河湿地602公顷；发展菌草6666.67公顷；开封成功创建国家森林城市，在巩义、兰考等县（市）新建森林特色小镇50个、森林乡村示范村300个。南水北调中线生态保育开局顺利。实施水源区国家国土绿化试点示范项目，带动库区周边石漠化治理2.13万公顷。完成干渠保育0.13万公顷补植补造，实现全线连通，保障"一泓清水永续北送"。中央环保督察反馈问题整改扎实完成。严格执行3个整改标准，用好4项工作机制，强化部门协调、技术指导和现场督导。黄河湿地保护区核心区、缓冲区的928个鱼塘、33个畜禽养殖场，全部清退、恢复生态，实验区全部规范养殖。此项工作入选全国先进典型案例。生态廊道造林绿化占用耕地问题摸底排查全面完成。上下联动、密切配合，对14.93万个图斑逐一开展实地核查，做到全覆盖、可追溯。针对需要保留的3.16万公顷、移除复耕的5.06万公顷，分别制定7种保留处置政策、5种分类整改政策，稳慎有序推进整治整改。

**服务重大项目实施**　全力服务省委"项目为王""三个一批"部署，为稳住经济大盘、"经济大省勇挑大梁"作出积极贡献。深化简政放权。将临时使用林地审批权全部下放到市县，长期使用林地1公顷以下审批权增加委托7个省辖市，基础林地定额的2/3分配到省辖市，探索跨市、县补充林地定额交易。63项行政审批事项全部入驻省政务服务大厅，受理270件申请事项，全部办结，工作位居省直单位前列。服务重大项目建设。积极争取国家林地定额8693公顷（其中备用林地定额5621公顷），比上年增加32%。主动服务，开辟绿色通道，保障宁德时代、比亚迪等8个大类1136个项目顺利实施。解决济新、兰商高速建设"卡脖子"问题，贾鲁河综合治理、郑洛高速等交通、水利基础设施项目占林地定额的73%。

**科学绿化**　自觉肩负重大使命，积极打造科学绿化河南样板。一是提请省政府办公厅印发《关于科学绿化的实施意见》，谋划"8663"创新措施，制订局省共建《实施方案》，启动实施山区困难地造林、平原防护林体系综合治理等六大类项目，建立21个科学绿化示范点，形成一批精品绿化工程。二是开展造林空间适宜性评估，起草编制《"十四五"国土空间绿化专项规划》，造林计划和完成情况全部实现落地上图入库。三是发布全省乡土树种、珍贵树种、高效固碳树种名录，用好封、飞、造等手段，新造林中乡土树种占75%、混交林比例70%，质量稳步提升。完成造林14.62万公顷，森林抚育13.83万公顷，种草0.59万公顷、改良1.33万公顷，义务植树1.29亿株，参与3208.64万人次。

**"两山"转化通道**　坚持绿色富民，油茶产业强力推进。在光山召开全省油茶产业推进会，总结3年经验，部署3年行动计划，全省新造油茶0.75万公顷、低改0.53万公顷，总面积8.13万公顷。特色产业健康发展。印发全省"十四五"林草产业发展规划、林下经济发展五年规划，实施林草林菌林药行动计划，新发展经济林2.1万公顷、苗木花卉0.8万公顷、林下种养殖8.95万公顷，初步认定20家森林康养基地。市场体系不断完善。安排产业发展引导资金5300万元，支持特色林业产业示范园区建设，创建南阳月季集团等6家国家级林业重点企业，新建兰考、光山等5个省级林业产业示范园区，在栾川、宝丰等15个县开展"两山"转化试点示范创建。深入调研，优化布局，分类制定政策，推动花鸟市场发展。成功申办2028年世界月季大会，南阳月季节成功举办，启动郑州第11届中国花博园建设。

**深化林业改革创新**　林长制推深做实。建立"三单一函"机制，各级林长巡林督导成为常态，县级以上林长全年巡林10235次。制订全省林长制考核办法和细则，建立指标体系，倒逼责任落实。196个市（县）和177个市（县）分别出台"林长＋公安局长""林长＋检察长"工作方案，形成工作合力。深化集体林地"三权分置"。制订集体林地经营权流转证管理办法，在10个县开展试点，完成4项改革任务，为推进林权抵押贷款夯实基础。推进国有林场"二次创业"，组织编制新一轮森林经营方案，围绕生态修复、生态保护、资源培育、景观游憩等打造示范样板，实施平原林场森林质量提升项目，推动国有林场高质量发展。

**筑牢生态安全屏障** 森林防火再创佳绩。狠抓责任落实、火源管控、能力建设三个关键环节，完善六级网格化责任体系，抽调74名业务骨干蹲点包县，制订《河南省森林火情早期处理预案》，在嵩县、泌阳等地开展实战演练，优化升级森林防火视频监控系统，建设防火隔离带626千米、太行山防火蓄水池30个。上个防火紧要期内，发生一般火灾1起，未发生较大以上森林火灾，创历史最好成绩。有害生物防治持续加强。用防治成效倒逼工作推进，实施松材线虫病防治五年攻坚行动，提前拔除固始县疫区；美国白蛾发生面积同比下降。林业有害生物成灾率0.26‰，远低于3.6‰的国家标准。森林督查利剑作用彰显。在全国率先出台《森林督查发现问题整改工作办法（试行）》，办结森林督查案件4574个，挂牌督办和约谈4个县（区），并采取使用林地限批措施。林业灾后重建稳步推进。规划5个大类94个林业重建项目，已完工68个，任务大头落地。针对省委"7·20"专项巡视反馈的三大类28个问题，制订整改落实方案、工作台账，建章立制15项，完成阶段性整改，林业防灾减灾救灾能力不断提升。

**党建引领** 一是强化理论武装，党组开展"第一议题"学习43次、中心组学习研讨12次，举办"两山"大讲堂10期、"青干夜校"38期，全局上下学习宣传贯彻党的二十大精神热潮迅速兴起。二是深入开展"能力作风建设年"活动，全局检视整改问题84个，建章立制38项，聚焦岗位练兵开展专题培训17期，参训7300人次，促进了能力大提升、作风大改进。推动"人人持证、技能河南"建设，全省新增林业技能人才1.56万人、新增高技能人才3343人。三是召开局第一届党员代表大会，选举产生新一届机关党委、纪委；完成各总支、支部的更名换届工作，战斗堡垒更加坚强有力。四是成功创建省级精神文明单位标兵，连创平安建设先进单位，风清气正的政治生态日益形成。

**【省林业局党组专题学习贯彻《中央生态环境保护督察整改工作办法》】** 3月17日，省林业局召开党组专题会议，学习《中央生态环境保护督察整改工作办法》，审议《河南省林业局关于中央生态环境保护督察反馈问题整改落实情况的报告》。

**【省林业局开展"世界气象日"科普宣传活动】** 3月23日是第62个"世界气象日"。省林业局在认真落实疫情防控要求的前提下，积极开展以"早预警、早行动，气象水文气候信息，助力防灾减灾"为主题的系列科普宣传活动。

**【9人入选第三批国家林草乡土专家】** 4月19日，国家林草局公布第三批"国家林草乡土专家"选聘结果。河南省新郑市安富林果专业合作社魏富安、兰考县庆春苗木种植专业合作社董庆春、卫辉市悦农果树种植专业合作社刘克帅等9名林业乡土专家入选。

**【启动建立"林长＋检察长"工作机制】** 4月26日，省林长办公室、省人民检察院联合印发《河南省全面推行"林长＋检察长"制工作方案》，标志着全省建立"林长＋检察长"工作机制全面启动。

**【省林业局新组建4家事业单位挂牌成立】** 5月31日，省林业局举行所属事业单位重塑性改革新组建4家单位挂牌仪式。通过科学配置机构、人员、职能，重塑林业事业单位职能，强化公益属性，实现林业事业单位从形式到内容、从职能重建到功能整合的深刻变革。

**【省林业局机关党委荣获2022年度"区域党建共建先进集体"】** 6月30日，省林业局机关党委参加省水利厅社区庆祝中国共产党成立101周年暨"七一"表彰大会，被中共郑州市金水区花园路街道省水利厅委员会授予2022年度"区域共建先进集体"称号，省林业局3人被授予"区域共建先进个人"称号。

**【林长制基层建设行动方案印发】** 7月21日，省林长办公室印发《开展林长制基层建设行动方案》，明确按照基础建设、重点推进、全面提升三个阶段，推进全省林长制基层建设工作。

**【河南省绿委办评选河南省绿化模范乡镇、绿化模范单位、绿化奖章】** 8月18日，省绿化委员会办公室评选登封市君召乡等98个乡镇为河南省绿化模范乡镇，新密市实验高级中学等75单位为河南省绿化模范单位，陈秋田等89人为河南省绿化奖章获得者。

**【河南四部门联合印发《河南省林业行政执法与刑事司法衔接工作办法（试行）》】** 9月28日，河南省林业局、河南省高级人民法院、河南省人民检察院、河南省公安厅四部门联合印发《河南省林业行政执法与刑事司法衔接工作办法（试行）》。

**【黄柏山国家森林公园、郑州植物园被认定为国家青少年自然教育绿色营地】** 10月17日，全国关注森林活动组委会公布新一批40个国家青少年自然教育绿色营地名单，河南省黄柏山国家森林公园、郑州植物园入选。

**【开封市获"国家森林城市"称号】** 11月5日，国家林草局授予全国26个城市"国家森林城市"称号，河南省开封市榜上有名。2022年，河南省18个省辖市（示范区）中已有17个创森成功。

**【省政府出台《河南省公益林管理办法》】** 11月25日，河南省人民政府颁布第216号令，发布《河南省公益林管理办法》，2023年1月1日起施行。

**【29个林木品种通过省级审（认）定初审】** 12月10日，河南省林木品种审定委员会组织专家，在郑州召开2022年度全省林木品种审定会。确定'中桃金美'桃、'中蟠21号'桃等29个品种通过审（认）定初审。

**【河南省首宗补充林地定额交易成功】** 12月13日，确山县政府根据该县无适宜补充林地的情况，与三门峡市陕州区政府签订购买19公顷补充林地定额交易协议，总金额883.5万元。这是河南省首宗跨市成功交易补充林地定额。

**【大事记】**
2月3日 副省长刘玉江在省政府总值班室视频调度了解省林业局春节期间值班和全省森林防火情况。

2月15日至5月15日 河南省启动为期3个月的打击野生动植物非法贸易联合行动——"2022清风行动"。

2月18日 省林业局举办第十期"两山"大讲堂，省自然资源厅国土空间规划局局长张传慧作《统筹山水林田湖草沙系统治理 推进黄河流域生态保护修复》专题辅导。

2月28日 河南省第九个"世界野生动植物日"启动仪式在平顶山市白龟湖国家湿地公园举行。

3月1—2日 省林业局组织在开封、郑州、洛阳、焦作等黄河湿地举办中央生态环境保护督察黄河湿地问题整改工作观摩活动。

3月2日 省检察院第八检察部到省林业局对接工作，并召开座谈会。

3月3日 省司法厅就《河南省公益林管理办法》政府立法工作到省林业局进行调研。

3月21日 德国促进贷款碳汇林业发展项目正式获国家发展改革委和财政部批准，获批贷款金额1.8亿欧元。

3月25日 省林业局召开全省林业工作会议。会议总结2022年及过去五年全省林业工作，安排部署2023年全省林业重点工作。

4月21日 省林业局召开国家安全工作专题会议。

4月26日 省林业局召开全省林业安全生产暨森林草原防火工作视频会议。

5月25日 省林业局举办第十五期"两山"大讲堂，北京林业大学生态与自然保护学院教授、博士生导师，国家湿地科学技术专家委员会副秘书长张明祥，对将于6月1日实施的《中华人民共和国湿地保护法》进行解读。

5月27日 信阳市委书记蔡松涛，市委副书记、市长陈志伟一行到省林业局就加快推进豫东南高新技术产业开发区建设等工作进行深入对接洽谈。

5月30日 河南省第二次森林资源普查和2022年森林、草原、湿地调查监测工作动员会在郑州召开。

6月28—29日 省林长办公室在驻马店市召开全省林长制工作观摩推进会议，进一步推深做实林长制工作。

7月1日 省林业局党组理论学习中心组召开会议，进一步集体学习研讨《中华人民共和国湿地保护法》，明确工作思路，着力提升全省湿地监管和依法治林水平。

7月5日 省林业局举办全省林业系统防汛及地质灾害预防专题培训。

7月11日 省林业局举办第十七期"两山"大讲堂，国务院特贴专家、菌草技术发明人、国家菌草工程技术研究中心首席科学家、联合国国际生态安全科学院院士林占熺作《菌草技术在黄河流域生态保护和高质量发展中的推广应用》专题辅导。

7月12—14日 省林业局积极推进"能力作风建设年"活动，组织林业科技特派员7名专家，深入南召县开展林业科技服务，助力乡村振兴和玉兰产业高质量发展。

7月21日 省林业局文明办到上蔡县芦岗街道办事处开展送温暖、捐赠防疫物资结对帮创"四送一助力"活动。

8月4日 省林业局召开全省风景名胜区整合优化预案编制工作会议。

8月15日 省林业局举办网络舆情应急处置专题培训，省互联网应急指挥中心主任章大勇授课。

8月18日 省林业局召开全省野生动物致害防控工作推进会。

8月24日 全省林业系统"人人持证、技能河南"建设工作推进暨视频培训会议在郑州召开。

8月26日 省野生动物保护中心举办"河南商报小记者社会实践基地"揭牌仪式。

8月29日 河南省林业局联合河南省委党校举行野生水鸟放养活动。

9月7日 省林业局举办2023—2025年财政规划和2023年预算编制培训。

9月15日 省林业局召开全省集体林经营权流转试点工作会议。

9月17日 全省油茶产业高质量发展推进会在光山召开。

9月22日 省林业局举办全省林业系统安全生产暨新任局长应急管理培训。

9月28日 省林业局在驻马店市召开2022年度河南省林业系统森林防火工作会议。

9月28—29日 省林业局联合省消防协会专家组成检查组，深入贯彻落实全省林业系统安全稳定工作会议精神，开展地毯式安全隐患大排查。

10月11日 省林业局召开新冠病毒疫情防控工作专题会议，就进一步做好疫情防控工作进行安排部署。

10月11日 省林业局举办第十八期"两山"大讲堂，省林业科学研究院总工程师、二级研究员樊巍博士作《林业固碳增汇路径和潜力》专题辅导。

10月13日 中国共产党河南省林业局机关第一次代表大会召开。

11月9日 省林业局新冠肺炎疫情防控指挥部办公室暗访组，分别到局机关办公区、省林业技术工作总站、省林业资源监测院、省野生动物保护中心4个院区及所属家属院，认真检查门岗值班值守、扫码测温、应急物资储备等情况。

11月11日 省林业局召开"能力作风建设年"活动总结会议，学习贯彻全省"能力作风建设年"活动总结会议精神，总结巩固拓展活动成果，推动能力作风建设常态、长效。

12月14—15日 省林业局举办全省林业行政执法线上培训班。

12月22日 省林业局党组书记、局长原永胜到定点帮扶村上蔡县丁赵社区，调研指导巩固拓展脱贫攻坚成果同乡村振兴衔接工作。

（河南省林业由陈伟供稿）

# ▶ 湖北省林业

【概　述】　2022年，湖北林业系统以习近平新时代中国特色社会主义思想为指导，深入学习贯彻党的二十大和省第十二次党代会精神，认真践行绿水青山就是金山银山理念，按照全国林草工作会议部署，紧紧围绕建设全国构建新发展格局先行区，扎实推进林业改革发展，圆满完成年度各项目标任务。全力参与筹办《湿地公约》第十四届缔约方大会（COP14），赢得国内外的广泛赞誉和高度评价，大会取得圆满成功。全年共完成营造林15.37万公顷，服务保障引江补汉、抽水蓄能电站等重点建设项目使用林地0.97万公顷，完成林草生产总值4989.15亿元，实现高温大旱之年无较大以上森林火灾，松材线虫病防控实现疫区、疫点、发生面积和病死松树数量"四下降"。湖北在林草湿资源保护管理、森林草原防火、油茶等林草产业发展、林草科技和林业工作站及信息化建设、稳经济大盘用林用草要素保障5个方面获国家林业和草原局通报表彰。

【参与筹办《湿地公约》第十四届缔约方大会】　大会于11月5—13日在中国武汉和瑞士日内瓦举办，共有142个缔约方和有关国际组织的950多名代表参会。会议主题为"珍爱湿地　人与自然和谐共生"。国家主席习近平以视频方式出席大会开幕式并致辞。大会形成了以《武汉宣言》等为主的系列标志性成果。会务筹办期间，湖北省委书记王蒙徽、省长王忠林多次听取汇报并作出批示和部署；省长王忠林先后2次出席大会组委会暨执委会会议，主持召开省筹备工作会议，并赴现场进行调研指导；省委、省人大、省政府、省政协领导多次听取汇报，主持召开省级层面有关推进会、调度会、协调会、现场办公会等；省直各相关部门大力支持参与，配合做好宣传、外事、安保、疫情防控、对口接待等工作；武汉市委、市政府主要领导带头抓，统筹市、区各方面力量，实施11个行政区57条线路的综合整治和城市环境提升，加快推进相关场馆建设布展和考察点改造升级，积极配合优化会务服务保障，有力保障了相关筹备工作如期高质量完成。湖北省林业局主要负责人带队，局班子成员全员参与，抽调30多名干部参与大会筹备专班，参与协调召开历次组委会暨执委会会议、国家省市视频调度会、全省部署会、对口接待座谈会等，参与制定完善大会招待会、开幕式、中国履约30周年成果展、部级高级别会议、湿地考察、东道国系列活动等重大活动方案，协助制定参会嘉宾邀请注册、对口接待等专项方案，支持并协调推进大会主会场、中国履约30周年成就展览馆、东湖风景区及沉湖国际重要湿地考察点等场馆设施和现场参观点建设，参与组织实施全流程实战演练，协调做好省领导出席大会期间系列活动的联系服务保障等工作；同时，分步有序组织开展"湿地履约行""最美湿地"等系列活动，协调组织人民网、新华网、《中国绿色时报》、《湖北日报》等中央和省主流媒体，开展多形式、全方位、立体式大会宣传，制作《大美湿地润荆楚》《大美湖北湿地》等宣传片和画册。在国家、省、武汉市的共同努力下，大会取得圆满成功，实现了硬件建设"零延误"、关键活动"零误差"、服务保障"零差评"、会务安全"零事故"。

【森林资源培育】　深入实施国土绿化攻坚提升行动、"双重"项目等，开展全省造林绿化空间适宜性评估，落实造林绿化结果和造林计划上图入库。全年共完成营造林15.37万公顷，占年计划的111.2%，其中人工造林4.69万公顷、封山育林6.57万公顷、退化林修复4.11万公顷。

国土绿化攻坚提升行动　按照省政府《长江高水平保护十大攻坚提升行动方案》"三年集中攻坚、两年巩固提升"的目标要求，持续推进国土绿化五年攻坚提升行动，加快建设长江、汉江、清江森林生态廊道，全省完成国土绿化攻坚提升行动任务12.91万公顷，其中人工

2022年11月5日，湖北省委书记王蒙徽在《湿地公约》第十四届缔约方大会开幕式上致辞

造林4.37万公顷、森林提质8.54万公顷，分别占年度任务的205.32%和125.44%。

"双重"项目建设　统筹山水林田湖草沙系统治理，加快推进国土空间生态修复，实施国家天然林保护与营造林项目，以国有林场、重点生态修复区域为重点，打造生态修复样板，指导重点区域县市申报"双重"项目，咸宁市获批实施国土绿化试点示范项目。全省累计完成重点工程造林14.13万公顷，占计划任务的101.92%，其中实施石漠化综合治理8.57万公顷。

【森林城市建设】　制定出台《湖北省乡村绿化美化技术导则》，指导各地积极开展森林城市、森林城镇、森林乡村建设，全面推进山体增绿、见缝插绿、搬迁复绿、立体添绿。指导大冶市、丹江口市完成国家森林城市建设任务，新创建省级森林城市7个（鄂州市、黄冈市、钟祥市、京山市、沙洋县、孝昌县、来凤县）、森林城镇43个、森林乡村230个，共完成乡村绿化0.8万公顷。

【义务植树】　组织开展全省全民义务植树活动，协调服务省"四大家"领导参加义务植树。注重发挥湖北省"互联网+义务植树"网络平台作用，动员全社会适龄公民通过全民义务植树网参与义务植树活动，共6.8万余人参与了网络义务植树活动，共募集资金203.5万元。全省共完成义务植树9864.9万株。

【退耕还林还草工程】　组织对2018—2019年度退耕还林计划任务完成情况开展核查验收和问题整改；高标准实施2014—2020年度退耕还林上图入库，总面积10.24万公顷，涉及全省37个县（市、区），完成率达100%。

【造林绿化空间适宜性评估】　2月上旬，湖北省林业局、湖北省自然资源厅联合启动全省造林绿化空间适宜性评估工作，至8月中旬，全省造林绿化适宜性评估全面完成技术方案制订、技术培训、现地指导、会审对接、成果预审等工作，进入成果验收阶段。经评估，全省造林绿化空间调查评估面积83.44万公顷，核减53.64万公顷（含25度以下涉耕空间），拟规划造林空间29.8万公顷，其中33个"双重"县市拟规划16.12万公顷，28个油茶重点县拟规划13.81万公顷。

【林木种苗管理】　推进国家、省林木种质资源保护利用体系建设，强化重点工程良种壮苗生产供应保障。全省国家级林木良种基地面积达1627公顷，生产良种7462.5千克，穗条4367.4万条，良种苗木405万株；4个国家林木种质资源库新增面积43.78公顷、总面积达259.6公顷，新收集保存林木种质资源778份、总数达2326份；指定首批省级林木采种基地9个、油茶定点苗圃25个，审定国家林木良种1个、省级林木良种5个、林木新品种11个，新增省级林木种质资源库8个。

【林业碳汇】　制定《湖北省推进林业碳汇实施方案》《湖北省林业碳汇计量监测技术规范》，组织开展湖北主要造林树种碳计量模型研究，加强林业碳汇计量监测，编制完成年度森林碳汇评估报告。指导咸宁市、麻城市、太子山林管局等开展碳汇项目开发试点，太子山林场纳入首批国家国有林场森林碳汇试点。

【林地和林木管理】　组织编制《湖北省新一轮林地保护利用规划编制实施细则》和省级林地保护利用规划大纲，严格执行林地定额管理，全年共办理建设项目永久使用林地3202宗，面积0.97万公顷，其中保障引江补汉、抽水蓄能电站、襄荆高铁、随信高速等104个国家和省重点项目使用林地0.3万公顷。制定《湖北省林木采伐技术规程》，严格执行林木采伐限额管理、凭证采伐制度，持续落实全面停止天然林商业性采伐，全年共办理林木采伐证78503份，采伐木材264.1万立方米。全省建设项目使用林地和林木采伐蓄积量均控制在限额以内。

【森林防火】　制定《湖北省森林火灾预防和火情早期处理工作规范（暂行）》《关于进一步强化责任落实坚决做好森林防火工作的"二十条"措施》，部署开展森林防火"十大行动"（森林防火知识大学习、森林防火大宣传、防火队伍大演练、火灾隐患大排查、无人飞机大巡护、防火装备大检修、问题隐患大整改、项目建设大清理、防火设施大建设、法规制度大推进），有效应对历史罕见的持续高温干旱极端天气影响。全省共发生森林火灾60起，过火面积6471.6公顷，受害面积3379.35公顷，督查整改重点火灾隐患1658处，约谈森林火灾事故相关负责人41名，森林火灾受害率控制在0.9‰以内，实现大旱之年无较大以上森林火灾、无人员伤亡，其中国有林场、森林类自然保护地"零火灾"。

【林业有害生物防治】　深入推进松材线虫病疫情防控五年攻坚行动，扎实开展疫情监测、疫源管控、综合除治、检疫执法和成效评估，全省松材线虫病疫情秋季普查松林384.54万公顷，取样并检测样品19661份，普查到松材线虫病疫情发生面积8.77万公顷，病枯死松树180.7万株，疫情发生面积、病枯死松树数量实现"双下降"，8个疫区、17个疫点实现无疫情，石首市、黄石港区、樊城区3个疫区实现疫情"摘帽"。全省共组织323家专业公司、807支专业队除治病枯死松树349.6万株，防治美国白蛾3.11万公顷，查处和打击违法采伐、运输、加工、经营和使用疫木及其制品行为78起。全省林业有害生物成灾面积8.88万公顷，成灾率9.48‰，低于15‰的控制目标，林业有害生物危害得到有效减轻。

【天然林和公益林保护】　编制完成《湖北省天然林保护修复总体规划（2021—2035年）（草案）》，深入落实《湖北省天然林保护条例》等规定，持续停止天然林商业性采伐。落实生态护林员选聘，全省组织选聘生态护林员66877名。强化公益林管理，全年调剂公益林占补平衡156.07公顷，否定申请调整223.2公顷。落实天然林保护、公益林补偿、生态护林员补助"八公开"（将户主姓名、身份证号、详细住址、林权证号、面积、具体地点、补助资金、一卡通资金账户进

2022年11月25日，湖北省林业系统森林防火技能培训暨竞赛演练在荆门市屈家岭管理区举行

行实地公示公开），兑现林业惠民资金16.8亿元。开展大数据监管核查，共核查天然林停伐管护补助发放记录145.85万条，公益林补偿发放记录100.48万条，生态护林员补助发放记录6.8万条。全省641.07万公顷公益林和天然林得到全面有效保护。

【湿地保护与管理】 大力宣传贯彻《湿地保护法》，湖北省委常委会专题传达学习全国人大《湿地保护法》座谈会精神，将《湿地保护法》列入省委中心组学习内容，将湿地保护与管理纳入全省领导干部"十四个系列专题研讨班"内容，邀请国家林草局相关司局领导现场授课。省人大常委会专题研究部署《湿地保护法》贯彻实施，与省政府联合召开贯彻实施《湿地保护法》电视电话会。省人大开展了湿地保护省级立法专题调研。省政府出台贯彻落实《湿地保护法》实施意见。省人大城乡建设与环境资源保护委员会、省林业局举办了贯彻实施《湿地保护法》新闻通气会，集中展示湖北湿地保护成果。建立湖北省湿地保护联席会议制度，合力推进湿地生态保护修复，全年修复退化湿地0.27万公顷，武汉市被授予国际湿地城市称号，仙桃沙湖、公安崇湖晋升为国际重要湿地，荆州菱角湖、石首三菱湖等7处国家湿地公园通过试点验收，新增老河口西排子湖、长阳清江、荆门惠亭湖等8处省级重要湿地。强化湿地保护项目管理，指导阳新网湖、远安沮河等重要湿地编制湿地修复实施方案，加强对洪湖、龙感湖、网湖等中央预算项目实施单位的督办。规范湿地公园征占管理，组织完成27项国家和省级湿地公园征占用事项的省级复核，实地核查

重要湿地和国家湿地公园疑似违建问题82个。

【野生动植物保护】 申请依托中国科学院武汉植物园等单位建设华中（武汉）国家植物园，并成功纳入国家植物园规划建设体系。以朱鹮、川金丝猴、林麝、水杉、大别山五针松、小勾儿茶等极度濒危野生动植物为重点，开展濒危物种就地保护和迁地保护，申报在宜昌、神农架建立野生植物扩繁与迁地保护研究中心，在房县、钟祥和神农架开展野生植物原生境保护点试点建设，在神农架、大别山保护区等地开展拯救保护。出台《关于加强古树名木保护管理工作的通知》，开展打击破坏古树名木专项整治行动，对全省最有名古树——利川"水杉王"开展抢救性保护，审核古树移植保护21株、就地保护8株、注销105株。连续第八年开展越冬水鸟同步调查，在全省布设108个调查点，共调查记录到越冬水鸟92种（其中国家重点保护野生动物21种），种群数量77.7万只。

【森林督查】 以雷霆之势开展森林督查和打击毁林整改"清零"行动，严厉打击破坏森林资源违法行为，对涉林违法问题突出的重点县市和长江沿线生态区位重要的县市，开展违法问题内业比对和外业排查，全省2355起案件如期整改销号，第一轮、第二轮中央生态环境保护督察14项整改任务和长江经济带生态环境警示片涉林3项整改任务全部完成整改销号。

2022年中央林业资金项目（湿地生态补偿）实施现场，在湖北天鹅洲白鱀豚国家级自然保护区投放鱼苗1500万尾

湖北省神农架林区内的野生金丝猴群

【林草湿调查监测】　扎实开展林草湿调查监测，全省69个样地工组、276人克服汛期和高温酷暑等多重困难，如期完成1289个野外样地监测调查任务，实现样地调查进度100%，103个县级单位全部完成图斑监测和变化图斑核实，实现图斑监测进度100%，林草湿调查监测顺利通过国家林业和草原局检查验收，综合评定为"优秀"。国家林草局林长制办公室在林长制第18期简报中对湖北省样地调查、图斑监测野外调查核实工作进行了通报表扬。

【外来入侵物种普查】　扎实推进林草生态系统外来入侵物种普查，全省累计踏查线路26818条，调查距离19.78万千米，覆盖面积395.6万公顷，调查样地3122个，样方22000个，样点43586个，参与调查人数35631人次，制作各类外来入侵物种标本3485件（套、份），拍摄照片视频40万张（部），调查记录到松材线虫、猕猴桃细菌性溃疡病菌、加拿大一枝黄花、红耳彩龟等森林草原湿地生态系统重点外来入侵物种35种。

【野生动物疫源疫病监测防控】　强化野生动物疫源疫病监测防控，新建野生动物疫源疫病监测省级标准站、监测站、预警站各3个，全省共有监测站92个（其中国家级28个、省级64个），省级标准站16个，省级预警站6个，共报送监测信息9955条，采集野鸟、哨兵动物样品6917份，应急处置野生动物异常死亡12起51头（只），救护动物57批次。全省未发生重大野生动物疫情。

【自然保护地体系建设】　对接"三区三线"划定，进一步完善自然保护地整合优化预案，指导相关自然保护地开展规划编制、范围及功能区调整，开展风景名胜区整合优化，积极做好神农架国家公园正式设立的前期准备工作。

**自然保护地管理**　联合省自然资源厅印发《关于做好"三区三线"划定中自然保护地整合优化预案再完善工作的通知》（鄂林办保〔2022〕13号），按照总体稳定、局部微调，依法依规、实事求是，统筹协调、一体推进的总体要求，进一步完善自然保护地整合优化预案，指导并督促相关自然保护地开展规划编制、勘界立标、范围及功能区调整。全省自然保护地整合优化为331个（其中国家公园试点1个、自然保护区43个、自然公园257个、风景名胜区30个），总面积214.69万公顷，占全省国土面积比例11.55%。神农架、七姊妹山入选世界自然保护联盟绿色名录，五峰后河入选全国生物多样性优秀案例，恩施大峡谷—腾龙洞被列为2023年全国申报世界地质公园唯一推荐对象，纪录片《重回长江的麋鹿》入围第27届电视文艺"星光奖"名单，全省15处自然保护地1636个"绿盾"行动整改问题全部验收合格并销号。

**风景名胜区整合优化**　启动并完成全省风景名胜区整合优化预案编制，全省现有36个风景名胜区（国家级8个、省级28个），批复总面积62.74万公顷，实际落界面积60.41万公顷。整合优化后，拟保留30个风景名胜区，保留总面积42.41万公顷。其中8个国家级风景名胜区继续保留（武汉东湖、长江三峡、武当山、大洪山、隆中、九宫山、陆水、丹江口水库），28个省级风景名胜区拟保留22个，利川腾龙洞、松滋洈水、荆门漳河等6个省级风景名胜区因与相关区域自然保护地重叠等原因不再保留。

**神农架国家公园试点建设**　按照国家公园设立要求，进一步优化完善神农架国家公园设立方案、总体规划、符合性认定报告等9项论证材料。公园范围面积由试点建设区的11.70万公顷拓展到30.23万公顷，其中湖北境内试点建设范围和堵河源、十八里长峡、巴东金丝猴、三峡万朝山4个保护区面积共计23.72万公顷，占比78.47%，重庆境内2个保护区面积共计6.51万公顷，占比21.53%。

【林业重点改革】　围绕深化改革、激发活力、提振动能，推动林长制全面落地见效，深入推进林业"放管服"改革、集体林权制度配套改革、国有林场改革等。

**林长制改革**　省委、省政府将林长制考核纳入全省重要工作考核，出台《林长制督查考核方案（试行）》，进一步细化实化林长责任，推动全省林长制工作从"全面建章立制"向"全面落地见效"深化。省总林长、省委书记王蒙徽，省总林长、省委副书记、省长王忠林带头研究部署林长制工作，多次对林业工作作出重要指示批示，分别深入咸宁、恩施、神农架等地调研巡林。各级林长认真落实中央和省委关于林长制的工作要求，16位省级副总林长率先垂范，全省52532名林长紧盯林业保护和发展巡林履职，其中省、市、县、乡四级林长全年累计巡林13.8万人次，推动解决资源保护、森林防火、机构队伍等方面的实际问题4041个。各地探索建立"林长+"、网格化管理、积分制考核等模式，不断完善以"林长"为责任主体的责任链条和工作机制。各级林长办全力履行综合协调服务职责，累计发出工作提示函3425份、制发督办函542份，及时提请林长巡林履职，并策划开展"林长访谈录""林长在基层"等系列主题活动，在《中国绿色时报》《湖北日报》等主流媒体刊播专稿120余篇，总结推广各地林长制先进经验和典型做法。十堰市林长制工作获国务院督查激励。

**林业"放管服"改革**　湖北省林业局出台《林业部门下放部分经济社会管理权限实施细则》（鄂林策〔2022〕42号），指导全省林业系统做好扩权赋能强县承接工作，梳理确认4项省、市两级林业部门行政管理权限事项下放到79个县（市、区），除1项需经过市（州）审核上报外，其余事项全部实现由县直报省，取消市（州）级审核审查环节后，平均审批时限提速30%。梳理规范省、市、县三级行政许可事项清单及全省林业系统五级事项清单，新增地方性行政许可事项5项、取消除行政许可外的依申请权力事项和公共服务事项5项，修改完善省级行政审批中介服务事项4项。持续深化"高效办成一件事"，3个垂直管理系统（全国林木采伐管理系统、全国林业有害生物防治检疫管理与服务平台、省林业行政审批系统）与省统一受理平台、省政务网全部完成互联互通，实现政务服务事项"一网通

湖北省咸宁市实施"五绿"并进，促进林长制推深走实

办""一窗通办"，全程网办深度比例提高至100%，林业有害生物检疫类事项通过国家林草局审批系统实现"跨省通办"。行政审批办结率、合格率均达到100%。

**集体林权制度配套改革**　不断完善集体林权制度改革，全面实施森林保险扩面提标，政策性森林保险由31个县（市）扩面至93个，公益林和商品林保额从每公顷11250元提高到15000元，保障水平进一步提高。推广应用国家林草综合监管系统，进一步规范林权流转监管，2022年全省变更登记（林权流转）1100余件，抵押登记1400余件，受理调处林地承包经营纠纷16起。

**国有林场改革与建设**　持续开展"富美国有林场"建设，巩固拓展国有林场改革成果。选定61个国有林场开展森林抚育试点示范，支持国有林场种苗融合发展和绿色发展，加强国有林场基础设施和欠发达国有林场巩固提升项目建设，全年新建或维修管护用房144处、通场道路1128千米、饮水管道220千米、供电线路153千米。襄阳市国营林场、竹山县九华山林场、钟祥市盘石岭林场获评"全国十佳林场"。

**【林业产业发展】**　积极探索"绿水青山"与"金山银山"转化的实现路径，加快木本油料、竹木加工、林下经济、森林旅游康养等林特产业发展，开展龙头企业纾困帮扶，培育壮大林业市场主体，全年实现林业总产值4989.15亿元，同比增长9.5%。

**林业产业基地建设**　探索"两山"转化有效路径，大力支持各地因地制宜发展油茶、板栗、核桃、富硒林产品等特色经济林，发展森林旅游、森林康养等绿色产业。截至2022年年底，全省主要经济林总面积89.91万公顷，占林地总面积的9.59%，其中油茶29.28万公顷、核桃15.5万公顷、板栗27.13万公顷、森林药材18万公顷，年产各类林产品总量800.7万吨，其中油茶籽23.2万吨，核桃8.5万吨，生产木材216.9万立方米、大径竹3142.7万根、人造板681.4万立方米、木竹地板3166.万平方米。新增国家级森林康养基地试点建设单位32家，总数达175个，位居全国前三。林业经济林、森林旅游康养2个产业产值超千亿元。全年实现林业总产值4985.96亿元，其中第一、第二、第三产业分别为1803.61亿元、1568.07亿元、1614.28亿元，草原产业总产值3.19亿元。

**油茶产业扩面提质增效行动**　2022年，中办、国办发文下达湖北"到2025年油茶新造14万公顷、低改9.73万公顷"重大任务，总任务量居全国第四位。省委、省政府高度重视，10月11日，省政府在随县召开全省油茶产业扩面提质增效行动现场会，专题部署推进油茶产业发展。省财政每年筹措5000万元支持油茶产业发展。省林业局、省财政厅等五部门联合出台《湖北省油茶产业扩面提质增效行动方案（2022—2025）》，将任务分解落实到59个重点县（市），全部落地上图，有序推进实施，并争取其中22个县（市）纳入全国100个油茶重点县支持范围。省农业农村厅明确将油茶纳入全省十大农业产业链

的油菜链条范围给予支持。同时，强化油茶用地、种苗、科技等支撑保障，明确宜林荒山等10个用地途径可营造油茶林，并结合生物防火带建设规划营造4万公顷油茶林；择优选定9个油茶良种在全省推广应用，将全省油茶定点育苗单位从31家增加到50家，年产油茶种苗能力达到8000万株；组建油茶产业省级专家服务团，包保服务油茶高效栽培生产。2022年，全省共完成油茶新造林0.79万公顷，低产低效林改造2.73万公顷。

**林业龙头企业培育**　持续培育和壮大经营主体，对全省国家级、省级林业龙头企业和191家样本企业经营开展调度监测，统筹专项资金795万元，支持13个市（州）34家重点企业开展绩效评价。全省新增国家级林业龙头企业6家，总数达29家；新增省级林业龙头企业74家，总数超过500家。推动建行善融平台"湖北林特产品馆"稳步快速发展，上架85类、近400款特色林产品，累计交易订单23万余笔，金额达1760.49万元。

**林业品牌建设**　湖北省林业局出台《关于新时代推进林业产业品牌建设的实施方案》，全年新增"两品一标"（绿色食品、有机农产品、农产品地理标志）产品4个，新增注册商标78个。组织林业龙头企业参加第15届中国义乌国际森博会，共18家企业22个产品分获金奖和优质奖，其中湖北黄袍山绿色产品有限公司"本草天香"牌油茶籽油等13个产品荣获金奖，湖北耀荣木瓜生物科技发展有限公司"兆健"牌木瓜果醋饮料等9个产品荣获优质奖。

**【林业生态帮扶】**　持续开展生态帮扶，选聘脱贫群众担任生态护林员66877名，安排37个重点县中央和省级林业投资38.87亿元，占全省林业投资的59.7%，其中兑现落实天然林和公益林、退耕还林、生态护林员等林业惠民资金21.3亿元。支持定点帮扶对象鹤峰县林业投资9241万元。

**【林业支撑保障】**　着力夯实林业资金、法治、科技和信息化等基础支撑，建强保障体系，提升林业治理能力和治理水平。

**林业项目资金管理**　积极争取

随州市随县环潭镇龚家湾油茶基地

扩大林业投资，成功申报2022年国土绿化试点示范项目1个，获批启动丹江库区、大别山区、幕阜山区等"双重"项目3个。全年落实中央和省级林业投资65.11亿元，同比增长12.07%，其中中央投资41.96亿元，创历史新高。全省63家林业企业申报林业贷款中央、省级财政贴息资金2000万元，撬动林业金融贷款21.8亿元。

**林业法治建设**　多措并举强化普法宣传，组织开展全省学习宣传《湿地保护法》"六进"活动，推进《湿地保护法》贯彻实施。完善林业法治体系，积极争取《湖北省湿地保护条例》《湖北省陆生野生动物致害补偿办法》纳入省级立法计划。出台《湖北省林业局行政处罚免予处罚、减轻处罚、从轻处罚、不予行政强制事项清单》，强化"双随机一公开"和信用监管，着力打造法治化林业营商环境。

**林业信息化建设**　建立完善全省林业智能感知平台，新接入175个国有林场、52个国家湿地公园、27个自然保护区、8050名护林员等相关数据，全省"天空地人"四位一体的动态感知体系覆盖范围进一步扩大。启动全省智慧林长制体系建设，完成智慧林长制建设总体规划初稿编制，指导武汉、襄阳、神农架、五峰、鹤峰等市、县推进林长制智慧管理系统和生态网络感知体系建设及应用。全面建成政务和办公信息系统，完成全省林业系统与全省政务服务"一张网"、全国一体化政务服务平台对接；运行启用OA办公系统，实行网上移动办公，全年网上办理收文发文6017件。

**林业文化建设**　加强林业生态文化宣传，精心组织植树节、世界湿地日、野生动植物保护日、爱鸟周等主题文化活动，强化主流媒体、门户网站、政务新媒体等宣传，精心策划组织"对话林长""我和我的湿地"等多项专题宣传，全年在中央和省级媒体刊播宣传1500余条、各类专题专版20期，在湖北林业网和新媒体发布信息1500余条。向国家林业和草原局和省委、省政府报送政务信息177篇、网站信息1200余条，省林业局分别被省委办公厅、省政府办公厅评为"信息突出单位"。选树一批林业先进典型，把典型带动作为弘扬林业正能量、传播生态文明理念的重要途径。武汉市绿化委员会办公室等9个集体获评"全国绿化先进集体"、薛传根等4人获评"全国绿化劳动模范"、徐天治等5人获评"全国绿化先进工作者"，1人荣获"湖北五一劳动奖章"，1人被省委、省政府表彰记一等功，1人入围全国林草科技创新青年拔尖人才，1个团队入围林草科技创新团队，1个项目组荣获"湖北省工人先锋号"称号。

**林业科技教育**　坚持科技兴林，围绕林业生态产品清单编制及价值核算、森林质量提升、林业碳汇计量监测、食用林产品检测标准体系等重点课题，加强重点科技攻关，加速科技成果推广转化应用，促进科技为生产服务。

**林业科学研究**　突出重点领域加强林业科研，承担国家重点研发计划项目课题2项，获得省科技进步奖二等奖1项、三等奖3项，科技推广奖二等奖2项、三等奖4项，新增"长江中游湿地保护修复国家创新联盟""国家林业草原桂花工程技术研究中心"2个国家级林业科技创新平台。发表林业科技论文67篇，获授权实用新型专利13项、计算机软件著作权19项，2个核桃新品种通过国家林草局现场查定，12项成果入选国家林业科技成果推广库。认定发布湖北食用林产品种植加工适用标准317项。加大林业实用技术推广力度，组织实施中央财政科技推广示范项目20个，推广了油茶高效丰产栽培、珍贵用材树种繁育等一大批湖北林业发展急需必需、管用实用的林业新技术、新品种、新模式。着力强化林业科技服务基层，组建了五倍子产业、杉木提质增效、杨树高效培育、秭归"两山"示范县创建、油茶产业提质增效5个"1+N"科技服务团队，推动全省林业科技兴林富民、产业提质增效。派驻保康核桃科技服务团队，指导该县2.33万公顷核桃丰产稳产，助力巩固脱贫攻坚成果和乡村振兴，被授予全国科技助力精准扶贫"先进团队"称号。

**林业教育培训**　湖北省林业局直属湖北省生态工程职业技术学院2022年面向全国24个省（区、市）录取新生4098人，省外招生计划录取率大幅提升，新增"一村多名"计划、五峰定向合作、中外合作办学等多个办学项目。学院分别作为牵头单位和副组长单位研究制定教育部林业技术专业、花卉生产与花艺专业以及森林生态旅游与康养专业的《专业教学标准》，出版发行专著《红椿种质资源保护与开发》。学院承办了2022年全国职业院校技能大赛花艺赛项，并在2022年全国职业院校技能大赛中斩获高职组花艺赛项、水处理技术赛项、园艺赛项3个一等奖。作为世界技能大赛家具制作项目中国集训基地，学院培养的选手李德鑫，勇夺2022年世界技能大赛特别赛家具制作项目金牌。

【大事记】

1月7日　省林业局公布湖北长江干流陆生野生动植物资源调查结果，50种调查物种中，23种野生植物保护良好，27种野生动物种群基本稳定，部分种群稳步增长。

2月15日　湖北省林业工作视频会议在武汉召开，全面总结2021年工作，安排部署2022年林业重点工作任务。

3月11日　省委副书记、省长王忠林出席《湿地公约》第十四届缔约方大会组委会暨执委会第一次会议并讲话，强调要加快推动各项任务落地实施，全力以赴打好大会筹备这场攻坚战。副省长赵海山、武汉市市长程用文出席会议。

3月15日　省委书记应勇、省长王忠林、省政协主席孙伟等省"四大家"领导到武汉市长江新区府澴河滨江公园，参加义务植树活动。

4月1日　省委副书记李荣灿督导仙桃市林长制工作。

4月14日　省长王忠林专门听取省林业局主要负责人工作情况汇报，对省林业局的工作给予充分肯定，并对抓好森林防火、做好《湿地公约》第十四届缔约方大会（COP14）筹备、发展油茶产业和加强森林资源保护4项工作提出明确要求。

4月26日　经省委、省政府批准，省林长制办公室印发《湖北省林长制督查考核方案（试行）》，落实各级党委、政府保护发展森林资源的主体责任。

5月20日　省委常委会召开会议研究贯彻实施《湿地保护法》相关举措，推进《湿地保护法》在全省全面有效实施。

5月27日　省林业局会同省人大城环委在武汉召开湖北省贯彻实施《国湿地保护法》新闻通气会，全面解读《湿地保护法》，介绍湖北湿地保护与修复的一系列措施。

6月1日　湖北省召开贯彻实施《湿地保护法》电视电话会，动员各地各部门学习宣传贯彻实施《湿地保护法》。省人大常委会副主任刘雪荣、副省长赵海山出席会议并讲话。

6月9日　国务院印发通报，对2021年落实有关重大政策措施取得明显成效的地方予以督查激励。十堰市全面推行林长制工作获督查激励。

6月22日　省政府办公厅印发《关于贯彻落实〈湿地保护法〉做好有关工作的通知》（鄂政办电〔2022〕29号），对学习宣传、贯彻实施《湿地保护法》作出安排部署。

6月27日　国家林业和草原局与

湖北省人民政府在武汉召开《湿地公约》第十四届缔约方大会（COP14大会）筹备工作会议，研究推进COP14大会筹备工作。国家林业和草原局局长关志鸥、副省长赵海山出席会议并讲话。

7月5—7日　全国政协常委、省政协副主席郭跃进赴咸宁、荆州等地调研林业科技工作。

8月18日　全国绿化委员会、人力资源和社会保障部、国家林业和草原局印发《关于表彰全国绿化先进集体、劳动模范和先进工作者的决定》，其中，湖北省有武汉市绿化委员会等9个单位获"全国绿化先进集体"称号，薛传根等4人获"全国绿化劳动模范"称号，许业洲等6人获"全国绿化先进工作者"称号。

8月23—27日　2022年全国职业院校技能大赛高职组花艺赛项在湖北生态工程职业技术学院举行，来自全国28个省（区、市）的54支代表队参加大赛的角逐。

9月20日　湖北省领导干部"深入学习贯彻习近平总书记考察湖北重要讲话精神，推进落实省第十二次党代会决策部署"系列培训——"加强湿地保护和管理"专题研讨班在省委党校开班，省林业局党组书记、局长王昌友主持开班式并作主题报告。

9月21日　省林业局、省财政厅、省自然资源厅、省农业农村厅、中国人民银行武汉分行联合印发《湖北省油茶产业扩面提质增效行动方案（2022—2025）》，对全省实施油茶产业扩面提质增效行动进行具体安排。

9月30日　省委副书记、省长王忠林出席《湿地公约》第十四届缔约方大会湖北省筹备工作会议并讲话。副省长赵海山主持会议，国家林业和草原局副局长李春良、武汉市市长程用文参加会议。

10月11日　全省油茶产业扩面提质增效行动启动暨森林防火工作会议在随县召开。副省长赵海山出席会议并讲话，省政府副秘书长赵俊主持会议。省林业局局长王昌友通报全省油茶产业扩面提质增效行动及林业重点工作进展情况。

10月19日　副省长赵海山到《湿地公约》第十四届缔约方大会参观考察现场沉湖国际重要湿地进

行实地调研。

10月27日　省委副书记、省长王忠林到武汉市调研检查《湿地公约》第十四届缔约方大会筹备工作。副省长赵海山、武汉市市长程用文、国家林草局有关负责人参加调研。

10月29—31日　湖北省组织4家企业103件盆景、水生植物、兰花、插花花艺作品参加第一届南方花卉苗木交易会暨第三届广西花卉苗木交易会展览，经评审，湖北24件展品获奖，其中金奖5个、银奖8个、铜奖11个。

11月3日　省委常委、政法委书记肖菊华赴鄂州市巡查林长制落实情况。

11月5—13日　《湿地公约》第十四届缔约方大会在中国武汉（主会场）和瑞士日内瓦（分会场）同步召开。

11月6日　《湿地公约》第十四届缔约方大会中国履约30周年成就展，在武汉东湖风景区落雁景区揭幕。自然资源部部长王广华，省委副书记、省长王忠林致辞。国家林草局局长关志鸥主持揭幕活动。

11月9日　国家林草局党组成员、副局长谭光明率国际合作司、湿地司、荒漠司等相关部门领导一行赴省林业科学研究院调研林业科研工作。

11月9—10日　省委常委、统战部部长宁咏赴神农架巡林。

11月10日　《湿地公约》秘书处向湖北武汉等13个城市颁发国际湿地城市证书。

11月15日　副省长杨云彦到天门市巡林。

11月21日　中国义乌国际森博会组织委员会公布第15届中国义乌国际森林产品博览会优质产品获奖名单，湖北18家企业22个产品获奖，其中金奖13个、优质奖9个。

11月23—25日　省林业局在荆门市屈家岭管理区举办全省林业系统2022年森林防火技能竞赛和防火演练，全面提高森林防灭火水平。

12月8日　省委常委、襄阳市委书记王祺扬开展巡林。

12月14日　副省长邵新宇赴随州市调研林长制工作。

（湖北省林业由周仲盛供稿）
（图片由湖北省林业局提供）

# 湖南省林业

【概　述】　2022年，湖南省各级林业部门认真落实省委、省政府和国家林草局决策部署，全面推进生态安全、生态保护、生态提质、生态惠民，积极融入和服务"三高四新"战略定位和使命任务，各项工作实现齐头并进、稳中向好。

主题建设　一是森林调优。全省完成人工造林8.60万公顷、封山育林7.63万公顷、退化林修复8.96万公顷、森林抚育13.11万公顷、人工种草5500公顷、草地改良7100公顷；森林火灾受害率控制在0.129‰；林业有害生物成灾率控制在5.35‰；全省森林覆盖率达59.98%，同比增长0.01个百分点；森林蓄积量达6.64亿立方米，同比增长2300万立方米；草原综合植被盖度"国土三调"后重新核定为86.3%。二是湿地提质。重新核定湿地面积为137.07万公顷，湿地保护率稳定在70.54%，新创建醴陵官庄湖、新宁夫夷江、通道玉带河、麻阳锦江4个国家湿地公园，国家湿地公园数量居全国第一。开展了洞庭湖湿地生态保护修复2022年行动，洞庭湖生态疏浚有序推进，实施了洞庭湖候鸟栖息地修复试点，完成全省78处省级以上湿地公园质量管理评估，常德市在第十四届《湿地公约》缔约方大会上分享经验。三是城乡添绿。实施城乡绿化美化行动，编制了《湖南省森林城市评价指标》《湖南省乡村绿化美化技术规程》《古树名木保护手册》，推荐怀化、岳阳、娄底、邵阳市申报国家森林城市称号。湘乡市、中方县通过国家森林城市规划评审。长株潭绿心中央公园花卉园艺博览园加快建设。长沙市、湘潭市、怀化市、石门县、沅江市、常宁市、隆回县林业局获评"全国绿化先进集体"。四是产业增效。大力发展油茶、竹木、生态旅游与森林康养、林下经济、花木五大千亿元产业，新增国家级、省级林业产业龙头企

业119家、省级林下经济示范基地47家。全省食用林产品合格率达98.4%。新化县被授牌黄精产业国家创新联盟（新化）研究院。新晃县被授予"黄精之乡"称号。五是管服做精。成功将林长制工作纳入省政府2022年真抓实干督查激励措施和对市（州）绩效考核范畴。林业再信息化快速推进，林业大数据项目完成主体开发并投入试运行。省级林业政务服务事项全部"一网通办"，办结时限提速53.8%。林业安全生产等防控有力，全省森林火灾发生率较同等气候条件的2013年下降90%以上，守牢了生态安全底线。

资源管护　一是强化林草湿资源管理。严格执行林地审核审批制度，共办理使用林地建设项目3641宗、7318.2公顷。完成了公益林调整优化和天然林保护修复中长期规划编制。开展了"虎威行动"、林业生态环境综合整治行动，严厉打击各类破坏林草湿资源违法行为。开展古树名木保护专项治理行动，配合破获了"6·06"危害国家重点保护植物案。成功拔除了炎陵县、双清区、安乡县和宁远县4个松材线虫病疫区。二是强化自然保护地体系建设。理顺了南山国家公园省直管体制，范围和分区方案通过国家林草局专家评审，南山国家公园正式纳入国务院批复的《国家公园空间布局方案》候选区。自然保护地整合优化预案再完善工作强力推进，风景名胜区整合优化预案编制全面完成。新增毛里湖、春陵2处国际重要湿地。完成"福寿山汩罗江风景名胜区"涉林生态问题整改。壶瓶山、八大公山国家级自然保护区入选世界自然保护联盟绿色名录。三是强化生物多样性保护。调整了湖南省地方重点保护野生动物、植物名录，在全国率先开展县域生物多样性资源调查监测，全省国家重点保护野生动植物物种

数保护率达81.42%，全年查办涉野生动植物案件1256起（其中刑事案件831起），划定了12条主要候鸟迁徙通道，邵阳市驯化放归朱鹮12只，江豚频现益阳南洞庭湖和湘江长沙段。

产业发展　2022年，全省林草产业总产值达5540.2亿元，同比增长2.5%。其中林业产业总产值5526.5亿元、草原产业总产值13.7亿元。林业产业总产值中第一产业产值为1820.8亿元，同比增长2%；第二产业产值1930.0亿元，同比增长3.2%；第三产业产值1775.7亿元，同比增长2.3%。克服严峻自然灾害影响，集中精力发展油茶、竹木、生态旅游与森林康养、林下经济、花木五大千亿元产业，全省油茶产业产值达470亿元，竹木产业产值达1167亿元，林下经济产值达526亿元，生态旅游创综合收入达1153亿元，花木产业产值达645亿元。从保障国家粮油安全的政治高度推动油茶扩面提质增效，持续推进油茶产业"两个三年行动"，全年完成油茶林新造3.71万公顷、低产林改造9.55万公顷，小作坊升级改造160家，建设油茶果初加工与茶籽仓储交易中心20家，出版"油茶产业应用技术丛书"，举办了多期林业实用技术培训班，6个油茶品种列入全国油茶主推品种，"湖南茶油"公用品牌入选"2022中国区域农业产业品牌影响力指数TOP100"，全省油茶林面积、产量、产值、科技水平稳居全国第一。

林业改革　林长制工作从全面建立到全面见效，省委书记张庆伟、省长毛伟明同时担任省总林长、出席省总林长会议，共同签发2022年第1号总林长令，全体省委常委和省政府副省长共15位省领导担任省副总林长，实行副总林长对全省14个市（州）和南山国家公园一对一分区负责，推动各级林长积极履职，省、市、县三级林长带头

岳麓山实验室林大林科院片区建设项目举行开工仪式（陈凯军 摄）

开展巡林护林20798次，协调解决问题4937个。岳阳市、怀化市、湘潭市、长沙市、资阳区、石门县、双峰县、南岳区、桑植县、安仁县、古丈县、炎陵县、洞口县、祁阳市林长制工作获湖南省人民政府真抓实干督查激励。推动省政府办公厅印发《关于巩固拓展国有林场改革成果推进秀美林场建设的通知》，完成国有林业资产资源清查处置，金洞等8个国有林场列入国家森林经营重点试点单位，全国"十佳林场"评选湖南省夺得三席，分别是永定区石长溪国有林场、宁远县九嶷山国有林场、临武县西山国有林场，青羊湖林场列入全国现代国有林场建设试点。出台了《关于支持家庭林场和林业合作社发展的若干意见》，开展了农村产权抵（质）押融资金融服务创新试点，完成林权抵押贷款1.3亿元。推动省政府与中林集团签订战略合作协议，成立了中林湘投公司，推进了怀化市、湘南地区国储林试点。创新开展林业碳汇行动，江华国有林场纳入国家森林碳汇试点，选定了21个全省林业碳汇工程试点县。

**支撑保障** 岳麓山实验室林科院片区、木本油料资源利用国家重点实验室、中国油茶科创谷和国家林木种质资源设施保存库湖南分库等国家级林业科技创新平台加快建设，全面推进湖南省植物园物种保育和专类园建设，完成青羊湖森

林航空消防直升机场建设，大鲵科研救护基地迁建进展顺利。组建了岳麓山林木航天育种联合实验室，促成了首批湖南油茶种子搭载神舟十四号飞船进入太空。申报省部级科研项目76项，实施省级林业科技创新项目38项，选派市县科技特派员201人。林业法治化持续推进，开展了《野生动物致害补偿办法》等3件法规规章立法调研，出台了行政执法"三项制度"，长沙、湘潭、常德、永州等地下放了一大批林业执法事项。用草用林要素保障在国家林草局考核中排名全国第一，湖南省林业局获评全国"林草生态监测评价工作贡献突出单位"、湖南省重点项目建设优秀单位，驻点帮扶的麻阳县高村镇富田坳村获评"湖南省美丽乡村示范村"。省政务中心林业窗口获评全省"文明窗口单位"、湖南省直青年文明号。信访工作、督查督办、建议提案办理、平安建设等工作继续保持全省先进。

【**国务院副总理胡春华考察祁阳油茶产业**】 4月13日，国务院副总理胡春华考察祁阳唐家山油茶产业。全国政协、中央农办、财政部、自然资源部、国家林草局等部门领导先后调研湖南油茶。

【**2022年省总林长会议**】 2022年6月15日，湖南省委书记、省人大常委会主任、省总林长张庆伟主持

召开2022年省总林长会议，省委副书记、省长、省总林长毛伟明等省领导出席。会议听取了省林长办、省直有关单位工作情况汇报，会议审议通过了2022年度林长制工作要点和考核方案，研究部署下阶段工作。会议重点研究了林长制机制不完善、侵占破坏森林资源案件频发、省林科院人员经费保障等难点问题，研究部署了省级林长巡林、林业生态环境综合整治、科学绿化、南山国家公园设立、林长制立法及岳麓山实验室林科院片区、省部共建木本油料资源利用国家重点实验室和中国油茶科创谷建设等林业重点工作。

【**成立省林长制工作委员会**】 9月29日，湖南省委、省政府下发《关于成立湖南省林长制工作委员会的通知》，决定成立省林长制工作委员会。湖南省委书记、省长同时担任省总林长，全体省委常委和省政府副省长共15位省领导担任副总林长。省委组织部、省委宣传部、省发展改革委等13个省直部门为成员单位，委员会办公室设在省林业局，办公室主任由省林业局主要负责人担任。

【**林长制工作连续两年获国务院督查激励**】 自2021年起，国家林草局连续两年遴选4个市、4个县列入国务院林长制督查激励。湖南省浏阳市、岳阳县先后获得2021年度、2022年度国务院督查激励并均在县级单位中排名第一。湖南省人民政府将林长制工作纳入真抓实干督查激励措施，岳阳、怀化、湘潭、长沙4个市和资阳区、石门县、双峰县、南岳区、桑植县、安仁县、古丈县、炎陵县、洞口县、祁阳市10个县（市、区）获省政府林长制工作督查激励。

【**建立"一长四员"网格化林草资源源头管护体系**】 2022年10月，湖南省在林长制"一长三员"管护体系的基础上，增加"林业科技员"，建立"一长四员"（林长+林业科技员+护林员+监管员+执法人员）网格化管护体系，实现了全省林草资源首次全覆盖源头管护。全省共规范划定管护网格50003个，

配置网格护林员50003名、林业科技员5011名、监管员11477名、执法人员6365名。开发建成并全面推广应用湖南省林长制巡护系统，将林长制管护网格及"一长四员"全部纳入巡护系统管理，增强了实时感知林情风险隐患、林业资源变化的能力，提高了管护网格防火、防疫、防破坏"三防"能力。截至2022年年底，巡护系统App护林员推广使用率达100%，有效巡护距离达3458万余千米，巡护时长达978万余小时，上报事件处理办结率达95%。

【国土绿化工作】 2022年，国家林草局印发《关于表扬2022年林草重点工作表现突出单位的通报》，湖南省国土绿化工作在2022年度重点工作考核中排名全国第一，并在全国林业和草原工作视频会上受到表扬。全省全年共完成营造林38.3万公顷、草地修复1.26万公顷，超额完成年度计划任务。经湖南省人民政府与国家林草局商议，国家林草局正式同意与省人民政府共建科学绿化试点示范省，湖南成为全国七个试点省份之一。湖南省人民政府办公厅出台了《关于科学绿化的实施意见》《关于推进草原生态保护修复的实施意见》。

【2处草原入选全国第一批"红色草原"名单】 2022年8月，国家文物局与国家林草局联合公布了全国第一批"红色草原"名单（共12处），湖南南滩草原、南山草原分别入选。

【首次开展草原变化图斑判读和核查处置工作】 根据国家林草局统一部署，湖南对全省122个县（市、区）3206个草原督查变化图斑共计2577.76公顷进行了判读和核查处置。这是湖南省首次开展草原变化图斑判读和核查处置工作，对于主动发现和及时查处草原违法违规行为、有效保护湖南的草原资源等具有十分重要的意义。

【破获"6·06"危害国家重点保护植物案】 2021年5月，浏阳市金刚镇平湾村护林员黄蔚谷在巡护时发现该镇有两株古树生长异常，枯萎垂死，遂向浏阳市林业局报告。

湖南首批中央财政国土绿化试点示范项目建成（陈凯军 摄）

浏阳市林业局调查发现两株异常古树根部有钻孔现象，判断是人为破坏，遂向公安部门移交了犯罪线索。2022年8月，通过省、市、县三级林业部门和公安部门的共同努力和相互协作，成功破获"6·06"危害国家重点保护植物案，共查明毒害古树团伙5个，湘赣两省涉案现场31处，抓获涉案犯罪嫌疑人20人，彻底摧毁了毒害古树的犯罪网络。习近平总书记对此案作出重要批示，国务委员赵克志给予湖南省充分肯定，国家林草局局长关志鸥致电对湖南林业工作提出表扬。

【全民义务植树和部门绿化】 3月12日，湖南省委书记张庆伟、省长毛伟明在《湖南日报》发表署名文章《深入践行绿色发展理念 携手共建美丽宜居家园》。3月19日，省委书记张庆伟，省长毛伟明，省政协主席李微微等带领省委、省人大、省政府、省政协、省军区领导，省高级人民法院院长、省人民检察院检察长，省直有关单位负责人等共150人，在长株潭绿心地区长沙市雨花区跳马镇白竹公园植树点参加主题为"共建中央公园 共享美丽花园"的义务植树活动。4月2日，省政协主席李微微率省政协机关干部职工、省关注森林活动组委会成员、长株潭三地政协委员和机关干部到湘潭市昭山镇楠木村省政协义务植树基地开展"助力长

株潭绿心地区生态屏障建设 政协人在行动"的义务植树活动。2022年，全省共3891.26万人参加了义务植树，累计植树1.83亿株。

【打击破坏古树名木违法犯罪活动专项整治行动】 9月22日，湖南省公安厅、省住建厅、省林业局联合召开了全省打击破坏古树名木违法犯罪活动专项整治行动视频会议，成立了专项打击整治行动领导小组，印发了《湖南省打击破坏古树名木违法犯罪活动专项整治行动方案》，部署推进了专项行动。湖南省绿委办和省林业局印发了《湖南省古树名木保护专项治理行动方案》。

【湖南受表彰的全国绿化先进集体和个人数量居全国第一】 8月18日，全国绿化委员会、人力资源和社会保障部、国家林业和草原局联合印发了《关于表彰全国绿化先进集体、劳动模范和先进工作者的决定》，湖南省9个单位被评为全国绿化先进集体、5名个人被评为全国绿化劳动模范、6名个人被评为全国绿化先进工作者，受表彰单位和个人数量均为全国第一。

【将古树名木纳入林长制网格化巡护】 湖南省林业局将古树名木作为林长制巡护网格"一长四员"管护重点，在林长制巡护系统中导入古树名木地理坐标，护林员对网格

内的古树名木实行巡护打卡。开展了古树名木信息纠偏，纠正偏移坐标33302项，修正错误数据297273项，增加古树数据2862条。通过巡护，及时发现了古树名木生长衰弱、病虫害、倾斜倒伏等异常情况。全省护林员累计反馈巡护的古树名木问题737条，均得到有效处理。

【古树名木保险试点】 为提高古树名木保护抗风险能力，湖南在全国率先开展古树名木保险试点，探索建立了古树名木保险制度，由省级财政资金统一为全省一级古树和名木购买了抢救复壮险和第三者责任险。

【湖南省森林城市创建】 湖南省林业局印发了《湖南省森林城市"十四五"单项规划》。湖南省政府办公厅、省绿委办组织国家林草局中南院、中南林业科技大学、省林勘院相关专家对城步县等县市创建湖南省森林城市进行了核验。

【完成33个全国标准化林业站建设】 2022年，湖南省林业局完成了2020年中央财政标准化林业站建设项目33个。通过县级自查、市级检查、省级验收、国家级审核复查，确认33个项目全部达到合格标准，并被国家林草局授予"全国标准化林业工作站"称号。

【基层林业工作站站长能力测试】 湖南省林业局组织674名乡镇林长办和林业站负责人参加国家林草局基层林业工作站站长能力测试，625人取得合格证书，通过率为93%。

【旗舰物种保护】 湖南省林业局组织实施了中华穿山甲、莽山烙铁头蛇、华南虎、林麝、中华秋沙鸭、朱鹮、白冠长尾雉人工繁育、野化放归，水松、落叶木莲、资源冷杉、银杉、花榈木就地与迁地保护工程，种群数量稳中有升，栖息地（生境）质量逐步向好。实施华南虎野外回归准备工程项目，人工繁育华南虎2只，建成5.8公顷的华南虎野化试验基地。引进10只朱鹮在南山国家公园成功野化放归，重建世界纬度最低的朱鹮种群。南山国家公园管理局组织技术力量移栽资

源冷杉幼苗，700余株资源冷杉回归原生境。编制《湖南省生物多样性——物种多样性图集》《湖南省野生兰科植物图鉴》和《湖南省植物园体系建设总体方案》。精心筹备第十二届中国洞庭湖观鸟节，组织洞庭湖越冬水鸟同步调查监测，记录候鸟37.83万只。持续抓好秋冬季候鸟保护，发布了《湖南省候鸟迁徙通道重点保护区域（第一批）》，确定了全省主要候鸟迁徙通道12条。

【陆生野生动物致害补偿】 湖南省林业局开展了野猪危害防控试点，湘乡市、溆浦县、石门县、湘阴县、安化县、临湘市等试点地计划猎捕野猪850头，已猎捕690头，试点地区局部野猪危害明显下降。积极探索野生动物致害补偿商业保险模式，指导全省34个县（市、区）通过购买商业保险或者直补的方式补偿群众损失，共受理野生动物致害事件5394起，已补偿5394起，补偿率达100%。积极谋划主动预防野生动物危害，开展野猪、猕猴等野生动物危害调查评估和野生动物致害防控宣传教育，引导群众掌握科学驱赶、紧急避险等方法。

【南山国家公园建设】 湖南省林业局认真落实国家林草局和省委、省政府主要领导批示指示精神，组织编制了南山国家公园设立方案等材料，开展了多轮现场核查，督促妥善处置了小水电、集体人工商品林等矛盾冲突，积极配合省委编办、省委改革办、省财政厅、省发改委等省直部门做好专题汇报、专项调研、项目申报等基础性工作。2022年7月12日，湖南省人民政府向国家林草局提出了设立申请，并在国家林草局的指导下，充分研究吸纳中央和国家部委的反馈意见，进一步修改完善了设立方案及相关材料，完成了设立前的各项准备工作。

【自然保护地整合优化再完善工作】 湖南省林业局全面完成自然保护地整合优化预案再完善工作，全省上报再完善成果数据涉及县99个、自然保护地246个、图斑19301块、面积80242.22公顷。再完善后，自然保护地调入面积3693.86公顷，调

出面积19979.53公顷，系统解决了整合优化预案中应调未调永久基本农田、重大项目、划补区新带入矛盾冲突、边界偏差等问题。全面完成风景名胜区整合优化预案编制工作，形成全省风景名胜区整合优化预案初步成果，全省71处风景名胜区保留为60处，总面积532281.70公顷，占全省面积的2.51%，有效厘清了风景名胜区范围边界不清、与其他自然保护地交叉重叠的问题，重点解决了城镇、工矿等历史遗留问题和现实矛盾冲突。

【全省自然保护地全面监督工作】 湖南省林业局成立了局长胡长清任组长的工作领导小组，印发《全省强化自然保护地全面监督工作方案》，对全省377处省级以上自然保护地开展全面监督专项行动，重点查处六类问题，建立了"省级交办+地方自查"相结合，违法违规问题随时发现、随时查处、随时整改、动态销号的工作机制。湖南省林业局联合省纪委监委、省生态环境厅等部门同步开展督导调度，局领导带队赴14个市（州）包片督导，举办了自然保护地督查工作技术培训班，努力实现从"被动整改"到"主动防控"的转变。全省14个市（州）上报核查自然保护地全面监督问题（线索）3781个，整改完成率94%，其他问题整改进度均达到时序要求。此外，认真牵头督导长江经济带生态环境警示片披露的涉自然保护地问题全面完成整改，积极配合开展"洞庭清波""绿盾""绿剑"等涉自然保护地生态环境问题的整治工作。

【2处国家级自然保护区入选世界自然保护联盟绿色名录】 2022年12月10日，世界自然保护联盟在加拿大蒙特利尔宣布，更新世界自然保护联盟绿色名录，湖南省八大公山国家级自然保护区和壶瓶山国家级自然保护区成功入选。八大公山国家级自然保护区位于湖南省张家界市桑植县境内，1986年经国务院批准晋升为国家级自然保护区，是全国首批、湖南省成立最早的国家级自然保护区。壶瓶山国家级自然保护区位于湖南省常德市石门县境内，1994年经国务院批准晋升为国家级

自然保护区，是湖南省面积最大的森林生态系统自然保护区。

【打好森林防火攻坚战】 2022年，湖南省遭遇自1961年有完整气象记录以来的高温干旱极端天气，全省林业系统落实强化林长责任、强化巡护管理、强化宣传教育、强化基础保障、强化应急队伍、强化值班备勤"六个强化"要求，省、市、县、乡四级林业干部职工实行包片蹲点督导服务，5.7万名护林员在森林高火险期全勤在岗，做到了全体发动、全员下沉、全力以赴。深入推动"森林火灾隐患排查整治和查处违规用火行为""林区输配电设施火灾隐患排查治理"等专项行动，全省共开展检查2.07万次，查处行政案件2321起、破获刑事案件137起，打击处理3372人，教育劝阻12.45万人次；与省森林公安局联合开展"双查双促"活动，对违规用火导致的森林火灾挂牌督办。全年共发生森林火灾173起，其中1起重大森林火灾，全年受害森林面积1452.39公顷，损失成林蓄积量47330.44立方米，森林火灾受害率为0.129‰。

【编制完成《湖南省生物防火林带指导性规划（2021—2035年）》】 根据《国家林业和草原局关于加快林火阻隔系统建设的通知》要求，湖南省林业局在完成数据摸底、内部初审、征求意见、专家评审、局党组会审议等基础上，编制了《湖南省生物防火林带指导性规划（2021—2035年）》，经报省人民政府同意，于2022年9月2日正式印发。

【发布《湖南省森林草原防火标准体系》】 2022年10月14日，湖南省林业局和湖南省市场监督管理局联合印发《湖南省森林草原防火标准体系》。该标准体系由湖南省森林草原防火监测调度评估中心以及湖南省质量和标准化研究院共同研究制定，涵盖了基础通用、防火设施与装备、防火管理、防火技术、林火早期处理五大分体系，共收集已发布标准77项、在编标准3项、待编标准31项，对提高全省森林草原防火规范化和专业化水平，实现森林草原防火治理体系和治理能力

2022年8月26日，湖南省人民政府与中国林业集团有限公司签署战略合作协议（陈凯军 摄）

现代化，支撑和引领湖南森林草原防火工作高质量发展具有重要的里程碑意义。省森林草原防火监测调度评估中心制定发布了《县乡村三级防灭火设施装备配置规范》（DB43/T 2360—2022）、《生物防火林带建设技术规程》（DB43/T 2359—2022）和《林业森林防火值班室建设技术规范》（DB43/T 2423—2022）3个地方标准，实现了湖南省森林草原防火地方标准"零的突破"。

【国家储备林建设】 按照"为国储良材、为民谋福祉"的理念，湖南省林业局着力开展国家储备林金融创新和工程建设。湖南省人民政府与中林集团签订战略合作协议，湖南省林业局与中林集团、国开行湖南分行签订三方战略合作协议，正式成立了中林（湖南）林业投资开发集团有限公司，计划用8年时间（2022—2030年），分期分批以整市（州）推进的方式，在湖南建设66.67万公顷以上的国家储备林基地，油茶改造提质66.67万公顷；全省中央预算内林业基本建设投资木材战略储备基地建设迎来十周年，开展了成效评估、专项报告、画册编制、网站专题专栏开设等一系列活动，完成建设面积4533.33公顷，同比增长70%。

【林业碳汇管理】 湖南省林业局深入践行"双碳"战略，印发《湖南省林业碳汇行动方案2022—2025》，选定了21个全省林业碳汇工程试点县并编制实施方案，下达《关于做好林业碳汇有关工作的通知》，湖南省林科院被省发展改革委列为湖南省碳达峰碳中和重大问题研究机构，筹建湖南省林业碳汇研究院（研究中心），完善全省林业碳汇综合管理平台，组织了"碳达峰碳中和背景下的林业碳汇工作"等宣讲培训。

【林业外资利用】 湖南省林业局持续扩大外资利用规模，坚持"申报一批、实施一批、储备一批"，2022年正式竣工外资贷款项目1个，新批准立项和新申报立项外资贷款项目各1个。其中：德国复兴信贷银行促进贷款湖南森林可持续经营项目顺利竣工，接待德方专家到湘考察，完成项目终期评估；欧洲投资银行贷款湖南森林提质增效示范项目顺利推进，完成建设面积1.32万公顷，年度实际利用外资1.45亿元；德国复兴信贷银行促进贷款湖南省森林经营和碳汇开发项目在国家发展改革委正式立项，贷款金额2亿欧元；国际农业发展基金贷款湖南林业特色产业发展项目建议书已报送国家发展改革委，意向贷款金额1亿美元。

【编制全省天然林保护修复中长期规划】 2022年，湖南省林业局编制了《湖南省天然林保护修复中长期规划（2021—2035年）》，确定全省天然林（含人工公益林）保护面积721.31万公顷，其中：重点保

护区域8.25万公顷、一般保护区域713.06万公顷。

【公益林和天然林管护责任协议书签订工作】 2022年,湖南省林业局组织开展了公益林和天然林管护责任协议书签订工作,纳入中央、省级森林生态补偿的467.278万公顷公益林和纳入中央财政管护补助的210.67万公顷天然商品林全部与林权权利人签订了书面协议,并纳入林长制网格化管护范围,构建了多层次、全覆盖的公益林和天然林管护体系。

【新增3处国家林木种质资源库】 2022年,湖南省林业局组织申报的湖南省植物园樱花、杜鹃花等3个林木种质资源库被国家林业和草原局确认为国家林木种质资源库,湖南省国家林木种质资源库增至7个。

【国有林场改革】 湖南省林业局起草了《关于巩固拓展国有林场改革成果推进秀美林场建设的通知》,通过省政府常务会议审议通过,于2022年12月30日印发,为推动国有林场安全发展、绿色发展、高质量发展提供了根本遵循和制度保障。湖南省林业局制定下发《清查处置全省国有林业资产资源专项行动实施方案》,组织开展"三资"清查处置工作,全省各级林业部门、国有经营单位通过流转、出让、入股、抵押、合作经营等方式完成处置的资源资产估算价值57.46亿元。依托中央财政乡村振兴衔接资金,支持102个欠发达国有林场发展苗木花卉、生态旅游与森林康养、林下经济等绿色产业发展;推动国有林场与林场种苗融合发展,重点支持6个国有林场开展保障性苗圃基地建设、12个国有林场开展采种基地建设,建设规模40公顷,每年珍贵乡土树种苗木培育能力500万株以上。

【"湖南茶油"入选"2022中国区域农业产业品牌影响力指数TOP100"】 2022年12月,由《中国品牌》杂志社、中国品牌网主办的"2022中国区域农业品牌发展论坛暨中国区域农业品牌年度盛典系列活动"在北京举行。"湖南茶油"公用品牌从31个省份765个入围区域农业品牌中脱颖而出,入选"2022中国区域农业产业品牌影响力指数TOP100",是全国油茶行业唯一入选的品牌。

【林业有害生物防控】 2022年,湖南省林业有害生物发生面积38.6万公顷,防治面积25.9万公顷,其中无公害防治面积23.3万公顷,无公害防治率90.1%。成灾面积6.95万公顷,成灾率5.35‰。2022年湖南省松材线虫病疫情首次实现病死松树数量、发生面积、疫区数量、疫点乡镇数量和疫情小班数量"五下降"。截至2022年12月,松材线虫病疫情在湖南省14个市(州)、66个县(市、区)、427个乡镇、19725个松林小班中发生,疫情面积6.89万公顷,同比下降7.01%,病死松树494291株,同比下降28.28%。成功拔除炎陵县、双清区、安乡县和宁远县4个县级疫区,实现8个县级疫区、50个乡镇疫点无疫情,标志着湖南省松材线虫病五年攻坚行动首战告捷。

【外来入侵物种普查和草原有害生物普查】 2022年,湖南省林业局在全省范围内开展了林草系统外来入侵物种普查和草原有害生物普查。全年完成外来入侵物种调查路线2338条,覆盖面积13077.3平方千米,完成调查4972人次,完成踏查点数13043个,建立样地581个、样方1843个、样线38条,记录外来入侵生物793种次。黄桑自然保护区、浏阳市和宜章县3地列入国家级外来入侵物种监测网络。初步完成草原有害生物普查,发现鼠兔、黏虫等有害生物10余种,在城步、江永和桑植建立了全省首批草原有害生物监测点。

【承办世界湿地日中国主场宣传活动】 2022年1月19日,第26个世界湿地日中国主场宣传活动在长沙举行。国家林草局副局长李春良在线致辞,湖南省人民政府副省长王一鸥出席活动并讲话,国际湿地公约秘书长玛莎·罗杰斯·乌瑞格视频致辞,对中国政府在湿地保护方面作出的努力给予充分肯定。活动采用线上线下相结合的方式,全面展示了中国湿地保护工作取得的成效,活动在线观众达157万人次。

【2022年洞庭湖湿地生态保护联合巡护执法行动】 2022年9月26日,湖南省林业局组织岳阳、益阳、常德3个市举行湿地生态保护联合巡护执法行动启动仪式,此次行动打破了地市行政区划界限,探索了区域联合巡护、一体化执法新模式,有效推进依法护湿,依法治湿。此次行动共查处案件202起,移送刑事案件25起63人,收缴渔具953套,涉渔"三无"船舶69艘,驱离违规垂钓人员8400余人。湖南省林业局印发《洞庭湖湿地生态保护修复2022年行动方案》,开展洞庭湖湿地资源管控行动、生态修复

1月19日,湖南成功承办第26个世界湿地日中国主场宣传活动(陈凯军 摄)

国家林木种质资源设施保存库湖南分库项目成功封顶（陈凯军　摄）

行动、候鸟保护行动、统一监测行动、联合执法行动、生态补偿行动六大行动，实施生态基围工程、湿地植被恢复工程、小微湿地工程、观鸟场所工程、生态疏浚工程五大工程。

**【关注森林活动组委会获评全国先进单位】**　在全国第四届关注森林活动组委会第五次会议上，湖南省关注森林活动组委会被评为全国先进单位。

**【国家林木种质资源设施保存库湖南分库项目举行动工仪式并成功封顶】**　2022年8月26日，由国家发展改革委、国家林草局批准建设的国家林木种质资源设施保存库湖南分库项目在湖南省林业种苗繁育示范中心举行动工仪式。该项目建设投资总规模为9955万元（中央预算内投资7964万元，省级配套1991万元），是中国林木种质资源保护体系的核心工程之一，也是湖南省全面落实"三高四新"战略定位和使命任务的重点工程，项目主体建筑于2022年12月底成功封顶。

**【湖南张家界大鲵国家级自然保护区管护成效明显】**　2022年，湖南张家界大鲵国家级自然保护区全力推进管护工作。稳步推进大鲵科研救护基地迁建，首次获批基础设施中央预算内投资建设项目。严抓保护区监管，按照时序进度完成突出生态环境问题整改，已销号"绿盾2021"和"洞庭清波"生态环境问题10个；联合公安、渔政部门开展"禁捕退捕"执法行动10次，共劝退违规垂钓154人，收缴渔具渔网5400米、地笼400米、钓竿143根、渔具40余套、渔获物918千克，抓捕非法捕捞嫌疑人33人。狠抓生态修复，实施七眼泉、乌木峪大鲵出苗点及桑植县两河口河段生态修复工程，栖息地质量明显好转，为大鲵种群恢复奠定了坚实基础。细抓科研监测，监测发现野生幼鲵共计111尾；开展2000尾大鲵种群DNA鉴定，首次确认4个大鲵地理种群；开展保护区40个河流断面的水温、溶解氧等24项大鲵栖息地关键因子检测，及时掌握大鲵栖息地环境质量；获批《大鲵生态繁育池》专利1项，撰写高水平科研论文6篇。新增14名生态巡护员，实现对17个大鲵出苗点、栖息地和重要生态功能区的监测全覆盖。

（湖南省林业由王成家、罗明、
廖智勇供稿）

# 广东省林业

**【概　述】**　2022年，广东森林面积953.29万公顷，森林蓄积量5.78亿立方米，森林覆盖率53.03%。林业产业总产值8713.79亿元，其中第一产业1487.15亿元、第二产业5590.23亿元、第三产业1636.41亿元。全省参加各种形式义务植树6505万人次，折算植树1.87亿株。全年落实省级以上财政事业发展性支出资金77.88亿元。全省完成造林与生态修复17.72万公顷，森林抚育20.20万公顷。全省建立各类县级以上自然保护地1361个，面积260.35万公顷（去除交叉重叠面积，含海域）。

**【国土绿化】**　2022年，广东科学推进国土绿化，完成高质量水源林建设、古树名木资源保护工程等省政府十件民生实事涉林事项。在全国率先提交省级造林绿化空间适宜性评估成果数据，全省完成造林与生态修复并落地上图17.72万公顷，推进林业重点生态工程建设，完成高质量水源林建设6.85万公顷、沿海防护林体系建设1.01万公顷、重点生态工程新造林抚育7.46万公顷。惠州市获得中央财政国土绿化试点

深圳山海相连提升城市品质

示范项目资金2亿元。持续推进森林城市建设，编制《珠三角森林城市群高品质提升建设规划》，着力推动珠三角国家森林城市群高质量发展。韶关、阳江、茂名3个地级市成功创建"国家森林城市"，至年底，全省"国家森林城市"达到14个，成为获评"国家森林城市"数量最多的省份。开展乡村绿化美化，建设绿美乡村682个，绿美古树乡村32个，绿美红色乡村27个。实施古树名木保护行动，统筹推进古树名木补充调查、挂牌保护、评选宣传、抢救复壮等工作，新发现疑似古树6077株，重新制作并悬挂保护牌8.3万个。加强古树名木监测，为全省828株一级古树名木安装视频监控，提升古树名木管护数字化水平。开展重点古树名木保护和复壮示范，建成古树复壮技术示范点23个，复壮古树名木24株。推进大径材培育，全省培育大径材2.31万公顷。开展国家储备林建设，初步形成"3+2+2"（梅州市、肇庆市、韶关南雄3个试点单位，清远市、韶关2个新批复总体规划单位，河源市、江门开平市2个编制总体规划单位）的建设格局。2022年全省建设国家储备林0.81万公顷，获银行贷款授信31.17亿元。组织完成草原监测评价工作，全省草原（草地）面积20.06万公顷。开展草原变化图斑核查处置，防止发生违法占用破坏草原行

为。推进林业碳汇工作，成立省林业局碳汇专家咨询组，落实国家林草局林草碳汇项目开发风险防范的要求，指导全省各地规范开展林业碳汇工作。落实省委、省政府"双碳"战略目标及任务分工，联合省自然资源厅编制《广东省生态系统碳汇能力巩固提升实施方案》，配合省生态环境厅修订《广东省林业碳汇碳普惠方法学》。加强林木种苗资源库和基地建设，新增国家林木种质资源库3处，公布省级重点林木良种基地3处、省级林木种质资源库10处、省级保障性苗圃35处，有力保障苗木供给。

【森林资源管理】 2022年，广东严格森林资源保护，加快地方立法进程，组织修订《广东省森林保护管理条例》，通过省人大一审。落实稳经济要求，强化用林保障，加大对省重大项目使用林地支持力度，全省金融工具项目所需林地定额纳入省备用定额足额保障。印发加强重大项目用林保障办法，创新实施省重大线性工程穿越自然保护地审查机制，大幅缩短重大项目使用林地手续办理时限。争取国家林草局追加广东林地定额0.71万公顷，全年共批准建设项目使用林地2514宗，面积1.25万公顷。科学测算广东"十四五"期间占用林地定额5.8万公顷，经省政府审核后上报国家林草局。强化公益林、天然林

保护，推进天然林和公益林并轨管理。全省省级以上公益林优化调整为476.67万公顷，高标准建设16个公益林示范区，公益林一、二类林比例达86.7%。全省建成并推广使用公益林专题监测系统，实现公益林精细化管理。全面停止天然林商业性采伐，261.97万公顷天然林全部实现上图入库。稳步提高公益林效益补偿标准，2022年全省省级以上公益林补偿标准提高到平均每公顷660元。继续实施分区域差异化补偿政策，特殊区域的补偿标准较一般区域每公顷高出186元。各级财政共落实公益林补偿资金35.42亿元，惠及全省2650万林农。加强国有森林资源保护管理，落实省属国有林场森林资源巡护制度。强化国有林场管护站点建设，构建科学合理管护站点体系。推动在市、县涉农统筹资金内设立林区公路建设养护项目，争取开展省属林场林区公路建设。加强森林经营，完成省属国有林场森林经营方案编制（修编）工作。完成全省第六次沙化监测、第四次石漠化监测和年度变更调查工作，实施石漠化综合治理2033公顷，岩溶石漠化地区植被平均盖度提高到83%，沙化地区植被盖度提高到80.32%。累计投入资金2.04亿元基本建成连南万山朝王国家石漠公园，稳步推进乳源西京古道国家石漠公园建设。组织开展全省林草生态综合监测评价工作，完

成1447个样地调查和4.2万个图斑核实。完善森林资源监测体系建设，推进"监测平台+粤林监测APP"智能化应用，实现护林员网格化巡护全覆盖。全省护林员累计上线巡护近750万人次，巡护总里程4916万余千米。推动国有雷林公司实施"十四五"商品林采伐总控试点工作，加强省不可预见性采伐限额管理，推进广东省林业采伐业务管理应用系统业务采伐模块建设，提升林木采伐服务监管效能。持续开展打击破坏森林资源违法行为，推动森林督查发现问题整改，完成查处整改2021年森林督查案件7486宗，查处整改率97.9%。开展对2022年森林督查发现的40716个疑似违法图斑核查，破坏森林资源违法案件数量比2021年下降69.3%。

【全面推行林长制】 2022年，广东重视全面推行林长制工作，持续推进省、市、县、镇、村五级林长制体系建设，构建以村级林长、基层监管员、护林员为主体的"一长两员"森林资源源头管护机制。至年底，全省设立各级林长97372名，聘用护林员38320名，落实监管员30054名。建立完善林长责任体系，全省划分鼎湖山、南岭、罗浮山、莲花山、阴那山、云开山6个生态区域，分别由6位省副总林长担任，各地均划分林长责任区域，各级林长负责协调解决责任区域内森林资源保护发展重点难点问题。强化林长履职尽责，省第一总林长、省总林长签发总林长令2道，带头深入林区开展巡林调研，示范带动市、县两

级发布林长令216道，各级林长巡林108万人次。创新开展林长绿美园工作，认定首批广东省林长绿美园11个，打造林长履职尽责示范样板。建立省智慧林长综合管理平台，实现省、市互联互通，提升全省林长制工作的监管能力和服务水平。强化林长制督查考评，组织开展2021年全省全面推行林长制实施情况评估工作、第三方评估以及2022年林长制督查考核工作，以评促建推进问题整改落实。各地积极探索，创新实施"林长+河长""林长+检察长""林长+警长"等"林长+"工作机制，梅州市平远县被国家林草局遴选为拟获国务院全面推行林长制工作激励县。

【自然保护地建设管理】 2022年，广东扎实推进自然保护地体系建设，印发《关于落实建立以国家公园为主体的自然保护地体系实施意见的工作方案》，明确实施主体，细化工作任务。加快国家公园创建工作，南岭国家公园创建工作通过国家核查评估，南岭、丹霞山列入国务院批复的《国家公园空间布局方案》中国家公园候选区名单，省政府正式向国务院申请设立南岭国家公园。继续推进南岭国家公园规划建设，编制完成南岭国家公园基础设施建设专项规划、入口社区建设专项规划、生态监测专项规划，启动"智慧南岭"国家公园生态感知平台建设。持续推进自然保护地整合优化，完成风景名胜区整合优化预案编制工作，自然保护地与生态保护红线重叠率从67%提升

到98.45%。加强自然保护地制度化规范化建设，修订《广东省自然保护区建立和调整管理规定》，制订《广东省森林公园监督管理办法》，印发广东省森林公园、地质公园、海洋公园建设技术指引，编制全省自然保护地科学考察技术指引和自然保护地标识系统。严格自然保护地监督管理，落实第二轮中央生态环境保护督察整改要求，持续推动问题整改。常态化开展"绿盾"专项行动，梳理建立2017—2021年"绿盾"专项行动自然保护区未完成整改问题台账，纳入省林长制考核范围，加强督办落实，推动问题整改到位。组织开展国家级、省级自然保护地人类活动遥感监测，核查处理2022年第1批次国家级自然保护区、国家级风景名胜区人类活动遥感监测线索。加大明察暗访力度，强化对自然保护地管护机构落实主责主业情况的监督管理和评价。加强自然保护地日常管理，依法依规办理重大项目涉及自然保护地相关手续，2022年共调整自然保护地16宗，出具生态影响意见19项，审批行政许可5项。多渠道加大资金投入，提高自然保护地生态保护、生态修复、科研监测和科普宣教建设水平，提升生态产品供给和生态服务能力。

【野生动植物保护】 2022年，广东强化野生动植物保护管理取得新进展。高标准推进华南国家植物园建设，制订印发《华南国家植物园建设领导小组工作方案》，落实3318.9万元用于华南植物迁地保护

佛山南海展旗岗森林公园

白鹇

紫纹兜兰

与利用，加快科研项目立项，推动南方植物种质资源库等4项科研平台建设。5月30日，国务院批复同意在广东省广州市设立华南国家植物园。7月11日，华南国家植物园揭牌成立，成为继北京国家植物园之后，中国设立的第二个国家植物园。局省合作高水平建设国家林草局穿山甲保护研究中心，省直14个部门联合建立省推进国家林草局穿山甲保护研究中心发展工作机制，完成项目立项和规划设计，完善10处中华穿山甲野外监测点功能布局，繁育中华穿山甲幼仔7只、马来穿山甲幼体6只。组织开展对中华穿山甲、鳄蜥、丹霞梧桐、伯乐树等16种分布在广东的国家专项拯救珍稀濒危野生动植物物种就地保护和迁地保护，组织开展华南虎、鳄蜥等重点物种保护工程和紫纹兜兰、仙湖苏铁、水松等极小种群野生植物拯救保护工程。加强中华穿山甲、小灵猫、中华鬣羚等中大型哺乳动物生态廊道建设，开展珠三角地区水鸟生态廊道建设，强化南岭、珠三角、榕江河口等重要鸟区、重要湿地、自然保护区等栖息地保护，形成完善的候鸟保护网络。开展野猪等野生动物危害防控工作，试点范围扩大到15个地级市、县（区），落实专项资金692万元，共猎捕野猪480头，防控野猪致害成效显现。起草《广东省陆生野生动物致害补偿办法》，推动各地探索开展野生动物肇事责任保险。2022年，全省共投入233.05万元，涉及10个地级市37个县（区），保额总计3600万元，共计赔付22单15.9万元。组织开展陆生野生动物

疫源疫病预警监测工作，加大对野生动物重点区域、人工繁育场所、经营利用场所的监管力度，建设疫病监测野外站点，规范采样、送检、无害化处理等工作。省和21个地级以上市、116个县（市、区）建立打击野生动植物非法贸易部门间联席会议制度，严厉打击破坏野生动植物行为。组织编撰《广东两栖类志》《广东爬行类志》《广东鸟类志》《广东兽类志》《广东昆虫志》5部专著，填补广东省野生动物志书领域空白。组织开展全省观鸟手绘地图大赛等形式多样、丰富多彩的宣传教育活动，在广州白云机场、广州地铁等重点公共场所发布"保护穿山甲 我们在行动"公益海报宣传，编辑出版《悄悄归来的穿山甲》系列绘本，野生动植物保护宣传取得新成效。

【湿地资源保护】 2022年，广东加强湿地保护法规制度建设，贯彻落实《中华人民共和国湿地保护法》，组织修正《广东省湿地保护条例》，制订《广东省湿地公园管理办法》《广东省红树林生态修复技术指南》等制度，印发《广东省红树林保护修复规划（2021—2025年）》。组织开展湿地保护专题调研，其中省林业局主办的《关于加快红树林保护修复，促进蓝碳生态系统建设》提案获评2022年省政协优秀提案。推进湿地保护体系建设，完善湿地分级管理体系，深圳福田红树林湿地、广州海珠湿地申报国际重要湿地通过专家评审，推动深圳华侨城湿地、南雄孔江湿地申报国家重要湿地，开平孔雀湖、阳东寿长河红树林、连南瑶排梯田3个国家湿地公园试点建设通过国家林草局验收，新认定广州花都湖、广州南沙滨海、翁源瀏江源、新丰鲁古河、河源东江和中山翠亨湿地6处省级重要湿地，至年底，全省建有湿地公园258个，重要湿地25处。开展湿地和红树林保护修复，《湿地公约》第十四届缔约方

乳源南水湖国家湿地公园（简宗财 摄）

大会通过关于"国际红树林中心"决议，全国首个"国际红树林中心"落户深圳。实施湛江红树林、内伶仃福田红树林、珠江口中华白海豚、南澎列岛海洋生态国家级自然保护区等重点湿地修复项目，至年底，全省红树林面积1.06万公顷。强化湿地保护监管，开展国际重要湿地、国家重要湿地和国家湿地公园疑似问题图斑核查，开展省级以上重要湿地、湿地公园及红树林湿地疑似变化图斑监测。规范工程项目征占用重要湿地、国家湿地公园审批程序，严格管控工程项目占用湿地，依法查处侵占、破坏湿地以及红树林行为。组织开展贯彻实施《中华人民共和国湿地保护法》系列宣传活动，全省联动举办"世界湿地日"主题宣传活动18场，举办第一届"广东省湿地保护协会科学技术奖"评选活动、粤美湿地大讲堂学术交流活动，编写出版的《走进广东湿地——自然观察课》荣获广州市图书馆"2022年最佳未成年人阅读推广伙伴"称号。

【林业改革】 2022年，广东继续深化林业重点领域改革，赋能林业高质量发展。持续深化集体林权制度改革，继续推动广州市及所属从化区、花都区和韶关市及所属仁化县、南雄市、乳源瑶族自治县等2市5县（市、区）林业改革发展综合试点工作。推动林权类不动产登记与林业管理工作衔接制度化，联合省自然资源厅指导韶关市做好清理规范林权确权登记历史遗留问题试点工作，印发实施省林权类不动产登记存量数据整合工作方案及操作指南，形成可复制、可推广的试点经验。加大政策扶持力度，联合省自然资源厅、发展改革委、农业农村厅印发《关于保障农村一二三产业融合发展用地促进乡村振兴的指导意见》，联合省发展改革委等10部门印发《关于推动脱贫地区特色产业可持续发展的实施意见》，推动林业适度规模化经营。规范集体林地林木流转，做好全国林权综合监管系统运行工作。深化国有林场改革，推动省属林场事企分开和转型发展。加强森林防火工作力量，至年底，全省有14个地级市、41个县（市、区）设立专门的

森林火灾预防机构，市级设置率66.7%、县级33.6%，落实下发至市、县（市、区）两级的省森林防火专项编制89个，全省森林防火机构体系逐步完善。深化林业"放管服"改革，梳理全省实施的中央和省级层面设定的涉林行政许可事项22项，动态调整全省林业政务服务事项通用目录，持续清理涉林证明事项、中介服务事项，统筹做好行政职权承接、下放、监管及效果评估工作。规范林业行政执法，修订林业行政处罚裁量权适用规则、裁量基准和制定省级减免责清单，联合省公安厅、省检察院印发《广东省林业行政执法与刑事司法衔接工作实施办法》，落实国有林场和自然保护地等区域执法监管责任，联合省生态环境厅等5部门建立生态环境保护执法与监管协作机制。依托广州碳排放权交易中心等平台开发林业碳汇产品，推动林业碳汇交易，开展碳金融产品创新。

【林业产业】 2022年，广东积极发展生态富民产业，推动林业一、二、三产业融合创新发展。全省林业产业总值8713.79亿元，其中：第一产业产值1487.15亿元、第二产业产值5590.23亿元、第三产业产值1636.41亿元。坚持规划引领，印发实施《广东省林业产业发展"十四五"规划》《广东省森林旅游发展规划（2021—2035年）》。加强政策引导，印发实施《广东省林业特色产业发展基地培育和管理办法》，制订印发《广东省林草中药材产业发展指南》，联合省发展改革委等10部门研究出台《关于加快推进广东竹产业创新发展的实施意见》，推动林业产业高质量发展。保障国家粮油安全，加快油茶产业发展，召开全省油茶产业大会，起草《广东省加快油茶产业发展三年行动方案（2023—2025年）》，将油茶生产纳入省林长制考核和涉农领域省对市县考核事项，2022年全省完成油茶生产3.48万公顷，其中新造1.15万公顷、改造2.33万公顷，完成中央下达的生产任务。加强品牌建设，评选发布"广东十大茶油"。科学发展林下经济，加快培育林业产业新业态，发布首批省级森林康养基地10家和

南粤森林人家74家，认定首批广东省林业特色产业发展基地20个，全省林下经济总产值435.91亿元，来自林下经济的人均年收入2.13万元。加强东西部林业产业协作，推动粤黔在林产品展销、森林康养、花卉苗木、林业碳汇等领域开展协作。协调推进省内老区、苏区和民族地区加快生态产业发展。巩固脱贫攻坚成果，联合中国水产科学研究院南海水产研究所、广东生态工程职业学院开展雷州市雷高镇驻镇帮扶工作，落实乡村振兴专项资金4800万元，升级改造道路17.5千米、水渠1.5千米，有效衔接脱贫攻坚与乡村振兴工作。继续落实省委、省政府关于领导干部深入基层定点联系涉农县（市、区）工作要求，指导推动广州市花都区油茶、生态旅游等产业发展。

【森林灾害防治】 2022年，广东持续抓好森林防火工作，全省发布省总林长令和各地林长令，压紧压实各级林长森林防火直接责任。建立广东省森林特别防护期及重要时间节点分片挂点督导工作机制，全省林业系统累计派出督导组20459个，出动约37万人次开展明察暗访。联合省森林防灭火指挥部办公室、省公安厅开展隐患"五清""猎火"行动和输配电设施森林火灾隐患排查整治等专项行动，加大巡山护林频次和野外火源管控力度。全省森林火灾起数、火场面积、受害面积同比分别下降53%、76.8%、78.0%，确保党的二十大、北京冬奥会等重大活动期间和春节、清明等重要时间节点森林防火形势稳定，全年未发生重大以上森林火灾。完成森林火灾风险普查工作，摸清全省森林火灾风险底数。组织开展森林防火宣传月短视频征集大赛等系列宣传活动，营造全社会支持参与森林防火的良好氛围。扎实推进林业安全生产工作，全省林业系统未发生较大以上生产安全事故，维护林区安全稳定。强化安全生产责任制落实，印发《广东省林业局关于实行林业行业安全生产承诺制的通知》《广东省林业局及内设机构安全生产工作职责（试行）》，完成省林业局直属单位安全生产制度试点工作，建立完善全

员安全生产责任制。部署推动安全生产专项整治行动，完成安全生产隐患排查整治、房屋建筑安全隐患排查整治等专项工作，全年共排查各类涉林安全隐患16198处，整改完成率98%。落实平安广东建设任务，加大重大风险研判和隐患排查整治力度，协调落实救灾复产资金733.3万元，推动省龙眼洞林场、广东南岭国家级自然保护区等14个受灾单位复工复产。扎实开展林业有害生物防治，成立广东省林业领域生物安全工作领导小组和外来入侵物种普查工作领导小组，把重大林业有害生物防控工作考核纳入林长制督查考核体系，完善生物安全工作长效机制。健全法规制度保障，推动《广东省林业有害生物防治检疫条例》列入2023年省人大立法工作计划，制订《广东省林业局引进林木种苗检疫审批与监管管理办法》，完善引种检疫监管。持续推进松材线虫病疫情防控五年攻坚行动，拔除县级疫区1个、镇级疫点15个，实现松材线虫病县级疫区、乡镇疫点、发生面积和病死树数量同比"四下降"，协同开展薇甘菊、红火蚁防治，全省完成林业有害防治作业面积77.08万公顷，成灾率25.65‰，未出现重大以上有害生物灾害。部署开展"林安2022"林业植物检疫执法行动，加大产地检疫、调运检疫和检疫复检力度，全年检疫监管苗木428万株、种子0.6万千克。组织开展全省首次森林湿地草原生态系统外来入侵物种普查，发现外来入侵物种140种。建立健全粤闽赣湘桂琼六省（区）林业有害生物联防协作机制，提高省际联防联控水平。开展防治知识"进企业、进乡村、进社区、进学校、进家庭"系列活动，普及林业生物安全理念。推动政策性森林保险扩面、增品、提标工作，全省除深圳外的地级市全部纳入保障范围，实现省级以上公益林参保全覆盖，参保面积666.25万公顷，保险金额1.8万元/公顷，参保率63%，提供风险保障1199亿元。

【林业科技】 2022年，广东投入省级财政资金7100多万元，统筹推进林业科技创新工作，探索社会资金参与模式，强化科技支撑保障作用。印发《广东省林业局科技项目管理办法》，推进全过程绩效管理。新立省林业科技创新项目28项，验收科技创新项目30项，获2021年度省科学技术奖二等奖2项，省农业技术推广奖21项（其中：一等奖4项、二等奖6项）。加强科技成果转化与创新平台建设，新建省级生态站3个，维护提升国家和省级生态站22个，收集保存种质资源44种900余份。推进食用林产品质量安全监测工作，全省组织开展食用林产品及其产地环境监测4800多批次，食用林产品监测合格率达98%以上。完成林地土壤调查工作，基本摸清全省林地土壤家底。推进林业标准化工作，成立广东省林业标准化技术委员会，立项制修订省地方标准9项，经批准发布省地方标准10项。加强知识产权保护，部署开展全省林业植物新品种保护专项行动，获国家植物新品种授权32件。加强林业科普工作，贯彻落实《广东省科学普及条例》，加强林业科普基地建设，全省林业系统有8家单位入选"全国科普教育基地"、23家单位入选"广东省科普教育基地"、2家单位获得"广东省十佳科普教育基地"称号。加强科普人才队伍建设，制订《广东省林业科普专家库成员遴选办法》，在全省范围开展科普专家遴选。组织开展重大科普活动，联合省科技厅、省科协等举办广东省科普作品创作大赛。加强林业科技人才培养，探索建立省林业局与地级市组织部门联合培训基层林业科技人员模式，3人获全国第二批"最美林草科技推广员"称号、10人获国家林草局第三批"国家林草乡土专家"称号。强化林业科技服务，组织开展全省林业科技服务年活动，开展科技"三下乡"，赠送技术资料3000余份、苗木2.8万株，组建"1+N"林业科技服务团队62个下沉到村居，打通科技服务"最后一公里"。加强林业信息化建设，成立省林业局数字林业技术中心，制订出台《广东省林业政务信息化建设规划（2022—2025年）》《广东省林业数据管理办法》，规范现有林业信息系统云资源使用管理。完成全省林业政务专网并入电子政务外网工作，139项数据类挂接省网平台。野生动物识别系统接入国家林草生态网络感知系统。用林业务管理系统全省推广应用。

【森林生态文化建设】 2022年，广东弘扬生态文明，讲好广东林业故事。强化林业宣传，修订《广东省林业局新闻发布工作制度》，组织媒体新闻采风活动6次，向省级以上媒体报送新闻素材119条。广东林业网站、微信公众号共刊发新闻信息6277条次，总阅读量超过450万人次。向国家林草局官网报送新闻信息1217条，被采纳361条，报送信息数量和质量2项指标均居全国第一。关注森林网更新新闻信息4829条，融媒体指数排名全国第二。创新宣传活动形式，线上线下开展广东林业·腾讯网友植树节等全省性林业主题活动12场，打造广东林业宣传特色品牌。强化与新闻媒体深度合作，组织开展林长制、科学绿化看广东、广东十大最美古树群评选等专题宣传活动，联合推出《美丽中国：自然》岭南之南系列微纪录片，广东林业网站和政务新媒体打造"大食物观里看广东""有害生物防治典型案例""粤林风采"等11个专栏，为林业高质量发展营造良好舆论氛围。开展舆情监测，营造良好网络空间。加快自然教育发展，新认定高品质自然教育基地5家、省级自然教育基地20家，发布广东省特色自然教育径101条，打造观鸟主题自然教育径品牌22个。发布自然教育团体标准4项，印发《广东省自然教育径标识系统建设指引（试行）》，填补国内该领域空白。评选全省第二批自然教育之星20名和优秀课程10节，完善自然教育师资队伍和课程开发。联动组织举办300余场公益自然教育活动，累计有2.3万名青少年现场参与，"绿水青山自然教育行"抖音话题点击量超过1.2亿，打造粤港澳自然教育季、粤港澳自然观察大赛等特色品牌，推进湾区自然教育交流合作常态化。继续组织开展关注森林活动，举办"花开岭南·春映芳菲"2022广东森林文化周春季活动，发布"广东省赏花地图"，举办植物科学画系列培训活动，森林文化蓬勃发展。

**【大事记】**

2月16—17日 广东省省长王伟中到韶关市调研，实地察看广东乳源南水湖国家湿地公园建设等情况。省领导许瑞生、王曦、孙志洋参加调研。

3月15日 广东省委书记李希、南部战区司令员王秀斌、省长王伟中、省人大常委会主任黄楚平、省政协主席王荣等领导到广州空港中央商务区，参加义务植树活动。

3月22日 广东省关注森林活动组委会第二次会议召开，会议审议通过了《2021年关注森林活动工作情况报告》和《2022年广东省关注森林活动方案》，省关注森林活动组委会主任、省政协副主席薛晓峰出席会议并讲话。

3月22—23日 广东省委书记李希、省长王伟中到湛江市调研，在麻章区湖光镇金牛岛红树林片区、湖光岩世界地质公园，实地察看红树林湿地和火山地质遗迹保护情况。省领导张福海参加调研。

6月6—7日 广东省委书记李希、省长王伟中到清远市调研，在

南岭国家公园（筹建），实地察看公园规划建设管理、生态系统修复等情况。省领导林克庆、宋福龙、张福海、张晓强参加调研。

7月11日 华南国家植物园揭牌仪式在广州市举行。广东省委书记李希、中国科学院院长侯建国、广东省省长王伟中、国家林业和草原局局长关志鸥，住房和城乡建设部总经济师杨保军，广东省委常委、广州市委书记林克庆出席活动并共同揭牌。中国科学院副院长张涛，广东省领导张福海、王曦、张晓强等参加活动。

7月19—21日 广东省委书记李希到肇庆市调研，在鼎湖山国家级自然保护区、星湖国家湿地公园、羚羊峡，实地察看动植物资源保护、珍稀物种繁育、科普教育、旅游开发等情况。省领导张晓强参加调研。

7月30日 广东省委常委、广州市委书记、广州市第一总林长林克庆到流溪河国家森林公园，调研全面推行林长制工作并开展巡林。

9月4—5日 广东省委书记李希到韶关市调研，在车八岭国家级自然保护区实地察看森林管护、种

苗培育、科研监测、科普宣教等工作情况。省领导张福海、张晓强参加调研。

11月5—13日 《湿地公约》第十四届缔约方大会在中国湖北武汉主会场和瑞士日内瓦分会场同步举办，国家主席习近平以视频方式出席开幕式并致辞，提出在深圳建立"国际红树林中心"，支持举办全球滨海论坛会议。13日，缔约各方正式通过关于在深圳设立"国际红树林中心"决议草案，全球首个"国际红树林中心"落户深圳。

12月8日 广东省委十三届二次全会通过《关于深入推进绿美广东生态建设的决定》，明确提出以深入实施森林质量精准提升、城乡一体绿美提升、绿美保护地提升、绿色通道品质提升、古树名木保护提升、全民爱绿植绿护绿等六大行动为重点任务。

12月10—11日 广东省委书记黄坤明到梅州市调研，在阴那山省级自然保护区，实地察看育林造林、优化林分改善林相等情况。省领导张晓强参加调研。

（广东省林业由徐雪松供稿）
（图片由广东省林业局提供）

# 广西壮族自治区林业

**【概　述】**

**林草生态建设** 2022年，广西完成植树造林23.91万公顷，连续14年每年度完成植树造林20万公顷以上。西南岩溶国家公园正式纳入国家公园空间布局，自然保护地整合优化预案通过国家技术审核。全州天湖等3处国家湿地公园通过试点验收，公布第二批10处自治区重要湿地名录。完成营造红树林330公顷、修复现有红树林1037公顷。启动"珍贵树种进百城入万村"行动，开展古树名木地面"破硬化"行动，启动选认"乡愁树"活动。首次实施中央财政草原保护修复项

目，实施种草改良面积1180公顷，全区草原综合植被盖度达82.9%。崇左白头叶猴自然保护区与周边社区通过生态保护实现可持续发展案例入选"生物多样性100+全球典型案例"。

**林草产业发展** 2022年，完成油茶"双千"计划油茶新造林面积1.77万公顷、低产林改造2.08万公顷。超过60个县（区）启动国家储备林项目建设，新增建设面积16.63万公顷，累计超过86.67万公顷。广西林草产业总产值超过8900亿元，人造板产量6700万立方米；林下经济产值达1308亿元；林业生态旅游

和森林康养接待游客1.97亿人次，消费收入约2192亿元，占全区旅游收入总额的27.4%。6家林业产业园区被认定为国家林业产业示范园区；26个林业类示范区获评广西现代特色农业示范区，全区林业产业园区产值超过1300亿元。

**林草资源保护管理** 联合自治区农业农村厅公布《广西重点保护野生动物名录》，建立广西打击野生动植物非法贸易厅际联席会议制度。深化森林督查"回头看"和案件"清零"，开展"绿网·飓风2022"专项行动，全区共查处整改违法违规行为9422起，查处整改完

田东县油茶种植大丰收

成率98.34%，违法占用林地面积同比减少37.26%。对14个设区市进行全覆盖下沉督导涉林问题排查整改，挂牌督办8起重大涉林案件。推进自治区原党政主要领导自然资源资产离任审计问题整改。第二轮中央生态环境保护督察涉林问题完成整改任务85%。完成回收国有林场被侵占林地8780公顷。

**林业深化改革** 在全国率先出台《林长履职规范》，以林长制推动油茶"双千"计划实施、国家储备林建设、松材线虫病防治、涉林案件查处和整改等重点、难点工作成效显著。在全国率先建立司法层面的涉林案件报案、线索通报、行刑衔接三大机制。广西成为全国第一个实施人工商品林采伐改革试点、第二个实施林地占补平衡试点、第一个省级政府组织开展深化国有林场管理机制改革试点的省份。出台《关于加强草原保护修复的实施意见》等政策文件，填补全区草原管理政策空白。全区首笔林业碳汇预期收益权质押贷款、首笔"林权收储+融资担保"贷款分别在钦州、南宁落地，首批"国家储备林林票"在河池发放；高峰林场入选国家林草局国有林场森林碳汇试点单位。自筹经费林业科技项目立项106项。72个乡镇恢复加挂林业站牌。行政许可事项"最多跑一次"达到100%。

**林业服务乡村振兴** 44个乡村振兴重点帮扶县获倾斜安排涉林资金24.67亿元，获银行批复国家储备林贷款项目21个，批复贷款158.65亿元、发放贷款32.23亿元。44个乡村振兴重点帮扶县油茶种植总面积达40.8万公顷，占全区油茶总面积的70%，累计带动40多万人巩固脱贫成果；林下经济经营和利用林地面积达241.87万公顷，占全区林下经济经营和利用林地总面积的50.5%，带农惠农人数达694万人。全区选聘续聘生态护林员6.4万人，同比增长12.7%，巩固拓展20万名脱贫人口"家门口就业"成果，林业联农带农富农能力持续增强。2022年，44个乡村振兴重点帮扶县林业产业总产值达2706亿元，同比增长11.2%。

**林业防灾减灾** 建立自治区三级督导和局领导分片包干责任制，玉林、百色等地建立完善野外用火审批制度，创新"林场+政府""疫情防控+森林防火"模式，在重点区域、敏感地区开展森林防火联防联巡和宣传教育"敲门行动"，及时核查处置农事用火、林火热点1300多个。深入实施松材线虫病防治五年攻坚行动，持续压紧压实地方责任，强化疫源管控等重点环节，全年拔除松材线虫病疫区4个、疫点20个，减少疫情发生面积5066.67公顷。48个老疫区中无疫情

疫区数量和面积分别是上年同期的1.9倍和3.7倍。

【石漠化治理】

**工程建设** 2022年，科学实施石漠化综合治理任务面积5.48万公顷，其中，人工造林0.29万公顷、封山育林0.49万公顷、退化林修复4.70万公顷，总任务量同比增长123.92%，有效恢复石漠化地区林草植被，增强生态系统稳定性。结合乡村振兴，在南宁市宾阳县、桂林市雁山区、河池市罗城县打造开展石漠化高效益生态产业资源培育示范点，通过示范点项目开展，促使石漠化区域的经济、社会及生态效益得到明显提高，促进经济、社会与生态协调发展，引导项目区群众走上生活富裕、生态发展的幸福路。

**石漠化调查** 全面完成广西第四次石漠化调查工作，根据调查数据，全区有石漠化土地面积约105万公顷，与2016年第三次石漠化调查结果相比，减少面积约48万公顷，石漠化治理成效居全国前列，特别是重度石漠化土地减少面积居全国首位。

【林长制】 2022年，将林地变化图斑核实、森林督查案件查处、中央环保督察问题整改、林业执法队伍建设、松材线虫病疫情防控、国有林场被侵占林地综合整治等工作均列入市级林长年度任务清单，下达市级林长年度清单任务94项，下达涉林涉草单位林长年度任务清单155项，同时进一步完善市级林长考评指标及评分细则。通过林长年度任务清单，推动各级林长完成涉林重点任务、解决难点问题逾万件。

在全国率先出台林长履职规范，开发建设完成独具特色的林长制信息管理系统，实施"一林一护""一乡一警""一村一策""一片一技"林长制林草资源网格化管理"四个一"基础工程，推进18个试点县（市、区）工程试点工作。

截至2022年年底，自治区、市、县、乡成立林长办公室1264个，落实专职人员2742名，其中，市级编办批复成立林长制工作机构13个，增加行政编制8名、事业编制35名；县级编办批复成立林长制工作机构43个，增加行政编制15

名、事业编制163名。与自治区水利厅联合组织举办全面强化河湖林长制专题研讨班，培训市、县林长40余名，派出人员为基层培训林长和林长制工作人员近千名。

年内向有关市、县林长发送督办函、提醒函等18份，通过林长督办及时解决贵港市平南县、覃塘区涉嫌违规发放林木采伐许可证，贺州市钟山县、昭平县矿山非法使用林地，钦州市水井坑社区红树林退化死亡查处难整改难，桂林市全州县文桥镇森林火灾灾损核查等问题。约谈了河池凤山、天峨、巴马和贵港平南、覃塘，来宾武宣、兴宾等市县林长和涉案企业。聘请第三方完成2021年市级林长履职情况考核评价工作。派出工作组，对14个市的28个县（市、区）、56个乡（镇）林长制配套制度修改、执行情况进行抽查，对310名市、县、乡林长履职情况进行明察暗访。

**【共建广西现代林业产业示范区】**
2022年1月17日，自治区人民政府与国家林草局共同印发了《广西现代林业产业示范区实施方案》，全国首个央地共建的全国性现代林业产业示范区正式落地广西。自治区林业局务实推进示范区建设，成立自治区林业局广西现代林业产业示范区建设工作领导小组，组织召开广西现代林业产业示范区创建工作推进会，示范区各项工作有序推进。

**木竹材加工产业** 新增评定广西柳城木材加工产业园等5个自治区级林业产业示范园区，广西鹿寨桂中现代林业科技产业示范园区等6个林业产业园区获评国家林业产业示范园区；全区林业产业园区达40个，其中自治区级林业产业园区11个，国家林业产业园区6个。新增评定广西力源宝科技有限公司等11家自治区级林业产业重点龙头企业，全区自治区级林业产业重点龙头企业达202家、国家林业重点龙头企业达19家。建成以钦州、北海、南宁为中心的国内最大林浆纸一体化项目基地，并在桂林、柳州、百色打造特色木竹制品生产基地。

**木本油料产业** 争取到中央和自治区财政资金4.46亿元；全区共培育油茶良种苗木2.22亿株，其中良种大杯苗1.1亿株；建设油茶种苗

基地185处，面积160公顷；油茶繁殖圃160处，面积1000公顷；完成油茶新造林1.77万公顷，年度任务完成率107%；完成低产林改造2.08万公顷，年度任务完成率104%；创建油茶"双高"（高效高产）示范园14个，"双高"示范点100个。

**林下经济产业** 争取到自治区财政林业改革发展补助资金2800万元，安排补助资金1400万元扶持实施林下经济示范项目12个，切块安排脱贫县资金1400万元扶持实施项目29个以上，纳入乡村振兴三年行动计划实施的林下经济项目10个。南宁树木园、七坡林场、六万林场成功申报2023年度乡村振兴林下经济项目，补助资金3500万元。2022年，全区林下经济产值达1308亿元。

**花卉苗木产业** 举办了第一届中国南方花卉苗木交易会暨第三届广西花卉苗木交易会，来自南方10个省份的参展商500多家，参展花卉苗木1500多个品种。积极沟通广东省林业局、南宁市人民政府，起草了《粤桂花卉苗木产业园合作框架协议（征求意见稿）》，推动粤桂花卉苗木科技创新合作，争取在南宁市上林县建设粤桂花卉苗木产业园。2022年，全区花卉种植面积8.33万公顷，全产业链总产值预计达230亿元。

**香料香精产业** 全区松香深加工产品产量13.5万吨；八角产量11.8万吨，产值约70亿元；肉桂产量5.5万吨，产值约20亿元；香料香精总产量约占全国总产量的21%，稳居全国第一位。全区共建设天然香料

香精领域的广西现代特色林业核心示范区7个，通过广西现代特色林业核心示范区带动，形成了区域特色香料香精产业集群。

**森林旅游和森林康养产业** 召开了全区林业生态旅游产业发展现场推进会，与自治区民政厅等10个部门联合印发《关于加快推进森林康养产业发展的意见》，与自治区中医药管理局等6个部门联合印发《关于开展2022年中医药健康旅游示范基地建设遴选工作的通知》，指导推动全区林业生态旅游产业发展。开展森林旅游系列品牌基地申报评定工作，新增评定森林旅游系列品牌基地35个，其中：森林康养基地8个，森林体验基地3个，自然教育基地9个，花卉苗木观光基地1个，星级森林人家14个。

**森林科学经营** 组织29家单位实施中央财政森林抚育补贴面积1.44万公顷，下达资金4437万元。以森林经营试点为引领，探索多种森林经营类型，持续扩大全国森林经营试点的范围和规模，重点实施商品林高质量发展，推进商品林可持续经营。10家自治区直属国有林场实现FSC森林认证，并通过了第三方组织的森林认证年度考核。

**木材战略储备** 完成2021年中央预算内木材战略储备基地建设任务0.92万公顷，利用中央补助资金1.1亿元、自治区配套资金3667万元。实施国家储备林"双千"计划，国家储备林累计建设面积16.63万公顷。全面深化与开发性、政策性金融机构合作，获开发性、政策

七坡林场林下经济示范区种植的林下中药材——百部（雷超铭 摄）

性金融机构批复国家储备林项目贷款365.86亿元，同比增长11倍多；新增放款80亿元，同比增长2倍多。

**政策保障** 推动出台《关于推进新时代林业高质量发展的意见》《广西高端绿色家居产业加快发展实施方案》等政策文件。共梳理国家层面已有政策55件次，国家林草局单独赋予外省政策3件，自治区层面现有政策清单45件次，自治区层面相关行业可同等适用于林业政策37件次；收集整理希望国家层面出台政策6件，先行先试事项5项。

**林业改革发展** 积极争取国家林草局支持开展林地占补平衡试点，创新采伐审批制度，创新国有林场管理机制，广西成为全国第二个实施林地占补平衡改革试点、第一个实施人工商品林采伐改革试点的省份、第一个省级政府组织开展深化国有林场管理机制改革试点的省份。推动出台《广西壮族自治区林地占补平衡试点工作方案》《广西现代林业产业示范区推进商品林采伐管理改革方案》《"广西国家储备林林票"制度改革试点工作方案》《广西深化国有林场管理机制改革试点方案》。积极开展林业碳汇工作，启动13家区直林场66.67万公顷林地的林业碳汇开发工作。2022年9月，在全国首次推出"广西国家储备林林票"制度改革试点，强化林票载体、发行主体、合作模式、保障机制方面的创新。2022年12月21日，"广西国家储备林林票"在河池市首发，票面金额371万元，涉及农户11户共363.6公顷林地，迈出广西森林资源资产证券化第一步。为农户构建了"拿现金、取分成、得租金、挣薪金、获股金"综合增收渠道，探索出了"经营得利、林农得益、社会得绿"的集体林权制度改革新方式，开拓了赋能乡村振兴、推动林业生态产品价值实现的新路径。

**林业开放合作** 亚洲合作资金项目"东盟地区油茶资源调查与栽培技术推广"获立项。组织赴湖南、江西等省份开展林业产业招商活动，自治区林业局、农发行广西分行、大亚科技集团签订了合作框架协议，广西森工集团与中国石油国际事业有限公司签订了林业碳汇合作框架协议，直属科研院所与重点企业"结对"合作并签订科技合作协议。举办了第十二届世界木材与木制品贸易大会、第一届南方花卉苗木交易会、第三届广西"两山"发展论坛、首届广西林业青年科技创新论坛；联合钦州市举办广西钦州进口木材绿色家居产业合作洽谈会，举办2022年广西（贵港）高端家具家居产业洽谈会、百色新生态·林产工业发展论坛，推动林业开放合作。

## 【森林资源培育】

**种苗生产与供应** 2022年，广西共采收林木种子336821.4千克（包括油茶、澳洲坚果等经济林砧木用种），其中良种种子10247.5千克，主要树种有澳洲坚果、红树林、油茶、杉木、肉桂、八角等树种。采收穗条20061万条，主要树种有桉树、油茶、澳洲坚果和黑木相思等树种。实际用种328576.5千克，其中良种用量14249千克，占总用种量的4.3%。在良种使用中，油茶、杉木、红锥、马尾松、楠木良种用量较大，占全区良种用量的98.9%。

第三届广西"两山"发展论坛现场（杨海健 摄）

2022年，广西共有苗圃2698个（其中国有苗圃74个），育苗面积7139.7公顷。认定自治区级林业保障性苗圃23家，广西保障性苗圃总数达48家。开展苗木多元化培育，全广西苗木总产量118979.3万株（其中良种苗木54069.6万株、容器苗82575.4万株）。生产良种苗木54069.6万株，占苗木总产量的45.4%，实际用于造林绿化苗木数量55730.7万株（其中良种苗木21722.2万株）。重点强化油茶良种苗木管理，加大香花油茶采穗圃建设和苗木培育力度，油茶种苗生产供应严格执行"三个百分之百"（百分之百良种、百分之百大苗、百分之百花果苗）标准，保障了油茶"双千"计划苗木供给。

**种质资源保存与利用** 全面推进广西第一次林草种质资源普查与收集工作，在柳州、桂林、梧州等6个市50多个县全面开展种质资源普查与收集，发现优良和特异种质资源1650份、植物新种10种，向国家林草局推荐广西特色林草种质资源10种。完成广西林科院国家级林木种质资源库建设，成为全国林木种质资源保存的重要基地。同时启动东门林场国家桉树林木种质资源库项目建设，继续推进广西八桂种苗科技示范基地建设。开展自治区级林草种质资源库及林木良种基地认定工作，认定自治区级林草种质资源库21个、自治区级良种基地11个。

**良种选育与基地建设** 2022年，广西审（认）定林木良种30个，累计通过审（认）定现存有效良种277个，广西4个油茶品种列入全国主推品种目录，8个列入推荐品种目录。广西共有林木良种基地33个（包括国家级重点林木良种基地12个、自治区级重点林木良种基地21个），总面积4653公顷。抓好良种基地升级改造和树种结构调整，续建了火力楠、大叶栎、荷木等乡土珍贵树种初级种子园，推动全区良种基地可持续发展。2022年，广西主要造林树种良种使用率为81.61%。

**国土绿化** 2022年广西义务植树8229万株。完成村屯绿化美化景观提升项目100个、重点区域绿化项目8个。启动实施城乡绿化珍贵树种进百城入万村行动。全区村庄绿化覆盖率达到41.12%。印发《广西"十四五"乡村绿化美化行动实施方案》。持续推进古树名木"过度硬化"专项整治。开展打击破坏古树名木违法犯罪活动专项整治行动。印发《全区认选乡愁树活动方案》，开展乡愁树有奖征文活动。推进国家森林城市建设，组织开展广西森林城市等系列称号申请和核查工作。

**全民义务植树** 新建成自治区级"互联网+全民义务植树基地"1处，全区基地数量达到23个（处）；完成广西全民义务植树网升级改版，在"广西林业"公众号搭建义务植树专栏，在全民义务植树网策划上线"互联网+全民义务植树"捐资尽责项目20个；向全区各地印制发放义务植树宣传材料117500份，"互联网+全民义务植树"工作全面推开。全年完成义务植树8229万株。

**古树名木保护** 通过林长制工作机制加强古树名木保护，将古树名木保护工作纳入6个设区市林长任务清单进行考核。印发《关于进一步加强古树名木科学管护的通知》，对古树名木科学保护特别是古树名木"过度硬化"专项整治工作进行部署，全区全年完成3006株古树名木"过度硬化"整改。印发《全区选认乡愁树活动方案》，部署"乡愁树"外业调查。9月15日，在玉林市召开全区古树名木科学保护工作现场会，研究推进古树名木科学保护、依法保护工作，布

置乡愁树选认工作，推动古树名木活化传承和保护利用。9月25—30日，在全区组织举办古树名木保护科普宣传周，采取发放资料、举办培训、制作展板、电视宣传、广播普及、新媒体推送和认养古树名木等方式加大对古树名木科学保护、依法保护的宣传。从9月起至12月底，自治区公安厅、住房和城乡建设厅、林业局联合开展全区打击破坏古树名木违法犯罪活动专项整治行动，共立案查处刑事案件5起，破案5起，抓获3名犯罪嫌疑人，涉案古树56株。

**乡村绿化美化** 全区完成村屯绿化美化景观提升项目100个，累计种植各类苗木68823株，新植彩化花化树种及珍贵树种数量达到新增绿化苗木的77%。启动"珍贵树种进百城入万村行动"，在全区2534个村屯（单位、片块）种植珍贵树种32.5万株，主要种植树种有闽楠、降香黄檀、格木、大叶栎树、土沉香、红椿、蚬木等。12月2日，自治区林业局、农业农村厅、自然资源厅、乡村振兴局联合印发《广西"十四五"乡村绿化美化行动实施方案》，全面部署乡村绿化美化工作。

**森林城市建设** 4月11日，钦州市召开创建国家森林城市动员会，全面部署创建国家森林城市各项工作。4月20日，自治区绿化委员会印发《关于开展2022年广西森林城市等系列称号申请和考核工作

的通知》，至12月底，有111个单位通过考核并在广西林业局门户网站公示无异议，其中"广西森林县城"1个、"广西森林乡镇"13个、"广西森林村庄"7个、"广西森林单位园区"22个。5月13日，桂林市国家森林城市建设总体规划（2022—2035年）通过评审。8月17日，都安县广西森林县城建设总体规划（2022—2035年）通过评审。河池市、北海市、南丹瑶族自治县、灵山县创建国家森林城市工作持续推进。

**森林培育** 2022年，广西认真落实国务院关于科学开展国土绿化的要求，全力推进造林绿化、林业生态保护修复、油茶产业发展等工作，全年共完成植树造林面积23.91万公顷。

**国家储备林项目** 完成国家储备林建设约16.6万公顷，获得开发性、政策性金融机构贷款约365.86亿元，放款80亿元；利用2021年度中央预算内投资1.1亿元，自治区级配套资金3667万元。自治区林业局印发《广西加快推进国家储备林高质量发展"双千"目标实施方案（2021—2025年）》，将"十四五"期间建设任务细化分解到各重点县（市、区）和区直林场；印发《广西国家储备林建设指南（2022年修订版）》，加强项目建设质量监管。加快推广整县推进模式，累计超过60个县（市、区）启动国家储备林项目建设。

**林业沃土工程试点项目** 完成2021年度林业沃土工程试点项目2219.23公顷，占计划任务的116.3%，下达自治区财政补助资金200万元。实施国家储备林地力提升工程16.07万公顷，推广施用有机质含量超15%的有机无机复混肥20万吨。

【**森林经营**】 完成全区造林绿化空间适宜性评估，科学确定造林绿化空间，因地制宜，宜乔则乔，宜灌则灌，组织开展造林绿化空间植树造林，扩大森林面积。及时组织开展采伐迹地、火烧迹地等林业迹地更新造林，保持森林面积不减少，实现森林永续利用。2022年，全区完成植树造林面积23.91万公顷。自治区林业局印发《广西壮族自治区恢复植被和林业生产条件及

油茶大杯苗培育

树木补种标准》，规范毁坏林地生态修复管理工作。提倡不炼山、不全垦整地，充分保护原生植被，避免造成水土流失或土地退化。多措并举提高森林生态系统多样性、稳定性、持续性，发挥森林碳库的"压舱石"作用。加大低产低效林、退化林改造修复力度，完成退化林修复22.91万公顷。以国家储备林建设为平台实施森林质量提升和森林景观改造项目，鼓励营造乡土树种和混交林，调整优化林分和森林结构，提高森林生态系统质量，全年完成桉树纯林结构调整0.83万公顷，完成珍贵树种培育0.26万公顷。推广林业沃土保育技术，维持林地地力，开展测土配方和营养诊断，推广科学测土配方施肥，完成林业沃土工程试点面积0.22万公顷。

【国有林场】 2022年，广西国有林场经营总面积167.97万公顷，资产总额达661.4亿元，经营总收入91.5亿元，营业利润1.1亿元，生产木材689.7万立方米，生产苗木2.1亿株。其中，13家区直林场经营总面积86.2万公顷，资产总额达493.7亿元，经营总收入75亿元，生产木材461.8万立方米，营业利润1.08亿元，生产苗木1.8亿株。

森林资源培育 全年植树造林3.45万公顷，抚育中幼龄林21.83万公顷，种植珍贵树种0.68万公顷，种植油茶0.28万公顷。新增国家储备林12.13万公顷，累计建设面积45.07万公顷，占全区的52%。新增商品林面积7.65万公顷，累计商品林规模达到67.12万公顷。持续推进高峰、七坡、雅长3家林场做好全国森林可持续经营试点建设工作。积极推进区直林场营林机械化生产。

森林资源保护 一是稳步推进国有林场被侵占林地综合整治工作。全年回收被侵占国有林地8780公顷，完成年度任务的114.2%。二是推进区直林场自然资源统一确权登记工作。自治区直属13家区直林场完成确权登记主体工作，核查面积35.95万公顷，确权后面积为34.01万公顷，并有7家林场签订成果确认书。三是推进森林资源资产信息化系统建设。收集全区145家国有林场森林经营矢量数据，建立统一标准、统一格式、统一坐标系

的专题数据库，重点更新了13家区直林场的权属界线，可查清林场土地权属、经营管理及森林资源分布等情况。四是通过联合执法工作推动涉林案件清仓见底。自治区林业局与自治区公安厅森林警察总队开展联合执法，推进七坡、钦廉林场2018—2021年森林资源案件查处工作，行政案件结案率达95%，刑事案件移交率达到100%。

产业项目融合发展 一是场办企业总体快速发展。2022年，由13家区直林场出资成立的5家公司（森工集团、八桂种苗集团、沃华特集团、国控公司、祥盛公司）总营业收入达30.4亿元，并为市场提供了1亿株苗木、30万吨肥料、148.9万立方米人造板等产品。二是森林旅游康养产业快速发展。林场利用自身丰富森林资源，稳步推进森林旅游、森林康养等产业。高峰森林公园全年接待游客25万人次，营业收入达810万元。派阳山林场抢抓森林康养政策红利，获得2亿元专项融资，入选2022年广西高技能人才疗休养接待单位。三是林下经济发展成为新的增长点。区直林场积极开展"一场一品"建设，三门江林场"桂之坊"茶油、派阳山林场"八角鸡"、高峰林场竹荪等林场特色品牌逐步凸显，特色产业规模初步形成。四是林场重大项目持续推进。高峰森林公园总体规划通过审批，园内广西森林博物馆项目EPC工程顺利开工建设。

林场改革发展 一是坚持规划引领。印发《广西国有林场发展"十四五"规划》《自治区直属国有林场高质量发展行动方案（2022—2025年）》等文件，指导国有林场推动实现高质量发展。二是深化国有林场管理机制改革。自治区人民政府办公厅于2022年12月印发《广西深化国有林场管理机制改革试点方案》，确定自治区直属南宁树木园、三门江林场，市属钦州市三十六曲林场，县属融安县西山林场、天峨县林朵林场作为深化国有林场管理机制改革试点单位，重点在生产经营管理、人事管理、监督和考核评价、薪酬管理等方面实施改革。三是抓好欠发达国有林场巩固提升工作。分解下达2022年中央衔接资金4267万元，指导欠发达国有

林场实施项目62个，覆盖珍贵树种培育、油茶种植、产业园区及配套设施建设、特色经济林培育和改造等产业项目和饮水工程建设、林区道路硬化等基础设施建设，惠及周边群众、林场职工1万多人。四是加强国有林场基础设施建设，2017—2021年440个管护用房建设任务已全部竣工验收并交付使用，分解下达2022年70个管护用房建设任务，已全部开工建设。五是推进"壮美林场"建设工作。7家林场被评定为"壮美林场"。

【林草产业】 2022年，广西林草产业总产值超8988亿元，稳居全国前2位5%以上，其中：全区人造板产量达6977万立方米，居全国第1位；林下经济产值达1308亿元，居全国第3位；木材加工和造纸产业产值达到3686亿元，成为全区第4个超2000亿元的产业；林业生态旅游和森林康养产业旅游消费收入达2192亿元，占全区旅游消费收入的27.4%。

现代特色林业示范区建设 组织广西现代特色农业示范区林业专家参加全区现代特色农业示范区建设业务培训班，举办全区现代特色农业示范区（林业类）创建业务培训班，邀请自治区现代特色农业示范区创建专家进行授课，提升各地现代特色林业示范区创建工作人员综合素质，提高现代特色林业示范区管理水平。指导各地创建现代特色林业示范区，推动2020年及以前年度认定的自治区现代特色林业核心示范区提档升级。联合自治区农业农村厅、广西农科院等部门组成联合专家组，分两批次开展自治区级现代特色农业示范区验收监测认定工作，全年全区共创建26个林业类型的自治区现代特色农业示范区。

木材加工和造纸产业 2022年，全区新增评定广西柳城木材加工产业园等5个自治区级林业产业示范园区，经推荐全区共有广西鹿寨桂中现代林业科技产业示范园区等6个林业产业园区被国家林草局认定为国家林业产业示范园区；全区林业产业园区达40个，其中自治区级林业产业园区11个，国家林业产业园区6个。培育发展林业龙头企业，2022年全区新增评定广西力源宝科技有限公司等11家自治区级

林业产业重点龙头企业，全区自治区级林业产业重点龙头企业达202家、国家林业重点龙头企业达19家；鼓励支持有条件的林业企业上市，广西祥盛家居公司上市材料通过新三板挂牌审定。建成以钦州、北海、南宁为中心的国内最大林浆纸生产基地。

**森林旅游与森林康养产业**　召开了全区林业生态旅游产业发展现场推进会，部署推进全区林业生态旅游产业发展工作。继续开展森林康养基地服务体系建设试点，选定全州大碧头森林康养基地等4个单位为第二批森林康养基地服务体系建设试点单位。开展森林旅游系列品牌基地申报评定工作，新增评定森林旅游系列品牌基地35个，其中：森林康养基地8个、森林体验基地3个、自然教育基地9个、花卉苗木观光基地1个、星级森林人家14个，培育森林旅游系列品牌。

**花卉产业**　联合中国花卉协会、桂林市人民政府等单位在桂林市举办了第一届中国南方花卉苗木交易会暨第三届广西花卉苗木交易会，来自南方10个省份的参展商500多家，参展花卉苗木1500多个品种。积极沟通广东省林业局、南宁市人民政府，起草了《粤桂花卉苗木产业园合作框架协议（征求意见稿）》，推动粤桂花卉苗木科技创新合作，争取在南宁市上林县建设粤桂花卉苗木产业园，大力承接粤港澳大湾区花卉苗木产业转移，助力广西乡村振兴建设。支持南宁青秀山管委会联合中国科学院植物研究所、广西林业科学研究院、红豆集团等相关科研院所和企业，创建国家兰花产业示范基地。

**经济林**　2022年，广西认真贯彻落实国家关于经济林产业发展的战略部署，立足自身优势，通过大力发展，逐步引导形成以油茶、柑橘、荔枝、八角、肉桂、澳洲坚果等为主，极具特色的经济林发展格局。截至2022年年底，全区经济林面积已发展到300多万公顷，全区经济林产品产量达2300多万吨，其中包括水果、干果、林产饮料、森林食品、森林药材、木本油料、林产工业原料、林产调料等几大类。

**林下经济**　编制印发《广西壮族自治区林下经济发展"十四五"规划》《广西壮族自治区直属国有林场"十四五"林下经济发展实施方案》等文件。认定桂林市资源县、来宾市金秀瑶族自治县为首批"广西林下经济示范县"。组织指导林业专业合作社参加2021年度国家级、自治区级农民合作社示范社评选，有1个涉林合作社入选国家级农民合作社示范社；会同自治区中医药局组织开展第三批自治区中药材示范基地建设遴选。截至2022年年底，全区林下经济经营和利用林地面积达478.6万公顷，全区林下经济产值达1308亿元，惠及林农人数达1392万人。桂林、梧州、玉林、百色4个市林下经济产值超过120亿元，林下经济产值10亿元以上的县达60个，占全区县（市、区）总数的54.5%。现有国家林下经济示范基地达11个，广西林下经济示范基地26个，与林下经济相关的自治区现代产业示范园区15个，自治区中药材基地达25个，"定制药园"达9个。

**【森林和野生动植物保护】**

**林草资源保护管理**　开展2022年林草生态综合监测，完成1488个林草湿样地调查和54万多个图斑的监测任务，为年度数据更新提供重要基础支撑。优化升级广西森林资源动态监管平台，持续推进森林资源即时监测，使用2551景遥感卫星影像，提取和下发变化图斑约75万个。组织开展森林督查、"绿网·飓风2022"和打击毁林专项行动，查处涉林案件11976起，公开挂牌督办8起重大涉林案件，分5次对1市7县4企业单位进行公开约谈。推进中央生态环境保护督察指出的武宣县、平桂区等矿山涉林问题整改；推进自治区原党政主要领导自然资源资产离任审计指出的202座矿山涉林问题整改；开展全区矿山整治，印发专项整治方案，开展现地检查20余次。与自治区公安厅森林警察总队、自治区自然资源厅执法督察局、自治区人民检察院第八检察部召开联席会议6次，推送案件97个。配合国家林草局广州专员办、中南院完成督导检查11次，派出22人次对50多个县开展督导检查。举办线下全区森林资源管理培训班12期次，培训人员达2000多人

次。率先成为第一个实施人工商品林采伐管理改革的省份，通过改革有力解决了部分地区采伐需求与限额不足的矛盾。

**野生动植物保护**　一是完善管理制度。印发了《广西野生动植物及栖息地保护"十四五"规划》《广西重点保护野生动物名录》等。二是加强珍稀濒危野生动物保护。不断加强鳄蜥、东黑冠长臂猿、白头叶猴、穿山甲等珍稀濒危野生动物保护与繁育研究，2022年年底，瑶山鳄蜥野外种群数量达510只，东黑冠长臂猿种群数量达到5群35只，白头叶猴数量达到1300多只。三是实施极小种群野生植物拯救保护工程。推动建立青秀山等濒危野生植物保育基地，积极开展珍稀濒危植物野外回归，分别在百色市右江区将50株德保苏铁、在元宝山国家级自然保护区将100株元宝山冷杉、在钦州市钦廉林场平银分场红石工区将1000株膝柄木进行野外回归，实现膝柄木野外回归种植在全国尚属首次。加大蒜头果、金毛狗脊等药用植物人工培育力度，在马山县将1000株蒜头果进行人工培育野外回归。四是加强项目管理。对2018—2021年濒危野生动植物项目开展了检查验收工作，并及时将检查验收结果通报各有关单位。2022年落实了中央财政林业改革发展资金珍稀濒危野生动植物保护项目18个，投入2520万元用于开展白头叶猴、黑叶猴、西藏虎头兰、资源冷杉等珍稀濒危野生动植物保护项目建设。落实自治区林业局本级部门预算经费130万元用于开展大瑶山地区鳄蜥等珍稀濒危野生动物监测项目和重点保护野生植物保育中心建设。

**陆生野生动物收容救护**　2022年，广西陆生野生动物救护研究与疫源疫病监测中心收容救护各类野生动物541只（头），其中国家一级重点保护野生动物16只（头）、国家二级重点保护野生动物102只（头）。放生（放归）蛇雕、豹猫、仓鸮、斑头鸺鹠、大壁虎等野生动物共42只（头）（含历年救护），其中国家一级重点保护野生动物4只（头）、国家二级重点保护野生动物38只（头）。积极开展珍稀濒危野生动物的繁育研究，人

工繁育孵化绿孔雀幼鸟19只，白鹇幼鸟10只，蜂猴幼崽2只，河麂幼崽4只，总体人工繁育成功率达80%以上。

疫源疫病监测防控 2022年，新增广西山口保护区、广西北仑保护区、广西防城保护区3个国家级陆生野生动物疫源疫病监测站，全区已建有监测站61个，其中国家级29个、自治区级32个。建立健全防城港市东兴市、防城区，崇左市大新县、龙州县、宁明县、凭祥市，百色市那坡县、靖西市共8个边境县（市、区）边境陆生野生动物疫病联防联控机制，构建成较为完备的野生动物疫病监测体系。全区各级野生动物疫源疫病监测站上报日报监测信息8881条，周报监测信息8224条。全年完成猎捕野猪样品12头、采集冠状病毒样品523份，超额完成国家林业和草原局下达的任务；完成猫科、犬科、鸟类、两栖爬行类、灵长类等野生动物样本疫病监测采样样品1608份，样品检测结果均为阴性。

林业有害生物发生 2022年全区林业有害生物发生总面积365820公顷，比2021年上升3.44%，成灾面积23207公顷，成灾率1.60‰，低于国家林草局下达的7‰考核指标。发生并造成较严重危害的林业有害生物共有62种，其中病害20种，虫害40种，鼠害1种，有害植物1种；病害发生面积74973公顷，比2021年下降4.02%，占发生总面积的20.5%；虫害发生面积274893公顷，比2021年上升5.74%，占发生总面积的75.14%；鼠害发生面积273公顷，占总面积的0.07%；有害植物发生面积15687公顷，与2021年持平，占总面积的4.29%。

林业有害生物防治 2022年全区林业有害生物防治作业面积149120公顷，其中预防面积20793公顷，实际防治面积115833公顷，无公害防治率达98.78%。应用飞机喷施药剂防治松褐天牛、桉树病虫害、八角病虫害等林业有害生物共作业21887公顷，其中在桂林市、柳州市、梧州市、贵港市、玉林市等地防治松褐天牛共作业20533公顷，在钦廉林场、东门林场、三门江林场防治桉树病虫害作业1287公顷，在河池市金城江区防治核桃食叶害

虫作业667公顷。

森林防火 2022年全区共发生森林火灾114起，其中一般火灾55起，较大火灾57起，重大火灾2起；过火总面积10543.05公顷，受害森林总面积2368.83公顷；森林火灾受害率控制在0.16‰，低于0.8‰的设定目标，没有发生火灾致人伤亡及扑火伤亡事故。建立自治区—市—县三级林业部门领导分片包干责任制，完善林长监督考核机制，将用火审批制度建立、项目建设等纳入林长考核年度清单，压实各级林长责任，实行高火险时段50%的乡镇干部、80%的村委干部、全体护林员在责任区域巡防巡护。开展防火宣传教育"敲门行动"，逐家逐户签订防火责任状，压实用火人员及森林经营主体责任。创新"林场+政府""疫情防控+森林防火"模式，责任区域联防、山火进城联控、林业应急协同"三联动"，组织森林防火人员、林业及乡镇干部巡防巡护"三靠前"。开展森林火灾隐患排查整治和查处违规用火行为专项行动，年内共排查火灾隐患1374处，整改火灾隐患959处；共立森林火灾刑事案件220起、行政案件340起，打击处理和教育人员1905人，罚款17.7万元，追责、问责76人。

【湿地保护管理】 经自治区人民政府同意，认定并发布第二批10处自治区重要湿地名录。组织北海滨海国家湿地公园、桂林会仙喀斯特国家湿地公园申报国际重要湿地；横县西津、百色澄碧河水库2处自治区重要湿地申报国家重要湿地。东兰坡豪湖、灌阳灌江、全州天湖3处国家湿地公园通过国家林草局试点建设验收，正式挂牌。配合自治区人大常委会开展《广西壮族自治区红树林资源保护条例》《广西壮族自治区漓江流域生态环境保护条例》执法检查工作。完成21处工程建设项目对国家湿地公园、红树林的生态影响评价工作。开展湿地生态综合监测、国际重要湿地和自治区重要湿地生态监测评估、湿地资源专项调查、红树林资源专项调查监测，及时掌握湿地资源现状及其变化情况。经自治区人民政府同意，联合自治区自然资源厅印发

《广西红树林保护修复专项行动计划实施方案（2020—2025年）》。会同自治区自然资源厅、海洋局印发《关于加强红树林营造修复管理工作的通知》。全年完成新造红树林330公顷、修复现有红树林1037公顷。

【草原监督管理】 一是建立健全草原监管制度。印发《关于加强草原保护修复的实施意见》，共制定4个方面15条具体措施，全面推进广西草原保护修复工作。出台《草原植被恢复费收费标准》等政策文件，填补广西在草原征占用方面的政策空白。印发《关于明确临时占用草原以及在草原上修建直接为草原保护和畜牧业生产服务的工程设施占用草原审批权限意见的通知》，进一步规范草原征占用审核审批管理。二是推动草原综合植被盖度纳入2022年设区市林长制考核评价目标，推进林长制有效落实。三是统筹推进草原变化图斑核查处置工作。完成5596个草原变化图斑核查工作，主动发现和及时查处草原违法违规行为，切实履行草原保护职责。四是开展草原生态修复治理。依托全国"双重"规划项目，重点在珠江流域中上游、漓江两岸、江河源头和岩溶区域，实施人工种草、草原改良面积共1180公顷，并完成落地上图工作，草原退化趋势得到遏制。

【林业科技创新】

科技体制与机制改革 加强广西林业科技创新工作顶层设计。印发《广西壮族自治区林业科技创新"十四五"发展规划》《广西林草长期科研基地发展规划（2021—2035年）》。加强广西林科院优化提升改革。创新开展区直林场和广西林科院共建场属林科所工作，广西林科院与高峰、博白、黄冕、钦廉、雅长、大桂山、三门江、维都林场及广西生态学院（沙塘林场）签订共建协议。

科研机构与人才队伍 通过深化人才发展体制机制改革，加强高层次人才培养，健全创新激励和保障机制，广西林业系统人才建设取得多项成果。3人获"全国第二批最美林草科技推广员"称号，3人

获评"全国林草生态综合监测评价工作先进个人"，1人获评"全国青年岗位能手"，1人获评"广西卓越工程师"。

**科研项目与经费投入** 组织申报科技项目106项，争取到新立项科技项目14项，新增合同经费1177万元。首次开展自筹经费林业科技项目立项工作。2022年各地市林业科研单位、行业协会、区直林场、企业、科研院所积极参与自筹项目申报，经专家综合评审立项项目106项、总经费1.2亿余元，其中各单位以往年度横向科技项目纳入自筹经费自治区级林业科技项目管理的42项、合同金额7900余万元，属当年新立项的64项、合同金额近4100万元。

**科技创新平台建设** 推动林业领域自治区实验室筹建工作。组织申报创建一批国家级、自治区级创新平台，其中广西国有七坡林场、东门林场被自治区科技厅认定为广西农业科技园区，南宁桉树森林生态系统广西野外科学观测研究站被认定为广西野外科学观测研究站。广西国家林业和草原局林产品质量检验检测中心（南宁）能力提升建设项目顺利通过验收，项目总投资

380万元。

**林业科技普及** 全区各地各单位开展了丰富多彩的林业科技活动周系列活动，包括林业科普惠农活动、科技助力乡村振兴活动、林业科技下基层活动、林业知识科普宣传活动等。2022年，组织开展增收活动40期，培训林农2940人，发放培训资料7500份。利用移动技术平台"八桂小林通"App持续发布涉林资讯1800余篇，技术类视频100余个，总点击量突破133万次；通过"空中课堂""互动问答"等栏目与林农互动，线上解决林农疑难问题。通过广西林业科技推广微信公众号发布资讯400多篇，关注人数近10000人。承办第十九期"国家林草科技大讲堂"，主办2期"广西林技推广大讲堂"。桂林市临桂区会仙国家湿地公园、南宁良凤江国家森林公园、广西雅长兰科植物科普教育基地被认定为"十四五"期间第一批广西科普教育基地。

**科技成果及奖励** 完成科技成果登记244项，林业地方标准立项27项，发布实施标准35项，其中国家标准2项、地方标准21项、团体标准12项。获授权专利144件，其

中发明专利53件。19个新品种获植物新品种授权；认定省级良种30个。荣获2021年度广西科学技术奖二等奖、三等奖各1项，其中"高产优质互叶白千层产业化关键技术创新应用"获广西科技进步奖二等奖，"农村沼气建设可持续发展关键技术创新与应用"获广西科技进步奖三等奖。"红树林主要食叶害虫防治技术规范"行业标准获2022年广西重要技术标准奖。

**科技成果推广应用** 全区获得中央财政林业科技推广示范项目资金2477万元，立项项目27项，推广先进实用林业技术成果34项，建设科技示范点32个，推广优良品种11个，营建示范林面积468.13公顷。组织实施自治区林业科技推广示范项目52项，补助经费1000万元，其中科学研究与技术攻关类项目27项，成果转化与技术推广类项目25项。开展林业科技与生产急需技术攻关与推广应用，推广先进实用技术18项，项目涵盖林下经济、森林碳汇、香料香精、花卉产业、林产化工、资源监测、森林康养、病虫害防治等领域。

（广西壮族自治区林业由杨依供稿）
（图片由广西壮族自治区林业局提供）

# 海南省林业

**【概述】** 2022年，海南省持续加强林业生态修复和湿地保护，持续造林绿化，强化森林资源保护，继续深化林业改革，全省完成造林绿化10930.5公顷；全年林业总产值535.83亿元，其中第一产业335.55亿元，第二产业162.85亿元，第三产业37.44亿元。至2022年年底，全省森林面积213.60万公顷，森林覆盖率保持62.1%；国有林场23个（其中省林业局直属4个、市县管理19个），管理面积41.63万公顷，湿地总面积41万公顷，红树林面积6980公顷；国家公园1个，面积

42.69万公顷；自然保护区39处（其中国家级5个、省级19个、市县级15个），总面积646.99万公顷；森林公园20个（其中国家级5个、省级12个、市县级3个），总面积2.66万公顷；湿地公园12处（国家级7个、省级5个），面积1.11万公顷。

**【海南热带雨林国家公园建设】** 海南省委、省政府深入贯彻落实习近平总书记到海南热带雨林国家公园五指山片区考察时的重要指示精神。举全省之力持续高位推进海南热带雨林国家公园建设，积极探索

中国特色国家公园建设模式，着力打造中国国家公园海南样板。

**完善工作机制** 以省政府办公厅名义印发《海南热带雨林国家公园重点工作实施方案》，《贯彻落实习近平总书记关于海南热带雨林国家公园重要指示精神实施方案》经省委书记专题会同意后以国家公园领导小组办公室名义印发实施，出台《海南省林业局贯彻落实〈关于支持海南自由贸易港林业生态建设的若干措施〉的意见》。省林业局与国家林草局广州专员办建立国家公园沟通协作工作机制，与海南

国家公园研究院建立"局院联席会议"制度，不定期与森林公安、省高院、省检察院等召开工作会议，理顺国家公园执法工作。《海南热带雨林国家公园管理机构设置方案》上报中央编办。

**强化热带雨林生态系统保护修复**　完成海南热带雨林国家公园自然资源确权登记，启动勘界立标（一期）工作，2022年10月19日《海南热带雨林国家公园总体规划》上报国家林草局，国家公园保护、交通基础设施、生态旅游、生态系统修复等专项规划通过专家评审，完成国家公园大门设计及五指山片区的大门建设，初步建成智慧雨林管理系统，组建海南长臂猿专业监测队伍，发布《海南热带雨林国家公园优先保护物种名录》，编制《海南长臂猿种群保护和恢复行动计划》《海南长臂猿种群监测规范》，海南长臂猿种群数量已增长至5群36只；已基本完成国家公园核心保护区470户生态移民搬迁工作，进度达到98%，国家公园范围内需要退出的9座小水电站已全部完成退出，22座需要整改的小水电站中12座已整改完成，《海南热带雨林国家公园人工林年度处置方案》通过专家评审。

**着力探索生态产品价值实现路径和模式**　公开征集海南热带雨林国家公园标志性内涵。印发《关于组织开展中小学生走进热带雨林、红树林科普和生态保护宣传教育活动的通知》。组织实施2022"亲子游·青春季·莘莘学子畅琼游"研学活动。召开热带雨林保护国际研讨会，全球长臂猿保护联盟（GGN）正式成立并授牌，联盟首届秘书处落户海南国家公园研究院。引进英国博柏利在海南开展为期3年的"中小学生走进热带雨林"绿色生态公益活动，发布2020年海南热带雨林国家公园生态系统生产总值（GEP）核算报告。印发《海南热带雨林国家公园原生态产品认定管理办法（试行）》；编制完成《海南热带雨林国家公园特许经营专项规划》，启动《海南热带雨林国家公园基于绿色产业发展的特许经营制度研究》。2022年11月13日，首届"雨林与您"体验活动开幕式暨"雨林时光"田园实景演出在五指山市水满乡毛纳村举行，海南广播电视总台自贸频道全球直播，人民日报社、新华社、中央广播电视台等超过310家海内外新闻媒体网站转载活动相关稿件，传播覆盖量超3亿人次。

**【天然林、公益林管护】**　2022年，全省公益林和天然林得到有效管护。

**全省公益林优化工作**　按照国家林草局要求，在2021年公益林优化调整的基础上进一步对国家级公益林优化成果进行补充完善并获省政府批准。国家级公益林优化成果已正式报送国家林草局。

**全省农垦公益林移交工作**　为解决农垦改革历史遗留问题，做到公益林管护责权利相统一，组织开展农垦所属公益林移交工作。2022年3月，相关市县均已完成公益林和管护人员的移交，共移交公益林12.44万公顷，管护人员635人，移交人员均已签订管护合同，落实管护责任。

**2021年度公益林管护检查和天然林保护工程建设省级复查工作**　聘请第三方单位深入47个公益林和天保管护单位开展实地检查工作，并通过林长办对检查结果进行了通报。10月21—27日，国家林草局委托中南院对海南省天然林保护工程开展国家核查。

**相关管理办法的修订工作**　为实现天然林保护工程和公益林管理并轨后统一、规范的管理，开展了公益林管护相关办法的修订，《海南省公益林管理办法（试行）（修订草案）》《海南省公益林专职管护人员管理办法（试行）（修订草案）》及《海南省公益林管护绩效考核办法（试行）（修订草案）》已完成两次征求意见并进一步修改完善。

**项目要素保障工作**　2022年已完成14宗项目占用公益林审核审批工作，涉及三亚、万宁、海口、文昌、东方、儋州、保亭等7个市县，面积79.3公顷，有力保障了全省重点、重大项目顺利实施。

**海防林卫星遥感监测**　2022年共下发涉及12个市县疑似图斑4批134个。

**【苗木产业】**　2022年，全省共有苗圃629个。全省苗圃育苗面积为1786.67公顷，年度苗木产量为7408万株；正式确定并发布第一批17个省级林木种质资源库，共保存种质资源13.09万份；正式确定并发布海南第一批7个省级重点林木良种基地。国家林草种质资源设施保存库海南分库项目已落地，项目建设相关工作稳步推进。

**【国家储备林建设】**　为贯彻落实中共中央办公厅、国务院办公厅印发的《国家生态文明试验区（海南）实施方案》提出的"实施国家储备林质量精准提升工程，建设海南黄花梨、土沉香、坡垒等乡土珍稀树种木材储备基地"，2020年，国家下达海南省国家储备林基地总任务1333.33公顷，投资1000万元，其中海垦控股（666.67公顷）、东方市（533.33公顷）和白沙县（133.33公顷），省林业项目管理办公室

海南昌江海尾国家级湿地公园

2022年组织第三方检查核查工作，经核查，海胶集团和白沙县的任务已完成，抽查检查合格。

【湿地保护】 扎实推进年度新增红树林湿地工作。2月22日，下发《关于下达2022年度新增红树林湿地工作任务的通知》，明确沿海各市县新增红树林湿地年度总任务433.33公顷，并督促市县扎实推进新增红树林湿地工作。经核查各相关市县自查上报的数据，基本完成年度新增红树林433.33公顷任务。举办2022年"世界湿地日"线上宣传活动。2022年2月2日是第26个世界湿地日，结合中国传统新春佳节，特别推出湿地五"虎"闹新春湿地日主题宣传视频。视频在微博、微信、哔哩哔哩平台推出，收看人次超过25万。2022年6月1日《湿地保护法》正式生效施行后，向各市县林业主管部门下发《关于学习宣传和贯彻落实〈湿地保护法〉的通知》，督促各市县落实好宣传贯彻工作。同时，积极举办专题培训活动，深入学习《湿地保护法》。大力宣传海南省湿地保护工作成效。先后配合《海南日报》、海南卫视、三沙卫视、《光明日报》、人民网海南频道、央广海南总站、《中国绿色时报》等主流媒体，广泛、深入宣传海南湿地保护工作成效，取得了较好的效果。

【自然保护地建设】 海南省委、省政府高度重视以国家公园为主体的自然保护地体系建设，省委、省政府领导多次召开会议传达学习习近平总书记关于建立以国家公园为主体的自然保护地体系的系列重要指示批示精神，研究部署贯彻实施意见。省林业局不断完善《海南自然保护地整合优化预案》成果，解决自然保护地难点堵点问题，初步构建起了以国家公园为主体、自然保护区为基础、各类自然公园为补充的自然保护地体系。全力开展自然保护区范围确定和规划编制工作，夯实自然保护区管理基础，其中澄迈花场湾、儋州新英湾2个自然保护区总规已批复，海南甘什岭、邦溪等4个自然保护区总规已报省政府，三亚珊瑚礁自然保护区总体规划已报国家林草局，对万宁

铜鼓岭国家级自然保护区内大澳湾

大洲岛等4个自然保护区总体规划进行修改完善。积极推进风景名胜区范围论证和规划编制工作，按程序先后批复了琼中百花岭等5个省级风景名胜区总体规划，以及琼中百花岭、三亚国家级风景名胜区的大小洞天、天涯海角景区详细规划。同时，完成了文昌铜鼓岭等3个省级风景名胜区撤销论证报告并报省政府，启动文昌东郊椰林等3个省级风景名胜区的修编工作。同时加强自然保护地执法监督，核查遥感监测人类活动点位，全年共完成核实东寨港、三亚珊瑚礁、万宁大洲岛3个国家级自然保护区以及万宁老爷海国家级海洋公园、海口五源河国家湿地公园、三亚热带海滨风景名胜区等自然保护地25个人类活动问题点位情况。完成"绿盾"人类活动点位整改工作，铜鼓岭国家级保护区、万宁尖岭省级自然保护区和邦溪省级自然保护区已完成相关任务的整改销号工作，黎母山国家级保护区已立案查处。2017年发现的三亚甘什岭省级自然保护区6个人类活动问题点位已全部完成整改。海南热带雨林国家公园综合执法工作步入正轨，针对执

海南东寨港国家级自然保护区

法证件和执法程序问题，积极协调省司法厅出台文件，明确森林公安办理涉林行政案件适用的执法程序和执法身份。与省公安厅森林公安局每月初定期召开会商会，通报每月国家公园执法情况，梳理执法过程中存在的困难和问题，提出解决措施。与省高院、省检察院等召开国家公园司法联动座谈会，明确执法工作职责，形成执法工作合力，实现执法工作闭环。以最新修测海岸线计算，海南省自然保护地陆域面积69.35万公顷，占海南省陆域面积的20.5%。陆域自然保护地中，国家公园面积42.69万公顷，占61.77%，自然保护区面积6.93万公顷，占10.03%，各类自然公园面积19.49公顷，占28.20%。通过自然保护地整合优化，可以基本解决自然保护地范围内存在的基本农田、城镇、人工商品林、矿业权等矛盾冲突，较好地填补保护空缺，妥善处理保护和发展的关系。

【造林绿化】 2022年，全省完成造林10521公顷，超额58%完成年度造林绿化任务。组织开展形式多样、内容丰富的义务植树活动，全年参加义务植树357万人次，折合义务植树729万株，超额21.5%完成全省年度任务。各市县完成造林绿化空间适宜性评估，推动各市县和农垦系统完成造林地块落地上图工作。大力推动高速公路、高速铁路沿线绿化美化，完成高速公路、高速铁路500米可视范围内的裸露林地复绿193.6公顷。

【森林城市建设】 省级森林城市建设硕果累累。组织实地核查验收，授予昌江县、保亭县和三亚市"海南省森林城市"称号，海南省共5个市县获得"省级森林城市"称号。加快推进国家森林城市建设。国家林草局同意对琼中县申请创建国家森林城市批准备案，向国家林草局提交昌江县申报创建国家森林城市备案申请文件。

【乡土珍稀树种】 2022年，结合实施乡村振兴战略，因地制宜稳步推进乡土珍稀树种种植，完成海南黄花梨、白木香等乡土珍稀树种种植899公顷。

【花卉产业】 2022年，引导各类企业开展花卉新品种研发、种子种苗繁育和病虫害防控技术研究，推动企业成为花卉产业技术创新主体，推进育、繁、供一体化经营。积极申报"三亚兰花"地理标志证明商标，开展热带兰花种质资源的收集、保存、鉴定、评价与创新利用等研究工作。文昌市等市县引进文心兰、莫氏兰、三角梅等国内外新品种，并大力开展本地野生资源的引种驯化。海口、三亚市广泛开展线上、线下花卉苗木销售，支持花卉主题公园、花卉苗木基地开展赏花游园活动，指导花卉协会、企业开展"迎春花市""元宵换花"等花卉集中展销活动，延伸花卉产业链，辐射带动涉林企业和林农增收。昌江县积极建设花卉休闲农业观光基地，举办迎春花展文化旅游活动节，建立乡村旅游打卡新地标，助力海南花卉产业品牌营销及旅游业发展。五指山、屯昌等市县加快乡镇文明村庄花卉产业发展，建设梦幻香山花卉观光基地，打造五指山昌化江河谷热带雨林花果走廊，着力打造集旅游休闲为一体的花卉农业基地。全年全省新种花卉面积约1733.33公顷。

【油茶产业】 为推进油茶产业高质量发展，海南省林业局印发《关于下达2022年油茶种植任务的通知》，开展全省油茶产业发展情况摸底调查。对海南省油茶产业发展情况和海南油茶良种使用情况进行调研，召开市县林业主管部门油茶座谈会和全省油茶种植暨造林绿化工作调度会，编制全省"十四五"油茶种植方案，成立海南省油茶种植技术指导组，深入基层开展油茶产业技术指导和服务，提高农户油茶种植和管理水平。全年全省推广油茶种植约933.33公顷。

【椰子产业】 加快椰子种苗培育。2022年，中国热带农业科学院椰子研究所和文昌市林业局签订"文椰3号"矮种椰子苗培育协议，完成椰子苗培育1.5万株。

推进文昌木兰湾新区省级储备土地椰子种植，编制木兰湾椰子种植项目可行性研究报告和《文昌市木兰湾椰子种植规划》，建立5个

椰子种植和管理技术示范基地，全年完成储备地种植椰子33.80公顷。

加强科技推广和培训，中国热带农业科学院椰子研究所完成阿联酋赠送首批1500株椰枣苗的缓苗复壮和下地定植。举办椰子科技培训20期，培训农户2000多人次，推介成果20多项，发放资料3000多册。2022年春光椰子王国被评为国家工业旅游示范基地，春光"一口鲜气"椰子汁获得2022年海南省旅游商品大赛金奖。国家热带棕榈种质资源圃"椰子大观园"获批"全国科普研究基地"，并通过国家4A级景区现场终评。全年全省完成椰子种植约1266.67公顷。

【木材经营加工】 2022年，海南省木材加工行业完成产值159亿元。原木及薪材206.5万立方米，锯材65.4万立方米，人造板60.4万立方米。

【林下经济】 2022年，完成林下经济"一张图"编制并将成果下发至18个市县。筛选适合发展林下经济面积116.84万公顷，图斑2883031个。涉及树种73个，其中，橡胶47.95万公顷，占比41.04%；槟榔17.82万公顷，占比15.25%；桉树8.18万公顷，占比7.00%；杧果6.93万公顷，占比5.93%；相思类4.46万公顷，占比3.82%；椰子2.47万公顷，占比2.12%；木麻黄1.88万公顷，占比1.61%；荔枝1.88万公顷，占比1.61%；其他25.26万公顷，占比21.62%。根据树种推荐匹配了林下种植、林下养殖、林下采集加工、森林景观利用四大类型和林药、林菌、林茶、林苗、林花、林菜、林草、林禽、林畜、林蜂、林下采集加工、森林景观利用等12种模式。

启动《林下经济林地利用规范（试行）》编制工作。对林下经济使用林地的立地条件作出规定；对林下经济的设施用地面积标准作出量化规定；对林下经济使用林地的管理与监测作了有关规定。截至2022年年底，《林下经济林地利用规范（试行）》已进入征求意见阶段。

开展林下经济示范基地筛选推荐工作。初步筛选推荐10家示范基地（其中3家为国家级示范基地、2家为省级示范基地）和5家备

2022年11月，保梅岭自然保护区金钟藤防治后补种坡垒

选示范基地，产品涵盖林下种植大叶茶、魔芋、花卉、灵芝、斑兰、益智、石斛、粽叶，林下养殖文昌鸡、蜜蜂。

【森林经营先行先试】　2022年7—8月，省大数据管理局对《海南保梅岭省级自然保护区监测控制系统先行先试项目初步设计方案》进行财评及预审，核定为435.13万元，用于监控、管护、基础设施、科学监测与研究等保护区能力建设。保梅岭林场自筹调剂资金8.81万元用于海南保梅岭省级自然保护区生态修复任务金钟藤的防治，并于2022年10月初按《海南省保梅岭林场（海南保梅岭省级自然保护区）2022年度金钟藤防治作业设计》完成13.13公顷的金钟藤防治。

【生态旅游森林康养】　2022年，海南省林业局会同省卫健委、资规厅开展全省森林康养产业调研，向省政府上报调研报告。全省共有森林康养单位25家（已建成11个，在建14个），总面积62288公顷，从业总人数2962人，具有专业技术资格人员471人。12月27日，经省政府同意，海南省林业局编制印发《海南省森林康养产业发展纲要》，同时编制《森林康养基地建设标准》报省市场监督管理局立项。海南省各市县用好海南热带雨林国家公园金字招牌，精心举办博鳌亚洲论坛雨林文化展、热带雨林漂流文化节、"雨林与您"体验活动、绿色骑行、中国自由搏击俱乐部超级联赛等一系列"雨林+"文体活动，打造业态丰富、环境舒适、特色鲜明、生态良好的国际旅游胜地。全年全省生态旅游收入5.3亿元，接待人数774.83万人次。五指山市水满乡和毛纳村分别获评2022年全国乡村旅游重点乡镇和重点村，五指山市获评省级全域旅游示范区。乐东永涛花梨谷森林康养基地2022年11月被省旅文厅评为4A级旅游区。

【林长制落实】　2022年，召开省级总林长会议1次、省级副总林长专题会议2次，省林长办举办会议7次；全省各市县召开各类林长会议200次。省级总林长、副总林长共巡林21次，对林长制实施、森林资源保护方面作出15次批示指示。市县级林长共巡林1324次，乡镇级林长共巡林19104次，村级林长共巡林53347次。通过各级林长认真履职，强力推进了生态保护、生态修复、灾害防控、林业改革、监测监管、基层建设等工作，特别是森林督查违法图斑整改工作得到全面加强。

打击破坏森林资源违法犯罪行为取得重大突破　2022年省政府召开2次专题会议，强力推进全省森林督查违法图斑整改、挂牌督办案件查处和全省打击毁林专项行动等工作。2022年7月开始，省林长办分两轮组织省林科院对各市县

2021年森林督查2603个违法图斑整改成果进行了现场验收，合格率为92.2%；全省共立刑事案件151宗，刑事处理12人，处罚金额6000元；行政案件2018宗，行政处罚1872万元，实际收缴1767万元，行政处理186人。

发挥部门协同作用，有效提升工作合力　2022年省林长制办公室成员单位增加了省检察院、省高院。印发《海南省林长制工作督查制度》《海南省省级林长制办公室部门协作制度》，形成了以林长制为基础的多部门督查联动工作机制。为推行"刑事惩治+公益诉讼+生态赔偿"生态检察模式，省林业局与省高院、省检察院、省公安厅联合印发《关于进一步推进森林和野生动植物生态环境损害修复赔偿工作的意见》，在海口市、三亚市、五指山市、儋州市、昌江县探索建立"林长+公安局局长+检察长"工作机制，真正使林长制成为全省生态环境保护和森林资源保护的有力抓手。

细化考核指标，建立考核体系　2022年省林长办制定全省林长制考核制度和考核办法，要求上一级林长负责组织对下一级林长进行年度考核，考核结果作为有关党政领导干部综合考核评价和自然资源资产离任审计的重要依据。12月19—30日，省林长办组织22个成员单位共26人，分3个组对全省2022年林长制落实情况进行年度考核，将考核结果报送省委组织部，纳入市县党政领导班子综合考核内容。

完善基础工作，落实保障措施　省财政将林长制工作所需经费纳入年度预算，建立全省市县、乡镇、村三级林长公示牌，在公共区域共设置2960块公示牌。加大林业基层培训，提升基层履职能力，共组织全省林业基层干部职工培训4次，培训人员约686人次，省级林长办统一编制《林长工作守则》，印发给各级林长遵照执行。

澄迈县创新"林长+网格员"运行机制在全国推行　澄迈县出台林地网格化管理实施方案，将全县林地划分为若干网络，明确各级林长、网格员工作职责，建立林地管理机制，明确考评奖惩，做好资金保障。

**在全国率先出台国家公园林长制** 为切实保护好珍贵的海南热带雨林森林资源，按省级总林长会议布置，省林长办于2022年年底印发了《海南热带雨林国家公园林长制实施方案》，计划2023年年底前在海南热带雨林国家公园内推行林长制。

**注重社会力量参与林业建设** 省林长办在五指山市、昌江县推行聘请公益性社会监督员，在三亚市推行"民间林长"，引入社会力量参与林业建设。在海南热带雨林国家公园周边地区学校推行"小林长"，为自然教育学校学生颁发"小林长"证书1000份，引导、动员广大青少年和人民群众参与森林草原资源保护活动，把生态文明思想传播到青少年当中去，增强全民生态环保意识，营造全民爱林护林的良好氛围。

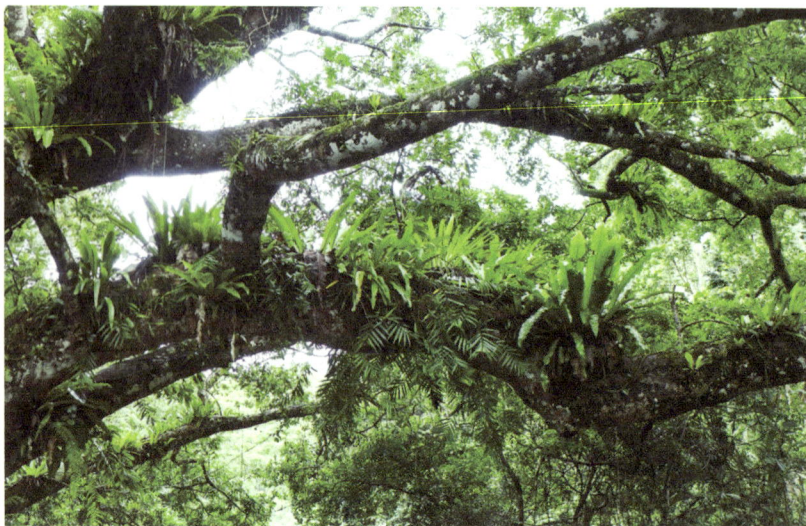

"空中花园"（卢刚　摄）

**【野生动植物保护】** 建立海南省打击野生动植物非法贸易部门间联席会议制度。经省人民政府同意，由省林业局、省公安厅、省市场监督管理局等12个部门联合建立海南省打击野生动植物非法贸易部门间联席会议制度，为加强野生动植物资源保护提供了制度保障。开展代号为"2022清风行动"的打击野生动植物非法贸易联合行动。全省共出动车辆2935台次，出动执法人员4343人次，检查、整治各类场所8645处，发放宣传手册12760份，粘贴海报15700张，悬挂宣传横幅共7080条。查获野生动植物制品8360件，清理拆除、缴获各类猎捕工具470件。全省森林公安机关共立破坏野生动物刑事案件15起，侦破12起，抓获犯罪嫌疑人9名。开展秋冬季候鸟迁徙保护工作。为保障冬季候鸟迁徙安全，有效防范和打击破坏鸟类资源违法犯罪活动，保持与护鸟志愿者联系，及时将有关破坏鸟类资源违法犯罪活动线索反馈给森林公安机关和属地林业主管部门，协调多部门共同开展联合打击行动。11月18日，配合省林长制办公室向各市县政府下发《关于严厉打击非法盗猎候鸟违法犯罪活动的紧急通知》，并同时抄送省公安厅、省市场监督管理局。联合公安机关和综合执法部门开展巡护打击行动，开展鸟类和野生动物保护宣传教育，加大候鸟重要栖息地巡护力度。举办形式多样的2022年海南省"爱鸟周"、"世界野生动植物日"暨"国际生物多样性日"宣传活动。

**【森林防火】** 开展形式多样的森林防火宣传工作，强化野外用火管理、风险隐患排查。完成全省森林火灾风险普查任务，首次摸清全省森林火灾风险底数，编制完成《海南省林火阻隔系统建设规划（2023—2035年）》，举办森林防火和安全生产培训，共培训1650人次。全年全省共发生森林火灾2起，同比下降86.67%，受害森林面积9.73公顷，同比下降78.67%，森林火灾受害率0.004‰，未造成人员伤亡。全省林业系统未发生重特大安全生产事故。

**【林业有害生物防治】** 2022年全年林业有害生物发生情况总体平稳，未出现突发性、暴发性灾害，未发现松材线虫病等外省检疫对象入侵，全省林业有害生物成灾率低于国家林草局下达的≤3.08‰指标要求。全年林业有害生物发生面积27740公顷，其中椰心叶甲7293.33公顷、椰子织蛾820公顷、薇甘菊6193.33公顷、金钟藤13053.33公顷、其他病虫害380公顷，与上年发生面积基本持平；共防治4846.67公顷（防治作业面积合计6273.33公顷次），其中防治椰心叶甲3966.67公顷（防治作业面积5293.33公顷次）、薇甘菊173.33公顷（防治作业面积173.33公顷次）、椰子织蛾240公顷（防治作业面积326.67公顷次）、金钟藤346.67公顷（防治作业面积346.67公顷次）、其他病虫害120公顷（防治作业面积133.33公顷次）。强化海口三大码头检疫执法，共检查调运植物车辆2045辆，查获无证车辆151辆并按规定处置，复检除害处理994车次，移交当地综合行政执法部门处罚案件2起。组织开展"5·12"林草生物灾害防控宣传周活动，全省悬挂横幅350多条，宣传标语海报7500多张，发放各类宣传册10800多册，宣传受众约80000人次，参加网上竞赛答题人数接近2000人。开展"双随机一公开"工作，强化事中事后监管，先后派员到18个市县和7个国家公园分局检查指导"双随机一公开"13次，随机抽取30名执法人员和24家市场监管主体（苗木花卉经营单位和涉木企业）的产地检疫、调运检疫开证情况，以及市县政务服务中心检疫开证系统使用情况。

**【林业行政审批】** 2022年，扎实推进"证照分离"改革和信用承诺制，建立健全风险防控工作机制，完成5项国家级和12项省级"证照分离"改革任务，努力构建与"简政放权、强化监管"要求相适应的监管体系。积极完成全省一体化在线政务服务平台建设任务，对标"国办清单"，完成28项认领工作，梳理形成最新涉林清单70项，将省级实施的38项许可事项全部纳入不见面审批管理，实现"全天候""全流程""零跑动""不见面"审批服务。扎实推进"放管服"改革，认真做好委托下放和乡镇赋权工作，累计完成委托下放市县实施的行政许可事项13项，指导市县完成"林木采伐许可"事项赋权至乡镇政务服务中心实施工作。

把简政放权、职能转变真正落实到"优服务"上，不断提高群众对政府工作的满意度，主动承接国家林草局委托海南省实施的6项行政许可，全部纳入省行政审批系统实现网上办理，完成与群众利益密切相关的11个许可事项精细化梳理工作，实现群众网上申报操作界面智

能化，在线表单填写便捷化，提升群众办事体验感。持续深化"就近办事"服务改革，努力打造门槛最低、效率最高、服务最好、秩序最优的一流营商环境。

（海南省林业由王瑞琦供稿）
（图片由海南省林业局提供）

# 重庆市林业

【概　述】　2022年，重庆市林业工作全面落实党中央、国务院决策部署和国家林草局、市委市政府工作安排，踔厉奋发，勇毅前行，林长制工作获国务院督查激励；完成营造林33.33万公顷、"两岸青山·千里林带"建设3.33万公顷，截至2022年年底全市森林覆盖率达到55.04%；打赢夏季森林防火攻坚战，全年森林防火态势平稳；5个松材线虫病县级疫区达到拔除标准并报请国家林草局公布撤销；成功创建"国家森林城市"4个；梁平区获颁国际湿地城市证书，为西南地区唯一获此殊荣的城市；举办2022年"文化和自然遗产日"自然遗产主题活动。

【林长制】　全面推行林长制，持续巩固提升"双总林长"林长制工作体系，重庆市总林长先后16次召开总林长会议和相关专题会议研究林长制重点工作，共同签发市总林长令（第2号），带头深入林区、一线巡林调研、现场指挥，带动有关市领导和各级林长巡林超100万人次，推动解决森林资源保护管理、森林防火等问题。深入开展森林资源"四乱"（乱侵占、乱搭建、乱采挖、乱捕食）突出问题专项整治，累计排查整改突出问题3214件。两位总林长共同签发林长制督查考核实施细则，市政府将林长制纳入对县（区）经济社会发展业绩考核和政府督查激励事项，编

发林长制工作简报17期，获央视新闻、《人民日报》、新华社等主流媒体报道400余次。

【森林防火】　突出抓好森林防火，坚持人民至上、生命至上，面对2022年夏季百年不遇极端气候和严峻形势，市委书记、市长全面部署，指挥各县（区）及时发布林长令、封山令、禁火令，全市上下思想重视、措施落实、统筹发力、民众参与程度空前，扑灭森林火灾27起。创新开展林区规划编制和实施，结合秋冬季黄金季节统筹推进防灾减灾能力和森林质量双提升。全年新建防火标准检查站116座，森林消防水池（箱）617口，新改建林火阻隔带2427千米，组建国有林场森林消防专业队伍41支777人。红紫外复合型地表火探测器作为官方指定设备保障北京冬奥会张家口赛区森林防火安全。

【生态修复】　科学实施生态修复，按期完成重庆市国土绿化33.33万公顷计划任务，"两岸青山·千里林带"3.33万公顷建设任务全面完成。推进国家储备林建设，完成6.67万公顷林地收储和6.67万公顷营造林生产及管护。印发实施油茶生产三年行动方案，国家下达的新造油茶4.67万公顷、低效油茶林改造1.2万公顷的任务全部分解落实到县（区）。完成打击假冒伪劣林草

种苗和侵犯植物新品种权国家考核各项指标。标准化创建市级林业保障性苗圃20个，审（认）定林草良种123个。完成首次全域性林木种质资源普查。

【生态保护】　持续开展生态保护，开展全方位森林督查，2021年森林督查发现问题查处到位率99%，整改到位率98%；2022年森林督查3.1万个图斑县（区）现地核实全部完成。落实森林资源管护人员3.4万人，管护面积333.33万余公顷。会同市规划自然资源局完成基于国土"三调"成果的森林资源专项调查。稳步推进松材线虫病疫情防控五年攻坚行动，7个县级疫区、118个乡镇疫点2.52万公顷森林实现无疫情，实现疫区、疫点、小班、面积、病死树"五下降"，林业有害生物成灾率下降0.4%。

【生态惠民】　夯实生态惠民基础，重庆市林业及相关产业增加值占全市GDP比重在5%以上，森林旅游和森林康养产业实现增加值超过400亿元。依托林业生态重点工程，推动全市累计发展特色经济林接近113.33万公顷，经济林产量557万吨，带动从业人员近200万人。推动中国西部木材贸易港建设，项目一期原木仓储及粗加工区建设运营顺利，永川港桥工业园和长寿高新技术产业开发区等涉林加工园区的

集聚发展不断提升，入驻企业超过200家。命名市级森林康养基地13家。服务林特产品产销对接，善融商务"重庆林特馆"上架林特商品近1000种。

【自然保护地体系】 推进自然保护地体系建设，成立工作专班加快神农架国家公园（重庆片区）创建工作，设立方案等技术材料已报国家林草局并通过专家评审。包括风景名胜区在内的自然保护地整合优化预案已报国家林草局，数据成果通过初步审查并锁定。加快推进自然保护地人类活动问题整改，完成中央巡视反馈涉林问题整改任务，缙云山、五里坡、铁峰山等问题整改全面完成并启动销号程序，中央环保督察反馈问题整改达到序时进度。完成《重庆市风景名胜区条例》的集中修正，在自然保护地等区域建立司法协同保护基地。以"湿地+"方式探索小微湿地与环境治理、生态旅游等结合，重庆市梁平区竹山镇梦溪湉园梯塘小微湿地生态修复案例入选中国履行《湿地公约》30周年成就展。

【生物多样性】 加强生物多样性保护，印发《重庆市生物多样性保护林业重点工程实施方案（2022—2025年）》，市域特有保护植物崖柏2022年移栽原生境12万株，保护成效获《人民日报》长篇刊载。起草《重庆市陆生野生动物致害补偿办法》，修订并发布《重庆市重点保护野生动物名录》，印发《重庆市县域陆生野生动物调查技术指南》《重庆市县域陆生野生高等植物调查技术指南》。简化审批手续核发狩猎许可，试点野生动物致害保险、生态补偿，野猪致害现象得到有效遏制。推进林草系统外来入侵物种普查治理，实施陆生野生动物疫源疫病主动监测。

【林业改革】 积极推进林业改革，出台4个方面11项稳经济保民生政策措施，深化"放管服"改革，申请材料在依法合规前提下实行容缺受理、实施并联审批。将"渝快办"平台与国家林草局全国林业植物检疫系统对接，优化重庆市林业

检疫办证系统。持续推进以森林覆盖率为指标的横向生态补偿机制，县（区）间成交森林面积指标2260公顷，成交金额0.85亿元。林木种质创制团队在国际上率先建立林木精准基因编辑技术，通过现代分子育种方式创制黄栌新种质材料1个，将黄栌种子自然发芽率从不足1‰提高到60%以上。加大先进适用技术推广力度，巫溪县核桃鲜果产量同比增长达53%。评定重庆油茶研发中心等市级长期科研基地3个。

【林业资源安全】 着力维护林业资源安全，在全国率先建成林业行政执法网上管理办案平台，组建市级行政执法队伍。指导36个县（区）设立专门的林业行政执法机构，"市级强、县（区）精、乡镇实"的三级林业行政执法体系初步建成。与重庆市高级人民法院签署协作纪要建立10项林法协作机制。全年共受理查办林业行政案件3410起，被处罚人数3350人次，案件总量稳中有降，林区林政秩序持续向好。全力推进安全生产"十五条硬措施"重点任务落实落地，出台举报奖励办法，未发生林业安全生产事故，实现全年"零事故，零伤亡"，2021年度国务院安全生产和消防工作考核取得满分。

【森林火灾事故】 2022年，重庆市共发生森林火灾30起，受害面积203.78公顷、受害率0.045‰，无重大以上森林火灾和扑火人员伤亡事故。其中，夏季发生森林火灾27起，受害面积201.89公顷。

【林地、森林、湿地保护】 2022年末，重庆市森林面积达到453.39万公顷，森林覆盖率达到55.04%。全市有各类自然保护区58个（其中国家级7个、市级18个、县级33个），面积80.42万公顷，占全市面积的9.76%；市级以上森林公园（含生态公园）85个（其中国家级27个、市级58个），面积187323公顷，占全市面积的2.27%；湿地公园26个（其中国家级22个、市级4个）。国有林场69个。

【野生动植物保护】 2022年末，

重庆市市域内分布有陆生野生脊椎动物800余种，无脊椎动物4300余种，其中国家一级重点保护野生动物14种，包括黑叶猴、大灵猫、小灵猫、林麝、青头潜鸭、中华秋沙鸭等；国家二级重点保护野生动物98种，包括猕猴、黑熊、豹猫、毛冠鹿、中华鬣羚等。市域内分布有野生维管植物6000余种，其中国家一级重点保护野生植物8种，包括崖柏、银杉、水杉、银杏、红豆杉等；国家二级重点保护野生植物76种，包括穗花杉、秦岭冷杉、鹅掌楸、油樟、润楠等。市林业局严格规范野生动植物保护管理，完善野生动植物保护管理制度，修订印发《重庆市陆生野生动物人工繁育许可管理办法（暂行）》，制定印发《重庆市县域陆生野生动物调查技术指南》《重庆市县域陆生野生高等植物调查技术指南》。加强野生动植物保护宣传，"世界野生动植物日""爱鸟周""重庆市野生动物保护宣传月"期间，组织开展"鹰飞之城"主题影展、重庆鸟类生物多样性主题展，组织"守护青山——护鸟行"活动45场，累计巡护时长超过5100小时，发布《重庆候鸟迁徙路线示意图》，制作科普小程序，展示全市野生动植物保护成果，普及野生动植物保护科学知识。

【风景名胜区和世界自然遗产】 2022年末，重庆市有风景名胜区36处，面积452725公顷，占全市面积的5.49%。其中，国家级风景名胜区7处，面积214730公顷，占全市面积的2.6%；市级风景名胜区29处，面积237995公顷，占全市面积的2.89%。中国南方喀斯特世界自然遗产（武隆片区）面积6000公顷、缓冲区面积32000公顷，中国南方喀斯特世界自然遗产（金佛山片区）面积6744公顷、缓冲区面积10675公顷，湖北神农架世界自然遗产（五里坡片区）面积5782公顷、缓冲区面积4378公顷。

【大事记】
1月23—24日 重庆市委副书记、市长、市总林长胡衡华前往万州区、巫溪县调研并考察阴条岭国家级自然保护区、生物多样性保护

等工作。

2月14日　在全国林草有害生物防治工作视频会上，重庆市林业局作了题为"高位推动建机制，全程监管成闭环，坚决打赢松材线虫病疫情防控这场战役"的工作经验交流。

2月23日　重庆市2022年义务植树活动在西部（重庆）科学城凤栖湖公园举行，陈敏尔、胡衡华、张轩、王炯等市领导与有关部门负责人参加。

2月23日　中央生态环境保护督察整改推进会议暨重庆市生态环境保护工作会议召开，陈敏尔、胡衡华出席会议并对森林资源保护发展工作提出要求。

3月8日　重庆市政府副市长、全市副总林长陆克华参加全市"两岸青山·千里林带"建设现场推进会议。

4月8日　重庆市委书记、全市总林长陈敏尔主持召开市总林长第4次会议，深入学习贯彻习近平总书记在参加首都义务植树活动时的重要讲话精神，听取全市林长制工作推进情况汇报，研究部署近期全市林长制重点工作。

4月15—17日　重庆市委副书记、市长、全市总林长胡衡华前往石柱县、黔江区、彭水县、武隆区调研，并深入武隆区仙女山国家森林公园，沿步道巡林。

4月18日　重庆市政府副市长、全市副总林长陆克华主持召开2022年市总林长办会议，传达贯彻2022年全市总林长会议精神，听取市总林长办、中心城区"四山"林长办有关工作情况汇报，审议通过《重庆市总林长办公室2022年工作要点》和《重庆市林长制督查考核实施办法（试行）》。

4月25日　在2021年全国林草生态综合监测评价工作总结会议上，重庆市林业局作典型交流发言。

5月18日　重庆市林业局与重庆市高级人民法院举行加强生态环境司法与林业监管执法协作纪要签署仪式，共同签署《加强生态环境司法与林业监管执法协作纪要》。

6月2日　国务院办公厅发出《关于对2021年落实有关重大政策措施真抓实干成效明显地方予以督查激励的通报》，重庆市云阳县获评全面推行林长制工作成效明显的地方，得到1000万元奖励。

6月11日　重庆市林业局与国家林草局自然保护地管理司、重庆市巫山县人民政府共同举办2022年"文化和自然遗产日"自然遗产主题活动，联合国教科文组织驻华代表、中国科学院院士等国际、国内专家、部分省份有关负责人等参加学术研讨。

6月21—22日　重庆市委书记、全市总林长陈敏尔前往丰都县、忠县、石柱县调研，在忠县皇华岛听取三峡库区腹心地带山水林田湖草沙一体化生态修复工作情况汇报，沿河岸察看生态修复工作进展，了解消落区治理和小微湿地改造等情况并巡林巡河。

7月30日　重庆市委副书记、市长胡衡华会见中林集团董事长余红辉，双方将进一步深化央地战略合作，扩大国家储备林建设规模。

8月8日　重庆市林业局组织召开全市森林防火工作会并调度森林防火工作。

8月12日　重庆市委副书记、市长胡衡华赴潼南区调研并督导森林防火工作，在重庆市应急管理局召开全市森林草原防灭火工作视频调度会议。

8月16日　重庆市召开全市高温天气防暑抗旱和防灾减灾工作情况汇报会，要求切实抓好防暑抗旱和防灾减灾各项工作。

8月19日　重庆市委书记陈敏尔在重庆市应急指挥中心视频调度涪陵区、南川区火情救援处置工作，要求采取科学有效措施，以最快速度扑灭明火，防止死灰复燃。

8月21日　重庆市委书记陈敏尔，市委副书记、市长胡衡华召开专题会议，视频调度火灾救援和森林防火工作。

8月22日　重庆市发布《关于加强全市森林防灭火工作的紧急令》（市第2号总林长令），全面动员、全面部署全市连晴高温期间森林防灭火工作。

8月22日　重庆市委书记陈敏尔，市委副书记、市长胡衡华分别赶赴北碚区、巴南区山火现场指挥火灾扑救工作。

8月24日　重庆市林业局召开会议调度全市森林防火工作；市委书记陈敏尔主持召开专题会议调度指挥森林防火灭火工作。

8月26日　经过多方连续奋战，重庆市巴南区、万州区、黔江区、潼南区、大足区与铜梁区交界、丰都县、云阳县、长寿区、北碚区与璧山区交界等地森林火灾火场明火已相继扑灭，未造成人员伤亡。

9月26日　重庆市林业局召开视频会，安排部署全市森林火灾灾后生态修复和秋冬季造林绿化工作。

11月2日　国家林草局印发《关于授予北京市石景山区等26个城市"国家森林城市"称号的决定》。重庆市涪陵、北碚、大足、梁平四区正式成为"国家森林城市"，加上之前创建成功的永川、荣昌，重庆市已有6个"国家森林城市"。

11月4—6日　重庆市林业局党组书记、局长曹春华带队到湖北省武汉市参加《湿地公约》第十四届缔约方大会。其间，大会为包括重庆市梁平区在内的7个第二批国际湿地城市授牌。

12月26日　"国家林业草原国家储备林工程技术研究中心"在重庆林业投资开发有限责任公司正式挂牌运行。

12月27日　重庆市发布森林资源专项调查结果，全市森林植被覆盖面积达453.38万公顷，森林覆盖率达到55.04%，较上年提升0.54个百分点。

（重庆市林业由何龙供稿）

# 四川省林草业

【概　述】　2022年，全省林草系统深入践行习近平生态文明思想，认真落实省委、省政府和国家林草局决策部署，紧紧围绕"三个三"（以建一流队伍、创一流业绩、树一流形象为主要目标、以生态保护、生态发展、生态安全为主要任务，以改革、创新、协同为主要举措）工作总体思路和"两业并举、双轮驱动"总体战略，务实进取、担当作为，圆满完成了年度目标任务。全年落实中央和省财政资金90.9亿元，完成营造林37.27万公顷，治理退化草原76.84万公顷，森林覆盖率达到40.26%，草原综合植被盖度达到82.57%，森林蓄积量达到19.44亿立方米，林草产业总产值超过4700亿元。

【林长制】　完善组织架构，及时调整充实人员，设立省、市、县、乡、村五级林长9.2万余人，设置林长公示牌3.4万余个。推行村级"一长两员"机制，设立村级林草监管员3.9万余人，聘用护林护草员9万余人。完善运行机制，省林长办与省检察院建立"林长+检察长"协作机制，修订出台省林长制考核办法，21个市（州）全面建立林长制运行基本制度，183个县（市、区）全部设立林长制办公室。遂宁、乐山等7个市（州）开展首批省级林长制创新试点，成都市获国家林长制激励通报表扬。强化工作落实，省总林长省委书记王晓晖、省长黄强召开省林长制全体会议、签发第1号总林长令，38名省级林长带头巡林70余次，各级林长巡林417万余次，发出提示督办函1200余件，解决重点难点问题13.6万余个。

【自然保护地体系建设】　大熊猫国家公园建设全面启动，省政府印发管理办法和建设意见，省高院出台司法服务保障意见。稳步化解矿业权、小水电等历史遗留问题，175.93公顷集体人工商品林调整为公益林，核心保护区搬迁安置52人。埋设界碑界桩2894个，开展巡护8万余人次，实施大熊猫栖息地生态修复2666.67公顷。启动社区融合创新发展试点，成都、雅安等地组建共建共管委员会40个。积极创建若尔盖国家公园，联合甘肃省健全协同机制、制订创建方案、编制总体规划、开展自查评估，组织实施若尔盖草原湿地生态保护修复工程，主要创建任务基本完成，被四川省委全面深化改革委员会评为2022年四川全面深化改革十件大事之一。规范自然保护地建立、调整、建设审批程序，自然保护地整合优化预案纳入全省"三区三线"划定成果，风景名胜区整合优化方案通过国家技术审查，编制自然保护地总体规划64个，整改问题371个。

【森林草原防火】　出台实施森林防火奖补办法，防火行政处罚权基本赋权乡镇（街道），5.3万余人的打防结合早期处置力量靠前驻防、带装巡护，高火险期护林护草员上线率稳定在90%以上。突出预防为主，依法批准生产生活用火1.7万余次，规范设立防火卡点1.2万余个，整治重点目标重要设施隐患6512个，清理可燃物96万吨，实施计划烧除32.33万公顷，第一次森林草原火灾风险普查全面完成。提升技防能力，"天空地人"一体化火情监测即报系统和省级融合调度指挥大厅投入使用，接入卫星12颗、航空护林飞机6架、视频监控900余个，第一时间向各级森林草原防灭火指挥部办公室推送热点信息1700余个。加强基础建设，新（改）建防火通道2万余千米、蓄水池2.5万余口、瞭望塔1500余座，甘孜藏族自治州、阿坝藏族羌族自治州、凉山彝族自治州和攀枝花市新（改）建"两点一哨"2200余个。全年发生森林火灾15起、较2021年下降34.8%，森林火灾受害率0.013‰，远低于国家控制指标，创造了历史最好成绩。

【林草服务稳增长】　出台林草助力稳增长八条措施，实行重点项目使用林地"容缺+承诺"支持政策，全面推行重大项目并联审批，创新出台农村宅基地、养殖用地、线性工程临时变更备案等政策。在全国率先实行林地定额省市分级管控制度，出台建设项目使用林地审核审批规范，争取国家下达林地定额0.93万公顷、居全国前列，2588个建设项目得到林地保障。大力推进储备林建设，新增银行授信资金283亿元，新增放款80亿元，建设储备林3.93万公顷。项目已覆盖18个市（州），德阳、广安等5市实现全域推进。持续推进"放管服"改革，省级办理政务服务2160件，批准使用林地草地1.37万公顷，林地许可事项委托市（州）增至19个，划转了草种生产经营许可、进口草种检疫事项。积极扩大林草投资，落实地方专项债券26.6亿元，世行贷款长江上游森林生态项目提款1.07亿欧元，川东平行岭谷国土绿化示范项目新增中央专项资金2亿元，芦山、马尔康、泸定地震灾区规划林草重建项目13个、总投资4.97亿元。

【国土绿化】　全面推行造林绿化落地上图精细化管理，系统评估造林绿化空间适宜性，带图斑带位置上报下达造林任务，完成人工造林2.67万公顷、封山育林7.53万公顷、义务植树1.08亿株，106.67万余公顷退耕还林成果持续巩固。推进森林质量精准提升，完成退化林修复7.88万公顷，古蔺县国有林场等10家单位纳入全国森林经营试点。发布省级森林城市评价指标，出台古树名木养护复壮技术规程，认定新增一级古树87株，新建省级

调查队员开展草原毒害草调查（张绪校　供图）

古树公园10个，达州成功创建国家森林城市，南充、遂宁、资阳3市和9县积极创建国家森林城市，内江市推行全域绿化。纵深推进脆弱生态治理，实施人工种草4.67万公顷、天然草原改良11.69万公顷、封育围栏3.67万公顷，治理沙化土地3.38万公顷、干旱河谷0.13万公顷、岩溶地区石漠化0.67万公顷，第六次荒漠化和沙化调查、第四次石漠化调查全面完成。

【林草资源保护管理】　组织开展国家森林督查，2021年案件查处率和入库率达99.5%，核实完成2022年国家移交的16.8万个遥感变化图斑，挂牌督办重大案件15件。加强天然林保护和公益林管理，追加省级备用采伐限额19.14万立方米。资阳市率先实现森林资源案件查处、案件入库"双清零"。省政府办公厅印发加强草原保护修复和草业发展实施意见，落实草原奖补资金8.92亿元，阿坝、理塘、木里等11个县创建草畜平衡示范县，甘孜、红原、松潘草原入选国家首批"红色草原"，白河牧场纳入国家首批国有草场建设试点。加强湿地保护修复，完成海子山和长沙贡玛湿地修复0.72万公顷，色达泥拉坝国际重要湿地通过国家专家组评估，炉霍鲜水河、白玉拉龙措通过国家湿地公园验收。省政府出台野生动物致害补偿办法，建立了打击野生动植物违法犯罪厅际联席会议制度，

新增旺苍等5个野猪危害防控试点县，野生动植物极小种群保护复壮有序推进。深入实施松材线虫病防控五年攻坚行动，发生面积、疫点数量、病死树数量实现"三下降"。全年防治林业有害生物46.07万公顷，治理草原鼠虫害56.8万公顷，林业有害生物成灾率1.96‰，草原有害生物成灾率9.93‰，远低于国家控制指标。

【特色林草产业】　新增现代竹产业基地3.67万公顷，累计认定省级竹产业高质量发展县9个、产业园区15个、产业基地122个，宜宾市、眉山市举办竹博会。全省竹加工转

化率提高到73%，竹业综合产值达到1015亿元、同比增长14.4%，竹产业阶段性发展任务圆满收官。省政府办公厅首次印发加快发展油茶产业实施意见，省林草局发布油茶良种目录，启动建设油茶保障性苗圃10个，认定油茶良种6个，新造改造油茶林0.47万公顷，荣县、叙永县纳入全国油茶生产重点县。举办第四届四川生态旅游博览会，评定省级森林人家34个、森林康养基地12个、自然教育基地31个。成都市着力打造全国花木数据中心，什邡市中药材科技示范基地实现产值3000万元。印发《四川省林草碳汇发展推进方案（2022—2025年）》，建立四川林草碳汇发展创新联盟，发布森林经营、竹林经营碳普惠方法学。成都等4市、宣汉等11县和8个单位开展省级林草碳汇开发试点，洪雅县国有林场纳入全国首批林草碳汇试点。

【林草改革创新】　全面启用集体林权综合监管系统，实现平台交易1.04亿元。成都市全面推进全国林业改革发展综合试点，广元市建立集体林地地役权制度，巴中市率先推行公益林补偿收益权质押贷款制度。印发推动国有林场高质量发展意见，实施欠发达国有林场巩固提升项目，四川林业集团正式组建运营，国有林场林区改革成果持续巩固。推进林草科技创新推广，组建省级创新团队6个、重点实验室2

省林草局（省公园局）、西华师范大学、新华社四川分社在第二届数字国际熊猫节上签署战略合作协议（四川省林草局研教处　供图）

个、工程技术研究中心1个、科技下乡专家服务团21个，新建省级长期科研基地7个，获省科技进步奖8项，推广应用新技术新品种新模式100余项。印发林木良种目录清单和全省第一批主要乡土树种目录，新增国家和省级林木种质资源库9处，审（认）定林木良种21个。成立省级草品种审定委员会，新增国家审定草品种5个，公布主要草种178个、主推草品种50个，建设乡土草种基地600公顷。

【林草支撑保障】　《四川省大熊猫国家公园管理条例》通过省人大常委会一审，《四川省世界遗产保护条例》等5部地方性法规完成修（制）订调研。联合省高院、省检察院、省公安厅出台林草行政执法与刑事司法衔接工作办法，联合省生态环境厅印发自然保护地执法事项指导目录。凉山彝族自治州州、县两级林草主管部门增设行政执法办公室。依法开展执法行动，立案查处林草行政案件8057起，整改完成中央环保督察、小水电和矿权清理整治等问题360个。通江县实行林业局与林业行政执法大队"局队合一"管理。恢复设置38个基层林业站，启动建设国家标准化林业站31个，新建和改造国有林场林区道路8000千米、房屋4万平方米。公益林保险参保率超过85%，商品林参保率达到34%。林草湿沙综合监测有序推进，林草"一张图"不断健全。举办第二届数字国际熊猫节、首届大熊猫国际文化周，中央

和省主流媒体报道林草新闻2500余篇（条、次），省林草局政务新媒体发布信息5000余条。对外交流合作、信访维稳、后勤保障有力有效，新冠疫情防控形势平稳，老干部工作得到加强，林草工会、学会、协会和局属医院、幼儿园等为林草改革发展作出了新的贡献。

【林草自身建设】　各级林草部门采取多种形式，认真学习党的二十大及省第十二次党代会精神，广泛开展践行"两个维护"专题教育，深刻领会习近平总书记关于林草工作的重要论述和指示批示精神，政治判断力、政治领悟力、政治执行力不断增强。突出"讲政治、守纪律、勇担当、善作为"主题，组织开展机关作风建设年活动，深入推进"我为群众办实事"。强化项目资金管理，层层开展林草资金稽查和绩效评价工作，省级核查10个县（区），涉及资金7.4亿元，督促整改问题47项。加强党的建设和反腐败工作，深化林草政风行风建设，规范开展检查评比考核，积极支持各级纪检监察机构监督执纪问责。加强人才队伍建设，推动干部上挂下派交流锻炼，组织开展干部培训1万余人次，评审林草专业中高级职称500余人。

【大事记】
1月20日　国家林草局公布第三批国家林木种质资源库名单，四川省旺苍县国有林场水青冈国家林木种质资源库和甘孜藏族自治州康巴高

原杨树、云杉国家林木种质资源库入选。
1月27日　省政府批准同意省林草局牵头建立四川省打击破坏野生动植物资源违法犯罪厅际联席会议制度。
1月29日　国家林草局公布第二批国家林业产业示范园区名单，四川省7个园区入选，累计认定8个，数量居全国第二。
3月12日　省政府办公厅印发《关于科学绿化的实施意见》（川办发〔2022〕30号）。
3月17日　10项涉林科技成果获2021年度四川省科技进步奖，其中二等奖3项、三等奖7项。
3月18日　四川省和成都市党政军领导义务植树活动在成都市成华区举行。省委书记、省人大常委会主任彭清华，省长黄强，省政协主席田向利，西部战区副政委兼政治工作部主任张学杰等参加。
4月25日　省政府印发《四川省大熊猫国家公园管理办法》（川府规〔2022〕2号），该办法自5月1日起实施。
4月25日　国家林草局（国家公园管理局）批复同意四川、甘肃两省共同开展若尔盖国家公园创建工作。
5月9日　全省竹产业高质量发展推进会在成都召开。省委常委、组织部部长于立军出席会议并讲话，省政府副省长尧斯丹主持会议，省政协副主席、川竹产业联系指导省领导杨克宁出席会议。
5月11日　省林草局在洪雅县召开全省国家储备林建设工作会议，提出要凝心聚力推动国家储备林建设工作。
5月18日　省林草局编制完成《四川省林业和草原局行政许可分析报告（2017—2021年）》，系行业首个综合分析报告。
5月30日　省林草局会同生态环境厅印发《关于做好林草行政执法事项与生态环境保护综合行政执法事项衔接及自然保护地执法工作的通知》，明确自然保护地行政处罚事项目录，加强联动执法，完善工作机制。
6月1日　国家林草局（国家公园局）会同四川、甘肃、陕西三省政府召开大熊猫国家公园第2次局省联席会议。

11月17日，在自贡市荣县召开全省油茶产业发展现场推进会（朱昭旭　供图）

6月13日　省林草局印发《四川林草助力稳住经济增长八条措施》，充分发挥林草在保障要素、扩大投资、发展产业、促进就业中的重要作用。

6月20—21日　省委副书记、省长黄强前往阿坝藏族羌族自治州调研。强调要抢抓若尔盖国家公园创建机遇，奋力打造世界最美高原湿地国家名片。

6月22—25日　国家林草局（国家公园管理局）局长关志鸥到四川调研。省委书记王晓晖，省委副书记、省长黄强，省委常委、副省长李云泽，副省长尧斯丹分别会见关志鸥一行。

7月14日　省委编办批准同意四川省自然保护地工作总站（四川省世界遗产保护中心）加挂四川省长江上游珍稀特有鱼类国家级自然保护区保护中心牌子，主要承担长江上游珍稀特有鱼类国家级自然保护区四川段保护管理工作。

7月21日　省政府印发《关于加强大熊猫国家公园四川片区建设的意见》（川府发〔2022〕21号）。

7月27日　省政府副省长尧斯丹前往卧龙检查防汛减灾、地质灾害防治工作，并调研指导大熊猫国家公园建设工作。

8月17日　省政府办公厅印发《关于加强草原保护修复和草业发展的实施意见》（川办发〔2022〕60号）。

8月22日　全国绿化委员会、人力资源和社会保障部、国家林业和草原局联合表彰全国绿化劳动模范、全国绿化先进工作者和全国绿化先进集体。四川省4人入选全国绿化劳动模范，5人入选全国绿化先进工作者，9家单位入选全国绿化先进集体。

8月25日　省林草局、广元市人民政府在剑阁县召开由中国工程院院士张守攻和曹福亮主持的蜀道翠云廊古柏保护专家论证会，专题论证《蜀道翠云廊古柏保护专题报告》。

8月26日　国家文物局、国家林业和草原局联合公布了全国第一批12处"红色草原"名单，四川省红原草原、甘孜草原、松潘草原3处入选，数量居全国第一。

9月15日　2022大熊猫国家公园科普知识大赛正式开赛。该次大赛是大熊猫国家公园正式设立以来，四川、陕西、甘肃三省联合举办的首次以赛事为载体的大熊猫国家公园科普活动。

9月16日　省政府办公厅印发《关于加快发展油茶产业的实施意见》（川办发〔2022〕65号）。

9月23日　省高级人民法院、省人民检察院、省公安厅、省林业和草原局联合印发《四川省林草行政执法与刑事司法衔接工作办法》。

9月28日　省委书记、省总林长王晓晖主持召开2022年省林长制全体会议并讲话。省委副书记、省长、省总林长黄强出席会议并讲话。

10月26日　四川省林业科学研究院荣获第六届"全国杰出专业技术人才先进集体"称号。

11月1—7日　2022四川大熊猫国际文化周在雅安市宝兴县举行。文化周以"弘扬生态文化、推进绿色发展——览国家公园、溯熊猫之源"为主题，配套举行大熊猫文创产业峰会等多项活动，3000余人次线下、2.5万人次线上参加文化周系列活动。

11月11—13日　第二届数字国际熊猫节在阿坝藏族羌族自治州汶川县举办。以"建设美丽智慧熊猫家园　促进人与自然和谐共生"为主题，开展了3个大类15项活动，共约1000人次线下、40万人次线上参加熊猫节系列活动。

11月16日　第四届四川生态旅游博览会在遂宁市射洪市开幕。省政协副主席杜和平，省林草局党组书记、局长李天满，遂宁市委书记李江等出席开幕式。

12月1日　省委书记、省总林长王晓晖和省委副书记、省长、省总林长黄强共同签发四川省总林长令第1号《关于加强森林草原资源保护发展重点工作的令》。

12月11日　四川省代表团参加《生物多样性公约》缔约方大会第十五次会议第二阶段会议中国角和四川边会活动，省林草局党组成员、副局长王景弘围绕"共同守护熊猫家园"主题作视频发言。

12月31日　四川省委、省政府印发《建设新时代更高水平"天府粮仓"行动方案》，明确提出建设"森林粮库"，科学发展木本粮食、木本油料、森林蔬菜、森林药材和林粮复合经营，到2025年实现年产森林食物1000万吨。

（四川省林草业由郑夔荣供稿）

12月11日，省林草原局党组成员、副局长王景弘在《生物多样性公约》缔约方大会第十五次会议第二阶段会议中国角和四川边会活动上作视频发言（朱昭旭　供图）

# 贵州省林业

【概　述】　2022年贵州省林业局深入贯彻落实习近平总书记考察贵州重要讲话精神，抢抓《国务院关于支持贵州在新时代西部大开发上闯新路的意见》以及国家林草局印发《关于支持贵州林草事业高质量发展的若干措施》机遇，按照人与自然和谐共生的现代化要求，坚持以高质量发展统揽全局，圆满完成各项目标任务。全省完成营造林18.33万公顷，草原生态修复2.30万公顷，石漠化综合治理7.25万公顷，森林面积达到1111.11万公顷，森林覆盖率达到62.81%，草原综合植被盖度达到88.9%，草畜平衡率达67%。完成特色林业产业基地建设19.47万公顷，林下经济经营和利用林地面积达到197.33万公顷，建设国家储备林12.3万公顷，国储林项目融资放款162亿元。全省林业产业总产值突破4000亿元。

【国土绿化】　开展生态文明教育及义务植树系列活动，持续开展五级干部义务植树活动。筹备造林绿化空间适宜性评估，实现营造林任务精准上图。建成国家森林城市3个，贵州省森林城市1个、森林乡镇52个、森林村寨181个、森林人家904户、景观优美森林村寨30个。开展乡村绿化美化，全省村庄绿化覆盖率达到46.24%。坚持"宜林则林、宜草则草"，全年完成营造林18.33万公顷，草原生态修复2.30万公顷。

【林业资源保护】　完成国家和省级林长制督查考核，林长制上升为市县推动高质量发展绩效评价考核一级指标，建成林长制主题公园5个。全面落实森林资源管护任务，继续停止天然林商品性采伐，天然商品林停伐管护率达100%。认真落实天保工程社会保险补助政策，林区林业企事业单位职工参保率达100%。精准选聘、续聘脱贫人口生态护林员18.28万名，林草生态

资源管护实现网格化、全覆盖。2021年森林督查案件查处整改率在全国第一个达到100%。2022年查办野生动植物案件714起，43起在产在建风电场、光伏电站、非煤矿山3类项目违法使用林地案件全部查处完毕。持续开展第二轮中央生态环境保护督察、省级生态环境保护督察涉林问题整改和"绿盾"自然保护地监督检查发现问题整改。

全省2022年林地、林木违法案件同比下降34%。林业依申请事项全部纳入"一窗通办"。建立省级以上重点基础设施项目控制性工程先行使用林地报备制，将建设项目使用林地省级审核审批权限全部委托市（州）实施，争取国家追加林地定额3186公顷，审核审批准予使用林地1.1万公顷。出台《贵州省林草行政执法与刑事司法衔接工作暂行

贵州百里杜鹃国家森林公园

麻阳河国家级自然保护区内的黑叶猴

办法》《贵州省地方级公益林划定和管理办法》。完成森林植被恢复费和草原植被恢复费划转税务部门征收。完成林草湿综合监测。5处国家湿地公园通过验收，完成42处省级重要湿地动态监测。公布贵州贵阳、贵州花溪等12个第一批省级陆生野生动物疫源疫病监测站。启动野生动物疫源疫病初检实验室建设。启动新增国家重点保护野生植物调查。启动首个森林生态系统大样地生物多样性调查。梵净山国家公园创建获得批复同意，西南岩溶国家公园纳入《国家公园空间布局方案》，全省自然保护地整合优化后纳入"三区三线"成果。黄果树风景名胜区入选世界自然保护联盟绿色名录。

【林业有害生物防治】 探索松材线虫病"天空地"一体化监测体系。首次开展林草外来入侵物种普查。《贵州省林业有害生物防治条例》正式施行，印发《贵州省林草有害生物防控能力提升规划（2023—2025年）》。全年查处林业有害生物案件75件。成功拔除雷山、荔波两个松材线虫病疫区。全年林业有害生物成灾率同比下降40.8%，远低于国家控制指标。

【森林防火】 首次以省政府令发布《贵州省森林草原禁火令》。出台防火约谈、火情信息和核实管理等制度，开展追责278人次。配合完成黑龙江森林消防总队跨省驻黔森防队伍驻防工作。深入推进森林防灭火专项整治、林业领域"打非治

违"等行动。全年共发生森林火灾9起，受害森林面积63.17公顷，森林火灾受害率0.0057‰，森林火灾受害率远低于国家控制指标。

【林业产业】 全省林业产业总产值突破4000亿元，省级林业龙头企业达254家，国家林业重点龙头企业达15家。全省林下经济经营和利用林地面积达197.33万公顷。现有竹子33.73万公顷、油茶24.6万公顷、花椒11.67万公顷、皂角6.8万公顷、刺梨14万公顷、核桃25.27万公顷。皂角、刺梨、方竹3个产业发展规模居全国第一。完成油茶基地建设4.67万公顷。完成特色林业产业基地建设9.47万公顷，刺梨低效林改造0.8万公顷，菌材林改培2.33万公顷。完成森林康养步道提升100千米任务，全省森林康养基地面积累计达8.6万公顷。省级自然教育基地达到20家。完成招商引资到位资金91亿元。编制《贵州省现代林业产业示范区评定指标体系》《贵州省现代林业产业示范区"十四五"规划》，启动现代林业产业示范区建设。印发《贵州省山桐子产业发展行动方案》，贵州成为全国首个从省级层面统筹推进山桐子产业发展的省份，成功注册"贵仙森"山桐子油特色商标。

【科技兴林】 首个国家林业和草原局西南喀斯特山地生物多样性保护重点实验室挂牌，全省林业系统获省政府科技进步奖二等奖1项、三等奖3项。贵州省国有龙里林场、贵阳市长坡岭林场列为第三批国

家级林木种质资源库。完成《山桐子育苗技术规程》《山桐子栽培管理技术指南（试行）》。印发《省级林业保障性苗圃管理办法》，建设保障性苗圃69家，审（认）定油茶等林草良种25个，新增省级以上种质资源库4个。建立了贵州省核桃、花椒苗木品种DNA分子鉴定技术体系。立项《贵州省生物防火隔离带建设标准》《森林康养步道建设规范》等9个地方标准。获批发布《贵州维管束植物分类与代码》《贵州红山茶培育技术规程》等3个地方标准。推广先进实用林业科技成果和标准40项，建设林业科技推广示范基地38个。立项科研项目89个。贵州省林业科学研究院入选第一批全国科普教育基地，赤水桫椤国家级自然保护区、梵净山世界自然遗产地获批第一批全国自然资源科普基地。贵州省国有龙里林场、贵阳市长坡岭林场被列为第三批国家级林木种质资源库。

【林业改革】 出台《贵州省林业"首违不罚"和轻微违法行为包容免罚适用规则（试行）》《贵州省林业"首违不罚"和轻微违法行为包容免罚清单（试行）》。建立"一法一案一清单"改革制度体系。制定《贵州省林业系统行政处罚格式文书、填写说明和示范文书》，规范35种林业行政处罚文书。赋予经济发达镇县级林业行政管理权限16项，赋予乡镇和街道部分县级林业行政管理权限13项。出台《贵州省探索国有林场经营性收入分配激励机制试点指导意见》。《贵州国有林场

茂兰喀斯特峰林

现代化转型发展路径探索》荣获贵州省委重大问题调查研究课题优秀成果三等奖。印发《贵州省独立编案森林经营单位人工商品林主伐限额五年总控改革试点工作方案》，是全国首个将独立编制森林经营方案的森林经营单位纳入采伐限额管理改革试点的省份。印发《省林业局关于落实省级以上重点基础设施项目控制性工程先行使用林地报备制有关事项的通知》。持续推进森林经营试点、公益林补偿收益权质押贷款、重点生态区位人工商品林赎买改革试点、重点生态区位人工商品林赎买改革试点，获国家林业和草原局主要领导肯定批示。印发《贵州省林业碳汇高质量发展行动方案》《贵州森林碳汇计量监测技术指南（试行）》。全省林业碳汇（碳票）项目签约面积61.47万公顷，开发面积3.6万公顷，开发林业碳票8张，完成林业碳汇（碳票）授信5.08亿元、放款1.73亿元，交易金额498万元。2022年共投入省级林业改革发展资金5135万元用于种苗基础研究、保障性苗圃建设等，种苗资金投入创贵州历年之最，位居全国前列，为夯实种苗基础提供了资金保障。

【基础保障】　全年完成林业投资246亿元，建立贵州省林业系统预算绩效管理项目库平台。积极推进省生态和能源职业学院建设。修订《贵州省工程系列林业专业职称评审条件》《贵州省林业工程系列专业技术职称评审工作管理办法》，出台《贵州省林业局科级干部调配工作要点》《贵州省林业局新闻宣传工作管理办法》《贵州省林业局信息化建设管理办法（试行）》《林业党政信息考核办法》。汇编《贵州林业宣传报道合集》12期，召开贵州省关注森林活动组委会首次全体会议，创建全国青少年自然教育绿色营地2个。举办"感恩奋进新征程　绿水青山看贵州"诗歌大赛，应征作品超过6000件。全年在省级媒体宣传报道林业信息2300余条。

【2022年全省义务植树活动】　2022年2月7日，2022年全省义务植树活动在省、市、县、乡、村五级同步举行。贵州省委书记、省人大常委会主任谌贻琴，省委副书记、省长李炳军，省政协主席刘晓凯，省委副书记、省人大常委会副主任蓝绍敏等来到贵阳市乌当区东风镇高穴村香炉山，与干部群众一起参加义务植树活动，共同为多彩贵州增绿，为打造生态文明建设先行区助力。贵州省委常委，省人大常委会、省政府、省政协领导班子成员和党组成员，贵州省军区、省法院、省检察院、省武警总队主要负责人在省级义务植树点参加植树活动。

【国家林业和草原局印发《关于支持贵州林草事业高质量发展的若干措施》】　2022年4月12日，国家林业和草原局印发《关于支持贵州林草事业高质量发展的若干措施》，明确从七个方面支持贵州林草高质量发展。一是科学推进国土绿化。二是加强林草资源保护管理。三是推动构建以国家公园为主体的自然保护地体系。四是提升防灾减灾能力。五是探索开展林草改革试点。六是助推特色优势林草产业高质量发展。七是强化科技攻关和人才培养。

【梵净山国家公园创建获批同意】　2022年4月25日，国家公园管理局向贵州省人民政府发函《关于同意开展梵净山国家公园创建工作的函》，同意贵州省开展梵净山国家公园创建工作。10月31日，贵州省林业局向国家公园管理局报送了《贵州省关于开展梵净山国家公园创建评估的请示》《梵净山国家公园评估区综合科学考察报告》《梵净山国家公园符合性认定报告》《梵净山国家公园设立社会影响评价报告》等相关创建材料，基本完成"开展创建"各项工作，成效明显。

【实施林长制成效明显】　及时更新省级林长名录。印发《贵州省林长制2022年度工作要点》《2022年"贵州生态日"林长巡林活动方案》《市县高质量发展绩效评价落实林长制考核监测实施方案》等配套制度。各级总林长签发总林长令96件，开展巡林71.8万人次，省、市、县级林长共帮助解决各类重点难点问题364个。建成林长制主题公园5个。林长制纳入市县高质量绩效评价指标，林长制进入省委党校培训课堂。江口县荣获国务院林长制督查激励。

【林下经济】　印发《2022年全省林下经济高质量发展工作要点》《贵州省林下经济发展提质增效行动工作方案》，出台《贵州省林下经济专项统计调查制度（试行）》。全省林下经济经营和利用林地面积达197.33万公顷，全产业链产值605亿元，林下经济发展纳入2022年度市县推动高质量发展绩效评价。贵州省林业局、贵州省投资促进局、广东省林业局在深圳共同主办2022年深圳·贵州林业产业招商引资活动。《贵州省林下经济发展统计监测研究》获贵州省委重大问题调查研究课题优秀奖。

【深入实施森林质量提升】　印发《贵州省森林质量精准提升三年行动方案（2023—2025年）》《贵州省调整树种结构提高森林质量试点示范项目示范林建设总体方案》《贵州省调整树种结构提高森林质量试点示范项目监测方案》《贵州省林业局探索开展人工商品纯林树种结构优化调整试点工作推进方案》。开展树种结构调整试点示范，明确习水、织金、江口、玉屏、从江、惠水6个试点县。完成树种结构调整2万公顷，江口县探索"国储林+树种结构调整"模式，为贵州全省作出了示范。2022年贵州省实施森林质量精准提升27.45万公顷，其中，森林抚育4.08万公顷，低产低效林改造14.45万公顷，退化林修复8.91万公顷，木材战略储备基地建设0.46万公顷。

【大事记】

　　1月1日　《贵州省林业有害生物防治条例》正式试行。

　　1月4日　林草特色产业发展和巩固生态扶贫成果获得国家林草局通报表扬。

　　1月7日　贵州省委书记谌贻琴、省长李炳军发布贵州省总林长令。

　　1月15日　贵州省政府向国家林业和草原局呈报《关于报送梵净山国家公园创建工作方案的函》。

　　1月17日　省林科院主持编制

的全省首个林业碳票碳减排量计量方法《毕节市林业碳票碳减排量计量方法（试行）》通过专家评审。

1月20日 在贵州省第十三届人民代表大会第五次会议上，实施森林康养步道提升工程100千米纳入2022年"十件民生实事"。

2月7日 2022年贵州省级领导义务植树活动举行。

2月9日 贵州省林业工作会议在贵阳召开。

2月15日 颁发贵州省第一张林业碳票。

3月18日 贵州省首次获得中央财政国土绿化试点示范项目补助资金2亿元。

4月25日 国家公园管理局向贵州省人民政府回函，同意贵州省开展梵净山国家公园创建工作。

4月28日 梵净山国家公园创建候选区暨梵净山世界自然遗产地基础情况调查工作启动会在铜仁召开。

4—7月 贵州省林业局联合贵州省教育厅、共青团贵州省委、贵州日报报刊社、贵州省作家协会举办"感恩奋进新征程 绿水青山看贵州"诗歌大赛，获奖作品集《青山作证 诗歌林业》由作家出版社出版。

5月11日 大苗山国家公园专题会议在贵阳召开。

5月13日 印发《贵州省林业局探索开展人工商品纯林树种结构优化调整试点工作推进方案》。

5月19日 贵州省林业科学研究院主持的《新型环保木质建材产业化制造关键技术与示范》获贵州省科技进步二等奖，贵州省核桃研究所主持的《贵州核桃良种选育与山地栽培技术》、贵州省林业调查规划院参与的《岩溶区桑树菌根抗旱研究及保水栽培技术创新应用》、贵州梵净山国家级自然保护区管理局参与的《梵净山中草药资源物种多样性及保护利用》获贵州省科技进步奖三等奖。

5月27日 贵州省首个国家林业和草原局重点实验室——西南喀斯特山地生物多样性保护国家林业和草原重点实验室，正式挂牌成立。

6月13日 贵州省召开首次关注森林活动组委会全体会议，省政协副主席、贵州省关注森林活动组委会主任罗宁出席并讲话。贵州省

生态文化协会授予贵阳市顺海林场"贵州省生态文化教育基地"称号，全体参会人员还参加了巡林巡查和生态文化调研活动。

6月13日 贵州省林业局与省法院、省检察院、省公安厅、国家林草局贵阳专员办联合印发《贵州省林草行政执法与刑事司法衔接工作暂行办法》。

6月15日 贵州省人民政府与中国林业集团在贵阳签署战略合作协议，省委副书记、省长李炳军，中国林业集团党委书记、董事长余红辉见证签约。双方将在国家储备林项目建设、木本油料作物种植等方面开展合作。

6月18日 "贵州生态日"，省级总林长、贵州省委书记谌贻琴，省长李炳军带头开展巡林工作。

6月27日 中国丹霞赤水世界自然遗产地、梵净山世界自然遗产地入选贵州省自然资源科普基地。

7月7日 贵州生态和能源职业学院筹委会第一次会议在省林业局召开。

7月8日 贵州省委副书记、省长、省级总林长李炳军主持召开省级总林长联席会议。

7月29—30日 财政部自然资源和生态环境司副司长邢朝虹、国家林业和草原局规财司司长陈嘉文一行，赴仁怀市、玉屏县调研山桐子与油茶产业。贵州省林业局党组书记、局长胡洪成参加调研并主持座谈会。

8月4日 梵净山国家公园创建工作领导小组第一次会议在省政府召开。

8月11日 贵州省6处省级草品种区域试验站建立，成为全国首个建立省级草品种区域试验站的非草原大省。

8月11日 2022年中国鸟类研究高端论坛暨中国动物学会鸟类学分会第十届委员会常务委员会第一次会议在花溪开幕。

8—12月 贵州省绿化委员会办公室、贵州省林业局、共青团贵州省委组织开展古树名木大树保护"1＋1"项目活动。

8月18日 全国绿化委员会、人力资源和社会保障部、国家林业和草原局授予贵阳市林业局等8个单位"全国绿化先进集体"称号，授

予文正友等4人"全国绿化劳动模范"称号，授予汪贵庆等4人"全国绿化先进工作者"称号。

8月22—24日 广东省林业局党组成员、副局长王华接率相关处室及广州、珠海、东莞、佛山、中山、惠州等对口帮扶市的自然资源和林业主管部门负责人、企业代表赴贵州考察交流。贵州省林业局党组成员、副局长向守都陪同。

8月26日 贵州省林业局联合省地方金融监督管理局、农发行贵州省分行组织召开的全省第一批林权抵押处置试点工作推进会在贵阳召开。

8月30—31日 国家林业和草原局副局长李春良率队到贵州考察调研林草特色产业、林下经济发展，指导定点帮扶县独山县、荔波县推进巩固脱贫攻坚成果同乡村振兴有效衔接工作。

9—12月 贵州省林业局联合省公安厅、省住房城乡建设厅在全省范围内开展打击破坏古树名木违法犯罪专项整治行动。

9月7日 "乐享贵山贵水"——全国第一个森林康养公共品牌在贵州诞生。

9月17日 国务院《关于国家公园空间布局方案的批复》同意印发《国家公园空间布局方案》，其中包括贵州省独立创建的梵净山国家公园和联合广西壮族自治区创建的西南岩溶国家公园。

9月18日 贵州省委办公厅、省政府办公厅联合印发了《贵州省粮油生产能力提升行动方案（2022—2025）》，将油茶、山桐子及核桃产业作为油料产能提升工作发展。

9月28日 贵州省人民政府第122次常务会议审议通过《贵州省森林草原禁火令》。

10月25日 经全国关注森林活动组委会审查通过，贵阳阿哈湖国家湿地公园和兴义市国家地质公园获得贵州省第一批"国家青少年自然教育绿色营地"称号并授牌。

10月27日 "贵州林木种苗大数据平台"正式上线并应用于贵州省2022年苗木生产供应情况调查。

11月2日 贵州省黔南布依族苗族自治州、铜仁市、六盘水市被国家林业和草原局授予"国家森林城市"称号。

11月22日　毕节市成功入选全国首批林业碳汇试点市（县）之一。

11月28日　印发《贵州省林业碳汇高质量发展行动方案》。

12月6日　印发《贵州森林碳汇计量监测技术指南（试行）》。

12月10日　贵州黄果树风景名胜区入选世界自然保护联盟绿色名录。

12月13日　发布贵州省地方标准《喀斯特天然草地草畜平衡计算方法》。

12月30日　贵州省绿化委员会办公室、贵州省林业局授予长顺县"贵州省森林城市"称号、贵阳市观山湖区百花湖镇等52个乡（镇）"贵州省森林乡镇"称号、贵阳市观山湖区百花湖镇谷腊村等181个村寨"贵州省森林村寨"称号、贵阳市白云区牛场乡小山村张泽兵等904户人家"贵州省森林人家"称号、贵阳市修文县六屯镇大木村等30个村寨"贵州省景观优美森林村寨"称号。

12月31日　贵州省首次开展年度市县推动高质量发展绩效评价落实林长制责任评价工作。

（贵州省林业由周勇供稿）
（图片由贵州省林业局提供）

# 云南省林草业

【概　述】　2022年，云南林草系统围绕中心工作，积极争先创优、攻坚克难，圆满完成了各项目标任务，多项工作取得历史性突破，全省活立木蓄积量、森林面积、森林蓄积量、森林覆盖率分别居全国第一、二、三、四位。全省争取中央和省级林草资金122亿元，创历年新高；共争取林地定额1.9万公顷，居全国第一位，审批使用林地草原2.25万公顷，创历年新高；发生森林火灾16起，取得云南有火灾记录以来最好成绩；林草产业总产值达3622.97亿元，总产值及增速创历史新高。

**林草湿资源管理**　云南省五级林长制管理体系初步形成，全省共设立五级林长3.7万名，林长巡林、林长制督察、林长制考评等工作制度全面落实。森林资源管护体系进一步完善，制定《云南省森林资源统一管护体系建设规范》，全面推行公益林、天然林并轨管理，有效管护森林2190万公顷，新建森林资源管护站点261处。深入开展森林经营试点，5个国家级和11个省级森林经营试点示范顺利推进，完成作业面积1333公顷，草原管理制度逐步完善，制定《草种基地建设技术规程》《退化草原生态修复技术规程》，发布《云南省主要乡土草种目录》。湿地原真性、完整性保护全面加强，全省国际重要湿地首次实现生态效益补偿全覆盖，沾益西河国家湿地公园试点通过国家验收，2处国家湿地公园范围和功能区调整获国家批准，31处省级重要湿地完成监测评估。

**国土绿化美化**　云南省林草系统广泛开展植树种草，完成营造林28.7万公顷、种草改良5.7万公顷，均超额完成年度目标及上图任务。完成造林绿化空间适宜性评估，全省适宜造林绿化面积142.4万公顷。开展省、市（州）党政军领导和全民义务植树活动，全省参与义务植树2300万人，植树9600万株。下达造林补助资金3.19亿元开展乡村绿化美化，评定省级森林乡村1094个。编制乡土树种和植物名录、速生树种推荐名录，以及植树指南、种植技术要点，为城乡绿化美化行动提供技术支撑。制定九大高原湖泊流域林草生态保护与修复方案、九大高原湖泊生态保护核心区湿地修复植物名录及物种负面清单下发执行。统筹推进林草碳汇工作，成立领导小组，组建林草碳汇监测研究中心、林草碳汇专家库，开展树种生物量、生物量扩展因子及含碳系数测定。

**生物多样性保护**　云南省林草局着力构建新型自然保护地体系，亚洲象、香格里拉2处国家公园创建材料通过国家审查，高黎贡山国家公园创建方案等材料初步编制完成，全省《自然保护地整合优化预案》《风景名胜区整合优化预案》通过国家林草局技术审查。成功召开COP15极小种群物种和生物多样性保护边会，全面展示云南极小种群物种拯救保护典型案例，推广保护理念和策略。编制国家植物园创建工作方案，确立创建工作总体思路、优先顺序和创建路径。制定《云南省极小种群野生植物拯救保护规划》，布局完善重点保护物种就地、迁地等保护体系。

**林草产业**　云南省人民政府出台《云南省林草产业高质量发展行动方案（2022—2025年）》，省级部门联合印发《核桃产业高质量发展三年行动方案（2023—2025年）》，明确林草产业规划布局、发展重点和目标任务，修订《林下种植林地利用规范》，开展省、市（州）、县联合招商，全省林草系统共开展招商活动950次，入库林草科技成果80项，建立示范基地28个，转化推广412项，培训人员27万人次。推荐林草标准40项，获批31项。"水代生态制取核桃油新工艺新装备研究与应用"科技成果通过专家评审，核桃一次性提油效率达90%以上，所提取核桃油保质期达到和超过常规食用油标准，生产成本较传统方法降低近50%，填补了国内核桃油提取技术空白。

**支撑保障**　云南在国家林草局下达年度林地定额基础上，3次争取国家备用林地定额1.15万公顷，全年林地定额总计1.9万公顷，是

2021年的173.7%。制定出台建设项目使用天然林和草原、占用重要湿地和国家湿地公园等政策文件，首次制定印发建设项目使用林地、草原指南，积极破解政策难点、堵点问题。向16个市（州）、滇中新区、中国（云南）自由贸易试验区各片区管委会、磨憨—磨丁经济合作区管委会委托部分省级审批权限。优化审批流程，精减报件材料，大幅提高审批效率，全年共审批各类建设项目使用林地、草原申请2976件，批准使用林地、草原2.25万公顷，保障全省1.49万亿元固定资产投资落地，分别为2021年的190%、183%、228%。

**灾害防控** 云南省林草系统认真落实总林长令、防火令，推进森林草原防火工作，建立挂钩指导、现场督查、包片蹲点、联合值班等工作机制。省级统筹资金1.7亿元，加强乡村扑火队建设，提高就近就便处置能力。全省发生森林草原火灾16起，未发生重特大森林草原火灾和人员伤亡，火灾次数为1951年云南有记录以来最低。稳步推进22个陆生野生动物疫源疫病监测站标准化建设，启动林业外来入侵物种普查，开展松材线虫病专项普查及疫木检疫执法专项行动，成功撤销水富市疫区，完成西山区、麻栗坡县疫木集中除治，建成全国首个"草原生物灾害监测预警体系"，开创黄脊竹蝗跨境联防新模式，完成林草有害生物防治36.2万公顷，成灾率远低于国家控制指标。

**【云南"十四五"林草产业发展规划出台】** 2022年1月10日，云南省林草局印发《云南省"十四五"林草产业发展规划》，明确到2025年全省林草产业年总产值达到4000亿元以上，一、二、三产业结构比例调整到50:30:20，坚果种植面积315万公顷，林下经济经营和利用面积367万公顷，森林康养基地200个，生态旅游休闲人次达1.1亿次。

**【滇黔川渝藏建立森林草原防火五方联防联控机制】** 2022年2月23日，滇黔川渝藏森林草原防火联席会议在云南昆明召开。会上，西南五省份林草主管部门代表共同签署《云南省、贵州省、四川省、重庆市、西藏自治区森林草原防火联防联控合作协议》，为西南片区林草主管部门深化协同合作迈出关键一步。

**【11部门联合启动"2022年清风行动"】** 2022年2月底，云南启动为期三个月的打击野生动植物非法贸易联合行动，即"2022清风行动"，严厉打击破坏野生动植物资源违法犯罪行为，坚决遏制非法猎捕、采集、人工繁育、出售、收购、运输、寄递、食用、经营利用、进出口活动，引导网络交易、直播、短视频、社交等线上平台和市场、餐馆等线下交易场所严格管控非法贸易和经营利用野生动植物行为，形成全社会共同关注和保护野生动植物资源的良好氛围。

**【编制印发《建设项目使用林地指南》】** 2022年3月28日，云南省林草局编制印发《建设项目使用林地指南》，全面汇编了建设项目使用林地的现行法律法规条文和政策依据，指导建设项目业主依法使用林地、规范使用林地，提升项目业主申请使用林地的便利性，推动林地审核审批工作在阳光下公开透明运行。

**【出台系列政策，优化营商环境】** 2022年4月13日，云南省林草局举办优化营商环境系列政策新闻发布会。针对全省30%以上的建设项目使用林地面积均在2公顷以下的实际，为从根本上解决林地审批的痛点、堵点问题，提升林地要素保障效能，有效解决企业和群众用地难、审批慢等"急难愁盼"的问题，省林草局决定自2022年4月1日起，将全省范围内除涉及各类自然保护地、国家和省级公益林、免缴森林植被恢复费和采石采砂采矿项

滇黔川渝藏建立森林草原防火五方联防联控机制

云南鲁甸花椒产业高质量发展

目外使用林地面积在2公顷以下、林地保护等级在Ⅲ级及以下的建设项目永久占用林地省级审核审批权限，依法委托市（州）级林草主管部门以省林草局的名义实施审批，着力减环节、压时间、降成本，更加精准地服务一线、服务基层、服务企业。

【科技引领助推云南鲁甸花椒产业高质量发展】 2022年6月21日，云南省林草局组织测产专家组，对鲁甸明德花椒精品科技示范基地花椒产量进行现场测产。经测，基地内青花椒树龄5年，平均单株产量14.48千克，平均每公顷产量8045.1千克，较当地传统种植模式产量翻了一番。西北农林科技大学教授、国家林业草原花椒工程技术研究中心主任魏安智表示，这一产量在全国属中上水平，在昭通属高产水平。

【《西部林业科学》入选林草科技重点期刊】 2022年7月26日，由国家林业和草原局科技司委托中国林学会林业科技期刊分会组织开展的"林草科技期刊评估"结果揭晓。云南省林草局主管的《西部林业科学》被列为林草科技重点期刊，是入选期刊中唯一一个由省级林草系统主办的学术期刊。

【云南林草产业高质量发展行动方案出台】 2022年9月29日，云南省人民政府办公厅制定印发《云南省林草产业高质量发展行动方案（2022—2025年）》，明确到2025年：力争云南林草产业总产值在2021年基础上实现翻番、突破6000亿元，云南林草产业市场主体达6.6万

户以上，实现龙头企业县级全覆盖。

【31项林长制地方标准重点项目获立项】 2022年10月，云南省市场监督管理局发布2022年云南省地方标准重点项目制订计划，中国科学院昆明植物研究所、国家林业和草原局亚洲象研究中心、云南农业大学、云南省野生动植物救护繁育中心等17家单位，牵头起草制定的31项林长制地方标准项目获云南省重点标准项目立项专项。

【水代法提取核桃油取得突破性进展】 2022年11月19日，云南云商普瑞紫衣核桃产业开发有限责任公司、云南省林业和草原科学院共同委托中科合创（北京）科技成果评价中心组织专家，在昆明市召开"水代生态制取核桃油新工艺新装备研究与应用"合作项目科技成果评价会。专家组一致认为，"水代生态制取核桃油新工艺新装备研究与应用"成果创新性强，总体技术达到国际领先水平。

【核桃产业高质量发展三年行动方案出台】 2022年11月，中共云南省委农村工作领导小组办公室、云南省林业和草原局、云南省工业和信息化厅、云南省农业农村厅联合印发《云南省核桃产业高质量发展三年行动方案（2023—2025年）》，明确到2025年，核桃产业逐渐实现从"大"向"强"的转变，产业化水平大幅提高，产品加工能力和水平显著增强，产业集聚程度明显提高。

【在蒙特利尔向全球宣介极小种群物种保护优秀案例】 当地时间12

月15日，云南省林草局在加拿大蒙特利尔《生物多样性公约》第十五次缔约方大会第二阶段会议主会场的"中国角"，举办"极小种群物种和生物多样性保护"边会。边会紧扣"保护濒临灭绝的植物和动物"主题，展示分享云南亚洲象保护与管理、中国西黑冠长臂猿保护成效与挑战、多方参与的全境滇金丝猴保护成效、以漾濞槭为例的极小种群野生植物的综合保护等典型案例，以及极小种群植物保护的概念、理论和方法，交流云南极小种群拯救保护理念和策略，为全球生物多样保护提供云南方案。

【大事记】

1月29日 国家永平核桃产业示范园区、国家宁洱林产工业示范园区、国家景谷林产工业示范园区3个园区被国家林草局认定为第二批国家林业产业示范园区。

2月23日 国家林草局在昆明召开第一届滇黔川渝藏林草主管部门森林草原防火联席会议，签署《云南省、贵州省、四川省、重庆市、西藏自治区森林草原防火联防联控合作协议》。

2月23日 云南省林长制领导小组印发《云南省林长制省级会议制度（试行）》等六项林长制运行制度。

3月24日 省委书记、省级总林长王宁，省长、省级总林长王予波共同签署云南省2022年第1号总林长令，号令全省强化责任担当，细化工作举措，坚决打赢春季森林草原防灭火攻坚战。

4月2日 省林草局、省应急管理厅、省公安厅、省森林消防总队召开"坚决打赢春季森林防灭火攻坚战暨'绿色平安清明'"联合行

水代法提取核桃油取得突破性进展

COP15第二阶段极小种群物种保护优秀案例宣介

动部署会议。

5月12日　省林草局启动云南省森林、草原、湿地生态系统外来入侵物种普查工作，计划用2年左右时间，查清全省森林、草原、湿地生态系统中昆虫、植物病原微生物和脊椎动物等4个大类43种重点外来入侵物种基本情况。

5月26日　省林草局与省自然资源厅联合印发《关于开展2022年全省森林、草原、湿地调查监测工作的通知》，正式启动森林、草原、湿地调查监测工作。

6月21日　省林草局组织测产专家组，对省林科院科研团队承建的鲁甸明德花椒精品科技示范基地进行花椒产量现场测产。

6月25日　省林草局印发《云南省林草系统法治宣传教育第八个五年规划（2021—2025年）》。

7月8日　省林业和草原局联合省高级人民法院、省人民检察院、省公安厅制定印发《云南省林草行政执法与刑事司法工作衔接具体措施（试行）》。

7月21日　大湄公河次区域森林生态系统综合管理规划与示范（中国普洱项目区）项目在普洱市思茅区万掌山林场顺利通过验收。

9月28日　云南省草原生物灾害监测预警体系建设项目顺利通过竣工验收。

9月29日　省政府办公厅印发《云南省林草产业高质量发展行动方案（2022—2025年）》（云政办发〔2022〕84号）。

10月28日　省绿化委员会办公室联合昆明市绿化委员会办公室在昆明金殿名胜区举办主题为"保护古树名木　共享绿水青山"的2022年云南省古树名木保护科普宣传周活动。

12月14日　国家林草局公布了2022年国家湿地公园试点验收结果，云南沾益西河国家湿地公园顺利通过国家验收，正式被授牌成为国家湿地公园。

12月15日　省林草局在加拿大蒙特利尔《生物多样性公约》第十五次缔约方大会第二阶段会议主会场的"中国角"，举办"极小种群物种和生物多样性保护"边会。

12月17日　省林草局会同省农业农村厅、省科技厅印发《云南省极小种群野生植物拯救保护规划（2021—2030年）》和《云南省极小种群野生植物名录（2022版）》，规划对101个极小种群物种，布局完善全省野生植物就地、迁地和回归等保护体系，实现物种资源的拯救保护。

（云南省林草业由谭钠丹供稿）
（图片由云南省林草业局提供）

# 西藏自治区林草业

【概　述】　2022年，西藏林草系统以党的二十大精神为指引，科学开展大规模国土绿化，坚持数量质量并重、增量存量并举，不断提升林草湿沙生态系统多样性、稳定性、持续性和碳汇能力。积极推进以国家公园为主体的自然保护地体系建设。实施野生动物保护重大工程，加强野生动物保护法治建设、监管和珍稀濒危野生动植物及其栖息地保护。坚持山水林田湖草沙一体化保护和系统治理，加快实施重要生态系统保护和修复重大工程。推行草原、森林、河流、湖泊、湿地休养生息，发挥林长制作用，加强草原、森林、湿地保护监管，坚决守住生态安全边界。建立生态产品价值实现机制，构建"绿水青山"转化为"金山银山"的政策制度体系。坚决守住森林草原火灾的安全底线，维护国家安全和社会稳定。加强生物安全管理，完善林草有害生

羌塘国家级自然保护区

物防控体系建设，防治外来物种侵害。坚定不移走生态优先、绿色发展之路，以高水平保护促进高质量发展，以高质量发展实现更高水平保护，创建国家生态文明高地，努力做到生态文明建设走在全国前列。

【林草资源】　2022年，西藏自治区有森林面积1491万公顷，森林覆盖率12.31%，森林蓄积量22.83亿立方米，居全国第一位。天然草原面积8007万公顷，占全国草原总面积的近1/3，居全国第一位。各类湿

拉萨南北山造林绿化（骡队运苗上山）　　　红外监测设备安装（王广龙　摄）

地面积816.67万公顷，占全国湿地总面积的14.48%，居全国第二位。大中型野生动物种群数量居全国之首，共有陆生野生脊椎动物1072种，国家重点保护野生动物217种；维管束植物7504多种，国家重点保护野生植物157种。共建立各级各类自然保护区47处、总面积41.22万平方千米，占全区国土面积的34.35%，居全国首位。

【国土绿化稳步推进】　2022年完成营造林7.86万公顷（含拉萨南北山绿化工程造林面积），草原修复治理29.16万公顷，林芝市获"国家森林城市"荣誉称号，国土绿化工作受到国家林草局通报表扬。全面启动拉萨南北山绿化工程，编制印发《拉萨南北山绿化工程规划（2021—2030年）》，研究出台《关于鼓励和支持参与拉萨南北山绿化的政策措施》等政策文件14项；累计完成营造林9333公顷；水电路配套工程完成80%以上，全年完成投资13.7亿元；组织开展"我在西藏有棵树"公益活动。

【林草资源监管】　冬虫夏草采集管理实现"零事件"。积极参加《湿地公约》第十四届缔约方大会，雅尼湿地生态系统定位监测研究站获批设立。积极开展野生动植物资源调查、疫源疫病监测防控、候鸟禽流感处置、巨柏迁地保护等工作，野生动植物保护工作受到国家林草局通报表扬。持续蹲点包片驻林防护，压实防火责任，如期完成森林和草原火灾风险普查任务。完成常发林业有害生物防治7.57万公顷，防治草原有害生物67.67万公顷。落实资金13839万元，组织实施重要湿地保护修复工程和湿地生态效益补偿。

【国家公园建设】　三江源（唐北区域）、羌塘、珠穆朗玛峰、冈仁波齐、高黎贡山（西藏段）、雅鲁藏布大峡谷6处典型区域纳入《国家公园空间布局方案》，数量居全国之首。三江源国家公园总体规划、机构方案已上报待批。羌塘国家公园创建、评估阶段任务已完成，报请国家林草局审查通过，并由西藏自治区人民政府上报国务院申请设立。完成珠穆朗玛峰国家公园创建、评估阶段任务待国家林草局赴现地评估。冈仁波齐、高黎贡山、雅鲁藏布大峡谷国家公园科学考察、经济社会调查等工作着手开展。

【生态富民成果巩固】　通过实施拉萨南北山造林绿化、重点区域生态修复等国家重点林草建设工程，落实林业生态补偿政策，组织群众参与生态修复、资源管护等，实现农牧民群众增收约22.5亿元，为巩固脱贫攻坚成果发挥重要作用。历经5年不懈努力，涉及3个县17个乡镇73个行政村7525户31464人的搬迁工作顺利完成，后续存在的立项、资金、管理方面的工作有序推进。

【林草法治建设】　结合林草工作实际，制定印发《西藏自治区林草系统法治宣传教育第八个五年规划（2021—2025年）》《西藏自治区林业和草原局2022年度法治宣传教育工作方案》《西藏自治区林业和草原局2022年"宪法宣传周"活动方案》。完成政协提案办理35件，申报2023年度政府规章立法计划1个、十二届人大常委会五年立法规划项目5个，开展地方性法规评估清理工作，不断完善林草法规体系。认真梳理行政许可事项并依法依规、合理审慎办理行政许可2300余件，印发《西藏自治区林业和草原局关于委托实施建设项目使用林地行政许可的通告》等，将自治区林业和草原局部分审批权限内的林地、草地行政许可审批委托地（市）林业和草原局实施，方便群众就近办理。

【林长制工作】　全面建成五级林长组织体系，共设林长35185名，按照"分级负责"原则划定各级林长包联责任区域，建立各项制度、机制6项，初步形成林草资源全域覆盖、源头管理的保护发展新格局。

【大事记】
3月17日　自治区召开总林长会议，制定印发《西藏自治区林长制工作督查制度》等5项制度，建立了林长制五级组织体系和制度体系。

3月29日　自治区开展国土绿化行动暨拉萨南北山绿化动员部署会议，安排部署今后一个时期全区国土绿化重点任务和拉萨南北山绿化工程建设。

7月28日　为贯彻落实《国务院办公厅关于加强草原保护修复的若干意见》精神，结合自治区实际并经自治区人民政府同意，印发《西藏自治区人民政府办公厅关于加强草原保护修复的实施意见》（藏政办发〔2022〕33号）。

11月2日　《国家林业和草原局关于授予北京石景山区等26个城市"国家森林城市"称号的决定》（林生发〔2022〕109号）发布，西藏自治区林芝市获得"国家森林城市"称号。

（西藏自治区林草业由仁增朗加供稿）

## 陕西省林业

【概　述】　2022年，是党的二十大胜利召开之年，也是陕西"挺进深绿"的关键之年。陕西省林业认真贯彻习近平总书记来陕考察重要讲话重要指示，深入落实陕西省委、省政府决策部署，统筹山水林田湖草沙一体化保护和系统治理，科学开展大规模国土绿化行动，全力推进森林"四库"建设，奋力谱写美丽陕西新篇章。持续推动"五星级党支部"和"模范机关"创建，选树生态绿军先锋队16个、生态卫士标兵66名。省林业局连续9年保持省级文明单位称号、党建工作连续3年被省委直属机关工委评定为"好"等次。

【国土绿化】　召开全省科学绿化现场会，编制《陕西省国土绿化规划（2023—2030年）》，发布《陕西省主要乡土树种名录》，完成造林绿化空间适宜性评估和退化林草摸底调查，第二轮退耕还林还草建设任务数据矢量化并上图入库。启动首批10个"百万亩绿色碳库"试点示范工程项目建设。批复"双储林场"国家储备林项目建议书4个。各项重点生态工程稳步推进。全民义务植树线上线下融合发展，逾1600万人次栽植苗木7526万余株。全年累计完成营造林46.90万公顷、飞播造林2.52万公顷、种草改良1.33万公顷、治理沙化土地6.27万公顷，超额完成年度任务。咸阳市荣获"国家森林城市"称号，陇县、富平县、紫阳县获得"省级森林城市"称号，投资建设森林乡村150个。

【林长制】　省、市、县三级全部召开总林长会议、发布总林长令，五级林长在责任区巡林护林。首次开展林长制年度考核，客观评价目标任务完成情况，督促各级林长履职尽责，一些难点堵点问题得到有效解决。"基层林长责任年"活动顺利展开，建立示范镇210个、示范村420个，责任细化落实到山头地块，实现网格化管理全覆盖。

【重点生态工程】　认真落实省委、省政府高质量项目建设"推进年"决策部署，高质量推进重点生态工程。《全国重要生态系统保护和修复重大工程总体规划（2021—2035年）》全面落地，实施重点区域生态保护和修复项目建设25.28万公顷。加强系统修复，省级山水林田湖草沙生态保护修复项目完成治理面积3.14万公顷。沿黄防护林提质增效和高质量发展工程完成人工造林2.26万公顷、退化林修复1.83万公顷、森林抚育2.58万公顷，着力打造黄河西岸绿色廊道示范样板。"百万亩绿色碳库"试点示范工程进展顺利，首批10个项目完成营造林0.45万公顷。延长县等3个国家储备林项目完成营造林0.6万公顷，山阳县等4个"双储林场"国家储备林项目前期报批、筹备等工作顺利推进。国土绿化试点示范项目计划总投资3.12亿元，争取中央财政资金支持2亿元，地方财政资金1.12亿元。新增全国森林可持续经营试点单位9个，全省总数达到11个。水利、林业、农业农村、自然资源等部门合力推进水土流失治理，完成治理面积4000平方千米。

【自然保护地体系】　省委办公厅、省政府办公厅印发《关于建立以国家公园为主体的自然保护地体系的实施方案》，秦岭国家植物园建设纳入国家植物园体系建设规划。深入推进秦岭中段水源涵养与生物多样性保护恢复项目。秦岭国家公园创建任务全面完成，大熊猫国家公园陕西片区建设有序推进。推进秦岭世界自然与文化双遗产申报前期调查工作。

【动植物保护】　发布新版陕西省重点保护野生动物、植物名录和陕西省分布的国家重点保护野生动植物名录。持续实施秦岭北麓朱鹮野化放飞十年行动，全省朱鹮种群超7000只，历史栖息地持续恢复。秦岭大熊猫研究中心人工繁育种群实现"双突破"，佛坪野外救护基地建成运行，《秦岭大熊猫科学公园建设战略合作协议》签订实施，秦岭大熊猫"一公园、两基地"保护研究格局初具雏形。

【支撑保障体系】　落实中央和省级投资72亿元，投资总量再创新高，"双重规划"项目投资位居全国前列。制定实施《陕西省林业局约谈办法》《陕西省恢复植被和林业生产条件、树木补种标准（试行）》，《陕西省湿地保护条例（修订草案）》经过二审，陕西省林业局因此获"2022年度全省行政立法工作先进单位"。修订生态空间治理十大创新行动，实施《陕西林业科技创新规划（2021—2025）》，完成重点研究项目46个。制定"十四五"林草地方标准体系，食用林产品及产地土壤抽样检验合格率超过99%。森林草原防火、有害生物防控、野生动物疫源疫病等监测预防体系建设提速推进。统筹生态保护与经济发展需要，林地林木审核审批效能大幅提升。林草湿生态综合监测任务全面完成，"生态云"综合服务平台上线试运行，生态空间治理数据支持更加坚实。

【资源监管】　《陕西省天然林保护修复条例》正式施行，为天然林保护修复工作高质量发展提供坚实保障。印发《陕西省封山禁牧实施方案（2021—2025年）》，首次发布《陕西封山禁牧公报》，省林业局成立封山禁牧工作领导小组，启动陕西省封山禁牧区域动态管理平台建设。常态化开展林草生态综合监测，进一步摸清掌握全省森林、草原、湿地资源现状和变化情况，2022年陕西省受到国家林草局通报表扬。持续优化林地审核审批程序，修订《陕西省建设项目使用林地审核审批管理实施细则》，有效提升审核审批质量和效率。持续推进林木采伐"放管服"改革，完善告知承诺制审批和采伐App等便民措施。

【草原湿地保护】 全面完成草原资源基本情况监测，首次查清全省草原分布面积、类型、数量、质量、生态及利用状况等基础底数。印发《关于加强草原保护修复若干措施的实施方案》，加快推动草原高质量发展。西安田峪河、礼泉甘河、韩城濮水、临渭沈河、平利古仙湖和汉阴观音河6处国家湿地公园（试点）通过国家验收，通过数量全国第三。举办"湿地保护法宣传月"活动，开展湿地普法宣传活动150余次，参与人数累计超过10万人次。

【防沙治沙】 完成2022年度荒漠化和沙化土地变化图斑及样地监测。配合国家林草局完成定边、靖边沙化土地封禁保护区部分地块现场调整评估。拓展防沙治沙筹资渠道，吸引社会资本投资9.2亿元，争取欧洲投资银行贷款8200万欧元，引进蚂蚁森林中国绿化基金会资金3906万元。在渭南、榆林、延安等地同步开展第28个世界防治荒漠化与干旱日"携手防治荒漠化 共建命运共同体"主题宣传活动，动员引导社会各界广泛参与荒漠化治理。榆林市印发《防止二次沙化及国土绿化五年行动方案》，积极推进毛乌素沙地再治理。根据第六次全国荒漠化和沙化调查结果，陕西省荒漠化和沙化土地持续"双缩减"。

【古树名木保护】 将古树名木保护纳入省级林长制考核，压实各地古树名木保护、养护责任。印发《关于持续推进古树名木保护管理工作的通知》，全面安排部署古树名木保护工作。联合省公安厅、省住建厅开展打击破坏古树名木违法犯罪活动专项整治行动，举办古树名木科普宣传周等活动，营造关心、支持、参与古树名木保护的良好社会氛围。组织西北农林科技大学、省林科院等单位教授、专家对全国仅有的5棵5000年以上的古树名木进行现地调研诊断，渭南、延安、商洛3市根据专家意见积极做好保护工作。

【生态富民】 制定实施林草产业发展"十四五"规划和林下经济发展指南。持续实施"五个一批"开放工程，吸纳2156名脱贫人口就业、人均增收9608元。落实到村到户生态效益补偿资金9亿元。改造提升特色经济林7.47万公顷。新增国家级林业产业示范园1个、国家级重点龙头企业3个、省级龙头企业15个、省级林下经济示范基地27个、省级森林康养基地试点14个。全省林业产业总产值达到1612亿元。

【生态安全】 制定实施《森林草原防火工作应急预案》，全省森林草原火灾次数、过火面积、受害面积分别下降47%、71%、57%。加强火灾预防和早期火情处置，火灾次数、过火面积、受害面积连续三年创新低。深入实施松材线虫病五年攻坚行动和秦岭青松抢救工程，拔除疫区4个、疫点23个，松材线虫病疫区、疫点、疫情小班、发生面积、病死树数量连续两年保持整体下降。美国白蛾整体无疫情。林业有害生物成灾率2.7‰，远低于国家控制指标。加强野生动物疫源疫病监测预警，全年未发生传染性疫病。启动全省森林草原湿地生态系统外来入侵物种普查，外来入侵物种整体可防可控。野猪危害综合防控取得新成果，危害损失明显减少。封山禁牧加力提速，违法违规放牧得到有效遏制。开展森林督查年活动和百日攻坚行动，印发《重大林业生态破坏事故应急预案》，建立涉林案件查办协作机制，2013—2017年打击毁林专项行动和2018—2022年森林督查发现问题全部清零。

【生态文化】 印发实施《关于加快推进陕西省自然教育高质量发展的指导意见》《陕西省自然教育中长期发展规划》，组建自然教育专家库和师资库，新建自然教育基地19处，实现地级市全覆盖，全省7个地市成立关注森林活动组织机构。开展秦岭国家公园标志设计和宣传语征集活动。举办"鹮美天下"中日韩友好交流活动。《不负青山不负人》《鸟语人》《守望秦岭》等一批融媒体和影视作品上映热播。《听秦岭·明星动植物有声读物》在喜马拉雅上线播出，自然教育体验互动节目《我们的绿水青山》荣获国家广电总局"2021年度全国优秀少儿节目"和第十六届陕西电视金鹰奖一等奖，《守望秦岭》入围第十二届中国纪录片学院奖。《中国绿色时报》陕西记者站2022年度发稿量排全国前三名。

【生态旅游】 挖掘打造生态旅游特色线路，宣传陕西省生态旅游目的地，扩大生态旅游影响力，有效增加高品质生态旅游产品供给，发布秦岭印记、陕北大漠风光等生态旅游特色线路10条。引导各地创新生态旅游服务体系，提升生态空间服务功能，满足人民群众对优美生态环境的需要，组织开展2022年省级森林旅游示范市县创建活动，认定凤县、平利县、淳化县为森林旅游示范县。

【大事记】
1月7日 陕西省咸阳市旬邑县森林病虫害防治检疫站被国家林业和草原局生物灾害防控中心评为"2021年度先进国家级中心测报点"。

1月14日 陕西省林业局联合省公安厅印发《依法严厉打击森林草原野外非法用火违法犯罪行为的通告》。

1月21日 陕西省林业局联合省发改委、省财政厅、省交通运输厅印发《彻底除治松材线虫病死及密接松树工作方案》。

1月24日 陕西省林业局召开陕西省"生态云"正式上线试运行启动会，省林业局党组书记、局长党双忍为陕西省生态空间数据中心授牌。

1月26日 陕西省宝鸡市林业工作中心站作品《用科技力量让现代林业撑起农民"钱袋子"》荣获国家林草局林业工作站管理总站《"添绿筑梦·奋斗有我"短视频征集展示活动》大赛三等奖。

2月9日 陕西省委、陕西省政府办公厅正式印发《关于建立以国

家公园为主体的自然保护地体系的
实施方案》。

2月10日 陕西省林业局、陕
西日报社群众新闻网联合开展的
"寻找陕西最美生态空间"评选结
果出炉，全省共有21处生态空间获
评"陕西最美生态空间"称号。

2月7日 陕西省太白林业局《守
护生命的绿色》荣获"绿水青山·
美丽中国"全国短视频大赛"最佳
人气奖"。

2月16日 陕西省汉中市林草
技术推广中心被中宣部评为"2021
年全国文化科技卫生'三下乡'活
动优秀团队"。

2月28日 陕西省林业局、省
农业农村厅、省委政法委、省网
信办、省公安厅等11部门联合印发
《关于开展陕西省"2022清风行
动"的通知》。

3月3日 陕西省暨商洛市第九
届"世界野生动植物日"主题宣传
活动在商洛市启动。

3月7日 陕西省林业局印发《陕
西省2022年松材线虫病防治方案》。

3月11日 陕西省林业局印发
《陕西省森林生态效益补偿资金兑
付办法》。

3月12日 陕西省绿化委员会
办公室发布《2021年陕西国土绿化
公报》。

3月15日 陕西省林业局印发
《陕西省2022年美国白蛾防治方
案》。

3月18日 陕西省林业局下发
《关于公布2021年陕西中蜂蜂蜜品
质大赛评选结果的通知》。熊猫小
子中华蜂蜜、秦巴土蜂蜜、雷村黑
娃土蜂蜜、老帐人土蜂蜜、三秦森
工一林之粹牌中华蜂蜜获金奖。

3月30日 陕西省秦岭国家植
物园、延安市劳山国有林管理局劳
山国家森林公园被中国科学技术学
会命名为2021—2025年第一批全国
科普教育基地。

3月31日 国家林业和草原局
印发《关于聘任第三批林草乡土专
家的通知》，陕西7人入选。

3月31日 陕西省天然林保护
中心印发《陕西省天然林保护资料
汇编》。

4月2日 陕西省委书记、省
人大常委会主任刘国中，省长赵一
德，省政协主席徐新荣等省领导前

往秦岭国家植物园参加义务植树活
动。

4月6日 陕西省总林长会议在
西安召开。

4月6日 陕西省林业局印发
《关于印发〈陕西省森林、草原、
湿地生态系统外来入侵物种普查技
术规程〉的通知》。

4月16日 陕西省林业局编制
印发《陕西省林草产业发展规划
（2021—2025年）》。

4月17日 陕西省委书记、省
人大常委会主任刘国中前往延安市
凤凰山检查调研森林防灭火工作。

4月19日 陕西省林业局印发
《2022年陕西省查处违法调运林业
植物及其制品案件检疫执法专项行
动方案》。

4月19日 国家林草局办公室
下发《关于公布第二批"最美林草
科技推广员"名单的通知》，陕西
3人入选。

4月20日 陕西省委书记、省人
大常委会主任刘国中前往秦岭林区
麦秸垒调研，要求落实好林长制。

4月22日 陕西省林业局印发
《关于公布陕西省第二批生态旅游
特色线路的通知》，公布秦岭印
记、黄河湿地、陕北大漠风光、高
山杜鹃、畅游草原5条生态旅游特
色线路。

4月28日 陕西省林木种苗与
退耕还林工程管理中心被陕西省委、
省政府授予"陕西省先进集体"荣
誉称号。

4月29日 陕西黄柏塬国家级
自然保护区内发现特有濒危物种，
国家一级重点保护野生植物野生紫
斑牡丹种群。

5月10日 陕西省政府召开全省
重大林业有害生物防控工作推进视频
会议，副省长蒿慧杰出席并讲话。

5月12日 陕西省人民政府与
各市政府签订了《2022年重大林业
有害生物防治目标责任书》。

5月19日 陕西省林业局完成
全省208个国有林场矢量边界数据收
集工作，明晰林场边界及经营范围。

5月20日 陕西省林业局首次
发布《陕西封山禁牧公报》。

5月20日 陕西省安康市化龙山
自然保护区被中华人民共和国人与
生物圈国家委员会正式接纳为"中
国生物圈保护区网络"（CBRN）

成员。

5月23日 中国陕西汉中市—
韩国昌宁郡朱鹮保护交流视频会议
召开，中方分会场设在陕西汉中朱
鹮国家级自然保护区管理局。

5月27日 陕西省林业局印发
《关于开展2022年全省林业行业
"安全生产月"活动的通知》。

5月31日 陕西省首个松材线虫
病防控试验站在宁陕县挂牌成立。

6月1日 陕西省林业局和省财
政厅在陕西省楼观台生态实验林场
共同举办"秦岭生态卫士体验日"
活动，省财政系统干部职工体验
"秦岭生态卫士"工作。

6月2日 以"保护秦岭珍稀野
生动物 当好秦岭生态司法卫士"为
主题的陕西省首个"秦岭珍稀野生
动物司法保护基地"签约暨揭牌仪
式在西安市举行。

6月15日 陕西省林业局编制
并印发《陕西省林下经济发展指南
（2021—2030年）》。

6月15日 陕西省林业局印发
《关于聘任首批陕西省林业乡土专
家的通知》，聘任首批陕西省林业
乡土专家72名。

6月15日 陕西省政府印发《陕
西省人民政府关于公布重点保护野
生植物名录的通知》《陕西省人民
政府关于公布重点保护野生动物名
录的通知》。

6月28日 陕西省林业局在西
安市鄠邑区召开第四届陕西省秦岭
巴山地区松材线虫病等重大林业有
害生物联防联治会议。

7月3日 陕西省朱鹮局申请
的实用新型专利《朱鹮运输周转
箱》，获得国家知识产权局授权。

7月21日 陕西省林业局、陕
西省青少年发展基金会、三星（中
国）半导体有限公司，在秦岭大熊
猫研究中心举行"共建陕西'绿
芯'合作框架协议"签约仪式。

7月25日 陕西省林业局联合
省农业农村厅发布《关于印发陕西
省分布的国家重点保护野生动植物
名录的通知》。

7月27日 陕西省林业局印发
《关于授予陇县等3个县陕西省"省
级森林城市"称号的通知》，授予陇
县、富平县、紫阳县"省级森林城
市"称号。

7月27日 陕西省林业局联合

省交通运输厅等十部门印发《关于进一步加强美国白蛾防控工作的通知》。

7月29日 陕西省关注森林活动执行委员会印发《关于聘任首批陕西省自然教育特邀专家、特聘专家和特聘讲师的通知》，聘任首批陕西省自然教育专家79名。

8月2日 陕西省建立秦岭松材线虫病防控隔离带。

8月3日 陕西省森工医院与陕西省林业科学院签署合作协议，共建秦岭生物多样性保护研究中心。

8月11日 陕西省林业局成立《陕西省林业局封山禁牧工作领导小组》。

8月15日 由陕西省林业局、陕西省生态环境厅共同主办，陕西省林业调查规划院承办的第二届碳中和（西安）国际论坛"生态碳汇能力建设"平行论坛在西安举办。

8月17日 陕西省太白林业局吕昕参加国家林业和草原局举办的"走进林草科技 共建绿色家园"科普讲解大赛，获大赛一等奖和"金牌讲解员"称号。

8月18日 全国绿化委员会、人力资源和社会保障部、国家林业和草原局联合下发《关于表彰全国绿化先进集体、劳动模范和先进工作者的决定》，授予陕西省陇县林业局、延安市林业局、旬邑县林业局、商洛市林业局、柳林国有生态林场、汉中市林业局、宁西林业局、周至县林业局全国绿化先进集体称号。授予陕西省张彦明、刘平、李树军、王拉岐、贾昀全国绿化劳动模范称号。授予陕西省卢益民、吴勇民、兰瑞涛、张生平全国绿化先进工作者称号。

8月24日 陕西省林业局、共青团陕西省委联合印发《关于命名陕西省自然教育基地的决定》，命名2022年陕西省自然教育基地19家。

9月4日 陕西省林业局印发《陕西省主要乡土树种名录》，共收录乔、灌树种55科120属202种。

9月5日 10只朱鹮从陕西省繁育中心启程，运往湖南南山国家级自然保护区进行野化放飞。

9月19日 陕西省林业局确定公布大美秦岭、黄河地质遗迹、秦直道、巴山珍稀植物、红色教育5条生态旅游特色线路。

9月20日 陕西省长青林业局三秦森工菌业有限公司参与"陕西省香菇高质高效关键技术集成与示范推广"项目，荣获2019—2021年度全国农牧渔业丰收奖一等奖。

9月20日 陕西省森林资源管理局参加全国首届自然教育课程设计大赛和陕西省自然教育课程设计大赛，16个课程获奖，并斩获全国唯一一个一等奖和陕西省大赛一等奖；太白林业局《柏塬之源 奥秘之源》被中国林学会（全国自然教育总校）收录。

9月21日 印发《陕西省林业局森林草原防火工作应急预案（试行）》。

9月22日 秦岭北麓朱鹮野化放飞活动在陕西省渭南市临渭区沈河国家湿地公园举行，成功放飞朱鹮22只。

9月26日 陕西省林业局印发《陕西省关于加强草原保护修复若干措施的实施方案》。

9月30日 "三秦森工"电子商务中心在西安启动运营。

8—9月 陕西汉中朱鹮国家级保护区对汉中市、安康市共9个县（区）朱鹮重点分布区域进行了秋季朱鹮数量调查。核实确认朱鹮夜宿地124处，区域内野生朱鹮种群数量为6022只。

10月10日 省重大林业有害生物防控指挥部印发《陕西省重大林业有害生物灾害应急预案》。

10月20日 陕西省林业局编制印发《陕西省林业和草原改革发展政策汇编》。

10月30日 陕西省副省长叶牛平带领省级有关部门负责同志前往秦岭国家植物园、楼观台国有生态实验林场调研秦岭生态建设与保护工作。

11月2日 国家林业和草原局授予陕西省咸阳市"国家森林城市"称号。

11月2日 陕西省绿化委员会印发《关于表彰陕西省绿化模范单位和先进个人的决定》。

11月5日 陕西省铜川市组织开展秋季"公仆林"义务植树活动。

11月7日 陕西省林业局印发《关于印发〈陕西省秦岭林业外来物种（动植物）入侵突发事件应急预案〉的通知》。

11月13日 省林业局制定并印发了《陕西省封山禁牧实施方案（2021—2025年）》。

11月15日 陕西省汉中市完成大熊猫国家公园陕西片区勘界工作。

11月15日 陕西省林业局召开全省森林草原防火暨松材线虫病防控视频会议。

11月16日 陕西省总工会、陕西省林业局在秦岭国家植物园举办省级"劳模林"启动暨揭幕仪式。

11月17日 陕西省副省长叶牛平赴榆林市检查林长制、河长制工作，并巡林巡河督导国家森林督查反馈问题整改、河道违规采砂整治等工作。

11月18日 陕西省重大林业有害生物防控指挥部印发了《陕西省重大林业有害生物防控指挥部关于开展2022年重大林业有害生物防治成效检查的通知》。

12月1日 陕西省汉西林业局在辖区监测到国家一级重点保护野生动物"金猫"。

12月13日 陕西省林业局公布认定西安市周至县王家河镇赤芍中药材种植基地等27个单位为"省级林下经济示范基地"。

12月13日 20只朱鹮从陕西省洋县装箱运往山东黄河三角洲国家级自然保护区，与河北省北戴河调运的10只朱鹮一同在该地进行沿海地区的朱鹮野化放飞实验。

12月14日 国家林业和草原局印发《关于2022年国家湿地公园试点验收结果的通知》，陕西省西安市田峪河、韩城市澽水、咸阳市礼泉县甘河、渭南市临渭区沈河、安康市平利县古仙湖和汉阴县观音河6家国家湿地公园通过国家试点验收，通过数全国第三。

12月30日 陕西省林业局授予咸阳市淳化县、宝鸡市凤县、安康市平利县为2022年陕西省旅游示范县。

12月30日 陕西省林业局印发施行《陕西省国土绿化规划（2023—2030年）》。

（陕西省林业由窦会明供稿）

## 甘肃省林草业

【概　述】　2022年，甘肃省林业和草原工作认真学习宣传贯彻党的二十大和省第十四次党代会精神，牢固树立"绿水青山就是金山银山"理念和山水林田湖草沙系统治理理念，主动服务构建全省区域发展格局，聚力保障"四强"（强科技、强工业、强省会、强县域）行动和做好"五量"（盘活存量、引入增量、提高质量、增强能量、做大总量）文章，坚持以林长制为有效抓手，科学推进国土绿化，全面加强森林、草原、湿地、荒漠生态系统保护修复和野生动植物保护，加快建设自然保护地体系，全省林草工作取得新进展、新成效。

【国土绿化】　组织开展省党政军领导义务植树，省委、省政府主要领导带头参加。省政府召开全省国土绿化工作会议，印发《关于科学绿化的实施意见》，结合省情提出科学绿化、以水定绿、适地适绿的具体要求，科学谋划国土绿化工作。开展造林绿化空间评估，全省共有198.27万公顷造林绿化空间。全年完成造林26.2万公顷，占年度计划的151%；人工种草15.73万公顷、草原改良21.11万公顷，分别占年度任务的118%和158%；沙化土地综合治理16.2万公顷，占年度任务的145%。争取落实森林抚育5.6万公顷。平凉市成功创建国家森林城市，10个市（县）和67个乡（镇）开展省级森林城市、森林小镇创建。加快推进"互联网+全民义务植树"工作，在兰州举办"3·12"义务植树宣传咨询活动，指导10个市（州）开通市级网络平台，策划上线网络参与项目19个，募集资金600余万元，发放义务植树尽责证书17万张，全年完成义务植树8895万株。联合团省委、教育厅等单位命名林草系统4家单位为全省青少年生态文明教育实践基地。张掖市完成全省首笔碳汇交易，交易面积2.34万公顷，收益400多万元。指导甘南藏族自治州开发碳汇项目，州列试点县迭部县已与广州市国碳资产有限公司签约，开展碳汇调查前期工作。

【全面推行林长制】　甘肃省委、省政府主要领导作为省级双总林长，主持召开省全面推行林长制工作领导小组会议，签发《甘肃省林长制工作考核办法（试行）》和《关于全面做好今冬明春森林草原防火工作的令》两份总林长令。全省共设立各级林长62288名、林长制公示牌17493块，省、市、县三级设立林长办，专门负责林长制工作。省林草局会同省检察院、省公安厅制定《关于加强司法协作推进林长制工作落实的意见》，同时制定印发《全面推行林长制督查激励措施实施方案》《甘肃省林长制工作考核办法（试行）》《甘肃省2022年度林长制工作考核评分细则》。省委编办批复省林草局增设林长制工作处，增加副处级领导职数1名。对接省财政厅，落实林长制工作经费和项目资金923万元，加快建设林长制信息化管理平台。联合省委组织部在省党员干部教育基地举办林长制改革专题培训班。联合省委宣传部召开甘肃省全面推行林长制情况新闻发布会。在中央和省级媒体发表林长制工作宣传文章39篇（其中在《中国绿色时报》发表12篇），编印林长制简报26期。在国家林业和草原局2022年林长制督查考核中，甘肃省综合排名第四，位列优秀等次。

【森林资源管理】　全面完成2022年林草生态综合监测评价工作，调查林草湿荒样地3148个、图斑监测31371个，形成新的林草资源管理"一张图"，为开展林草湿荒生态系统保护修复、监督管理、林长制督查考核提供了决策支持和技术支撑。严格执行使用林地审核审批、限时办结和林地使用定额制度，对重大建设项目提前介入、主动服务，依法保障各类建设项目林地需求，全年办理使用林地许可手续376宗，永久使用林地887.89公顷，收缴森林植被恢复费2.43亿元。2022年森林督查共发现违法违规占用林地项目396起、面积68.83公顷，违法采伐（毁坏）林木蓄积25立方米。与2021年相比，违法占用林地面积下降68.2%，违法采伐林木蓄积量下降91%，森林资源保护形势明显好转。推动2个国家森林经营试点单位探索森林经营模式，特别是小陇山林业保护中心在次生林经营培育、森林质量精准提升等方面为全国森林经营提供了重要借鉴。2个国家森林经营试点单位建成不同类型、不同经营技术模式示范林2567公顷。

【草原保护修复】　甘肃省稳步推进草原地方性法规制度建设，完成《甘肃省草原条例》修订，组织开展草原普法宣传月活动，大力宣传草原生态保护相关法律法规，营造全社会关心关爱草原、守护大美草原的共识。着力加强草原生态保护监督执法，实施草原禁牧和草畜平衡区遥感监测示范区试点，加强网格化管理，加大管控力度，确保草原禁牧和草畜平衡制度落实到位。严格按照法定程序，依法依规审核审批草原征占用项目329项。加强超载过牧、违规放牧、滥采滥挖、乱占乱垦等管控力度，草原违法案件发生率明显下降，有效巩固草原生态保护成效。进一步加大草原生态保护修复力度，编制印发《全省"十四五"草原生态保护修复利用规划》，组织实施重点区域生态保护和修复专项、退耕还草、草原生态修复治理等工程项目，开展草原免耕补播试点工作。全年完成草原种草改良36.84万公顷，草原生态环境整体趋好，治理区草原生态加快恢复。不断加大草原生物灾害防控，修订《甘肃省草原虫灾应急预案》，防治草原鼠虫害70.33万公顷。做好草原碳汇调查试点，开展草原碳汇相关基础研究、技术研发，评价草原资源的碳储存和碳吸收能力。分层次、多方式、全方位开展技术培训，累计培训技术人员和农牧民群众3000多人次，提高草原工作能力和水平。

【防沙治沙】 甘肃省嘉峪关、酒泉、张掖、金昌、武威、白银、庆阳、甘南8个沙区市（州）完成沙化土地综合治理任务16.2万公顷，占全年计划任务的145%，超额完成任务。完成人工造林3.2万公顷，封育1.8万公顷，退化林修复1万公顷，沙化草原治理7.8万公顷，机械压沙、光伏治沙等其他治沙造林2.4万公顷。实施北方防沙带河西走廊生态保护和修复工程——石羊河中下游生态保护和修复防沙治沙林草综合治理项目；加强国家沙化土地封禁保护区的建设管理，落实20个国家沙化土地封禁保护区补偿补助，完成3个国家沙化土地封禁保护区项目建设验收和2个续建项目；新申报甘肃肃州天锣城国家沙漠公园建设项目获国家林草局批准；高标准推进武威市和临泽县、金塔县、环县全国防沙治沙综合示范区建设；全面完成中国绿化基金会公益造林任务2万公顷；举办荒漠化治理国际培训班2期。

【野生动植物和湿地保护】 加强赛加羚羊、普氏野马、蒙古原羚、秦岭冷杉等珍稀濒危野生动植物、旗舰物种保护管理，实施"朱鹮回家"等珍稀濒危物种拯救项目，开展雪豹专项调查监测。加强野生动物疫源疫病监测，确保野生动物疫病防控措施落实落细。建立省、市、县三级打击野生动植物非法贸易联席会议长效机制，联合开展"清风行动"，配合开展"网剑行动"，斩断违法犯罪链条。采取系列措施合力推进野猪危害防控，开展外来入侵物种普查。加强《湿地保护法》宣传，推动湿地保护法贯彻执行。实施玛曲湿地保护修复，退化湿地生态系统功能得到较好恢

甘肃省党河湿地（盐池湾保护区管护中心 供图）

复。敦煌西湖湿地成功申报为甘肃省第五块国际重要湿地。实施湿地生态效益补偿和湿地保护修复项目，全省湿地保护与修复取得显著成效。开展全省湿地调查监测，完成全省347个湿地样地调查和663个湿地图斑识别工作。

【自然保护地管理】 编制完成风景名胜区整合优化预案，对全省自然保护地整合优化预案进行"再完善"，拟保留自然保护地164个，保护面积991.99万公顷，占全省面积的23.3%。召开国家级自然保护区建设管理暨生态环境问题整改推进工作座谈会，力促两轮中央环保督察反馈的9个问题和国家黄河流域生态警示片反馈的3个问题全面完成整改。推进解决15个省级自然保护区批建程序不规范和未明确范围功能区划等历史遗留问题，已报请省政府批复5个。建立《关于加强祁连山生态环境保护的意见主要任务落实措施清单》，构建祁连山保护长效机制。在黄河流域8个省82处自然保护区管理评估中，甘肃省名列第二，6个保护区被评为优秀。提升临夏世界地质公园创建水平，加快建设新批建的天锣城国家沙漠公园，倾斜安排资金400万元用于美仁、阿万仓国家草原自然公园建设试点。

【国家公园建设】 立足国家公园在自然保护地体系建设中的重要作用，加快推进大熊猫、祁连山、若

尔盖3个国家公园甘肃片区建设。报请省政府办公厅印发《甘肃省国家公园管理办法（暂行）》；与上海大学签订国家公园建设战略合作协议，编制《甘肃省国家公园建设发展报告（绿皮书）》，委托兰州大学开展国家公园入口社区建设发展模式研究。大熊猫国家公园建设方面：省政府研究制定国务院设立批复贯彻落实意见，全面完成大熊猫国家公园甘肃片区勘界工作，修编《大熊猫国家公园总体规划》，报送《大熊猫国家公园甘肃省管理机构设置方案》。祁连山国家公园设立方面：对标第一批设立的5个国家公园，持续深化拓展体制试点成果，修编《祁连山国家公园甘肃片区总体规划》，调处矛盾冲突问题，祁连山国家公园设立相关支撑材料于2022年5月26日通过国家林草局组织评审论证并征求相关部委意见后，由甘肃、青海两省政府向国务院报送设立申请。若尔盖国家公园创建方面：省政府印发《若尔盖国家公园（甘肃）创建方案》，省林草局制订《创建实施方案》和《林草系统实施方案》，协调相关州、县高质高效完成创建任务。

【祁连山生态保护】 全面贯彻落实甘肃省委、省政府《关于加强祁连山生态环境保护的意见》《关于加快推进祁连山国家公园甘肃省片区建设的意见》等政策文件，以林长制推行为契机，加强制度执行，

靠实工作责任，推进"智慧祁连"建设，综合"天地空"一体化监督管理，持续深入推进"绿盾"自然保护地强化监督专项行动，强化祁连山地区生态环境保护，确保祁连山常态长效管理机制落地见效。印发《甘肃省自然保护地明查暗访工作方案》，结合自然保护地整合优化预案再完善、人类活动点位和遥感监测线索核查等工作，对明查暗访发现的问题及时下发督办通知，督促整改。通过自然保护地明查暗访等手段，持续加强自然保护区行政审批事项事前审批与事中、事后监督管理。组织开展保护区人类活动遥感点位核查，及时查处破坏生态资源违法违规行为，确保生态资源安全。祁连山国家级自然保护区被联合国环境基金会、中国环保协会及香港、澳门环境保护协会主办的"绿色亚太环保成就奖"组委会评为"2022年杰出自然保护区"。

【森林草原防火】 围绕"预防为主、积极消灭、生命至上、安全第一"方针，强化组织领导，完善责任体系，狠抓措施落实。2022年接报、核查火情数量相比2021年下降16.6%，全年未发生重特大及以上森林草原火灾。2022年先后召开5次专题会、3次视频会，研究部署森林草原防火工作，在重要时间节点5次印发文件，安排部署森林草原防火工作。组织开展森林草原火灾隐患排查等专项治理行动，全省共排查出林牧区输配电隐患线路1708千米，完成隐患线路治理514千米。坚持24小时值班和领导带班，时刻保持临战状态。加强预防工作，深化应用"国家林草生态感知平台森林草原防火子系统"和"互联网+防火督查系统"平台，全省设置防火码卡口2765个，地域覆盖率、启用率均达到100%，累计扫码量超过80万次。争取中央预算内投资防火项目4个，涉及金额1.2392亿元；安排中央林业草原改革发展资金森林防火补助项目23个，涉及资金426万元，省级财政森林草原防火补助项目65个，涉及资金1050万元。针对甘肃省森林防火道路密度低、路况差，林火阻隔系统不完善的实际，组织编制《甘肃省林火阻隔系统建设规划（2022—2025

年）》。全面开展森林草原火灾风险普查，完成全省2515个可燃物样地的数据采集，以及野外火源调查、承灾体调查、重点隐患调查及减灾能力调查等工作。在《读者》上刊发平安清明等森林草原防火内容，提升全民防火意识。

【林草科技建设】 科技支撑能力不断提升，全省组建100多个"1+N"科技服务团队，选派300余名科技特派员，50余名省级"三区"人才，30多名乡土专家，2022年共开展各类科技培训400多场次，培训基层技术人员和林农50万人次，发放资料60万份，工具3000套。聚焦林草领域重大科学问题和核心技术，获得立项项目70项，经费3000余万元；取得林草科技成果70项，登记省级科技成果20项，50项林草科技成果得到转化应用。获得2021年度甘肃省科技进步奖一等奖2项、三等奖2项；获得第十三届梁希科学技术奖二等奖1项、三等奖1项。1名科技工作者被国家林草局评为最美林草科技工作者，9名农民技术骨干被评为乡土专家，1名科技工作者入选甘肃省青年拔尖人才。科技合作交流与平台建设取得新成效，先后与兰州大学、上海大学签订战略合作框架协议，开展全方位合作。组织对"甘肃民勤荒漠生态系统野外定位观测研究站能力提升项目初步设计"进行评审论证，并列入2023年中央部门预算投资计划。组织干部职工参加2022年全国林业和草原科普讲解大赛，获得二等奖1项。

【林业有害生物防控】 抓好松材线虫病疫情防控，印发《关于对重点区域开展松材线虫病春季专项普查工作的通知》和《关于开展松材线虫病秋季专项普查工作的通知》，加强日常监测，加大检疫执法，落实包片蹲点制度，做好疫木除治。推进外来入侵物种普查，2022年发现国家重点外来入侵物种8种。开展"绿盾2022"检疫执法专项行动，严格做好松材线虫病检疫执法，全面排查松木及其制品情况，2022年开展专项行动892次，出动执法人员4015人次，检疫登记单位或个人3124家，检查涉木市场

617处，检疫苗木花卉4.1亿株、果品378吨、木材4.1万立方米、木质包装箱和线缆盘7309个。建设绿色防控示范点，在全省推广应用无公害防治技术，以点带面，提升防治水平。推广应用绿色威雷、苦参碱、地芬·硫酸钡、昆虫信息素等生物、仿生物制剂防治林业有害生物。督促各市（州）建立林业有害生物绿色防控示范点14个，完成防治示范面积2000多公顷。完成中华松针蚧无公害防治推广示范项目、甘肃省秦巴山区松材线虫病防控基础设施建设项目和甘肃省国家级林业有害生物中心测报点能力提升建设项目，项目区基础设施得到有效改善，科研能力和防控水平有了一定提升。

【完善集体林权制度】 甘肃省林草局持续抓好省政府办公厅《关于完善集体林权制度的实施意见》落实，推进林权流转、林权抵押贷款、新型经营主体培育等重点工作，全省集体林业发展活力不断增强，改革综合效益不断显现。根据国家林草局统一部署，启动全国林权综合监管系统建设，进一步完善电子文件档案，推进集体林权管理与林权类不动产登记信息共享。开展第二批省级林业产业化重点龙头企业评选认定工作，认定瓜州昊泰生物科技有限公司等17家林草企业为甘肃省第二批林业产业化重点龙头企业，全省省级林业产业化重点龙头企业增加到41家。全省累计办理林权抵押贷款101.08亿元，实现林下经济年产值63.33亿元。泾川、康县等8个县和29个新型林业经营主体被国家林草局认定为全国林下经济示范基地，全国森林康养基地建设单位达22个。

【核桃、花椒、油橄榄产业三年倍增行动】 牢固树立"绿水青山就是金山银山"理念，主动"向森林要食物"，推动实施核桃、花椒、油橄榄产业三年倍增行动计划。一是强化科技支撑，推进良繁体系建设。在主产县（区）扶持建设核桃、花椒、油橄榄种质资源圃各1处，扶持建设国家重点林木良种基地2个（核桃1个、油橄榄1个）、省级良种基地3个（核桃2个、花椒

1个）。"油橄榄产业升级关键技术研究与集成示范"获2021年度甘肃省科技进步奖一等奖。开展高接换优和果园综合管理等技术培训，全年培训8100余人次。二是强化示范引领，推进绿色基地建设。指导有关县（区）争取推进乡村振兴补助资金、涉农整合资金等产业发展资金1.94亿元，新建核桃、花椒、油橄榄2.08万公顷，提质增效8.69万公顷。全省已发展2万公顷以上的核桃产业大县8个、花椒产业大县7个、油橄榄产业大县1个。三是强化主体培育，健全利益链接机制。壮大延伸产业链条，以龙头企业和骨干企业为支撑，突出做强产业链中端，坚持"引和培"两手发力，促进三产融合发展。推行"龙头企业+合作社（家庭林场）+基地+林农"的发展模式，通过签订生产订单、收购订单、贮藏订单等与林业龙头企业建立利益联结。四是加强品牌培育，成功举办节会。组织推荐涉林草企业产品品牌参加第三批"甘味"品牌认定评审，共11个市（州）36个县（区）及小陇山林业保护中心的77个企业品牌成功入围。在玉门市举办首届"甘肃·酒泉枸杞博览会"，在武都区举办"2022·甘肃陇南油橄榄节"，两个节会达成合作签约金额37.61亿元。

【秦安县定点帮扶】 认真履行帮扶秦安县省直组长单位职责，定期召开专题会议对定点帮扶工作进行安排部署，发挥行业优势推进帮扶秦安县重点工作落实。指导13个驻村工作队制定完善"一户一策"帮扶计划，建立"全面监测排查"机制，对119户三类户（脱贫不稳定户、边缘易致贫户、突发严重困难户）持续跟踪监测。指导13个驻村工作队开展第一书记讲党课52场次，开展党支部对接共建活动13场次，累计宣讲党的二十大精神39场次，开展"主题党日+群众说事"活动26场次，梳理化解群众集中反映问题130余件。全年累计培训帮扶村花椒种植户2690人次，筹资21万元在帮扶村完成低产低效果园提质增效85公顷，发放农药610千克、化肥37750千克、修剪工具338套、粘虫板6件，在秦安县中山镇河湾村、景家村帮助新建现代化

温室大棚30个，在后沟村、景家村、苏峡村帮助种植高山架豆23公顷。筹措资金5.21万元，对13个村347户低收入、老党员等特殊困难家庭进行慰问。协调修建肖渠村农家书屋、退役军人事务服务站、爱心理发室等办公用房4间。全年累计安排秦安县林草重点工程项目资金5065万元，协调完成村组巷道硬化1100平方米，安装路灯50盏，维修办公用房500平方米，引导帮扶村群众外出务工3400余人次。开展消费帮扶，全年累计购买帮扶村农产品11250千克，价值56.84万元。筹资6.24万元为帮扶的秦安县中山镇13个村每村购买冬季取暖用煤3吨，筹资3.44万元为13个村提供各类新冠病毒疫情防疫物资。

【国有林场改革】 截至2022年底，甘肃省建成种苗产业基地68.6公顷，养殖鱼池2000平方米，特色林产品基地5196.8平方米，特色生态旅游基地1600平方米，完成场外造林6.67公顷，维修建设管护用房7801.96平方米、林区道路34.38千米。印发《国有林场矢量边界数据收集工作方案》和《国有林场矢量边界数据收集技术方案》。向国家林草局报送国有林场经营范围矢量数据253条，确权范围矢量数据233条，明确全省国有林场经营范围总面积为462.35万公顷，确权范围总面积262.9万公顷，场外造林范围总面积0.95万公顷。陇南市康南林业总场阳坝林场、白龙江林业保护中心

插岗梁省级自然保护区管护中心沙滩保护站、小陇山林业保护中心滩歌林场三个国有林场被中国林场协会评选为2022年度全国十佳林场。

【林草种苗培育】 开展甘肃省第一次林草种质资源普查与收集工作。截至2022年底，全省建立国家重点林木良种基地11个，保有面积1639.2公顷，年生产种子2350千克、良种苗木550万株；建立国家林木种质资源库5个，新收集保存种质资源233份。加强林木良种培育，国有育苗单位培育良种苗木2272万株，林木种子采种808600千克，采收林木良种410771千克，采收良种穗条1394.93万根。开展林草品种审定工作，审定草品种11个。加强省级草种繁育"育繁推"体系建设，建成草品种区域试验站12个，草种质资源圃2个，草种质资源库1个。

【森林公园管理】 甘肃省林草局印发《关于规范省级森林公园设立、范围调整等审批事项的通知》，依法依规开展森林公园设立、撤销、改变经营范围、变更隶属关系等审批事项。在整合优化封库结果基础上调出矛盾冲突地块956个，森林公园数量从原来的91个优化为63个。完成石佛沟、官鹅沟、云崖寺、松鸣岩四个国家级森林公园和崇信县五龙山，临夏州巴米山、南龙山，西固区南山五个省级森林公园修编。

2022年甘肃省林业和草原工作会议召开（甘肃省林草局 供图）

【林草专项资金稽查】 开展对兰州市西固区、七里河区、安宁区、红古区及甘肃连城国家级自然保护区管理局，酒泉市肃北县和玉门市，张掖市甘州区、民乐县及张掖黑河湿地国家级自然保护区管理局，平凉市崇信县和华亭市，甘肃多儿、敦煌西湖国家级自然保护区管护中心，共14个县级实施单位的2019—2021年度21项林业草原专项资金稽查，共稽查资金8.35亿元。通过稽查，相关县（区）和单位进一步靠实项目资金管理主体责任，执行项目资金管理规章制度，财务管理水平明显提升。

【林草法治建设】 甘肃省林草局深入学习贯彻习近平法治思想，成立省林草局法治建设领导小组，制定《领导小组工作规则》《领导小组办公室工作细则》，印发法治建设工作要点、领导干部学法清单和会前学法实施方案。坚持"立改废释"并举，报请省人大常委会修订通过《甘肃省草原条例》、废止《甘肃省湿地保护条例》，省政府办公厅印发《甘肃省国家公园管理办法（暂行）》。规范报备行政规范性文件2件，报备率100%。制定印发《甘肃省林草系统行政执法能力提升行动实施方案》，从着力提升林草行政执法能力、全面落实行政执法"三项制度"等六个方面，破解林草执法难题，规范行政执法行为。为省林草局系统2300多名行政执法人员换发全国统一标准样式行政执法证件，配发执法记录仪300台。以林长制为抓手，与省检察院、省公安厅联合印发《关于建立司法协作机制助推林长制深入落实的意见》，加强司法协作，加大打击力度，开展清零行动，对专项行动和历次森林督查发现的违法案件集中进行查处整改，整改率98.6%。开展"深入学习贯彻习近平法治思想、加快推进全面依法治省"专题调研活动，向省委全面依法治省委员会办公室提交的调研成果《新形势下林草行政执法存在问题和对策》获评优秀奖。严格"谁执法谁普法"普法责任制，印发《2022年度省林草局普法任务清单》，加强林草法治宣传教育阵地（基地）建设，推进"互联网+法治宣传"行动，加大对《宪法》《民法典》和林草法律法规的普法宣传，营造依法治林治草良好氛围。创新普法手段，创作的法治微视频《古韵新风唱普法》在第二届全省法治动漫微视频作品征集展示活动中荣获二等奖。全年开展各类法治宣传30余场次，悬挂宣传标语200余幅，布置宣传展板400余个，发放宣传制品20余万份，现场法律咨询400余人次。

【林草"放管服"改革】 甘肃省林草局深入贯彻落实中央和省委、省政府关于深化"放管服"改革优化营商环境的决策部署，推动全省林草系统"放管服"改革向纵深发展，不断提升政务服务标准化、规范化、便利化水平。持续深化简政放权。全力推进行政许可事项清单管理，结合职责和实际对涉及林草系统实施的行政许可事项进行逐项认真核查和补正，梳理认领行政许可事项22项。深入推进"证照分离"改革，在全省范围内对林草领域10项涉企经营许可事项实行全覆盖清单管理，并按照直接取消审批、实行告知承诺、优化审批服务等方式分类改革。梳理发布省林草局主要业务领域权责事项135项。提升政务服务水平。依托全省一体化政务服务平台和"甘快办"一网一端综合服务功能，推动6项国家林草局委托行政许可事项和30项省级林草政务服务事项全面实现"一网通办""全程网办"和数据汇聚共享。围绕删繁就简、利企便民，持续精简政务服务事项办理要件，压缩办理时限，优化办事流程，提高办理效率，政务服务事项承诺时限压缩率从31.5%提高到48.9%。2022年，共办结国家委托行政许可122件、省级行政许可665件，群众满意度和好评率100%。强化事中事后监管。推行"互联网＋监管""双随机、一公开"监管。梳理完善"两库一清单"，认领省级12项监管事项、150项监管子项，组织相关业务处室对已作出的林草行政审批项目按要求进行随机抽查，不断提升事中、事后监管的准确性和有效性。构建以信用为基础的新型监管机制，全年在"信用甘肃""甘肃林业网"公示林草行政执法信息670条，主动接受群众监督。

【退耕还林】 根据国家自然资源部、林草局、发展改革委、财政部、农业农村部《关于进一步完善政策措施巩固退耕还林还草成果的通知》精神，及时制定印发甘肃省贯彻落实意见。印发《关于认真做好退耕还林精细化管理的通知》，从认真实行退耕还林任务五项管理制度等方面，做好工程精细化管理，进一步提升和规范工程管理水平。完成2020年度退耕还林建设任务9766.67公顷，及时拨付2022年度中央各项退耕还林资金15.45亿元，为建设任务落实和政策兑现提供保障。组成工作专班，完成全省新一轮退耕还林约270万个图斑、47万公顷退耕还林地的矢量数据库建设，通过国家林草局审核。配合国家林草局华东院，完成6个样本县2017年和2018年两个年度建设任务的国家级核查验收。组成3个督办调研组，由分管局领导带队，分赴庄浪、武都、民乐等14个重点县（区）开展现场调研，督促采取有效措施落实任务，挖掘推广基层典型模式和经验。组织对前一轮和新一轮退耕地还林实施、保存等情况进行摸底调查，为科学推进提质增效，巩固发展建设成果提供重要依据。宣传退耕还林新政策新典型，报道全国"人民满意的公务员"——武威市民勤县退耕办主任姜莉玲同志先进事迹。在全国"生态建设工程项目综合管理培训班"上，甘肃省作了交流发言。国家林草局生态中心就全年退耕还林工作向省林草局致表扬信。

【公益林保护】 2022年，甘肃省森林生态效益补偿面积394.32万公顷，补偿资金7.15亿元，惠及全省14个市（州）的86个县（市、区）、兰州新区、甘肃矿区及17个省林草局直属单位，共计124个县级实施单位。根据国家林草局统一部署，在林草湿综合监测数据与国土三调成果对接融合基础上，结合国土年度变更成果，进一步完善甘肃省国家级公益林范围界线、保护等级核定等优化工作。完成全省24个县级实施单位公益林保护管理责任落实、补偿资金兑付和数据库信息核实的省级抽查工作。全省20个国家级公益林监测站点继续开展典型生态区位的气象、水文、土壤要素及植被类型、林分结构以及分布格局定位观测，实现公益林监测数据、资源、成果共享。"甘肃省公益林生态效益监测一期项目"通过验收，二期项目持续推进开展中。通过优化公益林站点建设，细化监测指标，充分利用先进技术手段，探索公益林碳汇价值，为指导全省公益林保护、建设和管理提供了重要依据。

【三北防护林建设】 贯彻国家林草局《关于全面推进三北工程科学绿化的实施意见》精神，准确把握科学绿化的主旨要义，及时印发通知，督导各地抓好落实。紧紧围绕全国三北局（站）长会议确定的重点任务，强化工程管理，科学造林绿化。制定印发《甘肃省2022年三北工程建设工作要点》《关于科学推进全省三北工程2022年国土绿化工作的通知》，精心安排部署，建立重点任务清单台账跟踪落实，科学推进三北工程建设。对47个县区开展三北工程春季绿化造林督查和省级核查，对发现的问题及时下发整改通知，抓好整改落实。组织召开春季绿化造林综合督查核查情况交流会，形成综合督查报告和2020年度省级核查报告。启动民勤、华池科学绿化试点县建设，组织编制《三北工程科学绿化试点县科学绿化方案》，推进科学绿化试点工作。

【白龙江林业保护】 白龙江林区主要分布在白龙江和洮河上中游，是长江、黄河重要的水源涵养林和甘肃南部的生态屏障。林区总面积112.86万公顷，其中有林地100.2万公顷，林木蓄积量7424万立方米。2022年，完成人工造林0.62万公顷，退化林修复1.56万公顷，森林抚育1.17万公顷，林木良种培育675万株，林业有害生物防治1.26万公顷，落实公益林生态效益补偿面积21.47万公顷；申报"十四五"期间国家储备林工程建设总任务6.67万公顷和2023重点区域生态保护修复项目3.2万公顷；15套"森林眼"及3处指挥中心投入使用，10台运兵车辆和机具运输车辆配备到

位，健全完善各层级林长组织体系和制度建设，深入推动林长制工作落地见效；禁种铲毒巩固实现"零种植、零产量"目标。祁连葡萄酒荣获2021年中国酒类流通协会"放心酒工程·示范企业"和甘肃百家"甘味"企业商标品牌。17项重点科研项目有序推进，申报甘肃省地方标准9项；完成省内外林业生态监测、调查规划、作业设计及方案编制等任务48项；编制完成《2022年度甘肃省天然林资源保护修复报告》。建立促进当地社区参与野生动物保护和生境恢复的共管激励机制，实施UNDP-GEF甘肃保护地项目。

【小陇山林业保护】 小陇山林区地跨长江、黄河两大流域，主要包括小陇山、西秦岭、关山等林区，是兼有全国南北方特点的典型天然次生林区，也是全国天然林保护工程重点实施区。林区总面积793970公顷，其中林地面积663439公顷，林木蓄积量4634万立方米。2022年，小陇山林业保护中心完成人工造林2880公顷，退化林修复16266.7公顷。推进林长制工作，建立保护中心、林场、森林经营管理所三级林长责任体系。全面做好森林资源监测，开展2022年森林督查暨森林资源管理"一张图"年度更新，156个森林督查图斑全面完成调查核实并入库。对管理的11个自然保护地边界矢量数据进行修订，完成麦草沟、黑河两个省级自然保护区功能区划，经省政府批复。落实森林防火责任制，推广应用防火码，设置地域防火码184个，启用率100%。完成松材线虫病疫情调查面积8.64万公顷，取样164株，未发现疫情感染传播，完成其他林业有害生物防治1.05万公顷。安排野生动植物保护资金1430万元，用于朱鹮再引入繁育和野外放飞项目建设，极小种群秦岭冷杉和庙台槭调查监测、种群繁育与回归试验。

【特色亮点工作】 甘肃省林草局主动衔接中国农业发展银行甘肃省分行、甘肃省农村信用社联合社为全省林草发展授信450亿元，推进林权抵押贷款，落实财政贴息3%，建设金融创新

平台，充分利用金融机构贷款推进林草生态建设。据初步统计，截至2022年底，全省谋划建设的国家储备林项目共39个，总投资400.72亿元，融资需求301.87亿元。

甘肃省林草局紧紧围绕中办、国办《关于全面推行林长制的意见》和省委、省政府部署要求，召开全省林业和草原工作会议，逐级靠实责任，推动林长制落地生根，以林长制促进"林长治"。截至2022年底，设立各级林长62288名，设置林长制公示牌17493块，省、市、县、乡、村五级林长责任体系全面建立，每片森林和草原都明确责任人，每位林长都有自己的"责任田"。

甘肃省林草局坚持智慧化、感知化、物联化，综合运用遥感卫星、无人机、地面调查等监测措施，由点及面，探索构建全省"天空地"一体化林草监测体系。2022年，申请中央财政国家公园建设专项资金7595万元，开展祁连山国家公园生态系统定位监测体系建设，包括16个森林生态系统定位监测站、18个草原生态系统定位监测站、2个冰川冻土生态系统定位监测站、5个水文监测站以及9个坡面径流场，推动实现对公园内森林、草原、湿地和冰川冻土等生态系统的连续动态观测。

【表彰奖励】 根据人力资源和社会保障部、国家林业和草原局印发的《关于表彰全国林草系统先进集体、劳动模范和先进工作者的决定》，甘肃省平凉市静宁县林业和草原局、小陇山林业保护中心龙门林场、武威市古浪县八步沙林场3个单位被表彰为"全国林草系统先进集体"，甘肃连城国家级自然保护区管理局职工何小荣、酒泉市阿克塞哈萨克族自治县林业生态工作站造林资源和荒漠化防治股股长叶尔保力、临夏回族自治州林业和草原局林业勘察设计队队员徐韶波3名同志被表彰为"全国林草系统劳动模范"，甘肃省林业科学研究院油橄榄工程技术研究中心主任姜成英、天水市秦州区林业和草原局副局长徐金祥、子午岭林业管理局正宁分局西坡林

场党支部书记马承凯3名同志被表彰为"全国林草系统先进工作者"。

根据全国绿化委员会、人力资源和社会保障部、国家林业和草原局《关于授予郭万刚同志"林业英雄"称号的决定》，授予甘肃省武威市古浪县八步沙林场场长郭万刚"林业英雄"称号。

【大事记】

2月16日　甘肃省林业和草原工作会议在兰州召开，省林草局党组书记、局长张旭晨作工作报告。

2月16日　甘肃省林草局在兰州召开全省国家级自然保护区建设管理暨生态环境问题整改推进工作座谈会。

2月28日　甘肃省林草局党组召开扩大会议，研究成立甘肃省林业和草原局法治建设领导小组。

3月2—3日　甘肃省林草局党组书记、局长张旭晨带队赴青海省考察对接国家公园建设工作，交流国家公园建设情况及综合执法情况，参观三江源国家公园大数据平台建设成果。

3月17日　甘肃省林草局与中国农业发展银行甘肃省分行签订战略合作协议仪式在兰州举行。

3月31日　《甘肃省草原条例》经甘肃省十三届人大常委会第三十次会议修订通过，于2022年5月1日正式实施。

4月11日　甘肃省林草局与大唐甘肃发电有限公司签署防沙治沙工作合作协议。

4月12日　省委书记、省人大常委会主任尹弘，省委副书记、省长任振鹤，省政协主席欧阳坚等领导同志在兰州市与干部群众一同参加义务植树活动。

4月29日　甘肃省林草局印发2022年度普法任务清单和领导干部学法清单。

4月25日　《国家公园管理局关于同意开展若尔盖国家公园创建

工作的函》（公园函字〔2022〕3号）印发甘肃、四川两省政府，同意开展若尔盖国家公园创建工作。

5月6日　甘肃省林草局与兰州大学签订战略合作框架协议仪式在兰州举行。兰州大学党委书记马小洁、校长严纯华，省林草局党组书记、局长张旭晨出席签约仪式。

5月29—31日　甘肃省林草局、省外事办制作宣传展板，在"沙特阿拉伯第一届国际绿化大会"上展示三北工程在生态恢复和沙漠化防治方面取得的巨大成就。

6月2日　《甘肃省湿地保护条例》经甘肃省十三届人大常委会第三十一次会议决定废止。

6月23—27日　甘肃省林草局举办党的十九届六中全会精神集中培训班，局系统470多名党员干部参加培训。

7月7日　甘肃省林草局与甘肃省农村信用社联合社签订战略合作协议仪式在兰州举行。

7月13日　由甘肃省林草局、酒泉市人民政府、中国科学院兰州分院主办的首届甘肃·酒泉枸杞博览会在酒泉市开幕。

8月10日　甘肃省委书记、省总林长尹弘参加省全面推行林长制工作领导小组会议并讲话，省长、省总林长任振鹤主持会议，会议审定通过《甘肃省林长制工作考核办法（试行）》。

8月23日　甘肃省政府新闻办举行省全面推行林长制情况新闻发布会，省林草局副局长、新闻发言人田葆华，省林草局一级巡视员苏克俭等介绍全省林长制工作情况。

9月7日　甘肃省林草局党组书记、局长张旭晨会见中国铁塔甘肃省分公司党委书记、总经理吕继兵一行，推动落实双方2020年3月签署的战略合作协议领导会晤机制，围绕充分发挥各自优势、进一步深化务实合作开展座谈交流。

9月16日　甘肃省林草局与甘肃

省建设投资集团有限公司合作框架协议签约仪式在兰州举行。

9月19日　甘肃省政府办公厅印发《关于科学绿化的实施意见》。

9月28日　甘肃省政府召开全省国土绿化工作会议，总结交流全省国土绿化工作，研究分析当前形势任务，部署推进国土绿化工作，省委常委、常务副省长程晓波出席会议并讲话。

9月29日　甘肃省林草局与上海大学国家公园建设战略合作协议签约仪式在兰州举行。

10月9日　甘肃省林草局组织局系统2600多名执法人员参加行政执法资格考试。

11月2日　由国家林草局指导，甘肃省林草局，陇南市委、市政府，中国经济林协会主办，以"生态陇南·橄榄之约"为主题的"2022·甘肃陇南油橄榄节"在陇南市武都区开幕。

11月2日　国家林业和草原局授予北京市石景山区等26个城市"国家森林城市"称号，甘肃省平凉市名列其中，成为甘肃省首个国家森林城市。

11月5日　甘肃省委书记、省级总林长尹弘，省长、省级总林长任振鹤签发第3号总林长令——《关于全面做好今冬明春森林草原防火工作的令》。

11月30日　在甘肃省委宣传部、省委网信办、省司法厅举办的第二届全省法治动漫微视频作品征集展示活动中，省林草局创作并报送的法治微视频《古韵新风唱普法》获得二等奖。

12月23—25日　甘肃省林草局召开全省林草系统高级、中级职称任职资格评审会3次，537人获得中级以上工程师职称任职资格。

12月30日　甘肃、青海两省政府共同向国务院报送《关于设立祁连山国家公园的请示》。

（甘肃省林草业由甘在福供稿）

# 青海省林草业

【概　述】　2022年，在省委、省政府和国家林草局的坚强领导下，青海省林草系统全面落实习近平总书记对青海工作的重要讲话、指示批示精神，按照省第十四次党代会决策部署，认真践行新发展理念，以国家公园示范省建设为引领，克服新冠病毒疫情影响，高质量推进生态修复、资源保护、绿色富民、改革创新等各项工作，林草事业改革发展取得新成效，为全省经济社会发展和生态文明建设作出了积极贡献。

【国家公园建设】　作为我国第一个国家公园体制试点省份，也是目前中国唯一的国家公园示范省，青海在全国率先开展以国家公园为主体的自然保护地体系示范省建设，国家公园群初具雏形，保护地体系进一步优化，在全国率先完成自然保护地优化整合，基本建立以国家公园为主体、自然保护区为基础、各类自然公园为补充，分类科学、布局合理、保护有力、管理有效的自然保护地体系。

**国家公园示范省建设**　2022年，国家公园示范省建设三年行动全面完成，顺利实现"三步走"战略前两步目标。编制《青海以国家公园为主体的自然保护地体系示范省建设总体规划》，完成《国家公园示范省建设三年行动计划（2020—2022年）》评估。三江源国家公园面积由12.31万平方千米扩展到19.07万平方千米，祁连山国家公园设园工作就绪，青海湖国家公园创建全面展开，昆仑山国家公园青海片区创建前期工作取得阶段性成效，青藏高原国家公园群初具规模。4个国家草原自然公园试点稳步实施，自然保护地整合优化有序推进，完成风景名胜区整合优化，以国家公园为主体的7类87处自然保护地，占全省国土面积的39.18%，远高于全国18%的平均比例，以国家公园为主体的自然保护地体系建设走在全国前头。基础设施建设力度进一步加大，各自然保护地管护站点、巡护路网、防灾减灾、监测监控等基础设施不断完善，三江源、祁连山国家公园建成生态大数据中心和"天空地"一体化监测网络，设立31处国家公园示范省自然教育基地。

在管理体制改革、生态环境保护、生态价值转化、生态法治保障和生态文化建设等方面走在前头，加快推进以国家公园为主体的自然保护地体系建设进程。坎布拉国家地质公园列入世界地质公园候选名单，同德石藏丹霞国家地质公园正式获批，初步实现了"在建立以国家公园为主体的自然保护地体系上走在前头"的阶段性工作目标，成为中国自然保护地体系改革的引领者、贡献者和示范者。

**三江源国家公园建设**　三江源国家公园作为全国首批、排在首位、面积最大的国家公园正式设立以来，省林草局与三江源国家公园管理局共同研究，制定印发了《三江源国家公园保护管理工作任务清单》，明确了7个方面28项具体任务；修改完善了《三江源国家公园总体规划》，并上报国家林草局；研究起草了《三江源国家公园管理机构设置方案》，已由省委编办报中央机构编制委员会审批；持续推动长江源、黄河源、澜沧江源生态保护和系统治理，加强雪山冰川及湿地保护，加大退化草地、湿地、沙化土地治理力度；启动实施三江源国家公园全民所有自然资源资产所有权委托代理机制试点，积极建立归属清晰、权责明确、保护严格、流转顺畅、监管有效的自然资源资产产权制度；修改完善《三江源国家公园项目管理办法》等相关制度，规范国家公园建设管理逐步调整优化"一户一岗"生态管护公益岗位设置，继续实施第三轮草原奖补政策，保障园区牧民收入；制定出台了《三江源国家公园野生动物与家畜争食草场及肇事损失补偿试点实施方案》、资金管理办法、绩效管理办法，逐步缓解人、畜、野生动物之间的矛盾；优化特许经营项目目录，科学合理测算24个生态体验项目生态访客容量，高质量推进三江源国家公园建设各项任务。

**祁连山国家公园建设**　加快推进祁连山国家公园设立工作，编制完成设园方案、范围和分区论证报告、矛盾问题处置方案、综合科学考察报告。建成野生动物救护繁育基地、生态科普馆、展陈中心，八一冰川科普馆建设有序推进，40个标准化管护站、智能巡护管护系统高效稳定运行。建立国家公园生态产品价值核算模型，完成生态产品价值实现机制规划阶段性编制任务。深化科研体系建设，公园大数据中心全面运行，生态监测体系基本建立。召开祁连山国家公园（青海）自然教育工作会议，编制《祁连山国家公园青海片区自然教育体系建设工作方案》。加快推进自然教育标准化建设，制定《祁连山国家公园生态学校评定导则》，建立生态学校14所。"祁连山——我们的家园"线上虚拟展厅开创了自然教育"线上课程"与"实地研学"相互融合新模式。《秘境之眼》《黑颈鹤成长日记》登录央视频道，成为宣传推介祁连山国家公园最佳窗口。与祁连山国家公园甘肃省管理局密切协作，共同编制并上报了《祁连山国家公园设立方案》《祁连山国家公园范围和分区论证报告》《祁连山国家公园矛盾问题处置方案》以及综合科学考察报告、符合性认定报告、社会影响评价报告等技术支撑材料；切实加强甘肃、青海两省跨区域联合执法管控力度，有效落实生态管控措施。建立首支无人机巡护队伍，常态化落实月通报制度，将安全生产、应急管理以及能力建设等情况纳入通报范围；着力强化科研平台建设，持续加强信息监测站、野外监测点位以及制度机制建设。

**青海湖国家公园创建工作** 4月25日，国家林草局复函同意青海湖国家公园创建工作后，省林草局配合青海湖景区保护利用管理局推进青海湖国家公园创建各项工作，更名成立青海湖国家公园创建工作领导小组。对照《国家公园设立指南》和国家公园管理局复函所明确的8个方面创建工作重点任务，制定《青海湖国家公园创建实施方案》。启动青海湖国家公园综合科学考察、立法前期工作，研究提出《青海湖景区管理体制改革建议方案》，与海北州、海南州共同构建高效有序的管理运行执法机制。与科研院所深化战略合作，为国家公园创建提供技术支撑，加快推进青海湖国家公园体制建设。

【**国土绿化**】 2017年以来，省委、省政府连续6年召开全省国土绿化动员大会，全面部署国土绿化工作，先后实施国土绿化提速三年行动计划（2017—2019年）和巩固提升三年行动（2020—2022年），全省森林覆盖率从2011年的5.23%提高到2021年的7.5%，提高了2.27个百分点。

**科学绿化工作** 4月2日，省委、省政府高规格召开全省国土绿化动员大会，省政府印发《关于科学绿化的实施意见》，持续高位推进绿化事业。扎实推进重点生态保护修复工程建设，全年完成国土绿化35.03万公顷，完成目标任务的118%，其中营造林17.8万公顷、草原生态修复17.23万公顷；完成防沙治沙8.50万公顷，完成目标任务的120%，《青海省国土绿化巩固提升三年行动计划（2020—2022年）》圆满收官。高质量完成海南州全省首个中央财政支持国土绿化试点示范项目，成功申报全国第二批国土绿化示范项目——黄南州尖扎至同仁段生态修复综合治理项目，总投资3亿元。海东市化隆县、海南州共和县入选全国20个科学绿化试点县。开展造林绿化空间适宜性评估，摸清了未来全省造林绿化空间底数，纳入国土空间规划"一张图"。全面实行造林绿化任务带位

置上报、带图斑下达，造林绿化科学化、精细化水平全面提升，被国家林草局评为国土绿化表现突出省份。吸引社会投入成效显著，中国绿化基金会和大众汽车集团（中国）公司投资1500万元，在互助县公益造林400公顷；捐资200万元，完善管护员巡山护林装备。中国太平洋保险集团投资1000万元，实施了32公顷"中国太保三江源生态公益林"三期项目。

**全民义务植树** 4月8日，省委、省人大常委会、省政府、省政协、省军区主要领导与干部群众在西宁市城中区沈家沟植树点参加义务植树活动。结合"3·12"植树节、"3·21"国际森林日、"6·17"世界防治荒漠化与干旱日等生态节日，积极开展"省级领导义务植树""春秋两季全民义务植树""共建生态宜居林"等活动，营建了一批民族团结林、国防林、工会林、劳模林、援青林、巾帼林、青年林等"主题林"。不断丰富拓展义务植树尽责形式，逐步完善市（州）县级"互联网+全民义务植树"基地体系，高质量建成2处"互联网+全民义务植树"国家基地和27处省级基地，开通各级"全民义务植树网"平台，尽责活动全面向社会公众开放。全省全年完成义务植树1800余万株，参与义务植树人数达300万人次。

**城乡绿化美化** 坚持以城区绿化为骨架、乡村绿化为连接，加快城镇、村域荒山荒地，村旁、宅旁、路旁、水旁等应绿尽绿和庭院绿化美化。将创建省级森林城镇和森林乡村同农村人居环境综合整治、美丽乡村建设相结合，对具备条件的城镇和乡村统一规划，制订山、水、田、路、林绿化方案，高标准开展城市周边、农牧村庄、交通沿线、河道两岸绿化，实现见缝插绿、应绿尽绿，4个省级"森林城镇"和10个省级"森林乡村"扎实推进。

**部门绿化** 以"应绿尽绿"为目标，结合行业特点和优势，大力推进绿色城镇、绿色乡村、绿色企业、绿色庭院、绿色校园、绿色机关、绿色营区建设。宣传部门大力宣传报道国土绿化的重大意义、决策部署、取得的丰硕成果及先进

典型事迹，动员全社会参与国土绿化事业。省军区和驻青各部队组织官兵、民兵开展义务植树活动，持续营造"国防林""军（警）民共建林"，主动参加驻地生态治理，促进第二故乡繁荣发展。省总工会围绕生态环境保护广泛开展劳动技能竞赛、"生态保护我先行"等活动，建成6处"工会林"、4处"劳模林"。团省委动员青少年和社会公众参与植绿护绿活动300场，参与青年达1.1万人次，实施2个省级青年林（青年草场）项目53.33公顷。妇联组织动员城乡妇女开展国土绿化行动，参与妇女达3.5万人次，建设3处"巾帼林"。教育系统组织广大师生参与自然教育、绿色实践和"关注森林有你有我"系列活动，参加国土绿化活动达100万人次。生态环境部门加大环境违法行为查处力度，全年查处违法案件138起。住房和城乡建设部门持续拓展城市绿色空间，全省城市建成区绿地率达34.14%，人均公园绿地面积达13.49平方米。交通运输部门大力开展绿色景观廊道建设，绿化公路48393.6千米。水利部门坚持开展水土流失综合治理，治理水土流失面积4.86万公顷。农业农村部门结合开展农村人居环境整治，强化农田防护林网建设和草原保护，整体推进垦区、农村牧区环境绿化亮化。铁路部门以建设绿色通道为重点，切实加强北山义务植树基地和铁路沿线绿化管护。

【**重点生态工程**】

2012年以来，在国家林草局的大力支持和青海省委、省政府的领导下，青海林草部门牢固树立生态优先理念，加快实施林业重点工程，持续加大国土绿化力度，坚持增量提质并重，工程造林和义务植树相结合，依托三北防护林建设、天然林保护、退耕还林还草、防沙治沙、草原生态建设、湟水流域百万亩造林等林业生态重点工程，青海林草事业取得历史性突破，呈现出良好的发展态势。

**西宁南北山绿化工程** 积极推进营造林工作，完成600万元造林补助项目，补植补栽面积1333.33公顷，完成精准提升补植补栽建设80公顷，以乡土树种为主，补植补栽

云杉、油松等绿化树种以及丁香、山杏、珍珠梅、柽柳等花灌木30余万株。落实2666.67公顷森林管理任务，完成666.67公顷森林抚育任务，各绿化区适时开展春灌、施肥、整地、修枝等工作，100%完成林木管理任务和4806公顷林业有害生物防治任务，切实保证林木健康生长。

**防沙治沙工程** 坚持国家重点生态工程向沙区倾斜的工作方针，全面落实《青海省防沙治沙规划（2021—2035年）》，扎实推进"双重"专项、国土绿化试点示范、林草区域性系统治理和林草转移支付国土绿化等国家重点工程建设，全面加强12个国家沙化土地封禁保护区"标准化、数字化、智能化"建设、成效监测和日常巡护管理，持续巩固5个全国防沙治沙综合示范区建设成效，加快推进海南州全省防沙治沙示范州创建，进一步规范国家沙漠公园建设管理，积极推进沙漠自然公园整合优化，统筹推进山水林田湖草沙冰一体化保护和系统治理，全年完成防沙治沙任务8.50万公顷，为年度任务的120%。

**草原生态建设** 全面贯彻落实《国务院办公厅关于加强草原保护修复的若干意见》，实施《加强青海省草原保护修复的若干措施》，起草完成《青海省草原禁牧草畜平衡管理办法》《草原征占用现场查验规范》，加快出台进程，强化制度保障。同时，推进草原生态保护修复利用的规划引领，制定印发《青海"十四五"草原保护修复规划》《青海省"十四五"草原利用和草产业发展》，为高质量推进"十四五"草原保护修复提供政策支撑和指导。科学推进退化草原治理修复，制订《黑土型退化草原保护修复五年行动方案》，实施黑土滩、沙化草地等退化草地综合治理，累计完成草原围栏封育420万米，人工种草7.19万公顷，改良退化草地39.8万公顷。全面落实第三轮草原生态保护补助奖励政策，实施草原禁牧0.19亿公顷、草畜平衡0.21亿公顷，推进落实禁牧、休牧和草畜平衡制度。组织开展全省草原监测工作，推进草原有害生物普查，绘制完成工作底图，科学设置标准地和打卡点布设，调查全省草原有害生物的种、分布以及危害程度。根据玉树州突出草原毛虫灾害的情况，组织人员在现场核查的基础上，在曲麻莱县、治多县开展草原毛虫应急防控9.93万公顷，有效遏制了草原虫灾的蔓延，保障了农牧民财产安全。

**【资源保护与管理】** 坚持一手抓资源培育，一手抓资源保护，通过最严格的资源保护制度，依法加强林地、草地、湿地保护。按照依法保护、全面保护、科学保护的原则，坚持用严密的制度、严格的管理保护发展林草资源，通过出台贯彻落实中办、国办《关于全面推行林长制意见》实施方案，在全省建立林草长组织体系，使全省林草资源保护全面强化。

**林草资源管护** 严控林草资源征占用，制定实施《青海省重要湿地占用管理办法（试行）》，审核审批使用林地190项、草原92项、湿地52项，全部在国家限额之内。加大林草湿荒生态综合监测力度，森林样地调查全面完成，被国务院三调办评为"第三次全国国土调查先进集体"，为全国林草系统唯一获奖单位。获得国家林业和草原局"林草资源保护与管理表现突出省"表彰。常态化开展森林督查，严厉打击各类破坏森林资源违法行为。持续挂牌攻坚整改2013—2021年森林督查发现问题，压实林长责任，开展清零行动，保持对破坏森林资源违法行为的高压震慑态势。首次开展年度草原变化图斑核查与处置工作，完成图斑核查3553个，完成率100%，从严进行违法问题处置。开展2022年林草生态综合监测工作，全面掌握全省林草湿荒资源家底及动态变化情况，服务新时期生态文明建设战略。落实森林生态效益补偿资金73891万元，设置公益林管护员7.6万人，将国家级公益林全部落实到山头地块，层层签订目标责任书，切实做到任务、目标、资金、责任和管护效果"五落实"。会同省财政厅编制完成了《青海省2022年森林生态效益补偿基金实施方案》。各县级实施单位根据省级实施方案中分解到的管护面积及资金总量，编制完成年度县级实施方

案，使国家级公益林保护管理工作稳步向前推进。在全省全面开展国家级公益林保护管理监理及资源监测工作，并在110个国有林场及20个试点县开展国家级公益林管护奖补考核评比试点工作，健全长效奖惩机制。

**林（草）长制** 全面建立省、市、县、乡、村五级林（草）长制组织体系和运行机制，制定出台《青海省全面推行林长制实施方案》等"1+5"项制度、办法，各地林长办参照制定符合属地实际的多项相关制度办法等234项，形成"省级总林长负总责、市（州）级总林长抓督促、县区级总林长抓落实"的工作格局。林（草）长制全面推行，并建立督查考核机制。全省设立省、市、县、乡、村五级林（草）长6839名，配套方案、制度、办法296项，林草资源保护、生态治理修复、森林草原防火、有害生物防控、野生动植物保护等全部纳入林（草）长管护新体系。西宁市、黄南州积极推行"林（草）长+检察长"，黄南州林草、河湖"两长合一"新模式，海北州建立林（草）长网格化管理体系。

**湿地保护工作** 全面贯彻落实《中华人民共和国湿地保护法》，省人大常委会召开"青海省贯彻落实《湿地保护法》座谈会"。印发《青海省林草局贯彻落实〈中华人民共和国湿地保护法〉实施方案》。省林草局召开全省林草系统学习贯彻"习近平总书记在《湿地公约》大会上的重要致辞精神部署会"。省委常委会专题听取省政府党组对青海湿地保护工作汇报并研究部署今后湿地保护工作。湿地保护取得突破，玉树藏族自治州隆宝滩成功申报国际重要湿地，全省国际湿地达到4处，实现全省八市州"国字号"湿地公园全覆盖，湿地保护率达64.32%。向国家林草局申报曲麻莱德曲源、泽库泽曲、班玛玛可河、乌兰都兰湖、都兰阿拉克湖5处为国家重要湿地，为进一步推进湿地分级管理打下基础。经省政府审核同意，印发《青海省重要湿地占用管理办法（试行）》，严把湿地征占用审核关，办理建设项目占用重要湿地53项。在全国率先对湿地卫片执法采取挂图作战，

对2021年国家林草局卫片执法查处和省级督查发现的83处国家湿地公园疑似违建挂图作战，核实率达到100%，整体销号率达98%。

2022年积极争取落实各类湿地保护项目资金10485万元，其中中央财政林业改革发展湿地补助资金7440万元，省级财政湿地项目965万元，湿地生态管护员2080万元。在青海湖鸟岛、扎陵湖、鄂陵湖国际重要湿地，泽库泽曲、乌兰都兰湖省级重要湿地等重要湿地实施湿地保护与恢复项目25项、湿地生态效益补偿项目1项、小微湿地项目7项。开展2022年度林草湿综合监测工作，完成全省416个湿地样地的综合调查监测。"青海省泥炭沼泽碳库调查工作"通过国家林草局验收，形成了青海省泥炭沼泽碳库调查数据库和调查报告等成果。与全国同步启动了黄河青海流域水鸟及栖息地调查工作。全面完成2022年度木里矿区湿地监测任务、玛多"5·22"地震灾后生态修复和湿地监测工作。9月28日，国办督查室《关于反馈国务院第九次大督查有关情况的函》，在附件2《督查发现的地方有关典型经验做法》中明确提到，"青海湿地面积位居全国前列"。青海湿地保护受到国务院通报表扬。7月15日，国务院副总理韩正前往三江源自然保护纪念碑和隆宝保护区，对青海湿地保护取得的成绩给予充分肯定。

**生物多样性保护**　加强生物多样性保护，积极开展藏羚、金钱豹、藏野驴、华福花等珍稀濒危野生动植物资源调查，加快推进青藏高原野生动物救护繁育中心收容救护标准化建设，科学规范开展野生动物救护繁育管理工作。加强古树名木保护和管理，出版发行《青海林木种质资源》，发布了《青海省第一批乡土树种名录》，西宁市杨树、丁香国家林木种质资源库已建成，忍冬、沙生植物种质资源库正在建设中，鳞皮云杉列入第三批建设计划中。针对全省558株古树名木分布状况和生长情况，实施"一树一策"管护，集中技术力量采取填堵树洞、防治病虫害、灌水施肥等复壮措施进行保护修复。严厉打击破坏古树名木违法犯罪活动。严格落实野生动物致害损失保险赔偿机制，在全国率先推行野生动物造成人身财产损失保险赔偿，全年受理野生动物致害赔偿案件263起，涉及赔款金额151万元。

**木里矿区种草复绿**　制定《木里矿区生态修复（种草复绿）补种补植补肥技术方案》，强化技术支撑，组织实施补种补植补肥工程，高质量完成木里矿区种草复绿补植补种补肥，完成补种334.73公顷，补植19.6公顷，补肥126.73公顷，实现"应绿尽绿"的目标任务。采用"天空地一体化"方法，对11处矿坑、19座渣山的生态修复、越冬返青和"三补方案"复绿情况进行了全天候、全过程监测，累计监测固定样地58个、样线58条、样方290个；测定土壤理化性质、植被生长状况等监测指标达36项，更换监测标识牌14个，形成了上半年和全年度阶段性监测报告。严格落实全省森林草原防火工作电视电话会议精神，利用"双包五联""总督查"等工作机制，将木里—江仓地区作为重点区域予以调度督导，督促落实防火宣传标语设置，对矿区周边牧民群众开展防火宣传，并与牧民签订防火责任书，矿区主要出入口设置防火二维码，配发了灭火工具。防火区坚持开展日常巡查巡视和24小时值班报告制度，对放牧利用、草原防火等进行了严格管护。

**有害生物防治**　开展森林、草原、湿地生态系统外来入侵物种普查，积极开展松材线虫病等重大林业有害生物防控专项行动，建立健全部门间、行业间联防联控机制。全省共完成林业有害生物防控面积20.22万公顷，无公害防治率达97.98%；完成种苗产地检疫面积3360公顷，产地检疫率达100%，松木及其制品复检率100%；监测覆盖率94.69%；成灾面积26.67公顷，成灾率降至0.004‰，低于3.5‰的控制指标，全省未发生重大外来林业有害生物入侵和不可控的灾情。完成草原有害生物防治面积200万公顷，全力推进草原有害生物普查，共完成标准地调查4353个，占全省标准地的94.9%，完成踏查面积16.4万公顷，采集制作草原有害生物标本340号。按照《青海省草原有害生物监测预警实施方案》要求，设置监测警路线150多条，持续开展草原有害生物动态监测，对草原有害生物发生危害程度、地点、种类、分布范围等进行监测，及进发布预警信息，编制青海省2021年草原生物灾害发生情况及2022年趋势预测报告。

**森林草原防火**　建立总督察责任制，严格落实"双包五联"制，全面普查森林草原火灾风险，推广"互联网+森林草原防火督查"系统，加强防火物资储备、应急演练和宣传教育，全省森林草原火灾发生次数逐年减少，较上年同期下降了94%和95%，火灾起火原因查明率100%。防灭火工作得到了国家森林草原防灭火指挥部和国家林草局的高度肯定，得到了省委、省政府的充分认可。

**【林草改革】**

积极稳妥推进改革创新，为林草事业高质量发展聚势赋能。围绕局党组年度工作重点，妥善处理疫情防控与林草产业发展，全面推进林草深化改革、品牌建设等重点任务，较好地完成了各项工作任务。

紧扣省委全面深化改革要求，找准林草改革工作切入点、着力点、结合点，印发《青海省林业和草原局2022年改革任务台账》和《青海省林业和草原局2022年改革任务督查工作方案》，从工作目标、进度安排、工作考核等具体内容到流程、标准、要求等进行了明确和规范。完成省委改革办安排的5项2022年林草改革任务。林草改革和发展深度融合、高效联动，国家公园示范省建设、深化林长制改革、国有林场改革等重点改革任务成效显著。推进建立现代国有企业制度，完成局属7家国有企业改革，经营管理能力和竞争力有效提升。

**林草碳汇**　积极稳妥推进林草碳汇工作，林草碳汇工作取得突破，实现了全国首个草原碳汇项目方法学的技术验证，果洛州成功入选全国首批林业碳汇18个试点市（县）之一，探索开发可测量、可报告、可核查的草原碳汇产品，编制全省自然生态系统碳汇计量监测和评估体系实施方案。完成了青海省草地碳汇核算方法及增汇技术模式项目可行性研究报告实施方案，综合各方面的条件选定项目区，对项目区的概况进行全面了解，确定项目可行性，对项目进行效益分析和资金估算。

**国有林场建设** 根据青海省关于开展现代林场创建试点工作要点，30个现代林场试点建设工作稳步推进。印发《青海省国有林场管理办法》，积极推进《青海省森林公园管理办法》立法工作进度，完成《森林公园管理办法（初稿）》编制和《青海省国有林场发展"十四五"规划》修编印发工作。狠抓国有林场安全生产，出台国有林场安全生产管理措施，确保林场安全稳定。做好2022年乡村振兴补助资金项目监管工作，加快推进国有林场林区道路建设投资项目工作进度，确保项目顺利推进。做好涉及国有林场、森林公园建设项目行政审批工作。加大项目储备，增强后续发展。开展国有林场矢量化数据收集。为准确掌握国有林场森林资源状况、明确国有林场经营范围，解决国有林场"一地多证"、权属不清等问题，进而推进国有林场规范化、精细化、现代化管理。提升能力建设，推荐4名同志异地挂职。湟水规模化林场建设试点有序推进，湟水规模化林场集体土地委托营造林与管护改革全面展开，通过国家中期评估。

**集体林权制度改革** 继续推进农村集体林权制度改革，推进落实所有权、稳定承包权、放活经营权"三权分置"改革的相关工作，巩固集体林权制度改革成果。印发《青海省林业和草原局关于加强集体林权纠纷调处工作的通知》，举办集体林地承包经营纠纷调处培训班，完善和落实各级林草部门集体林权纠纷调处工作制度，以稳定承包权、放活经营权、保障收益权为重点，引导和规范林地流转，资源向资产加快转换，切实维护林改农牧户和林权权利人的合法权益。

**【兴林富民】** 全省林草部门紧紧围绕产业"四地"（世界级盐湖产业基地、国家清洁能源产业高地、国际生态旅游目的地、绿色有机农畜产品输出地）建设战略部署，坚持产业生态化、生态产业化发展方向，大力发展有机枸杞、沙棘深加工、草种繁育、中藏药材、生态

旅游、森林康养等特色优势产业，让绿水青山更好地转化为"金山银山"。认真落实森林、草原、湿地生态效益补偿等惠民政策，积极吸纳农牧民群众参与林草生态工程，稳定生态管护员队伍，在巩固脱贫成果、服务乡村振兴上发挥更加重要的作用，形成了生态保护、民生改善、经济发展互促并进的良好局面。

**林草产业发展** 成立全省推进枸杞产业高质量发展领导小组，印发《青海省"十四五"林草产业发展规划》《青海省枸杞产业发展"十四五"规划》，建立全省促进冬虫夏草产业发展厅际联席会议制度，与北京同仁堂公司签订青海道地药材产业发展战略合作协议。新认定有机枸杞基地0.55万公顷、企业23家，新增国家林业重点龙头企业3家。举办青海枸杞"柴达木"品牌发布会，制定"柴达木"品牌团体标准。举办"冬虫夏草鲜草季"活动，打造线上"青海林特产品馆"，积极组织林草企业参加第23届"青洽会"、第二届中国（青海）国际生态博览会等展会，林草产品市场不断拓展。全面落实林草湿生态效益补偿政策，稳定14.51万个生态管护公益岗位，全年直接补贴群众生态管护报酬和各类生态效益补偿资金19.11亿元。

**乡村振兴** 制定印发《青海省林草局2022年巩固拓展生态脱贫成果同乡村振兴有效衔接工作要点》，细化实化工作举措，明确各级责任，细化分解《中共中央 国务院关于做好2022年全面推进乡村振兴重点工作的意见》《青海省2022年乡村振兴八大行动方案》等文件中涉及省林草局的工作，建立工作台账，明确责任人、责任处室和完成时限，压实工作职责，确保各项任务落地落实。全力助推乡村振兴战略，加快推进巩固拓展生态脱贫攻坚成果同乡村振兴有效衔接，全面落实林草湿生态效益补偿政策，稳定14.51万个生态管护公益岗位，全年直补群众生态管护报酬和各类生态效益补偿资金19.11亿元；林草生态保护修复工程带动23.55万人在家门口务工，发放劳务报酬5.09亿元，人均增收2161元，其中脱贫人口1.61万人，人均增收5174元；高标准创建4个"省

级森林城镇"和10个"省级森林乡村"；累计培训林农和林草技术人员约2900人次，全省21名林草科技人员被国家林草局聘任为"林草乡土专家"，为生态振兴提供林草科技人才保障；加强衔接资金项目管理，下达财政衔接补助资金3389万元，实施林草产业项目26个，建设和维修林区道路23.3千米，组织当地群众4129人参与项目建设，累计发放劳务报酬600余万元，在带动群众就业增收、巩固脱贫成果、促进乡村振兴方面作出了积极贡献。

**【林草保障能力】**

加强基础支撑与保障能力建设，构建完善林草支撑保障体系，夯实保护发展基础，维护资源安全，有效保护生态建设成果，全面推进林业草原国家公园高质量发展。

**投资项目** 严密对接"双重"规划及其专项规划、"十四五"生态保护和修复工作思路，深化研究，加速转化政策红利，认真谋划、实施各类项目，积极争取投资，林草投资保持稳定，全年完成50.78亿元。编制印发《青海省"十四五"林业和草原保护发展规划》《黄河青海流域林草生态保护与建设规划》《青海湖生态保护规划》《青海省打造生态文明新高地林草行动方案》。同时，主动适应"十四五"生态建设的新形势新变化，针对林草项目和资金管理存在的制度跟进不到位问题，按照依法行政、严肃财经纪律的要求，积极推动破旧立新，组织起草《青海省林业和草原项目建设规程》等规范性文件，为全面加强和规范林草项目建设和资金管理提供依据。

**科技支撑** 印发《青海省"十四五"林草科技创新规划》。大力推进国家林草局、青海省政府共同举办的"林草高新技术进青海"系列活动。在西宁召开了"林草高新技术进青海"座谈会，为青海林草科技把脉。编制《林草高新技术进青海活动三年实施方案（2023—2025年）》，重点从科技创新机制、项目支持、平台建设、成果转化、标准建设等方面给予支持，为全省林草事业高质量发展提供了强有力支撑。加强乡土树（草）种选育、生态修复、林药间作等领域科技成果推广转

化，推广新成果新技术30项，制定地方标准42项，新建国家陆地生态系统定位观测研究站2个。积极推进国际合作项目，亚洲开发银行贷款丝绸之路沿线地区生态治理与保护项目青海省子项目获得亚洲开发银行董事会批复，获得亚洲开发银行贷款5976.1万欧元。建设青海木里草原生态系统定位观测研究站，将通过建立长期中尺度观测网络获取科学数据，开展科学试验研究。西宁城市生态系统定位观测研究站获批，青藏高原种质资源库纳入国家总体布局方案，西宁国家植物园列入国家植物园体系。建立揭榜挂帅科研攻关机制，首次实施林草太空育种工程，完成"三江源区高海拔城镇造林绿化关键技术研发与示范"重大专项，达到国际先进水平。21人获聘为国家林草局第三批林草乡土专家。广泛发动全省各国有林场、科技推广项目承担单位以及科技推广员、乡土专家和科技特派员，结合科技工作积极开展组团服务，共审核上报16个"1+N"科技服务团、26个"1+N"乡土专家帮帮团、64个"1+N"推广员包干组、11个"1+N"护林员互助组，共计117个"1+N"服务团。

**林草种苗**　开展全省林木种苗行政执法和质量检查工作。前往西宁、海东、黄南、海南、海北等市（州）对全省种苗生产经营和质量进行抽检，重点对林木种苗生产经营许可、标签使用、苗木检疫和运输及打击制售假劣林木种苗和侵犯植物新品种权等进行了执法检查。做好国家林草种质资源设施保存库青海分库项目前期工作。为及时收集保存和合理利用青海及青藏高原地区丰富的林草种质资源和优良育种材料，加强林草种质资源保护与高效利用，国家林草种植资源设施保存库青海分库已于3月27日获得国家林草局批复。加大国家级良种基地管理力度。根据国家林木良种基地补贴资金下达和林木良种基地补贴项目作业设计，完成6个林木良种基地作业设计的批复工作，并

赴现场进行督导。加大林木种苗种质资源保护工作力度。在西宁市忍冬种质资源库建设项目获批的基础上，根据国家林草局报送种质资源库要求，做好了第三批国家级种质资源库果洛州鳞皮云杉、海南州沙珠玉青藏高原沙生植物及铁卜加青藏高原草种种质资源库项目的申报工作。

**法治建设**　法治政府建设步伐加快，《青海省枸杞产业促进条例》等6个立法项目计划有序推进，黄南州修订《林木保护条例》《草原保护条例》，果洛州出台《草原生态保护与修复办法（试行）》。海北州挂牌成立生态环境司法保护站，建立7个公益诉讼检察工作联络站，祁连县成立全省首个"生态法庭"。全省有18万名干部群众参学参考《湿地法》《草原法》等知识竞答，林草普法成效明显提升。坚持以政务服务"提速、提质、提效"为目标，全面推行"一网通办""一网受理、只跑一次、一次办成"，政务服务水平全面提升，政务服务窗口按时办结率100%，现场办结率100%，满意度100%，未出现审批事项超时办理情况，连续四年被评为"优秀窗口单位"。

## 【大事记】

**1月16日**　青海省委书记、省级总林长王建军，省长、省级总林长信长星共同签发青海省第1号总林长令——《关于开展林长巡林工作的通知》。

**2月24日**　全省林业和草原工作会议召开。会议深入学习贯彻习近平生态文明思想，全面落实党的十九届六中全会、中央经济工作会议、省委十三届十一次全会、全国林业和草原工作会议精神，总结2021年工作，分析当前形势，部署2022年重点任务。副省长刘涛出席并讲话。

**2月28日**　国家林草局公布，黄南州政府申报的黄河流域尖扎至同仁段生态修复综合治理试点示范项目在全国29个参与单位中排名第一。

**3月2日**　青海以国家公园为主体的自然保护地体系示范省建设工作领导小组办公室印发《国家公园示范省建设2022年工作计划》。

**3月24日**　祁连县人民检察院驻祁连山国家公园生态保护巡回检察室在祁连山国家公园国家长期科研基地揭牌成立。

**4月25日**　国家公园管理局原则同意开展青海湖国家公园创建工作，标志着青海湖国家公园进入创建阶段。

**9月20日**　国家林草局三北工程局正式全面启动20个科学绿化试点县建设，青海省海东市化隆县、海南州共和县位列其中，工程建设由注重数量向数量与质量并重转变。

**10月9日**　省林草局在西宁湟水国家湿地公园正式启动了黄河青海流域水鸟及栖息地调查项目。

**11月2日**　省林草局印发《青海省重要湿地占用管理办法（试行）》。

**11月22日**　国家林草局公布了全国林业碳汇试点市（县）名单，果洛州入选全国第一批18个试点市（县）之一。

**12月12日**　省级总林（草）长会议在西宁召开。会议深入学习贯彻党的二十大精神，认真落实党中央、国务院关于林长制的决策部署，总结全省林长制工作，安排部署下一步重点任务。省委书记、省总林长信长星主持并讲话，省长、省总林长吴晓军讲话。

**12月20日**　《青海省林（草）长制督查考核办法（试行）》和《青海省林（草）长制激励措施实施办法（试行）》正式印发执行。

**12月28日**　青海省首个有机枸杞交易中心在格尔木市挂牌，"有机枸杞交易中心"是青海省授予格尔木市的生态产业名片。

**12月28日**　青海枸杞"柴达木"品牌发布会在西宁市举行，省政协主席公保扎西参加会议并宣布"青海枸杞'柴达木'品牌正式发布，青海有机枸杞宣传周开幕。"省人民政府副省长刘涛现场致辞，国家林草局副局长刘东生视频致辞。

（青海省林草业由宋晓英供稿）

# 宁夏回族自治区林草业

【概　述】　宁夏回族自治区林业和草原局（以下简称自治区林草局）全年完成营造林10万公顷，草原生态修复1.56万公顷，湿地保护修复1.51万公顷，治理荒漠化土地6万公顷，森林覆盖率、草原综合植被盖度、湿地保护率分别达到18%、56.7%、56%。培育新型林业经营主体3040家，经营利用林地面积9.29万公顷，集体林地经营权流转面积达到1.27万公顷，新增枸杞0.18万公顷，共争取中央和自治区项目资金28.91亿元。

【资金规划】　2022年，积极对接国家林草局、国家发改委、自治区财政厅和自治区发改委等部门，共争取中央和自治区项目资金28.91亿元。按资金来源分，其中中央财政资金12.48亿元，中央预算内资金8.38亿元，自治区财政资金8.05亿元，较上年增加4.72亿元，提高19.5%；按项目分，其中营造林16.39亿元，退耕还林2.58亿元，天保及生态效益补偿2.31亿元，生态护林员1.13亿元，草原保护恢复1.02亿元，枸杞产业0.87亿元，湿地保护0.96亿元，其他项目3.65亿元。与上年相比，2022年营造林、草原生态修复、湿地修复等国土绿化资金投入较上年增加3.2亿元，提高21%，积极争取国家"双重"规划重点工程"南部生态保护修复和水土流失综合治理项目"，争取中央预算内资金7.56亿元，联合财政厅、吴忠市人民政府争取到吴忠市罗山地区防沙治沙综合治理2022年中央财政国土绿化试点示范项目2亿元资金支持。

【森林资源管理】　2022年，办理建设项目使用林地审批686件，使用林地面积2130.57公顷，收缴森林植被恢复费25624.97万元。办理林木采伐185件，批准采伐蓄积27435.26立方米。科学编制《宁夏回族自治区"十四五"期间占用林地和定额编制成果报告》。开展2022年林草湿荒调查监测工作，共计监测图斑15695个，其中：林地6003个，草地9611个，湿地81个。样地调查任务共计1308个，其中森林样地586个，草地样地408个，湿地样地293个，荒漠化样地21个。联合自然资源厅、生态环境厅印发了《关于印发黄河流域宁夏历史遗留矿山生态破坏与污染状况调查评价工作方案的通知》，制定了《黄河流域历史遗留矿山生态破坏与污染状况调查评价林草部分工作方案》，筹措资金120.6万元。

全区已设置自治区级林长12名，市级林长71名，县级林长329名，乡级林长2104名，村级林长5680名，国家级自然保护区林长207名。制定出台了《自治区级林长制会议制度》《自治区级林长制信息通报制度》等7项配套制度，设立各级林长公示牌1257处，培训20场惠及近千人次；全区林地确权34.40万公顷，权属无争议林地确权率达到75%，依申请颁发林权类不动产证240本。

【生态修复】　全年下达营造林任务10.048万公顷，实际完成营造林10.048万公顷，占全年任务的100%，其中人工造林4.562万公顷（乔木林2.514万公顷、灌木林1.484万公顷、村庄绿化和庭院经济林建设0.288万公顷、生态经济林0.276万公顷）、未成林抚育提升及退化林改造5.486万公顷；完成荒漠化治理6万公顷；累计完成义务植树216万余株。完成2022年造林计划上图10.048万公顷。

宁夏列入全国首批7个科学绿化试点示范省（区），是西北地区唯一入选省（区），2023年6月5日，宁夏回族自治区人民政府和国家林业和草原局联合印发《宁夏回族自治区科学绿化试点示范区建设实施方案》。

【自然保护地建设】　联合内蒙古林草局、国家林草局召开贺兰山国家公园设立第二次会商会议，签订了《宁夏、内蒙古林草局共同创建贺兰山国家公园和建立生态保护协同监管、联合执法机制合作协议》。编制了《贺兰山国家公园创建方案》，协调技术单位编制《贺兰山国家公园范围和分区论证报告》等个创建支撑材料，修改完善《宁夏自然保护地发展规划》，组织开展20余个自然保护区、自然公园总体规划编制、修订工作，明确自然保护地发展目标、规模和划定区域。

启动4个风景名胜区（西夏陵国家级风景名胜区、须弥山石窟国家级风景名胜区、沙湖自治区级风景名胜区、泾河源自治区级风景名胜区）整合优化工作。编制完成《宁夏风景名胜区整合优化预案（送审稿）》。

【野生动植物保护】　完成全国野猪危害防控试点工作，猎捕野猪330头，受到国家评估验收组充分肯定。率先实现省、市、县三级打击野生动植物及其制品非法交易联席会议机制全覆盖。会同自治区公安厅、农业农村厅、市场监管厅等12个部门印发《关于开展"2022清风行动"的通知》。"2022清风行动"期间，共出动执法车辆8420车次，出动执法人员19775人次，监督检查场25615所（处），查办案件41起，打掉犯罪团伙2个，收缴野生动物及其制品1032只。建设中卫市林场、香山林场、青铜峡北靶场、红寺堡石炭沟等6处野生植物保护小区。全年破获公安部挂牌督办的野生动物大案要案2起，斩断跨四省（区）野生动物犯罪链条，在全国产生了较大的影响力。

【森林草原防火】 全年开展森林草原火灾隐患排查专项整治行动2次、"百日攻坚"行动1次，全面排查治理易引发森林草原火灾的风险点，全区共派出检查组300余个，排查整改隐患100余处。为重点防火区发放防火服、皮卡车、巡护摩托车、灭火机、割灌机等约1500万元的防火物资装备。开展第一届防灭火大比武活动，组织参加防火能力提升网络培训班，指导各地开展防火培训10次，培训1500余人。联合公安厅印发《关于健全完善森林草原防灭火协作机制的意见》。联合气象部门对全区森林草原火险进行24小时密切监测，共发布预警信息35期。全区共发放禁火通告7000余份，宣传资料13万余份，手机短信120万余条，播放公益广告80期。开展森林草原火灾风险普查工作，完成全区210个森林可燃物标准地、19个大样地、94个草原可燃物标准地调查任务。

【科学技术】 2022年，新立项实施中央、自治区财政林草科技推广项目16个（其中中央11个、自治区5个），投入中央及自治区财政资金1180万元（其中中央1075万元、自治区105万元）。举办2022年中央、自治区财政林业科技推广项目启动培训会；完成2021年立项实施的16个项目中期绩效评价工作；广泛征集2023年林草科技推广项目，录入中央项目储备库12个；累计取得国家植物新品种权27个；完善科技成果管理库，累计进入国家局成果库的有189个，新录入的18个科技成果等待复核审查。优化《宁夏林草地方标准体系》，新立项地方标准26项。

向国家林草局推荐3名"最美科技推广员"和10名"乡土专家"，首次评选自治区级"最美林草科技推广员"11名、"林草乡土专家"5名、"林草技术专业服务队"4个；推荐自治区青年人才托举工程培养对象候选人10人、国家林草科普专家库成员3人和第四批林草科技创新人才9人、团队3个。

【林草宣传】 2022年，在中央电视台、《人民日报》、新华社、《中国绿色时报》等国家级媒体，《宁夏日报》、宁夏广播电视台、宁夏新闻网等自治区内主流媒体，宁夏林业和草原局官方网站、宁夏林业微信公众号、各事业单位网站等平台。以"宣传林草政策，传播生态文化，讲好林草故事，展示林草形象"为目标任务，深入诠释习近平生态文明思想，传播党和国家大政方针，围绕迎接、宣传、贯彻党的二十大和自治区第十三次党代会精神、黄河流域生态保护和高质量发展先行区建设、推进林长制和山林权改革、关注森林活动、现代枸杞等林业产业高质量发展、深化林业改革、森林草原防火等大力开展形式多样的宣传实践，进一步提高全社会对林业草原的认识。共发布林草宣传信息10000余条，其中国家级媒体平台发布4000余条。

组织编辑《宁夏林业》刊物出版发行6期12000册，《宁夏林业草原志（1996—2020年）》正式出版发行。

组织开展"绿色宁夏 美丽山川"全国诗词大赛，征集诗词作品8000多份，筛选22首获奖作品公布。制作"美丽新宁夏 林草新表达"专题片，在《中国绿色时报》《宁夏日报》整版宣传宁夏生态建设成就。结合关注森林活动开展，积极推进"微纪录片、短视频、音频作品征集评选暨展播活动"和"喜迎党的二十大 绿水青山看宁夏"宁夏林草非凡十年主题采访活动；开展关注森林——中小学生"走进森林、亲近自然"林草科普教育研学夏令营活动。宁夏在全国率先实现了关注森林活动组织机构市级全覆盖，石嘴山市实现了县级机构全覆盖。

【天然林保护】 2022年安排下达全区天然林保护、"五项"社会保险和森林生态效益补偿资金24506万元。开展全区天然林保护县级验收、省级核验，报送《宁夏天然林保护修复县级验收报告》《宁夏天然林管护能力建设情况报告》，完成国家林草局验收组对抽验县西吉、同心县的验收。研究提出《全国天然林保护修复中长期规划（2021—2035年）》意见稿建议，修订完善《宁夏天然林保护修复中长期规划（2021—2035年）》。落实关志鸥局长来宁夏调研座谈《备忘录》政策支持。完成"宁夏林草智慧云平台"全区天保护林员管护图斑矢量数据、《宁夏森林生态效益补偿调研报告》和办理自治区政协147号重点提案。

【林草资金稽查】 制定印发《自治区林草重点工程项目资金稽查工作规定》，开展2021年度黄土高原水土流失综合治理、贺兰山生态保护和修复工程、自然保护区建设、森林防火、森林生态效益补偿5个项目77427万元资金稽查，对2021年稽查问题整改"回头看"，实行稽查问题整改台账和销号，形成稽查问题闭环管理，稽查结果专题向自治区局党组汇报等。涉农资金兑付抽查28个乡（镇）、65个自然村、入户走访910户（人）。实施生态补偿和管护扶贫，督查18个县（区）兑付农户公益林补偿资金5472万元，惠及50万农民增收。完成《宁夏黄河流域生态保护补偿（森林）项目扶持政策暨实施办法》和2022年自治区财政确定的"银川都市圈重点奖补资金项目""黄河流域生态保护补偿（森林天保）项目"31个县（区）和单位的1.15亿元资金的重点项目绩效评价工作。

【草原建设】 编制完成《宁夏回族自治区基本草原划定技术规程》《2022年宁夏草原资产负债表编制简介》《宁夏草原禁牧封育成效监测评价报告》。开展禁牧督查3次，利用无人机开展天然草原重点保护区域监管巡查6次。配合办理草原征占用审核审批133件。按照国家林草局下达指标，为288户麻黄草种植户办理采集证，审批采集面积552.27公顷，采集量4378吨，完成麻黄草产量测算样方调查500个，完成了两个重点县市508平方米草原防火物资库改扩建任务；完成草原生态修复1.56万公顷；完成草原有害生物防治9.18万公顷，其中鼠害4.54万公顷、虫害4.64万公顷。完成101个委托草种样品检验，出具检验报告101份，开展灌草种育苗和乡土优良草种驯化栽培与选育扩繁技术研究。共繁育披碱草93千克、沙打旺30千克、牛枝子75千克、长芒草7.5千克，采集收集旱、盐、寒等严酷环境下生长的优良乡土草种60种，筛选适宜驯化草种3种；完成了《2022年退化草原修复模式关键技术研究》项目任务，申报地方标准1项，计算机软件著作权登记2项，新型实用发明专利1项。

【湿地保护】 2022年共争取项目资金11470万元，其中：中央财政湿地保护恢复补助资金7515万元，自治区财政湿地保护恢复补助资金945万元，中央预算内湿地保护恢复工程项目资金3010万元；完成《黄河流域宁夏段国土绿化和湿地保护修复规划（2020—2025年）》湿地任务；对银川市黄河外滩、吴忠市黄河、固原市清水河等6处国家重要湿地，石嘴山市星海湖、平罗县天河湾、中卫市香山湖等20处自治区重要湿地开展湿地保护修复；完成调查样地293个、样方879个；分春、秋两季，组织开展鸟类同步调查；制作宁夏湿地保护公益广告片，在宁夏电视台黄金时段播放。

【产业发展】 2022年，新发展特色经果林0.19万公顷，完成"三低"果园改造0.36万公顷。认定自治区特色经济林优质示范基地18个。培育灵武长枣育繁推一体化龙头企业1个、建立资源圃1个，出圃优质良种壮苗10.8万株；印发《山林权改革有关政策及常见问题解读》《关于探索建立山林资源政府回购机制的指导意见》等。联合自治区财政制定印发《关于加快推进山林权改革促进林下经济高质量发展的扶持政策暨实施办法》，落实扶持资金3000万元。组织开展自治区林下经济示范基地评定，新认定示范基地6家，全区林下经济经营利用面积9.29万公顷，培育林业经营主体3040家。

【枸杞产业】 修订完成《宁夏回族自治区枸杞产业促进条例》，制（修）订地方标准26项，发布《食品安全地方标准 枸杞原浆》等地方标准；推行"证明商标+地理标志专用标志+企业商标+溯源码"的"三标一码"管理，授权21家企业使用"宁夏枸杞"地理标志证明商标。新增枸杞0.18万公顷，创建

绿色丰产示范点11个，枸杞总面积2.9万公顷（保有面积达2.53万公顷），基地标准化率82%，鲜果产量30万吨，鲜果加工转化率30%；完成种植、制干环节和"宁夏枸杞"证明商标授标企业风险监测560批次，较上年增长180%。举办第五届枸杞产业博览会，现场签约15.6亿元，鲜果直销、直播带货等19项活动带动销售额达到5631万余元，宁夏枸杞首次作为国礼，亮相中国—东盟中心数字合作吹风会。举办第一届宁夏枸杞美术、书法、摄影、剪纸、短视频大赛。在央视一套等7个频道播放公益广告，开展湖南卫视"天天向上"节目专题宣传，6列"宁夏枸杞"冠名高铁发往东南沿海。"宁夏枸杞"品牌影响力持续提升。联合国家林草局发展研究中心，发布全国第一部枸杞行业权威书籍——《中国枸杞产业蓝皮书（2022）》。全国中医药届全面系统介绍宁夏枸杞功效作用的书籍——《枸杞保健实用手册》正式出版。

【退耕还林、三北工程】 组织开展新一轮退耕还林还草上图入库，全年拨付退耕还林补助资金29578.39万元，其中中央补助资金19440.35万元、自治区补助资金10138.04万元。开展2017—2020年度新一轮退耕县级自查和省级复查，顺利通过国家检查验收。编印出版《宁夏退耕还林工程生态效益监测研究与评价》。组织退化林草修复摸底调查，全面摸清全区林地资源退化状况，形成《宁夏三北工程退化林草成果报告》，落实带图斑"上报、下达"任务，指导县（区）开展建设任务上图入库。

【林业调查规划】 编制《2022年宁夏森林草原湿地调查监测实施方案》，对全区586块森林样地和21块荒漠化样地开展质量检查与技术指导，监测成果通过国家局西北调查规划院验收，取得了全国第七、西北监测区第二的好成绩。

全区落实造林绿化图斑8504个，总面积4.86万公顷。全区"一张图"未成林面积27.3万公顷，其中现状已成林图斑面积3.41万公顷，能纳入精准抚育图斑面积10.03万公顷，近五年无法成林图斑13.86万公顷。

《宁夏陆生野生动物资源调查总报告》初稿撰写工作基本完成；《全区野猪种群野外调查实施方案》《宁夏防控野猪致害综合试点评估实施方案》《自治区级重点保护野生动物名录修订实施方案》现已完成；《宁夏自治区级重点保护野生动物名录（新版）》初稿已形成。

【林业技术推广】 完成标准化林业工作站建设项目8个，科技推广站5个。完成2021年"抗寒月季（系列品种）引种试验""彩叶豆梨引种试验研究"项目绩效自评和项目预算绩效目标跟踪；完成2020年中央财政林业科技推广项目"罗山地区植被恢复技术示范推广"，在红寺堡北海林场完成人工造林推广面积173.07公顷，在罗山项目区完成人工植被修复推广面积69.8公顷；对种苗生产、检测检验、营造林等65项工作标准，完成种苗领域、营造林领域的标准体系的分类，并对部分标准应用情况进行专题调研，总结应用成效；为全区各类护林员配发14900套价值745万元的森林防火服，完成1225套森林防火服续采任务。

【林业有害生物防治】 完成宁夏林草有害生物防治能力提升项目2022年度下达资金的物资招标采购工作和2021年采购设备仪器的安装调试工作。共计完成产地检疫1.18万公顷，调运检疫木材5.3万立方米，种子751.7吨，苗木20893.8万株，花灌181.6万株，插条和接穗150.5万根，复检苗木10110.1万株，木材2.8万立方米，木制电缆盘2.3万只，种子287.5吨，插条、接穗441.7万根，果品900吨，中药材86吨；处理违规调运35起，其中，无证调运22起，携带检疫性有害生物11起，行政处罚4起；制定了《宁夏森林草原湿地系统外来入侵物种普查实施方案》《宁夏森林草原湿地系统外来入侵物种普查技术方案》和《宁夏森林草原湿地生态系统重点外来入侵物种普查名单（共41种）》。协调落实中央财政林业改革发展资金500万元；全区完成踏查路线2953条，踏查距离5.65万千米，覆盖面积1.758万平方千米，样地数量1026个，样方数量6832个，样线数量48条，采集标本

163份，发现名单内外来入侵物种16种，其中国家普查名单4种，自治区补充普查名单12种。

【外援项目管理】 组织专家对照"国土三调"数据和林草"十四五"规划，对拟建设项目区进行再次核实，相应调整了项目范围、建设地点和治理模式。论证编报了项目可行性研究报告和调查问卷，并形成了项目参与式规划、社会评估报告初稿。组建国际荒漠化防治知识管理中心专家委员会，搭建了国际荒漠化防治知识管理中心网络平台，重新编排调整国际培训课程，与《联合国防治荒漠化公约》秘书处在银川圆满完成了国际荒漠化防治知识管理中心网络平台暨2022年荒漠化防治技术与实践在线学习课程启动仪式；配合德国复兴银行专家，完成了宁夏中德财政合作项目评估工作。

【国有林场和林木种苗管理】 2022年，争取中央财政衔接推进乡村振兴支持欠发达国有林场巩固提升补助资金2491万元，支持全区11个欠发达国有林场建设。筛选、评审、确定自治区首批林业保障性苗圃12处；推荐红寺堡区北海林场等荣获全国"十佳"林场称号，在全区首次安排6名"三支一扶"大学毕业生到国有林场任场长助理。高质量完成自治区十二届人大五次会议省级领导督办的第199号建议办理工作。开展全区林木种苗质量抽查，举办全区林木种苗执法与管理培训班和国家重点林木良种基地观摩交流会，完成'杞鑫1号'宁夏枸杞等6个林木良种审定及备案工作；编纂出版《宁夏林木种质资源名录》《宁夏古树名木图鉴》2部专著。启动并实施全国第四批《宁夏古树名木抢救复壮试点项目》，为全区古树名木保护工作发挥示范带动作用。

【义务植树宣传活动】 3月12日，由自治区林草局、绿化委员会办公室、首府绿化委员会办公室等单位共同主办的"3·12植树节"主题宣传活动在银川市光明广场举行。

4月2日下午，自治区党委书记梁言顺，自治区党委副书记、自治区主席咸辉，自治区政协主席崔波等党政军领导来到银川市兴庆区植树点，与区直机关、银川市干部职工和青年志愿者一起参加全民义务植树活动。自治区领导，与干部职工、志愿者一起栽下一棵棵樟子松、白蜡、白杜、新疆杨、刺槐等苗木。

【大事记】
1月10日 宁夏现代枸杞产业高质量发展第三次推进会在银川召开。省级包抓领导、自治区政协主席崔波主持会议并讲话，自治区人大常委会副主任董玲总结了2021年工作完成情况，安排部署了2022年工作任务。

2月17—18日 自治区林草局原党组书记、局长徐庆林带领部分班子成员和相关单位负责人到国家林业和草原局驻西安森林资源监督专员办事处、国家林业和草原局西北调查规划设计院汇报对接相关工作。

2月22—23日 由自治区林业和草原局主办，宁夏枸杞产业发展中心、中宁县枸杞产业发展服务中心、宁夏枸杞协会承办的"首届宁夏枸杞茨农技能大赛"在中宁县举办。宁夏现代枸杞产业高质量发展省级包抓领导、自治区政协主席崔波在中宁县调研百万移民致富提升行动工作，并重点对中宁县现代枸杞产业高质量发展情况进行了调研。

2月24—26日 全国政协常委、国家林业和草原局副局长刘东生带领有关司局负责同志调研宁夏林草工作。自治区林业和草原局党组书记、局长徐庆林陪同调研。

3月7日 自治区党委常委、自治区人民政府常务副主席、自治区森林草原防灭火指挥部指挥长赵永清，自治区人民政府副主席、自治区森林草原防灭火指挥部常务副指挥长刘可为赴宁夏贺兰山国家级自然保护区检查指导春季森林草原防灭火工作和保护区外围采砂矿坑生态修复治理工作。

3月11日 国家林草局三北局、自治区林草局、宁夏退耕还林与三北工作站的100余名干部职工参加义务植树和扎设麦草方格活动。

3月12日 自治区绿化委员会办公室联合首府绿化委员会办公室

在银川市光明广场开展全民义务植树宣传活动。

3月15日 自治区人民政府副主席、自治区森林草原防灭火指挥部常务副指挥长刘可为到自治区林业和草原局检查督导春季森林草原防灭火工作。

3月22日 自治区副主席刘可为到吴忠市红寺堡区、罗山国家级自然保护区督导检查森林草原防灭火、生态保护修复和林长制工作。

3月26日 宁东能源化工基地开展2022年春季义务植树活动。自治区副主席、宁东基地党工委书记吴秀章，"人民楷模"国家荣誉称号获得者王有德，自治区工业和信息化厅党组成员、副厅长刘红宁，自治区林草局党组成员、副局长王自新、总工程师徐忠，宁东基地党工委管委会班子成员，管委会机关、宁东镇、园区企业干部职工和自治区林草局相关部门人员共300余人参加了义务植树活动。

3月31日 自治区党委副书记、自治区主席咸辉到白芨滩国家级自然保护区马鞍山管理站、仁存渡护岸林场渡口管理站检查安全生产工作。

4月13日 "宁夏枸杞"地理标志证明商标授标启动仪式在宁夏枸杞文化馆举行，百瑞源、早康等12家企业授权准许使用"宁夏枸杞"证明商标。这标志着"宁夏枸杞"地理标志证明商标的使用管理和保护工作全面开启。

4月 自治区党委组织部任命何鹏力为宁夏枸杞产业发展中心主任。

5月9日 宁夏现代枸杞产业高质量发展省级包抓领导、自治区人大常委会副主任董玲主持召开第五届枸杞产业博览会组委会第一次会议。

5月18日 自治区林草局第一届无人机技能大赛在宁夏贺兰山国家级自然保护区管理局举办，来自全区林草系统的12支代表队参加了角逐。

6月14—17日 国家林草局三北局党组成员、副局长张良，二级巡视员高森等调研自治区退化林草修复工作，深入云雾山保护区调研云雾山保护区资源保护、退化草原修复项目实施等情况。

6月16—17日 自治区林草局组织局机关和事业单位相关人员开展

4月3日，自治区党委书记、人大常委会主任梁言顺到自治区林草局调研森林草原防火工作（刘少海　摄）

"6·17世界防治荒漠化与干旱日"宣传活动和"学习先模事迹　感悟治沙成就"主题党日活动。

6月22—24日　第五届枸杞产业博览会在中宁县举办。

6月24日　第五届枸杞产业博览会在宁夏中宁县落下帷幕。自治区人大常委会副主任董玲，自治区林业和草原局党组书记、局长徐庆林，自治区林业和草原局党组成员、副局长王自新，自治区卫生健康委、商务厅等部门负责同志，以及中卫市、中宁县党政主要负责同志参加闭幕式。

7月1日　《宁夏回族自治区枸杞产业促进条例》正式颁布实施。

7月12—15日　国家林业和草原局委托专家到宁夏，对生态系统定位观测研究站建设运行情况进行评估。专家组由中国林科院经济林研究所副所长乌云塔娜带队，成员包括中南林业大学副校长闫文德、南宁理工学院校长王金叶、中国林科院热带林业研究所周光益、中国林科院生态所黄志霖、河南省林科院樊巍。

7月22日　宁夏现代枸杞产业高质量发展省级包抓领导、自治区政协主席崔波主持召开枸杞科技攻关工作专题会，自治区人大常委会副主任董玲出席会议。

7月26日　国家林业和草原局林木种苗司司长李冰一行调研宁夏现代枸杞产业高质量发展情况。

7月21日　自治区林业和草原局召开现代枸杞产业生产经营形势分析及科技研发需求座谈会，自治区林业和草原局党组成员、副局长王自新出席会议。

8月4日　国家林草局华东调查规划设计院党委书记、院长吴海平带队赴宁夏开展2022年天然林保护修复和退耕还林验收工作。

8月7—9日　宁夏现代枸杞产业高质量发展包抓机制办公室主任、自治区林草局局长徐庆林带队赴浙江省台州市温岭市、临海市举办了两场专题推介会，精准推介宁夏枸杞。

8月22日　2022年关注森林——中小学生走进森林、亲近自然，林草科普教育研学夏令营活动开营仪式在银川市湖畔中学举行。

8月22日　自治区党委组织部任命郭立明为宁夏林业调查规划院院长、张维军为宁夏南华山国家级自然保护区管理处主任。

9月8日　全国绿化委员会、人力资源和社会保障部、国家林业和草原局发布《关于表彰全国绿化先进集体、劳动模范和先进工作者的决定》，宁夏回族自治区林业和草原局生态修复处、石嘴山市林业和草原局、海原县林业和草原局、吴忠市红寺堡区林业和草原局、灵武市林业和草原局5家林业单位荣登全国绿化先进集体榜单；宁夏回族自治区贺兰山国家级自然保护区管理局副局长吴涛、宁夏弘兴达果业有限公司党支部书记、总经理王小亮、固原市六盘山林业局护林员梁国平，宁夏回族自治区林业和草原局资源管理与法规处（审批办）处长汪泽鹏、固原市林业草原发展服务中心技术服务科科长安永平、盐池县林业技术推广服务中心主任谢国勋6位同志分别获评"全国绿化劳动模范"和"全国绿化先进工作者"荣誉称号。

9月7—9日　自治区林草局举办了"大学习大讨论大宣传大实践"专题研讨班。

9月20日　国家林草局西安专员办党组书记、专员郑重一行来宁开展森林资源监督管理调研。

9月20—22日　自治区林草局组织宁夏菊花台庄园枸杞种植有限公司等8家宁夏枸杞企业组团参加了在上海举办的第85届全国药品交易会。

9月28日　由自治区林草局与《联合国防治荒漠化公约》秘书处共同搭建的国际荒漠化防治知识管理中心网络平台在宁夏银川市正式发布上线。

11月7日　自治区林业和草原局组织召开2022年草原变化图斑判读和核查处置工作视频培训会。

11月10—12日　第106届全国糖酒会在成都举行，宁夏林草局组织玺赞、全通、沃福百瑞、华宝等12家优质枸杞企业参展。

11月13—14日　自治区党委书记、人大常委会主任梁言顺调研六盘山、罗山自然保护区生态保护和地质灾害治理工作。

（宁夏回族自治区林草业由
马永福供稿）

# 新疆维吾尔
# 自治区林草业

【概　述】　2022年，新疆各级林草部门按照自治区党委经济工作会议、农村工作会议精神和政府工作报告部署安排，以建设美丽新疆为目标，以全面推行林长制为抓手，统筹推进山水林田湖草沙一体化保护和系统治理，扎实推进国家公园创建、国土绿化、资源保护管理、林果业提质增效等重点工作，积极应对挑战、主动破解难题，真抓实干，不断推动林草事业高质量发展实现新突破、取得新成效。

【国家公园创建】　自治区党委坚持把建立以国家公园为主体的自然保护地体系作为贯彻习近平生态文明思想的重大举措，4次将创建卡拉麦里、昆仑山国家公园写入全会决议。自治区党政主要领导、分管领导多次实地调研提出工作要求，并带队赴国家林草局争取支持，新疆国家公园创建写入国家林草局"十四五"援疆协议，协调3位院士领衔组建新疆国家公园专家委员会。

实现加速推进　按照"早日创成，保一争二"目标，国家公园专项工作组在2个月内完成了卡拉麦里、昆仑山国家公园申请创建所需的9个评估报告方案、6项规定任务，国家林草局以2022年1号、2号函同意申报创建。卡拉麦里国家公园已进入待批准设立国家公园第一梯队，昆仑山国家公园待国家组织评估评审。国家林草局认为，在全国11个国家公园创建区中，卡拉麦里开展工业园区退出、探（采）矿权清理、禁牧制度落实、生态原貌恢复等整改工作最彻底、矛盾冲突解决最干净，仅用时6个多月就高质量完成2个国家公园创建相关的8个方面22项规定任务，进展快、质量好，后来居上。

坚持建管同步　自治区林草局与中国空间技术研究院签订战略合作协议，专家组已进驻卡拉麦里，借鉴青海三江源国家公园的模式建设感知系统。通过国家公园创建，有效保护了以梭梭、白梭梭、沙拐枣等为主的全球典型温带干旱区荒漠生态系统，保护了普氏野马、蒙古野驴、鹅喉羚等众多干旱荒漠有蹄类野生动物以及世界第二大硅化木群和大规模的雅丹地貌等自然遗迹。据中国科学院新疆生态与地理研究所监测，比大熊猫还稀少的普氏野马新生20匹，总数达332匹；蒙古野驴新增100余头，总数达3400余头；鹅喉羚新增800余只，总数达11200余只。植被综合盖度由上年的8.2%提高到8.4%。

扩大社会影响　邀请央视一套、四套、九套、十套制作播出卡拉麦里、昆仑山国家公园系列专题节目，《人民日报》、新华社、央视等中央、自治区媒体刊发图文、短视频报道120余条，浏览量4800万余次。

【林长制落实】　坚决贯彻落实习近平生态文明思想，扛起全面推行林长制政治责任。自治区党政主要领导分别担任第一总林长、总林长，自治区党委、政府11次研究林长制、国家公园、国土绿化等林草工作，主要领导71次就林草工作作出批示，分管领导145次对林草工作作出批示。自治区级林长责任区由地州优化到林场、林班，责任更加细化，工作更加具体。自治区级林长率先垂范，带动全区3万余名林长巡林24.7万余次，发现并解决问题6.7万余个。自治区人民政府决定由公安机关在改革过渡期内行使部分林业行政处罚权，各级公安机关认真履职，办理各类林业行政案件519件，执法效能显著提升，在全国率先破解了林业行政执法队伍薄弱，案件查处不及时、不到位等突出问题，受到国家林草局通报表扬。各地各部门积极探索林草"兵地融合""林长＋河湖长""林长＋检察长"等"林长＋"创新机制，在加强部门协作、形成工作合力方面得到国家林草局充分肯定。2022

阿克苏地区沙雅县开展胡杨林生态补水工作（王开言　供图）

阿克苏地区阿瓦提县开展胡杨林引洪灌溉工作（张文强　供图）

年，在全国林长制督查考核中，新疆初步构建党政同责、属地负责、部门协同、源头治理、全域覆盖的长效机制，第一总林长、总林长带头履职尽责，林长制引领作用充分发挥，林草重点工作成效显著，被国家林草局评为优秀等次，成绩位列全国第五名。阿克苏地区温宿县被国务院评为全国林长制工作激励8个市（县）之一。

【生态建设】　自治区领导带头开展义务植树活动，全年完成造林绿化10.47万公顷，超年度计划57.09%。支持1000个村庄实施绿化美化0.70万公顷，村庄绿化覆盖率平均达到23.16%，比自治区目标高1.16%。完成森林抚育3.03万公顷，持续推进塔里木河流域胡杨林生态补水工作，完成生态补水24.6万公顷。联合自然资源厅上报造林绿化空间适宜性评估成果，筛选出国家下发适宜图斑1.02万个、3.31万公顷，自主补充适宜图斑5.64万个、103.19万公顷。通过人工种草、退化草原改良和围栏封育等措施，完成退牧还草20.8万公顷、退化草原修复治理8.07万公顷，草原综合植被盖度达41.95%，增长0.35%。稳步推进荒漠化防治，完成沙化土地治理46.60万公顷，超年度计划74%，国家林草局公布第六次荒漠化和沙化监测结果，新疆荒漠化、沙化土地较第五次监测结果分别减少19.56万公顷、2.43万公顷，荒漠化和沙化状况实现"双缩减"，程度"双减轻"，植被盖度和固碳能力"双提高"，结束了新疆作为全国唯一沙化土地扩张省（区）的历史。

【生态保护】　扎实推进自然保护地体系建设，组织开展24个风景名胜区整合优化预案编制，解决交叉重叠问题5307平方千米。配合完成全区"三区三线"划定，卡拉麦里山自然保护区等9个总体规划获批，依法保护、规范管理能力和水平进一步提升。大力宣传贯彻《湿地保护法》和《湿地公约》第十四届缔约方大会精神，实施20个湿地保护与恢复项目、新增恢复湿地面积0.55万公顷，5处国家湿地公园成功通过验收并挂牌。会同自治区农业农村厅、畜牧兽医局印发《关于落实第三轮草原生态保护补助奖励政策　切实做好禁牧和草畜平衡有关工作的通知》，查处违反禁牧制度行为72起，推动草原休养生息。完成林业有害生物防治140.78万公顷，无公害防治率达97%，林业有害生物成灾率控制在1‰以下。完成松材线虫病专项普查131.64万公顷，依法销毁入疆带疫苗木5.3万株。苹果枝枯病、葡萄蛀果蛾、枣树一号病、核桃蛀果害虫四大林果有害生物防治成效得到巩固，发生面积较2021年减少19%。完成草原鼠虫害防治50万公顷，成灾率控制在9.5%以下。

【资源管理】　有序推进林草生态综合监测，完成森林样地监测任务3728个、核实林草湿变化图斑70650个，完成国土"三调"外林地图斑区划和属性标注及《自治区国家级公益林优化成果报告》，纠正国土"三调"内林地地类错误和属性，逐步构建与国土"三调"高度融合的林草湿荒资源"一张图"。完成森林抚育3.03万公顷，办理林木采伐审批手续14609件、蓄积量688328立方米，审批数量较2021年同期减少2090件、减幅16.7%。与国家林草局驻乌鲁木齐专员办联合开展打击毁林专项行动和2021年森林督查案件整改，分别查处破坏森林资源案件1815个、913个，整改率达到95.04%、98.8%，居全国前列。加强古树名木保护管理，与公安厅、住建厅联合开展打击破坏古树名木违法犯罪活动专项整治行动。印发实施《自治区重点保护野生动物名录》，启动实施外来入侵物种普查等生物多样性保护项目45个。完成野骆驼自然保护区综合科考和新疆22个常规地理单元调查。成功处置乌鲁木齐县林区野猪非洲猪瘟疫情，未扩散蔓延其他林区和家猪。联合相关厅局开展"2022清风行动"和打击野生动植物非法贸易联合行动，累计查办案件844起。国家林草种质资源设施保存库新疆分库投入使用、配套建设加快推进，采集新疆乡土野生植物和栽培植物种子278份，采集种子、标本等8073份，入库保存种子、休眠芽696份。守住防火安全底线，应急队伍靠前驻防，5.8万名生态护林员、1.4万名信息员巡护监测。全年共发生森林草原火灾10起（9起雷击火，1起入境火），受害面积、过火面积控制工作在全国排名第三，是全国3个未发生人为森林草原火灾省（区）之一。

【林草产业】　全力推进林果产业链建设，优化鲜果品种结构，新梅、桃、杏李、樱桃等名优特新果种达8.73万公顷，达产效益均超过每公顷15万元。支持京东、百果园、汇源、鲜丰水果、德汇等一批国内知名企业，在南疆林果主产区开展规模种植、新品种推广、精深加工、冷链储运、包装销售等，支持17家重点林果企业（合作社）实施产加销一体化建设项目，企业、合作社产品产量增长23%、外销网点增长19%、就业人数增长25%，产业集聚效应逐步显现。编制《2022年新疆林果产品指导目录》，筛选、收录优质林果企业458家。发挥"一带一路"核心区优势，联合乌鲁木齐海关建立出境水果注册果园113个，通过各方渠道出口果品16万吨。统筹疫情防控和经济社会发展，用好援疆机制，加强产销对接。全疆果品产量达1300多万吨，产值950亿元（含兵团），惠及500万果农。组织245家林果企业（合作社）参加亚欧博览会、义乌国际森博会等，线上线下展示产品300余种，达成签约、意向金额15.3亿元。全疆共有苗圃3250处，育苗面积2.49万公顷，苗木产量10亿株，年产值30亿元。花卉种植面积2.67万公顷，销售额6.84亿元。栽植柽柳、梭梭0.28万公顷，新接种肉苁蓉0.27万公顷，沙区特色经济作物肉苁蓉、沙棘、沙漠玫瑰等种植面积突破12.3万公顷。在天然草原种植牧草13.67万公顷，鲜草产量8642万吨，比2021年增长0.37%。启动全疆首个碳汇项目交易，布尔津县依托6.5万公顷草原，完成全疆首笔草原碳汇交易67万吨，交易额19765万元。

【林草科技】　组织实施林草基础研究项目16项，推广示范项目21项。以自治区重大科技专项行动为契机，组建了自治区红枣、核桃、杏产业技术体系专家团队，引入一批科研院所和龙头企业组成新梅、葡萄、香梨、沙棘等多个林果产学研团队，在品种引进、产品研发、加工工艺等方面取得32项突破，科技支撑能力不断增强。自治区首次发布12个林果主栽树种绿色栽培管理技术和质量分级标准，获得优质产品认证达410个。成功申请"揭榜挂帅""厅厅联动""双重"项目，科研总预算近1.8亿元。国家林草局授予胡颓子属植物新品种权6项，10项成果获自治区科技进步奖，1项成果获自治区专利奖三等奖，6人评选为国家林业和草原局第三批林草乡土专家，3人入选第二批"最美林草科技推广员"。建立推广示范园57个、0.13万余公顷，辐射推广0.87万公顷，培训2.78万余人次，推广林草科技成果60余项，发布专利19项，授权软件登记权7个，制定各类标准14个。

【乡村振兴】　发挥林草行业优势，助力巩固拓展脱贫攻坚成果同乡村振兴有效衔接。林草项目资金继续向南疆四地州倾斜，投入资金21.5亿元，投资占比达到36.7%。优化调整生态护林员政策，投入资金4.43亿元，保持44332名生态护林员队伍持续稳定。统筹资金2亿元，支持全区1000个村庄实施村庄绿化美化，村庄平均绿化覆盖率达23.16%。印发《自治区林草局2022年度定点帮扶和助力示范工作计划》，投入资金7600余万元支持乌什县、沙湾市林草工程建设，助力2个定点帮扶和7个助力示范村包联工作。以森林公园、沙漠公园、湿地公园等自然保护地为依托，支持发展生态旅游休闲产业，支持各地举办赏花、摘果、品鲜等活动，引导群众发展或从事观赏、采摘、休闲、健身、游乐和餐饮等生态旅游服务，不断拓宽增收渠道。大力发展林下种植养殖、种苗花卉、沙产业等林草产业，增加生产经营性收入。

【林草援疆】　修改完善《关于"十四五"林草援疆支持举措的协议》，落实中央投资52.14亿元。国家林业和草原局新增察布查尔县、伊宁县等19个县（市）为国家森林防火重点区域高风险区，加大了中央预算内森林火灾高风险综合项目支持范围，有效提高自治区防火基础能力建设水平。同时，将自治区温宿县、库车市等11个县（市）纳入了"全国重要生态系统保护和修复重大工程涉及县域初定范围"，新疆是全国增加最多的省（区）。国家林草局规财司、自治区林草局专门成立林草援疆工作座谈会筹备工作领导小组，制订会议方案，细化分工、倒排工期，密切对接，全力做好第10次林草援疆工作座谈会筹备工作。2022年国家林草局累计选派挂职干部6人，培养新疆青年科技英才10名。举办新疆林草高质量发展培训班，为新疆定向培训领导干部107人次。加强与19个援疆省（市）的联系，扩大交流、深化合作，累计实施涉及林草领域项目24个，年度投资6780万元，助推新疆林草事业高质量发展。国家林业和草原局协调国家有关部门在林草政策制定、资金项目安排上对新疆予以倾斜支持，核定新疆"十四五"期间占用林地定额21600公顷，较"十三五"期间增加7%，增幅在全国位居前列。

【服务高质量发展】　服务保障重大项目建设有力有效。不断优化完善与主管部门的"横向"联动、与央企国企的"双向"协调、与各地州市林草主管部门的"纵向"贯通等落实自治区"六重清单"的林草三项工作机制，全力做好国家和自治区重大项目使用林地草原要素保障，依法受理办结建设项目使用林地草原、自然保护地准入手续3670件。提请自治区人民政府将20项自治区级林草权责事项委托地州级林草部门实施，推动行政审批更加

那拉提杏花谷的杏花在春日里尽情绽放（贾殿周　供图）

精简高效。主动争取国家林草局支持，将先行使用林地、草原的范围由国家重大项目扩大至自治区重大项目的申请获批，并改革先行使用林地、草原审批制为备案制，实现"一次申报、三级备案、一表通办"。

【信息化管林护林】 扎实推进森林草原防火预警监测平台建设，整合改造重载云台14台、新建5台、球机19路、卡口162路、重载云台林区烟火源监测可达7218平方千米，实现即时指挥调度、多级指挥指令流转、可视化灾情分析研判等功能。用好"互联网+森林草原防火督查"系统建设，启用防火码1788个，启用率达到100%。落实资金168万元升级运营湿地生态监测管理平台，建设省级以上自然保护区24个、湿地公园44个子系统平台，实现与省级平台监测数据及监控视频的共享和接入，强化监测数据集成分析和综合应用，及时评估和预警生态风险。卡拉麦里国家公园创建区依托"空天地"一体化平台，实现卫星遥感、无人机自动巡护。草原信息管理系统进入试运营阶段，开展项目汇总统计和种草改良落地上图，实现数据精确化管理。持续推进野生动物卫星跟踪项圈佩戴工作，完成10峰野骆驼、33只野生天鹅、2只白尾海雕的卫星跟踪项圈佩戴工作，掌握野生动物的迁徙习性和活动规律。

【林草宣传】 在中央、自治区等各类各级媒体、网站刊播林草宣传报道1200余条，比2021年提高10%。开展国家公园、林长制、国土绿化、林果业提质增效等主题宣传采访活动55次，制作卡拉麦里国家公园创建申报片和宣传片、林草非凡十年系列视频12部。在央视一套《秘境之眼》栏目播出卡拉麦里野生动物鹅喉羚、蒙古野驴、狼等视频，引起社会广泛关注和强烈反响。

【大事记】
1月9日 经自治区人民政府分管领导同意，联合农业农村厅、公安厅、交通运输厅、市场监管局等10个自治区相关部门，建立自治区打击野生动植物非法贸易部门联席会议制度。

1月20日 召开自治区全面推行林长制领导小组第一次会议，自治区党委书记、自治区全面推行林长制领导小组组长马兴瑞出席并讲话。

1月20日 自治区党委书记马兴瑞、自治区人民政府主席艾尔肯·吐尼亚孜签署自治区总林长令（2022年第1号）。

2月18日 自治区人民政府印发《关于由公安机关在改革过渡期内行使部分林业行政处罚权的决定》（新政发〔2022〕22号）。

2月22日 自治区人民政府副主席芒力克·斯依提一行到自治区林业和草原局调研重点工作开展情况。

2月27日 自治区召开党委常委会，审议通过《新疆卡拉麦里有蹄类野生动物自然保护区总体规划（2022—2030年）》。

3月1日 自治区人大常委会党组副书记、副主任沙尔合提·阿汗到自治区林业和草原局调研新疆林草生态保护工作情况。

3月3日 组织全疆开展"世界野生动植物日"宣传教育活动。

3月7日 自治区党委副书记何忠友到自治区林业和草原局调研国家公园创建及林草重点项目建设情况。

3月15日 联合自治区党委政法委、互联网信息办公室、农业农村厅、公安厅、交通运输厅、市场监督管理局、乌鲁木齐海关等10个部门启动自治区"2022清风行动"，历时2个月。

3月20日 自治区党委副书记何忠友到卡山自然保护区调研国家公园创建工作和保护区环保督察整改工作。

4月8日 自治区人民政府向国家林草局报送《关于申请创建卡拉麦里国家公园的函》《关于申请创建昆仑山国家公园的函》，正式申请创建卡拉麦里、昆仑山国家公园。

4月8日 新疆维吾尔自治区人民政府办公厅印发《自治区级森林公园管理办法（试行）》《自治区级森林公园总体规划审批办法（试行）》。

4月11日 自治区党委书记马兴瑞、自治区人民政府主席艾尔肯·吐尼亚孜到林草局调研，自治区党委常委、常务副主席陈伟俊、自治区党委常委、副主席玉苏甫江·麦麦提、自治区党委常委、秘书长哈丹·卡宾等领导陪同。

4月12日 自治区全面推行林长制领导小组印发《关于调整自治区第一总林长、总林长、副总林长及其责任区、责任林区的通知》（新林领字〔2022〕1号）。

4月15日 召开自治区林业和草原工作会议，自治区人民政府副主席芒力克·斯依提出席并讲话。

4月25日 启动新疆森林、草原、湿地生态系统外来入侵物种外业调查工作。

6月9日 国务院办公厅印发《关于对2021年落实有关重大政策措施真抓实干成效明显地方予以督查激励的通报》，阿克苏地区温宿县被评为国家全面推行林长制工作成效明显的地方，成为全国林长制工作表彰激励的8个市（县）之一，获得中央财政林业改革发展资

阿勒泰地区第五届冬季运动会雪地赛马比赛（阿勒泰地区文体广旅局 供图）

金1000万元激励支持。

6月25日　举办全区野生动植物保护法律法规、疫源疫病监测防控培训班，各地州、县（区）业务骨干120人参训。

6月27日至8月14日　成功处置乌鲁木齐县林区野猪非洲猪瘟疫情。

7月24日　自治区人民政府主席艾尔肯·吐尼亚孜主持召开自治区人民政府常务会议，审议通过卡拉麦里国家公园设立相关材料。

9月18日　自治区人民政府第171次常务会议审议通过并发布实施《新疆维吾尔自治区重点保护野生动物名录》。

9月19—23日　组织32家林果企业（合作社）在乌鲁木齐市参加第七届中国—亚欧博览会。

11月1日　召开2022年自治区打击野生动植物非法贸易部门联席会议工作及自治区"网盾行动"工作部署视频会议。

11月1—4日　组织林果企业、合作社参加第15届中国义乌国际森林产品博览会，达成签约、合作意向金额15.3亿元。

12月9日　自治区人民政府召开自治区河（湖）长制、林长制及乌昌石大气污染防治调度会，自治区人民政府主席艾尔肯·吐尼亚孜视频调度阿勒泰地区布尔津县公益林保护中心及112林班、阿克苏地区温宿县萨依克甫胡杨林保护情况。

12月16日　自治区人民政府印发《新疆维吾尔自治区人民政府关于申请设立卡拉麦里国家公园的请示》（新政发〔2022〕90号），正式将卡拉麦里国家公园设立材料报送国务院审批。

（新疆维吾尔自治区林草业由
唐俊煜供稿）

# 新疆生产建设兵团林草业

【概　述】　2022年，兵团林草系统紧紧围绕国家林草局和兵团党委工作部署，认真贯彻落实第三次中央新疆工作座谈会精神特别是习近平总书记视察新疆和兵团重要讲话重要指示精神，以习近平生态文明思想为指引，牢固树立"绿水青山就是金山银山"的理念，统筹推进山水林田湖草沙一体化保护和系统治理，努力克服疫情影响，坚定履行生态卫士职责，稳步推进"美丽兵团"建设，顺利完成了各项年度目标任务。

【国土绿化】　贯彻落实国务院办公厅《关于科学绿化的指导意见》，根据《兵团办公厅关于科学绿化的实施意见》指导各师市结合实际开展科学绿化工作。印发《关于贯彻落实〈国家林业和草原局关于下达2022年度林草重点计划任务的通知〉暨下达2022年度林草重点任务的通知》，2022年兵团完成造林种草6.17万公顷，为国家下达5.66万公顷国土绿化任务的109%。其中：造林2.94万公顷，包括人工造林0.61万公顷、封山（沙）育林1.06万公顷、退化林修复1.27万公顷；种草改良3.23万公顷，包括人工种草0.16万公顷、草原改良3.07万公顷。完成沙化土地治理任务5.01万公顷（含水利部门水土流失综合治理0.85万公顷），为国家下达4万公顷任务的125.3%，完成了预期目标。积极推动第九师国土绿化试点示范项目建设，克服疫情影响，第九师国土绿化试点示范项目已完成0.27万公顷任务，并在加快推进。同时以增绿为重点，积极推进连队人居环境整治绿化美化工作，新增连队绿化美化面积0.16万公顷，进一步加快生态宜居美丽连队建设步伐。

【林业草原生态修复】　根据最新确权面积及第六次荒漠化和沙化监测成果数据显示，兵团沙化土地面积135.35万公顷，有明显沙化趋势的土地面积75.66万公顷。"十三五"期间累计完成沙化土地治理面积25.47万公顷；"十四五"时期计划完成沙化土地治理任务20万公顷，已完成8.23万公顷，其中2022年完成沙化土地治理任务5.01万公顷（含水利部门水土流失综合治理0.85万公顷），完成种草改良3.23万公顷，其中：草原改良3.07万公顷，人工种草0.16万公顷。年末，兵团草地198.80万公顷，其中天然牧草地152.52万公顷，人工牧草地1.04万公顷，其他草地45.24万公顷。

【林长制推行】　3月13日兵团全面推行林长制2022年领导小组第一次会议，3月21日印发《兵团林长制工作考核办法》《2022年兵团全面推行林长制工作要点》，3月21日，兵团总林长李邑飞、薛斌共同签发《关于切实加强森林草原资源保护工作的令》，要求各级林长持续加强巡林巡查，加快推进科学国土绿化和生态保护修复，抓实森林草原灾害防控，高位推动林长制工作落实。兵团全面推行林长制领导小组及办公室全年共召开4次会议，分析研判全面推行林长制重点、难点问题，明确各级林长和领导小组成员单位工作职责。按照"分级负责、协调联动"原则，落实四级林长责任区域3062个，规范设立林长公示牌2634块，形成了一级抓一级、层层抓落实的工作格局。兵团总林长李邑飞、薛斌，多次深入师市开展巡林调研，并就林草资源管理、湿地保护修复等重点工作作出指示批示。兵团级林长把巡林、巡河、巡湖和乡村振兴相结合开展

3月20日，第一师阿拉尔市开展春季造林绿化工作

"一体化"巡查工作，针对巡查中发现的问题，现场解决问题，对林草资源保护修复提出具体要求。在兵团总林长和兵团级林长的示范带领下，各级林长积极履职尽责，通过发布林长令、召开林长会议、开展巡林调研等方式，主动落实保护发展森林草原资源目标责任。四级林长累计开展巡林3.29万次，解决问题4914件次。全年组织开展林长制相关政策、林草法律法规业务培训5期，培训383人次，提升林草队伍的业务水平和履职能力。制作兵团林长制宣传片2部，12月在中央电视台农业农村频道播出，《兵团日报》、兵团广播电视台等新闻媒体刊发《深化"林长制"实现"林长治"》等宣传报道430余篇，不断提升社会公众对全面推行林长制的关注度、参与度，营造良好氛围。

【林业草原有害生物防治】　兵团林业有害生物发生总面积8.38万公顷，其中，林木病害发生面积0.1万公顷；虫害发生面积6.57万公顷；鼠害发生面积1.71万公顷，整体呈轻度发生。成灾面积0.68万公顷，成灾率5.78‰。2022年兵团草原有害生物为轻度发生，发生面积26.16万公顷，其中严重发生面积7.21万公顷，成灾率3.62%，其中，鼠害发生面积13.18万公顷，严重危害面积3.04万公顷；虫害发生面积8.78万公顷，严重危害面积4.17万公顷。2022年，落实普查经费500万元，开展森林、草原、湿地生态

系统外来入侵物种普查工作，完成13个师117个团场、9个国家沙漠公园、1个国家湿地公园和4个自然保护区外业调查工作，踏查总面积2.83万公顷，设置309个样方，506条样线，对照国家和自治区分布的外来入侵物种普查名录发现33种外来入侵物种。采集实物标本443份，收集调查问卷67份，拍摄电子照片530张，音视频资料23份。落实普查经费300万元，开展全国草原有害生物调查，完成9个师40个团场的外业调查工作，踏查总面积2.11万公顷，设置4160个样地，发现138种有害生物，其中虫害61种，鼠害13种，病害18种，毒害草46种。采集标本1048个，制作完成211个，拍摄电子照片111张。

【森林草原防火】　兵团守护着2019千米边境线，边境沿线地势复杂，灌木杂草丛生，为兵团森林草原火灾高风险区域，常年受到境外火灾危害。兵团高度重视森林草原防火工作，立足于"防"，多措并举，扎实做好森林草原防火各项工作。一是强化森林草原防灭火责任落实，逐级签订责任书，落实网格化管理。建立和完善兵地军联防联控机制，强化防火宣传演练，不断提升防灭火队伍能力建设。二是落实2022年中央预算内投资5591万元，加强兵团森林火灾高风险区综合治理项目建设，在重点边境团场建设防火隔离带340千米，提升森林草原防火能力。三是组织开展兵团森

林草原火灾隐患排查和查处野外违规用火专项行动，会同应急等部门先后7次赴各重点师市开展督导检查，排查整改火灾隐患372个。四是2022年有效应对3起境外森林草原火灾，兵团行政区域内未发生重特大森林草原火灾。

9月5日，兵团第九师161团防火护边员在日常巡护中发现距边境线10千米处的哈萨克斯坦境内约60千米的火线，火势借大风影响向中国境内蔓延。九师161团迅速启动应急预案，组织护林员、民兵、护边员等2600余人，严防死守。通过多方力量配合，将蔓延了60多千米、燃烧了4天4夜的边境大火阻挡在祖国边境线外，未造成任何人员伤亡和财产损失，维护了祖国边境的生态安全。161团分别在春秋防火期开设边境防火隔离带（长90千米、宽100米），有效阻隔了境外火灾的入侵，边境防火隔离带在此次火灾中起到了关键性作用。

此次火情处置中，边防部队出动100余人、塔城地区林草局、巴尔鲁克山管理局森林草原应急分队出动150余人，裕民县自然资源局森林草原防灭火应急分队出动150余人与九师积极联防，全程参与扑灭火。兵地累计投入机力508辆，投入灭火物资2235份次。

【林业草原征占用审批】　兵团保障经济社会发展对林地和草地的使用需求，深化审批"放管服"工作，下放审批权限，压缩办理时限，提高审核审批效率，实现许可事项全程网办。审核审批使用林地项目653宗、面积1656公顷，使用草地386宗、面积1514公顷。

【林草综合监测评价】　2022年调查核实完成国家下发林草湿综合监测变化图斑共12841个，其中一期变化图斑8123个，二期变化图斑4718个。2022年完成兵团林草湿调查监测样地902个，其中森林样地501个、草原样地390个，湿地样地9个，荒漠化样地2个。主要调查内容包括：林草湿荒样地判读、样地测设、因子调查、样地所在图斑信息核实等，获取林草湿荒的储量、质量、结构及其变化数据。

1月20日，兵团举办森林草原防灭火指挥员培训班

**【自然保护地概况】** 截至2022年年末，兵团有自然保护地21处，总面积16.82万公顷，其中省级自然保护区4处，面积10.03万公顷；国家湿地公园6处，面积3.04万公顷；国家沙漠公园9处，面积1.27万公顷；国家草原公园1处，面积0.05万公顷；省级风景名胜区1处，面积2.3万公顷；省级森林公园1处，面积0.19万公顷。按湿地类湿地型分，全兵团有湿地4类14型，其中自然湿地有河流湿地、湖泊湿地和沼泽湿地3类12型，人工湿地有库塘、运河/输水河1类2型。永久性河流3.83万公顷，季节性或间歇性河流0.84万公顷，洪泛平原湿地0.56万公顷，永久性淡水湖0.29万公顷，永久性咸水湖0.06万公顷，季节性淡水湖0.18万公顷，草本沼泽1.70万公顷，灌丛沼泽0.97万公顷，森林沼泽0.33万公顷，内陆盐沼100公顷，季节性咸水沼泽33公顷，沼泽化草甸0.48万公顷，库塘10.99万公顷，运河及输水河12.22万公顷。按全口径分：兵团湿地资源包括森林沼泽、灌丛沼泽、沼泽草地、内陆滩涂、沼泽地、河流水面、湖泊水面、水库水面、坑塘水面、沟渠10种地类，其中：森林沼泽0.04万公顷，灌丛沼泽0.41万公顷，沼泽草地1.66万公顷，内陆滩涂1.4万公顷，沼泽地0.37万公顷，河流水面4.86万公顷，湖泊水面0.76万公顷，水库水面9.26万公顷，坑塘水面1.56万公顷，沟渠12.17万公顷。

**【自然保护地管理】** 一是压实兵团自然保护地管护主体责任，签订保护管理目标责任书11份。二是对接"三区三线"对兵团自然保护地整合优化预案进行了完善，完成第五师怪石峪风景名胜区整合优化预案编制工作。三是组织专业力量对兵团22处自然保护地开展专项调研指导，进一步建立和完善各项管理和巡护制度。四是全面加强自然保护地监督管理，对2017—2020年192个疑似图斑进行判读核查，并对存在问题完成整改。五是加大对自然保护区基础设施建设投入力度，2022年兵团各级累计投入资金5000万元，完善基础设施，提高管护水平。

**【野生动植物保护管理】** 《"十四五"林业草原保护发展规划纲要》确定的专项拯救极度濒危物种98种（野生动物48种、野生植物50种），其中野生动物在新疆（含兵团）分布9种，分别为四爪陆龟、藏羚羊、雪豹、蒙新河狸、普氏野马、野骆驼、大鸨、波斑鸨、猎隼，野生植物在新疆（含兵团）没有分布。9种极度濒危物种的物种保护率为100%，其中，四爪陆龟、蒙新河狸、普氏野马、野骆驼均分布在自治区专属保护区内，藏羚羊、雪豹、大鸨、波斑鸨、猎隼的部分适生区均分布在各类保护地。经统计，新疆重点保护野生动物共计223种，其中国家重点保护野生动物167种、自治区重点保护野生动物56种，在新疆各类自然保护地明确有分布的计193种，占总数的86.55%。新疆国家重点保护野生植物共计60种，其中在自然保护地有分布的计53种，种数保护率88.33%。新疆（含兵团）野生动物种群保持相对稳定，除四爪陆龟外，其余稳中有升且野生动物栖息地和野生植物生境质量持续呈改善趋势。野生动植物种数保护率均超过了80%以上。2022年，兵团深入开展野生动物致害防控、陆生野生动物疫源疫病监测和突发疫情处置工作，对137名职工因重点保护野生动物造成利益受损进行了补偿。联合市场监督管理局、网信办、公安局等单位开展"清风行动""昆仑2022""黄金阻击"等专项行

第二师铁门关市恰拉湖国家湿地公园

12月，数万只候鸟在三师图木舒克市永安湖湿地自然保护区嬉戏、觅食

动，监督检查重要场所3071处，查办案件68起，打击处理违法犯罪人员68人，收缴野生动植物509头（只、株），收缴非法猎具369个，累计罚款6.9万元。

**【林草产业】** 2022年林草产业总产值248.28亿元，第一产业244.93亿元，其中林木育种和育苗3.22亿元，营造林14.31亿元，木材和竹材采运0.73亿元，经济林产品的种植与采集222.33亿元，花卉及其他观赏植物种植0.21亿元，草种植及割草1.87亿元，其他2.26亿元；第二产业2.04亿元，其中木材加工和木、竹、藤、棕、苇制品制造1.44亿元，饲草加工0.11亿元，非木制品林产品加工制造业及其他0.93亿元；第三产业1.31亿元，其中林业生产服务0.31亿元，林业旅游与休闲服务0.40亿元，林业生态服务0.08亿元，草原旅游与休闲服务0.11亿元，林业专业技术服务0.02亿元，林草公共管理及其他组织服务0.34亿元，其他0.05亿元；林下经济产值0.40亿元。其中生产锯材3400立方米、人造板114009立方米。

**【九师国土绿化试点示范项目】** 九师国土绿化试点示范项目是2022年自治区、兵团唯一通过国家审批实施的大规模国土绿化试点示范项目。本项目九师实施总面积3.56万公顷，总投资3.07亿元，其中国家林草局投资2亿元，兵团本级投资0.3亿元，师市投资0.4亿元，社会资本引入0.37亿元。

**【表彰奖励】** 新疆生产建设兵团第五师九十团农业发展服务中心、第一师林业和草原局被评为全国林草系统先进集体。

新疆生产建设兵团第一师十一团、第三师林业工作管理站被评为全国绿化先进集体。

新疆生产建设兵团第一师十二团农业发展服务中心护林员李健军、第五师八十三团农业发展服务中心护林队队长赵建军被评为全国林草系统劳动模范。

新疆生产建设兵团第五师林业和草原服务中心主任、高级农艺师张学军，第八师石河子市林业有害生物防治检疫局局长吴憬春被评为全国林草系统先进工作者。

新疆生产建设兵团第九师林业和草原局、第二师三十四团农业发展服务中心被评为2019—2021年度全国森林草原防火工作先进单位。

新疆生产建设兵团第一师阿拉尔市胡杨林管理站科员唐旭、林业和草原工作总站助理工程师邱议文、第四师六十一团农业发展服务中心高级农艺师侯君被评为2019—2021年度全国森林草原防火工作先进个人。

新疆生产建设兵团第四师六十一团农业发展服务中心护林员刘玉强、第三师五十三团农业发展服务中心护林员艾合买提·热西提（维吾尔族）被评为全国绿化劳动模范。

新疆生产建设兵团林业和草原资源监测中心教授级高级工程师李杰军、石河子市园林研究所高级工程师李先荣被评为全国绿化先进工作者。

**【大事记】** 1月20日 新疆生产建设兵团森林草原防灭火指挥员培训班在新疆森林消防总队训练大队正式开班。兵团自然资源局党组书记、局长，林业和草原局党组书记、局长黄然出席开班式并讲话。新疆生产建设兵团各师市、团场防灭火分管领导、业务人员共96人参加了培训。

2月17日 新疆兵团第九师国土绿化试点示范项目被列入2022年中央财政支持国土绿化试点示范项目名单，获得2亿元补助资金。该项目是新疆兵团首次在国土绿化领域申报成功的项目。

3月10日 兵团法院与兵团林草局组成调研组，赴第十师185团联合调研白沙湖生态环保巡回法庭工作开展情况。

3月13日 兵团全面推行林长制2022年领导小组第一次会议，审议通过《兵团林长制工作考核办法》《2022年兵团全面推行林长制工作要点》。

3月17日 2022年兵团自然资源暨林业和草原工作会议以视频形式召开，会议总结2021年兵团自然资源、林业和草原工作，分析面临的形势，找准存在的问题，部署2022年重点工作。

3月21日 兵团党委书记、政委、兵团总林长李邑飞，党委副书记、司令员、兵团总林长薛斌共同签发《关于切实加强森林草原资源保护工作的令》，要求各级林长持续加强巡林巡查，加快推进科学国土绿化和生态保护修复，抓实森林草原灾害防控，高位推动林长制工作落实。

5月18日 兵团自然资源局、兵团林业和草原局联合召开2022年兵团森林、草原、湿地调查监测动员部署暨技术培训视频会议，会议邀请国家林草局乌鲁木齐专员办副专员刘斌、国家林草局西北院副院长张风臣到会指导，兵团自然资源局、兵团林业和草原局、各师市自然资源和规划局（林业和草原局）

领导干部及其事业单位工作人员共300余人参加了会议。

5月19日　兵团全面推行林长制领导小组办公室、兵团人民检察院联合印发《关于加强兵团森林草原资源保护建立"林长+检察长"协作机制的意见》，通过建立协作工作机制，进一步加强行政执法与检察监督的有效衔接。

5月20日　新疆生产建设兵团林业和草原局和新疆维吾尔自治区林业和草原局就对接草原管理工作及做好兵地草原管理工作融合发展进行调研座谈。自治区林业和草原局副局长张月主持座谈会。

6月18日　兵团自然资源局、兵团林业和草原局在第八师石河子市联合开展安全生产、森林草原防火月宣传以及"616安全生产咨询日"座谈活动，深入推进自然资源、林草领域安全生产知识、森林草原防火知识进机关、进连队、进企业、进家庭。

7月30日　国家林业和草原局荒漠化司司长孙国吉一行督导新疆、兵团林草生态综合监测评价工作。

9月5日　兵团第九师161团防火护边员在日常巡护中发现哈萨克斯坦大火向我国边境蔓延。经过4天4夜的严防死守，将大火阻挡在祖国边境线外。

9月11日　第五师双河市党政主要领导毛知兵、兵团林草局二级巡视员吴博义等靠前驻防，对哈萨克斯坦境外火研判分析，部署秋季边境森林草原火灾防控相关工作。

（新疆生产建设兵团由杨阳供稿）
（图片由新疆生产建设兵团提供）

# 23

# 林业（和草原）人事劳动

## 国家林业和草原局（国家公园管理局）领导成员

局长、党组书记：关志鸥
副局长、党组成员：张永利
副局长：刘东生
副局长、党组成员：李树铭　李春良　谭光明

全国绿化委员会办公室专职副主任：胡章翠
总经济师：杨　超（2022年2月免职、退休）
森林草原防火督查专员：王海忠
总工程师：闫　振

（王葆供稿）

## 国家林业和草原局机关各司（局）负责人

**办公室**
　主　任：李金华（2022年4月免职）
　　　　　程　红（2022年4月任职）
　副主任：李淑新　刘雄鹰　赵玉涛
　二级巡视员：
　邹亚萍（2022年9月免职、退休）
　李岭宏（2022年8月免职）
　杜　荣（2022年5月任职）
**生态保护修复司（全国绿化委员会办公室）**
　司　长：张　炜
　一级巡视员：郭青俊　吴秀丽
　　　　　　　陈建武（2022年5月任职）
　副司长：黄正秋（2022年8月免职、退休）
　　　　　陈建武（2022年5月免职）
　　　　　马大轶（2022年4月免职）
　　　　　严　剑（2022年12月任职）
　　　　　刘丽莉（2022年7月任职）
**森林资源管理司**
　司　长：徐济德
　一级巡视员：李志宏
　二级巡视员：李　达
　副司长：袁少青（2022年12月免职、退休）
　　　　　董　原（2022年7月任职）
　　　　　韩爱惠（2022年7月任职）
**草原管理司**
　司　长：唐芳林
　副司长：刘加文（2022年12月免职）
　　　　　宋中山　李拥军
　二级巡视员：刘加文（2022年12月任职）

**湿地管理司（中华人民共和国国际湿地公约履约办公室）**
　司　长：吴志民（2022年12月免职、退休）
　一级巡视员：程　良　鲍达明（2022年12月任职）
　副司长：鲍达明（2022年12月免职）　李　琰
　二级巡视员：杨锋伟　董　冶
**荒漠化防治司（中华人民共和国联合国防治荒漠化公约履约办公室）**
　司　长：孙国吉
　副司长：胡培兴　屠志方　张德平
　二级巡视员：闫光锋
**野生动植物保护司（中华人民共和国濒危物种进出口管理办公室）**
　司长（常务副主任）：
　　　　　张志忠（2022年12月免职、退休）
　　　　　王维胜（2022年12月任职）
　一级巡视员（副主任）：
　　　　　贾建生（2022年3月免职、退休）
　副司长（副主任）：王维胜（2022年12月免职）
　　　　　周志华（2022年5月免职）　万自明
**自然保护地管理司**
　司　长：王志高
　一级巡视员：柳　源（2022年4月免职、退休）
　　　　　　　杨　冬（2022年2月免职、退休）
　　　　　　　严承高（2022年12月任职）
　副司长：严承高（2022年12月免职）
　　　　　袁继明（2022年4月免职）
　　　　　周志华（2022年5月任职）
　二级巡视员：张德辉（2022年7月任职）
**林业和草原改革发展司**
　司　长：刘树人

一级巡视员：杜纪山（2022年7月免职、退休）

副司长：苏祖云

　　　　李玉印（2022年2月免职、退休）

　　　　王俊中　黄　东（2022年5月任职）

**国有林场和种苗管理司**

　　司　长：程　红（2022年4月免职）

　　　　　　李　冰（2022年4月任职）

　　一级巡视员：杨连清（2022年5月任职）

　　副司长：张健民（2022年2月免职、退休）

　　　　　　文海忠（2022年7月免职、退休）

　　　　　　杨连清（2022年5月免职）

　　　　　　李岭宏（2022年8月任职）

　　二级巡视员：邹连顺（2022年12月免职、退休）

**森林草原防火司**

　　司　长：周鸿升（2022年12月免职、退休）

　　　　　　樊　华（2022年12月任职）

　　副司长：陈雪峰　许传德（2022年12月免职）

　　　　　　李　杰（2022年5月任职）

　　二级巡视员：李冬生　刘跃祥

**规划财务司**

　　司　长：陈嘉文（2022年7月任职）

　　副司长：陈嘉文（2022年7月免职）

　　　　　　马爱国（2022年5月免职、退休）

　　　　　　许新桥（2022年8月任职）

　　　　　　孙嘉伟　黄祥云（2022年5月任职）

　　二级巡视员：郝雁玲（2022年8月免职）

　　　　　　　　郝学峰　刘韶辉

**科学技术司**

　　司　长：郝育军

　　一级巡视员：李世东

　　副司长：王连志　黄发强

**国际合作司（港澳台办公室）**

　　司　长：孟宪林（2022年7月免职、退休）

副司长：胡元辉　谢春华

二级巡视员：许强兴（2022年5月任职）

**人事司**

　　司长、局党校副校长：谭光明（兼）（2022年2月
　　　　免去人事司司长职务）

　　司　　长：李金华（2022年2月任职）

　　副司长：丁立新　王常青

**机关党委（机关纪委、工会）**

　　书记、局党校校长：张永利（兼）

　　常务副书记：高红电

　　副书记、纪委书记：王希玲

　　副书记、巡视办专职副主任：樊喜斌

　　工会主席、二级巡视员：张亚玲

　　机关纪委专职副书记：冷　鹏（2022年4月任职）

**离退休干部局**

　　局长、党委书记：

　　　　薛全福（2022年2月免职、退休）

　　　　王　浩（2022年4月任职）

　　党委副书记、纪委书记、一级巡视员：王福东

　　一级巡视员：江机生（2022年4月任职，2022年8
　　　　月免职、退休）

　　副局长：李青松　郑　飞

**援派、外派等干部**

　　正司长级干部：苏春雨（2022年5月免职、退休）

　　正司局级干部：鲁　德（国际组织任职）

　　一级巡视员：刘家顺

　　机关副司长：李志强（援疆）　张　月（援疆）

　　　　　　张德辉（援青）（2022年1月任职，
　　　　　　2022年7月免职）

　　二级巡视员：贾晓霞（国际组织任职）

（王葆供稿）

# 国家林业和草原局
# 派出机构负责人

国家林业和草原局驻内蒙古自治区森林资源监督专员
办事处（中华人民共和国濒危物种进出口管理办公室
内蒙古自治区办事处）

　　专员（主任）、党组书记：

　　　　李国臣（2022年2月免职）

　　　　李彦华（2022年4月任职）

　　副专员（副主任）、党组成员：王玉山　杨　春

国家林业和草原局驻长春森林资源监督专员办事处
（中华人民共和国濒危物种进出口管理办公室长春办
事处、东北虎豹国家公园管理局）

　　专员（主任、局长）、党组书记：赵　利

副局长、党组成员：张陕宁

副专员（副主任、副局长）、党组成员：

　　毛光升（2022年6月任职）　侯　翎

国家林业和草原局驻黑龙江省森林资源监督专员办事
处（中华人民共和国濒危物种进出口管理办公室黑龙
江省办事处）

　　一级巡视员、党组成员：

　　　　杜晓明（2022年4月免职）

　　　　左焕玉（2022年4月任职）

　　副专员（副主任）、党组成员：

　　　　左焕玉（2022年4月免职）

沈庆宇　陈　鹏（2022年5月任职）

**国家林业和草原局驻大兴安岭林业集团公司森林资源监督专员办事处**

专员、党组书记：纪　亮

副专员、党组成员：周光达　王秀国

二级巡视员、党组成员：艾笃六

**国家林业和草原局驻福州森林资源监督专员办事处（中华人民共和国濒危物种进出口管理办公室福州办事处）**

专员（主任）、党组书记：

　　孟广芹（2022年4月任职）

一级巡视员、党组成员：

　　李彦华（2022年4月免职）

副专员（副主任）、党组成员：

　　吴满元（2022年8月免职）　宋师兰

　　汶　哲（2022年8月任职）

**国家林业和草原局驻成都森林资源监督专员办事处（中华人民共和国濒危物种进出口管理办公室成都办事处、大熊猫国家公园管理局）**

专员（主任、局长）、党组书记：向可文

副专员（副主任、副局长）、党组成员：

　　龚继恩　李建锋

二级巡视员、党组成员：曹　蜀

**国家林业和草原局驻云南省森林资源监督专员办事处（中华人民共和国濒危物种进出口管理办公室云南省办事处）**

专员（主任）、党组书记：

　　史永林（2022年7月免职、退休）

　　吴满元（2022年8月任职）

二级巡视员、党组成员：李　鹏

副专员（副主任）：陈学群

**国家林业和草原局驻合肥森林资源监督专员办事处（中华人民共和国濒危物种进出口管理办公室合肥办事处）**

专员（主任）、党组书记：李　军

副专员（副主任）、党组成员：

　　潘　虹（2022年3月免职、退休）

　　张　旗　段植林（2022年5月任职）

一级巡视员、党组成员：

　　江机生（2022年4月免职）

**国家林业和草原局驻武汉森林资源监督专员办事处（中华人民共和国濒危物种进出口管理办公室武汉办事处）**

专员（主任）、党组书记：

　　周少舟（2022年4月免职）

　　杜晓明（2022年4月任职）

副专员（副主任）、党组成员：

　　孟广芹（2022年4月免职）

　　马志华　高扩江（2022年5月任职）

**国家林业和草原局驻广州森林资源监督专员办事处（中华人民共和国濒危物种进出口管理办公室广州办事处）**

专员（主任）、党组书记：关进敏

副专员（副主任）、党组成员：贾培峰　刘　义

二级巡视员、党组成员：王琴芳

二级巡视员：王剑波

**国家林业和草原局驻贵阳森林资源监督专员办事处（中华人民共和国濒危物种进出口管理办公室贵阳办事处）**

专员（主任）、党组书记：

　　李天送（2022年12月免职）

副专员（副主任）、党组成员：谢守鑫　那春风

二级巡视员、党组成员：钟黔春

**国家林业和草原局驻西安森林资源监督专员办事处（中华人民共和国濒危物种进出口管理办公室西安办事处、祁连山国家公园管理局）**

专员（主任、局长）、党组书记：

　　王洪波（2022年4月免职）

　　郑　重（2022年4月任职）

一级巡视员、党组成员：

　　王洪波（2022年4月任职）

二级巡视员、党组成员：何　熙

副专员（副主任、副局长）、党组成员：

　　贾永毅（2022年7月免职、退休）　潘自力

**国家林业和草原局驻乌鲁木齐森林资源监督专员办事处（中华人民共和国濒危物种进出口管理办公室乌鲁木齐办事处）**

专员（主任）、党组书记：

　　郑　重（2022年4月免职）

　　张志刚（2022年4月任职）

副专员（副主任）、党组成员：刘　斌

二级巡视员、党组成员：肖新艳

**国家林业和草原局驻上海森林资源监督专员办事处（中华人民共和国濒危物种进出口管理办公室上海办事处）**

专员（主任）、党组书记：苏宗海

副专员（副主任）、党组成员：高尚仁

　　叶　英（2022年6月任职）

**国家林业和草原局驻北京森林资源监督专员办事处（中华人民共和国濒危物种进出口管理办公室北京办事处）**

专员（主任）、党组书记：刘克勇

一级巡视员、党组成员：

　　钱能志（2022年4月任职）

副专员（副主任）、党组成员：

　　钱能志（2022年4月免职）

　　闫春丽　郑思洁（2022年5月任职）

（王葆供稿）

# 国家林业和草原局
# 直属单位负责人

**国家林业和草原局机关服务局**
局长、党委书记：周 瑄
副局长、纪委书记：张志刚（2022年4月免职）
副局长：姚志斌　李平先
　　　　郜沁国（2022年5月任职）
　　　　张　禹（2022年5月任职）
　　　　彭继平（2022年8月任职）
**国家林业和草原局信息中心**
主　任：敖安强
副主任：杨新民　吕光辉　梁永伟
**国家林业和草原局林业工作站管理总站**
总站长：丁晓华
一级巡视员：汤晓文（2022年2月免职、退休）
副总站长：陈　彤　周　洪
　　　　　董　原（2022年7月免职）　高静芳
二级巡视员：侯　艳
**国家林业和草原局财会核算审计中心**
主　任：陈嘉文（2022年7月免职）
　　　　郝雁玲（2022年8月任职）
副主任：刘金富（2022年7月任职）　刘文萍
　　　　孙德宝　吴　今　单晓臣
**国家林业和草原局宣传中心**
主　任：黄采艺
副主任：王　振　杨　波　缪　宏
**国家林业和草原局生态建设工程中心**
主　任：张利明
一级巡视员：吴礼军（2022年4月任职）
副主任：吴礼军（2022年4月免职）　刘再清
　　　　赵新泉　付长捷　付　蓉
二级巡视员：张　瑞
**国家林业和草原局国际合作交流中心**
主　任：孟宪林（兼）（2022年7月免职、退休）
常务副主任：王春峰
副主任：许强兴（2022年5月免职）
　　　　刘　昕　刘玉英
**国家林业和草原局科技发展中心（国家林业和草原局植物新品种保护办公室）**
主　任：王永海
一级巡视员：祁　宏（2022年5月免职、退休）
　　　　　　李天送（2022年12月任职）
　　　　　　龙三群（2022年12月任职）
副主任：龙三群（2022年12月免职）　龚玉梅
**国家林业和草原局发展研究中心（法律事务中心）**
主　任：李　冰（2022年4月免职）
党委书记：王　浩（2022年4月免职）
主任、党委书记：袁继明（2022年4月任职）

副主任：王月华　石　敏　刘　璨　吴柏海
党委副书记、纪委书记：菅宁红
**国家林业和草原局国家公园（自然保护地）发展中心**
主　任：田勇臣
副主任：李　忠（2022年3月免职、退休）
　　　　安丽丹　孙鸿雁
**国家林业和草原局野生动物保护监测中心**
主　任：马国青
副主任：文世峰　郭立新
　　　　杜　荣（2022年5月免职）　巫忠泽
**国家林业和草原局森林草原火灾预防监测中心**
主　任：樊　华（2022年12月免职）
　　　　许传德（2022年12月任职）
副主任：杨海军
　　　　吴友苗（2022年9月免职、退休）
　　　　籍永刚（2022年4月任职）　冯晓东
**中国林业科学研究院**
分党组书记、副院长、京区党委书记：叶　智
院长、分党组副书记：刘世荣（2022年3月免职）
　　　　储富祥（2022年4月任职）
分党组成员、副院长：陈绍志
　　　　储富祥（2022年4月免职）
　　　　黄　坚（2022年4月免职、退休）　肖文发
分党组成员、纪委书记：周　戡
副院长：崔丽娟
**国家林业和草原局林草调查规划院**
院长、党委副书记：张煜星
党委书记、副院长：张全洲
副院长：蒋云安　唐小平　张　剑
党委副书记、纪委书记：严晓凌
**国家林业和草原局产业发展规划院**
院长、党委副书记：唐景全（2022年4月任职）
党委书记、副院长：唐景全（2022年4月免职）
　　　　彭华福（2022年4月任职）
副院长：齐　联　沈和定
党委副书记、纪委书记：
　　　　籍永刚（2022年4月免职）
　　　　李勇斌（2022年4月任职）
副院长、总工程师：李春昶
**国家林业和草原局管理干部学院**
院　长：张建龙
党委书记、局党校副校长：
　　　　刘春延（2022年4月任职）
党委副书记、常务副院长：
　　　　陈道东（2022年12月免职、退休）

党委副书记、纪委书记：
彭华福（2022年4月免职）
郑欣民（2022年8月任职）
副院长、局党校专职副校长：
严 剑（2022年12月免职）
副院长：陈立桥 邹庆浩

**中国绿色时报社**
党委书记：黄采艺（兼）（2022年4月免职）
马大轶（2022年4月任职）
社长、总编辑：张连友（2022年12月免职、退休）
党委副书记、纪委书记：何增明
副社长：刘 宁 段 华

**中国林业出版社有限公司**
党委书记、董事长、法定代表人：成 吉
总经理、副董事长、董事、党委副书记：李凤波
总编辑：邵权熙
党委副书记、纪委书记、副总编辑、监事：王佳会
副总经理：韩学文

**国际竹藤中心**
主 任：费本华（2022年4月任职）
常务副主任：费本华（2022年4月免职）
党委书记、副主任：尹刚强
副主任：陈瑞国
党委副书记、纪委书记：李晓华

**国家林业和草原局亚太森林网络管理中心**
主 任：夏 军
副主任：张忠田 翟洪波（2022年5月任职）

**中国林学会**
秘书长：陈幸良
副秘书长：刘合胜 沈瑾兰

**中国野生动物保护协会**
秘书长：武明录
副秘书长：褚卫东 王晓婷 斯 萍

**中国绿化基金会**
副秘书长兼办公室主任：陈 蓬
办公室副主任：许新桥（2022年8月免职） 缪光平

**中国绿色碳汇基金会**
秘书长：刘家顺

**国家林业和草原局西北华北东北防护林建设局**
党组书记、局长：冯德乾（2022年7月任局长）
一级巡视员、党组成员：武爱民
副局长、党组成员：刘 冰 岳太青 张 良
党组成员、纪检组长：程 伟

**国家林业和草原局生物灾害防控中心**
党委书记、副主任：张克江
主任、党委副书记：郭文辉
副主任：闫 峻（2022年12月免职、退休）
吴长江 方国飞
党委副书记、纪委书记：
曲 苏（2022年9月免职、退休）

**国家林业和草原局华东调查规划院**
党委书记、院长：吴海平
党委副书记、副院长：刘春延（2022年4月免职）

副院长、总工程师：
何时珍（2022年4月免职、退休）
郑云峰（2022年6月任职）
副院长：刘道平 马鸿伟
雷 雪（2022年12月任职）
党委副书记、纪委书记：刘 强

**国家林业和草原局中南调查规划院**
党委书记、副院长：刘金富（2022年7月免职）
党委书记、院长：
周学武（2022年12月任党委书记）
常务副院长：尹发权
副院长：贺东北 杨 宁
副院长、党委副书记、纪委书记：张志涛
正司局级干部：洪家宜

**国家林业和草原局西北调查规划院**
院长、党委副书记：李谭宝
党委书记、副院长：许 辉
副院长：张凤臣 王孝康（2022年5月任职）
副院长、总工程师：王吉斌
党委副书记、纪委书记：王福田

**国家林业和草原局西南调查规划院**
党委书记、院长：周红斌
副院长：张光元 汪秀根 殷海琼
副院长、纪委书记：杨 菁

**中国大熊猫保护研究中心**
党委书记、副主任：路永斌
主任、党委副书记：段兆刚
副主任、纪委书记：朱 涛
副主任：巴连柱 刘菁萍 李德生

**大兴安岭林业集团公司**
党委书记：于 辉
总经理、党委副书记：
李 军（2022年12月免职、退休）
纪委书记、党委常委：
张 平（兼）（2022年5月免职）
陈 昱（2022年6月任职）
副总经理、党委常委：
于志浩（2022年7月免职、退休）
刘 志（2022年9月免职、退休）
袁卫国 陈 昱（2022年6月免职）
李会平 张永刚
工会主席：徐 淬

**重点国有林区森林资源监测中心**
党委书记、主任：张 平（2022年5月任职）
党委副书记、纪委书记：
唐 伟（2022年6月任职）
副主任：张 平（兼）（2022年5月免职）
徐大敏（2022年5月免职、退休）
丰兴秋（2022年4月免职、退休）
聂兴旺（2022年9月免职、退休）
闫 平（2022年6月任职）

（王葆供稿）

# 各省（区、市）林业（和草原）主管部门负责人

**北京市园林绿化局（首都绿化办）**

党组书记、局长（主任）：
邓乃平（2022年8月免职）
党组书记：高大伟（2022年8月任职）
党组成员、副局长：高大伟（2022年8月免职）
党组成员、市公园管理中心党委书记、主任：
张 勇
党组成员、副局长：戴明超
党组成员、副主任：廉国钊
党组成员、副局长：林晋文（2022年7月任职）
党组成员、市纪委市监委驻局纪检监察组组长：
洪 波（2022年7月免职）
廖 全（2022年7月任职）
党组成员、副局长：沙海江
市纪委市监委一级巡视员：洪 波
一级巡视员：朱国城（2022年2月免去党组成员、
副局长职务）
蔡宝军（2022年11月免职）
二级巡视员：贾权民 周庆生 王小平 刘 强

**天津市规划和自然资源局**

党委书记、局长、海洋局局长（兼）：陈 勇
党委委员、一级巡视员：
路 红（2022年9月退休）
一级巡视员：霍 兵
党委委员、驻局纪检监察组组长、一级巡视员：
付滨中（2022年7月任一级巡视员）
党委委员、副局长：
杨 健（2022年3月退休） 张志强
罗 平（兼任滨海新区分局党组书记、局长）
崔 龙 张宏晖（2022年5月任职）
党委委员、总规划师（保留副局级）：
刘 荣（2022年9月任党委委员）
总规划师（保留副局级）：师武军
二级巡视员：高明兴

**河北省林业和草原局**

党组书记、局长：刘凤庭（兼任省自然资源厅党组
副书记、副厅长、一级巡视员）
党组成员、副局长（副厅级）：王 忠（兼任省自
然资源厅党组成员）
党组成员、副局长：张立安 吴 京 王 宇

**山西省林业和草原局**

党组书记、局长：袁同锁
党组成员、副局长：黄守孝（2022年11月退休）

岳奎庆 杨俊志
二级巡视员：宋河山 李振龙 陈俊飞（2022年4
月退休）

**内蒙古林业和草原局**

党组书记、局长：郝 影
副局长：娄伯君
党组成员、副局长：马 强（2022年1月任职）
铁 牛（2022年1月任职） 陈永泉
一级巡视员：东淑华（2022年1月任职） 阿勇嘎
王才旺（2022年12月退休）
杨俊平（2022年3月退休）
二级巡视员：郝永富（2022年9月退休）
董建林（2022年1月任职）

**辽宁省林业和草原局**

党组书记、局长：金东海
党组成员、副局长：孙义忠 王树森
姜生伟（2022年1月任职）
二级巡视员：胡崇富
总经济师：周 义

**吉林省林业和草原局**

党组书记：杨海廷（2022年2月免职）
高海珠（2022年2月任职）
局长：孙光芝
党组成员、副局长：王 伟 段永刚
刘 义（2022年7月免职） 刘 明 祁永辉
党组成员、驻局纪检监察组组长：郝 彤

**黑龙江省林业和草原局**

党组书记、局长：王东旭（2022年12月免职）
侯绪珉（2022年12月任职）
党组成员、副局长：
时永录 朱良坤（2022年11月免职）
侯绪珉（2022年12月免职） 陈建伟
党组成员：伍跃辉
一级巡视员：郑怀玉 苏凤仙
朱良坤（2022年11月任职）
二级巡视员：陶 金

**上海市绿化和市容管理局（上海市林业局）**

党组书记、局长：邓建平
副局长、一级巡视员、党组成员：方 岩
副局长、党组成员：顾晓君
汤臣栋（2022年2月免职） 唐家富

副局长、一级巡视员、党组成员：
周海健（2022年2月任职）
总工程师、党组成员：朱心军
一级巡视员、党组成员：
崔丽萍（2022年8月免职）
二级巡视员：缪　钧

**江苏省林业局**
党组书记、局长：
沈建辉（2022年5月调离）
王国臣（2022年7月任职）
党组成员、副局长：
王德平（2022年3月退休）
钟伟宏（2022年11月退休）
王学东（2022年12月任职）
仲志勤（2022年12月免职）
总工程师：吴小巧
二级巡视员：仲志勤（2022年12月任职）　卢兆庆

**浙江省林业局**
党组书记、局长：胡　侠（正厅级）
党组成员、副局长：
诸葛承志（副厅级）　陆献峰　李永胜
党组成员、总工程师：李荣勋
党组成员、办公室主任：沈国存
一级巡视员：吴　鸿　杨幼平
二级巡视员：骆文坚（2022年10月退休）

**安徽省林业局**
党组书记、局长：牛向阳
党组成员、副局长：齐　新　张令峰
周　乐（2022年5月任职）
党组成员、总工程师：李拥军

**福建省林业局**
党组书记、局长：王智桢
党组成员、副局长：刘亚圣　王宜美
党组成员、纪检监察组组长：
郭　延（2022年12月免职、调离）
党组成员、副局长、一级巡视员，武夷山国家公园
管理局党委书记、局长：林雅秋（2022年2月
任一级巡视员、2022年11月退休）
党组成员、副局长：林旭东　郑　健　王梅松
一级巡视员：谢再钟
二级巡视员：唐　忠（2022年7月退休）
总工程师：张志才

**江西省林业局**
党组书记、局长：邱水文
一级巡视员：黄小春（2022年5月退休）　罗　勤
党组成员、副局长：严　成（2022年11月退休）
刘　宾
江西环境工程职业学院党委书记：肖忠优
江西环境工程职业学院院长：熊起明

二级巡视员：倪修平　朱云贵（2022年10月退休）
胡加林（2022年12月退休）

**山东省自然资源厅（山东省林业局）**
省自然资源厅党组书记、厅长，省委海洋发展委员
会办公室主任，省林业局局长，省自然资源总
督察（兼）：宇向东
省自然资源厅党组副书记、副厅长：
赵晓晖（2022年3月任职）
省自然资源厅党组副书记、副厅长、一级巡视员，
省自然资源副总督察（兼）：刘　鲁
省自然资源厅一级巡视员：宋守军
李树民（2022年12月任职）
省自然资源厅党组成员、副厅长：
李树民（2022年1月免职）
省自然资源厅党组成员、副厅长、一级巡视员，
省林业局副局长：马福义（2022年9月任一级
巡视员）
省自然资源厅党组成员、副厅长：
王太明（2022年1月任一级巡视员，2022年10
月退休）　王少瑾
省自然资源厅党组成员、省纪委监委驻省自然资源
厅纪检监察组组长：崔良桐（2022年5月任职）
省自然资源厅党组成员，省海洋局党组书记、局
长：张建东
省自然资源厅党组成员、副厅长：
李新阁（2022年1月任职）
省自然资源厅党组成员、副厅长、省协作重庆挂
职干部领队：董瑞忠（2022年12月任党组成
员、副厅长）
省自然资源厅二级巡视员：李克强
省自然资源厅副厅级干部：赵培金
省自然资源厅二级巡视员：
李　峰　付日新（2022年3月退休）
专职省自然资源副总督察（副厅级）：王光信
省自然资源厅二级巡视员：李成金

**河南省林业局**
党组书记、局长（正厅级）：原永胜
党组成员、一级巡视员：朱延林（2022年4月退休）
党组成员、副局长、一级巡视员：
李志锋（2022年4月任一级巡视员）
党组成员、副局长：王　伟
二级巡视员：李灵军

**湖北省林业局**
党组书记、局长：刘新池（2022年3月免职、调任）
王昌友（2022年3月任职）
党组成员、副局长：王昌友（2022年3月免职）
陈毓安（2022年9月免职）　夏志成
宋丛文（2022年5月任职）
张　鹏（2022年10月任职）
副局长：黄德华
党组成员、总工程师：宋丛文（2022年5月免职）

张　维（2022年10月任职）

一级巡视员：陈毓安（2022年9月任职）

二级巡视员：江建生（2022年11月免职、退休）

　　　　　蓝太刚　严世辉　袁玉涛（2022年5月任职）

## 湖南省林业局

党组书记、局长：胡长清

党组成员、副局长（正厅级）：严志辉

党组成员、驻局纪检组组长：梁志强（2022年9月
　　免职）　王芳柏（2022年9月任职）

党组成员、副局长：李　蔚　吴剑波　李林山

党组成员、南山国家公园管理局局长：
　　王明旭（2022年1月任职）

党组成员、总工程师：胡　锋（2022年7月任职）

一级巡视员：彭顺喜（2022年3月退休）
　　　　　张凯锋（2022年12月任职）

二级巡视员：张凯锋（2022年12月免职）
　　　　　李志勇　欧阳叙回　杨　岳（2022年1月退休）
　　　　　姜　芸（2022年3月任职、11月退休）

## 广东省林业局

党组书记、局长：陈俊光（兼广东省自然资源厅
　　党组副书记，正厅级）

党组成员、副局长：吴晓谋（副厅级）　彭尚德
　　（副厅级，2022年3月免职）　王华接

党组成员、总工程师：郑永光

一级巡视员：彭尚德（2022年3月任职）

二级巡视员：李云新

一级调研员（省管）：魏　冰

## 广西壮族自治区林业局

党组书记：蔡中平（2022年1月任职）

局　　长：黄显阳（2022年1月免职）
　　　　　蔡中平（2022年2月任职）

党组成员、副局长：黄政康　李凤云（2022年5月免
　　职）　陆志星　李巧玉（2022年8月任职）
　　邹庆浩（2022年1月挂职）

党组成员、总工程师：李巧玉（2022年8月免职）

一级巡视员：邓建华

二级巡视员：蒋桂雄　黄周玲（2022年8月免职、退
　　休）　罗基同　李贵玉　冷光明

## 海南省林业局（海南热带雨林国家公园管理局）

党组书记、局长（海南热带雨林国家公园管理局局
　　长，海南省自然资源和规划厅党组成员）：
　　黄金城（2022年8月退休）

党组成员、副局长（海南热带雨林国家公园管理局
　　副局长）：李新民　高述超　李开文
　　　　　　　刘　强（2022年9月结束挂职）

党组成员：周绪梅

党组成员、总工程师：周亚东

海南热带雨林国家公园管理局副局长：
　　王　楠（2022年11月开始挂职，为期2年）

## 重庆市林业局

党组书记、局长：沈晓钟（2022年7月免职）
　　　　　　　曹春华（2022年7月任职）

党组成员、副局长：王声斌　唐　军　王定富

二级巡视员：陈　祥　熊忠武
　　　　　李辉乾（2022年5月任职、8月退休）

总工程师：李辉乾（2022年5月免职）
　　　　　廖秀云（2022年8月任职）

## 四川省林业和草原局（大熊猫国家公园四川省管理局）

党组书记、局长，大熊猫国家公园管理局局长
　　（兼），自然资源厅副厅长、党组副书记
　　（兼）：李天满

党组成员、副局长：宾军宜　王　平　唐代旭
　　　　　　　　　王景弘

党组成员、机关党委书记：
　　李　剑（2022年9月免职）

党组成员、总工程师：白史且

大熊猫国家公园四川省管理局专职副局长：
　　张绍军　陈宗迁

大熊猫国家公园四川省管理局总规划师：王鸿加

一级巡视员：包建华（2022年6月免职）
　　　　　李　剑（2022年9月任职）

二级巡视员：万洪云　昝玉军　罗语国
　　　　　王玉琳　余蜀峰　童　伟
　　　　　郝永成（2022年10月免职）　杨天明

## 贵州省林业局

党组书记、局长：胡洪成

党组副书记、副局长：孙福强

党组成员、副局长：向守都　傅　强　缪　杰

一级巡视员：张富杰

二级巡视员：葛木兰（女）
　　　　　张乃春（2022年2月退休）

## 云南省林业和草原局

党组书记、局长：
　　万　勇（兼任云南省自然资源厅党组成员）

党组成员、副局长：夏留常（2022年2月免职）
　　王卫斌（2022年9月免党组成员职务、10月免
　　副局长职务）　高　峻　田建宏（2022年8月
　　任职）　赵永平　丁　鲲（2022年3月任党组
　　成员、4月任副局长）

党组成员：文　彬

二级巡视员：陆诗雷　陈立贤　李伟平

## 西藏自治区林业和草原局

党组书记、副局长：次成甲措

党组副书记、局长：吴　维

党组成员、一级巡视员：田建文

党组成员、副局长：拉　增　季新贵　宗　嘎
　　　　　　　　　刘学庆　胡志广（2022年5月任职）

二级巡视员：胡志广（2022年5月免职）　伦珠次仁

总工程师：覃庆锋（2022年8月任职）

陕西省林业局

党组书记、局长：党双忍

党组成员、副局长，省林业科学院党委书记：
刘保华

党组成员、秦岭国家植物园园长：张秦岭

党组成员、副局长：范民康

副局长、省林业科学院院长：昝林森

党组成员、副局长：薛恩东　张卫东

党组成员，省森林资源管理局党委书记、局长：
田　瑞（2022年3月免职）

党组成员：朱建军（2022年7月任职）

省森林资源管理局党委书记、局长：
朱建军（2022年8月任职）

一级巡视员：崔　汛（2022年7月退休）

二级巡视员：楚万才

甘肃省林业和草原局

党组书记、局长：张旭晨

党组成员、驻局纪检监察组组长：夏　泉

党组成员、副局长：刘天波（2022年11月任职）
郑克贤（2022年8月免职）
张宏祯　田葆华　侯永强

副局长：杨　斌（2022年10月挂职期满，免职）

大熊猫国家公园甘肃省管理局专职副局长：高建玉

一级巡视员：苏克俭（2022年11月退休）
张世虎（2022年6月退休）
郑克贤（2022年8月任职）

二级巡视员：连雪斌　刘晓春　王全德　李善堂
申俊林

驻局纪检监察组二级巡视员：梅建波（2022年9月
退休）

青海省林业和草原局

党组书记、局长：李晓南

党组成员、副局长：邓尔平　高静宇（兼任青海湖
景区保护利用管理局党组副书记、副局长）

王恩光　赵海平

党组成员：王湘国（兼任三江源国家公园管理局
党委书记、局长）　张德辉（2022年7月结束
挂职）

副局长：张德辉（2022年4月任职、7月结束挂职）

宁夏回族自治区林业和草原局

党组书记、局长：徐庆林（兼任宁夏回族自治区
自然资源厅党组成员、一级巡视员）

二级巡视员：郭宏玲

党组成员、副局长：王自新　周　涛　李　贤
（2022年1月任职）

党组成员、总工程师：徐　忠

党组成员、局长助理：秦晓光

新疆维吾尔自治区林业和草原局

党委书记、副局长：姜晓龙

党委副书记、局长：阿合买提江·米那木（2022
年12月免职）　托乎提·热合曼（2022年12
月任职）

党委委员、副局长：李东升　徐洪星　燕　伟
朱立东　李　江（2022年5月免职）

副局长：张　月（挂职）

副厅长级干部：阿布都·克力木

一级巡视员：李　江（2022年4月任职）

二级巡视员：刘克新　徐培志　姜银基（2022年
11月退休）　买买江·阿不都（2022年2月任
职）　梁　勇（2022年2月任职）　师戈里
（2022年2月任职）　阿勒泰·塔依巴扎尔
（2022年4月任职）

总经济师：蔡立新

总工程师、一级调研员：王天斌

新疆生产建设兵团林业和草原局

党组书记、局长：黄　然

党组成员、副局长：吴博义　李志强（援疆）

---

# ▶ 干部人事工作

**【综　述】**　2022年，国家林草局人事司领导班子深刻把握和认真践行新时代党的组织路线，围绕建设忠诚干净担当的高素质专业化林草干部人才队伍这一重大使命任务，勇于担当、积极履职，各项工作都取得了显著成效。

**【政治机关建设】**　组织全体党员干部深入学习贯彻党的二十大精神，努力在学深悟透透彻近平新时代中国特色社会主义思想上下功夫，深入学习领会习近平总书记关于加强党的政治建设的重要论述，不断强化政治机关意识。深刻领悟"两个确立"的决定性意义，增强"四个意识"、坚定"四个自信"、做到"两个维护"。严格执行"三会一课"制度，创新开设"微讲堂"学习品牌，赴大东流苗圃、中国林科院华北林业实验中心开展主题党日活动。

**【全面从严治党】** 司领导班子切实履行全面从严治党责任，严守政治纪律和政治规矩。主要负责人认真履行第一责任人责任，班子成员切实履行"一岗双责"，形成齐抓共管、各负其责的工作局面。认真开展"学查改"专项工作，组织支部党员对照"六对照六看六查"要求，深入剖析问题，全力抓好整改。强化法治意识教育，认真开展纪法专题学习教育月活动。扎实开展以案促改工作和"忏悔录"大讨论活动，进一步强化廉洁从政意识。全面排查全司廉政风险，完善监督制约机制。

**【提升能力作风】** 深化模范机关创建，大力弘扬"公道正派、严实深细"的工作作风。坚持服务林草中心工作，组织全体党员认真学习习近平总书记关于生态文明和林草工作、干部人才工作的重要讲话、指示批示精神以及中央有关会议文件精神，准确把握中央最新要求并用其指导开展工作，不断提升履职能力。坚持服务全局干部职工，强化服务意识，扎实开展"我为群众办实事"实践活动，积极回应建言献策，用心用情用力解决干部职工困难事、烦心事。

**【严把进人关口】** 一是修订国家林草局直属事业单位公开招聘应届毕业生暂行办法和公开招聘社会在职人员暂行规定，首次统一组织毕业生公开招聘工作。二是从严审核毕业生招聘计划和进京落户指标，研究确定了16家直属单位共311名毕业生招聘计划，其中进京落户指标60名。三是统一公开招聘程序，委托第三方机构命题、阅卷，会同机关纪委全程派员督导，严格按程序招录211名应届毕业生。四是在全局范围组织开展进人专项整治，司领导带队对京内外11家单位开展专项督导，各单位自查发现并集中整改4个方面39个进人问题。五是新录用公务员干部13名，公开招聘社会在职人员9名，引进高端人才4名，接收军转干部2名。

**【干部监督管理】** 一是协助国家林草局党组树立正确选人用人导向，坚持"好干部"标准，综合分析研判各单位领导班子和领导干部情况，全年提拔重用司局级干部和一、二级巡视员88人，其中"80后"司局长6人。组织完成46个单位、276名处级干部的职务提任和职级晋升，调任20名处级以下干部充实到公务员队伍，组织公园中心等单位公开选调24人。二是深入抓好中央巡视和国家林草局党组内部巡视整改工作，推动完善干部人事制度；制定出台《廉政关键岗位监督管理措施》《公务员辞去公职后从业行为限制清单》，修订《事业单位领导人员管理办法》。加强有人事权单位的指导和监督，帮助提高干部人事管理水平。三是制定年轻干部培养使用"目标树"计划，选派18名年轻干部参加援藏援青，"西革老"地区（西部地区、革命老区、老工业基地）、北京市、海南省挂职和担任驻村第一书记，安排3名选调生到基层锻炼，向联合国教科文组织全国委员会推荐56名国际职员储备人选。四是深入开展干部人事档案专项审核，组织31家直属单位完成4823人档案审核认定，着力解决了上一轮专审遗留的档案问题；查核全局603名干部个人事项，配合机关纪委审核国家林草局受到纪律处分的103名干部的执行情况；组织开展廉政关键处长岗位人员廉政谈话；完成退休领导干部违规兼职取酬专项整治任务，涉及的29人已整改到位。

**【机构编制管理】** 一是进一步理顺国家公园管理体制和重点工作程序，完成第一批5个国家公园机构设置方案编制、审核和上报工作，其中东北虎豹国家公园管理局正式获批。二是牵头制定完成国家林草局权责清单，明确118项权责事项，获中央编委批准。三是积极协调中央编办将中国林科院列入实施编制备案管理试点范围。四是梳理国家林草局内设机构职能交叉问题，研究提出明确司局职责分工建议；完成林草机构队伍建设研究调研任务，形成3篇高质量调研报告。五是调整保护地司和相关专员办内设机构，强化国家公园派驻监督和综合协调职能。

**【干部教育培训】** 一是加大全局干部教育培训统筹管理力度，坚持围绕林草核心职能和年度重点工作，科学制定年度培训计划，强化国家公园、科学绿化专题培训，完善培训课程评价指标体系。二是坚持分级分类施训，完成计划内培训班49期，线上线下培训学员2万余人次；选派48名领导干部参加中央组织部、中央国家机关工委组织的"一校五院"、司局级专题研修班等培训班。三是深化林草高等院校合作共建，加强对学科专业教材建设和人才培养的指导和支持，完成国家林草局第三批重点学科推荐工作，与教育部等四部委联合印发《关于加快新农科建设推进高等农林教育创新发展的意见》；召开新一届全国林草职业教育教学指导委员会成立大会暨工作会议。

（干部人事工作由卞韬供稿）

# ▶ 人才劳资

【综　述】　一是进一步优化调整国家林草局事业单位岗位设置。协调人社部增加高级专业技术岗位659个，占比由35%提高到43%，进一步拓展国家林草局事业单位专业技术人才上升通道。修订《国家林业和草原局直属事业单位岗位设置管理实施意见》，制定《国家林业和草原局专业技术二级管理措施（试行）》，进一步完善国家林草局岗位设置管理制度。二是持续加强林草人才队伍建设。开展人才工作"唯帽子"问题治理工作。批复中国林科院、国家林草局管理干部学院高端人才引进计划26个，确定第一批引进人才4名，其中海外人才2名。选派1名专家参加国情研修班，推荐1个项目入选2022海外赤子为国服务行动计划，选派3人参加中组部"博士服务团"到西部服务锻炼，选派4名专业技术人员赴疆协助开展国家公园建设工作，遴选接收10名新疆林业"青年科技英才"到国家林草局研修培养。修订《国家职业分类大典》林草行业相关职业，新增"碳汇计量评估师"等4个职业。扎实完成2022年职称评审相关工作，评审通过国家林草局工程系列职称428人，其中正高级工程师38人、高级工程师88人。三是稳妥推进收入分配改革。批复国家公园中心等3家新成立单位绩效工资及分配办法，组织国家林草局发展院、规划院等7家调查规划单位对本单位绩效工资分配办法进行修订，指导大兴安岭集团制定出台《企业岗位等级薪酬管理实施方案》。四是组织评选全国林草系统"林业英雄"、先进集体、劳动模范和先进工作者。

【《国家职业分类大典》林草行业相关职业分类修订】　经意见征集、论证申报、专家会议审定、征求相关业务司局意见等环节，国家林草局提出的对"林木种苗工"等3个职业进行修订，新增"湿地保护修复工程技术人员""碳汇计量评估师"等4个新增职业等意见纳入《国家职业分类大典（2022版）》。其中"碳汇计量评估师"作为"绿色职业"第一批面向社会公示。

【印发《国家林业和草原局直属事业单位岗位设置管理实施意见》《国家林业和草原局直属事业单位专业技术二级岗位管理措施（试行）》】　为进一步规范事业单位岗位设置管理工作，于2022年8月1日印发《国家林业和草原局直属事业单位岗位设置管理实施意见》《国家林业和草原局直属事业单位专业技术二级岗位管理措施（试行）》，相关文件对国家林草局事业单位岗位设置进行了调整优化，为充分发挥高级专业技术岗位的导向作用明确了政策依据。

（人才劳资由朱钦供稿）

# 24

# 国家林业和草原局
# 直属单位

# 国家林业和草原局机关服务局

【综 述】 2022年，机关服务局深入贯彻学习近平总书记重要讲话和指示批示精神，坚决落实局党组决策部署，扎实抓好机关党建、后勤服务、制度建设和安全防控等工作，着力提升机关事务管理和后勤保障服务水平，以点带面全面推进后勤保障工作取得成效。围绕林草事业高质量发展大局，机关服务局提高站位，强化政治引领和理论学习，以党的二十大精神凝心铸魂，巩固政治机关建设质量，持之以恒推进全面从严治党。加强制度建设，制（修）订一系列内控管理制度，机关事务和后勤服务保障制度体系更趋健全。强化规划管理，通过启动智慧后勤建设，改建职工健身场所，优化停车空间等一系列举措，为机关院区进一步创造了良好工作环境。紧抓政策优化，降低餐饮收费，取消医务室挂号费，开通主副食网络预订通道等惠民决策让干部职工体会到后勤服务更加暖心，"我为群众办实事"实践活动更加贴心。倡导节约机关建设，常态化开展"光盘"行动和节能督查，不断筑牢干部职工节约能源资源的责任感和自觉性。疫情期间，及时发放防疫物资，组织开展上门核酸检测、康复检查等行动，充分为机关安全稳定运行提供了健康保障。

【标准制度】

**规章制度"废改立"** 组织完成14项规章制度制修订工作，内容涉及内设机构和附属单位职能配置、议事规则、"三重一大"决策制度、党务政务信息公开、工会、建言献策、机要交通、基建维修、财务管理、政府采购和内部审计11个方面内容，推动机关事务工作和后勤服务保障制度体系建立健全。

**建立提醒督办机制** 研究制定《机关服务局收发文管理暂行办法》并建立2022年度公文办理工作台账113个，明确承办处室和办理时限，定期梳理办理进度并做好临近提醒督办，确保各类文件按时办结。

**出台政府采购管理制度** 研究制定《机关服务局政府采购管理暂行办法》，从采购范围、组织机构、采购方式、采购程序、合同管理、采购审批、信息公开、信息统计、档案管理、争议处理和监督检查等方面明确权责划分、规范政府采购程序、厘清工作思路，进一步加强内控制度建设。

【后勤管理】

**数字后勤建设** 建成机关院区人员进出"刷脸"系统及车辆进出自动识别系统并投入使用。依托国家林草局综合办公系统和移动办公系统，为广大干部职工提供移动终端后勤服务，实现手机办理主副食品预约、在线购物、会议室预定、访客入院、理发预约、物业缴费、就诊预约、体检预约、"一卡通"、车证等。

**反食品浪费** 制定机关食堂工作细则，优化食品采购、配餐出餐、职工用餐和餐厨垃圾处理等环节并开展厨师技能评比，避免因菜品口味差或备餐过多造成浪费。常态化开展"光盘"行动，在机关食堂张贴反食品浪费海报和倡议书，营造浪费可耻、节约为荣的氛围，不断筑牢干部职工节约粮食、反对浪费主体意识。同时，建立反食品浪费工作监督检查机制，设立节约粮食监督员，对干部职工浪费餐食行为给予提醒。

**成立国家林草局国有资产（房产）工作领导小组** 落实局党组指示，于12月成立国家林草局国有资产（房产）工作领导小组，成员单位由局办公室、规财司、人事司、机关党委、机关服务局和财审中心6家单位组成，办公室设在机关服务局。12月29日召开第一次会议，启动有关工作。

**清理违规住房** 全面调查摸底干部职工住房达标情况，建立《经营性房产登记台账》，限期清退违规出租出借租赁住房，为挂职干部和新入职公务员安排单身公寓和宿舍。

**节约型机关建设** 国家林草局机关本级于2021年建成首批节约型机关后，2022年落实国管局关于中央国家机关开展节约型机关创建工作的有关要求，组织指导15个派出机构完成"节约型机关"创建。

【基础建设】

**篮球场改建** 机关院区篮球场于8月中旬启动施工，历时1个月完成改造工程。改造后的篮球场采用标准篮球场硅PU地面，场地增加4组高杆LED照明灯具和保护设施，并优化场地侧面健身器位置。项目兼顾停车问题，将原篮球场整体西移2米，新规划出12个固定停车位。

**热力综合改造工程建设** 机关院区热力管线使用年限已接近9年，管道腐蚀严重，室内管道泄漏，存在严重安全隐患。机关服务局协调热力集团抢在冬季供暖前完成供暖管线施工抢修工作，保障院区冬季供暖及24小时生活热水供应。

【温暖服务】

**"我为群众办实事"实践活动** 结合机关后勤工作实际，制定《服务局2022年度"我为群众办实事"工作方案》，抓落实、促成效，完成年度10项实事和81条"建言献策"建议办理，用心用情用力解决机关干部职工急难愁盼问题。连续4个季度获评建言献策优秀办理单位，办理数量居全局首位。

**取消医务室挂号费** 2022年10月14日起，机关医务室在继续保留挂号留痕制度的同时，不再收取干部职工的挂号费。

**医疗保健** 机关医务室先后配备台式血压计、便携式自动体外除颤仪、指压式脉搏血氧仪等医疗设备，并结合疫情防控形势启动电话预约挂号、问诊开药和无接触取药诊疗模式。协调应急总医院等4所医院为干部职工提供看病就医、健康体检、上门核酸检测绿色通道，邀请知名专家开展健康讲座、心理咨询、职业病防控培训。

**帮扶行动** 一是通过与定点帮扶县及脱贫地区挂职干部、农产品企业建立沟通机制与采购关系，依托机关食堂与局幼儿园开展常态化"定向采购"等帮扶行动，全年累计采购特色农产品226.5万元，超额完成年度采购指标；二是依托局幼儿园持续加强与广西罗城龙岸镇中心幼儿园的拉手帮扶，开展"520"爱心捐赠活动；三是根据国务院关于企业纾困帮扶相关政策，组织中林物业公司等附属单位落实减免租金政策，累计减免租金783万元，帮助企业纾困解难。

**【机关安全】**

**安全生产** 安全工作与业务工作齐抓共管，逐级签订《社会治安综合治理（平安建设）责任书》，层层压实安全风险防范责任。针对重点部位和重点场所，定期开展安全隐患自查检查，发现问题及时督促整改。严格节日带班值守，重要情况及时报告。邀请东城区消防中队到国家林草局开展消防安全演练和消防知识培训，提高消防安全意识和应急处突能力。

**疫情防控** 根据疫情防控形势不断调整防疫措施。一是协调医疗机构为机关干部职工开展核酸和抗原检测，全年累计17万人次参检。二是做好防疫物资和药品储备，全年投入167万元经费用于采购防疫物资，累计发放医用口罩27万只、抗原检测试纸盒4万支、75%酒精及免洗手消毒液1200余瓶、75%酒精湿巾5500余包和连花清瘟胶囊3000余盒等物资和药品。三是严格机关院区出入管理，配合国家林草局办公室制定外单位入院管理规定，规范院区大门"刷脸"系统线上审批流程。四是不断强化防控应急处理能力，发现混检阳性或确诊病例即启动应急预案，妥善处置多起周边聚集性疫情，确保机关院区全年持续10个月无"阳"局面。

（机关服务局由王晓洁供稿）

# 国家林业和草原局发展研究中心

**【综 述】** 2022年，发展研究中心认真贯彻习近平总书记重要讲话指示批示精神，有力落实国家林草局党组决策部署，改进工作作风，强化自身建设，扎实推进各项工作平稳有序开展。

**【承担局工作任务】**

**局党组交办重点工作** 落实国家林草局《2022年工作要点分工方案》重点任务，组织实施林草工作高质量发展大调研，制发工作方案，组织调度各局属单位按照"5+3+N"的总体布局开展专题调研。主动参与局党组牵头课题，全过程参加实地调研和报告撰写，归集调研成果，发现制约林草高质量发展问题43类91个，提出政策建议53类124条。推进国家林草局中央生态环境保护督察整改，与中央生态环境保护督察办公室主动对接，向党中央、国务院报送国家林草局整改进展情况报告，完成整改情况依法公开、整改进展抽查和典型案例遴选等系列工作，组织实施5次督察整改清单化调度，跟踪督导各项整改任务落地落实。履行国家林草局生态安全协调机制职责。优化协调机制内容，组织机制成员单位完成国家生态安全工作协调机制办公室布置的各项任务，开展国家生态安全宣传教育日主题宣传。履行局乡村振兴定点帮扶成员单位职责，组织实施《乡村振兴战略规划（2018—2022年）》总结评估，向国家发展改革委、农业农村部报送评估结果。组织开展自然资源部部署的生态文明建设问题调研，牵头完成国家林草局负责的《生态文明调研——陆地生态系统保护修复和可持续利用研究报告》，参与成果论证，发好林草声音。落实中宣部立项的马克思主义理论和建设工程重大项目研究任务，开展国家林草局承担的"习近平生态文明思想的科学体系和核心要义研究"，配合筹建习近平生态文明思想研究分中心。承担重要文件材料撰写任务，完成《党的十八大以来林草重点工作成就综述》，编制《林草工作手册2022》，起草《全国各地贯彻落实国务院办公厅关于加强草原保护修复的若干意见情况报告》《关于以国家公园为主体的自然保护地体系建设有关情况的报告》《关于全面推行林长制工作的调研报告》和部局领导重要讲话等文稿，参加湿地公约缔约方大会筹备。

**局重点工作专班任务** 参加局重点工作专班，承担局重要文字材料、国家公园规划、国家公园法立法、集体林权制度改革、油茶产业发展、湿地公约大会筹备、应对气候变化7个局重点工作专班任务。承担司局交办工作，编写《习近平总书记关于"三农"工作的重要论述学习读本》《2021中国乡村振兴发展报告》相关章节，参加起草《天然林公益林并轨管理报告》《林长制新型专家智库建设方案》《全国各地贯彻落实关于加强草原保护修复的若干意见情况报告》等政策文件。

**【林草政策研究】**

**自主立项研究** 关注林草工作

高质量发展中的重大发展战略和改革任务,开展林草重大问题调研。创新选题形式、规范立项流程,确定并有序推进集体林权制度改革推动实现共同富裕政策问题、森林可持续经营机制问题、草原高质量发展问题等18项研究课题。关注国家生态安全问题,持续开展生态安全评价预警机制研究,在长江、黄河、青藏高原、大湾区等重要生态安全屏障区尝试开展生态安全评价,推进生态安全指数评估的理论方法创新,构建指标体系。密切关注林草政策执行,持续开展东北国有林区森工企业与民生问题监测、林草重点工程社会经济效益监测、森林质量精准提升监测、集体林权制度改革监测、林业补贴政策监测、林业产业监测,创新性实施第一批国家公园经济社会效益监测评估,及时发现、总结、提出政策执行中的问题和经验,做好研究资料与数据储备。

**司局委托专项研究** 关注林草产业发展,开展中国油茶市场分析研究、全产业链碳中和认证协同示范研究、现代草产业组织化研究,参加2022年定点帮扶县产业帮扶项目论证,编写《中国林业产业与林产品年鉴》《中国竹产业发展报告》。关注林草助力乡村振兴问题,评估林草政策在乡村振兴领域的实施成效,完成2022年定点帮扶重点分工任务。开展乡村振兴资金支持国有林场投入机制可行性研究,探索推动国有林场绿色发展的多元化资金渠道。关注生态产品价值实现问题,联合国家发展改革委、自然资源部等部门开展林草生态产品价值实现机制创新研究、典型案例研究及理论创新研究,开展长江上游国家公园生态产品价值实现政策、机制和途径研究,助力国家林草局生态产品价值实现机制战略。部署第四期林草资源核算研究,推进福建、河南、海南、内蒙古、青海五省(区)林草资源核算试点和北方防沙带、长江黄河流域、南方丘陵山地带、青藏高原区综合监测试点。关注草原、湿地保护修复问题,参加基本草原划定调研,开展草原生态补奖政策、现代草产业组织化问题研究。全民所有湿地资源资产所有权委托代理机

制、国际重要湿地和小微湿地保护等研究取得阶段性成果。实施林长制督查考核机制研究,开展林长制成效跟踪调研,起草《林长制新型专家智库建设方案》,编制《基层林长履职指南》,总结监管体制机制改革创新经验。

**对外合作研究** 推进宁夏林草碳汇计量碳中和战略研究,起草宁夏固原市与石嘴山市林业碳汇交易框架协议文件,锻炼青年研究团队,提升业务技能,服务地方发展。与宁夏林草局联合发布《中国枸杞产业蓝皮书2022》,助推全国枸杞产业高质量发展。与外部门和地方政府联合开展武夷山国家公园水资源及其保护状况研究、《北京市自然保护地特许经营管理办法》以及《2021年度祁连山生态绿皮书》起草研究。推动中德林业政策对话平台项目顺利执行,成功召开中德林业工作组第八次会议,举办森林经营理论与实践培训会,450余人参加培训,促进森林经营理论与实践的交流、合作与推广。与联合国粮农组织、世界自然基金会等国际组织积极接洽,达成研究合作。配合开展林草国际谈判,参加CITES第十九次全体大会和常委会第74、第75和第76次会议,负责战略愿景、社区生计、性别行动计划、森林与公约等战略性议题。参加第29届亚太森林委员会,负责第8议程谈判。评审"一带一路"林草国际合作重点与策略研判项目。助力中国林业经济学会建设,筹备学会2022年会暨第二十届中国林业经济论坛,起草学会专委会评价管理制度,建好交流平台,引导各分支机构和广大会员积极为林草发展建言献策,促进形成百花齐放、万鸟争鸣的学术氛围。

**成果集成应用** 编印《决策参考》《动态参考》14期,积极提供资政建议。出版《林业经济》12期,期刊复合影响因子比上年增长28.67%。按月发布林业采购经理指数(FPMI)。出版《中国林业产业与林产品年鉴》《中国枸杞产业蓝皮书》以及青海、宁夏、新疆三省(区)《林草发展"十四五"规划战略研究报告》。在国内外核心期刊发表学术论文30余篇。《新一轮党政机构改革后县乡林草主管部门

运行状况调研报告》《新形势下加强林草行政执法工作的对策建议》《海南热带雨林国家公园小水电处置建议》等多篇研究成果得到局领导批示。《生态建设促进绿色减贫——以中国林业生态扶贫为例》获最佳全球减贫案例奖,"特大、超大城市绿化用地问题相关建议"被北京市政协评选为2022年市政协30篇优秀社情民意信息。

**【法律事务中心建设】**

**明确定位和运行机制** 组织法律事务中心运行机制专题调研,班子成员带队分赴自然资源部、农业农村部等部门,就类似机构的资金、人员、运行等问题开展调查。举行中心全员研讨活动,集思广益探索新增职能运行机制。明确法律事务中心要为局法治工作提供人力保障和智力支撑,长远发展可兼顾为地方和社会提供咨询服务的核心任务。

**融入林草法治工作实践** 主动对接局办公室,建立协作机制,选派人员常驻,以干代训,直接参与林草立法、执法监督、行政复议、行政诉讼、督察督办等各项日常工作。配合实施2022年法治培训,做好2022年法治微视频审查报送。

**法律咨询服务** 受国家林草局司局和有关单位委托,承担网上滥售"杀树王"调查评估,撰写调查评估报告,会商国家市场监督管理总局加强监管查处。开展"国外植物新品种保护行政执法法规跟踪和案例分析"研究,提出加强植物新品种保护行政执法措施建议。开展《国家公园法》《自然保护地法》《草原法》《森林法实施条例》《林草行政处罚程序规定》等林草法律法规的制定修订研究,助力林草法治建设。

**【基础支撑保障】**

**组织建设** 认真贯彻民主集中制,加强沟通协调、统一思想认识,打牢科学民主决策基础。紧抓对一把手和领导班子的监督,组织签订《领导干部杜绝插手干预重大事项承诺书》,开展"如何正确对待和使用手中权力"大讨论。

**人才队伍建设** 强化干部队伍建设,落实专业技术二、三级岗位

聘用，接收4名应届毕业生，选调2名事业单位人员，完成14名职工中高级职称聘任。注重人才培养，选派多名年轻同志到自然资源部、国家林草局机关和驻部纪检组挂职锻炼，全年组织职工参加各项专业培训200余人次。

**内控体系建设** 结合巡视、审计发现的问题，系统性修改完善内部制度，制订修订《科研管理办法》《对外委托研究项目管理办法》等一批规章制度，填补管理空白。优化内控管理系统线上审批和科研委托合同审批流程，提升科学化、精细化管理水平。

（发展研究中心由林进供稿）

# 中国林业科学研究院

【**综　述**】 2022年，中国林业科学研究院（以下简称中国林科院）深入贯彻落实习近平总书记重要指示批示精神和党中央国务院决策部署，全面落实国家林草局党组年度工作安排，以加快科技创新和院所改革为方向，以提升科技创新能力和服务林草中心工作为目标，各项工作取得了重要进展。

**支撑林草中心工作** 开展全国潜在森林覆盖率阈值估算研究，召开第二届草种业高质量发展研讨会，与地方政府和企业合作启动266.67公顷草种育制种基地建设。开展东部重要河口湿地、南方低山丘陵区系统治理技术与示范研究，完成国家林草局重点项目山水林田湖草沙系统治理战略规划研究，召开第二届黄河流域生态保护修复战略研讨会，开展北方林间草地分类体系方案专题研究。支撑国家公园建设，开展海南长臂猿栖息地及热带雨林生态修复研究，推进中国林科院共建的海南热带雨林国家公园研究院工作，建设神农架生物多样性监测平台，编制钱江源百山祖国家公园物种多样性系统建设规划，承担新疆第三次科学考察项目和高黎贡山种质资源及有害生物普查项目。成立林草碳汇研究院，与中林集团等8家单位签订碳汇合作协议。承担中国工程院碳中和战略咨询项目，实施"十四五"国家重点研发计划碳汇项目。在青海、浙江、北京等地开展增汇技术研究与示范。依托中国林科院设立国家林草局应对气候变化标准体系秘书处，获批主持

制订6项碳汇领域国家标准。完成长三角地区碳汇时空布局、碳储分布研究，编制浙江首个零碳示范村建设规划。推进"十四五"国家重点研发计划松材线虫病防控项目和国家林草局揭榜挂帅项目融合，推进国家林草局揭榜挂帅项目"森林雷击火防控"实施并完成6个课题验收，准确监测到2022年36起雷击火并提前发布预警信息，为应急管理部等部门提供火险形势预测报告50余份，受到国家林草局专函表扬。开展森林立地质量评价与全周期多功能经营关键技术研究，编制完成全国次生林经营手册，发布国家储备林可持续经营技术规程，与伊春森工、延边森工合作，启动40种经营模式、2.09万公顷森林经营试点。帮助4家林场纳入全国森林可持续经营试点。

**重点领域攻关和科技成果奖励** 组装油茶、落叶松、沙棘和油橄榄的高质量基因组，突破杉木林地大径材生产潜能评估技术，实现森林经营决策全流程操作体系信息化。研发柿、仁用杏良种与配套的宜机化栽培技术，构建核桃良种选配可视化信息应用系统，测算出过去40年全国陆地生态系统碳汇的44%来源于造林和森林恢复的贡献，探明退耕还林工程对小浪底库区土壤侵蚀程度及生境质量的影响效应。全年发表学术论文1484篇，其中SCI论文716篇。出版专著39部，授权国家专利210件，获批国家林木审定良种11个。获省级科技进步奖一等奖2项、二等奖3项，评选中国

林科院重大科技成果奖2项，获中国水土保持学会和中国科技产业化促进会科技二等奖各1项，获十一届中国技术市场协会金桥奖突出贡献项目奖1项。2022年新增各类项目312项，合同经费3.6亿元。获批"林业种质资源培育与质量提升"专项10项、"典型脆弱生态系统保护与修复"专项2项、"科技基础资源调查"专项1项。获批草种优良品种选育和油茶采收机械研发国家林草局揭榜挂帅项目，实现了4个国家林草局揭榜挂帅项目与"十四五"重点研发计划融合实施。获批国家自然科学（社会科学）基金项目59项，其中重点项目1项、优秀青年项目1项。

**成果转化服务地方发展** 主动对接《加快油茶产业发展三年行动方案》，成功破译油茶遗传密码，推进油茶标准化栽培和茶油品质提升；组织赴大兴安岭进行二次对接，设立研究项目支持生态系统质量监测评估，帮助1家企业申报获批国家林草局工程中心，举办科技支撑高质量发展培训班3期、研讨会1次，编制大兴安岭集团以及所属8个林业局"十四五"发展规划。支持塞罕坝"二次创业"，举办科技需求技术对接会，设立塞罕坝人工林多目标经营项目，在塞罕坝开展卫星系统技术研究综合实验，完成《塞罕坝森林草原害虫及天敌》专著，摸清塞罕坝有害昆虫种类和天敌资源，提升森林防火防虫能力；支持国家林草局对口县和西部地区发展，选派5名专家参加

471

重点帮扶县科技特派团，编制完成贵州荔波、广西龙胜林业发展"十四五"规划，在龙胜开展竹笋林高效培育技术推广，带动独山发展油桐种植产业基地1333.3公顷，油茶和竹林经营效益提升30%以上。落实云南临沧"张守攻院士工作站"科技合作，举办支撑西藏林草高质量发展培训，编制完成《青海"十四五"林草科技创新规划》，棉秆制浆成套技术在新疆转化投产。

**人才引进培养和自主创新能力** 成立11个国家林草局重点工作对接组和专项办公室，制订对接工作方案并取得了积极进展，制订支撑国家林草局中心工作突出贡献团队评选办法。出台中国林科院优势创新领域和重点研究方向、卓越创新团队管理办法，着力打造高水平创新团队。制订关于减轻青年科研人员负担的行动方案等一系列激励制度。明确5个更名单位职能定位和发展规划；调整15个单位编制，完成222人转隶。全面实施薪酬绩效改革"1+N"方案。出台中国林科院"十四五"科技创新规划，完成中国林科院基本科研业务费"十三五"绩效评价。出台《评聘首席科学家实施办法（试行）》，聘任21位中国林科院首席科学家。引进草学、碳汇、生态保护修复方向第一批3名高级青年人才。实施"青年英才工程"，构建中国林科院领军、杰出青年、优秀青年三层次青年人才全链条培养体系，完成全院114名毕业生录取工作，实施博士后创新人才支持计划。优化全院专业岗位设置方案获国家林草局批复，高级专业技术指标大幅增加，评审通过正高48人、副高120人。推荐林草科技创新人才64人、创新团队16个，获第十四届光华工程科技奖1人（林草系统首次获奖），入选第七批国家"万人计划"科技创新领军人才2人、青年拔尖人才1人、中国青年科技奖1人、第十六届林草青年科技奖2人、最美林草科技工作者1人、第二批最美林草科技推广员2人。召开500余人规模的研究生思政工作会议，制订《关于加强和改进新时代研究生思想政治工作的意见》等文件，增列导师46人，出版教材1

部，开设课程101门，新招收研究生430名，授予硕士、博士学位327人。

**条件平台建设** 完成林木遗传育种全国重点实验室重组工作，参与申报的林木资源高效生产全国重点实验室获得批准，林木生物质低碳高效利用国家工程研究中心揭牌运行，河南黄河小浪底和宝天曼等2个国家野外台站建设运行通过评估。加强国家林草种质资源库管理，成立专家委员会，出台《国家林业和草原种质资源库管理办法》《国家林业和草原种质资源库后补助经费管理办法》《国家林业和草原种质资源库成员库（圃、馆）认定与考核实施细则》资源数据达到13.8万份。完成科技部国家科技资源共享服务平台2021年度自评估。大型科研仪器开放共享评价考核中，11家参评单位全部通过考核，5家单位获得"良好"和后补助经费。在福建南平市成立中国林科院竹木机械科特派专家工作站，与广西林科院共建木材工业研究所广西分所，江西新余市委市政府出台支持亚热带林业实验中心发展30条措施。获批森林认证国家创新联盟、国家林草局木材标本资源库，成立国家林草局科技成果推广转化中心、中国林科院生态产品价值实现研究中心和资源昆虫研究中心。木材与木制品鉴定实验室获批全球首批《濒危野生动植物种国际贸易公约》（CITES）全球野生动植物鉴定实验室。建立了一批成果转化基地，转化成果757项。开发典型非食用植物油脂高值化利用产业化关键技术，建成20余条生产线，技术转让金额1578万元。完成千吨级高品质生物柴油连续化制备技术集成与示范，在广西建成年产1100吨的高品质生物柴油生产线。推出林草领域知识图谱应用系统，举办成果转化业务能力培训，开展送科普进社区进校园、绿色科普行、荒漠化防治科普嘉年华等系列活动。在全国科普日主场开展"走进林草科技"科普展，2项活动获评优秀。获批全国林草科普基地3个，建成各类科普平台18个，15位专家入选国家林草科普专家库成员。国家重大专项"林业生态建设与保护北斗示范应用系统工程"通过任务验收。

**国际合作交流** 编制中蒙、中

阿研究中心初步方案。中蒙两国签订的蒙古国戈壁熊技术援助项目最新研究成果获蒙古国主管部门高度评价。主办《湿地公约》第十四届缔约方大会东道国活动科技支撑湿地生态保护及国际履约论坛。编制《联合国森林论坛重点成员国观点立场分析报告》等专题报告。出台对外签署协议、与非政府组织合作交流等管理制度。以核心伙伴身份发起"森林、树木和农林复合系统伙伴关系"。与国际竹藤组织以及澳大利亚、南非、德国、加拿大等国相关高校签署合作协议。推动共建中加木材超分子材料联合实验室。获批国际合作科技项目49项，其中重点专项2项。举办中意林业科技与教育合作交流会、2022年林业合作澜湄周活动、中国—东盟林业合作研讨会等。获批2个国际标准化组织技术对口单位。1人获国际湿地科学家学会卓越奖，推荐1位国际合作伙伴获年度中国政府友谊奖、1位专家担任商品共同基金咨询委员会成员。

**管理水平和院所治理** 出台中国林科院本级国家基金项目"包干制"、低值易耗品、债权债务、差旅费等管理制度，加强预算管理和执行监督。开展资金管理、招投标和小金库专项整治督导检查，出台加强资金安全运行和管理的指导意见。完成安全生产三年行动总结，集中开展安全生产"排查整改月"专项活动，建立14个重点领域问题台账并抓好整改。推进中国林科院管理的6.67万公顷实验林地火灾监控一体化平台建设，实现全年无森林火险发生。出台《实验室工作人员规范（十要十不要）》，开展为期6个月的实验室安全排查整改。策划开展科技援疆、森林四库、林科十年等主题宣传，推出专家对党的二十大精神学习体会系列报道。优化OA综合办公系统，清理整顿102个信息系统和64个微信公众号，完成中国林科院网站群全部"迁移上云"。推进期刊更名和17个学术期刊网站集约化整合。

**【国家林草局草原司与中国林科院科技支撑对接工作座谈会】** 1月13日，国家林草局草原司负责人等到中国林科院，座谈科技支撑2022

年草原生态保护修复、资源监测监管、草种业发展、草原法律法规修订及执法等工作，听取中国林科院三位专家关于草种业研究、信息化技术、软科学政策分析研究专题汇报。会议提出，草原司将联合中国林科院一流科研团队，围绕重点工作目标任务，着力从完善草原工作顶层设计、加大草原保护修复力度、发挥草原多功能作用等方面，加强科技和人才合作，坚持不懈推动草原高质量发展。

【中国林科院2022年工作会议】 于1月26日在北京召开。国家林草局党组成员、副局长谭光明出席会议并讲话。会议学习传达全国林业和草原工作会议精神，奖励2020年度国家科技进步奖二等奖获得者及其团队，表彰2021年国家自然科学基金"优秀青年"项目获奖者以及10个中国林科院标准化规范化标杆样板党支部。中国林科院分党组书记叶智作党建工作报告，院长刘世荣作行政工作报告。国家林草局科技司、直属机关党委负责人出席会议，中国林科院领导班子成员，京内各所（中心）、院各部门党政主要负责人以及京区副处级以上干部、有关专家和获奖代表等现场参会，京外各所（中心）党政主要负责人和副处级以上干部通过视频参会。

【林木遗传育种国家重点实验室第二届学术委员会第四次会议】 于2月17日在北京以线上线下相结合的方式召开。中国林科院院长刘世荣、东北林业大学校长李斌出席会议并讲话。重点实验室负责人全面汇报实验室承担项目、科研进展、队伍建设和人才培养、学术交流与合作、平台建设与运行等工作，实验室4位科研人员汇报代表性学术成果。12名学术委员会委员参加会议并肯定了实验室在2021年取得的工作进展，对重点实验室未来发展提出建议和要求。东北林业大学、中国林科院、重点实验室等60余人参加会议。

【林业合作澜湄周活动暨澜湄国家林业合作项目研讨会】 于3月23日由中国林科院在线举办。会议旨在进一步深化澜沧江—湄公河流域林业科技合作。中国林科院副院长崔丽娟主持开幕式，国家林草局国际司副司长胡元辉致辞。研讨会分两个分会：在北京举办的"大湄公河次区域森林资源遥感监测"项目进展会开展多个国际合作项目进展汇报和研讨；在广州举办的"热带地区珍贵树种种质资源收集、保存和良种创制"项目启动会深入论证与交流项目实施方案、现状和前景。来自老挝、越南、泰国、柬埔寨、马来西亚、新加坡等国的专家和中国科学院空天研究院、北京师范大学、广西大学、西南林业大学、江西中西药大学及中国林科院等单位的中方代表共40多人参加会议。

【第二届草种业高质量发展研讨会】于6月26日在北京召开。会议由中国林科院主办，中国林学会、中国草学会协办，国家林草局草原研究中心和中国林科院生态保护与修复研究所承办。国家林草局、九三学社中央委员会、中国林科院等单位有关负责人出席会议并致辞。会议围绕"乡土草种与草原生态修复"主题开展政产学研大交流、大讨论。中国科学院院士曹晓风、兰州大学教授贺金生、中国科学院植物所景海春研究员代表中国科学院院士种康分别作主旨报告，相关专家学者围绕草种质资源保护与利用、草种质创新与新品种选育、草种产业发展与生态修复3个专题开展学术交流。会议采取线上线下结合方式举行。来自全国人大、全国政协、国家发展改革委、科技部、农业农村部、中国科学院、北京林业大学、兰州大学、蒙草生态环境（集团）股份有限公司、青海省三江集团有限公司等单位代表共120余人参会，在线观看直播人数达8.9万人。

【2022届研究生毕业典礼暨学位授予仪式】 于6月29日在中国林科院举行。中国林科院第十届学位评定委员会主席、院长储富祥对毕业生提出希望，为学位获得者拨穗并授院长、院士寄语；导师代表寄语毕业生，毕业生代表发言。中国林科院副院长陈绍志主持典礼并宣读《中国林科院关于表彰2021届优秀博士学位论文作者及导师的决定》，储

富祥为获奖者颁奖；副院长肖文发宣读2022届中国林科院优秀毕业生名单，第十届学位评定委员会委员为获奖者颁奖；副院长崔丽娟宣读中国林科院2022年博士、硕士学位授予名单，各培养单位负责人为学位获得者颁发学位证书。2022年共有123名研究生获得博士学位，208名研究生获得硕士学位。中国林科院京内导师代表、毕业生等约200人参加典礼，4000余人通过微信公众号及抖音等平台观看直播。

【中国木材科学的先驱和开拓者《年谱》首发暨"画像"揭幕仪式】 于7月28日在北京举行。中国林科院分党组书记叶智讲话并为画像揭幕。《唐耀、成俊卿、朱惠方、柯病凡、葛明裕、申宗圻、王恺年谱》真实全面地记录了7位著名木材科学家投身木材科学、奉献林业事业艰辛曲折的一生，是木材科技界文化探源工程的重要研究成果，也是一部以人物为线索的木材科学史。会上，编撰专家、画像作者先后讲述了7位先驱《年谱》的撰写背景、画像的创作历程，先驱的学生代表、亲属代表、科研助手代表深情地追忆了几位先驱的生平往事以及留存在他们脑海中的难忘印象。中国林业出版社建筑家居分社、中国林科院有关部门负责人等60余人参加仪式。

【中国林科院黑龙江分院揭牌仪式】于8月9日在位于黑龙江哈尔滨的黑龙江省林科院举行。中国林科院分党组书记叶智致辞，并与黑龙江省林科院党组书记伍跃辉为中国林科院黑龙江分院揭牌。黑龙江省林草局副局长时永录致辞。揭牌仪式后，哈尔滨林业机械研究所与黑龙江省林科院举行全面战略合作框架签约仪式，双方将在科技创新、成果转化、人才培养、资源共享和党建工作等方面开展全面合作。中国林科院和黑龙江省林科院相关部门负责人参加活动。

【第二届黄河流域生态保护修复战略研讨会】 于8月16日在北京召开。会议由中国林科院黄河生态研究院主办，林业科技信息研究所和沙漠林业实验中心承办。中国林

科院副院长、黄河生态研究院院长崔丽娟致欢迎辞。中国工程院院士张守攻主持主旨报告，中国工程院院士胡春宏、尹飞虎以及清华大学和山东农业大学专家分别作主旨报告。与会专家分享黄河流域草原、湿地、荒漠等方面的研究经验，深入探讨黄河流域相关地区在推动黄河流域生态保护和高质量发展进程中的政策实践模式。黄河生态研究院正式对外发布2021年年度报告《黄河流域土地利用与景观格局演变》。会议以线下线上相结合的方式召开。来自国家林草局三北局、甘肃省发展改革委、清华大学、中国农业大学、北京林业大学、中国科学院、中国林科院、大自然保护协会、世界银行70余家机构共150余名代表参加会议，现场直播实时观看人数达12.8万人。

【加强林业科研，推动林业高质量发展学术研讨会】 于8月23日由中国林科院和中国林学会在北京联合召开。中国工程院院士赵春江以及中国科学院、中国农科院、北京林业大学、中国林科院的11位专家应邀围绕智慧林草、遗传育种、生态保护、木材加工、林产化学等内容作学术报告。国家林草局科技司长郝育军，中国林学会副理事长兼秘书长陈幸良，中国林科院院长储富祥等出席会议并讲话。中国林科院300余名科研人员线上线下听取报告。

【热带林业研究所建所60周年暨华南林业高质量发展与乡村振兴学术研讨会】 于9月1日在广州召开。开幕式上，中国林科院分党组书记叶智、广东省林业局局长陈俊光讲话；热带林业研究所所长徐大平致辞，党委书记何清主持开幕式，职工代表发言；热带林业研究所与广东省肇庆市林业局、福建省漳州市林业局等9家单位签署合作协议。开幕式后，举行华南林业高质量发展与乡村振兴学术研讨会，华南农业大学、中国林科院、北京林业大学的7位专家分别作主题报告。来自广东省林业局、中国林科院、广州市林业和园林局等21个单位的150多位代表参加会议。

【中国林科院与大兴安岭林业集团公司科技合作推进会】 于9月1日在北京举行。会议专题听取近两年来双方落实全面战略合作协议签订以来的科技合作情况，并对下一步合作内容进行研究商讨。大兴安岭林业集团公司党委书记于辉、副总经理袁卫国，中国林科院院长储富祥、副院长肖文发等出席会议。

【国家林草局森林认证国家创新联盟启动会暨森林认证创新论坛】 于9月5日在北京举办。中国工程院院士张守攻、曹福亮，国家林草局科技司一级巡视员李世东、科技发展中心主任王永海，中国林科院院长储富祥、副院长肖文发等出席

中国林科院与大兴安岭林业集团公司科技合作推进会在北京召开

启动会。会议宣读国家林草局科技司关于同意成立森林认证国家创新联盟的批复文件，选举产生第一届理事会理事长、副理事长、理事和第一届秘书长、副秘书长，表决通过联盟章程。中国林科院森林生态环境与自然保护研究所为第一届联盟理事长单位和秘书处所在单位，21名森林可持续经营与认证领域的资深专家担任联盟第一届专家委员会成员。肖文发当选联盟第一届理事长。随后，召开森林认证创新论坛，与会代表分别就森林认证与碳中和、森林认证助推绿色发展和促进乡村振兴、森林碳汇与绿色金融实践等进行交流。会议采用线上线下结合方式举行，并在哈尔滨市林草局设分会场。现场和各地线上参会代表达200多人。

【首席科学家聘任仪式和座谈会】 于9月27日在北京举办。国家林草局副局长谭光明为受聘首席科学家颁发聘书。国家林草局科技司司长郝育军、全体院领导出席聘任仪式，院长储富祥主持聘任仪式。此次共聘任21位首席科学家，分别为：张守攻、宋湛谦、唐守正、蒋有绪、蒋剑春5位院士，于文吉、王军辉、卢琦、江泽平、吕建雄、张会儒、李芳东、张怀清、杨忠岐、张建国、周永红、罗志斌、房桂干、徐大平、曾庆银、裴东16位研究员。中国林科院首席科学家、京内各单位主要负责人、院各部门负责人在主会场参加仪式，京外各单位领导班子成员以视频形式参加仪式。

随后，举办首席科学家座谈会。会议从学科顶层谋划、大团队组建、青年人才培养、标志性成果培育、学术影响力提升、良好学术氛围营造等六方面，对如何进一步发挥首席科学家作用提出了要求。首席科学家围绕"如何在院所改革发展中更好地发挥首席科学家的作用"依次发言。

【林草碳汇研究院揭牌成立仪式】 于11月15日在北京举行。林草碳汇研究院将开展林草固碳增汇理论与关键技术、林草碳中和战略等重大问题研究，成立专家委员会，聘请方精云、于贵瑞、张守攻等两院院

士和行业专家担任委员。林草碳汇研究院与腾讯公司等8家单位分别签署合作协议，将在森林碳汇数字化监测技术研发、建立数字森林碳汇智慧平台、打造森林碳汇数字生态圈等方面开展合作交流。

【《湿地公约》第十四届缔约方大会东道国活动"科技支撑湿地生态保护及国际履约论坛"】 于11月12日在北京、武汉两地连线召开。由中国林科院和中国21世纪议程管理中心主办，湖北省林业科学研究院协办。中国林科院联合国内外湿地科学家共同发布《强化湿地保护管理科技支撑全球倡议》。中国21世纪议程管理中心副主任柯兵主持论坛开幕式，中国林科院院长储富祥致辞，联合国环境规划署驻华代表涂瑞和、国家林草局科技司司长郝育军、科学技术部社会发展科技司副司长傅小锋讲话。在特邀报告环节，4位中外湿地科学家围绕湿地的概念以及湖泊湿地、滨海湿地、沼泽湿地等重要湿地类型分享重要研究成果和进展，并提出相应的系统治理修复建议。中国林科院副院长崔丽娟研究员主持专题访谈，与会人员围绕"基于自然解决方案的湿地保护与恢复"主题，与世界自然保护联盟驻华代表张琰等4位嘉宾开展对话交流。新华社、《光明日报》《科技日报》《中国科学报》《中国绿色时报》等十多家媒体对论坛和《倡议》报道，截至2022年11月20日，仅新华社相关新闻的总浏览量已超过140万人次。

【中意林业科技与教育合作交流会】于12月5日以线上方式召开。会议在中国驻意大利使馆支持下，由中国林科院、意大利农林科学博士联合会和意大利森林培育与森林生态学会联合举办。中国林科院副院长崔丽娟研究员主持开幕式，中国驻意大利使馆公使衔参赞沈建磊致辞，意大利驻华使馆科技参赞、国家林草局国际司负责人以及意大利农业、粮食主权和林业部代表先后讲话。交流会围绕森林经营、木材科学与技术、林业教育与培训三个议题开展主旨报告和对话交流。中国林科院专家介绍了中国林科院多功能森林经营研究、木质文物研究

及研究生教育成果与进展，双方专家就共同感兴趣的学术议题对话交流。中意双方有关单位负责人和专家代表共60余人参加会议。

【木材学家朱惠方先生诞辰120周年座谈会暨《问林探木 树木树人》首发及"纪念展"揭幕仪式】 于12月29日在北京举行。活动由中国林科院、中国林学会主办，中国林科院木材工业研究所、中国林学会木材工业分会、中国林学会生物质材料科学分会承办。中国林学会副理事长兼秘书长陈幸良、中国林科院副院长肖文发等出席仪式，并给青年专家赠书、为"纪念展"揭幕。会议作主题报告，朱惠方助手代表、亲属代表分别追忆了当年朱惠方学习工作生活中的感人故事。会议介绍纪念朱惠方诞辰120周年纪念文集《问林探木 树木树人》，该书收录10万字、照片30余张、论著17篇（部），中国林科院第三任院长、林学家黄枢先生为此书作序。纪念展以朱惠方生平事迹为主线，通过珍贵用品、照片、资料等，展示朱惠方为林业事业和林业教育无私奉献的一生。

【7项成果获云南省、新疆维吾尔自治区、北京市等科技奖励】 陈晓鸣主持的五倍子高效培育及产业化关键技术创新与应用获2022年度云南省科学技术奖科技进步奖一等奖；张建国主持完成的沙棘良种选育及

产业化发展关键技术研究与应用获2022年度新疆维吾尔自治区科学技术奖科技进步奖一等奖；王明玉主持完成的森林火灾精细化预警关键技术和应用、王小艺主持完成的白蜡窄吉丁成灾机制与综合防控技术研究及应用获2022年度北京市科学技术奖科技进步奖二等奖。张建国主持完成的沙棘良种选育及产业化技术创新获2022年度内蒙古自治区科学技术奖科技进步奖二等奖。

冯益明主持完成的中国戈壁分类、分区与制图获第十三届中国水土保护学会科学奖二等奖，姚斌主持完成的喀斯特山区林草间作生态恢复技术获第五届（2021—2022年度）草业科学技术奖三等奖，孙康主持完成的木质活性炭功能化定向调控关键技术开发获第十一届中国技术市场协会金桥奖突出贡献项目奖。

【18项成果获第13届梁希林业科学技术奖】 中国林科院主持完成的项目获第13届梁希林业科学技术奖自然科学奖二等奖3项，技术发明奖一等奖1项、二等奖1项，科技进步奖一等奖2项、二等奖9项、三等奖2项。分别是：蒋佳荔主持完成的木材黏弹行为对湿热环境的响应特征和机理、理永霞主持完成的松材线虫病北扩西进扩散流行的致灾机制、王彦辉主持完成的旱区水源林的多功能复杂关系与管理获自然科学奖二等奖。

周永红主持完成的典型非食用植

周永红主持完成的典型非食用植物油脂高值化利用关键技术与产业化获第13届梁希林业科学技术奖技术发明奖一等奖——油脂基多元醇5000吨生产线

物油脂高值化利用关键技术与产业化获技术发明奖一等奖，王曦茁主持完成的松材线虫分子智能检测与分析系统研发获技术发明奖二等奖。

张建国主持完成的沙棘遗传改良与产业化栽培技术创新、徐大平主持完成的南方主要珍贵树种良种选育和高效培育技术获科技进步奖一等奖；党宏忠主持完成的樟子松固沙林适应变化环境的水分机制与科学经营技术、胡建军主持完成的抗虫杨树新品种选育与示范应用、麻文俊主持完成的青藏高原耐旱优良灌木收集与繁育应用、吕斌主持完成的人造板及其制品甲醛和气味生产控制与治理关键技术及应用、殷亚方主持完成的中国木材标本资源库构建及其创新应用、王明玉主持完成的气候变化影响下森林火灾风险评估与调控技术、杨忠岐主持完成的光肩星天牛天敌利用关键技术创新与集成应用、陈晓鸣主持完成的五倍子高效培育及产业化关键技术创新与应用、周建波主持完成的竹材工业连续化加工关键技术与装备研发应用获科技进步奖二等奖；刘青华主持完成的马尾松高生产力高抗良种选育和种子园矮化丰产技术、赵荣主持完成的天然林全面商业禁伐对森林资源和木材市场安全影响的动态评估技术获科技进步奖三等奖。

（中国林科院由张晋宁、王秋丽供稿）

（图片由中国林科院提供）

南方主要珍贵树种良种选育和高效培育技术获第13届梁希林业科学技术奖科技进步奖一等奖——柚木高效人工林

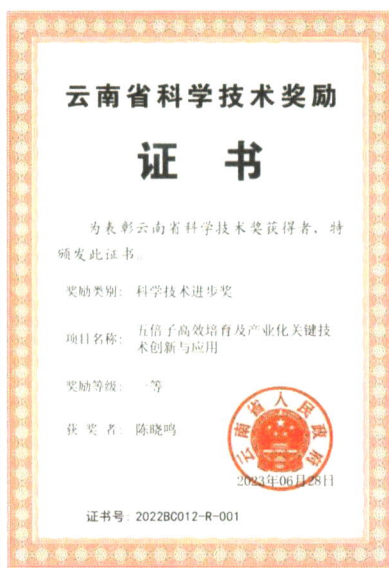

陈晓鸣主持完成的五倍子高效培育及产业化关键技术创新与应用获2022年度云南省科技进步奖一等奖

# 国家林业和草原局 林草调查规划院

【综　述】　2022年，国家林业和草原局林草调查规划院（以下简称规划院）认真落实局党组的决策部署，以技术支撑局中心工作为首要任务，扎实推进各项工作落地见效。在林草生态网络感知系统建设、林草生态综合监测评价、自然保护地体系技术服务等领域发挥积极作用。全年承担94项指令性工作任务，承揽市场创收项目436项。

多项成果荣获省部级以上奖项。

**林草生态网络感知系统**　完成2021年林草生态综合监测的4.7亿个图斑矢量数据系统整理和标准化处理，完成全国林草生态综合监测数据全面入库。制作2021年度涵盖森林、草原和湿地资源共176个专题图层的全国林草资源图。标准化处理国家级自然保护区和第六次全国荒漠化调查数据，制作专题图层并发布。初步完成国家公园感知系统建设，构建5个设立国家公园感知子平台和17个创建公园的感知模块，实现国家公园空间布局的三维展示。完善林草资源数据目录建设，按照目录分类进行发布服务。推进感知系统桌面端和移动端的开发，优化完善林草任务落地上图管理系统、展示系统以及相关App等。支撑全国2022年造林绿化计划任务及完成中央林草任务落地上图工作。加强公有云及安全支撑体系建设。

**林草生态综合监测评价** 制订2022年全国林草生态综合监测评价技术方案、技术规程、质量检查办法等技术文件。处理2021年、2022年覆盖国土面积每年约910万平方千米的遥感影像。区划判读北京、河北2个省级单位的林草湿变化图斑11.06万个，图斑总面积10.78万公顷。完成东北监测区6个省级单位5.5万个森林固定样地的判读工作。优化完善样地数据采集移动端App、综合监测管理系统、样地判读、图斑监测等平台和软件。开展2021年度国土变更数据与林草资源图的对接融合。完成东北监测区林草湿荒样地的现场检查和图斑监测国家级指导性检查。完成国家级公益林年度监测工作。完成2022年度全国村庄绿化覆盖率调查工作31个省级单位2527个村庄的判读区划任务，完成抽中村的自然村、绿化面、绿化点区划工作，区划图斑共计约796万个。

**自然保护地体系技术服务** 完成《国家公园布局方案》《国家公园等自然保护地建设及野生动植物保护重大工程建设规划》。开展国家公园总体规划审核评估、国家公园勘界报告审核工作。编制国家公园天空地一体化监测体系建设方案、监测指南，并完成第一批试点监测项目入库。组织召开国家公园研究院第一届指导委员会会议，成立国家公园艺术和设计中心，全面启动研究院各项工作。完成全国风景名胜区整合优化及并入其他自然保护地整合优化技术支撑工作。完善自然保护地整合优化预案工作的技术和新一轮各省上报数据的汇交标准及审核要点，修订完善自然保护地整合优化方案，开展自然保护地整合优化中矿业权调整的专项梳理，完成全国自然保护地整合优化新一轮的审核工作。派员参加全国国土空间规划纲要编制工作专班，完成全国国土空间规划中林业部分的修订，完成试点省第三轮"三区三线"划定成果审核工作。

**重点监测任务** 完成内蒙古、黑龙江、吉林、辽宁4个省（区）的392个县级单位各两期的林地地

类、林相变化遥感判读工作，判读面积672.5万平方千米，提交疑似变化图斑相关数据库4个，指导各省对变化图斑开展现场核验，开展全国打击毁林专项行动的质量跟踪。编制完成《2021年全国草原监测报告》，完成需要监测的6个省（区）的草原样地布设，汇总2021年全国草原基本情况监测数据成果，开展草原专题数据全国汇总，完成省级审核与国家级检查，初步完成各省及全国草原主要指标测算工作。完成《全国湿地保护规划（2022—2030年）》，完成国家重点保护野生植物迁地保护情况调查报告的评审工作，承担全国63处国际重要湿地数据汇总，开展2021—2022年度国际、国家重要湿地及湿地公园疑似违建年度判读工作，开展2022年度6个省（区、市）国家重要湿地确认审核工作，完成黑龙江、内蒙古和辽宁的12处国际重要湿地的生态监测。完成第六次全国荒漠化和沙化调查监测报告，积极做好春季沙尘暴灾害应急处置工作，完成沙尘暴应急工作周报、专报和简报上报。编制《林业和草原碳汇行动方案（2021—2030年）》、2022年林草碳汇计量监测技术方案、林草碳汇试点市（县）建设项目实施方案编制提纲等，编制《陆地碳卫星在轨测试大纲》《陆地碳卫星在轨测试细则》，完成陆地碳卫星飞控测试和各载荷地面定标工作，首颗陆地碳卫星已成功发射。

**林草火灾风险普查** 全力做好林草火灾风险普查技术支撑。修订和印发评估工作方案及各项技术规程、质检办法，指导各省完成年度普查任务。组织完成1500余个全国样地外业抽检，检查6.7万个大样地林分型区划和50万条实验室数据。完成3020个县内业质检，执行质检9.2万次。分植被类型研建近3000个可燃物模型，选取解译标志40万个。完成11个试点县、"一省两市"评估工作，编制初步评估报告。按共享清单向全国自然灾害综合风险普查领导小组办公室汇交全国调查成果数据104万条，汇交32个省的9类初步评估成果。

**自然资源资产评价评估** 创新构建森林、草原资源资产清查国家级价格体系，组织开展重点国有林

区森林资源资产清查。指导完成全民所有自然资源（森林、草原、湿地、国家公园）资产清查第二批试点工作。承担山西、内蒙古、新疆兵团等地自然资源资产清查和生态系统服务功能评估工作。编制《森林（林地）资源生态产品价值核算技术规程》团标。开展重点国有林区以及山东、内蒙古等地全民所有自然资源资产委托代理机制试点工作。

**提供技术和智力服务** 承担并完成《全国国土绿化规划纲要（2022—2030年）》《全国草原防火火规划（2021—2025年）》《全国天然林保护修复中长期规划（2021—2035年）》《全国防沙治沙规划（2021—2030年）》《"十四五"全国珍稀林木培育实施方案》《全国森林可持续经营试点工作管理办法》《〈全国森林防火规划（2016—2025年）〉中期评估报告》等一大批重点规划编制任务。持续稳定运维国家林草局政府网站和各司局、直属单位的信息系统与网站，完成局网站政务公开、党建、互动交流等栏目的信息收集、审核、发布工作，制作中组部全国党员干部现代远程教育林业教材课件52期，完成局重要会议、活动等拍摄任务近百次。录制《林草综合监测》《中国林长制》《古树名木——最美中国记忆》《珍爱湿地 人与自然和谐共生》《关注旗舰物种保护 推进美丽中国建设》《森林与可持续生产和消费》《心有猛虎 自然锦绣》等专题片。开发国内外市场，在巩固传统优势领域的同时，拓展国家公园建设、自然保护地整合优化、林长制改革、"双重"规划区域生态保护与修复等服务领域。拓展合作领域，与中国海洋大学等单位签订战略合作协议，与水利部水土保持监测中心、中国南水北调集团生态环保有限公司等达成战略合作意向。

**自身能力建设** 加强综合管理制度体系建设，制定和修订行政议事规则、生产经营管理办法、生产经营重点环节管理程序规定、生产技术经济目标责任制考核办法等12项规章制度。推进内部控制体系建设，持续完善内控体系信息化平台，不断强化生产经营、技术质量和资金使用管理。研究开展科技成果转化奖励分配工作。完成职工加

入北京市医保工作。完成院属咨询公司改制，实行独立经营，人、财、物和项目独立管理、独立核算。开展岗位聘用，启动2022年处级干部选拔聘用工作，强化专业技术队伍建设，加大培养培训力度。开展院年度优秀成果评选，评出院优秀工程勘察设计类成果一等奖3项、二等奖5项、三等奖7项。多项成果获省部级以上奖励。森林监测评估处获"全国绿化先进集体"荣誉称号。

【《钱江源—百山祖国家公园设立方案》等三项国家公园设立技术报告专家评审会】 于1月13日由浙江省林业局通过网络视频形式组织召开。规划院介绍《钱江源—百山祖国家公园设立方案》《钱江源—百山祖国家公园符合性认定报告》《设立钱江源—百山祖国家公园社会影响评估报告》编制情况及主要内容，与会专家一致同意三项技术报告通过评审。

【《全国沙产业发展指南》印发实施】 《全国沙产业发展指南》由规划院编制，1月18日，国家林草局正式印发实施。此指南对有度有序地利用沙区资源，推动沙产业高质量发展，对于实现生态美、百姓富的有机统一，充分发挥沙产业在反哺生态建设、增加社会就业、促进农牧民增收、维护社会稳定、保障市场供应、推动沙区经济社会可持续发展等方面具有重要意义。

【"全球变化下生物廊道规划理论与方法应用"专题业务培训】 于2月22日组织开展。培训讲授了廊道的概念与分类、生物廊道的构建理论等知识，以大熊猫廊道构建、伊朗有蹄类动物栖息地预测、青海保护优先区识别为例，介绍了生物廊道构建方法和扩展应用，对未来研究方向进行了展望。培训对未来开展相关工作具有较强的理论指导作用，为日后规划的科学性提供了支持和方向。

【森林和草原火灾风险普查质量检查和评估区划国家级培训】 于2月24日由国家林草局防火司组织、规划院承办。培训从林草火灾风险

普查数据质量检查及评估区划技术方法、利用SPSS统计软件结合数值关系分析方法开展数据质量检查的具体流程、利用GIS软件开展地形地势数据质量检查的方法和具体流程等方面对参加人员进行了讲解，强调了普查数据质量检查和评估区划的重要性。

【中华白海豚保护工作线上交流活动】 于3月4日组织开展。活动交流了中华白海豚保护工作的经验，就开展跨区域合作进行了讨论。项目推动包括海洋保护地主管部门、科研院所、非政府组织等在内的多方共同参与，搭建高效的沟通协调机制，共同保护中华白海豚及其他具有全球重要意义的沿海生物性。

【风云四号卫星用户利用站启用工作推进会】 于3月8日在北京召开。规划院介绍了风云四号卫星用户利用站建设项目有关背景情况及下一步工作总体思路，就当前亟待明确和推进的相关工作要点进行了阐述。进一步明确了职责及下步重点工作安排，为实现规划院风云四号卫星用户利用站尽快投入使用并为林草工作监测提供相关数据支撑保障做好准备。

【全国草原资源数字化监管工作专班启动会】 于3月5日由国家林草局草原司组织召开。会议强调成立草原资源数字化监管工作专班，编制草原资源信息化管理技术文件是进一步完善林草感知系统草原板块、加强林草信息化建设的必然要

求。规划院负责完成牵头技术文件的编制与修订工作任务以及专班的服务保障工作，完成包括年度国土变更调查草原地块举证工作指南、林草综合监测草原样地布设技术方法、样地样方监测技术方法、草原年度动态监测方案、草原评价指标体系和质量控制技术方案等技术文件编制和修订工作。

【《北京市通州区林地保护利用规划（2021—2035）》通过专家评审】 3月11日，由北京市通州区园林绿化局组织的《北京市通州区林地保护利用规划（2021—2035）》专家评审会在北京召开。《规划》对北京市通州区"十四五"林地保护利用进行了系统谋划和设计，对区域内林地保护利用作出了的总体安排和综合部署。专家组一致同意《规划》通过评审。

【《神农架国家公园设立方案》等四项技术报告通过专家评审】 3月8日，湖北省林业局组织召开《神农架国家公园设立方案》《神农架国家公园科学考察报告》《神农架国家公园符合性认定报告》《设立神农架国家公园社会影响评估报告》（以下简称技术报告）专家评审会。规划院对技术报告成果进行了汇报，专家组一致通过。技术报告提出的神农架国家公园设立的核心价值、目标定位、范围及管控分区、运行管理机制、主要任务等内容，分析论证的国家代表性、生态重要性和管理可行性的符合性认定结论，评估的设立国家公园可能产生的经

林草生态网络感知系统建设专题会

济社会影响及提出的对策建议等。

【全国种草改良落地上图线上培训会】 于4月19日由国家林草局草原司主办，规划院承办。培训讲解了种草改良落地上图技术方案和上图操作流程，进行了平台和移动端App实操演练，进行了交流研讨与在线答疑。

【2021年林草生态综合监测评价工作贡献突出单位和个人荣誉称号】 4月25日，规划院获"2021年林草生态综合监测评价工作贡献突出单位"荣誉称号；黄国胜、曾伟生、杨学云、蒲莹、田海静、孙涛、张晓云7名职工获"2021年林草生态综合监测评价工作贡献突出个人"荣誉称号。

【《神农架国家公园（重庆片区）设立方案》等四项国家公园设立技术报告通过专家评审】 4月25日，《神农架国家公园（重庆片区）设立方案》《神农架国家公园科学考察报告》《神农架国家公园符合性认定报告》《设立神农架国家公园（重庆片区）社会影响评估报告》在重庆通过专家评审。专家认为，四项报告跨区域设立神农架国家公园，突出完整性和原真性保护，增强生物多样性保护、水源涵养等生态功能，能够为推动神农架国家公园设立和建设提供有力支撑，对持续筑牢区域生态安全屏障、推动生态环境保护和高质量发展具有重要意义。

【"林业调查3D数据与林地精准地图"专题业务培训】 于5月11日在北京举办。培训介绍了3D林业及自然环境数据技术应用现状、典型林分样地的结构参数、林业数字样地及林分精准地图等方面的基础知识和前沿研究，介绍了激光扫描算法、单木精准模型、地面机器人等技术应用，探讨综合数据处理及展示平台。

【全国防灾减灾日"减轻沙尘暴灾害风险"科普宣传】 5月12日，规划院同国家林草局荒漠司、林干院采取"线上宣传+线下普及"的模式，进行防沙治沙、沙尘暴灾害防治宣传，推广普及沙尘暴防灾减

灾知识，提高灾害防护和避险自救基本技能，营造全社会共同关心和参与防沙治沙和沙尘暴灾害防治的浓厚氛围。

【《全国苏铁保护行动方案》通过专家评审】 5月18日，国家林草局动植物司采用网络视频形式组织召开《全国苏铁保护行动方案》专家评审会。规划院从濒危状况与保护现状、保护现状评价与对策、指导思想与保护目标、保护计划布局和内容、投资估算和资金筹措、保障措施、效益评价等方面进行了汇报，专家组一致同意《方案》通过评审。

【森林和草原火灾风险普查数据质检培训班】 于5月30日由国家林草局防火司和规划院联合组织开展。培训讲解了森林和草原火灾风险普查数据标准化处理、数值关系质检软件、解译标志选取、实验室数据填报、大样地区划等工作的技术流程、方法和质量要求。

【《2021年全国草原监测报告》会商会】 于6月10日以视频形式召开。规划院从工作背景、样地监测、图斑监测、长势动态监测、修复成效评估和数据汇总分析6个方面对监测方法、内容与主要结果进行了汇报。《报告》以国家林草生态综合监测草原监测评价数据成果为基础，对2021年草原植被长势、资源状况、生态质量等进行了科学评价，对科学研判草原变化趋势具有重要的支撑作用。

【2022年林草生态综合监测工作推进会】 于5月31日在北京召开。会议回顾了2021年规划院林草生态综合监测工作的经验和做法，从组织领导、组织协调、监测监督、外业方案、成果创新、经费保障、成果综合应用7个方面提出了加强、配套、培育等多方面的举措，明晰了规划院2022年林草生态综合监测工作院领导和部门分工、保障措施以及人才培养、"一张图"建设和感知系统融合的统筹规划，推进会的召开标志着规划院2022年林草生态综合监测工作全面铺开。

【2022年东北监测区林草生态综合监测技术培训】 于6月7日在北京

开展。培训对林草生态综合监测工作任务进行了解读，阐述了林草生态综合监测的内涵和外延，以及与林草湿调查监测之间的关系，对外业工作的安全要求及救援系统的应用开展了模拟演练，解读了森林、草原、湿地、荒漠、碳汇、图斑监测、国家级公益林7个专题的调查监测技术要点和方法，对综合监测外业调查软件及图斑核实验证软件的操作进行了讲解及演示。提出了图斑监测要精准、样地调查要及时、公益林监测分（林地）内外、与国土变更要衔接的具体要求。

【《安徽省黄山市黄山区国家储备林建设总体规划（2022—2030年）》等两项规划通过专家评审】 6月19日，《安徽省黄山市黄山区国家储备林建设总体规划（2022—2030年）》《安徽省宣城市旌德县国家储备林建设项目总体规划（2022—2035年）》评审会在安徽省合肥市召开。专家组认为两项《总体规划》编制与实施对提升黄山区、旌德县森林质量、推动林业高质量发展、促进乡村振兴、加快推进安徽省生态文明建设发展具有重要意义。两项《总体规划》通过专家评审。

【《〈全国森林防火规划（2016—2025年）〉中期评估报告》《全国草原防灭火规划（2021—2025年）》通过专家评审】 7月6日，国家林草局防火司会同应急部火灾防治管理司通过线上线下相结合的方式，组织召开《〈全国森林防火规划（2016—2025年）〉中期评估报告》《全国草原防灭火规划（2021—2025年）》专家论证会。与会专家一致认为，规划对提升火灾综合防控能力、推动防灭火工作高质量发展具有重要意义。评估报告和规划符合当前森林草原防灭火工作的新形势和新要求，草原防灭火规划形势分析全面，提出的指导思想和目标明确，建设布局科学合理，符合"聚焦重点、分区施策"的建设需求。专家组一致同意评估报告和规划通过论证。

【森林和草原火灾风险普查工作情况汇报会】 于7月15日在北京召开。会议指出，森林和草原火灾风险普查工作填补了林业调查中的一项重要空白，对于规划院将建立的

林草资源数据库非常重要。会议要求，构建真正实用的森林和草原火灾风险普查行业基础数据库、火险预报及辅助决策平台，全面提升全国林草行业灾害管理水平，推动各地普查成果应用与林草防火日常管理相结合，为防火基础设施建设、预警监测、灾情评估等提供支撑。

【《香格里拉国家公园设立方案》通过专家评审】 7月17日，由云南省林草局组织召开评审会，规划院对技术报告成果进行汇报，专家组一致同意《方案》通过评审。《方案》系统提炼了香格里拉国家公园的核心价值，制定的范围划定方案、管控分区方案和运行管理方案科学合理，提出的生态系统保护修复、科研监测、自然教育及社区发展等主要建设任务符合香格里拉国家公园保护发展的实际，技术成果目标明确，文本规范，可作为香格里拉国家公园设立依据。

【陆地生态系统碳卫星工程在轨测试大纲和细则专家评审会】 于7月20日由国家林草局规财司在北京组织召开。会议对规划院牵头组织的卫星在轨测试大纲和细则编写工作给予了高度评价。此次专家评审是陆地生态系统卫星工程实施的重要节点，为卫星发射成功后开展卫星、测控、地面和应用系统的在轨测试工作以及检验和评价卫星功能性能工作奠定坚实基础。

【第一批国家公园总体规划编制工作推进会】 于7月25日由国家林草局保护地司在北京组织召开。规划院围绕规划总体布局、保护管理体系建设、监测监管体系建设、科技支撑平台建设、教育体验平台建设、和谐社区建设等重点内容对国家公园总体规划编制大纲进行了讲解。会议对即将开展的现地调研工作提出了具体要求。

【陆地生态系统碳监测卫星发射圆满成功】 8月4日，规划院作为技术支撑单位，参加陆地生态系统碳监测卫星发射任务，在卫星发射中心现场见证了中国首颗森林碳汇主被动联合观测遥感卫星发射升空的历史性时刻。

【《广东省化州市国家森林城市建设总体规划（2021—2030年）》通过专家评审】 8月2日，评审会由化州市人民政府在广州以线上线下方式组织召开，规划院对《规划》编制情况作了汇报。《规划》对于推动化州市生态文明建设和经济社会发展具有重要意义。专家组认为，《规划》分析了化州市森林城市建设现状与潜力，提出的总体布局合理，发展指标符合实际，能够有效指导化州市国家森林城市建设；充分对接茂名市、广东省等上位规划，具有很强的针对性和操作性。专家组一致同意通过《规划》。

【2022年森林督查工作督导和技术指导工作】 9月2日，规划院赴内蒙古和辽宁开展2022年森林督查工作督导和技术指导工作。技术组听取内蒙古自治区林草局和辽宁省林草局关于2022年森林督查工作的情况介绍，对两省（区）林草局提出的技术问题进行解答，对提出的森林资源管理存在的难点进行交流和讨论。

【"全国绿化先进集体"荣誉称号】 8月18日，规划院森林监测评估处获全国绿化委员会、人力资源和社会保障部、国家林业和草原局颁发的"全国绿化先进集体"荣誉称号，是此次国家林草局部门唯一获此殊荣的单位。

【2022年规划院优秀成果奖（勘察设计类）评选会】 于9月9日召开。会议邀请28位院内外专家对申评项目进行评选，评选出规划院2022年度优秀成果奖（勘察设计类）15项，其中一等奖3项、二等奖5项、三等奖7项。为规划院专业技术人员展示新时代林草人职业风貌提供了平台，对加强规划院专业技术业务交流、提升成果质量水平和队伍能力具有积极意义。

【《全国天然林保护修复中长期规划（2022—2035年）》通过专家评审】 9月15日，评审会由国家林草局生态中心在北京组织召开。《全国天然林保护修复中长期规划（2022—2035年）》将保护与修复相结合，以提升天然林质量效益为核心，实施天然林与公益林管理并轨，充分吸纳第三次全国国土调查、林草资源监测、天然林保护修复、森林可持续经营与科学利用的最新研究和实践成果。专家组一致同意《规划》通过评审。

【《开平市国家储备林建设总体规划（2022—2035年）》通过专家评审】 11月9日，评审会由开平市人民政府以视频会议的形式组织召开。《规划》编制与实施对提升开平市森林质量、推动林业高质量发展、促进乡村振兴及保障国家木材安全具有重要意义。规划院在实地调研基础上，对用地建设条件、树种选择、培育模式、投资估算、运营模式、组织管理、环境及社会影响评价、效益分析、保障措施等方面进行了全面分析。专家组一致同意《规划》通过评审。

【2022年度团体标准立项及标准审查会】 于11月15日由中国林业工程建设协会组织召开，规划院作为中国林业工程建设协会工程标准化专业委员会秘书处组织承办。《营造林工程监理规范》作为第一个着眼于营造林工程监理方面的规范性、指导性标准，在当前中国大规模开展国土绿化新时期，对规范营造林工程建设监理行为、进一步提升营造林工程建设质量、更好地发挥营造林工程的综合效益，具有重要的意义和作用。会议一致同意《规范》通过评审。

【《全国防沙治沙规划（2021—2030年）》及第六次荒漠化和沙化调查成果发布】 12月30日，国家林草局发布《全国防沙治沙规划（2021—2030年）》及第六次荒漠化和沙化调查成果。作为技术支撑单位，规划院主要负责《规划》数据分析、分区布局、文本编写及专题图制作等工作；在第六次全国荒漠化和沙化调查中，承担技术准备、技术指导、质量检查、数据汇总分析和成果撰写等工作。《规划》依托全国重要生态系统保护和修复重大工程，科学谋划防沙治沙布局，提出了防沙治沙总体布局、目标任务、重点建设工程项目及保障机制。

（规划院由张小哲供稿）
（图片由规划院提供）

# 国家林业和草原局产业发展规划院

【综 述】 2022年是国家林业和草原局产业发展规划院（以下简称发展院）开启机构改革的重要一年。这一年，全院上下团结一致，凝心聚力，深入学习习近平新时代中国特色社会主义思想，统筹推进"整改、改革、发展"三大任务，扎实推进全面从严治党，服务林草中心工作，推动高质量发展。

【服务林草中心工作】 发展院通过产业发展、生态建设、保护修复、监测评价、绩效应急5个工作专班，集中整合优势力量，积极与各司局、各单位对接服务主责主业，落实各司局支持发展院事项清单。一是扎实做好林草重点工作咨询服务，内容主要涵盖国家公园、国土绿化、森林防火、林草生态综合监测、山水林田湖草沙一体化保护、森林城市、风景名胜区、生态产品价值实现、林草产业、金融创新、乡村振兴等方面。《香精香料产业发展指南》《中国人造板产业报告》《"十四五"国家储备林建设规划》《社会资本参与生态建设指导意见》等成果出台，为国家林草局相关事业发展提供助力，当好林草政策落实落地的参谋助手和桥梁纽带。二是加强科技创新驱动，针对生态产品价值实现、草原保护利用、林草监管数字化智慧化、林光互补、节能降碳、矿山生态修复接续林业产业发展新模式等内容开展研究实践。利用林草感知技术搭建生态产品及产业发展大数据、生态网络感知平台。创新提出林草智慧模型（ForIM）数字转型，在服务搭建国家智慧森林区域中心平台的同时，为多地开展智慧林业建设提供智力支撑。三是强化智慧成果沉淀，编写《林长制体系构建探索》《中国林长制建设规划研究》《生态文明建立的体制因素——区域生态治理理论与实践》《林草金融创新案例汇编》《草原保险需求调查

与发展情况》《林草建设工程造价信息》等著作，持续提升院政策理论研究、科学指导实践、加强科技创新的能力水平。

【推动改革】 开展全院岗位聘用，实行绩效工资体系改革，探索企业化管理新模式，积极落实"三定"规定和国有企业公司制改革。院党委坚决执行新时代党的组织路线，坚持正确选人用人导向，编制《人员聘用实施方案》和《干部选拔任用方案》，公平公正公开选人用人，切实打造一支德才兼备的高素质干部队伍。制订《绩效工资发放暂行办法》，规范绩效工资发放标准，强化绩效工资发放管控。

【做好经营工作】 在国家林草局党组坚强领导下，发展院党委班子团结带领全院干部职工紧紧围绕林草中心工作，紧扣稳人心、稳队伍、稳项目、稳收入等重点工作谋发展，攻坚克难，确保全年经营目标的顺利完成，并实现全年经营业绩与上年基本持平，充分展现全院干部职工的韧性、责任和担当。同时，还适时修订财政项目管理、合作项目管理、经营激励等制度措施，进一步加强经营管理，规范经营秩序，有效提高风险管控能力。

【质量控制】 发展院共有6项设计成果获全国林草工程优秀勘察设计成果奖，其中一、二、三等奖数量分别为3项、1项、2项；共有3项设计成果获得全国优秀勘察设计奖，其中一等奖1项、三等奖2项。国家级勘察设计奖数量和质量均创院历史新高。

【为群众办实事】 进一步畅通职工建言献策渠道，开展"强院有我"青年建言献策征文和主题演讲活动，建设院OA办公系统建言献策平台。充分发挥群团组织作用，

加强对困难群体和特殊群体关心关怀，开展慰问困难党员和困难群众等送温暖活动；妇女节、儿童节等节庆假日精心组织活动，体现组织关心。

【《湖北省森林防灭火"十四五"规划》印发】 1月13日，发展院编制的《湖北省森林防灭火"十四五"规划》经湖北省人民政府批准，由湖北省林业局、湖北省应急管理厅联合印发。规划的顺利实施，将建立健全森林防灭火长效机制，进一步完善森林火灾预防、早期扑救、保障三大体系，全面提高森林火灾防控能力，最大程度减少人员伤亡和财产损失，为建设美丽湖北保驾护航。

【《人造板工业污染防治可行技术指南》《人造板产品碳足迹评价和碳标签》2项团体标准立项】 1月26日，中国林产工业协会2022年第一批团体标准立项评审会在北京召开。会上，专家组评审了由林产工业协会和发展院主持编制的《人造板工业污染防治可行技术指南》《人造板产品碳足迹评价和碳标签》2项团体标准立项草案。经申报答辩、专家评审投票，2项团体标准通过立项审查。

【2021年度"融合发展·服务林草"主题学术交流会】 1月24日，发展院举办2021年度"融合发展·服务林草"主题学术交流会。交流会旨在引导青年员工不断总结思考，相互促进、共同提高，促进形成更多优秀项目和成果，符合发展院"提升林草服务水平和科技创新能力"的发展要求，也是适应新时代生态文明建设的需要。

【《三亚热带海滨风景名胜区大小洞天片区详细规划》通过评审】 1月25日，国家林草局保护地司在北京以视频会议形式组织召开《三

亚热带海滨风景名胜区大小洞天片区详细规划》审查论证会。专家组一致同意《规划》通过评审。

【与中规院共同主办"变革中的自然保护地"主题学术论坛】 2月22日,发展院与中国城市规划设计研究院联合举办"变革中的自然保护地"主题学术论坛,开展深入的交流与探讨。两院相关领域专家和技术人员等参加会议。

【《池州市贵池区国家储备林建设总体规划》通过评审】 2月20日,池州市林业局在安徽省合肥市组织召开《池州市贵池区国家储备林建设总体规划(2022—2035年)》,与会专家审阅了《规划》文本,经质询和讨论,一致同意《规划》通过评审。

【与中国林业集团有限公司签订战略合作框架协议】 2月25日,中国林业集团有限公司(以下简称中林集团)与发展院战略合作协议签约仪式在北京举行,中林集团与发展院负责人参加仪式并讲话。发展院非常重视双方的本次合作,未来重大项目合作将抽调专人组建项目专班,为林草产业发展提供技术支撑和智力支持。根据协议内容,双方建立项目开发联合体,重点在林草产业发展、国有林场改革、"双碳"目标实现、生态产品价值实现、绿色金融创新、现代产业示范园区、数字经济建设等方面开展全方位合作。

【《甘肃省张掖市国家储备林建设总体规划》通过论证】 3月3日,国家林草局生态中心组织召开《甘肃省张掖市国家储备林建设总体规划(2021—2031年)》专家论证会。与会专家审阅了相关文件、图件和其他资料,经质询和讨论后,一致同意《规划》通过论证。

【《天峨县林业产业科技创新示范园总体规划》通过评审】 3月10日,广西壮族自治区天峨县人民政府在南宁召开《天峨县林业产业科技创新示范园总体规划(2021—2025)》评审会。专家组一致同意通过评审。

【《山西花坡国家草原自然公园总体规划》通过评审】 3月29日,山西省林草局以视频会议形式组织召开《山西花坡国家草原自然公园总体规划(2022—2030年)》专家评审会。与会专家审阅了《总体规划》材料,听取了规划编制单位的汇报,一致同意《总体规划》通过评审。

【入选北京市"百村示范、千村整治"工程"百师"团队】 为深入贯彻国家乡村振兴战略、严格落实《北京市"百村示范、千村整治"工程实施方案》指示精神,北京市农业农村局、规划自然资源委、财政局联合开展"百师进百村"活动。发展院第一时间组织专业团队,迅速深入泗â水村开展对接工作,并经过双向选择程序顺利入选"百师"团队,开启投身国家"乡村振兴"战略新篇章。双方初步达成合作意愿,顺利建立起"百师"与"百村"的活动对接关系。

【《老挝博拉帕胶合板厂项目》总结会】 4月18日,发展院组织召开"老挝博拉帕胶合板厂项目"总结会。针对总承包单位从项目现场反馈的问题,项目团队充分交流、总结经验,为后续工作奠定了扎实的基础。项目建设规模为年产5万立方米符合森林管理委员会(FSC)欧盟认证的胶合板,是老挝目前规模最大、自动化程度最高、工艺最先进、最环保的胶合板。

【获"2021年林草生态综合监测评价工作贡献突出单位"称号】 发展院在2021年全国林草生态综合监测评价工作总结会上获"2021年林草生态综合监测评价工作贡献突出单位"荣誉称号,许等平、王海宾、雷霄等职工获"2021年林草生态综合监测评价工作贡献突出个人"荣誉称号。

【通过2022年度"三标"管理体系审核】 5月11—13日,中质协质量保证中心审核组一行对发展院进行"三标"管理体系审核,发展院顺利通过2022年度"三标"管理体系审核。为进一步提升院管理水平,审核组对过程管理、设计管理、人力资源、专业技术人员、现场管理、风险管理和项目设计过程管理等多个方面提出改进建议。

【国标《林产工业工程项目规范》编制启动会】 5月12日,发展院编制组采用线上线下相结合的方式,组织召开国家标准《林产工业工程项目规范》编制启动会议,就近期工作安排、项目工作方法等进行部署,并对进一步开展研究工作各专业需要调查研究的主要问题、必要的测试验证项目等提出要求,保障任务落实到人,确保任务落实落细。

【造林绿化空间适宜性评估技术方案解读暨工作部署会议】 发展院组织召开会议对造林绿化空间适宜性评估第二次技术方案进行解读,并就相关工作进行部署。会议简要介绍了造林绿化空间适宜性评估工作的背景、目标、工作流程、时间安排、成果形式等内容,强调了该项工作对开展科学绿化的重大意义,并对下一步工作提出了新的要求。

【《林长制体系构建探索》出版发行】 发展院编著的《林长制体系构建探索》一书由中国林业出版社出版发行。《林长制体系构建探索》在国家林草局林长制工作领导小组办公室指导下完成。该书为精准把握政策精神、落实相关要求、构建林长制体系及开展相关实际工作提供参考范式,为深入理解《林长制督查考核办法(试行)》《林长制督查考核工作方案(试行)》《林长制激励措施实施办法(试行)》提供支撑,具有较强的方法示范和借鉴作用。

【完成2022年优秀工程咨询设计成果评选工作】 为进一步提升院工程咨询设计水平、提高产品质量,发展院组织开展2022年优秀工程咨询设计成果评选工作,此次评选工作从2022年4月正式启动,于6月23日全部完成。

【驻马店市林长制综合信息管理平台正式上线】 6月28—29日,由发展院研发的驻马店市林长制综合信息管理平台,正式在河南省林长制工作观摩推进会上亮相。驻马店市林长制综合信息管理平台以任务为导向、督查为手段、考核评价为目标，搭建基于微服务架构的8个类型52个微服务集群，研发了智慧林长网格管理、巡护管理、森林资源监管、国土绿化、自然保护地与野生动植物保护、林业有害生物防治、森林防火信息管理、林长可视化大屏八大应用系统和2个App，打通了林长制与业务之间的信息壁垒和数据壁垒。

【与广西壮族自治区林业局签署战略合作框架协议】 为贯彻落实《广西壮族自治区人民政府 国家林业和草原局关于印发广西现代林业产业示范区实施方案的通知》精神，7月14日，发展院与广西壮族自治区林业局在北京举行战略合作框架协议签署仪式，国家林草局有关领导及规财司、发改司相关负责同志出席签署仪式。双方将立足新发展阶段，贯彻新发展理念，主动服务和融入新发展格局，充分发挥广西优质森林资源富集区、森林生态功能优势区、林业产业集中区、林业开放发展核心区的优势，坚持生态与产业、绿色与富民、创新与服务、发展与市场相融合，打造广西林业产业高质量发展高地、林业促进乡村振兴样板，树立林业创新绿色发展标杆、林业开放合作发展典范。

【《"十四五"国家储备林建设实施方案》座谈会】 发展院组织开展《"十四五"国家储备林建设实施方案》（以下简称《方案》）座谈会。与会专家认为《方案》汇报条理清晰、内容完整、汇报时间掌控得当，并结合《方案》特点，分别从汇报结构、汇报重点、表达方式、演示文稿内容等方面进行了指导，对提升《方案》项目成果汇报水平起到了良好的效果。

【中国石化林业生物质资源化利用产业发展项目课题研究会议】 7月14日，国家林草局生态司和中国石油化工集团有限公司能源环境部在发展院组织召开林业生物质资源化利用产业发展项目课题工作会议。会议强调，围绕"3060"（中国2030年前碳达峰及2060年前碳中和）目标愿景以及中国石化集团公司"打造世界领先清洁能源化工公司"的愿景目标，有关人员应进一步提炼项目申报材料，积极开展专题调研工作，系统了解全国各地林业生物质资源化利用状况，加快推动林业生物质资源化利用高质量发展。

【《江西省全南县国家森林城市建设总体规划》通过评审】 7月19日，江西省全南县人民政府组织召开《江西省全南县国家森林城市建设总体规划（2021—2030年）》线上评审会。与会专家经质询和讨论后，对《规划》给予高度评价，认为一致同意通过评审。

【组织举办科技创新与知识产权保护座谈会】 为提升院科技创新能力，增强知识产权保护意识，7月21日，发展院邀请国家知识产权局中规（北京）认证有限公司有关负责人来院参加知识产权和战略规划知识座谈会，会议围绕宏观政策发展形势、知识产权价值实现和客户案例三方面进行了深入浅出的讲解，通过实际情况和具体实践案例，深刻分析了知识产权的重要性。

【与鑫玖林业有限公司签订战略合作框架协议】 7月21日，发展院与鑫玖林业有限公司在北京举行战略合作框架协议签约仪式。双方就金光集团云南澜沧木业精深加工工业园区总体规划进行座谈，从规划总体要求、发展诉求、建设条件、规划思路等方面进行了深入的交流和探讨。

【《山西省芮城县国家森林城市建设总体规划》通过评审】 8月5日，山西省芮城县人民政府组织会议对发展院编制的《山西省芮城县国家森林城市建设总体规划（2021—2030）》进行评审。专家组一致同意通过评审。

【发展院编著的《人造板工业排污许可管理申请、审核、监督管理》出版发行】 由发展院主编的《排污许可证申请与核发技术规范 人造板工业》（HJ 1032—2019）环保标准发布后，为配合生态环境部持续推动排污许可制度改革，做好人造板排污许可制度解读，发展院编制了《人造板工业排污许可管理：申请、审核、监督管理》培训教材，已由中国环境出版集团出版发行。此书聚焦人造板工业排污许可工作的总体思路，总结了中国人造板工业发展现状和污染控制现状，归纳了国内外排污许可技术体系和污染物排放标准，详细介绍了技术规范的内容。结合全国排污许可证管理信息平台，从人造板生产企业的角度，详细解读了全流程填报过程。同时介绍了人造板工业排污许可证核发审核要点、证后监管和现场检查重点。

【《遵化市森林草原防火"十四五"规划》通过评审】 8月19日，河北省唐山市遵化市自然资源和规划局组织召开《遵化市森林草原防火"十四五"规划（2021—2025年）》评审会。与会专家一致同意通过评审。

【参加北新国际木业华北运营中心项目奠基仪式】 8月28日，发展院应邀赴天津市武清区参加北新国际木业华北运营中心项目奠基仪式。项目在京津冀协同发展重大战略机遇下实施，已经基本完成设计工作，项目建成后，将成为集运营、展示、研发、结算、综合储运功能为一体的示范基地。

【《河北省遵化市国家森林城市建设总体规划》通过评审】 9月1日，河北省唐山市遵化市人民政府组织召开《河北省遵化市国家森林城市建设总体规划（2021—2030年）》评审会。专家组一致认为总体建设布局合理，具有较强的可操作性，对于推动遵化市科学开展森林城市建设具有重要意义。

【国家林草局直属单位基本建设项目竣工验收工作】 9月5日，受国家林草局规财司委托，发展院根据《国家林业和草原局固定资产投资建设项目管理办法》要求，组织建筑、结构、造价、财务、档案管理等方面专家对"国家林业局昆明勘察设计院检测检验实验室危房改造工程项目"进行现场竣工验收工作。

北新国际木业华北运营中心项目奠基仪式

【《郑州市林草产业发展规划》通过评审】 9月23日，郑州市林业局在河南省郑州市组织召开《郑州市林草产业发展规划（2021—2035年）》专家评审会。与会专家一致同意通过评审。

【"永济伍姓湖生态保护与利用工程"获评2022年工程建设项目设计水平评价二等成果】 中国施工企业管理协会绿色建造工作委员会公布2022年工程建设项目设计水平评价结果，发展院申报的"永济伍姓湖生态保护与利用工程"被评为二等成果。

【《安徽省泾县国家储备林建设总体规划》通过评审】 9月25日，发展院编制的《安徽省泾县国家储备林建设总体规划（2022—2035年）》通过专家评审。与会专家经质询和讨论一致认为《规划》编制

与实施对提升泾县森林质量、推动林业高质量发展、促进乡村振兴、加快推进安徽省生态文明建设发展具有重要意义。

【《安徽省宁国市国家储备林建设总体规划》通过评审】 9月25日，发展院编制的《安徽省宁国市国家储备林建设总体规划（2022—2035年）》通过专家评审。与会专家一致同意通过评审。

【《甘肃省陇南市国家储备林基地建设总体规划》通过评审】 受甘肃省陇南市林草局委托，发展院在北京组织召开《甘肃省陇南市国家储备林基地建设总体规划》评审会。与会专家一致同意通过评审。

【《三亚热带海滨风景名胜区鹿回头景点详细规划》通过评审】 10月21日，海南省林业局和三亚市林

业局在三亚联合召开《三亚热带海滨风景名胜区鹿回头景点详细规划（2022—2030年）》专家评审会。与会专家一致同意通过评审。

【《江西省莲花县国家储备林总体规划》通过评审】 11月11日，江西省林业局在南昌组织召开《江西省莲花县国家储备林总体规划（2023—2030年）》评审会。与会专家一致同意通过评审。

【《中国人造板产业报告2022》通过审定】 11月23日，发展院以线上线下结合的方式，组织召开《中国人造板产业报告2022》（以下简称《报告》）专家审稿会暨产业发展研讨会。专家们对《报告》进行了全面认真的审核，认为《报告》内容丰富、数据翔实、逻辑性强、权威性高，会议原则性通过。

【强制性国家标准《林产工业工程项目规范》制订启动会召开】 11月29日，发展院主编的《林产工业工程项目规范》（以下简称《规范》）制订工作启动会在线上召开。与会专家经质询和讨论后，认为《规范》将是林产工业行业唯一国家强制性工程建设标准，作为技术法规对行业影响重大，一致同意通过评审。

【《河南省栾川县国家森林城市建设总体规划》通过评审】 12月22日，栾川县人民政府召开《河南省栾川县国家森林城市建设总体规划（2021—2030年）》专家评审会，与会专家一致同意通过评审。

（发展院由李玉供稿）

# 国家林业和草原局
# 管理干部学院

【综　述】　2022年，国家林草局管理干部学院（以下简称学院）坚持围绕中心、服务大局，开展科学绿化、森林经营、林草碳汇、湿地建设、行政执法、公文写作系列培训，为提高林草干部队伍素质、推动林草重点工作落实提供有力保障。沉着应对新冠病毒疫情挑战，以"林草网络学堂"为载体，构建线上线下双融互促的培训新格局，全年共举办189期培训班，培训人数达9.1万余人次，线上学习规模超100万人次。

【干部教育培训】

培训实施　围绕林草中心工作和行业热点问题，建立林草培训知识模块和配套课程，在国家林草局计划主体班次中全面落实。围绕生态保护修复、自然保护地建设、林草资源管理、林草产业发展等局重点工作，继续打造科学绿化、森林经营、林草碳汇、湿地建设、行政执法、自然教育和公文写作等培训品牌。承担自然资源部、科技部、水利部、中国贸促会等外部委托班次12期，不断深化培训合作模式。

培训质量　严格执行培训工作审查、培训运行ISO 9001质量管理等制度，推进云上现场、实训教学等方式创新，聚焦重点、凝练特色，打造培训品牌，培训综合满意率达98%以上。

国际合作　大力开拓援外培训，围绕联合国荒漠化公约履约、世界自然遗产保护、气候外交等国际热点，组织实施荒漠化防治、竹产业与绿色发展、森林可持续经营、濒危物种进出口管理等11期专题培训，培训40个发展中国家的官员1275人次，培训规模和领域均创历史新高，其中世界自然遗产保护、气候外交、竹产业与绿色发展等主题系首次获批。申报并成功获批外交部亚洲国合资金——中国—东盟濒危野生动植物进出口管理保护及

跨国界CITES（《濒危野生动植物种国际贸易公约》）履约执法平台建设项目。

网络培训　为应对新冠病毒疫情冲击，及时将重心转移到加强林草网络学堂建设上来，精心开发网络培训课程500余门，制订完善3项网络培训管理制度，综合运用网上专题班、网络直播授课、云上现场教学等形式，以线上培训为主、线下培训为辅，大力开展干部教育培训，线上培训规模较上年度增长197%。

【党校教育】　中共国家林业和草原局党校举办第五十八期党员干部进修班，突出"红绿结合"，用好"理论、情景、特色、研究"四个课堂。科学制订教学计划，以习近平新时代中国特色社会主义思想和党的二十大精神为核心内容，理论教育和党性教育占总课时比例超过80%。着力抓好现场教学，落实塞罕坝分校挂牌运行工作，国家林草局局长关志鸥亲自为分校揭牌，组织学员赴塞罕坝重走习近平总书记考察路线，深入了解林草实情，锤炼党性修养，强化使命担当。创新开展研究教学，围绕重要理论和现实问题进行交流研讨、分组撰写研究论文，产出一批优秀成果。

【研究咨询】　扎实开展塞罕坝精神研究，成立5个专班70余人的研究团队，为产出一批高质量研究成果、建立一套有效、管用的科研机制奠定了坚实基础。积极推进"加快推进林草工作高质量发展实现途径研究"等局重大调研，10个调研组提交调研报告15篇，开发教材10余本，科研资政助训取得新成果。认真履行教育部全国行业职业教育教学指导委员会工作职责，组织开展全国林草教学名师和优秀毕业生评选活动，有效促进林草职业教育发展。加强中国林业职工思想政治

工作研究会秘书处建设，积极开展课题研究和换届选举筹备等工作。

【合作办学】　克服新冠病毒疫情不确定性影响，适时动态调整教学计划，多渠道聘请院内外兼职教师，线上线下结合，高强度完成9000学时教学任务。成立教学督导组，加强教学监管，创新教学方式，保障教学质量，专升本率达28.7%。多渠道加强就业指导服务，学生一次性就业率稳定在70%以上。实时掌握学生身心健康动态，常态化做好疫情防控指导、心理疏导、压力疏解等工作；统筹学院力量，突出抓好秋季学生返校和"11·25"疫情临时管控等工作，赢得家长和学生一致肯定。

【院地合作】　与中国林学会、小平干部学院签订干部教育培训战略合作协议，在小平干部学院设立现场教学基地。学院将紧紧围绕林草中心工作，开展教育培训、课程研发、教材建设、师资培养、科学研究、成果发布、宣教推广等各项工作，更好地担负起培养新时代林草人才的重任，为新时代干部教育培训注入更加鲜活的力量。

【人才队伍建设】　坚持正确选人用人导向，选拔任用处级干部23人，干部队伍更加年轻化、专业化。紧扣林草重点工作，以培训部门为依托，成立野生动植物保护等11个专题教研室，推进学历教育教师向干部培训转型。积极选派干部参加国家公园、湿地大会等局重点工作专班，多措并举加强干部能力培养，组织参加学习培训近700人次，轮岗交流干部30余人，新聘培训班主任14人，选派挂职锻炼干部2人，一批优秀干部脱颖而出。在职称评聘、评优评先、干部选拔、培训交流等各方面优化制度，制订修订《培训发展突出贡献奖评选办

法（试行）》《专业技术资格评审办法》《培训班主任聘用管理办法（试行）》等制度20余项，显著激发干部职工干事创业内生动力。

【基础条件建设】 推动校舍资源向培训主业转移，统筹谋划食宿条件、网络带宽、安防设施、基础管网、智慧校园等基础工程。以基本建设项目为试点，探索建立全过程全要素精益管理模式，严格信息安全保密、资金资产与服务流程规范管理，不断提升管理效能，为事业健康发展保驾护航。

【疫情防控和安全生产】 加强组织领导，成立工作专班，建立健全应急预案、应急处置等机制体系，全面压实防疫责任，充分做好人防物防技防工作，为学院稳定发展创造良好条件。针对地下管网自来水管泄漏、办公教学楼地下室长期渗水等问题，院党委靠前指挥，及时处置，及时消除安全隐患。

【2022年学院工作会议】 于3月4日召开。会议主要任务是：以习近平新时代中国特色社会主义思想为指导，深入学习党的十九大和十九届历次全会精神，认真贯彻全国林业和草原工作视频会议精神和局党组工作部署，回顾总结2021年工作，认真谋划"十四五"发展，研究部署2022年任务，动员全院干部职工进一步统一思想，提高认识，聚焦主责主业，深化改革创新，全面推进学院事业高质量发展，为林业草原国家公园三位一体融合发展提供强有力支持。

【国家林草局机关公务员及直属单位处级干部在职培训班】 于6月25日至7月25日在线上举办，来自局机关及直属单位的173名学员参加。培训班设计了时政热点解析、政治理论教育、专业知识学习、能力素养提升四个课程模块，帮助学员提高思想政治水平、更新业务知识结构、提升综合素质能力。培训期间为加强学员间的交流、丰富教学形式，组织开展了导学、学员论坛、结业式等线上教学活动。

【"一带一路"国家履行《联合国防治荒漠化公约》及沙尘暴防治高级官员研修班】 于7月13日至8月2日在线上举办，来自亚洲、非洲共27个国家的150名司处级官员和技术骨干参加。研修班期间，学员们学习了解中国荒漠化防治具体政策制度与措施、塞罕坝防治荒漠化案例以及利用大数据进行精准土地退化及修复评估等内容，并通过"云参观"的方式感受中国甘肃民勤防沙治沙示范区、古浪八步沙林场、内蒙古赤峰等地的治沙实践。研修班还邀请学员就各国在荒漠化防治工作中取得的经验和遇到的问题进行交流，促进互学互鉴。

【乡村振兴战略与林草新兴产业发展技术高级研修班】 于8月15—19日举办。培训班开设乡村振兴战略政策解读及案例分析、中央财政衔接推进乡村振兴补助资金管理、林下经济发展案例、核桃优质品种高效栽培技术、林果机械创新发展与应用、特色林果业深加工产业发展等课程，旨在进一步贯彻落实乡村振兴战略，加强林草产业人才队伍建设，促进林草产业创新发展。

【第四期国家林草局机关及直属单位年轻干部培训班】 于8月15日至9月2日举办，来自各司局、派出机构、有关直属单位共计38名学员参加。培训班策划多个课程模块，内容涵盖理想信念、拒腐防变、时政热点、家国情怀、专业能力和人文素质多个方面。

【林草系统第八期公文写作及宣传能力提升培训班】 于8月26—31日举办，来自全国各地的104名学员参加。此次培训班围绕工作报告写作技巧、综合报告写作优化、新闻写作及新闻稿件中常见问题等重点内容设置专题讲座、案例分析和实操训练3个教学模块，旨在提升林草干部的综合文字材料写作和宣传能力，助力林草事业高质量发展。

【中共国家林业和草原局党校第五十八期党员干部进修班开学典礼】 于10月14日在学院举行。国家林草局原副局长、局直属机关党委书记、局党校校长张永利，局直属机关常务副书记高红电，局人事司司长李金华，干部学院领导班子成员出席开学典礼。第五十八期党员干部进修班全体学员、学院处级干部和支部委员参加典礼。张永利为进修班学员讲了党课。

【2022年度工会会员（职工）代表大会】 于10月24日召开。大会审议《国家林业和草原局管理干部学院培训发展突出贡献奖评选办法（试行）》，党委书记刘春延出席会议并讲话，会议由党委副书记、纪委书记郑欣民主持，第六届工会会员（职工）代表50余人参加会议。会上，副院长陈立桥就《国家林业和草原局管理干部学院培训发展突出贡献奖评选办法（试行）》起草情况进行说明，党委副书记、常务副院长陈道东就代表讨论意见进行答复。与会代表围绕评选办法进行分组讨论，提出意见建议。会议采取举手表决方式一致通过《国家林业和草原局管理干部学院培训发展突出贡献奖评选办法（试行）》和大会决议。

【全国林草系统深入学习贯彻党的二十大精神线上培训班】 于11月7日至12月31日在线上举办。培训围绕党的二十大报告精神解读、新时代新征程中国共产党的使命任务、推动绿色发展促进人与自然和谐共生等内容开展，切实推动党的二十大精神进教材、进课堂、进头脑，用党的科学理论武装广大林草干部，凝聚智慧、激发力量、推动发展，将党的二十大精神落实为林草教育的生动实践。

【塞罕坝调研情况汇报暨课题研究工作推进会】 于11月16日召开。会议由党委书记刘春延主持，学院领导班子成员、各研究工作专班成员70余人参加会议。会议听取塞罕坝调研组调研情况汇报，各研究工作专班汇报工作进展及下一步研究工作设想。领导班子成员对调研及下一步研究工作进行点评，交流体会和认识，提出针对性意见和建议。

（林干院由李米龙、张鋆萍供稿）

# 国际竹藤中心

【综　述】　2022年在国家林草局党组的领导下，国际竹藤中心（以下简称"竹藤中心"）深入学习贯彻习近平新时代中国特色社会主义思想，深刻领会习近平主席致国际竹藤组织成立二十五周年志庆暨第二届世界竹藤大会贺信精神，在践行人与自然和谐共生的发展理念、激发科技创新活力、推动竹藤事业发展等方面成效显著。

**重点领域科技攻关**　"十三五"重点科研任务完美收官。3个国家重点研发项目通过综合绩效评价，其中1个评为优秀，是26个林业参评项目中3个优秀之一；累计获得新技术30项、新产品18项、新装置5套、生产线56条、标准49项、专利278项（授权167项）、新品种7个。

"十四五"科技创新计划扎实推进。依托科研项目，持续加强竹藤资源遗传育种、高效培育和综合利用等领域科技攻关，切实强化基础前沿研究、关键技术研发、新产品创制和产业化。已立项项目按计划顺利实施，完成第三次竹子花卉航天搭载地面育苗试验。国家重点研发项目新增获批1项；国家自然科学基金获批重点项目"弧形竹材原态层积机制及物理力学基础"，实现零的突破；设立基本科研业务费30项，其中配合"以竹代塑"倡议启动实施"以竹代塑创新产品研发和应用"项目。

科研成果产出丰硕。全年发表学术论文187篇（SCI收录124篇），申请专利18项、授权专利33件，出版专著6部，评价成果2项；协助发布《全国竹产业发展规划（2021—2030年）》；支持中国生态文化协会研究出版《中国草原生态文化》。

条件平台建设进一步加强。积极参与国家重点实验室申报和国家林草局重点实验室重组工作；生态定位站、工程中心、种质资源库建设等扎实推进；创新联盟、品牌集群等平台功能充分发挥。

科普宣传深入开展。积极参加全国和林草局科技活动周，编制"以竹代塑"等科普资料，大力宣传"以竹代塑"重大意义；参加第二届世界竹藤大会线上科技展、陕西杨凌农高会等，广泛宣传竹藤科技成果。

**国际合作交流**　参与承办国际竹藤组织成立二十五周年志庆暨第二届世界竹藤大会，确保大会成为国际性、学术性、高规格、大众化的竹藤盛会，特别是习近平主席向大会致贺信，为推动竹藤科技创新和竹藤事业可持续发展指明方向、增强动力；竹藤中心在大会期间主办和协办边会22场，与国内外同行专家开展广泛深入的交流。同时，与国际竹藤组织签署新一轮合作备忘录。

精心开展国际培训。成功举办4期竹藤援外国际培训班和1期"非洲绿色长城"建设国际研修班，共培训16个国家相关领域官员和技术人员180多人。其中"非洲绿色长城"建设国际研修班得到国务委员兼外交部部长王毅点名表扬，柬埔寨班在商务部抽查中获得优秀，1个援外培训项目入选商务部"经典援外培训故事荟"。

竹藤标准国际化取得新成效。国际标准化组织竹藤技术委员会（ISO/TC 296）发布标准3项；制定国标7项、行标15项、外文版标准9项，复审国家标准27项；为埃塞俄比亚、肯尼亚、乌干达翻译中国竹子标准8项并开展相关培训。

积极开展国内外交流合作。组织专家参加《生物多样性公约》缔约方大会、联合国气候变化大会、荷兰国际花卉园艺博览会以及国内各地竹博会、展览会等活动；与国际竹藤组织共同撰写《2020年全球竹藤商品贸易报告》和《2021年中国竹藤商品贸易报告》。

**助力竹产业发展**　促进科技成果转化。持续推进与福建、四川、江西、湖南等省各级政府及企业的合作，签订科技成果转化项目8项，向企业推广专利152项；两名专家参加科技部科技特派团，9名专家和3个团队分别入选福建省个人及团队科技特派员。

深入开展技术培训。在贵州荔波和四川青神举办竹编技术培训2期，培训林农群众和竹业从业人员80多人次；在广西龙胜、罗城开展项目示范与成果推广，帮助林农开展林下种植，提高收入，建成竹质示范房屋1栋。

积极推动竹藤新职业申报。"竹藤师"新职业和"竹藤编艺师"新工种正式纳入《中华人民共和国职业分类大典（2022年版）》。

**机构和人才队伍建设**　扎实推进事业单位改革。扎实推进三亚研究基地公益二类事业单位调整组建及改革，完成内部"三定"、人员招录和人才引进工作；重新调整岗位设置，完善薪酬分配激励机制和绩效考核评价体系。

持续加强制度建设。结合巡视、审计、专项整治、民主生活会征求意见整改等工作，制定修订制度12项，并强化制度执行的内部检查。

进一步加强干部队伍建设。完成8名处级以上干部转正任职；完善干部廉政档案，开发人事管理信息系统；公开招聘毕业生及博士后23名，选派15名干部到相关单位（岗位）挂职锻炼和69人次参加各类培训；聘任专业技术二级岗位1人和其他岗位21人，新晋职称9人；获评2022年"最美林草科技工作者"1人、茅以升木材科学技术奖1人；3名博士后顺利出站，申报并获得博士后基金面上项目资助，申报国家海外人才项目3项。

稳步推进研究生教育。完成54名研究生招生和38名研究生毕业答辩；获国家奖学金、优秀研究生等

60余人次；新增博导、硕导3名。

**基础保障工作** 扎实做好疫情防控工作。协调院区单位和望京街道联防联控，严格落实防疫措施，确保院区安全和人员健康。

规范资金资产管理。强化预算执行监管，完善内控系统建设，配合开展审计工作并扎实做好整改；认真推进基建项目实施，充分发挥固定资产投资效益；推进国有资产的科学化和精细化管理。

切实加强院所文化建设。以文明单位和模范机关创建为引领，以具有科研院所特色的文化建设为抓手，积极营造讲政治、守纪律、负责任、有效率以及团结和谐、积极向上的氛围，努力增强单位凝聚力战斗力。

做好院区管理。完成相关设备安全改造，开展联合应急演练和安全培训等工作，全力服务好国际竹藤组织。

【**第二届世界竹藤大会**】 11月7—8日，国际竹藤组织成立二十五周年志庆暨第二届世界竹藤大会在北京召开。此次大会以"竹藤——基于自然的可持续发展解决方案"为主题，为全球"竹藤"领域的专家学者和企事业代表搭建一个国际学术交流平台。竹藤中心作为此次大会的承办单位，与各单位通力协作，通过边会研讨、专题报告和科技成果线上展览等形式，碰撞思想、探寻思路、分享经验，深入探讨技术突破点和着力点，展示竹藤事业的新突破、新发展、新成果。

中国全国人大常委会副委员长曹建明宣读习近平主席贺信

中国政府联合国际竹藤组织共同发布"以竹代塑"倡议

第二届世界竹藤大会上展示"竹藤科技"展板

【**竹藤中心主持的"十三五"国家重点研发计划项目顺利通过综合绩效评价**】 7月，中国农村技术开发中心下达"十三五"国家重点研发计划"林业资源培育及高效利用技术创新"重点专项项目综合绩效评价结论，竹藤中心主持的"竹资源全产业链增值增效技术集成与示范""竹材高值化加工关键技术创新研究"和"竹资源高效培育关键技术研究"3个项目全部顺利通过。其中"竹材高值化加工关键技术创新研究"项目绩效等级为优秀。此林业领域共有26项参评，其中3项评为优秀。

【**"十四五"国家重点研发计划项目"竹藤生物质形成的遗传调控机制"启动**】 7月26日，竹藤中心召开"十四五"国家重点研发计划"竹藤生物质形成的遗传调控机制"项目启动会。项目法人单位竹藤中心首席科学家江泽慧教授、主任费本华研究员，科技部中国农村技术开发中心乡村发展科技处处长卢兵友、专项主管董文研究员，国家林草局科技司处长程强，以及相关管理人员出席会议。林业专项咨询专家、项目组咨询专家、财务专家和项目组主要成员等共计80多人参加会议，其中50人线下出席会议。会议由费本华主持。

【**竹藤科学与技术重点实验室获"2019—2020年度自然资源系统青年文明号"荣誉称号**】 2月，共青团自然资源部直属机关委员会公布《关于命名2019—2020年度自然资源系统青年文明号的决定》，以表彰"政治素质好、职业道德好、职业技能好、工作作风好、岗位业绩好"的先进集体。竹藤中心竹藤

2019—2020年度自然资源系统青年文明号奖牌

科学与技术重点实验室获"2019—2020年度自然资源系统青年文明号"荣誉称号。

【3个党支部获"四强"党支部荣誉称号】 2022年，中央和国家机关工委印发《关于命名中央和国家机关"四强"党支部的决定》，竹藤中心第三联合党支部被命名为中央和国家机关"四强"党支部，同时与竹藤中心第一党支部、第二党支部一起获国家林草局直属机关"四强"党支部称号。

【落实"以竹代塑"倡议】
"以竹代塑"专题研讨交流 7月12日，竹藤中心党委理论学习中心组组织召开2022年第七次学习（扩大）会议，围绕"以竹代塑"开展专题研讨交流。竹藤中心党委书记尹刚强主持会议，竹藤中心党委委员、相关处室及各研究所负责人参加学习。

"以竹代塑创新产品研发和应用"项目启动会 7月28日，竹藤中心联合国际竹藤组织召开"以竹代塑创新产品研发和应用"项目启动会。外交部、国家发展改革委、财政部、商务部和国家林草局等相关人员，国际竹藤组织相关管理人员等参加会议。新华社、《科技日报》《中国日报》《经济日报》等9家新闻媒体记者到会。

第二届世界竹藤大会平行会议"竹藤产业集群促进区域发展与绿色转型国际研讨会" 11月8日，举办"竹藤产业集群促进区域发展与绿色转型国际研讨会"平行会议。哥伦比亚驻华大使馆临时代办何塞·迪亚兹和喀麦隆常驻联合国代表团一级参赞朱托·图赛通过视频方式出席会议并致辞，竹藤中心党委书记、副主任尹刚强出席会议并致辞。

第二届世界竹藤大会平行会议"碳中和背景下竹林生物多样性保护生态系统适应性管理与可持续发展" 11月8日，举办"碳中和背景下竹林生物多样性保护生态系统适应性管理与可持续发展"平行会议。此次边会由竹藤中心和加拿大不列颠哥伦比亚大学（UBC）联合主办，由竹藤中心三亚研究基地、竹藤资源与环境研究所、园林花卉与景观研究所、三亚竹藤伴生林生态系统国家定位观测研究站及中加竹藤科学与技术联合实验室共同协办，由园林花卉与景观研究所首席专家彭红明及热带竹藤花卉研究所副所长栾军伟共同主持。

第二届世界竹藤大会平行会议"生态文化引领以竹代塑进程" 11月8日，举办"生态文化引领以竹代塑进程"平行会议。会议交流相关领域的学术进展，探讨生态文化助力以竹代塑的新成果、新理论和新经验。边会由中国生态文化协会主办，中国花卉协会、中国竹产业协会、竹藤中心合办。此次会议以线上线下相结合的形式举行。

第二届世界竹藤大会平行会议"竹藤遗传和育种学研究进展" 11月8日，举办"竹藤遗传和育种学研究进展"平行会议。此边会由竹藤中心竹藤资源基因科学与基因产业化研究所主办，竹藤中心、南京林业大学、浙江农林大学和中国林业科学研究院亚热带林业研究所联合承办。会议由竹藤中心基因所所长高志民主持。

第二届世界竹藤大会平行会议"促进竹藤商品的贸易便利化" 11月8日，举办"促进竹藤商品的贸易便利化"平行会议。会议由国际竹藤组织宣传部主任吴君琦博士主持，特邀竹藤中心党委书记、副主任尹刚强致辞，海关总署关税征管司副司长王雯、中国常驻世界贸易组织代表团处长张晓辉、竹藤中心方长华研究员和陈娇娇博士、龙竹科技集团股份有限公司总经理助理邹欣参会。

第二届世界竹藤大会平行会议"竹藤资源高效培育与可持续发展" 11月8日，举办"竹藤资源高效培育与可持续发展"平行会议。此会议由竹藤中心竹藤资源与环境研究所、竹类种质资源保护与利用国家创新联盟、竹藤中心竹类与花卉国家林木种质资源保存库、福建永安竹林生态系统国家定位观测研究站联合承办，以线上线下结合的方式举行。

第二届世界竹藤大会平行会议"竹藤标准国际化进展" 11月8日，举办"竹藤标准国际化进展"平行会议。此会议由竹藤中心、国际标准化组织竹藤技术委员会（ISO/TC 296）秘书处、国际林联（IUFRO）竹藤工作组承办，由竹藤中心方长华研究员主持。

第二届世界竹藤大会平行会议"发展竹能源，助力碳中和" 11月8日，举办"发展竹能源，助力碳中和"平行会议。此会议由中国林学会竹藤资源利用分会、中国竹产业协会竹炭分会和竹藤中心绿色经济研究所主办，竹藤中心、中国竹产业协会和中国林学会协办，多家竹产业单位联合承办。会议围绕竹基固体能源材料的技术创新与应用、竹炭清洁生产与副产物高值化利用、竹材气化多联产和竹活性炭等议题通过线上形式交流竹子能源的创新技术和标准体系、应用市场和发展潜力，探讨竹子能源在助力

"双碳"实现过程中的贡献、价值和前景。

**第二届世界竹藤大会平行会议"竹资源化学利用研究及其应用进展"** 11月8日，举办"竹资源化学利用研究及其应用进展"平行会议。此会议由竹藤中心竹藤资源化学利用研究所主办，中国竹产业协会竹食品与日用品分会和深圳金色盆地科技有限公司协办。

**第二届世界竹藤大会平行会议"竹纤维产业的绿色可持续发展"** 11月8日，举办"竹纤维产业的绿色可持续发展"平行会议。此会议围绕竹纤维制备和性能、竹纤维制品研发及产业化、竹纤维健康可持续发展等议题与参会代表线上交流竹纤维领域的最新研究成果，并对其产业化经验进行讨论，提升竹纤维产品质量，拓展竹纤维应用领域，落实"以竹代塑"全球行动计划。

**"以竹代塑"引领绿色低碳新生活主题互动展示与咨询活动** 8月21日，以"走进林草科技 共建美好家园"为主题的2022年全国林业和草原科技活动周在北京城市绿心森林公园启动。竹藤中心党委书记、副主任尹刚强参加启动仪式，国家林草局副局长谭光明一行参观竹藤中心互动成果展。竹藤中心作为此次科技周主会场承办单位之一，联合中国生态文化协会举办"以竹代塑"引领绿色低碳新生活主题互动展示与咨询活动。

【科学研究与学术交流】

**第四届学术委员会成立大会暨第一次全体会议** 1月5日，竹藤中心第四届学术委员会成立大会暨第一次全体会议在北京召开，学术委员会委员，国家林草局科技司司长郝育军，竹藤中心主任江泽慧、常务副主任费本华等30余人出席会议。

**"植物细胞壁调控"及"生物质高效热转化"学术报告** 1月13日和21日，竹藤中心竹藤生物质新材料研究所分别邀请华中农业大学工学院李强教授和华北电力大学新能源学院副院长陆强教授进行学术交流。竹藤中心常务副主任费本华研究员出席会议。

**与北京清华同衡规划设计研究院、上海辰山植物园签订战略合作协议** 2月28日，竹藤中心与北京清华同衡规划设计研究院、上海辰山植物园签订战略合作协议。上海辰山植物园是集科研、科普和观赏游览于一体的综合性植物园。双方借此次签订战略合作协议，将在林草植物种质资源保育、各类型公共绿地的后期植物景观提升与可持续开发利用、植物园和专类园建设等领域开展合作，实现资源共享、优势互补，共同促进行业技术和管理水平提升，促进科技成果转化与推广。

**中国科学技术交流中心主任高翔一行来访** 3月29日，科技部直属单位中国科学技术交流中心主任高翔一行来访竹藤中心。竹藤中心常务副主任费本华接待来访。双方深入探讨，科技部交流中心表示未来将在"十四五"重点研发计划国际合作专项项目、一带一路国家级国际科技合作基地、国际杰青计划等方面给予大力支持。

**中国建筑标准设计研究院有限公司副总工程师李晓峰来访** 3月30日，竹藤中心常务副主任费本华会见中国建筑标准设计研究院有限公司副总工程师李晓峰。双方就竹藤材在建筑领域的应用和标准的国际化研究深入交换意见，并就如何加强下一步合作开展交流。

**竹藤中心三亚研究基地主任覃道春调研海南省崖州湾种子实验室** 3月31日，竹藤中心三亚研究基地主任覃道春一行5人参观考察海南省崖州湾种子实验室，与崖州湾种子实验室相关代表进行工作座谈。

**中国建筑设计研究院·适老化建筑实验室主任王羽研究员团队来访** 4月1日，竹藤中心常务副主任费本华会见中国建筑设计研究院·适老化建筑实验室主任王羽研究员团队。双方就"双碳背景下竹木工程材料在建筑人居环境中应用的机遇与挑战"进行深入交流，并对下一步合作模式进行探索。

**竹藤中心参加第29届中国杨凌农业高新科技成果博览会** 9月15日，以"创新合作与粮食安全"为主题的第29届中国杨凌农业高新科技成果博览会开幕，竹藤中心主任费本华带队参加此次农高会。竹藤中心以"十三五"重点科技成果为依托，经多轮精心挑选，最终确定"连续竹纤维的制造关键技术与成套设备""毛竹复合经营技术"等50项科技成果亮相农高会现场。

**竹藤中心研究团队设计出新型竹材炭化装备** 9月16日，竹藤中心研究团队在国际学术期刊*Applied Energy*发表*A novel mechanical kiln for bamboo molded charcoals manufacturing*，论述已设计出新型竹材炭化装备。该装备旨在提高竹材加工剩余物附加值、标准化生产竹炭产品、为实现竹材全产业链增值利用创造一种新的有效途径。

**竹藤中心接待自然资源部调研** 10月20日，自然资源部地理信息管理司处长徐永一行到竹藤中心进行工作调研。双方围绕国际组织相关机构成立程序、科研业务开展、产业发展和人员管理机制等问题展开座谈。

**"国际竹藤网络中心重点实验室"等3个基本建设项目竣工验收会议在竹藤中心召开** 10月28日，国家林草局规划财务司在竹藤中心主持召开国际竹藤网络中心重点实验室项目、国际竹藤网络中心重点实验室设备购置项目和竹藤科学与技术重点开放实验室改建项目3个基本建设项目竣工验收会议。经项目竣工验收专家组研究讨论，同意国际竹藤网络中心重点实验室设备购置项目等3个基本建设项目通过竣工验收。

**竹藤中心参加第十七届国际先进材料与制造工程学会（SAMPE）中国年会暨2022年国际学术会议并召开分会** 11月17日，第十七届国际先进材料与制造工程学会（SAMPE）中国年会暨2022年国际学术会议在苏州召开。竹藤中心承办大会分会"植物纤维复合材料先进加工技术与性能评价"。会议围绕竹麻等植物纤维加工和改性、复合材料成型技术和性能、复合材料应用性能评价等热点问题进行讨论，提出并阐述促进植物纤维复合材料应用的关键技术。

【国际合作交流】

**竹藤中心签订参展2022荷兰世园会合作协议** 1月6日，中国参展2022荷兰阿尔梅勒世界园艺博览会发布会暨签约仪式在北京举行。竹藤中心主任江泽慧出席并讲话。竹藤中心常务副主任费本华与主办方中国花卉协会签订合作协议。中国参展2022荷兰世园会"中国竹园"设计方案正式发布。

**中荷东非竹子发展项目二期第三次指导委员会会议** 2月7—8日，中荷东非竹子发展项目二期第三次指导委员会会议采取线上线下相结合的方式在乌干达首都坎帕拉举行。来自中国、荷兰、埃塞俄比亚、肯尼亚和乌干达以及国际竹藤组织（INBAR）官员和项目负责人等代表参加会议。会议由INBAR全球项目主任贾亚拉曼·杜睿（Jayaraman Durai）主持，乌干达水利与环境部部长塞缪尔·切普托里斯（Hon. Samuel Cheptoris）出席并讲话。

**《2024年成都世界园艺博览会可持续发展研究报告》专家评审会召开** 9月20日成都世园筹委办组织召开《2024年成都世界园艺博览会可持续发展研究报告》专家评审会，该报告由竹藤中心牵头联合北京清华同衡规划设计研究院编制，上海辰山植物园提供生态技术支持，成都世园会规划建设组提供技术支持。此次报告旨在落实国际园艺生产者协会（AIPH）举办世园会的可持续发展政策及其条例。

**COP15"竹林生物多样性生态经济复合体及碳汇"主题边会** 加拿大蒙特利尔时间12月17日，由竹藤中心主办的联合国《生物多样性公约》第十五次缔约方大会（COP15）第二阶段会议边会举办。会议以"竹林生物多样性生态经济复合体及碳汇"为主题，线上线下结合方式召开。竹藤中心党委书记、副主任尹刚强，国际竹藤组织副总干事陆文明线上出席并作开幕致辞。

## 【竹藤培训】

**中国支持"非洲绿色长城"建设国际研修班** 4月13—14日，由国家林草局、外交部有关单位主办，竹藤中心承办的中国支持"非洲绿色长城"建设国际研修班在北京举办。国际竹藤组织董事会联合主席、竹藤中心（联合国防治荒漠化公约国际培训中心）主任江泽慧为开班式作书面致辞，全国政协常委、国家林草局副局长刘东生出席开班式并致辞，外交部条法司司长贾桂德、布基纳法索驻华大使阿达

马·孔波雷在线致辞。国家林草局荒漠司司长、荒漠化公约中国国家联络员孙国吉主持开班式，竹藤中心常务副主任费本华出席。来自布基纳法索、乍得、马里、尼日尔、毛里塔尼亚、塞内加尔6个非洲国家的20余名司处级官员在线参加研修。

**发展中国家竹藤科技创新驱动绿色产业发展研修班** 5月18—31日，由竹藤中心承办、国际竹藤组织协办的商务部"发展中国家竹藤科技创新驱动绿色产业发展研修班"在北京举办，共有来自7个发展中国家的49名官员线上参加研修班。竹藤中心常务副主任费本华，党委书记、副主任尹刚强，国际竹藤组织副总干事陆文明分别出席开班式和结业典礼并讲话。

**厄瓜多尔竹子家具、灯具设计和加工培训班** 7月7—26日，由竹藤中心承办、国际竹藤组织协办的商务部"厄瓜多尔竹子家具、灯具设计和加工培训班"在北京举办，58名厄瓜多尔学员线上参加培训。竹藤中心主任费本华，国家林草局国际司二级巡视员许强兴，竹藤中心党委书记、副主任尹刚强，国际竹藤组织副总干事陆文明分别出席开班式和结业典礼并讲话，厄瓜多尔驻华大使卡洛斯·拉雷亚出席开班式并致辞。

**竹编工艺和产业发展培训班** 8月30日至9月6日，由竹藤中心主办，四川省青神县人民政府承办的竹编工艺与产业发展培训班在四川青神举办。来自四川、江西、湖南等竹产区的38名学员参加培训。竹藤中心党委书记尹刚强出席开班式

和结业式并讲话。

**柬埔寨竹子手工艺品加工技术培训班** 9月6—26日，由竹藤中心承办、国际竹藤组织协办的商务部"柬埔寨竹子手工艺品加工技术培训班"在北京举办，26名柬埔寨官员、技术人员和手工艺者线上参加培训。竹藤中心主任费本华，竹藤中心党委书记、副主任尹刚强，国际竹藤组织副总干事陆文明出席开班式和结业典礼并讲话，柬埔寨农林渔业部林业局副局长占·博尼加、柬埔寨驻华大使馆公使衔参赞萨达罗出席开班式并致辞。

**缅甸竹产业可持续发展研修班** 11月3—23日，由竹藤中心承办、国际竹藤组织协办的商务部"缅甸竹产业可持续发展研修班"在北京举办，22名缅甸主管竹子开发利用、科研、产业的司处级官员线上参加研修班。竹藤中心党委书记、副主任尹刚强，国际竹藤组织副总干事陆文明出席开班式和结业典礼并讲话，中国驻缅甸使馆经济商务参赞谭书富、缅甸驻华大使馆公使衔参赞（代办）杜欣玛泰出席开班式并致辞。

**商务部研修学院（培训中心）院长孙中一行来竹藤中心调研** 11月11日，商务部国际商务官员研修学院（培训中心）党委书记、院长孙中一一行来竹藤中心进行工作调研。竹藤中心党委书记、副主任尹刚强接待来访并主持调研座谈会。会上就援外培训组织管理、培训项目计划、学员招收和培训质量提升等问题进行了交流讨论。

**竹编技术提升培训班** 11月27

中国支持"非洲绿色长城"建设国际研修班

日至12月7日，竹藤中心在贵州省荔波县举办竹编技术提升培训班，来自荔波当地以及广东、广西、江西有关竹产区林农群众和竹业、文旅从业者47人参加培训。竹藤中心党委书记尹刚强线上参加培训班结业式。

【推进国内国际竹藤标准】

《竹藤领域标准体系》两次入选国家林草局"十件大事" 6月2日，由全国竹藤标准化技术委员会（简称"竹标委"）编制，国家林草局科技司、生态司联合发布《竹藤领域标准体系》，入选2022年中国竹产业十件大事。12月30日，由竹标委参加编制，国家林草局发布的《林业和草原新型标准体系》（含《竹藤领域标准体系》）入选2022年林草科技十件大事。

国际首个立项的以竹代塑类产品ISO标准立项 6月9日，竹藤中心方长华作为项目负责人和起草人提出的《ISO/NP 16830：Bamboo drinking straws（竹饮用吸管）》国际标准正式立项，这是国际上首个立项的以竹代塑类产品ISO标准。

《棕榈藤材分级体系：要求和分级》国际标准正式发布 7月6日，国际标准化组织（ISO）正式发布《棕榈藤分级体系：要求和分级》（ISO 23067:2022）国际标准。《棕榈藤分级体系：要求和分级》国际标准的发布，有助于建立健全棕榈藤材产业高质量发展体系。

ISO/TC 296《竹地板——室外部分》国际标准正式发布 8月29日，国际标准化组织（ISO）正式发布《竹地板——室外部分》（ISO 21629-2: 2022）国际标准。该标准的发布对于完善世界竹子标准化体系、规范竹地板产品的定义和内涵、有效突破技术壁垒和贸易壁垒、高效利用世界竹类资源、促进竹地板产品国际贸易快速有序发展等各方面具有重要而深远的意义。

ISO/TC 296《竹质活性炭通用技术条件》国际标准（ISO 5946:2022）正式发布 10月31日，国际标准化组织（ISO）正式发布国际标准《竹质活性炭 通用技术条件》（ISO 5946:2022），这是由中国全面主导制定的又一个国际标准，也是国际标准化组织竹藤技术委员会（ISO/TC 296）第三工作组

（WG 3竹炭）负责的第4个标准，是中国竹（炭）产业先进技术、产品加快走向世界，竹藤产业助力"一带一路"建设的重要阶段性成果。

【产业发展】

中国复合材料工业协会先进复合材料专委会及相关企业到访 1月19日，中国复合材料工业协会先进复合材料专委会部分在京专家及相关企业人员到竹藤中心进行交流，参观学习中国竹基复合材料工业化应用情况，就竹基复合材料在无人直升机、无人机、车厢及其他装备中的具体应用进行技术交流。

贵州省林业局副局长向守都一行到访 2月16日，国际竹藤组织董事会联合主席、竹藤中心主任江泽慧会见贵州省林业局副局长向守都一行。双方就加强竹产业合作进行座谈交流。

全国竹藤标准化技术委员会2021年会 2月25日，全国竹藤标准化技术委员会2021年会在竹藤中心召开。竹藤中心主任、竹标委主任江泽慧教授，国家林草局科技司副司长黄发强，竹藤中心常务副主任费本华以及33位竹标委委员出席会议。

国家林草科技推广转化基地自评价工作专家评审会 2月28日，竹藤中心召开线上专家评审会，开展国家林草科技推广转化基地自评价工作。基地建设主体单位江西竺尚竹业有限公司和四川省青神县云华竹旅有限公司接受评审。

与安徽省金寨县人民政府签署竹产业创新发展合作协议 3月4日，国际竹藤组织董事会联合主席、竹藤中心主任江泽慧在北京会见安徽省金寨县人民政府杨晓燕一行，双方就竹产业创新发展进行座谈交流，并签署合作协议。

竹子在交通、能源领域应用交流会 6月17日，竹藤中心主任费本华与中车集团山东机车车辆有限公司唐晶一行，就"竹子在交通、能源领域的应用"主题举行座谈交流，双方针对竹材在集装箱底板、汽车内饰件等开展深入讨论，并达成一致意见。

江西省赣州市崇义县政协主席王豪一行到访 7月7日，江西省赣州市崇义县政协主席王豪等一行到访竹藤中心。竹藤中心主任费本华

主持座谈交流，双方就进一步签署战略合作框架协议进行洽谈。

四川省眉山市青神县县长邱磊一行来访 7月7日，四川省眉山市青神县县长邱磊等一行来访。双方就共同举办竹博会、合作共建研究院、深化培训支撑等多方面达成共识。

四川省乐山市人民政府副秘书长李宇飞一行来访 7月8日，四川省乐山市人民政府副秘书长李宇飞一行来访。双方拟就形成战略合作协议、科技项目申报、共建研究院、资源共享等方面加强合作。

费本华赴安徽金寨县出席国家竹藤工程技术研究中心金寨工作站揭牌仪式 8月4—5日，竹藤中心主任费本华带队赴安徽金寨县出席国家竹藤工程技术研究中心金寨工作站揭牌仪式并考察当地竹产业发展情况。安徽六安市林业局局长杨精明等出席工作站揭牌仪式并陪同考察活动。

费本华一行赴江西省考察竹产业发展情况 8月27—29日，竹藤中心主任、中国竹产业协会会长费本华研究员一行赴江西省万安县、上犹县、崇义县考察调研竹产业发展情况，中国竹产业协会秘书处、江西省林科院及竹藤中心有关人员参加调研。

尹刚强带队赴四川青神考察调研 8月30日，竹藤中心党委书记尹刚强带队赴四川青神考察调研当地竹产业发展情况。四川省眉山市、青神县政府及林业主管部门有关同志陪同调研。

广西壮族自治区林业局局长蔡中平一行来竹藤中心调研 8月16日，广西壮族自治区林业局局长蔡中平一行来竹藤中心调研，竹藤中心党委书记、副主任尹刚强接待来访并主持召开座谈会。与会人员就共同促进广西竹产业发展达成共识。

【研究生教育和人才培养】

2022年选派干部学习锻炼动员会 4月28日，竹藤中心组织召开选派干部学习锻炼动员会。竹藤中心常务副主任费本华参加会议并作动员讲话，选派干部和有关部门负责人参加座谈。会上，人事处传达《国际竹藤中心关于统筹做好2022年度选派干部学习锻炼工作的通知》，介绍学习锻炼工作的情况和

成效以及2022年度选派干部学习锻炼的具体安排和工作要求。

**2022级研究生入学教育活动** 9月2日，举办2022级研究生入学教育活动，欢迎54名新生。竹藤中心领导班子全体成员集体出席，与新生见面。研究生导师代表和相关职能处室负责人应邀参加活动。

**在第五届全国科学实验展演汇演活动中获得佳绩** 12月27日，由科学技术部、中国科学院主办，中国科学技术大学承办的第五届全国科学实验展演汇演活动落下帷幕。国家林草局推荐的竹藤中心参赛作品《橘香馥郁》获三等奖。

**【创新平台建设】**

**海南省林业局副局长高述超一行调研竹藤中心三亚研究基地** 2月17日，海南省林业局副局长高述超一行6人到竹藤中心三亚研究基地调研，就国家林草植物新品种测试、国家林木种质资源库与竹藤花卉产业合作等方面开展座谈交流。

**2022年度生态站工作会议** 4月6日，竹藤中心召开2022年度生态站工作会议，竹藤中心党委书记、副主任尹刚强出席会议，资环所负责人、生态站技术负责人、各生态站站长和联系人、科技处相关人员通过线上线下参加会议。会上还学习了《国家陆地生态系统定位观测研究站实施方案（2021—2025年）（征求意见稿）》的相关精神。

国家林草局科技司调研竹林生态站建设 4月29日，国家林草局科技司一级巡视员李世东一行到竹藤中心专题调研竹林生态站建设情况。国家林草局生态系统定位观测网络中心办公室主任杨振寅等陪同调研。

**国家林草局科技司对竹藤中心申报国家林草科普基地进行现场核验** 7月13日，科技部人才与科普司科普处、国家林草局科技司推广处组织专家到竹藤中心，对申报的首批国家林草科普基地进行现场核验。竹藤中心党委书记、副主任尹刚强、三亚研究基地主任覃道春等参加核验。

**【重要会议和活动】**

**国家林草局科技司一行到竹藤中心调研指导** 1月29日，国家林草局科技司司长郝育军带队到竹藤中心调研指导，竹藤中心主任江泽慧等与郝育军一行就落实全国林业和草原工作视频会议精神进行座谈交流。会议由科技司一级巡视员李世东主持。会上，李世东传达学习全国林业和草原工作视频会议精神。竹藤中心领导班子成员及相关处室、研究所负责人围绕落实局领导讲话精神，分别汇报2022年重点工作和科技需求。

**2022年工作会议** 2月15日，竹藤中心2022年工作会议在北京召开。会议提出，竹藤产业将加速融入国家

战略大格局，解决一批制约产业发展的"卡脖子"问题。会上对2021年度先进集体和个人进行表彰。

**2023年度国家自然科学基金项目申报动员会** 为不断提升国家自然科学基金项目申报质量，推动科研工作再上新台阶，11月10日，竹藤中心召开2023年度国家自然科学基金项目申报动员会。会议由科技处副处长杨淑敏主持，30余名科研骨干线上线下参加会议。

**年末工作调度会推进会** 结合学习贯彻党的二十大精神和习近平主席贺信精神，11月18日，竹藤中心以线上线下相结合方式召开年末工作调度会推进会，安排部署当年最后一个半月重点工作任务。竹藤中心党委书记、副主任尹刚强主持会议，各处室、研究所及三亚研究基地负责人汇报年末的重点工作任务。

**中央和国家机关工委调研指导竹藤中心精神文明创建工作** 10月26日，中央和国家机关工委宣传部一级巡视员、文明办主任魏黎耕一行，在国家林草局机关党委副书记、巡视办专职副主任樊喜斌，机关服务局党委副书记、纪委书记彭继平等陪同下，到竹藤中心调研首都文明单位创建工作开展情况。竹藤中心党委书记、副主任尹刚强，党委委员、副主任陈瑞国带领相关工作人员向调研组一行汇报情况。

（国际竹藤中心由韩卓希供稿）
（图片由国际竹藤中心提供）

# 亚太森林网络管理中心

**【综　述】** 亚太森林网络管理中心（以下简称"亚太中心"）是国家林业和草原局直属事业单位，负责承担支持与服务亚太森林恢复与可持续管理组织（以下简称"亚太森林组织"），开展亚太地区林业和草原（国家公园）国际合作政策研究等具体任务及实施。2022年，

亚太中心围绕职能积极开展各项业务，充分发挥"中方窗口"作用，全力支持亚太森林组织发展建设，推动各类合作项目顺利实施。

**【围绕职能开展工作】**

**区域林草国际合作交流** 6月24日，全球发展高层对话会在北京举

行，"全球森林可持续管理网络项目"纳入全球发展高层对话会成果清单，亚太中心负责对该项目进行中英文解读，并积极谋划推动项目尽快落地。

**推进国内项目** 依托亚太森林组织旺业甸多功能森林体验基地，启动实施旺业甸森林防火项目，按

照国家林草局固定资产建设项目管理规定，认真组织开展项目初步设计、施工设计、工程造价清单编制以及使用林地可行性报告编制等工作，依法组织并顺利完成项目工程及设备采购公开招标，目前项目已进入进场施工筹备阶段。在亚太森林组织普洱森林可持续经营示范暨培训基地开展"自然科普书屋研建项目"，完善基地科普硬件设施，提升基层林草科普宣教实效。

**配合林草国际交流合作** 参与中新林业政策对话会议、中蒙林业工作组第二次荒漠化防治专题会议、亚太经合组织（APEC）打击非法采伐专家组会议等，协助推进第五届APEC林业部长级会议举行。为中方与柬埔寨、太平洋岛国、APEC机制下林草合作提供成果建议和口径材料等。跟进联合国森林论坛第十七届会议、《联合国气候变化框架公约》第二十七次缔约方大会、《生物多样性公约》第十五次缔约方大会等进程，及时了解全球生态治理涉林进展与重点。参与《中国—东盟成果汇编》等政策研究和报告编写。

**【支持服务亚太森林组织发展】**

**参与组织工作** 积极参与亚太森林组织董事会和理事会第六次会议相关工作，开展形势研判，参与预案设计，协调各方立场，确保会议圆满成功。董事会主席换届、秘书长连任等各项工作顺利完成，确保亚太森林组织机构平稳运行。

**申请协调落实亚太森林组织活动专项资金** 结合中方林草国际合作重点，参与并指导亚太森林组织重大业务活动的规划设计，有序开展示范项目和能力建设活动，积极申请、协调落实亚太森林组织活动专项资金，完善项目和资金监督体系，支持亚太森林组织项目活动稳步有序开展。进一步参与亚太森林组织项目立项评审和评估指标体系修订，助力亚太森林组织进一步提升项目活动水平。

**加强支撑与协助** 协助亚太森林组织召开"促进森林恢复与可持续管理，履行应对气候变化国际承诺"普洱国际研讨会等政策对话活动；参与国际森林日"关注森林——青少年自然教育"主题活动的策划实施，与亚太森林组织共同草拟发布倡议；推荐亚太森林组织普洱基地申报首批国家林草科普基地，已协助顺利完成专家初审和现场核验工作。

**支持亚太森林组织推动"四大支柱"业务活动** 一是示范项目助力区域林业发展。"柬埔寨珍贵树种繁育中心项目"建设工作已基本完成，预计珍贵树种保护园和繁育中心年底投入使用。"澜湄区域森林生态系统综合管理规划与示范项目"有效开展，中国、柬埔寨子项目已完成结题评估，缅甸、越南子项目按计划推进。启动首个南美实地示范项目，通过建立经营混农林模式，系统恢复秘鲁南部海岸干旱生态系统和荒地。二是政策对话深化区域协同。亚太林业规划交流机制通过线上方式保持成员间政策交流。中国—东盟林业科技合作机制召开第三次机制指导委员会和第二届青年论坛，并继续开展成员互学互通；小型科研项目、青年访问学者项目按期启动，支持区域青年林业科研人员创新实践和提升科研能力。三是奖学金项目顺利实施，线上线下模式相结合，保证学生顺利完成学业。通过《校友通讯》等多种方式，织密织实校友网。四是信息共享促进成果推广。项目成果形成多部出版物，总结推广区域林业经营最佳实践。与联合国粮农组织合作开展主题研究，为小岛国林业部门加强气候变化适应和提升韧性的优先事项开展研究并提出建议。梳理总结区域典型国家公园相关法规并编译成册，将成果共享推广。

（亚太中心由彭鹏供稿）
（图片由亚太中心提供）

亚太森林组织董事会第六次会议线上会

# 国家林业和草原局
# 生物灾害防控中心

【综　述】　2022年，国家林业和草原局生物灾害防控中心（以下简称防控中心）推动党的建设与业务工作深度融合，认真履行林草有害生物防控、野生动物疫源疫病监测和生物安全等工作职能，扎实推进林草生物灾害防控工作高质量发展，取得显著成效。

**机构队伍建设**　完成5名处级干部选拔聘用和1名处级干部轮岗交流工作。接收5名高校毕业生。继续组织开展青年干部下基层培养锻炼活动，先后选派8名青年赴内蒙古、山东等地基层林业部门开展学习锻炼。组织推荐相关人员参加处级干部在职培训、林业草原知识培训、相关业务工作培训等专题培训。防控中心领导班子被国家林草局评为2021年度"优秀班子"，张克江、曲苏被评为"优秀个人"。国家林草局党组同意中心主任郭文辉试用期满正式任职；方国飞增补为中国共产党国家林业和草原局生物灾害防控中心委员会委员。有害生物监测预报处党支部的"以党建引领助推业务工作创新发展"品牌案例被评为"国家林草局基层党建优秀创新案例"。

**科学技术成果**　2月15日，国家重大科技专项"高分松材线虫病监测应用子系统"课题通过验收；4月19日，承担的"藏羚羊寄生虫病流行病学调查与风险分析""航空投药灭鼠技术及智能投药设备研究"2项国家林草局自主研发项目通过验收；7月29日，承担的国家林草局引智示范项目"褐梗天牛引诱剂及其应用"通过验收。获得4项科技奖励，"松材线虫病变色立木无人机遥感智能识别技术与应用"项目获得梁希林业科学技术奖三等奖，"林业和草原昆虫标本标准化整理与数字化表达""中国秘姬蜂亚科系统分类研究"2个项目获得辽宁林业科技进步奖一等奖，"松材线虫DNA快速检测系统"项目

获得辽宁林业科技进步奖二等奖。

**技术标准化建设**　组织召开全国植物检疫标准化技术委员会第三届林业植物检疫分技术委员会成立大会，全国林业有害生物防治第二届技术委员会成立大会暨2022年年会。按标准制定计划有序推进《松材线虫病防治》《棕榈科植物害虫检疫技术通则》《林业植物及其产品调运检疫规程》3项标准制修订。完成《松材线虫病疫情卫星遥感监测技术规范》《草原生物灾害监测预报技术规范》2项行业标准征求意见稿；完成《中国森林认证　林草生物灾害防治管理》《林业草原有害生物调查技术规范》《林业草原有害生物监测预报工作规则》《草原有害生物灾害发生区划与防治指南》4项行业标准草案编制。

**信息化工作**　持续优化并推行"林草生态感知松材线虫病疫情监管平台"（以下简称"平台"）和松材线虫病监测手机应用软件，重新搭建和升级硬件架构，优化完善功能模块，实现疫情监测和疫木除治精准到小班并实现动态可视化管理。平台优化升级以来，共注册系统用户9.6万个，其中管理员5.2万个，调查员4.4万个。共采集小班数据177万条，其中秋季普查数据174万条，每日新增数据5万～10万条。8月，组织研发的"松材线虫病灾害直接经济损失测算系统"通过验收。完成"林业有害生物应急预案备案管理系统"开发及试运行测试，备案省、市、县三级应急预案382份，开展应急演练36次。

**行业宣传培训**　5月12—19日，首次在全国范围组织开展"5·12全国林草生物灾害防控宣传周"主题活动，联合辽宁省林草局举办宣传周启动仪式，发起"从我做起，防控林草生物灾害，守护林草生态安全"倡议。全国各地开展林草生物灾害防控宣传700余次，播放各种宣传视频近万次，近25万人次参

加"全国林草生物灾害防控知识挑战赛"答题活动。在"中国林草生物灾害防控网"发布信息5369条，在微信服务号推送行业重要资讯13篇，向国家林草局政府网站报送信息149条。编发《中国森林病虫》6期，刊发"松材线虫病防控40年专刊"和《中国森林病虫》创刊40年专刊"。编发《生物灾害防控简报》9期，刊发通讯报道41篇。举办重大林草有害生物防控和外来入侵普查培训班。采取线上线下方式为全国8个培训班进行授课。

【林业有害生物发生】　2022年，全国主要林业有害生物高发频发态势趋缓，但仍属偏重发生、局部成灾。全年发生面积1187.09万公顷，同比下降5.44%。其中，虫害发生面积729.74万公顷，同比下降6.04%；病害发生面积262.95万公顷，同比下降7.65%；林业鼠（兔）害发生面积177.01万公顷，同比上升1.35%；有害植物发生面积17.38万公顷，同比下降10%。主要表现在：一是松材线虫等重大外来有害生物扩散势头减缓，但危害程度依然严重。松材线虫病疫情防控取得明显成效，控制压缩目标初步实现，但疫情基数大、危害重，实现"十四五"重点区域疫情拔除目标任务依然艰巨；美国白蛾疫情扩散势头减缓，整体轻度发生，但黄淮地区和长江中下游部分防治薄弱区点片状发生偏重；薇甘菊在华中和华南地区危害减轻。二是本土主要林业有害生物发生危害种类多样化趋势明显。松树钻蛀性害虫和林业鼠（兔）害危害加重，多地成灾；松墨天牛在华中和华南地区多地、华山松大小蠹和切梢小蠹在西北地区、八齿小蠹在大兴安岭北部林区、中华鼢鼠在黄土高原沟壑区局部地区等地偏重发生，造成松树死亡；马尾松毛虫和北方松树病害危害上升趋势明显，局地成

灾；落叶松早落病和松针红斑病等在内蒙古东部、黑龙江北部、陕西北部、甘肃南部等地流行偏重；杨树食叶害虫、杨树蛀干害虫、落叶松毛虫、经济林病虫等整体控制良好，以轻度发生为主。

**松材线虫病** 疫情发生面积151.15万公顷，同比下降11.94%；病死松树1040.48万株，同比下降26.10%。截至2022年12月31日，全国共计19个省（区、市）、737个县级行政区、5526个乡镇、28.39万个松林小班发生松材线虫病疫情。县级疫情占全国县级行政区比例为25.97%，乡镇疫情占全国乡镇行政区比例为14.27%，疫情松林小班占全国松林小班比例为1.39%。新发7个县级、15个乡镇、16794个松林小班疫情。疫情在老疫区仍处于扩散阶段，控增量压力较大。有6个新发县级疫情位于广西、安徽、福建、湖南和贵州等老疫情发生省（区），占全国新发县级疫情的85.71%；有25.95%的新发乡镇疫情发生在福建和广西等3年以上的疫情县（区）；有99.58%的新发松林小班疫情分布在浙江、安徽、福建、江西、四川、广东等3年以上的疫情乡镇。重点生态区位疫情防控压力依然较大。黄山核心风景区周边"8镇1场"仍有2个乡（镇）存在疫情，且皖浙赣环黄山周边疫情仍持续扩散，新发1个县级、4个乡镇、970个松林小班疫情，新增疫情面积3866.67公顷。福建武夷山国家公园周边疫情仍持续扩散，新发1个乡镇、192个小班疫情，新发面积866.67公顷。贵州梵净山核心景区周边3个县（区）疫情危害加重，病（枯）死松树较2021年同期增幅明显。陕西秦岭地区仍有43.6%的县级行政区有疫情。吉林新增1个县级疫情。经除治，有40个县（区）、293个乡镇实现2年以上无疫情，有36个县级疫区和276个乡镇疫点达到拔除标准。

**美国白蛾** 疫情发生面积67.65万公顷，同比下降7.50%。发生面积连续6年下降，中度及以下发生面积占比达99.64%。全国共计14个省（区、市）、614个县级行政区发生美国白蛾疫情，新增3个县级疫情发生区，新发县级疫情数量与近5年平均数相比下降73.68%。

第一代发生情况较上年有所加重，第二、三代在黄淮地区和长江下游等局部防治薄弱区域点片状重度危害。北京主城区及环主城区部分县（区），天津静海，河北廊坊、保定，辽宁营口，上海青浦、金山，江苏徐州，山东济南、青岛、滨州、潍坊、枣庄、日照、临沂，河南开封、商丘、周口等地局部防治薄弱区危害偏重。江苏、湖北、内蒙古等省份的18个非疫情县级行政区监测到美国白蛾成虫。河南、安徽、陕西、湖北等省有22个县级疫区实现无疫情。

**有害植物** 发生面积17.38万公顷，同比下降10%。其中：薇甘菊等外来入侵植物主要发生在华中、华南地区，整体危害减轻。薇甘菊发生7.16万公顷，同比下降15.80%，在主要发生区广东和海南两省，发生面积同比分别下降20.14%和13.65%，在广东珠江三角洲和西部、广西南部、海南北部局部地区危害程度仍然严重。紫茎泽兰发生1.11万公顷，同比下降5.13%，在云南文山和西藏日喀则等地局部地区呈重度危害。葛藤等本土有害植物在常发区发生平稳，局地偏重危害。葛藤发生7.04万公顷，同比持平，在湖北十堰、宜昌、黄冈等地山区广泛分布，局地偏重。金钟藤发生1.33万公顷，同比上升14.76%，在海南中部热带雨林国家公园和天然次生林区有中重度发生。

**林业鼠（兔）害** 发生面积177.01万公顷，同比上升1.35%。其中：鼢鼠类发生面积37.11万公顷，同比上升1.24%，中度及以上发生面积同比上升10.96%。中华鼢鼠在宁夏南部山区人工林和新造林地，陕西商洛、咸阳和宝鸡，甘肃平凉、白银和定西等地危害偏重。高原鼢鼠在青海东部农业区和农牧交错带的西宁、海东和黄南等地新造林地、退耕还林地、天然林区周缘及空心地带危害较重，中度以上发生面积占比达36.04%。草原鼢鼠在河北坝上局部地区、内蒙古锡林郭勒盟等地呈中度以上发生，内蒙古东乌珠穆沁旗局地成灾。东北鼢鼠在内蒙古、甘肃鼢鼠在宁夏和陕西等省份以轻度发生为主。沙鼠类发生面积70.93万公顷，同比上

升5.82%，中度以下发生面积占比98.13%，以轻度发生为主。大沙鼠发生面积65.77万公顷，同比上升3.62%，在内蒙古、甘肃和新疆等省份整体轻度发生，但在内蒙古阿拉善左旗、额济纳旗和乌拉特中旗，新疆奇台县和呼图壁县等地呈中重度发生。子午沙鼠发生面积4.69万公顷，同比上升42.14%，中度以下发生面积占比97.68%。䶄鼠类发生面积34.07万公顷，同比下降5.64%。红背䶄主要发生在黑龙江中东部和吉林东南部，均呈中度以下发生。棕背䶄在黑龙江、大兴安岭和内蒙古森工等地发生面积同比均呈不同程度下降，危害减轻。

**松树钻蛀类害虫** 发生面积146.65万公顷，同比下降9.39%，发生面积有所下降，但整体危害程度依然严重，局地偏重成灾。其中：松墨天牛发生面积89.83万公顷，同比下降5.78%，在浙江北部、安徽南部、福建北部、江西南部和东北部、湖北东部、湖南东北部、陕西南部、四川东北部等多地危害严重，浙江杭州、广东清远、广西贵港、福建宁德等局地成灾。小蠹虫类发生面积21.58万公顷，同比下降10.25%，在华北、东北和西南等地局部地区仍偏重成灾。红脂大小蠹发生5.68万公顷，同比下降2.53%，在山西西部、河北北部局部、辽宁西北部等局地呈中重度危害。切梢小蠹发生10.39万公顷，同比下降7.53%，在西南地区发生面积下降明显，但在黑龙江东部、重庆东北部、四川西南部、云南南部和西北部等局部地区危害严重。华山松大小蠹发生3.18万公顷，同比下降4.25%。八齿小蠹发生2.67万公顷，同比下降24.28%，在东北地区整体危害减轻。松梢螟类发生面积28.51万公顷，同比下降15.36%，中度以上发生面积同比下降21.15%，危害整体减轻。果梢斑螟发生面积19.99万公顷，同比下降19.66%，中度和重度发生面积同比分别下降45.42%和80.36%。松梢螟发生面积7.36万公顷，同比持平，中度以下发生面积占比达98.13%，以轻度发生为主。

**松毛虫** 发生面积75.08万公顷，同比下降2.09%。其中：马尾松毛虫发生面积38.16万公顷，同比上升18.47%，在湖南、广西、

河南、江西等省份局部地区偏重发生，局地成灾。云南松毛虫发生8.66万公顷，同比上升2.99%，在云南普洱、重庆开州、四川巴中等地局部地区呈重度发生。思茅松毛虫发生2.95万公顷，同比上升3.73%，在湖南郴州、广西桂林、江西吉安等局地呈中重度发生。落叶松毛虫发生16.85万公顷，同比下降28.13%，发生面积连续3年持续下降，危害减轻。

**杨树蛀干害虫**　发生面积22.37万公顷，同比下降10.57%。其中：光肩星天牛发生面积7.64万公顷，同比下降4.20%，中度及以上发生面积同比下降12.33%，以轻度发生为主。杨干象发生面积3.14万公顷，同比下降12.56%，在内蒙古、辽宁、吉林、黑龙江等主要发生区轻度发生。桑天牛发生面积5.32万公顷，同比下降6.87%，危害整体减轻。青杨天牛发生面积2.45万公顷，同比下降14.46%，整体轻度发生，但在西藏拉萨和日喀则局部新植藏川杨林地危害偏重。

**杨树食叶害虫**　发生面积105.65万公顷，同比下降10.35%，整体轻度发生，黄淮中下游和西北局部常发区发生偏重。其中：春尺蠖发生面积47.04万公顷，同比下降14.06%。在新疆、宁夏、内蒙古等西北主要发生区，其危害面积和危害程度同比明显下降。杨树舟蛾发生面积36.60万公顷，同比下降6.42%，中度以下发生面积占比达98.15%，在全国主要杨树种植区轻度发生。

**林木病害（不含松材线虫病）**　发生面积111.80万公顷，同比持平，整体发生稳定，"三北"局部地区偏重。其中：杨树病害发生面积36.42万公顷，同比下降3.42%，中度及以下发生面积占比达98.63%，以轻度发生为主。但杨树黑斑病在河南商丘、周口，山东枣庄、济宁局部地区中度以上发生。杨树烂皮病在河北中部、内蒙古中东部、甘肃南部、辽宁西北部等区域局部发生偏重。杨树溃疡病在江苏北部、山东西南部有中度以上发生。杨树灰斑病在黑龙江哈尔滨、绥化，甘肃临夏等局地偏重流行。松树病害发生面积18.31万公顷，同比上升8.21%。落叶松早落病发生

面积6.24万公顷，中重度发生面积占比49.05%，在内蒙古东部柴河林业局、五岔沟林业局，内蒙古森工绰尔林业局、满归林业局等地发生偏重。松落针病发生面积3.50万公顷，陕西北部、甘肃南部、大兴安岭北部偏重流行。松针红斑病发生面积3.41万公顷，中重度发生面积占比56.99%，在内蒙古森工莫尔道嘎、阿尔山等林业局呈重度发生，黑龙江北部和东部危害呈上升趋势。桦树黑斑病在内蒙古森工危害程度加重，局地成灾。云杉落针病在四川阿坝、雅安，甘肃白龙江林区等部分人工云杉林发生偏重。侧柏叶枯病在山西晋城、陕西宝鸡等地呈重度发生。

**竹类及经济林病虫**　发生面积144.50万公顷，同比下降5.83%，以轻度发生为主，局部地区呈中重度发生。其中：竹类病虫发生面积15.93万公顷，同比持平。黄脊竹蝗在广西东北部、江西西部、湖南西南部、湖北南部、重庆西部等地局部地区呈中度以上发生。刚竹毒蛾在浙江丽水、湖北咸宁、福建南平，竹丛枝病在广西桂林局部区域发生偏重。水果病虫发生面积55.57万公顷，同比下降7.16%。朱砂叶螨在新疆喀什地区危害经济林果，局地中度以上发生。沙棘木蠹蛾在宁夏固原、内蒙古鄂尔多斯、陕西延安等地局部中重度发生。桃小食心虫在山西吕梁、苹果蠹蛾在新疆和田地区和宁夏中卫局部地区、梨小食心虫在新疆和田地区和巴州等地局部地区重度发生。干果病虫发生面积52.02万公顷，同比下降3.18%。核桃病虫在浙江杭州，重庆巫山、奉节，湖北黄冈、十堰，陕西商洛、榆林，四川巴中，云南大理，新疆喀什地区等局部地区偏重发生。板栗病虫在湖北大别山山区发生面积大幅增加，湖北黄冈、陕西商洛、安徽六安等地局部中重度发生。枣树病虫在新疆巴州、喀什地区，陕西榆林等地局部偏重发生。桉树病虫发生面积8.31万公顷，同比上升34.77%，桉树叶斑病、油桐尺蛾、桉蝙蛾等种类在广西速生桉种植区多地偏重发生。油茶病虫发生面积4.92万公顷，同比下降20.88%，在江西、湖南和湖北等油茶主要种植区整体轻度发生，湖北

黄冈、江西宜春等局地发生偏重。

**突发生物灾害**　突发性林业有害生物灾害时有发生，应急防控压力较大。其中：2022年1—5月，白蛾蜡蝉从缅甸迁入中国云南省临沧市的3个县（区），局部地区重度发生；受夏季南方持续高温干旱影响，多地马尾松毛虫发生面积增长迅速，在湖南西南部、四川南部、江西中部和北部、湖北东北部、广西北部和东部、重庆北部和东南部等地呈中重度发生，局地成灾；黑桦卷叶蛾、栎尖细蛾、梨卷叶象、桦尺蠖等多种害虫在内蒙古森工的5个林场突发灾害，发生程度达中度以上；松梢螟在黑龙江南部和东部、吉林东部呈中重度危害；日本松干蚧在山东局地造成上千株松树死亡。

**【林业有害生物防治】**　2022年采取各类措施防治960万公顷，防治作业面积1746.67万公顷，无公害防治率达到94.02%，基本实现预期目标管理任务指标。

**防治督导**　全力推进松材线虫病疫情防控五年攻坚行动，实行全国疫木集中除治全过程动态监管和月调度，编写完成2021—2022年度全国疫木集中除治动态监管报告，深度介入防控管理和指导。组织实施松材线虫病等重大林草有害生物防控全区域常态化包片蹲点指导机制，先后对江苏、浙江、宁夏、湖南等10省（区）开展调研指导、明察暗访。全面参加国家局全部14个包片蹲点组，并负责每个组的具体技术业务工作，其中有3个组担任组长、7个组担任副组长。做好美国白蛾防控，推动建立国家层面9部门联防联控机制，建立以京津冀为主体，跨区域多部门协同的联防联控机制。在美国白蛾疫情发生关键时间节点，派出由中心领导带队、专业技术人员组成的蹲点指导服务组6批138人次，下沉北京17个区（含亦庄经开区），开展历时129天的全方位、全过程防控蹲点指导服务，同时对天津、河北、山东等重点发生省份开展技术指导服务，确保全国尤其是北京地区未发生大的灾害和舆情，确保国庆、党的二十大期间北京市绿化景观完整和生态安全。关注热点问题，全面

强化突发灾情应急防控，对广西、贵州、湖南、安徽、福建、吉林、北京、天津松材线虫病新发突发疫情，在第一时间跟进和指导，及时开展应急处置和溯源工作。印发《关于开展林地范围内红火蚁精准防治的通知》，指导各地做好林地范围内红火蚁防治工作。密切关注云南黄脊竹蝗、浙江橙带蓝尺蛾、云南白蛾蜡蝉、黄花刺茄等发生动态，指导开展调查和防治。具体负责推动环黄山、秦巴山区、东北四省（区）3个国家级松材线虫病疫情联防联控，全面推进环黄山松材线虫病联防联控机制实施。严格疫情监管，组织开展松材线虫病疫情秋季普查，开展拔除疫区、新疫情发现、疫情高风险区域以及疫情蔓延前哨防线的多个区域卫星遥感监测工作，覆盖国土面积10万平方千米，涉及安徽、陕西等13省（区）36个县（区），发现2处县级新发疫情，为疫情核实、疫情监测追溯提供有力支撑。

**监测预报**　加强主要有害生物监测和趋势预测，及时主动做好预警信息服务。对1000个国家级中心测报点进行布局优化调整以及考核评价。完善主要种类监测技术体系，编制完成《美国白蛾监测预报技术操作手册》《松毛虫监测预报技术操作手册》。及时发布预警信息，报送林草应急周报45份、月报11份、季报3份、半年报1份，编发病虫快讯专报16期，在中央电视台发布美国白蛾预警1期。组织开展林草有害生物全年及半年发生趋势会商研判和马尾松毛虫、春尺蛾、美国白蛾等短期生产性预报，发布中长期预报2次、生产性预报3次。完成中共中央办公厅约稿3篇。

**检疫监管**　拟定2022年全国松材线虫病疫区和松材线虫病疫区撤销建议名单、美国白蛾疫区建议名单，分别以国家林业和草原局公告形式发布。修订印发《松材线虫病防治技术方案（2022年版）》。首次为司法部门办理林业有害生物防治检疫领域违法违规案件出具《进境携带松材线虫疫木风险评估报告》，为案件顺利进入起诉、审判等刑事诉讼环节提供重要技术支撑。开展对辽宁省松材线虫病疫区内雪灾倒伏松木处置的调度、调研

和指导。建立全国林草植物检疫案件闭环管理制度，收集省际案件及线索203起，强化跨省检疫性有害生物违法违规案件查处。加强全国林草植物检疫信息化管理与服务平台管理与应用，发放8批次36省次的平台用户登录证书，完成上海、北京、重庆、杭州和深圳市应施检疫林业植物和植物产品名单及其检疫要求公示。

**试点示范**　组织开展"十四五"重点研发松材线虫病课题、美国白蛾和落叶松枯梢子课题研究。有序推进松材线虫病遥感监测推广项目实施，基本完成4个示范区遥感监测示范任务。完善松材线虫病卫星遥感和无人机遥感影像本底数据库，优化改进智能识别技术，提升识别准确率。完成国家林草局揭榜挂帅项目课题无人机遥感监测智能识别技术与应用研究成果认定及成果申报。组织开展"十四五"国家重点研发计划项目美国白蛾区域性风险预判和前哨阻断技术研发子课题研究，美国白蛾四代化趋势研判及国产性信息素应用研究。在安徽、浙江开展打孔注药、"打孔注药+飞防"的松材线虫病综合防控模式试验研究，为全国提供可复制、能推广、有亮点的松材线虫病防治工作经验。中国林草生物安全协同创新中心建设项目被列入国家发展和改革委"十四五"102项重点建设项目。

**【草原有害生物发生】**　2022年，全国草原有害生物危害面积4842.21万公顷，同比减少6.56%，约占草原总面积的17.93%。其中，严重危害面积2313.06万公顷，同比减少3.05%。

**草原鼠害**　危害面积3548.28万公顷，同比减少5.67%；严重危害面积1792.57万公顷，占危害面积的50.56%。主要危害种类为高原鼠兔、高原鼢鼠、布氏田鼠、大沙鼠、达乌尔黄鼠、长爪沙鼠、东北鼢鼠、草原鼢鼠、甘肃鼢鼠、中华鼢鼠、子午沙鼠等。其中，高原鼠兔危害面积2680.85万公顷，主要危害省份为山西、四川、云南、西藏、陕西、甘肃、青海和新疆；高原鼢鼠危害面积209.13万公顷，主要危害省份为河北、山西、四川、

云南、陕西、甘肃和青海；布氏田鼠危害面积199.45万公顷，主要危害省份为河北、山西、内蒙古、云南；大沙鼠危害面积99.95万公顷，主要危害省份为河北、山西、内蒙古、新疆、甘肃和新疆生产建设兵团；达乌尔黄鼠危害面积87.92万公顷，主要危害省份为河北、山西、内蒙古、辽宁、吉林、黑龙江、陕西、甘肃和宁夏；长爪沙鼠危害面积67.92万公顷，主要危害省份为河北、内蒙古、陕西、甘肃和宁夏。

**草原虫害**　危害面积746.82万公顷，同比下降5.88%，占草原有害生物危害面积的15.42%；严重危害面积342.66万公顷，同比减少1.63%。主要危害种类为草原蝗虫类、草原毛虫类、黏虫类、叶甲类和草地螟等。其中，草原蝗虫危害面积476.68万公顷，在14个主要草原省份和新疆生产建设兵团均有危害，全年未发生沙漠蝗迁入事件；草原毛虫危害面积达168.94万公顷，危害省份为山东、内蒙古、四川、云南、西藏、甘肃、青海和新疆；草地螟危害面积11.86万公顷，危害省份为河北、山西、内蒙古、四川、云南、陕西、甘肃和新疆。

**草原有害植物**　危害面积522.76万公顷，同比下降15.22%，占草原有害生物危害面积的10.80%；严重危害面积177.83万公顷，同比增加28.92%。主要危害种类为豚草、三裂叶豚草、紫茎泽兰、狼毒、橐吾类、棘豆类、少花蒺藜草、马先蒿和醉马草。其中，豚草和三裂叶豚草主要危害新疆和新疆生产建设兵团；紫茎泽兰主要危害四川、云南和西藏；狼毒危害山西、内蒙古、辽宁、四川、云南、西藏、甘肃、宁夏、青海、新疆和新疆生产建设兵团；橐吾类主要危害四川、甘肃、青海和新疆；棘豆类主要危害内蒙古、四川、西藏、陕西、甘肃、青海、新疆和新疆生产建设兵团；少花蒺藜草主要危害内蒙古和辽宁；马先蒿主要危害四川、甘肃、青海、新疆和新疆生产建设兵团；醉马草主要危害内蒙古、甘肃、新疆和新疆生产建设兵团。

**草原植物病害**　危害面积24.35万公顷。主要病害种类为白粉病、根腐病、褐斑病、黑粉病、黑斑病、灰斑病、茎斑病、麦角病、

霜霉病、锈病、叶斑病、叶枯病和炭疽病。其中，白粉病主要危害山西、内蒙古、陕西；根腐病危害甘肃；褐斑病危害山西、陕西；黑粉病危害山西、云南；黑斑病危害山西；灰斑病危害内蒙古；茎斑病、麦角病和炭疽病危害甘肃；霜霉病危害陕西；锈病危害山西、四川、云南、陕西和甘肃；叶斑病危害山西、内蒙古、云南、陕西和甘肃；叶枯病危害山西和云南。

【草原有害生物防治】　草原有害生物防治面积1384.63万公顷，同比增加0.64%。总体上遏制住草原有害生物灾害加重的趋势，最大程度地减轻草原有害生物灾害损失。

**防治督导**　召开全国草原有害生物防治工作部署会，安排部署防治重点工作任务。起草以国家林草局办公室名义印发的《关于做好2022年度草原有害生物防治工作的通知》，下达年度草原鼠虫害、毒害草防治任务，首次增加监测面积和"成灾率"控制指标两项考核指标，进一步完善草原有害生物防治考核体系。下达2022年全国草原鼠虫害绿色防治技术计划，指导各地进一步提高绿色防治比例。对辽宁、黑龙江、内蒙古、陕西4个主要草原省（区）草原有害生物防治重点工作开展实地调研指导。编制《草原有害生物综合防治示范区建设方案》，推进综合防治示范区建设。

**制度建设**　完善《林长制重大林草有害生物灾害防治年度督查考核评分细则》中草原有害生物防治考核内容，首次将草原有害生物"成灾率"纳入林长制考核，制定印发《主要草原有害生物防治指标》。启动主要有害生物防治技术标准及监测预报体系构建方案、管理办法、技术规范等的制订修订，编制完成《草原生物灾害监测预报技术规范》等技术标准、规范5个。完善细化《森林草原病虫害防治条例》《突发林业草原有害生物事件处置办法》《国家林业和草原局林业草原有害生物灾害应急预案》中草原有害生物防治内容。

**监测预报**　建立和实行草原有害生物联系报告、趋势会商、防治关键时期的24小时值班和零报告等制度，组织开展全国草原有害生物

全年和半年发生趋势会商，草原蝗虫短期趋势会商，发布中长期预报2次、生产性预报1次。推动建立草原监测预警网络，起草《全国草原有害生物监测站建设布局方案》，首批建设草原鼠害监测站16个，指导相关省份开展草原鼠害监测站建设和日常监测工作。

**基础调查**　组织开展全国草原有害生物普查，编制完成全国草原有害生物普查工作方案及普查信息化、卫星遥感监测、雷达监测、虫害、鼠害、病害、毒害草7个专题技术方案和相关标准，完成草原有害生物普查手机应用软件系统优化改进。启动草原有害生物普查的月报告制度，实时掌握各地普查工作进展。组织开展西北地区重点草原区域外来入侵物种专项调查。

【疫源疫病监测】　防控中心进一步优化监测防控体系，增强监测防控能力，切实提升野生动物疫源疫病监测水平，全力做好野生动物疫源疫病监测工作。

**主动监测**　在河北、内蒙古、辽宁、吉林、黑龙江、上海、安徽、江西、湖北、湖南、广东、广西、海南、贵州、云南、西藏、甘肃、宁夏、青海19个省份及大兴安岭集团共采集野鸟、野猪、岩羊等野生动物样品63122份，对禽流感、禽副黏病毒、非洲猪瘟、小反刍兽疫、冠状病毒等重点疫病开展主动监测预警。其中，采集野生鸟类样品59011份，已检测57061份，经实验室病毒分离鉴定，共分离到H5N1、H5N6、H3N8等亚型禽流感病毒161株，结果显示，2022年主要流行毒株为H5N1亚型禽流感病毒；共分离到禽副黏病毒85株，结果显示，2022年野生鸟类携带禽副黏病毒的情况仍处于历史较低水平；内蒙古、辽宁、湖北、湖南、安徽、云南、广西、海南、宁夏、大兴安岭集团共猎捕野猪84头，采集组织、血液样品506份，经实验室检测，结果显示相关省份送检的野猪样品均为非洲猪瘟病毒核酸阴性；甘肃、宁夏共采集送检59份岩羊组织样品、605份岩羊和马鹿粪便样品，经实验室检测，结果显示均为小反刍兽疫病毒核酸阴性；黑龙江、上海、湖南、吉林、广西、

云南共采样、送检3363份果子狸、非洲狮、东北虎、金钱豹、狼、貉子等野生动物样品，经实验室检测，结果显示均为新型冠状病毒核酸阴性。

**监测预警**　优化国家级监测站布局，构建以720个国家级监测站为主体的监测防控体系。优化升级"陆生野生动物疫源疫病大数据中心与预测预警平台"，进一步完善可视化监测预警、精准化预测预报、智能化指挥调度等感知应对功能。制定并由国家林草局动植物司印发《2022年重点野生动物疫病主动监测预警工作实施方案》，组织开展全国重点野生动物疫病半年和全年发生趋势会商，拟定年度、月度、季度野生动物疫病趋势预测报告11份，编发《野生动物疫源疫病监测信息报告》339期，发布野鸟禽流感疫病风险预警2期。

**应急处置**　按照"第一时间发现、第一现场处置"的要求，通过日常监测和专项监测，指导江西、重庆、青海等21个省份完成227起野生动物异常应急处置工作，妥善处置岩羊小反刍兽疫、野鸟高致病性禽流感、野猪非洲猪瘟等多起阳性样本和突发野生动物疫情。组织编制《突发野生动物疫病紧急流行病学调查技术指南》《野鸟高致病性禽流感疫情应急处置工作指南》《野猪非洲猪瘟疫情应急处置工作指南》等工作手册，指导地方科学开展应急处置工作。

**制度体系**　组织编制《病死陆生野生动物无害化处理管理办法》《病死陆生野生动物无害化处理技术规范》。全面梳理陆生野生动物疫源疫病监测防控相关法律法规、标准规划和正式文件，编制《陆生野生动物疫源疫病监测防控规章制度汇编》。

【生物安全】　防控中心作为国家林草局生物安全领导小组及其办公室的主要成员，认真履行生物安全新职能，加强顶层设计，开展基础调查，推动外来入侵物种监测体系建设，生物安全各项工作取得新进展。

**顶层设计**　组织召开国家林业和草原局生物安全工作领导小组办公室第一次会议，代拟并以国家林草局文印发《关于加强林草生

物安全工作的通知》，全面安排部署林草生物安全工作。编制《林业和草原生物安全规划（2021—2025年）》《国家林业和草原局外来物种入侵突发事件应急预案》。

**基础调查** 推进外来入侵物种普查，编制《重点外来入侵物种参考图册》《监测调查工作历》等参考性资料，举办全国林草生态系统外来入侵物种普查培训，完善外来入侵物种普查App功能模块。在重庆市武隆区开展普查试点，探索建立"以行业为骨干、专家为支撑、社会为补充"的组织形式，打造普查样板。建立外来入侵物种普查月报告制度，及时调度各地普查进度。倡导并组织8个调研组分赴山西、内蒙古等14个省份，开展全国林草生物安全防控暨外来入侵物种普查工作调研督导。

**监测防控** 稳步抓好外来入侵物种常态化防控。编制《全国森林、草原、湿地外来入侵物种国家级监测站建设方案》，遴选并建设第一批100个监测站。编制《林草外来入侵物种国家级监测站管理规定》《全国森林、草原、湿地外来入侵物种监测站工作技术规范》，初步构建外来入侵物种监测站管理制度主体框架。编制《林草外来入侵物种灾害损失评估标准》，建立林草外来入侵物种风险评估指标体系。制定16种林草生态系统重要外来入侵物种防治技术方案，推进实施"一种一策"精准防治。

【大事记】

1月6日 防控中心、国家林草局动植物司在辽宁省沈阳市召开2022年野生动物疫源疫病监测防控联席会议。

1月21日 防控中心组织召开全国主要林业有害生物2022年发生趋势会商暨防治工作部署视频会。

1月24日 防控中心召开2022年工作会议暨先优表彰大会。

2月25日 防控中心、国家林草局生态司在辽宁省沈阳市召开2022年度重点工作研讨会。

4月13日 防控中心组织召开全国草原有害生物2022年发生趋势会商暨防治工作部署视频会。

5月9日 防控中心通过中央电视台天气预报栏目向社会播报"美国白蛾预警"。

5月12—19日 防控中心组织开展2022年全国林草生物灾害防控宣传周活动。

6月28—29日 防控中心在辽宁省兴城市组织召开2022年下半年重点野生动物疫病趋势会商暨监测预警推进会。

7月29日 防控中心在山东省泰安市组织召开《中国森林病虫》第九届编委会暨创刊40周年座谈会。

8月15—18日 防控中心在黑龙江省哈尔滨市举办全国林草生态系统外来入侵物种普查培训班。

9月29—30日 防控中心、国家林草局生态司在安徽省黄山市组织召开皖浙赣环黄山松材线虫病疫情联防联控工作研讨会。

12月15—16日 防控中心、国家林草局动植物司组织召开2022年重点野生动物疫病主动监测预警总结暨2023年重点野生动物疫病趋势会商视频会。

（防控中心由程相称、张威供稿）

# 国家林业和草原局华东调查规划院

【综述】 国家林业和草原局华东调查规划院（以下简称华东院）紧紧围绕国家林草局工作部署，坚定不移地以国家林业草原事业建设需要为中心，务实奋进，开拓创新，顺利完成年度各项任务。获2022年度浙江省直机关党建工作综合考评"优秀"等次；国家林草局直属机关党委"奋斗正青春，献礼二十大——寻找最美朗读者"比赛二等奖和优秀奖；浙江省直机关青年理论宣讲暨微型党课和讲书比赛二等奖和三等奖。第四党支部荣获浙江省直机关2022年"先锋支部"称号。

**积淀文化底蕴** 举办华东院成立70周年暨职工文化周活动，出版《国家林业和草原局华东调查规划院院史（1952—2022）》，出版《踏遍山河绘丹青》报告文学，拍摄同名纪实片，建设启用院展室，举办第二届职工运动会，开展专业讲座、系列征文等活动，传承优良传统，增强文化认同，弘扬"忠诚使命、响应召唤、不畏艰辛、追求卓越"的华东院精神。

**完善队伍建设** 组织完成10名处级干部（5名正处级5名副处级）的选拔任用，圆满完成2022年度公开招聘应届毕业生公开招聘工作。推荐1名副处级干部代表国家林草局赴贵州省独山县挂职锻炼，推荐1名正处级干部担任属地（杭州市上城区）政协委员。成功向国家林业和草原局推荐林业工程系列职称评审委员会委员1名，向浙江省发改委推荐"浙江省发展规划领域专家库"人选7名，向浙江省林业局推荐湿地保护专家库人选10名，向芜湖市林业局推荐芜湖市林业系统专家库人选5名。

**践行安全生产** 全年购置野外应急药品1.7万元，新冠病毒防护用品、药品5.5万元，购买职工意外保险6.4万元，落实一线外业人员高温慰问费4.2万元。抓实抓细抓严日常保密工作，稳步推进网络安全等工作。做好院区应急管理，消除火灾、内涝隐患，投入20余万元用于升级改善消防设施、厨房设施、食品卫生设备，实现全年无重大事故发生。

【林草生态综合监测工作】 完成两轮判读变化图斑56万个，确定实测森林样地6808个、草地样地1071个、湿地样地2063个。汇总分析林草湿荒各专项数据，承担武夷山国家公园、南方丘陵山地带、海岸带、国有林和集体林四个专题汇总分析工作。

【森林督查工作】 完成华东监测区41万个变化图斑遥感判读工作，下发各省2022年森林督查图斑33.57万个、2023年森林督查图斑12.66万个。内业复核监测区705个县级单位（功能区）森林督查成果质量，抽取71个单位开展外业复核。

【新一轮林地保护利用规划工作】牵头编制《全国林业保护利用规划纲要（2021—2035年）》。编制全国"十四五"期间征占用林地定额成果报告。完成全国34个省级单位的征占用林地定额报告的审查并提交审查报告。完成监测区省级实施方案审查工作。完成浙江省安吉县试点工作总结。

【国家级公益林监测工作】 参与2022年国家级公益林监测方案修改完善工作。指导督促监测区各省份2022年国家级公益林监测工作，并提交变化图斑。

【绿化空间适宜性评估工作】 编制完成《国家林草局华东院造林绿化空间适宜性评估工作方案》。下发调查评估面积318.67万公顷，完成河南、安徽和福建三省的成果数据初审及安徽、福建两省的外业复核。

【湿地监测工作】 完成监测区2022年度国际重要湿地生态状况监测10处，并提交成果报告。完成全国新申报国家重要湿地申报书等材料程序性审查。完成吉林、江西、河南三省中央财政湿地补助项目抽样摸底工作。成功举办《湿地公约》第十四届缔约方大会第十六场东道国活动。

【森林火灾风险普查工作】 完成上海、江苏、安徽、江西、河南5个省（市）外业数据质量检查工作，其中标准地、大样地外业采集质量检查157个。

【草原变化图斑核查工作】 编制华东监测区草原变化图斑核查工作方案，组织审核监测区省级工作方案，判读并下发草原变化图斑3.24万个。

【天然林保护修复和退耕还林国家级验收工作】 完成浙江、四川、江西等9个省（市、区）共18个县级单位的天然林保护修复国家级现地核实，完成全国36个省级实施单位和3000多个县级实施单位的自查结果汇总。完成四川、宁夏、甘肃、山西、重庆5个省（市、区）35个县级单位的新一轮退耕还林国家级验收工作，并提交成果报告。

【自然保护地整合优化及国家公园总体规划审核评估工作】 承担河北、山西、内蒙古、上海、山东、西藏6个省（区、市）自然保护地整合优化回头看技术指导和报告编制、预案数据审查和报告编制，以及6个省（区、市）风景名胜区整合优化预案数据审查等工作。参加大熊猫国家公园总体规划（试行）审核评估报告的编制工作。

【标准规程、政策研究工作】 完成《湿地退化评估规范》、《县级林地保护利用规划编制技术规程》、《占用征收国家重要湿地管理办法》（征求意见稿）、《全国天然林保护修复验收评价办法》、《中央财政湿地生态效益补偿补助项目实施细则（试行）》、《全国天然林保护修复验收评价操作细则》编制工作，参与《国家湿地公园管理办法》修订任务等。

【支持地方林草生态建设】 积极为地方林草生态建设提供技术服务，全年签订各类项目685项，产值3.18亿元，同比增加20%，业务范围持续拓展，业务结构日趋优化，获2022年度杭州市上城区行业领军企业称号。完成《全国古树名木保护规划纲要》初稿编制工作。完成江西、河南两省第四次石漠化调查质量检查工作。参与基于"三调"数据林地管理情况调研工作，编制提交《基于"三调"数据林地管理情况调研报告（浙江调研组）》。初步完成"数字森林城市实景三维展示平台建设技术方案及试点应用示范"项目成果等。

【科技创新】 全年出院成果共374项，院级成果质量审查记录264项，优良率达98.1%。新增发明专利2项、软件著作权30项。共转化2021年度科技成果26项，转化项目38项。获中国林业工程建设协会优秀勘察设计成果一等奖2项、二等奖1项。

【品牌建设】
强化《自然保护地》期刊建设，发文率21.9%，官方网站实现单篇网络优先出版。

自主研发《激光雷达辅助森林资源动态监测关键技术与示范应用》并通过科技成果评价，整体达到国内领先水平，其中"激光雷达等多源数据协同监测技术"达到国际先进水平。

完成沂蒙山区域山水林田湖草沙一体化保护和修复工程咨询项目，打造山水林田湖草沙一体化保护和修复示范样板。

完成湄洲碳中和岛林业碳汇本底调查与固碳潜力评估，成为全国首个海岛全域森林碳汇计量监测与潜力评估项目。

完成大兴安岭林业集团公司森林防火感知系统建设项目，通过实战检验，有效处置了多起火情，实现了"打早、打小、打了"的防火目标，为大兴安岭森林防火工作提供了有力支撑和保障。

承担杭州市国际湿地城市创建项目，为建设宜居城市，打造引领时代的"湿地水城"提供坚强技术支撑。

编制完成福建三明和龙岩、陕西咸阳及大兴安岭图强林业局4家单位的实施方案并成功入选首批国家林草碳汇试点。

编制完成江西吉安、福建南平国土绿化试点示范项目实施方案，成功入选2022年试点示范项目。

【助力对口帮扶】 向中国绿色碳汇基金会捐赠林草生态帮扶专项

资金100万元，采购农副产品45万元，开展"慈善一日捐"活动，捐款11.19万元。与浙江省缙云县天寿村党支部开展结对共建活动，落实帮促专项资金10万元，合力推进乡村振兴。组织参加志愿服务活动472人次，41位党员志愿者加入社区新冠病毒疫情防控工作最前线，落实为职工办实事8件。获驻地政府授予的"领潮先锋先进集体"称号。

【大事记】

4月15日　中共国家林业和草原局党组研究决定刘春延同志不再担任国家林业和草原局华东调查规划院党委副书记、副院长。

6月2日　中共国家林业和草原局党组研究决定郑云峰同志任国家林业和草原局华东调查规划院副院长，副司局级。

9月6日　国家林业和草原局党组成员、副局长李树铭到华东院指导工作，听取华东院工作开展情况汇报，并对华东院下一步工作提出要求。

12月30日　中共国家林业和草原局党组研究决定雷雪同志任国家林业和草原局华东调查规划院副院长，副司局级。

（华东院由王涛供稿）

# 国家林业和草原局中南调查规划院

【综　述】　2022年，国家林业和草原局中南调查规划院（以下简称中南院）全面贯彻落实习近平生态文明思想，坚持新发展理念，切实履行林草资源监测职能，积极服务地方林草生态建设，圆满完成了全年各项工作任务。

【资源监测】　2022年，工作重点包括全国林草生态综合监测评价、造林绿化空间调查评估、森林督查等。

**全国林草生态综合监测评价**　成立中南监测区2022年林草湿调查监测工作专班，牵头编制《2022年全国森林、草原、湿地调查监测质量检查办法（试行）》，编制石漠化监测工作方案，审核中南监测区7省（区）综合监测省级实施方案。对3200名技术人员开展培训。完成7省（区）草原固定样地布设3682个，森林固定样地遥感判读3.3万个，林草湿变化图斑遥感判读区划36.14万个。完成7省（区）样地及图斑监测质检，开展数据统计分析，编制长江重点生态区等5个专题报告。

**造林绿化空间调查评估**　成立工作专班，编制中南监测区操作细则和成果审核工作实施方案，指导7省（区）方案和操作细则编制。调度省级进展情况8次，完成65个县（市、区）内业审查，指导检查

30个县（市、区）外业工作。

**森林督查**　完成中南监测区7省（区）25.84万个森林变化图斑判读并移交地方。完成7省（区）工作方案审核，培训3200多人。开展技术指导、内业检查及69个县级单位外业复核。

**新一轮全国林地保护利用规划研究**　为中南监测区7省（区）林草部门提供指导。编写操作细则参考提示，审核湖北、湖南、海南、贵州4省操作细则并反馈意见。

**草原变化图斑核查处置与规划监测**　派员参加国家林草局草原司草原资源数字化监管工作专班。完成7省（区）1.98万个草原变化图斑判读并移交地方。完成湖北、湖南、广东、广西、贵州5省（区）工作方案审核、技术培训和指导、质量检查。指导中南监测区基层单位草原规划编制，开展西藏草原生态保护修复工程绩效评估，完成湖北、湖南、广东、贵州4省草原基况监测评价指导。

**互花米草防治行动计划编制与松材线虫病调查核查**　牵头完成国家林草局《互花米草防治行动计划（2022—2025年）（草案）》，参加山东、上海等地互花米草防控工作调研，撰写了调研报告。牵头完成《互花米草调查技术规程（征求意见稿）》。完成贵州省松材线虫病秋

季普查质量抽样调查以及湖南省干旱原因等枯死松树数据专项调查。

**红树林湿地保护专项规划编制和国家重要湿地申报审核**　编制国家林草局《红树林湿地保护专项规划编制指南》，对分布有红树林的5省（区）的市县级红树林生态修复项目可行性研究、规划设计的编制进行技术指导，参与监管信息平台建设；负责中南监测区7省（区）的国家重要湿地认定审核工作，完成湖北、广东、海南等3省（区）共9处国家重要湿地认定材料编制的指导与审核，参与西藏4处国际重要湿地生态状况监测评估工作。

**石漠化监测规划**　开展全国第四次石漠化监测，牵头修订《岩溶地区石漠化调查技术规定》，组织国家级技术培训，审查省级实施细则与工作方案，开展技术指导与质量检查，编制《岩溶地区第四次石漠化调查报告》，国家林草局正式对外发布；牵头编制《岩溶地区石漠化综合治理规划（2023—2030年）》；承担全国重要生态系统保护和修复重大工程规划中石漠化综合治理可行性研究报告技术审查。

**自然保护地体系建设技术支撑**　安排4人赴北京长期提供自然保护地整合优化技术支撑，重点完成青海、陕西、湖北、广东4省数据审

查。安排专人参加大熊猫国家公园总体规划审核评估工作。

**2022年度森林和草原火灾风险普查**　成立技术专班，编制实施方案。主动对接7省（区），全程指导参加湖南省、海南省、西藏自治区的"一省一市"评估区划工作。开展国家级检查，严控各省（区）内外业质量。

**天然林保护修复**　抽查湖北、湖南、广东、广西、海南、云南6个省（区）人工造林面积53.33公顷、封山育林178.2公顷、森林抚育102.73公顷。

**退耕还林国家级验收工作**　编制2022年度退耕还林国家级检查验收工作方案、培训材料和验收手册，完成湖北、云南2省抽查面积3429.47公顷，开发信息管理系统，汇总全国验收数据，编制全国验收总报告。

**贯彻落实"双碳"战略目标**　成立院碳汇工作专班，与中国绿色碳汇基金会签订战略合作框架协议，组织召开中南监测区林草碳汇工作交流会议，完成《广东省公益林（天然林）碳汇量及其提升值评估》项目。

**国家陆地生态系统定位观测研究站评估工作**　对湖北、湖南两省14个国家陆地生态系统定位观测研究站开展全国林草系统首次评估工作，评估报告提交国家林草局科技司。

【落实乡村振兴战略】　全面贯彻落实乡村振兴战略，推进绿色发展，巩固脱贫攻坚成果。2022年，向中国绿色碳汇基金会捐款100万元。在贵州独山、广西罗城及财政部832平台，持续开展消费帮扶46.81万元。派员赴广西罗城驻村工作，为当地提供援助物资2.8万元；在江西万安，为当地油茶等产业发展编制2个规划方案。单位和职工为吉林省和西藏自治区林草行业抗击新冠病毒疫情捐款23.08万元。参与驻地党建促乡村振兴等活动捐款9万元。植树造林等社会捐款2.33万元。

【服务地方林草建设】　在完成国家林草局指令性任务的前提下，为推进绿色发展、乡村振兴，中南院对外共承担项目226项，主要涉及林草生态综合监测、生态保护与修复综合治理规划等方面工作。

【技术创新与科技成果】　全力推进森林资源智慧平台应用，做好中南数据分中心运维；自主研发林长制、森林和草原火灾风险普查等信息化平台10余个；获国家级"高新技术企业"资质，报国家林草局科技司2项自主立项科技创新项目；荣获2项计算机软件著作权登记证书；10项计算机软件提交著作权申请。

【内部建设】　完成院内设机构改革和职工岗位聘用工作，完成公开选拔任用干部工作。选派借调借用干部11人服务国家和地方林草生态建设。制修订《经济合同管理办法》等制度8项，开展"质量管理年"活动。严格执行全面预算收支管理，对内部核算机制进行改进。完成中南院固定资产管理系统开发，完成中南院固定资产清查。报送局政府网信息328条。开展"安全生产月"系列活动、保密安全检查和知识讲座，举办消防及安全生产培训班。开展院区建筑物安全隐患排查。院区基础设施改造和立体车库建设项目顺利推进。

【大事记】

1月10—14日　完成湖南南洞庭湖国际重要湿地2022年度首次生物多样性专项调查监测工作。

1月　中南院碳汇计量监测评估处、自然资源规划设计处荣获"2019—2020年度自然资源系统青年文明号"称号。

4月7日　组织召开造林绿化空间调查评估技术培训会，100余名技术人员通过现场和视频会议方式参加此次培训。

5月19日　编制的《西藏自治区山南市雅江中下游生态保护与修复综合治理项目可行性研究报告》通过专家评审。

6月1日　《西藏自治区林地保护利用规划（2021—2035年）》通过专家评审。

6月1—2日　举办中南监测区湖北、湖南、广东、广西、海南、贵州、西藏7省（区）2022年林草湿荒调查监测启动会暨技术培训会。

6月15日　中南院技术人员在开展西藏察隅慈巴沟国家级自然保护区羚牛种群及栖息地监测工作期间，为基层办实事送技术，组织基层护林员进行红外线自动相机安装调试等操作培训。

6月26日　《湘潭市自然保护地发展规划（2021—2035年）》通过专家评审。

7月8日　"浏阳市智慧林业信息平台（一期）建设项目"通过专家评审。

7月29日　《西藏自治区"十四五"时期林草生态保护修复规划》由西藏自治区林业和草原局正式印发实施。

7月下旬　联合中南林业科技大学前往芒康国家级自然保护区开展西藏芒康滇金丝猴种群及栖息地科研监测工作。

8月10日　代表国家林业和草原局，以视频会议的方式参加了二十国集团减少土地退化和恢复红树林研讨会。

8月16日　《湖南省21个国家级自然保护区2022年中央财政资金补助项目实施方案》通过专家评审。

10月26日　"公益林布局及生态承载分析""公益林（天然林）碳汇量及其提升值评估""公益林和天然林监测评价"等项目通过专家评审。

11月14日　和中国绿色碳汇基金会共同组织召开中南监测区林草碳汇工作交流会。

12月1日　"湖南省生物多样性资源调查数据采集管理系统建设项目"通过专家验收。

12月4日　《西藏自治区察隅县森林经营方案（2021—2030年）》《西藏自治区墨脱县森林经营方案（2021—2030年）》通过专家评审。

12月16日　《红树林湿地保护专项规划编制指南》通过专家评审。

（中南院由肖微供稿）

# 国家林业和草原局
# 西北调查规划院

【综 述】 2022年，西北院以党的政治建设为统领，坚持稳字当头，稳中求进的总基调，立足"政治建院、技术立院、人才强院、文化兴院"发展战略，按照全年"稳形势、稳业务、稳收入"的总体思路，统筹疫情防控和经济发展，突出党建和业务融合，聚焦主责主业，胸怀国之大者，攻坚克难，真抓实干，切实履行职责职能，圆满完成各项目标。全年共承担完成国家林草局安排和委托的任务20项。

【林草生态综合监测】 编制西北院2022年林草生态综合监测评价工作方案、汇总方案，制订监测区图斑监测数据审核办法；开展监测区技术指导、质量检查和成果验收，判读森林样地27.3万个，布设草原样地7728个，编发工作简报16期。

【森林督查】 按照工作部署，全力配合森林资源管理司做好顶层设计，参与起草2022年森林督查技术方案、2021年森林督查案件查处整改质量检查办法，承担完成2021年森林督查和打击毁林专项行动的全国报告以及2018—2021年森林督查分析、黄河流域、国家级公益林、毁林开垦4个专题报告；完善《森林督查暨林政执法综合管理系统》功能，研发森林督查手机端App并挂网运行；开展全国森林督查技术培训和监测区交叉检查技术指导；完成监测区735个县级单位的森林督查判读任务。

【国家级公益林监测与评价】 完成2021年全国国家级公益林优化成果汇总，制定《2022年国家级公益林监测补充规定》，开展《国家级公益林区划界定办法》《国家级公益林管理办法》修订整合工作和国家标准《国家级公益林区划界定技术规范》编制，形成《国家级公益林划定和管理办法》《国家级公益林区划界定技术规范》征求意见稿。

【草原监测】 编制全国草原变化图斑抽查核查处置技术方案、西北监测区2022年草原变化图斑判读和核查处置工作方案，起草全国草原变化图斑判读和核查处置汇总工作方案、草原变化图斑国家级复核方案；配合开展全国草原资源保护和执法监管技术培训，自主研发草原资源监管平台。

【荒漠化和沙化监测】 开展重庆市岩溶地区第四次石漠化调查监测检查指导和成果审核；完成全国沙化典型地区定位监测2022年度总报告汇编、毛乌素沙地沙化土地动态监测专题报告，指导督促山西、甘肃、青海、新疆4个省（区）开展沙化土地动态变化专题研究。

【湿地监测】 开展西藏、甘肃2个省（区）全国泥炭沼泽碳库调查质量中期检查，编制重要湿地修复方案编制指南，完善黄河三角洲湿地保护修复方案；完成甘肃、广西、江西、福建4省（区）5个项目的湿地保护修复工程项目摸底调查。

【助力自然保护地体系建设】 助力以国家公园为主体的自然保护地体系建设，抽调业务骨干赴新疆国家公园专班参与卡拉麦里国家公园创建工作；首次完成青海省河南蒙古族自治县吉岗山国家地质公园申报及青海省木里江仓草原公园总体规划；助推青海湖国家公园正式进入创建阶段，联合推进昆仑山国家公园（青海片区）科学考察工作，出版发行《青海自然保护地》。

【科学绿化】 承担西北监测区造林绿化空间适宜性评估汇总工作，及时组织开展省级成果预审；完成内蒙古、河北、青海三个规模化林场试点建设中期评估；起草黄河流域历史遗留矿山生态破坏与污染状况调查评价技术方案（林草湿部分），开展全国技术培训。编制的《新疆生产建设兵团第九师国土绿化试点示范项目实施方案》获得中央财政转移支付2亿元专项资金支持，为科学国土绿化提供有力技术支撑。聚焦生态保护修复中的政策和技术难题，与高校和科研院所联合推进陕西省榆阳区矿区生态保护修复工作；开展延安市光伏用地调研等，向国家林草局提交调研报告及政策文件修改建议稿；组织开展木里矿区生态保护修复成效监测评价工作，针对矿区草种资源生长期短、修复难度大等现象，联合陕西省航天育种工程研究中心开展生态草种航天育种试验，首批筛选的生态草种进入太空；组织上千人的技术队伍，完成重庆市森林资源专项调查工作。

【外来入侵物种与林草火灾风险普查】 完成林草湿生态系统外来入侵物种普查和草原有害生物普查试点工作；承担森林和草原火灾风险普查西北片区技术指导，组织完成各工作节点总结报告、汇报材料。

【服务地方林草建设】 成立内部联动机制、林草生态综合监测数据分中心建设、青海国家公园、内部管理信息化等重点工作专班，依托人才、技术优势，开展自然保护地体系整合优化、国家公园建设、生态工程绩效评价、林草发展规划、国家储备林建设、智慧林草、"双碳"规划等技术服务，全年签订各类服务合同759个。

【科技创新】 设立地基遥感设备在国土绿化试点示范项目中的应用探索等创新课题15个；创新碳汇评估技术与计量标准，累计开发碳汇项目50余项；主持研发的11个软件获计算机软件著作权登记证书，

草原样地大样方布设

"林长制智慧管理平台""宁夏智慧林草云平台"进入试运行阶段，《森林草原防火系统》实现技术专利转让；自主研发的用于自然保护地及生态红线勘界定标的智慧界桩系统正式投产使用；重点实验室野外生态监测站投入使用并采集各类数据60余万条。

【人才培养和队伍建设】 发挥老专家传帮带作用，在全院结成师徒63对；加大青年人才申报推荐工作，推荐3位同志参选国家级优秀人才；举办、组织参与各类培训28期，600余人次参训；增选一名院领导班子成员，完成11名处级干部的选拔任用和轮岗交流工作，选派17名干部挂职、援疆、援青，开展多岗位实践历练。

【质量技术管理】 完成ISO 9000质量管理体系换证工作；明确质量主管（副主管）和内审员岗位职责，修订完善质量手册和程序手册，提升质量管理体系运行效率；印发《对外协作项目质量管理办法》《关于进一步加强C级项目质量管理的通知》；紧盯重点项目，加大全过程质量管控力度，实现全年质量安全运行。

【推进全面脱贫与乡村振兴的有效衔接】 选派3名驻村干部助力乡村振兴，院领导与帮扶村进行现地座谈调研4次，被陕西省评定为省级单位定点帮扶考核"好"等次，

驻村工作队员荣获省级考核"优秀"等次。继续投入帮扶专项基金100万元，捐助帮扶村20万元，采购定点帮扶县及其他脱贫地区农副产品共79.53万元。

【精神文明建设】 举办第二届职工运动会；大力推动文化建设，制定印发《西北院文化建设体系及内容》《西北院文化设施建设工作方案》《西北院党委关于加强新时代廉洁文化建设的工作方案（2022—2024年）》，开展院文化展室和文化墙建设。

【内部管理和基础建设】 强化规章制度保障，修订出台生产管理办法、生产目标考核办法（试行）等12项制度；召开专题会议部署安全生产工作，扎实推进安全生产专项

整治三年行动，配齐配足野外生产装备，组织安全演练；全力做好常态化疫情防控，根据全国疫情防控态势，及时收集转发各地最新防控要求，发布疫情防控信息50余条，防控工作通知8次，向一线职工发送慰问信，成立物资保障组和暖心小组，全力解决新冠病毒疫情封控区职工实际困难；抓实安全保密工作，开展各类保密检查3次。完善提升基础设施，完成综合办公内网的云平台建设、网络设备国产化改造提升、院区环境优化、食堂改扩建等工作，推进西北院浐灞创新基地工程建设及地下车库、人防工程建设项目竣工验收备案；争取西安市支持，对院内老旧房屋进行维修加固。

【大事记】
2月22日 西北院与吴起县人民政府签订林业碳汇开发协议。
4月7日 西北院与西部第三方检测集团有限公司签署战略合作框架协议。
4月13日 西北院与陕西省林业产业集团有限公司签署战略合作框架协议。
4月22日 西北院与中国电建集团西北勘测设计研究院签署框架合作协议。
4月25日 国家林业和草原局召开2021年全国林草生态综合监测评价工作总结会议，对西北院及饶日光、侯晓巍、陈喆、郝家田四名同志予以表扬。
5月10日 西北院领导班子及相关处室负责人赴甘肃省林草局调

6月28日，西北院昆仑山科考团队开拔仪式留念

研座谈，并前往古浪县开展八步沙"六老汉"精神现场学习。

5月19日　西北院与西北农林科技大学在沪灞科研创新基地举行座谈，就设立西北农林科技大学校外就业创业实习基地签署协议。

6月1日　西北院编制完成的《青海省自然保护地发展总体规划》《三江源国家级自然保护区整合优化处置方案》通过专家评审。

6月14日　西北院编制的《祁连山国家公园设立方案》《祁连山国家公园符合性认定报告》《祁连

山国家公园社会影响评价报告》《祁连山国家公园综合科学考察报告》通过专家评审。

6月30日　西北院与陕西建工发展集团签署生态保护修复战略合作协议。

8月18日　西北院与重庆市林业投资开发有限责任公司签署战略合作框架协议。

8月22日　西北院组织召开西北监测区林草综合监测暨森林督查等重点工作视频推进会，国家林草局资源司、草原司、湿地司、荒漠

司相关领导到会指导。

9月1日　西北院编制的《陕西省渭南市国家森林城市建设总体规划（2021—2030年）》通过专家评审。

9月6—7日　2022年草原资源保护和执法监管培训班在西安举办，西北院牵头开展技术培训。

11月18日　旱区生态水文与灾害防治国家林业和草原局重点实验室第一届学术委员会暨2022年度学术会议在西安召开。

（西北院由王弋戈供稿）
（图片由西北院提供）

# 国家林业和草原局西南调查规划院

【综　述】　2022年国家林业和草原局西南调查规划院（以下简称"西南院"）在国家林业和草原局党组统一领导下，认真贯彻落实习近平新时代中国特色社会主义思想，全面履行职能职责，党建业务齐推进，完成林草资源监测（督查、检查）等指令性任务，在国土绿化与生态修复、草原保护修复、湿地保护修复、荒漠化（石漠化）防治、野生动植物保护、自然保护地体系建设等方面，发挥林草生态保护建设主力军的作用，为新时代生态文明建设提供服务和技术支撑。

【林草资源监测（督查、检查）】西南院完成监测区云南、四川两省林草生态综合监测阶段性任务，指导培训监测区开展工作，完成两期遥感变化图斑判读，开展图斑监测指导性检查和质量评定检查，编制监测成果报告。承担监测区森林督查阶段性任务，完成两批次森林督查图斑遥感判读和移交，完成森林督查内业检查和外业现地复核工作。完成云南、四川两省森林和草原火灾风险普查外业工作，涉及两省186个县（市、区），抽检样地338个。开展云南省166.3万个图斑（780万公顷）国家级公益林检查

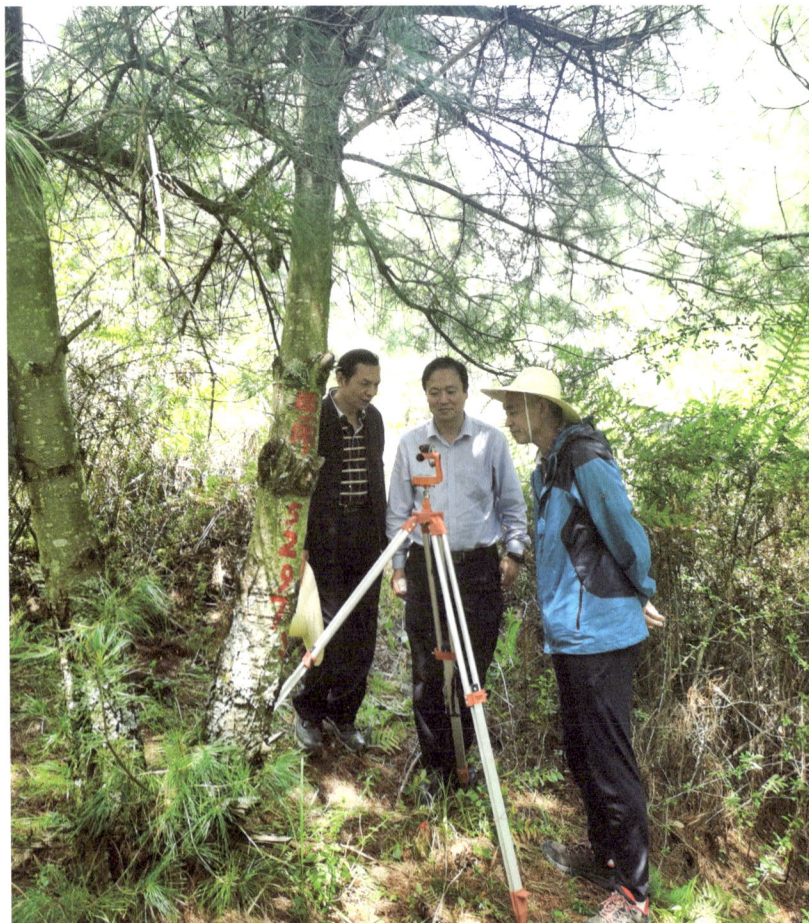

2022年9月5日，西南院领导在云南省寻甸回族彝族自治县开展森林样地质量评定检查工作（许先鹏　摄）

验收工作。承担高黎贡山地区、玉溪市红塔区等地的林草种质资源普查工作。

【国土绿化与生态修复】 西南院完成四川、云南两省造林绿化空间适宜性调查评估成果的内业数据审查及现场核实工作。承担赤水河流域（云南段）、拉萨南北山、毕节乌江重点生态区、东川金沙江、滇池流域等生态保护修复规划及设计任务。为西藏林芝市创建国家级森林城市提供技术指导。承担蒙自市、开远市等多个城市的储备林项目咨询、设计任务。在全面完成外业工作的基础上，2022年重点开展了西藏林业有害生物普查内业工作，基本完成了2018—2021年标本鉴定和整理，建立了西藏林业有害生物数据库，编制了县、市、自治区各级报告。

【草原保护修复】 西南院开展草原生态保护修复工程项目实施成效调研评价、国家级草原自然公园试点建设成效评价及草原变化图斑核查处置等工作；开展西藏自治区草原有害生物普查技术服务；承担大量西藏草原修复治理项目实施方案，完成西藏自治区草原生态修复示范区、乡土草种繁育基地建设方案及冬虫夏草资源普查工作方案编制；承担青海省草原自然公园发展规划及相关政策文件研编工作，开展以达日县为典型样板的高寒草原保护修复规划及典型实践经验研究；承担新疆乌鲁木齐等地多个国家草原自然公园总体规划编制。

【湿地保护修复】 积极推进湿地保护修复规范标准研究与制定，开展湿地监测评价课题调查与研究，完成全国第一部国家湿地保护强制性标准《湿地保护工程项目规范》的研编，开展《全国湿地保护率测算研究报告》《湿地资源监督管理办法》《建设项目占用国家重要湿地审核审批管理办法》及《湿地公园管理评估规范》（云南省地方标准）的编制工作。完成海南红树林、湖南麻阳锦江等十余处国家湿地公园总体规划修编以及河南民权黄河故道国际重要湿地、大理罗时江等湿地的保护修复规划设计编制工作。

【荒漠化（石漠化、沙漠化）防治】 负责监测区荒漠化（石漠化、沙漠化）专题监测工作的督导、技术指导和质量检查等工作；配合中南院完成监测区第四次石漠化调查成果审核审定；开展"长江重点生态区（含川滇生态屏障）石漠化治理生态效益监测评价指标体系构建及综合评价方法研究""洱海流域岩溶石漠化区的森林结构与特征研究""云贵地区岩溶山地石漠化综合治理工程生态效益评价指标体系构建研究"等课题。

【野生动植物保护】 推进亚洲象研究中心科研监测基础设施建设项目，为亚洲象国家公园创建申报提供技术支撑；发挥亚洲象保护专家委员会秘书处平台作用，代表中方出席第三届亚洲象分布国会议；深入开展人象冲突缓解关键技术研究；制定亚洲象保护重点地方标准。承担高黎贡山（西藏段）生物多样性和生态系统监测；承担墨江西岐桫椤、驮娘江猕猴、珠峰雪豹和长尾叶猴等专项监测；参与第五次全国大熊猫调查前期工作；承担西藏自治区林草湿生态系统外来入侵物种普查技术指导和部分市的调查工作。

【自然保护地体系建设】 开展武夷山国家公园、普洱太阳河等十余个自然保护地综合科学考察；开展海南热带雨林、武夷山等国家公园总体规划及海南热带雨林国家公园保护、特许经营、社区发展等专项规划编制工作；承担亚洲象、黄河口、高黎贡山、雅鲁藏布大峡谷等国家公园的创建设立及前期研究；开展国家公园配套法规制度体系等课题研究；编制20多个自然保护区和自然公园的总体规划；完善山东、西藏等省份的自然保护地整合优化成果；做好中国野生动物保护协会国家公园及自然保护地委员会秘书处工作。

【林业工程标准编制】 2022年，西南院主编完成《营造林工程监理规范》，这是我国林草系统的第一个中国林业工程建设协会首个团体标准；开展《湿地公园管理评估规范》《湿地保护工程项目规范》《湿地资源监督管理办法》等的编制工作。

【《林业建设》期刊编辑出版发行】 完成《林业建设》全年六期期刊的编辑和出版发行工作。

【职工队伍建设】 加强人才队伍建设，充分发挥专业技术优势。在队伍建设上，坚持"干部能上能下、人员能进能出、收入能多能少"的管理模式，并形成西南院特色，坚持给优秀年轻人提供更多的平台和施展的空间。根据国家林业和草原局下达的计划，依照严格的程序，2022年西南院公开招聘人员10名，其中博士研究生1名、硕士研究生8名、大学本科生1名。截至

2022年5月21日，西南院在普洱太阳河省级自然保护区科考时发现中国新记录种——*Diospyros filipendula*（尹志坚 摄）

2022年年底全院在职职工318人，其中博士研究生22人，硕士研究生189人，98%的职工具有大学本科及以上学历，享受国务院特殊津贴专家1人，教授级高级工程师14人（在职），高级工程师118人，各类注册执业资格人员203人次，涵盖29个专业。西南院通过选派技术干部援藏及到国家林业和草原局学习锻炼的方式，为年轻干部成长搭建平台，派出援藏干部6人，在国家林业和草原局学习锻炼4人。

【学术交流及科研工作】 积极开展专业技术培训与学术交流，提高技术人员业务水平。组织员工参加"林地项目审批相关事项交流会""森林防火技术交流会""ArcGIS在林草调查工作中的应用"等绿色大讲堂。4月国家林业和草原局亚洲象研究中心作为中方报告代表出席第3届亚洲象分布国会议。介绍中国近年来的亚洲象保护情况，分享中国在亚洲象保护工作中的经验和做法，认真听取其他分布国亚洲象的保护经验和建议。会议结束后，由13个分布国的代表共同商议并达成一致意见，形成《加德满都宣言》，为未来亚洲象的保护提供更多可供参考的经验和方向。

积极开展"国家公园事权清单研究""自然保护区内修筑设施审批政策研究与制定""生物多样性野外调查数据采集系统研发""亚洲象及其栖息地监测的天空地一体化大数据应用技术研究""人象冲突机制研究及应对处置（含栖息地改造技术研究）""勐海亚洲象隔离种群转移安置方案编制及相关论证"等项目。

2022年共申请专利4项，获得授权专利3项。完成"基于两期高分辨率影像的林地变化检测和自动区划技术研究""全国湿地保护率测算研究"等课题的验收；出版《国家公园设施绿色营建》专著1部。

【大事记】

2月22日 国家林业和草原局党组成员、副局长李树铭到西南院调研、指导工作，参观了国家林草局自然保护区及野生动植物西南监测中心标本馆，看望慰问干部职工，并听取亚洲象研究中心和西南院的工作汇报。

4月27—29日 第三届亚洲象分布国会议在尼泊尔首都加德满都召开，国家林业和草原局亚洲象研究中心作为中方报告代表以线上形式参与该会议。

5月11—12日 西南院到四川省与四川省林业和草原局、四川省林业和草原调查规划院（四川省林业和草原生态环境监测中心）对接交流2022年度森林、草原、湿地调查监测工作。

6月29日 西南院召开全体党员大会，进行党委、纪委换届选举。

6月 云南省委宣传部、省科学技术协会、省科学技术厅、中国科学院昆明分院联合开展2022年云南省"最美科技工作者"评选活动，国家林业和草原局亚洲象研究中心主任陈飞荣获2022年云南省"最美科技工作者"称号。

7月7日 西南院与国家林草局保护地司、国际合作交流中心一起参加第八届亚洲保护地伙伴关系指导委员会国际会议（线上），西南院参会代表介绍了中国以国家公园为主体的保护地体系建设成效。

7月15日 与西藏自治区林业和草原局在昆明共同举办以"加强草原生态保护修复 推进西藏草原高质量发展"为主题的西藏草原生态保护修复学术研讨会。

8月12日 在国家林业和草原局、云南省林业和草原局指导下，由中国野生动物保护协会、国家林业和草原局亚洲象研究中心主办的"保护大象家园 坚持人象和谐"的公益宣传活动在西双版纳野象谷举办。

8月20—21日 西南院承担设计的蒙自市国家储备林建设项目通过"国家优质工程奖"复查组专家复查。

（西南院由佘丽华供稿）

# 中国大熊猫保护研究中心

【综　述】 2022年，中国大熊猫保护研究中心（以下简称熊猫中心）积极履行新职能，主动担当作为，为助力林草事业高质量发展作出积极贡献。

**发展思路** 国家林草局党组高度重视熊猫中心发展，多次召开会议专题研究部署，局领导带队亲临熊猫中心调研，成立专班加强熊猫中心建设，为熊猫中心发展指明方向。熊猫中心抓住机遇，统筹谋划，完善"十四五"和中长期发展定位和发展目标，发展格局确定为"全面建设国家大熊猫饲养繁育中心、科学技术中心、调查监测中心、疾病防控中心、合作交流中心、文化宣教中心，努力造就世界一流大熊猫保护研究团队，早日建成世界知名大熊猫保护研究权威机构。"

**大熊猫饲养繁育** 落实谱系管理，共繁育成活大熊猫7胎13崽，协助2家合作单位繁育成活大熊猫3胎3崽，圈养大熊猫种群达到365只。其中，全年繁育的7胎大熊猫有4对双胞胎、2对三胞胎，三胞胎率达29%，创下新高。成功培训具有自然交配能力的雄性大熊猫2只，首次成功探索1.5岁幼年大熊猫寄养抚育实验。切实抓好4个基地日常管理，积极推进大熊猫饲养标准化管理和基地标准化管理工作，初步完成大熊猫饲养标准化管理系统平台建设，大熊猫饲养管理效能进一步提升。

**大熊猫科学技术创新** 完成大熊猫亲子鉴定9只。采集精液补充大熊猫冻精库存。2只大熊猫参与野外引种，引种繁殖存活大熊猫1只。完成2只大熊猫野化培训，稳步推进放归大熊猫生存状况调查，获得疑似野化放归大熊猫"张想"野外生存资料，大熊猫野化培训过程中适应能力评估、引种大熊猫活动变化规律等9个生态学研究项目取得阶段性结果。开展科研项目56个，结题验收31个。发表科研论文41篇，出版专著6部，获得发明专利6项、实用新型专利9项。

**大熊猫调查监测** 积极为大熊猫国家公园建设提供技术支持，参与编制大熊猫国家公园总体规划和监督工作规范。深入大熊猫国家公园各分局收集整理监测情况，完成大熊猫国家公园监测平台建设可行性报告。积极提高野外监测技术水平，联合北京林业大学、北京航空航天大学成功申报科技部2022年重点专项，探索实现复杂山地条件下的高效监测和精准识别。开展国家公园大熊猫可食竹开花监测，形成的竹子开花调查报告作为专报呈送国家林草局领导。及时起草提交大熊猫"五调"调查方案和技术规程，完善疫源疫病调查和野生个体DNA建档专项方案及预算，协助制定"五调"预算方案。

**大熊猫疾病防控** 坚持以"预防为主，防治结合"的原则，及时开展大熊猫年度体检和疫苗接种，做到"早发现、确诊断、快治疗"，有效控制大熊猫及伴生动物的发病率。针对圈舍严重不足、种群安全风险持续增高的情况，通过增加饲养管理人员、制订个性化饲养管理方案、加强兽舍环境消毒、做好疫源疫病监测，确保全年无传染病发生，有效保障大熊猫及伴生动物种群安全。全年治疗大熊猫及伴生动物440余次，完成大熊猫栖息地珍稀野生动物的死亡鉴定2次。

**大熊猫合作交流** 选派3批次专家赴卡塔尔开展场馆建设指导和验收、大熊猫运输、饲养管理指导等工作，2只大熊猫顺利赴卡塔尔

并引起广泛关注，卡塔尔埃米尔塔米姆与习近平主席会晤时予以充分肯定。启动4只大熊猫回国工作准备，线上线下指导印度尼西亚、芬兰、澳大利亚、新加坡等国大熊猫繁育工作。派出8批次15人次专业技术人员出境开展技术指导。特别针对大熊猫"团团"癫痫发作的情况，第一时间联合知名医疗机构建立大陆专家组，通过多次线上交流及时为台北动物园提供技术支持。完成泰王国驻成都总领事馆、亚太旅游联合会等22批次300余人次宾客接待任务。制定合作单位大熊猫公众教育管理办法和国内借展合作监督检查工作方案，协助国家林草局动植物司修改完善大熊猫国内借展管理规定和国际合作资金使用内部管理规定，为优化和规范大熊猫国内外合作提供方案。

**大熊猫文化宣教** 大熊猫文化建设持续推进，取得大熊猫电子商标证34件，挂牌四川省作家采风基地和实践点，编制大熊猫保护主题画册，大熊猫直播荣登"奋进新时代"主题成就展。大熊猫保护成果宣传成效显著，以创新大熊猫繁育、野化培训放归成果的"熊猫人"团队为重点，聚焦大熊猫产崽、赴卡塔尔等热点，在央视、新华社、《中国绿色时报》及全国卫视持续深入宣传，媒体转发单次最高超800家，成功构建中央级、行业、地方和自有新媒体联动宣传矩阵。募集公益资金（物资）680余万元，妥善处理负面舆情67起，

树立了正面形象，营造良好舆论环境。大熊猫科普教育蓬勃开展，开发课程30门，主办大熊猫保护主题科创讲解大赛，推出全球首次3D全景VR熊猫直播，组织"生态中国·熊猫e家"宣讲团走进10余所学校，深化与国家航天局、央视网"熊猫频道"合作，全球科普受众超过5亿人次，讲好了熊猫故事，传播了中国声音。

**内部管理** 根据熊猫中心新"三定"规定，完成19个内设机构"小三定"和37名职工部门调整，完成19名处级干部选拔任用（聘用）；完成6名干部试用期满考核，引进博士研究生1名。积极推进科技成果转化工作，完善收入分配制度。加强财务管理，修订内控手册，深化预算绩效管理体系建设，推进"猫均"定额测算研究。严格按照属地安全生产及疫情防控有关规定，抓实抓牢新冠病毒疫情防控工作，妥善应对"6·1"芦山地震、"9·5"泸定地震，确保人员及大熊猫平安。认真贯彻落实国家林草局党组对熊猫中心保护管理工作的部署以及关志鸥局长来四川调研指示精神，统筹推进成都总部、绵阳基地建设及核桃坪基地、都江堰基地改造等项目。

**妇委会换届** 12月12日，熊猫中心召开第二届妇女委员会妇女代表大会，圆满完成换届选举，选举产生新一届妇委会。

**团委换届** 12月30日，共青团中国大熊猫保护研究中心委员会召

大熊猫宝宝贺新春（李传有 摄）

开团员大会，圆满完成换届选举，选举产生第二届团委。

【2021级大熊猫宝宝亮相】 1月24日，熊猫中心2021级大熊猫宝宝集体亮相卧龙神树坪基地，向全国人民送上新春祝福。

【"科创中国"大熊猫国家公园创新基地成为首批"科创中国"创新基地】 8月22日，中国科协认定熊猫中心"科创中国"大熊猫国家公园创新基地为首批"科创中国"创新基地。"科创中国"创新基地是中国科协推动产学研协同创新和科技成果转移转化的合作载体，是促进跨界、跨域、跨境集聚配置创新资源的服务平台，是赋能科协基层组织建设的重要节点。此次熊猫中心创新基地建设周期为2022年至2024年。

【大熊猫引种并产崽】 8月23日，大熊猫"乔乔"通过野外引种繁殖存活1只大熊猫。3月23日，大熊猫"乔乔"经过适应性培训后转移至卧龙自然保护区天台山区域参与野外引种研究。3月28日和31日分别与野生大熊猫完成自然交配。4月28日，从野外回捕到核桃坪基地进行配种后的饲养管理。8月23日顺利产仔。

熊猫中心自2017年实施大熊猫野外引种项目以来，共6批次15只次大熊猫参与引种实验，先后繁育6胎存活8崽，初步建立了野外引种和野外监测技术体系。

【大熊猫赴卡塔尔】 10月18日，熊猫中心大熊猫"四海""京京"启程赴卡塔尔开展大熊猫保护研究合作。这是大熊猫首次旅居中东地区。

【设立院士（专家）创新工作站】 10月19日，成都市科学技术协会等9部门批准熊猫中心设立2022成都市院士（专家）创新工作站。

【全球首次3D全景VR大熊猫直播】 11月5—6日，为让更多人参与到大熊猫及其栖息地的环境保护中来，PICO视频携手熊猫中心，发起"全球首次3D全景VR大熊猫直播"活动，给不同年龄段人群献上一场沉浸式大熊猫"云投喂"之旅，让其参与到大熊猫保护的线上互动中，实现"足不出户看熊猫，身临其境赏秋色"的特别体验。

【荣　誉】 5月15日　全国妇联授予熊猫中心刘春华家庭"2022年全国最美家庭"称号。

9月8日　熊猫中心都江堰基地党支部"党建创五型　熊猫享幸福"品牌被国家林草局直属机关党委推选为基层党建优秀创新案例。

（熊猫中心由罗春涛供稿）

# 四川卧龙国家级自然保护区管理局

【综　述】 2022年，卧龙坚持发展和保护相统一、绿水青山就是金山银山的生态文明建设理念，坚定"保护优先、绿色发展、统筹协调"发展思路，以党建统揽全局工作，凝心聚力、真抓实干，资源保护、环境整治、经济发展、社会治理等方面取得了较好成绩。

【生态建设】 编制2022年天然林保护修复资金使用预算方案，规范实施协议管护，签订管护责任书1665份6335人，兑现管护费437.12万元。印发《大熊猫国家公园卧龙片区监测巡护实施方案》，以任务表形式明确监测巡护样线数据采集，大熊猫重点区域种群动态监测，热点或疑似图斑核查，禁采笋、禁挖药，高远山专项巡护，日常巡护监测App使用等方面的巡护监测，完成了62条样线巡护监测任务。

**大型兽类网格化监测工作** 有针对性地对调查区域进行调整，将原有的7个调查片区调整为8个，包括老鸦山、五一棚、梯子沟、仓王沟、西河、中河、正河火把沟、七层楼。在七层楼区域新增4个位点布设红外相机，并对既往因相机丢失、损坏等原因造成数据缺失的位点进行补充，现卧龙大型兽类网格化监测野外红外相机位点共计144个。

顺利完成下半年样线巡护监测野外调查工作和数据统计分析报告，共有62条样线，主要分布在皮条河两侧的梯子沟、银厂沟、巴朗山、老鸦山、七层楼沟、贾家沟、苍旺沟、九大包及正河沟、西河、中河等大熊猫活动较为频繁区域。共记录了大熊猫及其伴生动物痕迹点位532个，其中，大熊猫痕迹点位61个，四川羚牛点位78个，水鹿点位116个。

**冬季反盗猎及清山清套专项行动** 10月底至12月中旬，开展了冬季反盗猎及清山清套专项行动，重点加强野生动物活动密集区域的猎套、猎夹等清理工作，消除威胁野生动物的隐患。在七层楼沟、牛头山、五一棚、关门沟等区域进行高远山巡护8次，出动人员684人次，收缴新、旧猎套51根，劝离游客6名，药材野菜采集人员18名，撤除野外棚子1个；开展公路巡护、夜巡28次，出动人员267人次，检查车辆133台次；检查辖区内所有餐馆及施工单位食堂3次，出动人员53人次。

【科学研究】 开展卧龙国家级自然保护区亚洲黑熊种群数量与密度估计、水鹿对卧龙大熊猫栖息地的

小熊猫（何晓安 摄）

绿尾虹雉（何晓安 摄）

影响研究、基于高分系列卫星数据的卧龙保护区3700米以下区域的生境详细制图、卧龙保护区珍稀野生动植物专项调查研究（羚牛延续项目）、大熊猫国家公园卧龙片区大熊猫生境调查与分析项目、巴朗山杓兰调查研究（和中科院成都生物所合作）、大熊猫DNA调查、大熊猫主食竹调查、雪豹及绿尾虹雉等野生动物的野外调查等研究，并达到预期绩效目标。发表《卧龙国家级自然保护区雪豹与牦牛活动的时空关系》《四川卧龙国家级自然保护区多空间尺度下绿尾虹雉的生境选择》《四川兰科植物一新记录属——蛤兰属》等9篇科研论文（4篇普刊、3篇核心、2篇SCI）。协

助四川省大熊猫国家公园管理局编写了邛崃山系雪豹调查操作技术规程，完成了卧龙自然保护区雪豹现状调查及高山生态系统有效性评估报告。主持、主研、参与《大熊猫国家公园卧龙片区兰科植物多样性及保护研究》《牦牛放牧对绿尾虹雉的影响机制研究》《卧龙自然保护区食肉动物多样性、分布及生态功能的初步研究》等5项课题；申报实用新型专利3项、获授权实用新型专利2项；调查发现、命名发表新物种2种（卧龙盆距兰、和民盆距兰）、四川新记录属1属（蛤兰属）、四川新记录2种（高山蛤兰、中华盆距兰）及保护区新记录植物30余种。

**【发现兰科植物新种"卧龙盆距兰"】** 四川卧龙国家级自然保护区工作人员在辖区兰科植物多样性调查期间，再次发现兰科植物新种——卧龙盆距兰。这是大熊猫国家公园卧龙片区科研人员继卧龙无柱兰之后，调查发现、命名发表的第三个植物新种，相关文章以*Gastrochilus wolongensis (Orchidaceae): a new species from Sichuan, China, based on molecular and morphological data*为题于7月19日在线发表在生态学国际期刊*Ecosystem Health and Sustainability*上。

**【发现新植物翼萼蔓】** 11月2日，卧龙邓生保护站工作人员在邓生沟的日常巡护监测中发现一种未曾见过的植物。经工作人员初步判断是龙胆科植物。随后拍照采样，送样本到四川大学陈春林博士处，经鉴定为龙胆科翼萼蔓属的植物翼萼蔓，最终确定为卧龙保护区新记录属植物翼萼蔓。

**【首轮独叶草野生种群调查】** 独叶草是距今6700万年前的孑遗植物，它对生存环境要求近乎苛刻，被认为是优异生态环境的"天然指示器"，具有较高的研究价值和药用价值。4—10月，卧龙开展了首轮独叶草野生种群调查工作。通过前期走访调查加后期样线与样方调查的方式，发现卧龙独叶草主要分布在邓生沟、羊角湾和五一棚三个区域。通过对三个区域独叶草生

中华盆距兰（程跃鸿 摄）

境、数量、生长状况、物候特征及面临的威胁等方面的调查研究，可以为准确评估卧龙独叶草的资源状况提供数据支撑，为保护卧龙这一珍稀植物提供决策支持。

【大熊猫国家公园建设】 大熊猫国家公园标准化标桩标牌、大熊猫国家公园标准化视觉设计制作、大熊猫国家公园标准化服装等标准化建设项目有序开展。完成33个点位的大熊猫国家公园疑似图斑核实和户籍人口数据统计，国家公园卧龙片区涉及户籍人口4947人，园内户籍人口数和常住人口数均为1029人。完善大熊猫国家公园卧龙片区网格管理，卧龙片区划分为5个责任网格，负责面积共194326公顷，明确网格主，完成网格化管理责任人信息登记，明晰管理权责。

【森林草原防灭火】 印发《2022年卧龙特区保护区管理局森林草原防灭火包片联系督导工作实施方案》，进一步明确包保责任，引导干部职工知责于心，履责于行。开展防火巡查、联合检查，制止违规野外用火1起。进社区、学校、企业、景区等宣传100余次，发放宣传资料1000余份，森林草原防灭火意识深入人心。督导全区护林员熟练使用数字熊猫（DPS）监测即报App，防火期保持每日上线打卡率达80%以上，一对一培训两镇各级包干同志使用森防App完成相关工作任务。经过不懈努力，卧龙顺利实现连续49年无森林草原火灾发生。

【环保督察】 切实履行监管责任，对涉及卧龙自然保护区人类活动的11个疑似问题，采取点位信息录入GIS和手机App定位到现场拍照取证的方式进行核查，对都江堰至四姑娘山山地轨道交通扶贫项目建设用地报征范围内疑似存在的非农建设痕迹有关情况采取现场核查、取证并套合汶川历年卫片图斑等方式进行核查，严禁因项目实施产生新的环保问题。通过制订砂石整治问题清单、任务清单、责任清单等，将砂石整治工作责任落实到最小单元。按照小水电分类退出方案，完成"一站一策"方案。设置临时搭建牦牛屠宰和处理点，缓解村民多点位屠宰、售卖牦牛肉造成的环境问题。及时处理群众环保投诉事件13起，狠抓环境问题整改，积极回应群众关切。

【社区发展】 结合脱贫攻坚成果同乡村振兴有效衔接，抓好森林康养、生态旅游等绿色发展的基础性、公益性服务设施建设，实施"三生产业"，积极推进耿达—卧龙熊猫特色小镇创建，国家公园入口广场建设、游步道及生态观景平台建设，配合做好阿坝州全域旅游创建氛围营造、环境整治工作，发挥精品民宿示范带动作用，强化旅游从业教育培训，鼓励民宿经营户差异化、特色化发展。全年，全区接待游客105万人次，相比2021年增加13.22万人次，同比增长14.4%，实现旅游收入11659.76万元，相比2021年增加6243.61万元，同比增长115.28%。持续抓好农村产业发展，全区茵红李种植面积达145.83公顷，羊肚菌种植面积0.67公顷，重楼、白及等中药材种植面积8.93公顷，莴笋、莲花白等蔬菜种植面积66.67公顷。2022年，全区农村经济总收入12311.34万元，相比2021年增加1454.89万元，同比增长13.4%，农村人均纯收入16832.33元，相比2021年增加1809.73元，同比增长12.05%。

【安全生产】 印发《关于落实防汛"一对一"包保责任制的通知》《关于加强避暑游客安全管控的紧急通知》《卧龙安全生产大检查工作方案》《贯彻落实国务院安委会安全生产十五条硬措施》等文件，不断完善防灾减灾和安全生产制度体系。针对"6·01""6·10"两次地震和"7·12"山洪泥石流灾害进行灾后排查和山洪易发区排查，开展应急清淤18万立方米，加快推进水毁、防洪治理主体工程建设，完工率100%，保证主汛期行洪能力，实现安全度汛。开展各类型防灾减灾应急演练100余次，参演人数1000余人次，对防灾减灾和安全生产预案进行修改完善。全区共有302户农户参加地震巨灾保险，投保费用合计41690元。

【重点工程】 持续保障都四米轨项目，参照《阿坝州人民政府办公室关于印发阿坝州高速公路工程建设征地拆迁补偿方案的通知》明确项目征地拆迁赔付标准，已交付项目用地57.96公顷，启动社保安置工作，基本完成4～6标段电力迁改工作。按计划于10月31日完成卧龙特区污水处理设施及管理恢复重建项目竣工验收，启动环保督察销号程序。四川卧龙国家级自然保护区保护站（点）建设项目和洪涝灾害恢复重建项目，已完成全部建设内容等待竣工验收。

【大事记】
2月22日 卧龙保护区管理局局长何小平带队检查督导耿达片区环保工作，区局党委副书记、纪委书记杜军，管理局副局长何廷美，特区副主任、耿达镇党委书记何强陪同检查督导。

3月17日 卧龙召开2022年防灾减灾暨安全生产工作会议，特区主任陈林强，特区副主任柯仲辉、何强、周义贵，卧龙镇、耿达镇党委政府，行政办公室、人事与劳动保障局、财政局、资源管理局、交通局、公安分局、村两委及都四项目业主单位、施工单位相关负责人参加会议。会议由管理局局长何小平主持。

4月6日 卧龙完成2021年度大型兽类网格化监测，鉴定出11目26科57种野生兽类和鸟类。

5月15日 省人大常委会副主任、阿坝州委书记刘坪在卧龙督导习近平总书记防灾减灾救灾重要论述贯彻落实情况，调研防汛减灾、"8·20""8·17"灾后恢复重建、防范化解重大自然灾害风险等工作，卧龙特区、保护区管理局党委书记段兆刚、特区主任陈林强陪同调研。

5月18—19日 四川省政协副主席刘成鸣带领由政协立法协商专家组、省司法厅、法制处、四川大学法学院的教授等组成的调研组到卧龙就开展《四川省大熊猫国家公园管理条例（草案）》立法协商调研。

7月12日 受局部短时间强降雨影响，卧龙特区卧龙镇足木山沟、金银壕沟和耿达镇正河沟、贾家沟河水暴涨突发山洪，350国道线核桃坪路段和关门沟路段相继发生泥石流。灾害造成的耕地受损和灭失，道路、堡坎、桥梁、水管、电线等基础设施损失共计约1700万元。

**7月15日** 四川卧龙国家级自然保护区管理局在都江堰市组织召开2022年第二季度资源保护工作交流会议，卧龙特区、保护区管理局党委书记段兆刚，管理局局长、副局长，卧龙镇、耿达镇人民政府，资源管理局、旅游局、信息化工作办公室、应急管理局、邓生保护站、木江坪保护站、三江保护站及投资公司负责人、业务骨干共60余人参会。

**7月27日** 副省长尧斯丹带领省政府副秘书长及省政府办公厅、省水利厅、省林草局、大熊猫国家公园四川省管理局相关负责同志一行前往卧龙检查防汛减灾、地质灾害防治工作，并调研指导大熊猫国家公园建设工作。

**8月23日** 卧龙保护区管理局对四川达州籍男子李某违规穿越卧龙自然保护区核心区的行为作出5000元罚款，并承担所有搜救费用

的处罚。

**9月15日** 组织开展非防火期森林草原防灭火应急演练，耿达镇防火办、半专业扑火队伍、各村两委共计70余人参加。

**9月26日** 卧龙特区、管理局在区局会议室组织召开都四项目综合标（卧龙段）施工启动协调工作会议，卧龙特区主任陈林强、管理局局长何小平，都四轨道项目卧龙协调领导小组全体成员，卧龙镇、耿达镇人民政府所辖6个村支部书记，都金公司、都四项目综合标指挥部及1～3分部主要负责人共50余人参会，会议由特区副主任何明武主持。

**9月28日** 按照区、局统一安排部署，党群工作部、纪委办公室、行政办公室、经济与发展计划局、旅游局、资源管理局、工商局、交通运输局、农村工作办公室、卧龙公安分局、卧龙镇人民政府、耿达镇人民政府抽调工作人员组成综合治理小组对国道350七层楼至头道桥沿线开展全域旅游环境

综合整治工作。

**11月2日** 卧龙发现龙胆科翼萼蔓属的植物翼萼蔓。

**11月5日至11月底** 卧龙顺利开展并完成了2022年下半年卧龙雪豹行为生态学与种群保护研究项目野外调查工作。

**11月23日** 卧龙特区人事与劳动保障局组织中铁五局相关人员开展政策进企业座谈会，主要讲解《保障农民工工资支付条例》《四川省工伤保险条例》《阿坝州建筑施工企业务工人员参加工伤保险实施》等内容，以此警醒企业增强贯彻落实法律的自觉性。

**12月21日** 按照卧龙特区、保护区管理局安排，区局森林草原防灭火指挥部组织，都四项目综合7标项目部承办，在龙岩拌合站处开展森林草原防灭火综合应急演练，2支队伍，区局应急、林草、交通及卧龙镇政府，项目施工人员等80余人参加演练，指挥部指挥长陈林强、何小平到场指导。

（卧龙保护区管理局由明杰供稿）

# 大兴安岭林业集团公司

**【综述】** 大兴安岭林业集团公司（以下简称"大兴安岭集团"）实施"强党建、优生态、促发展、惠民生"总体战略，坚持"稳扎稳打、抓实抓细"工作主基调，以"三转三改三提升"（转思想、转思维、转思路；改进工作作风、改进工作方法、改进工作方式；提升资源配置效率、提升工作实际效能、提升职工幸福指数）为抓手，全面推进"五大工程"（政治领航、党建筑魂、文化引领、人才强企、清风净土）、奋力答好"五张答卷"（生态、改革、发展、管理、民生），"三年三步走、三年开新局"行动计划圆满收官。森林防火综合能力得到历史性提升，"五统一"（队伍建设统一、装备

设备统一、技术应用统一、指挥系统统一、管理制度统一）标准化体系初步建成，森林防火感知系统正式上线应用并达到国内领先水平，"平安清明战役""五月攻坚战役""六月决胜战役""金秋保卫战役"取得全胜，26起雷击火均在24小时内扑灭，平均灭火时间1小时36分钟，林地过火面积仅为37.94公顷，林地过火率0.005‰，持续保持"人为火不发生，雷击火不过夜"的工作目标。全面推进落实林长制，加大森林督查和保护森林资源专项行动力度，开展林草湿综合监测和森林可持续经营试点工作，巩固野生动植物保护成果，森林资源得到有效保护，森林覆盖率增加至86.2%，林分平均公顷蓄积提升

至87.20立方米，林区生态功能逐步增强，森林和湿地生态系统服务功能总价值量达到7975.03亿元/年，位居六大重点国有林区之首。"两地两带四园"（建设北部康养基地、建设南部康养基地；开发生态文化旅游带、开发沿江民俗旅游带；建设道地药材生态产业园、建设绿色食品生态产业园、建设野生浆坚果生态产业园、建设生物能源产业园）生态产业发展布局初具规模，先后创建一批国家林下经济示范基地、农产品优势区、国家级有机食品示范基地，特色经济产业实现产值8.5亿元。大兴安岭集团Logo正式确定并使用。成功举办"中国·图强湿地论坛"，九曲十八湾、双河源两处湿地纳入《湿地公约》国

大兴安岭林业集团公司开展森林防火空地协同作战

际重要湿地名录。大兴安岭国家公园正式被纳入《国家公园空间布局方案》。

【森林防火】 大兴安岭集团坚持"林地协同，联防联控，防扑一体"，扎实推进"人技结合"，综合运用"空天塔地"林火监测手段，加强无人机"三清"、北斗智能巡护、防火码入山管控等科技应用，探索"以水灭火"技术应用，不断提升森林防火综合能力，取得"人为火不发生，雷击火不过夜"的骄人战绩。科学修订完善森林火灾应急处置、集中爆发雷击火应急处置等各项预案。购置配发各类防灭火车辆115台、高性能无人机56架。改造直升机取水池9处，新建及维修防火公路1743.3千米、桥梁64座、涵洞644道、瞭望塔72个、塔房77个、塔路187.4千米、营房13325平方米、训练场155800平方米、车库3603平方米、物资库625平方米，提升森林防火综合保障水平。筑牢宣传教育防线，增设大型宣传牌22块、大型"虎威威"语音宣传设备10套。大兴安岭集团上下联动开展"5·6"特大森林火灾35周年大型反思宣传活动，出动6800余名工作人员、车辆463台、航空消防飞机10架、无人机26架，宣传法规条例、防火知识，共发放宣传品18万余份。以"三本台账"（重点风险隐患部位台账、野外作业点统计台账、风险隐患整改台账）为抓手，全面推行网格化管理，115个检查站、427个管护站利用入山

管理系统、防火码等技术，严查严管入山人员车辆。222支巡护队、193个"三清"工作组高频次开展拉网式排查，累计收缴火种3372个，清理违规入山人员483名。林地双方自上而下实行三级包保，强化"四个联防"（林地联防、战区联防、林农联防、协作单位联防），执行"三清单一承诺"（责任清单、任务清单、督查清单；森林草原防火责任和任务承诺书）工作机制和"两书一函"（整改通知书、约谈通知书；森林防火火险隐患问题提示提醒函）制度，32名厅级、172名处级、623名科级包片干部，深入一线查隐患、堵漏洞。共排查整改11类649个问题隐患，下达整改通知书、提示提醒函181份，约谈7人，给予"第一种形态"处理6人。利用"空、天、塔、地、物联感知"五位一体监测网络，建成森林防火感知系统，该系统获得国家软件著作权6项、国家发明专利1项、国家实用新型专利1项。投入扑火总兵力14485人、航空消防飞机54架，共计飞行1576架次，飞行2538小时03分，飞机运送物资6吨，洒水148吨，高效开展"追雷行动"，26起雷击火平均灭火时间1小时36分钟，林地过火率仅为0.005‰，创造历史性佳绩。

【森林资源管理】 以"生态创优为主线"，全面推进落实林长制，建立三级林长管理体系和林长制督察体系，设立各级林长767名，督察长16名，林长制办公室123个、

督察办公室9个。完善林长制各项制度、考核方案、办法，下发大兴安岭集团总林长命令及林长制工作要点。各级林长全年巡林5218次，设置林长制公示牌174处，印发、张贴大兴安岭集团总林长命令500份，印发林长制方案制度汇编、宣传手册、宣传单等11000余份。创新管护管理方式，以森林资源管理"一张图"为基础，依托森林防火感知系统，建立林长制智能管护系统，利用"3S"技术对管护过程精细管控、巡护实时精准定位、事件发生及时上报。大力推进依法治林，加大森林督查和保护森林资源专项行动力度，对各类破坏森林资源违法行为零容忍，林业行政案件数量持续保持低位，森林督查疑似图斑新发生案件数量首次为零。加强林地管理，严格执行林地保护利用规划，严格林地用途管制，严把使用林地审核关口，统筹林地定额使用，审核报送国家林草局获得批复永久使用林地项目23个，审核报送大兴安岭行署获得批复直接为林业生产服务项目、临时使用林地项目120个。扎实开展林草湿调查监测和森林可持续经营试点工作，与国家林草局重点国有林区森林资源监测中心共同成立林草湿调查监测工作专班，制定工作实施方案和操作细则，林草湿外业调查样地472块，图斑监测1337块，外业调查进度位列重点国有林区第一位、全国第六位。实现活立木总蓄积、森林面积、森林覆盖率"三增长"，较集团公司成立前分别增长0.27亿立方米、1.05万公顷、0.12个百分点，达到6.29亿立方米、688.55万公顷、86.26%。

【生态修复】 完成人工造林284.31公顷，补植补造8027.53公顷，低产低效林改造1424.67公顷，偃松林培育3572.67公顷。开展兴安落叶松、云杉采种工作，共采集兴安落叶松球果16949.65千克，调制种子95.6千克；采集云杉球果22110千克，调制种子415.9千克。完成松材线虫病疫情防控松林普查面积344.75万公顷，实施林业有害生物监测调查面积374.09万公顷，监测统计林业有害生物发生面积14.71万公顷，成灾率为零；完成林业有害生物防治

大兴安岭林业集团公司开展森林督查疑似图斑现地核查

作业面积4.24万公顷，无公害防治率97.2%；完成种苗产地检疫0.81万公顷，检疫苗木6267.64万株，种苗产地检疫率100%；外调苗木复检959.08万株，外进松木复检1901.34立方米，复检率100%。"大兴安岭林业集团公司重大林业有害生物灾害防控体系能力提升建设项目"初步设计得到国家林业和草原局批复，申报"大兴安岭林业集团公司（韩家园）寒温带珍贵用材树种林木种质资源保存库建设项目""大兴安岭林业集团公司（塔河）国家鱼鳞云杉种质资源保存库建设项目"纳入种质资源保存库名录。塔河林业局天然母树林、加格达奇林业局翠峰良种基地通过黑龙江林木良种审（认）定委员会验收审定，大兴安岭集团首次获得省级审定的天然母树林良种，标志着大兴安岭集团林木良种建设和应用取得新的突破，改写大兴安岭地区无天然母树林良种的历史。自筹资金3572万元建设国有保障性苗圃，苗木总量4994.64万株，共计用苗1771.29万株，苗木自给率由天保二期的24.3%提高到63.5%。培育红松和北美短叶松苗木6万株。完成种子园割灌抚育273.33公顷、樟子松种质资源保存库抚育5公顷、采穗圃抚育13公顷、试验林抚育56.67公顷及高世代种子园建设工作。

【天然林保护工程】 把天然林保护修复工作纳入企业目标责任考核指标，常态化开展工程实施监督，使森林资源得到全面保护，森林覆盖率增加至86.2%，林分平均公顷蓄积提升至87.2立方米，生态功能逐步增强，森林和湿地生态系统服务功能总价值量达到7975.03亿元/年，其中，森林生态系统服务总价值量6034.11亿元/年，占全国比重为3.63%。国家投入大兴安岭林业集团公司中央财政资金34.10亿元，主要用于林业生态保护恢复和林业改革发展等资金支出。全面评估天保工程实施24年和全面停止天然林商业性采伐后取得的生态效益、经济效益和社会效益。配合国家林草局编制《全国天然林保护修复中长期规划（2021—2035年）》。

【产业发展】 围绕"两地两带四园"产业布局，创新产业体系，树立市场导向，特色经济产业实现产值8.5亿元。中药材、旅游、食用菌、浆坚果、森林养殖产业分别实现产值1.1亿元、0.37亿元、1.48亿元、3.49亿元、0.63亿元。举办大兴安岭全国摄影作品展暨森林生态产品展，通过浙江卫视、浙江交通台、新媒体平台（抖音、快手等）等宣传推广生态旅游、森林康养，取得良好效果。制定《大兴安岭林业集团公司注册商标管理办法（试行）》，规范使用品牌，完成对12家企业商标授权，覆盖食用菌、精制坚果、矿泉水等9个系列产品。对"大兴安岭"方章申请商标增项，新增第29类食用油产品。组织参加第15届中国义乌国际森林产品博览会，共展出食用菌、中药材、山野菜、浆坚果、森林养殖、有机农产品等8个大类230余种产品，获得金奖29个，优质奖36个，工作突出个人奖4个。创新会展模式，开展产销对接活动，与义乌市市场集团、黑龙江商会等26家单位召开产销对接座谈会。

【林业计划统计】 争取国家基本建设资金4.65亿元，较2021年增长21.73%，实施建设8类48个项目。申报中央投资建设项目22个，申报项目总投资15.31亿元。完成生态保育、水毁桥涵、扑火营房、保护区、有害生物防治等5类21个中央投资项目初步设计的初审及报批工作，评审概算总投资4.5亿元。规

大兴安岭林业集团公司职工养殖灵芝

范项目建设管理，严格落实"四制"，强化项目建设各环节责任，逐级逐项落实责任人，确保建设项目规范有序、高效实施。严格执行统计法律法规和国家统计调查制度，围绕集团的主责主业和高质量发展实际，积极推进林业统计调查制度改革，加强和规范统计数据，不断提高统计数据质量，林业统计工作连续5年获得国家林草局的通报表扬。2022年，大兴安岭集团经济稳中向好，实现林业产业总产值66.2亿元，在岗职工人均年工资5.89万元，同比增长19.1%。

【国家公园创建】　组建大兴安岭国家公园创建工作推进专班，制订工作推进时间表、流程图。编制完成《大兴安岭国家公园创建方案》及科学考察和符合性认定等6个专题报告，呈报国家林草局，大兴安岭国家公园被纳入《国家公园空间布局方案》。松岭、呼中、塔河3个林业局和多布库尔、绰纳河、岭峰3个国家级自然保护区被纳入国家发展改革委员会大兴安岭国家公园"十四五"时期文化保护传承利用工程3亿元储备项目。

【湿地资源保护】　成功举办"中国·图强湿地论坛"，并被纳入《湿地公约》第十四届缔约方大会东道国重要活动之一。九曲十八湾、双河源两处湿地纳入《湿地公约》

国际重要湿地名录，大兴安岭集团国际重要湿地数量由1处增加到3处。全面推进湿地资源保护管理体系在生态区位、生物多样性、面积以及维护生态功能的重要程度上分级管理，落实大兴安岭集团与各林业局、国家级自然保护区的湿地保护管理责任。双河源等9个国家湿地公园管理机构正式挂牌成立，甘河国家湿地公园（试点）验收完成。认定发布6处"大兴安岭集团重要湿地"。

【自然保护区管理】　构建起国家级自然保护区生物多样性监测基础体系，各国家级自然保护区全部纳入全国林草系统生物多样性监测平台，建设监测样地17块、样线38条、冻土观测井3处。呼中、岭峰国家级自然保护区分别更新完成科学考察报告和植物资源调查报告。自然保护区能力建设补助资金增加到1750万元。呼中5期、多布库尔2期、岭峰1期国家级自然保护区基础设施建设项目可研相继获批。开展2022年度自然保护区监督检查专项行动，对破坏自然保护区资源行为保持"零容忍"，大兴安岭集团国家级自然保护区内无疑似点位问题。

【野生动植物保护】　开展"世界野生动植物日""爱鸟周"等主题宣传活动，其间累计开展宣传启动仪式137场次，悬挂宣传条幅527

条，发放宣传单48900份，电视专题报道24片次，报刊报道12篇，微信网络宣传240篇；开展保护野生动物和保护野生兴安杜鹃等专项行动，共出动巡护值守联合检查人员6697人次，车辆1933台次。推进外来入侵物种普查工作进程，组建大兴安岭集团普查工作组织体系和专家团队，制发工作方案、技术规程，完成普查面积94万公顷，超额完成17.9万公顷，筑牢野生动植物保护屏障。

【人力资源】　健全完善人员调动、招聘工作人员、涉劳信访风险防控、干部人事档案材料收集归档等20余项制度和工作流程。建立年龄、学历、保险等6个方面的在职人员信息库。转岗安置283名林火扑救专业队员，招聘补充扑火队员562人。开展2022年公开招聘工作人员工作。与东北林业大学签订《支林计划合作协议》，第一期支林大学生已完成对接工作。对后调入总部企业身份人员执行林直单位工资标准，解决同工不同酬问题。

【科技创新】　大兴安岭集团牵头内蒙古森工集团、龙江森工集团、吉林森工集团、陕西林业集团、四川林业集团等8家单位成立中国林业经济学会国有林区创新发展专业委员会，国家、大兴安岭集团、各林业局三级科技创新投入机制基本建立。与国家林草局科技司共同谋划"林草科技进兴安"三年行动，计划在5个方面实施重大科技任务58项。与东北林业大学签署战略合作协议，新建科技创新平台3个，开展产学研合作项目20余项，承担国家重大科技创新活动2次。国家林草局"揭榜挂帅"项目"森林雷击火防控"位列2022年全国林草科技十件大事第二位。神州北极木业公司与中国林科院木材工业研究所合作成立国家林草大跨度胶合木材料工程技术研究中心。在重点国有林区中首次应用飞机搭载激光雷达系统开展森林资源监测。构建森林经营"一张图"数字化网络云管理平台。轻基质育苗技术科技成果推广力度不断加大，累计生产轻基质容器3000万个，完成轻基质育苗1323万株，实现一年三季造林。加格

神秘极光——龙江第一湾（大兴安岭林业集团公司　供图）

达奇、韩家园2个林业局通过中国森林经营认证，认证经营面积1442191.9公顷。大兴安岭集团所属大兴安岭北极冰蓝莓酒庄有限公司、大兴安岭十八驿饮品有限责任公司等6个企业的6个系列16个产品通过中国森林认证—产销监管链认证。

**【安全生产】** 修订风险分级管控制度等11项制度和6项工作流程。编发《冬季安全生产形势分析与风险研判》，防范化解风险隐患，加大煤矿、营林生产、农业等重点行业领域安全管理力度，实现生产安全零事故，保持安全生产形势持续稳定。重点开展燃气安全排查整治等四项安全生产检查专项活动，派出各类安全检查组1613个，检查人员5234人次，查改隐患4035项。组织基层单位开展安全生产"公开课""大家谈""班组会"等学习活动87场，参与3860人次。组织开展安全生产知识线上答题活动，12168名职工参赛。大兴安岭集团安全生产处被黑龙江省政府授予"生态环境先进集体"称号。

**【审计监督】** 大兴安岭集团改进管理体制、机制，发挥内部审计防范风险和保值增值作用，依法履行审计职责，各项工作取得明显成效。完成审计15项，其中，完成经济责任7项，中央财政资金审计4项，中央投资基本建设竣工决算审计3项，职工增收专项审计调查1项。审计资金总额73亿元，审减工程支出59万元，审计查出问题33个，主要是内部控制风险与管理方面问题，涉及资金747万元，提出审计意见和建议32条。

**【宣传工作】** 在全媒体发布重点工作新闻稿件40351篇次，其中，在国家林业和草原局政府网推出报道267篇，在集团公众号推出稿件1255篇。制作宣传片249个、短视频4095个。大兴安岭集团Logo正式确定并使用。大兴安岭集团"讲百年党史 诵红色经典"读书项目荣获黑龙江省优秀读书项目。综合生态旅游、森林防火、资源管护等重点工作，评选出生态文化品牌11

个；征集林草诗歌45首，在北极光文学杂志社推出"林业沧桑巨变"文学作品10期。大兴安岭集团37个单位荣获黑龙江省国资委首届系统企业精神文明建设先进集体。阿木尔林业局局史馆、新林林业局塔源林场华罗庚林业情怀纪念馆被中共黑龙江省精神文明建设指导委员会授予"首批新时代文明实践省级示范点"称号。组建不同类别志愿服务队伍249支、8946人，开展志愿服务活动1873次，打造志愿服务活动品牌100余个。

**【工会工作】** 组织完成1347名一线职工疗休养，规模之大创大兴安岭开发建设史先例。慰问瞭望塔、管护外站、靠前驻防队伍、一线扑火职工6344人，送去慰问金、慰问品总计87.5万元，举办心理健康辅导86场次，慰问演出80场次。开展"同心护林 温暖守望"关爱森林防火一线职工子女活动，仅"六一"期间，慰问职工子女237家，送去慰问品、慰问金合计17.77万元。阿木尔林业局获得全国五一劳动奖状，呼中林业局呼源林场营林技术员获得全国五一劳动奖章，十八站林业局65基地劳模创新工作室获得全国工人先锋号；2家林业局工会被授予全国农林水利气象系统"模范职工之家"称号；1家林场工会被授予全国农林水利气象系统"模范职工小家"荣誉称号；6个林业局及直属企业工会获得黑龙江省"创新职工之家"荣誉称号；2名职工获得黑龙江省"林业工匠"荣誉称号；3名一线职工被评为省级劳模，15名职工被评为地级劳模；大兴安岭集团荣获大兴安岭地区"三八红旗手"称号8人、"巾帼建功标兵"称号7人、"五好家庭"称号5个、"三八红旗集体"称号6个、"巾帼文明岗"称号1个。

**【市场营销】** 组织参加首届中国（黑龙江）国际绿色食品产业博览会暨大米节，突出"林海作伴、冰雪相邀"主题，组织各林业局多渠道、多角度、多方式谋划和开展市场营销，为20余家企业400余种特色林产品提供宣传推广。编印

《大兴安岭林业集团公司林产品手册》，共收录各林业局、管护区、林场及林直企业产品400余种。编印《大兴安岭林业集团公司对外合作招商手册》，收录对外合作项目43个。加大电商力度，累计开展电商培训67场次，参加培训人数2198人次，发布自媒体宣传稿6400条、自媒体小视频17575条，电商直播1146场次，实现销售额7760.8万元，同比增长206%，电商订单数量达1028713单，职工通过电商增收取得显著成效。

**【疫情防控】** 牢固树立大局意识，秉持"守望相助、同舟共济"的互助理念，与地方政府携手防疫，先后向大兴安岭地区呼玛县捐款100万元，向大兴安岭漠河市等地捐赠30余万元物资，并派出人员参与卡口执勤、小区封控、物资运送等工作，与地方政府共同筑牢疫情防控"防护盾"。

**【大事记】**
1月6日 大兴安岭集团召开2022年第一次集团党委扩大会议暨集团工作会议。

4月30日 国家林草局局长关志鸥通过大兴安岭集团森林防火感知系统对瞭望员在岗情况、专业队伍训练情况进行随机视频调度。

7月5日 国家林业和草原局大兴安岭集团党校暨前哨干部学院正式揭牌。

8月13日 大兴安岭集团与黑龙江省体育局、大兴安岭地委行署联合举办大兴安岭第三届旅游产业发展大会。

10月6日 重点国有林区首次空间三维全要素数据快速获取技术测试在大兴安岭集团进行。

11月8日 大兴安岭湿地生态保护"中国·图强湿地论坛"在湖北武汉东湖国际会议中心举办，并被列入《湿地公约》第十四届缔约方大会组委会遴选的20个东道国重要边会活动之一。

12月9日 大兴安岭集团Logo正式确定并使用。

（大兴安岭林业集团公司
由葛娜、王妍供稿）

# 国家林业和草原局重点国有林区森林资源监测中心

【综　述】　国家林业和草原局重点国有林区森林资源监测中心（以下简称国有林监测中心）由原国家林业和草原局大兴安岭调查规划设计院、大兴安岭勘察设计院合并组建，于2021年8月经中央机构编制委员会办公室批准成立，为国家林业和草原局直属京外司局级公益二类事业单位。国有林监测中心核定编制400人，内设27个处室，其中管理处室8个，业务处室19个，专业涉及森林资源监测，草原、湿地、火灾、野生动植物监测评估，森林经营规划、工程咨询、林草感知、寒地冻土技术研究推广以及建筑、交通、市政工程等。施业区包含伊春森工集团、龙江森工集团、内蒙古森工集团、吉林森工集团、大兴安岭林业集团、长白山森工集团6家森工（林业）集团的87个国有林业局。

2022年国有林监测中心紧扣"一条主线"、深化"三大服务"，确立以打造"智库型"监测中心为主线，以为国家林草局党组及各司局决策服务、为六大森工（林业）集团服务、为地方经济社会发展服务为职责，坚定不移推动中心高质量发展，守主责抓主业，树立"精业务、有责任、能吃苦、讲奉献"的良好形象，明职责把方向，营造风清气正、争先创优的工作环境，建机制、强管理，实现以制度管人、管事、管权，顺利实现良好开局。

国有林监测中心成立后，将原规划院、设计院共计11个基层党支部合并为6个，建立3个域外临时党支部，与国网大兴安岭供电公司、新林林业局开展党建联建共建，实现"党建联建聚合力，携手共建促发展"的良好工作格局。按照"一人一档，动态更新"原则，完成149名在职党员、干部廉政档案动态更新工作，为开展日常监督提供精确指向。强化舆论宣传引导。通过微信群、微信公众号等宣传媒介，发布政策宣传、工作动态及信息等680余篇。

【林草主责主业】　积极与六大森工（林业）对接联系，统筹协调重点国有林区林草湿综合监测工作，组织召开启动会、培训会、推进会、督办会。共计完成重点国有林区1632块固定样地调查任务，其中，森林样地1010块、湿地样地531块、草原样地91块。完成国务院确定的大兴安岭地区11个国家重点林区自然资源统一确权工作。完成国家林草局重点督办案件沾河林业局毁林种参核查工作，黑龙江、吉林两省全域毁林种参图斑判读工作，共判读变化图斑2.8万块，面积4.7万公顷，形成毁林种参数据库，为黑龙江、吉林两省开展现地核实提供数据支撑。完成委托经营考核评价的细则编制工作，为国家林草局经营保护管理提供强大的技术支撑。六大森工（林业）集团的数据库（数字档案）建设稳步推进。

【项目拓展】　主动服务六大森工（林业），与60多家单位进行了业务对接，签订框架合作协议40余份，每季度召开项目推进专题会议推进项目落实，项目拓展成效显著。为进一步加强与六大森工（林业）集团的合作交流，大力推动域外办公区建立工作，哈尔滨、伊春等地项目有新突破，共计开展了伊春森工林草种质资源普查、国家储备林建设规划、林场振兴规划、龙江森工林地保护利用规划编制、各类自然保护地规划编制等60余项。拓宽服务新领域，首次承接桥梁涉河工程防洪评价项目、大型水利枢纽工程，实现新经济增长点。完成呼玛县、塔河县、新林区涉及15条河流流域、54座桥梁涉河工程建设项目的防洪评价报告及大兴安岭图强林业局局址雨水排水建设项目涉河工程建设方案项目。与行业兄弟单位合作，承接了加格达奇区排水管道检测评估项目。

【"智库"建设】　积极开展高新技术研究，持续推进软硬件双提升，助力项目成果稳进提质。建立空天监测实验室和冻土研究实验室，以先进技术为引领，争取在林草感知、空天监测、冻土研究等方面取得突破。升级购置监测、设计软硬件设备近200台/套，为高质高效完成工作任务夯实基础。开展国有林监测中心首次林草工程优秀项目成果评选工作，推荐的9个项目在2020—2021年度全国林草工程优秀勘察设计成果评选中，获得一等奖1个、三等奖4个。"省道七星至南岔公路浩良河至南岔段改扩建工程（两阶段施工图设计）"荣获一等奖；"松岭林业局壮志林场防火公路升级改建项目（两阶段施工图设计）""大兴安岭地区人民医院传染病病区建设项目（岩土工程勘察报告）""大兴安岭地区加格达奇区卫东社区老年人康养服务设施建设项目（施工图设计）""漠河县高级中学（岩土工程勘察报告）"4个成果荣获三等奖。

【制度建设】　制定《"三重一大"议事规则》等党建、管理、监督制度69项，用制度管人、管事、管权，制度体系初步建立。制定《成果质量审核管理规定》等制度，构建成果质量管理体系框架，强化成果质量管理。健全完善合同模板，修订《技术咨询合同》等5个合同模板，理顺成果审核等工作流程，为国有林监测中心的品牌建设打下坚实基础。

【人才队伍建设】　从严从实定岗定责，培养锻炼一批懂技术、善经营的专业队伍。选聘专业副总工13人，经营助理13人，激发人才活力，实现人才资源最大化，稳步推进岗位设置工作。按计划完成4名高校大学生招聘笔试、面试工作，按需按岗聘用专业技术人员2名，续聘专业技术人员2名。建立健全培训机制，全年选派7人前往国家林草局资源司、保护地司和局规划院，2人至黑龙江专员办学习锻炼；组织23人参加局管理干部学院举办的培训班；对2020年以来参加工作的21名新入职人员开展岗前培训，多措并举培养人才，全面提升专业水平和创新能力。

【机关服务水平】 通过院史展厅、空天监测实验室、冻土研究实验室，为来国有林监测中心调研、检查、指导的各级领导及业务合作伙伴展现国有林监测中心历史底蕴，描绘发展蓝图。用心用情精准服务退休职工，为118名退休职工办理工资卡替换、邮寄工作，举办退休职工座谈会，为退休老同志答疑解惑1500多条。全面改善工作生活环境，打造无烟办公环境；对职工公寓、职工食堂进行改造。精准精细做好新冠病毒疫情防控，保障中心正常运转和干部职工身心健康，并组织138名干部职工下沉社区助力疫情防控工作。

【大事记】

1月11日 国家林业和草原局重点国有林区森林资源监测中心正式挂牌。大兴安岭林业集团公司党委常委、纪委书记、国有林监测中心主持工作副主任张平出席并主持挂牌仪式。

7月11日 国家林业和草原局召开视频会议，宣布国有林监测中心主要领导和部分班子成员的任职决定。张平任国有林监测中心党委书记、主任，唐伟任国有林监测中心党委副书记、纪委书记，闫平任国有林监测中心副主任。国家林业和草原局副局长李树铭出席会议并讲话。

8月30日 黑龙江省工程咨询协会公布2022年度黑龙江省优秀工程咨询成果质量水平评价等级名单，《大兴安岭地区消防救援支队特勤站建设项目可行性研究报告》荣获二等奖；《零公里至黑山村公路改建工程河西公路至加漠公路段建设项目工程可行性研究报告》荣获三等奖。

9月20日 国家林业和草原局重点国有林区森林资源监测（伊春）中心正式挂牌。国有林监测中心党委书记、主任张平，国有林监测中心副主任闫平，国家林草局生态修复司原司长赵良平，国家林草局资源司原二级巡视员崔武社，伊春森工党委书记、董事长李忠培，党委副书记、总经理杨公伟出席挂牌仪式。

10月27日 国有林监测中心举办第一届科学技术委员会与项目成果质量评审委员会成立大会暨2022年优秀项目成果奖颁奖会。中心领导张平、唐伟、闫平出席会议。

12月29日 由国有林监测中心牵头、东北林业大学和中国科学院西北生态环境资源研究院参编的《东北地区多年冻土监测规程》团体标准立项申报顺利通过专家评审，被正式纳入中国林业工程建设协会"2022年团体标准立项清单"。

（国有林监测中心由尤秀凤供稿）

# 25

# 国家林业和草原局
# 驻各地森林资源监督
# 专员办事处工作

# 内蒙古专员办（濒管办）工作

【综　述】　2022年，国家林草局驻内蒙古自治区森林资源监督专员办事处（中华人民共和国濒危物种进出口管理办公室内蒙古自治区办事处）（以下简称内蒙古专员办）立足内蒙古林草资源保护管理实际，谋划制定"围绕一个目标、统筹两大区域、把控三个环节、强化六项措施、聚焦八个重点"总体工作思路，坚持以问题为导向，注重监督见实效，发挥林长制优势，落实保护草原、森林生态系统首要任务，有力推动内蒙古北方重要生态安全屏障保护发展，打造祖国北疆亮丽风景线。

【专项督导】　督导重点国有林区破坏草原林地专项整治行动。完成整治销号2669个，阶段性销号484个，收回林地面积1646.67公顷。持续督导科右前旗私开滥垦草原、湿地（林地）问题，3060公顷土地全部恢复草原植被。其中，993.33公顷合同外违法地块查处到位，共刑事处罚6人，处罚金31.5万元，追责问责6人。持续督导56593个草原变化图斑自查工作，各盟（市）自查进度达100%，查出违法违规使用草原图斑6506个、面积为4200公顷。持续督导内蒙古地方森林督查2021年问题查处整改和2022年自查工作，各盟（市）违法图斑地块呈现明显下降趋势。各地2021年确认的2513个违法图斑整改率达到99.52%。2022年自查认定涉嫌违法违规项目1097个。

【重点检查】　组织开展重点国有林区"两项核查"，发现不合格小班52个，提出整改意见349条，进一步提高了伐区调查设计和作业质量；组织完成19个使用林地、10个使用草原项目的行政许可检查，及时发现和纠正了项目违法使用林地草原行为；开展国家林草局委托事项巡查，认真审查项目申报审批材料，对15个项目开展现地巡查，

作废违规项目1个，进一步规范了委托事项行政许可工作；评估了建设项目使用林地委托实施情况，内蒙古自治区林草局综合得分为91.5分，评估等级为优秀；完成重点国有林区森林资源保护监管督导检查，查出2022年度违法图斑11个，整改2021年违法图斑50个，共收回林地7.09公顷、处理86人、处罚金6360元；开展内蒙古森工集团造林核查，检查了2个下属森工公司的48个小班，及时掌握了人工造林成活和保存情况。

【案件督办】　综合运用线上督办、电话督办、发函督办和现地督办等措施，全年督查督办案件1565起。其中，刑事案件351起，行政案件1214起，查处违法责任人556人，追责问责14人，处罚金3860.6万元，收回林地339.14公顷，有效遏制了破坏森林资源违法行为高发态势。一是跟踪督办中央环保督察指出的乌拉特前旗铁矿等破坏生态环境问题。二是对国家林草局挂牌的"突泉县红瑞采石场违法占用林地案"和"科尔沁右翼前旗破坏森林资源问题整改"进行重点督办，两地按照"三个到位"要求完成整改，共查处案件58起。其中，行政案件55件、刑事案件3件，涉及面积57.14公顷，处理违法责任人53人，问责追责9人，收缴罚款224.9万元。三是对国家林草局相关司局批转的5起和群众信访举报的10起案件进行重点督办，切实加大林草执法监管力度，有力打击涉林草违法行为。

【我为群众办实事】　推动解决莫尔道嘎森工公司森林资源管理"一张图"矢量数据与现地不一致、吉文森工公司野生北五味子良种繁育基地建设人工林采伐等问题，为今后处理同类问题提供了依据。

【林木采伐监管】　全面推行林木

采伐许可证网上核发，共受理申请151批次，核发林木采伐许可证14468张。

【野生动植物监管】　为企业核发各类濒危物种进出口证书5份，涉及贸易额24.46万元；督导各地认真开展"2022清风行动"，不断加强春秋冬季候鸟保护工作；与内蒙古自治区有关部门联合开展2022秋冬季野生动植物保护专项整治行动，严厉打击破坏野生动植物资源违法犯罪行为。

【湿地和自然保护地监管】　持续跟进中央生态环保督察反馈问题涉自然保护地的整改工作，紧盯察汗淖尔湿地公园建设，专员办领导多次带队赴现地督导，并与乌兰察布市委、市政府主要负责人共同研究推进整改措施的落实，2022年年底顺利实现察汗淖尔晋升国家湿地公园的目标。按照国家林草局相关要求，对监督区2021年4个国家湿地公园疑似违建图斑问题整改情况进行回头看；针对2022年度18个国家湿地公园疑似违建判读图斑，开展现地核查和材料核验工作，持续推动监督区问题整改。充分利用全国自然保护地监督检查平台，及时跟进国家级自然保护区人类活动问题点位整改情况，推进自然保护地规范有序管理。

【有害生物防治监管】　开展林业有害生物监测、防治和松材线虫病防控情况监督检查，扎实推进林草有害生物防控工作，完成林业有害生物防治39.1万公顷、草原鼠虫害防治427.99万公顷。

【森林草原防火督查】　建立全员全域全时段抓防火工作监督机制，先后5次派出工作组对森林草原防火进行督导，综合研判防火道路、输电线路沿线危树清理实际情况，及时提出监督建议，进一步压实各

地防火责任,火灾受害面积较上年同期下降41.9%,形成《内蒙古大兴安岭森林防灭火情况调研报告》。

【大事记】

2月18日 分别向内蒙古自治区人民政府、国家林业和草原局提交《关于内蒙古自治区2021年度林草资源监督情况的通报》和《关于内蒙古自治区2021年度森林资源监督情况的报告》。

4月1—6日 清明节前后对内蒙古自治区森林草原防火部分重点地区和内蒙古大兴安岭重点国有林区的森林草原防火工作进行督查。

5月22日至6月9日 完成对内蒙古自治区重点国有林区防火包片蹲点阶段性工作任务。

7月19—27日 赴乌兰察布市卓资县、凉城县、四子王旗开展森林资源保护管理监督检查工作。

7月20—26日 赴乌兰察布市四子王旗、集宁区开展草原行政许可检查工作;检查绰源、毕拉河、克一河、根河建设项目采伐林木伐区调查设计质量。

7月28日至8月1日 检查满归、根河建设项目采伐林木伐区调查设计质量。

7月29日 在呼和浩特市与乌兰察布市委主要负责人就推进岱海、察汗淖尔湿地整改情况和中央环保督察反馈问题的整改落实情况开展交流。

7月29日至8月4日 赴赤峰市宁城县、巴林左旗、翁牛特旗开展森林资源保护管理监督检查工作。

8月23—28日 就内蒙古森工集团吉文森工公司2019年、2021年度人工造林、退化林修复等工作开展核查。

8月29日至9月1日 赴阿拉善盟左旗开展草原行政许可检查。

9月5日 在呼和浩特市参加同城联创全国文明城市推进会。

9月13—14日 赴内蒙古商都县就察汗淖尔省级湿地公园建设进行督导。

9月14—17日 赴内蒙古鄂尔多斯市、包头市检查森林督查整改工作。

9月14—23日 在克一河等9个森工公司开展2022年森林督查工作。

9月15—23日 赴内蒙古呼伦贝尔市、兴安盟、通辽市开展林草秋防蹲点督查工作。

9月17—22日 赴内蒙古大兴安岭重点国有林区调研行政执法工作。

9月19—22日 就巴彦淖尔市乌拉特前旗矿山开采等破坏草原违法问题进行督办。

9月20日 在呼和浩特市与财政部内蒙古监管局主要负责人就预算执行等有关工作进行座谈。

9月21日 在呼和浩特市与内蒙古自治区机关事务服务局有关负责人就固定资产管理等工作进行座谈。

9月22日 在呼和浩特市与内蒙古自治区林草局、大青山自然保护区管理局有关负责人就以国家公园为主体的自然保护地建设等工作进行座谈。

9月23—26日 赴赤峰市翁牛特旗对国务院第九次大督查专刊指出翁牛特旗国家级公益林管理存在的问题开展调查督导。

9月26—29日 赴兴安盟对国家林草局挂牌科尔沁右翼前旗破坏森林资源问题进行现地督办。

9月28日 赴乌兰察布市参加第二届京津冀晋蒙林草主管部门森林草原防火联席会议。

(内蒙古专员办由贾欣供稿)

# 长春专员办(濒管办)工作

【综述】 2022年,国家林草局驻长春森林资源监督专员办事处(中华人民共和国濒危物种进出口管理办公室驻长春办事处、东北虎豹国家公园管理局)[以下简称长春专员办(虎豹管理局)]完成2021—2022年"清山清套、打击乱捕滥猎、非法种植养殖"专项行动,开展野生动物救护,完成东北虎豹国家公园勘界定标,加强国有自然资源资产管理,严格履行林草资源监督职责,开展2022年吉林省重点国有林区森林督查,完成2022年度建设项目使用林地及在国家级自然保护区建设行政许可随机抽查。

【生态保护修复】 召开年度保护工作会议,与各分局签订保护工作责任状,开展生态保护和森林防火督导检查,压实各分局工作责任制。完成2021—2022年"清山清套、打击乱捕滥猎、非法种植养殖"专项行动,共开展巡护11000余次,巡护里程8万千米以上,清缴猎套2063个。开展联合执法行动136次,查处非法种植、养殖行为7起,破获野生动物违法案件5起,抓获违法犯罪嫌疑人5人。联合举办第六届东北虎栖息地巡护员竞技赛,开展SMART系统巡护线上培训,提升基层巡护队员技能水平。实施G331国道动物扩散通道恢复项目,组织专家评审通过项目建设方案。开展野生动物救护,全年共救护野生动物127只,其中国家一级重点保护野生动物10只,二级重点保护野生动物21只。

【防范化解人兽冲突矛盾】 组建主动防护体系建设专班,编制《"人虎冲突"预警防护体系建设项目总体方案》,在6个重点社区开展人虎冲突防范体系建设试点。利用"天地空"监测平台,发布群众居住区虎豹靠近信息,妥善处置汪清杜荒子、珲春青龙台人虎冲突事件。召开人虎冲突防范工作联席会议,制订人虎冲突防范措施,明确责任单位、责任人和时间节点。开展入山作业人员安全培训，加强社区人虎冲突防范教育，印发人虎冲突防范手册和口袋书。制订《东北虎豹国家公园野生动物造成损失补偿办法》，建立野生动物损害补偿商业保险机制，实现园区野生动物造成损失补偿全覆盖、足额补。

【自然资源资产清产核资】 开展东北虎豹国家公园勘界定标，总勘界长度4157.88千米，设置边界点24577个，定标点5459个，成为全国首个完成勘界定标的国家公园，勘界成果被评为2022年吉林省优秀测绘地理信息工程奖金奖。完善自然资源本底数据库，更新国土三调、森林资源一张图、卫片和高程等矢量数据。推进自然资源本底调查，编制《东北虎豹国家公园自然资源本底清查技术规程》。推进自然资源资产负债表编制工作，建立公园资产负债表数据库。

【自然资源资产管理】 持续提升政务服务质量，新冠病毒疫情期间建立简易工作机制，保障重大项目和保护工程建设，全年受理审核各类事项13项，办结12项，驳回1项。配合推进全民所有自然资源资产所有权委托代理机制，制订实施方案和任务清单。更新自然资源资产有偿使用管理台账，统计红松果林、林蛙养殖、松茸采集、林下种植养殖等国有自然资源资产发包情况。研究集体权属自然资源补偿机制，上报《东北虎豹国家公园集体林生态补偿实施方案》。

【合作交流与宣传教育】 加强国际交流合作，与自然资源保护协会举办线上研讨会议，在公园周边5个社区开展共建共管。加强野生动物保护社会参与和科普教育，举办自然教育线上能力培训班，组建第一批科普宣讲团。引导民间资本助力国家公园建设，举办新能源电动汽车捐赠活动，接收10台蔚来电动汽车5年免费使用权。与吉林省高院签署合作框架协议，出台《关于为东北虎豹国家公园提供司法服务和保障的意见》，联合建立吉林法院生态环境审判实务研究基地、东北虎豹国家公园司法保护基地。

制作《因为我们的努力，野生东北虎回来了》公益广告，与《人民日报》、吉林省委宣传部联合策划公园成立一周年系列宣传报道活动，联合珲春市、汪清县、东宁市举办第十二届"全球老虎日"活动。与腾讯公司联合推出首张12.5亿像素VR全景照片，实现虎年春节期间网民"云"游虎豹公园。

【重点国有林区森林资源监管】 做好重点国有林区采伐许可证核发工作，全年共审核发放林木采伐许可证10810份。开展重点国有林区伐区调查设计质量和作业质量检查，共检查18个单位、153个林场、206个小班，面积1657.12公顷，督促各国有林业局追责问责5人。开展2022年吉林省重点国有林区森林督查，对林地保护管理、林木采伐管理、林政案件查处、建设项目使用林地、2021年问题整改等情况进行检查，现地核查征占用林地建设项目121个，核查图斑408个，督促各国有林业局追责问责32人。

【地方森林资源督导检查】 开展林长制落实情况督导，督促吉林省林草局尽快出台林长制考核办法，赴吉林省大安市、辽宁省本溪县等10个县（市）开展林长制推进情况调研，推动地方政府建立上下衔接、职责明确的林长制组织体系和责任体系。完成2022年度吉林省、辽宁省建设项目使用林地及在国家级自然保护区建设行政许可随机抽查工作，抽查项目13个，面积540.30公顷，依法收回林地0.87公顷，刑事立案2起，罚款29950元。落实森林督查案件"清零"工作要求，对2018—2022年各县（市）森林督查存在问题整改情况进行电话督导，建立"问题整改清单"，实行销号制管理，确保做到"清理存量、抑制增量、提高质量"。赴吉林省大安市、辽宁省本溪县等10个县（市）对2021年森林督查问题整改情况开展督导，确保林地资源回收到位。赴吉林省双阳区、辽宁省辽中区等地开展2022年森林案件督查督办，督促地方政府及时开展案件整改。开展打击毁林种参专项行动，督查验收打击毁林种参专项行动成果，就有关森工企业移交的

"插花地"毁林种参等问题提出具体整改意见。落实全国政协《关于做好人参资源保护与开发的提案》要求，赴抚松县、通化县、露水河林业局、湾沟林业局，对林下参产业发展情况开展专题调研。赴吉林黄泥河国家级自然保护区、辽宁楼子山国家级自然保护区开展专项核查，赴农安太平池国家湿地公园、辽中蒲河国家湿地公园对违建项目整改情况进行核查督办。开展森林草原防火包片蹲点，赴阜新市、锦州市、葫芦岛市、朝阳市进行督导，切实压实地方各级政府防火责任。

【督查督办林政案件】 做好国家林草局批转交办和群众信访举报的林政案件，对5起案件进行督办，依法收回林地14.7公顷，罚款123.5万元。与吉林省林草局、辽宁省林草局建立联合督查督办工作机制，严肃查处涉及面广、案情复杂的重大案件，对辽宁省本溪海蕴铁业毁林占地破坏森林资源问题整改情况进行跟踪督办。对本溪市明山区违法占用林地采矿案、岫岩县违法占用林地案、海城市琳丽矿业违法占用林地采矿案进行督办，委托辽宁省林草局对朝阳市双塔区6号图斑、锦州市凌海市57号和59号图斑、鞍山市高新区1号图斑等卫星判读疑似图斑进行现地核查。

【松材线虫病防控】 印发2022年松材线虫病和美国白蛾疫情防控包片蹲点工作方案，与吉林省林草局建立松材线虫病会商机制，多次召开工作协商会，开展联合督查，加强信息沟通，动态掌握吉林省疫木和枯黄枯死松树处置进度。联合国家林草局生物灾害防控中心赴辽宁省本溪县、新宾县、清原县开展松材线虫病疫情防控调研，确保疫情防控工作成效惠及林农。

【濒危物种进出口管理】 发挥窗口服务作用，核发公约证书、非公约证书、海峡两岸证书、物种证明等共891份。加强行政许可事中事后监管，对吉林一正药业集团有限公司库存的豹骨数量、真实性、来源合法性进行现场核查。对沈阳市万柳塘等3个鸟类交易场所进行暗访，约谈沈阳市自然资源局和沈阳

市沈河区、铁西区、和平区人民政府。开展履约执法宣传，联合举办第九个"世界野生动植物日"、第41届"爱鸟周"等主题宣传活动，营造良好保护氛围。

【大事记】

1月12日　虎豹管理局与吉林省高级人民法院召开座谈会，就开展行政执法合作、设立司法保护基地进行交流并达成共识。

1月21日　虎豹管理局召开东北虎豹国家公园勘界启动会议，虎豹管理局局长赵利、副局长张陕宁、10个管理分局负责人参加会议。

3月3日　长春专员办联合吉林省林草局、辽宁省林草局分别在长春市和本溪市举办第九个"世界野生动植物日"主题宣传活动。

6月2日　长春专员办与吉林省林草局组成检查组赴吉林一正药业集团有限公司对库存豹骨的数量、真实性、来源合法性等情况进行现场核查。

6月13日　虎豹管理局组织自然资源、林业、生态环境、规划等领域专家召开专家评审会，评审通过《东北虎豹国家公园国有自然资源资产保护管理和可持续利用专项规划》。

6月14—17日　虎豹管理局局长赵利、副局长张陕宁带队赴穆棱分局、绥阳分局、东宁市分局对国家公园建设、野生动物保护、森林防火、疫源疫病、项目建设等重点工作进行督导。

6月26日　虎豹管理局组织召开东北虎豹国家公园勘界工作中期评估论证会议，评估论证通过东北虎豹国家公园勘界工作阶段性成果。

6月27日至7月1日　长春专员办与国家林草局生物灾害防控中心组成督导组赴辽宁省本溪满族自治县、新宾满族自治县、清原满族自治县督导松材线虫病疫情防控、林长制等工作情况。

6月28日至7月3日　长春专员办专员赵利带队赴辽宁省大连市、盘锦市、辽阳市等地，开展2022年度建设项目使用林地及在国家级自然保护区建设行政许可随机抽查工作。

7月10日　长春专员办与辽宁省林草局组成检查组，对沈阳市万柳塘等3个鸟类交易场所进行暗访，就打击非法交易重点保护野生动

违法行为不力问题，约谈沈阳市自然资源局和沈阳市沈河区、铁西区、和平区人民政府。

7月17—22日　虎豹管理局开展勘界定标评估验收工作，组织自然资源权益调查、国土空间规划、测绘、林业调查设计等领域专家，对东北虎豹国家公园边界、各功能分区界线标点设置、技术调处等进行实地查验，勘界定标工作通过专家组验收。

7月26日　长春专员办组成检查组赴吉林省重点国有林区开展伐区作业质量1%检查和森林督查工作。

7月28日　虎豹管理局召开东北虎豹国家公园勘界定标工作推进会，虎豹管理局副局长张陕宁、各管理分局负责人参加会议。

7月29日　国家林草局、虎豹管理局联合吉林省林草局、黑龙江省林草局、有关县（市）政府分别在珲春市、汪清县、东宁市同步开展第十二个"全球老虎日"主题宣传活动，国家林草局总工程师闫振、虎豹管理局局长赵利、副局长张陕宁、副局长侯翎等出席宣传活动。

8月1—3日　虎豹管理局联合世界自然基金会（瑞士）北京代表处、黑龙江省林草局、吉林省林草局在东宁市共同举办第六届东北虎栖息地巡护员竞技赛，珲春市分局队伍从14支参赛的巡护队伍中脱颖而出获得冠军，虎豹管理局副局长张陕宁出席启动仪式。

8月9—17日　长春专员办组成督查组赴吉林省磐石市、东丰县、通化县、临江市、抚松县，针对地方政府建立林长制、开展森林资源督查等情况进行督导。

9月6日　虎豹管理局召开2022年保护工作视频会议，安排部署当前保护工作任务，局长赵利与10个管理分局签订保护责任状。

9月19日　虎豹管理局召开东北虎豹国家公园勘界成果验收工作专家论证会，评审通过勘界成果。

9月20—22日　长春专员办组成检查组赴长春市净月区、莲花山区和洮南市开展建设项目使用林地行政许可随机抽查工作。

9月26日起　长春专员办开展2022年森林资源督查检查工作，重点检查吉林省、辽宁省各县（市）林长制落实、森林资源保护管理、

森林督查案件查处办结等情况。

9月27日　长春专员办与吉林省林草局组成检查组，赴农安太平池国家湿地公园就违建项目整改情况进行督办。

10月11日　虎豹管理局与吉林省高院在珲春市举办"吉林法院生态环境审判实务研究基地、东北虎豹国家公园司法保护基地"挂牌仪式，并签署合作框架协议，虎豹管理局局长赵利出席基地揭牌仪式。

10月12日　长春专员办与辽宁省林草局组成检查组赴辽宁辽中蒲河国家湿地公园，对违建项目整改情况进行现地核查。

10月18日　虎豹管理局副局长侯翎带队赴各管理分局督导2017年以来的项目建设、竣工验收、资金使用、审计整改情况，推进东北虎豹国家公园项目建设和资金支付进度。

11月6日　长春专员办联合辽宁省林草局、辽宁省野生动物保护协会在盘锦市共同举办2022年辽宁省野生动物保护宣传月活动。

11月11—12日　长春专员办副专员侯翎带队与吉林省林草局组成督导组，赴敦化市督导开展打击毁林种参专项整治行动。

11月20—23日　虎豹管理局在汪清县组织召开专家评审论证会，对汪清分局、汪清县分局、大兴沟分局2019年项目竣工验收工作进行评审论证，副局长侯翎出席评审论证会。

11月17—21日　长春专员办组成检查组赴辽宁省岫岩县开展2022年森林督查检查。

11月21日　长春专员办组成检查组赴吉林省重点国有林区对四季度伐区调查设计小班进行抽检。

12月9日　虎豹管理局邀请中国科学院、自然资源部等单位专家组织召开评审论证会，评审通过《东北虎豹国家公园自然资源本底清查技术规程》。

12月14日　长春专员办专员赵利带队与辽宁省林草局组成联合检查组，赴辽宁省本溪市对海蕴铁业毁林占地破坏森林资源问题整改情况进行现地核实。

12月18—19日　虎豹管理局局长赵利、副局长张陕宁带队赴珲春市就公园内人兽冲突防范、野生动物肇事损害赔偿、清山清套专项行

动、森林草原防火、疫源疫病监测防控、建设项目推进等情况进行督导检查。

12月20—21日 虎豹管理局局长赵利、副局长张陕宁带队赴东宁市督导检查东北虎豹国家公园建设情况，并深入大肚川镇、闹枝沟林场督导检查配套基础设施建设等情况。

（长春专员办由聂冠供稿）

# 黑龙江专员办（濒管办）工作

【综　述】　2022年，黑龙江专员办坚决贯彻落实国家林草局党组决策部署，统筹疫情防控与监督工作，进一步解放思想，直面困难挑战，敢于担当作为，不断健全监督制度、创新监督方法、紧盯监督重点，为推动林草监督事业高质量发展作出积极努力。

【督查督办毁林毁草案件】　全力推进打击"毁林种参"专项行动。采取线上全面复核、线下重点核实的方式，完成黑龙江省14000余个疑似图斑全面线上复核，复核结果反馈相关单位自查整改，并督导省林草局对毁林种参专项行动开展"回头看"。重点跟进沾河种参、萝北石墨矿、阿城采石场等中央环保督察通报典型案件及中央环保督察通报的10个自然保护区的后续整改工作，其中沾河防火阻隔带之外的1021.38公顷毁林种参地块已全部完成还林，成活率达85%以上；确定萝北9家企业违法，问题已反馈；阿城应还林的7.87公顷林地已全部还林。结合石墨产业热点，主动出击，对鸡西石墨矿占用林地情况进行了全面核查，发现存在问题企业12家，进行重点跟踪督办。全年共督查督办各类破坏森林资源案件13起，收回林地58.22公顷，问责22人。

【森林草原资源监督】　全力打造森林督查利剑，组织力量在线上对全省2.8万个图斑进行全面复核，对地方林草部门自查的12个图斑进行抽查督导；对重点国有林区5个林业局公司的60个变化图斑进行现地督查；对37个地块2021年森林督查问题整改情况进行"回头看"。经过持续督办整改，黑龙江省毁林开垦、毁林种参势头得到明显遏制，2022年发现毁林开垦面积180.28公顷，较2018年下降95.53%。严格森林草原防灭火督查督导。紧盯春秋防火紧要期，坚持预防为主，加大督查督导力度。主要领导对森林草原防灭火工作提出具体要求，并在监督区开展"四不两直"的明察暗访等常态化的督查督导，监督全省加强源头治理，层层压紧压实全流程各环节责任体系，全面排查隐患，强化火险监测预警和应急响应联动，实现全省不发生重特大森林草原火灾的目标。创新建设数字草原监督体系，开展草原监督数据库建设，成立专班对草原变化图斑判读处置工作全过程督导，建立"草原变化图斑数据库""草原变化图斑核实数据库"和"涉嫌违法案件数据库"，复核完成3000余个图斑。

【野生动植物监督】　联合省林草局、省公安厅等22个部门建立打击野生动植物非法贸易联席会议制度，联合开展"2022清风行动"，严厉打击野生动植物违法犯罪活动。与黑龙江省林草局共同开展"世界野生动植物日""野生动植物保护宣传月"活动，让公众了解野生动植物保护现状，进一步提升了公众保护意识。深入开展松材线虫病和美国白蛾疫情防控包片蹲点工作，分阶段与黑龙江省林草局组成专项包片蹲点工作组，深入黑龙江省6个市（地区）、10个县（市、区）、5个森工林业局公司、2个国家级自然保护区，开展包片蹲点、督查督导、调研指导工作，督查检查发现问题33个，全部下发整改通知推进整改。

【行政许可】　持续优化简化办证流程，打好深化"放管服"改革突破战，不断提升行政许可质量和效率。为提高林木采伐许可证核发质量，对71个小班的930.8公顷林地开展采伐作业质量核查，对32个小班的115.14公顷林地开展采伐调查设计质量核查，及时发现并整改问题。2022年，核发重点国有林区林木采伐许可证12923份，蓄积量47.57万立方米；核发濒危野生动植物种国际贸易公约允许进出口证明书、非《进出口野生动植物种商品目录》物种证明和海峡两岸证书6274份，贸易额10.5亿元，保证黑龙江省进出口企业口岸货物未因疫情而发生滞留，全部正常通关。

【大事记】
2月18日　派员出席打击野生动植物非法贸易部门联席会议暨"2022清风行动"启动会，对打击野生动植物非法贸易和"2022清风行动"提出具体意见。

2月22—26日　黑龙江专员办有关人员参加国家林草局调研组，就重点国有林区改革后运行情况和存在问题开展专题调研。

3月3日　在省林草局、森工总局、东北虎林园、哈尔滨极地公园等开展世界野生动植物日宣传活动。

5月30日至6月5日　与黑龙江省林草局组成两个松材线虫病、美国白蛾疫情防控包片蹲点和督查督导工作组，深入5个市（地区）、6个县（市）和3个林业局有限公司、2个国家级自然保护区，蹲点推进、督导调研松材线虫病、美国白蛾疫情防控工作。

6月27日　督导黑龙江省外来入侵物种普查工作并对下一步工作提出明确要求。

7月6日　国家林草局党组成员、副局长李树铭一行到黑龙江专员办调研指导工作并召开座谈会。黑龙江专员办主要负责人纪亮向调研组汇报了2022年以来重点工作情况和下一步工作安排。

7月19日　与省林草局联合开展2022年自然保护地明察暗访工作，检查3家国家级自然保护区。

10月27日　全面完成伊春森工集团17个林业局有限责任公司2022年森林抚育林木采伐许可证核发工作。

10月28日　完成全省征用或者使用70公顷以上草原行政许可检查。

11月4日　与省林草局联合举办松材线虫病和美国白蛾防控线上培训班。各市（地区）、县（市、区）林草主管部门分管负责人及相关工作人员，龙江森工集团、伊春森工集团及所属分公司分管负责人、相关工作人员参加培训。

（黑龙江专员办由杨东霖供稿）

# 大兴安岭专员办工作

**【综　述】**　2022年，国家林草局驻大兴安岭专员办认真贯彻落实国家林草局党组决策部署，坚持"1+N"工作机制，聚焦林草中心工作和监督重点任务，统筹疫情防控，创新监督机制、健全监督体系，为保障监督区绿水青山作出了积极贡献。

**【涉林案件督办】**　现地督查所辖区域案件95起，重点督办24起未办结刑事案件。对已办结案件开展现地复核，对其中的11起案件未恢复植被或林业生产条件情况进行督导纠正，将其中3起未结刑事案件线索移交检察机关。对专项督查与日常监管中发现的韩家园、松岭、呼中林业局5起涉林案件跟踪督办。

**【林地利用监管】**　组织开展建设项目使用林地行政许可检查，对大兴安岭林业集团公司2019—2021年获国家林草局批准的7个建设项目使用林地情况进行检查，发现2个项目存在违法违规使用林地面积6.12公顷，及时将问题线索移交林草部门立案处理。

**【森林资源督查】**　对森林资源管理智慧平台提供的135个图斑进行现地督导复核，新发现案件2起，对2021年森林督查查出的2起案件开展"回头看"，将自检自查的41起案件纳入督办整改范围，向大兴安岭行署和大兴安岭林业集团公司发出《关于森林督查督导情况的通报》，提出督办整改意见。

**【防火防虫督查】**　春秋两季防火紧要期，专员办主要领导带队，秉承"山火家火一起防"理念，联合森林消防和城镇消防两支专业力量，开展6轮次防火督查，实地督查林场、乡镇等59个，专业扑火队伍50支，瞭望塔、工矿企业等71个，共督查发现44个问题。通过督办，及时消除火险隐患；与有关部门联合开展防治宣传活动，悬挂宣传标语和设立展示板，发放宣传资料。深入管护站卡口等采取实地察看、查阅台账等方式，检查松材线虫病疫情普查、检疫执法专项行动，保证防控措施落到实处。

**【野生动植物督查】**　开展"清风行动"督查及春季候鸟等野生动物保护监督。深入经营场所，开展野生动植物执法监督，压实兴安杜鹃和野生动物保护责任，打击非法交易野生动植物及其制品。在"世界野生动植物日""爱鸟周"开展宣传，提升保护野生动植物意识。

**【森林培育监督】**　对森林经营抚育、低质低效林改造、人工林抚育等森林可持续经营工作实地督查指导，要求因地制宜科学开展规模化经营，保证经营质量，保护生物多样性。对低质低效林改造设计不合理、毁林造林问题，向大兴安岭林业集团公司通报，约谈相关林业局；督导有关单位依法依规开展树封路清理、病虫风倒灾害木清理工作，消除病虫害扩散和火险隐患，促进森林资源更新。针对浪费林木资源、清理工作组织不力等问题提出监督意见，发出森林资源经营管理督导检查情况通报，约谈问题突出的单位。

**【保护地监督】**　与大兴安岭林业集团公司联合宣传贯彻《湿地法》，对侵占湿地、过度放牧、践踏破坏湿地进行调研，从严格管理、系统治理、科学修复、合理利用湿地，完善湿地保护修复各项制度措施，加强湿地保护修复工作，提升湿地生态功能，维护生态系统稳定等方面提出监督建议。

**【林木采伐许可】**　落实放管服要求，提高行政许可效率，全年累计核发森林抚育、低质低效林改造、灾害木清理、建设项目占用林地等林木采伐证10085份，无一差错。加强行政许可事前事后监管，全年核查森林调查设计小班321个，核查作业质量小班96个，对设计和作业质量问题下达整改通知书督办整改。

**【推动林长制建立】**　把加强林长制建设作为提高监督区林草治理能力的抓手，对省、地两级林长制实施方案、配套制度、督查考核办法提出修改完善意见。对监督区内林长制建设和实施情况进行督查，针对林长制建设发展不平衡、机制不完善、政企协调配合有差距等问题提出监督指导意见，压实各级林长责任。

【培训教育】 开办8期"兴安绿色讲堂"，举办9期青年理论读书班活动，组织职工参加林草网络学堂、中国干部网络学院、龙江先锋网、学习强国等培训学习，全面提升监督队伍素养和履职能力。举办森林资源监督培训班和林长制专题讲座，采取送法下基层形式，提高各级林草部门依法保护森林资源水平。

【创新监督机制】 一是推进监督通报问题整改。分别与大兴安岭行署、大兴安岭林业集团公司召开专门会议，对2021年度监督通报的6个方面问题持续跟踪督办，提出明确整改责任主体、完善协调配合机制、落实"四到位"要求的指导意见，行署和集团分别按照各自制定的整改方案，有效落实整改措施，如期完成整改。二是专班推进解决重点问题。对古莲河、鸥浦煤矿、呼中飞虎山矿业矿区用地，从安全生产、生态环境保护与修复治理等方面开展检查，对发现问题下达整改通知并督办整改。对十八站、韩

家园林业局农用林地管理权和监督区临时占地收回管理权和植被恢复提出意见建议，并积极推动，逐步解决历史遗留难题。三是加强监督"六化"建设。创新监督工作模式，推进工作规范化、制度化、系统化建设，制定了《大兴安岭专员办资源监督约谈管理办法》，规范约谈程序。与行署、集团建立《林草资源工作协调会议制度》，形成保护资源合力。完成了以《森林法》为母模块、包含林木采伐管理等10余个子模块的普法学习课件，全力推进"六化"建设。

【巡视整改】 对国家林草局党组第一巡视组反馈的4个大类33个问题举一反三，立行立改。结合巡视反馈意见，召开专题民主生活会高位推动巡视整改工作，制定整改措施78项，整改到位率98%，其余需长期发力的整改措施全部稳步推进，梳理修订完善全办各项管理制度65项。

【大事记】
　　1月5日　专员纪亮带领班子成员和各处室负责人到重点国有林区森林资源监测中心调研。
　　3月8—28日　副专员周光达带队对伊春森工集团开展内部审计。
　　3月23日　专员纪亮到大兴安岭消防救援支队调研。

　　3月30日　专员纪亮到加格达奇林业局检查督导森林防火工作。
　　5月1—4日　联合地区消防救援和森林消防部门组成两个检查组对大兴安岭地区森林防火工作进行督查。
　　5月11—15日　副专员周光达陪同国家林草局包片蹲点领导王海忠对大兴安岭防火工作进行督导。
　　5月22—24日　专员纪亮、副专员周光达等人受邀到伊春参加首届"伊春生态日"宣传活动。
　　5月23—31日　联合消防救援和森林消防部门组成工作组，对春季防火工作进行督查和问题"回头看"。
　　7月7—12日　组成工作组对十八站林业局未结刑事案件进行现场督办。
　　7月6—8日　副专员王秀国带队到十八站、韩家园林业局开展林地许可检查和"清风行动"检查。
　　8月22—24日　班子成员艾笃亢陪同国家林草局有关人员到大兴安岭林区开展森林经营调研。
　　9月1—17日　副专员王秀国带队到呼中、漠河等林业局开展建设项目使用林地行政许可检查。
　　9月5日至10月13日　班子成员艾笃亢带队开展森林督查工作。
　　9月21日至10月21日　组织开展涉林案件清零销号和办结案件"回头看"督查。

（大兴安岭专员办由胡军供稿）

---

# 成都专员办（濒管办）工作

【综　述】 2022年，成都专员办认真贯彻落实国家林草局党组各项工作安排，以党建为引领扎实推进模范机关创建和干部队伍建设，狠抓案件督办、重点地区督导整治、森林草原督查全过程监督、国家公园派驻监督协调、濒危物种进出口管理等重点任务，努力推动林草资源综合监督、大熊猫国家公园建

设、野生动植物保护等各项工作创新突破。

【林草资源综合监督】
　　涉林案件督办　全年督办各类破坏森林、草原、湿地、自然保护地（含大熊猫国家公园）、野生动植物案件6008起，涉案林地面积2329公顷、湿地面积65公顷、自然

保护地（含大熊猫国家公园）面积40公顷。截至2022年12月底，办结3828起，行政罚款23334万元，责任追究483人，恢复林地591公顷。其中，挂牌案件31起，涉案林地违法面积313公顷、蓄积量4849立方米，行政罚款613万元，收回林地168公顷，责任追究61人。在监督区形成了严厉打击破坏林草资源违

法犯罪的高压态势。

**重点地区督导整治** 督导四川省宣汉县完成破坏森林资源突出问题的查处整改工作，经国家林草局审核同意已经销号。督导石柱县认真查处整改破坏森林资源突出问题，指导加强种植黄连使用林地管理。督导盐亭县查办破坏森林资源案件89起，理顺林业管理体制，完成整改任务。督导2021年被约谈的四川省自贡市荣县、凉山彝族自治州会理市、宜宾市翠屏区等9个县（市、区）认真开展查处整改工作，共查办3103个案件，收回林地392.6公顷，责任追究83人，问责县级农业农村、水利、工信等行政主管部门34个，向9个违法国有企业上级机关纪委监委移交问题线索，完成整改销号任务。督导中央环保督查通报的仁寿县违法占用黑龙滩水源保护地准保护区开发建设违法占用林地的查处整改工作，通过多次调度督导和实地检查指导，整改工作顺利推进。针对西藏自治区森林督查查处整改工作严重滞后等突出问题，及时通报自治区总林长。会同自治区人民政府在拉萨召开森林督查查处整改推进工作座谈会，约谈日喀则市、康马县政府主要领导，组建三个工作组赴山南市浪卡子县、贡嘎县、扎囊县，林芝市朗县、波密县、工布江达县6个县督促指导查处整改工作。截至2022年12月底，2018—2021年西藏自治区森林督查发现案件查处整改率达到100%。完成媒体反映雅安海子山森林康养项目违法破坏天然林、湿地和野生动植物的核查工作，指导雅安市雨城区完成了查处整改工作。完成群众反映重庆市丰都县南天湖景区违法破坏森林资源的核查工作，督导重庆市林业局会同丰都县政府研究制定查处整改方案。

**森林督查全过程监督** 多次分省份召开调度会，督促各省份按进度开展疑似图斑自查和发现问题的查处整改工作。组织力量赴四川石棉、重庆巫山、西藏浪卡子等24个县督导查处整改工作。按照国家林草局资源司要求，审查30个案件的查处整改情况，及时向省级林草主管部门发出督办通知，要求对存在问题的20个案件进行整改。深化森林督查成果运用，分析研判森

林资源保护管理中存的共性问题和突出矛盾，向监督区省级林草部门发出监督意见函件3份，要求四川省全面清理排查森林康养项目非法占用林地、自然保护地问题。全面清理排查临时使用林地、林业生产服务设施使用林地行政审批及执行情况。在南充市仪陇县开展土地整理、增减挂钩项目、毁林开垦摸底调研。在重庆市开展长江沿线采石破坏森林资源专项清理排查，督导重庆市林业局在石柱、开州、城口3个县开展毁林开垦摸底调查。

**行政许可评估检查** 完成川渝藏三省份建设项目使用林地行政许可委托实施情况评估，向国家林草局提出继续委托或终止委托建议。完成2022年前三季度建设项目在森林、草原及在森林和野生动物类型国家级自然保护区建设行政许可委托工作实施情况督查，共检查国家林草局委托行政许可77宗。完成2022年度建设项目使用林地行政许可随机抽查工作，核实14个建设项目使用林地行政许可执行情况，及时反馈检查结果并督促整改。

**草原湿地监督** 开展草原监督工作，督导西藏自治区完成审计反映土地整治、造林绿化违法破坏草原的查处整改工作，恢复或补充林（草）地面积3126公顷，责任追究24人，开展2个建设项目使用草原审核审批及行政许可执行情况检查，编制草原监督工作手册，加强草原督查调度。认真贯彻落实《湿地保护法》，完成国家林草局湿地司下达的湿地违法问题整改情况的督办工作，编制《湿地工作手册》。结合日常监督开展森林防火检查。加强松材线虫病防治监督，作为国家林草局第十督导组牵头单位开展包片蹲点督导工作。

**自然保护地监督** 开展大熊猫国家公园人为活动点位核查工作，督促国家公园各级管理机构依法查处违法问题。协调国家林草局保护地司、国家公园中心和川陕甘三省管理局，及时掌握大熊猫国家公园2022年遥感监测变化图斑及自查情况，分析研判自查情况。启动自然保护地摸底调查，全面准确掌握国家级自然保护区建设管理情况。全面梳理涉及自然保护地的法律法规、部门规章及规范性文件，为依

法监督奠定基础。会同四川省林草局实地调查群众信访反映雅安荥经采矿问题。跟踪督导第二轮中央环保督察向四川省反馈问题中涉及自然保护地的问题。协调四川省林草部门与生态环保部门推动四川省自然保护地行政执法事项衔接。

【**大熊猫国家公园建设**】

**选优配强工作力量** 设置国家公园（自然保护地）监督处，承担大熊猫国家公园派驻监督和各类自然保护地保护管理监督和案件督查督办工作；设置国家公园协调处，履行大熊猫国家公园协调机制办公室等职责。

**健全监督协调机制** 编制《大熊猫国家公园协调机制办公室工作方案》《大熊猫国家公园派驻监督工作方案》，起草《大熊猫国家公园建设一体化推进实施方案》《大熊猫国家公园科研一体化工作方案》《大熊猫国家公园考核评价暂行办法》，对体制试点期间出台的规范性文件进行清理。

**国家公园综合协调** 协调川陕甘三省管理局开展大熊猫国家公园总体规划优化调整，会同国家林草局自然保护地司完成大熊猫国家公园总体规划审核评估工作，向四川省政府发出监督建议2份，对调出大熊猫国家公园的4个采矿权提出处置建议。按照国家林草局党组决策部署，积极协调成都市政府、四川省林草局，依托中国大熊猫保护研究中心、成都大熊猫繁育基地合作共建大熊猫国家保护研究中心。协调有关司局单位完成大熊猫国家公园科普基地现场核验评审、"天空地"一体化监测平台调研、全国人大重点督办建议调研前期筹备等工作。协调化解1起涉及大熊猫国家公园行政赔偿案件。支持举办大熊猫"四海""京京"赴卡塔尔欢送仪式、2022大熊猫国际文化周、第二届国际数字熊猫节等重大活动。协调有关单位妥善处置都江堰至四姑娘山轨道交通项目环评审批违反野生动物保护法等问题，促进地方和有关部门遵守野生动植物保护法律法规规定。

**专项调查研究** 开展大熊猫国家公园天然林保护资金、四川雅安片区建设管理、历史遗留矿业权水

电站等专项调研,《大熊猫国家公园四川雅安片区建设管理情况调研报告》被《国家林业和草原局简报》刊发。

【野生动植物保护】 做好野生动植物进出口审批服务,持续深化"放管服"改革,落实跨省通办政策,优化审批流程,缩短办理时限,积极协调林草、农业农村(渔政)、海关等部门完善协同办理机制,有效解决申请人实际困难,全年核发证书726份。做好野生动植物保护监督管理工作,督导监督区开展"2022清风行动"和网络非法交易"下山兰"排查,严厉打击破坏野生动植物违法犯罪行为。加强春季候鸟迁徙保护,对西藏黑颈鹤撞高压线致死事故开展现地督导调研。认真督办四川省乐山市非法猎捕、倒卖小熊猫案件,对案件查处整改工作提出指导意见,并督促落实。推动川渝藏三省份林草主管部门做好陆生野生动物保护研究、收容救护机构摸底调查等工作,督导四川省完成防控野猪危害综合试点成效评估。举办"世界野生动植物日""爱鸟周"公众宣传活动。

【大事记】
3月1—11日 成都专员办先后向西藏自治区、四川省、重庆市人民政府通报2021年度森林资源监督情况。

3月11日 成都专员办联合四川省林草局对破坏森林资源问题突出的绵阳市盐亭县以及15个重点案件进行挂牌督办。

3月21日 成都专员办联合西藏自治区林草局对2021年森林督查发现违法面积最多的扎囊县和5个破坏森林资源案件进行挂牌督办。

3月21日 成都专员办会同国家林草局西南院、四川省林草局召开四川省2021年森林督查遥感判读图斑现地核查情况会商视频会议。

3月23—25日 成都专员办赴广元市朝天区、绵阳市涪城区开展国家林草局松材线虫病第十包片蹲点组疫情防治工作督导检查和2021年森林督查发现问题查处整改督促指导。

5月17日 成都专员办召开西藏自治区森林督查暨挂牌督办案件查处整改工作座谈会。

5月24日 成都专员办对重庆市破坏森林资源严重的石柱县和10个重点案件进行挂牌督办。

6月17日至7月15日 成都专员办开展建设项目使用林地行政许可委托实施情况评估工作,对川渝藏三省份委托实施情况进行评分,向国家林草局资源司提出继续委托或终止委托建议。

6月20日 成都专员办与西藏自治区政府召开森林督查发现问题查处整改工作座谈会。

6月21日 成都专员办在拉萨约谈西藏自治区土地整治破坏草原问题严重的日喀则市、康马县政府

主要领导,违法面积较大的岗巴县、拉孜县、萨迦县、浪卡子县、江达县等政府主要领导参加约谈。

6月27日 国家林草局局长关志鸥在四川省调研大熊猫国家公园建设情况期间专程赴成都专员办调研。

7月8日 《国家林业和草原局办公室关于调整国家林业和草原局驻成都森林资源监督专员办事处内设机构的通知》(办人字〔2022〕80号)印发,成都专员办内设处室调整为综合管理处、资源监督处、国家公园(自然保护地)监督处、国家公园协调处和濒危物种进出口管理处。

11月12—26日 成都专员办赴阿坝藏族羌族自治州汶川县、德阳市绵竹市,绵阳市平武县、安州区,雅安市天全县,广元市青川县参与大熊猫国家公园总体规划评估工作。

12月5日 成都专员办与四川省交通厅、蜀道集团召开违法问题座谈会。

12月26日 针对四川省违法猎捕、交易小熊猫等破坏野生动植物资源违法犯罪案件,成都专员办联合四川省林草局通过视频方式约谈都江堰市、平武县、马边县、泸定县、丹巴县人民政府分管领导,成都市、绵阳市、乐山市、甘孜藏族自治州林草主管部门负责人和四川林业集团有限公司负责人。

(成都专员办由申洋供稿)

# 云南专员办(濒管办)工作

【综 述】 2022年,云南专员办围绕国家林草局中心工作,结合云南省森林资源监督和濒危物种进出口管理工作实际,强化担当作为,忠诚履职尽责,认真完成各项工作任务。

【涉林案件督办】 履行督查督办破坏森林草原资源案件的第一职责,采取现地调查、发函、发督办通知等多种方式,强化案件督办。直接督查督办案件133件,其中:林地案件123件,林木案件10件;查处违法占用林地面积79.15公顷,收回林地60.8公顷,涉案林木457立方米,林政罚款385.5万元,依法处理128人。

【森林资源监督报告和通报】 向国家林草局报送2021年云南省森林资源监督报告,向云南省人民政府报送2021年云南省森林资源监督通报,指出林草资源管理中的主要问题,云南省委书记和分管副省长对

报告作出批示，要求云南省林草局对通报所涉问题认真整改，云南省纪委对整改情况进行跟踪督办。

【森林、草原、湿地专项重点督查】
按照国家林草局森林资源管理司、草原管理司、湿地管理司等相关司局安排，强化对森林、草原、湿地和保护地的督查督导。加强与云南省林草局、国家林草局西南院的沟通，推进每周调度一次云南省森林、草原、湿地督查工作进度。根据云南省森林、草原、湿地自查结果，与云南省林草局组成督查组深入玉溪、楚雄、普洱等市（州）的20余个县（市）开展森林、草原督查及湿地违法图斑督办工作，对案件查处进展缓慢的地区，到现地进行指导与督办，进一步强化地方人民政府及林草部门对森林、草原、湿地资源保护重要性和迫切性的认识。

【打击毁林专项行动】 针对云南省2021年"打击毁林专项行动"和历年森林督查涉林案件查处进展缓慢的情况，向云南省林草局多次发督办函，并派出督导组到昆明、曲靖、玉溪等市（州）调研了解案件查处进度，进行现场督办与指导，多次与云南省林草局召开专题会议督办案件查处和整改进度，督促云南省林草局在9—12月开展为期三个月的"百日攻坚案件清零专项行动"，使案件查处率从60%上升到99%，效果明显。

2022年3月18日，专员史永林参加国家林草局督导组听取云南省大理白族自治州森林火灾情况汇报会

【森林草原防火督查】 按照国家森林防火指挥部和国家林草局安排，派员参加全国森林防火督查组，到云南省迪庆藏族自治州、昭通市开展森林防火专项整治"回头看"。结合重要节假日森林草原防火的严峻形势，派工作组到云南省森林火险等级较高的市（州），开展森林草原防火专项督查，及时向国家林草局报送专题报告。配合国家林草局包片蹲点云南防火组，派员到发生森林火灾的大理白族自治州大理市现场督导、协调指挥森林火灾扑救工作。

【占用征收林地行政许可监督检查】
在国家林草局西南院、云南省林草局及省林业调查规划院等相关单位的配合支持下，共抽取10市（州）12县（市、区）的12个项目进行检查，对检查发现的问题，与云南省林草局督促地方政府查处整改。

【国家林草局委托审批事项监督检查和评估】 按照国家林草局按季度上报委托云南省林草局审批项目的监管要求，严格开展监督检查工作，充分掌握云南省林草局审查审批情况，每月派人现场查阅相关资料和报件，对检查中发现的问题，及时进行反馈。进一步对云南省林草局实施国家林草局委托审批事项进行评估，对照评估办法和评分标准逐项进行打分，按时形成评估和季度报告上报国家林草局森林资源

管理司。

【涉林问题调研】 派工作组到普洱市思茅区国有林场、石屏县龙朋国有林场对森林经营试点工作开展现地调研座谈，形成专题报告及时上报。针对森林督查案件实际查处率与全国林政案件管理系统调度查处率差异较大的问题，派出2个调研组，深入云南省10多个县（市、区），直接与基层林草部门有关人员及具体操作人员座谈，深入了解系统操作存在的问题，形成专题调研报告，提出有针对性的具体改进措施，及时上报森林资源管理司。为了解云南省林长制实施情况，派工作组到普洱市、西双版纳傣族自治州、临沧市开展调研，对有关问题向省林草局发函督办。

【涉林项目核实】 对德宏傣族景颇族自治州芒市学府时代、盈江县芙蓉花苑、大理市理想小镇3个涉别墅建设项目使用林地审核（批）合规性、涉自然保护地、涉生态红线和违法使用林地查处情况等进行现地调查核实。

【打击破坏古树名木违法犯罪活动专项整治】 参与云南省打击破坏古树名木违法犯罪活动专项整治工作部署会，及时与云南省林草局和云南省公安厅药食环刑侦处对接、沟通，对个案集中研究。

【与检察机关协作配合】 与云南省人民检察院组成联合工作组，到保山市昌宁县、隆阳区和腾冲市，就保护区管理、生物多样性保护和涉林公益诉讼等工作开展专题巡查和调研，实地查看高山湿地及草甸、草原有害生物监测情况，以及生物多样性教育基地建设等情况。到高黎贡山国家级自然保护区，对保护区管理和生物多样性保护宣传工作进行重点巡查和调研。

【行政许可与进出口监管】 协助上级部门完善"单一窗口申报系统"，强化内部行政许可管理和制度化建设，进一步优化受理及办证程序，实施受理、办证、审签三级分离、相互监督的办证制度。在线备案进出口企业257家，共办理有

效证书886份，贸易额49589.37万元。其中：公约出口证书329份，贸易额12218.85万元；公约进口证书116份，贸易额3860.05万元；非公约出口证书276份，贸易额23929.12万元；物种出口证明3份，贸易额7.5万元；物种进口证明162份，贸易额9573.85万元。配合国家濒危物种进出口管理办公室完成新版《进出口野生动植物种商品目录》的修订与实施工作，并就进出口企业报关实施过程中暴露出的新问题，重新梳理行政许可事项，积极协调海关列出相关物种清单，便于一线关员的监管工作，确保野生动植物进出口企业合法贸易活动正常进行。认真对2021年度实施行政许可情况进行自查，下发行政许可检查通知，要求被检查企业做好相关准备工作；下发《关于鲟鱼活体出口企业自我检查整改的通知》，要求相关企业对越南出口鲟鱼活体及CITES证书使用情况进行梳理检查，并形成书面报告，同时按要求暂停对越南出口鲟鱼活体证书的核发。积极协调昆明海关，完成云南省人民政府援助老挝抗击新冠病毒疫情部分药品出口报关的政治任务。

【国际履约宣传和培训】 坚持开展国际公约政策法规、常见贸易管制濒危物种介绍、野生动物保护法律法规、公众保护濒危物种提示和倡导等内容的履约宣传，积极推动建立政府机构、相关组织、社会人士等各方面广泛参与的新机制，使更多力量加入履行CITES公约和打击濒危物种非法贸易事业。加强对驻外人员的宣传教育工作，普及国际公约知识，强化环保意识和法制观念，努力规范行为，不断增强公民素质，树立良好的公民形象。利用第九个世界野生植物日，联合云南省林草局、昆明海关、中国科学院昆明动物博物馆、昆明动物园等多家单位开展以"拯救濒危动植物 共创生态彩云南"为主题的线上线下相结合的宣传活动，在海关各口岸业务现场、昆明市68块户外广告屏滚动播放野生动植物保护公益宣传片，线下观展及参加活动人群达3.5万人次，取得良好的宣传效果。中国绿色时报社、中国日报网、中国科技网、环球在线、云南网、云南新闻网、昆明电视台等多家新闻媒体对活动进行采访报道。

【野生动物保护与监督执法】 共督办6起野生动植物非法案件，涉及网上销售象皮、象皮粉、穿山甲粉、穿山甲甲片、画眉鸟、兰花等国家重点保护动植物及其制品，以及外籍学者非法抓捕红瘰疣螈调查等。利用云南省级多部门联席会议制度，积极参与打击以非法猎捕（盗挖）画眉、金毛狗脊、苏铁、食用野生动物，非法收购野生动植物及其制品为主要内容的"2022清风行动"。先后开展野生亚洲象及栖息地保护、绿孔雀及栖息地保护、高压输电线路致纳帕海鸟类撞亡等专题调研检查工作，提出解决方案，并积极协调相关部门落实解决，先后完成并上报《关于高压输电线路致纳帕海鸟类撞亡情况的调研报告》《关于个旧市非法贩卖野生动物查处情况的报告》《云南省野生动物救护现状调研报告》等专题调研报告。

【松材线虫病疫情防控督导】 制定《云南省松材线虫病疫情防控工作组包片蹲点工作方案》，明确工作目标、工作任务、工作内容、职责分工和工作纪律，实行组长负责制，强化责任，分工到人；与云南省林草局定期沟通协调日常防控工作，多次联合开展防控督导工作。赴云南省昭通市水富市，对撤销松材线虫病疫区查定工作进行督导，经上报国家林草局批准，于2022年3月撤销水富市松材线虫病疫区。与云南省林草局成立督导组赴昭通市、曲靖市等6个市（州）的14个县（市、区）对枯（濒）死松树清理情况开展督导调研，完成《关于云南松材线虫病疫情防控专题调研监督的报告》，分别上报国家林草局和云南省人民政府。密切配合国家林草局松材线虫病疫情防控包片蹲点第六工作组赴云南省昆明市西山区、昭通市水富市开展松材线虫病疫情防控调研督导工作，实地检查枯（濒）死松树集中清理、伐桩处理、销毁处置、跟踪监管等情况，听取云南省林草局松材线虫病疫情防控工作情况介绍，全过程了解疫木清理、防控措施和地方政府主体责任落实等情况。

【大事记】
1月4—5日 二级巡视员李鹏带队到迪庆藏族自治州对高压输电线路致纳帕海鸟类撞亡情况开展调研。

1月24—26日 二级巡视员李鹏带队到相关市（州）开展森林草原防火督查工作。

2月23日 专员史永林参加2022年滇黔川渝藏林草主管部门森林草原防火联席会议。

2月24—25日 专员史永林陪同国家林草局副局长李树铭一行到普洱市、西双版纳傣族自治州开展森林草原防火工作调研。

3月8—11日 专员史永林、二级巡视员李鹏与云南省人民检察院副检察长施建邦等组成工作组联合到保山市调研森林资源管理和生物多样性保护工作情况。

3月17—18日 专员史永林、二级巡视员李鹏等参加国家林草局大理森林火灾督导工作。

3月19—21日 二级巡视员李鹏等陪同国家林草局防火司人员到丽江市调研森林防火工作。

3月19—22日 专员史永林等陪同国家林草局森林防火督查专员王海忠等到怒江调研森林防火工作。

4月11日 派员与云南省林业和草原有害生物防治检疫局召开松材线虫病疫情防控专项行动调度推进会议。

4月25日至5月20日 派员与云南省林草局联合到相关市（州）开展松材线虫病防治工作情况调研督导。

4月27日 派员对群众举报昆明市世博园片区涉林违法违建行为进行调查核实。

5月9—10日 二级巡视员李鹏和相关处室人员到保山市调查了解涉林项目使用林地情况。

6月9日 与云南省林长办相关人员协调对接云南省推进林长制有关工作。

6月13—17日 专员史永林和二级巡视员李鹏带队到市（州）调研督导林长制建立工作情况。

6月29日 二级巡视员李鹏带队到曲靖市师宗县核实群众举报涉林问题。

6月29日至8月5日 派出工作组赴相关市（州）开展占用征收林

地行政许可检查。

7月6日　二级巡视员李鹏带相关处室人员到云南省林草局对委托林地审批事项进行评估检查。

7月5—7日　专员史永林陪同国家林草局副局长李春良一行到普洱市和西双版纳傣族自治州调研指导热带雨林（亚洲象）国家公园建设工作。

7月28—29日　二级巡视员李鹏陪同国家林草局松材线虫病防治包片蹲点组到昆明市西山区和昭通市水富市调研督导松材线虫病防治工作。

8月12日　二级巡视员李鹏带队到相关县（市）核实督办破坏森林资源案件。

8月30日　派员参加云南省《建设项目使用林地审核审批管理规范》审查论证会议。

9月7—9日　受资源司委托，专员吴满元带领自然资源部、国家林草局联合调研组在云南省开展"三调"数据林地管理情况调研。

9月20—22日　二级巡视员李鹏参加国家林草局防火包片蹲点工作组到云南相关市（州）对森林防火工作开展调研督导。

10月17日　与国家林草局西南院、云南省林草局召开联席会议。

10月24—28日　专员吴满元和二级巡视员李鹏分别带队到相关县（市）及林场对森林经营和森林督查等工作进行调研。

11月7—11日　派出2个工作组到玉溪市、楚雄彝族自治州相关县（市）对森林督查、草原变化图斑核查和处置以及国家湿地公园管理情况进行调研督导。

11月15—18日　二级巡视员李鹏带相关处室人员到文山壮族苗族自治州对森林督查、草原变化图斑核查等情况进行调研。

11月15—18日　派员到曲靖市调研督导松材线虫病防控和枯死木清理工作。

11月22—27日　派员到大理白族自治州、丽江市、迪庆藏族自治州等对森林防火、森林督查、草原变化图斑核查和处置等工作进行督查。

（云南专员办由王子义供稿）

（图片由云南专员办提供）

# 福州专员办（濒管办）工作

【综　述】　2022年，国家林草局福州专员办着力创建模范机关，抓主业、促转型，全年共督查督办案件224起，办结202起，涉案林地477.49公顷，涉案林木2843.48立方米，收缴罚款1970.18万元，收回林地228.62公顷。组建工作专班，集中力量对闽赣两省2013—2021年未查处到位的3.6万件案件进行督办。先后派出36个工作组深入闽赣两省的91个县份，督导闽赣两省落实森林防火行政首长负责制和重大林业有害生物防治地方人民政府负责制。统筹协调推进武夷山国家公园保护发展，积极协调两个片区管理机构对外宣传统一口径等6类问题。针对破坏古树名木系列案件，对江西省林业局及安福县、袁州区政府开展专项督导。对国家林业和草原局挂牌督办的福建省龙岩市永定县、江西省鹰潭市余江区，采取联合督、驻点督、反复督的方式，确保案件查处、责任追究、林地回收"三到位"。深入福建、江西2个省20个设区市23个县（区），对

"2022清风行动"、野生兰花非法贸易、陆生野生动物收容救护等情况进行督导调研。联合林业、金融等部门深入福建省三明市、南平市等地，开展集体林权制度改革、森林质量提升、菌草发展等专题调研，为林草改革发展工作建言献策。开展林地行政许可委托项目实施情况评估、江西省第一批林地占补平衡试点市审核确认等工作。为162家濒危物种进出口企业核发许可证1106份，物种证明822份，涉及贸易额近10亿元。

【涉林违法案件督查督办】　2022年，充分运用线上督办、电话督办、发函督办、会议督办和现地督办等措施，共督查督办破坏森林资源案件224起。按照案件来源分，森林督查案件188件，国家林草局批转28件，群众举报8件。按照案件种类分，林地类案件201起，涉及林地面积477.49公顷；林木类案件23起，涉案林木蓄积量2843.48立方米。按照案件性质分，行政案件

124起，刑事案件77起，未定性或其他案件23起。截至年底，案件已办结202起，收回林地228.62公顷、处罚款罚金1970.18万元、行政刑事处罚97人，约谈地方政府4次、8人。

【案件动态"清零"工作督导】　组建案件动态"清零"工作专班，集中调度闽赣两省2013—2021年森林督查未查处到位的3.6万起案件，与闽赣两省林业局主要负责人沟通会商、督促落实，福建、江西查处到位率分别从2022年7月的32%、43%提高到2022年底的100%、93%。

【森林防火工作督导】　针对闽赣两省持续高温干旱少雨的极端不利气候条件，制定森林火灾应急处置预案，开展实地督导22批次，涉及闽赣两省的56个县（市、区），联合国家林业和草原局森林防火包片组、福建省森林消防总队开展现地督导和包片蹲点工作，认真督促闽赣两省落实森林防火行政首长负责制，监督区全年未发生重特大森林火灾。

**【松材线虫病防控工作督导】** 开展实地督导14批次，深入闽赣两省的35个县（市、区），联合国家林业和草原局松材线虫病防控包片组开展现地督导和包片蹲点工作，督促闽赣两省落实重大林业有害生物防治地方人民政府负责制，坚决打好松材线虫病防控歼灭战和阻击战，两省疫区疫点数量、病害发生面积和病死松树数量均有所下降。

**【推进武夷山国家公园保护发展】** 组建武夷山国家公园建设专班，与武夷山国家公园闽赣两省片区管理机构建立日常联络"直通车"，督导做好基层保护管理站建设、森林防火、松材线虫病防控等工作，与相关部门座谈交流做好森林资源保护与发展的意见和建议，并形成武夷山国家公园建设管理情况调研报告。会同闽赣两省林业主管部门建立办局重要事项协调会商机制，积极协调两个片区管理机构对外宣传统一口径等6类问题。

**【野生动植物资源保护管理工作督导】** 制定野生动植物保护突发事件应急处置预案，对"6·6"危害国家重点保护植物案涉及江西问题，约谈了2个县（区）政府主要负责人，并协调福建省公安机关，深挖破坏古树名木犯罪线索，取得重大战果。开展古树名木保护专项整治行动，探索与相关部门建立打击破坏古树名木违法犯罪联防联动执法合作机制，推动闽赣两省完善古树名木保护管理法规制度。深入闽赣两省20个设区市23个县（市、区），开展"2022清风行动"、野生兰花非法贸易、陆生野生动物收容救护、野猪危害防控、候鸟保护等督导调研，联合两省有关部门广泛开展野生动植物保护等主题宣传活动。

**【专题调研和建言献策】** 密切关注闽赣两省改革探索动态，联合省级林业、金融等部门深入福建省三明市、南平市等地，开展集体林权制度改革、森林质量提升、菌草发展等专题调研，形成福建省集体林权制度改革等有关问题的7篇调研报告，为地方经济社会发展决策建言献策、提供参考。

**【建设项目使用林地行政许可监督检查】** 根据《国家林业和草原局森林资源管理司关于下达2022年度建设项目使用林地及在国家级自然保护区建设行政许可抽查工作计划的通知》要求，福州专员办对闽赣两省上报国家林业和草原局审核同意的建设项目进行抽查，共对15个项目使用林地行政许可的执行情况进行重点检查，项目审核（批）林地面积796.57公顷，共发现违法使用林地面积1.11公顷，超审批采伐林木面积1.87公顷。

**【助力闽赣两省林业高质量发展】** 针对森林督查工作中基层反映强烈的林长制、林业执法等工作存在的问题，通过年度监督通报向闽赣两省政府提出建议，两省领导分别作了批示。福建省林长制从"全面建立"向"全面见效"转变，《江西省林长制条例》正式实施；闽赣两省林业局与公安厅、检察院等部门建立了执法协作机制；福建省编办同意启动县级林业执法人员招录，省林业局与省检察院、省公安厅联合印发多个文件，对林业行政执法与刑事司法衔接等作出具体规定；江西省11个设区市已有10个组建了林业执法支队，县级执法大队组建率达到74%。对江西省第一批林地占补平衡试点市开展现地审核确认，国家林业和草原局同意将621.5公顷废弃的采矿地转化为林地，面积折抵2022年度江西省林地定额指标，有效缓解当地林地使用和保护之间的紧张关系。

**【为群众办实事】** 寓监督于服务之中，为取得使用林地许可项目业主提供林地使用政策服务。受理闽赣两省涉林群众信访事项8件，分门别类建立信访台账，及时回应群众关切。落实好跨省通办政策，优化办证流程，为162家濒危物种进出口企业核发许可证1106份，物种证明822份，涉及贸易额10亿多元。

**【大事记】**

3月3日 第九个"世界野生动植物日"，福州专员办联合福建省关注森林活动组委会、省公安厅、省林业局、省政协人口资源环境委员会、龙岩市政府、省野生动

植物保护协会等单位在福建省汀江源国家级自然保护区，举办以"关注旗舰物种保护，推进美丽中国建设"为主题的现场宣传活动。福建省政协人口资源环境委员会主任曹建平、福州专员办副专员宋师兰、福建省林业局副局长王宜美参加活动，国家林草局动植物司、福州海关、厦门海关应邀参加活动。

3月15日 福州专员办与福州市林业局、福建省广播影视集团电视综合频道中心、福州市移民发展中心、福州电视台、福州仓山万里社区等单位共同在福州市晋安区宦溪镇降虎村开展"漫漫映山红 悠悠革命情"主题全民义务植树活动。

3月17日 福建省副省长康涛会见福州专员办一级巡视员李彦华一行，并听取工作汇报。省政府办公厅副主任李文哲、省林业局一级巡视员谢再钟参加汇报座谈会。

3月25日 福州专员办联合福建省林业局、福建省政协人口资源环境委员会、福建省关注森林活动组委会、福建省野生动植物保护协会等单位采取线上方式启动主题为"守护蓝天精灵，共享美好家园"的福建省第四十届"爱鸟周"宣传活动。福州专员办一级巡视员李彦华、副专员宋师兰，省林业局局长王智桢、副局长王宜美，省政协人口资源环境委员会副主任张永军，省野生动植物保护协会会长林少霖在主会场出席活动；中国野生动物保护协会秘书长武明录以视频连线方式参加活动。

4月28日 在福建闽江河口湿地保护实践20周年之际，福州专员办与财政部福建监管局、福州市林业局、闽江河口湿地国家级自然保护区管理处联合开展"植树护绿、保护湿地"主题义务植树活动。

4月29日 福建闽江河口湿地保护20年实践系列活动暨2022年福建省湿地保护宣传周正式启动，福建省委常委、福州市委书记林宝金，省政协副主席刘献祥，福州专员办一级巡视员李彦华，省林业局党组书记、局长王智桢等领导出席并讲话。此次活动由福建关注森林活动组织委员会、福建省政协人口资源环境委员会、福州专员办、福建省林业局、福州市人民政府、福州新区管理委员会共同主办。

6月26—29日　福州专员办与国家林业和草原局生态司组成联合调研组，对福建省南平市和武夷山国家公园开展松材线虫病防控工作调研。

6月27—30日　福州专员办联合国家林业和草原局华东院成立工作组，赴福建省南平市松溪县开展森林督查工作督导和案件督办。

7月6日　福州专员办与江西省林业局召开座谈会，双方就江西省森林资源保护和建设项目行政许可委托事项进行深入交流。福州专员办专员孟广芹及相关处室负责人，江西省林业局局长邱水文、副局长严成及相关处室主要负责人参加会议。

7月14日　福州专员办与福建省林业局召开2022年办局联席会议，双方就福建省当前林业工作开展情况进行深入交流。福州专员办专员孟广芹、副专员吴满元及相关处室负责人，福建省林业局局长王智桢、一级巡视员谢再钟及相关处室主要负责人参加会议。

8月23—26日　福州专员办与福建省林业局组成联合调研组赴福建省三明市、漳州市围绕集体林权制度改革、生态产品价值实现机制等方面开展专题调研。福州专员办专员孟广芹、副专员宋师兰，省林业局副局长林旭东参加调研。

8月25—26日　福州专员办副专员吴满元带队，联合江西省林业局赴吉安市安福县、宜春市袁州区调查核实湖南省"6·06"危害国家重点保护植物案涉及江西省5株樟树有关情况。

9月3—4日　针对国务院大督查发现的江西铅山一企业非法采砂问题，由专员孟广芹和副专员汶哲带队，与江西省林业局组成联合工作组，赴铅山县现场进行实地核查，并召开专题督办会。

9月5日　福州专员办与江西省林业局在南昌召开办局森林资源保护管理工作座谈会。福州专员办专员孟广芹、副专员汶哲及相关处室负责人，江西省林业局局长邱水文、副局长严成及相关处室主要负责人参加会议。

9月27日　国家林业和草原局办公室批复同意将福州专员办4个内设机构调整为：综合管理处、资源监督处、国家公园（自然保护地）监督处、濒危物种进出口管理处。

9月27—28日　福州专员办与财政部福建监管局组成联合调研组赴武夷山国家公园调研国家公园建设、保护、运行、经费等情况。福州专员办副专员宋师兰、财政部福建监管局二级巡视员高举亮和相关处室负责人参与调研。

10月15—24日　国家林业和草原局防火司、应急管理部森林消防局、福州专员办组成国家森防指专项督查工作组对江西省森林防灭火工作进行专项督查。

10月16—18日　福州专员办与福建省林业局、中国银行福建省分行组成联合调研组，赴南平市围绕集体林权制度改革、生态产品价值实现机制、森林防火、松材线虫病防控、破坏森林资源案件动态"清零"等方面开展专题调研。福州专员办专员孟广芹、福建省林业局副局长林旭东参加调研。

11月13—22日　国家林业和草原局森林防火包片蹲点组一行在福建开展森林防火包片蹲点工作。福州专员办专员孟广芹、副专员汶哲及相关处室负责人参加。

（福州专员办由罗春茂供稿）

# 西安专员办（濒管办）工作

【综　述】　2022年，国家林业和草原局驻西安森林资源监督专员办事处（中华人民共和国濒危物种进出口管理办公室西安办事处、祁连山国家公园管理局，以下简称"西安专员办"），按照全国林草工作会议精神和国家林草局党组决策部署，严格落实全面从严治党要求，认真执行国家林草局党组"1+N"工作机制，聚焦主责主业，狠抓工作落实，推动林草资源监督和国家公园监管高质量发展，努力创建"讲政治、守纪律、负责任、有效率"模范机关，为建设美丽中国和实现人与自然和谐共生的现代化作出新贡献。

【林草资源监督和违法案件督查督办】　一是违法行为得到有效遏制。西安专员办对国家林草局挂牌督办的3个县进行现地督办、6起案件进行重点督办销号；按照"面积较大、性质恶劣、区位重要"原则，对监督区184起典型案件进行挂牌督办；针对森林资源问题多发高发频发问题，向陕西省政府专题报送《关于2021年度全国森林督查发现陕西省违法违规问题的报告》，并对榆林及定边、麟游开展派驻式整改督导。全年约（面）谈县级政府领导14次、53人，移送司法机关174起，行政处罚1230起，罚款878.1万元，收回林地1492.2公顷，补种树木12万多株，党纪处分38人，政务处分23人，其他处理232人。同时，对2021年森林督查发现的7466起案件进行线上定期调度督办，查处整改到位7303起，查处整改率97.8%，移送司法机关1139起，行政处罚3955起，罚款6672万元，收回林地4127公顷，补种树木407116株。开展森林督查案件质量抽检工作，对陕西定边5起案件进行现地核实验证，督促整改问题。二是林草资源监督不断强化。向陕西、甘肃、青海、宁夏四省（区）政府提交监督报告。对历年森林督查和打击毁林专项行动17万多个疑似图斑进行复核、督促整改；启动2022年森林督查工作，选取12个县（区）120起疑似案件，对陕西定边破坏森林资源问题进行督办；对国家林草局委托省级林草主管部门2021年实施的68个林地行政许可事项进行评估，对2022年前三季度林地行政许可事项进行检查，完成陕西、宁夏两省（区）9个建设项目使用林地行政许可检查。开展2022年草原变化图斑判读和核查处置工作，涉及图斑4.7万个；配合国家林草局草原司赴陕西就草原执法监管情况开展调研。开展2022年林长制湿地督查，对110个疑似问题进行核实；督办涉野生动物案件2起，督导"清风行动"、防控野猪危害试点情况，严厉打击破坏野生动植物资源违法行为。

【推进国家公园建设】 成立西宁工作处，对三江源国家公园开展派驻监督。与三江源国家公园管理局建立联合工作机制，加大重点工作督导，对7个重点项目进行现地督查，协调推进林草感知系统和"天空地"一体化监测系统建设，组织完成2023年度项目资金申报工作，参与国家林草局对三江源国家公园中央资金专项审计等工作。稳步推进祁连山国家公园建设管理，建立自然资源档案库，对27个项目进行前置审核，启动公园内变化图斑判读核实、自然资源档案库更新和建设项目许可检查等工作，督促做好国家公园设立风险点排查等前期准备工作，完成青海片区草地调查成果评审和成果编制，强化日常监管，确保生态安全。

【野生动植物进出口管理】 办理许可证961份，贸易额1.79亿元。配合国家林草局动植物司对西安专员办辖区内2021年野生动植物进出口行政许可业务工作开展检查。以"世界野生动植物日""爱鸟周"等为契机，联合驻地开展宣传活动，提升公众保护意识。

【重点工作任务全面落实】 督促指导监督区建成五级林长组织体系，出台全面推行林长制实施方案、考核等配套制度，督促有序推进考核工作。强化森林草原防火督导，办党组书记及其他成员带队赴4个省（区）11个市25个县（单位）调查督导森林草原防火工作，对陕西洛南森林火灾进行现地督办，利用森林草原防火督查系统、电话调度等形式开展督导，配合国家林草局抓好森林草原防灭火包片蹲点工作。加强松材线虫病防控督导，起草松材线虫病及美国白蛾疫情防控包片蹲点工作方案，督促各地将松材线虫病疫情防控纳入林长制督查考核体系，切实做好防控工作。

【监督机制创新】 坚持"全面督、重点导、个别查"原则，推行点线面结合工作法，全力推进违法违规行为查处销号。按照"包片负责、主责抓总、职能统筹、协作配合"的原则，建立重点工作专班机制，狠抓重点工作落实。在专班机制的基础上，确定案件销号率和销号量、"三到位"、约谈、建立联合工作机制、贯通机制等作为指标，建立工作落实情况考核体系和重点工作双周调度机制。成立内控小组，建立案件内控审核工作机制，降低廉政风险，确保案件质量。联合国家林草局西北院和省级林草部门成立派驻联合整改督导组，开展派驻式整改督导，为基层查处、整改提供政策和技术支持。与林业、法院、检察院、公安等部门商建联合协作机制，提升监督实效。与西北院建立院办合作机制，努力打造全国林草系统监测与监督融合的标杆，实现监督监测一体两翼。

【大事记】
2月24日 向监督区陕西、甘肃、青海、宁夏四省（区）林业（和草原）局印发《西安专员办2022年林草资源监督工作要点》。

3月1日 督办陕西查处非法销售野生兰花破坏野生植物资源案件。

3月3日 向陕西、甘肃、青海、宁夏四省（区）人民政府提交2021年度森林资源监督意见。

4月25日 对陕西、甘肃、青海、宁夏四省（区）林业（和草原）局受委托审批事项开展监督检查。

6月18日 与陕西省林业局调度核实洛南县四皓街道森林火灾发生及扑救情况，全程跟踪做好督办工作，并赴现地督查。

7月4日 开展2022年度建设项目使用林地行政许可随机抽查。

7月11日 开展核查国家湿地公园违建项目整改工作。

7月11日 开展2022年度草原行政许可随机检查。

8月22日 对陕西、甘肃、青海、宁夏四省（区）2021年全国森林督查发现违法问题进行挂牌督办。

8月29日 向陕西省人民政府报送《关于2021年全国森林督查发现陕西省违法违规问题的报告》。

9月19—22日 西安专员办主要领导赴宁夏开展林长制建立、森林督查问题整改、森林草原防火等工作调研和督导。

10月19日 与陕西、青海、甘肃、宁夏四省（区）纪检监察部门商请建立纪检监察监督与林草资源行政监督贯通协调机制。

11月3日 向国家林草局资源司上报2022年森林督查案件督办情况。

11月16日 向国家林草局资源司上报专项行动及森林督查案件查处整改进展情况。

11月16日 开展野生动植物行政许可检查自查。

12月9日 向国家林草局上报陕西、青海、宁夏2022年度林长制、湿地督查相关工作情况报告。

（西安专员办由王浩秋供稿）

# 武汉专员办（濒管办）工作

【综　述】　2022年，国家林草局武汉专员办按照国家林草局党组部署要求，坚持全面从严治党，紧紧围绕局中心任务、重点工作，严格履职尽责，全面完成年度监督任务。

【案件督查督办】　全年督查督办豫鄂两省涉林违法案件103起。其中：督办国家林草局挂牌案件2起、武汉专员办与豫鄂两省林业局联合挂牌案件12起、涉林违法典型案件32起、其他涉林案件57起。行政处罚11400万元，刑事处理17人，回收林地1025.34公顷，补植林木79.7万株，政务及党纪处分90人。

7月19—23日，专员杜晓明参加中央农办牵头落实中央领导批示河南省有关问题工作组，坚决贯彻局领导指示，发出实事求是、分区施策、分类处置，统筹国家粮食安全和生态建设取得共赢的林业声音。

【森林督查】　督导豫鄂两省森林督查案件清零行动。部署开展2022年森林督查工作，开展3个批次的省级层面督导和现地督查督办，现地核实图斑47个，督办案件22起。运用地理信息软件和图斑，开展森林督查案件质量抽检工作。依据林政综合执法管理系统，筛选28件森林督查重点案件进行督查督办。全年对豫鄂两省5个县（市、区）人民政府主要负责人就违法破坏森林资源、占用湿地资源问题开展集中约谈。

【自然保护地监管】　开展豫鄂两省国际重要湿地、国家重要湿地、国家湿地公园违建问题、疑似问题督查督办，全年督查15个国家湿地公园28个违建点位。派员参加湿地大会专班工作，主动服务《湿地公约》第14届缔约方大会。对湖北省神农架国家公园试点工作开展实地调研督导，协调服务，针对试点建设存在的困难和问题，提出了推动

豫鄂两省各类自然保护地优化整合和加快国家公园基础建设、设立的意见和建议，积极发挥监督和服务职能。

【建设项目使用林地监督】　制定林地行政许可检查计划和方案，检查鄂豫两省项目10个。按照《建设项目使用林地委托监管办法》要求，针对湖北省建设项目委托实施检查发现问题，督促湖北省林业局整改。制定《武汉专员办建设项目使用林地行政许可委托工作实施情况评估工作方案》，完成豫鄂两省2021年度委托实施项目评估工作。

【野生动植物保护监督】　一是参加并督导鄂豫两省2022年"清风行动""下山兰专项整治打击行动""打击整治野生动植物非法交易专项行动"，推动建立完善省、市、县三级打击野生动植物非法贸易部门联席会议制度，保障生物多样性安全。二是对春季、秋冬季迁徙候鸟及野生动植物保护进行督导，联合湖北省公安厅森林警察总队对6处农贸、花鸟市场进行明察暗访和监督检查。三是对野生动物收容救护及野猪等致害野生动物防控进行监督指导。联合河南省林业局对河南省猛兽养殖展演场所进行调研检查，督导护送"小象莫莉"回到云南昆明，为商丘观赏鹦鹉人工养殖产业做好政策咨询服务。

【濒危物种管理】　开展濒危物种进出口管理"双随机一检查"，提高办证窗口服务质量，依法依规办理进出口行政许可。全年共审核办理进出口行政许可602件，进出口贸易总额3.99亿元。

【森林防火和有害生物防治】　一是对森林防火、林业有害生物防控重点区域、重点时段采取"四不两直"形式，开展督导督查，及时发

现防控漏洞和隐患。二是对监督区森林防火工作进行常态化调度督导和网格化督查，对豫鄂两省17个市（州）森林防火工作进行了专项或包片蹲点督导检查，对存在森林防火隐患的有关县（市、区）及时发出整改通知书并抄送省级林长办，督导加强森林防火工作。三是对两省8个市（州）19个县（市、区）林业有害生物防控重点地区加强督查督导，督促两省加强松材线虫病疫情、美国白蛾危害等防控工作，对存在疫木管理问题的县（市、区）及时发出整改通知书并抄送省级林长办，严格疫木管控，严防疫情扩散蔓延，并举一反三，由省级林业主管部门全面推动问题整改。两省2022年度均未发生较大以上森林火灾，林业有害生物疫情得到有效防控。

【编制森林资源监督报告】　坚持问题导向，实事求是地总结回顾豫鄂两省2021年度森林、草原、湿地及林草生态系统保护修复取得的成效、存在的问题，提出监督建议，监督报告主送省政府、抄送总林长。进一步压实主体责任，加强林草综合执法能力，力争从体制和机制上解决问题。

【监督机制创新】　一是探索建立健全监督预警机制。实行内业审查与现地核实相结合，对县（市、区）森林督查图斑自查质量和案件查处整改先行开展内业审核，重点选择图斑和案件开展现地核实。通过多期历史卫星影像对比，提前发现问题及时督办，完善监督预警机制。二是统筹开展"四督导一检查"新模式。谋划并开展统筹5项林草重点工作督查的"四督导一检查"（野生动植物保护、草原湿地保护、森林草原防火、林草有害生物防控督导及进出口行政许可检查）模式，对豫鄂两省5个

专员杜晓明带队在宜昌市秭归县九畹溪镇仙女村开展乡村振兴调研帮扶工作

市（州）8个县（市、区）开展全面督查，对问题比较严重的4个县（市、区）政府分别下发森林督查整改通知书，提高工作效能，减轻基层负担。

【大事记】

4月7日　国家林草局防火司和武汉专员办组成调查组，包片蹲点督导调研湖北森林防火工作。

5月23日　武汉专员办联合湖北省林业局、省公安厅、省农业农村厅、省市场监管局等部门开展"2022清风行动"督导检查。

6月24日　国家林草局局长关志鸥一行到武汉专员办考察指导工作。

7月14日　专员杜晓明带队在宜昌市秭归县九畹溪镇仙女村开展乡村振兴调研帮扶工作。

9月20—22日　武汉专员办分别与湖北省、河南省林业局召开森林督查和自然保护地建设座谈交流会，副专员马志华参加会议并讲话。

10月20—24日　副专员高扩江带队对湖北省咸宁市、黄石市、黄冈市等三市五县（市、区）开展"四督导一许可"检查。

10月20日至11月13日　武汉专员办主动服务《湿地公约》第14届缔约方大会，对武汉市3个国家湿地公园开展督导检查，派员参加湿地大会专班工作，积极做好各项服务保障工作。

（武汉专员办由胡进供稿）
（图片由武汉专员办提供）

---

# 贵阳专员办（濒管办）工作

【综　述】　2022年，国家林业和草原局驻贵阳森林资源监督专员办事处（中华人民共和国濒危物种进出口管理办公室贵阳办事处）（以下简称贵阳专员办）全面完成局党组巡视组提出的巡视整改意见，坚持党建业务双融互促，深入践行国家总体安全观，推动林业执法行刑衔接护航林草事业高质量发展，全年督办案件114起，其中刑事案件94件、行政案件17件、其他案件3件，涉及违法使用林地875公顷、滥伐林木蓄积量2224立方米；核发允许进出口证明书和物种证明866份；不断强化与海关、农业、公安、交通、市监等部门工作合力，持续提升物种管理和野生动植物保护监督工作成效。

【林草生态扶贫领域"两拖欠"自查自纠督导】　指导贵州省林业局开展全省林草生态扶贫领域"两拖欠"自查自纠，对3个市（州）、10个县（市、区）进行约谈。春节前，生态护林员补助资金全部兑现。

【助力监督区林草工作高质量发展】　一是2月初，向湘黔两省总林长、两省人民政府分别提交《2021年度森林资源监督通报》，针对监督中发现的突出问题，提出5条工作建议。两省总林长、分管副省长作了圈阅或批示，所提建议基本落实，特别是涉林案件移送不畅、林业高质量考核权重低等问题得到明显改善。二是认真贯彻落实国务院《关于支持贵州在新时代西部大开发上闯新路的意见》精神，针对"灌木林恢复为耕地"的问题，积极汇报沟通、阐明主张，从省级政策层面规范了"灌木林恢复为耕地"的具体办法。

【创新监督机制】　一是发挥林长制指挥棒作用，向问题突出、整改滞后的湖南省郴州市、贵州省黔东南苗族侗族自治州等4个市（州）级总林长发送工作提示函，指出其2021年国家森林督查整改工作存在的不足，要求市级总林长积极履行职责，加大督查力度，全力解决森林资源保护发展重大问题，有力推动了案件查处整改工作，成效明显。二是会同贵州省公安局、检察院、法院及林业部门，联合印发

《贵州省林业行政执法与刑事司法衔接工作暂行办法》，积极化解涉林案件调查难、移送难、查处难的问题。

【森林督查】 一是对中央环保督察通报的黄平、赤水等5个县（市）和黄果树风景名胜区等涉林问题开展现地督办，督促按时整改到位。二是对2021年长江经济带生态环境警示片披露的湖南省新邵等4个县涉林违法问题开展现地督导，全程跟踪整改进程。三是与湖南省林业局联合开展打击破坏林草资源"虎威行动"，与贵州省联合开展森林资源保护"六个严禁"执法专项行动。全年督办各类破坏森林资源案件114件，涉及违法使用林地面积875公顷、违法违规采伐林木蓄积量2224立方米。通过督查督办，追究刑事责任69人，实施行政处罚66人（单位）、罚款5140万元，追责问责88人，收回林地776公顷，挽回经济损失（补交森林植被恢复费）3955万元。

【专项监督检查】 一是完成2021年度建设项目使用林地行政许可实施成效检查评估。综合评估湖南省为"优秀"、贵州省为"良好"。二是对国家级委托审批项目审批情况实施季度监督检查。三是对国家林草局审核（批）的14个建设项目开展林地行政许可被许可人检查。对检查发现的7个违法使用林地项目全程跟踪整改和开展案件督办。四是对湘黔两省13个县开展森林督查发现问题查处整改"回头看"，约谈破坏森林资源问题突出的10个县（湖南、贵州各5个）；对2022年森林督查发现的23个重大案件开展现地督办。五是积极开展森林防火督查。先后深入两省20多个县，主要采取"四不两直"方式，直达基层，督促县乡村各级认真落实森林防火行政领导责任。湖南省新田县森林火灾发生后，专员办主管领导和工作人员第一时间赶赴现场，配合国家林草局防火司、防火中心等开展督导。六是松材线虫病防控督导。先后联合湘黔两省林业局赴30多个疫区县，积极参加国家林草局梵净山、张家界重点生态区域包片蹲点工作，压实地方政府主体责任。七是自然保护地检查监督。完成贵州草海、湖南张家界等国家级自然保护区建设行政许可执行情况现场核查，对中央环保督察通报的黄果树风景名胜区问题整改情况进行现地督导，对遥感发现的国家级湿地公园7个违建问题开展现地核实。

【物种管理】 一是持续开展"为群众办实事"活动，梳理精简审批流程，实现10个工作日出证。二是深化"放管服"，提升办证效能，核发允许进出口证明书和物种证明866份（含跨省通办），总贸易金额2.05亿元；协助配合国家濒管办核实辖区内鲟鱼出口证书真实性12次，核实证书80余份。三是及时提醒辖区企业关注物种证明核发政策重大变化，做好政策宣传和答疑解惑，提供上门及电话咨询400余起。四是与海关、省林业局召开工作座谈交流，深化部门协作，执法合力进一步强化。五是强化后续监管，单独或联合两省林业局对湘黔两省7家企业行政许可执行情况进行检查督导。六是联合贵州省商务厅围绕促进贵州鲟鱼养殖和进出口业务开展调研，提供服务。

【野生动植物保护监督】 一是与林业、农业、公安、运输、市场监管等部门，共同参加"清风行动"、开展"下山兰清理活动"，深入花鸟市场联合执法，协同推进全链条打击破坏野生动植物资源违法犯罪行为，同时加大对画眉鸟、兰花等新增国家重点保护物种的宣传力度，提高全民保护意识。二是联合两省林业局，对各地野生动物疫源疫病监测、野生动物收容救护、鸟类环志等工作进行督导。三是持续跟进贵阳市黔灵山公园猕猴分流督导，确保到2023年全面完成分流工作。四是配合国家林草局动植物司，深入湖南省长沙、湘西等5市（州）开展野生动植物保护重大问题调研。五是联合两省林业局等单位，先后举办"世界野生动植物日""4·15国家安全日""国际生物多样性日"宣传活动和"促进人与自然和谐共生"主题宣传活动。

【巡视反馈问题整改】 6月15日至8月15日，国家林草局党组第三巡视组对办党组开展了为期两个月的巡视，反馈了4个方面13类共34个具体问题，并提出了4个方面的整改意见及建议。办党组针对反馈问题制定了77项整改措施并基本完成，新修订制度5项，修订完善制度6项。常态化做好警示教育和日常监督提醒工作，风清气正的政治生态得到进一步巩固和深化，整改落实取得阶段性成效。

【大事记】

1月27日 贵阳专员办与贵州省林业局、贵州省财政厅，对贵州省拖欠生态护林员资金数额较大的10个县（市、区）政府主要领导及林业局、财政局负责人进行集体约谈。专员李天送出席会议并讲话。截至1月29日，拖欠生态护林员资金的23个县（市、区）已全部完成兑现工作。

2月9日 贵阳专员办专员李天送参加贵州省2022年全省林业工作会议并讲话。

3月1日 贵阳专员办专员李天送参加湖南省2022年全省林业工作电视电话会议。

3月8—11日 贵阳专员办联合湖南省林业局组成督导组，对长沙市雨花区、浏阳市，湘西土家族苗族自治州永顺县、花垣县、吉首市，怀化市中方县、沅陵县等县（市、区）松材线虫病疫情防控工作进行督导。

3月11日 贵阳专员办与湖南省林业局联合约谈了宜章县、祁东县、苏仙区、永顺县、辰溪县5个破坏森林资源问题突出县区人民政府主要负责人。

3月21日 贵阳专员办专员李天送带队，与湖南省林业局共同赴益阳市桃江县，就深入推进"虎威行动"、严厉打击破坏林草资源违法犯罪行为开展联合督导。

4月12日 国家林草局印发《关于支持贵州林草事业高质量发展的若干措施》，贵阳专员办迅速组织学习并进行专题研究落实。

5月1—3日 "五一"假日期间，贵阳专员办专员李天送到贵州晴隆县督导森林防火工作；到荔波县联江村宣讲贵州省委第十三次代表大会精神。

5月17—20日 贵阳专员办党组

成员、二级巡视员钟黔春带队到长沙市生态动物园调研动物保护、繁育工作，到益阳市赫山区来仪湖国家湿地公园了解试点情况。

**5月18日** 贵州省第一起破坏生态环境赔偿公益性诉讼案件在贵阳市中级人民法院开庭审理，法院当场判决中铝贵州分公司赔偿破坏林地25.8公顷生态补偿360多万元。该案系贵阳专员办挂牌督办案件。

**5月22日** 贵阳专员办联合贵州省林业局、贵阳市林业局、贵州省野生动植物保护协会在贵阳举办以"共建地球生命共同体"为主题的第29个国际生物多样性日宣传活动。

**5月27日** 贵阳专员办党组成员、副专员那春风带队，到贵州省贵定县甘溪林场，调研中央乡村振兴衔接资金实施项目及国有林场保护发展情况。

**6月13日** 贵阳专员办与贵州省法院、省检察院、省公安厅、省林业局联合印发《贵州省林草行政执法与刑事司法衔接工作暂行办法》。

**6—7月** 贵阳专员办党组成员、副专员谢守鑫牵头，联合贵州省能源局，聚焦风电、光伏产业情况开展深入调研，形成《贵州"风光产业"发展调研报告》。

2022年7月24日，贵阳专员办到张家界开展松材线虫病防控督导

**10月26日** 贵阳专员办与贵州省林业局召开梵净山国家公园创建专题交流会议，共同商讨梵净山国家公园创建工作，建立"学习、碰头、护创、协调、监督"等机制。

**11月15日** 贵阳专员办与贵阳海关、贵州省林业局召开加强履约监管、强化部门配合座谈会。

**12月9日** 贵阳专员办与长沙海关、湖南省林业局召开加强履约监管、强化部门配合座谈会。

（贵阳专员办由魏晓双供稿）
（图片由贵阳专员办提供）

# 广州专员办（濒管办）工作

**【综　述】** 2022年，广州专员办深入贯彻落实国家林草局各项决策部署，提高政治站位，强化使命担当，忠实履行监督核心职责，扎实推进党史学习教育常态化长效化，奋力开创监督区生态文明建设新局面。全年共督查督办涉林案件251宗，共涉及违法使用林地面积4912.58公顷，涉及违法采伐林木13950.9立方米，共督促处理违法违纪人员416人，督促收缴罚款（罚金）共计13611.1万元，督促收回复绿林地1683.02公顷。全年共核发进出口证书7901份，进出口贸易总额约42.9亿元。

**【森林资源和自然保护地监督】** 一是坚持"严"字主基调，认真履行森林资源监督核心职责。及时向广东、广西、海南三省（区）人民政府提交2021年度森林资源监督通报，三省（区）人民政府办公厅均专函反馈整改落实情况。开展森林督查"回头看"工作。对广东清远市阳山县等4个县（市）2021年森林督查整改工作情况进行"回头看"，对相关县（市）土地整理问题进行督导检查，压实了地方政府保护发展森林资源主体责任、有力推动了案件查处整改进度。对监督

区14个国家林草局审核（批）的建设项目征占用林地行政许可执行情况进行了随机检查。检查发现10个项目在主体工程建设中存在违法使用林地行为。检查共发现违法违规使用林地问题50宗，面积90.55公顷。扎实开展2022年森林督查检查工作并对森林督查发现的重点案件进行督查督办。对三省（区）共29个市、县、区开展监督检查工作。二是主动担当作为，有序开展自然保护地和湿地督查。持续跟踪中央生态环保督察反馈情况中涉自然保护地问题整改工作和"绿剑行动"

整改验收工作。专员办分管负责人带队赴广东省恩平地热国家地质公园、湛江红树林国家级自然保护区进行中央生态环保督查反馈问题督办。积极推动广东南岭、象头山国家级自然保护区"绿剑行动"整改工作。扎实开展国家重要湿地、国家湿地公园违建项目整改情况核查工作。按照国家林草局相关要求，对监督区9个国家湿地公园违建项目整改情况进行核查，跟踪了解监督区22个国家湿地公园和2个国家重要湿地疑似问题图斑核实整改情况，并对部分图斑进行现地核实。充分利用全国自然保护地监督检查平台，及时跟进国家级自然保护区人类活动问题点位整改情况。三是全力做好森林防火督查，筑牢森林"防火墙"。会同广东省应急管理厅、广东省林业局，对广东阳江等5市6个县（市、区）开展森林防火督查。结合森林督查工作，对广西来宾市等有关县（市、区）森林防火工作进行明察暗访。联合广西壮族自治区林业局开展护林防火、林业安全生产主题宣教活动，层层传导压力，进一步压实地方政府森林防火和林业安全生产的主体责任。四是积极做好前期准备，扎实开展广西林地占补平衡补充林地审核确认工作。对广西第一批2个试点市和第二批4个试点市林地占补平衡试点补充林地情况进行了审核确认，共确认合格面积891.7公顷。

**【林长制和"三园二中心"工作】**
一是推进林长制全面落实见效，助推监督区谱写绿色发展新篇章。加强与省级林长办公室联系，通过林长制进一步压实各级党委政府保护发展森林资源的主体责任，构建"党政同责、属地负责、部门协同、源头治理、全域覆盖"的长效机制。梳理监督区林长制设置、配套制度建立、林长制实施等方面的问题，加强督促检查，确保林长制真正落地、高效运转。通过林长制狠抓各项林业重点工作落实。严守生态保护红线，认真开展森林督查，督促加强公益林管护，统筹推进监督区山水林田湖草系统治理，加大林业有害生物防治和森林防灭火工作的监督检查力度，推动完善地方法规制度体系。同时切实抓好

中央生态环境保护督察反馈意见涉林问题整改。二是积极适应新形势新任务，统筹推进"三园二中心"建设。成立"三园二中心"工作专班，坚决落实国家林草局党组工作部署。聚焦"三园二中心"（"三园"即海南热带雨林国家公园、广东南岭国家公园、华南国家植物园，"二中心"即国家林草局穿山甲保护研究中心、深圳国际红树林中心）建设工作，成立由一把手负总责、其他班子成员分工负责、各处具体负责的专班责任落实工作机制，并对"三园二中心"建设下一步推进工作进行任务分工。加强与相关部门和地方各级政府横向、纵向协调联动，形成齐抓共管的工作合力。立足于强化与海南省林业局、海南省公安厅及各相关市、县人民政府工作衔接，充分发挥地方政府作用和相关部门专业优势，建立内部沟通协作工作机制。主动对接国家林草局穿山甲保护研究中心，了解工作开展情况，建立定期座谈沟通联系协调机制。深入开展调研，筑牢"三园二中心"建设工作基石。组织协调穿山甲保护研究中心等部门前往大熊猫保护研究中心开展调研，学习先进经验，借鉴工作思路。与海南省林业局召开座谈会，深入生态搬迁安置点，详细了解国家公园建设工作，从政策和体制机制上深入探讨国家公园建设中存在的难点和痛点。

**【涉林违法案件督查督办】**　一是重拳出击，依法查处，打造高压态势。截至2022年年底，广州专员办共督查督办国家林草局要求查办、检查发现、媒体报道、群众举报和案件移交的涉林案件251宗（2022年新增案件113宗）。其中，违法使用林地案件215宗，违法采伐林木案件33宗，违法破坏野生动物资源案件1宗，危害国家重点保护植物案件1宗，其他（建养殖塘造成红树林死亡）案件1宗。案件共涉及违法使用林地面积4912.58公顷，涉及违法采伐林木13950.9立方米。已立案382宗（部分案件因涉及多个违法责任主体立多种案件处理），达到办结标准57宗，共督促处理违法违纪人员416人。其中，追究刑事责任19人、追究行政责任

218人；行政处分43人、党纪处分48人，其他处分88个（单位）；督促收缴罚款（罚金）共计13611.1万元，督促收回复绿林地1683.02公顷。二是聚焦国家林草局挂牌督办地区和挂牌督办重点案件，做实做细督导检查工作。对中央第四生态环境保护督察组反馈的清远英德市存在盗采稀土问题、国家林草局资源司下发的韶关市曲江区部分问题整改情况以及国家林草局挂牌的梅州市丰顺县顺鹏石业公司违法占用林地案等重点案件进行了核实督办。对资源司抽取的三省（区）17个违法违规破坏森林资源案件质量进行了检查。三是高质量做好自选动作，扎实开展2022年"铁拳护林"专项行动。为进一步落实国家林草局2021年森林督查和全国打击毁林专项行动会议精神，广州专员办对广东省36个县（市、区）开展"铁拳护林"专项行动，对各类涉林案件线索进行督查督办，严厉打击涉林违法犯罪行为，按照"三个到位"原则，压实地方政府的主体责任，提升地方政府森林资源保护管理水平。

**【野生动植物保护管理监督检查】**
一是对三省（区）"清风行动"开展情况进行督查督办。开展候鸟保护管理的野外暗访调查，对广东阳江、江门2市野外非法猎捕候鸟情况进行暗访。二是强化工作职责，开展松材线虫病疫情防控督导。与广东、广西林业主管部门召开松材线虫病疫情防控座谈会。按照国家林草局松材线虫病疫情防控包片蹲点工作要求，对广东9个县（市、区）的松材线虫病防治工作开展督导检查。三是开展舆情监测，督促查处涉野生动植物违法行为。督促三省（区）林业主管部门对"下山兰"相关网店开展调查。四是持续关注广西等地禁食野生动物的二次处置、补偿工作。督促地方政府落实资金、补偿到位，维护养殖户的合法利益，保障社会稳定。五是联合广东省林业局开展"世界动植物日"等宣传活动。

**【濒危物种进出口行政许可证书核发】**　一是高质量抓行政许可，推动证书审核规范化。截至2022年年

底，共办理海南行政许可批文24份，核发行政许可证书7901份，进出口贸易总额约42.9亿元，涉及被许可人496个。按照"双随机、一公开"要求，做好年度行政许可后续监督检查工作，共检查企业12家。二是强化与农业农村、海关、公安等部门日常沟通，更好发挥履约执法协调效能。三是丰富保护濒危物种宣传教育方式，多地摆放宣传展品开展宣传活动并应邀给援赤道几内亚中国医疗队授课，不断扩大受众范围。四是深入进出口企业，开展海南自贸港濒危物种进出口情况调研，为海南自贸港企业解决实际困难，大力支持海南自贸港建设。

**【大事记】**

2月21—24日　副专员贾培峰带队对清远市阳山县和连南县森林资源管理情况开展监督检查。

5月16日　广州专员办（松材线虫病防控第十一包片蹲点组）召开座谈会，听取广西林业局关于松材线虫病防控工作情况报告，督导广西松材线虫病防控工作。

5月16—19日　专员关进敏带队赴广东乐昌市现场督导松材线虫病防治工作。

5月18—20日　二级巡视员王琴芳带队赴广东惠州市龙门县开展"铁拳护林"专项行动。

6月27—30日　广州专员办对清远市清新区松材线虫病疫情防控工作开展督导检查。

7月4—7日　副专员刘义带队赴海南省林业局对建设项目使用林地行政许可委托工作实施情况开展评估。

7月6—8日　二级巡视员王剑波对广东梅州市松材线虫病疫情防控工作开展督导检查。

7月18—21日　专员关进敏带队对广东韶关市曲江区开展"铁拳护林"专项行动及松材线虫病防控督导检查。

7月18—21日　副专员贾培峰带队对广东肇庆市国家林草局审核审批的建设项目使用林地项目开展抽查工作并开展"铁拳护林"专项行动督查。

7月21日　与广东省林业局召开全面推进国家林草局穿山甲保护研究中心建设工作座谈会。

9月16日　与海关总署风险防控局（黄埔）以及黄埔海关风险防控分局开展座谈，交流讨论商品目录新政实施和刺猬紫檀监管的问题。

9月19日起　副专员贾培峰作为国家林草局森林草原防火包片蹲点工作组成员赴广西实地开展包片蹲点工作，并对2022年广西秋冬季森林草原防火和安全生产工作进行指导。

9月19—22日　广州专员办检查组对广西国家湿地公园违建项目整改情况开展核查，并对湿地保护管理情况进行调研。

9月20—22日　专员关进敏带队赴广东深圳市督导林长制落实情况、自然保护地管理和森林防火等工作。

9月25日起　专员关进敏带队对广东云浮市云城区、新兴县开展"铁拳护林"专项行动工作。

9月26—30日　副专员贾培峰带队对广西林地占补平衡试点补充林地进行审核确认。

9月28—29日　副专员刘义带队赴海南开展野生动植物进出口行政许可后续监督检查工作。

10月17—20日　副专员贾培峰带队对广西来宾市兴宾区和贵港市覃塘区2022年度森林督查自查工作进行监督检查。

（广州专员办由李金鑫供稿）

# 合肥专员办（濒管办）工作

**【综　述】**　2022年，合肥专员办坚持党建引领、聚焦核心职能、强化督查督办、优化管理服务，全力促进林草资源监督工作提质量上水平，推动皖鲁两省绿色高质量发展取得新成效。

**【林草资源监督管理】**

**监督通报**　针对皖鲁两省林草资源保护管理中的突出问题，向两省省级总林长、省政府发送年度森林资源监督通报，高位推动林草资源保护工作。紧盯通报问题的整改落实，强力督导、压实各级林长管绿护绿责任，严肃查处破坏森林资源典型案件。结合林长制考核评价工作，督查全面推进林长制存在的问题、林长履职尽责情况，推动建立和完善林草资源保护管理长效机制。

**案件督查督办**　全年共督办各类涉林案件133起，约谈市县两级政府、林草主管部门负责人24人次，查处违法责任人（单位）99人次，行政罚款1602万元，收回林地58公顷。一是紧盯中央领导批示问题持续跟踪督办，及时督促"安徽省蚌埠市、滁州市违法侵占林地建墓""山东省济南市毁林建别墅"问题整改落实到位。二是赴皖鲁两省开展12市19县（市、区）2021年森林督查整改情况"回头看"和9市15县（市、区）的2022年森林督查工作。对安徽省2022年20起典型案件公开挂牌督办。三是对国家林草局资源司批转的20起破坏林草资源案件进行专项督办。督导6起群众信访举报事项调查核实。四是督办2021年长江经济带生态环境警示片披露问题。会同安徽省林业局赴黄山市卧虎高尔夫球场和西田国有林场毁林现场开展实地督导，督促问题有效整改。五是联合安徽省林

专员李军带队赴济南市历城区开展森林督查工作督导（房丙根　摄）

业局、省公安厅、省检察院开展以查处清理积案旧案、完善行刑衔接机制为主要内容的2022年打击破坏森林资源违法犯罪专项行动。六是完成皖鲁两省38个国家湿地公园疑似点位核实工作和6个自然保护区监督检查。

**行政许可检查评估**　强化建设项目行政许可日常监管巡查，每季度向国家林草局资源司提交工作报告。开展2022年度10个建设项目使用林地及在国家级自然保护区建设行政许可随机抽查核实。开展2021年度国家林草局委托办理使用林地行政许可工作实施成效评估检查，按时上报工作报告；对山东省林业局2021年超定额审核林地问题开展调查核实，提出整改建议。

**林草重点工作调研督导**　赴山东省东营市召开办党组（扩大）会议，调研督导黄河口国家公园创建工作，加快推进创建工作进程。开展全面推行林长制、山东省科学绿化试点和耕地造林问题、长江经济带生态廊道建设专项调研督导，均形成调研报告。赴皖鲁两省20县（市、区）开展森林防火、松材线虫病督查，督导各级林长落实主体责任。紧盯行政执法、长三角生态旅游一体化、林区乡村振兴、松材线虫病防控等基层林草重点工作开展调研督导，积极建言献策。

**【濒危物种履约管理与野生动植物保护】**

**督查检查**　联合皖鲁两省林业

等部门，赴9县（市、区）督查非法贩卖国家重点保护野生动物案件12件；赴12县（市、区）督导春季、秋冬季候鸟等野生动物保护及疫源疫病监测防控工作。会同国家林草局动植物司、安徽省林业局开展安徽宿州马戏团人工繁育虎问题调研，推动解决相关问题。

**宣传教育**　会同安徽省林业局、省文化和旅游厅举办安徽省野生动物生态摄影大赛获奖作品展播活动。联合山东省林业局设立保护野生动物"党员先锋岗"。分别在安徽省巢湖市、山东省黄河三角洲自然保护区举办"世界野生动植物日"宣传活动。通过广播、电视、报刊等向社会联合发出"保护鸟类拒食野生动物"倡议，强化皖鲁两省党委政府、林草部门、社会公众保护野生动物意识。

**行政许可**　规范行政许可工作，主动衔接野生动植物保护和履约新政策的实施，保证进出口单位业务的顺利进行。及时帮助解决浙江、河南、江苏等省因疫情无法正常办理许可贸易问题，提供快捷、便利的服务。全年办理各类进出口证书2132份，涉及贸易总额647.5亿元。

**【干部队伍建设】**　规范基层党组织设置，重新设立党支部，成立两个党小组，按程序换届选举。加强干部队伍建设，强化年轻干部多岗位锻炼。2022年度，提拔二级主任科员1名、三级调研员2名；从基层调任1名。

**【考核评比】**　办领导班子在国家林草局2022年度考核中获优秀等次，2名处级干部获优秀个人。获评安徽省2020—2022年度省直机关文明单位。在国家林草局网站、绿色党建公众号等刊登信息197条。国家林草局简报刊发工作建议、动态7篇，居各专员办首位。

**【大事记】**

1月14—15日　专员李军带队赴安徽省六安市霍山县、金安区、裕安区等地督导森林防火工作。

1月23日　专员李军应邀参加安徽省2022年全省林业工作会议，并就2022年推深做实林长制改革、强化森林资源管理和加强野生动植物保护等工作提出具体要求。

1月25日　向安徽、山东两省人民政府发送2021年度森林资源监督通报。

2月16—18日　专员李军带队，联合安徽省林业局组成督导组，对2021年长江经济带生态环境警示片披露的黄山市破坏森林资源问题赴现场督导。其间，赴安徽省黄山市休宁县、黄山区、屯溪区、歙县等重点林区实地督导森林防火和松材线虫病防治工作。

3月8—9日　专员李军带队赴山东省自然资源厅（山东省林业局）沟通对接林地审批定额管理、森林资源管理"一张图"和"国土三调"数据对接融合成果试用等林业相关工作，并就工作推进过程中出现的问题和解决方案、措施进行深入沟通交流。

6月11日　联合安徽省林业局赴宣城市郎溪县、扬子鳄国家级自然保护区开展森林防火督查。

6月14—16日　专员李军、副专员张旗一行赴山东省东营市调研督导黄河口国家公园创建工作进展情况。

7月12日　派出督查组赴山东省泰安市、肥城市，济宁市邹城市、兖州区、梁山县，济南市平阴县等地督导2021年森林督查问题整改工作，抽取部分图斑赴现地核查。

7月14—15日　专员李军带队赴安徽省六安市调研督导2021年森林督查整改情况及大别山碳汇经济试验区建设。

7月20—22日　专员李军带队赴山东省日照市开展建设项目使用林

地行政许可监督检查暨科学绿化试点工作进展情况调研；副专员张旗带队赴安徽省马鞍山市开展建设项目使用林地行政许可监督检查。

8月1—6日　副专员段植林带队赴山东省日照市、潍坊市、青岛市分别对日照疏港高速公路项目、明村至董家口公路工程项目使用林地情况开展行政许可检查。

8月3—8日　专员李军带队赴黄山市开展建设项目使用林地行政许可监督检查督导和2021年森林督查整改"回头看"。

8月下旬至9月上旬　办领导班子成员分别带队赴安徽省安庆市、池州市、马鞍山市、铜陵市、芜湖市等长江沿线城市开展长江经济带绿色生态廊道建设情况调研，形成并上报了调研报告，助力助推打造水清岸绿产业优美丽长江经济带。

9月1—5日　副专员段植林陪同国家林草局生态司赴山东省青岛市开展耕地造林问题专项调研督导。

9月25—30日　专员李军、副专员张旗分别陪同国家林草局生态司调研督导组赴安徽省池州市东至县、安庆市望江县和太湖县开展耕地造林问题专项督导调研，赴安徽省合肥市肥西县、铜陵市枞阳县开

展松材线虫病包片蹲点督查，并出席皖浙赣环黄山松材线虫病疫情联防联控工作会议。

10月12—14日　副专员张旗带队赴安徽省岳西县开展2022年森林督查、森林防火工作督导，并赴古京原、鹞落坪国家级自然保护区督导检查。

10月13日　会同安徽省林业局、省文化和旅游厅举办2022年安徽省"保护野生动物宣传月"暨"安徽省野生动物生态摄影大赛获奖作品"展播活动。

10月13—14日　专员李军带队出席安徽省林业系统森林防火综合演练，并赴合肥市肥西县、六安市舒城县等地开展森林防火现地督导检查。

10月17日　按照破坏森林资源面积较大、违法行为性质恶劣、生态区位重要的原则，对安徽省2022年森林督查发现的20起重点案件实施挂牌督办。

10月17—20日　副专员段植林带队赴山东省淄博市开展2022年森林督查工作督导和群众信访举报问题现地核实。

11月1—3日　专员李军带队赴安徽省宣城市调研长三角一体化森

林康养工作，并开展2022年森林督查工作督导。

11月1—6日　副专员段植林赴山东省济南市、威海市、烟台市调研督导山东省科学绿化试点工作进展情况，督导2022年森林督查工作、森林防火工作。

11月7日　国家林草局局长关志鸥到合肥专员办检查指导工作。

11月9—11日　副专员张旗赴安徽省祁门县开展森林督查挂牌案件督办工作及秋冬季森林防火督导检查。

11月10—13日　专员李军赴江苏省苏州市参加长三角一体化高质量发展联席会议。

11月15—18日　副专员段植林带队赴山东省潍坊市开展2022年森林督查、森林防火工作督查和科学绿化调研。

12月14日　安徽省副省长周喜安到合肥专员办调研。

12月16—17日　派出督导组赴安徽省潜山市开展森林督查案件督办，并赴天柱山国有林场、五庙乡等地开展森林防火、松材线虫病防治工作督导。

（合肥专员办由台润婷供稿）

# 乌鲁木齐专员办（濒管办）工作

【综　述】　2022年，乌鲁木齐专员办围绕国家林草局党组重点工作部署，全面加强党的建设，推进党建与业务工作融合，统筹疫情防控和业务工作，聚焦林草监督核心职能，较好完成了各项任务。

【林草资源监督】

**林草案件督办**　制定挂牌督办、案件销号、约谈等制度，重点工作专班推进。梳理2021年森林督查914个违法问题，对其中生态区位重要、违法面积大、性质恶劣的123起案件挂牌督办，具备销号条

件的120起，收回林地579.4公顷、草原4.11公顷，行政处罚1063.7万元，问责117人。对国家林草局挂牌督办的哈密瑞泰矿业公司违法占用林地问题，发函约谈哈密市伊州区政府。督导监督区完成38600个森林督查图斑和22870个草原变化图斑自查。完成国家林草局森林资源管理司推送的2021年18个森林督查问题质量抽检。发文督办2022年森林督查首批23起重点案件。

**重点工作督导**　规范野生动植物物种进出口行政许可。联合开展"2022清风行动"，对乌鲁木齐

市、昌吉回族自治州等地进行现地督导。进一步对林长制细化实施情况进行监督，积极参与林长制考核评价工作。挂牌案件抄送相关林长，推动问题整改。专员办领导带队赴阿勒泰等雷击火较多林区，督导防火责任措施落实，赴夏尔西里自然保护区开展"9·8"入境森林草原火灾的扑救工作。2022年，新疆发生森林草原火灾10起（9起雷击火、1起越境火），无人员伤亡。赴天山、阿尔泰山重点国有林区开展松材线虫病疫情调研督导工作。

**自然保护地监管**　及时跟踪督

7月28日，党组书记、专员张志刚在新疆生产建设兵团第三师开展支持兵团向南发展林草政策调研

导昆仑山和卡拉麦里国家公园创建工作。抽查核实2022年国家林草局下发的国家级自然保护区人类活动坐标点位。完成17个国家湿地公园疑似违建点位自查督导。赴科克苏湿地国家级自然保护区、乌伦古湖国家湿地公园等调研督导。

**行政许可检查和评估**　承接国家林草局森林资源管理司、草原管理司委托建设项目使用林地草原行政许可检查监管任务，对9个征占用林地项目和2个征占用草原项目进行检查。加强对征占用林地草原行政许可监管，每周通过国家林草局行政许可审批平台查看审核审批情况。完成建设项目使用林地行政许可委托实施情况评估工作，新疆维吾尔自治区和新疆生产建设兵团分别获96.5分、98.5分，进一步规范了行政许可工作。

**监督协作机制**　在与检察、公安、审计等部门建立协作机制的基础上，与新疆维吾尔自治区纪委监委建立行政监督与纪检监察监督贯通协作机制。挂牌案件抄送协作单位共同监督，定期召开联席会议，互相通报交流案件督办、涉刑涉诉案件办理问题。将自治区审计厅反馈领导干部自然资源离任审计发现林草资源问题转交自治区林草局，推动解决涉刑案件移送、立案、问责难和进度慢的问题。专员办挂牌督办案件中，各级林草部门移送公安机关84起，其中立案27起，向检察机关申请立案监督33起，出具检察意见24起。

**【调查研究】**　针对涉林草案件查处中存在的突出问题，会同新疆维吾尔自治区自然资源厅、农业农村厅、林草局联合开展高标准农田建设涉及林草地使用问题座谈。会同自治区检察院乌铁分院开展林草资源违法问题调研，会同兵团相关领导开展支持兵团向南发展林草政策调研，为做好相关工作提供意见建议。

**【依法行政】**　坚持党管法治的原则，坚持理论中心组带头示范，专题学习研习近平总书记法治思想和关于法治建设、依法治疆的重要论述，依托"宪法法律宣传月"活动，党组书记带头开展宣讲活动，运用绿色大讲堂、"逢九必讲"专题培训班、"法宣在线"网络平台等形式加强学法、用法培训，及时组织跟进学习《草原法》《湿地保护法》《自然保护地法》《国家公园管理暂行办法》等涉林草法律法规。加大普法宣传工作力度，会同有关单位在国际湿地日、世界野生动植物日、野生动植物保护宣传月、"爱鸟周"等时间节点多形式开展宣传与普法。

**【落实治疆方略】**　严格执行驻地疫情防控政策，乌鲁木齐疫情封控期间，专员办主要领导带班值守，重点工作正常开展，做到疫情防控和业务开展两不误。克服人手不足的困难，继续选派1名干部参加"访惠聚"驻村工作。全员定期结亲入户走访，开展"民族团结一家亲"暨主题党日活动4次，帮助"结对亲戚"解决困难5个。在重要节假日期间，安排人员值班值守，全年累计值班71天213人次。安排人员积极参与驻地精神文明岗等活动。

**【大事记】**
2月11日　乌鲁木齐铁路运输检察院检察长刘胜彪一行3人到专员办就破坏森林资源案件查处相关工作进行座谈。

2月22日　新疆维吾尔自治区政府副主席芒力克·斯依提一行到专员办调研指导工作。

2月23日　召开与新疆维吾尔自治区林草局2022年度第一次联席会议。

3月15日　联合新疆维吾尔自治区林草局等9家单位，围绕"关注旗舰物种保护，推进美丽中国建设"主题开展宣传活动。

4月11日　新疆维吾尔自治区党委书记马兴瑞、主席艾尔肯·吐尼亚孜等到专员办调研指导工作。

4月17日　赴新疆生产建设兵团第六师督导森林草原防火工作。

4月18日　赴哈密市督导森林督查发现问题整改工作。

4月27—29日　会同新疆维吾尔自治区"清风行动"协调小组成员单位在昌吉回族自治州阜康市、吉木萨尔县和乌鲁木齐市对打击野生动植物贸易工作开展情况进行监督检查。

5月6日　根据2021年森林督查结果，梳理出123个涉嫌严重违法问题挂牌督查，发函相关地（州、市）政府，要求按照查处、林地回收、问责"三个到位"标准限期整改。

6月7—9日　赴哈密市开展森林案件督导督办。

6月22日至7月1日　会同新疆维吾尔自治区林草局赴伊犁哈萨克自治州、塔城地区等地开展非法占用林地和草地的调研活动。

6月27日　应邀参加新疆维吾尔自治区政府公益诉讼5周年新闻发布会，通报专员办职能及与检察机关监督协作情况。

6月27—30日　赴伊犁哈萨克自

治州开展松材线虫病防控调研工作。

7月4日 召开会议听取新疆维吾尔自治区林草局资源处（自治区全面推行林长制领导小组办公室）工作情况汇报。

7月5日 赴博乐市开展征收占用林地许可检查，同时对森林督查挂牌案件进行督导。

7月6—8日 赴博尔塔拉蒙古自治州开展征收占用林地许可检查，督导森林督查挂牌案件。

7月15—19日 赴塔城地区开展行政许可检查、森林督查等工作督导。

7月18日 向新疆维吾尔自治区人民政府报送《国家林业和草原局乌鲁木齐专员办关于申请纳入自治区机关事业单位绩效考核范围的请示》。

7月27—28日 赴新疆生产建设兵团第五师对双河市—90团—精河高速公路段，开展行政许可检查。

7月27—29日 党组书记、专员张志刚会同新疆生产建设兵团相关领导，赴兵团第三师开展支持兵团向南发展林草政策调研。

8月2—5日 会同新疆维吾尔自治区人民检察院乌鲁木齐铁路运输分院，前往阿克苏地区开展破坏林草资源案件查处督促工作。

8月31日 新疆维吾尔自治区绩效考核管理工作领导小组印发《2022年自治区绩效考评工作方案》，明确专员办被纳入自治区机关事业单位绩效考核范围。

9月9—10日 派员会同自治区林草局工作组，赴新疆博尔塔拉蒙古自治州夏尔西里自然保护区火场一线，协助开展"9·8"入境森林草原火灾扑救工作。

9月19日 召开全办干部会议，安排部署秋冬季森林草原防灭火工作，并开展警示教育活动。

11月10日 根据2022年森林督查结果，梳理出23起涉嫌严重违法问题发函挂牌督办。

12月20日 向乌鲁木齐市、克拉玛依市、博尔塔拉蒙古自治州政府和喀什地区行署发函，要求推动挂牌督办案件按期销号。

（乌鲁木齐专员办由连永军供稿）
（图片由乌鲁木齐专员办提供）

## 上海专员办（濒管办）工作

【综　述】 2022年，上海专员办以习近平新时代中国特色社会主义思想为指导，贯彻落实党的二十大精神，恪尽职守、担当作为，团结带领全办干部职工圆满完成了全年目标任务。

【森林资源监督管理】

督查督办破坏林草资源案件 主动发现涉林案件线索并严肃督办。2022年，共督办监督区破坏资源案件197起（国家林草局交办案件49起，信访案件4起，监督检查发现144起）。涉案林地面积196.81公顷，林木蓄积量1707.47立方米，收回林地面积85.15公顷。行政处罚147人，刑事移送23人，罚款1089.89万元。

森林督查 注重提升自查质量，连续22周调度情况，抽查县级图斑自查质量，主动筛选发现存在的问题。建立督办案件库，选取典型案件，开展现地督办，查处一个，销号一个。督导省级林业部门开展2018—2021年案件整改自查自纠工作，按期完成森林督查案件质量抽检工作，对9个建设项目使用林地行政许可开展检查。

以国家公园为主体的自然保护地体系建设督导 现地督导浙江省钱江源—百山祖国家公园创建工作，向国家林草局报送情况专报。现地督导上海九段沙、浙江丽水、绍兴、衢州，江苏盐城、常州等地湿地公园及相关森林公园、珍禽自然保护区建设保护工作。核查江苏省重要湿地内疑似违法点位18处。

松材线虫病、美国白蛾疫情防控和森林草原防火包片蹲点 累计实地蹲点督导县级疫区18个，发现问题点位93个，开展座谈交流18次，提出对策建议要求128条。赴沪苏浙33个县（市、区）开展林草安全生产及森林草原防火督导工作，下发18份问题清单，指出问题48条。

野生动物保护宣传及督导 开展"野生动植物日""爱鸟周"等宣传活动。在重要时间节点，主动到沿海地区开展野生动物特别是鸟类保护执法督导，有效遏制破坏野生动物资源违法行为。联合开展"2022清风行动""网盾行动""打击破坏古树名木违法犯罪专项行动"等，及时处理2起涉及野生动物网络舆情。

林草工作调研 开展省情林情调研。领导带队赴沪苏浙三省（市）开展林草资源监督和履约管理调研，向国家林草局报送调研报告2篇，向林情快报报送工作信息6篇。向沪苏浙三省（市）政府提交2021年度监督通报。向国家林草局党组报送2021年度监督报告。

【濒危物种进出口管理】

濒危物种进出口行政许可 2022年，共办理两类四种证书22476份，同比减少21%，涉及总贸易额115.2亿元。其中，允许进出口证明书13685份，同比减少23%；物种证明8791份，同比减少18%。全部办证严格控制在5个工作日内完成，对防疫类物资、鲜活类产品等即来即办。

履约监管 服务保障第五届进

博会，上海市进博服务保障领导小组办公室发来感谢信。参与上海自贸区保税区域诚信建设示范区创建工作。举办进出口企业培训班。

【大事记】

1月27日　向上海市、江苏省、浙江省人民政府发出2021年度林草资源监督通报。

2月16日　上海专员办主要负责人出席上海市浦东新区全面推行林长制工作动员大会并讲话。

2月18日　对重点办证企业上海市外高桥国际贸易营运中心有限公司开展走访调研。

2月23日　赴江苏省林业局对接2022年林草资源监管工作，督导南京六合区金牛湖动物王国陆生野生动物驯养繁殖情况。

3月4日　到国家林草局华东院学习交流林草生态感知系统平台应用和2021年森林督查12个县（市、区）案件查处整改情况。

3月9—10日　赴江苏省溧阳市、句容市督导松材线虫病疫情防控工作。

3月24日　召开浙江省2022年松材线虫病疫情防控、森林草原防火包片蹲点督导视频调度会。

5月17日　赴江苏省六合区、响水县开展案件督办工作。

5月18—20日　赴浙江省莲都区、上虞区、嵊州市督办案件。

5月24—26日　赴浙江省临安区和淳安县督导松材线虫病防治和森林防火工作。

5月25日　赴江苏省海州区、盱眙县督导森林防火和生产安全。

5月31日　赴浙江省余姚市开展案件查处整改销号督查督办，督导松材线虫病和安全生产及森林草原防火工作。

6月26—29日　赴浙江省温州市洞头区、平阳县督办国家林草局挂牌案件。

7月7日　赴江苏省林业局开展建设项目使用林地行政许可委托实施情况评估工作。

7月13—15日　赴上海市松江区和嘉定区督查督办破坏林草资源案件。

7月18日　赴浙江省天台县督导松材线虫病防治工作。

7月19—21日　赴浙江省仙居县督导松材线虫病防治工作，开展建设项目使用林地行政许可检查。

7月22日　赴江苏省宿迁市宿豫区开展建设项目使用林地行政许可检查。

7月25—26日　赴江苏省宿迁市沭阳市开展森林草原防火督查。

7月25—28日　赴浙江省建德市、兰溪市、开化县、云和县开展建设项目使用林地及在国家级自然保护区建设行政许可检查。

7月27日　赴江苏省镇江市高新区、丹徒区开展建设项目使用林地行政许可检查。

7月29日　赴江苏省常州市武进区督导美国白蛾疫情防控工作。

8月4—5日　赴浙江省平湖市、嘉善县督导美国白蛾疫情防控工作。

8月20—27日　联合上海市林业局、生态环境局开展第41届上海"爱鸟周"活动。

8月22—26日　赴浙江省督导钱江源－百山祖国家公园建设。

8月23—26日　赴浙江省常山县、金华市北山林场、仙居县、柯桥区检查森林草原防火工作。

8月29—31日　赴江苏省宜兴市、金坛区，上海市崇明区开展林地监管难点及对策分析调研。

9月5—9日　赴浙江省宁海县、永嘉县、龙游县开展林地监管难点及对策分析调研。

9月20—22日　赴浙江省淳安县、富阳区督导秋冬季森林草原和安全生产工作。

9月　开展"加快推进野生动植物进出口行政许可改革"专题调研。

10月11日　赴上海市奉贤区开展建设项目使用林地行政许可检查。

10月12日　赴上海市浦东新区督查督办涉林案件工作。

10月14日　赴浙江省吴兴区督查松材线虫病疫木除治工作。

10月17—21日　赴江苏省泉山区、盱眙县开展森林督查。

10月19日　召开第五届中国国际进口博览会物流代理企业濒危物种办证工作座谈会。

10月24—27日　赴江苏省江阴市、江宁区开展森林督查。

10月26日　与上海自然博物馆对接履约宣传墙后续维护工作。

10月31日至11月14日　赴浙江省建德市、乐清市、平阳县、嵊州市、磐安县、云和县开展森林督查。

11月1—10日　赴浙江省乐清、平阳、云和、建德、嵊州开展森林督查。

11月5—7日　派员进驻第五届进博会展馆开展现场巡查。

11月7—10日　赴江苏省盐城市、常州市督导湿地公园建设情况。

11月18日　在江苏省南通市举办2022年沪苏浙三省（市）野生动植物进出口企业培训班。

11月22—24日　赴浙江省德清县、安吉县、平湖市督导松材线虫病和美国白蛾防治工作。

11月23—24日　赴上海市浦东新区、青浦区和松江区开展森林督查。

11月28—29日　赴江苏邗江、仪征、六合开展森林督查案件质量核查。

11月28—29日　赴浙江省衢州市常山县督查涉林案件。

11月30日至12月1日　督导浙江省鉴湖、漩门湾湿地建设情况。

12月5日　赴上海市闵行、奉贤两区开展森林督查。

12月16日　调研上海九段沙湿地国家级自然保护区建设情况。

（上海专员办由沈影峰供稿）

# 北京专员办（濒管办）工作

【综　述】　2022年，北京专员办（濒管办）攻坚克难，团结奋进，守正创新，切实履行林草资源监督和野生动植物进出口管理职责，圆满完成全年工作任务。

【违法破坏林草资源案件督查动态"清零"专项行动】　为提升林草资源监督质量水平，以"清零"为目标，开展违法破坏林草资源案件督查动态"清零"专项行动，与监督区省级林草主管部门联合印发通知并现地督办9次，联合山西省林草局召开林草资源保护管理暨森林督查工作视频会议，2013—2022年，津冀晋破坏林草资源案件办结率均达97%以上，北京在70%以上。全面分析总结督办案件情况并报送了《北京专员办2021年度督查督办破坏林草资源案件情况报告》。

【督导属地林长制工作】　通过及时向监督区省级人民政府提交监督通报，让省级总林长关注地方林草资源保护管理责任落实情况，并跟进掌握省级林长批示及省（市）整改进度，有关情况专报国家林草局领导。落实《国家林草局贯彻落实〈全面推行林长制〉实施方案》要求，及时掌握监督区林长制工作情况，督促完成林长组织体系、配套制度、林长考核等工作，在国家林草局全面推进林长制工作推进片区视频会议上进行专题汇报。全力督导监督区林长制工作，结合督查检查深入基层累计调研12次，聚焦县、乡林长制建立执行情况，与基层林业单位干部职工座谈交流，了解林长制建立和执行中存在的问题并提出意见建议，将有关调研情况提交国家林草局林长办。

【监督措施综合运用】　加大约谈、媒体曝光力度，对山西沁源、天津武清等问题突出、整改不到位地区，约谈政府主要负责人，推动整改落

实到位，有关情况在国家林草局工作动态、简报刊登，并在《中国绿色时报》等媒体报道。加大挂牌处理力度，及时督办2022年国家林草局挂牌山西沁源问题，完成2021年国家林草局挂牌、与省级林草部门联合挂牌案件的验收，所有案件全部督办到位并予以摘牌。加大负面清单应用，配合国家林草局生态司做好监督区2022年地级城市国家森林城市称号评选工作。制定《北京专员办约谈办法》《北京专员办案件督查督办办法》，规范督查督办案件、约谈等程序。

【督查检查和摸底调研】　充分利用三地办公优势，克服疫情不利影响，开展森林督查、行政许可检查、草原湿地变化图斑核查等工作，重点查核20起采石采矿和土地整理典型案件、9个许可项目。第一时间派员赴现地核实中央环保督察通报河北2起典型案件和反馈涉自然保护地的问题，全力督导打击破坏古树名木违法犯罪活动。落实"1+N"工作机制，并认真完成局重点工作分工台账中涉及北京专员办配合的16项工作。第一时间完成建设项目使用林地行政许可委托实施评估工作，监督区省（市）得分均在92分以上，提出"继续委托"的建议。开展自然保护地人类活动情况遥感监测点位问题核实工作，督导核实涉及国家级自然保护区、国家地质公园、国家海洋公园等问题点位520个，重点督办河北承德市磐锤峰国家森林公园等问题。开展湿地监督检查，督导核实湿地疑似变化图斑52个，国际重要湿地、国家重要湿地、国家湿地公园疑似问题42个。对基于国土"三调"数据林地管理情况摸底调研，准确掌握林地减少数量，提出意见建议5条。开展自然保护地摸底调研和座谈，了解掌握有关情况及存在问题。

【运用感知系统督办大案要案】　初步建成"京津冀晋林草资源动态监督平台"感知系统。融合林草"一张图"、国土"三调"和月度、年度影像等林草湿数据，将疑似变化图斑的推送频次从原来的每年一次缩短到每月一次，实现对涉林违法案件"早发现、早制止、早查处"。完成省、市、县三级管理员用户注册全覆盖，开展3期业务培训，下发4期变化图斑共2.85万个，助力地方及时发现并查处违法图斑546个。通过感知系统主动发现的2起大案要案，全部作为国家林草局挂牌督办案件。建立以卫片督查为抓手的林草资源监督新模式，落实"主动出击，督办大案要案"要求，得到国家林草局领导的充分肯定。认真督办媒体曝光、环保督察反馈、群众举报、司局批转等重点案件，全年共督查督办各类破坏林草资源案件357起（涉及非法侵占林地445.15公顷），收回林地182.76公顷，异地恢复林地36.2公顷，补办手续116.34公顷，补种树木5万株，采取刑事强制措施60人，罚款（金）760.16万元，追责问责110人。

【防火防虫监督】　督促京冀落实冬奥会、冬残奥会、党的二十大等重大活动林草防火保障，派员参加应急部和国家林草局检查组现场检查11次。北京专员办主要负责人陪同国家林草局领导赴北京昌平、顺义、平谷、延庆等地开展林草防火专项检查。认真开展2022年森林草原防火包片蹲点，紧盯春季、秋冬季防火期，以及清明、国庆等重要节日和山区、林区等重点区域，派员开展现地检查5次、电话督导8次。完成2022年森林病虫害防治包片蹲点工作，作为第十三督导组牵头单位，以天津松材线虫病防治、北京美国白蛾防控为重点，制定《关于开展2022年松材线虫病和

美国白蛾防控包片蹲点督导工作方案》，按月调度28次、现地检查5次、电话督导8次。针对天津松材线虫病疫情，组织第一时间赴现地督导核实。与国家林草局生态司、防控中心，北京市园林绿化局共同建立首都美国白蛾联防联动工作机制，在防治美国白蛾1~3代的关键时期，派员参加蹲点服务指导组，多次现地督导检查、参与专班会议、参加应急演练，指导推动防控工作。

【野生动植物进出口许可改革试点】落实国务院"一件事一次办"改革，主动配合国家林草局动植物司，率先在北京市开展野生动植物进出口审批和允许进出口证明书核发两项行政许可事项一次性申请试点工作，实现系统线上功能初步融合。落实全国稳住经济大盘电视电话会议精神，与天津海关部门建立联系配合机制并签订《进出口野生动植物监管联系配合办法》，协调省级农业农村部门规范统一申报要件，优化快速通关流程。通过召开意见征询会、举办线上培训等形式主动对接120多家进出口企业，听取收集企业意见建议78条，并帮助解答解决。组织赴北京同仁堂等4家企业专题调研，了解企业因疫情带来的困难和诉求，并协调北京市园林绿化局等部门帮助解决。全年共办理野生动植物进出口许可证书1886件，贸易额51.29亿元。做好野生动植物保护监督，督导调度外来物种入侵、候鸟保护、野生动物危害防控等工作，督办沙河治理工程影响野生动物、网络非法交易野生兰花等案件。组织赴山西开展野生动物危害防控监督检查和走访调研，配合做好陆生野生动物保护研究和收容救护调研，联合开展"爱鸟周"等保护宣传活动3次。

【支部建设和模范机关建设】 北京专员办党总支变更为党支部，规范党组织设置，建立支部标准化规范化台账，完成支部建设质量提升三年行动计划总结评估。通过集体学习、小组讨论、业务讲座等形式扎实做好"三会一课"，常态化长效化开展党史学习教育，全年召开支委会12次、党员大会39次、党小组会36次，班子成员讲党课4次，与天津新港海关、北京市园林绿化局等部门联合支部共建3次，制作"党旗在北京专员办高高飘扬"党建墙。扎实开展"学查改"专项工作，按照"六对照六看六查"要求，查找问题18个，制定整改措施19项，全部整改到位。加强班子队伍建设，完成新一届班子分工调整和干部晋升职级和招录调动工作。

【大事记】
1月4日　正式搬入国家林业和草原局机关大院新址。

1月11日　专员刘克勇出席北京市园林绿化工作会议。

1月20—25日　会同河北省林草局对2021年国家林业和草原局和北京专员办联合挂牌的河北省邢台市沙河市綦村镇朱庄村违法占用林地案、沧州市孟村县河北华洋钢管有限公司违法占用林地案、衡水市高新区苏义工业园区建设项目违法占用林地案整改情况进行现地核查。

2月28日　完成中央和国家机关基层党组织建设质量提升三年行动计划（2019—2021年）实施情况总结评估工作。

3月1日　联合北京海关在首都机场、国际邮局等窗口开展"世界野生动植物日"宣传活动，张贴、悬挂"关注旗舰物种保护，推进美丽中国建设"宣传画册100余份，为旅客和群众讲解宣传野生动植物知识和野生动植物保护的法律法规。

3月3日　专员刘克勇参加国家林业和草原局生态感知系统工作会议。北京专员办"京津冀晋林草资源动态监督平台"被纳入国家林业和草原局重点感知项目建设。

3月4日　与北京市园林绿化局、海淀区人民政府共同主办以"关注旗舰物种保护，推进美丽中国建设"为主题的2022年北京市"世界野生动植物日"宣传活动。专员刘克勇、副专员闫春丽出席。

3月8日　专员刘克勇参加国家林业和草原局工作组，赴北京冬残奥延庆赛区周边开展森林草原防火工作调研检查。

3月12日　根据防范和打击网络非法野生动植物交易工作组专家小组成员对全国网络交易兰花情况的监测，发函责成北京市园林绿化局、河北省和山西省林业和草原局调查处理非法交易野生"下山兰"问题。

3月14—18日　与山西省林草局组成工作组对在"打击毁林专项行动"中联合挂牌督办的晋中市榆次区李宁国际滑雪场项目、吕梁市兴县中联煤气层项目违法毁林案件整改情况及2021年森林督查挂牌的云冈、阳曲两县违法破坏林草资源案件查处整改情况进行现地督查验收。

3月29日　国家林业和草原局机关党委正式批复撤销北京专员办党总支、成立北京专员办党支部。

4月14日　副专员闫春丽带队参加北京市第40届"爱鸟周"科普宣传暨"首都市民最喜爱的鸟"评选活动启动仪式。

4月19日　专员刘克勇参加国家林草局感知系统调度会。

4月25—26日　一级巡视员钱能志带队现地督办北京市密云区3起未办结涉林案件。

6月1—2日　一级巡视员钱能志赴河北省唐山市、迁安市，现地督办国家林草局挂牌迁安市龙达工贸有限公司非法占用林地案。

6月9日　副专员郑思洁参加国家林业和草原局生态司、北京市园林绿化局组织的北京市东城区美国白蛾防控现地督导检查工作。

6月14—15日　一级巡视员钱能志带队赴河北省迁安市对国家林草局挂牌迁安市龙达工贸有限公司违法占用林地案整改情况实地核查验收。

6月30日至7月1日　专员刘克勇带队对北京市建设项目使用林地行政许可委托工作实施情况开展评估。国家林业和草原局资源司副司长袁少青等到场指导。综合评分结果96.5分，评估等级为优秀。

7月1日　一级巡视员钱能志、副专员郑思洁就涉林案件查处整改久拖不决、敷衍应对、不严不实等问题，约谈天津市武清区人民政府主要负责人。

7月4—6日　派员对天津市建设项目使用林地行政许可委托实施情况开展评估工作。

7月6—8日　一级巡视员钱能志带队对河北省建设项目使用林地行政许可委托工作实施情况开展评估。综合评分结果为92.5分，评估等级为优秀。

7月6—12日 专员刘克勇带队对山西省建设项目使用林地行政许可委托工作实施情况开展评估。

7月12日 召开京津冀晋部分野生动植物进出口企业征询意见视频座谈会。专员刘克勇和国家林草局机关党委、办公室行政审批改革处、机关服务中心行政审批受理处、动植物司履约处负责人及《中国绿色时报》记者参加座谈，副专员闫春丽主持。

7月20—23日 一级巡视员钱能志带队赴河北省唐山市、秦皇岛市，就中央环保督察发现的金熊国际生态运动休闲中心高尔夫球场违规占用曹妃甸湿地和鸟类省级自然保护区缓冲区，以及黄金海岸国家级保护区核心区海水养殖问题进行现地督办。

8月19日 派员督导检查天津市蓟州区森林防火工作。

8月22日 专员刘克勇、副专员闫春丽赴天津新港海关，商议双方联系配合机制相关工作。

8月22日 专员刘克勇带队到天津市规划和自然资源局调研天津市森林资源保护管理工作。

8月29日至9月2日 副专员闫春丽带队对山西省方山县、黎城县防控野猪危害综合试点工作进行监督检查。

9月16日 副专员郑思洁观摩北京市园林绿化局组织的有害生物防治应急演练，督导检查北京市东城区美国白蛾防治工作。

9月20—28日 派员对河北省隆化县鸿源矿业有限责任公司佰布沟尾矿库扩容改造项目、井陉县2020年度第三十一批次建设用地项目、大唐丰宁王起营风电场3个建设项目使用林地开展检查。

10月1日 副专员郑思洁参加国家林草局森林防火包片蹲点工作组，督导检查北京市昌平区森林防火工作。

10月14日 参加国家林草局感知系统应用系统考核验收评审会，北京专员办"京津冀晋林草资源动态监督平台"综合验收考核为91分。

10月24—28日 派员赴现地对通过"京津冀晋林草资源动态监督平台"主动发现的石家庄市灵寿锴天铼矿业有限公司违法占用林地案、邯郸市涉县土地整理项目违规使用林地案开展核实督办。

11月23日 经办党组研究认为，石家庄市灵寿锴天铼矿业有限公司违法占用林地案和邯郸市涉县土地整理项目违规使用林地案侵占林地、草地面积大，且违法性质极具典型性。经商请国家林草局资源司，报请国家林草局领导批准，由国家林草局挂牌督办。

11月29日 举办线上野生动植物进出口管理培训班。北京、天津、河北、山西4省（市）共102家企业的150多名学员参加。

12月29日 国家林草局办公室印发《关于挂牌督办河北省2起破坏森林资源案件的通知》（办资字〔2022〕135号），对石家庄市灵寿锴天铼矿业有限公司违法占用林地采矿案和邯郸市涉县土地整治项目违规使用林地案挂牌督办。

（北京专员办由于伯康供稿）

# 26

# 林草
# 社会团体

# ▶ 中国绿化基金会

【综　述】　2022年，中国绿化基金会认真贯彻落实党的二十大精神，以习近平生态文明思想为指导，在国家林业和草原局党组的正确领导下，紧密围绕林草中心工作，坚持稳中求进，迎难而上，以公益活动能力全面提升为着眼点，补短板、强基础、防风险，各项工作扎实有序推进。全年募集到账资金2.85亿元，完成植树造林2265.8万株（穴），造林面积13673.33公顷，在国土绿化、生物多样性保护、自然教育、生态富农等领域迈出坚实步伐，为助力生态文明建设、推动绿色发展、促进人与自然和谐共生再建新功。8月，中国绿化基金会办公室党支部被中央和国家机关工委评为"中央和国家机关'四强'党支部"。

【品牌项目建设成果】
　　"互联网+全民义务植树"项目 2022年，全民义务植树网站访问量达到6658万人次，全年发布义务植树尽责项目263个，其中网络捐资尽责项目43个，实体尽责项目220个；发放义务植树尽责证书488.87万张、国土绿化荣誉证书37.19万张；联合全国绿化委员会办公室，制定印发《中国绿化基金会"互联网+全民义务植树"募资项目管理办法（试行）》；在中央人民广播电台"中国之声"栏目、《中国绿色时报》、央视《生活提示》栏目等媒体平台开展系列宣传活动，提升"互联网+全民义务植树"社会影响力；推出并实施中国石油"我为碳中和种棵树"、中国石化"塞罕坝生态示范林"等大型央企参与的"互联网+全民义务植树"示范项目和样板工程。
　　幸福家园项目 2022年筹款1568万元，援助宁夏、辽宁、云南3个基地共造林100.2万株，313.33公顷，覆盖5个乡镇、7个村、6个合作社，全年解决用工6900余人，

帮扶建档立卡户145户。在项目宣传上，报名参与多样化的平台活动，增加平台曝光机会。在植树节、世界地球日、世界防治荒漠化和干旱日等重要时间节点策划一系列官方线上传播活动，同时结合线下推广，传达生态保护的紧迫性和意义，提升项目的知名度。
　　百万森林计划 筹款920万元，完成造林108万穴，造林面积1202.2公顷。其中，在内蒙古阿拉善左旗两个项目基地营造梭梭、花棒、柠条混交林1067.13公顷，在甘肃民勤地区项目基地营造梭梭混交林114.6公顷，新增设项目基地甘肃张掖市实施造林20.47公顷。
　　"一带一路"胡杨林生态修复计划 在"一带一路"沿线地区内蒙古自治区额济纳旗、新疆维吾尔自治区巴音郭楞蒙古自治州、甘肃省金塔县等地开展胡杨造林，实施资金合计348.83万元，共种植5.98万株胡杨，造林面积59.48公顷；世界地球日期间，围绕项目策划撰写的《巡护37万公里，报废7辆摩托车，这位42岁的新疆护林员到底在坚持什么？》专题文章获得关注；邀请知名演员、微信公众号"女神

进化论"等参与#每一丝绿，都应该被珍惜#分享活动，话题累计阅读达224.5万次；世界防治荒漠化与干旱日期间，以"一带一路"胡杨林生态修复计划为主的绿色公民行动品牌项目获得腾讯公益公众号推荐，覆盖社会公众1.6万次，获腾讯99公益日主题页推荐，活动期间项目访问人数达到152.1万人次。
　　大众汽车集团（中国）公益林项目 在青海省海东市互助县开展造林400公顷，共栽植青海云杉、油松和柠条85.93万株（穴），项目已顺利通过独立第三方核查验收，成活率等情况符合建设要求，已进入管护抚育阶段；8月9日，"绿带行动"——大众汽车集团（中国）公益林项目探访活动在互助县举行。活动期间，向当地巡护员代表捐赠了望远镜、GPS、服装、背包等专业巡护装备，进一步提升森林巡护及管理水平。
　　蚂蚁森林项目 一是中国绿化基金会蚂蚁森林项目在各级林草部门的大力支持和统筹协调下，从9个方面对近年来实施的蚂蚁森林项目（面积17.6万公顷）进行落实整改工作，形成《中国绿化基金

内蒙古自治区阿拉善盟左旗百万森林计划——花棒项目地（姜军　供图）

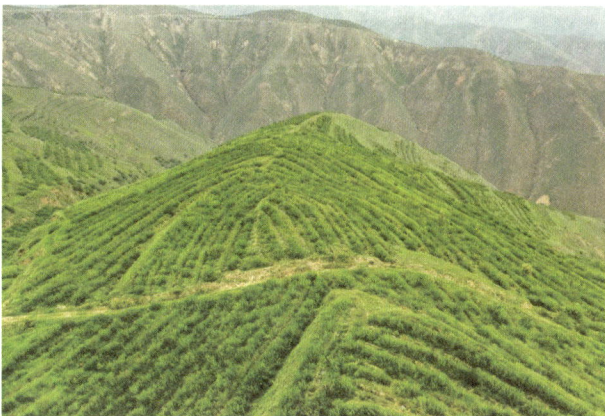

大众汽车集团（中国）公益林项目2022年青海海东项目地春季造林现场［大众汽车集团（中国） 供图］

大众汽车集团（中国）公益林项目2022年秋季青海海东项目地［大众汽车集团（中国） 供图］

会办公室蚂蚁森林项目整改情况报告》。二是有序完成2017年度至2021年度项目捐赠资金、实施资金的催款与拨付工作。三是做好项目宣传引导工作。主动与国家林草局宣传中心对接联动，配合做好宣传引导和舆论动态监控，创造积极健康的舆论环境，做到适度宣传、合理宣传。

**宝马美丽家园行动** 该项目在辽河口保护区实施，项目建设内容丰富，成效显著。实施内容包括：建造一座集科研和观赏于一体的多功能生态观鸟屋，开展2场自然教育科普宣传直播活动，为保护区购置2台救护车并提供三台宝马越野巡护车三年使用权，研发黑嘴鸥玩偶、丹顶鹤平面形象、斑海豹表情包3个文创产品，研发《可持续发展与生物多样性——以湿地为例》《飞过城市的鸟》《我们身边的神秘邻居》3个教育资源内容课程，拍摄完成《中国湿地之红滩绿苇》

命名为"美丽家园·鹤乡"的生态观鸟屋（宝马集团 供图）

《绚丽盘锦·万物生灵》《绚丽盘锦·璀璨明珠》3个节目制作。

**"一平米草原保护计划"项目** 通过对内蒙古鄂尔多斯市退化沙化草原种植柠条带进行改良，并在柠条带间补播草籽，共修复治理草原面积61.99公顷；现代汽车集团（中国）捐赠5.5亿韩元，用于在内蒙古自治区乌兰察布市兴和县开展生态保护项目，造林2.33公顷、种草0.72公顷；12月28日，"一平米草原保护计划"公益项目荣获第十二届中国公益节2022年度公益项目奖。

**熊猫守护者项目** 9月26日，名创优品携手中国绿化基金会发起"全球助力为大熊猫种竹子"公益活动，捐赠100万元在陕西秦岭地区种植竹林。此次公益活动在国内外共同发起，获得全球大熊猫爱好者的积极参与。国内用户通过新浪微博和名创优品门店参与相关活动，为大熊猫栖息地修复贡献力量。

**与虎豹同行项目** 2022年募资超过500万元，采用线上线下联合推广模式，从虎豹文创设计、项目地巡护直播、线下公益市集等多角度开展项目推广，支持当地野生动物繁育、扩建村民巡护队、扩大建设生态田、建设自然教育基地、培育生态旅游以及扶持当地社区发展等。12月，项目开展的Prada"虎年行动"系列活动荣登界面新闻"2022年度杰出慈善案例"榜单。

**雪豹守护行动项目** 在贺兰山及其周边区域分别开展雪豹研究及保护和雪豹及其伴生动物健康状况与潜在威胁因素调查等工作。一方面，通过对雪豹的监测与研究、雪豹保护网络能力建设及公众宣传教育，识别雪豹在区域间扩散的廊道，推动雪豹分布边缘区域的保护工作，进一步提升社会公众对雪豹的关注；另一方面，通过掌握雪豹种群来源、种群密度并明晰贺兰山雪豹与其他区域种群的遗传学关系，监测调查贺兰山地区雪豹栖息地及周边区域伴生野生动物的种类、密度以及生存状况的本底数据，为野生雪豹种群健康发展、栖息地恢复等保护策略的制定提供科学指导。

**拯救濒危亚洲象项目** 2022年筹款总计122万元，投入47.64万元在西双版纳自然保护区关坪区域建设面积为10公顷的亚洲象食物源基地；继续进行亚洲象救护与繁育中心基础设施翻修，投入20.56万元用于亚洲象救护中心挡土墙及象舍等基础设施的建设与维修。为进一步丰富亚洲象项目的实施内容，增加项目亮点，经前期调研沟通，中国绿化基金会分别投入34.5万元、21.82万元、10万元用于西双版纳保护区关坪管护站公众自然科普设计、大荒坝希望小学防象围墙建设、关坪亚洲象食物源基地建设成效评估三个新项目建设，进一步完善了亚洲象项目的内容体系。

**北京八达岭国有林场科学育林项目** 2022年筹集资金30万元，在北京市八达岭林场开展多功能森林质量提升，对项目示范区域内40公顷区域进行修枝、割灌、抚育剩余物处理、抚育区简易道路修建与维护等工作。

**红松林守护行动项目** 2022年筹资79万元，与辽宁省森林经营研究所实验林场合作，在辽宁省辽阳市弓长岭区石桥子村和本溪满族自治县草河口镇草河口村和茨草村造林30.53公顷，栽植红松苗木51000株。

**"中韩未来林"项目** 与韩国未来林、GKL社会贡献基金会签署合作协议，一期投入50万元人民币，用于在甘肃省张掖市临泽县种植沙漠锁边林20.47公顷，共计45436穴。

【对外交流与合作】

**推进"全球植万亿棵树领军者倡议——中国行动"** 会同国家林草局国际合作司、生态司等单位进行2021年至2030年中国种树目标测算；就中国政府在世界经济论坛达沃斯年会宣布"未来十年种植、保育700亿棵树"的目标向社会媒体进行传播；和世界经济论坛在环境日期间联合发布倡议，广泛动员

企业、社会团体以及个人参与植树活动。6月16日，在第28个世界防治荒漠化与干旱日国家主场活动期间，中国绿化基金会主办"中国社会组织、机构和企业代表响应'中国10年间种植和保育700亿棵树'主题活动"。

**参加《联合国防治荒漠化公约》第十五次缔约方大会** 中国绿化基金会作为《联合国防治荒漠化公约》代表团成员之一，线上参加了于5月召开的第十五次缔约方大会，支持科特迪瓦前方代表团参会，负责性别平等、民间组织及私营部门参与和高级别对话等议题及对案准备。当选《联合国防治荒漠化公约》科技与政策互动平台全球唯一民间组织代表单位。

**举办《湿地公约》第十四届缔约方大会主题边会** 11月11日，中国绿化基金会携手联合国环境署、世界自然基金会联合主办《湿地公约》第十四次缔约方大会主题边会——湿地保护的东方智慧。会议旨在深入学习贯彻党的二十大精神，研讨交流中国重要湿地保护经验，为打造湿地生态系统交流合作平台、推广湿地保护的中国样板，助力构建人类命运共同体作出贡献。来自联合国环境署、世界经济论坛、世界自然基金会的代表，以及一线保护区——黑龙江扎龙国家级自然保护区、广东湛江红树林国家级自然保护区、福建闽江河口湿地国家级自然保护区、江苏盐城国家级珍禽自然保护区、杭州西溪湿地等机构的代表参加了活动并分享了各自的经

验和成果。活动还启动了"中国自然观察三年行动计划"。

【生态文明公益传播】

**"美丽家园·鹤乡"生态观鸟屋启用仪式** 11月4日，"BMW美丽家园行动"项目生态观鸟屋启动仪式在辽宁省辽河口国家级自然保护区举办，该活动由中国绿化基金会与宝马（中国）汽车贸易有限公司、华晨宝马汽车有限公司联合主办。

**广汽丰田公益基金** 3月19日，在北京举办"一路青山，生机森林"多重效益森林保护与恢复项目分享会，邀请关注森林保护的政府、企业、社会组织、专家学者齐聚分享森林保护经验，共同探讨中国森林资源可持续管理和生物多样性保护等议题。

**绿色上海专项基金** 举办第八届市民绿化节"绿色上海，和你一起"系列公益活动。围绕"绿色生活健康行""红色文化传播""特殊人群关爱"3个主题开展追寻红色印记、寻访园林文化、移路相伴世博文化公园3场公益活动，向社会招募300余名市民参与，社会反映良好。

**八达岭国际友谊林维护项目** 开展夏季与秋季动植物、传粉昆虫调查及宣传素材拍摄；增加调查对照组，将调查区域扩展到除友谊林外的其他区域，在奥林匹克森林公园、国家植物园等地补充开展传粉昆虫调查活动14次；3月，制作完成《北京传粉昆虫手册》中英双语版。

**编著出版《你零碳了吗？》科普书籍** 10月，由中国绿化基金会编著的碳中和科普书籍《你零碳了吗？》正式出版发行。该书分为上下两篇，上篇围绕碳中和提出的背景、碳排放造成的危害、碳中和目标的提出、碳市场与林草碳汇等方面的内容，组织专家团队筛选出百余个热点问题，从专业的角度作出解答，帮助公众科学理解"双碳"领域的问题；下篇详细介绍了中国绿化基金会"绿色公民行动""幸福家园""百万森林"和"自然中国"四大公益项目，旨在发动社会公众和团体以多种方式参与我国生态公益事业，参与林业和草原生态建设保护。

（中国绿化基金会由刘德国供稿）

6月16日，国家林草局、中国绿化基金会领导出席"中国社会组织、机构和企业代表响应'中国10年间种植和保育700亿棵树'主题活动"（中国绿化基金会 供图）

# 中国绿色
# 碳汇基金会

**【综　述】** 中国绿色碳汇基金会（以下简称碳汇基金会）认真学习贯彻党的二十大精神和国家林草局党组决策部署，聚焦核心职能作用，在党的建设、服务大局、资金募集、公益项目实施、宣传培训、国际交流等方面取得新成效。提名聘任两位党员同志出任副秘书长，制定了薪酬管理制度和绩效考核制度方案，全面完成了巡视整改任务。成立支部委员会，推进党支部规范化建设。支持工会、共青团和妇女组织开展工作，加强工会自身建设，更好地服务职工，筹备工会换届。

**【服务林草大局】** 2022年，林业草原生态帮扶专项基金募集资金950万元，安排支出计划700万元，立项支持5个产业帮扶项目，均已完成首期款项的拨付。向国家林草局生态司提交了《关于完善CCER交易机制座谈会有关情况的报告》《林业碳汇发展问题调研报告》。参与起草的《林业碳汇项目审定和核证指南》（GB/T 41198—2021）国家标准已发布。参加国家林草局科技司林草领域"双碳"国际标准制定推进协调机制，资助3项国家标准、1项行业标准的制定和2项国际标准的前期研究。参与以"发挥林草碳汇优势，助力实现双碳目标"为主题的首届全国林草碳汇高峰论坛筹备工作并出席论坛活动。募集公益资金支持中关村平行论坛——林草碳汇创新国际论坛筹备工作。联合中南调查规划设计院召开了中南调查监测区森林碳汇工作交流会。组织开展了社会组织参与以国家公园为主体的自然保护地体系建设和林草碳汇调研。

**【资金募集】** 碳汇基金会积极发挥桥梁纽带作用，与各类机构加强联系，在资金募集上取得实质性成果，全年实现收入6500多万元。与顺丰公益基金会、中金公益基金会

和苹果公司签订了捐赠协议，规划实施公益造林项目、城市生态系统碳汇项目和生物多样性保护项目。与梅赛德斯－奔驰（中国）、百胜（中国）投资有限公司、浦项（中国）投资有限公司、卖炭翁（天津）科技发展有限公司、浙江广厦建设职业技术大学、欧莱雅（中国）有限公司、安顾（中国）企业管理有限公司等签署捐赠协议，实施自然保护地生态修复等公益项目。谋划设立气候生态价值实现专项基金、中兴生态保育专项基金、自然生态数字碳汇专项基金、伊春碳汇专项基金，同时加强已有专项基金的资金筹集和项目实施。

**【公益项目】** 碳汇基金会积极探索以公益资金支持重点领域的增汇工作，实施了一系列公益项目。推进中金公益河北樟子松造林、云南冷杉云杉造林、西藏墨脱生物多样性保护和陕西侧柏造林项目；推动顺丰集团河北和四川的碳中和造林项目规划；组织开展四川森林可持续经营管理碳汇方法研究，推动和开展成都市城市生态系统碳汇试点；全面完成蚂蚁森林项目整改工作，推动2020年备案的蚂蚁森林项目和蚂蚁森林公益开放计划项目立项实施及2021年度备忘项目的前期规划；开展第二期惠普生态保护修复项目；在河南开展高瓴碳中和林项目。围绕国家公园建设，在东北虎豹国家公园珲春区开展东北虎保护公益项目，在大熊猫国家公园王朗管护片区开展生态修复增汇项目，在武夷山国家公园外围开展生态修复项目，在海南热带雨林国家公园开展重点植物保护项目。推进肯德基"自然自在碳中和林"、低碳旅游专项基金五一公益植树、小小卫士春季公益植树活动；完成海南陵水红树林湿地（蓝碳）碳汇项目的现场审定核查，指导实施康保遗鸥项目和候鸟保护项目。

**【宣传活动】** 碳汇基金会大力开展并积极参与科普宣传活动，在各种活动和会议上向公众普及碳达峰碳中和等科学知识，促进公众对气候变化科学知识和绿色低碳发展的理解，增强公众气候变化应对和适应能力，推动绿色低碳全民行动。与野生救援等机构合作，联合发布"地球一援"2022年度主题活动视频和海报；联合举办"2022守护行动"碳中和科普活动；联合举办中国北京服贸会"全球气候变化与'双碳'目标下的社会组织与企业合作论坛"；参加2022年太原能源低碳发展论坛，联合举办碳汇和绿色金融分论坛；参加两岸产业减碳合作研讨会；与华为联合举办"科技守护自然"沙龙；与惠普公司共同发布第53个世界地球日宣传海报；启动"碳汇中国行"宣传活动；联合举办"绿色中国行——走进明月山暨全国三亿青少年进森林研学教育活动（梁平站）"；出席"双碳"目标下森林公园和森林旅游发展研讨会、第二届中国中蒙药材产业发展大会、第四届中国中药资源大会。

**【国际交流】** 参加了联合国气候变化框架公约第二十七次缔约方大会，联合各方成功主办了以"气候变化和生物多样性协同的自主贡献与全球协作"为主题的大会边会和以"基于自然的解决方案推动气候和生物多样性协同治理"为主题的中国角边会。支持合作伙伴参加联合国《生物多样性公约》第十五次缔约方大会第二阶段会议，联合主办"共生的智慧：本地社区对生物多样性保护的传统、贡献和未来"中国角边会。与自然资源保护协会、世界自然保护联盟中国代表处等单位联合举办了4场"基于自然解决方案系列研讨会"和"基于自然的解决方案与森林碳汇"交流会。

（中国绿色碳汇基金会由高彩霞供稿）

# 中国生态文化协会

【综述】 2022年，中国生态文化协会（以下简称"协会"）以服务林业草原事业高质量发展、服务国家生态文明建设为主要任务，积极践行协会"弘扬生态文化、倡导绿色生活、共建生态文明"的宗旨，广泛传播生态文化知识，大力弘扬生态文明理念，努力提高全社会生态文化素养，奋力推进各项工作取得新成效，为建设生态文明和美丽中国作出了积极贡献。

【生态文化体系研究系列丛书编撰工作】 一是出版《中国草原生态文化》（上、下卷）。作为《生态文明时代的主流文化》系列丛书之一，在国家林业和草原局草原管理司大力支持下，中国生态文化协会组织内蒙古、青海、甘肃、宁夏、四川、河北、新疆7个省（区）林草主管部门、省级生态文化协会，11所大学和研究单位，历时6年共同撰写完成《中国草原生态文化》一书，经过专家审读和最终统稿，该书于2022年12月由人民出版社出版发行。该书以习近平生态文明思想为指导，是我国第一部以生态文化视角，反映草原民族与草原生态系统关系，追溯草原民族与草原共生演进历史，探索草原生态文化发生发展脉络，揭示草原生态文化的思想精髓和本质特征的著作，对弘扬生态文明，促进草原生态建设，振兴草原相关产业的现代化发展具有重要意义。二是协会组织南京林业大学、北京园林绿化局、扬州市园林局、北京植物园、中国林业科学研究院等单位共同开展的《中国园林文化》研究编撰工作，历时7年于2022年完成初稿进入统稿阶段。三是《中国花文化》，由中国生态文化协会提出，中国花卉协会组织上海交通大学、北京林业大学、中国林业科学研究院、中国科学院北京植物研究所、中国花卉协会各分支机构以及各省（区、市）

花卉协会、中国插花花艺协会等单位共同研究和编撰，历时7年完成统稿配图，进入审阅定稿阶段。

【"低碳向未来"主题征文活动】 2022年，为深入宣传贯彻习近平生态文明思想，倡导简约适度、绿色低碳的生活方式，努力构建人与自然和谐共生的地球家园，中国生态文化协会面向全国高校在校大学生，组织开展了"低碳向未来"主题征文活动，受到社会广泛关注，先后被网易、新浪等门户网站，清华大学、北京师范大学、西南大学、浙江农林大学等高校转载宣传，扩大了社会影响。经各高校初筛报送，有来自清华大学、中山大学、西南大学、南京林业大学等高校的200余篇作品参赛。

【"'以竹代塑'引领绿色低碳新生活"主题互动展示与咨询活动】 作为全国林业和草原科技活动周主会场承办单位之一，中国生态文化协会与国家林草局国际竹藤中心共同举办了"'以竹代塑'引领绿色低碳新生活"主题互动展示与咨询活动。活动陈列展出展品有：竹缠

绕复合管、竹制汽车内饰、一次性竹餐具、竹吸管以及竹质电子器件壳制品等"以竹代塑"创新产品，制作了7个"以竹代塑"科普微课堂视频循环播放，邀请国际竹藤中心材料所专家在活动现场为观众作"以竹代塑"技术讲解与分享交流，印制了1万册《以竹代塑引领绿色低碳新生活》公益宣传手册现场发放，向各省（区、市）林业和草原主管部门、相关农林院校等单位发送。

【签约参展2022荷兰世园会】 应荷兰农业、自然及食品质量部邀请，中国政府批准由国家林草局代表中国参展荷兰世园会，中国花卉协会负责具体组织实施。1月6日，在中国参展2022荷兰世园会发布会暨签约仪式上，中国生态文化协会与中国花卉协会签订了2022荷兰阿尔梅勒世界园艺博览会"中国竹园"展馆及"中国美丽乡村摄影展"合作协议，展示中国优秀传统文化，展现中国生态文明建设成就。

【"中国美丽乡村摄影展"在荷兰世园会展出】 4月13日至10月9日，

"'以竹代塑'引领绿色低碳新生活"主题互动展示与咨询活动

2022荷兰阿尔梅勒世界园艺博览会"中国竹园"展馆内的"中国美丽乡村摄影展"

中国生态文化协会组织的"中国美丽乡村摄影展"在2022荷兰阿尔梅勒世界园艺博览会"中国竹园"精彩亮相。本次摄影展精选了百幅中国美丽乡村摄影图景分批展出，通过"一村一景、一村一品、一村一韵"，呈现出中国美丽乡村独具特色的自然地貌、人文历史和民族风俗，受到国际园艺生产者协会（AIPH）主席伯纳德·欧斯特罗姆的高度赞赏，以及参观者的一致好评，为广大游客生动展现了中国生态图景，讲述了中国故事，贡献了中国智慧。

【国际竹藤组织成立二十五周年志庆暨第二届世界竹藤大会"生态文化引领以竹代塑进程"主题边会】
11月8日，作为国际竹藤组织成立二十五周年志庆暨第二届世界竹藤大会系列活动之一，"生态文化引领以竹代塑进程"主题边会召开，本次边会由中国生态文化协会主办，中国花卉协会、中国竹产业协会、国际竹藤中心合办邀请自然资源部宣传教育中心党委书记李航、浙江农林大学教授任重、浙江泰普森实业集团有限公司高级工程师虞雯、北京拾柴环境咨询有限公司负责人王韧分别作报告。本次边会由中国生态文化协会会长刘红主持，中国竹产业协会秘书长杨淑艳致

辞，中国生态文化协会专家指导委员会委员汪绚作总结和点评。世界竹藤大会相关活动的各方代表及相关媒体的记者朋友等110余人次线上参加了本次边会。

【《生态文明世界》期刊编辑出版】
由中国生态文化协会主办的《生态文明世界》围绕"迎接二十大、合力战疫情""迎接党的二十大、绿水青山锦绣国土、生态文明润育中华""向双碳目标迈进"、国家公园、中国加入《湿地公约》30周年、生态文化征文等专题内容，编辑出版正刊4期。2022年7月，《生态文明世界》获国家林业和草原局"林草科技重点期刊"称号，编辑部李楠获国家林业和草原局优秀编辑称号；2022年12月《生态文明世界》入选第二十九届北京国际图书博览会（BIBF）"2022中国精品期刊展"展出的"迎接党的二十大"主题宣传展览。

【与国际竹藤组织签订合作备忘录】
11月7日，中国生态文化协会与国际竹藤组织签订合作备忘录，共同推动全球竹藤绿色低碳可持续发展。

【参与共青团中央"千联万聚常引"项目】　受共青团中央邀请，推荐中国生态文化协会科普宣传部骨干

《生态文明世界》选颁第二十九届北京国际图书博览会（BIBF）"2022中国精品期刊展"证书

《生态文明世界》荣获国家林业和草原局"林草科技重点期刊"证书

成员作为共青团中央"千联万聚常引"项目青年环保骨干成员，进一步加强与环保组织的联系。

【参与"科创中国"乡村振兴联合体工作】　作为"科创中国"乡村振兴联合体成员单位，中国生态文化协会会长刘红参加2022"一城四区、百县千村"建设与发展座谈会，并在会上发言；中国生态文化协会秘书处陈雷在科创中国乡村振兴联合体平台宣传了《乡村振兴文化先行——生态文化让生活更美好》微视频，介绍中国美丽乡村和华夏古村镇生态文化。

【参加国家生态文化大数据建设专家咨询会】　中国生态文化协会会长刘红受邀参加中国林业出版社组织召开的国家生态文化大数据建设专家咨询会，与来自中宣部、国家林业和草原局、中国林业文学艺术工作者联合会、北京林业大学等单位的领导及专家学者，共同为林草领域国家生态文化大数据体系建设建言献策。
（中国生态文化协会由付佳琳供稿）

国际竹藤组织成立二十五周年志庆暨第二届世界竹藤大会"生态文化引领以竹代塑进程"主题边会主会场

# 中国治沙暨沙业学会

**【综述】** 2022年，中国治沙暨沙业学会（以下简称"学会"）在国家林业和草原局的领导下，深入学习贯彻习近平新时代中国特色社会主义思想，坚持"绿水青山就是金山银山"和"山水林田湖草沙一体化保护和系统治理"理念，积极融入和服务林草工作大局，在全体理事的共同努力和社会各界的大力支持下，学会在科学研究、技术推广、学术交流、科普宣传、会员服务等方面做了大量工作，圆满完成了学会的工作任务。

**【学术交流】**

6月16日，在国家林草局荒漠司的指导下，学会在北京举办了以"携手防治荒漠化 共建命运共同体"为主题的"第28个世界防治荒漠化与干旱日"纪念活动。第十三届全国政协常委、国家林草局副局长、学会会长刘东生作了主旨讲话，知名专家、企业家围绕"十四五"期间如何构建防治新格局、助力乡村振兴、统筹山水林田湖草沙系统治理等开展了高级别专家研讨。会上，学会为钱永刚教授颁授了高级顾问聘书。

6—8月，学会组织开展了大型荒漠区风光电建设生态保护与修复

技术科学考察，并于9月24日联合参与科考单位在北京举办了风光电建设生态保护与修复技术科考总结发布会。

9月27日，学会联合西北师范大学以线上线下相结合的形式召开了"2022兰州沙产业论坛"暨"风沙危害区生态修复与沙产业协同创新中心"理事会会议。

12月31日，学会组织召开了"第一届风沙科学线上论坛"。

**【技术推广】** 学会组织召开了"华能集团库布齐沙漠清洁能源基地生态产业建设方案"评审会、"青海大型光伏产业园区生态环境效应及调控研究"评审会、"沙化土地抗逆树种筛选与适地适树研究"项目成果及创新专家审阅认证会、"菌草科学技术与产业发展院士专家咨询会暨菌草防沙固沙及阻沙入河关键技术与产业化应用"成果评价会。

学会组织完成了"库布其沙漠抗逆树种筛选与造林示范""不同气候区沙化土地树种高抗性机理及其适地适树体系研究""毛乌素沙地抗逆树种筛选与造林示范项目"科技成果鉴定。

学会开展了柠条产业调查，并向国家林草局报送了《柠条产业发

展指南》。受北京市企业家环保基金会委托，学会联合中国林业科学研究院沙林中心开展《乌兰布和沙漠黄河湿地风沙危害及基于自然的解决方案》项目研究。学会专家在中国支持"非洲绿色长城"建设研修班、"一带一路"国家履行《联合国防治荒漠化公约》及沙尘暴防治高级官员研修班上授课，宣讲中国经验。

开展向各行业品牌企业、会员单位征集团体标准立项申报工作。完成了《流沙地沙障机械化铺设技术规范》《内陆河流域防护林生态功能监测和评价指标体系》2项团体标准。

**【科普宣传】** 学会联合《今日中国》杂志推出了《钱学森与中国沙产业》专刊，对中国荒漠化治理及发展沙产业取得的成果做了系列专题报道。联合北京市企业家环保基金会、中国林科院沙林中心采用线上线下结合的方式在阿拉善盟举办了荒漠化防治科普嘉年华系列活动。在主流媒体宣传荒漠化防治，学会常务副会长兼秘书长杨文斌接受凤凰卫视专访"从事治沙40余年，从走弯路到国际经验输出"，并在《今日中国》发表文章《为世界荒漠化防治贡献"中国智慧"》《为构建荒漠化治理新格局提供一流服务支撑》；副会长王涛在《中国新闻》发表文章《陆上丝绸之路，人类如何与沙漠、绿洲和谐共生》；副秘书长卢琦在《中国自然资源报》发表文章《与沙漠生态系统和谐共生》；学会在《中国自然资源报》发表《世界地球日丨荒沙披绿点"沙"成"金"》等署名文章。学会组织编辑的《浑善达克沙地及其治理概论》《呼伦贝尔沙地及其治理概论》《荒漠化防治与沙产业创新模式》正式出版。

（中国治沙暨沙业学会由邹慧供稿）

荒漠区光伏电站建设生态保护与修复典型案例

# 中国林业文学艺术工作者联合会

【综　述】　2022年，中国林业文学艺术工作者联合会（以下简称中国林业文联）在国家林业和草原局的领导和支持下，克服了新冠病毒疫情不利影响，积极推进工作，出版了多部作品，主办或协办了丰富的线上、线下活动，持续推进中国林业文联品牌影响力，在各方面均取得了新进展。

【《原山放歌》出版】　为宣传新时代林业英雄孙建博拼搏奋斗的事迹，中国林业文联组织中国作家协会会员、一级作家陈宜新，创作了讲述林业英雄孙建博推进国有林场改革转型发展故事的长篇报告文学《原山放歌》，并于2022年8月由中国作家出版社出版。《原山放歌》从另一个视角再一次宣传了孙建博的感人事迹，在林业系统和全社会产生了新的反响。10月28日，中国林业文学艺术工作者联合会、山东省残疾人联合会、山东省作家协会、山东黄河文化经济发展促进会联合在山东省济南市举办了图书首发式，作家、评论家与媒体代表等与林业英雄孙建博作了交流，中央及山东

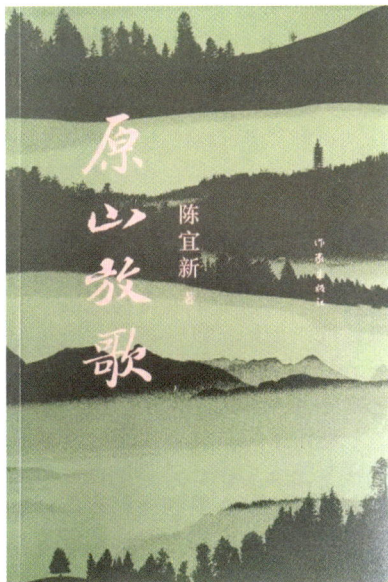

《原山放歌》书影

省的多家新闻媒体作了报道。《原山放歌》被列为2022年全国优秀报告文学作品阅读推荐书目。

【"凤凰山杯"全国林业生态摄影、抖音大赛】　8月2—6日，中国林业文联与龙江森工集团山河屯林业局联合主办的"第四届'凤凰山杯'全国林业生态摄影、抖音大赛暨林业生态摄影培训班"在山河屯林业局凤凰山林场举行，全国约150名林业生态摄影人参加大赛和现场培训，现场评选出了获奖作品并举行了颁奖晚会。大赛活动以生态摄影和抖音的形式，宣传了黑龙江森工林区转型发展的成果和林区职工奋进向上的精神风貌，促进了国有森工林区生态旅游等事业的发展。中央及地方媒体对大赛活动做了宣传报道，在社会上产生了广泛的影响。

【授予广东省东莞市观音山国家森林公园"生态文学创作实践基地"】　8月7日，中国林业文联与中国作家协会社会联络部、中国环境报社联合授予广东省东莞市观音山国家森林公园"生态文学创作实践基地"，并举行了授牌仪式。

【出版《生态、人文、生活的对接和融合》和《绿色长城的延伸》】　对中国林业文联与广东省清远市社科联于2021年12月联合主办的"第三届清远生态文化高峰论坛"的论文进行筛选汇编，形成了《生态、人文、生活的对接和融合》论文集，并完成了出版工作。中国林业文联组织生态作家采风创作的反映天然林保护二十周年成果的生态散文作品集《绿色长城的延伸》（英文版）于5月出版。本书是国家林业和草原局国际合作司推出的对外讲好林业和草原故事的对外宣传作品，对宣传生态保护与治理的中国方案发挥了作用。

【主办"生态天府·多样四川"生态摄影大赛】　四川省林业和草原局、中国林业文联林业生态摄影专业委员会、四川省摄影家协会于10—12月联合主办了"生态天赋·多样四川"第二届筑牢黄河长江上游生态屏障·聚焦四川生物多样性生态摄影大赛。大赛展示了四川省生态文明建设和生物多样性保护成就，彰显了巴蜀大地自然之美，进一步增强了社会公众生态建设与生物多样性保护意识。中国林业文联美术专业委员会在其公众号上开展了"喜迎党的二十大林业美协书画展"，展示了林业美协会员创作的歌颂祖国山川秀美的画作。

【征文评审工作】　为了反映我国生态文明建设成就，推动生态文学发展，中国林业文联于2021年年底主办了"让生命充满绿色"生态文学征文活动。来自全国各地及海外的生态文学作家积极响应，共收到生态散文、生态小说、生态诗歌等应征文学作品近3000篇。2022年年初，中国林业文联邀请了相关知名作家担任评审，共选出特等奖一名，一等奖两名，二等奖三名，三等奖五名，优秀奖十六名，并举行了颁奖活动。

【协办祁连山国家公园（青海）生态文化工作会议】　7月8日，由中国林业文联参与协办的祁连山国家公园（青海）生态文化工作会议在青海省西宁市召开，会议展示了祁连山国家公园（青海）打造"生态文化高地"的丰硕成果，为国家公园建设充盈生态文化内涵作出了贡献。中国林业文联秘书长出席会议并致辞，指出祁连山国家公园（青海）以生态文化为重要抓手，深入探索挖掘祁连山生态文化资源优势和潜力，在各方面形成了具有代表性的生态文化实践成果，为国家公园建设提供了可借鉴、可示范的政

策措施和文化路径。

【《生态文化》杂志】 《生态文化》杂志是生态文化宣传的重要平台和阵地，新一届中国林业文联接手杂志后，充实了编辑队伍，对版面和栏目进行了改版，将生态文学栏目，细分为生态小说、生态散文、生态诗歌3个栏目；从"让生命充满绿色"生态文学征文活动获奖作品中择优发表文章4篇；全年收到社会各界踊跃投稿10000余篇，因版面有限，遴选发表近200篇。

【做好科技司研发项目】 中国林业文联2021年承接了科技司"森林草原科普专栏"科普作品研发项目。中国林业文联在专项经费有限的情况下，积极自筹资金，与广东省清远市社科联举办了一次线上高峰论坛，并由新华社和光明日报社进行了全方位的报道，新华社新闻报道的读者点击量近120万，在全社会引起了较大影响。同时挑选有关生态科普和生态文化的专题文章20余篇刊登在《生态文化》杂志中。

【中国林业文联及新生态文化两个公众号的影响力日趋显现】 中国林业文联充分发挥公众号的宣传作用，全年共制作发布文章/信息近百期，关注用户数稳步提升。

（中国林业文学艺术工作者联合会
由侯克勤供稿）

《生态文化》2022年书影

## 中国林业职工思想政治工作研究会

【综　述】 2022年，中国林业职工思想政治工作研究会（以下简称林业政研会）在国家林业和草原局党组和中国政研会的正确领导下，认真贯彻落实《新时代加强和改进思想政治工作的意见》，紧贴林草实际，积极推进林业政研会工作，较好发挥了林业政研会的职能作用。

**系列学习教育活动** 党的二十大召开后，林业政研会及时制定下发了《关于学习宣传贯彻落实党的二十大精神安排意见》通知，积极组织各会员单位充分利用好一切学习资源，深入学习宣传贯彻党的二十大精神。充分利用《林业政工研究》和微信群等媒介平台，刊发、转发学习贯彻党的二十大精神辅导文章、交流体会和分享经验，推动会员单位间相互学习、相互借鉴，确保学习走深走实，取得成效。积极推动学习成果转化运用，促进工作创新。广西南宁树木园、广西国有高峰林场，山东原山林场、河南省国有商城黄柏山林场、河北塞罕坝机械林场、河北木兰围场国有林场等会员单位，认真抓实党的二十大精神学习贯彻，以学铸魂、以学增智、以学正风、以学促干，大力推进林场振兴，取得了"红色精神引领绿色发展"突出业绩。

**理论研究** 林业政研会紧紧围绕林草中心工作，以服务各会员单位为宗旨，精心编制课题指南，严格课题立项、申报、评选各环节管理，认真组织会员单位深入开展课题研究。全年累计开展新时代林草

广西南宁树木园党员和干部在"习近平总书记参加首都义务植树活动时的重要讲话精神"推动实践育人（线上）学习交流会上认真学习

2022年8月15日在河北塞罕坝机械林场"全国林业英雄林"建设活动现场

思想政治工作创新、林草精神宣传弘扬、生态产品价值转化等相关研究课题419项，其中，党的历史经验和推进党建思想政治工作研究18项，加强和改进思想政治工作对策研究166项，推进生态文明和文化建设研究235项，为加强和改进新时代林草党建思想政治工作提供了重要理论支撑和有益参考。

**"林业英雄林"建设活动**　在统筹做好疫情防控工作的同时，林业政研会联合国家林业和草原局国有林场和种苗管理司、中国农林水利气象工会全国委员会、中国林学会等单位，于8月15日在河北省塞罕坝机械林场千层板林场马蹄坑营林区举办全国第五处"林业英雄林"落成仪式和林业精神现场宣教活动。以"林业英雄林"和塞罕坝展览馆为依托，建立"全国林业英雄林"碑、林业英雄精神和塞罕坝精神宣传基地，为大力宣传弘扬林业英雄精神、塞罕坝精神，践行社会主义核心价值观，强化社会主义意识形态提供了基础保障和重要支撑。

**线上培训交流学习活动**　4月8日，林业政研会在北京林业大学与高校思想政治工作创新发展中心合作，采取以会代训方式，举办了学习"习近平总书记参加首都义务植树活动时的重要讲话精神"推动实践育人（线上）学习交流会，会员单位和林业高校师生共计180余人参加。通过专家解读、重点发言、经验分享等多种形式，进一步加深了对习近平总书记在参加义务植树时的讲话精神和林草工作重要指示批示精神的理解和领会。

6月8日，林业政研会举办了题为"践行绿水青山就是金山银山理念，推动生态价值转化研究，助力乡村振兴"线上学习交流会，会员单位政工干部120多人参加。交流会认真传达了《国家乡村振兴局民政部关于印发〈社会组织助力乡村振兴专项行动方案〉的通知》精神，内蒙古森工集团阿尔山森工公司等7个单位交流了践行"两山"理念、开展生态价值转化研究实践、助力林场振兴的成果经验和体会，为各会员单位提供了有益示范和指导。

**政研会换届筹备和建设管理工作**　认真总结林业政研会五年工作，切实做好第八次会员代表大会筹备工作，积极开展第八届理事人选和第八届会员代表大会代表推荐工作。扎实开展会员发展工作，扩大会员队伍，拓宽会员覆盖面。积极加强秘书处建设和日常管理，较好完成日常工作和思想政治研究工作、会员培训等任务。全年召开线上理事会1次、常务理事会2次、会员培训2次、会员活动3次，引导会员单位举旗帜、战疫情、聚民心、谋发展，团结奋进新征程。

（林业政研会由王凤芝供稿）
（图片由林业政研会提供）

## ▶ 中国林学会

【综　述】　2022年，中国林学会（以下简称学会）在中国科协年会发布的《2022年全球科技社团发展指数报告》中，名列全球农业科学会top30名单，排名第10位。获得了全国乡村振兴工作优秀组织单位、全国学会科普工作优秀单位、"科创中国"优秀科技服务团等称号。《林业科学》荣获林草领军科技期刊称号，第20次获得"百种中国杰出学术期刊"称号，继续保持EI收录。梁希林业科学技术奖的社会影响力持续增强。

**学会建设** 2022年，学会认真落实国家林草局和中国科协全面战略合作协议，推动学会治理体系和治理能力现代化。受中国科协委托，组织举办两期学会能力建设论坛，围绕社会组织评估、分支机构管理等开展研讨交流。

加强会员与分支机构管理。截至2022年年底，个人会员8.1万余名。其中拥有"两院院士"在内的高级会员300多人。学会设9个工作委员会，49个二级分会（专业委员会），涵盖林业各个学科。组织完成木材科学分会、森林生态分会换届，森林昆虫分会更名为森林和草原昆虫分会，林草智能技术和机器人分会、热带雨林分会召开成立大会，进一步加强分支机构管理。

创新拓展业务职能领域，开展科技成果评价和社团标准制定工作，评价了一批有影响力的林草科技成果，新发布10项团体标准。分别与济宁市政府、天津泰达绿化科技集团股份有限公司等签订了战略合作协议，在科技攻关、成果转化、人才培养等方面开展深度合作。围绕"碳达峰碳中和"拓展业务，组织制定碳汇联合体方案、相关团体标准等，开展"山东省济宁市尼山区域碳汇造林项目开发"工作，编制《济宁市碳汇试点市建设实施方案》。

**国内主要学术会议** 2022年，中国林学会及分支机构通过线上、线下以及线上线下相结合的方式开展学术交流活动，推动林草科技创新，促进产学融合。

1月16日，学会主办的双碳形势下遥感助力森林保险高质量发展学术研讨会以线上线下相结合方式在北京举办，中国工程院院士陈军等参加会议。会后，与会专家观摩了航天信德全域应用高分辨率遥感卫星监测威海松材线虫产品线。

4月26日，学会主办的木质定制家居制品智能制造技术创新与发展研讨会以线上线下相结合方式在北京召开，中南林业科技大学吴义强院士等30余人参加会议。

6月20日，学会主办的2022中科羊草现场观摩研讨会以线上线下相结合方式在北京和内蒙古开鲁县召开，100余名线下专家和6000余名线上代表参加会议。

6月26—27日，学会主办的第二十四届中国科学技术协会年会分会场——森林生态价值实现与绿色发展高层论坛在长沙举行。中国林学会理事长赵树丛、中国工程院院士、湖南省科协副主席、中南林业科技大学党委副书记吴义强等100余名专家学者参会，中国工程院院士尹伟伦、吴义强等作大会主旨报告。

6月27—28日，学会主办的第二十四届中国科协年会——森林生态价值实现与绿色发展高层论坛暨中国（耒阳）油茶科技创新产学融合发展大会在湖南省耒阳市举办。中国林学会理事长赵树丛、中国工程院院士吴义强、中共衡阳市委书记秦国文等有关领导和专家、企业界代表参加开幕式。大会集聚政府、金融、科技、媒体、学校、企业等各界精英，以"跨界联合"助推耒阳油茶产业高质量发展。

7月8日，学会主办的中国科协长江经济带生态文明建设高层次专家研讨会在北京召开，主题为"林业、草原、国家公园助力长江经济带生态文明建设"。中国科学院院士刘嘉麒，中国工程院院士尹伟伦、侯立安、王浩出席会议并作特邀报告。会议以线上直播形式向公众开放，公众点击观看达82万人次。

7月28—31日，学会主办的第八届中国森林保护学术大会以线上线下相结合方式在山东省泰安市召开，主题为"森林保护科技创新与生物灾害防控能力提升"。大会设1个主会场、4个专题分会场和4个青年学术沙龙，168位专家学者在会上作报告，1000余名代表参加会议。

8月10日，学会主办的第三届中国林草计算机应用大会在湖南省长沙市举办，主题为"数字林草 智创未来"。中国工程院院士郑纬民、赵春江，挪威奥斯陆大学教授、欧洲科学院院士张彦，中南大学教授、国际导航与运动控制科学院院士蔡自兴等作大会主旨报告。大会设1个主会场、8个分会场，交流报告88篇，300余名代表线下参加了大会。

8月17—18日，学会主办的中国科协企业自主创新研讨系列活动暨绿色发展理念下生态保护与产业发展高端研讨会在黑龙江大兴安岭举办，100余人参加线下会议，线上受众11万余人次。

8月22日，学会主办的全国林草科技期刊发展研讨会暨林草科技期刊培训会议在浙江省杭州市举办，全国43家林草期刊编辑部的64位编辑参加会议。

8月23日，学会主办的"加强林业科研，推动林业高质量发展"学术研讨会在北京召开，深入学习贯彻2021年8月23日习近平总书记考察塞罕坝机械林场重要指示精神。会议邀请中国工程院院士赵春江等11位专家学者作报告，300余名科研人员线上线下相结合方式听取报告。

9月9日，学会主办的第二届中国林下生态黄精产业发展研讨会暨第三届九九黄精节文化活动以线上线下相结合方式在湖南省娄底市新化县举行。中国工程院院士蒋剑春等出席活动，10余万人观看开幕式。开幕式上还举行了国家林业和草原局黄精国家行业标准启动仪式。

9月17—19日，学会主办的林学前沿大讲堂（第一期）暨第二十届全国森林培育学术研讨会以线上线下相结合方式在北京举办，主题为"林学学术前沿与'四库'建设"。中国工程院院士沈国舫、尹伟伦、曹福亮等在会上作主旨报告，80余名专家学者、高校师生参加会议，线上直播观看7万余人次。

9月28日，学会主办的"科创中国"林草及绿色家居产学融合会议在广西贵港召开，中国工程院院士、中南林业科技大学党委副书记吴义强教授出席会议并作特邀报告，170余名代表现场参会。会前，学会收集了贵港市企业技术需求30项最新技术，制作了技术成果展板和《贵港市企业技术需求成果对接宣传手册》。

10月29日，学会主办的第二届南酸枣产业发展高峰论坛以线上线下相结合方式在江西省崇义县举办，主题为"南酸枣产业与乡村振兴"，中国工程院院士尹伟伦等作主旨报告，近200名代表参加论坛。其间，与会人员考察了国家南酸枣种质资源库及南酸枣栽培科研示范基地。

11月22—23日，学会主办的第十七届中国竹业学术大会暨竹类病虫防控与资源开发四川省重点实验室学术年会在成都召开，中国林学

2022年梁希科学技术奖颁奖大会暨首届梁希大讲堂

会理事长赵树丛出席开幕式并讲话，150余人参加会议。

11月25—26日，学会主办的2022年梁希科学技术奖颁奖大会暨首届梁希大讲堂以线上线下相结合方式在浙江省湖州市举办，国家林业和草原局党组成员、副局长谭光明，中国林学会理事长赵树丛等出席开幕式。赵树丛理事长，中国工程院院士蒋剑春、吴义强等为首届大讲堂开讲。大会设湖州主会场和中国林科院等10个分会场，约30.5万余名代表观看直播。

**国际学术会议与交往** 2022年，学会应邀线上参加了第132届日本林学会年会，IUCN（世界自然保护联盟）中国会员网络2022年会员大会和第四次IUCN中日韩三方会员交流会，推动林草多边和双边交流。

11月27日，学会以线上线下相结合方式举办第二届中巴热带干旱经济林科技交流会议暨高效水土保持植物学术交流会，开幕式在中南林业科技大学和巴基斯坦瓜达尔港自由区同时举行。会议主题是：干旱经济林种质资源研究与利用/水土保持植物开发与利用。巴基斯坦卡拉奇大学、印度河大学、费萨拉巴德农业大学、巴哈瓦尔普尔伊斯兰大学及国内有关高校科研院所等600余名中巴专家学者及企业家代表参加会议。

**科普活动** 推进科普基地建设，推荐的东北虎豹生物多样性国家野外科学观测研究站等5家单位成功入选第一批全国科普教育基地。承办2022全国林业和草原科普讲解大赛，吸引全国27个省（区、市）123家单位的173名选手参赛，直播观看人数突破10万人次，获得国家林草局全国林业和草原科普讲解大赛优秀组织奖。与中国科技馆合作策划"虎年话虎"主题展览，现场服务公众数十万人次，媒体总传播量639.6万。利用"科普中国"高效传播优质科普资源，上传科普短视频177部。协助举办2022年全国林业和草原科技活动周，开展"智爱妈妈"美丽乡村智能绿色生活科普行动，开展青少年进实验室专项科普工作。

大力开展自然教育。在广州等地开展了17期自然教育师线下培训，共计520人获得"自然教育师"证书。与中国林业教育学会共同主办2022年科普日活动——"我是播绿使者"自然教育讲堂，近20所中小学千余名小学生观看讲座。

**决策咨询** 推进林业智库建设，助力决策服务能力稳步提升，服务创新型国家和社会建设。中国林业智库建设工作案例入选中国科协十年优秀工作案例，荣获第三届科技社团改革理论研讨活动优秀案例奖。成功入选2022年中国科协决策咨询专家团队建设试点单位，牵头组建"特色林业产业与乡村振兴""生态系统碳汇""资源培育与利用"3个决策咨询专家团队。刊发6篇《林业专家建议》，其中2篇建议获上级部门采用，4篇入选《国家林草局信息》和《科技工作者建议》，2篇得到国家林草局领导批示。编辑出版《专家建议汇编（三）》。召开年度重大调研选题专家咨询会，开展调研活动5项。与国家林草局生态修复司联合开展《中华人民共和国古树名木保护条例》编制工作。

**学术期刊** 高质量完成主办期刊《林业科学》全年出版工作。主办期刊《林业科学》年收稿918篇，发稿206篇，在国家林草局组织的林草科技期刊评估中被评为"林草科技领军期刊"并居首位。首次入选《科技期刊世界影响力指数（WJCI）报告》（2021版）Q1区，总被引频次6408，影响因子1.234，WJCI指数2.039，位居中文林业期刊第一位。

创新办刊举措，新设"前沿与重点"栏目，增设重点专栏、专刊、

第二届中巴热带干旱经济林科技交流会议暨高效水土保持植物学术交流会

9月4—6日，2022中国自然教育大会在北京举行

封面文章等9个展示、推介栏目。举办2022全国林草科技期刊发展研讨会暨林草科技期刊培训会议，组织4次出版能力提升专题研讨交流活动。配合国家林草局科技司，完成林草科技领军和重点期刊遴选。向中国绿化基金会捐赠第八笔善款，支持"幸福家园（网络植树）"公益项目。

**学科发展工程** 组织开展"十三五"林草科技十大进展遴选等工作，发布"十三五"期间林草科技十大进展和2021年林草科技十件大事。启动2022重大林草科学问题和工程技术难题征集活动。编辑出版《中国林业优秀学术报告2021》。

**人才奖励** 组织开展第十三届梁希林业科学技术奖、第十一届梁希优秀学子奖等奖项评选表彰工作。

组织开展第十六届林草青年科技奖评选及第十七届中国青年科技奖候选人推荐相关工作，评选出30名同志为第十六届林草青年科技奖获奖者，评选出4名同志为第十七届中国青年科技奖候选人。推荐了2名2022年全国"最美科技工作者"候选人。

组织实施青年人才托举工程（以下简称青托工程）。完成第五届青托工程项目年度任务，遴选出2名第六届青托工程对象，完成第七届青托工程申报，持续跟踪服务青托工程托举对象。

完成第四至第七届青年人才托举工程有关工作，遴选出3名第八届青年人才托举工程托举对象，持续跟踪服务托举对象。

**会员服务** 举办生态修复专业技术能力提升会员培训班、青年科技工作者学习沙龙，承办人力资源社会保障部2022年专业技术人才知识更新工程高级研修项目——生态修复领域专业技术转移转化能力提升高级研修班，提升会员服务能力和水平。

**【2022中国自然教育大会】** 9月4—6日，2022中国自然教育大会在北京召开，主题为"融合·共享 新时代自然教育新启航"。大会由国家林业和草原局、北京市人民政府指导，中国林学会、自然资源部宣传教育中心、阿里巴巴公益基金会和北京市园林绿化局共同主办，国家林业和草原局党组成员、副局长谭光明，中国林学会理事长赵树丛等有关领导嘉宾和媒体出席大会开幕式。

大会设置了1个北京主会场、6个地方分会场，通过12个云论坛、40+云基地、100+云导赏、120+云推介、15位青年说"四云一说"形式展示自然教育新风貌，邀请了近百名国内外有关专家学者交流研讨，宣传覆盖面超1000万人次。

大会发布了《自然教育北京宣言》，倡议将每年7月的第二个星期六设立为"全国自然日"；发布了《2020年度和2021年度中国自然教育发展报告内容简报》；提出了《全国自然教育中长期发展规划》编制设想；公布推荐了49本自然教育优质课程、44本优质书籍读本和3项自然教育相关团体标准。

**【首届全国林草碳汇高峰论坛】** 7月1日，首届全国林草碳汇高峰论坛在福建省三明市举办，主题为"发挥林草碳汇优势，助力实现双碳目标"。大会由国家林草局应对气候变化工作领导小组办公室、福建省林业局指导，中国林学会、中国林科院、福建农林大学、三明市人民政府、中国林业集团公司主办。国家林草局副局长刘东生、福建省副省长康涛、三明市委书记余红胜出席论坛开幕式并致辞。

中国科学院院士方精云、于贵瑞，国家应对气候变化战略研究和国际合作中心主任徐华清，中国林科院研究员刘世荣等专家学者，国家林草局、国家发改委、生态环境部等有关部门负责人通过线上线下等方式发表主旨演讲。中国绿色碳汇基金会、中国林科院、中国林业集团公司、浙江、贵州、江西、宁夏、福建三明等作经验交流。

开幕式上还举行了碳中和签约仪式，由福建金森碳汇科技有限公司向大会捐赠"50吨二氧化碳当量"三明林业碳票，抵销本次论坛活动碳排放，实现碳中和。

（中国林学会由林昆仑供稿）

（图片由中国林学会提供）

# 中国野生动物保护协会

【综　述】　2022年，在国家林草局和中国科协的正确领导下，中国野生动物保护协会（以下简称"协会"）以习近平新时代中国特色社会主义思想为指导，紧紧围绕国家生态文明建设的总体部署和要求，以野生动物保护为中心任务来谋划和开展工作，切实发挥好联系政府和社会的桥梁和纽带作用，深入开展野生动物保护科普宣传教育，广泛动员社会各界参与支持野生动物保护工作。4月荣获中国科协"全国学会党史学习教育十佳优秀组织单位"。8月协会党支部荣获中央和国家机关工委颁发的"中央和国家机关'四强'党支部"称号。

**协会建设**　协会官网全年累计发布各类信息610篇。6月，官网首页新增《野生世界》栏目并向全社会征集野生动物摄影作品，截至12月底，收到投稿作品超千幅。

微信公众平台每两天推送一次文章，特色栏目"中国野鸟日历"每日一篇，以日历形式科普各种野生鸟类的保护级别、种群特征和生活习性。截至12月底，全年共发布330期，共计852篇，文章累计阅读次数142万余人次，累计阅读人数达90万人次，微信公众号关注量达11.4万人。

全年向中国科协协同工作平台政务信息系统累计报送文章349篇。

6月23—27日，组织召开了协会第五届十四次常务理事会。会上审议通过了《中国野生动物保护协会会员管理办法（修订版）》《中国野生动物保护协会分支机构管理办法（修订版）》。

**服务创新型国家和社会建设**　1月5—15日，协会鹤类联合保护委员会组织全国73家单位的900余名志愿者，对全国23个省（区、市）的345处鹤类越冬地开展了同步调查，将结果上报国家野生动物保护主管部门，服务野生动物保护管理工作。

3月20日，协会和红树林基金会正式启动以"珍爱湿地，人与自然和谐共生"为主题的"2022全国湿地自然笔记接力活动"，并于11月9日，在《湿地大会》第十四届缔约方会议的CEPA湿地教育与保护论坛上举办活动颁奖仪式。

5月28日至6月1日，在线上开展"2022年全国林业和草原科技活动周宣传活动暨全国未成年人生态道德教育交流活动"，来自全国各省（区、市）野生动（植）物保护协会、保护地、学校等单位的300余名业务骨干参加了自然教育理论与实践、自然教育课程设计、自然教育活动实施等多个方面的讲座。

7—10月，与国际野生物贸易研究组织（TRAFFIC）联合举办了三期针对性引导社会行为（SBC）线上系列培训。本次培训简化了理论基础介绍，邀请市场、推广、动员、调研、评估等领域的实操者讲述在真实项目中的方法经验。

跟踪监测麋鹿、野马种群扩散与扩大放归项目，据监测显示，2021年9月在内蒙古大青山国家级自然保护区放归自然的27头麋鹿、12匹普氏野马在放归地安全越冬，已初步适应高寒气候环境并成功繁衍子代麋鹿9头、子代野马1匹。"国际生物多样性日"期间，该项目受到央视网特别报道，累计阅读量超3650万次，讨论量超3000次。联合北京林业大学及项目协作单位在中文核心期刊《动物学杂志》发表相关论文1篇，在英文核心期刊发表相关SCI论文2篇。

完成云南勐海—澜沧亚洲象保障隔离种群转移安置项目结题。在象群和周边群众安全的前提下，通过科学方法将肇事象群中的4头雄象引入临时管控区，该象群未再发生肇事致人死伤事件，有效减缓人象冲突。

完成赛加羚羊栖息地恢复及重引入前期准备项目，联合北京林业大学等科研机构就重引入途径、寄生虫疾病、饲养繁育技术、潜在栖息范围进行了调查。

完成人与自然关系失衡研究项目，联合国家林草局野猪综合防控工作组，下沉一线调查野猪致害原因、损失情况、活动范围，为中国开展野猪等致害野生动物种群调控工作发挥作用。

响应党中央和国家林草局号召，积极参与乡村振兴和定点帮扶工作，向林业草原生态帮扶专项基金捐款100万元，被国家林草局授予"乡村振兴与定点帮扶工作突出贡献单位"称号。

**国内主要学术会议**　7月21—24日，在安徽省黄山市召开由中国动物学会灵长类学分会、中国野生动物保护协会科技委员会主办的"中国动物学会灵长类学分会第十七届学术年会"。本次会议含6个大会报告、3个专题、58个专题报告，展出了15个壁报，收到摘要82篇。

11月9日，与国家林草局林草调查规划院等单位联合举办了"全球迁飞区水鸟栖息地保护论坛"。该论坛是《湿地公约》第十四届缔约方大会的分论坛之一，设13个主题报告和1场沙龙访谈，为全球环境变化和水鸟迁徙提供保护方案。

**国际交往**　11月22日，受邀以线上形式参加世界自然保护联盟（IUCN）中国会员网络2022年会员大会。会议主要总结了2022年中国会员网络工作情况并讨论2023年重点工作计划，交流各专业工作组活动开展情况。协会副秘书长王晓婷报告了物种工作组2022年工作完成情况及下一年度工作安排。同日下午，协会代表线上参加了第四次IUCN中日韩三方会员交流会。IUCN中日韩三方有关代表和理事对本国开展的IUCN相关计划和实施情况进行了汇报交流。

**科普活动**　3月3日，组织开展了以"关注旗舰物种保护　推进美丽中国建设"为主题的第9个"世界野生动植物日"主题宣传活动。通过发布主题海报、《国家重点保护野生动物名录》微信小程序、公益广告《让保护成为一种传统》，开展野生动物保护知识有奖问答活动和进社区宣传活动等系列活动，宣传野生动物科普知识。

3—5月，开展以"守护蓝天精灵，共享美好家园"为主题的"爱鸟周"系列科普活动。通过发布主题海报、爱鸟护鸟倡议书，开展鸟类保护知识竞答活动等系列活动，宣传鸟类保护知识。

组织开展以"科学认知野生动物疫病，携手共筑生物安全防线"为主题的"2022年野生动物疫源疫病和生物安全科普活动"。通过开展"4月15日全民国家安全教育日"专题活动和"生物安全科普进学校、进社区、进乡村"活动，宣传野生动物生物安全科普知识。

5月23日至6月1日，举办了"守护大自然的精灵"中国民间工艺美术作品专题展，共展出120余件野生动物保护主题的工艺美术作品，涵盖石雕、彩塑、指画、剪纸、刺绣、沙画等多个品类，展现了近年来中国生态文明建设取得的成就，诠释人与自然、人与生态的和谐之美，展览得到国家林草局、中国文联等行业媒体的官方推介，学习强国、央广频道、《中国日报》、网易、搜狐、新浪等媒体广泛报道。同时，配合展览以"保护珍稀野生动物"为主题策划组织了2022年全国高校青年保护大熊猫宣传活动，共有北京外国语大学、山东大学、四川大学、广州大学等3000所大中专院校689680名学生参加。

推出科普海报。邀请冬奥冠军杨扬、王濛、韩晓鹏制作保护虎、豹和雪豹的主题海报，制作7月29日"全球老虎日"主题海报，利用热点明星和时间节点，传播野生动物保护知识。

8月12日为"世界大象日"，举办了主题为"保护大象家园 坚持人象和谐"的公益宣传活动。

在10月23日第十个"国际雪豹日"之际，举办了第十届"国际雪豹日"公益宣传活动，推出雪豹公益宣传片《雪山之王》和科普图书《雪豹梅朵》。人民网、网易、腾讯、新浪微博、《中国环境报》、《北京晚报》等进行报道，累计浏

览量超185万人次。

联合央视网、《毛茸茸的星球》共同策划制作了科普动画视频《水陆空"大熊猫"集结》，分别在微博、微信公众号、微信视频号、B站等渠道发布，播放量、话题量累计超210万，取得了良好的社会反响。

本年度先后出版了《中国野生动物》《中国湿地》《国门上的43种珍稀动物档案》《湿地因你而美——湿地教育的中国案例》图书，从多个角度，宣传野生动物保护成效和知识，向社会提供优秀科普资源。

撰写《科学家论保护》系列科普文章，介绍中国的东北虎豹、丹顶鹤、绿尾虹雉等10种野生动物保护情况，宣传中国野生动物科普知识和成效。

举办系列科普展览。先后开展了"'百鹤迎春'摄影展""'人与自然'摄影展""乐观鹊来——王振书法作品展""'兽'护家园——濒危旗舰物种保护特展""喜迎二十大——野生动物摄影展""和谐共生、美丽中国——中国森林、湿地、海洋生态摄影展"，分享生态故事，普及野生动物知识，传播生态文明思想。

**会员服务** 10月，"会员线上发展程序"正式开通，建立了由各省（区、市）协会及各分支机构相关人员组成的会员发展审核体系，并将有关数据按中国科学技术协会要求上报。

7月11—13日，通过线上形式举办第七期志愿者骨干培训班，超400人次志愿者参加了线上培训。就如何在新形势下开展线上护飞活动，如何救助受伤鸟类，志愿者如何依法依规开展活动，如何用影像记录护飞活动等内容对志愿者进行了培训。

【《你好，中国野生动物》系列科普短片】 联合央视综合频道《动物世界》栏目组制作推出系列科普短片《你好，中国野生动物》。节目每周更新一集，每期讲述一个独特的科普知识点，共49集，通过几十种中国珍稀野生动物的野生环境实地拍摄精美画面，辅以红外摄像机捕捉到的独特行为影像，宣传中国野生动物科普知识、保护成果，讲述中国生态文明的故事。

该系列科普短片独家呈现中国

珍稀而多样的野生动物，每周五在央视频《动物世界》账号和协会微信公众号首播，并被学习强国、自然资源部、国家林业和草原局、《中国自然资源报》、武夷山国家公园、三江源国家公园、《安徽林业》、《四川环境》等80余家新媒体账号转发，仅央视频、学习强国、微博、微信公众号几个主要平台用户触达超14亿人次；该系列科普短片在200余家国家级、省级自然保护区、全国30余个省（市、区）的245家未成年生态道德教育示范学校作为科普教育内容，线下触达超1300万人次。

【中卡、中新大熊猫保护研究合作项目】 2月5日，开启中国与中东地区首例大熊猫保护研究合作，国家主席习近平会见来华出席北京2022年冬奥会开幕式的卡塔尔元首。习近平强调，中方支持卡塔尔举办2022年卡塔尔世界杯和2030年亚运会，愿同卡方启动中东地区首例大熊猫合作。为落实两国元首上述共识，在国家林草局等部门的统一指导下，协会与卡方密切合作，推动卡塔尔大熊猫场馆建设和大熊猫赴卡等进程。10月19日，中卡联合主办大熊猫抵卡欢迎仪式。11月17日，大熊猫馆正式对外开放，大熊猫"京京"和"四海"正式与公众见面。

9月2日，经国家林草局批准，协会与新加坡万态保育集团以视频方式签署为期五年的《大熊猫保护研究合作的延期协议》。

【志愿者"护飞行动"】 截至2022年年底，组织全国128支志愿者队伍累计开展活动4100余次，直接参加护飞行动的志愿者超过2.7万人次，救助野鸟1.08万余只，协助执法部门拆除鸟网、鸟笼等捕鸟器具9400余件，开展科普、普法讲座及展览450余场，通过线上、线下向执法部门提供举报线索850余条，发出宣传册、宣传单等各种形式的护飞资料12.8万余份。新华网、央广网、《人民日报》、海外网、央视新闻直播间、中新网、光明网、澎湃新闻等150余家媒体报道转发护飞行动消息600余条。

（中国野生动物保护协会
由李雅迪供稿）

# 中国林业教育学会

【综述】　中国林业教育学会（以下简称学会）截至2022年年底，共有理事172人，常务理事50人。中国林业教育学会紧密围绕林草教育开展各项工作，举办五届九次常务理事会、秘书长办公会；承担多项学术研究项目，拓展绿色学术大讲堂计划，开展"青春向党　强林有我"全国林草大学生科创成果联展活动，启动"我是播绿使者"自然教育讲堂活动等。

【组织工作】　3月，学会以通讯形式召开五届九次常务理事会，审议2021年度工作总结、部署2022年重点工作；多次召开秘书长办公会，审议推动学会有关重大事项，稳步推进换届筹备工作。

【学术研究】　新申报获批国家林草软科学项目1项、林草科普项目1项，完成国家林草局林草软科学课题"林业高等教育质量报告编撰研究""林业领域学科发展宏观研究及政策建议"的结题验收工作，有关研究成果被采纳应用；组织力量完成新农科研究与改革实践项目中期验收报告，总结凝练形成新林科建设课程与教学标准、学科专业与课程教改、新林科理论研究、高层次科教合作创新平台4类共计44项成果，中期验收获得优秀等级；学会拓展绿色学术大讲堂计划，开设教研创新、司局长与大学生面对面、优秀典型等新板块；打造林草教育学术在线活动品牌；开展2期（次）讲堂活动，邀请有关院士、长江学者分别就生态系统可持续管理、新形态教材建设主题开展线上线下相结合的讲座，农林高校师生累计5000余人次参与收看。

【科普活动】　开展"青春向党　强林有我"全国林草大学生科创成果联展活动。学会对接2022年全国林草科技活动周主题，联合北京林业大学、东北林业大学、南京林业大学、浙江农林大学等高校，遴选15项优秀林草大学生科技作品进行集中展示，后续组织第二批遴选的20项成果赴浙江农林大学等高校联展，有效引导林草学子传承弘扬林草科学家精神，激发矢志林草科技自立自强的活力，受到媒体与公众广泛关注；学会联合中国林学会、北京林业大学共同启动"我是播绿使者"自然教育讲堂活动，聚合涉林院校、科研院所和自然教育业界的专家学者，开发青少年自然教育科普讲座、科学展演、实践研学等优质资源，推进自然教育科普的创新探索。首场报告聚焦"森林之美"主题，通过同步直播方式覆盖北京市海淀区学院路学区、内蒙古科右前旗等地区近20所中小学的千余名小学生。活动被中国科协评为2022年全国科普日优秀活动。

【服务林草教育培训领域中心工作】　在国家林草局人事司教育培训处的组织下，起草制定国家林草局重点学科第二批验收和第三批推荐工作，牵头完成通知下发、材料初审、专家通讯推荐、专家会议推荐等工作，为林草院校强化特色优势学科建设、开辟服务林草事业高质量发展的学科新赛道提供了有力的平台支持；学会和相关分会全力支撑编制完成《"十四五"林业草原人才发展和教育培训规划》，学会秘书处充分发挥作用，为四部委制定《关于加快新农科建设推进高等农林教育创新发展的意见》提供专家咨询意见，完成教育培训处交办的林草高等教育发展动态、政策信息咨询等支撑服务工作；协同职教中心、中国林业出版社，组织录制宣传视频，筹备推进第二届"扎根基层工作，献身林草事业"林草学科优秀毕业生进校园宣讲活动，激励广大林草院校毕业生积极投身林草事业，扎根基层建功立业；学会秘书处、职业教育分会协同北京林业大学高质量完成教育部"职教国培"示范培训班，培训全国高职院校现代农业领域专业骨干教师50名，促进农林职业教师示范建设。

【出版刊物】　学会编辑出版《中国林业教育》正刊6期。

【分会特色工作】

　　**成人教育分会**　开展"新时代林草干部教育培训高质量发展实现路径调研"，形成调研报告，提出新时代林草干部教育培训高质量发展实现路径，为促进干部教育培训改革创新、服务林草工作高质量发展贡献智慧。

　　**职业教育分会**　组织举办"全国林草行业直播教学培训师网络专题培训班"，无偿为2000余名职业院校教师开展师资培训，提升教师直播教学能力，丰富林草行业网络课程；深入研究林草专业设置，申请增补中职草原保护与修复技术专业，推动专业设置紧密对接产业布局和行业发展需要，完善专业结构，组织有关专家研究提出林草职业教育本科专业学位授予建议，理顺学位归属，为林草职业教育本科的发展奠定基础。

　　**教育信息化研究分会**　组织会员单位深入研究林业特色网络课程建设，开展绿色学术大讲堂活动；结合林草教育信息化发展的新形势，进行相关专项课题申报工作；推动涉林涉草高校开展优质在线教育资源开放共享、教材共享。

　　**高等教育分会**　高等教育分会联合中国林学会森林培育分会、北京林业大学林学院共同举办林学前沿大讲堂活动。来自全国各地80多家单位的800余名代表围绕"林学学术与'四库'建设"主题，对新时代森林培育的热点和前沿问题展开深入学术交流，线上参与达4万余人次。

自然教育分会 参与中国自然教育发展中长期规划专题规划编制工作，编制地方标准《自然教育基地建设与评定规范》；联合湖南省自然保护地保护中心、中南林业科技大学旅游学院，通过组织一批以自然教育专家为主导，硕士研究生为主体的宣教团队，开展系列自然科普进校园主题活动，吸引了近千名学生参加，有力地传播了自然科学知识和自然教育理念。

（中国林业教育学会
由康娟、田阳供稿）

# 中国花卉协会

【综　述】 2022年，中国花卉协会（以下简称协会）围绕国家林业和草原局中心任务，攻坚克难，全力抓好协会工作，积极推动花卉业高质量发展，各项工作取得了显著成效。

【出台《关于推进花卉业高质量发展的指导意见》】 11月16日，《国家林业和草原局、农业农村部关于推进花卉业高质量发展的指导意见》（以下简称《指导意见》）正式发布，明确今后一个时期我国花卉业高质量发展的指导思想、基本原则、发展目标、主要任务和保障措施。这是我国针对花卉业发展出台的第一个指导意见。

【推进《全国花卉业发展规划（2021—2035年）》报批工作】 协会对《全国花卉业发展规划（2021—2035年）（送审稿）》中涉及的全国花卉生产用地情况进行了专题调研，结合《关于推进花卉业高质量发展的指导意见》主要内容，以及国家相关部门、各省（区、市）业务单位反馈的意见建议，修改完善了《全国花卉业发展规划（2021—2035年）》。

【完成2021年花卉数据统计】 受国家林草局生态司委托，协会完成了2021年全国花卉数据统计分析工作。同时，协会开始承担农业农村部委托花卉产业数据统计任务。

【出版《2022全国花卉产销形势分析报告》】 通过市场调查、信息征集、分析研究，形成《2022全国花卉产销形势分析报告》，为全国花卉产销形势分析提供了必要的信息支撑。

【编写《2021中国花卉产业发展报告》】 《2021中国花卉产业发展报告》总结了2021年全国花卉产业生产、科研、经营、消费等情况，深入分析制约我国花卉产业高质量发展的突出问题，提出了相应的对策措施。

【发布《2021年全国花卉进出口数据分析报告》】 根据海关总署提供的2021年花卉进出口相关数据，整理形成《2021年全国花卉进出口数字分析报告》，为科学指导我国花卉国际贸易与合作提供了参考依据。

【花卉种质资源保护利用】 花卉种质资源是花卉产业的核心竞争力。对现有国家花卉种质资源库进行调查研究，摸清种质资源保护情况和面临的主要问题。利用现代科技信息手段，完善国家花卉种质资源库信息管理平台，收集整理花卉种质资源库数据，推动种质资源库之间联动融合发展，探讨建立种质资源信息共享机制。举办了国家花卉种质资源库信息管理平台人员培训班，有力提升种质资源信息管理水平。

【花卉标准化工作】 梳理花卉领域现行国家标准、行业标准和在研标准项目，通过不断优化整合，完善花卉领域标准体系，与国家林草局生态司、科技司联合下发了《花卉领域标准体系和相关工作安排的通知》；组织专家对6项花卉国家标准进行复审，并将复审意见及时上报国家标准化管理委员会；组织申报花卉国家标准和林业行业标准制修订项目共18项；指导《主要切花产品采后处理技术规程》等6项国家标准编写工作；组织专家对8项标准开展技术审查，按程序上报科技司审核发布；制定并印发了《中国花卉协会团体标准制修订管理办法》，完成全国团体标准信息平台注册工作，下达了2022年首批团体标准制订项目10项；加大对标准起草单位负责人、花卉标准化技术委员会委员以及秘书处工作人员培训力度，不断提升花卉标准化专业水平；通过协会网站、微信公众号等平台，开展世界标准日主题宣传活动，及时报道并解读新发布的花卉标准信息，提高从业人员的标准化意识，扩大花卉标准化工作的影响力。

【完成2022荷兰阿尔梅勒世园会参展任务】 2022荷兰阿尔梅勒世界园艺博览会（A1类）（简称2022荷兰世园会）经国际园艺生产者协会（AIPH）批准，国际展览局（BIE）认可，由荷兰政府主办。2022荷兰世园会园区总面积60公顷，举办时间为4月14日至10月9日，主题是"发展绿色城市"，有近50个国家和地区的400余家单位参展，参观人数70多万人次。

应荷兰政府邀请，经国务院批准，由国家林草局代表中国参加2022

荷兰世园会，中国花卉协会负责组织实施参展工作。在外交部、财政部、国家林草局、中国国际贸易促进委员会和中国驻荷兰王国大使馆的重视支持下，精心组织，认真实施，出色完成参展任务。"中国竹园"荣获2022荷兰世园会组委会室外展园铜奖（总分第三名）和最佳体验奖。"中国竹园"作为最大的国家展园，累计参观人数超过47万人次，占总参观人数的70%左右，接待各国驻荷兰大使、展园政府代表等重要嘉宾500余人，新华社、央视新闻等国内外媒体多次宣传报道，观众点击量超过700多万人次，深受专家和游客好评。展期内还举办了中国国家馆日、内蒙古活动周、中国传统名花牡丹展、中国美丽乡村摄影展、中国特色竹制品展、中国书画展等15项活动，为中荷两国建交50周年献上了绿色厚礼。

**【筹备第十一届中国花卉博览会】**
第十一届中国花卉博览会将于2025年4月26日至6月6日在郑州市举办，本届花博会由国家林业和草原局、中国花卉协会、河南省人民政府主办。制订了花博会总体方案，提出了组织机构框架，启动了园区建设运营模式，完成了建设区域内的基础性建设工作。

**【2024成都世园会筹备工作】** 2024成都世园会由国家林业和草原局、中国花卉协会、四川省人民政府共同主办，将于2024年4月26日至10月28日举行。2022年7月5日，国际园艺生产者协会主席伯纳德·欧斯特罗姆致函中国花卉协会会长江泽慧，正式批准成都市举办2024世园会（B类），标志着2024成都世园会国际手续已经履行完成。中国花卉协会与国际园艺生产者协会、成都市人民政府签订了2024年成都世园会举办协议，明确了目标任务和职责分工。目前成都世园会筹备工作取得了阶段性成果，制订并完善了总体规划、展览展示、宣传招展等方案，主会场、四个分会场、园区周边基础设施建设等有序推进，基本完成了国内和国际招展任务。

**【第一届南方花卉苗木交易会】**
为积极落实国家林草局关于建设广西现代林业产业示范区的战略部署，10月29—31日，第一届南方花卉苗木交易会暨第三届广西花卉苗木交易会在桂林市举办。本次交易会由中国花卉协会、广西壮族自治区林业局、桂林市人民政府共同主办，以"欢庆二十大，南方花盛开"为主题。10多个南方省（区、市）参展，有盆栽、苗木、奇石、竹藤等10多项专业展示，开展了专业竞赛，举办了第一届南方花卉苗木产业论坛等活动。

**【分支机构开展多项专业活动】** 花文化分会参与承办第四届世界茉莉花大会暨中国（横州）茉莉花文化节，绿化观赏苗木分会参与主办"2022年中国中山苗木大会"，茶花分会举办了第十三届中国茶花博览会，荷花分会举办了第三十六届全国荷花展览，盆栽植物分会举办了第二十二届中国（青州）花卉博览交易会、盆景分会举办了2022全国精品盆景展。

**【《中国花文化》编撰】** 《中国花文化》是中国生态文化系列丛书之一。组织相关分支机构和专家召开研讨会，对文稿和插图进行修改完善，征集图片和资料，丰富文化内涵。

**【花卉信息宣传】** 协会开通官方微博，启动网站改版工作，全年发布协会和中国花卉园艺杂志微信公众号图文微博等共600多条。新华社多次发布通稿宣传花卉产业，客户端总阅读量超过500多万次。高质量出版图文并茂的《中国花卉园艺》杂志12期。组织开展2022年中

9月29日，荷兰世园会"中国国家馆日"活动

2022荷兰世园会"中国竹园"九洲百花展区

国花卉园艺短视频大赛。分支机构发挥专业优势，梅花蜡梅分会出刊《中华梅讯》1期、荷花分会出刊《莲讯》1期、兰花分会出刊《中国兰花》6期、绿化观赏苗木分会出刊《中国绿化观赏苗木》4期。

【弘扬花文化】 中国花卉协会牡丹芍药分会推荐了一批牡丹干花插花作品进驻2022北京冬奥会签约酒店和北京延庆博物馆，积极宣传牡丹文化。梅花蜡梅分会为2022北京冬奥会主要场馆及周边环境的梅花蜡梅景观设计施工提供技术指导，丰富了奥运场馆的文化氛围，并以梅花精神诠释冬奥会"更快、更高、更强——更团结"的冬奥精神。

【英国曼彻斯特"中国畔溪花园"建设项目】 国家林草局将该项目列入局重点外事工作计划，由中国花卉协会和国家林草局国际合作交流中心负责推动。克服新冠病毒疫情影响，中英工作组召开线上工作会议，有序推进项目开展，确定了中国园项目设计方案，完成桥水公园新湖命名、立石刻字、园内景点命名、规划建设方案报批等工作。

6月13日，中国花卉协会与英国皇家园艺学会、香港李启鸿博士、中国畔溪花园工作委员会通过视频方式，签订了中国畔溪花园框架合作备忘录，四方将在英国曼彻斯特桥水公园内合作共建以中国扬州古典园林为设计风格的中式花园，命名为"中国畔溪花园"，分两期建设，将于2024年建成并对外开放。

【参加AIPH春季会议和第74次年会】 以视频方式参加2022年国际园艺生产者协会（AIPH）春季会议和第74次年会的理事会议。协会分别就AIPH主席、副主席和部分理事换届、AIPH展览规则修订等重要议题进行了表态；组织成都市进行2024成都世园会筹备情况视频汇报；向春季会议提交了中国绿色城市项目简报，邀请京东鲜花在第二届世界花卉大会上分享全球新冠病毒疫情下中国花卉电商在国内外花卉贸易合作中发挥的作用。

【推荐国内企业参加国际种植者评选】 协会选拔推荐广东远东国兰股份有限公司、河南四季春园林艺术工程有限公司、湖北万千花境园艺有限公司、厦门爱垦园艺有限公司、浙江丰岛股份有限公司5家企业参加"2023国际种植者"评选。

【国际交流】 协会邀请国际园艺生产者协会（AIPH）秘书长签署《国际民间社会共同落实全球发展倡议联合宣言》，并通过视频方式共同参加了"国际民间社会共同落实全球发展倡议交流大会"；指导扬州市按AIPH要求完成了2021扬州世园会总结报告；宣传AIPH开展世界绿色城市评选活动工作。

7月，协会首次与埃塞俄比亚联邦民主共和国驻华大使馆举行视频会议。双方介绍了两国花卉产业发展和花卉行业协会有关情况，探讨两国合作事宜。

【会员管理和服务】 优化会员发展与服务系统，完成了会员注册登记审核工作。开展会员培训需求调查。开展会员单位短视频展播。组织会员参加直播教学培训，赠送《中国花卉园艺》杂志。加强资源共享、组织开展线上专业讲座和技术交流，拓展会员服务内容，会员服务和管理能力提升。2022年度新注册单位会员115家，个人会员214人。

【规范分支机构管理】 完成2022年度分支机构考核；推动分会换届工作；完成分支机构业务审批和监督工作；开展分支机构专项整治，完善分支机构制度建设。

（中国花卉协会由马虹供稿）
（图片由中国花卉协会提供）

# 中国林业产业联合会

【综 述】 2022年，中国林业产业联合会（简称中产联）按照中央和国家机关工委、民政部、国家林业和草原局的总体部署，坚持以习近平新时代中国特色社会主义思想为指导，始终围绕中国林草改革发展大局，稳妥处理与国家机关脱钩后转型运作，坚持遵循全心全意服务政府、服务企业、服务社会的宗旨，适应新型冠状病毒防控形势，高效统筹完成重点任务。

【政府支持和委托的有关工作】 中产联顺利完成了国家林业和草原局有关司局委托承担的相关课题共5项：防火司"南方典型林区生物防火林带耐火树种选育和空间布局优化技术"、发改司"人工林木炭生产行业管理"、信息中心"全国林草信息化示范区创建服务保障项目"、科技司"超级芦竹对维护国家能源安全价值研究"和"林草品牌建设"。在新型冠状病毒防控常态化的背景下，完成了国家林业和草原局支持、主办或承办的中国义乌森博会等多个国家级展会。开展了6批次18个种类森林生态标志产品的认定工作，起草并发布了《森林生态标志产品 食用林产品》《森林生态标志产品 食用林产品生产基地建设规范》两个团体标准。

【信息化工作】 启动了数字化中产联建设工作，对中产联官网进行升级改版，筹建了中产联会员库、资料库，开发了会议系统建设工作，梳理优化了中产联阿里云存储，优化提升中产联网络安全管理与技术防范措施等。启动中产联官网改版及奖励申报系统和会员管理系统的建设工作；开通了中国林业产业联合会微信公众平台服务号和订阅号，拓宽了服务和宣传渠道；加强了新媒体开展林业产业宣传的研究和培训，提升了《中国林业产业》杂志办刊质量。制订了第五届"中国林业产业突出贡献奖、创新奖"评选表彰活动实施方案并获得批准。

【中产联核心主导业务基本构建】与国家机关脱钩以后，中产联强化核心主导业务的基本构建，重点开展的咨询服务、会议展览展示、教育培训、国际交流与合作等主要核心业务工作进行得有声有色。一是先后与广东省南雄市、湖北省郧西县、湖北省神农架林区、辽宁省丹东市、安徽省宿松县、贵州省黔西南州等人民政府，金恪集团、天立泰集团、岳阳林纸、西安绿环等单位签订了咨询服务合作协议。主要以国家储备林工程建设为切入点，帮助地方发展林业特色支柱产业，培育林业产业高质量发展链主企业，中国化学、华润医药、金恪集团、优美盛地控股等一批生态建设的社会经营主体逐步形成。二是主办或参与主办第四届秦巴山区绿色农林产业投资贸易洽谈会、第17届海峡两岸三明林业博览会。三是在人力资源社会保障部支持下，启动了林业产业相关领域职业资格认证工作。与中林联智库、中林政研（北京）科技中心、北京中林依科生态工程技术有限公司等单位，共同开展自然教育、生态体验、林业碳汇领域专业管理人员职业培训。四是与俄罗斯驻华商务使馆处就俄方木材交易和经贸技术合作等项目进行了有针对性的对接和安排；与斯洛文尼亚的葡萄酒经贸洽谈及技术合作进行了信息对接与安排。

【内部建设】　为提高走向市场的服务能力，中产联进一步规范了内部管理制度，制订了《中国林业产业联合会职工薪酬管理办法》，修订了《中国林业产业联合会会费标准》等办法，印制了《中国林业

产业联合会管理制度文件汇编》，秘书处年度绩效考核逐步走向科学规范高效化。按照民政部的要求，加强了分支机构管理和监督，建立了优胜劣汰机制，激发分支机构活力，依据中产联规章和分支机构的管理办法，对分支机构进行了年度检查，并对不合格或基本合格分会下发整改建议书，督促其限期整改，对连续两年不合格且没有开展活动的苗木、森林食品、林业电子商务、金融、流通、森林矿泉水、诚信商务、竹木企业发展、龙脑产业9家分支机构，进行了注销。分支机构能力建设得到进一步加强，森林康养、木本油料、生态药材、油茶、生态保护与修复、薄壳山核桃等分支机构取得了新的成绩，扩大了中产联的影响力。为响应新形势下国家重大发展战略，成立了智能装备与信息化分会、植物能源分会、碳中和分会等14个新领域分支机构。

【林草行业品牌培育和建设工作】根据国家林草局科技司授权，结合林草行业的实际情况，有计划有步骤地开展林业品牌培育和建设工作。一是开展品牌培育和建设的调研工作，通过调研，明确了林草品牌建设工作的核心和落脚点是质量和创新。开展了标准制定、品牌发展报告编制、细分产业品牌论坛、展览展示等多种形式的活动，推动林草产业的品牌建设。二是成立品牌培育和建设相关性基础文件的编制小组，组织品牌培育和建设基础性文件的编制工作。出台了《林草产业品牌培育和建设实施方案》《林草产业特色区域建设基础要求》等文件。三是组织实施品牌培育和建设试点工作。以区域公用品牌和特色区域为抓手，启动了首批品牌建设试点单位申报工作。与江西神州通油茶科技有限公司合作启动"中国（庐山）油茶博览园"共建项目，贵州省赤水市政府启动了"中国竹都"特色区域试点工作。四是开展品牌培育和建设的标准立项和制定工作。组织参编单位和专家开展了"林草特色产业区域品牌认定和管理规范""林草品牌培育与建设指南"等系列标准的编制工作。五是开展了品牌培育和建设的

平台搭建工作。联合科研院所、高校、企业和产业链链主企业及品牌服务型企业，共同打造协同创新的服务型平台。

【科技成果评价和科技推广业务】为发挥跨产业、跨地区和专业科技人才荟萃的优势，中产联不断规范林业产业科学技术成果的评价活动，加速林业产业科技成果的推广应用。在科技司支持下，中产联针对林草产业应用技术中的新发明、新理论、新方法、新技术、新产品、新品种和新工艺等，组织有关专家制订了科技成果评价管理办法、申报流程等基础文件，开展了专家库整理收集等相关工作。从加强科技推广业务入手，在调研基础上协调淮安市政府、天津宁河区政府与国家林业草原林下药用蟾蜍生态养殖工程技术研究中心联手促进新型科研成果落地应用。同时服务会员企业，推荐"天然沉香诱导剂以及生产沉香的方法"成功入选国家林草局重点科技成果推广库。

【创新联盟相关工作】　推动林草行业创新联盟发展是中产联的重点工作。一是规范归口管理的18家创新联盟正常运行，1月21日召开了"中国林业产业联合会创新联盟工作会议"，会议采用线上线下相结合形式举办，20家联盟、200多人参加会议，加强了各联盟成员之间的交流合作。根据国家林草局科技司的要求和中产联制定的联盟管理办法，筹建了林草产业品牌培育建设国家创新联盟和共同富裕长三角林业国家创新联盟。二是积极争取科技类课题。2022年向科技司申报并确定了中产联自筹研发项目，与山桐子国家创新联盟、森林康养国家创新联盟、生态中医药健康产业国家创新联盟等签订了自筹研发项目任务书5项。配合支持联盟成员单位中国诚通生态有限公司开展松材线虫防控新产品试验。三是组织推荐林业和草原科技创新人才和团队。按照《国家林业和草原局科技司关于开展第四批林草科技创新人才和团队推荐选拔工作的通知》，中产联组织21家归口管理单位的联盟单位申报。截至4月15日，共有9家联盟单位的4名科技创新领军人

才和8个科技创新团队通过初选报送到国家林草局科技司。

【标准化工作】 共立项22个标准，通过审核向社会发布11个标准，分别为：《油茶林高质量培育技术规程》《植物——微生物互作土壤修复技术标准》《门墙柜一体化 基本要求》《珍珠花仿生栽培技术规程》《野生春兰繁育和生产技术规程》《林业产业科技进步贡献率测算规范》《全域森林康养建设规范》《森林康养步道建设规范》《特色（血糖调适）森林康养规范》《特色（血糖调适）森林康养基地建设指南》《文冠果油料林高质量培育技术规程》。

【中国林业产业联合会分支机构名录】 中产联成立15年来，陆续组建了各专业分会等分支机构，基本涵盖了本行业的主要专业门类，充分发挥全行业的企业家和科技专家、经营管理人员积极性，共同谋划推进林草产业的全面发展。

分支机构名录：

森林生态旅游分会；国际投资贸易分会；人力资源发展分会；木本油料分会；森林康养分会；森林休闲体验分会；杜仲产业发展分会；森林药材与饮品酒业分会；香榧分会；沙棘产业分会；品牌建设分会；生态旅居与露营分会；生态修复保护分会；名山文化与自然教育分会；薄壳山核桃产业分会；银杏产业分会；林下经济产业分会；林业产业园区分会；重大生态工程分会；自然与实践教育分会；生态价值转化分会；林浆纸分会；山桐子产业发展分会；整装分会；天麻产业分会；生态茶与咖啡分会；生态文化产业分会；绿色发展分会；三北工程生态产业分会。

【中国林业产业联合会归口管理的国家创新联盟名录】 元宝枫产业国家创新联盟；杜仲产业国家创新联盟；冻干果品产业国家创新联盟；森林康养国家创新联盟；沙棘产业国家创新联盟；林浆纸一体化国家创新联盟；银杏生物医药国家创新联盟；紫荆国家创新联盟；山桐子国家创新联盟；园林景观工程国家创新联盟；自然教育产业国家创新联盟；林草健康产业国家创新联盟；生态中医药健康产业国家创新联盟；木竹材料装饰应用国家创新联盟；江南乡村宜居环境保护与利用国家创新联盟；老年生态健康服务产业国家创新联盟；红木家具产业国家创新联盟；森林自驾游产业国家创新联盟。

（中国林业产业联合会
由白会学供稿）

# 中国林业工程建设协会

【综　述】 中国林业工程建设协会（以下简称协会）2022年的工作主要包括林业调查规划设计资质管理工作；林业调查规划设计资质单位管理人员和技术人员培训工作；专业委员会工作；提高行业工程建设质量，宣传行业优秀成果等。

【资质管理】 林业调查规划设计资质管理工作是协会行业管理的重要环节，是关系到持证单位事业发展的一件大事。2022年共有200个单位完成资质换证、62个单位完成资质升级、244个单位首次获得资质证书。

【管理人员和技术人员培训】 共举办10期线上（面授）培训班，培训学员3348人，其中，中高级技术人员培训班5期，培训学员1724人；高级管理人员培训班1期，培训学员92人；营造林工程监理培训班4期，培训学员1532人。同时，网络培训也取得了阶段性成果，共举办网络培训班4期，培训学员1810人。其中，中高级技术人员继续教育培训各1期，培训学员989人，营造林监理培训班2期，培训学员821人。学习平台累计生成1036个账号，分别来自108家资质单位，相较上年增长了311.5%，平台累计登陆3.6万人次，共计1.1万学时。

【发挥专业委员会的作用】 协会标准化专委会组织开展了首届"虞衡有约"系列活动，主题是"得其标准，以应无穷"。活动内容紧扣《中华人民共和国标准化法》和《国家标准化发展纲要》，通过新颖便捷的线上问答形式，强化标准化基本法理的学习，推动标准化知识的普及，带动各会员单位标准化工作的开展。来自全国26个省（区、市）林草系统的82家科研院所、大专院校和企事业单位，1051人次参加了活动。

【宣传行业优秀成果】 一是协会从2019年起就积极向中国施工企业协会反映在国家优质工程奖中增设"绿色生态工程"的诉求。经过3年多的努力，2022年由国家林草局西南调查规划院承担设计的蒙自市国家储备林建设项目获得了国家优质工程奖。这份荣誉不仅填补了林草行业在国家优质工程奖中的空白、为行业树立起国家优质工程的样板，而且首次将林草工程纳入中国勘察设计协会勘察设计奖的评奖范围，并明确提出中国林业工程建设协会具有行业推荐和奖项初评的职能。协会按照评优工作的新要求，提出了适合行业工程特点和建设水平的林草工程评选范围、评选条件、评选标准，并组织专家对34个项目进行了专业技术审查。最终协会推荐的29个工程项目中有13个项目获奖，其中一等奖3项，二等奖4项，三等奖6项。

（中国林业工程建设协会<br>由周奇供稿）

# 中国水土保持学会

**【综　述】**　2022年，中国水土保持学会（以下简称"学会"）坚持以习近平新时代中国特色社会主义思想为指导，认真落实中国科学技术协会和水利部2022年各项工作要求，以召开学会"第六次会员代表大会"和"第三届中国水土保持学术大会"系列活动为统领，着力发挥智库平台职能，服务国家发展战略；发挥行业平台职能，服务行业改革和发展；发挥学术平台职能，服务学科建设和学术交流；发挥科普平台职能，服务全民科学素养提升；团结带领广大水土保持科技工作者全力推动水土保持事业高质量发展。

**【学会建设】**

**召开学会第六次会员代表大会**　根据民政部和中国科协有关规定，12月17日，中国水土保持学会第六次会员代表大会以线上线下相结合的方式召开，来自全国的252名会员代表参会，完成了第六届理事会换届工作，水利部副部长田学斌当选为第六届理事会理事长，成立了第一届监事会，修订了《中国水土保持学会章程》。《人民日报》、《光明日报》、今日头条等多家主流媒体对大会进行了报道。

**加强对省级学会的业务指导**　以通讯会议方式，召开2022年全国水土保持学会秘书长会议，传达中国科协有关文件精神，交流部署新形势下学会相关工作，加强对省级水土保持学会的业务指导。

**深化内部管理制度建设**　围绕中国科协和学会改革重点工作，梳理已有制度，印发《中国水土保持学会分支机构考核评估办法》《生产建设项目水土保持方案编制及监测单位水平评价管理办法》《中国水土保持学会杰出贡献奖实施细则（试行）》《中国水土保持学会监事会工作办法（试行）》。

**【学术交流】**

2月23—25日，学会黄河专业委员会在西安举办黄河专业委员会学术交流会暨"院士专家黄河行"讲座，会议特邀3名院士和专家作主旨报告，参会代表100余名。

7月18—19日，学会学科建设与人才培养专业委员会在云南昆明举办"2022年全国水土保持与荒漠化防治一流学科/专业建设研讨会"，5名专家作大会特邀报告，9名专家学者进行重点发言，参会代表100余名。

8月7—9日，学会工程绿化专业委员会组织部分委员单位代表赴辽宁开展"工程绿化助力矿山生态修复学术交流活动"，4名专家学者进行了重点发言，参会代表20余名。

9月18—19日，由学会水土保持规划设计专业委员会和水利部水利水电规划设计总院主办，湖北省水土保持学会、湖北省水利水电规划勘测设计院承办的"中国水土保持学会水土保持规划设计专业委员会2022年年会暨学术研讨会"在湖北省武汉市召开。6名领导和专家作了大会报告，大会针对21篇会议论文进行了学术交流，参会代表100余人。

9月28日，学会城市水土保持生态建设专业委员会在水利云讲堂联合深圳市水务局、南方水土保持研究会、中国系统工程学会草业系统工程专业委员会主办"2022全国水土保持生态建设（水土生态）高峰论坛"。17名专家学者进行了报告交流，水土保持、生态环境建设相关领域的科技工作者约16000人次观看大会直播。

第三届中国水土保持学术大会

10月30日，学会科技产业工作委员会与台湾水土保持技术协会、台中市水土保持技师公会和高雄市水土保持技师公会，通过线上线下相结合的方式举行合作协议签订仪式。

12月18—19日，第三届中国水土保持学术大会以线上线下相结合的方式举办，会议主题为"绿水青山 美丽中国"。大会主会场特邀4名院士和9名知名专家作主旨报告，12000余名全国水土保持科技工作者在线实时观看大会直播；10个分会场分别由学会10个专业委员会组织，197名代表在分会场进行了专题交流。大会从征集到的近200篇论文中择优选取103篇汇编成《第三届中国水土保持学术大会论文集》。《人民日报》、《光明日报》、今日头条、《中国科学报》、《绿色中国》等多家主流媒体对本次学术大会进行了报道。

【学术期刊】 完成6期《中国水土保持科学》出版工作；《中国水土保持科学》首次被英国CAB农业文摘数据库收录；维护期刊网站（http://www.sswcc.com.cn）、网刊和微信公众号，实现每期微信公众号发文同步更新；参与中国科协2022年度科技期刊双语传播工程，推荐的20篇文章均被收录；完成中国科协、教育部弘扬科学家精神之梁希和易志坚的宣传工作。

【科普工作】

新建8家科普教育基地 依托现有的国家水土保持科技示范园，本年建立了8家"全国水土保持科普教育基地"，分别是旺苍木门水土保持科技示范园、纳溪太山水土保持科技示范园、东辽县杏木水土保持科技示范园、太白县翠矶山国家水土保持科技示范园、辛店沟水土保持科技示范园、滨州市邹平市鹤伴水土保持科技示范园、南京市江宁区汤山水土保持科技示范园、北京林业大学盐池荒漠生态系统定位研究站。

第六个全国科技工作者日 5月30日，学会在官方网站和微信公众号上以"大国科学家·'泥石流院士'崔鹏：40年逆行守护生命"为题，专题宣传学会副理事长崔鹏院士的科学家精神。

指导各地开展科普宣传 学会指导全国各地的水土保持科普教育基地和学会组建的科学传播专家团队开展了宣传日、宣传周、水土保持法律法规宣传、中小学生体验实践等活动，形式多样、内容丰富。

【黄河流域生态保护与修复决策咨询项目申报成功】 学会组建的以胡春宏、崔鹏两位院士领衔的"中国水土保持学会水土保持决策咨询专家团队"成功入选中国科协决策咨询专家团队。依托专家团队申报的"黄河流域生态保护与修复决策咨询"项目获得中国科协立项，并获得经费资助。

【完成《黄土高原植被恢复的土壤有机碳固持机制》成果评价工作】 高质量完成了西北农林科技大学委托项目"黄土高原植被恢复的土壤有机碳固持机制"等科技成果的评价工作。

【第一届全国大学生"山水林田湖草沙"生态保护与修复创新设计大赛】 6月18日，第一届全国大学生"山水林田湖草沙"生态保护与修复创新设计大赛决赛以线上方式举办。从全国47所参赛高校大学生的297份作品中优选出51份学生设计作品进入决赛，最终决出了研究生组金奖1项、银奖2项、铜奖3项，优秀奖9项；本科生组金奖1项、银奖2项、铜奖3项，优秀奖30项。11月12日，第一届"山水林田湖草沙"生态保护与修复创新创业大赛（社会组）决赛以线上方式举办。大赛共征集到参赛作品66份，其中创新类46份、创业类20份，经过初赛和复赛，选拔出26份作品进入决赛，最终决出创新组金奖1

项、银奖2项、铜奖4项，优秀奖13项；创业组金奖1项、银奖1项、铜奖1项，优秀奖3项。

【《生产建设项目水土保持方案编制单位和水土保持监测单位水平评价管理办法》发布】 4月，发布修订后的《生产建设项目水土保持方案编制单位和水土保持监测单位水平评价管理办法》。完成686家生产建设项目水土保持方案编制单位水平评价工作，537家生产建设项目水土保持监测单位水平评价工作，完成163家生产建设项目水土保持方案编制单位和监测单位水平评价证书变更工作。

【奖励与举荐人才】 学会评选出第十四届中国水土保持学会科学技术奖16项，其中一等奖3项、二等奖5项、三等奖8项；第十三届中国水土保持学会青年科技奖9名；第一届中国水土保持学会杰出贡献奖4名。开展第八届青年人才托举工程的申报答辩；向中国科协推荐第十八届中国女青年科学家和第十七届中国青年科技奖候选人、2022科技人才奖项评审专家25位、"科协十年优秀工作案例"2项、"第一届中国科技青年论坛"优秀论文15篇；积极组织青年人才参加中国科协开展的2022年"领航计划"青年科技领军人才国情研修活动。

【会员服务】 新发展个人会员1190人，新发展单位会员338家。截至2022年年底，学会个人会员增至13428人，单位会员增至1132家。

【继续教育培训】 本年共举办各类继续教育培训班4期，其中"生产建设项目水土保持方案编制技术人员培训"2期，"生产建设项目水土保持监测"1期，"水土保持规划设计"1期，培训水土保持从业人员3820人次。

（中国水土保持学会由宋如华供稿）

# 中国林场协会

【综　述】　中国林场协会（以下简称协会）坚持全心全意服务基层国有林场的工作方针，紧紧围绕国家林业和草原局关于国有林场工作的总体部署，努力当好国有林场改革发展的助推器，搭建服务广大国有林场的桥梁纽带。发展会员单位近百家。

【举办"喜迎二十大　奋进新征程"交流研讨会】　8月18—19日中国林场协会在云南省昆明市海口林场召开"喜迎二十大　奋进新征程"交流研讨会，总结"国有林场·生态脊梁"宣传成效，弘扬塞罕坝精神，展示国有林场改革成就、成功经验和先进典型，进一步推进文化林场建设。会上，浙江、重庆、江西、广西、四川、安徽6个省（区、市）林业主管部门就推进现代化林场建设、实现国有林场高质量发展进行了交流。山东省原山林场、广西壮族自治区高峰林场、北京市共青林场管理处、云南省昆明市海口林场等7个单位就弘扬塞罕坝精神、林场二次创业、加大森林经营、做大做强林业产业、加强职工队伍建设等作发言。

【中国林场协会"十佳林场"认定】　"十佳林场"的认定是协会坚持开展了12年的品牌活动，在广大会员林场中起到了"树典型、鼓干劲"的作用，得到了国有林场系统的充分肯定。9月，协会在北京市召开2022年度中国林场协会"十佳林场"专家认定会，会议邀请了行业内的专家对申报2022"十佳林场"的申报单位进行认定，各专家经过审核申报材料，最终由24个省（区、市）国有林场主管部门把关申报的北京市密云区雾灵山林场等44家会员林场通过认定，形成2022中国国林场协会"十佳林场"认定

名单，由理事会以通讯的形式审议通过。

【"博白杯"征文和摄影作品展】　经国家林业和草原局国有林场和种苗管理司同意，中国林场协会、广西国有博白林场与中国林场协会林场文化专业委员会（淄博市原山林场）在全国林场干部职工中联合开展主题为"我的林场我的家"的全国林场文化活动——第一届"博白杯"征文和摄影作品展活动。截至2022年年底接收到各类作品780余份，涉及个人及单位上百家。因报名咨询踊跃，反响热烈，协会已将活动延期至2023年3月底。

【合作推荐碳汇培训】　协会积极联系中国国家人才测评网委托培训机构举办《碳资产管理师》（网络）培训活动，对接专业师资，协助拍摄讲座视频，参与培训教材审定工作，并向全国会员单位发送了5000份介绍函和推荐函，已有参加学习的学员完成学习考试，取得证书。

【林场改革调研】　以国有林场改革发展、森林经营、森林康养等情况为主题，协会于7—10月到青海省、贵州省、云南省、福建省、湖北省和安徽省国有林场进行实地调研，走访近30家国有林场，涵盖了有代表性的国有林场在林场改革后的发展现状，森林经营、产业发展等情况，深入了解其绿色发展和现代化林场建设情况，对一些地区国有林场改革以及十佳林场的经验和做法进行了总结。

【林场宣传服务】　一是继续开展"国有林场·生态脊梁"大型绿色传播活动，协会与中国绿色时报社合作，开设专版对全国范围内的国有林场进行免费宣传。《中国绿

色时报》上登载了湖北省太子山林管局、青海省互助县北山林场、吉林省长春市九台区国有林总场、重庆市仙女山林场等16家具有代表性的国有林场。二是对获得2022中国林场协会"十佳林场"称号的国有林场进行重点宣传，在协会网站进行了集中宣传报道，进一步扩大十佳林场的社会影响。三是注重提高林场信息质量，调整内部资料页面结构布局、优化栏目、选编撰写文章内容。通过电话、微信、邮件等形式向各渠道征文，优化稿费标准及制度，协调渠道向全国邮寄内部资料。截至12月底，协会共编印发行《林场信息》9期（总285期）近9000册，发送至国家林业和草原局领导、省级林场主管部门和基层会员单位；四是扎实做好中国林场协会网站重建及更新维护工作，不断修改优化网站视觉效果及功能，购买、调试服务器功能，搭建网站构架。通过发文及各种通信渠道征集会员图文资料，编辑上传图文、视频丰富网站。及时更新行业资讯、林场动态，对当前林业发展动向、国有林场改革、疫情防控、会员动态信息等进行宣传，第一时间同步发布国家林草局重要信息，增强会员单位之间的互动交流。

【场级干部异地挂职锻炼】　共安排挂职锻炼干部45人，其中派出单位中人数最多的是山西省，共9人。江苏省虞山林场、浙江省乐清市雁荡山林场、安徽省滁州市皇甫山国有林场、四川洪雅县国有林场、山东省淄博市原山林场和福建省漳平市五一国有林场各接收了3人。12月，所派出的干部全部完成场级干部异地挂职锻炼任务，该项工作圆满完成。

（中国林场协会由郭远供稿）

# 27

# 林草大事记
# 与重要会议

## 2022 年中国林草大事记

### 1月

1月7日　国家林业和草原局召开党史学习教育总结会议。党史学习教育中央第二十二指导组有关人员出席会议。

1月17日　国家林业和草原局、广西壮族自治区人民政府联合印发《广西现代林业产业示范区实施方案》。

1月19日　国家林业和草原局召开全国林草系统森林草原防火和安全生产工作电视电话会议。

1月20日　全国林业和草原工作视频会议召开。

1月25日　国家林业和草原局印发《全国沙产业发展指南》。

1月28日　国家林业和草原局印发《林草产业发展规划（2021—2025年）》。

### 2月

2月2日　国家林业和草原局发布《中国国际重要湿地生态状况》白皮书。监测显示，中国内地56处国际重要湿地生态状况总体保持稳定，与2015—2018年上一监测期相比，国际重要湿地内湿地面积增加了2479.29公顷。

2月10日　国家林业和草原局发布第二次全国重点保护野生植物资源调查成果。

2月14日　国家林业和草原局召开全国林草有害生物防治工作视频会议。

2月15日　国家林业和草原局会同农业农村部、交通运输部、国家市场监督管理总局等11个部门在全国范围内联合开展为期3个月的"2022清风行动"，全链条、多渠道打击破坏野生植物违法犯罪活动，强化野生动植物资源监管保护。

2月17日　国家林业和草原局、江西省人民政府共同印发《江西现代林业产业示范省实施方案》。

2月22日　全国第四届关注森林活动组委会第四次会议在北京召开。

2月23日　2022年滇黔川渝藏森林草原防火联席会议在云南昆明召开。西南5省（区、市）林草主管部门共同签署了森林草原防火联防联控合作协议。

2月24日　国家林业和草原局印发《林草中药材产业发展指南》。

2月28日　《国家林业和草原局关于科学开展2022年国土绿化工作的通知》印发。

2月28日　国家林业和草原局印发《林长制督查考核办法（试行）》，明确林长制督查考核的主要内容及考核方式。

### 3月

3月17日　全国森林草原防灭火工作电视电话会议在北京召开。中共中央政治局常委、国务院总理李克强对森林草原防灭火工作作出重要批示。国务委员、国家森林草原防灭火指挥部总指挥王勇出席会议并讲话。

3月11日　国家林业和草原局发布公告，根据《植物检疫条例》和《全国检疫性林业有害生物疫区管理办法》有关规定，撤销松材线虫病疫区11个。

3月30日　党和国家领导人习近平、李克强、栗战书、汪洋、王沪宁、赵乐际、韩正、王岐山等来到北京市大兴区黄村镇参加首都义务植树活动。

### 4月

4月6日　最高人民法院、最高人民检察院联合发布《关于办理破坏野生动物资源刑事案件适用法律若干问题的解释》，全链条惩治破坏野生动物资源犯罪。该司法解释自2022年4月9日起施行。

4月7日　国家林业和草原局批复成立塞罕坝生态文明研究院。

4月12日　全国绿化委员会全体会议在北京召开。中共中央政治局常委、国务院副总理、全国绿化

委员会主任韩正出席会议并讲话。

4月18日　国家植物园在北京正式揭牌，标志着国家植物园体系建设进入新阶段。国家植物园由国家林业和草原局、住房和城乡建设部、中国科学院、北京市人民政府合作共建，在中国科学院植物研究所和北京市植物园基础上扩容增效整合而成，规划总面积近600公顷。

4月25日　国家林业和草原局召开2021年全国林草生态综合监测评价工作总结会议。

4月25日　国家和林业草原局召开全国林草系统安全生产暨森林草原防火工作电视电话会议。

4月28日　中华全国总工会召开大会表彰2022年全国五一劳动奖和全国工人先锋号称号获得者。林草系统有2个单位荣获全国五一劳动奖状，6名个人荣获全国五一劳动奖章，8个集体荣获全国工人先锋号称号。

### 5月

5月10日　国家林业和草原局、自然资源部、农业农村部印发《关于加强农田防护林建设管理工作的通知》，科学规范推进农田防护林建设。

5月18日　国家林业和草原局办公室印发《关于全面推进三北工程科学绿化的实施意见》，提出因地制宜、分类施策、严格保护、科学修复，统筹推进山水林田湖草沙冰系统治理，扎实推动三北工程高质量发展。

5月18日　国家林业和草原局、农业农村部等9个部门联合下发通知，部署加强美国白蛾防控工作。

5月30日　国务院批复同意在广东省广州市设立华南国家植物园，由国家林业和草原局、住房城乡建设部、中国科学院、广东省和广州市人民政府合作共建。

5月31日至6月1日　国家林业和草原局分别会同海南、吉林、黑

龙江、四川、陕西、甘肃6个省份召开局省联席会议，深入学习贯彻习近平总书记在海南热带雨林国家公园考察期间的重要讲话精神，部署推进海南热带雨林、东北虎豹和大熊猫国家公园建设重点工作。

## 6月

6月1日　《中华人民共和国湿地保护法》正式实施。

6月1日　国家林业和草原局（国家公园管理局）印发《国家公园管理暂行办法》。

6月2日　国家林业和草原局会同青海省、西藏自治区政府召开局省（区）联席会议，深入学习贯彻习近平总书记关于国家公园的一系列重要讲话精神，梳理总结三江源国家公园设立以来的工作进展情况，部署推进三江源国家公园建设的重点工作。

6月9日　国家林业和草原局会同福建省、江西省政府召开局省联席会议，深入学习贯彻习近平总书记在武夷山国家公园、海南热带雨林国家公园考察期间的重要讲话精神，梳理总结武夷山国家公园设立以来的工作进展情况，部署推进武夷山国家公园建设的重点工作。

6月10日　国家林业和草原局办公室印发《全国林业工作站"十四五"建设实施方案》。

6月15日　由国家林业和草原局规划院组织编制的《国家重点保护野生植物迁地保护情况调查报告》通过专家评审，中国首次完成针对国家重点保护野生植物迁地保护情况的调查。

6月17日　主题为"携手防治荒漠化　共建命运共同体"的第28个世界防治荒漠化与干旱日国家主场活动在北京线上线下举行。

6月24日　习近平总书记在金砖国家领导人第十四次会晤期间主持召开全球发展高层对话会，会议发布包括"以竹代塑"倡议、建立全球森林可持续管理网络在内的32项对话会成果清单。

## 7月

7月1日　首届全国林草碳汇高峰论坛在福建省三明市举办，主题为"发挥林草碳汇优势，助力实现双碳目标"。

7月11日　华南国家植物园在广州正式揭牌。

7月26日　国家林业和草原局党组与中央纪委国家监委驻自然资源部纪检监察组召开以案促改专题会商会议，深入学习贯彻习近平总书记在中央政治局第四十次集体学习时的重要讲话精神，认真贯彻落实中央纪委国家监委领导批示要求，专题研究周岩案件以案促改工作。

## 8月

8月4日　中国首颗陆地生态系统碳监测卫星"句芒"成功发射。

8月10日　国家林业和草原局召开"草种优良品种选育""油茶采收机械研发"揭榜挂帅项目启动会。

8月18日　内蒙古大兴安岭林区开发建设70周年庆祝大会在内蒙古牙克石举行。

8月21日　全国科技活动周轮值主场活动暨2022年全国林业和草原科技活动周在北京启动。

8月23日　国家林业和草原局召开弘扬塞罕坝精神座谈会，重温习近平总书记重要指示批示精神，大力弘扬塞罕坝精神，推动塞罕坝机械林场二次创业和中国林草工作高质量发展。

8月23—25日　中国林业和草原代表团赴泰国清迈出席第五届亚太经合组织（APEC）林业部长级会议。

8月26日　打击野生动植物非法贸易部际联席会议第四次全体会议在北京召开。

## 9月

9月　国家林业和草原局首次发布统一标准、统一底图、统一时点的2021年度林草生态综合监测评价成果。

9月4—6日　2022中国自然教育大会在北京召开，大会发布《北京宣言》，倡导更多人特别是青少年走进自然，接受教育，创造更文明、更和谐、更美好的新生活。

9月9日　国务院办公厅转发财政部、国家林业和草原局（国家公园管理局）《关于推进国家公园建设若干财政政策的意见》，推动建立以国家公园为主体的自然保护地体系财政保障制度。

9月9日　全国绿化委员会印发《全国国土绿化规划纲要（2022—2030年）》。按照规划纲要，"十四五"期间中国将完成造林种草等国土绿化0.33亿公顷（5亿亩）。

9月9日　全国绿化委员会公布第二次全国古树名木资源普查结果。普查结果显示，全国普查范围内的古树名木共计508.19万株，包括散生122.13万株和群状386.06万株，数量较多的树种有樟树、柏树、银杏、松树、国槐等，群状古树分布在18585处古树群中。

9月13日　公安部、住房和城乡建设部、国家林业和草原局联合开展打击破坏古树名木违法犯罪活动专项整治行动。

9月17日　国务院批复同意《国家公园空间布局方案》。

9月19日　中共中央宣传部举行新时代自然资源事业的发展与成就新闻发布会。国家林业和草原局有关负责人向社会和媒体介绍党的十八大以来林草事业取得的历史性成就、发生的历史性变革。十年来，美丽中国绿色本底不断夯实，为全球贡献了四分之一的新增森林面积；累计完成造林0.64亿公顷，种草改良0.11亿公顷，新增和修复湿地80多万公顷，中国森林覆盖率达到24.02%，草原综合植被盖度达到50.32%，林草总碳储量达到114.43亿吨。

9月25日　以"保护古树名木共享绿水青山"为主题的2022年全国古树名木保护科普宣传周启动仪式在北京国家植物园举行。

9月27日　《湿地公约》第十四届缔约方大会系列宣传活动之"驻华外交官看湿地"活动在北京野鸭湖国家湿地公园举行。

9月30日　国家林业和草原局印发《全国油茶主推品种和推荐品种目录》，确定全国主推油茶品种16个。

## 10月

10月3—7日　中国国家林业和草原局代表团在意大利罗马出席联合国粮农组织林业委员会第26次会议，并推介中国生态文明建设和林业、草原、国家公园融合发展的思路、理念和做法。

10月25日　国家林业和草原局、农业农村部、自然资源部、国家乡村振兴局联合印发《"十四五"乡村绿化美化行动方案》。

10月26日　国际地质科学联合会在西班牙公布全球首批100个地质遗产地名录，浙江长兴"金钉子"地质剖面等7个中国地质遗产地成功入选，中国是入选地质遗产地名录最多的国家之一。

## 11月

11月5—13日　《湿地公约》第十四届缔约方大会举办。大会在中国武汉设线上线下主会场，在瑞士日内瓦设线上线下分会场。国家主席习近平以视频方式出席大会开幕式并发表题为《珍爱湿地　守护未来　推进湿地保护全球行动》的致辞。全国人大常委会副委员长沈跃跃出席开幕式并致辞。大会通过《武汉宣言》、《2025—2030年全球湿地保护战略框架》、设立深圳国际红树林中心等多项重要成果。大会期间还举办中国履行《湿地公约》30周年成就展。

11月7日　国际竹藤组织成立二十五周年志庆暨第二届世界竹藤大会在北京举行，国家主席习近平向大会致贺信，全国人大常委会副委员长曹建明出席开幕式并致辞。中国政府与国际竹藤组织在会上共同发起"以竹代塑"倡议。

11月14日　《濒危野生动植物种国际贸易公约》第19届缔约方大会在巴拿马开幕。中国当选CITES常务委员会候补委员国和植物委员会代表。

11月15日　林草碳汇研究院在中国林科院揭牌成立。

11月16日　国家林业和草原局、农业农村部联合发布《关于推进花卉业高质量发展的指导意见》。

11月19日　2022中国·合肥苗木花卉交易大会在安徽肥西开幕。大会期间，全国首个国家级苗木花卉交易信息平台"全国（合肥）苗木花卉交易信息中心"揭牌，并发布新华·中国（合肥）苗木价格指数。

## 12月

12月5日　国家林业和草原局、自然资源部、生态环境部、水利部、农业农村部联合发布《互花米草防治专项行动计划（2022—2025年）》。

12月7日　国家林业和草原局发布《国家储备林可持续经营指南》。

12月15日　经国务院同意，国家林业和草原局、国家发展改革委、财政部、自然资源部、生态环境部、水利部、农业农村部7个部门联合印发《全国防沙治沙规划（2021—2030年）》。

12月20日　国家林业和草原局、农业农村部、自然资源部、生态环境部、住房和城乡建设部、海关总署共同发布《重点管理外来入侵物种名录》，名录包括动植物、昆虫、微生物等59种外来入侵物种，自2023年1月1日起施行。

12月30日　国家林业和草原局发布第六次全国荒漠化沙化土地调查结果和第四次石漠化调查结果。

# 2022 年林草重要会议

【2022全国林业和草原工作视频会议】　2022年1月20日，全国林业和草原工作视频会议召开，总结2021年工作，部署2022年重点工作。会议强调，要认真践行习近平生态文明思想，牢固"树立绿水青山就是金山银山"理念，统筹推进山水林田湖草沙一体化保护和系统治理，坚持稳字当头、稳中求进，以巩固成果持续用力、提质量上水平为统领，持续推行"1+N"工作机制，着力创建"讲政治、守纪律、负责任、有效率"模范机关，埋头苦干、扎实工作，加快推进林草工作高质量发展，以优异成绩迎接党的二十大胜利召开。

会议指出，2021年全国林草工作实现"十四五"良好开局。科学绿化迈出重要步伐，首次实行年

度造林任务"直达到县、落地上图"精细化管理，全年完成造林360万公顷，种草改良草原306.67万公顷，治理沙化石漠化土地144万公顷。第一批5个国家公园正式设立，圆满完成云南亚洲象北移南归处置工作，调整发布国家重点保护野生动物名录和野生植物名录，持续加强珍稀濒危野生动植物拯救保护，在14个省份开展防控野猪危害综合试点。国务院批准在北京设立国家植物园。林长制全面推开，各省（区、市）已基本建立林长制组织体系和制度体系。《湿地保护法》正式出台，填补了湿地保护法律空白。首次开展林草生态综合监测评价，建成林草资源管理统一底图。森林草原火灾受害面积分别比上年下降50%、62%，松材线虫病

疫情扩散趋势有所放缓。党史学习教育取得明显成效，全面从严治党力度持续加大。

会议强调，要认真贯彻落实习近平总书记重要讲话指示批示精神，提高政治站位，牢记"国之大者"，主要在开展科学绿化、国家公园建设、加强野生动植物保护、强化林草资源保护管理、防火防虫守底线、推进重点领域改革、实现生态美百姓富、加强科技支撑等方面，聚焦重点、合力攻坚，持续用力、久久为功，加快推进林草工作高质量发展。

会议强调，2022年要持续推进科学绿化，合理规划绿化空间，科学安排年度任务，加强森林经营和退化草原修复。高质量建设第一批国家公园，稳步推进黄河口、

秦岭、亚洲象等国家公园创建工作，完善自然保护地领域法律制度体系。加大重点物种野外种群拯救保护力度，全面禁止野生动植物非法交易，妥善处置人兽冲突。推进国家植物园体系建设，全面启动外来入侵物种普查。组织开展林长制督查考核，持续开展林草生态综合监测评价。认真贯彻实施《湿地保护法》，修订《草原法》《森林法实施条例》。完善深化集体林权改革政策措施，抓好国有林场绩效考核激励机制试点。加强森林草原防火和有害生物灾害防控。积极支持油茶、竹子、花卉等绿色富民产业发展，推进巩固生态脱贫成果同乡村振兴有效衔接。强化林草科技支撑，加快推进生态网络感知系统建设和应用。

会议要求，做好2022年林草工作要提高政治站位，巩固拓展党史学习教育成果。坚持系统观念，加强部门协作，推动林业草原国家公园"三位一体"融合发展。强化底线思维，坚持稳字当头、稳中求进，增强政治敏锐性和政治鉴别力。加强新知识、新技术和专业知识学习，不断提升适应新情况、解决新问题的本领能力。坚持换位思考、主动服务基层，持续开展"建言献策"活动，提出新一批"我为群众办实事"清单，组织开展推进林草工作高质量发展大调研。扎实推进全面从严治党，坚持公平公正公开选人用人。　　（迟　诚）

【全国林草有害生物防治视频会议】

2月14日，国家林业和草原局召开全国林草有害生物防治工作视频会议。会议要求，持续推进松材线虫病疫情防控攻坚行动，统筹抓好美国白蛾、草原鼠虫害等有害生物防治，严防发生重大灾情，全力推进林草有害生物防治工作提质量、上水平，助力林草工作高质量发展。

会议指出，2021年，林草有害生物防治制度建设全面加强、防控机制不断完善、防控管理全面强化、支撑保障能力有效提升。松材线虫病发生面积和病死树数量比2020年减少9.27万公顷、539万株，同比下降5.12%和27.69%，2021年全国县级疫情发生区新增数量较上年同期和近5年平均值下降60%

以上，公告撤销1个省级疫区（天津）和7个县级疫区，16个县级疫区达到拔除标准，32个县级疫区实现当年无疫情。美国白蛾应急处置成效明显。全国林业有害生物防治面积0.1亿公顷，常发性有害生物得到持续控制，未形成大的灾害。全国草原有害生物防治面积0.14亿公顷，同比增加47.28%，经测算，挽回鲜草直接经济损失18亿元。

会议强调，当前林草有害生物发生形势依然严峻，松材线虫病疫情北扩西进趋势明显、美国白蛾越冬基数大、草原鼠虫害年均发生面积超过10亿亩且仅有20%左右得到防治、新发突发林草生物灾害事件频发，防治工作存在监测普查力量不足、检疫阻截能力不足、防治救灾能力不足等问题。2022年，要着力推动林草有害生物防治工作提质量、上水平。松材线虫病疫情防控要扎实开展常态化网格化日常监测，狠抓防控监管，抓好疫情除治，推进松林改培试点。林业有害生物防治要坚持政府主导，推进"一种一策"精准治理，加强重点种类防控，强化预报预警，提升应急防控能力。草原鼠虫害防治要抓好行业管理和应急处置，扎实推进普查，持续加强制度建设，推进体系建设。在科技创新方面，要强化科研项目攻关，提升战略科技力量，深化成果推广应用。在宣传培训方面，要组织开展专题宣传活动，发挥专家学者作用，加强专业技术培训。

会议要求，做好林草有害生物防治工作要推进工作创新。支持地方探索植物检疫执法机制创新试点，探索社会化防治监督评价及负面清单机制，探索建立监督举报奖励机制，发挥好乡镇林业站和生态护林员作用。要强化底线思维，坚持预防第一、强化网格化管理，盯紧攻坚目标，抓牢安全生产。要深化协调联动，用好外来入侵物种部际协调机制和省级重大有害生物防治指挥协调机制，发挥好林长制督查作用，深化区域间林草有害生物联防联控，推进建立省际间、市县间甚至乡镇间联防联控，建立交叉互检、统防统治等工作机制，发挥各级重大有害生物防治领导小组作用，建立健全工作专班制度，扎实开展包片蹲点。要严格资金管理，

用好防治资金，研究建立以奖代补投入机制，提升基建项目针对性。
　　　　　　　　　　（刘倩玮）

【全国林草种苗和森林公园处（站、局）长会议】　2月22日，国家林草局林场种苗司召开全国省级林草种苗、国有林场、森林公园和生态旅游相关处（站、局）长工作视频会议。

会议提出，要充分认识林草种苗、国有林场、森林公园和生态旅游面临的新形势新要求，主动融入林草高质量发展大局。要聚焦重点，为大规模国土绿化和生态保护修复提供品种对路、质量优良、数量充足的林草种苗。要大胆探索，全力推进国有林场深化改革绿色发展，逐步构建起国有林场高质量发展的政策和机制。要转变观念，以负责审慎的态度抓好森林公园整合优化，以引导监管为重点促进生态旅游健康有序发展。

黑龙江、安徽、山东、广西、重庆、甘肃、浙江、安徽、福建、湖南、江西、四川等省（区、市）作典型发言。　　（宋知远）

【加强春季候鸟保护工作电视电话会】　3月17日，国家林业和草原局召开电视电话会议，部署加强春季候鸟等野生动物保护工作。要求各级林草主管部门动员发挥各方力量，坚决防范和打击非法猎捕、交易和经营利用候鸟等野生动物活动，确保春季候鸟迁徙安全。

各级林草主管部门要根据春季候鸟迁飞特点和规律，结合当地实际情况，科学制定保护方案，周密部署保护工作，认真督导落实落地。要全面核查在养陆生野生动物的种类、数量、来源以及相关证件，依法打击非法利用活动。建立科研与管理信息交流与协作互动机制，为野生动物保护与执法提供技术服务与科技支撑。探索建立野生动物义务监督员制度，设立有奖举报平台，打击和遏制非法活动。要充分利用打击野生动植物非法贸易联席会议制度，加强对出售、购买、利用、运输、寄递、进出口特别是线上交易、线下寄递陆生野生动物及其制品活动的监督检查。发挥林长制和生态护林员作用，组织各级林长特别是乡镇级和村级

林长，在本行政区域内开展清网清套清夹和清除毒饵活动；组织生态护林员做好野生动物栖息地巡护值守工作。加强与发（供）电部门联系，协调有关电力、供电企业在局部线路或风力发电机加装鸟类防撞或者警示装置。要积极动员社会力量，组织野生动物保护志愿者团队开展候鸟护飞行动，强化候鸟保护宣传教育，开展爱鸟护鸟典型事迹评选。各省级林草主管部门以及国家林草局各派出机构要加强督查督导，实施问效追责。　（刘倩玮）

【全国春季森林草原防火工作电视电话会议】　3月18日，国家林草局召开全国春季森林草原防火工作电视电话会议，深入贯彻习近平总书记关于森林草原防火工作的系列重要指示批示精神，传达学习李克强总理重要批示和国家森林草原防灭火指挥部全国森林草原防灭火工作电视电话会议精神，分析研判当前面临的火险形势，进一步安排部署春季森林草原防火工作。

会议指出，今年以来，全国大部地区气温较常年同期偏高，春防期与春耕生产叠加，林区施工作业和民俗祭祀活动频繁，野外火源点多面广，管控难度加大。近期发生的多起森林火情火灾反映出，一些地方森林草原防火工作还存在"人民至上、生命至上"理念贯彻不到位、属地责任压得不实、专业队伍建设滞后、装备和基础设施薄弱、野外用火管控不到位等问题。

会议要求，要对当前存在的问题高度重视、对照检视，举一反三，尽快消除隐患，补齐短板，提升森林草原防火综合管控能力。提高政治站位，坚决贯彻落实"人民至上、生命至上"理念，做到工作分工不分家。压实各方责任，充分发挥林长制平台作用，实现森林草原防火工作党委领导、党政同责、属地负责、部门协同、全域覆盖、源头治理的长效责任体系；压实森林草原防火地方政府行政首长负责制，把人员编制、防火规划编制、经费预算、专业队伍保障落实到位；层层压实林草部门行业管理责任和经营单位主体责任，建立网格化管理和问责制度，确保事有人管、火有人防、责有人担；继续建立完善华南、长三角等重点省区间联防机制，推动形成"目标同向、措施一体、优势互补、互利共赢"的良好局面。

会议强调，各级林草部门要加大隐患排查和督查力度，继续推深做实包片蹲点精准化指导，开展森林草原防火"清风行动"，探索建立工作评价指标体系，深化防火码和"互联网+督查"应用。要全力做好火情早期处理工作，切实加强值班、监测预警、携装巡护，发现火情实行"双报制"，第一时间向当地森防指和上级林草部门及时报告，并迅速进行处理，做到"打早、打小、打了"。要推进基础能力建设，坚持规划先行，突出重点，加强专业队伍建设，推动先进技术、装备在防火中的应用，完成风险普查后续工作。要把宣传教育作为森林草原防火工作的第一道工序，通过各类媒体媒介广泛推送，进一步提升群众遵章守法的意识和安全避火的能力。　（刘斯文）

# 附　录

## 国家林业和草原局各司（局）和直属单位等全称简称对照

1. 办公室（办公室）
2. 生态保护修复司（生态司）
3. 森林资源管理司（资源司）
4. 草原管理司（草原司）
5. 湿地管理司（湿地司）
6. 荒漠化防治司（荒漠司）
7. 野生动植物保护司（动植物司）
8. 自然保护地管理司（保护地司）
9. 林业和草原改革发展司（发改司）
10. 国有林场和种苗管理司（林场种苗司）
11. 森林草原防火司（防火司）
12. 规划财务司（规财司）
13. 科学技术司（科技司）
14. 国际合作司（国际司）
15. 人事司（人事司）
16. 机关党委（机关党委）
17. 离退休干部局（老干部局）
18. 驻内蒙古自治区森林资源监督专员办事处（内蒙古专员办）
19. 驻长春森林资源监督专员办事处（长春专员办）
20. 驻黑龙江省森林资源监督专员办事处（黑龙江专员办）
21. 驻大兴安岭林业集团公司森林资源监督专员办事处（大兴安岭专员办）
22. 驻成都森林资源监督专员办事处（成都专员办）
23. 驻云南省森林资源监督专员办事处（云南专员办）
24. 驻福州森林资源监督专员办事处（福州专员办）
25. 驻西安森林资源监督专员办事处（西安专员办）
26. 驻武汉森林资源监督专员办事处（武汉专员办）
27. 驻贵阳森林资源监督专员办事处（贵阳专员办）
28. 驻广州森林资源监督专员办事处（广州专员办）
29. 驻合肥森林资源监督专员办事处（合肥专员办）
30. 驻乌鲁木齐森林资源监督专员办事处（乌鲁木齐专员办）
31. 驻上海森林资源监督专员办事处（上海专员办）
32. 驻北京森林资源监督专员办事处（北京专员办）
33. 机关服务中心（服务局）
34. 信息中心（信息中心）
35. 林业工作站管理总站（工作总站）
36. 财会核算审计中心（财会审计中心）
37. 宣传中心（宣传中心）
38. 生态建设工程管理中心（生态中心）
39. 西北华北东北防护林建设局（三北局）
40. 国际合作交流中心（合作中心）
41. 科技发展中心（科技中心）
42. 发展研究中心（发展研究中心）
43. 国家公园（自然保护地）发展中心（国家公园中心）
44. 野生动物保护监测中心（动物保护中心）
45. 森林草原火灾预防监测中心（防火中心）
46. 中国林业科学研究院（林科院）
47. 林草调查规划院（规划院）
48. 产业发展规划院（发展院）
49. 管理干部学院（干部学院）
50. 中国绿色时报社（报社）
51. 中国林业出版社有限公司（出版社）
52. 国际竹藤中心（竹藤中心）
53. 亚太森林网络管理中心（亚太中心）
54. 中国林学会（林学会）
55. 中国野生动物保护协会（中动协）
56. 中国绿化基金会办公室（中绿基）
57. 中国绿色碳汇基金会（碳汇基金会）
58. 生物灾害防控中心（防控中心）
59. 华东调查规划院（华东院）
60. 中南调查规划院（中南院）
61. 西北调查规划院（西北院）
62. 西南调查规划院（西南院）
63. 中国大熊猫保护研究中心（熊猫中心）
64. 大兴安岭林业集团公司（大兴安岭集团）
65. 重点国有林区森林资源监测中心（国有林监测中心）

# 书中部分单位、词汇全称简称对照

北京林业大学（北林大）
东北林业大学（东北林大）
国家发展和改革委员会（国家发展改革委）
国家市场监督管理总局（国家市场监管总局）
国家开发银行（国开行）
国家森林防火指挥部（国家森防指）
国有资产监督管理委员会（国资委）
林业工作站（林业站）
南京林业大学（南林大）
全国绿化委员会（全国绿委）
全国绿化委员会办公室（全国绿委办）
全国人大环境与资源保护委员会（全国人大环资委）
全国政协人口资源环境委员会（全国政协人资环委）
森林病虫害防治（森防）

森林病虫害防治检疫站（森防站）
森林防火指挥部（森防指）
森林工业（森工）
世界银行（世行）
速生丰产林（速丰林）
西南林业大学（西南林大）
亚洲开发银行（亚行）
中国吉林森林工业集团有限责任公司（吉林森工集团）
中国龙江森林工业集团有限公司（龙江森工集团）
中国农业发展银行（中国农发行）
中国农业科学院（中国农科院）
中国银行保险监督管理委员会（中国银保监会）
中南林业科技大学（中南林大）
中央机构编制委员会办公室（中央编办）

# 书中部分国际组织中英文对照

濒危野生动植物种国际贸易公约（CITES, Convention on International Trade in Endangered Species of Wild Fauna and Flora）
大自然保护协会（TNC, The Nature Conservancy）
国际植物新品种保护联盟（UPOV, International Union For The Protection of New Varieties of Plants）
联合国防治荒漠化公约（UNCCD, United Nations Convention to Combat Desertification）
联合国粮食及农业组织（FAO, Food and Agriculture Organization of the United Nations）
欧洲投资银行（EIB, European Investment Bank）
全球环境基金（GEF, Global Environment Facility）

森林管理委员会（FSC, Forest Stewardship Council）
世界银行（World Bank）
世界自然保护联盟（IUCN, International Union for Conservation of Nature）
世界自然基金会（WWF, 旧称 World Wildlife Fund——世界野生动植物基金会, 现在更名World Wide Fund for Nature）
亚太森林恢复与可持续管理组织（APFNet, Asia-Pacificif Network for Sustainable Forest Management and Rehabilitation）
亚洲开发银行（ADB, Asian Development Bank）

# 附表索引

# 索 引

# 砥砺奋进铸辉煌　石漠大地换新颜

## —— 国家林业和草原局石漠化监测中心

2011年，国家林业和草原局石漠化监测中心在国家林草局中南院挂牌成立。监测中心始终坚定践行习近平生态文明思想，勇于开拓、锐意进取，重点做好全国石漠化调查监测等国家级技术支撑，不断推进石漠化防治，改善岩溶生态环境，助力乡村振兴。

▲**切实履行全国石漠化监测职能**　2001年率先提出石漠化概念及分类评价标准，并制定调查技术规定，2005—2021年承担完成全国4次石漠化调查监测任务，全面摸清了我国石漠化土地现状与动态变化，为石漠化综合治理工程启动实施与防治政策制定提供科学依据。

▲**全面推进石漠化防治保护修复**　依托我国历次石漠化调查成果，主持编制岩溶地区石漠化综合治理工程林业分项规划、"十三五"建设规划和2023—2030年石漠化综合治理规划，为我国石漠化综合治理工程持续推进和国土绿化提升行动提供技术支撑。

▲**谱写国家石漠公园发展新篇章**　为探索开拓石漠化土地防治新途径，承担完成全国首个国家石漠公园总体规划编制，并负责国家石漠公园申报材料技术审查，有力推动了国家石漠公园建设与发展，丰富拓展了我国石漠化综合治理内涵。

▲**着力提升石漠化防治科研能力和水平**　紧密围绕全国石漠化防治任务，参与"十三五"和"十四五"国家重点研发计划项目，

↑ 工作业绩

主持参与国家林业和草原局科技创新项目。已制定石漠化相关技术标准4项，申请软件著作权5项，出版著作11部，发表论文70余篇，获得全国及省部级优秀工程咨询或勘察设计奖20余项。持续强化石漠化防治科技攻关与研究，不断提升石漠化防治科学水平。

↑ 获奖荣誉

↑ 软件著作

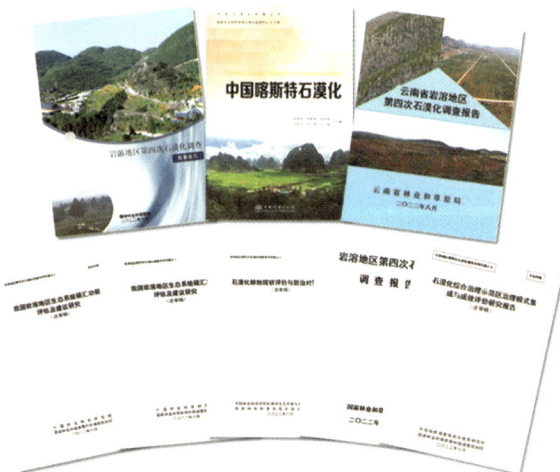

↑ 工作业绩

# "四海""京京"赴卡塔尔
# 促进大熊猫保护研究国际合作

　　2022年10月18日，大熊猫"四海""京京"赴卡塔尔欢送仪式在中国大熊猫保护研究中心（以下简称熊猫中心）雅安基地举行，开启了中卡大熊猫保护研究合作之旅。这是大熊猫首次旅居中东地区。2020年5月，中卡双方签订了大熊猫保护研究合作协议，旨在进一步促进大熊猫保护研究国际合作，推动中卡两国濒危物种和生物多样性保护。

　　大熊猫"四海"是一位长相甜美文静的"小姑娘"，2019年7月26日出生于熊猫中心卧龙神树坪基地；大熊猫"京京"是一位聪明、爱爬树的"大男孩"，2018年9月19日出生于熊猫中心卧龙神树坪基地，后生活在雅安基地。

　　下午3时30分，载着"四海""京京"的车队缓缓驶出雅安基地，前往成都双流机场，乘坐专机前往卡塔尔。为陪伴和帮助大熊猫适应

↑ 嘉宾共同启动"四海""京京"赴卡塔尔欢送仪式

新环境，熊猫中心派出了经验丰富的饲养师和兽医专家随机前往。"我们给大熊猫准备了窝窝头、竹笋、胡萝卜等食物，确保它们的旅途所需。"饲养师董礼介绍道。

　　为保证两只大熊猫顺利在卡塔尔开启新的生活，中卡双方均做了充分准备。赴卡塔尔前的一个多月，熊猫中心对两只大熊猫实行了隔离检疫和体检，健康状况均良好。中方还多次派专家团赴卡塔尔对场馆进行现场指导和实地评估，协助卡方组建了专业的大熊猫饲养管理团队，并完成主食竹供应保障。卡塔尔政府为迎接"四海""京京"的到来，精心建造了大熊猫馆。场馆功能齐全，两只大熊猫分别拥有带空调的运动场、室内展厅、独立的"卧室"。此外，为了保障大熊猫的繁育、食物供给、医疗安全，还配有育幼室、治疗室、食物调制间、竹子保鲜室、安全监控室等。

↑ 大熊猫"京京"

↑ 大熊猫"四海"

# 储势赋能创佳绩　　砥砺前行绘新篇

## ——开启大兴安岭林业集团公司高质量发展新征程

大兴安岭林业集团公司（以下简称"大兴安岭集团"）自2020年正式挂牌成立以来，坚定实施"强党建、优生态、促发展、惠民生"总体战略，始终坚持"稳扎稳打、抓实抓细"工作主基调，以"三转三改三提升"为抓手，全面推进"五大工程"、奋力答好"五张答卷"，"三年三步走、三年开新局"行动计划圆满收官。

▲坚持稳扎稳打，林区改革顺利推进

搭建了组织管理运行体系的"四梁八柱"，总部、林业局机构精简31.4%以上，在职职工减少4462人，机构、人员、资产划转工作有序推进，化解金融机构债

大兴安岭林业集团公司党委书记于辉（第二排右七）连续三年参加"送温暖、送文化、送关爱"到一线活动

务13亿元。制定规章制度1708项，编制工作流程1161项，内控制度进一步完善。建立了林地协同发展联席会议机制，大兴安岭集团178个林业重大工程项目纳入地方"十四五"规划，林业局与县（市、区）在多领域投资合作，塔河林业局和塔河县成为黑龙江省唯一的生态产品价值实现试点。

▲坚持管育结合，生态效益持续凸显

森防感知系统正式上线应用并达到国内领先水平，"五统一"标准化体系初步建成，取得"人为火不发生、雷击火不过夜"的骄人战绩。全面落实企业林长制，建立了三级林长管理体系，对各类破坏森林资源违法行为坚持零容忍，林政案件从2019年的262起下降到2022年的39起，2022年疑似图斑案件数量首次为零。生态修复标准体系建设从无到有，森林资源实现持续恢复性增长。森林覆盖率、活立木总蓄积量、森林面积、森林蓄积量、林分公顷蓄积量分别提升了0.14%、6.98%、0.15%、7.23%、7.07%。全面加强保护地建设，新增国际重要湿地2处和国家重要湿地4处，国际重要湿地数量由1处增加到3处，国家级重要湿地实现零的突破。大兴安岭集团森林和湿地生态系统服务功能总价值量达7975.03亿元/年，位居六大重点国有林区之首。

大兴安岭林业集团公司党委副书记、总经理李会平（左四）下基层调研产业发展工作

### ▲ 坚持产业转型，发展活力持续释放

"两地两带四园"生态产业发展布局初具规模，先后创建国家林下经济示范基地1个、国家级重点林业龙头企业2家、中国特色农产品优势区2处、国家级有机食品基地3个、国家森林标志产品认证1个、3A级景区18个、4A级景区2个、全国森林康养基地试点建设单位10个、中国森林康养人家10个。通过森林认证面积193.8公顷，6个系列16个产品通过产销监管链认证，全国已备案的15个林业碳汇项目中大兴安岭集团占2个。共有61个产品在三届

↑ 大兴安岭林业集团公司参加第3届中国新疆特色林果产品博览会

义乌森博会中荣获金奖，14个产品荣获上海森林食品交易博览会金奖。特色产业年产值稳定在8亿元以上，电商销售额累计实现2亿元。

### ▲ 坚持科技赋能，创新能力显著增强

牵头成立了国有林区创新发展专业委员会，大兴安岭集团、林业局层面分别成立科技协会，形成了国家、大兴安岭集团、林业局三级稳定的科技创新投入机制。与国家林草局科技司共同谋划了"林草科技进兴安"三年行动，计划开展重大科技项目58项。与中国林科院、东北林业大学等6家科研院校签署战略合作协议，共建科技创新平台5个，开展产学研合作项目20余项，2个中国林科院院所长基金项目落地大兴安岭集团。加快推进科技成果落地转化，激光雷达、树木生长反演模型等高新技术首次应用到大兴安岭集团森林资源一体化监测和森林经营工作中，在重点国有林区中首次应用飞机搭载激光雷达系统，搭建了森林经营"一张图"数字化网络云管理平台。依托森防感知系统建立了"林长制智能管护系统"。加大育苗科技成果推广，累计生产轻基质容器3000万个，完成轻基质育苗1323万株，可实现一年三季造林。

### ▲ 坚持改善民生，职工福祉持续提升

将职工增收作为"一号工程"，林业局一线职工工资性年收入由改革前的40978元增长至61462元，增长了50%。累计投入资金2.9亿元改善一线职工工作生活环境，特别是解决了瞭望塔用电和安全等问题，配备了电冰箱、电视机等生活电器。安全生产始终保持零事故，信访连续三年实现重要敏感时期"三个不发生"，职工涉嫌违法犯罪案件数量显著下降。连续三年开展"送温暖、送文化、送关爱"到一线活动，对困难职工开展一对一精准帮扶，首次大规模组织一线职工疗休养。建设了10个标准化"职工之家"，举办了丰富多彩的文体技能竞赛，职工群众的幸福感、获得感和荣誉感明显提升。

↑ 大兴安岭林业集团公司呼中林业局绿意盎然

# 奋力谱写龙江森工
# 绿色高质量发展新篇章

2022年，中国龙江森林工业集团有限公司深入贯彻党的二十大精神和习近平总书记重要讲话、重要指示精神，牢牢把握大型国有公益性企业定位，确立了"建设现代化新森工"的奋斗目标，提出"政治建企、生态立企、产业富企、文化润企、人才强企、民生筑企、法纪治企"的建企方针，实施"一年见起色，三年上台阶，五年大发展"的发展战略，培育"树人树木、开物成务"的企业核心文化，全力锻造生态建设铁军。集团营业收入实现100.46亿元，增长18.3%；利润总额实现5800万元，增长377.27%。全力打造国家生态文明建设的"示范地"、践行"大食物观"的"引领地"、发展森林碳汇经济的"先行地"和"两山"价值转换的"实践地"。

↑ 2022年6月5日，森工集团党委书记、董事长张冠武带队深入方正林业局有限公司调研

**▲生态建设取得新成效** 践行"林草兴则生态兴"使命，加大生态系统保护和修复力度。全面推进林长制工作，创新"林长+"工作机制。全面落实森防责任和措施，连续13年未发生重特大森林火灾。完成林业有害生物防治14.33万公顷。加大野生动植物保护力度，东北虎活动区域由9个林业局公司增加至14个。将每年的4月20日定为"森工植树日"。完成营造林3.61万公顷，占全省任务的47.65%，珍贵树种营造比例达95%以上，良种使用率达97.7%，高于国家标准22.7个百分点。截至2022年年底，森林经营总面积658.57万公顷，森林覆盖率84.71%，活立木总蓄积量6.84亿立方米，森林"四库"功能显著增强。

**▲产业发展跃上新台阶** 坚持在保护中发展、在发展中保护，加快构建营林绿化、森林农业、森林食品、中药材、森林旅游康养、林业碳汇为主的生态产业体系。建设标准化、机械化、智能化苗圃46处。打造"森"标和"黑森"中高端品牌12类100余种产品，森林食

↑ 龙江森工丰林自然保护区

品产业多元发展。中药材在田面积3.74万公顷。全年接待游客62.46万人次、实现收入6045万元。集团被纳入省林业碳汇试点，林口林业局有限公司被列为全国国有林场森林碳汇试点。经济发展带来民生改善，在岗职工年均工资达到5.68万元、同比增幅16%，是龙江森工历史上工资增幅最大的一次。

# 绿色引擎　赋能发展

## —— 大兴安岭林业集团公司加格达奇林业局

加格达奇林业局按照大兴安岭林业集团公司党委"强党建、优生态、促发展、惠民生"总体战略，全面落实"五大工程"，精准答好"五张答卷"，全局经济保持了平稳健康较快发展。

全面落实大兴安岭林业集团公司"林火预防标准化建设"要求，工作体系、管理体系、设备体系达到统一。全面推行林长制，制定制度、职责12项，实现林长制工作科学化、规范化运行。

加大重点产业发展力度，专班推进区域性良种繁育基地、中药材产业示范强乡建设。加格达奇林业局被农业农村部认定为中药材国家级区域性良种繁育基地；古利库林场被黑龙江省中医药管理局遴选为药用植物重点物种保存圃和金莲花野生药材抚育基地。

加快培养绿色富民产业，围绕森林鸡、猪、牛、羊、马、蜜蜂等特色产业建设一批具有示范、引领、带动作用的生产基地。大力发展牧草经济，组织职工有序采集山野菜。积极拓宽服务领域，依托嘉林文化传媒有限公司，承接各类视频、音频拍摄制作。

加快打造生态康养旅游区，开发星空房、骑马场、油菜花海摄影基地等多元化旅游项目，统筹推进森林康养体验型氡泉浴场、温泉木屋森林康养深度体验区建设。建设国家4A级百泉谷景区、国家3A级多布库尔漂流景区、甘河国家级湿地公园、古利库金莲花海等核心景区。以百泉谷景区为核心，将百泉谷自驾游小镇、多布库尔激情漂流景区、古里河湿地公园、隐庐居等景区景点穿成线、连成面，全力打造国内知名的森林康养旅游景区。

常态化开展"我为职工办实事""职工在一线，我来做保障"等系列惠民活动，使职工归属感、幸福感不断攀升。

↑ 加格达奇林业局2023年第一次党委扩大会议暨林业局工作会议

↑ "万里兴安第一漂"——加格达奇林业局国家3A级多布库尔河景区漂流

↑ 加格达奇林业局那都里林场与吉林省吉运农牧业股份有限公司合作养殖的安格斯牛

# 守护好美丽山水　努力让高颜值"绿水青山"转化为高价值"金山银山"

## ——2023年广西推动林业高质量发展

　　2023年，广西林业系统坚持以习近平新时代中国特色社会主义思想为指导，全面贯彻落实党的二十大精神和习近平生态文明思想，深入贯彻落实习近平总书记对广西重大方略要求，以深化主题教育为引领，以高质量发展为主线，重实效、强实干、抓落实，全力以赴稳增长、优生态、惠民生、促改革、防风险，各项工作取得显著成效，林业改革发展继续保持稳中有进、稳中育新、稳中向好的良好态势。

↑ 桂林阳朔兴坪休闲养生度假区森林康养基地

### ▲生态保护建设取得新进展

　　山川壮丽无比，风景秀丽宜人。来到广西，满目葱郁，犹如画屏。2023年，全区空气质量、地表水水质、近岸海域水质等生态环境主要指标继续稳居全国前列。八桂大地青山常在、清水长流、空气常新，成为令人向往的"诗和远方"。

　　广西务林人坚决扛起保护广西山山水水、筑牢南方生态安全屏障的历史责任，统筹推进山水林田湖草沙一体化保护和系统治理，持续擦亮"山清水秀生态美"金字招牌。

　　广西壮族自治区政府、贵州省政府联合提出西南岩溶国家公园创建申请，南宁植物园成功纳入国家植物园体系布局。柳州市鹿寨县、钦州市灵山县、贵港市平南县获评国家生态文明建设示范

↑ 广西崇左白头叶猴国家级自然保护区内的白头叶猴

↑ 广西大桂山鳄蜥国家级自然保护区内保护的"爬行界的大熊猫"鳄蜥    ↑ 广西火桐

区；贺州市富川瑶族自治县获评"绿水青山就是金山银山"实践创新基地；北海金海湾红树林、桂林会仙喀斯特湿地入选《国际重要湿地名录》，广西国际重要湿地数量居全国前列；大新恩城黑叶猴重要栖息地等34个栖息地列入《陆生野生动物重要栖息地名录》。黑脸琵鹭、白脸琵鹭首次来到广西北部湾，东黑冠长臂猿种群数量发展到5群35只，白头叶猴数量扩大到1300多只。在猫儿山自然保护区首次发现了新物种桂北琴蛙，在大瑶山发现新物种琼楠，在凤山发现新物种才劳桂墨头鱼。广西生物多样性保护日益加强，生态环境持续向好。

### ▲ 局区合作共建实现新突破

为深入贯彻落实习近平生态文明思想以及习近平总书记对广西重大方略要求，构建"生态美、产业强、百姓富、机制活、治理优"的林业高质量发展新模式，2023年11月，国家林草局、广西壮族自治区政府共同签署了《推动绿色发展建设新时代壮美广西战略合作协议》。

协议提出，双方就筑牢南方重要生态屏障，发展现代林业产业，共建林业生态功能优势区、优质林业资源富集区、现代林业产业示范区、林业改革开放促进区、林业科技创新引领区、现代林业治理样板区等方面开展战略合作。

↑ 广西北海滨海国家湿地公园

国家林草局、广西壮族自治区政府还将成立局区联系工作专班，建立定期会商协调机制，推动落实重大合作事项。国家林草局将加大对广西政策、项目、资金等的支持力度，广西壮族自治区政府将强化组织实施，落实有关林业财税、金融、基础设施等方面的扶持政策，保障协议事项有效落实，共同推动绿色发展、建设新时代壮美广西。

### ▲ 助力经济稳增长作出新贡献

2023年11月，全国油茶产业发展现场会在柳州市、来宾市召开。来自国家林草局以及全国15个油茶产区的代表深入林区现场观摩，就油茶品种选育、低产林改造、产品研发和精深加工等问题进行深入探讨。

2023年以来，广西坚决落实中央关于保障国家粮食安全、加快油茶产业发展的决策部署，积极实施加快油茶产业发展三年行动，油茶种植面积不断扩大，产业发展水平不断提高。全年新造油茶林5.3万公顷；年产茶籽55万吨，年综合产值450多亿元。

依托森林资源丰富的优势，广西林业产业发展基础坚实、条件优越。2023年，广西全面启动《广西万亿林业产业三年行动方案（2023—2025年）》，坚持做优传统产业、做大新兴产业、做实特色产业，持续优化产业结构，推动产业发展转型升级、降本增效。

↑ 广西林业产业现代化示范区

2023年，广西新培育自治区级龙头企业16家、自治区级林业产业示范园区3个，重点林业产业园区产值达1600亿元，获得开发性、政策性金融机构批复贷款总额超过430亿元，林业和高端绿色家居产业链招商引资到位资金560亿元、新签约项目投资额660亿元，均创历史新高。

▲ 林业开放合作提升新高度

林木绿业，合作共襄。2023年11月23—26日，第一届世界林木业大会在广西南宁成功举办。"林木业"这个规模最大的绿色经济体，首次将全世界目光聚集到南宁。

第一届世界林木业大会囊括了大会开幕式、第十三届世界木材与木制品贸易大会、2023年广西林业和高端绿色家居产业发展对接会、中国—东盟博览会林产品及木制品展等11项活动，是近年来林木行业规模最大、规格最高的会议。来自俄罗斯、英国、美国等30多个国家和地区的330多名外宾和国内外200多家头部企业、金融

↑ 第一届世界林木业大会展馆内的油茶展品

机构负责人共1600多人参会，会议上共商产业发展大计，展览上共赏林木佳品，论坛上共谋美好未来。

大会展览总面积5万平方米，展出展品2万余件，涵盖林木业全产业链，吸引专业观众11.5万人次，均创同类展会之最。大会期间发布5项产业报告及标准，发起3项国际倡议，成立国家香精香料科技创新联盟，得到社会各界的高度关注和广泛赞誉。

第一届世界林木业大会的成功举办，助推广西林业更好地发挥林木资源优势与独特区位优势，依托《区域全面经济伙伴关系协定》（RCEP）构建的全球大市场，积极参与共建"一带一路"，加速服务和融入国内国际"双循环"发展新格局。

▲ 重点领域改革取得新成效

自2022年9月起，广西壮族自治区林业局选取河池市金城江区和天峨县，组织实施了"集体林地＋国家储备林＋林票"模式的国家储备林林票制度改革试点。短短一年时间，"林票"就成了金城江区、天峨

县林农热议的话题。

据测算，相比于直接出租林地获得租金，通过参与广西国家储备林合作经营并发行林票，林农现有林每年每公顷增收超900元，新造林每年每公顷可增收超3000元。截至2023年12月底，河池市开展林票合作经营林地面积2200公顷，印发林票总额3533.8万元，引入1.46亿元社会资本进山入林，累计带动552户林农户均增收超20万元。

↑ 广西（河池）第二批"广西国家储备林林票"发行仪式，向群众代表发放林票

在全国首推国家储备林林票只是广西推进林业重点领域改革的一个缩影。2023年，广西在全国率先开展林权确权登记历史遗留问题清理规范工作。深化国有林场管理机制改革试点并在经营管理、薪酬管理、监督考核等方面取得一批创新成果。实施林农小额人工商品林采伐告知承诺制，林农小额采伐证办理由10个工作日压缩为当日办结。自主研发的桉树育种实验材料随神舟十六号载人飞船进入太空，并落地东门林场开启繁育试验。广西林业实验室挂牌成立，广西林科院综合科技创新能力在全国36个省级林草科研院所中排名第一。

2024年是新中国成立75周年，是实现"十四五"规划目标任务的关键一年。广西林业系统将以局区全面战略合作为契机，紧紧围绕高质量发展这个首要任务和构建新发展格局这个战略任务，推动林业产业总产值突破万亿元大关，统筹推进山水林田湖草沙一体化保护和系统治理，扎实推进西南岩溶国家公园、南宁国家植物园创建工作，深化集体林权制度改革，加强林草湿资源保护管理，不断推动新时代林业高质量发展取得新进展新成效，为谱写中国式现代化广西篇章贡献林业力量。

（蒋军林、余东成、宗思扬、李腾辉 供稿）

↑ 广西八角寨国家森林公园

# 河南省多管齐下、多措并举全力推动油茶产业高质量发展

河南桐柏—大别山区地处南北气候过渡带、全国油茶种植北缘区，秋季降温早、气温低，油茶生长周期长、品质优。近年来全省油茶产业发展突飞猛进，尤其是2019年9月17日习近平总书记到光山县司马光油茶园考察调研后，河南省坚决贯彻落实总书记"路子找到了，就要大胆去做"的重要指示精神，后发快进、量质齐增，全力推动油茶产业高质量发展，油茶产业已成为大别山区农民增收致富的新途径、实施乡村振兴战略的新亮点。

河南省油茶主要分布在信阳市新县、商城县、光山县、罗山县、浉河区、平桥区、潢川县、固始县和南阳市桐柏县。截至2022年年底，全省油茶种植面积8.2万公

↑ 光山县司马光油茶园

顷，鲜果产量22万吨，油茶籽产量近5万吨，茶油年产量1.4万吨，油茶综合产值近33亿元。

河南省委、省政府对油茶产业发展高度重视，省领导多次作出指示批示，并深入油茶适生区一线调研指导，推动发展。河南省林业局抢抓发展机遇，在光山县承办了全国油茶产业发展会议，推广了河南经验；把"两山"大讲堂开在林间地头，邀请国家林草局、国家开发银行、中国农业发展银行领导和专家，讲解有关政策和技术，促进产业发展。河南省林业局多次到主产区调研座谈、开推进会、专题研究油茶产业发展，出台了《关于支持全省油茶产业高质量发展的指导意见》，明确十项支持措施。信阳市制定了《关于推进油茶产业高质量发展的意见》和五年发展规划，明确了发展目标和支持保障措施。光山县、商城县、新县、桐柏县等地成立了油茶产业发展领导小组，编制了产业发展规划。

↑ 新县沙窝镇百年油茶树

↑ 油茶花盛开

# 生态、民生和经济良性互动
# 推进人与自然和谐共生

## —— 三江源国家公园

2023年，三江源国家公园管理局认真践行习近平生态文明思想，深入贯彻习近平总书记关于国家公园建设的重要指示批示精神和青海省委、省政府安排部署，扎实有效推进各项工作，有力促进了三江源地区管理之变、生态之变、民生之变、理念之变。

▲持续完善体制机制及规划建设 系统谋划机构设置前期工作，实现三江源国家公园高效运行管理。按照"两统一、两分别"工作机制，形成《三江源国家公园管理暂行办法》及其"两统两分"事项清单。推动《三江源国家公园总体规划（2023—2030年）》正式获批，新阶段总体目标和重点建设任务得以明确。探索建立联席会议、联合考核、项目联审制度，构建与地方政府各司其职、各负其责、齐抓共管的工作新格局。

▲多措并举推进生态系统保护 坚持自然恢复和人

↑ 2023年5月26日，第四届青藏高原生态文明建设论坛在西宁召开

工修复有机结合，持续加强雪山冰川、江源河流、湖泊湿地、高寒草地等源头生态的系统保护。稳步推进三江源国家公园勘界立标工作，优化完善《三江源国家公园勘界立标实施方案》。实施"天空地"一体化生态监测平台和"通导遥"一体化监管执法平台建设，有效提升国家公园智慧化管理和科研宣教水平。

▲努力走好生态保护和民生改善共赢之路 修订完善《三江源国家公园特许经营管理办法（试行）》，开展准入许可、产品许可和品牌许可试点项目。出台《三江源国家公园野生动物与家畜争食草场损失补偿绩效管理办法》，建立多渠道野生动物意外伤害和财产损失补偿机制。提高生态管护员意外伤害保险保费，提升生态管护员保障水平。

↑ 星星海（李友崇 摄）

↑ 长江源格拉丹东（赵金德 摄）

▲逐步提升国家公园建设的品牌形象和价值认同 广泛组织参与各类主题展览活动，倾力讲好国家公园故事，三江源国家公园已成为青海生态文明建设的亮丽"名片"。纪录片《山宗水源》荣获第十三届北京国际电影节短视频单元"美丽中国"板块"最佳作品奖"，纪录片《三江源国家公园》、文艺类图书《源启中国——三江源国家公园诞生记》和广播剧《坚守可可西里》获青海省"五个一工程"奖。

# 守好绿水青山　绘就生态画卷

## —— 香格里拉国家公园

↑ 香格里拉国家公园风景壮美

↑ 香格里拉国家公园水天一色美如画

生态兴则文明兴。近年来，香格里拉国家公园秉持走好"绿水青山"的生态路，深入践行生态文明思想，积极开展国家公园体制探索，绘就出一幅万物和谐共生的壮丽画卷，尽显自然的神奇与瑰丽。

香格里拉国家公园位于"三江并流"世界自然遗产地核心区域，是滇西北高原生物多样性保护与水源涵养的国家重点功能区，是全球三大生物多样性热点汇集的区域，也是世界级的物种基因库，具有全球性的生物多样性保护价值和国家代表性的展示价值。

香格里拉国家公园海拔3500～4159米，拥有"一山有四季，十里不同天"的立体气候环境。这里有巍峨的雪山、淙淙的流水、浩瀚的森林、清澈的湖泊、壮阔的草原……步入其中，可谓是"一步一景一画卷，移步换景画中游"。

目前，香格里拉国家公园在保护立法、职能整合、制度保障、资金筹措、管经分离，以及自然文化遗产保护、规划建设管控、社区发展、科研教育等方面都取得了一定成效，已成为一个集自然保护、生态旅游和文化传承于一体的生态文明建设典范，走出了一条自然资源有效保护与永续利用的新路径。

↑ 深秋的普达措层林尽染

广袤的原始森林，静谧的高原湖泊，丰富多样的野生动植物在这里和谐共融，绿色已成为当地保护与发展协同推进的最美底色。未来，香格里拉国家公园将以成为生态文明建设的重要支撑为目标，为实现人与自然和谐共生的美好愿景贡献更多力量。

# 深入践行"两山"理念
# 助力新时代人与自然和谐共生的现代化建设

## —— 湖北七姊妹山国家级自然保护区

湖北七姊妹山国家级自然保护区位于鄂西南武陵山区的宣恩县境内，属我国种子植物三大特有现象中心之一"川东—鄂西特有现象中心"的核心地带。保护区总面积34550公顷，主要保护对象是以珙桐为主的国家重点保护珍稀濒危植物及其群落，呈斑块状分布的山地泥炭藓沼泽湿地，以及珍稀濒危动物及其栖息的自然环境。

↑ 保护区云雾景色（黄汉民　摄）

区内自然环境独特，地貌类型多样，生物多样性十分丰富，是具有全球意义的生物多样性关键地区。

保护区内有维管束植物175科762属2086种，其中，国家重点保护野生植物有珙桐、红豆杉、银杏、台湾水青冈和香果树等54种。有脊椎动物28目97科424种，其中，国家重点保护野生动物有林麝、金雕、白颈长尾雉、黑熊、鬣羚、红腹锦鸡等65种，中国濒危动物25种，中国特有种14种。

↑ 保护区秋景（黄汉民　摄）

近年来，七姊妹山保护区管理局以争创"示范国家级自然保护区"为总体目标，认真践行"绿水青山就是金山银山"理念，坚持把资源保护作为第一要务，把科研监测作为第一支撑，把自然教育作为第一方法，把和谐社区作为第一追求，把项目建设作为第一抓手，全力推进自然保护区事业高质量发展，奋力为恩施建设"两山"实践创新示范区贡献力量。保护区成功入选世界自然保护联盟（IUCN）绿色名录，被认定为湖北省观鸟基地、湖北省青少年自然教育绿色营地等。2023年7月，保护区被世界自然保护联盟授予"世界最佳自然保护地"称号；同年11月，成功加入中国生物圈保护区网络。

↑ 保护区山地泥炭藓沼泽湿地紫萼花开（黄汉民　摄）

# 辽东绿色明珠

## ——辽宁白石砬子国家级自然保护区

辽宁白石砬子国家级自然保护区位于辽宁省东部，保护区总面积为6614公顷，其中核心区面积为2249.2公顷、缓冲区面积为933公顷、实验区面积为3431.8公顷。保护区设有专职管理机构——丹东市林业和草原发展服务中心（隶属丹东市林业和草原局）。

保护区内动植物资源丰富，已查明植物266科867属2156种（含中国新记录植物两种：狭瓣孩儿参、两色鹿药），其中，国家一级重点保护野生植物1种：东北红豆杉；国家二级重点保护野生植物14种：红松、水曲柳、黄檗、钻天柳、紫椴、人参等。保护区内有野生脊椎动物357种，其中，国家一级重点保护野生动物4种，分别是猎隼、秃鹫、紫貂、原麝；国家二级重点保护野生动物19种，有黑熊、水獭、鸳鸯、红隼、红脚隼等。

↑ 丹东市林业和草原发展服务中心党委书记刘洋一行考察白石砬子保护区项目建设情况

保护区保护着长白山植物区系、华北植物区系过渡地带原生型红松阔叶混交林的自然景观，属于森林生态系统类型的自然保护区。保护区内随着海拔的变化，气候、土壤、生物、地形变化悬殊，呈现出明显的山地垂直分布带谱，在生态学、遗传学、地质地理学等方面有很高的研究价值，在全球同类自然生态系统中具有典型的代表性，是我国开展生物多样性研究的重要基地。

↑ 原生型红松阔叶混交林

自2017年开始，保护区开展了系统性的野生动物资源调查，野生动物监测工作走在辽宁省同类自然保护区的前列。同时，保护区借助电视、网络等各种媒介宣传保护区内的野生动物。2019年5月，央视专为国家级自然保护区打造的《秘境之眼》栏目，首次播出了白石砬子国家级自然保护内的黑熊和狍子的影像资料。2022年，《秘境之眼》又连续两期播出了保护区内的黄喉貂、野

↑ 中国新记录植物——两色鹿药（王雷 摄）

↑ 中国新记录植物——狭瓣孩儿参（王雷 摄）

猪等野生动物的影像资料。

　　保护区充分利用云计算、物联网、大数据、卫星遥感、人工智能感知、移动互联等先进科学技术，建立起全方位、立体化的智慧管理系统，全面提升了保护区管护监控、科研监测和防灾减灾水平，形成林业立体感知、管理协同高效、生态价值凸显、服务内外一体的保护区发展新模式，为将保护区建设成为国内先进的智慧林业示范保护区奠定了坚实的基础。

↑ 国家一级重点保护野生动物——猎隼（白清泉 摄）

　　随着保护区建设的不断深入，保护区内的生物种群将在保护的基础上得到发展，物种多样性、遗传多样性和生态多样性将得到更有效的保护，为探索自然奥秘、揭示自然规律、研究生物资源可持续发展与合理利用奠定了坚实的基础，为正确处理保护与利用的关系、促进社会经济与自然生态的可持续协调发展提供了崭新的建设模式。

（于昆 供稿）

↑ 天罡山

# 三峡秘境　自在栖息

## —— 重庆五里坡国家级自然保护区

重庆五里坡国家级自然保护区位于重庆市东北部，与神农架接壤，属森林生态系统保护区。总面积 35276.6公顷，辖1个国有林场和5个乡镇21个村，为中国和世界生物多样性保护关键地区，是世界生物多样性热点地区之一，是全国优质水资源战略储备库的重要水源地，西南地区不可多得的天然生物物种基因库，长江上游重要生态屏障。

↑ 梦幻大葱坪

保护区保存有全球同纬度带最完整的北亚热带森林生态系统和植被垂直带谱，拥有3000公顷的原始森林、300公顷亚高山泥炭藓沼泽湿地生态系统，重点保护北亚热带常绿落叶阔叶混交林生态系统及川金丝猴、珙桐等珍稀野生动植物。保护区内已记录维管植物3001种，拥有珙桐、红豆杉等79种国家一级、二级重点保护野生植物；记录有陆生脊椎动物447种，有金雕、林麝、黑熊等80种国家一级、二级重点保护野生动物。

↑ 巫山杜鹃

自2013年成立国家级自然保护区以来，建立健全了"林长+森林警长、检察长、法院院长"的保护区协作管理工作机制；建成以自组网红外相机监测、森林防火预警监测、疫源疫病预警监测、电子围栏等为主的智慧保护区；推进县有展览馆、乡镇有宣教室、村有宣教专栏的科普宣教三级体系建设；开展科学调查研究及监测，深化院校合作，发表新物种10余个，发现新记录种30余个，保护管理能力上新台阶。　　　　（柴慧明　撰稿、周厚林　供图）

↑ 林麝

↑ 金雕

# 守护熊猫家园　筑起金山银山

## —— 四川卧龙国家级自然保护区

四川卧龙国家级自然保护区管理局围绕林草工作要点，持续强化生态保护与民生发展有机融合，实现了资源有效保护和社区经济高质量发展双赢。

▲**厚植绿色本底，为大熊猫营造幸福家园**　出台卧龙《环境综合整治联合巡查管理办法》《林长制运行规则（试行）》等制度，建立了"山有人管、林有人护、责有人担"的林长责任体系，持续打好蓝天、碧水、净土"三大保卫战"，实现连续49年无森林草原火灾，巩固了森林草原防灭火专项整治成果。

▲**打造科研亮点，全面保护生物多样性**　加强"大熊猫+雪豹"双旗舰物种科学研究，兰科新物种不断被发现。开展反盗猎及清山、清套专项行动，共计巡护23次，出动人员808人次，有效震慑了破坏野生动植物资源违法犯罪行为。

▲**夯实基础工作，推进大熊猫国家公园卧龙片区建设**　印发《大熊猫国家公园卧龙片区监测巡护实施方案》，实施大熊猫国家公园标准化建设项目，完成62条样线巡护监测、网格管理和33个点位的大熊猫国家公园疑似图斑核实和户籍人口数据统计。

▲**生态反哺群众，促进人与自然和谐共生**　继续

↑ 兰科植物四川新记录种——高山蛤兰（程跃红　摄）

↑ 兰科植物新记录种——卧龙盆距兰

实施天然林协议管护、退耕还林责任管护、"以电代柴"等系列惠民政策。2022年接待游客105万人次，旅游收入11659.76万元，全区农村经济总收入12311.34万元，比2021年增长13.4%，农村人均纯收入16832.33元，比2021年增长12.05%，实现保护事业和社会经济同步持续发展。

卧龙将坚定不移贯彻落实习近平生态文明思想，踔厉奋进、勇毅前行，持续推进生物多样性保护，不断巩固提升环境保护成效，积极为建设出色出彩的大熊猫国家公园贡献卧龙力量。

↑ 兰科植物四川新记录种——中华盆距兰

# 地球同纬度唯一绿洲

## —— 梵净山世界自然遗产地

梵净山是全球自然生态系统最重要、自然景观最独特、自然遗产最精华、生物多样性最富集的自然保护地之一，具有独特的生物多样性价值，是"世界独生子"黔金丝猴和梵净山冷杉在地球上的唯一栖息地、水青冈林在亚洲最重要的保护地，是中国三大苔藓植物分布中心之一、世界上裸子植物最丰富的分布

↑ 云海

地之一，完整地展现和保存了中亚热带孤岛山岳生态系统和显著的生物多样性。梵净山具有独特的地质地貌特征，是中国南部最早成陆且拥有最长陆生生命定居演化史的山地，完整记录了我国华南地区地质历史和演化过程，是喀斯特丘陵"海洋"中的变质岩孤岛。梵净山具有独特的历史人文，民族文化丰富多彩，是中国五大佛教名山之一。生物多样性、地质奇观以及人文风情赋予了梵净山无与伦比的地质学、生态学、生物学、美学和文化学价值。

梵净山先后成为国家天然林禁伐区、首批国家级自然保护区、联合国"人与生物圈"保护区网成员。2018年，梵净山成功列入世界自然遗产名录，梵净山保护管理进入了新的阶段。

▲**规划体系逐步健全**　按照"规划先行、保护优先、尊重自然、绿色发展"原则，编制形成《梵净山区域国土空间规划》《梵净山保护规划（2020—2035年）》《梵净山区域乡村振兴规划（2020—2035年）》《梵净山区域旅游规划》等"1+N"规划体系，实现"多规合一"，积极探索在核心区、缓冲区的基础上划定敏感区，全力保护核心区和缓冲区之间的生态脆弱区域，努力做到保护管理无遗漏、无死角、全覆盖。

▲**法治体系更加严密**　始终以最严密的措施、最严格的制度保护梵净山，制定出台《铜仁市梵净山保护条例》《铜仁市锦江流域保护条例》《梵净山世界自然遗产地区域执法司法衔接工作规范（试行）》等地方性法规和制度，专门设立梵净山环境保护法庭、梵净山生态保护检察室，建立健全梵净山遗产地区域

↑ 梵净之美

↑ "梵净山红·生态先锋"巡河护林活动

执法协作和资源管理联动机制，运用法治手段保护梵净山、管理梵净山。

▲**管理机制更加高效**　成立梵净山保护管理工作领导小组，定期研究解决梵净山管理体制改革、资源整合、生态环境保护治理、生物多样性研究等重大问题。坚持党建引领梵净山保护管理，创新培育"梵净山红·生态先锋"党建联盟品牌，探索建立三级党建联盟联席会议制度，健全完善社区共管共建机制，构建以周边3个县10个乡（镇）69个村3万多名原住民共同参与的联防联管联治体系，周边居民成为保护梵净山的坚定参与者和拥护者。

▲**科研成效逐步凸显**　与中国科学院动植物研究所等科研院所合作开展了珍稀濒危物种就地保护和迁地繁育，启动实施了梵净山植物种质资源库建设和梵净山冷杉等极小种群拯救保护工程等。强化黔金丝猴研究保护，成立梵净山黔金丝猴研究中心，实施黔金丝猴繁育驯化科普基地项目建设。成立科研工作组开展梵净山生物多样性研究，发表科研论文212篇，出版系列丛书15部，完成了本地资源调查，进一步摸清了梵净山的动植物种群数。2023年8月，生态环境部和科学技术部授予梵净山第八批"国家生态环境科普基地"称号。

▲**民生福祉持续提升**　通过整合各类资金支持，兑现公益林生态补偿资金，倾斜就业岗位，积极发展绿色产业、乡村旅游，群众生产生活水平得到极大提升，2018年来累计兑现公益林补偿资金1300余万元，直接受益农户2600余户。积极推进重点生态区位人工商品林赎买工作，2022年赎买林地面积184.73公顷，兑现林地赎买资金1407万元，直接受益农户137户。着力改善未搬迁原住民生产生活条件，积极开展人居环境整治，积极探索发展"林下经济"，组织科研人员收集整理梵净山区域药用植物栽培技术，编制技术手册并印发给中药材种植户，大力发展黄精、淫羊藿、梵净山铁皮石斛等中草药和食用菌种植，推进梵净山品系中蜂养殖，促进梵净山科研成果与生态经济产业深度融合，推动梵净山区域"生态药品"产业发展。

↑ 黔金丝猴

↑ 珙桐

▲**国家公园创建稳步推进**　完成梵净山国家公园候选区暨梵净山世界自然遗产地基础情况调查工作，科学划定梵净山国家公园初步论证范围，总面积575.12平方千米（其中：核心保护区306.40平方千米，一般控制区268.72平方千米）。开展《梵净山国家公园保护条例》立法调研，积极推进梵净山国家公园保护立法工作。扎实推进《梵净山国家公园总体规划（2023—2035年）》编制，全面摸清梵净山国家公园范围内本底资源、基础设施设备等现状情况，科学划定总体布局，详细提出保护管理诉求，为梵净山国家公园建设奠定坚实基础。　　　　（田宇　供稿）

# 不忘初心　牢记嘱托
# 奋力谱写九寨沟绿色发展新篇章

　　九寨沟位于四川省西北部岷山山脉南段的阿坝藏族羌族自治州九寨沟县漳扎镇境内，因有九个藏族村寨而得名，既是以大熊猫、金丝猴等珍稀动物及其自然生态环境为保护对象的自然保护区，又是以高山湖泊群、瀑布群和钙华滩流为主体的国家重点风景名胜区，素有"童话世界""人间仙境"的美誉。

　　▲生态优先，抓保护、固本底　率先实行"沟内游、沟外住""限量旅游"等政策，有效维护了世界遗产地的原真性和完整性，九寨沟森林覆盖率和植被覆盖率持续保持在63.5%和85.5%，水质持续保持在国家Ⅰ类标准。

　　▲发展为要，搞建设、强基础　率先引进绿色环保型观光车和智能全自动免水冲环保厕所，率先建立游客中心和数字中心，高质量、高标准，科学合理布局71千米道路、82千米栈道、47座旅游环保厕所、24座休息亭和7个停车场等设施。

　　▲创新管理，提服务、树口碑　先后编制的《景区游客高峰时段应对规范》《旅游景区安全防护设施基本规范》等标准由国家旅游局、四川省质量技术监督局及州政府发布；先后获得国家级荣誉31项，省级荣誉49项，州级荣誉33项。

　　▲科研引领，强合作、扩圈子　先后建立九寨沟生态保护与可持续发展国际联合实验室、九寨沟生态保护国际联合研究中心等5个国际科研合作平台，并与俄罗斯、美国、克罗地亚等7个国家的16所大学建立友好合作关系。

　　▲以人为本，惠民生、促增收　优先安排沟内居民从事保护、环卫和相关旅游服务，积极探索门票提成用于生活保障，谋划经营外迁等系列措施，大幅提升了社区群众获得感、幸福感和安全感，景区、社区基本实现了和谐共生、互利互赢的良好局面。

↑ 若日朗瀑布（桑吉　摄）

↑ 火花海（梁峰　摄）

↑ 五花海（梁峰　摄）

# 守望沙海明珠　呵护珍禽遗鸥

## —— 陕西红碱淖国家级自然保护区

　　陕西红碱淖国家级自然保护区（以下简称红碱淖保护区）位于陕北之北，地处黄土高原向毛乌素沙漠过渡地带，是集河流、湖泊、沼泽、滩涂、草原、沙地于一体的荒漠半荒漠地区典型的湿地生态系统，不仅拥有山水林田湖草沙冰交相辉映的美丽风光，而且孕育了特色鲜明的野生动植物种群体系，为以遗鸥为代表的珍稀濒危鸟类提供了理想的庇护所和繁殖地。红碱淖保护区2018年被国务院批准为国家级自然保护区，2023年被确定为国家重要湿地。

　　红碱淖保护区湿地面积3307.2公顷，四周有木独石犁河、札萨克河、松道沟河、蟒盖兔河、七卜素河、尔林兔河、庙壕河7条季节性河流汇入，是全国最大的沙漠淡水湖，是全球最大的遗鸥繁殖栖息地。保护区内有鸟类195种，其中纳入国家一级、二级重点保护野生动物名录的鸟类有45种。

↑ 红碱淖湿地湖心岛（刘建刚　摄）

　　红碱淖保护区建立以来，认真贯彻习近平生态文明思想，严格落实国家级自然保护区管理要求，加强日常巡查，实行生态监管员制度，加大环境问题整改力度，推动生态移民、规模养殖场搬迁和天然气井退出。实施生态补水、河道治理、退化草原修复、鱼类生态链修复、生态移民和养殖搬迁等生态保护工程，促进湿地生态环境持续向好。举办遗鸥与生物多样性保护论坛、遗鸥观鸟节与慢直播、遗鸥保护合作组织年会、"爱鸟周"宣传等活动，增强对外宣传影响力。科学实施红碱淖湿地湖心岛生境修复与遗鸥种群保护项目，遗鸥种群数量呈现较大幅度增长态势，2022年该项目被生态环境部评为生物多样性优秀案例。同时积极探索遗鸥全生命周期保护新模式，联合从事遗鸥保护研究的高校、科研院所、机构组织申请成立遗鸥保护研究国家创新联盟，全面推进遗鸥种群良性发展、栖息地生态环境持续优化，为全球遗鸥种群保护提供"中国模式"。

↑ 遗鸥（肖红　摄）

↑ 群鸥戏水（张春娥　摄）

# 凝聚生态保护共识　打造生态环保典范

## ——福建建瓯万木林省级自然保护区

万木林省级自然保护区位于武夷山脉东南麓建瓯市境内。据《钦定四库全书》《建宁府志》等史料记载，万木林具有独特的森林起源——先贤杨达卿于元代至正十四年（1354年）为救济灾民以"植树一株，偿粟一斗"方式营造的"风水林"，为中国古代"义林"的创举。万木林具有悠久的保护历史，杨达卿立"悉心保护，唯作公益"祖训，后其孙明代内阁首辅杨荣将保护万木林写入《训子篇》，杨氏族人遵照祖训，凝聚生态保护共识，使万木林得以持续保护。正如《人民日报》所称赞的——"一条禁砍禁伐的祖训管了600年，造就了195公顷的万木林"。

↑ 保护了600多年的万木林

万木林于1956年被国家划定为首批天然森林禁伐区，也是我国建立的第二个（林业部门第一个）自然保护区，以中亚热带常绿阔叶林森林生态系统和珍贵树种以及由人工杉木林自然演替为常绿阔叶林地带性植被遗迹为主要保护对象。优越的自然条件和长期的封禁保护，孕育了丰富多彩的生物资源，形成了"古木参天、巨藤盘绕，群猴嬉戏、百鸟争鸣"的独特森林景观。万木林内分布有国家重点保护野生植物23种，国家重点保护野生动物31种。森林群落之多样、珍稀植物之繁多、古树名木之密集，实属罕见。全球保存面积最大的沉水樟古树群入选"全国100个最美古树群"和首批"福建最美古树群"。

万木林是宝贵的自然与人文遗产，素有"中亚热带森林博物馆""人与自然和谐共生的结晶""生物多样性保护之典范""森林圣地"和"环保典范"之美称，具有很高的生态和学术双重价值以及独特深厚的生态文化底蕴，在科学上有重大国际影响力和特殊科学研究价值，是人类营造保护森林与森林自然演替相结合的范例，是中华优秀生态文化的样板，是生态文明建设的典范，对推进生态文明建设具有重要的实践启迪、借鉴示范意义。万木林内现建有博物馆、方竹书院、树馨楼、树毓楼等特色宣教设施，已成为集生物多样性保护、科研教学和自然科普、生态文明教育等为一体的大课堂，陆续获得"践行习近平生态文明思想基地"等16个科教基地称号。

↑ 全国100个最美古树群之一——
万木林沉水樟古树群

↑ 万木林博物馆

# 呵护沮河湿地　泽润诗画远安

## —— 湖北远安沮河国家湿地公园

↑ 沮河湿地（桃花岛区域）

↑ 沮河湿地（洪家村段）

"江汉沮漳，楚之望也"。沮河之水从《左传》中流淌而出，九曲蜿蜒，千年不息，滋养了浑厚悠远的楚文化，浇灌了临沮而生的美丽远安。湖北远安沮河国家湿地公园位于沮河中游，属长江中上游北岸典型山区河流型湿地，2020年入选国家重要湿地名录，2021年被湖北省林业局评定为Ⅰ级国家湿地公园和示范型国家湿地公园。

湖北远安沮河国家湿地公园是河流、自然洲滩、天然林组成的复合型生态系统，生物多样性丰富，有鸟类173种、维管束植物411种、鱼类43种。公园位于东亚—澳大利西亚鸟类迁飞路线上的重要节点，在多种鸟类的生命周期中发挥着重要作用，为多种濒危、易危物种的理想栖息地。

自湿地公园试点建设以来，管理处深入学习贯彻习近平生态文明思想，坚持在发展中保护、在保护中发展，将湿地保护建设纳入全县国民经济和社会发展"十四五"规划，以林长制、河长制为抓手，实施退耕还湿、水体修复、岸线复绿、疏浚清淤、增殖放流等湿地保护修复工程，不断涵养湿地生态。为进一步加强珍稀濒危鸟类保护，建立"中华秋沙鸭专项保护基金"、划定珍稀鸟类栖息地、实行重点路段季节性封闭管理，与非遗文化传承相结合制作中华秋沙鸭皮影戏。通过将生态文化融入湿地保护建设之中，实施生态公民教育，承办2023年湖北省"爱鸟周"宣传活动。

↑ 中华秋沙鸭

选送视频《速看！黄脚渔鸮夫妇的"烛光"晚餐》，荣获2023央视《秘境之眼》栏目优秀视频一等奖。

积极探索推进全域小微湿地建设，坚持"轻介入、微干预"原则，因地制宜建成生态修复型、景观生态型、污水处理型、农业生产型小微湿地126处，新增、恢复湿地面积87.3公顷。2023年4月20日，经中国湿地保护协会批准，湖北远安沮河国家湿地公园管理处携手8家单位共同发起成立中国小微湿地创新联盟，带动小微湿地保护与利用，实现更好更快发展。

# 助力乡村振兴　绿色低碳高质量发展

## —— 湘西世界地质公园

近年来，湘西世界地质公园始终坚持"在保护中开发，在开发中保护，坚持保护第一"的开发原则，科学保护利用民族文化和地质遗迹两大资源，大力发展全域旅游，促进一、二、三产业融合发展，走上了旅游开发带动地方经济、助力乡村振兴的绿色低碳高质量发展之路。

▲**资源带活旅游**　湘西世界地质公园总面积2710平方千米，由矮寨、天星山、芙蓉镇、红石林、十八洞、吕洞山、洛塔7个园区组成。为实现少数民族地区和偏远山区的乡村振兴，湘西世界地质公园对全州各项资源进行了挖掘，其中公园内的5A级旅游区矮寨·十八洞·德夯大峡谷对外推出"探秘矮寨奇观"研学游课程，在讲好湘西地质演化"神奇故事"的同时让当地群众享受到了地质旅游发展带来的红利，生动践行了联合国教科文组织世界地质公园网络的重要宗旨——以旅游促进地方经济发展。

↑ 矮寨大桥

▲**特色带动就业**　公园内的坐龙峡景区大力开发"一季一特色"模式，以"春来采茶、夏来避暑、秋来赏枫、冬来赏雪"的四季特色与民族文化相结合，涌现出了40余家优质土家民宿和30余家农家乐，实现了村民在家门口就业创业的梦想。2022年9月，湘西世界地质公园联合全国多家地质公园线上推介特色产品，助力湘西乡村振兴。

▲**品牌带动宣传**　世界遗产、世界地质公园、人与生物圈保护区是联合国教科文组织三大品牌，在国际社会享有较高声誉，也是我国对外推介的重要对象。张家界和湘西2个世界地质公园成为无数国内外游客走进"三湘四水·相约湖南"的金字招牌，更是全省文化旅游宣传推介的亮丽名片。

以地质科学意义、珍奇秀丽的地质景观为主，融合自然景观与人文景观建立的湘西世界地质公园，完美诠释了人与自然和谐相处的真实内涵。随着公园自身的发展，一幅公园美、旅游兴、村民富的乡村振兴和谐画卷正徐徐展开。

↑ 红石林

↑ 特色产品推介

# 地质科学家薪火传承
# 中国"金钉子"从无到有的突破

## —— 浙江常山国家地质公园

浙江常山国家地质公园地处钱塘江水系上游，总面积40.7平方千米，公园由黄泥塘、三衢山、白菊花尖3个园区组成，发育有对追溯地质历史具有重大科学研究价值的典型地层剖面和生物化石组合带地层剖面，以黄泥塘达瑞威尔阶全球界线层型剖面最为重要（即"金钉子"）。2001年，公园被国土资源部批准为全国第二批国家地质公园，之后陆续获得"全国科普教育基地"等16个重要称号。

常山黄泥塘达瑞威尔阶"金钉子"是全球同时期发育最好的奥陶系地层剖面，完美保存了厘定奥陶系年代地层单元的笔石和牙形刺生物化石连续演化序列，成为全球同时期地层对比的唯一标准。黄泥塘"金钉子"是我国三代地质学家历经70余年薪火相传的智慧结晶，是我国从无到有的第一枚"金钉子"，是中国地质科学界取得的第一枚国际金牌，标志着中国在地球历史界定标准方面实现质的飞跃。

↑ 2023年4月18日，中国科学院12位院士参加中国常山金钉子地质博物馆开馆仪式（王建华 摄）

常山地质公园地质遗迹景观丰富，共有7个大类15类20亚类，共计80处，具有典型性和多样性的特点。公园内地层出露齐全，尤其是拉伸系至志留系地层连续保存完好，成为数个地层组的命名地和中国首枚"金钉子"的诞生地；公园内古生物化石丰富，尤其是笔石和牙形刺化石演化系列的完整性为常山所独有；公园内构造活动多样，尤其是断裂活动形成的常山港，风光旖旎，被誉为"千载古县、宋诗之河"。目前公园正在积极申报世界地质公园，希望借助这一国际平台，形成以园促旅、以园带富的发展新格局。

↑ 2023年7月22日，常山国家地质公园承办浙江省青少年地学夏令营活动（王建华 摄）

↑ 2023年4月18日，中国科学院陈旭院士讲述中国第一枚"金钉子"申报历程故事（王建华 摄）

# 龙岗山脉的明珠　生物多样性保护的典范

## —— 吉林龙湾群国家森林公园

吉林龙湾群国家森林公园位于吉林省通化市辉南县境内，长白山西北麓龙岗山脉中段，吉林龙湾国家级自然保护区内，公园总面积8102公顷，是国家4A级旅游风景区，主体旅游资源是古地质年代龙岗山脉频繁的火山运动形成的众多火山口湖、火山锥体以及由此构成的火山地貌奇观和

↑ 生态脸谱（冯晓光　摄）

历经上百万年进化形成的森林植被景观，因此龙湾群国家森林公园兼具山林风光与火山地质地貌的资源品性，被中外地质学家誉为中国空间分布密度最大的火山口湖群和世界最典型的玛珥湖群。

龙湾群国家森林公园规划有十二大景区："七湾、一瀑、两顶、两基地"，即以三角龙湾、大龙湾、

↑ 金光掩映下的群山

二龙湾、小龙湾、东龙湾、南龙湾和旱龙湾构成的七个火山口湖及湿地景观；吊水壶瀑布景观；以金龙顶子山和四方顶子山构成的火山锥景观区；以龙湾宣教馆、后河自然教育研学基地为代表的科普体验区；以抗联路和红色纪念馆为代表的红色教育基地。公园以森林生态景观为主体，火山口湖群和火山锥体为骨架，流泉、瀑布为脉络，人文建筑点缀其间，构成了一副静态景观与动感景观相协调、自然景观与人文景观浑然一体、风格独特的生动画卷。

2014年，龙湾群国家森林公园作为中国森林公园的唯一代表，入选首批世界自然保护联盟（IUCN）绿色名录，是当时中国仅有的6家成员单位之一、世界入选的24家成员单位之一。公园先后被评为全国文明单位、全国研学旅行基地（营地）、全国科普教育基地、自然教育学校（基地）、国家林草科普基地、国家青少年自然教育绿色营地、中国摄影创作基地等，因在森林、湿地、火山、动植物保护方面的突出贡献，龙湾群国家森林公园在2023年再次入选世界自然保护联盟绿色名录，为保护自然的完整性和多样性，促进生态资源可持续发展作出了自己的贡献。

↑ 四方顶山上的云

# 植物多样性保护的"诺亚方舟"

## —— 江西省、中国科学院庐山植物园

庐山植物园位于江西省九江市庐山风景名胜区，占地面积363公顷，由我国著名植物学家胡先骕、秦仁昌、陈封怀等于1934年创建，是中国第一座综合性科学植物园。

为贯彻落实习近平生态文明思想，深入践行"两山"理念，庐山植物园依托庐山、鄱阳湖等地区得天独厚的地理与植物资源禀赋，围绕国家生物资源多样性保护与生态文明建设，重点开展植物多样性保护、科学研究、资源开发与利用和环境教育等工作，推动生态优先绿色转型，促进人与自然和谐共生。

从筚路蓝缕到铿锵崛起，在一代代科学家和科技工作者的不懈努力下，这座有着近90年文化底蕴的山地瑰宝，已然成为我国中东部地区统筹开展植物迁地保护与就地保护的重要基地。现今，庐山国家植物园创建已纳入国家植物园体系布局，构建了庐山本部、

↑ 庐山植物园本部核心区（周继根 摄）

鄱阳湖分园、南昌科研中心、山南分园"一园四区"的空间布局，建成杜鹃园、松柏区、蕨苑、猕猴桃园等21个特色专类园区，收集亚热带和暖温带代表性植物、全球不同地区的代表性植物及珍稀濒危植物9793种，收藏植物标本26万余份，在杜鹃花属植物、松柏纲植物、蕨类植物和水生植物的引种保育方面取得了丰硕成果，形成了中国植物园中独树一帜的四大特色。

展望未来，庐山植物园将坚持以习近平新时代中国特色社会主义思想为指引，统筹推进庐山国家植物园创建，努力打造国家生物资源多样性保护与生态文明建设示范区，为全面推进"美丽中国"江西样板建设，加快推进人与自然和谐共生的现代化贡献力量。

（屈文铭 撰稿）

↑ 庐山植物园中心区（聂建波 摄）

↑ 秋日红叶（廖绍昆 摄）

# 不负青山谋发展　笃行实干显担当

## —— 山西省中条山国有林管理局

2023年，山西省中条山国有林管理局坚持"增绿、提质、防灾、创新"一体化推进思路，凝心聚魂、锚定目标，笃行奋进、精诚实践，把中条人"不负青山不负晋"的信念和担当，转化为推动山西林草事业高质量发展的生动实践。

▲**全面强化党建领航能力**　坚持以主题教育增强思想引领，掀起主题教育热潮，大兴调查研究之风。坚持以堡垒建设强化政治引领，全面从严治党，精准提升执行力。坚持以党建"带工建、带妇建、带团建"，开展群众性主题文艺宣教活动，将党的引领延伸至基层末梢。坚持深化党建联合机制，对外持续扩大朋友圈，对内分片区联建支部。

▲**持续扩大生态建设成果**　科学开展国土绿化，高质高效完成造林任务11393公顷。高速推进种苗转型升级，全局山地苗圃总面积突破66.67公顷。精准提升森林质量，严抓产销分离，深入推广应用国际合作森林经营技术本土化成果，高质高效完成森林抚育9447公顷。

▲**有效稳固保护发展根基**　稳步推进林长制落地，实现局、场、站三级林长办全覆盖。同步推进林草资源保护、监督、管理工作，加快建设"天地空一体化"智能管护体系，探索形成"财务＋业务＋纪检"联合监督机制，联合毗邻省份、驻地市（县）打好打赢林草防火和有害生物防治攻坚战。快步推进生物多样性保护工作，野保宣传、野生动物调查、混沟优树古树种质资源保护、涑水河源头综合科考等工作取得新进展。

▲**持续增强林区底蕴实力**　全力推进中德合作项目结出创新成果，启动实施中德合作山西森林可持续经营技术咨询与培训项目，接待来访德国官员，为中德合作二期项目立项做好铺垫。加速完成中德合作项目第一阶段成果梳理，总结形成了"4个大类23个类型"森林经营模式，高质量建设了17个营林示范区。加快推进世界自然基金会项目、世行贷款项目、森林经营固碳能力研究与效益评价项目等年度重大项目，有力拓宽发展空间。

↑ 高质高效完成春季造林任务

↑ 林草实体工程建设现场培训

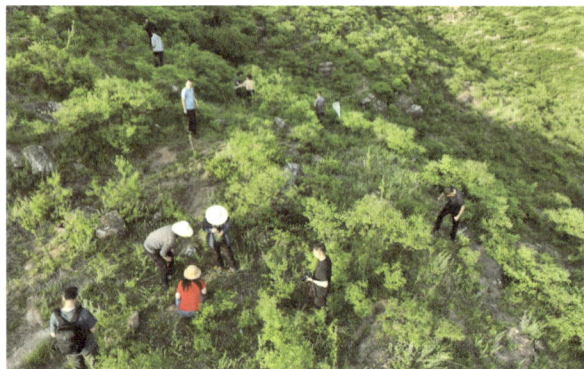
↑ 草原有害生物普查防治

# 追青逐绿绘新卷　勇立潮头敢为先

## —— 山西省吕梁山国有林管理局

2022年，山西省吕梁山国有林管理局（以下简称吕梁林局）聚焦"服务黄河流域生态保护和高质量发展"目标，以国家"双重工程"为重点，以科学绿化为遵循，聚心聚力、知重负重，全力推进国土绿化事业再上新台阶，全年完成营造林任务3.03万公顷。

▲ **迎难而上主动谋划**　面对造林土地空间日趋狭小，吕梁林局深挖造林用地潜力，利用国土"三调"成果，通过信息化手段提取全局图斑信息，突出对辖区内不同林地的"改造、修复、补植"，进一步挖潜增绿，精准提升森林质量；积极拓展绿化空间，依托"局县合作"模式，积极与周边市（县）签订造林合作协议4万公顷，提前落实造林地块，全力加速国土绿化步伐。

▲ **统筹布局科学绿化**　吕梁林局坚持"服务黄河流域生态保护和高质量发展"目标导向，以"吕梁山生态保护和修复重点项目"为抓手，统筹布局，科学绿化。与地方政府保持紧密联系，主动协调破解难点堵点，为造林绿化争取更多时机。下达任务时，突出重点区域生态保护和修复目标，加快建设黄河流域生态屏障。依托良种基地、保障性苗圃等，良种使用率和苗木自给率达到100%。基层各林场在雨季开展储备式造林，合格的储备造林统筹纳入当年计划。

▲ **积极探索勇于突破**　主动与山西省河津市自然资源局对接，并携手具有地质灾害防治资质的企业积极承担山西省河津市莫底沟矿山生态修复治理项目260余公顷，积极探索"林草+国土"工作新模式，实现了自然资源和林草部门业务上的真正融合互补。

▲ **强化监管确保成效**　不断深化对基层单位工程实施的全面监管和全过程监督，持续完善造林工程监理机制，确保造林进度和工程质量"双达标"。进一步形成林局、林场、公司三方协同监督的良性管理机制，对不符合工程质量的情况，要求及时整改返工，直至合格为止，同时将监理成效纳入奖惩体系。

扬帆新起点，奋进新征程。接下来，吕梁林局将以梦想为航，奋斗作桨，在绘就美丽山西的精彩画卷中加倍努力，劈波斩浪立潮头，不懈奋斗铸辉煌，努力塑造引领山西林草发展的新航标。

↑ 灌木林改造

↑ 荒山造林

↑ 矿山修复

# 森林新昌　生态兴县

## —— 浙江省绍兴市新昌县生态建设

　　新昌县位于浙江省绍兴市东南部，地处中、北亚热带过渡区，温和湿润，四季分明。2023年，新昌县林业部门认真践行"绿水青山就是金山银山"理念，大力实施"生态兴县"战略，为高质量建设"森林新昌"贡献力量。2月，获评2022年度浙江省林长制工作考核优秀单位，7月，获评全国香榧产业发展先进县。

　　2023年1—11月，全县全年审核涉林地建设项目89个，占用林地101公顷；审批林木采伐222项，蓄积量10593立方米；保护一级古树名木7株；开展野生动物繁育展演场所的安全检查；积极创建国家森林城市；完成116份林产品样品质量抽检。

　　▲义务植树　举办46场以"我为亚运种棵树"为主题的植树节活动，累计植树12600余株。

　　▲碳汇试点　建立了绍兴全市唯一的"浙林碳汇"县级账户，开发5222吨二氧化碳当量，捐赠亚运会3606吨碳汇。小将镇碳汇先行基地完成退化林修复200公顷，森林经营面积约101公顷，创新经营管理模式333公顷。

　　▲林业产业　开展浙江省"千村万元"林下经济增收帮扶工程建设基地2个。儒岙镇投资1300余万元，建设乡村风情游沉浸式体验基地和"爱上天姥路游步道"等一系列兢山村精品游项目。

↑ 千年古刹大佛寺

　　▲绿化造林　完成国家造林任务88公顷，油茶新种70公顷，油茶低改156公顷，中幼林抚育13公顷，美丽生态廊道建设281公顷。

　　▲松材线虫病防治　成立16支清理专业队，除治疫木3638株，除治面积1007公顷。完成松材线虫病防治注射药剂53503瓶，保护古松、景区松、大径材松32442株。

↑ 长诏水库水土保持林建设

　　▲森林防火　提升森林消防队伍火情早期处理能力和"引水灭火"能力，完成新昌县森林火灾风险普查和新昌县森林防火规划编制工作。在林区的主要出入口设置"防火码"，实施扫码登记进入林区。

↑ 新昌城区全景图

# "东方宝石"在"浙"翱翔
# 擦亮德清生态"金名片"

## —— 浙江省朱鹮抢救保护基地

浙江省朱鹮抢救保护基地前身为德清朱鹮繁育基地，位于自然条件优越的下渚湖国家湿地公园内。下渚湖湿地公园地处亚热带季风气候区北缘，四季分明，阳光充足，雨量充沛，湿地面积36平方千米，中心湖泊约1.3平方千米，600多个墩岛散布在湖面之中，更有1000多条港汊纵横交错，时至今日依然保持着原生态的模样，为江南规模最大的原生态天然湿地。湿地公园内有野生及常见栽培维管束植物 126 科

↑ 下渚湖湿地鸟瞰图

354 属 535 种，原生植被以常绿阔叶林为主，公园范围东南侧主要为湿地水生植被为主；有鸟类14目43科108种，包括国家一级重点保护野生动物朱鹮、中华秋沙鸭、乌雕等，以及红嘴蓝鹊、小鸦鹃、凤头鹛鹛等珍稀鸟类。每年的3—11月，各种飞鸟在下渚湖栖息和觅食，使风景优美的下渚湖成为绝佳的观鸟胜地。

朱鹮体态端庄，长喙凤冠红首白羽，翅膀的下侧和尾羽的一部分都闪耀着朱红色的光芒，整体十分美丽迷人，素有"东方宝石"的美誉。2008年4月16日，5对朱鹮由陕西周至迁往浙江德清下渚湖，德清开始建立第一个朱鹮南方种群并开始启动浙江德清朱鹮种群重建与野外放归项目。

浙江省朱鹮抢救保护基地由德清县自然资源和规划局下属德清县生态林业综合服务中心（德清县湿地和野生动植物保护管理站）负责管理。截至2022年年底，基地共有工作人员10名，其中专职饲养员6名，野外巡查监护人员4名，实行24小时值班制，确保朱鹮种群重建项目扎实、有效开展。十多年来基地已累计投入资金1.2亿元，建有朱鹮繁育笼舍4000平方米，野化训练笼舍2700平方米，配备全覆盖的视频监控系统，建有集孵化、育

↑ 朱鹮在湿地上空展翅飞翔

雏、监测、科研于一体的多功能孵化室。截至2023年孵化季结束，德清朱鹮种群数量已经达到761只。

基地先后攻克饲养、繁育、野化等难关，形成了一整套成熟先进的朱鹮人工驯养繁殖技术体系和野外重建种群培育操作体系，成功建立了第一个朱鹮南方种群。目前德清朱鹮种群已成为全国第三大朱鹮种群，浙江省朱鹮抢救保护基地也将建成全球最大的朱鹮种源基地。

# 做足"三篇文章" 筑牢绿色生态屏障

## —— 江西省永丰县林业局

江西中部的永丰，是一代文宗欧阳修故里，原中央苏区全红县，为全国油茶重点县、南方重点林业县，多次获评全国绿化模范县、全国造林绿化县，永丰县林业局获评国家林草系统先进集体。

▲**造好林，精准提升森林质量** 全县国土面积27.13万公顷，其中林地面积20.13万公顷，湿地面积9860公顷，森林面积19.07万公顷，活立木蓄积量1332万立方米，森林覆盖率达71.6%。全县四大国有林场经营林地面积4.13万公顷，其中官山林场、李山林场均获评全国十佳林场、中国最美林场、南方重要商品林生产基地。境内有江西省最早的水浆省级自然保护区和1.02万公顷五大片区的国家森林公园。全县油茶林面积3.87万公顷，享有"华东油库"之美誉。林下经济产业培育了黄精、茯苓、芍药、粉防己、黄栀子等森林药材2600公顷。

↑ 永丰县古县林场八江工区千亩杉木大径材基地

▲**护好林，维护森林资源安全** 以"一长两员"为林长制框架，采取"林长+警长+检察长"等形式，全方位抓实资源保护。全县划定公益林3.03万公顷，并将8.67万公顷天然林中的4.13万公顷纳入天保工程，古树名木1826株实行挂牌保护，加大联合行政执法和行刑衔接等机制，加强乡镇科技培训和技术装备，强化专业与半专业扑火队建设，全县森林覆盖率、林地面积、林区秩序保持稳定；森林蓄积量、森林面积、林业效益稳步增加；森林火灾、林业有害生物、破坏森林资源现象防治有效，显著实现"三保、三增、三防"目标。

▲**用好林，拓展"两山"转换通道** 充分挖掘森林"四库"资源，通过承包、拍租、流转、入股等方式深化集体林权制度改革，采取政策奖补、财政贴息、联农带农、示范推广等措施，引导林农发展高产油茶产业、竹产业、森林药材等林下经济。高产油茶等县级财政奖补配套力度空前，菌水肥一体化技术以及油茶

↑ 永丰县"欧公世家"茶油选果现场

林套种模式在全县扩面推广，保证林农稳产丰产。中华老字号"绿海油脂"及即将建立的"黄记"油茶加工企业，保障全县油茶种植户鲜果销路。森林药材、高山白茶、蜂、鹿等多种林下立体种养和自然科普教育、森林康养和旅游等林下产业蓬勃发展，为全县巩固脱贫攻坚成果和乡村振兴装上林业"新引擎"。

踏遍青山人未老，风景这边独好！永丰县林业局将牢固树立习近平生态文明思想，大力弘扬塞罕坝精神和三北精神，以生态文明建设为使命，不断拓展森林"四库"资源，在林业高质量发展和打造美丽中国江西样板的新征程上谱写新篇章！

# 践行生态文明理念　服务美丽中国建设

## —— 湘西土家族苗族自治州森林资源监测中心

湘西土家族苗族自治州（以下简称湘西自治州）森林资源监测中心暨湘西土家族苗族自治州林业勘测设计院，是一个具备独立办公场所、法人资格和核算的公益性全额拨款事业单位，现主管单位为湘西自治州林业局。单位组建于1972年，原名湘西自治州林业调查队，1984年机构改革合并州林业勘测设计室后更名为湘西自治州林业勘测设计队，1990年更名为湘西自治州林业勘测设计院，1995年设立湘西自治州森林资源监测中心。单位于1991年取得林业调查规划设计乙A级资质，2003年取得林业调查规划设计甲C资质，2004年取得湖南省造林绿化工程设计、监理、施工甲级资质，2013年取得林业调查规划设计甲B资质。

↑ 监测中心大门

单位的工作职责与业务范围包括：森林资源动态监测，林业调查（含一类、二类、三类调查），林业工程规划设计，森林经营方案编制，林业项目可行性论证，林业工程监测评估，使用林地可行性论证，森林资源资产评估，林业科学考察，林权勘测，林业技术鉴定，园林、景观设计，等等。

↑ 监测中心曾经获得的部分奖项

单位组建以来先后承担了几十项大型的林业调查任务，完成了几百项各类林业工程规划设计，参与了100余项中德、中法等国际合作项目和国家、省、州各类营造林工程质量检查及工程监理，为湖南省《近自然森林可持续经营技术规程》地方标准的两个起草单位之一，多次获得省林业主管部门和州人民政府的表彰。

单位具有林学、经济林、园林、植物学、生态学、环境设计、森林经理、数学、会计、采运工程、计算机等多方面的专业人才，专业从事林业调查规划设计业务的人员共有42人，其中本科及以上学历41人，有高级职称22人、中级职称17人、初级职称3人；配备了较完善的仪器设备及软件，技术和成果水平在省内同行业处于领先地位。　（姚绍锋　撰稿/摄影）

↑ 监测中心院落全景

# 善美韶关　全域创森

↑ 韶关国家森林公园入选"中国最美森林"

↑ 粤北生态屏障——南岭国家级自然保护区

韶关，地处南岭山地森林及生物多样性重点保护区，是全球北回归线同纬度上保存最完整的一块绿洲，全市有林地面积、森林覆盖率、活立木蓄积量等反映森林资源的核心指标数据均稳居全省前列，素有"珠江三角洲生态屏障"和"南岭生物基因库"之称。

近年来，韶关认真贯彻落实习近平生态文明思想和省委省政府"一核一带一区"决策部署，立足优良的森林生态资源禀赋，顺应人民对美好生活的向往，在全省率先吹响全域创建国家森林城市的号角，高标准编制创森总体规划，高规格召开全域创森工作动员会和现场推进会，高质量实施"大地植绿、心中播绿、全民享绿"行动。

▲ **大地植绿　筑牢生态屏障**

韶关市委、市政府高度重视绿化工作，市四套班子领导率先垂范，每年多次带头参加植树，带动社会各界掀起了"大地植绿"的高潮。创森工作启动以来，完成造林与生态修复7.51万公顷、森林抚育19.5万公顷、森林碳汇工程1.62万公顷、石漠化区域生态治理1.48万公顷、生态景观林带建设73.1千米、国道省道绿化提升里程559.8千米、地方公路沿线绿化提升里程230千米，年均义务植树总株数近720万株、尽责率达97.3%，春季造林进度连续三年全省第一，受到省林业局的充分肯定。韶关国家森林公园针阔混交原始次生林成为广东唯一入选的第三届"中国最美森林"；大宝山新山片区历史遗留矿山生态恢复治理工程获广东省"十大生态修复样板"工程；2019年9月荣获"全国绿化模范城市"荣誉称号。

▲ **心中播绿　根植生态理念**

韶关在开展"大地植绿"的同时，更加注重心中播绿，组织开展了丰富多彩的创森宣传活动，让植绿、护绿、爱绿的意识深植于城乡百姓心中，不断提升创森的群众知晓率和支持率。选定樟树、兰花为

↑ 世界自然遗产——丹霞山

"市树""市花"，评选韶关"十大樟树王""十大榕树王"和"银杏王"，擦亮城市生态名片；通过全域创森巡回主题宣传、森林文化周、摄影比赛、生态茶园行、森林健步行等各种活动平台，开展创森主题宣传活动100余场次，创新地开展了"创森直播"科普课堂，制作韶关全域创森主题MV"创森Mojito"、主题曲"善美韶关·绿满山川"，以群众喜闻乐见的形式，吸引广大市民争做创森的践行者和宣传员。

↑ 评选"十大樟树王"

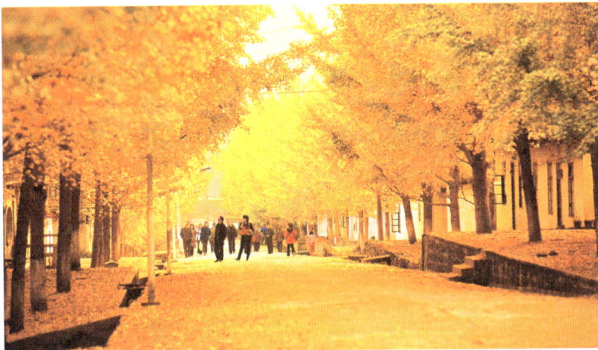

↑ 南雄帽子峰森林公园黄金大道

### ▲全民享绿　共享生态成果

韶关始终将满足人民群众对美好生活的向往作为创森的落脚点，坚持从细微处入手、从身边入手，切实提高群众的获得感。精心打造了韶州公园、拾贝湖公园、林桥公园、张九龄纪念公园等精品城市公园，高标准建设了"三季见花，四季常绿"的莲花大道和"网红"旅游公路——阅丹公路，全市城区绿化覆盖率达44.99%，城区人均公园绿地面积达15.64平方米，实现"开窗见绿、出门进园"。率先在全省开展林业碳普惠试点，认定森林康养基地（试点）40个，第一批省级森林康养基地1个；省级以上林下经济示范基地31个，林下经济合作组织243个，省级以上林业龙头企业57个，带动直接参与林业经营的农户超过23.28万人，2021年实现林业产业总产值230多亿元，让韶关的绿水青山变成"金山银山"。从城区到乡村，从森林到河流，从国道到乡道，每一个角落都是创建国家森林城市的战场。

↑ 九峰森林小镇桃花盛开

### ▲众志成城　成功创建"国家森林城市"

2018年，韶关创建国家森林城市获得国家林草局批复，正式启动创建国家森林城市工作；2019年在全省率先提出全域创建国家森林城市的战略决策，举全市之力、集全民之智、聚万众之心，致力"让森林走进城市，让城市拥抱森林"；2020年8月，全市7个县（市）均实现了"创森"申请和总体规划的"双备案"，成为全省首个实现全域创建国家森林城市"双备案"的地级市；2022年11月3日，根据国家林业和草原局印发《关于授予北京市石景山区等26个城市"国家森林城市"称号的决定》，韶关市成为"国家森林城市"。

如今的韶关，万里碧道绕城环抱，生态绿道穿城过街，绿地公园点缀全城，心中播绿全民共享，城区绿化覆盖率达45%，人均公园绿地面积15.6平方米，全市有林地面积、森林覆盖率、活立木蓄积量等森林资源核心指标稳居全省前列，初步绘就出了"城在林中、路在绿中、水在城中、人在景中、绿在心中"的绿色发展新画卷。

# 绿染成渝门户　绘就青绿江山

## —— 四川省资阳市创建国家森林城市工作纪实

资阳市地处四川盆地中部，是四川唯一同时连接成渝"双核"的区域性中心城市，也是长江上游重要的生态屏障和水源涵养地。资阳市于2018年作出创建国家森林城市的决定。截至2022年年底，全市森林面积21.6万公顷，林木覆盖率46.02%，城区绿化覆盖率42.3%，人均公园绿地面积14.26平方米，各项指标均达到或超过国家森林城市创建标准。2023年1月，资阳市正式向国家林草局申请"国家森林城市"称号。

### ▲坚定信心，用新理念引领创建

资阳市把创建国家森林城市作为贯彻习近平生态文明思想的重大实践，成立以市长为指挥长的创建国家森林城市指挥部，全市各级各部门积极行动，紧密配合完成行业绿化任务，形成全市创建上下联动"一盘棋"。按照"科学规划、整体推进、重点突出、建管并重、打造精品"的原则，坚持

↑ 资阳市雁江区凤岭公园

"留白增绿、见缝插绿、科学复绿、产业兴绿、严管留绿"的方针，把城区保留山体绿化、城区"口袋公园"建设、道路水系景观廊道打造、特色林产业聚集、森林生态文化建设等作为重点，抢抓绿化时机，加快绿化建设，打造绿化精品，提升绿化档次，合力"建设临空森林城市，打造资阳柠檬世界"。

### ▲保持耐心，一张蓝图绘到底

坚持规划引领，科学编制《资阳市国家森林城市建设总体规划（2019—2030）年》，印发实施《资阳市创建国家森林城市实施方案（2019—2022年）》，累计实施重点绿化项目111个，投入资金59.44亿元。坚持创新引领，创新"1个山头+1个联系市级领导+1个牵头单位+N个责任单位（部门）"划片包干绿化机制，落实"包山头、包技术、包绿化、包栽植、包成活、包管护"的"六包"责任措施，实施中心城区山

↓ 资阳市城区沱西滨江景观带

体绿化401公顷，治理修复裸露山体断面21处15.6万平方米。坚持项目引领，实施雁江区凤岭公园等城区公园和防护绿地等绿化及提质313公顷；实施成资渝高速公路、成资大道等通道工程绿化108千米，花溪河、毗河引水工程等重要河道沿岸绿化95千米；新建乡镇休闲公园19处、森林小镇3个、森林乡村68个，打造绿化美化示范点95个、乡村公共休闲绿地49处，创建绿化模范单位和园林式小区125个。

▲ **持续用心，致力转化森林资源优势**

资阳市坚持"生态优先、保护为主、绿色发展、生态惠民"的发展理念，积极探索将森林资源转化为产业优势的路径，提升林业产能，实现助农增收。全力推进国家储备林建设项目，计划实施用材林培育、林下经济、森林碳汇发展3.47万公顷，获得银行授信35.5亿元、到位贷款12.33亿元。依托乐至国家科技示

范园区开展科研课题研究31项、成果转化30项，建成花卉苗木和珍贵用材林基地115公顷，新建及改造提质柠檬等特色林产业基地1.28万公顷。坚持农（林）旅融合发展，建成五彩林乡、秀美花溪、柠檬小镇等农（林）旅融合示范点15个，评定森林人家6个。2022年林业产业总产值达到82亿元，生动诠释了"绿水青山就是金山银山"理念。

▲ **坚守初心，全面护航安全发展**

全面推行林长制，建立完善市、县、乡三级林长责任体系，设市级林长10名、县级

↑ 资阳市安岳县文化镇（省级森林乡镇）

林长109名、乡级林长810名、村级林长2300名、监管员1144名、护林员1150名。建立健全林长制配套制度，创新"林长+警长""林长+检察长"协同机制，统一印发《巡林工作手册》1500本、《巡林记录本》2万余册，协调解决责任区域内的重点难点问题2272个。扎实开展森林防灭火专项整治，排查整治风险隐患759处，组建专（兼）职扑火队1303支，配备各类物资12.8万余件，连续保持森林火灾"0"纪录。累计实施蜀柏毒蛾飞机防治16300公顷，林业有害生物成灾率远低于5.6‰的省控指标。持续保证全市21.6万公顷森林资源安全发展。

▲ **紧贴民心，发动群众合力推进**

坚持"心中播绿"与"大地植绿"并重，创森工作开展以来，资阳市坚持多形式、多层次、全方位营造全民支持、全社会共同参与的良好创建氛围。创新推行"包山头"植树、"互联网+"线上线下结合等义务植树尽责形式，适龄公民尽责率达96%以上。在城市主要干道、公园、社区、车站等场所播放宣传视频、悬挂宣传标语；举办"资阳市创建国家森林城市文化作品大赛"主题宣传活动，征集摄影类和书画类作品共

↑ 资阳市乐至县林业园区

计399份；组织创森宣传进校园、进社区、进广场、进村入户及"最美公园、最美绿化通道、最美集镇乡村、最美绿化小区"评选等主题活动200余场次，发放宣传用品20余万份，森林城市理念深入人心。

# 青山立屏满城翠　湿地织锦润都梁

## —— 重庆市梁平区生态建设

重庆市梁平区林业系统深学笃用习近平生态文明思想，全面践行"绿水青山就是金山银山"理念，把山水田园风光作为最亮丽的底色，以养山护山夯实绿色发展"家底"，用"湿地+"塑造全域生态格局，成功创建国家森林城市、国际湿地城市，绿色成为高质量发展最亮底色，一幅人与自然和谐共融的锦绣画卷正徐徐展开。

### ▲国际湿地城市

统筹山水林田湖草系统治理，在全国率先提出"城市湿地连绵体"和"乡村小微湿地生命共同体"的生态湿地建设理念，成功探索出"小微湿地+"等一系列保护发展模式，成为中国小微湿地保护与可持续利用的示范样板。2022年11月，在《湿地公约》第十四届缔约方大会上，梁平获颁国际湿地城市认证证书，成为我国西南地区唯一的一个国际湿地城市。《梁平湿地生物多样性保护案例》成功入选生态环境部2022年生物多样性优秀案例名单。

### ▲国家森林城市

提出科学绿化"345"工作法，实施"小微湿地+""小微森林""小游园"三项策略，紧盯"全域林业、彩色林业、立体林业、产业林业"四个方面，推进国土绿化"走进森林、走进田园、走进柚园、走进竹海、走进重要通道"，实现单一山上绿化向

↑ 梁平湿地风光美如画（熊伟　摄）

↑ 城在林中、人在景中（高小华　摄）

↑ 梁平百里竹海（蒋胜斌　摄）

全域绿化转变，传统绿化向美化、香化、彩化的多彩森林转变。梁平创森工作被全国绿委办主编的《森林城市建设工作简报》及《国土绿化》杂志作为典型案例宣传。2022年11月，梁平区荣获"国家森林城市"称号。

在重庆市梁平区林业局局长陈世康的带领下，梁平林业系统用矢志不渝的拼搏和奉献精神践行重庆"建设山清水秀美丽之地"的要求，取得了林业生态建设的重要成就。2023年2月，陈世康被人力资源和社会保障部、国家林业和草原局表彰为全国林草系统先进工作者。　（重庆市梁平区湿地保护中心陈英灿　供稿）

# 书写绿色发展华章　绘就榆阳生态画卷

## —— 陕西省榆林市榆阳区林业局

↑ 季鸾公园

近年来，陕西省榆林市榆阳区深入践行"绿水青山就是金山银山"理念，扎实推进生态文明建设，牢牢守住发展和生态"两条底线"，按照"整乡推进、板块联动、造管并重、全域治理"的思路，围绕"三环三带七园七廊道"全域生态建设，实现了营造林面积、林草覆盖率、林业总产值持续高位增长，人民生态福利不断提升。

▲**扎实开展社会资本参与环城生态保护与修复项目**　为高质量构建生态宜居榆林城，2020年启动实施社会资本参与环城生态保护与修复项目，超过40家能源化工企业积极主动参与环城生态治理，完成生态环线绿化1392万平方米，环城生态治理约6.67万公顷，美丽宜居村庄33个，实现了环城生态屏障由线到面、由浅到深、由质到量的快速转变。

▲**精心实施重点区域绿化美化**　紧盯打造黄土高原生态文明示范区创建目标，围绕"三环三带七园七廊道"总体布局，按照"八化同步"总要求，实施了榆绥高速绿化、三鱼路精品旅游线路等重点生态通道绿化，完成补浪河女子民兵治沙连（陕西省第十七届运动会比赛场地）、红石桥乐沙戏水景区等绿化板块50多个，新建农田防护林网120千米，绿化面积达224万平方米。提升和完善榆林沙漠国家森林公园、麻黄梁黄土地质公园等

↑ 社会资本参与环城生态治理——东沙枫情园绿化

多个生态公园功能，促进榆阳生态持续向好向绿发展，榆阳区林业局于2022年被评为陕西省绿化模范单位。

↑ 麻黄梁黄土地质公园入园道路绿化

↑ 全国生态文化村——赵家峁

↑ 防沙治沙综合治理——小纪汗林场十万亩樟子松基地　　↑ 碳汇林建设——华能碳汇林基地

▲**全力抓好美丽乡村建设**　依托乡村振兴战略，围绕人居环境整治，创新"三育一体"造林绿化机制，出台《榆阳区"村庄绿化美化行动"实施方案》，采取"以奖代补、先造后补、筹资筹劳、以工代赈"模式，开展镇川、金鸡滩2个森林集镇创建，启动20个森林村庄绿化美化，完成乡村振兴示范村、美丽乡村、人居环境整治、养殖场区绿化村庄400多个，进一步夯实了绿美乡村底色。

▲**科学实施沙地修复与治理**　按照"适地适树，宜林则林，宜草则草，针阔叶混交、乔灌草搭配"的治理模式，实施北部沙区生态保护修复，累计完成人工造乔木林7467公顷、灌木造林1333公顷、退化林修复800公顷、飞播造林1333公顷、灌木平茬9133公顷、封沙育林667公顷、森林抚育1167公顷，通过国家对陕西省"十三五"防沙治沙成效考核。

↑ 好禾来苜蓿种植基地

▲**积极探索林业碳汇试点**　聚焦"双碳"目标，率先在全市开展林业碳汇试点工作，成立榆阳区林业碳汇项目领导小组，出台《榆阳区林业碳票管理办法（试行）》，完成林木碳汇储量评估测定，签订碳金融合作协议，发放首批林业碳票，累计试点交易碳汇量达20.57万吨，交易额度突破1000万元。2022年，榆阳区启动"碳汇林建设工程计划"，新建华能碳汇林基地4000公顷，实施"百万亩绿色碳库"试点示范项目1267公顷，发展林业碳汇取得新突破。

▲**特色林草产业建设实现新突破**　全面巩固提升林业产业，完成南部山区产业线范围内林木抚育管护20千米，防火道路建设100千米，新建鱼河镇李家沟、古塔镇杭庄村特色经济林采摘基地130余公顷，开展大扁杏嫁接西梅、木瓜杏、酸枣产业等试验基地建设60余公顷，集约化管护大扁杏基地2200公顷，完成1.33万公顷优质饲草种植。加大林业科技合作，与国家林草局、北京林业大学、西北农林大学、榆林学院签订战略合作协议，广泛开展元宝枫、合欢树、酸枣、牛肝菌、长柄扁桃等科研课题的研究，加大力度扶持好"婆姨""占军""吖吖果业"等林业龙头企业，实现生态产业效益化。

中营盘水库湿地

# 沙海明珠　生态名团

## ——新疆生产建设兵团第八师一五〇团

　　新疆生产建设兵团第八师一五〇团位于准噶尔盆地中部古尔班通古特沙漠的南缘、玛纳斯河灌区下游，生态环境极其脆弱。20世纪50年代，绿洲外围活化沙丘成为团场风沙灾害的主要源头。从20世纪70年代中期开始至今，一五〇团的职工群众分别开展了14次大规模的义务植树造林，参与人数达20万人次，造林1.67万公顷，栽种各种乔、灌木5000万株。

↑ 沙海明珠

　　一五〇团在防沙治沙的工作中，不断总结经验，积极转变防沙治沙的思路，将防沙治沙的策略从过去单纯的"被动防护"转向"主动防护"，从"先内后外"转向"由外到内"，"外围荒漠源头治理+绿洲内部林网结合"的防沙治沙思路逐步形成：一是在荒漠区实施沙化土地封禁保护；二是针对风沙前沿活化沙丘就地起沙，建植无灌溉梭梭林固沙；三是针对绿洲边缘风沙入侵，建设防风阻沙基干林阻沙；四是结合风沙入侵特点、渠道和条田的布局，将绿洲内农田防护林从"宽林带大网格"改为"窄林带小网格"，进一步提高了农田林网防护效益；五是积极建设人居绿化林，美化人居环境。

　　一五〇团自1958年建团以来经过三代军垦人的不懈努力，全团基本建成了以荒漠防风固沙林、防风阻沙基干林、农田防护林、人居绿化防护林为主的四级生态防护体系，对绿洲区进行层层防护，昔日的荒漠如今呈现出荒漠与绿洲和谐相处的景象。一五〇团荒漠灌木林的盖度由治沙前不足10%提高到治沙后的50%。据莫索湾气象站统计，以2000年为界，后20年与前20年相比，年平均湿度由60.5%升高到61.5%；年总降水量由131.1毫米升高到147.7毫米；年沙尘暴日数由20.1天降至7.5天；年扬沙日数由22.4天降至11.4天；年浮尘日数由7.3天降至2.9天；年蒸发量由2039毫米降至1887.1毫米。一五〇团防沙治沙成果最具代表的便是国家4A级旅游景区、国家沙漠公园驼铃梦坡便坐落在该团22连。

↑ 鸟瞰西古城

　　一五〇团防沙治沙工程已成为兵团乃至全国防沙治沙的典型案例，对环天山经济带脆弱生态区的保护和建设具有非常重要的示范作用。一五〇团也因此先后荣获"全国环境优美小城镇""生态团场小城镇创建先进单位""全国植树造林先进单位""全国绿化模范单位""三北防护林建设突出贡献单位""全国防沙治沙综合示范区"等称号。

# 打造生态卫士　建设美丽团场

## —— 新疆生产建设兵团第九师白杨市一七〇团

　　新疆生产建设兵团第九师白杨市一七〇团（以下简称九师170团）位于古尔班通古特沙漠边缘、老风口前沿，自然环境恶劣，土地沙化、草场退化、水土流失较为严重。九师170团农业发展服务中心作为团场生态环境保护的实施单位，近年来，狠抓三北防护林、国家级重点公益林、公益林补栽、荒山荒地造林、封山育林五大工程，累计植树3533公顷、795万株，成活率达85%以上。2005—2022年，森林覆盖率由30%提高到60%，林草植被综合盖度由不足41%提高到80%以上。通过九师170团全团人民的共同努力，团场生态环境和气候条件明显得到改善，九师170团于2016年被评为"全国绿化先

↑ 九师170团概貌

进集体"、2017年被评为"新疆维吾尔自治区绿化先进单位"、2019年获得"全国第九届母亲河绿色贡献奖"。2023年九师170团农业发展服务中心被评为"全国防沙治沙先进集体"。

　　近几年，九师170团在三北防护工程实施中，按照因地制宜、分类指导的原则，在莫合台区域建成了以大型林带为骨架，总面积达3500公顷的防护林体系，林木覆盖率由建团初期的20%增加到了60%，固定、半固定沙地占沙化土地总面积的70%，沙区生态状况实现了由"局部好转、整体恶化"到"整体遏制、局部好转"的历史性转变。封山育林工作进一步加强，先后更新和完成封山育林2800公顷，生态环境得到明显改善，降水量由2000年的不足50毫米增加到现在的246毫米以上。对纳入中央森林生态效益补偿的2.12万公顷重点公益林实施补栽795万株，截至2022年年底，绿化面积3533公顷，年产沙棘果万吨以上，引进沙棘加工企业3家，成立合作社15家，形成了"企业+基地+合作社+种植户"的产业链，逐步实现生态和经济效益双丰收。

↑ 沙棘种植基地

↑ 沙棘大丰收

# 太行山上守绿色　筑牢京津生态屏障

## —— 国营涞源县白石山林场

国营涞源县白石山林场位于河北省涞源县东南部，始建于1958年，属公益性国有企业。林场总面积4200公顷，林区总蓄积量16.7万立方米，森林覆盖率达55%以上。林场内有高等植物近千种，主要树种为油松、落叶松、山杨树等。世界地质公园、国家森林公园、国家5A级景区白石山坐落于林场林区内。林场2022年获评"河北省自然资源系统先进集体"、2023年获评"全国十佳林场"。

▲ **以保护资源为己任，强化林业发展水平**　多年来，白石山林场始终坚持以生态建设为中心，强化营林、依法管林、产业富林，全力推进林场建设，已发展成集植被保护、森林培育、生态旅游等多功能为一体的国有林场。在森林防火、病虫害防治、野生动植物保护等方面成绩显著。为全面做好森林防火工作，林场全年严密布控，采用无人机自动化巡查、24小时值班等方式，确保巡查全覆盖无死角，连续30多年"零火情"；为有效保护林区树木，林场加强病虫害防控防治工作，分别于2018年、2023年在白石山林区对白桦林开展飞机防治桦潜叶蛾667公顷。

↑ 白石山——太行之神

↑ 白石山——长城

▲ **以生态旅游为动力，积极服务发展大局**　注重将环境保护与旅游发展有机融合，科学开发利用生态资源，打造白石山旅游品牌。白石山景区拥有中国唯一的大理岩峰林景观和壮美的云海奇观，有华北面积最大的落叶松林和红桦树林，植被覆盖率高达85%，被誉为"天然大空调"。"绿水青山就是金山银山"，林场坚持以生态环境保护为底线、红线，在因地制宜、科学合理开发旅游资源的基础上，严格景区监督巡检制度，设立多种生态资源指示标志，为民宿体验、休闲康养等新兴业态提供有力保障，走好生态旅游绿色发展之路，实现生态资源保护与乡村振兴协同发展，不断擦亮"这么近、那么美、周末到河北"的生态旅游品牌。

↑ 白石山——佛光顶

# 抓住机遇　发挥优势　转型发展

## ——辽宁省桓仁满族自治县枫林谷林场

桓仁满族自治县枫林谷林场（原和平林场）位于辽宁省本溪市桓仁县东南部，于1958年建场，隶属于桓仁满族自治县自然资源局，林场经营总面积3105.1公顷，森林覆盖率98.75%。2011年，林场提前谋划，转变经营思路，在全国国有林场改革之前，创新性地提出国有林场转型发展森林旅游的发展理念。2011年11月12日，经县林业局与和平林场共同研究同意，由8家国有林场共同投资，依托和平林场丰富的森林资源，开发建设了集红叶观光、避暑度假、休闲养生、山地运动为一体的辽宁首个森林生态旅游度假景区——枫林谷森林公园。

发展森林旅游，改变国有林场以木材生产为主的经营模式，变"卖木材"为"卖景观"，国有森林资源得到有效保护，极大地改善了生态环境，充分践行了"绿水青山就是金山银山"理念。自2013年开业以来，枫林谷共接待游客180万人次，收入7000多万元，高于原8家国有林场5年采伐森林的总收入，相当于减少林木采伐8万立方米，保护森林面积660余公顷。

枫林谷公园开发建设取得了初步成功，并显现出巨大发展潜力，实现了国有林场转型，为国有林场改革奠定了基础，填补了桓仁生态旅游空白，拓宽了桓仁旅游产业，为本溪新增了一处森林旅游和赏枫精品景点，成了本溪枫叶之都建设的新亮点。生态效益、经济效益、社会效益的共同发展，让枫林谷成为辽宁省国有林场改革的一面旗帜和全国国有林场改革的优秀典范。

林场今后将继续坚持以森林旅游为发展主体、森林生产经营为辅助，把森林体验和旅游宣传营销作为主攻方向，以优美的地域风貌、优越的旅游服务、高品质的观光体验，吸引众多国内外游客来枫林谷游览观光。

↑ 枫林谷林海

↑ 红枫林

↑ 游人如织（李光　摄）

# 坚守护绿初心　赋能乡村振兴

## —— 江西省萍乡市五峰林场

江西省萍乡市五峰林场始建于1986年，地处湘赣边区域，经营面积1.2万公顷，活立木蓄积量98.5万立方米，森林覆盖率96.1%。

近年来，五峰林场以习近平生态文明思想为指导，深入践行"绿水青山就是金山银山"理念，围绕"一二三四"总体工作思路（即建设成为全省一流国有林场一个目标，服务生态文明建设和乡村振兴两个中心任务，突出队伍建设、产业转型、森林防火三项重点工作，打造营林项目标准化、林政管理智慧化、产业发展多元化、队伍建设规范化的"四化"林场），在森林资源培育和保护、产业转型发展等方面积极探索，加快推进绿色发展，服务乡村振兴，2023年获得全国"十佳林场"荣誉称号。

聚焦森林资源培育和保护，高标准实施森林可持续经营试点、国家储备林、场外造林等林业项目，不断优化森林资源结构，改善林区基础设施，

↑ 林区林相

↑ 花卉苗木基地概貌

拓展造林发展空间；规范组建半专业森林防灭火队伍，打造护林铁军，整合多个林业应用系统，构建"天地空一体化"森林监控网络，快速有效应对和处置各类突发性事件，近十年林区无火灾发生。聚焦产业转型，创办3个实体公司和1个苗木基地，承接公共建筑绿化和市政工程项目，形成"设计、施工、养护"全产业生态；大力发展油茶、脐橙、四叶参等林下种植产业和森林休闲旅游产业，有效带动周边林农和村集体增收致富。

↑ 湘东区乡村振兴产业融合示范园

↑ 专职护林员开展日常巡护工作

# 绿水青山担使命　生态建设谱新篇

## —— 江西省信丰县金鸡林场

信丰县金鸡林场位于江西省赣州市信丰县东北部，始建于1957年，下设金鸡、隘高、余村3个分场，为商品经营型企业单位。截至2022年年底，林场有在册职工486人（在职职工170人、退休职工316人），其中，高级职称人员6人、中级职称人员11人、初级职称人员22人。

↑ 金鸡林场办公楼（赖启俊　摄）

林场森林面积1.71万公顷，森林蓄积量246.85万立方米，森林覆盖率97%。林场1997年被林业部授予"全国先进林场"称号、2009年被国家林业局列为全国首批森林经营示范林场、2011年被江西省列为全省森林抚育示范林场、2022年被中国林场协会评为"全国十佳林场"。

林场生物多样性丰富，区域内有花榈木、半枫荷、观光木、闽楠、黄檀、香樟、喜树、金毛狗以及穿山甲、小灵猫、白眉山鹧鸪、白鹇、蛇雕、斑灵狸、中华鬣羚、虎纹蛙、眼镜王蛇等几十种国家重点保护野生动植物。区域内森林林相整齐，四季分明，自然景观优美，环境宜人，其中有集中连片、保存完好的低海拔原生林330余公顷，被称为"森林氧吧"。

林场"山上铺锦绣，林下做文章"，坚持"以林为本、生态优先、多业并举、持续发展"的理念，发展油茶精准扶贫示范基地332公顷，以及"百场兴百业、百场带百村"林下草珊瑚种植示范基地83公顷，带动林区1000余名贫困人员脱贫致富。林场成为赣南林业发展转型的排头兵，由单一的"木头经济"升级为多元的"生态经济"，走出了生态与发展双赢之路。

征程万里风正劲，奋楫逐浪启新程。林场将牢固树立"绿水青山就是金山银山"理念，以生态建设为目标，以建设现代林业为抓手，乘风破浪，砥砺前行，挥动加快林业发展的如椽巨笔，奋力谱写林业高质量发展新篇章。

↑ 油茶精准扶贫示范基地（赖启俊　摄）

↑ 林下草珊瑚种植基地（黄若飞　摄）

# 加强森林保护　构建新型林场

## —— 山东省济南市国有柳埠林场

济南市国有柳埠林场始建于1915年，位于济南市南部山区，经营总面积2465.56公顷，森林面积2419.69公顷，森林覆盖率达98.13%，全部为国家重点公益林。

林场始终坚持以习近平生态文明思想为指导，深入践行"绿水青山就是金山银山"理念，坚持以"生态保护、绿色发展"思路为统领，在稳步加强营林育林、推进护林防火等各项重点工作上狠抓落实。严格落实林长制工作要求，不断强化和完善森林资源保护和管理体系建设，连续5年未出现火灾安全责任事故，高质量完成森林抚育460余公顷，积极推进自然保护区本底调查及科普宣教项目，充分发挥自然资源社会效益，2022年被评为省级文明单位，2023年荣获全国"十佳林场"称号。

近年来，柳埠林场创建"党旗红、林场绿、生态美"党建品牌，打造以跑马岭瞭望台为主，检查站、跑马岭林区为辅的一线党建阵地，组织成立济南市海拔最高的党支部——跑马岭瞭望台支部，以

↑ 柳埠林场场部

↑ 跑马岭瞭望台

党建为引领促进各项工作开展。防火期内，开展森林防火百日攻坚战，采取党员包挂林区措施，与一线巡查人员共同开展巡查巡护与防火宣传。防火期后，开展森林防火应急救援技能竞赛、"大培训、大练兵、大比武"系列活动以及森林防火防灾应急综合演练等活动，努力打造一支军事化管理的"护绿"铁军，为绿水青山织就一张严密的安全网。

↑ 2023年被评为全国"十佳林场"

↑ 森林防火应急救援技能竞赛

# 昂首奋进新征程　谱写生态新华章

## ——湖南省芷江侗族自治县五郎溪国有林场

芷江侗族自治县五郎溪国有林场，始建于1956年，总面积2362.13公顷，林场活立木总蓄积量为147929立方米，森林覆盖率达94.19%，林木绿化率达94.21%。

林场地处武陵山脉支脉，在动物地理区划上属东洋界华中区西部山地高原亚区。林场内已记录224种陆生脊椎动物，隶属4纲28目68科，其中有林麝、云豹2种国家一级重点保护野生动物，有中华小鲵、虎纹蛙、红腹角雉、白冠长尾雉、穿山甲、大灵猫、小灵猫、豹猫、苏门羚等27种国家二级重点保护野生动物。林场内主要植物有木荷、青岗、

↑ 林场森林资源

南方荚蒾、蕨类、芒草类等，珍贵树种有楠木、红豆杉、花榈木、银杏、鹅掌楸、玉兰、香果树等。

林场始终坚持习近平生态文明思想，深入贯彻落实"绿水青山就是金山银山"理念，立足"保护资源，维护生态"，狠抓管理，强化基础，以绿色发展为导向，严格落实林长制工作要求，强化森林资源管理，构筑森林防护体系，引领林场绿色生态高质量发展。先后荣获"湖南省十佳国有林场""全国十佳林场""秀美林场""国家AAA级旅游景区""省级森林康养示范基地"等称号。

近年来，林场依托辖区森林资源优势，大力发展森林生态旅游、林下经济等生态型产业，以原生态森林体育旅游为支点，规划旅游区域面积3428.8公顷，不断推动林场转型升级和高质量发展，实现了生态、经济、社会效益最大化。初期依托溪瀑和西晃山风车、云海资源，打造以瀑、潭、溪、云海为主要景观导向的原始溪谷观光体验区和露营基地，已初步形成"一日游"精品旅游线路，成为生态休闲旅游景区；中期依托优质的红色、生态和民俗资源，将旅游区建设成为集红色教育、生态观光、乡村休闲、民俗体验、野外探险和户外运动于一体的"二日游"格局，建成区域性著名绿色生态休闲体验

↑ 三道坑生态旅游风景区

旅游地；远期打造以三道坑景区为中心的"艾头坪—龙口—三道坑—芷溪—茅丛河"旅游经济带，形成国内知晓、省内著名的"多日游"生态旅游区。

# 书写绿意显担当　千帆竞发正远航

## —— 湖南省宁远县九疑山国有林场

湖南宁远县九疑山国有林场始建于1958年，位于风景优美的九疑山舜帝陵景区。林场曾获全国文明旅游景区、中国"天然氧吧"、湖南省秀美林场、湖南省十大文化地标等称号。

▲**改革添活力**　一是改革管理体制。积极争取县委、县政府重视，将林场升格为正科级公益一类事业单位，职工工资纳入财政全额预算管理，职工社会福利待遇得到有效改善。二是探索法人制度。全面落实法人自主权，科学设置内部股室和工区等管理机构。三是创新考核机制。全面改革绩效管理考核机制，突出公开公平、民主集中、全面客观、注重实绩，充分调动了广大职工的工作积极性、主动性，增强了团队凝聚力和战斗力。

↑ 辖区核心景点舜帝陵

▲**绿色增颜值**　一是封山育林增绿。自2015年起，林场率先在永州市开展为期10年的全封禁伐，做到"十年不砍树，十年栽好树"。联营禁伐区以"政府花钱买生态"方式补偿林农，保护青山绿水，林场森林资源持续增长。二是科技兴林增绿。把科技兴林摆在重要位置，通过"人才+科技"模式推动林业可持续发展。引进专业人才，构筑"天空地"全天候全覆盖监控网。三是从严管护增绿。每年设立长达8个月的森林防火期、重大节假日防火特护期，健全乡镇、林场、村三级防火联盟，联防联控，共筑森林防灭火墙。

▲**投入强基础**　一是大力改善林场基础设施。努力争取财政支持，对林场机关办公用房、职工宿舍和林区基础设施进行重建和维修改造，极大地提升了职工"以场为家"的责任感。二是大力引导联营合作经营。利用欧投行贷款和中央停伐补助资金，实施好国有林林下改培、森林资

↑ 辖区核心景点三分石

源精准提升和国家战略储备林等项目建设，向村集体租赁山林9000公顷，建立联营模式形成联营林场。通过联营，国有森林资源持续增长，每年可增加森林蓄积量近10万立方米。

▲**产业增效益**　一是积极发展森林旅游。依托林场森林资源和景观优势，新建林场游客中心，开发"森林+康养+娱乐+新业态"旅游产品，建设集名贵树种、珍稀花卉、生态廊道、观景平台为一体的森林旅游康养示范建设基地。二是积极发展林下经济。实施低质低效林改造，充分利用林间空地，大力发展"菌、果、蔬"种植和特优畜禽养殖等，推动林业产业加快发展。三是积极助推脱贫攻坚。通过景区带动辐射、旅游扶贫协作等举措，大力推进旅游精准扶贫。

# 绿美广东　生态建设先锋
# 广东公益林示范区建设样板

## —— 广东省云浮林场

广东省云浮林场于2016年12月由原广东省西江林业局仙菊林场和良洞迳林场整合而成，为广东省林业局直属的正处级公益一类事业单位，林场内设6个科（室）和4个管护站。林场经营总面积8543.26公顷，其中林业用地面积8321.58公顷（公益林6399.48公顷，商品林1922.10公顷）；活立木蓄积量76.73万立方米，树种主要有火力楠、灰木莲、红锥、桉树、松树、杉木等；森林覆盖率92%。

▲**加强科学规范管理**　逐步理顺林场管理体制机制，健全完善包括内部控制、党群管理、人事管理、资源管理、安全生产和财务管理等在内的制度体系。

▲**加快推进生态建设**　牢固树立并践行"绿水青山就是金山银山"理念，以森林生态综合示范园、林业科技示范区、公益林示范区、自然教育基地、森林康养基地和大径材培育基地等重点生态项目建设为抓手，努力打造"一园两区三基地"。林场获得2022年"全国十佳林场"荣誉称号，九彩沟森林康养路线被广东省林业局和广东省旅游局评为"广东省森林旅游特色线路100条"之一。

▲**加强干部职工思想教育**　建设党建主题广场、党史教育径、党员活动室和职工之家等学习交流活动平台，定期组织开展党史学习教育、理论学习、支部共建、"森林讲堂"和业务交流等活动，干部职工归属感、幸福感和凝聚力明显提高，精神面貌焕然一新，干事创业热情高涨。林场工会被省总工会评为"省模范职工小家"，护林员曾月明被评为"全国绿化劳动模范"。

↑ 党建主题广场

↑ 大径材培育

▲**加强林区基础设施建设**　林区15个管护站点全部进行了美化绿化亮化工程，各站点全部建立防火应急仓库，建设了立体"以水灭火"工程，建成远程森林资源监测中心、消防指挥中心和5G无人机机巢远程巡护系统，为森林资源巡护、森林防火等工作和建设信息化林场打下基础，获评国家林业和草原局2019—2021年度全国森林草原防火工作先进单位。

# 为国储林蓄材 为民增财添绿

## —— 广西国有大桂山林场高标准建设国家储备林

深入贯彻落实习近平生态文明思想，认真践行"绿水青山就是金山银山"理念，广西壮族自治区国有大桂山林场紧紧围绕"碳达峰、碳中和"目标，坚持生态优先、绿色发展，全面打造高标准、多功能、高质量国家储备林建设基地，让"绿色颜值"变"生态价值"。截至2022年年底，大桂山林场经营面积8.67万公顷，蓄积量680万立方米，高质量国储林达5.67万公顷、蓄积量495万立方米。

▲**统筹规划，科学经营** 科学规划国储林项目建设发展空间，将国有林地、集体林地和林业企业承包经营的林地纳入项目编制范围，成立国家储备林建设工作专班，科学分解目标任务，建立健全工作机制，一月一调度，一季一通报，加快推进国家储备林项目建设。

↑ 大桂山林场国家储备林林相

加强与广西大学、广西林业科学研究院等林业科研院校联系，开展林业科研项目合作，科学编制森林经营方案，形成异龄林、复层林和混交林，全面推进森林可持续经营。

▲**强化管理，集约经营** 深入贯彻落实《国务院办公厅关于科学绿化的指导意见》，坚持科学规划、适地适树、精准施策，结合不同树种的经营年限和生长特性，打好"时间交错战""空间利用战"，全力打造多功能国家储备林。坚持"良种+良地+良法+良肥"，统筹集约人工林栽培、现有林改培和中幼林抚育等措施，通过延长采伐周期、培育中大径级材、全面推广免炼山、测土配方施肥、增施有机肥、强化病虫害防治，全面提高林地综合生产力，让"速丰林"变成"长丰林"。融合近自然经营理念，严格保留山顶、山脊、山脚和沟谷的原生植被，营建乡土珍贵树种防火林带，全面提高林分生物多样性和生态系统稳定性，提升生态"含金量"、发展"含绿量"。

↑ 米老排大径材

▲**优化布局，分类经营** 注重树种结构和森林经营类型的科学布局，坚持"长周期、混交林、珍贵材、大径材、高价值"培育导向，合理配置短、中、长期

林木资源结构。精心培育"短"周期桉树，8年生桉树出材量达225立方米/公顷以上，建成2万公顷高产精品桉树林；高效培育"中"周期杉木，建成0.67万公顷杉木高产高效示范林；重点储备"长"周期珍贵树种，建成以闽楠、红锥、米老排等为代表的0.4万公顷珍贵乡土优质大径级用材林基地，全场乡土珍贵树种占比超过21%，持续释放"生态红利""绿色福利"。

▲**创新机制，合作经营** 坚持"多元合作、扩面增量"的发展思路，主动融入贺州市打造桂东国家储备林核心基地战略部署，与市平台公司签订6.67万公顷国储林合作协议，开启"场市"合作新局面。创新国家储备林建设模式，通过整体接管、合作经营、整体收购、委托管理、精准扶贫等多种方式，2019—2022年累计收购收储林地林木2.87万公顷。深化银企合作，全方位拓宽国家储备林建设融资渠道，持续加强与国家开发银行、农业发展银行、农村信用社、兴业银行等金融机构对接合作，全方位拓宽国家储备林建设融资渠道，获兴业银行免担保国储林贷款。

↑ 桉树林

▲**示范带动，持续经营** 全面实施"国储林+N"多元化经营模式，积极推动国家储备林建设与林下经济、油茶产业、森林旅游、森林康养、森林碳汇深度融合，进一步盘活林地林木资源、搞活林业特色产业，实现"上中下、短中长"立体林业新业态，构建以木材储备为主、功能多样、效益综合的森林资源储备体系。全面实施国家储备林地力提升工程，以精准施肥技术为核心，配套科学经营管护措施，持续做好地力提升成效监测工作，积极培育多功能、近自然、健康稳定、优质高效的森林生态系统。

↑ 闽楠+桉树混交林

▲**重视监管，有效经营** 坚持林地林木收储"四到"前置把关，到属地林业部门核实林地属性，到金融机构了解是否存在抵押情况，到法院核实是否存在诉讼拍卖情况，到村委和村民家中了解是否存在纠纷争议情况，有效防范经营风险。制定国家储备林建设技术规程、林地林木流转管理办法和项目质量验收管理办法，进一步明确技术要求、规范建设流程、保障建设质效。严格执行国家储备林项目建设全过程监督管理制度，做到工程项目资金使用监管及质量监督管理"无死角、零盲区"。

# 营林为本　生态优先
# 奋力谱写高质量发展新篇章

## —— 广西壮族自治区国有六万林场

六万林场建于1951年，是广西壮族自治区林业局直属国有大型林场，位于中国南方药都、中国优秀旅游城市——玉林市。林场经营总面积6.83万公顷，森林活立木蓄积量562万立方米，森林覆盖率达94%。林场主要经营森林资源培育、人造板制造、松香深加工、八角深加工、森林旅游和森林康养、矿产资源开发等产业。

2022年，六万林场聚焦聚力生态林业高质量发展，进一步理清发展思路，攻坚克难，经济发展保持稳中有进的态势。年底资产总额达44.73亿元，全年完成经营收入

↑ 六万大山

57828万元，营业利润1064.5万元。植树造林4527公顷，森林抚育1.85万公顷，追肥1.58万公顷。木材生产37.3万立方米，木材销售收入19861万元，林下经济产值5613万元。

### 🌲 森林经营量质双提升

一是经营面积不断扩大，营林质量不断提升。抓住国家储备林项目基地建设和高质量商品林"双千"基地项目建设机遇，加大桉、松、杉等商品林收储力度，收储林地林木8393公顷，持续夯实营林基础，年内新造林4527公顷，植苗造林良种使用率达100%；深入实施森林质量精准提升工程，在每年6月前完成造林、追肥和抚育任务，不断创新和改进营造林技术，通过施用有机肥提升地力，营林质量显著提升。二是特色经济林稳步发展。继续落实油茶"双千"计划，完成油茶新造林面积140公顷。不断提升和完善八角（产业）核心示范区，推广八角矮化和高产嫁接技术。积极开展金毛狗苗木培育和种植工作，完成金毛狗种

↑ 林场内葱郁的桉树成熟林

植67公顷，为规模化种植筑牢基础。持续做好白及、金花茶、娃娃鱼、三黄鸡等林下养殖种植项目。

### ▲重点生态工程圆满完成

深入实施石漠化综合治理、造林补贴等造林工程，扎实完成"双重"项目，筑牢生态屏障。完成2021—2022年度湘桂岩溶地区石漠化综合治理项目3187公顷；完成2022年红水河水土流失及石漠化综合治理项目293公顷、右江水土流失及石漠化综合治理项目160公顷、九万大山石漠化综合治理及生物多样性保护项目80公顷、滇东南山地石漠化综合治理和水源涵养生态修复项目27公顷。

### ▲生态资源保护更加有力

一是强化森林资源管护。加强管理、科学整合，聘请护林员、信息员702人，落实管护定期通报制度，提升管护能力。落实"林长制"工作要求，严格实行生态保护红线监管制度，落实自然保护地、生态红线管控边界，筑牢生态安全根基。开展森林资源管理问题专项整改和被侵占林地综合整治工作，全力维护林场合法权益。积极开展林地、林木纠纷与处理案件诉讼，通过法律途径有力地保护林场森林资源安全。二是加强森林防火和安全生产工作。签订安全生产目标管理责任书和安全承诺书，划定场外林地森林防火责任区，建立联防联控机制，完善防火设施建设，强化宣传教育和培训，认

↑ 林场森林康养谷鸟瞰图

真完善相关应急处置预案，组织好人员、队伍、装备、物资等准备工作，确保突发事件能及时处理，快速出击。三是加强林业有害生物防治工作。常态化精细化排查预防八角尺蠖、桉蝙蛾等林业有害生物防治工作，全年无重大森林病虫害发生。

### ▲产业发展更加精准

一是加强木材加工企业和六万山泉项目管理。及时调整企业经营方向，开发新型产品，加强企业成本核算和效能管理，积极去库存降成本，有效降低企业经营风险。二是有序推进矿产资源开发项目。忠荔矿区建筑用花岗岩矿产资源开发利用项目已获得采矿权，完成项目环评、林地使用可研报告编制等各项开采前期手续，开展招商引资。三是森林旅游、森林康养项目服务水平不断提升。持续完善森林公园基础设施、提升公园经营服务水平，森林康养、职工疗休养、研学实践等"旅游+"业态持续蓬勃发展。

### ▲民生建设持续改善

一是全力抓好乡村振兴工作。扎实抓好博白县菱角镇石柳村、环江毛南族自治县东兴镇平安村乡村振

↑ 林场生产的"六万山泉"饮用水

兴工作。帮扶石柳村打造生态休闲旅游示范点，划拨帮扶资金164975元，建设平安村饮水工程项目，解决当地365户1875人的安全饮水问题，带动帮扶村30名群众就业。开展"送温暖防返贫"活动，对环江县东兴镇平安村、博白县菱角镇石柳村共56户进行慰问并送上慰问金1.17万元。二是全力办好职工民生实事。完善基层单位办公场所、林区道路等基础设施建设，改善基层办公环境。丰富职工精神文化生活，建立"职工书屋"，打造书香六万。为来场务工人员、农民工、临时工、森林公园游客等购买意外伤害保险，降低用工风险。

# 激发兴林动力　打造"绿色银行"

## ——陕西省汉中市南郑区国有碑坝林场

陕西省汉中市南郑区国有碑坝林场始建于1958年10月，隶属于汉中市南郑区林业局，为公益一类事业单位。经营管护森林面积3.47万公顷，是汉中市面积最大的国有林场。近年来，林场紧紧围绕"景美、林兴、业盛、民富"的新时代民生林业发展格局，持续加强生态绿军建设，大力实施造林育林，全面加强资源保护，持续抓好森林防火，统筹发展林业产业，树立了新时代林业人的良好形象，切实提高了林业发展的生态效益、经济效益和社会效益，在建设美丽中国的伟大进程中展现出了国有林场的责任担当。

林场切实转变发展理念，在发展和保护好森林资源的同时，充分利用良好的生态优势，倾力发展森林旅游。从2011年开始，大力招商引资，积极申报立项建设龙头山森林公园。从2019年9月开园至2022年年底，景区累

↑ 林场内高山杜鹃盛放

计接待游客190多万人次，实现旅游综合收入5.7亿元，景区每年为当地提供300多个就业岗位，助推了文旅产业，拉动了三产消费，促进了乡村振兴。龙头山森林公园于2020年12月成功创建为国家4A级景区，被评为陕西"最美林地"，并入选陕西省油画森林生态旅游特色路线，成为汉中全域旅游的一张新名片。

林场持续改善民生，出实招办实事，不断提高职工工资待遇，积极改善工作生活环境，新建职工保障房145套，全面解决了职工住房问题；加快管护站、防火物资储备库、林区防火道路、育苗基地等基础设施建设步伐，不断提升干部职工的幸福指数。干部职工中涌现出了全省首届最美生态卫士、陕西好人、汉中市最美退役军人等先进个人90多人次，场长赖阳安被评为南郑县第三届"十大杰出青年"并荣获汉中市五一劳动奖章；林场先后荣获"全省天保工程档案管理先进单位""省级卫生先进单位"等称号60多次，2022年12月林场被中国林场协会评为"全国十佳林场"。

↑ 龙头山悬空栈道

↑ "油画森林"景区

# 生态金果园　和谐园艺场

## —— 宁夏回族自治区灵武林场（灵武园艺试验场）

灵武林场（灵武园艺试验场）始建于1950年，是宁夏回族自治区建成最早的经济林科研、引种、示范、推广的正县级事业单位。场区位于宁夏回族自治区灵武市东郊，面积473.99公顷，其中林地321.8公顷，森林覆盖率70.24%。自建场以来，林场先后试验、培育、示范和推广经果林品种达300余种，17项科研成果获得国家级和自治区级奖项，完成了数百篇科研成果，是宁夏经济林产业的发源地和见证者。林场先后被确定为灵武市长枣标准化种植示范园、全区优质红枣示范基地、民族团结进步创建示范单位，获得宁夏回族自治区长枣产业发展贡献奖、葡萄优质奖等奖项，2022年被中国林场协会评为"全国十佳林场"。

↑ 林场党委班子

近年来，林场党委坚持以保障和改善民生为根本、以科研为重点、以生态建设为保障，相继出台并实施了统一喷打石硫合剂、"一把锹淌水"等一系列惠民和鼓励生产的政策，有效保障了职工切身利益。按照"立足灵武、面向全区、辐射全国"的要求，建成"灵武名优经济林树种林木种质资源保护库"并收集保存各类经果林品种330份。按照"生态园林化，园林景观化"的要求，提升生态建设和管护水平，取得了良好的社会、生态和经济效益。

下一步，灵武林场将以习近平新时代中国特色社会主义思想为指导，按照上级政府总体要求和部署以及林场森林经营方案，确定"126"总体工作思路，即：实现建设和谐美丽林场一个目标，坚持稳中求突破和高质量发展两个原则，落实重科研、优结构、美环境、固基础、补短板、提效益六项举措，全面推动科研示范、生态旅游建设、产业发展等工作的高质量开展，实现绿水青山向"金山银山"的转变。

↑ 林场内种植的生态林

↑ 林场于2022年被评为"全国十佳林场"

↑ 林场培育种植的苹果

# 以高新科技助力松材线虫病高效防治

## —— 南京林业大学松材线虫病预防与控制科技创新团队

松材线虫病是全球最具危险性的森林病害。针对当前松材线虫病发生的严峻形势，南京林业大学依托国家重点学科（森林保护学）组建了松材线虫病预防与控制科技创新团队。骨干成员分别毕业于南京林业大学、中国农业大学、华南农业大学、南京师范大学、柏林洪堡大学、赫尔辛基大学等，平均年龄47岁，均获得博士学位，80%的成员具有1年以上海外访学经历。

团队紧紧围绕国家和林业行业重大需求，开展松材线虫病致病机理与防控关键技术研究，承担了国家"十三五""十四五"重点研发课题、专题十多项。近5年来获国家科技进步奖二等奖1项，省部级科技进步一等奖2项、二等奖2项。在松材线虫病预防与控制方面形成自己的特色与优势，在国内外具有重要影响。

团队负责人陈凤毛教授是教育部重点领域"植物病毒学"虚拟教研室负责人，曾获中国国际"互联网＋"大学生创新创业大赛（金奖）优秀创新创业导师2次。获国家科技进步奖二等奖2项，省部级一等奖2项、二等奖3项，获授权专利20项。先后研发了松材线虫多种检测方法、检测技术、多款防控产品并在生产上应用。团队骨干成员：叶建仁、郝德君、谈家金、黄麟、朱丽华、孙辉、樊奔、汤方、唐进根、巨云为、戴婷婷、赵银娟、丁晓磊、李欢。

目前团队正在攻克松材线虫病防控关键技术，研发松材线虫病早期感病松树救治药剂、媒介昆虫驱避剂、常温注干预防药剂，进展顺利。松材线虫病防控未来可期。

↑ 团队参加2023年IUFRO松材线虫病国际学术会议

↑ 团队核心成员救治感染松材线虫病的古松树

↑ 团队负责人陈凤毛教授在查看松树病害

# 油茶科研结硕果

## —— 中南林业科技大学油茶育种创新团队

油茶种业直接关系到国家粮油安全和百姓的"米袋子""油罐子"。中南林业科技大学袁德义教授领衔的油茶育种创新团队是我国林草行业首个油茶育种方面的专业团队,该团队聚焦制约油茶种业创新发展的瓶颈,依托经济林育种与栽培国家林草局重点实验室,集中力量攻克一批"卡脖子"技术,创制一批有重大应用价值的油茶新品种,为打造具有核心竞争力的科技创新高地、加快农业现代化提供有力支撑。

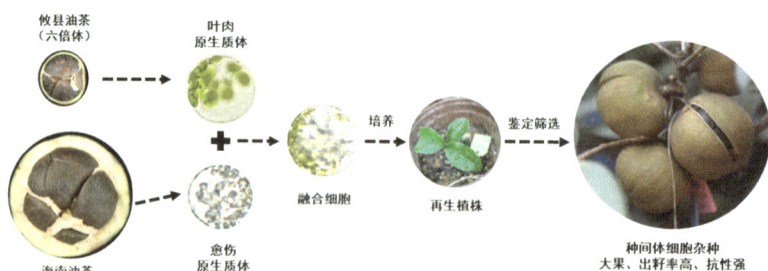
↑ 油茶种间体细胞杂交技术

▲**一张图谱** 破译了油茶二倍体和四倍体全基因组,油茶基因组精细图谱的构建,使得油茶育种不再是盲人摸象,而是进入分子育种时代;在破译油茶基因组的基础上,率先创建了"油茶品种DNA指纹图谱构建技术"和独一无二的"分子身份证",让假苗无所遁形。

▲**三项技术** 针对油茶传统育种周期长、育种效率低的问题,创建了油茶远缘杂交育种、体细胞杂交育种和倍性育种技术体系,突破油茶远缘杂交和体细胞杂交技术瓶颈,开创油茶种质创制的新途径。

▲**十大品种** 培育出10个有重大应用价值的油茶新品种。通过17年远缘杂交育种,创制出3个果大、皮薄、高产、抗病的"新一代"油茶新品种'德油2号''德油3号'和'德油4号',获国家新品种权,茶油产量达1125千克/公顷以上;选育出大果、丰产、适宜轻简化栽培的'华硕''华金'和'华鑫'3个良种,茶油产量达750千克/公顷以上;选育出大果、高产、宜机械化栽培的'海油1号'等4个大面积推广的海南油茶良种。同时,创制出一批春花秋实的油茶新品种,这些春花新品种不仅改变了以往油茶秋冬季开花不利于花期传粉的缺点,同时兼具植株矮小便于管理、早果丰产、出油高等优点,将为我国油茶高质量发展注入强劲活力。

↑ 团队负责人袁德义教授在查看'德油2号'结果情况

↑ '德油2号'3年生树结果情况

# 服务北方生态屏障　建设亮丽风景线

## ——荒漠生态系统保护与修复
## 国家林业和草原局重点实验室

荒漠生态系统保护与修复国家林业和草原局重点实验室依托内蒙古农业大学建立，是以干旱区荒漠研究为特色，以荒漠生态系统发生发展机制、优良种质植物资源开发与利用和生态系统保护与修复为研究重点的综合性实验室。

截至2022年年底，实验室有固定工作人员36人，其中科学研究人员32人，兼职管理人员3人，专职实验技术人员4人。科学研究人员中，有正高级职称的15人，有副高级职称的7人，有中级职称的10人；具有博士学位的32人，具有硕士学位的4人；博士生导师17人，硕士生导师

↑ 荒漠生态系统保护与修复国家林业和草原局重点实验室评估验收会

8人。专职实验技术人员中，有高级实验师1人、实验师2人、助理实验师1人。

目前，实验室拥有风沙环境与风洞实验室、干旱区植物筛选与扩繁实验室、植物抗逆境生理生化实验室、荒漠植被保护与修复实验室4个功能性实验室；配备多功能大型培育温室大棚、海流种苗示范园区、磴口防沙治沙技术体系示范基地4个野外研究、试验和示范平台。实验室有仪器设备3200多台（套），总价值5025.05万元，其中30万元以上的大型仪器设备33台、总价值2329.6万元。

实验室以服务我国北方生态屏障和亮丽风景线建设为己任，以建设国内一流、世界前列的荒漠生态系统实验室为目标，依托内蒙古农业大学在沙漠治理研究领域的长期积淀，重点针对荒漠生态系统发生发展机制、保育与修复等干旱区亟待解决的"生态建设和绿色发展"问题开展相关研究工作，立足内蒙古，服务"三北区"。

↑ 重点实验室独立风洞实验楼

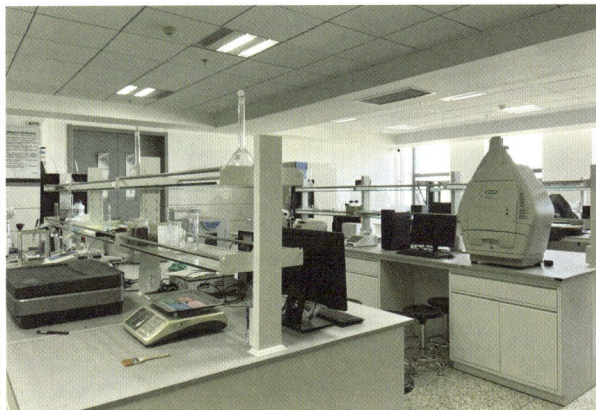
↑ 沙地植物解剖与分子实验室

# 依托国家级平台
# 助力木本油料产业高质量发展

## —— 木本油料资源利用国家重点实验室

省部共建木本油料资源利用国家重点实验室（以下称"实验室"）于2020年获得科技部和湖南省人民政府联合行文批准，依托湖南省林业科学院组建，是我国木本油料领域唯一的国家重点实验室。实验室坚持"四个面向"，聚焦油茶等木本油料品质定向调控等技术形成功能脂质的遗传基础和物质转化机制的科学问题，开展品质性状遗传机制、油脂功能挖掘和定向转化、生物炼制及资源化领域的应用基础研究。

↑ 实验室设计效果图

截至2023年8月，实验室有人员160余人，其中固定人员96人，高级职称110人、博士后20人。拥有科研实验用房15000平方米、仪器设备570多台（套），建有油茶、山苍子和光皮树等国家级良种基地。实验室拥有具备CNAS、CMA认证资质的国家林草局林产品质量检验检测中心（长沙）。实验室建设期为2020—2024年，拟总体投入资金1.6亿元。实验室已成为保障我国油料安全，实现木本油料资源利用高水平科技自立自强，服务乡村振兴的重要战略科技力量。

↑ 国家重点实验室牌匾

实验室主任李昌珠研究员领衔的木本油料资源利用团队入选国家木本油料产业技术创新团队，创新了以木本油脂为主导产品、油脂衍生大健康产品和能源化工材料产品多联产的高值化利用技术路线；解决了我国南方主要木本油料资源特征解析、物质发现，物理生物和化学法技术耦合、技术和装备协同转化的关键技术瓶颈；建立了木本油料梯级生物炼制理论和技术体系。李昌珠研究员2010年获国务院特殊津贴、2012年获评"科学中国人年度人物"、2016年获"全国优秀科技工作者"称号、2017年入选湖南省政府第一届科技创新战略咨询专家、2019年当选湖南省院士后备人才、2023年当选俄罗斯工程院院士，他主持的项目获得国家科技进步奖二等奖1项、省科技进步一等奖2项，出版著作8部，他带领的团队发表论文600余篇，获授权专利70多项。

# 助力川西高原
# 生态保护与草牧业可持续发展

## —— 四川省草原科学研究院

↑ 沙化治理成效

四川省草原科学研究院是一所"以草为主、草畜结合",专业特色鲜明的省级科研机构。前身为1964年设立的中国科学院成都生物研究所川西北草原工作站,1978年经四川省委正式批准,在此基础上成立四川省草原科学研究所,2005年经省编委批准更名为四川省草原科学研究院。

建院(所)以来,全院秉持"扎根高原、立足三州、面向全省、服务全国"的办院宗旨,重点围绕青藏高原草原生态文明建设和草牧业高质量发展需求,长期致力于草类植物遗传育种与利用、草地生态环境保护与资源开发、牦牛和藏绵羊等高原动物遗传资源挖掘利用、家兔等草食家畜遗传育种与饲养管理、中藏药资源保护与开发等技术研究及推广工作。现有国家博士后工作站、国家农业科学种质资源红原观测实验站、国家林业草原青藏高原高寒草地生态修复工程技术研究中心、四川红原草种质资源与育种利用国家长期科研基地、国家牧草产业技术体系阿坝综合试验站、国家肉牛牦牛体系红原综合试验站、国家兔产业技术体系遗传改良研究室等国家和省部级科研平台23个。

建院以来,累计承担国家和省部级科研项目450余项,获科技成果奖励96项,其中国家科技进步奖3项,省科技进步奖一等奖8项、二等奖20项。培养了一批草种质资源创新、草地生态、民族植物学等国内特色优势学科方面的人才。2023年,草地改良团队成员肖冰雪获得"全国防沙治沙先进个人"荣誉称号。选育出川草2号老芒麦、阿坝垂穗披碱草、武陵假俭草等新品种39个,培育出我国第一个国审獭兔新品种"川白獭兔",挖掘登记国家牦牛、绵羊遗传资源7个,制定草、畜国家和地方标准、团体标准70余项。取得的老芒麦牧草高产栽培利用、川西北高寒草地生态恢复综合技术、牦牛杂交改良与优质犏牛繁育、獭兔健康养殖及优质皮生产等系列科技成果得到了科技部、农业农村部、国家林草局和各级政府以及广大农牧民的认可,被国家

↑ 优质牧草生产

天然草原恢复与建设、国家退牧还草、草原生态奖补等重大工程项目采纳并大面积推广应用,为川西北牧区乃至青藏高原的生态建设、草地畜牧业高质量发展、农牧民脱贫增收和乡村振兴作出了积极贡献。

# 打造南阳生态富民的亮丽名片

## —— 南阳市月季国家林木种质资源库

2021年5月，习近平总书记在南阳考察时指出地方特色产业发展潜力巨大，要善于挖掘和利用本地优势资源，加强地方优质品种保护，推进产学研有机结合，统筹做好产业、科技、文化这篇大文章。南阳市林业科学研究院牢记嘱托，感恩奋进，务实重干，创新发展，不断加强种质资源保护和新品种研发，争取建立月季种质资源专类库。

2022年1月，南阳市月季林木种质资源库成功入选第三批国家林木种质资源库，也是全国唯一的国家级月季异地保存库。该库位于南阳市城乡一体化示范区，占地23.25公顷，科学划分收集保存、杂交育种、子代测定等18个功能区。自建库以来，紧紧围绕国家林木种质资源库职能，卓有成效做好月季种质资源收集保存，从国内科研院所、知名月季企业收集月季（蔷薇、玫瑰）种质1488份。建立资源信息数据库，

↑ 南阳市月季国家林木种质资源库

↑ 资源库科技楼

实现种质信息实时查询和数据共享。加强种质资源观测评价及创新利用，对保存的月季种质进行性状观测评价，筛选出性状优异种质400余份，对其中92份进行扩繁推广，以优异种质为亲本，培育杂交子代2000余份，筛选优良子代23份，选育河南省良种7个，7个新品种通过国家林草局新品种办初审。2023年在南阳举办的首届世界月季博览会新品种竞赛中，南阳市林业科学研究院培育的两个优良子代荣获金奖。开展科普宣传教育，联合南阳日报社开展万名小记者走进资源库"读"月季研学活动，加强青少年科普教育。

未来，南阳市月季林木种质资源库将以月季新品种创制为目标，加强实验室和智慧化平台建设，增强自主创新能力，努力建设"中国月季新品种发布中心""国家月季新品种测试基地"，助推中国月季产业高质量发展。

↑ 世界月季联合会主席戴安娜·冯博格、会议委员会主席海格·布里切特、副主席赵世伟在资源库考察

↑ 小记者走进资源库

# 用铁塔智慧打造森林草原"守护盾"

## —— 中国铁塔股份有限公司

从平均海拔4000多米的三江源自然保护区到海南岛中部山区的热带雨林国家公园，从广袤无垠的呼伦贝尔大草原到遍布珍奇动植物的西双版纳，中国铁塔股份有限公司（以下简称中国铁塔）认真践行习近平生态文明思想，开放利用全国2.2亿公顷林区范围内30万余座铁塔站址资源，结合高清视频监控、人工智能、物联网等技术，对森林草原防火、病虫害防治、野生动植物保护等情况进行实时监控，助力国家"天空地"一体化的林草行业防灾减灾监测体系建设，全面提升林草行业治理体系和治理能力现代化水平。这些矗立于祖国绿水青山之间的一座座通信铁塔，犹如忠诚的"哨兵"，守护着我们美丽的绿色家园。

↑ "华中第一塔"神农顶铁塔

2020年5月，中国铁塔与国家林草局签署战略合作协议，与国家林草局森林草原防火司、森林草原火灾预防监测中心、生物灾害防控中心等有关单位建立起紧密的沟通交流机制。中国铁塔各级分公司与各级林草主管机构开展服务对接，聚焦林业信息化管理需求，积极落实部署战略合作协议内容。截至2022年年底，中国铁塔28个省级公司先后在76

↑ 矗立在抚顺市大伙房水源地保护区的铁塔基站

个地市与当地林草主管部门签署战略
合作协议。

中国铁塔发挥杆塔高、分布广、
维护好、技术成熟等优势，利用林区
及周边5.7万座通信铁塔、机房和卡口
低杆，在全国31个省份的近300个地
市、1500余个重点防火林区部署火情
预警监测系统。通过在基站铁塔上加
装双光谱高清网络云台摄像机，采用
先进的热成像探测技术与AI智能烟火
分析识别技术，结合卫星林火预警、
无人机巡护等多种预警手段，为林
草防火建立了"天空地"一体化立体

↑ 矗立在内蒙古大青山国家级自然保护区的铁塔基站

监测体系，实现对林区、草原的多维度、大范围、全天候监控，提供林草防火"灾前、灾中、灾后"全过
程、全方位动态管控和决策支撑。

中国铁塔通过高点架设"鹰眼"全景视频监控，低点高清摄像头抓拍，配以基于图像识别系统的野生
动植物保护和监管平台，在全国20个省份63个地市的51个自然保护区、37个湿地保护区开展信息化建设项
目，为湿地和自然保护区构建全方位、立体式监管体系。有效维护生态安全，促进人与自然和谐。此外，
还在22个省份的200个国有林场和122个地方林场投资建设林业资源保护监管点位1550个。

2022年，中国铁塔投资研发的"森林智保"产品正式上线，集合烟火、盗砍行为、动植物识别等多个
种类的视觉算法，为林草防火、林草资源监管、自然保护区管理等提供视频感知、数据采集处理、决策指
挥等个性化需求定制服务，在各类场景中实现了精准化、高效化、智能化应用。

中国铁塔始终胸怀"国之大者"，守护绿水青山，助力生态文明建设。未来，中国铁塔将利用自身能
力和资源，持续为林区、草原、自然保护区提供更加先进、稳定的综合监管方案，为国家林草技防能力建
设及国家协调发展、绿色发展、共享发展书写新的篇章。

↑ 高点镜头中的大美宁夏

# 走好"生态产业化，产业生态化"发展之路

## —— 重庆市蛮寨林业（集团）股份有限公司

↑ 蛮寨林业集团已确权林地办理的林权证

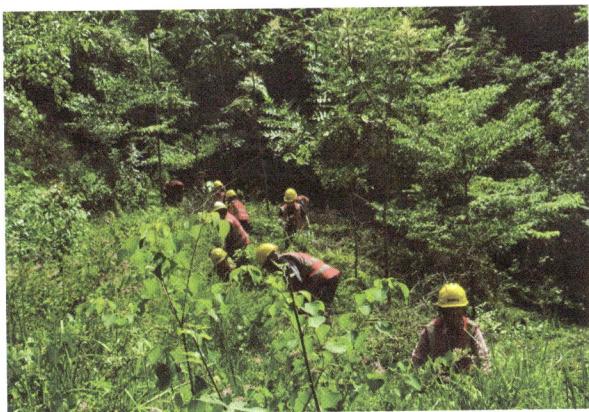

↑ 蛮寨林业集团组织当地民工实施生物多样性保护项目

重庆市蛮寨林业（集团）股份有限公司（以下简称"蛮寨林业集团"）是一家国家级林业重点龙头企业，成立于2020年12月，注册资本5亿元，旗下有重庆市凡木林业发展有限公司等8家全资子公司，主要经营生态保护修复，国家木材战略储备林建设，木材生产、销售、加工和进出口，种苗生产销售，森林碳汇开发，林下种植及中草药材精深加工等业务。截至2022年12月31日，蛮寨林业集团资产总额92.10亿元，已确权林地面积9555.27公顷。

2022年4月2日，《重庆市蛮寨林业（集团）股份有限公司国家储备林建设项目总体规划》由重庆市林业局组织专家进行评审并获一致通过，规划在黔江区、酉阳县、秀山县、彭水县持续滚动投资110亿元、建设国家储备林10.8万公顷，其中集约人工林栽培面积2.87万公顷、现有林改培6.64万公顷、森林抚育1.29万公顷，蛮寨林业集团成为全国首家独资建设国家储备林的民营企业。

2022年5月，蛮寨林业集团按照《重庆市"碳惠通"生态产品价值实现平台管理办法》工作要求，通过开发重庆市行政区域内自愿减排项目，探索建立生态产品进入重庆市碳排放权交易市场、丰富配额管理单位履约方式的"碳履约"市场机制，以CQCER抵消为主要方式的"碳中和"实现机制。委托国家林业和草原局西北调查规划院编制的《重庆市国家储备林经营碳汇项目方法学》通过重庆市生态环境局组织的专家评审并完成备案。

↑ 专家对蛮寨林业集团总体规划进行评审

↑ 专家对蛮寨林业集团申报的《重庆市国家储备林经营碳汇项目方法学》进行评审

↑ 酉阳鹿角坪森林康养基地风光

2023年6月，蛮寨林业集团委托国家林业和草原局西北调查规划院编制集团森林经营方案，8月5日，重庆市林业局召开《重庆市蛮寨林业（集团）股份有限公司森林经营方案》评审会，组织相关专家和有关处室对方案进行评审，评审组专家一致同意通过评审。

2023年9月，中共中央办公厅、国务院办公厅印发的《深化集体林权制度改革方案》提出，鼓励支持重庆建设深化集体林权制度改革先行区，从放活经营权、提升经营权证效能、完善投资渠道等方面为引导社会资本"进山入林"提供政策支持，不断激发林业发展活力。未来，蛮寨林业集团将严格按照经营方案及相关技术规程开展试点工作，推动森林可持续经营形成示范效应。

2023年10月，重庆市林业局正式批复蛮寨林业集团启动建设人工商品林自主采伐森林经营试点。

2023年，蛮寨林业集团协办由重庆市人民政府指导、重庆市生态环境局主办的"首届西部国际碳中和技术成果博览会暨企业家高峰论坛"并成功主办"西部'碳库'发展论坛"，其间与国家林业和草原局林草调查规划院、国家林业和草原局西北调查规划院、生态环

↑ 《重庆市蛮寨林业（集团）股份有限公司森林经营方案》通过专家评审

↑ 西部"碳库"发展论坛专家合影

境部华南环境科学研究所、中国林业科学研究院资源信息研究所签订战略合作协议。

蛮寨林业集团秉承"立信、创新、共赢"的企业宗旨，紧紧抓住国家木材安全、生态安全、"双碳"行动、生物多样性保护和乡村振兴战略机遇，努力践行"绿水青山就是金山银山"理念，走好走实"生态产业化、产业生态化"的发展之路，全产业链运营，一、二、三产业融合发展，依托国家储备林建设，大力开展林下中药材种植、木本油料、森林康养等产业，深耕集团与林农利益链接机制，积极布局农林产品精深加工业，努力实现生态、社会、经济等综合效益最大化。

# 人与自然和谐共生　景与文化互融并促

## —— 东台黄海森林生态旅游度假区

黄海森林生态旅游度假区位于世界自然遗产——盐城黄海湿地内，隶属于东台黄海海滨国家森林公园管理中心。公园始建于1965年成立的国营东台市林场，在"艰苦奋斗、科学求真、守正创新、绿色发展"的"黄海林工"文化指引下，一代又一代林工接续奋斗，将黄海森林建成全国沿海地区最大的平原森林。

度假区内森林总面积4533公顷，森林覆盖率超85%，负氧离子含量平均达到4500个/立方厘米，$PM_{2.5}$常年在8微克/立方米以下，是联合国教科文组织认定的太平洋西岸罕见的未被污染的海滨胜地。度假区先后获评首批全国森林康养基地、江苏省委党校现场教学基地、世界遗产青少年教育基地、全国首家"零碳旅游景区"等。

近年来，东台黄海海滨国家森林公园管理中心深入践行习近平生态文明思想，围绕"绿色、生态、养生"主题，以森林生态、海滨风情为特色，发展科普教育、湿地观光、生态度假、养生康体、运动健身、商务会展等休闲度假产品。稳妥推进度假区基础设施和景点建设，先后建成木育森林（Wooderful Life）、森林小火车、森林之眼高空瞭望塔等一批特色景观和配套设施。强化品牌宣传和市场营销，2023年度假区自营收入超亿元，度假区影响力和经济效益呈现良好发展态势。

↑ 航拍平原森林

↑ 木育森林科普馆

↑ 森林奇遇亲子节活动

# 数字技术赋能
# 推动以国家公园为主体的自然保护地高质量发展

## —— 天立泰科技股份有限公司

天立泰科技股份有限公司成立于2006年，一直致力于生态领域的软件开发、系统集成和信息化服务，已获得多项专业机构认定，获评国家级高新技术企业、安徽省"双软"企业及科技小巨人企业等。

↑ 自然保护地智慧管控平台

为了更好地解决自然保护地智能监管手段薄弱、本底资源分散、业务运行不畅等问题，天立泰推出了自然保护地智慧管控平台。平台包含统一资源管理、实时环境监测、生态价值评估、生物多样性保护"互联网＋"宣教等服务，为自然保护地提供全方位资源监测、全流程数据处理与业务管理，满足各类自然保护地的智慧管控需求。

▲**生态样地监测管理**　结合自然保护区实际情况，科学划定不同生态类型样地，通过多种前端感知设备及外业调查软件开展林草生态监测，并对每一片生态样地的属性进行"户口"管理，包括样地的气候、水文状况、地形地貌、土壤状况、植被状况、动物活动状况、人为干扰活动类型和强度等不同维度的信息。同时可对生态样地的管理、调查、科研等活动进行线上展示、录入、维护、分析、归档、调阅等，为日后建设可复制的样地监测与规划提供数据支撑。

▲**生态价值评估系统**　以前端感知综合数据为基础，结合社会统计数据，建立不断扩充的专家模型分析库，实现生态环境从定性到定量的动态评估体系，打通"绿水青山"和"金山银山"双向转换通道。通过对水源涵养、土壤保育、固碳释氧、营养物质积累、大气环境净化、生物多样性保护、森林游憩等各类生态效益的实物量与价值量进行核算与展示，实现生态效益核算、生态效益评价以及评估模型管理。通过对各区域、各物种、各生态类型的生态价值与趋势评估，推进自然资源科学保护和合理利用。

↑ 生态样地监测系统界面

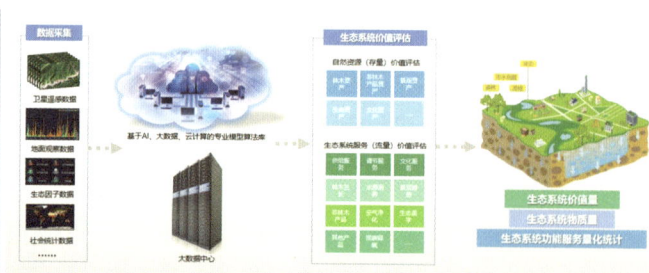

↑ 生态价值评估系统

# 以厚劲之心　尽绵薄之力

## —— 大漠农林生态产业股份公司十年荒漠化治理纪实

　　发展生态产业、绿色经济是党和国家的号召，也是西北脆弱生态环境下可持续发展的必由之路。2012年，甘肃酒泉民营企业家、大漠农林生态产业股份公司（以下简称大漠农林）董事长胡兵带领团队在金塔县境内的巴丹吉林沙漠西缘开展荒漠化治理项目，擘画7万余公顷荒漠化治理蓝图，采用以生态保护和环境治理为基础、以特色产业运营为支撑、以区域综合开发为载体的创新性项目组织实施方式（EOD模式）探索民营资本进军沙产业的可持续发展之路。

↑ 大漠农林在巴丹吉林沙漠西缘种植的梭梭林带（李军祥　摄）

　　十年来，大漠农林在巴丹吉林沙漠西缘筑起一道长约60千米的防沙林带，完成2.68万公顷荒漠化治理任务，栽植以梭梭为主的各类苗木超5000万株。通过梭梭接种肉苁蓉等方式，大力发展林下经济，打造全国最大的天然肉苁蓉培育基地。通过"光伏+"，探索立体化治沙新模式。

　　胡兵和大漠农林全体员工用一棵棵树苗将百万亩治沙蓝图一步步镌刻在祖国西部的大地上，让防沙治沙成为造福当地百姓的"生态银行"，推动实现防沙治沙的生态、经济和社会效益共赢。2023年，胡兵被评为全国防沙治沙标兵。

↑ 大漠农林2023年春季植树现场（李军祥　摄）

　　未来，大漠农林将努力开创公司发展的新纪元，以厚劲之心，尽绵薄之力，继续为区域经济发展和家乡生态环境改善作出贡献。

（金永泽　撰稿）

↑ 大漠农林项目区三年生梭梭林（李军祥　摄）

↑ 大漠农林员工进行新植树苗日常管护（李军祥　摄）

# 第五批国家林业重点龙头企业

## —— 临泉四方红农业科技合伙企业

临泉县四方红农业科技合伙企业（有限合伙），是临泉县政府招商引资的安徽省林业龙头企业，由安徽四方红农业科技股份有限公司和临泉县中原牧场发展投资有限公司共同出资成立于2018年3月，注册资金1亿元。截至2020年6月，企业投资6.8亿元，

↑ 安徽省林业产业化龙头企业牌匾

↑ 临泉县十大种粮标兵牌匾

高标准完成5万亩流转土地44.5万株薄壳山核桃种植目标。企业主要以木本油料薄壳山核桃种植、加工、销售为主，践行一、二、三产业融合发展理念，其中一产种植，二产碧根果深加工，三产旅游、森林康养。目前基地90%以上的薄壳山核桃树已挂果，为二产深加工奠定了坚实的原料基础。

企业高度重视基地优化布局，从2018年开始，采取大行距大株距种植薄壳山核桃树，强化科技应用，首创"林粮融合"模式，实施机械化林下深耕细作、种植优质粮食作物，实现了薄壳山核桃树旺盛生长、粮食作物获得丰收的预期。2022年夏季收获小麦2667公顷，秋季收获矮秆高粱1467公顷。大豆1200公顷，实现产值7000多万元。2022年9月，企业创始人王永成被授予"临泉县十大种粮标兵"称号。

↑ 林粮融合模式林下种高粱（韦可臣　摄）

企业大力发展薄壳山核桃基地"果材兼用林"种植，科学高效授粉提高挂果率，培育剪枝保证树干用材高度，使企业果材双收益，2019年6月，被中国林业产业联合会授予"中国薄壳山核桃果材兼用林示范基地"称号。

目前，企业按照薄壳山核桃三产融合发展战略，在完成一产林农种植基础上，依托5万亩薄壳山核桃果基地，延伸开发的二产深加工项目"中国（临泉）碧根果食品产业园"正在加快建设。该项目占地181亩，总投资约16.2亿元（含二期高科技活性炭加工）。项目于2022年3月10日正式开工建设，2023年10月部分产品投产，项目全部达产后年产值将达到30亿元。该企业三产森林康养及旅游业正在规划中。　（韦可臣　撰稿）

↑ 林粮融合模式林下种小麦（田文龙　摄）